*Das Original ist vier Meter lang*
*und entstand zwischen 1556 und 1559*

Alvise Zorzi
VENEDIG

Alvise Zorzi

# VENEDIG

## Die Geschichte der Löwenrepublik

Deutsch von Sylvia Höfer

claassen

Die italienische Originalausgabe erschien unter dem Titel
LA REPUBBLICA DEL LEONE. STORIA DI VENEZIA im Verlag Rusconi, Mailand

1. Auflage 1985

Gesetzt aus der Garamond der Fa. Berthold
Satz: Dörlemann-Satz, Lemförde
Papier: Papierfabrik Schleipen GmbH, Bad Dürkheim
Druck- und Bindearbeiten: Spiegel Buch GmbH, Ulm-Jungingen
Printed in Germany
ISBN 3 546 49974 3

# I
# DIE VORGESCHICHTE

## 1

Im fernen Jahre 302 vor Christi Geburt fuhr ein Schiffsverband langsam an der Küste der nördlichen Adria entlang. Dafür, daß es sich um Ruderschiffe handelte, kamen sie von sehr weit her, nämlich aus dem südlichen Griechenland, aus Lakonien, von der Spitze des Peloponnes. Zu jener Zeit sah man im Mittelmeer allenthalben griechische Schiffe kreuzen, doch diese hier waren Kriegsschiffe und kamen keineswegs in friedlicher Absicht; tatsächlich handelte es sich um Piratenschiffe. Ihr Befehlshaber, Kleonimos, ein Sohn Kleomenes' II., des Königs von Sparta, unternahm einen Raubzug durch die adriatischen Gewässer, und nur die Gier nach Beute trieb ihn in eine der Buchten, die sich entlang jener flachen, unbesiedelten, von grünen Pinienwäldern bedeckten Küsten öffneten.

Kleonimos' Schiffe hielten auf jene Bucht zu. Seine Matrosen sahen, daß die Küste hier nur aus sehr schmalen Sandbänken bestand, dahinter erstreckte sich eine friedliche Teichlandschaft. In der Ferne lag, kaum erkennbar, das Festland. Vorsichtig ruderten die Spartaner einen gewundenen Lauf entlang, der inmitten der Sümpfe und Untiefen wie ein dunkler Kanal erschien, und erreichten die Mündung eines Flusses. Ringsumher sah man sorgfältig bestellte Felder und hier und dort strohbedeckte Hütten.

Für die spartanischen Schiffe war das Wasser nicht tief genug. Kleonimos ließ leichte Boote zu Wasser, in denen seine Soldaten den Fluß hinauffuhren. Als die Spartaner an Land gingen, stürzten sie sich auf die Hütten, die jetzt dichter standen und richtige Dörfer bildeten. Die Bewohner aber gingen mit einer solchen

Heftigkeit zum Gegenangriff über, daß die Angreifer in wilder Hast ihre Boote besteigen mußten, um ihre Schiffe zu erreichen. Kleonimos blieb nichts anderes übrig, als das Signal zum Rückzug zu geben, und die meisten Schiffe steuerten überstürzt aufs offene Meer. Einige aber blieben als Siegestrophäe in den Händen der Verteidiger und wurden im Haupttempel des größten Ortes in jenem Land des Wassers, der Teiche, der Untiefen und des amphibischen Lebens ausgestellt.

Diese Geschichte erzählt uns Titus Livius, der berühmte aus Padua stammende Geschichtsschreiber des Römischen Reiches, der seinen paduanischen Akzent auch am Hof des Augustus nicht verleugnete und der sehr stolz auf seine venetische Herkunft war. Die Sieger über Kleonimos waren nämlich Veneter. Für die Veneter, die sich rühmten, von einem jener Völker abzustammen, die sich mit den Trojanern in dem mythischen, von Homer besungenen Krieg gegen die Griechen verbündet hatten, war der Sieg über die Spartaner wie eine Rache, und die Bugseiten der gekaperten Schiffe und die Waffen, die sie den griechischen Piraten abgenommen hatten, wurden stolz im Junotempel von Patavium (Padua) gezeigt.*

Die damalige Landschaft unterscheidet sich in der Beschreibung, die Livius von ihr liefert – die Ausdrücke »schmale Sandbänke« und »Teiche« stammen von ihm –, nicht sehr von dem Eindruck, den wir von ihr hätten gewinnen können, bevor sie durch städtische Ansiedlungen und industrielle Anlagen zerstört wurde. Es sind die Lagunen von Venedig, von schmalen Sandbänken gesäumt, den *Lidi* wie die von Grado und Marano und wie andere Lagunen zwischen Po und Isonzo, die heute nicht mehr vorhanden sind. In diesen Gebieten, in denen die Grenzen zwischen Land und Wasser, zwischen Lagune und Meer fließend

* Livius, *Historiae*, X, 2. Über die mythische Wanderung der Veneter und über die Gründung von Padua vgl. Livius, *Hist.*, I, 1. Hinweise, die vermuten lassen könnten, daß Livius' Bericht über den legendären Ursprung der Veneter – wenn auch nur entfernt – auf Wahrheit beruht, finden sich in Plinius, *Nat. Hist.*, 2,5 (Eneter aus Paphlagonien); in Strabon, *Geogr.*, XIII, 1, 53 (Eneter aus Thrakien); in Herodot, *Hist.*, I, 9.6 (Eneter aus Illyrien). Aber lange vor Livius hatte Polybius (*Hist.*, II, 17,5–6) in diesem Zusammenhang von einem »langen Märchen« und »vielem leeren Gerede« gesprochen.

sind, sollte eine Zivilisation entstehen und heranreifen, die in vieler Hinsicht ebenso einzigartig ist wie ihre Umwelt: die venezianische Zivilisation.

## 2

Der Po markiert im letzten Abschnitt seines Laufs zum Meer die südliche Grenze jener Region, im Westen der Gardasee und dessen Abfluß, der Mincio, und im Norden die hoch aufragende Kette der Alpen. Gegen Osten weitet sich die Ebene bis zur Reka und den viel weniger imposanten Bergen, die zur östlichen, der am wenigsten von der Natur geschützten Grenze schauen. Aber zwischen der Mündung der Reka und des Po ist die Grenze das Meer, die nur dem Anschein nach sanfte Adria, deren launische Winde plötzliche, heftige Stürme auslösen und deren heimtückische Strömungen die Küste unablässig unterspülen und auswaschen.

Zwischen Po und Reka münden noch viele andere Flüsse nach einem mehr oder weniger langen und wilden Lauf in die Adria. Sie können schreckliche Wutausbrüche haben – allen voran der Po –, und alle führen Schutt und Ablagerungen mit sich, die die Topographie des Küstenstreifens im Lauf der Zeit einschneidend verändert haben.

Neben den Einwirkungen der Gezeiten ist vielleicht die Tatsache überschätzt worden, daß der vulkanische Boden sich in ständiger Bewegung befindet und Erhebungen und Senkungen kennt, die bald schnell, bald langsam verlaufen. Aber die plötzlichen Erdstöße, wahrhaftige Kataklysmen, beschwören bis heute noch gelegentlich Katastrophen herauf.

Das Zusammentreffen so vieler Faktoren bewirkte, daß von den südlichen Rändern des Podeltas bis zum Isonzo die Küsten jene einmaligen Züge aufweisen, die die Matrosen des Kleonimos so sehr beeindruckt hatten: Relativ schmale oder wirklich ganz schmale Land- und Sandstreifen, Ablagerungen der Flüsse, legen sich schützend vor salzreiche Lagunen, wo tiefes, periodisch von den Gezeiten bewegtes Wasser sich mit Untiefen, seichten Stellen,

Erhebungen, Inseln und sumpfigen Flächen abwechselt. Aufschüttungen und jahrhundertelange Urbarmachung haben eine sehr starke Verkleinerung dieser einstmals weit ausgedehnten Gebiete bewirkt, durch die die Flüsse in ihrem Lauf zum Meer jene Kanäle gegraben hatten, die bei den »Mündern« der von den Venezianern *Porti* genannten schiffbaren Lagunendurchlässe ins Meer fließen. Diese natürliche Umwelt hat unter anderem das Schicksal Seevenetiens – wie der Küstenstreifen der ganzen großen Region, die insgesamt »Venedig« genannt wird, in alten Zeiten hieß – und jenes Stadtstaates bestimmt, der diesen Namen erben sollte.

Am Rand einer Region gelegen, die fortwährend von den verschiedensten Invasoren heimgesucht wurde, zogen die schwer zugänglichen Lagunen Menschen an, die hier Sicherheit für ihr Leben und ihre Arbeit suchten. Die dramatischen Ereignisse, die sich im Hinterland abspielten, und der Mangel an fruchtbarem Boden haben diese Leute zum Meer hin gedrängt, zur einzigen Gegend, die noch eine Ausdehnung zuließ. Die Seefahrt, für die Kommunikation unentbehrlich, hat die Erfolgsaussichten noch erhöht und gesteigert. Zum anderen haben die schwierigen Umweltbedingungen den Lagunenbewohnern nicht nur den Unternehmungsgeist, sondern auch den Gemeinsinn geradezu aufgenötigt. Diese beiden, mit der Zeit noch gereiften Tugenden erklären im Grunde, warum Venedig als unabhängiger Staat so ungewöhnlich lange überleben konnte. Sie unterscheiden seine Zivilisation von dem Individualismus und Partikularismus, der die italienische Geschichte und das italienische Leben zutiefst kennzeichnet und der auch Geschichte und Leben des venetischen Festlandes prägte, mit Ausnahme der relativ kurzen Zeit, in der es Venedig unterworfen war.

## 3

Als Land der Flüsse und der Erdbewegungen war das alte Venedig auch ein Land der Legenden und Mythen. Eben in den Wassern des Eridanos, des Po mit seinem majestätischen Lauf und seinen grausamen Überschwemmungen, hatte das Wahnsinnsrennen des mythischen Phaethon mit dem Pferdegespann seines Vaters, des Sonnengottes, ein tragisches Ende genommen, weil die Pferde zu schnell und zu stark für ihn waren. Livius hatte diese Legende bestätigt, und sie wurde auch von Vergil anerkannt, der die Ursprünge der Veneter auf die Eneter Paphlagoniens zurückführte. Nach dem Fall von Troja hatten sie sich in die einstmals von den alten Euganeern bewohnten Gebiete geflüchtet, ähnlich wie die Trojaner des Äneas, die im Reich der Könige von Alba Longa ein neues Leben beginnen wollten.

Tatsächlich aber müßte man, um die Herkunft der Veneter* zu erforschen, viel weiter zurückgehen und zugleich mehr in der Nähe bleiben und die ersten Spuren menschlichen Lebens auf den Euganeischen Hügeln, der Hochebene von Asiago, in den Gegenden von Verona, Asolo und Vicenza und bei Triest suchen. Es sind Spuren, die sich in der Nacht der Zeiten verlieren und uns weit von den Lagunen Seevenetiens wegführen würden. Zwischen dem Venedig von heute und dem der Vorgeschichte gibt es allerdings eine eindeutig feststellbare Gemeinsamkeit, nämlich die bis in unsere Tage hinein in der kleinen Welt der venezianischen Lagunen benutzte Technik bei der Landgewinnung und beim Hausbau. Sie ist im wesentlichen die gleiche wie die, die von den Pfahlbauern eintausenddreihundert oder eintausendfünfhundert Jahre vor Christus bei der Trockenlegung der Seen und Sümpfe des Trentino, des Veronese und im Gebiet um den Gardasee angewandt wurde. Das Pfahlwerk, das die Basilika von San Marco trägt, die Millionen von Pfählen, die für den Bau der Rialtobrücke oder der Kirche Santa Maria della Salute in den Schlamm gerammt wurden, stammen geradewegs von den Pfahlbauten des Ledrosees oder von Fiavè ab, die tausend Jahre älter sind. Die Strohdächer jener traditionellen Bauten der Poebene mit ihrer typischen Form und den vier Abdachungen, die örtlich *Casoni* genannt werden,

* Vernachlässigt wird heute die Verbindung mit den *Venetern* der Bretagne und mit den *Venedi* oder Wenden des Baltikums, weil man keinerlei Verwandtschaft mit den hier besprochenen Venetern nachweisen konnte. Die Frage nach einer Beziehung bleibt aber nach wie vor offen.

leiten sich wahrscheinlich von der Kultur her, die nach ihrem Zentrum Este benannt wurde und um 1000 vor Christus entstand. Dieselbe Struktur weisen die stolzen venezianischen Paläste auf, die alle mit ihren pyramidenförmigen Dächern, mit den vier Abdachungen den primitiven paläovenetischen Hütten ähneln.

Doch die Kontinuität zwischen der paläovenetischen und der venezianischen Welt erschöpft sich nicht hierin; paläovenetische Bronzefigürchen zeigen Frauen, die eine Art Mantel tragen, der vom Gürtel mit einem großen Schwung nach oben geschlagen ist und Rücken, Arme, Schultern und Kopf umhüllt. Das ist die Urform des *Zendale* oder *Zendà*, eines Schleiers, den die Venezianerinnen bis zum Ende des 18. Jahrhunderts trugen und den wir in Goldonis Komödien an den Frauen aus dem Volk und auf den reizenden, kleinformatigen Bildern von Pietro Longhi sehen. Auf einem Grabstein, den man in Camin fand, sieht man sogar einen Mann mit einem Hut in Form eines Horns – vielleicht eine Vorform der traditionellen Kopfbedeckung der venezianischen Dogen.

Außer Este, Padua und Montebelluna blühten noch andere Städte auf. Die paläovenetische Kultur war freilich in erster Linie bäuerlich. Der etruskische Einfluß und das Interesse, das die griechische Welt für die nördliche Adria zeigte, hatten sich auf diesen friedlichen Mikrokosmos nicht besonders stark ausgewirkt. Dort trieb man Handel zu Wasser und zu Lande, sprach eine indoeuropäische Sprache und verehrte Gottheiten, die sich in den schäumenden Gewässern und brodelnden Schlammassen von Montegrotto oder des Montagnon in der Nähe von Abano offenbarten. Es war ein Mikrokosmos, der bereits in der Römerzeit als idyllisch und derart konservativ galt, daß der Dichter Martial von einem seiner Epigramme behauptete, es sei so züchtig, daß es sogar ein Mädchen aus Padua hätte lesen dürfen. Dieses Volk von Ackerbauern, Viehzüchtern und Webern war auch auf militärischem Gebiet begabt. Als die Gallier, die Rom zur legendären Zeit des Marcus Furius Camillus geplündert und besetzt hatten, die Stadt überstürzt verließen und ihrer Heimat zu Hilfe eilten, hatten die Veneter Gallien angegriffen.

Und dann kam die römische Herrschaft. Den Venetern, den alten Verbündeten Roms gegen Hannibal, wurde schon bald das Bürgerrecht verliehen. Sie wurden nur beiläufig von den Auswirkungen der römischen Tagespolitik gestört, und es folgten viele lange Jahre, in denen Städte wie Verona, Vicenza, Este, Treviso, Asolo, Feltre und Belluno trotz überwiegend bäuerlicher Prägung eine Blüte erlebten. An Bedeutung gewannen Udine und Forum Julii (das heutige Cividale del Friuli) und, dichter am Lagunenstreifen gelegen, neben dem uralten Ort Adria noch Oderzo, Concordia Sagittaria, wo es eine große staatliche Waffenschmiede gab, und Altino. Altino lag genau am Rand der heutigen Lagune von Venedig, unweit vom Flughafen »Marco Polo«, und war für seinen Hafen, seine Wälder und Weiden ebenso berühmt wie für seine frischen und tiefen Gewässer und die schönen Villen, die mit denen der Küste von Bajä, der Côte d'Azur des alten Rom, verglichen worden sind. Padua war eine reiche Industriestadt geworden und hatte vielleicht mehr als jede andere Stadt ihr altes paläovenetisches Gesicht unverfälscht bewahrt. Weit bedeutender aber war Aquileja. Diese 181 vor Christus gegründete, nahe der illyrischen Grenze gelegene Stadt war ein Flußhafen und Verkehrsknotenpunkt und über ein dichtes Straßennetz mit dem übrigen Reich verbunden, dessen Hauptstadt es auch wiederholt werden sollte.

Viele wichtige Verkehrswege berührten die Lagunengegend und verbanden sie mit Aquileja, Oderzo, Altino und Ravenna. Keine elf Kilometer von Aquileja entfernt lag Grado, ein Marinestützpunkt und Seehafen; im Süden kontrollierte die alte römische Siedlung Chioggia den Schiffsverkehr in Richtung Padua.

Andere Ortschaften von irgendeiner Bedeutung scheinen nicht existiert zu haben. Sicher ist jedoch, daß hier und dort in Gruppen oder vereinzelt Fischer lebten, die Altino mit jenen Leckerbissen aus dem Meer belieferten, für die es berühmt war, und es gab auch Gemüsegärtner, Waldhüter, Jagdaufseher sowie die Pferde- und Viehzüchter, denen Jesolo (Equilus) und Lio Mazor (Litus Bovense) ihre alten Namen verdankten. Und dort lebten auch die Hafenlotsen, die Leuchtturmwärter, die Schiffer, die Zöllner und alle Beamten und Angestellten der großen Organisation, die die

Römer unter der Bezeichnung *Cura litorum* zur Überwachung und Pflege der Küstengebiete eingerichtet hatten; und vor allem wohnten dort die leitenden Verwalter und die Arbeiter des Salzmonopols, das seit den Anfängen des römischen Staates ein eifersüchtig gehütetes Vorrecht war.

Wo sich neben wichtigen Städten und verkehrsreichen Straßen ein stiller und friedlicher Landstreifen mit Wäldern und Pinienhainen hinzog, standen vielleicht einige der von Martial gepriesenen Landhäuser, etwa jene Villa, in der Kaiser Lucius Verus auf der Rückkehr von einem Krieg starb, den er in Illyrien und in der Nähe von Aquileja geführt hatte. Was die ruhige Existenz Seevenetiens erschüttern sollte, waren erst die turbulenten Ereignisse der letzten Jahrzehnte des Römischen Reiches und der ersten Jahrhunderte des Mittelalters.

# II
# DIE ANFÄNGE

## I

Die *Pax Romana* der venetischen Stämme wurde im Jahr 168 nach Christus jäh unterbrochen. Völker mit fremden und unheimlichen Namen, Quaden, Markomannen und Sarmaten, näherten sich bedrohlich dem östlichen Einfallstor Italiens, belagerten sogar Aquileja und drangen auf der Via Postumia bis nach Oderzo vor. Die Sarmaten, Kundschafter aus den fernen eurasiatischen Grassteppen, waren nur die Vorboten vieler anderer Überfälle durch räuberische Stämme, die ihnen ähnelten. Bevor sie wieder aus der Geschichte Venetiens und Italiens verschwanden, sollten sie noch viele Jahrhunderte lang eine wahre Geißel sein. Markomannen und Quaden hingegen gehörten einem Volk an, das eng mit der venetischen Welt verknüpft bleiben sollte und mit dem sie bis in unsere Zeit hinein unzählige Male zu tun haben sollte: den Germanen, die vom Mythos der Sonne und des Mittelmeers unwiderstehlich angezogen wurden und die erst in zweiter Linie aus wirtschaftlichen, politischen und moralischen Gründen in diesen Raum vordrangen.

Der Friede, den Mark Aurel unter den Mauern Aquilejas wiederhergestellt hatte, sollte noch lange halten, obwohl weniger als ein Jahrhundert danach neue germanische Völkerschaften (es handelte sich diesmal um Alemannen und Juthungen) an den Grenzen Venetiens auftauchten. Später sollte der Friede fortwährend durch die blutigen Auseinandersetzungen zwischen Kaisern und Kaisern, zwischen Kaisern und Aufständischen, zwischen Thronbewerbern und Thronbewerbern gestört werden, bis Ende des 4. Jahrhunderts dann Theodosius der Große an den Ufern der Wippach einen neuen Usurpator mit Hilfe gotischer Truppen besiegte, die von einem der vielen Männer des Schicksals befehligt wurden, wie sie in der Geschichte Europas immer wieder auftauchen, nämlich von Alarich.

Die darauffolgende Zeit gehört zu den schwierigsten, die Venedig und Italien je durchlebten. Eine Reihe katastrophaler Seuchen, die vierhundert Jahre dauern sollte, entvölkerte die ländlichen Gegenden, sie verwahrlosten, und eine Klimaänderung mit viel Feuchtigkeit und Kälte zog eine Bodenverschlechterung nach sich. Die wirtschaftliche Krise verschärfte sich, wie immer auf Kosten der Armen, der Freien wie der Sklaven. Die staatliche Bürokratie, die ihre Pflichten in immer geringerem Umfang wahrnahm, wurde nur noch dann aktiv, wenn es um Steuern ging, die für den Kaiser unentbehrlich waren. Daraus wurde nämlich die Entlohnung der Barbarensöldner bestritten, denen bereits die fortwährenden und an allen Fronten geführten Kampfhandlungen überlassen wurden. Von 238 bis 388 nach Christus hatte allein Aquileja nicht weniger als fünf Belagerungen hinter sich, und kein Feldzug war ohne Schäden und Verwüstungen ausgegangen.

Mit Alarich begann eine neue Serie von Streifzügen der Wandervölker auf italienischem Boden. Der ehrgeizige Führer der Westgoten hatte in Theodosius' Diensten gelernt, welches der zugänglichste Weg war. Er wurde zwar 402 in der Nähe von Verona besiegt, gab sich aber nicht geschlagen, sondern kehrte, nachdem eine Horde Sweben, Alanen und Vandalen auf Befehl eines anderen, weniger berühmten Führers, Radagais, durch Italien gezogen war, auf die Halbinsel zurück, stürzte sich auf Rom, eroberte und plünderte es. Dies geschah im August des Jahres 410. Seit der Eroberung durch die Gallier waren mehr als tausend Jahre vergangen, tausend Jahre, in denen kein Angreifer seinen Fuß auf den Boden der Ewigen Stadt gesetzt hatte.

Gewiß darf man die Auswirkungen dieser Stürme nicht überbewerten, die mit dem Tod Alarichs und seinem geheimnisvollen Begräbnis im Bett eines Flusses endeten. Doch wahrscheinlich flüchtete zumindest ein Teil der Bewohner aus den venetisch-römischen Städten, die den Lagunen am nächsten lagen. Wenn sie schon nicht auf den entfernteren und unbewohnten Inseln Schutz suchten, so doch auf jenen, wo die Häuser der Salzsteuerinspektoren und Zollpächter, der Fischer und Gemüsegärtner ihnen Sicherheit versprachen. Andererseits ist es möglich, daß das nur wenige Kilometer von Altino entfernte Torcello schon damals einen bewohnten - wenn auch kleinen - Kern hatte. Das so nah an der Metropole Aquileja gelegene Grado war bereits eine richtige befestigte Stadt, allerdings von bescheidener Größe.

In ebendiese Jahre - auf den 25. März 421 - verlegt eine Legende das Geburtsdatum Venedigs, das auf den abgelegenen und herrenlosen Inseln entlang dem Lauf eines tiefen Kanals, des *Rivus prealtus, Rivus altus* oder Rialto, gegründet wurde. Die venezianische Überlieferung hat diese Legende anerkannt, und die venezianische Politik hat sie sich zu eigen gemacht als Beweis für die Freiheit der Venezianer, der ersten Besetzer eines verlassenen Gebietes, das niemandem unterworfen war. Später, als es im venetischen Raum zu heftigen Streitigkeiten zwischen den verschiedenen Städten gekommen war, versuchte Padua, die Legende für sich zu beanspruchen, um gegenüber Venedig zu behaupten, Padua habe Vorrang; so entstand das Märchen, wonach ein nur in der Phantasie bestehendes »Reich« von Padua 421 drei Konsuln ausgesandt habe, damit sie die Stadt gründeten und dort die Kirche San Giacomo di Rialto (San Giacometto) errichteten, die zu Unrecht als älteste der venezianischen Kirchen galt.

Wie dem auch sei, nach dem Gotensturm kehrte ein Großteil der Flüchtlinge - wenn es tatsächlich viele gewesen waren - in die Städte zurück, aus denen sie stammten, und im venetisch-römischen Hinterland nahm das Leben wieder seinen normalen, traditionellen Lauf.

Dreißig Jahre nach der legendären Gründung der Stadt am Rialto war es Attila, der 452 über Italien hereinbrach. Dem Einfall der Hunnen unter der Führung der »Geißel Gottes« schreibt die venezianische Überlieferung die größte Wanderbewegung von Landvenetien nach Seevenetien zu, und dies war in der Tat die Geburtsstunde der politischen Einheit Venedigs. Die Hunnen plünderten und brandschatzten Aquileja und zerstörten auf ihrem stürmischen Durchzug auch Concordia und Altino. Sehr wahrscheinlich suchten dieses Mal mehr Bewohner des Festlandes ihre Rettung inmitten des Wassers, das für ein so erdverbundenes Volk wie die Hunnen ein unüberwindliches Hindernis war, und so vermehrte sich die fest angesiedelte Bevölkerung der Lagunen.

Von einer »Geburt Venedigs« kann man freilich noch nicht sprechen. Attila hatte wie Alarich und viele andere in jenen Jahren nur einen Streifzug unternommen, der Elend und Ruinen zurückließ, aber keine endgültigen Ansiedlungen der Invasoren zur Folge hatte. Nach dem Aufstand der Barbarentruppen Odoakers, der 476 dem Weströmischen Reich den Todesstoß versetzt hatte, ließ sich Theoderich, nachdem er den Urheber des Putsches besiegt und ermordet hatte, in Ravenna nieder und rief sich zum König aus. Die Zahl der ihm gefolgten Ostgoten und deren organisatorische Fähigkeiten waren so gering, daß die Regierungs- und Verwaltungsämter im Rahmen einer noch nicht zerschlagenen Ordnung an römische Minister und Beamte übertragen werden mußten.

Daß zwischen den Lagunen eine Bevölkerung lebte, die sich mit Wirtschaft und Seefahrt beschäftigte, wird in einem Brief Cassiodors, des römischen Ministers von König Theoderich, bestätigt. Dieses Schreiben hatte er nach dem Tod des Königs an die »Küstentribune« in der Absicht gesandt, bei der schrecklichen Hungersnot, die Italien während der Jahre 535 bis 537 heimsuchte, Hilfe für den Transport von Lebensmitteln aus Istrien zu erhalten.* Cassiodor war nicht nur ein kluger Politiker, sondern auch ein hervorragender Schriftsteller und wollte nicht die Gelegenheit versäumen, eine genaue Beschreibung jener Einzigartigkeit zu liefern, die die Welt zwischen den Lagunen für ihn darstellte. Man darf ihn jedoch nicht ganz wörtlich nehmen, wenn er bei der Schilderung des Phänomens der Gezeiten die Laguneninseln mit den Kykladen vergleicht, deren Fluten die Barren und Untiefen überspülen. Das Bild trifft im wesentlichen die Wirklichkeit, so wie sie sich vor nicht allzu langer Zeit noch darstellte. Bis vor etwa dreißig Jahren nämlich sah man in den Stunden der Meeresstille die mit Menschenkraft an Zugseilen gezogenen Lastkräne zwischen dem Röhricht der Kanäle entlanggleiten. Cassiodors Zeug-

* Cassiodor, *Epistulae variae,* XII, 24 (abgedruckt in R. Cessi, *Documenti relativi alla storia di Venezia anteriori al Mille,* Padua 1942, I, 2).

nis bestätigt vor allem, daß hier Schiffahrt betrieben wurde: Lagunenschiffahrt auf den Binnenkanälen, im Schutz der Sandbänke, Flußschiffahrt auf den Wasserläufen, die in den Lagunen endeten, Küstenschiffahrt und auch transadriatische Seefahrt. Mit den »endlosen Räumen« – eine Übertreibung des Schriftstellers und Ministers – wurde gewiß auf die Überquerung der offenen See bis zur gegenüberliegenden Küste von Istrien mit einer Art Lastkahn, Vorfahr der *Burchi*, der *Topi* und der *Trabàccoli*, die bis zum Zweiten Weltkrieg dieselbe Route zurücklegten, angespielt.

Dann berichtet Cassiodor bewundernd über das Tagewerk der Fischer und vor allem über die Arbeit in den Salinen: Dort, wo die anderen ihre Felder bestellten, zerstießen die Bewohner Seevenetiens das Meersalz und benutzten es als Zahlungsmittel für den Einkauf von Getreide, aus dem sie ihr Brot herstellten. Und er schildert einige Besonderheiten im Leben dieser Lagunenbewohner, die sich wie Sumpfvögel in ihren hängenden Nestern inmitten des Röhrichts einnisteten, wo – und das sollte immer ein typisches Merkmal venezianischen Lebens bleiben – Arme und Reiche nahe beisammen wohnten. Mit dieser Behauptung entsteht einerseits ein genaueres Bild von der sozialen Ordnung im Lagunengebiet, andererseits wird aber auch das Vorhandensein wirtschaftlicher Unterschiede zwischen den Einwohnern bestätigt.

Was nun die »Küstentribune« anlangt, an die Cassiodor sich wandte, so erscheint ihre Gleichsetzung mit einer selbständigen politischen Behörde, wie sie der venezianischen Überlieferung gefallen würde, problematisch. Das Lagunengebiet war zusammen mit seinem Hinterland wesentlicher Bestandteil einer Region des Reiches, und Cassiodors Bitte um Hilfe war in Wirklichkeit ein Befehl. Der Titel »Tribun« setzte eine militärische Funktion voraus, und nichts hindert uns, anzunehmen, daß die militärischen Befehlshaber in der Küstenregion auch richterliche und administrative Aufgaben in bezug auf die Lagunen und ihre Bewohner und deshalb auch über die Salinen und die Aktivitäten der Berufsvereinigungen der Reeder und Seekapitäne wahrnahmen.

Aber Cassiodors Brief kommt noch eine andere Bedeutung zu. Mit seiner verwunderten Beschreibung der Lagunen und ihres Lebens (das Land zwischen den Weidenbäumen, die sie vor den

Gezeiten schützen, das statt des Pferdes an die Haustüre gebundene Boot) wurde der unsterbliche Mythos von der »Andersartigkeit« Venedigs und des Lebens geboren, das sich dort abspielt, von seiner »Einzigartigkeit«, die es von der übrigen Welt abhebt. Andersartigkeit und Einzigartigkeit, die jahrhundertelang Grund zum Stolz sein sollten, während sie heute bei der Inselbevölkerung fast ein Gefühl der Minderwertigkeit erzeugen und sie unter anderem zur Wanderung auf das Festland bewegen; ebenso aber sollten sie zu allen Zeiten einschließlich der unsrigen eine leidenschaftliche Liebe wecken.

## 2

Die Tinte von Cassiodors Brief war, bildlich gesprochen, noch nicht getrocknet, da begann Kaiser Justinian schon mit der Rückeroberung Italiens. Justinian – byzantinischer Kaiser, weil er in Byzanz residierte – war der römische Kaiser, und zwar der einzige, seit die von Konstantin und Theodosius benutzte Unterscheidung nach dem Ende des Westreiches hinfällig geworden war. Uns ist nicht viel über die Seeveneter während des Feldzuges bekannt, in dessen Verlauf der byzantinische Generalissimus Belisarius 540 Ravenna eroberte. Fest steht, daß sein Nachfolger, der Eunuch Narses, ihre volle Unterstützung fand, als er plante, sein Heer über die Lagunensandbänke zu führen, um den Goten und den mit ihnen verbündeten Franken in den Rücken zu fallen und ihnen die Landwege von Aquileja nach Ravenna um Treviso herum abzuschneiden und sie endgültig aus Venetien zu vertreiben. Daß Narses dann eben auf der Inselgruppe des Rialto, dem späteren Kern des historischen Zentrums von Venedig, als Zeichen seines Dankes die Kirchen San Teodoro und San Geminiano (etwa in der Mitte des heutigen Markusplatzes) erbaut haben soll, ist vielleicht eine Legende. Viel zweifelhafter ist der andere Teil der Legende, wonach Narses und sein Nachfolger Longinus die ursprüngliche Autonomie der Lagunenbewohner anerkannt hätten und ihr Gebiet daher aufgrund einer freien Entscheidung der »Küstentribunen« dem Byzantinischen Reich in souveräner Gleichheit angegliedert worden sei.

Narses unterstellte die Inseln und die Lagunen jedenfalls der Gerichtsbarkeit des späteren byzantinischen Exarchats von Ravenna. So trug er dazu bei, das Schicksal jener Gebiete für zwölf Jahrhunderte zu bestimmen. Mehr noch bewirkte er damit, daß er daraufhin den »sehr wilden Stamm« der Langobarden nach Italien holte – ob diese Einladung nun, wie es die Legende will, eine Geste der Rache war oder ob es sich, was wahrscheinlicher ist, um eine Anwerbung barbarischer Truppen handelte, die man nicht einmal nach dem Tod dessen, der den Vertrag unterschrieben hatte, mehr rückgängig machen konnte.

An einem Frühlingstag – so berichtet uns Paulus Diaconus, der offizielle Geschichtsschreiber der Langobarden – brach jenes germanische Volk, das vom Tal der Elbe in die Ebenen Pannoniens gewandert war, mit dem furchterregenden kunterbunten Aufzug seiner Krieger, Karren, Frauen und Kinder auf, um in das entvölkerte, aber noch reiche, das verwilderte, aber noch üppige Italien zu ziehen. Sachsen und Slawen hatten sich zu Tausenden dieser Massenwanderung angeschlossen. Von der Höhe des Berges Matajur (von wo, dreizehn Jahrhunderte später, nämlich 1917, andere Soldaten, weit entfernte Nachkommen dieser Leute, in die Ebene des Friaul zogen) betrachteten der König der Langobarden, Albuin, und seine Soldaten ihr Gelobtes Land. Die Krieger trugen wilde Bärte und banden ihre langen Haare vorne zusammen, so daß sie das Gesicht bedeckten, und mit diesem schrecklichen Aussehen vermehrten sie die Angst ihrer Feinde. Nach dem Friaul besetzten sie Cividale, stürmten Aquileja und nahmen dann Concordia Sagittaria ein; nach einem kurzen Halt rückten sie dann weiter vor, eroberten Mailand und richteten am Tessin, in Pavia, die königliche Residenz ein.

Die Langobarden haben sich nicht wie Alarich und Attila auf Italien gestürzt, um Beute zu machen, sondern um dort zu bleiben. Nach und nach setzten sie überall ihre *Fare* ein, politisch-militärische Organe, die das Gebiet schützen und das Bindeglied zu den größeren territorialen Strukturen eines späteren Langobardenreiches bilden sollten. Verglichen mit den früheren Invasoren waren sie im pejorativen Sinn des Wortes sehr viel »barbarischer«; außerdem rissen die Fehden und Zwistigkeiten unter ihnen nicht ab. Auf die Ermordung des Nachfolgers von König Albuin, der ebenfalls einer Verschwörung innerhalb seiner Sippe zum Opfer gefallen war, folgten zehn oder zwölf Jahre der Anarchie, in deren Verlauf dreißig und mehr örtliche Truppenführer die Eroberung auf eigene Faust weiterführten und – wahrscheinlich als Folge eines Rebellionsversuches von Landbesitzern – eine große Anzahl von Römern niedermetzelten, »die Kirchen plünderten, die Priester umbrachten und die Städte zerstörten«.*

In den zweihundertdreißig Jahren, die seit dem Edikt des Kaisers Konstantin vergangen waren, das den christlichen Kult im Römischen Reich zuließ, war das geistige Leben in Venetien um ein neues Element bereichert worden, nämlich um den Kult der Märtyrer, der Gründer und der Vorsteher der ersten christlichen Gemeinden. Wenn man bedenkt, daß zwischen der letzten Verfolgung durch Diokletian und dem Edikt Kaiser Konstantins gerade zehn Jahre liegen, kann man sich leicht vorstellen, wie sich die liebevoll gehegte Erinnerung der Christen an ihre Glaubensgefährten, die den Verfolgungen durch die Kaiser zum Opfer gefallen waren, in eine fromme Ergebenheit verwandelte, die noch von mit der Zeit immer üppiger ausgeschmückten Wunderlegenden geschürt wurde. Zwischen der Regierungszeit Neros und der der Kaiser Decius und Diokletian hatten die venetischen Städte ihre Schutzheiligen anerkannt und hüteten deren Reliquien eifersüchtig: Für Aquileja waren dies der Bischof Hermagoras und die Märtyrer Canzio, Canziano und Canzianilla, in Altino der Bischof Heliodor, in der Gegend zwischen Aquileja und Grado die Jungfrau Euphemia und in Padua die Märtyrerin Justina. Schon bald sollten die wichtigsten Gemeinden ihre Ursprünge auf die edelsten Gründer zurückführen: Aquileja etwa auf den Evangelisten Markus, den Lieblingsschüler des Apostels Petrus, und es nahm für sich die Gründung anderer Kirchen in Anspruch und behauptete,

* Paul. Diac., *Hist. Langobardorum,* II, 32. Die Szene, wie Albuin vom Berg Matajur Italien betrachtet, findet sich ebenda, II, 8. – Die Anspielung auf den Ersten Weltkrieg wäre nicht vollständig, wenn wir nicht daran erinnerten, daß der Gipfel des Matajur während der Schlacht von Caporetto (Oktober 1917) von einer deutschen Abteilung unter dem Befehl des späteren Feldmarschalls und damaligen Hauptmanns Erwin Rommel erobert wurde.

Prosdocimus und Syrus seien von Aquileja aufgebrochen und hätten die Kirchen von Padua beziehungsweise Pavia gegründet. Als 568 Paulinus, der Erzbischof des von den Langobarden bestürmten Aquileja, nach Grado flüchtete und die Reliquien der aquilejischen Märtyrer mitnahm, trug er nicht nur den Schatz einer Kathedrale bei sich, sondern nachgerade den Geist der venetisch-römischen Christenheit, die von dem Eindringling bedrängt und bedroht wurde. Es ist von maßgeblicher Seite behauptet worden, daß das Geburtsjahr Venedigs, wenn wir es denn wirklich festlegen wollen, nur dieses Jahr sein kann.*

Von Jahr zu Jahr, von Jahrzehnt zu Jahrzehnt führte der Krieg, der die Langobarden in Gegensatz zu den Byzantinern des Exarchats brachte und der hin und wieder von kürzeren oder längeren Waffenstillständen unterbrochen wurde, zur Auflösung des kaiserlichen Territoriums auf dem Festland. Als erstes fiel Monselice, dann Padua; 615 traf es erneut Concordia, das in der Zwischenzeit von den Byzantinern zurückerobert worden war, sowie Altino. Das römische, das heißt byzantinische Gebiet wurde immer kleiner. Fast auf einen Schlag schrumpfte es auf den schmalen Lagunenstreifen und den Vorsprung von Oderzo, den Sitz der Regierung, mit einem vorgeschobenen Ausläufer im Gebiet von Belluno zusammen. Um 639 griff Rothari, der König der Langobarden, Oderzo an und zerstörte es; sechsundzwanzig Jahre danach sollte König Grimoald dem Sitz der verhaßten römisch-byzantinischen Macht endgültig den Todesstoß versetzen.

Im Verlauf dieses Jahrhunderts also bildete sich der Kern der späteren Republik Venedig endgültig heraus. Angesichts der zunächst relativ friedlichen, dann immer kriegerischeren Ansiedlung der Langobarden schlug die Wanderbewegung immer größere Wellen. Es sind nicht mehr bloß einzelne Flüchtlinge oder Familien, es sind organisierte Gruppen, die vom Festland an die Lagunen ziehen: zivile und militärische Behörden, kirchliche Ämter, aber auch wohlhabende Bürger, Besitzende und nicht mehr nur Fischer, Schiffsführer, kleine Reeder und Salzsieder wie zu Cassiodors Zeiten. Die vielgesichtige Gesellschaft der venetischen

* H. Kretschmayr, *Geschichte von Venedig*, Bd. I, Gotha 1905, S. 19.

Städte ordnete sich neu im Schutz der Sümpfe, der Kanäle und Salzseen; es entstanden dauerhafte Siedlungen nicht nur in Grado, Torcello und Chioggia, wo es sie bereits gegeben hatte, sondern auch an anderen Stellen: in Equilo (Iesolo), nahe der Piavemündung, in Caorle, in Malamocco, Albiola, Poveglia (heute eine verlassene Insel in staatlichem Besitz unweit des Lido), in Bibione und auch auf jenen Inseln, aus denen sich heute Venedig zusammensetzt, und sicherlich hat es eine Siedlung auf Olivolo gegeben, jener Insel oder Inselgruppe, die wegen des Baus eines Kastells den Namen Castello erhielt, den Namen eines Stadtteils der früheren und jetzigen Stadt Venedig.

## 3

Am 3. November 579, zehn Jahre, nachdem Paulinus mit den Reliquien seiner Heiligen geflohen war, weihte Elias, der Erzbischof von Aquileja, in Grado feierlich den neuen, der heiligen Euphemia geweihten Dom. Wir könnten uns die Zeremonie bei einem immer stärker tobenden Sturm vorstellen, der die Lagune und das Meer gegen die zerbrechliche Barriere der *Lidi* peitscht, fast ein Symbol für den Sturm der Gemüter; denn die Langobarden saßen nur einen Steinwurf weit entfernt im besetzten Aquileja, und zudem war die schlimme Nachricht eingetroffen, daß der Langobardenherzog Faroald den byzantinischen Kriegshafen Classe, in nächster Nähe von Ravenna, angegriffen habe. Aber wir können uns die Szene auch in derselben liturgischen Atmosphäre und bei demselben Wüten der Elemente als ein Fest der Hoffnung vorstellen.

Auf den kleinen, vor den aufgewühlten Wassermassen gut geschützten Inseln normalisierte sich das Leben wieder, und das spirituelle Erbe wurde durch die Anwesenheit des Metropoliten von Aquileja gesichert, der sich kurze Zeit darauf zu Ehren der legendären Gründung des Sitzes durch den Evangelisten Markus wie die Bischöfe von Jerusalem, Antiochia, Alexandrien und Konstantinopel und wie der Bischof von Rom »Patriarch« nennen sollte.

Auf dem Mosaikboden des Doms von Grado, den die Gläubigen in Auftrag gaben, können wir – wie verschwommene Projektionen in einer Laterna magica – einige Namen und einige Persönlichkeiten einer Zeit identifizieren, die durch das Fehlen anderer Dokumente in eine der Prähistorie ähnliche Vergangenheit gerückt wird. Da gibt es Leute wie den *vir clarissimus* Laurentius, der ein Amt in der Verwaltungshierarchie bekleidet und die größte der erwähnten Spenden eingezahlt hatte, sowie Notare und Angehörige des Klerus vom Rang eines Primizerius bis hin zum einfachen Vorleser (einer von diesen, Johannes, zeichnete mit seiner Mutter Agneta). Dann tauchen Soldaten und Offiziere und auch ein Schuhmacher auf, aber auch ein Stefanus *naucler* und ein Maximus *nauclerus,* das heißt zwei Besitzer oder Kapitäne von Transportschiffen; sie bezeugen, daß es damals bereits einen regen Schiffsverkehr gab.

Zu denjenigen, die im Mosaik von Grado eine Erinnerung an sich hinterließen, gehören auch zwei Langobarden: ein Guderit und ein Amara *Lector.* Das braucht nicht zu verwundern; denn der Konflikt zwischen Byzantinern und Langobarden war kein »totaler Krieg« wie leider unsere heutigen. Die Besitzenden, die sich an die Lagune geflüchtet hatten, behielten im allgemeinen ihre Güter auf dem Festland; die Verbindungen zwischen denen, die an die Lagune übersiedelt, und jenen, die auf dem Festland geblieben waren, rissen in Zeiten akuter Konflikte ab und wurden in den entspannteren Phasen wieder neu geknüpft. Und die Langobarden waren weder alle Heiden noch Arianer, also Ketzer, auch wenn dies für die Mehrheit zutraf. Die Flüchtlinge hatten also im allgemeinen eher eine bewußte politische und soziale Entscheidung getroffen als eine verzweifelte.

Zwischen dem langobardischen Festland und den byzantinischen Lagunen gab es in der Tat eine ganz klare politische Trennung: hier das Langobardenreich und die dazugehörigen Herzogtümer und dort eine byzantinische Provinz, die dem Exarchen von Ravenna unterstellt war und von einem *Magister militum,* dem »Reichsfeldherrn«, regiert wurde, der bis 639 seinen Sitz in Oderzo hatte. In Anbetracht der Bedrohung von seiten der Langobarden hatte Byzanz diese Region militärisch genauso stark befestigt wie seine am meisten gefährdeten Gebiete in Asien. An die Stelle der alten römischen Munizipialstruktur war eine neue Ordnung getreten, in der das Volk sich mit dem stehenden Heer identifizierte. Die »Tribunen«, die im Dienste der Reichsfeldherren die Inseln und die zu Siedlungen gewordenen Sandbänke regierten, betonten daher ihren militärischen Charakter als Befehlshaber der Garnisonen und stationierten Abteilungen und häuften zu ihren militärischen Funktionen noch Ämter in Verwaltung und Gerichtsbarkeit. Es waren in der Regel Gutsbesitzer (oder *maiores terrae,* wie sie in einem späteren Dokument genannt werden). Da sich die Erblichkeit der Ämter immer mehr einbürgerte, wurden sie in der Welt des Umbruchs, in der sie sich befanden, mit der Zeit zu einem richtiggehenden Adelsstand, aus dem sich die militärische und zivile Elite rekrutierte.

Auch wenn das Leben in der Welt der Lagunen uns weniger einmalig vorkommen mag als in den Erzählungen der Legende, so erscheint es uns doch nicht weniger heroisch. Es war ein täglicher Kampf, den Sümpfen neues Land zu entreißen, es vor den Erosionswirkungen der Flüsse und der Gezeiten zu schützen, um es zu befestigen und zu befähigen, das Gewicht der Bauten zu tragen, auch wenn diese größtenteils noch aus Holz waren. Einen Kampf bedeuten auch die schiffbaren Kanäle – ein Kampf gegen die Flüsse und das Meer, gegen die drohende Versandung. Die Venezianer entwickelten in jenen Jahren ihr Lagunenbewußtsein, und in dieser Zeit, im Jahr 640, vollzog sich auch der zweite Akt der Geburt Venedigs: die Gründung einer neuen Stadt inmitten der Lagunen, die nunmehr, nachdem Oderzo in die Hände der Langobarden gefallen war, die Hauptstadt der Provinz werden sollte. Es war Cittanova, das zu Ehren von Herakleios, dem regierenden Kaiser von Byzanz, auch Eracliana oder Eraclea genannt wurde.

Von dieser Hauptstadt ist uns überhaupt nichts erhalten geblieben. Verschwunden sind durch sträfliche Nachlässigkeit auch die Fundamente des Doms, die vor ein paar Jahrzehnten inmitten der Felder gefunden wurden. Sogar die Lagune, an der sie entstanden war, ist verschwunden, teilweise durch die Rodungen, in erster Linie aber war es das Werk der Piave und des Schwemmlandes, das vom Fluß abgelagert wurde. Es gibt nur eine einzige moderne

Ortschaft in der fruchtbaren, wasserreichen Ebene. Es ist möglich – und das ist eine Hypothese, die einer der berühmtesten Venedig-Forscher, Roberto Cessi, wagte –, daß sich ein Grabstein auf sie bezieht, der im Schlick der Fundamente des Doms von Torcellos gefunden wurde und der das einzige erhaltene Monument von Cittanova sein soll. Aber jener kümmerlich kleine, zerbrochene Stein, der erste wirklich sichere Beleg für die neugeborene Lagunenkultur, bezieht sich mit großer Sicherheit auf ebendie Kirche, in der er gefunden wurde, und nicht auf den Dom der neuen Hauptstadt.

*Im Namen unseres Herrn Jesus Christus im neunundzwanzigsten Jahr der Herrschaft unseres Herrn Herakleios, dem Ewigen Augustus in der XIII. Indiktion. Gemacht ... der heiligen Maria Muttergottes ... auf Befehl des Herrn Isaacio, des vortrefflichen Exarchen und Patrizius und mit Gottes Willen ... für seine Verdienste und die seines Heeres, wurde dies errichtet ... Maurizius, dem ruhmreichen Reichsfeldherrn, für sich durch sein eigenes Werk ... bauen ... in diesem seinem Ort ... dieser Kirche ...* *

Es ist ein merkwürdiges Gestammel, das durch das Dunkel der Zeiten zu uns herüberdringt, aber es beweist, daß ein Jahr nach

* Nach verschiedenen Deutungsversuchen, von denen der von V. Lazzarini, *Un'iscrizione torcellana del sec. VII*, in *Scritti di Paleografia e Diplomatica*, Venedig 1938, S. 120ff., der bedeutendste war, hat A. Pertusi (*L'iscrizione torcellana dei tempi di Eraclio*, in »Bollettino dell'Ist. di Storia della Società e dello Stato Veneziano della Fondazione Giorgio Cini«, Bd. IV, Venedig 1962, S. 9ff.) die Grabinschrift von Torcello in einer Rekonstruktion vorgelegt, die wir für definitiv halten können.

IN NOMINE DOMINI NOSTRI IHSV XPISTI, IMPERATORE DOMNO NOSTRO HERACLIO PERPETVO AVGVSTO, ANNO XXVIII INDICTIONE XII FACTA EST ECCLESIA SANCTE MARIE DEI GENETRICIS EX IVSSIONE PIO ET DEVOTO DOMNO NOSTRO ISAACIO EXCELLENTISSIMO EXARCHO PATRICIO ET DEO VLORENTE DEDICATA PRO EIVS MERITIS ET EIVS EXERCITV HEC FABRICATA EST A FVNDAMENTIS PER BENE MERITVM MAVRICIVM GLORIOSVM MAGISTRO MILITVM PROVINCIE VENETIARVM RESIDENTEM IN HVNC LOCVM SVVM CONSECRANTE SANCTO ET REVERENDISSIMO EPISCOPO HVIVS ECCLESIE FELICITER

Über die Hypothese in bezug auf die Herkunft des Grabsteines von Eraclea vgl. *ebenda* und G. P. Bognetti (und andere), *Scavi a Torcello*, in »Bollettino ...«, III (1962), S. 1ff.

dem Verlust von Oderzo die hierarchisch strukturierte Ordnung der Byzantiner überlebt hatte.

Siebenundfünfzig Jahre danach endete in Cittanova dieser Abschnitt der venetischen Geschichte mit der Wahl des ersten Dogen, dem die Legende einen Namen und einen Nachnamen gibt: Paulicius Anafesto.

## 4

An dieser Stelle müssen wir uns fragen, ob diese Wahl tatsächlich stattgefunden hat, die die traditionelle venezianische Geschichtsschreibung immer als Demonstration der Unabhängigkeit der *Venetici* (so wurden die Bewohner der Lagunenprovinz bereits genannt) gefeiert hat. Wenige historische Ereignisse sind so umstritten wie dieses. Die Stadtchronik von Altino zählt die tribunizischen Familien auf, die an der Wahl teilgenommen haben sollen, und die venezianische Überlieferung belegt zwölf uralte Geschlechter sogar mit dem Beinamen »apostolisch«. Ebendiese zwölf Familien sollen in Eraclea den ersten Dogen gewählt haben; es handelt sich um die Familien Badoer, Barozzi, Contarini, Dandolo, Falier, Gradenigo, Memmo, Michiel, Morosini, Polani, Sanudo und Tiepolo. Tatsächlich beschränkt sich – abgesehen von den Chroniken, auf die man sich in diesem Fall nicht allzusehr verlassen darf – alles, was wir wissen (und wir wissen das nur aufgrund eines zweihundert Jahre später abgefaßten Dokumentes), auf die Tatsache, daß »zur Zeit König Liutprands« (der 712 den langobardischen Königsthron bestieg) der Dux *Paulicius* – Anafesto war eine spätere Erfindung – zusammen mit dem Reichsfeldherrn Marcellus begann, die Grenzen der Provinz zum Langobardenreich im Gebiet von Cittanova festzulegen.

Die Geschichtskritik hat sich über diesen Dux (oder auf venezianisch Doge) so sehr ereifert, daß sie ihn zu einer legendären Gestalt erklärte oder ihn mit einem Langobardenherzog beziehungsweise dem Exarchen von Ravenna, Paulus, gleichsetzte. Für diese Gleichsetzung würde sprechen, daß das Jahr des gewaltsamen Todes des Dux Paulicius – einer der glaubwürdigsten Chroniken zufolge – mit dem Jahr 727 zusammenfiel, in dem der Exarch Paulus von den Aufständischen ermordet wurde. In diesem Fall wäre der Name Paulicius auf einen Irrtum beim Entziffern eines verwitterten Grenzsteins zurückzuführen, auf dem aus einem PAVLVS PATRICIVS (das war der Titel des Exarchen) ein PAVL . . .ICIVS geworden war.*

Wenn man von dem ausgeht, was zur gleichen Zeit in anderen Provinzen des Byzantinischen Reiches geschah, angefangen bei Rom, so erscheint es keineswegs unmöglich, daß ein Dux »ernannt« wurde, ein hoher Beamter. Er stand sogar noch über den Reichsfeldherren und hatte die Aufgabe, das von Istrien bis Cavarzere und Loreo reichende Gebiet, einer Konföderation immer ähnlicher, unter seiner Rechtsprechung zu vereinigen. Unmöglich erscheint hingegen eine »Wahl«; doch es sollte nicht mehr lange dauern bis dahin.

Die Exarchen von Ravenna, Gouverneure des byzantinischen Italien, hatten es nicht verstanden, diejenigen auf ihre Seite zu ziehen, die den Römern nachtrauerten, ja, der Gegensatz zwischen Römern und Barbaren wurde allmählich von dem zwischen der übriggebliebenen römischen Welt und der byzantinischen Bürokratie überlagert. Der Gegensatz wurde noch durch die Eingriffe der Machthaber in die religiösen Auseinandersetzungen verstärkt, die als Vorwand für manchmal sinnlos brutale Interventionen dienten. In einem Augenblick, da sich die Beziehungen zwischen Exarch und Episkopat in einer Krise befanden, hatte sich die alte Diözese von Aquileja unvermutet in zwei Teile aufgespalten gesehen: Auf der einen Seite stand ein Patriarch, der die Gerichtsgewalt über die langobardischen Territorien ausübte, und auf der anderen gab es in Grado einen zweiten Patriarchen mit Gerichtsgewalt über die byzantinischen Gebiete an den Lagunen. Die Situation wurde schließlich vom Papst legalisiert. Im Bereich der Lagunen führte diese Teilung zur Entstehung einer echten nationalen Kirche, deren Autonomie die alte römisch-venetische Tradition nach anderthalb Jahrhunderten Streit mit Ravenna und mit Byzanz stärkte und zu ihrem Überleben beitrug.

* R. Cessi, *Venezia Ducale,* I; *Duca e Popolo,* Venedig [2]1940, S. 108, Anm. 3.

Über die Zeit, als Marcellus, der ehemalige Reichsfeldherr von Istrien, dem die Überlieferung den Beinamen Tegalliano gab, Dux war – wenn er es je gewesen sein sollte –, ist nichts bekannt. Inzwischen hatte sich jedoch die Situation des byzantinischen Italien durch einen neuen, überaus schwerwiegenden Eingriff in religiöse Dinge noch weiter kompliziert. Die Rede ist von dem Dekret, mit dem Kaiser Leo 726 den Kult der heiligen Bilder verboten hatte. In Italien war ein Aufstand ausgebrochen. Die stehenden Heere der Marken, Venedigs und dann ganz Italiens hatten sich gegen den Exarchen aufgelehnt und überall Duces gewählt, um das Römertum wiederherzustellen. Das Heer, das sich mit dem Volk von Seevenetien identifizierte, wählte einen echten Veneter zum Dux, der zweifellos römisch-venetischer Herkunft war und dem die Chroniken den Namen Ursus (Bär) geben und die byzantinische Würde eines *Hypatos* (Konsul) zuschreiben. Obwohl Dux Ursus ohne Zweifel der Anführer des Aufstandes gewesen war, wurde er, nachdem sich der Sturm gelegt hatte, ebenso wie alle anderen von den Rebellen gewählten Duces vom Kaiser in seinem Amt bestätigt.

Dennoch wurde Ursus etwa zehn Jahre später von den Venetern umgebracht, die, wie der Chronist sagt, von »bitterem Groll« gegen ihn erfüllt waren. Für fünf Jahre wurde die Regierung wieder den Reichsfeldherren übertragen. Die Umstände von Ursus' Tod, die an einen Krimi erinnern, weisen zu viele Zufälligkeiten auf, als daß man nicht eine ziemlich sichere Hypothese über den Schuldigen aufstellen könnte. Es sind die Jahre, in denen die Langobarden das Exarchat am stärksten bedrängen und Seevenetien ein lebenswichtiges Element der byzantinischen Politik geworden ist. Während des Langobardenangriffs auf Ravenna findet der Exarch persönlich zwischen den Lagunen Zuflucht und Schutz, und die Langobarden werden zwischen 740 und 741 von ebenden Venetern erfolgreich zurückgedrängt. Der »bittere Groll« hätte also vom Exarchen geschürt sein können, der vermutet hatte, daß der Dux in einem schwierigen Augenblick eine langobardenfreundliche Haltung einnehmen würde.

Der Krimi erlebte in den Jahren, die auf den gewaltsamen Tod des Ursus folgten, eine Fortsetzung. Unter den Reichsfeldherren, die, wie wir sagten, die Regierung der Provinz wieder übernommen hatten, stand an dritter Stelle dessen Sohn Deusdedit. An vierter Stelle finden wir einen Johannes Fabriaco oder Fabriciaco, der um das Jahr 742 von einer Verschwörergruppe abgesetzt und geblendet wird, deren Anführer – welch ein Zufall! – ausgerechnet Deusdedit ist. Die Verschwörer begnügen sich nicht damit, den rechtmäßigen Vertreter der exarchalen Herrschaft zu stürzen, sondern wählen Deusdedit zum Dux. Dafür gibt es nur eine mögliche Erklärung: die Existenz zweier gegensätzlicher Strömungen, die man stark vereinfachend als autonomistisch und langobardenfreundlich einerseits und als loyalistisch und byzanzfreundlich andererseits bezeichnen kann. Mit der Wahl von Deusdedit zum Dux endete das Spiel zugunsten der Autonomisten.

Kaum hatte der neue Dux die Macht übernommen, traf er eine revolutionäre Anordnung und verlegte die Hauptstadt der Provinz von Cittanova in das an der Südspitze des Lido gelegene Malamocco. Was den damals – keineswegs schmerzlos – heranreifenden Konzentrationsprozeß im Lagunen-Bund auslöste, läßt sich schwer feststellen. Wir können nur das schreckliche Ende von Deusdedit anführen, der nach dreizehnjähriger Herrschaft abgesetzt und geblendet wurde. Dies war das Werk eines seiner einstmals Allergetreuesten namens Galla, der nach nicht einmal einem Jahr ebenfalls abgesetzt und geblendet werden sollte. Ferner läßt sich das Fortdauern der Gegensätze feststellen, das von den wenigen Nachrichten bestätigt wird, die wir über Gallas Nachfolger, Dominicus Monegario aus Malamocco, haben, der – es erübrigt sich fast, es zu sagen – ein böses Ende nahm und wie seine Vorgänger einer Verschwörung zum Opfer fiel, abgesetzt und geblendet wurde.

Als Deusdedit noch an der Regierung war, hatte ein folgenreiches Ereignis stattgefunden, das die Situation in Italien ändern und indirekt den Weg der Veneter zur Autonomie verkürzen sollte. Im Jahr 751 hatten die Langobarden Ravenna und das Exarchat erobert. Dieses Mal hatten die Veneter einen Eingriff nicht einmal erwogen und nach der Absetzung Monegarios zwischen 764 und 765 schließlich einen Mauritius zum Dux gewählt, dem die späteren Chronisten den Nachnamen Galbaio gaben. Er war ein vornehmer Großgrundbesitzer aus Eraclea, wurde aber von einer Versammlung gewählt, in der alle Gemeinschaften der Provinz vertreten waren.

## 5

Auch die Tage des Langobardenreiches waren gezählt. Sein Ende beschleunigten die vom Papst gerufenen Franken. Die römische Kurie, die sich die Gebiete hatte schenken lassen, welche ehedem dem Byzantinischen Reich gehört hatten – Rom, Spoleto, die Marken und auch das Exarchat bis zum Podelta –, erhielt 766 zur Ergänzung der Schenkung noch Seevenetien und Istrien. Diese Schenkung hatte keine praktischen Auswirkungen, lieferte aber der Kurie den Vorwand, über das Lagunengebiet eine Oberhoheit auszuüben, die von den Venezianern immer angefochten wurde und die vielleicht die Wurzel des traditionellen venezianischen Mißtrauens gegenüber der weltlichen Politik des Papstes bildet.

Die Tatsache, daß sich die Franken, die sehr viel straffer und besser organisiert waren als die Langobarden, in Italien behaupteten, hatte unmittelbare Auswirkungen auf die Lagunen. An die Stelle der alten Gegensätze traten neue. Cittanova blieb das Bollwerk der Byzanztreuen, während Malamocco zum Stützpunkt jener Partei wurde, die die Provinz dem Frankenreich annähern wollte. Der Konflikt brach aus, als nach einer erneuten byzantinischen Niederlage die Güter der Veneter beschlagnahmt und ihre Händler aus den Gebieten des ehemaligen Exarchats vertrieben wurden. Was genau geschehen ist, weiß man nicht. Man weiß jedoch, daß die Verantwortung für den Versuch der frankenfreundlichen Partei, die Macht zu ergreifen, dem Patriarchen von Grado, Johannes, zugewiesen wurde. In einer Zeit, in der Gewalt ein alltägliches Instrument der Politik war (es genügt, die Liste der ersten Dogen in den Chroniken zu überfliegen, wo hinter jedem Namen der grauenhafte Kehrreim *et evulserunt oculos eius,* »und sie stachen ihm die Augen aus«, zu lesen ist), überrascht es nicht, wenn der Dux Johannes, der Nachfolger des inzwischen verstorbenen Mauritius, glaubte, die Dinge durch eine gewaltsame Aktion in Ordnung zu bringen. Und so entsandte er seinen erstgeborenen Sohn, der wie sein Großvater Mauritius hieß, an der Spitze einer bewaffneten Flotte nach Grado. Mauritius der Jüngere ging mit äußerster Brutalität vor: Der Patriarch wurde von einem Turm heruntergestoßen und anschließend enthauptet. Aber die Folgen des Mordes kehrten sich letzten Endes gegen die Duces. Anstelle des Ermordeten, den man sogleich als Märtyrer verehrte, wurde einer seiner Verwandten zum Patriarchen gewählt, der Triestiner Priester Fortunatus, der nicht schicksalsergeben auf sein Martyrium wartete. Kaum war er gewählt, flüchtete er schon zusammen mit einigen Notablen aus Malamocco auf fränkisches Gebiet. Während er selbst sich zum Frankenkönig Karl begab, um ihn um Schutz und Hilfe zu bitten, provozierten seine Freunde einen Volksaufstand, der die Galbai stürzte und durch den Tribun Obelerius ersetzte.

Der nachfolgende Zeitabschnitt war einer der dramatischsten und entscheidendsten der venezianischen Geschichte.

In der Weihnachtsoktav des Jahres 805 überreichten Dux Obelerius, sein Bruder Beatus, der sich mit ihm in die Regierung teilte, sowie der Dux von Dalmatien Karl dem Großen, der inzwischen Kaiser des Heiligen Römischen Reiches geworden war, in Aachen die Geschenke ihrer Völker. Sie empfingen von ihm eine »Weihe«, die zwar nicht die formelle Anerkennung seiner Oberhoheit über ihre Länder bedeutete, aber praktisch eine Zurückweisung der byzantinischen Souveränität war, die bis dahin niemand in Frage gestellt hatte. Es war Fortunatus, der Patriarch von Grado, der die Fäden dieser Intrige gesponnen hatte und in Händen hielt und der hinter dieser ganzen Geschichte steckte.

Nun wartete man auf die Reaktion von Byzanz. Die ließ nicht lange auf sich warten. Der Kaiser des Ostens hielt sich nicht mit diplomatischen Umständen auf: Ein Flottenverband, befehligt vom Patricius Niketas, blockierte Dalmatien und stellte dort ohne große Anstrengungen die byzantinische Souveränität wieder her; dann wandte er sich den Lagunen zu und warf vor Malamocco die Anker. Er brauchte nicht einmal Gewalt anzuwenden. Obelerius und Beatus, die sich nicht sicher fühlten, kapitulierten eilig. Der ganze Zorn richtete sich nun gegen den Patriarchen Fortunatus, der sich eiligst aus dem Staub gemacht hatte, noch ehe die griechische Flotte eintraf.

Karl der Große war nicht in der Lage, mit Gewalt zu reagieren; er konnte nur verhandeln. Es wurde also ein Abkommen unterzeichnet, das die Duces zwang, feierlich die byzantinische Oberhoheit anzuerkennen. Dieses Kapitel schien endgültig abgeschlossen zu sein. Es war indessen nur der Beginn einer Krise.

Im Jahr 810 kehrte der Dux Beatus, der faktisch als Geisel nach Konstantinopel geschickt worden war, mit einer hohen byzantinischen Auszeichnung dekoriert, nach Malamocco zurück. Fast zur gleichen Zeit wurde Cittanova von den Freunden und Anhängern der Duces im Sturm genommen und zerstört. Ein Zwischenfall folgte auf den anderen, Gewalttätigkeiten byzantinischer Matrosen in Comacchio, auf fränkischem Gebiet, eine noch gewalttätigere Reaktion der fränkischen Besatzung, Flucht der byzantinischen Schiffe in die Lagunen, von wo sie wegen der Feindseligkeit, die (so sagt man) von den Intrigen der Duces noch geschürt worden war, wieder aufbrechen mußten. Andererseits waren diese zwischen zwei Feuer geraten und ihrer politischen Wendigkeit zum Opfer gefallen, die bereits sowohl von den Byzantinern als auch von den Franken »Perfidie« genannt wurde. Nach dem Abzug der Byzantiner baten sie um den Beistand der Franken, denen es bereits gelungen war, eine Flotte aufzustellen. Gut gerüstet zogen sie unter dem Befehl König Pippins, des Sohnes von Karl dem Großen, mit der Absicht los, das venetische Territorium militärisch zu besetzen.

Nun war der Augenblick gekommen, in dem sich das Schicksal Venedigs endgültig entscheiden sollte.

Der venezianischen Überlieferung zufolge erhob sich die Lagunenwelt, als sie von den Absichten König Pippins erfuhr. Die fränkische Kriegsflotte erschien, nachdem sie die Küste verwüstet hatte, im Hafen von Albiola, ungefähr dort, wo heute der Ort Portosecco liegt, an der Küste von Pellestrina, und drang in die Lagune ein, während die Verteidiger auf die Inselgruppe des Rialto auswichen, auf jene Inseln also, die das heutige Venedig bilden. Als die Ebbe die fränkischen Schiffe blockierte, stürzten sich die Veneter unter der Führung ihrer Duces mit ihren schnellen, flachbödigen Schiffen auf diese und richteten unter den Franken ein solches Blutbad an, daß der Lagunenkanal, der Schauplatz des Dramas, den Namen Canal Orfano (»Waisenkanal«) erhalten sollte, den er noch heute trägt.

Die fränkische Chronik liefert eine andere Version: Nachdem Pippin Seevenetien unterworfen und die Duces gefangengenommen und zum Gehorsam gezwungen hatte, soll er seinerseits wegen des unvermuteten Auftauchens der byzantinischen Flotte gezwungen gewesen sein, zu seinem Stützpunkt zurückzukehren. Aus diesen und noch anderen Versionen glauben wir erkennen zu können, daß Pippin einen großen Teil des Lagunengebietes besetzte, einschließlich Grado, wo der unverwüstliche Patriarch Fortunatus wieder ins Spiel kam. Das Volk muß wütend reagiert und der Herd der Unruhen wird sich auf Olivolo und auf der Inselgruppe von Rialto befunden haben, dem wichtigsten bewohnten Kern der Region, wohin sich ein Großteil der Bewohner der anderen Inseln geflüchtet hatte. Pippin hat mit Sicherheit niemals den Fuß auf diese Inseln gesetzt, und weil der örtliche Aufstand mit dem Eintreffen des byzantinischen Flottenverbandes zusammenfiel, war er gezwungen, sich zurückzuziehen und auf sein Vorhaben, die Provinz ganz oder teilweise zu unterwerfen, zu verzichten.

Fest steht, daß durch all diese Ereignisse die Provinz endgültig der Eingliederung in das Fränkische Reich von Italien (»Reichsitalien«) und damit einer agrarisch-feudalen Zukunft entging. Sicher ist auch, daß die Inseln, die das historische Zentrum des heutigen Venedig bilden, zum endgültigen Sitz der Regierung wurden. Eine weitere Tatsache ist, daß Inselvenetien, nachdem es wieder einmal von Festlandvenetien getrennt war, das Meer als Raum für seine Expansion und in den wirtschaftlichen und politischen Beziehungen mit dem Orient sein Betätigungsfeld erkannte und wiederfand. Nun wurde Venedig endgültig geboren mit all den Voraussetzungen für seine unverwechselbare Zivilisation.

# III
# DER AUFSTIEG

## I

Wie ist jene Stadt entstanden, die sich schon bald Venedig nennen sollte? Die Phantasie späterer Chronisten, Künstler und Dichter läßt ein sehr eindrucksvolles Bild vor unseren Augen erstehen: Im Dickicht der Schilfwälder, an den friedlichen Gestaden der Lagunengewässer, auf den stillen Sandbänken – auf jenen amphibischen, von wenig und niedriger Vegetation bedeckten Gebieten, die wir noch heute vom Campanile von Torcello aus bis hin zum Horizont sehen können und die auf uns zuzukommen scheinen, wenn wir auf dem Flughafen von Venedig landen –, dort gruppieren sich die Stoppelhütten um einige gemauerte Gebäude (die Kirchen und der Dogenpalast), und da und dort ragen an den Anlegestellen am Rand der tiefsten Kanäle die Kiele der auf Stapel liegenden Schiffe empor. Zwischen Gewässern und Untiefen liegen Inseln aus kompakterer und festerer Erde (Erhebungen aus Sand oder festerem Erdboden), die schlammigen Flächen der *Velme* und die Barren, die – je nach dem Stand der Gezeiten – mal unsichtbar, mal sichtbar sind. Kein Geräusch ist zu hören, außer dem dumpfen Schlag der Ruder, dem Hämmern der Schiffbauer, dem Schnattern der Wildenten, so, wie es heute noch in den abgelegensten Winkeln der Lagune der Fall ist.

Bei diesen Bildern mischt sich die Phantasie sicherlich mit Wahrem. Es gibt fast keine glaubwürdigen Dokumente über den Augenblick, da die Veneter nach dem Aufstand gegen die Franken und der Absetzung des Obelerius und seiner Brüder ihre Hauptstadt an den Rialto verlegten. Sie wählten Agnellus zum Dux, der nach der Überlieferung aus dem eracleischen Geschlecht der Parteciaci oder Partecipazi stammte. Ein Großteil der Häuser muß aus Holz gewesen sein, gerade so wie jene um einige Jahrhunderte älteren Gebäude, deren Fundamente vor kurzem in Torcello entdeckt worden sind. Wie dicht sie standen, wissen wir nicht.

Wir können uns allerdings denken, daß der Zustrom so vieler Menschen – von Leuten, die vor den inneren Streitigkeiten hauptsächlich aus Cittanova und Equilo geflohen waren, oder einfach von solchen, die es für vorteilhaft hielten, wenn sie ihre Aktivitäten und ihren Wohnsitz in ein besser vor dem Meer, den Flüssen und den Feinden geschütztes Gebiet verlegten – noch vor Pippins Feldzug zu einer gewissen Bevölkerungsdichte geführt hatte, die noch immer weiter zunehmen sollte. Sümpfe und Fischteiche oder Lagunenseen sollten – ebenso wie die Wein- und Gemüsegärten – noch lange Zeit innerhalb der Stadt bleiben. Der dem Dogenpalast am nächsten gelegene Teil der heutigen Piazzetta di San Marco wurde bis 1797 *Broglio* genannt (von *brolo* = Gemüsegarten), weil er zu einer Gemüsepflanzung im Besitz der Nonnen von San Zaccaria gehört hatte. Immer häufiger wurde durch Befestigungen und Rodungen (man erinnert sich an die Pfahlbauer der venetischen Prähistorie) Neuland gewonnen; aus den kleinen, unbedeutenderen Lagunenkanälen wurden neue Kanäle gegraben, während die Ufer der größeren Kanäle nach und nach befestigt wurden.

Das Gesicht des Rialtoarchipels ist dem Lauf der alten Flußadern nachgezeichnet. Dem am meisten gewundenen und gekrümmten von ihnen entspricht der Canal Grande, während der Muranokanal und der Viganokanal (der heutige Giudeccakanal; die Insel Giudecca hieß damals übrigens noch Spinale) die äußeren Ränder dieses Archipels markieren. Und alle setzen ihren Weg durch die Lagune fort und dienen als Verkehrs- und Verbindungsmittel sowohl zu den *Porti* als auch zu den angrenzenden Gebieten auf dem Festland. Innerhalb dieser Grenzen unterscheidet man mehrere Hauptinseln: Luprio und Dorsoduro jenseits des Canal Grande sowie Canaleclo (Cannaregio), Rivoalto, die Gemine und Olivolo auf der Seite der heutigen Piazza San Marco. Die ersten Siedlungen gab es auf Luprio – das ungefähr den heutigen Stadtteilen San Polo und Santa Croce entsprach –, auf Rivoalto oder

Rialto – dieser Name bezeichnete noch nicht das Gebiet jenseits des Canal Grande, sondern jene auf der anderen Seite gelegene Zone, die das heutige Viertel von San Marco sowie ein Stück von Castello mit den Vierteln San Lorenzo und San Zaccaria umfaßte – und auf Olivolo, wo das Kastell stand, nach dem der Bischofssitz benannt war. Zwischen Olivolo und Rivoalto lagen die beiden Inseln Gemine. Mehr läßt sich schwerlich dazu sagen. Über Kirchen weiß man, abgesehen von jenen legendären, vielleicht von Narses erbauten und den ebenso legendären Kirchen San Giacomo di Rialto und Santi Sergio e Bacco auf Olivolo, nichts, außer über San Moisè und – vielleicht – San Martino di Castello.*

Wenn die Wohlhabenden ihren Wohnsitz verlegten, brachten sie das Material und zweifellos auch die schmückenden Elemente für den Hausbau mit. Das erklärt den großen Reichtum an Fragmenten (Rosetten, Chorschranken, Säulen), die wesentlich älter sind als die Gebäude, zu denen sie gehören. Aus Cittanova, Equilo, dann auch aus Malamocco und – mit dem Fortschreiten des Konzentrationsprozesses, der zum allmählichen Niedergang der anderen Inseln führte – aus Ammiana, Costanziaca, Altino, Torcello und aus all den anderen Orten, die entlang dem Lagunenstreifen verstreut liegen, kamen unaufhörlich über mehr als zwei Jahrhunderte Menschen und Dinge. Und mit ihnen die Steine, die Erinnerungen und die Traditionen, die sie bereits mitgebracht hatten, als sie zum erstenmal in das Gebiet der Lagunen geflohen waren. Als Rechtfertigung dafür, daß sie die zunächst gewählten Lagunenorte verlassen hatten, sollten später viele die rauhe Luft, den Niedergang und die Versumpfung anführen. Das sind unbegründete Entschuldigungen. Wie zur Zeit des Langobardeneinfalls wurde die Entscheidung der Veneter nicht von äußeren Faktoren erzwungen; es war eine freie politische und soziale Wahl. Wenn die Luft sich verschlechterte, lag das nicht an den Flüssen, sondern daran, daß die Menschen fortzogen; es war

* Hier und an anderer Stelle folgen wir der detaillierten Beschreibung von L. Lanfranchi und G. C. Zille, *Il territorio del ducato veneziano dall' VIII al XII secolo,* in *Storia di Venezia,* hrsg. vom Centro Internazionale delle Arti e del Costume, Bd. II, Venedig 1958, S. 3ff.

nicht Ursache, sondern Folge. Weitere Folgen der Abwanderung waren der Niedergang und das Verschwinden einstmals blühender Inseln, die nicht mehr durch die täglichen Mühen ihrer Bewohner verteidigt wurden, weil diese sich aus eigenem Antrieb anderswo angesiedelt hatten.

2

Der mutmaßliche Schachzug von Obelerius und Beatus, die sich – dem nationalen Chronisten zufolge – an die Spitze des Aufstandes gegen die von ihnen selbst gerufenen Franken gestellt haben sollen, hatte nichts bewirkt. Obelerius wurde von der am Rialto zusammengetretenen Versammlung vertrieben und floh zu Kaiser Karl. Beatus wurde nach Zara verbannt. Die durch dieselbe Versammlung erfolgte Wahl des Agnellus Partecipazio zum Dogen wurde vom byzantinischen Gesandten Arsaphios gebilligt und bestätigt; diesem war die Aufgabe übertragen worden, für die Ratifizierung des Abkommens zwischen den beiden Reichen, dem Byzantinischen und dem Fränkischen, zu sorgen. In der Hauptstadt Aachen hörte Karl zwar mit Genugtuung, daß er auf lateinisch und griechisch *Imperator* beziehungsweise *Basileus* genannt wurde; doch die *Laudes,* die ihm Arsaphios sang, kosteten ihn Venedig, und zwar für immer.

Zwischen dem Dogen Agnellus Partecipazio und seinen beiden Söhnen Johannes und Justinian war es allerdings mit der Eintracht schon bald zu Ende.

Auch wenn man nicht mit Sicherheit die Gründe für ihre Zwietracht feststellen kann, ist klar, daß es sich eher um eine politische als um eine familiäre Angelegenheit handelte. Der Chronist deutet an, daß Agnellus eine Vorliebe für seinen Erstgeborenen Justinian hegte, aber er sagt deutlich, daß dieser sich nach seiner Rückkehr aus Byzanz weigerte, im Dogenpalast zu wohnen, und sich mit seiner Gemahlin in die Nähe der Kirche S. Severo zurückzog, von wo er zweifellos eine Oppositionsbewegung gegen seinen Bruder anführte. Die Atmosphäre auf der Inselgruppe des Rialto muß sehr drückend gewesen sein. Kurze Zeit darauf wurde eine Verschwörung gegen den Dogen aufgedeckt, und 830, nach dem Tod Justinians, ging die Dogenwürde schließlich an Johannes. Es dauerte aber nicht einmal ein Jahr, bis die ganze Provinz in Flammen stand.

Nun trat – zwanzig Jahre nach seiner Vertreibung – der greise Obelerius wieder auf den Plan. Die offenkundige Schwäche von Johannes Partecipazios Position hatte ihn glauben lassen, daß die Stunde seiner Rache gekommen sei, die er sicherlich seit langem schon in seinem langjährigen Exil für sich und für Malamocco, das durch die Verlegung der Hauptstadt in den Hintergrund gedrängt worden war, ausgebrütet hatte. In Malamocco fand er viele, die bereit waren, ihn anzuhören, aber als die Truppen des Dogen die Feindseligkeiten gegen ihn eröffneten, gingen die Männer von Malamocco zum Feind über, und die Stadt selbst lehnte sich auf.

Die Furcht vor einer Gefährdung der noch unsicheren Einheit gesellte sich zu den alten politischen Antipathien und brachte die Leute gegen Obelerius und seine Parteigänger auf. Malamocco wurde in Brand gesteckt und von der Volkswut zerstört. Obelerius wurde von den Soldaten des Dogen gefangengenommen und enthauptet. Sein abgeschlagener Kopf wurde zuerst auf die Malamoccoinsel gebracht und dann am Karsamstag 831 nahe San Martino di Strada, an der Grenze zu Mestre, zur Schau gestellt – als blutige Mahnung für jene, die sich auf andere Abenteuer einlassen wollten.

Dennoch mußte Johannes Partecipazio schon bald darauf ins Exil gehen. Eine Gruppe von Adligen, die seiner Familie sehr nahe standen (wahrscheinlich jedoch eher Justinian als ihm selbst), hatte den Dogenpalast in Besitz genommen und ihren Anführer, den Tribun Carosus, an die Macht gebracht. Er hielt sich allerdings nicht länger als sechs Monate; denn eine weitere Gruppe, diesmal ergebene Anhänger Johannes', hatte eine neue Verschwörung angezettelt. Carosus, der sich im Palast sicher wähnte, wurde überrumpelt, gefangengenommen und geblendet, während seine wichtigsten Mitverschwörer erbarmungslos niedergemetzelt wurden.

Partecipazio kehrte schließlich nach Verlauf einiger Monate

nach Venedig zurück. Aber das Schicksal wollte es, daß er immer von einer vor Mord und Verschwörung knisternden Atmosphäre umgeben war. Am Sankt-Peters-Tag des Jahres 836 nahmen ihn einige Angehörige der Familie der Mastalici fest, als er gerade aus der Kirche von Olivolo heraustrat, die jenem Heiligen geweiht war (dieselbe, die fast tausend Jahre lang der Dom von Venedig bleiben sollte). Sie scherten ihm das Haupt, zwangen ihn, die niederen Weihen zu empfangen, und verbannten ihn nach Grado. Niemand leistete Widerstand.

3

Zwischen der Wahl des Agnellus und der Absetzung seines Zweitgeborenen war über die fast in regelmäßigem Rhythmus wiederkehrenden Verschwörungen und Verbannungen hinaus, die wahrscheinlich durch das abwechselnde Vorherrschen byzantinischer und fränkischer Einflüsse bedingt waren, viel geschehen. In der venezianischen Verfassung traten neben Elementen byzantinischer Herkunft solche in Erscheinung, die der germanischen Welt entliehen waren, doch damit wurden die Veneter ebensowenig Langobarden oder Franken, wie sie Griechen geworden waren: Sie waren und blieben römisch, ihren Ursprüngen verhaftet, den römischen Traditionen und der lateinischen Sprache treu, standen aber im Begriff, eine eigenständige Zivilisation hervorzubringen. Neben den Salinenarbeitern, den Fischern, den Gemüsegärtnern, den Landbesitzern und den Landarbeitern nahm die Zahl der Hochseematrosen und Kaufleute zu, und jetzt begannen auch jene, die selbst nicht im Handel oder in der Seefahrt aktiv waren, über die Chancen dieser Tätigkeit nachzudenken. Wie wir aus seinem 829 verfaßten Testament erfahren, besaß der Doge Justinian Partecipazio viele Ländereien mit Häusern, Wäldern, Weiden, Obstbäumen und Haustieren, die von Knechten und Mägden gewartet wurden; ferner gehörten ihm Jagd- und Fischreservate – kurzum, es war der Besitz eines großen Feudalherrn. Aber er besaß auch flüssiges Kapital in nicht unbedeutender Höhe, über das er unter dem Vorbehalt verfügte, daß es »heil und unversehrt von der See zurückkehrte«. Offensichtlich handelte es sich um Summen, die in den Seehandel investiert worden waren; diese Aktivität galt für das Oberhaupt des Staates nicht als unschicklich. Das ist ein wichtiger Gesichtspunkt, wenn man bedenkt, daß das Mittelalter von den Römern die Verachtung für den Handel geerbt hatte, der für die höheren Klassen der Gesellschaft etwas Unziemliches bedeutete. Dann tauchte im 853 abgefaßten Testament des Bischofs von Olivolo, Orso, zum erstenmal der Pfeffer auf, der zusammen mit den anderen Gewürzen und dem Salz eine der Grundlagen für die spätere sagenhafte Bereicherung der *Serenissima* werden sollte.

Ein anderer Faktor der wirtschaftlichen Entwicklung, der von den Dokumenten verschwiegen, von den Ausgrabungen aber belegt wird, war die Glasindustrie, die eine großartige Entwicklung erleben sollte. Glas muß mit Sicherheit zu den Gütern gehört haben, die die Veneter verkauften oder tauschten, wenn sie flußaufwärts oder an den Küsten entlangfuhren, vorsichtig, weil ihre Schiffe einfach waren; sie kamen aber viel weiter, als man denken könnte, trotz der Risiken, die Piraten, Sarazenen und Slawen für sie bedeuteten.

Die Präsenz der angriffslustigen Slawen in der Adria, wo die Araber bereits mit den von den Venetern – allerdings erfolglos – unterstützten Byzantinern zusammengestoßen waren, ist ein anderes neues Moment. Johannes Diaconus berichtet in seiner Chronik über den Mord an einer Gruppe von Kaufleuten, die auf der Rückkehr von der Handelsmesse von Benevent in die Hände der slawischen Narentaner gefallen waren. Von der Mündung des Flusses Narenta und anderen Schlupfwinkeln aus, die tief in den Fjorden lagen, die in die dalmatinischen Küstenstriche einschneiden, sollten die Slawen auch weiterhin die venetische Schiffahrt belästigen, die sich lieber auf die Ostküste der Adria stützt, welche viel reicher an Zufluchtsorten ist; und das gab Anlaß zu endlosen Kriegen, Kleinkriegen und Scharmützeln. Der venetisch-slawische Gegensatz, der auf jene Zeiten zurückgeht, sollte bis in unsere Tage hinein eine Konstante in der Geschichte der Adria bleiben. Jedenfalls hat es den Anschein, als ob ebendie geringe Tatkraft, die der Doge Johannes Partecipazio gegenüber den Slawen gezeigt hatte, einer der Gründe – wenn nicht der Hauptgrund – für seine Absetzung war.

In die Regierungszeit Justinians hingegen war ein anderes Ereignis von nicht abzuschätzender moralischer Tragweite gefallen. In Alexandrien hatten zwei venezianische Kaufleute den Leichnam des heiligen Evangelisten Markus entwendet, von dem Aquileja den apostolischen Ursprung seiner Kirche herleitete, und nach Venedig gebracht. In der Geschichte jener Reliquie, die elf Jahrhunderte hindurch der Stolz der Venezianer war, vermischen sich Legende und historische Wahrheit. Die eigenartig reizvolle Legende berichtet davon, wie weh es den beiden – Rustico da Torcello und Bon da Malamocco – getan hatte, wie die Verehrung des Evangelisten Markus in Alexandrien unterdrückt wurde. Im Einverständnis mit einem alexandrinischen Priester hätten sie sich in den Besitz seines Körpers gebracht und ihn, um die finsteren arabischen Zöllner zu täuschen, mit Schweinefleisch bedeckt, das für die Muslime unrein ist.

Die Zöllner hätten den Blick abgewandt und sich die Nase wegen jener Speise zugehalten, die ihre Religion beleidigte, und so sei die Reliquie an Bord des Schiffes der beiden gebracht worden, das während eines fürchterlich tobenden Sturms auf wunderbare Weise vor dem sicheren Untergang gerettet wurde. Die Legende schildert die Ankunft in Venedig, die riesige, um den Patriarchen von Grado, den Bischof von Olivolo und den Dogen versammelte, wartende Menge und den lieblichen Rosenduft, der sich in der ganzen Stadt verbreitete, als die sterbliche Hülle des heiligen Markus den Boden berührt hatte. Für diese ordnete Justinian den Bau einer Kirche neben dem Dogenpalast an, die Dogenkapelle und Staatskirche zugleich sein sollte, und Johannes oblag es, den Plan seines Bruders zu Ende zu führen und die Einweihung der ersten Markusbasilika vorzunehmen.

## 4

Während Johannes Partecipazio in der Stille eines Klosters in Grado verschwand, wurde Petrus, den die spätere Überlieferung Trandenico genannt hat, zum Dogen gewählt. Er scheint nichts mit der früheren Dynastie zu tun gehabt zu haben. Sicherlich erscheinen seine ersten Handlungen klüger als die seines unglücklichen Vorgängers, aber was nachfolgte, war – falls das überhaupt möglich ist – noch unglücklicher. Im Gegensatz zu dem, was Johannes getan oder vielmehr unterlassen hatte, fuhr Petrus aufs Meer hinaus und zog gegen die Slawen an der gegenüberliegenden Küste, aber diese hüteten sich wohl davor, die Schlacht anzunehmen. Es hat den Anschein, als ob nicht einmal der Doge große Lust zum Kampf gehabt hätte; denn er akzeptierte sofort ein Friedensangebot. Doch wenige Monate später sah er sich zu einer erneuten Intervention gezwungen. Es kam zum Zusammenstoß, er war aber so wenig entscheidend, daß die kroatischen Piraten schon kurze Zeit danach Caorle plünderten. Mit den Sarazenen standen die Dinge noch schlechter. Petrus war der Aufforderung Kaiser Konstantins nachgekommen und hatte nicht weniger als sechzig bewaffnete Kriegsschiffe in See stechen lassen, doch er hatte in den Gewässern vor Taranto eine schwere Niederlage erlitten. Die Araber waren wieder die Adria hinaufgefahren bis nach Ossero, hatten Ancona geplündert und gebrandschatzt und den venezianischen Schiffen in der Nähe von Lussino, im Quarnaro, erneut eine Niederlage beigebracht.

Als Ausgleich für diese schwierige militärische Situation durfte sich Petrus eines diplomatischen Erfolges rühmen; denn er bahnte engere Beziehungen zum Heiligen Römischen Reich an. 840 hatte er mit Kaiser Lothar das Abkommen geschlossen, das als *Pactum Lotharii* bekannt ist. Dabei handelt es sich um die auf den neuesten Stand gebrachte Fassung des fränkisch-byzantinischen Friedensvertrages, der dreißig Jahre zuvor unterzeichnet und in der Folgezeit wohl auch verlängert worden war, aber immer auf gleicher Ebene, nämlich zwischen Reich und Reich.* Jetzt wurde der Pakt,

* Vgl. R. Cessi, *Documenti* . . ., I, S. 101 ff.

obwohl er den Anschein wahrte, direkt »zwischen den Venetern und ihren Nachbarn« erneuert, und in bezug auf den Dogen hob man zwar hervor, daß er der »Initiator und Bittsteller« war, doch er wurde »überaus ruhmreicher Dux der Veneter« genannt statt wie noch Justinian Partecipazio »demütiger Dux der Provinz Venetien«.

Aus dieser Änderung in der Kanzleisprache darf man keine voreiligen Schlüsse ziehen: Die Ablösung Venedigs von Byzanz vollzog sich nur ganz langsam (die Vorteile, die sich vor allem in wirtschaftlicher Hinsicht aus der Verbindung mit Byzanz ergaben, wogen die Schattenseiten auf), und bis zur endgültigen Trennung sollten noch einige Jahrhunderte vergehen. Immerhin ist die Tatsache von Belang, daß die oberste byzantinische Gewalt es dem Dogen nunmehr gestattete, im Hinblick auf die Beziehungen zum Westen die Initiative zu ergreifen.

Das *Pactum Lotharii* erlaubt uns, das Gebiet des venezianischen Dukats ein bißchen näher kennenzulernen. In der Präambel werden die Veneter aufgezählt: Es sind vor allem die Bewohner der Inselgruppe des Rialto, der befestigten Ortschaft Olivolo, von Murano, Malamocco, Albiola, Chioggia, Brondolo, Fossone, Loreo und dann jene von Torcello, Ammiana, Burano, Cittanova, Fine, Equilo und Caorle. Als letzte kommen die Bewohner der beiden äußersten Punkte des Veneterlandes: Grado im Nordosten und Cavarzere im Südwesten. Es sind siebzehn Orte, und von diesen liegen dreizehn auf Inseln; doch auch Cavazere und Loreo waren von Flüssen und Sümpfen umgeben, die sie vom Festland trennten, und dasselbe galt auch für die an der adriatischen Küste gelegenen Orte Brondolo und Fossone. Der Festlandvorsprung, der dem Gelände der heute verschwundenen Benediktinerabtei Sant'Ilario entsprach, drang nicht sehr weit vor, ja er reichte nicht einmal bis Oriago. Es hat den Anschein – aber das ist nicht sicher –, daß ein anderer Vorsprung das Gebiet umfaßte, das von Altino blieb, mit den Weiden und dem Wald von Torcello und dem zur Abtei Santo Stefano gehörigen Land. Ein kleines Stück venetischen Festlandes befand sich auch gegenüber der Insel Cittanova, aber die Grenzen des Dukats reichten in der Regel »usque ad aquas salsas« (bis zu den Salzgewässern) und waren also mit dem Lagunengebiet identisch. Das am Ende der Lagune von Grado gelegene Murano gehörte aber ebensowenig zum Dukat wie San Giuliano di Mestre, Campalto und Tessera, wo heute der Flughafen »Marco Polo« liegt.

Was den Inhalt der Übereinkommen anlangt, so wird in diesen mehr oder weniger das wiederholt, was dreißig Jahre zuvor schon zwischen den beiden Reichen vereinbart worden war: Übergabe der Räuber, die von fränkischem Gebiet aus Streifzüge in venetisches Territorium unternahmen und umgekehrt; gegenseitige Auslieferung, falls erwünscht, von Flüchtlingen – Freien wie Leibeigenen – sowie von Tieren und ausgeführten Waren und viele andere Bestimmungen dieser Art (vielleicht ist es interessant, zu bemerken, daß im gleichen Artikel das Verbot festgelegt wurde, Frauen und Mädchen sowie Pferde- und Schweineherden zu verkaufen) sowie der Schutz der Weide- und Holzschlagrechte der Veneter in den angrenzenden Gebieten. Zu den Klauseln gehören jedoch mindestens zwei, die wegen der Implikationen, die sich daraus ergaben, von besonderem Interesse waren: die gegenseitige Verpflichtung zur Verteidigung gegen die Slawen und das Verbot, in heidnischen Ländern »Christenmenschen« in die Sklaverei zu verkaufen.

Dieses Verbot wirft ein beängstigendes Licht auf die kaufmännische Tätigkeit der Veneter. Gewiß, zwischen dem *Pactum Lotharii* und den Negersklaven, die uns auf den Bildern von Carpaccio und Gentile Bellini ins Augen fallen, liegen fast siebenhundert Jahre. Aber aus der Eindringlichkeit, mit der das Verbot in späteren Urkunden auftaucht, wird deutlich, daß die Sklaven bereits im 9. Jahrhundert zum »Warenkatalog« der venezianischen Kaufleute gehörten. Und es handelte sich nicht so sehr um eine exotische Ware, wie es in den Jahrhunderten, in denen diese Aktivität ihren Höhepunkt erlebte, sein sollte, sondern um heimische Ware, die für ferne Märkte bestimmt war. In der feudalen und erdverbundenen Welt des venetischen Hinterlandes und auch in viel größerer Entfernung entstand der Mythos von einem Venedig, das, erbarmungslos bis zur Grausamkeit, in märchenhaft fernen Ländern dem Reichtum nachjagte. Dieser Mythos war nur das Vorspiel zu jener Mischung aus Neid und Abneigung, die eine nahezu fanatische Feindseligkeit gegenüber der seltsamen römisch-orientalischen Metropole inmitten der Sümpfe nähren sollte. Vielleicht ist es überflüssig, daran zu erinnern, daß die menschliche Ware in reichem Maße auch zu den Beständen anderer italienischer Kaufleute des Mittelalters, allen voran der Genuesen, gehörte.

Was den »überaus ruhmreichen« Dux Petrus anlangt, so war ihm ein ähnliches Schicksal beschieden wie vielen seiner Vorgänger und Nachfolger. Die traditionelle Erzählung macht die »Bosheit« und »Ruchlosigkeit« des Petrus, der als Unterdrücker des Volkes dargestellt wird, für die nachfolgenden Ereignisse verantwortlich. Fest steht, daß am Vorabend des Festes der Kreuzeserhöhung, gleich nach dem Abendgottesdienst, eine Schar von Edelleuten (Johannes Gradenigo mit zwei seiner Söhne, Petrus und Stefanus Candiano, Stefanus de Sabulo, Dominicus Falier, Petrus Cletensio, Ursus Grugnario, Petrus Flabianico, Johannes Labusella und die Gebrüder Salbiani) den Dogen umdrängte, als dieser aus der Kirche San Zaccaria trat, und ihn ermordete, ohne daß seine Wachen das Verbrechen hätten verhindern können.

## 5

Ein Akt postumer Gerechtigkeit – ob er nun spontan erfolgte oder durch die schweren Unruhen herbeigeführt wurde, die auf Petrus' Ermordung folgten, ist unbekannt – verurteilte die tatsächlichen Ausführenden des Verbrechens zum Tode und die anderen zu lebenslänglicher Verbannung. Zum Dogen wurde Ursus gewählt, den die Überlieferung zu einem Abkömmling der vorherigen Dynastie der Partecipazi oder jedenfalls zu einem Mitglied jener alten eracleischen Familie macht. Der Chronik des Johannes Diaconus zufolge war er ein »Mann von großer Weisheit und tiefer Frömmigkeit und ein Freund des Friedens«.

Ursus schlug die Sarazenen in den Gewässern des Ionischen Meeres und vor Grado. Was die Slawen anlangt, »grundschlechte Leute«, so versuchten auch sie, Grado zu bestürmen, und Ursus griff sie an, drängte sie zurück und trieb sie auseinander. Sie verlangten endlich nach Frieden. Lediglich die Narentaner, die sich in ihre Höhlen an der Küste verkrochen hatten, setzten ihre Belästigungen fort, wurden aber entsprechend bekämpft.

Für Grado gab es in jenen Jahren keine Ruhe. Das gleichzeitige Bestehen der beiden Patriarchen, des von Aquileja (mit Sitz in Cividale) und des von Grado, war keine friedliche Koexistenz. Dank der Schenkungen Karls des Großen waren die Patriarchen von Aquileja, die nunmehr allesamt germanischer Herkunft waren, große kaiserliche Lehnsherren geworden. Einer von ihnen, Walpert, versuchte 877, die Güter und Rechte seines Kollegen aus Grado mit Gewalt an sich zu reißen, und bereitete sich auf den Angriff der Stadt vor. Der Doge reagierte sofort: Die venezianische Flotte blockierte die friaulischen Anlegestellen, und Walpert mußte den Rückzug antreten. Drei Jahre später wurde er auf dem Reichstag von Ravenna vom Kaiser förmlich verpflichtet, auf jeden Anspruch zu verzichten.

Auf dem Reichstag von Ravenna war Ursus neben den großen Lehnsherren zusammen mit einer Schar Tribunen anwesend. Dort erreichte er am 11. Januar 880 die Verlängerung des *Pactum Lotharii* – allerdings mit einer sehr wichtigen Neuerung: Das Abkommen wurde nicht mehr nur zwischen den Venetern und ihren Nachbarn geschlossen, sondern auch zwischen dem Kaiser und dem Dogen. Offensichtlich waren seine diplomatischen Erfolge ebenso groß wie seine militärischen, wenn sie sie nicht sogar noch übertrafen. Ehe Ursus der Einladung des Kaisers folgte, hatte er sich in Konstantinopel Rückendeckung geholt, von wo ihm eine Gesandtschaft geschickt worden war, die ihm die Berufung in ein hohes Amt übermittelte. Der Doge respektierte beide kaiserlichen Mächte und hing praktisch von keiner mehr ab.

Ursus war es mit viel Geschick auch gelungen, sich von der langen, äußerst verdrießlichen kirchlichen Kontroverse mit dem Papst und dem Patriarchen von Grado zu befreien, die über die Wahl eines Bischof von Torcello entstanden war. Das hat zusammen mit anderen Indizien den Schluß nahegelegt, daß er eine

Neuordnung der Diözesen im Lagunengebiet vorgenommen habe, und zwar mit einem Patriarchat und sechs Suffraganbistümern (Caorle, Cittanova, Equilo, Malamocco, Olivolo, Torcello). Abgesehen von Olivolo hatten zumindest einige dieser Titel schon vorher bestanden; doch nichts hindert uns an der Annahme, daß die Kontroverse mit dem Patriarchen und dem Papst nur eine Episode im Rahmen einer Reform war, die mit Entschlossenheit das Prinzip bekräftigte, das die Republik Venedig während ihrer ganzen Existenz immer aufrechterhalten hat - und wonach die Rechte des Staates auch gegenüber der kirchlichen Rechtsprechung Vorrang hatten.

Schließlich wird dem Dogen Ursus die Einführung der Richter in das venezianische System zugeschrieben. Seit seiner Zeit finden wir sie an der Seite des Dogen als frühesten Kern der ganzen komplizierten behördlichen Ordnung Venedigs. Dieser bemerkenswerte Herrscher, der eine sehr günstige Heirat gemacht hatte - wenn es zutrifft, daß die Nichte des byzantinischen Kaisers Basileios seine Frau war –, scheute jedenfalls vor keinen kaufmännischen Aktivitäten zurück: In dem Abkommen mit dem Patriarchen Walpert wird auf vier im Besitz des Dogen befindliche *Fondachi* im Gebiet von Aquileja angespielt, für die die Erhebung von Abgaben seitens des Patriarchen ausgeschlossen wurde. Das hinderte Ursus nicht daran, zusammen mit seinem Sohn Johannes, der sich mit ihm in die Regierungsgeschäfte teilte, ein Dekret gegen den Sklavenhandel zu erlassen, der, wie es scheint, weithin praktiziert wurde.

## 6

Vor seinem Tod hatte sich der Doge Ursus in Cittanova einen Palast in der Hoffnung bauen lassen, der alten, heruntergekommenen Hauptstadt wenigstens ein bißchen von ihrem alten Glanz zurückzugeben. Seine Tochter Johanna ließ die Kirche San Zaccaria restaurieren. Ein Marinus Patricius, der Vater von Johannes, dem Bischof von Olivolo, ließ die Basilika Santa Maria in Torcello wiederaufbauen. Johannes, der Sohn und Nachfolger des Dogen, kümmerte sich um den Wiederaufbau der Kirche Santi Cornelio e Cipriano in Malamocco. In der Stadt, deren Bevölkerung immer mehr zunahm, und auch auf den anderen Inseln ergriff man emsig verschiedene Initiativen: Ursus wird auch die Rodung des Ufers von Dorsoduro gegenüber von Rialto zugeschrieben. Allenthalben entstanden Klöster, die nicht nur Zentren des Gebets, sondern auch des Lernens und der Arbeit waren.

Ursus' Nachfolger war also dessen erstgeborener Sohn Johannes. Ein zweiter Sohn war Patriarch von Grado geworden. Wieder einmal hatte sich eine Dynastie herausgebildet. Aber die Ereignisse jener Jahre zwischen 881 und 883 sollten die Geschicke in eine andere Richtung lenken. Comacchio, das zwar wie die Städte des venetischen Dukats inmitten der Lagunen, jedoch im Gebiet des Reiches gelegen war und der Rechtsprechung des Papstes unterstand, war im Salzhandel eine Konkurrenz für Venedig geworden. Es war, was die Schiffahrt auf dem Po betrifft, günstiger gelegen, und die Tatsache, daß es zum Reich gehörte, befreite es von der Last der Zölle. Johannes Partecipazio versuchte, mit dem Papst über Comacchio zu verhandeln, und schickte deshalb eine Gesandtschaft nach Rom, die von seinem Bruder Badovarius geleitet wurde. Doch in der Nähe von Ravenna wurde sie vom Grafen von Comacchio überfallen; Badovarius wurde schwer verwundet, gefangengenommen und nur unter der Bedingung freigelassen, daß er auf die Reise verzichtete. Kurz nach seiner Rückkehr nach Venedig erlag er seinen Verletzungen. Die Streitigkeiten zwischen dem Grafen, dem Vertreter der kaiserlichen Seite, und dem Papst, die die Venezianer zu ihrem eigenen Vorteil hatten nutzen wollen, hatten sehr traurige Folgen gehabt.

Der Doge ließ Comacchio militärisch besetzen und setzte dort eine ihm gefügige Regierung ein. Mit dieser Geste hatte er allerdings die Vorrechte des Papstes verletzt, und der Papst reagierte prompt mit seiner Exkommunikation. Noch drei Jahre danach antwortete Papst Stephan V. mit äußerster Strenge: »Was das Dukat Comacchio anlangt, wegen dessen Invasion und Unterdrückung Du von Unserem Vorgänger Papst Hadrian exkommuniziert worden bist, teilen Wir Dir mit, daß Wir es Dir niemals, solange Du lebst, auf irgendeine Weise, aufgrund irgendwelcher Ränke und aus irgendeinem sonstigen Grund überlassen werden.«* Es blieb ihm jetzt nichts anderes übrig, als sich zu fügen.

Sei es wegen der Schwäche seiner körperlichen Konstitution (es heißt, die Partecipazi seien wie die letzten Merowinger mit einer Art Rachitis erblich belastet gewesen), sei es wegen seiner erlittenen Niederlage – der Doge dachte jedenfalls an Abdankung. Ein jüngerer Bruder, der, wie es bereits üblich war, im voraus zu seinem Nachfolger berufen worden war, war tot; der ältere, Ursus, der bereits früher abgelehnt hatte, verzichtete erneut. Da kam es zu einem ziemlich einmaligen Vorfall: Das Volk stürzte zum Haus des Petrus Candiano und rief ihn zum Dogen aus. Johannes selbst übergab ihm im Dogenpalast das Schwert, das Zepter und den Richterstuhl, die Symbole der höchsten Würde. Dann zog er sich auf seine Besitztümer zurück, blieb aber im Genuß seiner Privilegien.

Vom Volk gewählt, vom Volk akklamiert und von seinem Vorgänger eingesetzt, fühlte Petrus Candiano eine schwere Verantwortung auf sich lasten. Er war fünfundvierzig Jahre alt, galt als weise und gottesfürchtig (Epitheta, mit denen die Chronisten die Herrscher allgemein großzügig bedachten), aber auch als entschlossen und mutig. Vielleicht deswegen hielt er es nach der unrühmlichen Rückkehr eines von den narentanischen Piraten besiegten Flottenverbandes für angebracht, persönlich das Kommando zu übernehmen und sich im Kampf nicht zu schonen. Und so kam es, daß er sich kaum drei Monate nach seiner Wahl zu sehr den Gefahren aussetzte, in der Nähe von Makarska in einen Hinterhalt geriet und im Kampf fiel. Sein heimlich geborgener Leichnam wurde im Atrium des Doms von Grado beigesetzt.

Erneut stellte sich das Problem der Nachfolge, aber das Pflichtgefühl des noch lebenden Johannes Partecipazio löste jede Schwierigkeit. Der gebrechliche Mann kehrte in den Palast zurück, übernahm das Amt, das er formell noch innehatte, und übertrug dem

* *Ebenda*, II, S. 26.

venetischen Volk ausdrücklich das, was sein Vorrecht sein sollte, nämlich die Bestimmung seines Nachfolgers.

Und das Volk wählte den Adligen Petrus, den Sohn des Dominicus Tribunus. Über die weibliche Linie war er ein Urenkel jenes anderen Petrus, der, wie wir sahen, vor der San-Zaccaria-Kirche ermordet wurde. Über ihn sagt Johannes Diaconus, daß er »das Dukat ehrenvoll regierte; denn er war voller Güte«. Gewiß fiel es ihm nicht leicht, zwischen dem Ostreich und dem Reich im Westen so zu lavieren, wie es Ursus getan hatte. Seine tatsächlichen Fähigkeiten konnte er aber in einer sehr ernsten Notlage unter Beweis stellen.

Im Jahr 899 stürzten sich die Ungarn, die mit ihren wilden Überfällen in Italien bereits schreckliche Verwüstungen angerichtet hatten, auf die Lagunenregion. Sie waren furchterregender als die Hunnen und hatten sich Schiffe aus Leder bauen lassen. Am Sankt-Peter-und-Pauls-Tag wehrte der Doge, der eine Armada befehligte, bei Albiola ihre Attacke ab. Dieser Eingriff war entscheidend. Die Räuber mußten dezimiert den Rückzug antreten. Die venetischen Waffen hatten den Sieg über einen Feind davongetragen, den aus Italien zu vertreiben König Berengar nur gelang, nachdem er sich gedemütigt und ihm Geiseln und Geschenke angeboten hatte.

Mit großem Realismus zog Petrus Tribunus die Konsequenzen aus der Gefahr, der die Stadt, die bereits das Herz und Hirn des Dukats war, ausgesetzt gewesen war, und befestigte sie. Vom verstärkten und vergrößerten Kastell von Olivolo zog sich eine dicke Mauer bis nach Santa Maria Zobenigo, wo über den Canal Grande eine gewaltige Eisenkette gespannt wurde, die auf der anderen Seite an die Nachbargebäude von San Gregorio angeschweißt war. Die massive Kette schützte jenen Teil, der zugleich der zentrale Kern und der schwache Punkt der unter der Herrschaft des Petrus vergrößerten und befestigten Stadt war, vor jeder Überraschung. Die Mauer verlieh ihr ebenso wie der wuchtige Campanile von San Marco neben Sicherheit auch Prestige. Angesichts all dieser Taten ist es nicht verwunderlich, daß die Veneter 910, als der Doge starb, »nicht wenig betrübt waren«.

Da es keine Nachfolger gab, schritt man noch einmal zur Wahl. Gewählt wurde ein Mann, der für seine intellektuelle Lebendigkeit, Großzügigkeit und echte Frömmigkeit bekannt war: Ursus Partecipazio, genannt Badoario; dieses alte eracleische Geschlecht trieb also neue Blüten. Daß keine offenkundige Beziehung zwischen Ursus Badoario und den anderen Partecipazi-Dogen bestand, braucht nicht zu verwundern, wenn man bedenkt, wie weit verzweigt ein Großteil der venezianischen Adelsfamilien war. Es handelte sich oft um regelrechte Familienverbände, die nur ihren weit zurückliegenden Ursprung – und manchmal noch nicht einmal soviel – gemeinsam hatten. Erstaunlich ist nicht einmal, daß der neue Doge auch dann die Linie seines Vorgängers gern weiterverfolgte, wenn es um die Sicherung der guten Beziehungen zu Reichsitalien und zum Byzantinischen Reich ging. Als sich dann Ursus nach zwanzigjähriger Herrschaft in ein Kloster zurückziehen wollte (die venezianische Überlieferung fügt seinem Namen das Epitheton »der Selige« hinzu), fiel die Nachfolge nicht an seinen Sohn, obwohl dieser eine hohe byzantinische Auszeichnung erhalten hatte. Eine solche Abweichung von der früheren, nur teilweise überwundenen Praxis läßt das Aufkommen einer neuen politischen Tendenz vermuten. Diese Vermutung wird weiter gestärkt angesichts der Wahl eines Candiano, Petrus II. Inwieweit dieser mit dem ersten verwandt war, ist nicht bekannt, doch jedenfalls war er eher ein Anhänger der Aktions- und Kriegspartei als der friedliebenden Tendenz der Partecipazi.

Eine starke Hand war im übrigen auch wegen der Situation in Istrien vonnöten, wo der Erfolg des venezianischen Handels Aversionen und Widerstände ausgelöst hatte. Auf die Verfolgungen der venezianischen Kaufleute reagierte der Doge mit Entschlossen-heit und der Blockade des Handelsverkehrs. Die Istrier sahen bald ein, daß der Schaden, den die Blockade verursachte, viel schlimmer war als der, den die venezianische Konkurrenz auf ihren Märkten angerichtet hatte. Am 14. Januar 932 unterschrieben die Bürger von Capodistria ein Abkommen, mit dem sie sich verpflichteten, dem Dogen als Gegenleistung für seinen Schutz und einige Erleichterungen auf dem Markt von Rialto jährlich einhundert Amphoren Wein zu schenken. Den Bewohnern von Comacchio gegenüber, die venezianische Bürger angegriffen hatten, verhielt sich Petrus Candiano II. völlig anders. Nachdem er die Stadt in Brand gesteckt und einige Einwohner umgebracht hatte, deportierte er die Überlebenden nach Venedig und ließ sie erst frei, nachdem sie sich verpflichtet hatten, die venezianische Vorherrschaft zu akzeptieren. Diese Interventionen zum Schutz des Handels bildeten die Ausgangsbasis für ein Verhalten Venedigs, das es an den Tag legen sollte, solange es über ausreichende Kräfte verfügte: In der Adria, die schon bald in »Golf von Venedig« umgetauft wurde, diktierte es die Verhaltensweisen und die Routen und schuf so die Garantie für sein tatsächliches Monopol über den Seeverkehr.

Nach Petrus' Tod kam statt seines Sohnes wieder einmal ein anderer Partecipazio an die Macht: Petrus Badoario, der Sohn des Dogen Ursus. Als dieser nach drei ereignisarmen Jahren starb, folgte ihm ein neuer Candiano nach, Petrus III., der Sohn des Petrus.

Mit Candiano kehrte die Partei der Expansion und Entschlossenheit an die Macht zurück, aber nicht alle Handlungen des neuen Dogen hatten Erfolge, die denen seines Vaters vergleichbar gewesen wären. Der Patriarch Lupo von Aquileja, der die Verantwortung für Überfälle und blutige Händel trug, wurde gehörig in die Schranken gewiesen, aber vielen kam es so vor, als habe der Doge den Konflikt zu sehr angeheizt und verlängert. Gegen die leidigen Narentaner wurde – in offenbar demonstrativer Absicht – eine Expedition von dreiunddreißig Schiffen ausgesandt, die ohne den Erfolg nach Venedig zurückkehrte, den der Doge sich versprochen hatte.

Das größte Unheil kam jedoch aus der Familie des Dogen selbst. Petrus Candiano III. brach mit der neuen, geltenden Regelung und schlug, statt die künftige Wahl seines Nachfolgers der Volksversammlung zu überlassen, seinen eigenen Sohn, der ebenfalls Petrus hieß, zum Mitregenten im Dukat vor. Er wurde gewählt – allerdings mit knapper Mehrheit und gegen eine starke Opposition. Es zeichnete sich ein schwerwiegender politischer Zwist ab, der den Sohn in dramatischen Gegensatz zu seinem

Vater bringen und Haßgefühle sowie innere und äußere Spannungen wieder aufbrechen lassen sollte.

Die Candiani waren Großgrundbesitzer, und Petrus IV., der Neugewählte, hatte besonders die Beziehungen mit der feudal geprägten Welt gepflegt, die das Dukat umgab. Um ihn herum hatte sich eine regelrechte Partei herausgebildet, die es sehr viel lieber gesehen hätte, wenn das Dukat in den Einflußbereich von Reichsitalien und dem Heiligen Römischen Reich getreten wäre, statt im Byzantinischen zu bleiben. Kurz nach seiner Wahl gerieten seine Wähler und die seines Vaters in einer stürmischen Versammlung aneinander, in deren Verlauf viele Bürger zu den Waffen griffen. Bei dieser Gelegenheit hätte Petrus ein schlimmes Ende genommen, doch das Volk hatte Mitleid mit seinem alten und kranken Vater, der um Erbarmen für ihn flehte, und schonte ihn. Es schickte ihn in die Verbannung, schwor aber feierlich, daß es ihn niemals – weder zu Lebzeiten seines Vaters noch nach dessen Tod – als Dogen akzeptieren würde.

Verbannt, aber keineswegs resigniert beschaffte sich Petrus IV. Mittel für die Ausrüstung einiger Schiffe, mit denen er die venezianischen Handelsschiffe angriff, die im Hafen von Primaro lagen. Er hätte vielleicht noch Schlimmeres angerichtet, wenn nicht die Volksversammlung – die wankelmütig war, wie dies bei Versammlungen oft der Fall ist, und die vor allem auch wegen der Furchtsamkeit der Opposition von seinen Anhängern beherrscht wurde – den erst kurz zuvor abgelegten Eid vergessen, Petrus nach dem Tod seines Vaters zurückgerufen und wieder in die Macht eingesetzt hätte.

Petrus kehrte also, von dreihundert Schiffen eskortiert, im Triumph nach Venedig zurück und ordnete als erstes schwere Strafen gegen den Sklavenhandel an. Zehn Jahre später verbot ein zweiter Erlaß den Handel mit den Sarazenen, besonders im Hinblick auf Güter von militärischem Interesse (Nutzholz für den Schiffbau und Eisen). Damit hatte der Doge den Kaiser des Heiligen Römischen Reiches, den Sprecher der Nachbarvölker auf dem Festland, und auch den byzantinischen Kaiser zufriedengestellt, dessen Territorien den muslimischen Angriffen am meisten ausgesetzt waren. In der venezianischen Handels- und Finanzwelt aber hatte er Unzufriedenheit ausgelöst. Seine Regierungszeit war also von einer schlechten Atmosphäre gekennzeichnet, die seine unflexible und strenge Wesensart gewiß nicht zu lindern half. Aber das war nicht alles. In seinen beiden Dekreten wurde – zaghafter im ersten, offener im zweiten – der Person des Dogen das Epitheton *Senior* im durch und durch feudalen Sinne von »Signore«, Herr, beigefügt. Es war eine Neuerung, die der Doge zusammen mit seiner zweiten Gemahlin Waldrada, der Schwester des Markgrafen Hugo von Tuszien, aus Reichsitalien importiert hatte. Eine weitere Neuerung war seine Leibwache aus im Reich rekrutierten Söldnern – etwas, was man nie zuvor in Venedig gesehen hatte. Derlei konnte dem argwöhnischen und unduldsamen Wesen der Venezianer nicht gefallen. Gleichzeitig erhielt einer seiner Brüder eine wichtige Position als Lehnsherr auf dem Festland. All diese Handlungen schienen auf eine einzige Absicht hinauszulaufen, nämlich das Expansionsgebiet des Dukats auf das Festland hin zu verlegen (die ausgedehnten Besitzungen der Candiani stellten bereits einen Brückenkopf dar) und – vor allem – in Venedig ein echtes feudales Herrscherhaus einzusetzen.

In dem Maße, wie Petrus Candiano IV. sein Programm verfolgte, wuchs die Anzahl und Stärke seiner Gegner, und nach kurzen, von Unduldsamkeit ausgelösten Vorgeplänkeln brach plötzlich der Aufstand los. Der Dogenpalast wurde im Sturm genommen. Die Söldner drängten den Angriff zurück. Da legte jemand Feuer an die umliegenden Häuser jenseits des Kanals, während eine kleine Gruppe von Mitgliedern der höchsten Adelsschicht den Dogen überrumpeln wollte, sobald ihn die Flammen vertrieben hätten. Der Brand nahm katastrophale Ausmaße an, vernichtete zwischen San Marco und Santa Maria Zobenigo mehr als dreihundert Häuser, zerstörte die Kirche San Teodoro und bedrohte selbst die Basilika von San Marco. Der Doge, getrieben vom Feuer und vom erstickenden Qualm, versuchte, mit wenigen Getreuen über das Atrium der Basilika zu entkommen, und ebendort erwarteten ihn seine Feinde. Auf Knien liegend, bat der »Herr« der Veneter seine unversöhnlichen Feinde um Erbarmen, nannte sie Brüder und flehte um Vergebung für die Beleidigungen, die er ihnen mit Worten oder Taten angetan haben mochte. Doch jene grausamen Seelen kannten keine Barmherzigkeit. Petrus wurde ermordet und mit ihm sein kleiner Sohn, ein Wickelkind noch, das in den Armen seiner Amme lag. Zusammen mit dem Leichnam seines Vaters wurde er in das öffentliche Schlachthaus geworfen (das sich bei der heutigen Pescheria befand). Nur einem mitleidsvollen Edelmann, Giovanni Gradenigo, war es zu verdanken, daß jene armseligen irdischen Reste in der Kirche der fernen Abtei von Sant'Ilario Frieden finden konnten.

## 7

Man schrieb das Jahr 976, als in der zerstörten Stadt die Versammlung, die in der Kathedralkirche San Pietro di Castello zusammengetreten war, Petrus Orseolo zum Dogen wählte – Johannes Diaconus zufolge ein Mann, der »durch Hochherzigkeit und Vollkommenheit glänzte«, nach dem heiligen Petrus Damiani einer der Anführer der Revolte. Petrus Damiani stellt klar, daß eben er, der einen Palast und viele Häuser im Stadtteil Santi Filippo e Giacomo besaß, damit einverstanden war, ein ihm gehörendes Gebäude in Brand zu stecken, damit sich das Feuer ungehinderter zum Dogenpalast ausbreiten konnte. Fest steht, daß Petrus Orseolo sich, kaum an die Macht gelangt, in jeder Weise bemühte, die Gemüter zu besänftigen, während er geduldig versuchte, die Fäden der venezianischen Außenpolitik wiederanzuknüpfen, die durch das Gemetzel unter den letzten Candiani stark gestört worden war.

Jenseits der Grenzen brodelte die Wut. Die Kaiserinmutter Adelheid, die Witwe Ottos I., hatte die Witwe des ermordeten Dogen unter ihren Schutz gestellt. Kaiser Otto II. hatte seinerseits die Tragödie zwar nicht zum Vorwand für einen offenen Bruch genommen, hatte aber überlebende Anhänger des Toten bei sich aufgenommen, allen voran den Patriarchen von Grado, Vitalis, Petrus' IV. Sohn aus erster Ehe, der sich in jeder Weise bemühte, im Inneren des Dukats Zwietracht zu säen.

Nachdem Petrus Orseolo die Witwe des Ermordeten durch die Rückerstattung ihrer Mitgift zufriedengestellt hatte, hatte er sofort die Verträge mit Capodistria erneuern wollen. Diese Geste sollte nicht nur dem venezianischen Handel nutzen und die Vermögenssteuer versüßen, die auch er – genau wie sein verhaßter Vorgänger – hatte auferlegen lassen müssen, sie sollte auch den Venezianern zeigen, daß er wieder eine Politik der Expansion auf das Meer hin betreiben wollte. Um dann seine Selbstlosigkeit unter Beweis zu stellen, steckte der Doge einen großen Teil seines Vermögens in den Umbau der Basilika von San Marco (auf ihn soll unter anderem der früheste Kern der berühmten *Pala d'oro* zurückgehen, die später von Ordelaf Falier vollendet wurde) und gründete auf der Piazza San Marco neben dem Campanile ein Hospital und an der Riva degli Schiavoni ein Hospiz für Pilger. Von einem Prozeß gegen die Mörder des Petrus Candiano war freilich keine Rede mehr. Die Partei der Candiani unterstellte, daß der Doge zuviel wußte und nicht einschreiten wollte. Und sie bereitete seine Beseitigung vor.

Da verbreitete sich Anfang September 978 eine unglaublich erscheinende Nachricht: In der Nacht auf den Ersten des Monats war der Doge zusammen mit dem Abt des in den Pyrenäen gelegenen Klosters San Miguel de Cuxá, einem Mönch aus Ravenna namens Romuald, seinem Schwiegersohn Giovanni Morosini und Giovanni Gradenigo heimlich abgereist. Er hatte mit dem Boot das Festland bei Sant'Ilario, der Ruhestätte der letzten Candiani, erreicht und dort die Tonsur empfangen. Die kleine Gruppe ritt in Richtung Frankreich weiter, wo der Doge ein dem Gebet und der Buße geweihtes Leben beginnen wollte.

Was war geschehen? Viele versuchten, eine Erklärung für diese Geste zu finden, über die niemand informiert worden war, nicht einmal die *Dogaressa* und der Sohn des Dogen. Irgend jemand erinnerte sich daran, daß der Abt von Cuxá schon einmal gekommen war, und zwar ebenfalls heimlich und mitten in der Nacht. Und allmählich kam die Wahrheit ans Licht, auch wenn niemand sie je offen eingestehen wollte.

Bereits bei seinem ersten Aufenthalt hatte der Abt den Dogen gedrängt, auf die weltliche Macht zu verzichten und Mönch zu werden. Hinter der Aufforderung, die der Superior eines Klosters an einen hochgestellten Herrn richtete, dessen Religiosität bekannt war, stand eine unmißverständliche Botschaft, eine dramatische Warnung. Die Botschaft kam von Otto II., die Warnung von der Partei der Candiani, die vom Kaiser gestützt und getragen wurde. Der Doge hatte zunächst versucht, Widerstand zu leisten, aber allein schon die Eile und die Heimlichkeit seiner Abreise zeigten, daß die Aufforderung des Abtes bei seinem zweiten Besuch noch unmißverständlicher, die Warnung noch dringender war. Mit seinem Opfer schonte der Doge sein Volk vor Gefahren, Feindseligkeiten, inneren Kämpfen und Angriffen von außen. In der Einsamkeit der Pyrenäen lebte der Mann, der ein einflußreicher und sehr begüterter Politiker gewesen war, zusammen mit dem heiligen Romuald zehn Jahre lang das entbehrungsreiche Leben der ersten Einsiedler des Kamaldulenserordens. Er schlief in einer Steinhöhle, und nur der liebevollen Aufmerksamkeit Romualds verdankte er eine kleine Zulage zu dem wenigen schwarzen Brot, das seine Nahrung darstellte. Bei seiner Abreise hatte er den Armen von Venedig tausend Pfund Gold hinterlassen und ebensoviel dem Staat zur Entlastung der Steuern, die er selbst den Bürgern auferlegt hatte. Nach seinem Tod wurde er seliggesprochen; später (1713) erklärte die Kirche ihn zum Heiligen. Welchen Anteil er auch am Tod der Candiani gehabt haben mochte, er hatte schwer dafür gebüßt.

Die natürliche Folge von Orseolos Opfer war die Rache der Candiani. Aber wahrscheinlich, weil es ihm nicht gelang, die einander bekämpfenden Parteien zu versöhnen, verspürte Vitalis Candiano – vielleicht ein Bruder Petrus' IV. –, der gleich nach der Bekanntgabe von Orseolos Abdankung zum Dogen gewählt worden war, ebenfalls eine Berufung zum Mönchsleben. Unter dem Vorwand einer Krankheit verzichtete er auf die Dogenwürde und zog sich in die Abtei von Sant'Ilario zurück. Doch auch die 979 erfolgte Wahl von Tribunus Menius (in dem man später einen Ahnherrn der Patrizierfamilie Memmo erblicken wollte) konnte als Erfolg der Partei der Candiani gelten: Menius war mit einer Candiano verheiratet, und das ansehnliche Vermögen, das sie in die Ehe mitgebracht hatte, umfaßte einen großen Teil der Güter der Candiani.

Der Lauf der Zeiten hatte die alten politischen Gegensätze keineswegs entschärft; es waren vielmehr neue entstanden. Es gab bereits Familien, die wegen ihres Adels und ihres Reichtums Einfluß besaßen, und unter ihnen kam es zu Rivalitäten. Der Doge, der offensichtlich nicht einflußreich genug war, um sich zu behaupten und sie zu beenden, ließ sich so tief in die Streitigkeiten hineinziehen, daß er zwar noch zwölf lange Jahre an der Regierung blieb, dafür aber einen schweren Prestigeverlust und eine Schwächung der Position des Dogen in Kauf nehmen mußte.

Zwischen zwei großen Familien, den Morosini und den Coloprini, hatte sich ein lang gehegter Groll, verschärft durch die Verschiedenheit der politischen Meinungen, zur offenen Feindseligkeit ausgewachsen. Nach verschiedenen Plänkeleien hatten die Coloprini mit Unterstützung des Dogen, ihres Verwandten, die Häuser der Morosini – allerdings erfolglos – angegriffen. Doch leider befand sich gerade ein junger Mann aus der Familie Morosini, Dominicus, zufällig auf dem Marktplatz von San Pietro di Castello. Jene Rasenden stürzten sich auf ihn und richteten ihn so zu, daß er schon kurze Zeit, nachdem ihn einige mitleidige Seelen aufgelesen und in die Kirche San Zaccaria gebracht hatten, starb. Natürlich warteten die Morosini auf den richtigen Augenblick, um ihren Rivalen mit gleicher Münze heimzuzahlen; die Empörung des Volkes hatte sie politisch gestärkt, und der Doge hatte sich beeilt, für sie Partei zu ergreifen. Die Morosini traten für eine engere Bindung an Byzanz ein, während die Coloprini für eine engere Bindung an den deutschen Kaiser waren.

So hatten Stefanus Coloprini und die Seinen, die sich von den Morosini schikaniert fühlten, Venedig verlassen und bei Kaiser Otto II. Aufnahme gefunden. Dieser hatte zwar kurz zuvor die traditionellen Abkommen mit dem Dukat erneuert, hörte aber den Verbannten, die ihm die innere Situation Venedigs in düsteren Farben schilderten, aufmerksam zu, zumal die Coloprini sich anboten, in seinem Namen einen Überfall auf Seevenetien durchzuführen, und ihm auch die dazu nötigen finanziellen Mittel garantierten. Den ersten Schritt tat er, der Kaiser selbst, indem er den Handelsverkehr blockierte, die Güter der Venezianer beschlagnahmte und die kurz zuvor bestätigten Vergünstigungen aussetzte. Die Coloprini und ihre Freunde bereiteten sich indessen auf die militärische Blockade des Dukats vor.

In dieser bedrohlichen Situation fiel dem Tribunus Menius nichts Besseres ein, als die Plünderung der Häuser der Coloprini und ihrer Freunde zu gestatten und die Verhaftung ihrer Ehefrauen anzuordnen, während er versuchte, die Sympathien Ottos dadurch zu gewinnen, daß er ihn demütig anflehte und ihm unerbetene Geschenke zusandte. Das genügte dem Kaiser, um sich von der Schwäche der Regierung des Dukats und der Chance zu überzeugen, den Druck auf ihn noch zu verstärken.

Nach zwei Jahren der Spannung und der Ängste befreite – wie der Chronist bemerkt – die Vorsehung Venedig: Der Kaiser starb plötzlich, und die Kaiserinregentin hatte keine Absicht, sich auf militärische Abenteuer einzulassen (sie war übrigens eine byzantinische Prinzessin und hieß Theophanu). Während Stefanus Coloprini der Ältere sich stolz in ein freiwilliges Exil vergrub, gelang es den übrigen Verschwörern mit Hilfe der Kaiserin und des mächtigen Markgrafen Hugo von Tuszien, in die Heimat zurückzukehren, nachdem ein feierlicher Schwur ihnen garantiert hatte, daß ihnen kein Haar gekrümmt würde.

Doch um den Groll der Morosini zu besänftigen, bedurfte es anderer Dinge. Als drei Söhne des Stefanus in einem Boot von einer politischen Versammlung heimkehrten, wurden sie von vier Mitgliedern der Familie Morosini umgebracht. Obgleich der Doge seine Unschuld beteuerte, beschuldigte man ihn in der Stadt der Mittäterschaft. Trotz seines Widerstandes und von einer Krankheit gezeichnet, wurde er nach kaum sechs Tagen von der Volksversammlung abgesetzt und gezwungen, ins Kloster von San Zaccaria einzutreten.

8

In dieser schwierigen Lage begann der Stern der Orseoli wieder aufzuleuchten. Die Morosini waren die Verfechter der politischen Orientierungen gewesen, mit deren Verwirklichung Petrus I. kaum begonnen hatte. Jetzt war es der dreißigjährige Sohn des Petrus, den die »Völker Venetiens« (so behauptet der Chronist, und tatsächlich waren auch dieses Mal alle Inseln und alle Wohnorte der Venezianer vertreten) zum Dogen ausriefen.

An die Stelle der Unentschlossenheit des Tribunus Menius trat ein fester und entschiedener Wille: Da die Parteien nicht mehr von oben aufgestachelt wurden, beruhigten sie sich bald. Nach verschiedenen Vorfällen, über die uns nichts bekannt ist, verlangte der Doge von den Bürgern den feierlichen Schwur, im Dogenpalast keine »Stürme«, das heißt keine Tumulte, zu provozieren, und er untersagte ihnen, auf Versammlungen bewaffnet zu erscheinen. Zuwiderhandelnde hatten die Wahl zwischen der Zahlung einer Geldstrafe über zwanzig Pfund Gold und dem Tod.

Zuvor noch hatte der Doge das heikelste Problem angepackt, nämlich das der Beziehungen zu den beiden Reichen, dem Deutschen und dem Byzantinischen. Wie den besten seiner Vorgänger ging es ihm darum, von beiden den gleichen Abstand zu halten; aber es war ein Problem von vitaler Bedeutung, weil es die grundlegende Aktivität der Veneter, den Handel, betraf.

Und eben auf diesem Gebiet erzielte Pietro Orseolo II. gleich nach seinem Machtantritt zwei beachtliche Erfolge: Im März 992 faßten die byzantinischen Kaiser Basileios und Konstantin eine »Goldene Bulle« ab, die den venezianischen Kaufleuten als Gegenleistung für ihren militärischen Beistand gegen die Araber einen klaren Vorteil gegenüber ihren Konkurrenten, den Amalfitanern, den Langobarden aus Apulien und den Juden, einräumte. Am 19. Juli dieses Jahres bestätigte der deutsche Kaiser Otto III. die traditionellen venezianischen Privilegien in Reichsitalien.

Obwohl Kaiser und Doge sich niemals persönlich begegnet waren, hatten die Ereignisse des Jahres 1000 Otto davon überzeugt, daß Pietro Orseolo der geeignete Mann war, ihm bei der Verwirklichung seiner Träume von einer universalen Monarchie behilflich zu sein. Am Himmelfahrtstag jenes Jahres war die venezianische Flotte unter dem persönlichen Kommando des Dogen aus dem Hafen von Equilo ausgelaufen; dies war die Reaktion auf einen dramatischen Hilferuf der von den Slawen bedrohten römischen Städte an der dalmatinischen Küste. In Parenzo und Pola hatte der Doge die Huldigung der Istrier entgegengenommen. In Ossero und dann am 5. Juni 1000 in Zara in Anwesenheit von Vertretern aus Arbe und Veglia war in seiner Gegenwart eine formelle Unterwerfungsurkunde unterzeichnet worden. Die Friedensangebote des Königs von Kroatien waren abgelehnt, die räuberischen Narentaner geschlagen und die Inseln Curzola und Lagosta erobert worden; Traù und Ragusa hatten sich unterworfen. Der Doge war, geschmückt mit dem Titel eines »Herzogs der Veneter und der Dalmatiner«, nach Venedig zurückgekehrt. Dieser Titel sanktionierte die neue Realität im Adriatischen Meer und übertrug ihm zugleich den bereits unanfechtbaren Rang eines Fürsten. Von jenem Augenblick an erschien er als der starke Mann im Mittelmeer und in der abendländischen Welt.

Nun reiste Otto, der sich in Ravenna aufhielt, Ostern des Jahres 1000 nach Pomposa an die Adriaküste, um eine Salzwasserkur zu machen. Aber noch am selben Abend war er an Bord eines Ruderschiffes unterwegs nach Venedig. Der Besuch war von Geheimnissen umgeben – ob auf Verlangen des Dogen oder wegen der überspannten und abenteuerlichen Wesensart des zwanzigjährigen Kaisers, ist nicht bekannt. Die Reise dauerte eine Nacht und einen Tag. Als Otto III. bei Sonnenuntergang inmitten der ruhigen Fläche der Lagunengewässer jene Stadt näher rücken sah, die bereits etwas Einmaliges in der Welt darstellte, war er sehr bewegt.

Doch die so heißersehnte und bis ins kleinste vorbereitete Begegnung endete enttäuschend und ohne greifbares Resultat. Zu den Gesprächen zwischen Kaiser und Doge war niemand zugelassen worden, nicht einmal der zuverlässige Johannes Diaconus; aber es wurde sofort klar, daß der Doge die Avancen seines Gesprächspartners definitiv zurückgewiesen hatte. Dieser wollte eine Tochter Orseolos über die Taufe halten und zugleich auf den jährlichen Tribut verzichten, den die Venezianer ihm schuldeten.

Aber der Unwille, mit der er die großartigen Geschenke annahm, ließ seine Enttäuschung erkennen. Unterdessen berief Pietro Orseolo die Volksversammlung ein und berichtete über das Geschehene – eine Geste, die Johannes Diaconus zufolge »die Redlichkeit des Kaisers, aber vor allem die Klugheit und Fähigkeit des Dogen offenbarte«.

Mit der Weigerung, die abenteuerliche Italienpolitik Ottos III. zu unterstützen, hatte Pietro bestätigt, daß die venezianische Politik von beiden Reichen gleich großen Abstand halten wollte. Die Veneter genossen also vollständige Autonomie. Die Expedition, mit der die venezianische Flotte zwischen 1002 und 1003 die Sarazenen aus Apulien vertrieb, war nicht wie andere, frühere Feldzüge die Erfüllung einer Pflicht gegenüber der byzantinischen Oberhoheit, sondern – auch wenn es darum ging, den letzten Rest dieser Souveränität in Italien zu retten – eine Intervention zum Schutz der Seeroute des venezianischen Orienthandels. Die Voraussetzung für diesen Handelsverkehr, garantiert und erleichtert durch die »Goldene Bulle« des Jahres 992, war der freie und sichere Zugang zur Adria und zum Ionischen Meer.

## 9

Die letzten Jahre des Pietro Orseolo standen unter keinem so guten Stern. Im Juli des Jahres 1005 war in Konstantinopel mit großem Pomp die Hochzeit seines Sohnes Johannes gefeiert worden. Als Johannes zusammen mit seiner Braut Maria, der Nichte des byzantinischen Kaisers Basileios II., nach Venedig zurückkehrte, war dies Anlaß zu noch glanzvolleren Festen gewesen – den ersten, von denen in den venezianischen Chroniken die Rede ist. Kurze Zeit danach hatte die Geburt eines Sohnes die Nachfolge des jungen Paares gesichert. Doch innerhalb weniger Tage raffte die Pest Johannes, Maria und das Kind dahin. Pietro beeilte sich, mit der Zustimmung der Volksversammlung seinen dritten Sohn Otto (der zweitgeborene, Orso, war Patriarch von Grado) zu seinem Mitregenten zu machen. Indes, das Unglück hatte ihn bereits gebrochen. Zunehmend von Schwermut befallen, verteilte er einen Großteil seines ansehnlichen Vermögens an die Kirche und die Armen und führte bis zu seinem Tod im September 1009 in seinem Palast das Leben eines Mönches.

Er hatte die von seinem Vater wiedererrichtete Basilika von San Marco verschönert und reicher ausgestattet, den Dogenpalast befestigt und vergrößert und in Cittanova einen weiteren erbaut. Er hatte sich offiziell »Herr« nennen lassen, zwei seiner Söhne höchsten kirchlichen Ämtern zugeführt und einen dritten mit der Tochter von Vitalis Hugo Candiano, dem reichen Lehnsherrn und Bruder von Petrus Candiano IV., verheiratet. Dennoch fällt es schwer, zu glauben, daß Pietro die Gründung einer feudalen Dynastie beabsichtigt haben sollte. Und wenn sie ihm vorgeschwebt hat, so wollte es das Schicksal nicht, daß seine Nachkommenschaft auf dem Dogenthron sitzen sollte.

Der Doge Otto Orseolo trat im Alter von kaum fünfzehn Jahren die Macht an. Die Chronisten bezeichnen ihn gewöhnlich als fromm, klug und rechtschaffen, aber bei der Bändigung der Kroaten in Dalmatien griff er wirklich energisch durch. Trotz des Ansehens, das sein Bruder, der Patriarch, und seine Frau, Maria von Ungarn, die Tochter von König Géza und Schwester des heiligen Stephan, genossen, saß er nicht fest im Sattel. Die venezianische Mentalität, die immer gegen ein Fortbestehen der Dynastien gewesen war, neigte zur Auflehnung. Und der Patriarch von Aquileja, Poppo, ein Lehnsherr aus Kärnten, der bis auf seinen Titel nichts von einem Geistlichen hatte, hatte es auf Grado abgesehen und grub den alten Streit über die Rechtmäßigkeit des nationalen venezianischen Patriarchats wieder aus.

Poppo griff zunächst auf juristischer Ebene an. Die reichen Einkünfte Grados reizten ihn, aber die venezianische Flotte war ein zu großes Problem für ihn. Ein zwischen 1023 und 1024 unvorhergesehenes Ereignis lieferte ihm die Gelegenheit für einen militärischen Angriff: In Venedig war eine Rebellion ausgebrochen, in deren Verlauf Otto Orseolo und der Patriarch Orso nach Istrien hatten fliehen müssen. So kam es, daß die aquilejischen Soldaten sich auf Grado warfen. Sie wüteten schlimmer als Slawen und Sarazenen und verschonten nichts – weder die Kirchen, aus denen sie das Silbergerät und die Reliquien raubten, noch die Nonnen, die sie in ihren Klöstern vergewaltigten, ja nicht einmal die Gräber, die sie auf der Suche nach Beute aufbrachen.

Die Nachricht von diesen Greueltaten löste in Venedig Empörung aus. Mehr noch als die materiellen Schäden und die Opfer war es der Angriff auf die spirituellen Schätze der Nation, der die Veneter veranlaßte, den Patriarchen Orso aus der Verbannung zurückzuholen und sich geschlossen um ihn zu scharen. Dem aus Grado vertriebenen Poppo wurde auch von einer Synode, die der Papst nach Rom einberufen hatte, unrecht gegeben. Die Orseoli hatten gesiegt, und der Doge Otto kehrte nach Venedig zurück.

Aber die »große Schmähung«, die – der Chronik von Altino zufolge – den Dogen in Gegensatz zu seinem Volk brachte, trat rasch wieder auf, und auch die Entwicklungen in der europäischen Politik liefen den Bestrebungen der Dynastie zuwider. Auf dem Thron des Heiligen Römischen Reiches saß nunmehr Konrad von Franken, ein Freund und Anhänger Poppos, der so solidarisch mit ihm war, daß er die Erneuerung der traditionellen Verträge mit den Venezianern ablehnte. Im Herbst 1026 befand sich Otto Orseolo erneut auf der Flucht, und der Führer der Opposition, Domenico Flabiano oder Flabianico, der noch nicht persönlich die Macht übernehmen wollte, sorgte dafür, daß ein Mann ohne großes Profil, aber mit sehr viel Geld, nämlich Pietro Barbolano Centranico, zum Dogen gewählt wurde.

Die Veränderung reichte nicht aus, um Konrad zu einem Sinneswandel zu bewegen. Im Gegenteil, der Kaiser bat den Papst um die Einberufung einer neuen Synode, die Poppos Forderungen überprüfen sollte; der Papst stimmte zu. Das Urteil stand nach dem Willen des Kaisers, der ihm noch mit seinen Truppen Nachdruck verlieh, von vornherein fest. Der Patriarch Orso Orseolo, der nicht einmal persönlich aufgetreten war, wurde zum Eindringling erklärt, und die Patriarchenwürde wurde ihm abgesprochen. Grado wurde zum einfachen Pfarrsprengel der Diözese Aquileja. Zur Durchsetzung des Dekrets wäre eine erneute militärische Operation notwendig gewesen, aber der Kaiser war nicht bereit, so weit zu gehen. Das Urteil ließ jedoch noch einmal die

Solidarität und den Unabhängigkeitsgeist der Venezianer aufleben; von der Empörung über den Übergriff war auch die Regierung des Dogen betroffen, die sich während der ganzen Zeit tatenlos verhalten hatte. Der Patriarch Orso nutzte die Woge des Aufruhrs, der die Gemüter erschütterte, sammelte die Anhänger der Orseoli, ergriff die Macht und schickte Pietro Barbolano Centranico in die Verbannung nach Griechenland. Zuvor hatte er diesem die Haare und den Bart scheren und ihn in eine Mönchskutte stecken lassen. Konrads Abneigung gegen ein militärisches Eingreifen erklärt noch besser, daß der Patriarch höchstwahrscheinlich vom byzantinischen Kaiser Romanos Argyros, dem Schwager von Otto Orseolo, unterstützt wurde. Zu diesem hatte der Patriarch Orso seinem Bruder Vitalis, den Bischof von Torcello, gesandt, damit er Otto nach Venedig zurückschickte. Aber Otto war sehr krank. Weder die mächtigen Verwandten noch die Welle der Volksgunst, die die Unfähigkeit Pietro Centranicos ausgelöst hatte, konnten noch etwas für ihn bewirken. Er starb auf der Reise, und sein Sohn Pietro zog den Aufenthalt in Ungarn vor, wo er kurze Zeit später König werden sollte. In diesem Augenblick der Verwirrung bemächtigte sich ein Domenico Orseolo – von dem nur bekannt ist, daß er mit dem Verstorbenen verwandt war – des Dogenamtes (»ohne den Willen des venezianischen Volkes«, sagt die Chronik von Altino; mit Unterstützung der Bürger, sagt dieselbe Chronik an anderer Stelle). Er konnte sich aber nur eine Nacht und einen Tag lang an der Macht halten und floh dann nach Ravenna. Die Ära der Orseoli war zu Ende. Domenico Flabianico konnte sich als Anführer der Opposition nicht länger seiner Verantwortung entziehen und wurde nach seiner Rückkehr aus dem Exil schließlich zum Dogen gewählt.

## 10

Trotz ihres stürmischen Endes hatte die Epoche der Orseoli entschieden zur Ausdehnung der Lagunenwelt beigetragen, die bereits in ihrer einheitlichen Struktur gefestigt war. Die Interessen von Handel und Seefahrt, den Quellen des wachsenden Wohlstandes der Venezianer, hatten all jene wesentlich beeinflußt und bestimmt, die die Macht innehatten, angefangen bei den allerersten Dogen. Bündnisse und Streitigkeiten, Kriege und Verschwörungen hatten letztlich immer wieder die Festigung jener Interessen zum Ziel gehabt; sie rangierten vor jedem Ehrgeiz einzelner Personen, einer Klientel oder Dynastie.

Ein Teil dieses Handelsverkehrs führte immer noch über die Flüsse zu den Städten im Landesinneren. Kurz vor der Zeit der Ottonen bemerkte ein Beamter aus Pavia halb verwundert, halb verärgert: »Diese Leute [die Venezianer] pflügen nicht, säen nicht und ernten nicht«, doch sie »können in jedem Hafen Getreide und Wein kaufen«. Mehr als neun Zehntel des Handels aber wurde in der Levante abgewickelt, vor allem in Konstantinopel, wo viele venezianische Kaufleute und Reeder sich auf Dauer niedergelassen hatten, ferner in Griechenland, hauptsächlich in Korinth und in Theben, sowie in Syrien und Ägypten.

Die chronische Geldknappheit (noch 1054 wurde in Chioggia ein Grundstück mit einer Kuh bezahlt) und andere schwerwiegende Mängel (bis zum Ende der ersten beiden Jahrzehnte des 12. Jahrhunderts mietete beispielsweise ein Großteil der venezianischen Seefahrer noch immer Schiffe an; der Anker war ein wichtiges Erbgut, dem in der Mitgiftliste der Töchter der Superreichen ein Ehrenplatz zukam) – solche Mängel hinderten Venedig nicht daran, reich zu werden. Der Dogenpalast war so prächtig, daß Otto III. innegehalten hatte, um seine *magnifici ornamenti* zu bewundern, und Orso Orseolo, der spätere Patriarch, hatte den Dom von Torcello in den großartigen Formen wiederaufgebaut, die wir noch heute bewundern. In Torcello, das von einer Chronik *magnum emporium*, großer Handelsplatz, genannt wurde (in Ermangelung anderer Hinweise nimmt man an, daß sich der Terminus auf die große Zahl von Baumstämmen bezog, die auf der Piave befördert oder in den Wäldern an der Küste gefällt wurden), war bereits die Kirche Santa Fosca entstanden, die später umgestaltet wurde und noch heute steht. In Murano wurde 999 die Kirche Santa Maria gebaut, die später in Santi Maria e Donato umbenannt wurde. Aber während sich mit der Trockenlegung neuer Sümpfe und der Befestigung von sandigen und festeren

Bodenerhebungen das städtebauliche Gefüge abzeichnete, waren in ganz Venedig neue Kirchen entstanden oder befanden sich gerade im Bau.

Wie sich anhand der Vermögenssteuerlisten feststellen läßt, zogen schon gegen Ende des 9. Jahrhunderts die angeseheneren Bürger keinen Teil der Stadt irgendeinem anderen vor, und da sich wahrscheinlich um die wichtigeren Steuerzahler auch die wichtigeren wirtschaftlichen Aktivitäten konzentrierten, brauchte es keine ökonomisch unterentwickelte Gebiete zu geben. Trotz der fortschreitenden Abwanderung lagen die Randbezirke wirtschaftlich noch nicht darnieder. Sie wurden unter anderem von den großen klösterlichen Stiftungen am Leben erhalten, die ein wenig über das ganze Land verstreut waren.

Maria von Byzanz, die Gemahlin Giovannis, des Sohnes von Pietro Orseolo, hatte aus Konstantinopel die Reliquien der heiligen Barbara mitgebracht und für die Dogenbasilika von San Marco bestimmt. Felice, Pietros Tochter, bat für ihre Stiftung San Giovanni Evangelista di Torcello um jene Gebeine und erhielt sie. Während die ersten Lagunenbewohner die Reliquien der Schutzheiligen ihrer alten Kirchen mitgebracht hatten, begann man nun damit, eine ganze Reihe von Körpern von Heiligen aus der Levante in die venezianischen Kirchen zu überführen, zu deren Hauptattraktion sie wurden. Um diese Überführungen ranken sich Legenden voller Poesie, aber auch voller unfreiwilliger Komik. Sie trugen zur Vermehrung eines spirituellen Erbes bei, das seine Wurzeln in der römisch-venetischen Tradition hatte, welche byzantinische und germanische Einflüsse niemals grundlegend verändert hatten. Aber sie nährten auch die Neugierde und das Interesse der Händler und Pilger, die seit jenen frühen Zeiten den Weg zu dem öffneten, was man eine Art vorweggenommenen Tourismus nennen könnte.

Und die anderen, das einfache Volk, die kleinen Leute in der Stadt und auf den Inseln? Es handelte sich nicht nur um Matrosen, Fischer und Salzsieder; außer den Glasbläsern gab es noch viele andere Handwerker, die, wie es scheint, bereits seit dem 10. Jahrhundert in *Fraglie* (Innungen) und *Collegi* (Vereinigungen) zusammengeschlossen waren, wie etwa die Schmiede, Kistenmacher usw. Andere Berufszweige, die an die Grundbedürfnisse der Gemeinden gebunden waren, werden in den ältesten Chroniken erwähnt: Metzger, Abdecker, Fuhrleute, Hirten, Sattler, Weidenkorbflechter, Gemüsegärtner, Hunde- und Falkenzüchter.

## 11

Daß die venezianische Verfassung seit uralten Zeiten von der Einrichtung verschiedener Versammlungen geprägt ist, hat man mit dem Weiterleben der römischen Tradition erklärt. Während im *Plàcito* neben dem Dogen, dem Patriarchen und den Bischöfen die Vertreter der *maiores populi*, der *mediocres* und der *minores* saßen, nahmen am *Arengo*, der Volksversammlung, alle freien Männer des Dukats teil. Und während in Wirklichkeit die Macht hauptsächlich bei den *Maiores* lag (von denen die meisten durch Seefahrt und Handel zu Geld gekommene Nachkommen der alten Tribunen waren), wurde das *universo popolo* um Beteiligung und Billigung gebeten. Zumindest in der letzten Zeit hatte die Volksversammlung wesentlichen Anteil an den radikalsten politischen Entscheidungen gehabt.

Der Fall der Orseoli hatte einmal mehr gezeigt, wie wenig die Venezianer für dynastische Regierungsformen übrig hatten. Unter Domenico Flabianico erhielt diese Unduldsamkeit ihren gesetzlichen Ausdruck, als mit der Gewohnheit der Dogen, noch zu ihren Lebzeiten ihre Söhne und Brüder mit oder ohne Zustimmung des *Arengo* an der Macht zu beteiligen, aufgeräumt wurde.

Es sieht nicht so aus, als ob Flabianico die Beziehungen mit Byzanz vertieft hätte, das ihm weder Ehrungen noch Würden zuteil werden ließ. Die Beziehungen mit dem Westen blieben sehr schlecht und verbesserten sich nicht einmal nach dem Tod des Dogen und der Wahl seines Nachfolgers Domenico Contarini. Schuld daran war immer noch die Hartnäckigkeit, mit der der Patriarch von Aquileja auf seine angeblichen Rechte auf Grado pochte und zu jedem Preis die Vernichtung Grados wünschte.

Am 31. Juli 1031 weihte der Patriarch Poppo in Anwesenheit der kaiserlichen Familie, von Kardinälen und Bischöfen feierlich die von ihm erbaute, neue, großartige Kathedrale in der alten Metropole ein, für deren Wiedererrichtung er sich mit all seinen Kräften eingesetzt hatte. Immer mit der Unterstützung des Kaisers hatte er den Besitz der venezianischen Güter zwischen den Flüssen Piave und Livenza gefordert; nicht einmal der Tod seines Beschützers lenkte ihn von seinen Zielen ab. Im Jahr 1044 unternahm er erneut einen Angriff auf Grado, plünderte es aus und steckte es in Brand. Dieses Mal jedoch beeilte sich der Papst, der keine deutsche Truppen bei sich stehen hatte, ihm unrecht zu geben. Der kämpferische Prälat aus Kärnten starb exkommuniziert, »ohne Beichte und Sterbesakramente«, und der Doge Contarini gewann die Stadt mühelos zurück, die vielleicht durch den neuen Angriff Aquilejas nicht einmal allzusehr zerstört, aber offensichtlich so verunsichert war, daß die Patriarchen nie mehr ihren Fuß dorthin setzten und sich endgültig in Venedig niederließen.

Die kirchlichen Zänkereien waren allerdings keineswegs beendet. Diesmal war es der neue Patriarch von Grado, Domenico Marango aus Malamocco, der verlangte, Grado zur einzigen Metropolitanstadt von ganz Venetien, von Festland- und Seevenetien, zu machen. Diese Forderung war ebenso unsinnig wie die Poppos, Grado auszulöschen und dessen Gerichtsbarkeit über Lagunenvenetien zu übernehmen, und wäre es nur wegen der eindeutigen und irreversiblen politischen Trennung der beiden Gebiete.

Der Patriarch, der vom Papst unterstützt wurde, erhielt keine Hilfe vom Dogen und fühlte sich deswegen gekränkt. Es kam zu einem neuen Konflikt und sogar zur Drohung, den Sitz des Patriarchats anderswohin zu verlegen. Obwohl in Venedig diese Behauptung nicht sehr tragisch genommen wurde, erschien das Vorhaben des Dogen, die Basilika von San Marco wiederaufzubauen, die bis zum Fall der Republik in jeder Hinsicht als Staatskirche und Dogenkapelle galt, sehr gelegen und wurde einstimmig gutgeheißen. Mit dieser Geste wurde die religiöse Orientierung des Staates und des venezianischen Volkes bestätigt; denn sie war deutlich von jedem auf rein weltlichen Motivationen beruhenden

Streit losgelöst. Die Tatsache, daß dieser Erfolg so dringend nötig war, mußte als Erklärung dafür herhalten, daß der erst 1063 begonnene Bau nach so kurzer Bauzeit, nämlich schon 1071, vollendet war – ein Tempo, das sich noch heute negativ auf die Statik der Basilika auswirkt.

Als guter Venezianer seiner Zeit kümmerte sich Domenico Contarini auch um die Einkünfte der wiedererrichteten Basilika. Auf sein Betreiben wurde das Amt des *Procuratore di San Marco* eingerichtet, das bis zum Ende der Republik das zweithöchste nach dem Dogenamt bleiben sollte. Die Aufgabe des Prokurators bestand im Unterhalt der Dogenkirche und der Verwaltung ihrer Güter, die überall verstreut lagen – bis nach Konstantinopel, bald auch bis nach Syrien und noch weiter. Außerdem übte er die Funktion eines Vormundschaftsrichters für die Witwen und Minderjährigen aus. Die Prokuratorenwürde wurde später – wie alle venezianischen Ämter – einem Kollegium übertragen, und es gab dann neun Prokuratoren von San Marco. Das Amt aber blieb traditionell das Vorzimmer zur höchsten Macht. Noch am Vorabend des Zusammenbruchs der Republik stand das Kürzel *Proc.* hinter dem Nachnamen für die höchste Auszeichnung, die ein venezianischer Edelmann anstreben konnte.

## 12

Der Doge Contarini starb 1071. Er wurde in der Abteikirche San Nicolò di Lido, seiner eigenen Gründung, beigesetzt. Dort fand auch die Wahl seines Nachfolgers statt, über die uns ein Augenzeuge, der Geistliche Domenico Tino, berichtet.*

Eine große Volksmenge, die an Bord von Kriegsschiffen aus allen Teilen Seevenetiens herbeigeströmt war, hatte sich vor der Kirche San Nicolò versammelt, wo Bischöfe und Priester zusammen mit den Mönchen der Abtei bei den Meßfeiern und dem

* *Dominici Tini narratio de electione Dominici Silvi ducis Venetiarum anno* 1071, in G. B. Gallicciolli, *Delle memorie venete antiche profane ed ecclesiastiche*, Venedig 1795, VI, S. 124ff.

Gesang von Litaneien den Erlöser um Erbarmen flehten, damit »er ihrem Vaterland einen würdigen und Ihm und dem venezianischen Volk gefälligen Dogen gäbe«.

»Plötzlich erhob sich der laute Ruf des Volkes zum Himmel, und fast wie aus einem Munde riefen die Stimmen aller unablässig: Wir wollen und wählen Domenico Selvo.« Der Gewählte wurde von vielen Edelleuten umringt, die ihn auf die Schultern nahmen und ihn mit einem großem Gefolge an Bord eines Schiffes trugen, wo er sich die Schuhe ausziehen wollte, um »barfuß und voller Demut die Kirche des allerseligsten Markus bei dem ehrwürdigen Altar zu betreten, von dem aus er die Investitur empfangen würde«.

»Während sich das Schiff, auf dem auch ich, Domenico Tino, Geistlicher und Verfasser des vorliegenden Schriftstückes, mich befand, dem Lido näherte, begann ich, zum Lobe Gottes und des neuen Herrn und Fürsten ohne Zögern ›Te Deum laudamus‹ zu singen.« Viele Stimmen schlossen sich an, während das Volk mit seinem *Kyrie eleison* und den *Laudi* zu Ehren des Dogen einstimmte. Der allgemeine Jubel wurde noch durch das »Klatschen des von den Ruderschlägen so vieler Schiffe aufgewühlten Wassers« und das Glockengeläut aller Kirchen verstärkt.

Als der Neugewählte vor San Marco angelangt war, wurde er von den Honoratioren umarmt und von der Geistlichkeit mit einer großen Prozession zum Altar geleitet, während die Mauern von den Gesängen der Priester und dem Jubel des Volkes widerhallten. Dort, neben dem Altar des Evangelisten, empfing er das Zepter der Investitur, das er in der Hand hielt, während er sich, gefolgt von der Menge, zum Palast begab, wo das Volk ihm die Treue schwor.

Kaum vier Jahre nach dieser bunten und bereits typisch venezianisch gefärbten Szene trat vor dem verworrenen Hintergrund des gnadenlosen Kampfes zwischen Papst und Kaiser um die Frage der Investituren, das heißt um die Einweisung in kirchliche Ämter, etwas Neues, etwas Schwerwiegendes in Erscheinung. Es handelte sich um ein Ereignis, dessen Folgen für Italien und den gesamten Mittelmeerraum nicht abzusehen waren – den Auftritt der Normannen auf der adriatischen Szene.

»Erlöse uns, o Herr, von der Raserei der Normannen ... Normannen, Nullmannen, dieser stinkenden Jauche der Welt ...« Die Furcht, die diese blonden und hünenhaften Männer auslösten, die aus dem finsteren Norden hereingebrochen waren, um mit ihren schnellen Ruderbooten, deren Flanken mit Schilden bewehrt waren, im Zuge von Blitzüberfällen die Inseln und die Festlandgebiete zu zerstören, auszurauben und zu besetzen – diese Furcht war größer als die vor den Sarazenen. Sie waren zu Beginn des Jahrhunderts in Unteritalien gelandet und hatten auch die Truppen des Papstes vernichtet. Die Herren aus ihrem großen Geschlecht der Hauteville hatten die letzten Byzantiner aus Apulien vertrieben. 1075 hatte sich ein Graf Amico di Giovinazzo – ob nun von Papst Gregor VII. aufgehetzt oder von den römischen Städten an der Küste gerufen – gewaltsam in die ewigen Zwistigkeiten des Königreichs Kroatien eingemischt und war, bis zu den Zähnen bewaffnet, in Dalmatien gelandet. Im Jahr darauf hatte eine Flotte unter dem persönlichen Befehl des Dogen die dalmatinischen Städte Spalato, Traù und Zaravecchia (Belgrad) inspiziert und verpflichtet, den Normannen niemals und aus keinem Grund Gastfreundschaft und Asyl zu gewähren. Doch der normannische Herzog von Apulien, Robert von Hauteville, genannt Guiskard – ein blonder Riese mit blauen Augen, gewalttätig und höhnisch, verschlagen und geschickt, der bereits Kalabrien erobert und seinem Bruder Roger bei der Eroberung Siziliens geholfen hatte, der Rom angreifen, verwüsten und plündern sollte –, hatte noch im selben Jahr Amalfi und Salerno an sich gerissen. Und jetzt richtete er seine begehrlichen Blicke auf die Balkanhalbinsel: Das krisengeschüttelte Reich von Byzanz, das von Türken und Armeniern bedrängt und von der Unruhe der unterjochten Völker, von Thronstreitigkeiten und der Instabilität gequält wurde, die die höchste Macht unterhöhlte, flößte ihm weder Furcht noch Sorge ein. Gerade hatte, emporgetragen von einem Militärputsch, der dreiunddreißigjährige General Alexios Komnenos den byzantinischen Thron bestiegen, und schon tauchte an der albanischen Küste des Epirus eine starke normannische Flotte unter dem persönlichen Befehl Herzog Roberts auf; an Bord befanden sich eintausenddreihundert Reiter und fünfzehntausend Fußsoldaten.

Blitzschnell wurde Korfu erobert; von dort umzingelten Robert mit seiner Flotte und Roberts Sohn Bohemund mit seinen Landungstruppen Durazzo, das aufgrund seiner Lage die alte *Via Egnatia* kontrollierte - den Schlüssel zum Tor von Byzanz, weil sie die ganze Balkanhalbinsel bis nach Saloniki durchschnitt.

Alexios Komnenos wandte sich fast überallhin um Hilfe und versuchte, eine unmögliche Koalition auf die Beine zu stellen. Die einzig positive Antwort erhielt er von dem kleinen Dukat, für das ein Sieg Roberts die endgültige Sperrung der südlichen Adria und des Ionischen Meeres für seinen Handelsverkehr hätte bedeuten können. Diesmal aber beabsichtigte das Dukat, den größten Vorteil aus seiner Intervention zu ziehen, welche der Kaiser nicht mehr kraft eines Vasallenverhältnisses, das bereits tot und begraben war, fordern konnte, auch wenn der Doge sich noch mit byzantinischen Titeln schmückte, die von einer jährlichen Zahlung begleitet waren. Die Intervention hatte also ihren Preis.

Zwischen Juli und August 1081 ging die venezianische Kriegsflotte, befehligt von Domenico Selvo, drei Meilen vor dem belagerten Durazzo vor Anker. Guiskard ahnte die Gefahr und schickte seinen Sohn zum Dogen mit der Aufforderung, sich von Alexios Komnenos' Sache fernzuhalten. Diese Verzögerung aber machte sich die venezianische Flotte zunutze: Die größeren Schiffe wurden von den kleineren abgeschleppt, wobei man sie so zusammenband, daß sie eine Art mobilen Stützhafen bildeten (man fühlt sich fast an die Vorbereitungen der Alliierten auf die Landung in der Normandie 1944 erinnert). Er wurde durch Holztürme verstärkt, die man um das Mastenwerk herum errichtet hatte. An die Masten wurden Bogenschützen und Schleuderer gekettet, die dann auf halbe Höhe gehievt wurden, damit sie besser schießen konnten. Weiter verstärkt durch Eisenträger, die wie eine Ramme gegen die Schiffe des Feindes eingesetzt wurden, hielt der schwimmende Hafen der Attacke Bohemunds von Hauteville stand. Das achtern aufgerissene Admiralsschiff wurde versenkt, und die übrigen normannischen Schiffe machten kehrt. Die leichte venezianische Flotte, die im Schutz des schwimmenden Hafens gewartet hatte, nahm die Verfolgung auf, während die Verteidiger von Durazzo einen Ausfall versuchten.

Der Sieg der Venezianer hatte keine endgültigen Folgen. Die Kontrolle der Normannen zu Lande war keineswegs untergraben. Trotz der Niederlage auf See und der Pest, die ihre Reihen lichtete, setzte Guiskard die Belagerung fort; die Langsamkeit der byzantinischen Verstärkungen kam ihm dabei zu Hilfe. Zwischen Januar und Februar 1082 fiel Durazzo; die erneute Gegenoffensive Alexios Komnenos' war erfolglos, und der Feldzug des Winters 1084/1085, bei dem die venezianische Flotte unter dem Kommando des Sohnes des Dogen Selvo stand und wiederum in den Gewässern vor Korfu angriff, endete mit einer wahren Katastrophe: Sieben venezianische Schiffe wurden versenkt, die übrigen gerieten mit ihren Mannschaften in Gefangenschaft. Die Nachricht von der Niederlage führte zum Zusammenbruch der Regierung Domenico Selvos. Eine Volksbewegung zwang den Dogen zur Abdankung, und anstatt seiner wurde der Führer der Opposition, Vitale Falier, gewählt.

13

Es hat den Anschein, daß ein neues venezianisches Seeunternehmen unter der Leitung des Dogen Falier von einem glänzenden Erfolg gekrönt worden sei. Aber es war vor allem der Tod Robert Guiskards, der es Alexios Komnenos gestattete, Atem zu schöpfen und seine Gebiete in Epirus und Albanien einschließlich Durazzo neu zu ordnen. Jedenfalls hatte er den Venezianern die Rechnung bezahlt, die diese, wie wir bereits sagten, präsentiert hatten, noch ehe sie sich an den Operationen gegen die Normannen beteiligt hatten: Die »Goldene Bulle« von 1082 beinhaltete ein Bündel von Privilegien, die die Bereicherung Venedigs entschieden beschleunigten. Sein Handelsverkehr wurde in der ganzen byzantinischen Welt endgültig von jeglicher Steuerlast befreit, während sich ihm sämtliche Handelsplätze des östlichen Mittelmeerraumes öffneten, angefangen bei Laodicea (Latakia) bis Antiochia in Syrien, Adana, Antalya und Strobilo, von den Inseln Chios und Patmos bis Phokäa sowie Modon und Koron auf dem südlichen Peloponnes und Nauplia auf dem östlichen Peloponnes und Korinth, Theben, Athen und – weiter im Norden – Euripos, Demetriade, Saloniki, Chrisopolis, Abidos, Rhoidestos, Adrianopel und dann Eraclea, Selinbrina, Megalopolis und noch viele andere Städte. Selbst in Konstantinopel wurde den Venezianern ein ganzes, am Goldenen Horn gelegenes Viertel in Pacht gegeben, wo diese sich bereits eingerichtet und ihre eigene Kirche, ihr Bad und ihr Backhaus hatten. Dort warteten auch schon die Vertreter großer Kaufmannsfamilien wie der Barbarigo und Tiepolo auf die Geschäftsabschlüsse; in ihren uns erhaltenen Papieren werden andere Namen von Kaufleuten und *Nauclerii*, Schiffskapitänen oder Reedern, erwähnt. Darunter finden sich auch folgende Namen, die historische Bedeutung hatten oder noch erwerben sollten: Morosini und Foscari, Flabianico und Badoer, Coloprini und Contarini, Orseolo und Giustiniani sowie Molin, Orio und Moro, die Darlehen gaben und mit Stoffen, Alaun, Öl, Käse und anderen Erzeugnissen handelten.

In Venedig herrschte weiterhin Geldknappheit, was sich in den überaus harten Bedingungen für Darlehen widerspiegelte; aber das Leben war in gewisser Hinsicht reicher geworden, unter anderem auch durch den Import von Raffinessen, die der feudalen Gesellschaft im Hinterland völlig unbekannt waren. Die Gemahlin von Kaiser Michael VII. Dukas erzürnte etwa den heiligen Petrus Damiani, weil sie sich in teure Parfums und kostbare Gewänder hüllte und die Speisen statt mit der Hand mit einer goldenen Gabel zum Munde führte.

Als treuer Fortsetzer der religiösen Linie von Domenico Contarini hatte Domenico Selvo begonnen, die Dogenbasilika von San Marco mit kostbarem Marmor und Mosaiken auszuschmücken. Dieser Kirche brachte das Privileg des Alexios Komnenos eine jährliche Rendite von drei Goldsoldi ein, die auf die Güter der amalfitanischen Händler erhoben wurde. Vitale Falier stand da nicht zurück. Er ist der Doge, den wir auf den Mosaiken von San Marco sehen, welche die wunderbare Auffindung der Gebeine des Evangelisten darstellen, die so gut versteckt waren, daß sich die Spuren davon verloren hatten. Bei den Festen, mit denen dieses Ereignis gefeiert wurde, war übrigens der deutsche Kaiser Heinrich IV. anwesend, der Gedemütigte von Canossa, der sich immer noch im endlosen Investiturstreit mit dem Papst herumplagte (dem unbeugsamen Gregor VII. war Urban II. nachgefolgt). Heinrich bestätigte Venedigs Privilegien im Reich, hielt eine Tochter des Dogen über die Taufe, bewunderte die Stadt und lobte ihre Institutionen. Für ihn – wie auch für den Herrscher von Konstantinopel – verdiente der kleine Lagunenstaat nunmehr besondere Aufmerksamkeit. Trotz des nicht ganz glücklichen Ausgangs des Feldzugs gegen die Normannen setzte sich die Überzeugung durch, daß jenes Volk von Händlern und Seefahrern auf dem Meer eine Kraft darstellte, die keinesfalls unterschätzt werden durfte.

# IV
# DIE EROBERUNG

## I

Noch einmal störte eine neue Entwicklung das Gleichgewicht im Mittelmeeraum und veränderte gewaltsam die Beziehungen zwischen dem christlichen Abendland und der großen muslimischen Welt. Schon seit langem litten die heiligen Stätten der Christenheit und die Pilgerwege ins Heilige Land wieder unter der Unnachgiebigkeit der Muslime. Der Aufruf Papst Urbans II. leitete das Zeitalter der Kreuzzüge ein, und die Hoffnungen der Kreuzfahrer auf Eroberungen verwandelten sich für zwei italienische Städte, die sich schon seit längerer Zeit im Seehandel erfolgreich behauptet hatten, nämlich Genua und Pisa, in die Aussicht auf ein einträgliches Geschäft. Seit 1097 waren Schiffe genuesischer Reeder, beladen mit Kreuzfahrertruppen, in San Simon unweit von Antiochia gelandet. Als die Stadt mit ihrer Hilfe erobert worden war, hatten jene Reeder – allesamt private Bürger – dort ein Stadtviertel in Konzession erhalten. Bald darauf waren andere Schiffe anderer privater Reeder aus Bari, Pisa und auch aus Venedig, ebenfalls beladen mit Kriegern und Hoffnungen, an den Küsten der Levante vor Anker gegangen. Als sie dann sahen, daß die Kreuzfahrerexpedition sich zu einem wirklich ernsthaften Unternehmen gestaltete, erkannten die Machthaber der italienischen Seestädte, daß es nicht angebracht war, der privaten Initiative allein ein Unternehmen zu überlassen, das allen unerwartete Chancen bieten konnte.

So tauchte 1098 Pisa, das zehn Jahre zuvor den Krieg gegen die Sarazenen eröffnet hatte, mit seinen vom Erzbischof Daibert befehligten Schiffen an der syrischen Küste auf. Nach einem vergeblichen Versuch, Laodicea zu erobern, landeten die Pisaner in Jaffa und erhielten dort ein Quartier in Konzession. Auf dem Weg dorthin hatten sie aber zuvor noch die zum Byzantinischen Reich gehörigen Ionischen Inseln verwüstet.

Venedig konnte und wollte nicht so tun, als ob nichts geschehen wäre. Antiochia wie auch Laodicea waren unter jenen Städten, für die die »Goldene Bulle« des Alexios Komnenos aus dem Jahre 1082 den Venezianern Abgabenfreiheit garantiert hatte. Außerdem waren dies – ob in muslimischer Hand oder nicht – Gebiete, die von alters her zu Byzanz gehört hatten, und Venedig fühlte in jenem Augenblick, daß seine Interessen mit denen von Byzanz zusammenfielen, für das die Überfälle der Kreuzfahrer eine Gefahr und ein Unglück darstellten. Im Jahr 1099 stach eine venezianische Flotte unter dem Kommando von Giovanni, dem Sohn des Dogen Vitale Michiel, des Nachfolgers von Vitale Falier, feierlich in See und nahm Kurs auf das Heilige Land. Nach einem kurzen Halt in Dalmatien erreichte der Flottenverband bei Einbruch des Winters Rhodos und nahm mit den Gesandten Gottfrieds von Bouillon und der anderen Kreuzzugsführer Kontakt auf. Kurz darauf zeigte sich die pisanische Flotte an der Einfahrt des Hafens von Rhodos.

Ob nun, wie manche sagen, wegen der Arroganz der Pisaner oder, wie andere behaupten, wegen der Weigerung der Venezianer, die Pisaner in den Hafen einlaufen zu lassen – die Begegnung artete sofort in einen sehr heftigen Zusammenstoß aus. Die Pisaner zogen den kürzeren: Fünfundzwanzig ihrer Schiffe wurden gekapert und ihnen nur unter der Bedingung zurückgegeben, daß sie sich verpflichteten, in ihre Heimat zurückzukehren, keine anderen Christen in den byzantinischen Häfen anzugreifen und nur noch Pilger in die Levante zu transportieren. Gegenüber dem Reich von Byzanz hatte Venedig Wort gehalten; die wichtigste Bedingung jedoch, die Pisa aufdiktiert wurde, war die Verpflichtung, keinen neuen Handel in den byzantinischen Hafenstädten anzubahnen, wo die Venezianer ihr Monopol behalten wollten.

Von Myra aus, wo sie auf der Suche nach den Reliquien des heiligen Nikolaus, des Heiligen, »der zu Wasser und zu Lande Wunder wirkt«, haltgemacht hatten, fuhren die Venezianer zu den Küsten Palästinas. Dort verpflichtete sich der »fromme Bouillon« als Gegenleistung für ihre Hilfe zu weitgehenden Zugeständnissen, die sich allerdings fast allesamt auf die Zukunft bezogen: Sie sollten Quartiere in den von den Kreuzfahrern zu besetzenden Städten erhalten sowie den dritten Teil der bei gemeinsamen Eroberungen gemachten Beute; die Stadt Tripolis sollte der Basilika von San Marco gehören; darüber hinaus ging es noch um andere Privilegien und Vergünstigungen.

Endlich war der Augenblick zum Handeln gekommen. Zuerst hatte man die Eroberung Akkos ins Auge gefaßt, dann aber zog Tankred von Hauteville, dem das Kommando der kombinierten Land- und Seeoperation oblag, es vor, Haifa anzugreifen. Nach einer schwierigen Belagerung wurde die Stadt mit Hilfe einer Kriegsmaschine erobert, einem gewaltigen Holzturm, dessen Baumaterial die venezianische Flotte geliefert hatte. Diese segelte nach Erfüllung ihrer Aufgabe, reich mit Beute beladen, nach Venedig zurück, allerdings ohne so viele tatsächliche Vorteile zu gewinnen, die mit jenen der Genuesen im Gebiet von Antiochia vergleichbar gewesen wären. Hier liegt vielleicht der allererste Keim zu dem längsten und dramatischsten Konflikt, für den das Mittelmeer im Mittelalter Bühne und Parkett zugleich sein sollte.

## 2

Auf ihrem Heimweg nach Venedig hatte die aus dem Heiligen Land zurückkehrende Flotte nicht die übliche Route entlang der dalmatinischen Küste einschlagen können. Schon längere Zeit zuvor hatten die kroatischen Herren den Thron ihres Landes König Ladislaus von Ungarn angetragen. Nun hatte Ladislaus' Nachfolger, Koloman, den kroatischen Plan, in Dalmatien einzudringen, wieder aufgegriffen. In dem Jahr, in dem der Doge Vitale Michiel starb, hatte er sich in dem ganz nahe bei Zara gelegenen Zaravecchia zum König von Kroatien krönen lassen. Und 1105, in dem Jahr, in dem ein schrecklicher Brand Venedig verheert hatte, war er feierlich in Zara eingezogen.

An der Spitze des venezianischen Staates stand nunmehr ein

anderer Falier, Ordelaf (dieser Name war die alte Form des Familiennamens *Faledro*, rückwärts gelesen), der Sohn des Dogen Vitale. Dieser war eine vielschichtige Persönlichkeit. Er hatte den Ruf eines tüchtigen Kriegers und war mit einem beachtlichen Organisationstalent ausgestattet, falls die Schaffung eines ursprünglichen Kerns des Arsenals tatsächlich auf seine Initiative zurückgeht; er legte aber auch eine gewisse Liebe für Prunk und für das Schöne an den Tag, die ihn zur Vollendung der *Pala d'oro* des Hauptaltars von San Marco anregte.

Während ein venezianisches Flottengeschwader erneut an den militärischen Operationen im Heiligen Land teilnahm, an der Eroberung von Sidon mitwirkte und zur Belohnung einen Teil eines Stadtviertels von Akko erhielt, übernahm der Doge Falier persönlich das Kommando über die Expedition, die gegen die Ungarn in Dalmatien ausgerüstet worden war. Zuerst wurden Arbe, Ossero und einige Städte an der Küste zurückerobert; dann eroberte der Doge im späten Frühjahr des Jahres 1116 Zara, warf die plötzlich hinzugekommenen kroatischen Verstärkungen nieder und nahm Sebenico und Traù ein. Aber er geriet in einen feindlichen Hinterhalt und starb in der Nähe der dalmatinischen Hauptstadt; den betrübten Venezianern blieb nichts übrig, als seine sterblichen Überreste in die Heimat zu überführen, nachdem sie in Zara einen Gouverneur mit dem Titel eines *Conte* (Graf) eingesetzt hatten.* Anstelle des Gefallenen wurde Domenico Michiel zum Dogen gewählt.

Der Gewalt der Waffen schien der neue Doge zunächst die Argumente der Diplomatie vorzuziehen. Einige Jahre später jedoch übernahm er das Kommando einer erneuten See-Expedition ins Heilige Land. Man schrieb das Jahr 1122, das Jahr, in dem der qualvolle Streit zwischen dem römischen Pontifex und dem deutschen Kaiser des Heiligen Römischen Reiches, der Europa und die Christenheit über die Frage der Investitur der Bischöfe zerrissen hatte, endlich beigelegt wurde.

* Die venezianischen *Rettori* von Arbe, Brazza, Chersos, Curzola, Lesina, Nona, Pagos, Pola, Sebenico, Spalato, Traù und Zara trugen diesen Titel bis zum Fall der Republik Venedig.

König Balduin II., der sich in seinem Königreich von Jerusalem von den muslimischen Truppen bedroht fühlte, hatte um Hilfe gebeten. Die offizielle Geschichtsschreibung schildert die Volksversammlung in der Basilika von San Marco und berichtet über die bewegte Rede des Dogen; aber sie verschweigt nicht das Zögern einiger Mitglieder dieser Versammlung, die sich um andere Tatsachen sorgten, die näherlagen und die Lebensinteressen Seevenetiens unmittelbar betrafen. Der byzantinische Kaiser Johannes Komnenos, genannt Kalojohannes, focht nämlich die Gültigkeit der Privilegien an, die Alexios den Venezianern in seiner »Goldenen Bulle« zugestanden hatte. Die Flotte, die – laut der Zählung des Chronisten Wilhelm von Tyrus – aus vierzig Galeeren, achtundzwanzig *Gatti* (»Katzen«) oder Schiffen mit Rammsporn und vier großen Lastschiffen, alle leuchtend und bunt angemalt, bestand und die im August 1122 vom Lidohafen abfuhr, wollte vorrangig feststellen, ob der Kaiser wirklich eine feindselige Haltung einnahm.

Es überraschte also niemanden, daß die Armada, statt sofort nach Palästina weiterzufahren, in Korfu haltmachte. Doch die Appelle des Patriarchen von Jerusalem und des Papstes hatten Vorrang. Deshalb gingen die Venezianer, die sich im Sommer 1123 in Sichtweite von Jaffa befanden – König Balduin war bereits von den ägyptischen Sarazenen gefangengenommen worden –, sehr entschlossen vor, riegelten die Stadt ab und vernichteten die ägyptischen Streitkräfte in den Gewässern von Askalon.

In Jerusalem verhandelten der Doge und der Patriarch Warmondo, der Regent des Königreiches, nach dem Sieg über die Fortsetzung der Operationen. Immer noch besorgt über die Feindseligkeit des byzantinischen Kaisers, suchte der Doge eine Entschädigung in Palästina. Außer der Bestätigung der bereits von Gottfried von Bouillon gewährten Privilegien erbat und erhielt er für Venedig in jeder Stadt des Reiches und der Vasallen des Kreuzfahrerkönigs ein Quartier mit Kirche, Mühle, Ölpresse, Backofen, Badestube, Markt und Eichamt, das jetzt und in Zukunft von Steuern, Zöllen und Aufenthaltsgebühren befreit war. Diese Quartiere sollten das Vorrecht der Rechtsprechung besitzen, was bedeutet, daß in Fällen, in denen ein Venezianer der

Beklagte war, einzig die venezianischen Gerichte zuständig waren. Danach wurde der Kampf wiederaufgenommen; gegen Tyrus, dessen Regent sich – wie der von Askalon – verpflichtet hatte, den Venezianern nach der Eroberung ein Drittel der Stadt zu überlassen. Die Belagerung dauerte von Februar bis Juni und endete siegreich im Juli 1124. König Balduin, befreit aus der Gefangenschaft, bestätigte die Verpflichtung, die der Patriarch eingegangen war.

Nun war die Stunde gekommen, mit Kalojohannes abzurechnen. Die auf syrischem Boden gewonnenen Vorteile wogen nicht die Schäden auf, die die Haltung des byzantinischen Kaisers im Gebiet dessen, was für die Venezianer immer der wichtigste Markt gewesen war, verursacht hatte. Und es war auch die Stunde, erneut mit dem König von Ungarn abzurechnen, der das Engagement der Venezianer in der Levante ausgenutzt hatte, um in Dalmatien einzufallen. Der sehr unfreundliche Empfang, den man der venezianischen Armada auf Rhodos bereitete, spiegelte die Stimmung der Byzantiner wider. Domenico Michiel reagierte sofort: Tore und Mauern wurden niedergerissen und die Stadt geplündert. Dasselbe Schicksal traf Modon an der südlichen Spitze des Peloponnes, wo die Flotte anlegte, nachdem sie gleichzeitig die großen ägäischen Inseln Samos, Chios, Lesbos und Andros besetzt hatte. Nach seiner Einfahrt in die Adria stürmte der Doge Spalato und eroberte Traù zurück. Der Widerstand der ungarischen Garnison in Zaravecchia führte zu dessen vollständiger Zerstörung. In Zara, wo die Venezianer auf keinen Widerstand gestoßen waren, endete die lange Expedition mit der Aufteilung der überaus reichen Beute, die in drei Jahren angehäuft worden war. Entsprechend dem traditionellen Gemeinschaftssinn der Venezianer wurden bei der Teilung auch die Armen, die Witwen und die Waisenkinder bedacht.

Diese Erfolge, ja selbst die venezianischen Überfälle auf die Ionischen Inseln und die Besetzung von Cefalonia hätten vielleicht nicht ausgereicht, um Kalojohannes zu beugen. Entscheidend für den Kaiser war nur der Schaden, der dem byzantinischen Handel aufgrund der Feindseligkeit gegenüber Venedig entstanden war und immer noch entstand. Alles in allem war die Tatsache, daß die venezianischen Kaufleute von den byzantinischen Handelsplätzen abgezogen waren, für Byzanz schädlicher als für Venedig. Aus diesem Grund nahm der Kaiser selbst noch im gleichen Jahr, nämlich 1126, den diplomatischen Dialog wieder auf. Nach Bereinigung der Streitigkeiten bestätigte eine neue »Goldene Bulle« die Privilegien, die bereits Alexios dem venezianischen Handel als Belohnung für einen – noch als Ergebenheitsbezeugung getarnten – Schutz garantiert hatte, der bei dem gefährlichen Hin und Her von Kreuzfahrern, Normannen, Italienern und Sarazenen in den Gewässern des Mittelmeers gewiß nicht weniger notwendig war.

Nach dem Tod Domenico Michiels wenige Monate nach seiner Abdankung 1130 stellte sich das Verhältnis zwischen Byzanz und Venedig genau umgekehrt dar wie am Anfang: Der byzantinische Kaiser nannte die Venezianer zwar weiterhin »liebe Freunde und Untertanen«, aber das war nur eine Vorspiegelung falscher Tatsachen, die niemanden mehr begeisterte. Die Wahrheit war, daß das Reich in den einhundertdreißig Jahren, die seit der Expedition von Pietro Orseolo II. nach Istrien und Dalmatien vergangen waren, in völlige Abhängigkeit vom venezianischen Handel geraten und zum Schutz seiner Sicherheit auf die venezianische Kriegsmarine angewiesen war.

Entgegen dem, was man oft sagen hört, hatten die häufigen Kontakte mit der byzantinischen Welt keineswegs zu einer Gräzisierung der venezianischen Welt geführt. Gewiß, in der Staatskirche, der Basilika von San Marco, fand man die Stilelemente der berühmten Heiligen-Zwölf-Apostel-Basilika in Konstantinopel wieder; ihre Tore waren in Konstantinopel gegossen, und die *Pala d'oro* des Hauptaltars war in Konstantinopel angefertigt worden; der kostbare Marmor an den Wänden war griechisch ebenso wie die Säulen, die die Wände trugen. Die Inschriften freilich waren lateinisch; Latein war die Sprache der Liturgie und der Rechtsprechung, und die Mehrheit der Bevölkerung war trotz des Zustroms von Menschen barbarischer Herkunft (aus dem Reich geflohene Hörige, aber auch freie Männer, die der Aufstieg und die Aktivität der Lagunenstadt angelockt hatten) römisch-venetischen Ursprungs. Und wie gegenüber den Ungarn und den

Kroaten, so war in den Nachkommen der römischen Veneter auch gegenüber den Griechen eine Spur von Hochmut geblieben, die den führenden Schichten in jenem Reich mißfallen mußte, dessen Machtlosigkeit bereits chronische Züge angenommen hatte.

### 3

Das venezianische Dukat gebot also über das wirtschaftliche Leben und die militärische Verteidigung des Byzantinischen Reiches; seine Grenzen aber erstreckten sich nicht einmal bis Mestre. Der Doge von Venedig trug seit 1109 den Titel eines Herzogs von Dalmatien und Kroatien, und die Grabinschrift von Domenico Michiel nannte diesen »Schrecken der Griechen, Tod von Syrien, Wehklagen von Ungarn«, aber seine Macht auf dem Festland reichte nicht weiter. Um die Mitte des 12. Jahrhunderts waren die Grenzen des *Dogado* in Italien immer noch dieselben wie 840: Sie verliefen von Grado nach Cavarzere und den oberen Arm des Po gegenüber Goro entlang. Gegen Nordwesten fielen sie ungefähr mit der Grenze der Lagunen zusammen, abgesehen von einigen kleineren Vorsprüngen auf dem Festland (den wichtigsten bildeten immer noch die Güter der reichen Abtei Sant'Ilario, wo die Partecipazi und Candiani begraben lagen). Schon in den Jahren um 1000 war deswegen die Erhaltung der Lagunen von lebenswichtigem Interesse. Die Bewohner der venezianischen Gemeinden, die von Equilo und Cittanova wie die Mönche von Sant'Ilario, waren gezwungen, einzugreifen und die Flüsse abzuleiten und ihren Lauf zu verändern; denn sie drohten das Salzwasser in den Lagunen zu versumpfen. Die wiederholten Zerstörungen von Cittanova hatten die Abwanderung seiner Bewohner zur Folge gehabt, und dies wiederum hatte die Versumpfung seiner Lagunen durch die Piave bedeutet. Um das wenige, das von der ersten Hauptstadt des Dukats übriggeblieben war, lagen Weinberge und Gemüsegärten, aber auch Wälder, in denen Hirsche und Wildschweine lebten. Dasselbe war in Altino geschehen; nach den Verheerungen, die die Ungarn im Jahr 899 angerichtet hatten, war die einstmalige Metropole zu einer kleinen Ortschaft herabgesunken. Ende des 12. Jahrhunderts sollten nur noch zwei Kirchen und eine *Calle maggiore* an den Ort erinnern.

Wälder und Gestrüpp gab es fast überall. Das Gesetz untersagte das Abholzen der Küstenwälder, die den Lotsen als Orientierungspunkte dienten. In den im inneren schmalen Küstenstreifen zwischen Altino und Mestre gelegenen Wäldern ging man eifrig auf die Jagd und den Vogelfang. Das Lagunengebiet mit seinen großflächigen Brackwasserseen und seinen Kanälen eignete sich hervorragend zum Fischfang und zur Fischzucht. In den salzhaltigen Sumpfweihern (*Valli*) fischte man genauso, wie man es auch heute noch tut. Der Tragolo-Sumpfweiher wurde 1131 für viertausend Meeräschen im Jahr verpachtet, und man erinnert sich an andere ähnliche Verträge, so wie man sich auch an – zum Teil aufsehenerregende – Fälle von unerlaubtem Angeln und von Raubfischerei erinnert. Überall stieß man auf Salinen, die sowohl zum Einpökeln des Fisches, des Hauptnahrungsmittels, als auch und hauptsächlich für den Export ausgebeutet wurden, auf den Venedig ein regelrechtes Monopol ausübte. Auch in den Lagunensümpfen ging man jagen – mit dem Bogen, mit dem Falken, in jeder Form. Hier und da verstreut lagen die Jagdreviere des Dogen und des Patriarchen von Grado.

Die alten Ortschaften bestanden weiter, die eine mehr, die andere weniger von der Tatsache betroffen, daß sich die politischen und wirtschaftlichen Aktivitäten in der Hauptstadt konzentrierten. Alle jedoch standen vor ihrem sicheren Niedergang, auch wenn der Hafen von Bibione Ende des 12. Jahrhunderts noch ebenso arbeitete wie der von Equilo, wo es eine Bischofskirche und drei Klöster gab. In Caorle war eine großartige Kathedrale mit dem hohen zylindrischen Campanile entstanden, der noch heute dort zu sehen ist. Am Lido Bovense (Lio Mazor) erhob sich eine große Kirche; die zahlreiche und dichte Bevölkerung widmete sich hauptsächlich dem Fischfang und den Gemüseanpflanzungen, die sich »bis zu den Wellen des Meeres« erstreckten, ferner den Salinen, der Hauptbeschäftigung der Bewohner von Lido Biano oder Lio Piccolo. Gemüsefelder breiteten sich rund um den Lido Marcense aus, der später Sant'Erasmo heißen sollte, während der Lido delle Vignole nach den köstlichen Weinreben benannt war, welche auf seinem Boden gediehen, dem eine dicht unter der Erdoberfläche liegende wasserführende Schicht Fruchtbarkeit verlieh. Nächstes Glied in der Kette der *Lidi* war der Lido von San Nicolò, wo die vom Dogen Domenico Contarini 1053 gegründete Abtei prosperierte, der zahlreiche Güter im Orient gehörten. Malamocco hingegen, das ebenfalls einmal Hauptstadt des Dukats gewesen war, war untergegangen, und zwar nicht aufgrund eines Seebebens, von dem noch heute fabuliert wird; seinen Untergang löste vielmehr die allmähliche Erosion des Povegliakanals aus. Das Priorat Santi Cornelio e Cipriano, das 1093 dort errichtet worden war, mußte 1108 wegen der »durch das Meer verursachten Unannehmlichkeiten« nach Murano übersiedeln. Noch vor 1107 war die restliche Bevölkerung der Stadt dorthin gezogen, wo heute das kleine Dorf liegt, das seinen Namen trägt.

Weiter im Süden gelegen waren dann Albiola und Pastene, Pellestrina und Chioggia Maggiore und Minore (Sottomarina) mit Schiffswerften, berühmten Weinbergen und Salinen, die hier mehr als anderswo industrialisiert waren. Weiter südlich lag Brondolo mit seinem großen, der Dreifaltigkeit geweihten Kloster und Fossone, abgelegen am Ufer der Etsch. Jenseits davon gab es nur noch das in der Nähe des Po gelegene Loreo. Vom Bebbeturm unweit von Brondolo zog sich der Vorsprung von Cavarzere in Richtung Westen.

Innerhalb der *Lidi*-Barriere gab es zwischen Equilo und Altino, zwischen Altino und Venedig viele Inseln und viele Klöster. Zu den bewohnten Zentren gehörte Torcello mit seiner grandiosen Kathedrale und seinen Kirchen, die großenteils bis zum Fall der Republik fortbestehen sollten; doch es hatte kein *Emporium* mehr. Obwohl dort noch Seefahrer und Kaufleute wohnten, bestand die Bevölkerung – wie in den frühesten Zeiten – hauptsächlich wieder aus Fischern, Salinenarbeitern und Bauern. Dasselbe galt für Burano, Mazzorbo und Ammiana.

Die Dokumente vermitteln uns eine Ahnung von dem Leben in diesen Ortschaften, die bereits an Bedeutung verloren hatten und, wie wir schon sagten, fast alle zum Niedergang bis zum völligen Verschwinden verurteilt waren, bis auf Murano, das durch seine

Glasindustrie sogar zu großem Wohlstand gelangen sollte. Es gab dort Tage, an denen gefeiert wurde und das Wasser voll war von Schiffen für Prozessionen und Pilgerreisen (dieser Brauch lebt noch heute in der Lagune von Grado fort); das Alltagsleben freilich war gekennzeichnet durch Tätigkeiten wie Fischfang, Landwirtschaft und Salzgewinnung, Pflege der *Fundamenta* der Salinen, Transport dieses kostbaren Produktes und die notwendige Buchführung. Allmählich traten die kleineren Orte von der großen Bühne der Geschichte ab und zogen sich in die Unauffälligkeit ihrer Werke und Tage zurück. Aber wenn die allgemeine Volksversammlung zusammentrat, strömten aus jedem noch so entlegenen Winkel des Lagunenarchipels mit Bürgern beladene Schiffe nach Venedig. Die Wahl des Dogen war der bedeutendste Anlaß zu solchen Massenausflügen.

Im Herzen dieser Welt der Sümpfe blühte die Hauptstadt auf. Das 12. Jahrhundert war vor allem eine Zeit intensiver Bautätigkeit. Schon im 9. Jahrhundert hatten die Bewohner von Luprio mit der Urbarmachung des Ufers von Dorsoduro begonnen, wo sich ein großer Sumpf ungefähr von der Stelle erstreckte, wo heute die Ca' Foscari liegt, und andere ähnliche Unternehmungen wurden fast allerorten durchgeführt. Zwischen dem 11. und dem 12. Jahrhundert waren etwa siebzig Pfarrkirchen oder *Pievi* mit den dazugehörigen Bezirken entstanden, und die Tatsache, daß die religiösen Gebäude und die Wohnhäuser nicht mehr nur entlang den Ufern der Kanäle gebaut wurden, sondern auch im Inneren der verschiedenen Inseln und somit Gemüsegärten, Weingärten und verlassene, unbebaute Ländereien verdrängten – dieser Umstand hatte das Gesicht der Stadt verändert. So bildete sich ein Wegenetz heraus, das Alternativen zu dem Netz der Wasserwege bot, das lange Zeit hindurch das wichtigere blieb und bleiben sollte. Zum Kanal hin sahen die Fassaden der Häuser mit ihren bedeckten Atrien und Bogengängen, wo man anlegen und die Schiffe, die Lebensmittel und Waren transportierten, be- und entladen konnte. Noch um 1180 wird in einer Urkunde berichtet, daß Bella, die Mutter von Leonardo Moro, jedesmal das Boot nehmen mußte, wenn sie zur Kirche gehen wollte, weil das Haus ihres Sohnes nur vom *Rio* aus zugänglich war.

Von den Kirchen jener Zeit haben nur sehr wenige die Umgestaltungen und Wiederaufbauten heil überstanden und ihre ursprünglichen Strukturen bewahrt. Überlebt haben: San Zan Degolà (diese Kirche war dem enthaupteten Johannes dem Täufer geweiht) aus dem Jahr 1007 mit ihren herrlichen byzantinischen Fresken, die erst vor wenigen Jahren entdeckt wurden, Sant'Agnese, Reste aus dem 10. und 11. Jahrhundert in San Zaccaria sowie das romanische Kloster Sant'Appolonia. Was die Häuser der Bürger anlangt, so gab es zwar noch zahlreiche Holzbauten (was die Häufigkeit von Feuersbrünsten erklärt), aber Mauerkonstruktionen waren bereits weit verbreitet. *Palazzi* besaßen der Patriarch von Grado – zuerst in San Zulian, dann in San Silvestro –, die Familien Gradenigo und Orio am Rialto, Flabianico und Ziani in San Giuliano und Foscari in der Gegend von Luprio. Vielleicht auf das 12. Jahrhundert gehen die beiden *Palazzi* zurück, die heute den Sitz des Rathauses bilden (Dandolo-Farsetti und Corner-Loredan), sowie die beiden *Palazzi* Donà bei der Fährstation Madoneta; sämtliche *Palazzi* stehen am Canal Grande. Andere große Häuser aus wenig späterer Zeit wie der sogenannte *Fondaco dei Turchi* und der *Palazzo* Da Mosto in San Giovanni Grisostomo erlauben uns, die typischen Merkmale des großen venezianischen Hauses jener Jahre der Expansion zu erkennen.

Zentrum der Stadt blieb das Viertel um San Marco mit dem Dogenpalast, der Basilika und der Piazza, die in der Mitte vom Rio Batario (oder Badovario) durchschnitten wurde, an dessen Ufer das Orseolo-Spital stand. Unmittelbar daran schlossen sich die Abtei San Zaccaria und die von San Lorenzo an, die uralte Kirche San Moisè und der Markt von San Bartolomeo. Dann kamen die Pfarrkirchen Santa Maria Zobenigo, Santi Apostoli und Santa Maria Formosa, auf deren Grundstück das sumpfige Gelände lag, auf dem im 13. Jahrhundert die Kirche Santi Giovanni e Paolo entstehen sollte. Im Bereich des ursprünglichen Rivoalto gab es auch noch eine Sandbank, und zwar bei San Salvador, wo eine Kapelle stand und wo die Besitzer des Grundes, Orseolo, Polani und Ziani, in der zweiten Hälfte des 11. Jahrhunderts mit der städtebaulichen Erschließung begannen. Ungefähr zur selben Zeit lagen, während die Besiedlung voranschritt, in den Gebieten von

Santo Stefano und San Samuele noch ein großer See und ein Fischteich oder Weiher. In der Gegend von San Luca und San Benedetto stand an den schlammigen Ufern des Canal Grande eine Schiffswerft, in der sich Mitte des 12. Jahrhunderts der Kaufmann und Reeder Romano Mairano ein Schiff ausrüsten ließ.

Auf den anderen früh besiedelten Inseln sah das Bild nicht sehr viel anders aus. Auf Olivolo, wo sich die Kathedrale erhob und das Kastell, das der ganzen Gegend ihren Namen – Castello – gegeben hatte, verschwunden war, wurde in der Nähe eines Sumpfes, der noch Anfang des 14. Jahrhunderts existierte, das Kloster San Daniele gebaut. Auf Luprio gab es den Badoersee nahe Rio Marin und noch einen zweiten See unweit von San Tomà, wo eine Mühle betrieben wurde. Die Mühlen befanden sich an der breiten Seite zwischen San Marcuola und Santi Apostoli in einer Gegend, die von den Bewohnern Luprios kolonisiert worden war, während das Gebiet von Canaleclo (Cannaregio) gegen die Lagune hin in Sumpfland überging. Was Dorsoduro anlangt, so war die östliche, zum Becken von San Marco schauende Spitze im 11. und 12. Jahrhundert eine große Sumpffläche; an der Seite des Viganokanals, des heutigen Giudeccakanals, war die Kirche San Gregorio von sumpfigem und überschwemmtem Gelände umgeben (1079 lag dort ein See im Besitz von Giovanni Morosini, dem kaiserlichen *Protospatharios* oder Ersten Schwertträger, und seinem Bruder Domenico); danach folgten die Mühlen der Abtei San Giorgio Maggiore und eine Saline der Familie Foscari. Die Insel Spinale – die heutige Giudecca – war diejenige, die am wenigsten in den Entwicklungsprozeß einbezogen war.

Wenn man sich die siebzig Kirchen, die vielen Häuser und die gleichzeitige Existenz so vieler Sümpfe, aber auch Gemüse- und Weingärten im Herzen der Stadt vergegenwärtigt, entsteht ein eindrucksvolles Bild von diesem sonderbaren Mikrokosmos, wo man Handel trieb, Verträge abschloß und Schiffe baute, wo man aber auch Weinreben und Gemüse anbaute, fischte und sogar auf die Jagd und auf Vogelfang ging. Ende des 11. Jahrhunderts begann man mit der Rodung des heutigen Gebietes von Rialto, auf der Insel Luprio, auf der anderen Seite des Canal Grande. Fortgesetzt wurde sie im 12. Jahrhundert von den Grundbesitzern Corner, Zorzi, Falier und anderen, und in der Folge wurde dort die *Pieve* San Matteo gegründet. Dieses Unternehmen und die Schenkung von Tiso, Aurio und Pietro Orio, die 1097 erfolgte, brachten es mit sich, daß der Markt von San Bartolomeo in jene Zone verlegt wurde, die sich zu *der* Wallstreet des Mittelalters entwickeln sollte.

Es ist bezeichnend, daß in jener Zeit der große Privatbesitz in der Lagunenregion dem öffentlichen und dem kirchlichen Besitz wich, wobei sich der letztere sowohl aufgrund der Schenkungen und testamentarischen Verfügungen vergrößerte als auch durch die Mitgift jener Abkömmlinge berühmter Familien, die ins Kloster eintraten oder die Leitung dieser oder jener Abtei übernahmen. Die Investitionen der großen Familien wanderten immer mehr in die Gegenden, die in mühevoller Arbeit den Untiefen und Sümpfen des Stadtgebietes abgerungen worden waren, und die Immobilienpreise sollten dort bereits in der zweiten Hälfte des 12. Jahrhunderts in astronomische Höhen klettern.

## 4

Während sich die Lagunengegend und jenes Stadtgebiet verwandelten, bildete sich auch die Verfassung mit immer klareren Zügen heraus. Die Gestalt des Dogen, wie sie uns aus der Grabinschrift Vitale Faliers (»König der Könige« und »Gesetzesverbesserer«) oder aus der von Domenico Michiel (»der, den Manuel fürchtet« – gemeint war der byzantinische Kaiser) entgegentritt, entfernt sich immer weiter vom »demütigen Dux der Provinz Venetien« der Zeit des Justinian Partecipazio. Wie das Dukat sich bereits als Reich darstellt, so ist die Gestalt des Dogen die eines Fürsten, eines Monarchen, auch wenn seine Macht nach wie vor von der Volksversammlung, dem *Arengo,* herrührt, die ihn wählt. Es kommt unter anderem häufig zu Heiraten zwischen Söhnen und Töchtern von Dogen und Söhnen und Töchtern von Königen. Trotz der Einschränkungen durch die flabianische Reform genießt der Doge viele Privilegien eines Monarchen. Der Sohn des Dogen ist es, der die Flotte befehligt, oder wenn es nicht sein Sohn ist, so ist es ein anderer Verwandter, falls er nicht persönlich das Kommando übernimmt. Sein Sohn ist es, der den Staat in seiner Abwesenheit regiert, und zwischen den öffentlichen Gütern und dem privaten Vermögen des Dogen und seiner Familie wird nicht immer klar getrennt. In Wirklichkeit aber ist die Macht des Dogen immer weniger eine persönliche und absolute. Unter der Herrschaft des 1130 gewählten Pietro Polani wurde den Richtern *(Giudici)*, die bereits seit langem dem Dogen bei all seinen Handlungen regelmäßig zur Seite standen, ein neues Amt hinzugefügt: Zum erstenmal tritt ein Rat in Erscheinung, *Consilium sapientium* genannt, das heißt der Rat derjenigen, die im offiziellen venezianischen Sprachgebrauch immer »die Weisen« (*i Savi*) genannt werden sollten.

Ungefähr zur gleichen Zeit bilden sich in ganz Ober- und Mittelitalien kommunale Strukturen heraus, und in Übereinstimmung mit dieser Entwicklung wird die Macht des Dogen allmählich durch eine beratende Körperschaft eingeschränkt, die sich jedoch aus den Reihen der Prominenz, der Adligen und Besitzenden aus vornehmem Geschlecht und mit althergebrachtem Prestige – kurzum der Aristokratie –, rekrutieren sollte sowie aus den Reihen der Exponenten der neuen wirtschaftlichen Macht, der Kaufleute, Reeder, Geldgeber, Industrieunternehmer und bedeutenden Handwerker.

Während der *Consiglio dei Savi* die Macht des Dogen untergräbt und begrenzt, ist er auch bemüht, die Macht des Volkes einzuschränken und zu lenken. Bei der Volksversammlung sollte weiterhin die Quelle der Macht liegen, doch sie sollte ihrerseits gegenüber dem *Consiglio dei Savi* durch einen Verfassungseid gebunden sein. Dieser Eid sollte das *Consilium* jedoch künftighin legitimieren, dem Dogen im Namen des Volkes Widerstand leisten zu können. In dieser Verflechtung von Beziehungen liegt eine Begründung für die Einzigartigkeit der späteren venezianischen Verfassung. Die Macht geht allmählich von einer Person, dem Dogen, auf eine abstrakte Einheit, den Staat, über, der materiell in den Räten, dem delegierten Ausdruck der kollektiven Souveränität der Bürger, konkretisiert wird.

Ein anderes, sehr wichtiges Datum im politischen Leben dieser Jahre ist – im Gegensatz zur anfänglichen Behauptung der Bischöfe an der Spitze des Bürgertums der jeweiligen Kommunen – der Ausschluß der kirchlichen Obrigkeit aus dem politischen Leben, ein Ausschluß, der zu einem Prinzip venezianischer Politik werden sollte. Mit dem Patriarchen schieden die Bischöfe und Äbte aus der politischen Führung dessen aus, was bereits die *Commune Veneciarum* war; denn es handelte sich um Kräfte, die schon von Natur aus nicht ihre ausschließliche Existenzberechtigung im ausschließlichen Interesse der venezianischen *Patria* sehen konnten.

## 5

Unterdessen hatten die Normannen keineswegs auf ihre Eroberungsträume verzichtet. Jetzt war es Roger II. von Sizilien, der nach anfänglichen Enttäuschungen Erfolge gegen die sarazenischen Fürstentümer in Nordafrika erzielen konnte und der seine Herrschaftsgebiete über fast ganz Unteritalien ausgedehnt hatte; nunmehr bedrohte er, dem Beispiel Guiskards folgend, das Byzantinische Reich. Solange der Normannenkönig in Afrika kämpfte, hatte Venedig die eigenen Interessen nicht gefährdet gesehen und war neutral geblieben. Als König Roger sich aber Korfu zuwandte, blieben die Hilferufe Manuel Komnenos', des Kaisers von Byzanz, nicht mehr ungehört.

Dieses Mal brachte das venezianische Eingreifen die Normannen zum Stehen. Während der sizilianische Admiral Rogers, Georg von Antiochia, nach Konstantinopel fuhr und sich verspätete, um im Garten des Kaiserpalastes Früchte von den Bäumen zu pflücken (mit dieser Beleidigung wollte er die Verletzlichkeit und Machtlosigkeit Komnenos' deutlich machen), wartete eine venezianische Armada unter dem Kommando des Sohnes und eines Neffen des Dogen, der inzwischen einem Herzanfall erlegen war, die normannische Flotte an der Spitze des Peloponnes ab und vernichtete sie. Im Jahr darauf (1149) räumten die Normannen auch Korfu.

Aus der Intervention zogen die Venezianer weitere Handelsvorteile, doch die Atmosphäre zwischen Venedig und Byzanz war endgültig vergiftet. Auf Korfu fiel einer Handvoll venezianischer Seeleute bei einem Trinkgelage nichts Besseres ein, als einen äthiopischen Sklaven als Kaiser herzurichten und zur Zielscheibe unverschämter Scherze zu machen, nachdem sie ihn in das Heck einer kaiserlichen Galeere gesetzt hatten. Die Spannung war so groß, daß die Besatzungen der beiden Flotten, der venezianischen und der byzantinischen, handgreiflich wurden und Tote und Verletzte zurückließen. Ein paar Jahre später schloß der Doge Domenico Morosini einen Handelsvertrag mit König Wilhelm I. von Sizilien, und als sich nach neuen Überfällen der Normannen, die bis ins Herz der Ägäis vorgestoßen waren, Manuel abermals in Schwierigkeiten befand, machte der neue Doge, Vitale Michiel II., keine Anstalten, ihm zu Hilfe zu kommen.

Die Aufmerksamkeit richtete sich nun auf den von Freunden und Feinden bereits so benannten »Golf von Venedig« – nämlich auf die Lage in der Adria. Der König von Ungarn hatte sich wieder in den Besitz von Traù, Spalato und Sebenico gebracht. In Istrien, das durch alte Verträge mit Venedig verbunden war, erhob sich Pola, und ein venezianisches Geschwader inspizierte 1150 die istrischen Häfen und verlangte von den Küstenstädten den Treueschwur. An der anderen Küste kam es zu einer Intervention zum Schutz von Fano, das von den benachbarten Gemeinden bedrängt worden war, aber obwohl der Doge sich als *Dominator Marchie* (Herr – allerdings nur auf Entfernung – über die Marken) bezeichnet sah, war zehn Jahre danach eine erneute Intervention gegen Ancona notwendig, das den venezianischen Handelsverkehr störte. Aufgestachelt und unterstützt wurde es von Pisa; später unterstützte Ancona auch die Rückeroberungsversuche Kaiser Manuels, der die byzantinische Macht in der Adria wiederherzustellen hoffte und dem es gelungen war, erneut ein byzantinisches Herzogtum in Spalato einzurichten. Gewiß, die Adria war die Lunge Venedigs, und ihre Sicherheit war eine unentbehrliche Voraussetzung für die eigene Existenz, und sicherlich stellten die Kolonien in Syrien eine sehr wichtige Quelle für die Versorgung mit kostbaren Waren dar, die es auf den Märkten des Abendlandes zu verteilen galt – das Herz des venezianischen Handels aber schlug in Konstantinopel, wo offensichtlich nicht weniger als zehntausend venezianische Bürger lebten.

In seinem Bestreben, dem Reich ein Mindestmaß an politischer Sicherheit und wirtschaftlicher Stärke zurückzugeben, hatte Manuel Komnenos nichts Besseres zu tun gewußt als sein Vater Kalojohannes, der versucht hatte, die Venezianer gegen andere Italiener auszuspielen, und mit den Pisanern weitgehende Konzessionen aushandelte. Gedrängt von der Sorge, die ihm die Normannen in Sizilien bereiteten, hatte Manuel 1155 den Genuesen Friedensangebote unterbreitet. Zwei Jahre später hatte er sogar einen Handelsvertrag abgeschlossen, der diesen unter anderem ein Stadtviertel in Konstantinopel einräumte, wie es die Venezianer seit langem und die Pisaner seit kurzem besaßen. Damit, daß er an die Stelle des venezianischen Monopols die Anwesenheit von drei miteinander konkurrierenden italienischen Handelsstädten erlaubte, hatte Manuel allerdings nur die Spannung verschärft, die die Vorzugsbehandlung Venedigs in seinem Reich bereits zuvor ausgelöst hatte. Sofort zur Stelle, um jede Gelegenheit zu nutzen, die der große Umschlagplatz Konstantinopel bot (die den westlichen Kaufleuten garantierten Freiheiten hatten diese in Scharen angelockt), zeigten sich die Italiener ebenso bereit, sich gegenseitig zu hassen und einander Schaden zuzufügen. 1162 griffen etwa tausend Pisaner die genuesische Kolonie von Konstantinopel an und plünderten sie drei ganze Tage lang. An der Aktion waren einige Venezianer und vor allem die Unterwelt von Konstantinopel beteiligt, die es anscheinend kaum fassen konnte, daß sie die gutbestückten Lager und die *Scagni* der Genuesen ausräumen konnte. Über den Ruinen ihres Stadtteils grollten die Genuesen der byzantinischen Regierung, die es nicht verstanden hatte, sie zu beschützen, und forderten von ihr eine Entschädigung für den Schaden. Unzufrieden zogen sie ab, während die Pisaner aus dem Mauergürtel der Stadt hinausgeworfen wurden, und als nach langwierigen Verhandlungen die einen akzeptierten zurückzukehren und die anderen wieder Zutritt zur Stadt erhielten, wurde die genuesische Kolonie erneut im Sturm genommen und verwüstet. Aber von wem? Die offizielle byzantinische Version machte die Venezianer für die Untat verantwortlich, während diese ihrerseits den Kaiser beschuldigten. Was die Genuesen anlangt, so scheinen sie sich nicht ganz sicher gewesen zu sein, bei wem die Verantwortung lag. Doch als am 12. März 1171 Manuels Polizei über alle in Konstantinopel und in den anderen Handelsplätzen des Reiches wohnenden Venezianer herfiel, sie verhaftete und ihre Güter beschlagnahmte, war ziemlich klar, daß der Kaiser den Handstreich lange überdacht und vorbereitet hatte und daß der Vorfall in der genuesischen Kolonie die – vielleicht geplante, vielleicht einfach beim Schopf ergriffene – Gelegenheit war. Zur Überstürzung des Vorgehens hatte möglicherweise auch die Pracht- und Machtentfaltung des Konvois beigetragen, der die venezianischen Gesandten Sebastiano Ziani und Orio Mastropiero eskortiert hatte: Es war ein kränkendes Schauspiel für einen frustrierten Kaiser und für ein Volk, das mit seiner Erniedrigung schlecht fertig wurde.

In Venedig wurde die Nachricht zuerst mit Skepsis, dann mit Schrecken und Empörung aufgenommen. Es wurde sofort die Flotte ausgerüstet und dem Befehl des Dogen Vitale Michiel II. unterstellt. Doch von Anfang an wurde die Führungsschwäche des Dogen deutlich. Einerseits wurden nicht einmal besonders heftige Angriffe auf byzantinische Inseln und Stützpunkte in der Ägäis unternommen; andererseits sandte man eine diplomatische Mission nach der anderen ab. Manuel verhielt sich ausweichend, weil er durch die Abkommen mit den Genuesen und Pisanern den Rücken frei zu haben glaubte. Dann kam die Pest dazwischen. Von der Seuche dezimiert und durch den Mißerfolg gedemütigt, kehrte die Flotte niedergeschlagen nach Venedig zurück. Und hier erhoben sich im Lauf einer bewegten und stürmischen Volksversammlung Schmährufe und Drohungen gegen den Dogen. Während die *Savi* die Flucht antraten, versuchte der Doge, von Angst gepackt, sich im Kloster San Zaccaria in Sicherheit zu bringen, aber – so hat es den Anschein – an der Ecke der heutigen Calle delle Rasse, auf der Seite zum Ufer, stürzte sich ein Rasender auf ihn und erdolchte ihn.

## 6

Das schlimme Ende Vitale Michiels II. bedeutete einen weiteren Wendepunkt in der Entwicklung der venezianischen Verfassung. Der Ermordete war ein energischer Verfechter der Privilegien des Dogen gewesen und hatte mit seinen Forderungen im Gegensatz zum *Consiglio dei Savi* und dann zu den *Giudici* gestanden, unter denen zwei Persönlichkeiten saßen, die beide einmal Dogen werden sollten, nämlich Sebastiano Ziani und Orio Mastropiero. Und der Rat hatte ihm unrecht gegeben und das Prinzip aufgestellt, daß es dem Dogen nicht zukomme, über Fragen, die in die Kompetenz der Kommune fielen, einseitige Entscheidungen zu treffen (es ging um die Ernennung der Grafen auf den beiden dalmatinischen Inseln Ossero und Veglia). Sein autoritäres Verhalten hatte Vitale wahrscheinlich ebensosehr das Leben gekostet wie das Scheitern seines Feldzuges gegen Byzanz. Sein Nachfolger, Sebastiano Ziani, wurde nicht von der Volksversammlung gewählt, sondern von einem zahlenmäßig beschränkten Wahlkomitee mit nur elf Mitgliedern, das von der Versammlung selbst gewählt worden war, um eine von möglichen Tumulten ungestörte Wahl zu garantieren. Als gewählter Monarch schickte sich der Doge an, der höchste Richter der venezianischen Staatsordnung zu werden. Die Volksversammlung reagierte indessen lautstark auf die Nachricht, und es kostete viel Mühe, sie wieder zu beruhigen.

Trotz ihrer Versuche und Annäherungen gelang es den Venezianern zu Manuel Komnenos' Lebzeiten nicht, in ihre alten Positionen in Konstantinopel zurückzukehren – vielleicht deshalb, weil der Preis für die Entschädigung, den ihre Botschafter hartnäckig forderten, zu hoch war. Noch wahrscheinlicher ist, daß der Kaiser zwar heimlich für die unauffällige Rückkehr einiger venezianischer Wirtschaftsunternehmer war, aber nicht mehr zusehen wollte, wie sich die venezianischen Kaufleute, Reeder und Finanziers erneut zu Herren in seinem eigenen Haus aufschwangen. Die venezianische Finanzwelt ihrerseits reagierte auf den Schaden, den das Ausdörren ihres wichtigsten Marktes im Mittelmeerraum darstellte, mit stärkeren Aktivitäten auf anderen Märkten. Während eine Mission unter der Leitung von Orio Mastropiero und Orio Dandolo mit dem König von Sizilien über den Schutz der venezianischen Rechte in der Adria verhandelte, wurden weitere Abkommen mit dem Sultan von Ägypten geschlossen. Ohne sich mit der Trauer über ihren erzwungenen Abzug vom Markt von Konstantinopel aufzuhalten, beeilten sich die venezianischen Händler, auf den Märkten von Alexandria und Tyrus neue Geschäfte in die Wege zu leiten; andere wandten sich Ceuta und anderen Häfen im westlichen Mittelmeer zu.

Unterdessen hatten sich seit langem schwarze Wolken am Horizont des kontinentalen Europa und Italiens zusammengebraut. Den Kaiserthron hatte Friedrich Barbarossa von Hohenstaufen bestiegen, der vielleicht größte unter den großen deutschen Kaisern, die dem Papsttum den politischen und moralischen Vorrang im Abendland beharrlich streitig machten. Mit der Anerkennung Papst Alexanders III. gegen den von Barbarossa unterstützten Gegenpapst war eine Reihe von Störungen eingeleitet worden, die von kaiserlichen Gebieten aus gesteuert wurden, während die ghibellinische, das heißt staufenfreundliche Ausrichtung Genuas und Pisas diesen Städten eine beachtliche territoriale und wirtschaftliche Entwicklung einbrachte. Veronesen, Paduaner und Ferraresen hatten versucht, den venezianischen Flußverkehr auf dem Po zu unterbrechen, und von der Mark Treviso aus störten andere Schikanen den Durchgangsverkehr auf der Piave. In diesem Augenblick nun versuchte der Patriarch von Aquileja, der Bayer Ulrich von Treffen, an die Heldentaten Poppos anzuknüpfen, und griff Grado an. Ein venezianischer Flottenverband besiegte daraufhin die Truppen des Patriarchen und nahm ihn zusammen mit siebzig seiner Vasallen und Kanoniker gefangen. Um seine Freiheit zurückzugewinnen, mußte Ulrich sich einem demütigenden Jahrestribut von zwölf Broten und zwölf Schweinen fügen. Darauf sollen die traditionellen venezianischen Feiern des »Fetten Donnerstags«, des Fastnachtsdonnerstags, zurückgehen, in deren Verlauf die Schweine des Patriarchen öffentlich geschlachtet wurden, während der Doge in der *Sala del Piovego* des Dogenpalastes mit einer kleinen Rute einige hölzerne Modelle von Kastellen zerschlug, die die Burgen der friaulischen Lehnsherren symbolisierten.

In dieser gespannten Situation kam es zur Teilnahme Venedigs am Bündnis der italienischen Kommunen gegen Barbarossa und zu dem berühmten Eid des Lombardenbundes 1167. Seine Beteiligung war keine militärische; denn Venedig hätte keinen aktiven Beitrag zu einem Landkrieg leisten können (es garantierte jedoch den Schutz auf dem Meer und nahm die Kardinäle auf, die auf der Seite Alexanders III. standen). Es handelte sich in erster Linie um eine finanzielle Beteiligung, und zur Beschaffung der erforderlichen Mittel nahm die Kommune ein Darlehen von eintausendeinhundertfünfzig Silbermark (eine Summe, die etwa 1100000 DM entsprechen würde, deren Kaufkraft aber unendlich größer wäre) von zwölf reichen Bürgern auf, von denen zwei, Sebastiano Ziani und Orio Mastropiero, mit je zwei Zwölfteln beteiligt waren, weitere (ein Querini, ein Dandolo, ein Barozzi, ein Memmo und zwei andere) mit je einem Zwölftel, während andere Bürger sich in das letzte Zwölftel teilten. Aber schon bald waren die freiwilligen Darlehen in Zwangsanleihen verwandelt worden, deren Höhe aufgrund des Vermögens oder Einkommens jedes Darlehengebers bemessen wurde – eine Übung, an der der venezianische Staat festhalten sollte, solange er existierte.

Die Gefangennahme der Venezianer in Konstantinopel und die Wahl Sebastiano Zianis zum Dogen, eines Diplomaten und hervorragenden Politikers, der vor allem der einflußreichste Vertreter der Kaufmannsschicht war (G. Luzzatto zufolge war er so reich, daß man im Venedig des 12. Jahrhunderts vom *Haver de Ca' Ziani* so sprach, wie man heute vom Vermögen eines Rockefeller oder eines Aga Khan spricht), lenkten die Ereignisse in eine neue Richtung. 1172 finden wir die venezianische Flotte unter den Mauern von Ancona; sie unterstützte die Belagerungsoperationen, die im Namen Friedrichs I. Barbarossa vom Mainzer Erzbischof durchgeführt wurden. Venedig verleugnete nicht seine frühere Politik, wollte und mußte aber aus zwei Gründen bei der Belagerung Anconas dabeisein: Zum einen war Ancona der Brükkenkopf Manuel Komnenos' in der Adria; zum anderen war es angebracht, Barbarossa nicht zu sehr und nicht allein siegen zu lassen.

Dieser Schachzug versetzte Venedig jedenfalls in eine besonders günstige Lage, um in dem langen und qualvollen Konflikt zwischen Papst, italienischen Kommunen und Kaiser vermitteln und auf eine friedliche Lösung hinwirken zu können. Venedig war es diesmal gelungen, sich bei allen Parteien genehm zu machen – beim Papst, weil es ihn unterstützt und die Kardinäle großzügig aufgenommen hatte, beim Lombardenbund wegen seines Beitritts und der ansehnlichen Finanzierung und beim Kaiser wegen der Zusammenarbeit in den Marken. In den Augen des Papstes und des Kaisers muß diese inmitten des Wassers isoliert gelegene Stadt, die Hauptstadt eines unabhängigen, zwischen den Schenkeln der Adriaküste liegenden Dukats, als der ideale Ort für eine diplomatische Konferenz erschienen sein; wahrscheinlich spielte bei der Entscheidung der beiden größten Widersacher auch die Attraktivität des bereits prestigeträchtigen Finanz- und Handelszentrums eine Rolle.

Am 24. März 1177 legte Alexander III., eskortiert von den Galeeren des Königs von Sizilien und begleitet von Kardinälen und Prälaten, in San Nicolò di Lido an, und am Tag danach feierte er das Fest der Verkündigung in der überfüllten Basilika von San Marco. Nach einigem Vorgeplänkel begannen im Palast des Patriarchen in San Silvestro die Verhandlungen mit den Bevollmächtigten des Kaisers. Dieser hielt sich in Chioggia auf, und dort suchten ihn, nachdem ein Abkommen erzielt war, drei Kardinäle auf, die ihn vom Schisma abschwören ließen und ihm die Absolution erteilten. Am Sonntag, dem 24. Juli, wurde endlich die Versöhnung gefeiert. Eingerahmt vom Dogen und vom Patriarchen, fuhr Friedrich von San Nicolò di Lido bis zum Molo und begab sich inmitten einer riesigen Menschenmenge zu Fuß zur Basilika. Im Atrium saß der Papst, gekleidet in die päpstlichen Paramente. Friedrich kniete nieder, um ihm den Fußkuß zu geben, und der Papst richtete ihn auf, umarmte ihn und tauschte den Friedenskuß mit ihm. Am Tag darauf reichte der Kaiser zur Krönung einer ganzen Reihe von Zeremonien dem Papst, als er auf sein Pferd stieg, die Zügel und die Steigbügel. Unter den Anwesenden befanden sich auch der König von Sizilien und eine ganze Menge von Fürsten, hohen Geistlichen, Lehnsherren und Diplomaten. Der Konflikt war endgültig beigelegt.

Venedig wurden die traditionellen Abkommen bestätigt, und der Kaiser gab ihm weitgehende Garantien für die Unverletzlichkeit seiner Bürger und deren Güter in sämtlichen Gebieten des Reiches (dies geschah zum Schutz gegen die Flußsperren durch die Städte in der Poebene). Einige Klöster erhielten vom Kaiser Privilegien in bezug auf ihr Vermögen und vom Papst geistliche Vorrechte. Aber vor allem Venedig zog aus diesem Ereignis – was auch immer sein aktiver Beitrag zu den Verhandlungen gewesen sein mochte – einen enormen Prestigegewinn; denn seine Vermittlerfunktion war von den höchsten Autoritäten des Abendlandes formell anerkannt worden.

Um jene Geschehnisse hat die venezianische Überlieferung eine Legende gewoben, die Stoff für viele verherrlichende Bilder berühmter Maler lieferte. Sie berichtet, wie der Papst auf seiner Flucht ohne Vorankündigung und verkleidet in Venedig landete und sich müde, wie er war, in einer Laube nahe der Kirche Sant'Aponal – wo noch heute eine alte Inschrift daran erinnert – auf den Boden legte, um dort zu schlafen. Dann soll er sich, immer noch in Verkleidung, im Kloster der *Canonici Regolari Lateranensi* von Santa Maria della Carità vorgestellt haben und, ohne seine wahre Identität preiszugeben, eine Anstellung entweder als Kaplan oder sogar als Tellerwäscher erhalten haben. Als man ihn nach vielen Monaten entdeckt hatte, sei er vom Dogen feierlich zum Patriarchenpalast begleitet worden. Der Doge habe sogleich zwei Gesandte zu Barbarossa geschickt, um den Frieden auszuhandeln, aber Friedrich habe nichts davon wissen wollen. Er verlangte – so fährt die Legende fort – die Auslieferung des Papstes, und als die venezianischen Gesandten sich weigerten, habe er mit Hilfe von Genua und Pisa eine Flotte von fünfundsechzig Galeeren ausrüsten lassen und das Kommando seinem Sohn Otto anvertraut. Venedig gelang es – immer noch der Legende zufolge – nicht, mehr als dreißig Galeeren zusammenzubringen. Der Doge empfing vom Papst den Segen und einen Stoßdegen mit goldenem Griff und übernahm dann persönlich den Befehl über diese Schiffe. Am Himmelfahrtstag trafen die beiden Flotten an der istrischen Küste in der Nähe der Punta Salvore zwischen Pirano und Parenzo aufeinander. Die Venezianer errangen einen überwältigenden Sieg, brachten achtundvierzig Galeeren und den Prinzen Otto in ihre Gewalt, der großzügigerweise zu seinem Vater zurückgeschickt wurde und diesen davon überzeugte, daß er sich mit dem Papst treffen und Venedig als Ort für diese Begegnung wählen solle.

Die moderne Kritik hat diese Erzählung erbarmungslos zerstört, obwohl manche Historiker in bezug auf die Schlacht von Salvore noch immer einige Zweifel hegen. Noch erbarmungsloser hat sie die Fortsetzung der Geschichte zerstört, die wir noch heute Punkt für Punkt in dem köstlichen Bilderbogen der Fresken von Spinello Aretino im Palazzo Pubblico von Siena verfolgen können: Da betritt der Kaiser das Atrium der Basilika von San Marco und wirft sich nieder, um den Fuß des Papstes zu küssen. Doch anstatt ihn aufzurichten, stellt der Papst ihm seinen Fuß in den Nacken und zitiert dabei den Bibelvers *Super aspidem deambulabis et conculcabis leonem et draconem* (du wirst auf der Schlange wandeln und den Löwen und den Drachen zertreten). Aus seiner unbequemen Stellung antwortet Friedrich schlagfertig: *Non tibi, sed Petro,* was soviel bedeuten soll wie, daß seine Huldigung nicht der Person des Papstes, sondern dem Apostel Petrus gelte. Daraufhin antwortet der Papst ungerührt: *Et mihi et Petro,* »sowohl mir als auch Petrus«.

Der Legende zufolge war es auch der Papst, der den Dogen mit den Insignien belohnte, die ihn bis zum Fall der Republik bei den Zeremonien begleiten sollten. Es handelte sich um den Richterstuhl, das Kissen, die Wachskerze, das blanke Schwert und die Silbertrompeten. In Wirklichkeit waren dies die Symbole der byzantinischen Souveränität und waren deshalb viel älter. Ebenfalls aus früherer Zeit stammte sicherlich das Himmelfahrtsfest und die Vermählungsfeier mit dem Meer (die *Sensa*), die sich höchstwahrscheinlich auf den siegreichen Istrien- und Dalmatienfeldzug von Pietro Orseolo II. bezog. Alexander hatte dagegen noch versucht, den ewigen Streit zwischen dem Patriarchen von Aquileja und dem von Grado endgültig beizulegen, indem er wieder einmal ihre jeweilige Gerichtsgewalt festlegte (bei der Versöhnungszeremonie hatten die beiden Patriarchen übrigens rechts und links vom Papst Platz genommen, während die

Erzbischöfe von Mailand und Ravenna sich um den dritten Platz stritten).

Sebastiano Ziani dankte am 12. April des Jahres 1178 ab; er starb kurze Zeit später im Kloster San Giorgio Maggiore. Während seiner Amtszeit bekam die Piazza San Marco, die schon unter der Herrschaft Vitale Michiels II. ihre heutigen Ausmaße erhalten hatte, mit dem Wiederaufbau der Kirche San Geminiano ihr endgültiges Gesicht. Diese Kirche wurde im 16. Jahrhundert von Sansovino umgebaut und blieb bis 1806 an derselben Stelle stehen; dann wurde sie auf Wunsch von Eugène de Beauharnais abgerissen. Rund um die Piazza hatte man einen Kranz von Gebäuden mit Säulengängen gebaut, die man auf Gentile Bellinis berühmtem Bild »Prozession auf der Piazza San Marco« erkennt. Unter Vitale Michiel II. war auch die Glockenstube des massiven Wachturms entstanden, den Petrus Tribunus offensichtlich über römischen Grundmauern errichtet hatte. Während Zianis Amtszeit hatte man auf der Mole der Piazzetta auch die beiden berühmten Säulen von Markus und Theodor (Tòdaro) aufgestellt; es hatte noch eine dritte gegeben, sie aber stürzte ins Wasser und wurde nicht mehr gefunden. Das Zentrum der Stadt nahm allmählich immer mehr die uns vertraute Gestalt an.

## 7

Noch vor der Abdankung des Dogen Ziani hatte man für die Wahl des nächsten Dogen ein neues Verfahren beschlossen. Vier »ehrenhafte und gottesfürchtige Personen aus dem Laienstand« – der Klerus war endgültig von der politischen Bühne verschwunden – sollten vierzig Wahlmänner bestimmen, denen die Ernennung des Dogen vorbehalten war, der dann der allgemeinen Volksversammlung zur Bestätigung der Wahl vorgestellt werden sollte. Es war ein Versuch, die Dogenwahl definitiv dem Einfluß von Familiengruppen, aber bestimmt nicht dem von politischen und wirtschaftlichen Pressure-groups zu entreißen. Der Gewählte, Orio Mastropiero, war – wie sein Vorgänger – sehr reich, und ebenso wie dieser gehörte er zu dem sehr kleinen Kreis von Notabeln, die die wichtigsten Ämter und Gesandtschaften monopolisiert hatten. Wie Ziani hatte er sich bei den von der Kommune geforderten Anleihen hervorgetan; wie Ziani hatte er sein Geld weitgehend in Handelsunternehmungen angelegt.

Wir haben gesehen, daß die Dogen schon im 9. Jahrhundert nicht davor zurückschreckten, einen Teil ihres Besitzes in den Seehandel zu investieren, und daß in der Folge mehr als einer von ihnen sich bei den internationalen Abkommen in bezug auf die ihm gehörenden Waren eine besondere Behandlung zusichern ließ. Sebastiano Ziani war in großem Stil in Handel und Finanzen aktiv gewesen. Es ist bekannt, daß er vor seiner Amtszeit große verzinsliche Darlehen in Form von Geld und Pfeffer gewährte. Nach seiner Wahl führte sein Sohn Pietro, der später ebenfalls Doge werden sollte, die Geschäfte weiter. Es ist unter anderem belegt, daß er dem Kaufmann und Reeder Romano Mairano einen Vorschuß von einhundert Veroneser Lire gab, damit dieser in Alexandria für ihn nicht weniger als zehntausend Pfund Pfeffer kaufte (weiß Gott mehr als das *Saccum piperis*, das der Bischof Ursus im Jahr 853 in seinem Testament hinterlassen hatte!). Aus Pietros Testament geht hervor, daß der riesige Immobilienbesitz der Familie Ziani zu einem beträchtlichen Teil mit den Gewinnen erworben worden war, die seine Tätigkeit und die seines Vaters in Handel und Kreditgeschäften abgeworfen hatte.

Die Dokumente verdeutlichen im übrigen, daß die venezianischen Bürger, welche imstande waren, Handelsunternehmungen zu finanzieren, in jenem 12. Jahrhundert schon zahlreich waren, und ihre Schiffe befuhren bereits das gesamte Mittelmeer – zuerst einzeln, dann in Verbänden, den sogenannten *Mude* oder *Carovane;* das waren bewaffnete und eskortierte Konvois, die vor 1200 in der Adria ihre Schutzfunktion erfüllten und außerhalb der Straße von Otranto in verschiedene Richtung weiterfuhren. Es gab unterschiedliche Arten der Finanzierung: Manche erwarben eine Ware und überließen ihren Verkauf auf einem fernen Markt einem Kaufmann. Das war die älteste Form, die sogenannte *Rogadìa.* Eine andere Art waren die Darlehen, für die man bei recht kurzen Fristen weiterhin einen etwas erhöhten Zins verlangte, doch immer unter der Bedingung, daß im Fall von Insolvenz das

Doppelte des Kapitals gezahlt würde. Schließlich gab es noch als am meisten verbreitete und typisch venezianische Form die *Colleganza*. In ihrer einseitigen Form, auch *Commenda* genannt, bestand die *Colleganza* einfach darin, daß ein Kapitalgeber sein eigenes Kapital einem Kaufmann überließ; nach dessen Rückkehr erhielt er sein Kapital zurückerstattet, während drei Viertel der erzielten Gewinne an den Finanzier gingen und ein Viertel an den Kaufmann. Es ist darauf hingewiesen worden, daß das System, an dem einige Historiker Anstoß nahmen, einem Kaufmann in Wirklichkeit erlaubte, acht oder zehn *Commende* anzuhäufen – was oft vorkam –, von denen er für jede ein Viertel des Profits einsteckte. Auf diese Weise konnte er sich nach und nach selbst als Kapitalgeber an einer anderen Art von *Colleganza*, nämlich der zweiseitigen, beteiligen. Bei dieser Art von *Colleganza* legte der Kapitalgeber zwei Drittel des Kapitals, der Kaufmann dagegen ein Drittel des Kapitals und seine eigene Arbeit ein; nach seiner Rückkehr wurden die Gewinne halbiert.

Zur Verminderung der Risiken investierten die venezianischen Kapitalisten in der Regel keine große Summen auf einmal und in ein einziges Geschäft. Sie zogen es vor, die Beträge, über die sie verfügten, auch wenn sie ansehnlich waren, auf mehrere *Colleganze*, vielleicht etwa zehn, zu verteilen. Ebenso besaßen sie lieber ein oder mehrere Vierundzwanzigstel von einem Schiff als ein ganzes. Yves Renouard hat bemerkt, daß in Venedig die großen Geschäfte und die großen Vermögen aus der Anhäufung kleiner Gesellschaften und kleiner Profite entstanden. Und unter den Dokumenten aus der Zeit zwischen dem 11. und dem 13. Jahrhundert finden sich in der Tat notarielle Urkunden, ausgefertigt über ein Darlehen von einer Goldmünze oder anderthalb Münzen. Allerdings war Geld noch selten; erst Ende des 12. Jahrhunderts sollte Venedig als erste unter den italienischen Handelsstädten eine stabile Münze, den *Grosso d'argento* (Silbergroschen), prägen, dessen Münzfuß und Gewicht (2,178 Gramm zu 968/1000) dreihundert Jahre lang unverändert bleiben sollten.

Seit Beginn des 12. Jahrhunderts gab es auch eine andere Art von Geschäftspartnerschaft, die einige Jahre bestand und mehrere Gesellschaften miteinander verband, von denen jede einen Kapitalanteil und ihre eigene Arbeit einbrachte; Gewinne und Verluste wurden entsprechend der Höhe des eingelegten Kapitals geteilt. Für diejenigen schließlich, denen das Risiko der Seefahrt zu hoch war, gab es noch einen anderen Typ von Partnerschaft, nämlich das reine und einfache Gelddarlehen, das *ad negotiandum* auf dem Markt von Venedig zu nutzen war und bei dem die Gewinne in gleiche Teile geteilt wurden.

Bei den Waren standen neben den Nahrungsmitteln (insbesondere Öl und Käse) Gewürze, verarbeitete Stoffe, Garne, Baumwolle, Alaun, Eisen aus der Steiermark und Nutzholz aus dem Cadore an der Spitze, ganz zu schweigen vom Salz, auf das Venedig wirklich das Monopol besaß. In den Dokumenten tauchen manchmal Sklaven auf, wenn auch noch nicht in dem Maße der späteren Feststellungen. Was die Schiffe anbelangt, so tritt im 12. Jahrhundert endgültig die mit Rudern und Segeln zugleich ausgestattete Galeere in Erscheinung, die sich sowohl im Handelsverkehr als auch im Krieg als nützlich erweist. Zentrum der Handels- und Finanztätigkeit war bereits der Rialto, der heutige Rialto, wo Papst Alexander während seines Venedigaufenthaltes drei Kirchen eingeweiht hatte. Dort hatte das Eichamt seinen Sitz, und dort hatten sich im Pfarrsprengel von San Giovanni – dem ursprünglichen Kern des Marktes, wo die Geschäfte sich wie noch heute an die Kirchen anschmiegen – neben einer großen Zahl von Italienern auch viele Deutsche niedergelassen. Um den Zugang zu der neuen Handelszone, wo vor der Lärmkulisse des Obst-, Gemüse- und Fleischmarktes die wichtigsten Finanzgeschäfte getätigt wurden, zu erleichtern, war nach der Legende 1172 die erste Brücke über den Canal Grande gebaut worden. Es sieht so aus, als ob es sich um eine Pontonbrücke gehandelt hätte, die gewiß in der Mitte geöffnet werden konnte, um die Lastkähne durchfahren zu lassen, die auf ihrer Reise zu den *Palazzi* und *Fondachi* der Kaufleute in großer Zahl den *Canalazzo* (Canal Grande) durchpflügten.

Auch in den venezianischen Kolonien in den Städten Syriens und Palästinas wimmelte es von Geschäftsleuten, die von den Lagunen stammten und die sich zur Leitung ihrer Unternehmen oft auf Dauer dort niedergelassen hatten. Außer der Kirche, dem

Bad, dem Backhaus und dem Trinkwasserbrunnen umfaßten diese Stadtteile in der Regel zumindest eine Anlegestelle, das heißt eine Mole, wo die Waren aufgeladen und gelöscht werden konnten (wenn es sich nicht – wie in Tyrus – gleich um ein ganzes Drittel der Stadt handelte). Dennoch war es unvermeidlich, daß die venezianischen Kaufleute mit Wehmut an Konstantinopel zurückdachten. Trotz des Niedergangs des Reiches blieb es immer noch der größte Markt des Mittelmeerraumes, das Bindeglied zwischen Asien und Europa, auch wenn nach der katastrophalen Niederlage, die die Seldschukentürken Manuel 1176 bei Myriokephalon beigebracht hatten, nur ein kleiner Teil von Asien in der Hand des byzantinischen Kaisers geblieben war. Venezianische Wirtschaftsunternehmer hatten sich auf eigenes Risiko und auf eigene Gefahr in die Metropole eingeschlichen; ihren Finanziers gegenüber waren sie in den Verträgen durch die Klausel von der »Gewalt des Kaisers« abgesichert. Dort holten sich nunmehr die Genuesen und Pisaner mit ebensowenig Diskretion den Löwenanteil und schlugen das Unmögliche heraus aus dem privilegierten Status, mit dem Manuel sie anzulocken geglaubt hatte, um die Lücke zu füllen, die die Vertreibung der Venezianer hinterlassen hatte, und um eine zerrüttete Wirtschaft am Leben zu erhalten.

Bis in die jüngere Zeit hinein hat die geschichtliche Überlieferung immer dem Fleiß und der Ehrlichkeit der Lateiner von Konstantinopel die »Treulosigkeit« der Griechen entgegensetzen wollen. Ereignisse in der jüngeren Geschichte ermöglichen es uns, Situationen und Gemütszustände besser zu begreifen. Eine herrliche Stadt, eine Bevölkerung mit großen Traditionen und einer erlesenen Kultur, eine darniederliegende Wirtschaft, eine nahezu inexistente militärische Stärke, ein korrupter und ineffizienter Verwaltungsapparat – so sah das Konstantinopel des 12. Jahrhunderts aus. Auf der anderen Seite standen Leute mit großen wirtschaftlichen Ressourcen, einer leistungsfähigen Organisation und sehr effizienten Streitkräften, die absolut skrupellos und darüber hinaus noch von ihrer moralischen und rassischen Überlegenheit überzeugt waren, welche auf ihre immer noch geltend gemachte römische Abstammung zurückging. Im Falle Venedigs kam die Erinnerung an ein Untertanenverhältnis hinzu, das zwar de facto nicht mehr bestand, aber de jure noch anerkannt wurde. Ähnlich wie in bestimmten Ländern Lateinamerikas die großen nordamerikanischen *Corporations* bestimmen und in ferner, aber nicht allzu ferner Zeit in Indien oder in China die großen englischen Kompanien, so waren es in Byzanz die Lateiner, die den Lebensnerv kontrollierten; denn ihre ökonomischen Vorteile bestimmten den Lauf des byzantinischen Lebens. Die Griechen von Byzanz legten also nicht mehr »Treulosigkeit« an den Tag als die Chinesen und Inder gegenüber den Engländern und auch Manuel nicht mehr als Fidel Castro oder Salvador Allende gegenüber den US-Amerikanern.

Die Bewohner von Konstantinopel empfanden folglich nicht mehr Sympathien für die Genuesen und Pisaner als für die Venezianer. Zwei Jahre nach Manuels Tod riß eine Welle von Rachegelüsten den kindlichen Kaiser Alexios II. und die Regentin Irene, der zu starke Parteinahme für die verhaßten Lateiner vorgeworfen wurde, mit sich und brachte Andronikos Komnenos auf den Thron. In der Erwartung, den kleinen Kaiser und die Kaiserinmutter eiskalt aus dem Weg zu räumen – was er bald darauf auch tat –, beeilte dieser sich, der schlechten Stimmung der Truppen und des Pöbels von Byzanz freien Lauf zu lassen. Die Kolonien der Pisaner und Genuesen am Goldenen Horn wurden buchstäblich hinweggefegt, ihre *Fondachi* niedergebrannt, die Kirchen mit römisch-katholischem Ritus zerstört, und alle Mitglieder der Kolonien (es scheint, daß sich in Konstantinopel sechzig- oder sogar achtzigtausend befanden) wurden gefangengenommen und ermordet. Genua und Pisa erlebten nun dasselbe Schicksal, das den Venezianern vierzehn Jahre zuvor widerfahren war, nur in noch grausamerer Form, weil die Fremdenfeindlichkeit der Byzantiner inzwischen noch stärkere Ausmaße angenommen hatte.

Während die beiden italienischen Kommunen zur Vergeltung ihren ewigen Seeräuberkrieg verschärften, erkannte König Wilhelm von Sizilien die Gelegenheit und griff, den alten Traum seiner normannischen Vorfahren weiterspinnend, das Byzantinische Reich an und landete, auf Guiskards und König Rogers Spuren wandelnd, 1185 in Durazzo. Seine Kämpfer waren rasch in Saloniki, wo sie Greueltaten begingen, die bei weitem jene übertrafen, die die Byzantiner gegen die Lateiner verübt hatten. Bald bedrohten sie Konstantinopel, und ihre Drohung allein genügte, um Andronikos' Sturz herbeizuführen. Die Komnenen traten von der Bühne ab; Isaak Angelos bestieg den Thron, und Byzanz gewann endlich ein wenig Stärke zurück. Für den Normannenkönig war die Partie ebenso schnell verloren, wie sie am Anfang gewonnen schien.

Venedig hatte sich unterdessen nicht gerührt. Es hatte keinen Grund gehabt; denn Pisa ließ nicht ab, Venedig vor seiner eigenen Haustür zu belästigen, indem es Ancona aufhetzte und finanzierte. Das bedeutete allerdings nicht, daß seine Diplomatie nicht aktiv gewesen wäre. Kaum war Isaak Angelos an die Macht gekommen, da wurden schon die Botschafter der Kommune Venedig bei ihm vorstellig. In dem Jahr, in dem Zara, unterstützt vom König von Ungarn, wieder einmal rebellierte, entschloß Isaak sich, nachdem er die genuesischen Gesandten mit leeren Händen zurückgeschickt hatte, endlich zu einem neuen Abkommen mit Venedig. Das Abkommen von 1187 sah die Wiederherstellung der alten Rechte und die Rückerstattung der von Manuel beschlagnahmten Güter vor (die Entschädigung sollte einige Jahre später erfolgen); im Gegenzug verpflichteten sich die Venezianer, im Fall eines Angriffs auf das Reich innerhalb von sechs Monaten vierzig bis einhundert hochgerüstete und von venezianischen Offizieren befehligte Kriegsgaleeren zu liefern. Um die Ruderer (einhundertvierzig für jede Galeere) sollte sich der Kaiser kümmern und dafür drei von vier Venezianern unter den Bewohnern im Reich rekrutieren. Schutzklauseln garantierten die guten Beziehungen Venedigs zum Heiligen Römischen Reich und zum König von Sizilien. Unter den vielen anderen Klauseln fiel eine besonders auf, nämlich die, in der es heißt, daß der Vertrag aus keinem Grund gebrochen werden dürfe, auch wenn der römische Papst dies befehlen, die Absolution erteilen oder die Exkommunikation verkünden sollte.

## 8

Unter dem Druck einer erneuten Offensive der Muslime überstürzten sich inzwischen im Kreuzfahrerkönigreich Jerusalem und seinen Anhängseln in Syrien die Ereignisse. Die Heilige Stadt fiel in die Hände des Sultans von Ägypten. Es fielen auch Akko und Laodicea; nur Tyrus hielt – dank des Mutes und der Entschlossenheit Konrads von Montferrat – stand.

Als der Papst zu einem neuen Kreuzzug aufrief, ordnete der Doge Mastropiero den Rückruf der im Ausland ansässigen Venezianer und die Ausrüstung einer Kriegsflotte an. Es kam jedoch nicht zu einer besonders aktiven militärischen Beteiligung Venedigs an jenem wenig glücklichen Unternehmen, in dessen Verlauf Barbarossa ertrank und die christlichen Monarchen sich in Neidereien und Eifersüchteleien zerfleischten. Pisaner und Genuesen taten sich bei der Verteidigung von Tyrus und der Wiedereroberung von Akko hervor (Akko war übrigens Genuas wichtigster Handelsplatz im Orient). Die Venezianer kümmerten sich anscheinend vor allem um den Schutz und die Erneuerung ihrer Privilegien (auch die Genuesen hatten sich vorsorglich ihrer Vorrechte versichert, als sie den Vertrag über den Transport König Philipp Augusts von Frankreich und seiner Truppen ins Heilige Land abschlossen). Aber zu viele Sorgen quälten Venedig: Der byzantinische Kaiser, der sich mit den Kreuzfahrern in einem so schweren Konflikt befunden hatte, daß Barbarossa sogar einen Angriff auf Konstantinopel plante, durfte nicht vor den Kopf gestoßen werden. Der König von Ungarn, Verwandter, Freund und Verbündeter Isaaks, legte eine wachsende Kampfeslust an den Tag. Schließlich unternahmen die venetischen Städte des Hinterlandes neue Angriffe auf Venedig wie etwa Verona, das den venezianischen Verkehr auf der Etsch blockierte. Auf ihrem Rückweg von Syrien erlitt die venezianische Flotte bei dem Versuch, Zara zurückzuerobern, eine erneute Niederlage. Diesmal gingen auch die Inseln Arbe, Ossero und Pagos verloren.

In jenen wirren Jahren war das Mittelmeer Schauplatz von Abenteuern jeglicher Art, ein buntes Kaleidoskop, dessen Bilder sich ständig vermischten und veränderten.

An der syrisch-palästinensischen Küste war es den Kreuzfahrern trotz ihrer Zwistigkeiten gelungen, einen großen Teil der Städte zu halten oder zurückzugewinnen: Akko, das die Hauptstadt des Königreiches Jerusalem geworden war (die Heilige Stadt war bereits endgültig in muslimischer Hand und sollte es bis zum Sechstagekrieg von 1967 bleiben), war das Zentrum, in dem sich in ständiger Aktivität und in ständiger Zwietracht alle lateinischen Kolonien tummelten. Dort gab es Pisaner, Venezianer, Amalfitaner, aber hauptsächlich Genuesen. In diesen Kolonien wurden nicht nur Export- und Importgeschäfte zwischen Orient und Okzident abgeschlossen; hier blühte auch der lokale Handel von Hafen zu Hafen, der sehr beträchtliche Gewinne abwarf. Die Interessen waren von so großer Bedeutung, daß man Ende des 12. Jahrhunderts in Tyrus den ersten venezianischen *Bailo* in Syrien (»Bailo oder Statthalter in Syrien, Bailo über die Veneter im ganzen Lande Syrien«) antraf, der Gerichtsgewalt über sämtliche venezianischen Bürger hatte, die an der syrisch-palästinensischen Küste ansässig waren. Die Genuesen hatten in Akko zwei *Consoli e Visconti dei Genovesi in Siria* und die Pisaner ihre Konsuln; Konsuln und *Visconti* hatten auch Amalfi und Ancona entsandt. Private Reeder – vor allem unter den Genuesen – waren nicht nur zur Beförderung von Frachten bereit, sondern vermieteten auch Schiffe zu militärischen Zwecken, und als von bedeutenden militärischen Unternehmungen nicht mehr die Rede war, wurde der »Seeräuberkrieg«, in dem sich auch die Rivalitäten zwischen Stadt und Stadt, zwischen Kommune und Kommune Luft machten, ein immer einträglicheres Geschäft. In den Jahren um die Jahrhundertwende durchstreiften wahre Mengen von Korsaren das Mittelmeer, und zwar nicht nur gemeines Volk, das sich dem gewöhnlichen Raub widmete wie etwa die Sarden des Bonifacio im Tyrrhenischen Meer oder die Almissaner* und die Ragusaner in der südlichen Adria oder die Sarazenen Nordafrikas; es handelte sich vielmehr um hochgestellte Piraten, wirkliche Vorboten späterer, profitablerer Abenteuer auf dem Atlantik wie der Genuese Enrico Pescatore, der Graf von Malta wurde, und Guglielmo

* Die Bewohner des in Kroatien gelegenen Ortes Almissa, heute Omiš. A.d.Ü.

Porco, der spätere große Admiral von Sizilien, wie Alamanno da Costa oder der Pisaner Raniero di Manente. In diesem Gewirr fielen venezianische Korsaren über Schiffe aus Ancona her; normannische Korsaren griffen pisanische und genuesische Schiffe an, und griechische Korsaren plünderten lateinische Schiffe. Das Bild wäre nicht vollständig ohne die Gefahr, die von dem deutschen Kaiser Heinrich VI. drohte, der es verstanden hatte, sich das Erbe des Königs von Sizilien mit Gewalt anzueignen, und der, während er sich die Rivalitäten und Haßgefühle zwischen den italienischen Küstenstädten zunutze machte, an den Kreuzzug dachte und ihn vorbereitete.

In dieser Situation dankte Orio Mastropiero 1192 ab und starb. Sein Nachfolger Enrico Dandolo trat ein sehr schweres Erbe an; verschärft wurde die Lage 1195 noch durch eine erneute byzantinische Krise: Kaiser Isaak Angelos war von seinem Bruder Alexios III. entthront worden.

Pisa, das über Genua und Florenz triumphiert hatte, vom deutschen wie vom byzantinischen Kaiser unterstützt wurde und viele Handelsunternehmungen in Syrien und Konstantinopel besaß, begnügte sich nun nicht mehr damit, Ancona zu bezahlen, damit es die venezianischen Konvois belästigte. Kühn forderte es Venedig in dessen eigenem Golf heraus, während es die venezianischen Kolonien im Byzantinischen Reich von Rhaidestos bis Almiros, sogar bis zu den Ufern des Bosporus bedrohte. Es flammte ein richtiggehender Krieg auf, und in den Gewässern vor Almiros in Griechenland kam es 1196 zu einem sehr bedeutsamen Vorfall.

Der venezianische Flottenverband, der unter dem Kommando von Ruggero Premarin und Jacopo Querini in jenen Gewässern kreuzte, hatte den Befehl erhalten, in die Adria zurückzukehren. Aber die beiden Kommandanten hielten die Bedrohung für stärker, die sich gegen die blühende Kolonie von Konstantinopel und gegen die anderen Kolonien richtete, gegen die Quellen des wirtschaftlichen Wohlstandes, ja des Lebens ihrer Metropole überhaupt. Zu dieser Einschätzung der Lage waren sie schon deshalb gekommen, weil sie die antivenezianische Einstellung kannten, die Alexios III. zugeschrieben wurde. Sie beschlossen daher, eine beratende Versammlung einzuberufen. An Bord der Schiffe bildete ein allgemeiner Kriegsrat das Modell der alten Institutionen des Mutterlandes nach: Neben den Kapitänen waren die Besatzungen anwesend, und diese Versammlung kam zu dem beispiellosen Schluß, daß das vorrangige Interesse des Vaterlandes im Orient liege und im Orient bleiben müsse. Die Versammlung übernahm die Verantwortung gegenüber dem Dogen und beschloß, für die Finanzierung der Kampagne ein Darlehen aufzunehmen, und sie erhofften sich günstige Rückzahlungsbedingungen vom Dogen und der Kommune. Der Interessenvertreter der Staatskirche von San Marco, der sich an Bord befand, eröffnete die Zeichnung mit der für damalige Verhältnisse gewaltigen Summe von neunhundert Goldmünzen; dann zeichneten die Flottenkommandanten und alle Eingeschifften, die dazu in der Lage waren.

Im letzten bewegten Jahrzehnt jenes sehr bewegten Jahrhunderts waren noch zwei andere Dinge geschehen. An die Stelle von Orio Mastropiero (ihm kommt das Verdienst der ersten *Promissione al maleficio*, das heißt des ersten venezianischen Strafgesetzes zu) war ein hochbetagter Politiker gewählt worden, der allerdings über große Tatkraft und Weitsicht verfügte. Enrico Dandolo war ein Neffe des Patriarchen von Grado, der in einem der heftigsten Kämpfe zwischen der nationalen Kirche und der Kommune die Hauptrolle gespielt hatte. Er war neunzig Jahre alt und beinahe blind. Die einen sagen, Manuel Komnenos habe ihn anläßlich einer Gesandtschaft in Konstantinopel wegen einer unbotmäßigen Antwort blenden lassen; anderen zufolge ging seine Blindheit auf einen Schwerthieb zurück, der ihn – in welcher Schlacht, ist unbekannt – auf der Stirn getroffen habe. Er war die Verkörperung des venezianischen Kaufmanns- und Kampfgeistes seiner Zeit; vor allem war er eine Persönlichkeit von hoher Bildung und außergewöhnlichen politischen und organisatorischen Fähigkeiten. Sechs Jahre nach seiner Wahl wurde im Alter von nur sechsunddreißig Jahren Lothar Graf von Segni zum Papst gewählt, der den Namen Innozenz III. annahm – eine andere Persönlichkeit mit einem unbeugsamen Charakter und von der Statur eines Gregors VII. Der am 8. Januar Gewählte verkündete am 15. August 1198 eine Enzyklika, die die katholische Welt zur Rückeroberung des Grabes Christi und der Heiligen Stadt Jerusalem aufrief.

Die ersten Reaktionen auf die Initiative Papst Innozenz', auf seine Botschaften und die Interventionen seiner Legaten waren nicht sehr ermutigend. Genua und Pisa – das muß gesagt werden – überhörten und übersahen alles; weil Venedig über keine landwirtschaftlichen Ressourcen verfügte und auf den Handel angewiesen war, bat es um die Dispens, um seinen Handel mit Ägypten fortsetzen zu können, ohne die Exkommunikation zu riskieren. Was Alexios III. anlangt, so grenzte seine Antwort an Unverschämtheit (gewiß hatte er die zahllosen Probleme vor Augen, die die Kreuzfahrer seinen Vorgängern verursacht hatten): »Ich glaube nicht«, schrieb er, »daß die für die Befreiung Jerusalems festgesetzte Zeit schon gekommen ist; wenn Gott sie wirklich wollte, bräuchte man nur sehr wenige Männer und sehr wenig Geld.« Der einzige Lehnsherr von Rang, der das Kreuz nahm, war Markgraf Bonifatius von Montferrat. Aber dort, wo weder Papst noch Kardinäle etwas erreicht hatten, sollte der französische Prediger und Seelsorger aus Neuilly-sur-Marne, Folko, der im Rufe eines Wundertäters stand, Erfolg haben.

Am 28. November 1199 hatte Thibaut III., der Graf von Champagne, in dem Ardennendorf Ecry-sur-Aisne ein Turnier veranstaltet. Die Grafschaft Champagne gehörte zu den blühendsten Feudalstaaten und sein Hof zu den raffiniertesten des Abendlandes. An den früheren Unternehmen im Heiligen Land hatten sich die Grafen mit Mut und Freigebigkeit beteiligt. Thibaut selbst war wie sein Vetter Ludwig Graf von Blois und Clermont, der am Turnier teilnehmen sollte, mit den Königen von Frankreich und England verschwägert. Beide waren erst zwanzig Jahre alt.

Das Turnier sollte gerade unter der ganzen traditionellen Aufbietung von Prunk, Galanterie und sportlichem Geist beginnen, als Folko von Neuilly auf dem Kampfplatz erschien. Was er sagte, entzieht sich unserer Kenntnis. Wir wissen nur, daß – wie ein Chronist berichtet – die Ritter »ihre Helme abnahmen und zu den Kreuzen liefen«. Folko heftete die symbolischen Kreuze aus Stoff an die Kleider des Grafen und seines Vetters und an die des

Bischofs von Troyes und der Grafen von Dampierre und Brienne. Zu den vielen anderen, die das Kreuz nahmen, gehörte auch der Marschall der Champagne, Gottfried von Villehardouin, der spätere getreue und brillante Chronist des Kreuzzuges.

Die Bewegung breitete sich rasch aus. Am Aschermittwoch des Jahres 1200 nahm Graf Balduin von Flandern, der Herrscher über ein reiches Land und einen Hof, an dem die Künste und die Literatur in Blüte standen, das Kreuz; dann der Graf von Saint-Pol, und zu den vielen Freiwilligen gehörte ein weiterer späterer Chronist, Robert von Clary, der nicht weniger eifrig, aber nicht so hochgestellt war wie Villehardouin - sein Lehen war keine sechs Hektar groß.

Über die Marschroute und vor allem über das Ziel bestand Uneinigkeit. Um das erste wesentliche Problem zu lösen, ernannte das Kreuzfahrerparlament von Compiègne sechs Bevollmächtigte, und diese beschlossen, nachdem Marseille und Genua ausgeschieden waren, sich nach Venedig zu begeben.

Die Gründe für diese Entscheidung lagen vielleicht mehr im herzlichen Empfang, den Venedig dem Gesandten Innozenz' III. bereitet hatte, als im Ruf der Stadt, reich und militärisch stark zu sein. Die sechs Bevollmächtigten trafen jedenfalls Anfang Februar 1201 in der Lagunenstadt ein und überreichten als erstes ihre Beglaubigungsschreiben dem Dogen, der sie, umgeben von sechs Beratern, in seinem Palast empfing, »der sehr reich und schön« war. Enrico Dandolo erwiderte auf die Botschaft der Kreuzfahrer, daß er keine Verpflichtung eingehen könne, bevor er sich nicht mit den verschiedenen politischen Versammlungen Venedigs und schließlich mit der Volksversammlung beraten hätte. Wir werden auf diese Hinweise zurückkommen, die der Marschall von Villehardouin, der zur Gesandtschaft gehörte, ganz genau aufgezeichnet hat und der uns so ein unschätzbares Bild von dem venezianischen Verfassungssystem entwirft.

Lassen wir Gottfried von Villehardouin selbst berichten: Nachdem auf den verschiedenen Ebenen beraten worden war, wurde die Volksversammlung in die Basilika von San Marco, *la plus belle qui soit,* einberufen. Nach der Feier der Heiliggeistmesse wurden die Bevollmächtigten, umgeben von lebhafter Neugierde, vorgestellt. Gottfried selbst ergriff das Wort und bat um die Hilfe der Venezianer, weil es sonst »kein Volk gibt, das auf dem Meer so große Macht besitzt«. Zum Abschluß sagte er: »Die vornehmsten und mächtigsten Barone Frankreichs ... haben uns aufgetragen, uns Euch zu Füßen zu werfen und uns nicht wieder zu erheben, bis Ihr Euch einverstanden erklärt, mit dem Heiligen Land jenseits des Meeres Erbarmen zu haben.« Nun knieten sich die sechs Gesandten zur allgemeinen Ergriffenheit nieder, und der Doge und alle Anwesenden riefen mit erhobenen Händen: »Wir sind einverstanden!« Schließlich wurde ein Vertrag abgeschlossen, in dem die Venezianer sich verpflichteten, bis Ende Juni 1202 die Schiffe zu liefern, die viertausendfünfhundert Ritter und ebenso viele Pferde, neuntausend Knappen und zwanzigtausend Fußsoldaten sowie die für die Dauer eines Jahres erforderlichen Lebensmittel befördern sollten. Als Belohnung wurden fünfundachtzigtausend Silbermark vereinbart (das waren zirka zwanzigtausend Kilogramm Silber oder nach heutigem Stand etwa zwanzig Millionen Deutsche Mark). Es war ein richtiger Transport- und Liefervertrag, aber darüber hinaus verpflichtete sich der venezianische Staat, fünfzig Galeeren auf eigene Rechnung auszurüsten, die an den Risiken der Unternehmung und den etwaigen Gewinnen mit fünfzig Prozent beteiligt waren.

## 9

Den vierten Kreuzzug überschattete von Anfang an eine große Unentschlossenheit. Eine klare Übereinkunft über das Ziel der Expedition (Ägypten oder Syrien) war nicht erreicht worden, und kaum war der Transportvertrag abgeschlossen, gab es schon die ersten Fälle von Desertion: Der Graf von Brienne wandte sich nach Apulien, um dort die Rechte der Kirche zu verteidigen (der Kreuzzug zerbröckelte, wie J. Longnon sagt, eben auf Betreiben von Papst Innozenz), andere zogen es vor, sich in näher gelegenen Häfen einzuschiffen. Unterdessen starb der junge Graf von Champagne vorzeitig, und an seiner Stelle wurde Markgraf Bonifatius von Montferrat zum Oberbefehlshaber gewählt. Als die Kreuzfahrer im Juni 1202 in Venedig eintrafen, waren nur noch wenige geblieben, und sie bemerkten auch, daß an dem vereinbarten Preis nicht weniger als vierunddreißigtausend Silbermark fehlten. Sie hatten ihre Zelte am Lido aufgeschlagen, wurden wie Pestkranke von der Stadt ferngehalten und hatten die herrliche Flotte vor Augen, die die Venezianer auf der Grundlage der Abkommen pünktlich ausgerüstet hatten. In dieser Situation dachten die enttäuschten Männer über die Angebote nach, die der in der Verbannung, in Verona, lebende Sohn des entthronten byzantinischen Kaisera Isaak Angelos, Alexios, ihnen gemacht hatte, der mit ihrer Hilfe den Thron zurückzugewinnen wünschte. Auch für die Venezianer war die Situation alles andere als rosig: Sie hatten für die Ausrüstung der Flotte riesige Beträge festgelegt und mußten nun dieses ganze streitsüchtige, untätige und mittellose Heer unterhalten. Um die Angelegenheit voranzutreiben, versammelte der Doge Dandolo Kreuzfahrer und Volk in der Basilika von San Marco und unterbreitete ihnen einen umstrittenen Vorschlag, der aber den einzigen Ausweg darstellte. In einer von Gottfried von Villehardouin getreulich aufgezeichneten Rede bot er den Kreuzfahrern eine Änderung des Kontraktes an. Er selbst würde das Kreuz nehmen, und die Venezianer sollten sich als Pilger oder Kreuzfahrer ihm anschließen. Er, der Doge, würde persönlich die Leitung übernehmen, und die Venezianer hätten in jeder Hinsicht, an Gewinnen wie an Verlusten, teil. Mit anderen Worten: Der Transportvertrag verwandelte sich in ein Abkommen über gleichberechtigte Teilnahme.

Seit Jahrhunderten hält sich die Behauptung, daß der Doge und die Venezianer die Kreuzfahrer als Stoßtruppe für die Rückeroberung von Zara einsetzen wollten und damit die skandalöse Umlenkung des Kreuzzuges von seinem ursprünglichen Ziel, der Befreiung Jerusalems, verursachten. Das entspricht nicht ganz der Wahrheit. Der Gedanke an eine Umlenkung war älter und stammt von den Kreuzfahrern selbst; er ging auf die Gespräche von Verona und auf den Druck Druck Philipps von Schwaben zurück, der ein Schwager des verbannten Alexios war. Sowohl dieser als auch Philipp hatten schon damals den Baronen jede Art von Belohnung für ihre Hilfe bei der Rückgewinnung des Thrones von Byzanz in Aussicht gestellt, und die Barone hatten sich beeilt, den Papst darauf aufmerksam zu machen, daß eine derartige Unternehmung die Rückeroberung des Heiligen Landes erleichtern würde. Zwischen den guten Beziehungen, die zu dem Usurpator Alexios III. bestanden, und der Hoffnung auf eine Wiedervereinigung der griechischen mit der römischen Kirche hin und her gerissen, schwieg der Papst sich aus. Und die Verluste häuften sich, und zwar voll zu Lasten der Venezianer.

Die Idee, in Zara anzulegen, wurde also erst unterwegs geboren, weil die Route für eine so schwere Flotte ziemlich unbequem war. Zunächst jedoch hatten die Venezianer in Triest und Muggia haltgemacht und auf deren Unterwerfung bestanden. Es ging nicht darum, die Umstände schamlos auszunutzen, sondern darum, die Etappen zu sichern. Das Unternehmen, dessen Ziel noch immer nicht feststand – höchstwahrscheinlich sollte es Ägypten sein –, war nicht ungefährlich. Wie schwerfällig dieser Zug war, hatte man gesehen, als die Flotte in San Nicolò di Lido in See stach. Es waren zwischen fünfzig und sechzig bauchige Transportschiffe sowie etwa einhundert *Uscieri*, Frachtschiffe mit Türen auf Höhe des Wasserspiegels, die das schnelle Ein- und Ausladen von Pferden und Lasten gestatteten – kurzum, eine Art mittelalterliche Fähre. Dann gab es etwa sechzig Galeeren, die das venezianische Militärkontingent darstellten und die französischen Chronisten wegen ihrer geschwungenen Linien und ihrer Geschwindigkeit verblüfften. Sie waren schlank und leicht und fuhren sowohl mit Segelantrieb als auch mit Rudern, die damals noch von Freien und Freiwilligen betätigt wurden. Am schönsten war die rotbemalte Galeere des Dogen mit ihrem karmesinroten Zelt. Mehr als dreihundert Kriegsmaschinen befanden sich an Bord, darunter Steinschleudern und Wurfmaschinen und anderes Gerät, das zur Zerstörung von Befestigungsanlagen diente. Als die Armada am 1. Oktober 1202 in See gestochen war, hingen die Schilde der Kreuzfahrerbarone an den Schiffswänden, und ihre Fahnen flatterten im Wind, während das Geschmetter von über zweihundert Trompeten die Luft zerriß; Pauken und Trommeln wirbelten und übertönten die Stimmen der Priester, die das *Veni Creator* sangen. »Niemals fuhr eine schönere Flotte aus irgendeinem Hafen aus«, schreibt Gottfried von Villehardouin. In Zara jedoch, wo sich die gestärkten Barone einen freundlichen Empfang erwarteten, hatte die Feindseligkeit der Bewohner und der Truppen des ungarischen Statthalters den Aufenthalt, der friedlich hätte verlaufen sollen, in eine fünftätige Belagerung verwandelt, auf die der Sturm auf die Stadt und ihre Plünderung folgten. Jetzt begannen sich die Unstimmigkeiten zu verbreiten und zu verschärfen, als Papst Innozenz den Bannstrahl gegen die Venezianer schleuderte, auf die die Barone die ganze Schuld an dem blutigen Konflikt zwischen Christen und Christen abgewälzt hatten.

Diesen Augenblick nutzte Philipp von Schwaben, der für seinen Schwager Alexios, den Sohn Isaak Angelos', sprach. Er unterbreitete den in Zara einquartierten Kreuzfahrern präzise und verlockende Vorschläge. Als Belohnung für seine eigene Wiedereinsetzung und die seines Vaters bot Alexios Waffen und Geld für die Eroberung des Heiligen Landes, an der er sich mit einem Truppenkontingent beteiligen würde. Dem Papst zuliebe bekräftigte er seine Verpflichtung zur Wiedervereinigung der griechischen mit der römischen Kirche. Venedig und der Doge schwiegen, während sich die Kreuzritter berieten. Einige hielten das Programm der Expedition für bereits überholt und wollten zumindest die Ausgaben wieder hereinholen; andere äußerten ihre Zweifel an der Ehrlichkeit und Aufrichtigkeit des Alexios; wieder andere widersetzten sich Skrupeln und Gewissensbissen und machten sich aus dem Staub wie Simon von Montfort und der große Truchseß des deutschen Kaisers, Werner von Bolanden. Die venezianischen Autoritäten beteiligten sich an der Verhandlung nicht (es hat vielmehr den Anschein, daß sie sich vor allem bemühten, ihre Beziehungen zu dem Usurpator Alexios III. zu verbessern). Sie wogen das Für und Wider einer etwaigen Änderung des Zieles gegen das große Risiko ab, auf das die Kommune sich eingelassen hatte, ohne noch eine Möglichkeit zum Rückzug zu haben (unterdessen liefen die Ausgaben weiter, immer noch gewaltige Summen und immer noch zu Lasten der venezianischen Finanzen). Der Doge erkannte eine wesentliche Chance in der Fortsetzung des Kreuzzuges; weiterer Stillstand bedeutete eine unmittelbare Gefahr für die Expedition. In diesem Punkt deckten sich die Vorstellungen der verhaßten Venezianer mit denen von Papst Innozenz. Damit die Sache voranging, war er bereit, allen alles zu verzeihen, nur nicht ihnen. Im Grunde hätte für ihn – einmal abgesehen von seinem edlen prinzipiellen Einwand gegen die Feindseligkeiten unter Christen – die Unternehmung von Konstantinopel vor allem wegen ihrer extremen Schwierigkeit vermieden werden sollen. Als jedoch das Abkommen zwischen den Kreuzfahrern und Alexios III. endlich geschlossen wurde, erfuhr man, daß Bonifatius von Montferrat (dem der griechische Thronanwärter die Insel Kreta angeboten hatte) das Placet des Kardinals und päpstlichen Legaten Pietro Capuano erhalten hatte. Und von Korfu brach die Flotte nach erneuten Verhandlungen zwischen Kreuzfahrern und Venezianern in Richtung Konstantinopel auf, in vollem Einvernehmen mit dem Dogen und mit einer unentschiedenen Äußerung des Papstes.

Es war am 24. Mai 1203, dem Vortag des Pfingstfestes, einem schönen und klaren Tag, belebt von einer sanften, leichten Brise – so schreibt Villehardouin –, als alle Schiffe, die *Uscieri*, die Galeeren, zusammen mit vielen anderen Handelsschiffen, die dieselbe Route nahmen, die Segel beisetzten.

»Und Gottfried, Marschall der Champagne, der dieses Werk diktierte ... bezeugt, daß niemals Schöneres gesehen ward. Und es schien wirklich eine Flotte zu sein, die viel Land erobern sollte, denn so weit das Auge reichte, konnte man nichts als Segel, Schiffe und Schiffe sehen, so daß sich die Herzen der Menschen daran entzückten ...«

Am meisten staunten die Kreuzfahrer aber beim Anblick von Konstantinopel. Sie »konnten nicht glauben, daß es eine so prächtige Stadt in der ganzen Welt geben könnte, als sie jene hohen Mauern und schönen Türme sahen, von denen sie ganz umschlossen war ... und jene prachtvollen Paläste und jene hohen Kirchen, von denen es so viele gab, daß niemand es hätte glauben können, wenn er es nicht mit eigenen Augen gesehen hätte, und die Länge und Breite der Stadt, die über alle anderen Herrscherin war«.

Im Angesicht der überwältigend schönen Hauptstadt des Ostens entfaltete die Flotte ihre ganze kriegerische Pracht und zog mit großem Pomp dicht an den von Menschen gesäumten

Ufern entlang. Doch als die Kreuzfahrer an Land gingen, wurde der junge Alexios eigentlich von niemandem erwartet. Es kam nur ein Bote des Usurpators Alexios' III., ein Italiener namens Nicolò Rossi, mit Geschenken und Angeboten, die schroff zurückgewiesen wurden.

In der Hoffnung, beim Volk eine Welle der Zustimmung auszulösen, brachten die Kreuzfahrer Alexios IV. auf die prachtvoll ausgestattete Dogengaleere und ließen ihn erneut mit einem großen Ehrengeleit von Galeeren vor den Mauern vorüberziehen. Aber die Menge, die Ufer und Mauern säumte, hütete sich wohl davor, in Jubel auszubrechen. Vielmehr erreichten den Thronanwärter, der sich, umgeben von Fremden, an Bord eines fremden Schiffes zeigte, von allen Seiten Pfiffe, Beleidigungen und Schmährufe.

Dadurch, daß sich Isaak Angelos' Sohn unter dem Schutz der fränkisch-venezianischen Streitkräfte vorstellte, hatte er nur eines bewirkt – daß sich nämlich alle Byzantiner um ihren Kaiser scharten, ob er nun rechtmäßig oder unrechtmäßig an die Macht gekommen war. Die Kreuzfahrer, die sich auf eine Demonstration beschränken wollten, konnten vor den militärischen Folgen ihres Unternehmens nicht die Augen verschließen. Angesichts der Größe der Hauptstadt und der Woge der Verachtung, die die Griechen vereint hatte, muß ihnen die Schwäche ihrer Truppen noch beunruhigender erschienen sein. Wohl ergriff das reguläre, mit der Bewachung der Molen beauftragte Heer Alexios' III. sofort die Flucht, als es von den fränkischen Rittern angegriffen wurde. Jene hatten sich, bis zu den Zähnen bewaffnet, in die Fluten gestürzt und waren losgestürmt, während es den Venezianern nach der Einnahme des Turms von Galata gelungen war, die massive Eisenkette zu sprengen, die das Goldene Horn absperrte. Doch die eindrucksvollen Mauern um die Metropole herum galten als uneinnehmbar. Zum frontalen Angriff auf den stärksten Punkt der Mauern unweit vom Palast von Blacherne bedurfte es der ganzen Kühnheit eines Bonifatius von Montferrat.

An den Rahen der Schiffe hatten die Venezianer hängende Plattformen aufgebaut und auf der Höhe der Mauern an den Masten befestigt. Diese Plattformen waren geschützt von Wänden aus Segeltuch und trugen je drei oder vier Mann. An Bord der *Uscieri* befanden sich ähnliche Kriegsmaschinen wie die der Kreuzfahrer, um die Mauern zu zertrümmern. Der Angriff fand am 17. Juli 1203 statt. Nachdem die Kreuzfahrer einen Turm niedergerissen hatten, gelang es ihnen, eine Mauer zu ersteigen. Sie wurden aber von den englischen und dänischen Söldnern, die im Dienst Alexios' III. standen, zurückgedrängt. Die Flotte hatte sich am Goldenen Horn gegenüber dem Viertel von Petrion aufgestellt, und die Venezianer ließen einen Hagel von Pfeilen und Steinen herabregnen, um die Ausschiffung zu decken. Der greise blinde Doge war unter den ersten, die sich an Land bringen ließen, vor sich das Banner von San Marco, während von den hängenden Plattformen die Matrosen über die Mauern sprangen. Schon bald hatten sie fünfundzwanzig Türme erobert. Alexios III. suchte eine entscheidende Begegnung in der Ebene westlich des Palastes von Blacherne. Damit beging er einen schweren Fehler, weil sich die Kreuzfahrerbarone dort endlich ungehindert bewegen konnten. So zogen die Ritter Balduins von Flandern und Hugos von Saint-Pol stolz den byzantinischen Truppen entgegen. Sie hatten ihre schönsten Rüstungen angelegt und die Pferde mit kostbaren Dekken geschmückt. Robert von Clary erzählt, daß die Damen und Jungfern von Konstantinopel, die aus dem Fenster des Palastes von Blacherne auf die Zinnen der Mauern schauten, mit Bewunderung auf diese prachtvollen mit Eisen und Seide bedeckten Ritter blickten »und sagten, daß sie wie Engel aussahen« (der griechische Chronist Niketas sagt seinerseits, daß die Griechen die Ritter »Würgeengel« nannten). Beeindruckt wagten es Alexios' Männer nicht, jene »Bronzestatuen« (so Niketas) anzugreifen. Ausgerechnet in dem Augenblick, als der Kaiser das Signal zum Rückzug gab, tauchten die Venezianer auf. In seinen Palast zurückgekehrt, raffte er schnell das, was er an Gold und Edelsteinen fand, zusammen und floh sofort nach Einbruch der Nacht mit seiner Tochter Irene nach Adrianopolis. Seine Gemahlin, seine Söhne, seine Untertanen und seine Macht ließ er zurück. Einige Griechen beeilten sich, den alten Isaak Angelos aus dem Gefängnis zu holen, kleideten ihn in den kaiserlichen Ornat, brachten ihn in den Thronsaal von Blacherne und schickten Gesandte ins Lager der Kreuzfahrer, um zu melden, daß der Weg für den jungen Alexios frei sei. Kreuzfahrer und Venezianer hatten auf Kühnheit gesetzt – eine Kühnheit, die an Gewissenlosigkeit grenzte – und hatten gesiegt.

Isaak Angelos bestätigte die Zusagen seines Sohnes, den er sogleich zu seinem Mitregenten machte und der in der Hagia Sophia feierlich gekrönt wurde. Unverzüglich wurde die Wiedervereinigung der beiden Kirchen verkündet. Die Kreuzfahrer sollten den Winter in Konstantinopel verbringen und, von der byzantinischen Regierung finanziert und unterstützt, auf ihre Weiterreise nach Ägypten, ins Heilige Land, zum Heiligen Grab Christi warten. In Wirklichkeit hatten diesen Aufenthalt weder sie noch die Venezianer vorgesehen, für die die Indiensthaltung der Flotte eine neue, ungeahnte Belastung darstellte. Doch der junge Alexios insistierte. Er brauchte die Truppen der Kreuzfahrer und Venezianer, um seine eigene Macht zu festigen – oder zumindest glaubte er das. Ein neues Abkommen mit Venedig mußte unterzeichnet werden, um die geltenden Vereinbarungen zu verlängern.

Die Präsenz der Kreuzfahrer und der Venezianer, die Alexios IV. für unentbehrlich hielt, sollte zu seinem persönlichen Zusammenbruch und dem des Reiches führen. Die schon oft erwähnte Fremdenfeindlichkeit loderte in der griechischen Bevölkerung immer stärker auf. Sie war über die Verpflichtungen sehr erbost, die der neue, von lateinischen Waffen an die Macht gebrachte Herrscher eingegangen war. Sie fühlte sich durch die Anwesenheit jener stolzen Fremden beleidigt, die sich nicht damit begnügten, still in ihren Quartieren in Galata jenseits des Goldenen Horns zu sitzen, sondern jeden Tag in der Stadt deren unglaubliche Schönheit bewunderten. Jene promenierenden Krieger, oft hoch zu Roß, verletzten den Nationalstolz der Byzantiner, die über all die schönen, angehäuften Dinge in ihrer Hauptstadt eifersüchtig wachten. Da waren der herrliche Kaiserpalast, der riesige Hippodrom mit den hohen Säulen des Theodosius und des Arkadius, die griechischen und römischen Statuen, die Basiliken, die mit kostbarem Marmor und Mosaiken ausgeschmückt waren, mit ihren noch kostbareren Reliquien, aufbewahrt in edelsteinbedeckten Reliquiaren. Ein schwerer Zusammenstoß schürte den nur mühsam zurückgedrängten Haß: Um sich vor den Griechen zu retten, legten einige Pisaner, Venezianer und Flamen nach der Plünderung eines Gotteshauses Feuer an die umstehenden Häuser, und die Feuersbrunst wütete, vom Wind begünstigt, in der brütenden Augusthitze tagelang vom Goldenen Horn bis zum Marmarameer.

Villehardouin schreibt: »... über den Schaden und den Reichtum, der verlorenging, könnte niemand Rechenschaft ablegen, ebensowenig wie über die Männer, Frauen und Kinder, von denen viele verbrannten. Alle Lateiner, die in Konstantinopel wohnten, aus welchem Land sie auch kamen, wagten nicht mehr, dort zu bleiben; sie packten das, was sie vor dem Feuer retten konnten, und flohen. Sie bestiegen Boote und Schiffe und fuhren durch den Hafen zu den Kreuzfahrern, und es waren gut fünfzehntausend ... Von da an waren die Franken von den Griechen entzweit, weil sie nicht mehr Freunde waren wie zuvor ...«

Nach diesem vollkommenen Bruch versuchte Alexios IV., sich dadurch Popularität zu verschaffen, daß er sich noch weiter von den Kreuzfahrern abwandte, ja, er legte ihnen gegenüber Verachtung und Abneigung an den Tag und schob die Erfüllung der Verpflichtungen hinaus und verzögerte die Begleichung der vereinbarten Summen. An welchem Punkt die Beziehungen angelangt waren, zeigt der ungeschminkte Bericht von Robert von Clary (der, wie man sieht, nicht vor dem Gebrauch drastischer Ausdrücke zurückschreckt).

»Als die Franken sahen, daß der Kaiser nichts zahlte, versammelten sie sich mit den Grafen und den ranghöchsten Persönlichkeiten des Heeres und begaben sich zum Kaiserpalast und verlangten die Zahlung. Und der Kaiser erwiderte, daß er in keiner Weise zahlen könne, und die Barone antworteten ihm, sie würden sich, wenn er nicht zahlte, so viel von seinen Gütern nehmen, daß sie damit gut bezahlt wären. Auf diese Worte hin zogen die Barone vom Palast ab ... Zurückgekehrt beratschlagten sie, was zu tun sei, bis der Doge von Venedig sagte, er wolle zu ihm [dem Kaiser] gehen und mit ihm reden. Er nahm einen Boten und trug ihm auf zu sagen, daß er zum Hafen käme, um mit ihm zu sprechen. Der Kaiser ritt zu Pferde dorthin, und der Doge ließ vier Galeeren bemannen ... und als er zum Hafenufer kam, traf er den Kaiser ... und er sagte zu ihm: ›Alexios, was gedenkst du zu tun? Denk daran, daß wir dich aus einer schrecklichen Gefangenschaft herausgeholt haben. Wir haben dich zum Herrn gemacht und zum Kaiser gekrönt. Wirst du nicht halten, was du versprochen hast? ...‹ ›Nein‹, sagte der Kaiser, ›ich werde nicht mehr tun, als ich bereits getan habe.‹ ›Nein?‹ sagte der Doge. ›Du Mistkerl! Wir‹, sagte er, ›wir haben dich aus der Scheiße gezogen, und in die Scheiße werden wir dich zurückwerfen‹, sagte er, ›und ich biete dir die Stirn, und wisse, daß ich dir von heute an so viel Übles zufügen werde, wie ich nur kann!‹«

Eine Abordnung von drei Baronen und drei Venezianern war in der Tat von Isaak und Alexios sehr unfreundlich aufgenommen worden: Der Dichter und Ritter Conone de Béthune, der zu dieser Abordnung gehörte, hatte sehr schroff reagiert, und von da an folgte auf beiden Seiten eine feindselige Geste nach der anderen. In der Nacht des 1. Januar 1204 schickten die Griechen nicht weniger als siebzehn Feuerschiffe gegen die venezianische Flotte, die sich nur mit knapper Not rettete. Aber die Byzantiner schenkten Alexios nach wie vor kein Vertrauen. In der allgemeinen Verwirrung kam es zu einem Aufstand des Volkes, das seine Abdankung verlangte und forderte, er solle durch einen anderen abgelöst werden. Alexios fiel nichts Besseres ein, als abermals die verschmähten Beschützer zu Hilfe zu rufen, und bot an, ihnen den Palast von Blacherne zu überlassen. Verraten von einem Mitarbeiter, Alexios Dukas, genannt Murtzuphlos, fiel der junge ränkereiche Kaiser seiner eigenen Schlauheit zum Opfer. Er wurde auf Geheiß des Murtzuphlos erwürgt, der sich seinerseits unter dem Namen Alexios V. zum Kaiser ausrief. Auch Isaak Angelos starb, vielleicht als Opfer einer Krankheit, vielleicht aber auch als Opfer der patriotisch inspirierten Grausamkeit des Murtzuphlos.

Nun hatten die Kreuzfahrer nur noch eine einzige Möglichkeit: Konstantinopel erneut zu erobern. Zur Fortsetzung ihrer Reise fehlten ihnen die Mittel. Wenn sie blieben und die Dinge so ließen, wie sie waren, riskierten sie, von den Griechen niedergemetzelt zu werden, wie es der Murtzuphlos bei zahllosen Angriffen getan hatte, während er die Befestigungen der Metropole wiederherstellen und verstärken ließ.

Was man immer noch hört und liest, es war nicht Venedig, das die Kreuzfahrer zu einem entschlossenen Handeln drängte. Vielmehr war es der Doge Dandolo, der die Initiative zu einer letzten Verhandlung mit dem Murtzuphlos ergriff, doch er bekam eine spöttische und entschiedene Antwort, die der Chronist Zancaruolo so zitiert: »... was habt Ihr in diesem Reich zu befehlen! Zieht weiter übers Meer gegen die Ungläubigen, um das Heilige Land zu erobern!«, und wieder einmal wurde deutlich, daß es keinen Ausweg mehr gab. Als aber im März 1204 ein neuer Vertrag zwischen den Kreuzfahrern und den Venezianern abgeschlossen wurde, schien es gleichermaßen klar, daß diese aus der Überstürzung der Ereignisse den größten Nutzen zu ziehen beabsichtigten. Das Abkommen sah die Wahl eines lateinischen Kaisers und die Teilung des Reiches unter die Kreuzfahrer vor: Das Lehnswesen des europäischen Abendlandes sollte in die griechische Welt verpflanzt und der Supremat der römischen Kirche der griechischen Kirche aufgezwungen werden. Während der Vertrag den Venezianern die Anerkennung all ihrer zuvor im Byzantinischen Reich genossenen Rechte garantierte, wurde Venedig in der künftigen Ordnung dessen, was das Lateinische Kaiserreich des Ostens genannt werden sollte, eine Position ersten Ranges eingeräumt. Die Voraussetzungen für das spätere Kolonialreich Venedigs im östlichen Mittelmeer waren geschaffen.

Nachdem das Abkommen unterzeichnet und die Flotte erneut in Aufstellung gebracht war, wurden die Feindseligkeiten wieder eröffnet. Nach einem ersten Angriff, der unter starken Verlusten zurückgedrängt wurde, begann – nach einem Augenblick der Angst und der Verwirrung – am 12. April 1204 erneut die Schlacht. Bis zur Mitte des Tages hatten die Griechen die Oberhand, doch gegen Mittag begann sich das Blatt zu wenden. Die venezianischen Schiffe konnten sich mit ihren hängenden Plattformen dem Ufer nähern, und zwei mit den Bischöfen von Soissons und Troyes an Bord stemmten sich so gegen einen Turm, daß an seinen Zinnen eine Leiter befestigt werden konnte. Der erste, der sich an den Mauerturm mit Schießscharten anklammerte, war der Venezianer

Pietro Alberti, doch er wurde sofort tödlich getroffen. Hinter ihm aber gelang es einem fränkischen Ritter, André Dureboise, sich am Rand des Turmes niederzuknien, sich aufzurichten und auf die Verteidiger mit Schwerthieben loszugehen. Schon bald wurden die Tore geöffnet; die gepanzerten Ritter stiegen aus den *Uscieri*, verbreiteten Angst und Schrecken in der Stadt und bedrohten die Zelte des Murtzuphlos, der sich in den Kaiserpalast hatte zurückziehen müssen. Am Abend machten die Kreuzritter halt – Balduin von Flandern in dem vom Murtzuphlos verlassenen Lager, Heinrich von Hennegau, sein Bruder, vor dem Palast von Blacherne und Bonifatius von Montferrat weiter westlich davon. Im Gefolge des Markgrafen befanden sich einige Soldaten aus Deutschland, die aus Furcht vor einem nächtlichen Angriff ein Feuer entfachten, das um sich griff. Villehardouin zufolge brannten in einer Nacht so viele Häuser nieder wie in den drei größten Städten Frankreichs zusammengenommen standen. Und in derselben Nacht begab sich der Murtzuphlos angesichts der verlorenen Schlacht auf eine unrühmliche Flucht. Ein letzter Versuch des Widerstandes unter der Führung von Theodor Laskaris scheiterte.

Am Morgen danach verwandelte sich das Vorrücken der Kreuzfahrer in einen triumphalen Spaziergang durch die gedemütigte und verwüstete Stadt. Beim Durchzug der Ritter kreuzten Alte, Frauen und Kinder die Finger, um um Erbarmen zu bitten. Die Geistlichkeit bahnte sich mit den heiligen Kreuzen und Bildern ihren Weg; die dänischen und englischen Wachen ergaben sich.

Bonifatius besetzte den Großen Palast, wo Justinian regiert hatte und wo es Robert von Clary zufolge fünfhundert Zimmer gab, die alle mit Mosaiken ausgekleidet waren, sowie dreißig Kapellen, große und kleine. In einer von diesen, genannt die Heilige Kapelle, die ganz mit kostbarem Marmor, Edelsteinen und Silber ausgeschmückt war, wurden zwei große Teile des Kreuzes Christi und andere Reliquien von großem Wert aufbewahrt. In der glanzvollen Stadt, der Erbin und Nebenbuhlerin Roms, tobte die Beutegier der Sieger, die nichts verschont ließen.

Darüber berichtet die Chronik von Nowgorod, verfaßt von einem russischen Pilger, der zufällig Zeuge der Ereignisse wurde:

»Am Morgen, als die Sonne aufgegangen war, brachen [die Franken] in die Hagia Sophia ein und zerstörten, nachdem sie die Tore ausgehoben hatten, den Chor der Priester, der mit Silber und zwölf silbernen Säulen verziert war; an der Wand zertrümmerten sie vier mit Ikonen bedeckte Tafeln und zerbrachen den Heiligen Tisch und zwölf auf dem Altar stehende Kreuze, unter denen einige wie Bäume ziselierte Kreuze hervorstachen, die höher waren als ein Mensch; die Schranken zwischen den Säulen waren aus getriebenem Silber. Sie stahlen auch einen wunderbaren Tisch mit Edelsteinen und einer großen Gemme, ohne zu wissen, was sie Böses anrichteten. Dann raubten sie vierzig Kelche, die auf dem Altar standen, und Silberkandelaber, von denen es so viele gab, daß ich sie nicht zählen könnte, und silberne Gefäße, deren sich die Griechen bei den großen Festen bedienen. Sie nahmen das Evangelium, das dazu diente, die Mysterien zu feiern, und die heiligen Kreuze mit all den Bildern und die Decken, die auf dem Altar lagen, und vierzig Weihrauchgefäße aus reinem Gold. Und alles, was sie an Gold und Silber finden konnten – auch Gefäße von unschätzbarem Wert ... All das allein in der Kirche der Hagia Sophia; aber sie plünderten auch die Blachernenkirche ... und andere Gebäude – außerhalb wie innerhalb der Mauern – und Klöster, deren Zahl und Schönheit wir nicht beschreiben können.« Die Beschreibung ist zurückhaltend im Vergleich zu dem, was tatsächlich geschah, der sinnlosen Zerstörungswut, den gotteslästerlichen Entweihungen, den Diebstählen und gewalttätigen Übergriffen.

Der Chronist Niketas, der seine Rettung der Treue seines Gastgebers, eines venezianischen Kaufmanns, verdankte und der sich mutig auf die Straßen wagte, schilderte die Plünderung mit dramatischeren Worten: »Beim Klang der Trompeten begannen sie, die blanken Schwerter schwingend, Häuser und Kirchen zu plündern ... Diese Vorläufer des Antichrist ... ergriffen die Kelche und Ziborien, und nachdem sie ihnen die Edelsteine und die anderen Verzierungen abgerissen hatten, benutzten sie sie, um daraus zu trinken. In der Basilika der Hagia Sophia zertrümmerten sie den Altar, der ganz aus kostbarem Material hergestellt und für alle Völker Gegenstand der Bewunderung war, und teilten alles unter sich auf, was es an Wertvollem gab. Sie holten Maultiere und Pferde in die Basilika, damit sie das ziselierte Silber und das Gold wegtrugen, das sie vom Thron, von der Kanzel und von den Türen gerissen hatten ... da einige Tiere auf den rutschigen Boden gestürzt waren, durchbohrten sie sie mit ihren Schwertern und besudelten die Kirche mit ihrem Blut und ihrem Schmutz. Eine Dirne, ein Ausbund an Zauberei und Hexerei, setzte sich auf den Thron des Patriarchen, stimmte ein obszönes Lied an und tanzte in der Kirche ...«

Die Führer des Kreuzzuges gaben nur den Befehl, daß das Plündergut in drei Kirchen gebracht werden solle, und zwar unter der Bewachung »der zuverlässigsten Franzosen und Venezianer, die zu finden waren« (Villehardouin). Das Abkommen vom März 1204 sah in der Tat die Teilung der Beute vor (aber es gab nach Aussage Villehardouins gierige Schurken, die die Beute für sich behielten, »und Unser Herr begann, sich von ihnen abzuwenden«).

Den Venezianern fielen unter anderem die berühmten vier Bronzepferde zu, die seit damals die Fassade der Basilika von San Marco schmücken, sowie vier Reliquien, die noch heute in der Schatzkammer von San Marco aufbewahrt werden; es handelt sich um das Blut Jesu, den Nagel vom Kreuz, den Arm des heiligen Georg und ein Bruchstück vom Schädel Johannes' des Täufers.

Was sieben Jahrhunderte zuvor begonnen hatte, war nunmehr vollendet: Die kleine, verstreute Gemeinschaft von Fischern und Salzsiedern, die abgelegene byzantinische Provinz, verloren zwischen Sümpfen und Röhricht, das Dukat, die Kommune, die lange und mühsam zwischen viel größeren Mächten laviert hatte, die amphibische Stadt, die nach wie vor den Grund für ihre Häuser und Kirchen in mühevoller Arbeit dem glitschigen Schlamm der Lagune abrang – diese Stadt hatte ihren zähen Überlebenswillen in ein Unternehmen gelegt, das für ihre Verhältnisse von großer Kühnheit war und das ihr eine für ihre Verhältnisse noch größere Eroberung eintrug, von der sie zudem eine mehr als sechzigtägige risikoreiche Seereise trennte. Das kleine Volk von Seefahrern, Händlern, Geldwechslern, Zimmerleuten,

Kalfaterern und Seilmachern, von Handwerkern, Hochsee- und Lagunenfischern, von Lotsen und Steuerleuten, auch von einfachen, freiwilligen Galeerenruderern – dieses Volk wurde nun zur wichtigsten Macht und zum Gebieter im Mittelmeer.

# V
# DIE HERRSCHAFT

## 1

Am 8. Mai 1204 wohnten im Flügel des von Enrico Dandolo besetzten Kaiserpalastes die zwölf Wahlmänner, die den Kaiser des Lateinischen Ostreiches wählen sollten, der Messe bei und traten zu einem Konklave zusammen. Die Kreuzfahrer waren durch fünf Bischöfe und einen Abt vertreten; bei den venezianischen Wahlmännern handelte es sich um sechs Adlige, die in orientalischen Angelegenheiten besonders erfahren waren. Zunächst hatte es den Anschein, als ob der Doge favorisiert würde, dessen Einfluß und moralische Autorität alle anerkannten. Der Venezianer Ottaviano Querini indessen bemerkte, daß eine solche Wahl die Kreuzfahrerbarone verärgern würde und sie sich vielleicht aus dem Reich zurückgezogen hätten, das wegen seiner Größe schwer zu verteidigen war. Es sieht so aus, als ob der zuvor konsultierte Doge bereits abgelehnt hatte. Dann schlug ein anderer Venezianer, Pantaleone Barbo, die Wahl Balduins von Flandern vor. Das war eine große Niederlage für Bonifatius von Montferrat, der – zumindest dem Namen nach – Oberbefehlshaber war; aber Venedig mißtraute ihm wegen seiner Beziehungen zu Genua. So wurde Balduin mit einer Zweidrittelmehrheit, mit sieben gegen fünf Stimmen, gewählt. Villehardouin beschreibt die Szene, die Unruhe der Barone und Ritter, die in den Sälen und unter den Säulengängen des Palastes ungeduldig warteten, und wie sich die Tore der Kapelle öffneten und die zwölf Wahlmänner in das gespannte Schweigen traten. Die Bekanntgabe wurde mit großem Jubel begrüßt. Der Graf von Flandern wurde von einer Gruppe von Baronen auf einen Schild gehoben; unter ihnen befand sich auch Bonifatius von Montferrat, der sich stets untadelig an die Regeln der Ritterlichkeit hielt. Acht Tage später wurde Balduin in der Hagia Sophia mit dem Diadem und den orientalischen Ornamenten gekrönt. Nach seiner Inthronisierung beteten ihn die anwesenden Griechen, wie es bei den Byzantinern Brauch war, an. Im Hippodrom zeigte ein großes Turnier den verblüfften Bürgern den Prunk und die Gewalt der Waffenspiele des feudalistischen Adels.

Unterdessen war eine fünfundzwanzigköpfige Kommission damit beschäftigt, das Territorium des Byzantinischen Reiches unter den Siegern aufzuteilen. Die Urkunde, in der die Ergebnisse ihrer Bemühungen zusammengefaßt wurden, die *Partitio Romaniae*, wies dem Kaiser ein Viertel des Reiches als direkten Besitz zu; es handelte sich um die Hauptstadt und ihr Hinterland sowie um die Küsten Anatoliens und die großen Inseln in der Ägäis. Markgraf Bonifatius bekam das Reich Thessalonike, Athen und Attika, Böotien, Korinth und Argolis. Die Kreuzfahrerbarone erhielten Thessalien, einen Teil von Makedonien und Thrakien. Die Venezianer hatten verstanden, sich die Stützpunkte, die Städte, Inseln und Gebiete zu sichern, die die Sicherheit ihres Seehandels von Venedig nach Konstantinopel garantieren konnten: Epirus und die Ionischen Inseln, Akarnien und Ätolien, einen großen Teil des Peloponnes, die Athen gegenüberliegenden Inseln Ägina und Salamis, die Festungen Oreos und Karistos auf Euböa, dann die Inselgruppe der Kykladen, die Halbinsel Gallipoli mit Lampsakos an den Dardanellen sowie die Provinz von Adrianopel bis hin zum Marmarameer. Der Doge nahm den wegen seiner Übergenauigkeit seltsam anmutenden Titel eines »Herrn des vierten und (noch) eines halben Teils des römischen Kaiserreiches« an, den seine Nachfolger bis 1356 tragen sollten. Es ist darauf hingewiesen worden, daß er alles in allem »mehr Kaiser war als der Kaiser selbst«; denn der letztere war nur direkter Herrscher über ein Viertel des Reiches.

Der Doge erhielt auch den Titel *Despot* und die Purpurschuhe, die Symbole der Macht des byzantinischen Kaisers. Aber für Venedig gab es viel Bedeutenderes als diese äußeren Auszeichnungen. In den Besitz der Venezianer gingen drei Achtel der Stadt Konstantinopel einschließlich der besten Anlegestellen am Goldenen Horn; den Venezianern wurde im ganzen Reich völlige Zoll- und Steuerfreiheit garantiert, und schließlich wurde ihnen das Recht zugesichert, ihre Konkurrenten und Feinde von jedem Markt und jedem Hafen des Reiches auszuschließen. Dem großartigen kolonialen Gefüge, das sich so abzuzeichnen begann, fügte der Doge als Krönung und Stützpunkt die Insel Kreta hinzu, die Alexios IV. Bonifatius von Montferrat überlassen und die dieser am 12. August 1204 weiterverkauft hatte.

Das alles nahm sich ohne Zweifel großartig aus. In Wirklichkeit jedoch mußten sich Venedig, Balduin und die Barone außer einem relativ kleinen und nahe der Hauptstadt gelegenen Gebiet alles erst noch erobern. Und die Schwierigkeiten erschienen immens, zumal die Griechen keineswegs bereit waren, die Eroberung ruhig hinzunehmen. Der größte Widerstand regte sich in Kleinasien, wo Theodor Laskaris, der Schwiegersohn Alexios' III., sich in Bursa verschanzt hatte. Der andere Schwiegersohn Alexios' III. war Murtzuphlos. Ohne Land und ohne Hilfe geblieben, hatte dieser geglaubt, er könne sich zu seinem Schwiegervater flüchten, der noch immer als freier Mann durch die Lande zog. Alexios III. hatte ihn blenden lassen und dann fortgejagt. Jämmerlich umherirrend, war der Blinde in die Hände eines Kreuzfahrers gefallen und nach Konstantinopel gebracht worden, wo wieder einmal die Meinung Enrico Dandolos den Ausschlag gab. Durch diesen an seinem Herrn Alexios IV. begangenen Verrat hatte er den Tod verdient, aber die kaiserliche Würde vertrug sich nicht mit einem schmachvollen Tod. Der Doge besaß offensichtlich eine klassische Bildung und ordnete ein Ende an, das die alten Römer den Verrätern vorbehielten. Da es in Konstantinopel keinen Trapejischen Felsen gab, von dem man ihn hätte herunterstürzen können, wurde beschlossen, ihn von der Säule des Theodosius herabzustoßen, die sich über dem Stierplatz erhob. Eine riesige Menschenmenge sah ihn ins Leere fallen und sich mehrfach in der Luft überschlagen, ehe er auf dem Boden zerschmetterte.

Murtzuphlos war nicht der einzige, der in den schwierigen Monaten, die auf die Einnahme Konstantinopels folgten, ein besonders grausames Schicksal erlitt. Balduin von Flandern brachte mit einer Ungeschicklichkeit einen sehr gefährlichen Feind gegen sich auf, den Zaren der Bulgaren. Zwischen März und April 1205 brachen die Horden des Zaren in Thrakien ein und schlugen die fränkischen Ritter unter den Mauern von Adrianopel vernichtend. Balduin fiel lebend in die Hände des Feindes. Über sein Schicksal wurde nichts mehr bekannt. Erst viel später gab der Zar zu, daß Balduin in der Gefangenschaft gestorben war. Sein trauriges Schicksal sollte Stoff für Romane und Legenden liefern. Ottaviano Querini hatte mit seiner Kaufmannslogik recht behalten. Das Reich war zu groß und zu fern, als daß man es mit unverhältnismäßig geringen Streitkräften hätte halten können. Es auf lange Sicht zu halten war trotz der Kühnheit der Kreuzfahrer und trotz der Hilfe und Unterstützung durch Venedig ein Unternehmen, das die tatsächlichen Möglichkeiten weit überstieg.

Als sich das kaiserliche Heer unter dem Druck der Bulgaren aus Adrianopel nach Rhaidestos am Marmarameer zurückzog, befehligte Enrico Dandolo die Nachhut. Die Mühsale dieses Zwangsmarsches kosteten den dreiundneunzigjährigen Dogen das Leben. Der wahre moralische Führer des Kreuzzuges, eine der größten Persönlichkeiten der ganzen mittelalterlichen Welt, starb am 1. Juni 1205. Und mit ihm verlor das neue Reich, das auf einer so schlechten Grundlage ruhte, seine stärkste Stütze. Gleich nach seinem Tod brachten die Umstände die Symptome einer Krise ans Licht, die dieses Mal das einzige ernsthafte und konkrete Fundament für ein mögliches Fortbestehen des Lateinischen Kaiserreiches des Ostens betraf; denn es ging um den Zusammenhalt und die Einigkeit der Venezianer.

Nach dem Tod des Dogen, von dem man in Venedig erst fünfzig Tage später erfuhr, hatten sich die Venezianer von Konstantinopel beeilt, sich in der Person von Marino Zen einen Führer zu wählen, der sofort den Titel »Podestà und Despot des römischen Reiches und Herr des vierten und (noch) eines halben Teils desselben Reiches« angenommen hatte. Dies waren die Titel, die bei der Teilung Enrico Dandolo zugefallen waren, und Marino Zen übte in Konstantinopel alle Befugnisse aus, die Enrico Dandolo als Doge ausgeübt hatte.

In Venedig berief der Stellvertreter des Dogen, der die Regierungsgeschäfte führte, die Volksversammlung ein. Es wurde die

Entsendung einer Mission von Politikern beschlossen, die sich in Orientfragen auskannten. Dann billigte die Versammlung, die sich wie in alten Zeiten aus sämtlichen freien Männern von Grado bis Cavarzere zusammensetzte, per Akklamation die Wahl von Pietro Ziani zum Dogen. Pietro war der Sohn des Dogen Sebastiano Ziani und der ehemalige Geschäftspartner seines Vaters bei dessen gewagten Handels- und Finanzunternehmungen.

Als Gottfried von Villehardouin zusammen mit seinen Kollegen beim Dogen Dandolo vorstellig geworden war, um ihn zu bitten, den Transport der Kreuzfahrer zu organisieren, war der Doge von sechs Beratern umgeben gewesen und hatte sich vorbehalten, erst dann eine Entscheidung zu treffen, wenn er die verschiedenen verfassungsmäßigen Versammlungen konsultiert habe. Zwischen der Amtszeit Sebastiano Zianis und der von Enrico Dandolo war die venezianische Verfassung weiter ausgereift. Neben dem Dogen saß jetzt das *Consilium ducis* (der Dogenrat), das sich aus je einem Berater für die sechs *Sestieri* zusammensetzte, in die die Stadt eingeteilt war, und das zwischen 1185 und 1187 eingesetzt worden war, »um zusammen mit dem Dogen selbst die Regierung des Dukats zu tragen«. Das war der »Kleine Rat« *(Minor Consiglio)*, der so genannt wurde, um ihn vom »Rat der Weisen« *(Consiglio dei Savi)* zu unterscheiden, der seinerseits zum »Großen Rat« *(Maggior Consiglio)* geworden war.

Mit der Einrichtung des Kleines Rates wurden die Befugnisse des Dogen offensichtlich noch weiter beschnitten. Enrico Dandolo hatte, als er 1192 den Dogenthron bestieg, als erster den Dogeneid *(promissio domini ducis)* abgelegt, den alle seine Nachfolger beim Antritt des höchsten Amtes schwören sollten. Darin waren die Vorschriften zusammengefaßt, die die Befugnisse und Pflichten des Staatsoberhauptes regelten und definierten. Die Übergangsinstitution der *Correttori della promissione ducale,* die beim Tod jedes Dogen gewählt wurde, war damit beauftragt worden, diese Normen zu revidieren und den neuesten Gegebenheiten anzupassen.

In einem Augenblick, da sich die Institutionen gerade in einem Sinne entwickelten, der von der Monarchie weg- und zu einer Behördenvielfalt hinstrebte, konnte die Wahl eines »Podestà von

Gottes Gnaden« nicht mit Jubel aufgenommen werden. Um so lobenswerter war daher die Zurückhaltung des Dogen Ziani und der venezianischen Versammlungen (zu denen sich bald darauf noch der »Rat der Vierzig« oder *Quarantia* gesellen sollte). Aber mußte die Autonomie der Venezianer von Konstantinopel unbedingt nur als Unheil angesehen werden? Konnte sie nicht vielmehr als weiteres Instrument zur Ausdehnung der tatsächlichen Macht Venedigs dienen, auch in jene Gebiete hinein, wo es vielleicht Rechte hatte, sie aber unmöglich offiziell beanspruchen konnte? Oder auch nur dazu, die dürren Zweige abzuschneiden und die unhaltbaren Besitzungen aufzugeben, ohne den Dogen, die Kommune und die Versammlung zu unpopulären Verzichten zu veranlassen?

Als Marino Zen eigenständig beschloß, auf Adrianopel zu verzichten, traf er also auf dem kürzesten Weg die klügste Entscheidung: Denn wer konnte den Besitz eines so großen und so weit im Hinterland des Balkan liegenden Gebietes halten? Die private Expedition, die in Konstantinopel Marco Sanudo, ein Neffe von Enrico Dandolo, zusammen mit einer Gruppe von Adligen organisiert hatte, um sich in den Besitz der Inseln zu bringen, zog dagegen die ganze Ägäis in den venezianischen Einflußbereich, ohne daß der Doge und die Kommune sich irgendwie politisch oder finanziell hätten exponieren müssen. So eroberte Marco Sanudo mit der Unterstützung der Inselbewohner, die sich Schutz vor türkischen und genuesischen Seeräubern versprachen, zwischen 1206 und 1207 auf eigene Rechnung Naxos, Paros, Sifnos, Milos, Amorgos, Siros und Ios und nahm den Titel eines Herzogs des ägäischen Inselreiches an. Ein Dandolo nahm sich die Insel Andros; zwei Brüder Ghisi brachten sich in den Besitz von Tinos und Mykonos sowie der Westlichen Sporaden. Giacomo Barozzi schwang sich zum Herrn über Santorin auf, Giovanni Querini gewann Stampalia, ein Venier behielt Cerigo für sich, ein Viaro Cerigotto und ein Foscolo Namphios. Filocalo Navigaioso, der Eroberer von Lemnos, erhielt den volltönenden Titel eines »Megaduca«. Vielen mehr oder weniger autonomen Lehen sollte es gelingen, mehr als dreihundert Jahre zu überleben. Ihre Türme und Burgen blieben bis auf den heutigen Tag bestehen.

Die Politik des Mutterlandes änderte sich indessen je nach den Umständen und Verhältnissen. Epirus wurde ebenso – wenn auch widerstrebender – aufgegeben wie die Ansprüche auf die ionischen Inseln Zante (Sakinthos) und Cefalonia (Kefallinia). Die Flotte, die den neuen lateinischen Patriarchen, Tommaso Morosini, nach Konstantinopel begleitete (der, wie der griechische Chronist Niketas hervorhebt, fett wie ein Schwein und ohne ein einziges Barthaar war), eroberte Durazzo, gewann Korfu zurück und besetzte die Festungen Modon und Koron, die »Augen Venedigs« an der Spitze des Peloponnes.

Und schließlich Kreta. Die langgestreckte Insel mit ihren hohen Bergen und ihren fruchtbaren Ebenen war einem genuesischen Piraten, Enrico Pescatore, in die Hände gefallen. Der Kampf mit diesem Bluthund war sehr hart; denn er wollte nicht von seiner Eroberung lassen, obwohl Genua ihn nicht unterstützte. Er kostete den venezianischen Kommandanten Ranieri, den Sohn Enrico Dandolos, das Leben, endete aber erst, als Pescatore vertrieben wurde und sich der Adlige Jacopo Tiepolo in Candia niederließ, um unter dem Titel eines Herzogs die Insel zu regieren.

Und hier nun beginnt die lange, einzigartige Geschichte der venezianischen Herrschaft über Kreta, die ohne Unterbrechungen fast fünfhundert Jahre dauern sollte. Auf der Grundlage des in Venedig gebilligten Planes von Tiepolo wurde die Insel merkwürdigerweise in sechs Sechstel *(Sestieri)* aufgeteilt, die die Namen der *Sestieri* von Venedig trugen: San Marco, Castello, Cannaregio, Santa Croce, San Polo und Dorsoduro. Die Kommune reservierte sich die Hauptstadt Candia (das heutige Iraklion) und die umliegende Küstenregion. Jedes Stadtsechstel wurde in *Turme* und jede *Turma* in *Castellanie* unterteilt; die Güter der venezianischen Kirche waren nicht mit einbezogen. Die Ländereien, die weder der Kommune noch der Kirche gehörten, wurden unter einhundertachtzig venezianischen Lehnsherren, den sogenannten *Feudati*, verteilt; einhundertzweiunddreißig *Cavallerie* oder Ritterlehen wurden Adligen, die zu den ältesten Familien, den sogenannten *Case vecchie*, gehörten, übertragen, und achtundvierzig *Sergenterie* oder Dienstlehen erhielten Leute aus dem einfachen Volk. Während jedes Stadtsechstel von einem venezianischen *Capitano* regiert wurde, wurde in der zentralen Verwaltung der Insel das Modell des Mutterlandes getreulich nachgeahmt. Der Herzog regierte mit Hilfe eines Kleinen Rates, und die *Feudati* nahmen am Großen Rat der Insel teil, obwohl sie nach wie vor auch dem Großen Rat von Venedig angehörten.

Da die Kreter ununterbrochen aufbegehrten, fuhr Venedig fort, 1222, 1223 und 1252 neue Lehnsherren zu entsenden. In vierzig Jahren übersiedelten nicht weniger als dreihundertzehn venezianische Familien nach Kreta. Sehr viel weniger kompliziert war der politische Aufbau der anderen großen griechischen Insel, Euböa. Sie war in drei Lehnsgüter aufgeteilt, die den sogenannten *Terzieri* übertragen wurden; diese standen unter venezianischer Oberhoheit, die vom *Bailo* repräsentiert wurde.

Während Venedig geduldig sein Kolonialreich ausbaute, sollten die Umstände die Venezianer von Konstantinopel schon bald vollkommen gefügig machen – nicht nur die Umstände, sondern auch Jacopo Tiepolo, der das Amt des Herzogs in Candia aufgegeben hatte, um *Podestà* der Venezianerkolonie von Konstantinopel zu werden. Die griechische Welt befand sich in einem Prozeß der Gärung; starke griechische Monarchien hatten sich in Epirus und Nicäa behauptet, wo Theodor Laskaris sich zum einzigen rechtmäßigen Herrscher von Byzanz ausgerufen hatte. Hinzu kam, daß ein weiterer lateinischer Kaiser als Gefangener gestorben war. Angesichts all dieser Tatsachen blieb einem welterfahrenen und scharfsinnigen Mann wie Jacopo Tiepolo nichts anderes übrig, als dem Dogen zuzustimmen, wenn dieser es für notwendig hielt, alle unentbehrlichen Kräfte zu koordinieren, um die schwache Kreuzfahrermonarchie zu retten. Es war also Jacopo Tiepolo, der den Dogen und die Kommune in aller Form um eine Intervention bat; er war es, der deren volle Souveränität über ihre Mitbürger in der Romania anerkannte, und er war es, der zum Schutz der venezianischen Interessen im Orient um die Entsendung einer Flotte bat.

Dieses Einverständnis zwischen Tiepolo und Pietro Ziani bildete vielleicht die Grundlage jener Legende, die dem letzteren den 1224 unterbreiteten Vorschlag zuschreibt, die Hauptstadt und den Sitz des Dogen und der Kommune allen Ernstes nach Konstantinopel zu verlegen. Der Historiker Daniele Barbaro behauptet, der Vorschlag sei mit einer Mehrheit von einer einzigen Stimme abgelehnt worden.

## 2

Fest steht, daß der Schutz des Lateinischen Kaiserreiches des Ostens und die Verträge, die Venedig, getreu seinem traditionellen politischen Realismus, mit fast allen Potentaten im östlichen Mittelmeerraum abgeschlossen hatte, den Händlern und Geschäftsleuten praktisch unbegrenzte Horizonte öffneten. Wenn schon nicht von dem immer noch von Aufständen zerrissenen Kreta, so konnten doch von Negroponte aus große Getreide- und Bauholzladungen verschifft werden; das gleiche galt für den Peloponnes, wo es auch eine bedeutende Seidenproduktion gab. Vom Bosporus ließen sich die Häfen und Märkte der nicht mehr verbotenen Schwarzmeerküste bereits leicht erreichen, vor allem die der Krim, wo trotz der Unsicherheit, die die Mongoleneinfälle ausgelöst hatten, der Hafen von Soldaia schon 1206 ein wichtiger Warenumschlagplatz war. Das schloß nicht aus, daß auch an den Küsten Kilikiens und Syriens trotz der scharfen genuesischen Konkurrenz und der Auflösung der von den Kreuzfahrern gegründeten Staaten die Handelstätigkeit Fortschritte machte: Von dort begannen die Kaufleute sich wie von der Krim aus den sehr weit entfernten, aber reichen orientalischen Märkten zuzuwenden. Und der Ertrag dieses ganzen Handels fand den Weg auf andere Märkte in Europa und versorgte somit ein sehr weites Netz geschäftlicher Interessen, in das, wie es scheint, ein großer Teil der Bevölkerung mehr oder weniger eingebunden war. Die Landestelle am Rialto war jedenfalls für jede venezianische Ladung der einzige, vorgeschriebene Weg: Keinem Kaufmann und keinem Reeder war es erlaubt, ab Senigallia und vom Quarnaro an einen anderen Hafen an der Adriaküste anzusteuern. Und an den Rialto kamen in immer größerer Zahl fremde Händler und Geschäftsleute, die nicht nur am Überseehandel interessiert waren, sondern auch an den Produkten der venezianischen Industrie, über die im 13. Jahrhundert erste sichere Belege Auskunft geben. Es gab Fellgerbereien, die hauptsächlich an der Giudecca angesiedelt waren, Wollwebereien und Glashütten, die bereits so zahlreich waren, daß der Staat sie Ende des Jahrhunderts nach Murano aussiedelte, um die Brandgefahr zu mindern. Die allerwichtigste Industrie war sicherlich der Schiffsbau, der sowohl das Staatsarsenal belieferte als auch auf vielen *Squeri* oder Schiffswerften betrieben wurde. Eine ihrer Zuliefererindustrien, die der *Filacànevi*, stellte die Hanfseile her, die für die Schiffahrt unentbehrlich waren; der Rohstoff, der aus der Poebene stammte, sollte von nun an über die Häfen des Schwarzen Meeres aus Rußland kommen.

Hauptstütze des venezianischen Wirtschaftssystems blieb die sichere Seefahrt in der Adria. Der Flußverkehr hatte indes nicht an Bedeutung verloren, und in Venedig gab es zahlreiche Schiffe mit kleiner Ladefähigkeit, die sowohl auf dem Meer als auch in der Lagune und auf den Flüssen benutzt werden konnten. In den Dokumenten ist von verschiedenen Schiffstypen die Rede, unter anderem von *Scaule*, *Gondoloni* und auch von *Burchi*, die noch heute unter demselben Namen im Lagunen- und Flußverkehr bevorzugt werden. Die größten Frachtschiffe waren die *Taride*, die eine einzige Brücke hatten, höchstens etwa zweihundert Tonnen trugen und mit zwei Lateinersegelmasten ausgestattet waren, die bauchigen *Banzoni* und die wenigeren und längeren *Buzonavi*. In der Kriegsmarine gab es schnelle Schiffe wie die *Sagittede* (oder *Saettìe*) mit fünfzig Rudern und einem Lateinersegelmast und massivere Schiffe wie etwa die Galeone, eine Art größerer Galeere mit achtzig Rudern. Das wichtigste Schiff war und blieb allerdings immer noch die Galeere mit Segeln und Rudern, die sich im Frieden wie im Krieg als nützlich erwies.*

Die Seefahrt wurde von Jacopo Tiepolo durch die 1242 veröffentlichten Statuten geregelt. Jener intelligente und tatkräftige Staatsmann, den wir acht Jahre lang als Herzog von Candia und zweimal als *Podestà* der Venezianer von Konstantinopel erlebt

* U. Tucci, *La navigazione veneziana nel Duecento e nel primo Trecento e la sua evoluzione tecnica*, in *Venezia e il Levante fino al sec. XV*, herausgegeben von A. Pertusi, Florenz 1973, Bd. I, S. 821 ff.

haben, war 1229 zum Nachfolger von Pietro Ziani gewählt worden, der nur wenige Tage nach seiner Abdankung starb. Eine bessere Wahl hätte man nicht treffen können, und zweifellos hatten bei den vierzig Wahlmännern wenigstens zwei Überlegungen den Ausschlag gegeben: Er garantierte die Fortsetzung der vom Dogen Ziani verfolgten Linie, und er wußte über die Angelegenheiten der griechischen Welt sehr gut Bescheid. Der Chronist Andrea Dandolo hat hingegen Anzeichen von Unstimmigkeiten zwischen Tiepolo und seinem Vorgänger festgestellt, der sich sogar geweigert haben soll, ihn nach seiner Wahl zu treffen. Er meinte, sie vor allem auf die Tatsache zurückführen zu können, daß Tiepolo zu einer »Volks«-Partei gehörte, die im Gegensatz zu einer von Marino Dandolo angeführten »Adels«-Partei stand. Über Mißhelligkeiten spricht sonst kein anderer zeitgenössischer Chronist. Es wird lediglich gesagt, daß die beiden Kandidaten über die gleiche Stimmenzahl verfügten und daß der Gewählte durch das Los ermittelt werden mußte (wie es noch heute im schwedischen Parlament üblich ist).

Wie auch immer die Dinge lagen, die Probleme, denen sich Jacopo Tiepolo gleich nach seiner Wahl gegenübersah, waren so groß, daß er seine ganze Kenntnis von der orientalischen Welt in die Waagschale werfen mußte. In Nicäa gab es einen neuen Kaiser, Johannes Batatzes. Seine Tatkraft, seine Gewandtheit und sein Unternehmungsgeist hatten dem griechischen Nationalgefühl neuen Auftrieb gegeben. Das erste Anzeichen für dieses Wiedererwachen war der Aufstand von Kreta, der offen unterstützt wurde von einer kaiserlichen Flotte von dreiunddreißig Schiffen, die einige Festungen der Insel in ihre Gewalt brachte. In seiner Bedrängnis hatte sich der venezianische Herzog von Candia mit einem Hilferuf an Marco Sanudo gewandt, aber der betagte Herrscher des Inselreiches war, ohne zu kämpfen, zurückgekehrt. Wahrscheinlich dachte er, daß Johannes Batatzes seinen Lehen näher war als Venedig, und wollte sich nicht zu weit vorwagen. Als er kurz darauf starb, verschied eine der beeindruckendsten Gestalten, die noch den Abenteurergeist der Venezianer aus der Zeit von Enrico Dandolo verkörpert hatten. Jahre zuvor war er von seinem Stützpunkt auf Naxos bis nach Kleinasien vorgedrungen und hatte die Stadt Smyrna erobert; dann war er von Theodor Laskaris gefangengenommen worden, und dieser hatte ihn, fasziniert von seiner außergewöhnlichen Persönlichkeit, freigelassen und ihm seine Tochter zur Frau gegeben. In ihm hatte sich der venezianische Mythos vom seefahrenden Kaufmann mit dem feudal geprägten des ritterlichen Helden vereinigt.

Die Festungen auf Kreta wurden schließlich zurückerobert, und die Byzantiner zogen sich zurück. Aber wenige Jahre später wurde die Situation in Konstantinopel selbst prekär. Innerhalb verhältnismäßig kurzer Zeit zeigte sich Johannes Batatzes dreimal nacheinander bedrohlich unterhalb der Mauern der Hauptstadt; dreimal nacheinander erlebte er, wie ihm die Eroberung nur um Haaresbreite mißlang. Das Lateinische Kaiserreich oder vielmehr die wenigen Überbleibsel waren in so schlechter Verfassung, daß selbst die kostbare Reliquie der Dornenkrone Jesu für vierzehntausend Hyperper (das sind die Goldmünzen, die auch unter den Namen Besant oder Byzantiner bekannt sind) dem venezianischen *Podestà* Alberto Morosini und seinen Partnern verpfändet wurde, während Balduin II. von Courtenay auf seiner rastlosen Suche nach Waffen und Geld einen europäischen Hof nach dem anderen aufsuchte.

Auf dem italienischen Festland – der anderen Front – hatten sich sowohl der Doge Ziani als auch der Doge Tiepolo bemüht, die Handelswege in einem Italien freizuhalten, das erneut von einem Konflikt erschüttert wurde, der dieses Mal Papst Gregor in Gegensatz zu Friedrich II. von Hohenstaufen brachte. Aber 1214 hatte ein Vorfall deutlich gemacht, wie labil die Beziehungen des venezianischen Dukats waren, das noch immer auf die schmalen Lagunenstreifen und die angrenzenden Kommunen begrenzt war.

Für das Osterfest jenes Jahres hatte die Kommune von Treviso große Feiern angesetzt, zu denen andere Kommunen in Venetien und einige friaulische Städte eingeladen waren. Am ersten Tag hatten mehr als zweitausendsechshundert Edelleute und dreihundertsechzig Damen, die von vielen Pagen und Jungfern begleitet wurden, einem prachtvollen Defilee von Vertretern der verschiedenen *Arti* (Zünfte) und Industriezweige beigewohnt (solche Versammlungen dienten immer eindeutig der Reklame für Industrie und Handwerk). Lanzenrennen und Turniere wurden abgehalten; den Höhepunkt des Festes aber bildete das sogenannte *Castello d'amore* (»die Liebesburg«).

Ein hölzernes Schloß, bedeckt mit kostbaren Stoffen, mußte von jungen, reichgekleideten und mit Schmuck behängten Bräuten und Mädchen vor dem Angriff junger Männer verteidigt werden, die in Kompanien eingeteilt waren, von denen jede unter dem Zeichen der eigenen Kommune auftrat; als Angriffs- und Verteidigungswaffen dienten Rosen, Nelken und Lilien, außerdem Datteln, Muskatnüsse, Orangen und andere seltene Früchte. Es mag sonderbar anmuten, aber die Idee übte einen sehr großen Reiz aus. Freilich, als die jungen Venezianer, die wegen ihrer Eleganz sehr gelobt worden waren, gerade die Burg erobern wollten, hatten ihnen die – vielleicht beleidigten oder verspotteten – Paduaner das Banner von San Marco entrissen und in Stücke gefetzt. Von den Früchten und den Blumen war man zu handfesteren Waffen übergegangen, das Fest mußte abgebrochen werden, und der Streit zwischen Angehörigen der Jeunesse dorée hatte sich in einen Krieg verwandelt. Die Paduaner bedrohten mit Unterstützung der Trevisaner Chioggia und versuchten, die wirkliche Burg von Bebbe anzugreifen, die eine für die Verteidigung von Padua, Adria und Ferrara strategisch wichtige Position einnahm. Nach ihrer Niederlage wurden ihre Felder von den Venezianern und Chioggianern verwüstet, und sie hatten um Frieden bitten müssen (die Bewohner von Chioggia wurden übrigens wegen ihrer Treue von der merkwürdigen jährlichen Tributzahlung von zwanzig Paar Hühnern an den Dogen befreit). Von da an hatte es Venedig seinen eigenen Edelleuten immer häufiger erlaubt, die Wahl zum *Podestà* venetischer und romagnolischer Kommunen anzunehmen, um sich so gute Beziehungen und auch einen gewissen Einfluß auf ihre Politik zu sichern. Als beispielsweise Ezzelino da Romano, der große Herr auf der Seite der Ghibellinen – er hatte schon Verona und Vicenza erobert –, auch Treviso in seinen Besitz bringen wollte, hatte er dort als *Podestà* den Sohn des Dogen, Pietro Tiepolo, angetroffen, der die Verteidigung der Stadt leitete.

Ezzelinos Expeditionen bereiteten den Venezianern große Sorgen; sie sahen, wie schnell und unerwartet sich in ihrem Rücken eine große territoriale Einheit gebildet hatte. Was sie aber rasch die Partei Gregors IX. ergreifen ließ, war die unmittelbare Gefahr in der Adria selbst, denn dort war als Verbündeter Friedrichs II. der unermüdliche Johannes Batatzes aufgetaucht. Die venezianischen Seestreitkräfte durchfuhren den Golf von einem Ende bis zum anderen, machten gnadenlose Jagd auf die Schiffe der Anconitaner und unterwarfen die aufständischen dalmatinischen Städte. Der Doge fuhr persönlich mit seinem *Bucintoro*, der noch kein Zeremonialschiff war, den Po hinauf nach Ferrara und zwang die Ferraresen, keine Waren vom Meer anzunehmen, wenn sie nicht aus Venedig kamen.

Friedrich II. unternahm keine Versuche mehr, Venedig in der Adria zu belästigen, und Venedig nahm keinen aktiven Anteil mehr an den Kämpfen zwischen dem Papsttum und dem Reich. Es schickte jedoch seine Gesandten zum Konzil von Lyon, das im Haß auf Friedrich einberufen worden war. Als die venezianischen Gesandten auf ihrer stürmischen Rückreise diesem in die Hände fielen, versäumte er nicht die Gelegenheit zu einer Geste, um das Wohlwollen der Seemacht zu gewinnen. Er hielt ihnen die Undankbarkeit der Kommune vor, die ihm zufolge mit jedem Respekt behandelt worden war, und trug ihnen auf, Venedig sollte sich in Zukunft aus den Kriegen anderer heraushalten. In jedem Fall wollte er die Freundschaft der Venezianer und schickte sie wohlbehalten nach Hause. Fünf Jahre später starb der letzte der großen Hohenstaufenkaiser als verbitterter und enttäuschter Mann. In der Zwischenzeit war 1249 auch Jacopo Tiepolo gestorben. Am Vorabend seines Todes soll er die Macht abgegeben und in seinem Testament den Wunsch geäußert haben, in der von ihm gegründeten Kirche Santi Giovanni e Paolo zur letzten Ruhe gebettet zu werden.

Die Überzeugung ist verbreitet, daß zu Zeiten Jacopo Tiepolos eine andere venezianische Versammlung entstand, die sich im Lauf von etwa hundert Jahren einen großen Teil der vollstreckenden Gewalt aneignen sollte, nämlich der *Consiglio dei rogati (Pregàdi)*, der Kern des späteren Senates. Aller Wahrscheinlichkeit nach hat der *Pregàdi* aber seine Arbeit erst um 1255 aufgenommen.

3

Steckte hinter Jacopo Tiepolos Abdankung irgendeine Unstimmigkeit in bezug auf die Verfassung? Das ist keineswegs sicher, aber zu viele Dinge während seiner Amtszeit hatten sehr wenig den Zeiten entsprochen. Wir haben gesehen, daß seine Söhne fremde Städte regierten und ebenso wie die Söhne seines Vorgängers die nationale Flotte befehligten. Außerdem war einer von ihnen Graf von Ossero geworden, ein anderer Graf von Veglia, und Lorenzo Tiepolo hatte eine Nichte des lateinischen Kaisers des Ostens zur Frau genommen. Wenn wir diese Nachrichten mit denen in Verbindung bringen, die wir dem späteren Chronisten Andrea Dandolo verdanken und die darauf hindeuten, daß Jacopo auch der Führer einer »Volks«-Partei war, erhebt sich der Verdacht, daß der Doge die Gründung einer Dynastie eher bewußt als unbewußt anstrebte. Gewiß wurden die *Correttori* von der Sorge geleitet, seine Nachfolger davon abzuhalten, ähnliche Absichten zu verfolgen, als sie die *Promissione* (oder Wahlkapitulation) für Marino Morosini abfaßten, der am 13. Juni 1249 von einundvierzig Wahlmännern zum Dogen gewählt wurde. Den Söhnen des Dogen wurde untersagt, Regierungsämter außerhalb des venezianischen Territoriums oder in Istrien zu übernehmen und zu fordern, und dem Dogen wurde verboten, zugunsten seiner eigenen Söhne derartige Forderungen zu stellen.

In der *Promissione* von Marino Morosini tauchte dann eine neue Bestimmung auf. Der Doge verpflichtete sich zusammen mit seinem Rat, »rechtschaffene, kluge und katholische Männer« zu wählen, die gegen die Ketzer ermitteln sollten, und er sollte – immer vorbehaltlich der Zustimmung des Rates – diejenigen verbrennen lassen, die vom Patriarchen von Grado oder von den Bischöfen des venezianischen Dukats zu Ketzern erklärt worden waren. Damit ließ Venedig nach langem Widerstreben die Inquisition in seinem Territorium zu. Aber es umging die praktische Durchführung, indem es vom Staatsoberhaupt und seinem Rat die Wahl der Inquisitoren und die Entscheidung über die Verhängung der Strafe verlangte. Es war der Auftakt eines langen Streites mit dem Papst; doch auch als Venedig vierzig Jahre später die vom Papst ernannten Inquisitoren schließlich akzeptierte, sollte es deren Befugnisse durch eine Reihe von Einschränkungen beschneiden.

Abgesehen von der Fortführung einer intensiven diplomatischen Aktivität registrierte man in den drei Jahren unter Marino Morosini keinerlei Vorkommnisse von Bedeutung. Der Chronist Martino da Canal rühmt den Frieden und den Überfluß jener glücklichen Zeit, schreibt aber das Verdienst dem entschlossenen Handeln Jacopo Tiepolos zu. Er behauptet, daß es nach ihm niemand »wagte, die Venezianer mit feindseligen Akten anzugreifen«. Frieden, Wohlstand und Reichtum verschönerten auch die ersten Jahre seines Nachfolgers, Ranieri Zen, des reichen Gutsbesitzers und Geschäftsmannes, der 1268 testamentarisch über ein – für jene Zeiten phantastisches – Vermögen von fast neununddreißigtausend venezianischen Lire verfügen sollte.

Die Wahl dieses bedeutenden Mannes, der als Generalkapitän zur See (diesen Titel verlieh Venedig den Flottenführern) die Rückeroberung von Zara geleitet hatte, war der Vorwand für eine weitere Beschneidung sowohl der Souveränität des Dogen als auch der des Volkes. Die Befugnisse des Dogen und die der Volksversammlung (die wie gewöhnlich in der Basilika von San Marco zusammengetreten war, um den Gewählten zu akklamieren) flossen nunmehr im Großen Rat zusammen. Aber jene Wahl war auch Anlaß zu großen Feierlichkeiten gewesen, die der Welt den Reichtum und die Üppigkeit Venedigs, der Supermacht im Mittelmeer, gezeigt hatten.

Der Chronist Martino da Canal beschreibt die großartige Szene auf der Piazza San Marco, die Fassade der Basilika, die bereits vor lauter Mosaiken glänzte, und die Paläste der Prokuratoren von San Marco. Damen und Jungfern zeigten sich auf den rundum errichteten, mit kostbaren Seidenstoffen geschmückten Tribünen, auf denen sich Gäste aus allen Teilen Italiens und Europas tummelten. Auf der Loggia der Kirche wohnte der gewählte Doge, umgeben von Adel und Volk, einem großen Turnier bei, an dem venezianische Ritter und solche aus dem Friaul, aus Deutschland und Istrien, aus der Gegend von Treviso und der Lombardei unter der Leitung von Lorenzo Tiepolo, dem Sohn des von seinem Amt zurückgetretenen Dogen, teilnahmen. Ein anderer Dogensohn, Marco Ziani, zeichnete sich unter den Wettkämpfern aus. Für den Chronisten war der Platz »der schönste, den es auf Erden gab« (dasselbe aber hatte schon fünfzig Jahre früher der Marschall von Villehardouin festgestellt), und der Dogenpalast war ein »großes und herrliches Wunder«. In Venedig erlebte die Kunst bereits eine Blüte. In der Stadt wimmelte es von fremden Kaufleuten und von Seeleuten, Pilgern, Leuten aus dem einfachen Volk und von Edelleuten, die manchmal durch die strenge Schlichtheit der Togen auffielen, welche die Mitglieder der verschiedenen Räte und der bereits zahlreichen Justizbehörden trugen. Diese Stadt entfaltete schon ihre ganze Vorliebe für das Gepränge und die Choreographie der großen öffentlichen Zeremonien. Martino da Canal schildert auch die Osterfeierlichkeiten, in deren Verlauf der Doge sich in einer Prozession zur Messe nach San Marco begab (der Brauch sollte bis 1797 weiterleben) – vor ihm acht Fahnen aus goldgewirktem Tuch, die Pagen mit dem Richterstuhl und dem goldglänzenden Kissen, die Trompeten und die Silberzimbeln und mit großem Pomp der Klerus von San Marco. Er, der Doge, in Gold gekleidet, unter dem Schirm aus goldenem *Samis;* auf dem Kopf trug er die goldene, edelsteingeschmückte Dogenkrone, das »Dogenhorn«, und in der Kirche wurden ihm nach byzantinischem Brauch die *Laudes* gesungen. Am Weihnachtsabend wurden ihm dann aus den Sümpfen von Marano als Zeichen der Verehrung die *Oselle* gebracht, die Wildenten mit den roten Füßen, die als Geschenke unter den Mitgliedern des Großen Rates verteilt wurden, und zwar paarweise – je eine fette und eine magere, damit niemand sich zurückgesetzt fühlte. Dieses Geschenk sollte später durch eine Silbermünze ersetzt werden, die ebenfalls *Osella* hieß.

Unterdessen braute sich in der Levante ein Sturm zusammen, dessen Folgen unabsehbar waren. 1253 war der Vertrag mit Genua nicht mehr verlängert worden, und die Konkurrenz zwischen den beiden Seestädten hatte sich immer weiter verschärft, zumal die Genuesen auch in Konstantinopel wieder Fuß gefaßt hatten. Der größte Streitpunkt blieb Syrien, und dort entflammte vier Jahre später eine ernsthafte Auseinandersetzung um den Besitz einer Kirche und eines Klosters. Die Genuesen plünderten die venezianischen Schiffe, die an den Hafenkais von Akko vor Anker lagen. Dann stürzten sie sich auf das Venezianerviertel, plünderten es und steckten es in Brand.

Auf die Nachricht von den Geschehnissen hin wurden Botschafter nach Genua entsandt, um Genugtuung und Entschädigung zu verlangen, aber vergebens. Deshalb wurde eine große Flotte unter dem Befehl von Lorenzo Tiepolo, dem Sohn des Dogen Jacopo, ausgerüstet, und dieser schlossen sich pisanische und provenzalische Schiffe an. Nachdem die Flotte die Hafenkette gesprengt hatte, bestürmte sie die Stadt, während die Bodentruppen sie von hinten angriffen. Das Genuesenviertel wurde angezündet und die genuesische Festung erobert. Als Siegestrophäen wurden die beiden Pfeiler nach Venedig geschickt, die man für Werke der syrischen Kunst des 6. Jahrhunderts hält und die man noch heute vor der Fassade der Markuskirche sehen kann, welche auf die Piazzetta schaut.

Nun griff die Diplomatie ein. Genua bat um einen Waffenstillstand. In Viterbo akzeptierten die genuesischen und venezianischen Gesandten einen Schiedsspruch des Papstes; aber es war zu spät. Die Genuesen hatten Galeeren aus Zypern, die Venezianer Verstärkung aus Kreta kommen lassen, und es war zu erneuten Zusammenstößen gekommen. Mittlerweile griffen genuesische Galeeren Negroponte an, während venezianische Galeeren an den Küsten des Schwarzen Meeres entlangfuhren und die genuesischen Kolonien plünderten. Mit alldem hätte man vielleicht fertigwerden können, wenn nicht ein neues genuesisches Geschwader in der Levante eingetroffen wäre, das Venedig dazu provozierte, unter dem Kommando von Andrea Zen und Paolo Falier zwanzig Galeeren und zehn Schiffe zu entsenden. Als der Papst seinen Schiedsspruch fällte, waren die beiden Armaden bereits am 24. Juni 1258 vor Akko aufeinandergestoßen, und nach blutigen Kämpfen hatte Genua eine Niederlage hinnehmen müssen. In venezianische Hände fielen nicht weniger als fünfundzwanzig Galeeren und das blühendste Genuesenviertel der Levante, das die Sieger zerstörten, ja dem Erdboden gleichmachten.

# 4

Die Niederlage der Genuesen in Syrien zog fast unmittelbar das Ende des Lateinischen Kaiserreiches nach sich. Die Genuesen waren keine Leute, die resignierten, nur weil sie den einträglichsten ihrer Märkte verloren hatten. Sie richteten ihre Blicke vielmehr auf das Reich von Nicäa, wo Michael Palaiologos den Thron bestiegen hatte, ein ausgezeichneter Soldat und kluger Diplomat, der entschlossen war, der immer schwächer werdenden Präsenz der Lateiner in Konstantinopel ein Ende zu bereiten. Michael hatte den Despoten von Epirus und den Fürsten von Morea bezwungen, Thessalien erobert und die Hauptstadt Balduins II. umklammert. Der arme lateinische Kaiser fühlte die Ausweglosigkeit seiner Lage und bemühte sich um Hilfe (die nicht kam) und Geld; den venezianischen Bankiers Cappello hatte er sogar seinen eigenen Sohn verpfändet. Nun unterzeichneten Genua und Michael Palaiologos am 13. März 1261 in Nymphaion einen Vertrag, der den Genuesen als Gegenleistung für ihre künftige Unterstützung bei der Rückeroberung von Konstantinopel dieselben Privilegien garantierte, wie sie die Venezianer seit 1204 in Byzanz genossen. Außerdem erhielten sie die großen Inseln Chios und Mytilene, Smyrna und andere Häfen Anatoliens sowie Kreta und Negroponte – falls sie erobert würden. In dem vielleicht interessantesten Teil des Abkommens erhielt Genua freie Bahn in Kleinasien und im Schwarzen Meer, und zwar unter Monopolbedingungen. Dort gab es den Hanf für die Schiffstaue, die Pelze aus Rußland, die Sklaven aus Kaukasien und der Tatarei und die Straßen, die ins geheimnisvolle und märchenhafte euroasiatische Hinterland führten.

Die Ereignisse überstürzten sich jedoch zugunsten von Michael Palaiologos, noch ehe die von Genua versprochenen Galeeren in Sichtweite von Konstantinopel eintrafen. Der griechische General Alexios Strategopoulos hatte auf seinem Weg nach Epirus vor Konstantinopel eine demonstrative Aktion durchführen sollen, mit dem Ziel, die Lateiner noch weiter zu demoralisieren. Aber kurz zuvor war aus der Metropole ein neuer venezianischer *Podestà* eingetroffen, Marco Gradenigo, ein junger kühner Mann, der die niedergeschlagene Stimmung und die stagnierende Untätigkeit in der Stadt nicht ertragen und ein militärisches Ablenkungsmanöver gegen den griechischen Stützpunkt Daphnousia am Schwarzen Meer vorgeschlagen hatte. Alexios Strategopoulos war über die Tatsache informiert, daß Konstantinopel praktisch wehrlos war, und beschloß, zur Tat zu schreiten. Durch einen unterirdischen Tunnel ließ er unweit von einem der Tore fünfzehn Soldaten nacheinander hinter die Mauern vordringen. Die fünfzehn wurden rasch mit den Wachen fertig. Dann zerhackten sie mit Axthieben das Tor. Der Weg war frei. Ein orthodoxer Priester, dessen Kehle vor Bewegung wie zugeschnürt war, stieß den vereinbarten Ruf aus: »Lang leben die Kaiser Johannes und Michael!« Daraufhin ließ Alexios seine Truppen vorrücken; doch es waren die aufrührerischen griechischen Bauern, die die Oberhand über die Verteidiger gewannen. Da ließ Strategopoulos an vier verschiedenen Punkten der Stadt Feuer legen. Eine Welle der Panik ließ die fürchterlichen Szenen, die sich vor fünfundfünfzig Jahren abgespielt hatten, wiedererstehen und machte praktisch jede Verteidigung unmöglich. Ströme von Männern, Frauen und Kindern suchten verzweifelt, sich zu retten. Der unverzüglich aus Daphnousia zurückgekehrte Flottenverband – es handelte sich um nicht weniger als dreißig Galeeren – konnte oder vermochte nichts anderes zu tun, als die kunterbunte Menge von Flüchtlingen an Bord zu nehmen. Unter ihnen befanden sich der verwundete Kaiser Balduin, der *Podestà* Gradenigo und der Patriarch Pantaleone Zustinian. Am 26. Juli 1261 segelte er in Richtung Negroponte ab. In dem Durcheinander und in der Aufregung hatte man nicht genügend Proviant eingelagert, und von den dreitausend Flüchtlingen verhungerten viele während der Überfahrt.

Das Lateinische Kaiserreich war tot, das Abenteuer zu Ende. Michael VIII. Palaiologos ergriff sofort Besitz von der Metropole und machte sie zur Hauptstadt des wiedererstandenen Byzantinischen Reiches. Der lange getretene und gedemütigte griechische Nationalstolz triumphierte. Aber das Reich des Palaiologos litt unter derselben tragischen Schwäche wie einstmals das der Komnenen und der Angeloi, nämlich unter seiner wirtschaftlichen und militärischen Abhängigkeit von den so sehr verhaßten Lateinern.

Jetzt waren es statt der Venezianer die Genuesen, die die wirtschaftlichen Ressourcen des Reiches kontrollierten oder es sich zumindest vornahmen. Doch in der Stadt blieben trotz der Gemetzel, die auf die Eroberung folgten, Venezianer und auch Pisaner zurück. Was die Besitztümer angeht, die den Genuesen im Vertrag von Nymphaion garantiert worden waren, so stellten der Besitz von Chios und Mytilene und die Kontrolle über Smyrna gewiß einen großen Vorteil für Genuas Seefahrt und Handel dar; doch den größeren Schaden erlitt nicht so sehr die venezianische Wirtschaft als die griechische, und auf See war das Waffenglück den Genuesen Griechenlands keineswegs gewogen.

Michael Palaiologos hatte also schon bald eingesehen, daß er sich nicht allzusehr auf seine Verbündeten verlassen konnte. Die Augen wurden ihm endgültig geöffnet, als die Machenschaften des genuesischen *Podestà* in Konstantinopel, Guglielmo Guercio, aufgedeckt wurden, der eine heimliche Verständigung mit dem König von Sizilien angebahnt hatte. Dabei war es um die Wiederherstellung eines Lateinischen Kaiserreiches des Ostens gegangen, das von Genua ebenso kontrolliert werden sollte wie von Venedig einst das von den Kreuzfahrern gegründete. Zwischen 1264 und 1265 handelte eine venezianische Mission mit ihm einen Vertrag aus, der eine Situation vorsah, die für Venedig tatsächlich alles andere als negativ war. Das Abkommen wurde vom Dogen nicht ratifiziert, weil es – wie es hieß – implizierte, daß er den Titel »Herr des vierten und (noch) eines halben Teiles des römischen Kaiserreiches« hätte aufgeben müssen. In Wirklichkeit beschäftigte sich Venedig mit dem allgemeinen politischen Problem des östlichen Mittelmeers und erkannte angesichts der Neubelebung der griechischen Welt ganz klar die Gelegenheit zur Bildung einer gemeinsamen lateinischen Front, vielleicht auch durch die Ausrufung eines neuen Kreuzzuges. Als nach dem Sieg von Benevent der Bruder Ludwigs des Heiligen von Frankreich, Karl von Anjou, der König von Neapel und Sizilien geworden war, imstande zu sein schien, die diffusen Bestrebungen der Lateiner, die auf eine Rückeroberung in der Levante hinausliefen, um seine Person zu konzentrieren, beeilte sich Venedig, einen Vertrag mit ihm abzuschließen. Darin verpflichtete es sich, ihn zu unterstützen, wenn er die Anerkennung der venezianischen Privilegien im Lateinischen Kaiserreich des Ostens garantierte, falls dieses jemals wiedererstehen sollte. Erst als die Ereignisse das Vorhaben zum Scheitern verurteilt hatten, schlossen neue venezianische Unterhändler mit Michael VIII. einen Waffenstillstand, keinen Friedensvertrag.

Unterdessen waren die venezianischen und genuesischen Flottenverbände in Syrien, vor Sizilien und sogar am Eingang zur Adria immer wieder - mit wechselndem Glück - aufeinandergestoßen. Für Venedig waren die Sicherheit im Golf, die Schiffahrt auf dem Po und die Rückendeckung des kleinen Lagunengebietes lebenswichtige Voraussetzungen, und daher hatte es mit den größeren Kommunen der Poebene Abkommen unterzeichnet, und auch mit Ancona und Ferrara wurden neue Verträge geschlossen. Mit den Bolognesern, die eine Befestigung über den Po di Primaro gebaut hatten, brach ein bewaffneter Konflikt aus, der die venezianische Flußflottille in dauerndem Einsatz hielt; der militärische Erfolg war nur gering, aber die Diplomatie sorgte für ein gutes Ende. Schließlich wurde im August 1270 zwischen Venedig und Genua ein Waffenstillstand unterzeichnet, der trotz ständiger Zwischenfälle und trotz des fortwährenden Treibens von Piraten und Korsaren dreiundzwanzig Jahre anhalten sollte. Tatsächlich hatten die beiden Republiken eine Art Teilung in Einflußzonen akzeptiert, die Reibungen zwar nicht ausschloß, aber zumindest das Risiko eines erneuten frontalen Zusammenstoßes verminderte.

## 5

Am 7. Juli 1268 war der Doge Ranieri Zen gestorben. Für die Wahl seines Nachfolgers hatten die sechs Berater und die drei Vorsteher der *Quarantia* (die alle zusammen die spätere *Serenissima Signoria* bilden sollten) ein neues System eingeführt, das bis zur Wahl des letzten Dogen im Jahr 1786 in Kraft bleiben sollte. Auf der Grundlage des neuen Wahlgesetzes, das der Überlieferung zufolge vom Vorsteher der *Quarantia*, Ruggero Zorzi, ersonnen wurde, sollte das jüngste Ratsmitglied in die Basilika von San Marco hinuntergehen und den ersten Knaben, dem er begegnete, in den Palast bringen und zum *Ballottino* machen. Das heißt, daß er die *Ballotte* (die Kugeln, die für die Abstimmungen benutzt wurden und die zuerst aus Ton, dann aus Wachs und noch später aus Leinen waren) oder Zettel aus der Urne ziehen sollte. In die auch *Cappello* (Hut) genannte Urne, die mit einem karmesinroten Stoff zugedeckt war, wurden ebenso viele *Ballotte* gelegt, wie der Große Rat Mitglieder hatte, aber in dreißig von ihnen steckte ein Zettelchen mit der Aufschrift *Elector* (Wahlmann, Wähler); später wurden dreißig vergoldete Kugeln verwendet. Der *Ballottino* zog die Kugeln nacheinander aufs Geratewohl heraus und gab jedem der an ihm vorbeidefilierenden Mitglieder des Großen Rates eine. Nach der Ziehung mußten sich alle hinausbegeben, bis auf die dreißig, die durch Los zu Wahlmännern bestimmt worden waren. Die dreißig mußten verschiedenen Familien angehören und durften miteinander nicht verwandtschaftlich verbunden sein. Deshalb wurde, sobald einer von ihnen die *Ballotta* erhalten hatte, die ihn zum Wahlmann machte, sein Name laut ausgerufen, und sämtliche Mitglieder seiner Familie, Großväter und Onkel mütterlicherseits, Schwäger, Neffen und Schwiegersöhne, mußten den Saal verlassen. Unter den dreißig Verbliebenen wurden dann, ebenfalls durch Los, neun ermittelt, die sich versammelten, und die ersten vier schlugen je fünf Namen vor, während die übrigen fünf je vier Namen vorschlugen. Über die vorgeschlagenen Namen stimmten die neun ab, und die vierzig, die sie mit mindestens sieben Stimmen gewählt hatten, zogen ihrerseits an dem *Cappello* vorbei, um abermals das Los zu ziehen, das ihre Zahl auf zwölf reduzierte. Mit einer Mehrheit von mindestens neun Stimmen wählten diese zwölf weitere fünfundzwanzig Wahlmänner, unter denen durch Los noch neun ermittelt wurden, die ihrerseits fünfundvierzig neue Wahlmänner wählten (die erforderliche Mehrheit betrug sieben Stimmen). Noch eine Auslosung, noch eine Ausscheidung – diesmal wurden vierunddreißig Wahlmänner von fünfundvierzig ausgeschlossen. Die restlichen elf bestimmten durch reguläre Abstimmung und mit einer Mehrheit von mindestens neun Stimmen die einundvierzig Wahlmänner, die, »ständig eingeschlossen und abgeschirmt«, zur Wahl des Dogen schritten, für die eine Mehrheit von fünfundzwanzig Stimmen erforderlich war.

Ein so unglaublich kompliziertes und so wenig beeinflußbares Verfahren verrät, was die politische Welt Venedigs zutiefst besorgte und beunruhigte, nämlich wie man von Leidenschaft und Irrationalität motivierte, manipulierte oder korrumpierte Wahlen vermeiden konnte und damit die Art von Umwälzung, die in vielen anderen Städten Italiens und Venetiens zur Entstehung von Gewaltherrschaften eines einzelnen oder von Familien, von Signorien, geführt hatte oder noch führen sollte. Das war es, was Venedig seit den ersten Jahrhunderten mehr als alles andere fürchtete. Auf diese Furcht ging die Ermordung der Candiani und die Vertreibung der Orseoli zurück. Aus dieser Sorge heraus hatte man auch die Dogenwahl der Volksversammlung aus der Hand genommen.

Und dennoch ging aus einem so strikten System derjenige als Sieger hervor, der mehr als jeder andere zum Dogenamt vorherbestimmt zu sein schien, der Sohn eines Dogen, der Gemahl einer Königstochter, der siegreiche Admiral, der Grandseigneur, der Veranstalter von Festen und Turnieren – der vornehme Lorenzo Tiepolo. Er wurde der nach San Marco einberufenen Volksversammlung vorgestellt und empfing in der Staatsbasilika das Dogenbanner. Nachdem er die Piazza im Laufschritt im sogenannten *Pozzetto,* einem von den Arbeitern des Arsenals getragenen Rundsessel, umrundet und die *Promissione* abgelegt hatte, richtete er eine Rede an das Volk. Am Tag danach wollte (oder mußte) er sich feierlich mit den Dandolo, seinen und seines Vaters Feinden, aussöhnen.

Ob diese Geste nun spontan war oder nicht, sie verminderte die Bedeutung des angeblichen Streites zwischen Jacopo Tiepolo und Marino Dandolo, von dem bereits die Rede war (vgl. S. 141), und machte aus ihm eine einfache Rivalität zwischen zwei Adelsfamilien, eben den Tiepolo und den Dandolo. Die Wahl von Lorenzo durch ein Wahlverfahren, das mit seinen vielen Auslosungen und Überlegungen ausgedacht scheint, um solche Kandidaten auszuschließen, die einer mißverstandenen »Popularität« verdächtigt werden konnten, dieselbe Wahl nun bestätigte die

Überzeugung, daß Tiepolo im Gegensatz zu anderen »aristokratischen« Dogen oder Dogenanwärtern weder ein »populärer« Doge war noch es sein wollte, auch wenn aus den Chroniken deutlich wird, welch große Sympathien er bei allen gesellschaftlichen Schichten genoß.

Das Volk empfing ihn in der Tat sehr herzlich. Während sich die bewaffneten Galeeren unter dem Kommando des Generalkapitäns Pietro Michiel vor dem Dogenpalast versammelten, um dem Dogen die *Laudi* der Matrosen zu Gehör zu bringen, füllte eine Unmenge von Booten, die aus allen Teilen der Stadt und des Dukats gekommen waren, das Becken von San Marco – darunter auch Schiffe aus Torcello und Burano, geschmückt mit Fahnen und Wappen. Das Defilee der Handwerker, das folgte, schwelgte in Prunk und Phantasie: Als erste kamen unter dem Klang einer Fanfare die mit Blumengirlanden geschmückten Schmiede mit ihrem Banner, nach ihnen die Kürschner, die ihre schönsten Hermelin- und Fehpelze und Gewänder aus schwerem Seidendrapé und Zindel trugen. Dann folgten die Gerber und die Weber, die zu Ehren des Dogen *Chansonetes et coubles* sangen; nach ihnen kamen die Schneider, gekleidet in weißen, mit karmesinroten Sternen verzierten Stoff und in pelzgefütterte Kutten und Umhänge, die Wollmacher, die Olivenzweige in den Händen hielten, die Baumwollarbeiter und die Barchenthersteller, die Jackenmacher und jene, die Messer anfertigten und weiße, mit goldenen Lilien verzierte Kappen trugen. Die Goldstoffabrikanten trugen kostbare, selbstgewebte Stoffe. Nach ihnen die Kurzwaren- und die Lebensmittelhändler, die Hühner- und Fischverkäufer, die Glasbläser und die Goldschmiede, und jede Gruppe hatte ihre eigenen Einfälle. Am einfallsreichsten waren die Barbiere und die Kammhersteller. Als diese vor dem Dogen anlangten, öffneten sie die Laternen, die sie in der Hand hielten, und heraus flogen Scharen von Vögeln, die, von der Gassenjugend gefolgt, nach allen Seiten davonflatterten. Die Bartscherer führten sogar mit Reitpferden und merkwürdig gekleideten Jungfern eine Szene auf, zu der sie sich von den Bräuchen des Rittertums hatten anregen lassen. Dann wurde zu Ehren der *Dogaressa* eine große Ausstellung der venezianischen Kunst und Industrie vorbereitet; gedacht war sie allerdings für die zahlreichen Käufer, die aus diesem Anlaß unter den Säulengängen des Palastes zusammenströmten.

Diese vom Chronisten Martino da Canal genüßlich geschilderten Feierlichkeiten dokumentieren die Vielfalt der venezianischen Produktion, zeigen aber auch, daß nunmehr die Spannungen, die man früher auch in Venedig selbst registriert hatte, fehlten. Die Verfassung entwickelte sich weiter in eine einzige Richtung, und zwar in die eines von parlamentarischen Versammlungen und Behörden getragenen Staates, und es läßt sich kein ernst zu nehmender Hinweis auf irgendeinen offenen Gegensatz zwischen den gesellschaftlichen Klassen ausmachen.

Andererseits grenzten die Gesetze die Zwistigkeiten zwischen Adelsfamilien und ganzen Gruppen von Familien, die dem traurigen Geschick so vieler anderer italienischer Städte zugrunde lagen, ein. Schon zu Ranieri Zens Zeiten hatte der Große Rat hart durchgegriffen, wenn das Volk zur Teilnahme an den Fehden unter Adligen aufgehetzt werden sollte, und hatte unter anderem verfügt, daß in Venedig niemand, »weder klein noch groß«, das Wappen irgendeiner großen Persönlichkeit in seinem Haus halten oder gar sonst *in pictura* ausstellen dürfe; es durfte auch nicht auf Fahnen, Schilden oder Kopfbedeckungen gezeigt werden.

Nach dem Tod Lorenzo Tiepolos führten die *Correttori* der Wahlkapitulation viele neue Beschränkungen ein, die immer mehr eine übertriebene Stärkung der persönlichen Stellung des Dogen und seiner Familie verhindern sollten. Eine Anordnung von anderem Rang wird allerdings besonders hervorgehoben. Sie verpflichtete den Dogen, persönlich darauf zu achten, daß alle Verhafteten innerhalb eines Monats nach ihrer Festnahme abgeurteilt wurden. Die Tatsache, daß ein solches Gesetz schon 1272, also vor siebenhundert Jahren, erlassen wurde, ehrt die venezianische Justiz, gerade wenn man an die traurigen Usancen einer Zeit denkt, in der die Gefangenen oft im Gefängnis vergessen wurden oder Schuldige und Unschuldige bis zu ihrem Urteil mehrere Jahre im Gefängnis zubrachten.

Der Status des Dogen, der bereits nur noch den Rang einer obersten Amtsperson innehatte, wurde einmal mehr von der Behandlung bestätigt, die man Jacopo Contarini, dem Nachfolger von Lorenzo Tiepolo, zuteil werden ließ, als er als hochbetagter Mann abdankte oder zur Abdankung überredet wurde. Ihm wurde nämlich eine Rente gewährt, und an seiner Statt führte bis zur Wahl seines Nachfolgers, der Giovanni Dandolo hieß, der älteste der Dogenberater die Amtsgeschäfte.

6

Die Wahl Pietro Gradenigos hingegen, die im November 1289 nach dem Tod Giovanni Dandolos stattfand, verlief – wenn die Chroniken die Wahrheit sagen – nicht so glatt wie die von Lorenzo Tiepolo. Es sollte in der Tat das eintreten, was die *Signoria* (das heißt die Dogenberater und die drei Vorsteher der *Quarantia*) mit der Einführung des höchst komplizierten Verfahrens für die Wahl des Dogen hatten vermeiden wollen. Das Volk sollte seine Wahl treffen – die gefährlichste, die man sich hätte vorstellen können: Sie fiel auf Jacopo Tiepolo, den Sohn des Dogen Lorenzo und Enkel des Dogen Jacopo. Wenn man einen Dogensohn und Dogenenkel zum Dogen machte, der mit mehr als nur mit einem fremden Herrscherhaus verschwägert war, konnte dies den ersten Schritt hin auf die Einrichtung einer erblichen Signorie der Familie Tiepolo bedeuten – ganz nach dem Muster anderer Signorien, die sich jetzt fast überall in Italien etablierten. Das, was – immer noch den Chroniken zufolge – damals geschah, sollte wieder einmal deutlich machen, wie tief der Sinn für den Staat und das Gemeinwohl in den venezianischen Politikern verwurzelt war. Wie sein Großvater es verstanden hatte, die Krise zwischen der venezianischen Kommune und der Venezianerkolonie von Konstantinopel zu beendigen, wie sein Vater unter die Rivalität mit dem Hause Dandolo einen Schlußstrich gezogen hatte, so sollte Jacopo es verstehen, die Gefahr einer Krise abzuwenden: Während sein Name in Venedig beklatscht wurde, war er nach seiner Villa in Marocco außerhalb des Dukats abgereist, nicht ohne an seine unerwünschten Anhänger die Aufforderung zu richten, ihre Demonstrationen einzustellen. So kam es zur ordnungsgemäßen Wahl des *Podestà* von Capodistria, Piero Gradenigo, genannt

Pierazzo (Pietraccio). Diese abschätzige Namensform habe das Volk ihm angedichtet, um so seine Unzufriedenheit mit der Wahl und seine Abneigung gegen den Gewählten zum Ausdruck zu bringen.

Nicht wenige Historiker, unter ihnen ein hochgelehrter Mann wie Kretschmayr, sehen in der Wahl Pierazzo Gradenigos den Sieg der »Adels«-Partei über die »Volks«-Partei. Aber gab es denn wirklich so etwas wie eine Partei des Volkes? Und inwiefern versuchte das Volk – und welches Volk – der Partei des Adels anläßlich der Dogenwahl den Weg zu verstellen? Wir glauben, es wäre ein großer Fehler, wenn wir uns die drei Tiepolo als Vertreter einer etwaigen »demokratischen« Partei vorstellten. Die Familie Tiepolo war gewiß nicht weniger aristokratisch als die Familie Dandolo, der die Führung der »Adels«-Partei zugeschrieben wird, und den großen Herren der Familie Tiepolo war die Demokratie sicherlich ebenso unbegreiflich wie denen der Familie Dandolo. Wenn die Tiepolo an das Volk dachten, dann als Instrument zur Gewinnung der Macht. Die Volksmassen ihrerseits waren, sofern man sie richtig ansprach, zwar zu lautstarken plebiszitären Beifallskundgebungen bereit; doch sie waren seit viel zu langer Zeit von fast jeder Art von politischer Entscheidung ausgeschlossen, als daß sie plötzlich ein reifes politisches Bewußtsein hätten an den Tag legen können.

Die Sorge, die die venezianische Welt unverändert quälte, war die Situation in der Adria. Die istrischen Städte lehnten sich immer noch auf. Die zwiespältige Beziehung zu Venedig, die auf »Treue« und nicht auf einem wirklichen formellen Vasallentum beruhte, hatte sie für die Hetzereien des mächtigen Patriarchen von Aquileja und des Grafen von Görz empfänglich gemacht. Als auf dem Marktplatz von Capodistria das Banner von San Marco gehißt wurde, war dies das Signal für einen Aufstand. Dem Patriarchen gelang es auch, die Spannung in Triest wieder aufflammen zu lassen. Jene Stadt der Matrosen war bereit, die Autonomie ihres Handelsverkehrs mit Waffengewalt zu verteidigen, und Venedig seinerseits beabsichtigte nicht so sehr, jene Autonomie zu unterdrücken als vielmehr die Infiltration anderer Mächte in den Golf. Daraus entstand ein Krieg, der mit zwei Unterbrechungen bis 1291 dauerte. Noch schwieriger gestalteten sich an der anderen Küste die Beziehungen mit Ancona, die 1277 zur Wiederaufnahme der Feindseligkeiten führten. Wider Erwarten erlitten die Venezianer eine sensationelle Niederlage. Erst 1281 wurde Frieden geschlossen; Ancona kapitulierte, und der Vertrag schloß es von jedem Verkehr mit dem Orient aus. Während er den Venezianern in Ancona bei völliger Steuerbefreiung volle Handelsfreiheit einräumte, verbot er den Anconitanern, in Venedig mit den Fremden Handel zu treiben, und verpflichtete sie, genauso hohe Ausfuhrzölle wie die venezianischen Händler zu zahlen.

Im selben Jahr 1281 dachte Venedig zwischen Rebellionen auf Kreta und Abspaltungen in der Ägäis, wo Michael Palaiologos einige Erfolge erzielt hatte, wieder einmal an Kreuzzug und Eroberung in der griechischen Levante. Am 3. Juli unterzeichneten seine Gesandten in Orvieto mit König Karl von Anjou einen neuen Vertrag. Die Kommune sollte die Privilegien zurückerhalten, die sie vor 1261 genossen hatte, sofern sie die Rückeroberung Konstantinopels durch die Lateiner unter Anjous Leitung unterstützte. Sogar das Ausmaß der militärischen Beteiligung Venedigs wurde präzisiert; es ging um fünfzehn Galeeren und zehn *Taride* für den Transport der Truppen.

Da ließ am 31. März 1282 die Sizilianische Vesper mit ungewöhnlicher Heftigkeit genau im richtigen Augenblick das einzige Unternehmen scheitern, das wegen seines Ernstes und Engagements Michael VIII. wirklich hätte gefährlich werden können. Der überaus geschickten Diplomatie des Palaiologos war es dank Informationen von den Genuesen, die um ihre Interessen fürchteten, gelungen, sich mit den ghibellinischen Sizilianern und dem König von Aragonien zu einigen. Außerdem verwickelte Michael die Venezianer in einen neuen Aufstand, nämlich den des Alexios Kalergis auf Kreta, der ganze achtzehn Jahre dauern sollte.

Von diesem Zeitpunkt an steuerten die Ereignisse auf einen neuen schweren Bruch zwischen Venedig und Genua zu. Genua hatte seine Position im Byzantinischen Reich dadurch noch weiter gefestigt, daß es das Alaunmonopol in Phokäa an sich gerissen und sich an den Küsten Kleinasiens und des Schwarzen Meeres ausgebreitet hatte. Als die achtundachtzig Galeeren Oberto Dorias den einhundertdrei Galeeren Pisas im Tyrrhenischen Meer nahe dem Felsen von Meloria eine vollständige und endgültige Niederlage beibrachten, hatte den Befehl über die pisanische Flotte ein Venezianer, ein ehemaliger *Podestà* von Konstantinopel, Alberto Morosini. Man schrieb das Jahr 1284. Sieben Jahre später, am 18. Mai 1291, fiel Akko endgültig in die Hand des Sultans von Ägypten. Es fielen auch die restlichen christlichen Städte wie Beirut, Tyrus, Sidon und Tortosa. Und damit verschwanden die Lateiner aus Syrien und dem Heiligen Land. Nun richteten sich alle ökonomischen und politischen Interessen Genuas und Venedigs ausschließlich auf das byzantinische Territorium.

Vor Koron greifen im Juli 1293 vier venezianische Schiffe die genuesischen Kolonien auf Zypern an. In den Gewässern vor Lajazzo an der Küste Kilikiens interveniert die genuesische Flotte unter Nicolino Spinola, nimmt die Schlacht an und siegt. Genua hatte sich nicht so viel erwartet. »Ein unglaublicher und beispielloser Sieg«, schreibt der Chronist Jacopo da Varazze. Aber es ist alles andere als ein definitiver Sieg. Allenthalben werden die genuesischen Kolonien von Piraten heimgesucht, während die Genuesen Canea zerstören und die venezianischen Konvois vor Modon angreifen. Ruggero Morosini *Malabranca* plündert Caffa, räubert Phokäa aus, verwüstet das Genueserviertel von Konstantinopel und wirft im Goldenen Horn vor dem Kaiserpalast drohend den Anker. Griechen und Genuesen antworten mit der Zerstörung des Venezianerviertels und mit einem Blutbad unter Kaufleuten und Handwerkern.

Aber Genua schwebt ein größerer und vollständigerer Sieg vor. Seine Waffenschmieden arbeiten mit voller Kraft. In weniger als zwei Jahren wird eine Flotte von fünfundachtzig Galeeren auf die Beine gestellt. Befehligt von Lamba Doria, dringt sie entschlossen in den Golf von Venedig, in die Adria, vor. Und hier trifft sie im Kanal von Curzola am 8. September 1298 auf die venezianische Armada, die aus fünfundneunzig Galeeren besteht und die größte ist, die Venedig bis dahin jemals eingesetzt hatte. Es scheint, daß Lamba Doria den Trick wiederholte, der seinem Vetter Oberto den Sieg von Meloria beschert hatte, und fünfzehn Galeeren in Reserve hielt, deren Eingreifen das Schicksal der Schlacht entschied. Für die Venezianer war es eine klare Niederlage. Nur vierzehn Galeeren gelang es, sich unter dem Kommando des heldenhaften Maffeo Querini zu retten, der, sobald er die ihm anvertraute Flotte in Sicherheit wußte, kehrtmachte und sich in das Getümmel stürzte, in dem er fiel. Achtzehn Galeeren gingen unter; sechsundsechzig wurden am Strand von Curzola auf Befehl Dorias verbrannt, dem die Mittel fehlten, sie nach Genua schleppen zu lassen. Die Zahl der Gefangenen belief sich auf siebentausendvierhundert; unter ihnen befand sich auch der Generalkapitän Andrea Dandolo, der Sohn des Dogen Giovanni. Er war bereits an eine Bank seiner Galeere gefesselt und dazu bestimmt, bei Lambas Triumphzug als Prachttrophäe in der allerersten Reihe zu sein; er aber zog es vor, sich das Leben zu nehmen, indem er seinen Kopf gegen die Ruderbank schlug und sich den Schädel zerschmetterte.

Genua war nach den Siegen über Pisa und Venedig auf dem Gipfel seiner militärischen Macht. Aber während Pisa, im Inneren von den Parteienkämpfen zerrissen, nicht mehr die Kraft hatte, sich zu erholen, war Venedig alles andere als tot. Genuesische Schiffe tauchten drohend vor der Küste von Malamocco auf, während venezianische Schiffe sich ebenso drohend an der Einfahrt zum Hafen von Genua aufbauten. Abgesehen von solchen Vorfällen befanden sich Genua und Venedig in grundverschiedenen Situationen.

Genua verfügte über ein Territorium, das sich von Nizza bis Portovenere erstreckte; seine Reeder und Geschäftsleute fuhren vom Schwarzen Meer bis weit auf den Atlantik hinaus, und seine Schiffe transportierten kostbare Waren aus Phokäa nach Brügge. Seine Größe jedoch beruhte, wie Y. Renouard bemerkt, »ausschließlich auf den Fähigkeiten einzelner und wurde weder von adäquaten Institutionen noch von einem starken Bürgersinn getragen«. Statt eine Stärkung der Kommune zu bewirken, führten die individuellen Erfolge manchmal eher zur Bedrohung ihrer eigenen Institutionen; die Anarchie trug früher oder später dazu bei, daß sie ihre Unabhängigkeit verlor. In Venedig hingegen erfuhren die Institutionen in ebendiesen Jahren eine Wende, aus der sich die Festigkeit und Stabilität herleiteten, die die Voraussetzungen für weitere fünf Jahrhunderte Unabhängigkeit schaffen sollten.

Mit dem von Matteo Visconti ausgehandelten Friedensschluß vom 25. Mai 1299 fiel der bedrohliche Schatten der großen Mailänder Familie auf Genua, die danach gierte, ihre Macht zu vergrößern. Das besiegte Venedig bekam praktisch die gleichen Bedingungen eingeräumt wie das siegreiche Genua. Vor allem gab es zwei Resultate von unabsehbarer Tragweite: freie Hand für die Schiffahrt und den Handel im Schwarzen Meer und Bestätigung der Seekontrollrechte in der Adria.

## 7

Während Venezianer, Genuesen und Byzantiner auf den Meeren aufeinanderprallten, reifte in der venezianischen Verfassung jene Wende heran, die als »Schließung des Großen Rates« *(Serrata del Maggior Consiglio)* bekannt ist. Die Schließung, heftig umstritten und für das künftige Schicksal Venedigs von grundlegender Bedeutung, verlegt die Überlieferung in das Jahr 1297 – ein Datum, das genau fünfhundert Jahre vor dem Fall der Republik und, Andrea Dandolo zufolge, sechshundert Jahre nach der legendären Wahl des ersten Dogen von Cittanova liegt; es ist somit der Wendepunkt der venezianischen Geschichte.

Verfolgen wir – stark vereinfachend – die Entwicklungsstufen der venezianischen Verfassung seit der ersten umstrittenen Dogenwahl. Die Macht der Dogen, die sich zunächst von der kaiserlich-byzantinischen Macht herleitete und dann auf das Erbe oder die Gewalttaten von Rebellen zurückging, war später von der Akklamation einer Volksversammlung abhängig. In der Versammlung und ihren Anhängseln tauchten sofort und in vorderster Linie die Vertreter eines Adels auf, der sich anfangs mit den Nachkommen der örtlichen Tribunen identifizierte und zu dem dann andere Familien jüngeren Ursprungs hinzukamen. Im Jahr 1143 trat eine neue Versammlung in Erscheinung, der *Consiglio dei Savi*, und der Volksversammlung, dem *Arengo*, blieb außer der Wahl des Dogen nur noch die Aufgabe, dessen

Entscheidungen zu bestätigen. Um 1172 trat der Dogenrat ins Bild; die Dogenberater bildeten den Kleinen Rat, und der Rat der »Weisen« *(Savi)* wird nun üblicherweise Großer Rat genannt. Die Wahl des Dogen wurde dem *Arengo* entzogen, dem nur noch ein formelles Ratifizierungsrecht blieb.

1207, während der Amtszeit Pietro Zianis, wurde die Mitgliederzahl des Großen Rates auf fünfunddreißig festgesetzt; die Wahl der Mitglieder, die zunächst höchstwahrscheinlich der Volksversammlung oblag, wurde nunmehr einem Wahlkollegium anvertraut, das aus drei Mitgliedern bestand, die auch die anderen Staatsbeamten wählen sollten und die ihrerseits abwechselnd von drei der *Trentacie* ernannt wurden, in die die Bevölkerung eingeteilt war.

Zwischen 1207 und 1222 weitete sich mit der Bildung der *Quarantia* der Rahmen. 1255 entstand der aus sechzig Mitgliedern zusammengesetzte *Consiglio dei rogati (Pregàdi)*. In der Tat faßten der Große Rat, der *Consiglio dei Pregàdi*, die *Quarantia* und der Kleine Rat (zu dem jetzt auch die drei Vorsteher der *Quarantia* gehörten) gemeinsam Beschlüsse. Die Zahl der nominellen Mitglieder des Großen Rates wuchs dann – der Zeitpunkt ist nicht genau bekannt – von fünfunddreißig auf einhundert; am Wahlverfahren wurde nichts geändert, während das Wahlkollegium sich von drei Mitgliedern auf vier und dann auf sechs erweiterte und sich in der Folge noch verdoppelte, weil es jährliche Wähler und halbjährliche Wähler gab, die nach und nach die »Nachrücker« für jene Mitglieder wählen sollten, die andere Ämter übernahmen.

Diese sehr häufigen Auswechslungen führten beispielsweise dazu, daß 1261/62 zu verschiedenen Zeiten insgesamt vierhundertdreißig Personen gewählt wurden, um die Hunderte Sitze des Großen Rates ständig besetzt zu halten.* Ein Blick auf die Zusammensetzung dieser Masse von Parlamentariern ist sehr aufschlußreich: Von den vierhundertdreißig Gewählten des Jahres 1261/62 gehörten zweihundertzweiundvierzig, also über die Hälfte,

* Vgl. R. Cessi, *Il Maggior Consiglio (origine ed evoluzione fino alla fine del sec. XIII)*, in *Deliberazioni del M. C. di Venezia*, Bd. I, Bologna 1950; vgl. auch C. Diehl, *Une République patricienne, Venise*, Paris 1918, S. 90f.

nur siebenundzwanzig Familien an. Es handelt sich um zwanzig Contarini, neunzehn Querini, neunzehn Dandolo, fünfzehn Morosini, fünfzehn Michiel, elf Falier, elf Zorzi, neun Tiepolo, neun Gradenigo, neun Badoer, sieben Zen und sieben Dolfin. Es sind ganze Sippen vertreten. Wenn wir die gleiche Rechnung für die Gewählten von vierzehn Jahren danach aufstellen wollen (es waren insgesamt fünfhundertsiebenundsiebzig), sehen wir, daß sich die Zusammensetzung überhaupt nicht ausgeweitet hat. Zu den geringfügigen Abweichungen war es nur innerhalb derselben Gruppe von Familien gekommen. So hat sich die Zahl der Contarini auf zweiundzwanzig erhöht, die der Dandolo auf achtzehn und die der Morosini auf sechzehn; von den Tiepolo und den Gradenigo sind immer noch neun vertreten und von den Zorzi zehn; die Querini sind nur noch dreizehn und die Michiel, die Falier und die Badoer je sieben, aber die Dolfin haben sich von sieben auf neun vermehrt, und die Corner, die 1261 noch zu fünft waren, sind 1275 zu zehnt. Es sind immer dieselben Namen. Dort findet man all jene wieder, die die erste Urkunde des *Consilium sapientium* des Jahres 1143 unterschrieben haben, und fast all jene, denen man seit 1163 in den Akten begegnet. Die Macht hat sich also seit mindestens einhundert Jahren auf denselben, sehr begrenzten Kreis von Familien oder gar Personen konzentriert.

Gegen Ende des 13. Jahrhunderts sahen sich die Träger der politischen Macht Venedigs also einem Problem von erheblicher Tragweite gegenüber. Ohne große Erschütterungen war die Volksversammlung ihrer ehemaligen Entscheidungsbefugnisse beraubt worden und durfte vor allem bei der Wahl des Dogen nicht mehr mitreden. Im gleichen Zug hatte der Doge nach und nach all seine Vorrechte verloren und war zu einer bloßen Amtsperson geworden. Die Hauptsorge, die diesem Prozeß zugrunde lag, war immer noch die, unbedingt die Schaffung einer Diktatur oder Signorie einer einzelnen Person oder Familie zu vermeiden. Andererseits floß die Macht schließlich in einer allzu begrenzten führenden Gruppe zusammen, und der venezianische Staat wurde tatsächlich von nicht mehr als etwa vierzig Personen kontrolliert.

Mit ihrem 1286 eingereichten Vorschlag, den Nachfahren

früherer Mitglieder des Großen Rates automatisch das Recht auf Wählbarkeit anzuerkennen, beabsichtigten die Vorsteher der *Quarantia* daher weniger, diese oder jene Gruppe eventuell Gewählter auszuschließen. Sie wollten vielmehr die Beteiligung am Rat verbreitern, die für einen immer kleineren Teil des Adels eine Familienangelegenheit geworden war und nicht mehr der wirtschaftlichen und politischen Expansion einer Stadt mit vielleicht achtzigtausend Einwohnern entsprach, die über ein großes Kolonialreich herrschte. Man versuchte zweifellos, die Möglichkeit auszunutzen, in den Rat solche Personen oder Personengruppen einzuführen, die nach und nach ausgeschaltet worden waren, und die Mitwirkung jener Familien zu verbessern, denen es nicht gelungen war, zahlenmäßig so stark repräsentiert zu sein wie die größeren Familien.

Dieser Vorschlag wurde nicht angenommen. Im Gegensatz zu dem, was immer noch behauptet wird, wurde er ebendeshalb nicht angenommen, weil die Meinung der Konservativen überwog, derjenigen also, die wünschten, daß das Spiel der politischen Kräfte keine breitere Grundlage erhielte. Dasselbe geschah zehn Jahre später: Die Konservativen beharrten auf ihrer Forderung, daß die Durchführung der Wahl in ihren Händen bleiben solle. Der Fall Tiepolo 1289 hatte den Versuch einer der großen Familien dargestellt, über die Akklamation des Volkes wieder die Macht zu ergreifen, und dieser Versuch hätte das Ende des komplizierten und gemäßigten Spiels der parlamentarischen Mehrheiten bedeutet. Schließlich unterbreitete der Doge Pietro Gradenigo am 28. Februar 1297 mit Erfolg einen neuen Vorschlag. Als Versuch (der nach sechs Monaten verlängert werden konnte) sollten vorbehaltlich der Zustimmung der *Quarantia* diejenigen zum Großen Rat zugelassen werden, die ihm während der letzten vier Jahre angehört hatten. Die übrigen, und das heißt – wie später ausdrücklich festgehalten wurde – sämtliche Nachkommen derjenigen, die bis 1172 Mitglieder des Großen Rates gewesen waren, konnten nach dem herkömmlichen System und immer vorbehaltlich der Bestätigung durch die *Quarantia* von einem aus drei Wahlmännern bestehenden Kollegium gewählt werden. Derselben Prozedur mußten sich auch jene unterziehen, die in den vorhergehenden Jahren die Wahl zum Großen Rat versäumt hatten, weil sie abwesend waren oder sich aus Venedig entfernt hatten.

Bei der »Schließung« handelt es es sich um einen – allerdings begrenzten – Versuch, zu tun, die Beteiligung an der größten verfassungsmäßigen Versammlung und ihren Entscheidungen auszuweiten. In diesem Sinn war sie ein erfolgreicher Versuch. Von den einhundert ordentlichen Mitgliedern sowie dem Dogen, dem Rat der Vierzig *(Quarantia)*, dem *Pregàdi*, dem Kleinen Rat und den nominellen Mitgliedern der Gerichts- und Finanzbehörden, die es bei der Abstimmung über die Reform auf insgesamt fünfhundertsechsundachtzig Stimmen gebracht hatten, sollte sich die Mitgliederzahl des neuen Großen Rates sehr bald auf neunhundert erhöhen. 1311 betrug sie eintausendsiebzehn, 1340 eintausendzweihundertzwölf. Wenn man bedenkt, daß sich für 1338 die Bevölkerung Venedigs auf ziemlich genau einhunderttausend Einwohner schätzen läßt, dann sollte dem Großen Rat 1340 je einer von 82,5 venezianischen Bürgern angehören. Dieser Umstand erlaubt uns eine weitere Bemerkung über die Bedeutung der sogenannten Schließung. 1340 war also von 82,5 Bewohnern Venedigs je einer Mitglied des Großen Rates. Doch da dem Großen Rat nur Bürger männlichen Geschlechtes angehören durften, muß das Verhältnis zwischen den Mitgliedern des »geschlossenen« Großen Rates und der männlichen Bevölkerung noch sehr viel günstiger gewesen sein als das des »offenen« Großen Rates. Damit wird auch die unzählige Male wiederholte Behauptung widerlegt, mit der sogenannten Schließung habe sich die Macht »in den Händen der Geschäftsleute« konzentriert.* Trotz unserer ganzen Hochachtung vor den großartigen wirtschaftlichen Leistungen Venedigs im 13. und 14. Jahrhundert ist es in der Tat undenkbar, daß auf 82,5 Venezianer je ein »großer Geschäftsmann« entfiel. Es ist nicht einmal vorstellbar, daß die »großen Geschäftsleute« eine so große Mehrheit waren, daß sie eine Versammlung bildeten oder dominierten, die im 16. Jahrhun-

* Y. Renouard, *Mercati e mercanti veneziani alla fine del Duecento*, in *La civiltà del secolo di Marco Polo*, Venedig/Florenz 1955, S. 87.

dert bis zu zweitausendfünfundneunzig Mitglieder umfassen sollte, so wie sie zweifellos eine aus fünfunddreißig, siebzig oder auch hundert und mehr Mitgliedern bestehende Versammlung leicht kontrolliert hätten, die von kleinen oder sehr kleinen Kommissionen gewählt waren. Daß dann die Reichen in der Mehrheit waren, ist keineswegs erwiesen; unter den Gewählten des Großen Rates hatte es auch immer weniger Begüterte gegeben, und das Problem der notleidenden Adligen sollte stets eines der politischen und sozialen Übel Venedigs sein.

Dem Erweiterungsprinzip lief freilich die Tendenz entgegen, daß man den sogenannten Neureichen *(Uomini nuovi)* den Zugang verwehrte, vor allem in den ersten Zeiten. So entstand – und in diesem Sinn ist die »Schließung« wirklich »aristokratisch« – ein Patriziat, also eine Klasse von Herrschenden. Aber die Geburt des Patriziats mit nachfolgenden Maßnahmen, die nach und nach aus dem Großen Rat einen »Adelsrat« machen sollten, lief auf andere Ergebnisse hinaus. Zunächst bewirkte sie die absolute Gleichheit unter den Mitgliedern, weil sie gleichberechtigte Mitglieder einer politischen Versammlung waren. Dann ein Bündel von Pflichten, die sich ebenso direkt aus der Mitgliedschaft herleiteten, der man sich, wenn man dazu berufen wurde, nicht entziehen konnte.

Auch wenn Gradenigos Vorschlag etliche Gegenstimmen erhalten hatte, wurde der 1298 eingebrachte Vorschlag, den eingeführten Grundsatz beizubehalten, gebilligt, ohne daß aus den Reihen der *Popolari* Proteste gekommen wären. Zu Zusammenstößen zwischen »Adligen« und »Demokraten« – immer unter der Voraussetzung, daß diese letzteren tatsächlich existiert haben – kam es nicht. Bis das Patriziat definitiv die ihm eigenen Züge annahm, sollten noch viele Jahrzehnte vergehen, und das »Goldene Buch«* wurde sogar erst über zwei Jahrhunderte später, nämlich 1506 oder 1526, eingeführt.

* Verzeichnis der venezianischen Patrizierfamilien. A.d.Ü.

Es waren eher die Auswirkungen der Niederlage bei Curzola und die darauf folgende Unzufriedenheit als eine Rebellion von Popolaren, die zur unglückseligen Verschwörung des steinreichen Geschäftsmannes Marin Bocconio führten, die 1300 leichtfertig und schlecht eingefädelt wurde und mit dem Todesurteil für die Rädelsführer endete. Viel schwerwiegendere Folgen sollte der Streit um die Stadt Ferrara haben, die wegen ihrer beherrschenden Position am Po für Venedig sehr wichtig war.

Schon zwischen 1303 und 1304 hatte ein begrenzter, aber heftiger und blutiger Krieg, bei dem es um Dämme und Salinen ging, die Venezianer in Gegensatz zu den Paduanern gebracht. Nun lösten die Thronstreitigkeiten der Familie Este, der Herren von Ferrara, einen neuen und schlimmeren Konflikt aus. In der Sorge, die Ferraresen könnten sich bei irgendeiner fremden Macht oder vielleicht sogar bei den Paduanern einen Schutzherrn suchen, hatte Venedig sich beeilt, ein Truppenkontingent zu entsenden. Unterdessen jedoch hatte sich einer der Anwärter auf die Signorie an Papst Klemens V. gewandt und ihm angeboten, die Oberhoheit der Kirche über Ferrara anzuerkennen. Als der Papst darauf einging, beschloß die gegnerische Partei, die Stadt den Venezianern abzutreten, die sich daher – ehe sie sich versahen – im Gegensatz zum Papst befanden.

Der Große Rat ernannte Ausschüsse und Kommissionen und wies auf die Rechtmäßigkeit der Schenkung hin. Den Bannflüchen und Verwünschungen der päpstlichen Legaten hielt der Doge in einer Rede entgegen, daß Kinder sich von Worten einschüchtern ließen, Männer aber nicht einmal Schwertspitzen fürchten dürften. Man scheint irgendwann einmal einen Kompromiß gefunden zu haben, aber die Ferraresen wurden unsicher. Wahrscheinlich fürchteten sie die Worte des Papstes mehr als die Waffen der Venezianer, und tatsächlich stellten die Venezianer kurz darauf fest, welch großen Schaden ihnen die Worte des Mannes, der sich weit weg in Avignon aufhielt, zufügen konnten. Kaum hatte sich das Gerücht von der bevorstehenden Bekanntgabe einer päpstlichen Bulle gegen sie verbreitet, hatten sie

Botschafter nach Avignon entsandt; doch am 27. März 1309, ein Tag nach der Abreise der Diplomaten aus Venedig, hatte der Papst schon die Bulle *In omnem* veröffentlicht, deren Schärfe noch die düstersten Vorhersagen übertraf:

*Wenn binnen dreißig Tagen die Ferraresen nicht freigegeben werden, werden der Doge, seine Berater, alle Venezianer und alle Bewohner des venezianischen Herrschaftsgebietes exkommuniziert und auch diejenigen, die Lebensmittel oder Waren aller Art nach Venedig bringen oder den Venezianern etwas abkaufen. Der Doge und die Venezianer dürfen nicht als Zeugen vor Gericht erscheinen und können auch kein Testament abfassen. An ihre Kinder dürfen bis ins vierte Glied keine Pfründen weitergegeben werden. Zehn Meilen im Umkreis von Venedig sollen sich die Prälaten und die Geistlichen jeden Ranges unter Androhung der Exkommunikation binnen zehn Tagen entfernen. Der Doge, seine Berater und alle Venezianer sollen, wenn sie nicht binnen dreißig Tagen gehorchen, die Knechte derjenigen sein, denen sie in die Hände fallen, und ihre Güter sollen denen gehören, die sie besetzen.*

Der Große Rat verfaßte ein Antwortschreiben, daß nämlich der Papst sein Urteil »ungerecht und im Zorn« ausgesprochen habe, ohne wenigstens die Rechtfertigungen der Gesandten abzuwarten, und er forderte seine Vertreter auf, »mannhaft und entschlossen« zu handeln. Die Kurie ging mit unerbittlicher Planmäßigkeit vor. Kardinal Pelagrua, der Päpstliche Legat von Bologna, rief im Namen des Papstes zum Kreuzzug gegen die Venezianer auf. Padua, Florenz, Lucca, Ancona, sämtliche Gegner und Konkurrenten Venedigs reagierten auf den Aufruf. Ausgelöst durch Neid, Rivalität und Konkurrenz, machten sich die Gefühle in regelrechten Haßwellen Luft. Es war ein Glück für die in ihrer Lagunenwelt isolierte Stadt, daß sie aufgrund einer alten kaufmännischen Unbefangenheit immer die päpstlichen Verbote und die gängigen Vorurteile gegen Handelsbeziehungen mit der muslimischen Welt übergangen hatte, so daß sie nun den Versuch, ihr die Lebenskräfte zu entziehen, mühelos überstehen konnte. Aber ihre militärischen Unternehmungen waren nicht sehr erfolgreich. Während es Giovanni Soranzo gelang, die von den Ferraresen über den Po gespannte Sperrkette zu zerbrechen, ergab sich die in der Festung Castel Tedaldo liegende Garnison, von einer Seuche heimgesucht und von haushoch überlegenen Truppen angegriffen, am 28. August 1309. Ihr Befehlshaber, Marco Querini aus dem Zweig der *Ca' Granda*, flüchtete nach Venedig, die Verteidiger wurden getötet oder gefangengenommen, und die Päpstlichen stürzten sich auf die Gefangenen und blendeten sie. Venedig stand bereits im Abseits. Zwei neue Botschafter, Carlo Querini und vor allem der spätere Doge Francesco Dandolo, genannt *Cane*, waren es, die geduldig die Beziehungen mit Klemens V. wiederanknüpften, um den »Hirten ohne Gesetz« (wie Dante ihn nennt) zu überzeugen, gegen Zahlung einer gewaltigen Summe in Goldflorin von seinen grausamen Entschlüssen abzurücken.

Diese bittere, schmerzliche und frustrierende Geschichte bildet den Hintergrund für eine Bewegung, die Venedig Mitte Juni 1310 in Gefahr brachte, ein Herrschaftssystem wie so viele andere Städte in Italien einzuführen und zu einer Signorie zu werden. Anerkannter Führer der Verschwörung und des Umsturzversuchs war wieder einmal ein Tiepolo: Baiamonte, Sohn Jacopo des Jüngeren, Enkel des Dogen Lorenzo, Urenkel des Dogen Jacopo des Älteren und Verwandter von Fürsten und Königen. Baiamonte, glanzvoll und mächtig, war ein Aristokrat und Grandseigneur bis in die Fingerspitzen. Er trug den bewundernden Beinamen »der große Ritter« und erfreute sich großer Beliebtheit in Venedig. Seine Mitverschwörer gehörten bedeutenden venezianischen Adelsfamilien an: Es waren die Querini aus der *Ca' Granda*, die sich rühmten, Nachfahren von Mauritius zu sein, und die Badoer, die von den Partecipazi abstammten. Was den Großen Rat anlangt, so hatten weder Baiamonte noch seine Verwandten Grund zu Unzufriedenheit, denn sie hatten alle Zugang zu ihm – Baiamonte war kurz zuvor in die *Quarantia* gewählt worden – und hatten fast alle wichtige Ämter innegehabt, allerdings nicht immer in Ehren: Baiamonte hatte Gelder zurückerstatten müssen, die er in Modon in unrechtmäßiger Höhe bezogen hatte, und Marco Querini war wegen seines Rückzugs aus Castel Tedaldo schwer getadelt worden. Aber nicht einmal darin lag die Ursache für ihre Opposition gegen das Regime, an dessen Spitze der Doge Pierazzo Gradenigo stand.

Alle Geschicke der Familie Tiepolo während dieses ganzen Jahrhunderts prädestinierten Baiamonte zu dem Versuch, die Herrschaft über Venedig an sich zu reißen. Deshalb nutzte der »große Ritter« die einmalige Chance aus, die sich ihm durch den Fehlschlag des Ferrarafeldzugs bot, den der Doge Gradenigo so sehr befürwortet und unterstützt hatte. Ebenso wollte er aus den schädlichen Konsequenzen der zornigen Anordnung des Papstes Kapital schlagen, die den Handel ruinierte und die Gemüter aufrüttelte. Um ihn herum bildete sich eine »guelfische« Partei gegen den »ghibellinischen« Gradenigo. Neben der Ergebenheit gegenüber dem Papst gab es ein wirtschaftliches Unbehagen, und so gesellten sich die Eingeschüchterten zu den Unzufriedenen. Ein Teil des Pöbels, fasziniert vom Glanz des Nachkommens berühmter Dogen, folgte ihm – wie es in solchen Fällen geschieht – in der Hoffnung, die Häuser der Wohlhabenden plündern und Gerichtsakten vernichten zu können.

Der Aufstand sollte am Sonntag, dem 14. Juni 1310, bei Morgengrauen losbrechen und von den Häusern der Querini am Rialto ungefähr dort, wo heute die Pescheria liegt, ihren Ausgang nehmen. Die Verschwörer sollten die Rialtobrücke überqueren. Marco Querini und seine Söhne sollten durch San Luca und die Calle dei Fabbri zur Piazza San Marco ziehen, Baiamonte und die Seinen von San Salvador durch die Mercerie, während Badoero Badoer für Verstärkungen zuständig war, die sich auf seinem im Paduanischen gelegenen Gut Peraga versammelt hatten. Doch in der Nacht brach einer jener wütenden Stürme los, die um die Sommersonnenwende keine Seltenheit sind. Noch in der Morgendämmerung goß es in Strömen, es blitzte und donnerte. Das Geprassel des Regens und die Donner übertönten die Stimmen der Verschwörer, die aus der Ca' Querini heraustraten und *Libertà*, Freiheit, riefen. Badoero Badoer war mit seinen Leuten auf dem Land steckengeblieben. Der Doge hingegen, der über die Verschwörung informiert war, hatte im Palast den Kleinen Rat, die Vorsteher der Vierzig, die *Avogadori* und die *Signori di Notte* zusammengerufen, den Streitkräften Anweisungen gegeben, die Bürgermeister von Chioggia, Torcello und Murano in Alarmbereitschaft versetzt und Verstärkungen angefordert. Während die

Verschwörer loszogen, trat auch er aus dem Dogenpalast, wo bereits die Truppen unter dem Befehl von Marco Zustinian da San Moisè zusammengezogen waren. Als Marco Querini mit seinen Leuten von der Dài-Brücke auf die Piazza kam, wurde er sofort ermordet, und seine Truppen verstreuten sich.

Baiamonte hatte mittlerweile einen Großteil der Mercerie durchquert und war am Campo San Zulian angelangt, wo damals ein Holunder stand. Rund um jenen Baum machten die Seinen halt (das Unwetter tobte immer noch), ehe sie sich in Gruppen aufteilten. Die eine sollte die Piazzetta über die Spaderia und San Basso erreichen, während das Gros durch die Mercerie weitergehen sollte. Die Verschnaufpause war ein schwerer Fehler. Nachdem sie Marco Querini niedergerungen hatten, waren der Doge und Marco Zustinian zum Gegenangriff bereit. Das Getümmel nahm an Heftigkeit zu, und die Kräfte der Verschwörer ließen bereits nach, als eine kleine Frau, der die Überlieferung den Namen Giustina Rossi gab, in das Geschehen eingriff. Durch den Lärm ans Fenster gelockt, ließ sie – vielleicht ohne es zu bemerken – einen großen Steinmörser, wie man sie noch bis vor einigen Jahren zum Zerstampfen von Stockfischen benutzt hat, um daraus das berühmte venezianische Gericht *Baccalà mantecato* zuzubereiten, aus ihrer Schürze fallen. Der fallende Stein erschlug Baiamontes Fahnenträger, und die Verschwörer ergriffen die Flucht. Die Rebellen zogen wieder über die Rialtobrücke und verschanzten sich, während der Pöbel die Büros der Polizeibehörde der *Cinque alla Pace* überfiel und verwüstete. Unterdessen wurden die Anhänger Marco Querinis, die sich wieder organisiert hatten, auf dem Campo San Luca abermals zerstreut, und zwar von einem Kontingent, das zum großen Teil aus den Brüdern der *Scuola Grande della Carità* und Mitgliedern der Malerzunft bestand (offensichtlich nahmen nicht alle Bürger und Handwerker Partei für die Aufständischen).

Auf halbem Weg zwischen Padua und Venedig lief Badoero Badoer auf dem Marsch mit seiner Truppenabteilung dem Bürgermeister von Chioggia, Ugolino Zustinian, in die Arme, der ihn gefangennahm und mit seinen Anhängern nach Venedig brachte. Der Aufstand war praktisch gescheitert. Aber Baiamonte wollte nicht aufgeben. Die Angebote des Dogen und die Vermittlungsversuche einer Gruppe von Mailänder Kaufleuten wurden hochmütig zurückgewiesen. Erst ein Berater des Dogen, Filippo Belegno, überzeugte den »großen Ritter«, sich zu beugen. Seine fast einstimmig vom Großen Rat gebilligte Kapitulation erlaubte es ihm und den Seinen, Venedig zu verlassen und nach Slawonien ins Exil zu gehen, wo er vier Jahre lang bleiben sollte. Die einzige Bedingung war, daß er sich nicht in Ländern oder Städten niederließ, die sich mit Venedig in Konflikt befanden. Die Verschwörer, die dem Großen Rat angehörten oder nominelle Mitglieder waren, sollten verbannt werden, und ihnen wurde verboten, sich in Padua, Treviso, Vicenza und in jenen Ländern und Städten aufzuhalten, die sich mit Venedig im Krieg befanden. Alle anderen wurden amnestiert, sofern sie sich ergaben und das zurückerstatteten, was sie bei der Plünderung der öffentlichen Ämter und der Privathäuser fortgeschafft hatten.

Der »große Ritter« kam billig davon. Nicht so Badoero Badoer, der mit den Waffen in der Hand verhaftet worden war. Nach einem ordentlichen Gerichtsverfahren verurteilten die Vierzig ihn zum Tode. Er wurde am 22. Juni enthauptet. Am Tag danach wurden seine Komplizen vor Gericht gestellt und verurteilt. Der Große Rat erklärte dann den St.-Vitus-Tag (15. Juni) zum Staatsfeiertag und ordnete an, daß an diesem Tag alljährlich eine feierliche Prozession stattfinden sollte, und der Doge mußte zu einem großen Festmahl einladen. So geschah es bis zum Fall der Republik. Einige »Popolari«, die sich während der dramatischen Tage des Aufstandes hervorgetan hatten, wurden zusammen mit ihren Nachkommen zu Mitgliedern des Großen Rates gemacht. Giustina Rossi, der »Alten mit dem Mörser«, und ihren Nachkommen sollte auf Bitten des Großen Rats nie die Miete für das Haus erhöht werden (es befand sich im Besitz der Prokuratoren von San Marco), und es sollte ihr gestattet sein, alljährlich eine Gedächtnisfahne aus dem Fenster hängen zu lassen. Diese bescheidenen Bitten wurden sofort akzeptiert, und die Fahne wurde bis 1797 pünktlich am St.-Vitus-Tag aus dem Fenster gehängt. Das letzte Exemplar wird übrigens in den historischen Sammlungen des Museo Correr aufbewahrt.

Der Mangel an Zustimmung im Volk hatte die Initiative des »großen Ritters« untergraben, der weit von jeder Absicht entfernt war, »das demokratische Spiel der Kräfte gewaltsam neu zu eröffnen«,* obwohl er in Venedig dasselbe machen wollte, was die Caminesi und Scaligeri in Treviso beziehungsweise in Verona gemacht hatten. Das Motto *Libertas,* das auf seine Fahnen gestickt war, war nichts weiter als ein Propagandaslogan. Ernsthafte Unterstützung erhielt seine Initiative nur von einer Gruppe von Angehörigen des hohen Adels (Querini, Tiepolo, Badoer, Barozzi), die mit ihm verwandt waren, und von einer Handvoll Priester, deren Mitwirkung sich mit seinem Bekenntnis und dem der Querini zur Guelfenpartei erklären läßt sowie mit dem Unbehagen und der Gewissenskrise aufgrund des päpstlichen Interdikts. Was bot Baiamonte dem venezianischen Volk an? Die Herrschaft einer Person, die bestenfalls auf der akklamatorischen Zustimmung einer Versammlung beruht hätte.

Nach seiner Ausweisung ging Baiamonte nicht, wie vereinbart, nach Slawonien, sondern nach Padua, wo er politische Versammlungen auf höherer Ebene abhielt und erklärte, er werde in Kürze nach Venedig zurückkehren und all jene niedermetzeln lassen, die ihn vertrieben hatten. Einige einflußreiche Paduaner waren bereit, ihn zu unterstützen; unter ihnen war auch ein Enrico Scrovegno, der Sohn jenes steinreichen Wucherers, dessen Freigebigkeit wir einen der bedeutendsten Bilderzyklen von Giotto verdanken. Sein wichtigster Anhänger aber war Rizzardo da Camino, der Stadtherr von Treviso, und es dauerte sieben Jahre, bis man ihn nach Gesandtschaften und Verhandlungen aus Treviso verjagte.

Nicht einmal in Dalmatien, wo er sich dann niederließ, gab Baiamonte Ruhe. Seine Emissäre hörten nicht auf, heimliche Beziehungen mit Venedig zu unterhalten, die Unzufriedenen aufzuhetzen, im trüben zu fischen, auch wenn hin und wieder einer von ihnen venezianischen Geheimagenten zum Opfer fiel. Noch 1328 deckten die Enthüllungen eines gewissen Francesco Bogatino eine neue Verschwörung auf, die von Jacopino, Marino

* P. Braunstein und R. Delort, *Venise, portrait historique d'une cité,* Paris 1971, S. 154.

und Cataldo Barozzi – ebenfalls Adlige aus altem, tribunizischem Geschlecht – und von Andreolo Querini angeführt wurde und mit den Emigranten in Verbindung stand. Die Anführer der Verschwörung wurden hingerichtet, aber der »große Ritter« schürte weiterhin innere und äußere Spannungen, so daß der Rat der Zehn dem Dogen Soranzo, der 1312 Marino Zorzi, genannt *il Santo* (seinerseits Nachfolger des 1311 gestorbenen Pierazzo Gradenigo), nachgefolgt war, und Messer Federico Dandolo den Auftrag gab, Baiamonte ergreifen und ermorden zu lassen, wo immer er sich auch befand. Derartige Aufträge waren schon mehrfach erteilt worden, doch nach diesem letzten Beschluß wird Baiamonte in keinem Schriftstück mehr erwähnt, was darauf schließen läßt, daß die Mission zu Ende geführt wurde.

## 9

Die Entstehung des Rats der Zehn *(Consiglio dei Dieci)* war die augenfälligste Folge der Tiepolo-Querini-Verschwörung. Ausschüsse und Kommissionen mit zehn Mitgliedern hatte es in Venedig schon gegeben; aber dieses am 10. Juli 1310 vom Großen Rat geschaffene Organ wurde mit außerordentlichen und ausschließlichen Befugnissen in bezug auf die Verschwörer und die Nachwirkungen der Verschwörung ausgestattet und hätte seine Mission am 29. September beenden sollen. Da die Spannungen andauerten, wurde das Mandat erstmalig, dann nochmals und nochmals um je zwei Monate verlängert, bis es 1311 für weitere fünf Jahre bestätigt wurde. Am 20. Juli 1335 wurde aus dem Rat der Zehn schließlich eine ständige Einrichtung, die bis zum Fall der Republik fortbestehen sollte. Seine Kompetenzen wurden schrittweise so erweitert, daß seine Existenz auch dann noch gerechtfertigt war, als die Verschwörer des Juni 1310 alle schon längst tot waren.

Die Legende um den Rat der Zehn ist höchstens noch mit der zu vergleichen, die die spanische Inquisition umgibt. Genährt von der Polemik der Aufklärung vor dem Fall der Republik Venedig und dann von der französischen Propaganda, fand diese Legende mit Hilfe der Phantasie von Romanautoren und Dichtern von James Fenimore Cooper und Michele Zévaco bis G. B. Niccolini, Lord Byron, ja sogar bis Alessandro Manzoni weite Verbreitung; nicht einmal die Komponisten standen zurück, angefangen bei Ponchielli bis zu Donizetti und Giuseppe Verdi. Die romantische Vorliebe für das Unheimliche scheint auch einige Historiker angesteckt zu haben. In Wirklichkeit war das Einmalige an dieser Institution nicht die Heimlichkeit, mit der sie ihr Wirken immer eifersüchtig umgeben wollte. In der Geschichte Europas und der Welt wimmelt es von Geheimpolizeien genauso wie von Eingriffen der politischen Polizei, die denen der Zehn entsprechen. Sie ist auch voll von Hinrichtungen und im Namen der »Staatsräson« verübter Morde: Kein Regime, kein Fürst und kein System ist – seit den frühesten Zeiten bis in unsere Tage hinein – jemals ohne das ausgekommen, auch wenn nicht alle den Mut haben oder hatten, die volle Verantwortung für die eigenen Taten zu übernehmen. Wenn es überhaupt eine Einmaligkeit gibt, beruht sie auf der sehr weit gefächerten Vielfalt der Aufgaben und Funktionen des berüchtigten Rates, der von einem Ermittlungsausschuß für eine besondere Gruppe von Leuten (die Verschwörer von 1310 und ihre Anhänger) mit der Zeit ein ständiges Tribunal mit Gerichtsgewalt über eine ganze Reihe von politischen und nichtpolitischen Verbrechen wurde, ein Polizeiorgan, eine Zentrale für Spionageabwehr und innere Sicherheit und auch eine politische Versammlung und ein gesetzgebendes Organ. Die Entwicklung, die eine Vermehrung der Aufgaben mit sich brachte, führte auch zu einer Vergrößerung der Mitgliedschaft (durch die Ernennung von *Zonte,* Gehilfen) und einer willkürlichen Erweiterung der Befugnisse, die irgendwann schließlich in Mißbrauch ausuferte. Es ist das Verdienst der politischen Führung Venedigs, es bei mehr als einer Gelegenheit verstanden zu haben, den Rat der Zehn in die Schranken zu verweisen und auf den Weg der verfassungsmäßigen Legalität zurückzuführen.

Ein anderes einmaliges Merkmal der Zehn war entgegen dem, was man so oft gesagt und geschrieben hat, die Gewissenhaftigkeit, mit der man bei den Prozessen auf den Buchstaben des Gesetzes achtete – eine völlig ungewohnte Gewissenhaftigkeit in

Zeiten, in denen die Willkür an der Tagesordnung war und in den meisten italienischen und europäischen Staaten, wenn nicht gar in allen, zur Tradition der Macht gehörte. Diese Gewissenhaftigkeit bewirkte die Einführung von Verfahrensregeln, die denjenigen, gegen die ermittelt wurde, eine ganze Reihe von Garantien vor Gericht einräumten, welche den meisten Tribunalen anderer Länder ganz und gar unbekannt waren. Bestehend aus siebzehn Mitgliedern (zu den zehn nominellen Mitgliedern kamen der Doge, der den Vorsitz führte, und die sechs Dogenberater hinzu), wandte dieser Rat einen sehr offenen Entscheidungsmechanismus an. Bei den Gerichtsverfahren war nach Überprüfung der Anklagepunkte und vor der Einleitung einer formellen Ermittlung eine erste Abstimmung nötig, die dann, wenn es sich um eine private Anzeige handelte, eine sehr große Mehrheit erforderte: vier Fünftel der Stimmen bei unterschriebenen Anzeigen und sogar fünf Sechstel bei den anonymen Anzeigen, für die noch eine zweite, nachfolgende Abstimmung mit einer Vierfünftelmehrheit notwendig war.

Die Rückverweisung des Urteils an das Gericht wurde auf der Grundlage der von den Mitgliedern des Rates formulierten Anträge entschieden, und ausschlaggebend war derjenige, der die meisten Stimmen auf sich vereinigte. Wurde die gesetzlich vorgeschriebene Zahl oder – falls nur ein einziger Antrag gestellt wurde – die absolute Mehrheit nicht erreicht, wurde das Verfahren hinfällig. Auch das endgültige Urteil wurde durch Abstimmung herbeigeführt. Vor allen Dingen mußte der Antrag die absolute Mehrheit erreichen: »Wenn ihr nach allem, was vorgelesen und gesagt wurde, meint, daß der Angeklagte zu verurteilen sei.« Dann stimmte man über die Strafanträge ab. Nur der Antrag wurde nochmals dem Rat vorgelegt, der die Mehrheit der Stimmen erhalten hatte, und dieser wurde erst nach vier Abstimmungen mit absoluter Mehrheit unwiderruflich. Andere Anordnungen garantierten die Unparteilichkeit des Urteils, zum Beispiel mußten Prozeßakten von über hundertfünfzig Seiten Umfang zweimal, an zwei aufeinanderfolgenden Tagen, vorgelesen werden, aus Sorge, daß das Gericht nicht aufmerksam zugehört haben könnte, oder wie die Vorschrift, die zur vollständigen und nicht nur auszugsweisen Verlesung der Unterlagen zwang. Die wichtigste Garantie bot die Anwesenheitspflicht, die nicht nur für die siebzehn Mitglieder bestand, sondern auch für mindestens einen der drei *Avogadori di Comun;* das waren Richter, zu deren Vorrechten die »Einmischung« gehörte, das heißt, sie konnten die Gerichtsverfahren der Zehn aussetzen und anfechten.

Es ist wiederholt festgestellt worden, die Einrichtung oder besser die Etablierung des Rates der Zehn habe die endgültige »Schließung« des aristokratischen Systems und die Garantie seiner Unveränderbarkeit bedeutet. Es trifft aber auch zu, daß die Funktionen einer politischen Polizei, die der neue Rat übernommen hatte, neben der Verteidigung des Staates nach außen auch die Überwachung der politischen Führungsschicht im Inneren umfaßten, die im Begriff stand, sich zu einem Patriziat zu entwickeln.

Die Kontrolle erfolgte also in zwei Richtungen: Es wurde darüber gewacht, daß niemand die Klassensolidarität verletzte, indem er anderen seine eigene Macht aufzwang, und diejenigen, die nicht zur Patrizierklasse gehörten, wurden vor alltäglichen Übergriffen geschützt. Peinlich genaue Verfügungen und feierliche Urteile bestätigen die Ernsthaftigkeit der ersten Richtung; kurze Zeit später sollte dies ein weiterer Bewerber um die Alleinherrschaft über Venedig, Marino Falier, am eigenen Leib schmerzlich spüren. Belege für die zweite Richtung liefern die zahllosen minuziösen Urteile und Gesetzesvorschriften: angefangen bei den Regeln, die den Adligen zu schnelles Reiten durch die Mercerie und andere Straßen Venedigs verboten, ehe die Vierbeiner endgültig daraus verschwanden, bis hin zu den überaus strengen Urteilen gegen Adlige, die Mädchenhandel betrieben, und zu denen gegen die Patrizier, die Hausbesorger beleidigten, und bis zu jenen sonderbaren Verfügungen, die Ende des 16. Jahrhunderts gegen diejenigen erlassen wurden, die sich in Ehen eindrängten und verheiratete Frauen belästigten. In diesem letzten Fall sollten adlige Rüpel und Flegel sechs Monate Gefängnis erhalten und nur drei Monate, wenn sie anderen sozialen Verhältnissen entstammten. Im Gegensatz zu dem, was dumme Geschichtchen wie die vom »armen Fornaretto« glauben machen möchten, betrachteten sich die Zehn als die Verteidiger »der Ruhe und Freiheit der Untertanen, indem sie sie vor der Gewalt der Präpotenten beschützten«. Sie waren also gleichsam ein Korrektiv zur sozialen Vormachtstellung des Patriziats. Das hilft wenigstens zu erklären, warum die Zehn im Patriziat selbst lange Zeit so unbeliebt waren.

Man hat den Zehn den Einsatz von Spitzeln vorgeworfen (etwas, was heute noch von sämtlichen Polizeien auf der ganzen Welt praktiziert wird) und die Gesetze, nach denen Fremde, die in der Stadt wohnten, meldepflichtig waren – auch eine Vorschrift, die bis in unsere Tage in fast allen Ländern gültig ist. Es gibt Leute, die sich besonders über die 1319 erfolgte Einrichtung des Gerichts der *Capi-Sestieri* empören, in deren Kompetenz es fiel, mehrheitlich über die Ausweisung von verdächtigen oder gefährlichen Fremden zu entscheiden. Venedig hatte kurz zuvor eine sehr schwere Krise überstanden. Es war der Gefahr ausgesetzt gewesen, ein Prinzipat zu werden, und wurde ständig durch Störungen und Umtriebe seitens der Emigranten gefährdet und hatte zudem noch große außenpolitische Schwierigkeiten. Sein Überleben war noch nicht gesichert, eingezwängt, wie es in seinem kleinen Lagunengebiet war, entfernt von seinen Besitzungen und von Versorgungsquellen getrennt. Verglichen mit den Zeiten des legendären Paulicius Anafesto, waren auf dem Festland recht wenige Gebiete zu dem ursprünglichen amphibischen Mikrokosmos hinzugekommen: gerade der Turm von Mestre als Wächter über den Rand der Lagune.

## 10

In den Gewässern vor Lajazzo an der Küste Kilikiens hatten die Genuesen 1296 ein venezianisches Handelsschiff gekapert, auf dem sich ein Mann befand, der als Autor eines der faszinierendsten und erfolgreichsten Bücher der ganzen europäischen Literatur Berühmtheit erlangen sollte. Das Buch trug den Titel »Die Wunder der Welt«, war und ist aber auch als »Il Milione« bekannt. So lautete auch der Beiname des Verfassers, des vornehmen Venezianers Marco Polo, des Sohns von Niccolò, genannt *Milion lo grande.* Sein Vater und seine Onkel hatten in Konstantinopel gewohnt und Handel getrieben und waren dann nach dem Zusammenbruch des Lateinischen Kaiserreichs des Ostens mit ihrer Firma nach Soldaia an der Schwarzmeerküste übergesiedelt. Von dort waren Niccolò und sein Bruder Matteo 1261 zu einer Geschäftsreise aufgebrochen, die acht Jahre dauerte und sie bis nach Peking führte – für damalige Zeiten eine gewaltige Entfernung. Zwei Jahre nach ihrer Rückkehr gegen Ende 1271 hatten die beiden Marco mitgenommen, und dieses Mal blieben sie zwischen Reisen und Aufenthalten (sie hatten sich zwanzig Jahre am Hof des Großkhans der Tataren aufgehalten und sich dort in der Hochfinanz und der hohen Politik betätigt) etwa fünfundzwanzig Jahre abwesend und kehrten erst 1295 heim. Die Legende berichtet, daß sie an die Tür ihres Familienhauses im Stadtviertel San Giovanni Grisostomo klopften und der Dienerin, die, wie in Venedig üblich, vom Fenster aus gefragt hatte: *Chi xè* (wer ist da)?, ganz ruhig antworteten: *I paroni* (die Herren), so als ob sie nur wenige Tage oder wenige Stunden fort gewesen wären.

Wie alle Legenden enthält auch diese ein Stückchen Wahrheit. Zwischen dem 12. und 14. Jahrhundert war für einen venezianischen Kaufmann eine fünfundzwanzigjährige Abwesenheit nichts so Ungewöhnliches, als daß man eine Dienerin damit hätte verblüffen können. Wenn die Geschichte von Marco Polo, seinem Onkel und seinem Vater uns wie etwas Besonderes vorkommt, dann vielleicht nur deshalb, weil Marco in den Gefängnissen von Genua, wo er nach dem Zwischenfall von Lajazzo eingesperrt war, die Zeit hatte, seine Notizen zu studieren und seine erstaunlichen Abenteuer in wunderbaren und unbekannten Ländern zu diktieren. Die ewigen Geschäftsreisen, die ihn schon knapp ein Jahr nach seiner Rückkehr von einer fast ein Vierteljahrhundert dauernden Abwesenheit an die Küsten Kilikiens verschlagen hatten, hätten ihm sonst nie die Muße dazu gelassen. Das Abenteuer von Giovanni Loredan aus dem Viertel San Canziano, das anhand von Papieren und Gerichtsakten in viel weniger romanhafter Form erzählt wird und von Roberto S. Lopez zusammengefaßt wurde,* ist in seiner Kürze nicht weniger aufschlußreich. Loredan reiste 1338 mit fünf anderen vornehmen Kaufleuten nach Delhi mit Leinenstoffen und »sehr kostbaren Gegenständen«, darunter einer Uhr deutscher Herkunft, aber vor allem mit flüssigem Geld (nur ein Pappenstiel, nämlich lumpige tausend Dukaten, während eine einzige Galeere, die in die Levante fuhr, normalerweise Waren für mehr als zweihunderttausend an Bord hatte!). Er hatte bereits eine Reise nach China hinter sich und zog nun über Konstantinopel und Asow, überquerte die Wolga, machte halt in Astrachan, durchquerte Mittelasien, überstieg das Pamirgebirge, das »Dach der Welt«, und starb kurz nach seiner Ankunft an der Küste Indiens. Diejenigen von seinen Geschäftspartnern, die überlebt hatten, kehrten fünf Jahre nach ihrer Abreise zurück. Auf ihrem Heimweg handelten sie in Persien, Syrien und auf Zypern mit Perlen und Gold. Zwei Jahrhunderte zuvor war ein Kaufmann, Reeder und Finanzier von ganz anderem Format, Romano Mairano, ebenfalls auf der Höhe seiner Schaffenskraft nach einer Reihe von Abenteuern und interessanten Begebenheiten in der Levante gestorben. Als junger Mann war er neun Jahre in Konstantinopel gewesen, um einen schwunghaften Handel mit Kleinasien, Syrien und Ägypten aufzubauen, aber als er 1164 als reicher Mann nach Venedig zurückgekehrt war, hatte er sein Haus leer vorgefunden, und seine Frau war in der Zwischenzeit gestorben. Da kehrte er als Kommandant zweier ihm gehörenden Schiffe nach Konstantinopel zurück. 1168 heiratete er ein zweites Mal, eine reiche Frau, mit deren Hilfe er größere Schiffe ausrüstete und die Einkünfte des Patriarchats von Grado im Orient in Pacht nahm. Als Manuel Komnenos die Gewalttätigkeiten gegen die Venezianer entfesselt hatte, begab er sich nach Alexandria und begann zusammen mit seinem Bruder fast wieder bei Null. 1325 konnte der friaulische Missionar Odorico da Podenone feststellen, daß in der vor Formosa gelegenen chinesischen Hafenstadt Zaytun eine große Zahl von Venezianern wohnte. Gewiß waren sehr viele seit längerem in Soldaia, in

* R. S. Lopez, *Venezia e le grandi linee dell'espansione commerciale nel sec. XIII,* in *La civiltà veneziana del secolo di Marco Polo,* s.o., S. 39ff.

Trapezunt, in Asow am Schwarzen Meer, in Organdi, am Aralsee, in Amman im Jordanland und auch im Nordwesten Europas, in Southampton und in Brügge, ansässig. Es gab keinen Markt und keinen Hafen, in dem diese unermüdlichen Geschäftsleute, die die Fäden ihrer Beziehungen in alle Richtungen spannten, nicht anzutreffen waren, ganz zu schweigen von Kreta, das, wie wir gesehen haben, auch in bezug auf die Verwaltung eine Art Vorstadt von Venedig geworden war.

Noch bevor wir auf die großen venezianischen Handelsrouten zu sprechen kommen, wollen wir die Lebensbedingungen dieser nimmermüden Reisenden bedenken, wie sie sich aus der vielsagenden Nüchternheit der Dokumente herauslesen lassen. Die Geschichte Marco Polos mag als Beispiel dienen: Als sein Vater nach Venedig zurückkehrte, fand er seinen Sohn als Erwachsenen vor (so erzählt der Chronist), und er nahm ihn für fünfundzwanzig Jahre mit sich fort. Marcos Mutter starb – wie die Frau von Romano Mairano –, ohne jemals ihren Sohn und ihren Mann wiedergesehen zu haben. Als Loredan die Reise antreten wollte, die seine letzte werden sollte, beschwor ihn seine Mutter vergebens zu bleiben; sie wurde dabei vom Pfarrer von San Geminiano und einem Verwandten aus der Familie Loredan unterstützt. Er aber erwiderte, er wisse, was er tue, und wenn Gott ihm helfe, werde er zufriedengestellt zurückkehren. Yves Renouard verweist auf die Lebensumstände der Venezianerinnen von damals, die jung mit Männern verheiratet wurden, die bestenfalls das halbe Jahr fern von zu Hause verbrachten und auf ihren Reisen zu Wasser und zu Lande ihr Leben riskierten. Sie saßen oft lange Jahre allein im Haus der Familie, in dem ein tyrannischer Großvater bestimmte, und führten das »freudlose Leben falscher, von Eifersucht gequälter Witwen«. Denn wenn die Abwesenheiten Jahre dauerten, zeugten ihre Männer mit Sklavinnen und Konkubinen außereheliche Kinder, die ruhig und offen akzeptiert wurden und zusammen mit den ehelichen zur testamentarischen Erbfolge zugelassen waren. Wenn dann diese Ehemänner, die sich eher in Tana als in Täbris, Delhi oder Zaytun niedergelassen hatten, zurückkehrten, dann meist nur, um ihre inzwischen herangewachsenen Söhne mitzunehmen, damit sie in der Levante Seefahrt und Handel trieben. »Daß Venedig im Mittelalter zu dieser Größe aufsteigen konnte, ist zum Teil all den Opfern der Frauen zu verdanken, die mit einem der Antike würdigen Stoizismus hingenommen wurden.«*

Die Gewohnheiten, die sich in jener ersten Hälfte des 14. Jahrhunderts, zweifellos der Zeit der größten Expansion des venezianischen Handels, langsam einbürgerten und etwa bis zum Ende des 16. Jahrhunderts überlebten, prägten das typische Leben des venezianischen Kaufmanns, das von einer Reihe von Etappen gekennzeichnet war. Mit vierzehn Jahren ließ er sich als Armbrustschütze auf einer der bewaffneten Galeeren der kommerziellen Liniendienste anheuern. Zuvor hatte er zu Hause unter der Anleitung eines Lehrers lesen, schreiben, rechnen und die Grundlagen der Buchführung gelernt. An Bord führte er ein sehr hartes und risikoreiches Leben, konnte aber praktische Erfahrungen sammeln, indem er auf eigene Rechnung Waren in kleinen Mengen kaufte und verkaufte. Nach einigen Jahren schickte ihn sein Vater oder Onkel oder sonst ein Verwandter wieder auf ein Schiff, doch diesmal auf eines in Familienbesitz, damit er die Lade- und Löscharbeiten, die Stapelung in den Warenlagern sowie die Aushändigung an die Empfänger überwachte und andere Waren an Bord nahm, um sie nach Venedig zurückzubringen, wenn er nicht auch noch die Aufgabe hatte, an Ort und Stelle über Verkauf und Ankauf der Waren zu verhandeln. Oder sie schickten ihn – vielleicht für viele Jahre – auf irgendeinen der Märkte in Übersee, damit er ihre Interessen wahrnahm. Dort konnte er sofort eine Provision von ein oder zwei Prozent auf die von ihm abgeschlossenen Geschäfte verdienen. Später, als reifer Mann, ließ sich der Kaufmann endgültig an einem der wichtigsten Handelsplätze nieder, ob er sich nun überwiegend im Bereich der Finanzen, Banken oder Reedereien beschäftigte oder mit dem direkten Warenaustausch befaßt war. Wenn er dann die Führung der Geschäfte seinem Sohn oder einem Neffen anvertrauen konnte, kehrte er nach Venedig zurück, wo – wenn er Patrizier war (was meistens der Fall war) – die Sorgen und Plagen des für ihn

* Y. Renouard, *Mercati e mercanti veneziani* s.o., S. 95.

obligatorischen Politikerdaseins auf ihn warteten: Mitwirkung in den Räten und Versammlungen, Übernahme von administrativen oder richterlichen Funktionen, oftmals auch neue Auslandsreisen in der Eigenschaft eines Botschafters, die ihn vielleicht in eines jener Länder führten, die er im Rahmen seiner privaten Aktivitäten so gut kennengelernt hatte. Diese stellte er freilich nicht unbedingt ein, wenn er politische Verantwortung übernahm. Da gerade diese Ämter für denjenigen, der sie ausübte, sehr kostspielig waren, sah niemand auf den herab, der, selbst wenn er ein sehr hohes Amt bekleidete, weiterhin mit Handels- und Finanzgeschäften am wirtschaftlichen Leben teilhatte.

Was kauften und verkauften nun diese unermüdlichen Verhandler, wenn sie so rastlos durch die Welt zogen? In allererster Linie Salz. In der Stadt und in ihrer unmittelbaren Umgebung gab es immer weniger Salinen, aber im Lagunengebiet, vor allem um Chioggia herum, lagen noch viele, und die Venezianer kauften Salz auf, wo immer man es produzierte: an den Küsten Apuliens, auf Sizilien, Sardinien, den Balearen, in Libyen und auf Zypern. Für die Ernährung nicht nur des Menschen, sondern auch der Haustiere von größter Bedeutung, mußte die kostbare Substanz von denjenigen, die nicht das Glück hatten, selbst Salzproduzenten zu sein, unbedingt eingeführt werden. In gewisser Hinsicht könnte man es mit dem Erdöl unserer Tage vergleichen. Der venezianische Staat, der in jeder Weise zur Einfuhr von Salz ermunterte – was so weit ging, daß er jedes Handelsschiff verpflichtete, ein gewisser Prozentsatz seiner Ladung müsse aus Salz bestehen –, hatte ein dichtes Netz von Abkommen und Verträgen geknüpft, die die Stapelung seiner Vorräte bei Kommunen und Signorien seines Hinterlandes garantierten. Dieses Monopol war nicht nur ein Instrument der wirtschaftlichen, sondern auch der politischen Einflußnahme.

An zweiter Stelle standen der Weizen und die anderen, von den Venezianern *Biave* genannten Getreidearten (Gerste, Roggen, Hirse, Hafer), die für das Überleben der Stadt unverzichtbar waren, welche mit über einhunderttausend Einwohnern nach Neapel bereits die zweitgrößte Stadt Italiens und nach Paris die drittgrößte Europas war. Sie wurden über den Seeweg eingeführt, unter der wachsamen Aufsicht des Staates, der immer besorgt war, Hungersnöte abzuwenden, und der klugen Politik der *Camera del Formento* (Getreidekammer), die Ankäufe und Preise kontrollierte. Tatsächlich gelang es ihr, während des ganzen so sehr von Heimsuchungen geplagten 14. Jahrhunderts dieses schmerzliche Unglück zu vermeiden.

Andere in großen Mengen gehandelte Waren waren Wein und Öl aus Übersee, die in Venedig verkauft (Öl diente zur Speisezubereitung, aber auch zur Beleuchtung, und was den Wein angeht, so scheinen die Venezianer des 14. Jahrhunderts ihn im Übermaß genossen zu haben) und von wo sie in großem Umfang wieder ausgeführt wurden. Zu diesen Waren gehörte auch der hauptsächlich aus Zypern bezogene Zucker, wo die Familie Corner große Plantagen angelegt hatte, und der dann in Venedig raffiniert wurde, sowie Felle, die besonders aus den Balkanländern importiert und zum großen Teil in Venedig selbst verwendet wurden, wo die Gerbereien und die lederverarbeitende Industrie florierten. Die Wolle aus den Ländern des sogenannten *Garbo*, also aus dem nordafrikanischen Maghreb, und die höherwertige aus Spanien und England reexportierte man in die Textilindustriezentren in der Poebene. Aus Flandern, England, der Lombardei und der Toskana kamen dagegen die Stoffe nach Venedig, die dann wieder in der Levante weiter verteilt wurden. Eisen, Kupfer, Bauhölzer trafen sowohl aus dem venetischen Hinterland als auch aus Österreich und Deutschland ein und wurden von Venedig in den Orient ausgeführt. Aus dem Orient wiederum kamen die kostbarsten, seltensten und teuersten Produkte. Vor allem Gewürze, riesige Mengen von Pfeffer, Zimt, Ingwer, Kreuzkümmel, Kubeben, Nelken, Koriander und eine Vielzahl anderer Würzstoffe, deren Wert sehr hoch und deren Markt sehr groß war. Die ungeheure Bedeutung dieses Handels, der etwa so alt war wie Venedig selbst, mag uns heute schwer vorstellbar erscheinen. Aber man muß bedenken, wie schwierig es war, Fleisch zu konservieren, für das man die starken Gewürze brauchte, um den Verwesungsgeruch zu überdecken und um die Wurstwaren zu würzen. Außerdem fehlten die Anregungsmittel, die heute in unserem täglichen Leben unentbehrlich sind. Es gab weder Kaffee noch Tabak, und Spirituosen waren nahezu unbekannt. Die mittelalterliche Küche verwendete reichlich Gewürze, und aus den Spezereien, aufgelöst in Wein, wurden sehr erlesene Getränke zubereitet, vor allem gekochte und aromatisierte Weine, und Getränke, denen eine stärkende Wirkung zugeschrieben wurde. Schließlich machte die Medizin häufig Gebrauch (der oft in Mißbrauch ausartete) von diesen und anderen Erzeugnissen aus dem Orient, angefangen bei Kassie, die noch heute als Abführmittel verwendet wird, bis zu Aloe, von Galläpfeln für Augenbehandlungen bis zu Opium, Kampfer und *Mummia*, das die Ägypter gegen Gold aufwogen (und das schon bald gefälscht auf die Märkte kam), jene klebrige schwarze Substanz, die man durch Kochen der aus den großen Nekropolen der Pharaonenzeit von den Grabfledderern ausgegrabenen Mumien gewann. Auch der Zucker wurde überwiegend in der Pharmazie verwendet, und zwar als Mittel gegen Husten und Schwindsucht oder als Nervenberuhigungsmittel. Auf all diese Produkte war das kontinentale Europa ebenso versessen wie auf die Wohlgerüche und Balsame, angefangen beim Weihrauch, den die Kirche bei liturgischen Zeremonien verwendete, bis zu Benzoe, Moschus und Amber – allesamt Substanzen, denen manchmal auch eine aphrodisische Wirkung zugeschrieben wurde, die man aber weitgehend zum Schutz gegen üble, das Leben beeinträchtigende Gerüche benutzte. Und die abendländische Industrie ihrerseits war auf die in Europa unauffindbaren Färbemittel erpicht, vor allem auf Alaun, das als Fixiermittel verwendet wurde.

Der Orient lieferte außerdem Edel- und Halbedelsteine, die aus Indien, Persien und Ceylon kamen, Bergkristalle aus Afghanistan, Lapislazuli aus der Tatarei, Onyx und Karneol aus Arabien – Dinge, von denen viele nicht nur wegen ihrer Schönheit und Seltenheit wertvoll waren, sondern weil ihnen geheimnisvolle, magische Kräfte zugeschrieben wurden. Ferner lieferte er die Seide, die blühende Industrien in einer Gesellschaft ernährte, welche aus dem Produkt der Seidenraupe den Grundstoff für jede Art von Prestigekleidung gemacht hatte, von den Gewändern der Damen zu denen der Herrscher, der Ritter, der Richter und der Bischöfe. Aus dem Abendland hingegen kamen Edelmetalle sowie

Eisen, Kupfer und Zinn, Nutzholz und die Stoffe aus Florenz, der Lombardei, England und Flandern.

Die Landwege, auf denen sich die Lasttierkarawanen bewegten, wurden wachsam von der venezianischen Kommune gepflegt, die mit nahen und fernen Potentaten Abkommen über ihre Instandhaltung schloß. Der am meisten benutzte war der, der von Treviso ausging, wo täglich die Waren über die Flüsse Piave und Sile eintrafen, und der sich dann verzweigte; der eine Zweig führte über den Pontebbapaß in Richtung Kärnten, der andere durch das Pustertal nach Innsbruck und von dort nach Augsburg, Nürnberg, Frankfurt und Köln. Aber die wichtigsten Wege waren immer noch die Seerouten, die regelmäßig von den staatlich organisierten Liniendiensten befahren wurden, den sogenannten *Mude* oder Konvois. Diese bestanden aus Galeeren, die mit Rudern und einem Notbehelfssegelwerk ausgestattet waren und deshalb unabhängig von den Launen der Winde fahren konnten, und wurden vom Staat an private Unternehmer vermietet. Zu den ältesten *Mude*, der Romania-*Muda*, die nach Konstantinopel fuhr, der Syrien-*Muda* und der Alexandria-*Muda*, die 1344 nach der Aussetzung der päpstlichen Verbote wiederbelebt worden war, kamen andere hinzu, die in Richtung Aigues-Mortes in der Provence, Zypern (die sogenannte *Muda del cotone*), England und Flandern fuhren. Diese letztere *Muda*, die dem Atlantik trotzen mußte, hatte den Anstoß zum Bau stärkerer und größerer Galeeren gegeben. So wurden alljährlich, über die verschiedenen, mehrfach wiederholten Abfahrtstermine verteilt, dreißig bis vierzig Galeeren mit einer durchschnittlichen Ladefähigkeit von jeweils mehr als zweihundertfünfzig Tonnen vermietet.

Von den Endstationen der Orient-*Mude* reisten die Kühnsten, wie wir gesehen haben, auf den Karawanenwegen Mittelasiens, Indiens und Chinas weiter. Aber während auf den bewaffneten und von den Konvois eskortierten Galeeren vor allem die sogenannten *Mercanzie sottili* befördert wurden (das heißt solche Waren, die von geringem Volumen und von hohem Wert waren), fuhren die anderen Waren, die den größten Teil des venezianischen Handels ausmachten, über die Routen der freien Seefahrt. Dort verkehrten hauptsächlich die großen bauchigen Segelschiffe, die *Cocche* oder Koggen genannt wurden und eine mittlere Tragfähigkeit von mehr als dreihundertsiebzig Tonnen hatten. Sie gehörten privaten Gesellschaften und trugen gewöhnlich den Namen der Familie, die die höchste Zahl von Anteilen besaß. Diese und die anderen Schiffe, die sich nicht an den kollektiven Reisen beteiligten, blieben oft jahrelang von Venedig abwesend und wurden in fernen Meeren für den lokalen Verkehr eingesetzt, sofern sie nicht als einzelne Schiffe auf den Routen zurückkehrten, die auch die *Mude* befuhren. Ende des 14. Jahrhunderts sollte es – abgesehen von den Galeeren – nicht weniger als dreitausenddreihundert große Schiffe und solche mit kleinerer Ladefähigkeit geben.

## II

Nun prägte Venedig außer dem *Grosso d'argento*, dem Silbergroschen, auch den Golddukaten (oder Zechine), der fünf Jahrhunderte lang sein Feingewicht von 3,56 Gramm beibehielt und aus vierundzwanzigkarätigem Gold bestand. Die Prägung war am 31. Oktober 1284 unter dem Dogen Giovanni Dandolo beschlossen worden – spät im Vergleich zu Florenz und Genua, weil man, solange es möglich war, den Zusammenbruch des Hyperpers – auch Besant oder Byzantiner genannt – hatte vermeiden wollen, jener byzantinischen Währung, die auch vom Lateinischen Kaiserreich des Ostens verwendet wurde.

Vom 13. Jahrhundert bis Ende des 16. Jahrhunderts wurde der Rialto, wo sich die Häuser und Bewohner zusammendrängten, von dem seltsamsten Gewirr von Sprachen, Völkern und Rassen beherrscht. Gleichzeitig war es das bunteste und aktivste Zentrum für bedeutende und weniger bedeutende Geschäfte, das man seit dem Niedergang von Konstantinopel je gesehen hatte. Schon im 13. Jahrhundert gab es den noch heute existierenden Obst- und Gemüsemarkt, den Fischmarkt und den für Molkereiprodukte. Die *Beccarie* (Fleischmarkt) wurden aus den Ruinen der Häuser der Querini ausgegraben, die nach dem Scheitern der Verschwörung von 1310 abgerissen worden waren (das Schlachthaus aber befand sich schon spätestens seit dem 9. Jahrhundert an fast derselben Stelle). Dort waren die *Rughe* (Straßen) der Goldschmiede und anderer Handwerker. (Tatsächlich waren nicht alle Handwerker hier angesiedelt. Das Handwerk war allenthalben anzutreffen: Die *Spadaria* und die *Frezzeria*, die Straßen der Schwertmacher und der Pfeilhersteller, lagen in der Nähe von San Marco, im Stadtteil Santa Maria Formosa die der Kistenmacher und so weiter.) Und es gab die *Ruga dei Milanesi* (die Straße der Mailänder), wo sich die Lombarden zusammendrängten, die aus allen Städten zwischen dem Mincio und dem Ticino hierherkamen. Tatsächlich florierten die Kolonien fremder Kaufleute und Handwerker – zuerst die der Veneter von der Terra ferma, die der Istrier und Dalmatiner sowie die der Leute aus der Romagna, Emilia und den Marken, Abruzzen und aus Apulien, dann die der Florentiner – zumeist Vertreter von Banken und Textilbetrieben – und die der Lucchesen, die zum großen Teil in den Seidenmanufakturen beschäftigt waren. Sehr zahlreich waren die Griechen, Albaner, Slawen und auch die Franzosen. Am zahlreichsten aber waren ohne Zweifel die Deutschen, die in ihrem *Fondaco* wohnten, der selbst nach dem Umzug des Marktes jenseits des Kanals in San Bortolomio geblieben war und auch Österreicher, Ungarn und Böhmen beherbergte: Kaufleute und Bankiers, Versicherer, Importeure und Handwerker. Schließlich fehlten auch nicht die Juden, die zuerst auf die Giudecca verbannt und dann nach Mestre vertrieben wurden, ehe sie endgültig im Ghetto versammelt wurden. Die menschlichere Behandlung, die ihnen hier – trotz allem – zuteil wurde, hatte viele jüdische Familien aus Deutschland nach Venedig strömen lassen, und es ist eine Tatsache, daß die Juden sich hier nicht wie anderswo auf die Vergabe von Darlehen beschränkten, sondern aktiv am Warenaustausch auf dem Rialtomarkt beteiligt waren.

In diesem übervölkerten und lärmenden Viertel, wo sich jeden Tag Geschäftsleute versammelten, gab es sehr viele Hotels, von denen eines unter dem Zeichen des Störfisches auf einem berühmten Bild von Vittore Carpaccio aus dem Zyklus »Die Wunder des Kreuzes« verewigt wurde. Einige von diesen Herbergen gehörten Klöstern und religiösen Bruderschaften, andere Familien aus dem Adel; doch deswegen waren sie nicht weniger häufig Schauplatz von Vergnügungen und Schiebereien, die alles andere als sittsam waren. Um dem Bild noch mehr Farbe zu verleihen, kam zu dem ständigen Hin und Her der Wirtschaftsunternehmer die Menge der Pilger hinzu, die auf der Suche nach einer Überfahrtsmöglichkeit ins Heilige Land waren. Diese frommen Reisenden machten einen beträchtlichen Teil der Ladung der *Mude,* vor allem des Syrienkonvois, aus.

Ebenfalls am Rialto hatten einige staatliche Ämter ihren Sitz, Justizbehörden, aber vor allem solche, die mit Finanzen und Wirtschaft zu tun hatten, angefangen bei den *Officiali al Formento* zu denen der *Ternaria,* die die Gerichtsgewalt über den Handel und die Versorgung mit Fetten ausübten, bis zu jenen Behörden, die sich mit den Steuern und den Einkünften des Staates befaßten. Diese stammten ursprünglich aus der *Decima,* dem Zehnten, einer nicht regelmäßig erhobenen Vermögensteuer, und aus den Zollabgaben. Aber ungefähr seit der Mitte des 12. Jahrhunderts bediente sich der venezianische Staat immer häufiger zuerst freiwilliger, dann obligatorischer Anleihen, um die außergewöhnlichen Ausgaben der Kommune zu decken, einschließlich der sehr hohen Kosten, die die Kriege verursachten. Venedig war nicht zimperlich und forderte von den Steuerzahlern Zeichnungen in der Höhe von ein oder zwei bis zu vier Prozent ihres steuerpflichtigen Vermögens. Im Kriegsfall wurde das Ausgabetempo beschleunigt, und die Emissionen folgten einander im Abstand weniger Monate. Da die Entscheidungen vom Großen Rat getroffen wurden, in dem ebenjene Patrizier saßen, die die Mehrheit der wirtschaftlich privilegierten und daher am meisten geschröpften Klasse ausmachten, grenzte der Patriotismus der venezianischen Politiker an Heroismus.

Unterdessen wurde die ganze Stadt immer weiter verschönert. Neben den alten Kirchen entstanden nunmehr die der Bettlerorden, die Anfang des 13. Jahrhunderts als neue Kräfte des aktiven Katholizismus zu wirken begonnen hatten. Zu Zeiten Jacopo Tiepolos waren die beiden größten, die der Predigerbrüder und der Minoriten, SS. Giovanni e Paolo und Santa Maria Gloriosa dei Frari, gegründet worden. 1294 wurde der Grundstein für die

Kirche der Augustiner gelegt, die dem heiligen Stefan geweiht wurde. Um 1286 begann man mit dem Bau der Karmelitenkirche Santa Maria dei Carmini. Die gotische Kunst hielt auch in der Basilika von San Marco Einzug. Die eindrucksvollsten Werke aber sollten erst von der zweiten Hälfte des 14. Jahrhunderts an geschaffen werden.

Auch die Bildung wurde von dieser Entwicklung betroffen: Während der Dialekt nunmehr nicht nur in den Schriftstücken der Notare erschien, sondern auch in den Statuten der Handwerks- und Berufsverbände und sogar in den Verträgen mit fremden Herrschern, pflegten viele Venezianer die gängigen literarischen Sprachen. Ein vornehmer Kaufmann, der wie Marco Polo Kriegsgefangener der Genuesen war, nämlich Bartolomeo Zorzi, besang die Ruhmestaten seiner Stadt in provenzalischer Sprache. Ein anderer Edelmann, Martino da Canal, verfaßte seine *Estoires de Venise* in der Langue d'oïl. Anfang des 14. Jahrhunderts sollte dann einer der Edelleute, die nach der Verschwörung des Baiamonte in der Verbannung lebten, nämlich Nicolò Querini, als toskanischer Dichter in Erinnerung bleiben, ebenso wie sein Verwandter Giovanni, ein Freund und Briefpartner Dantes, und eine ganze Reihe von Adligen und »Popolari«.

Und die Wissenschaften? Die Ärzte waren schon seit 1258 in Berufsverbänden zusammengeschlossen. Ihre Statuten untersagten ihnen, von den Apothekern Prozente auf den Preis der von ihnen verschriebenen Arzneien zu kassieren, so wie es den Apothekern strikt verboten war, Medikamente ohne Rezept zu verkaufen. Der Staat, der auch die hervorragendsten Professoren – jene, die von der berühmten Universität von Bologna kamen – verpflichtete, die Armen gratis zu behandeln, setzte den Höchstpreis fest, den sie für eine Untersuchung verlangen durften.

Aber trotz des wachsenden Wohlstandes war das Alltagsleben noch einfach, obgleich wesentlich raffinierter als das der Bewohner der Städte auf der Terra ferma.

Der See- und Flußverkehr gewährleistete die Versorgung unter allen Umständen, und der Staat wachte darüber, daß die Preise für die Grundnahrungsmittel, angefangen beim Getreide, nicht übermäßig erhöht wurden. Er sorgte dafür, daß die Warenlager gefüllt blieben, um den Markt im Fall von Hungersnöten beliefern zu können.

Dieses Wort, das für die Leute auf dem Lande eine schreckliche Bedeutung hatte, sollte im mittelalterlichen Venedig fast nie diese Bedeutung erlangen. Die Ladungen der Schiffe stopften die Löcher, die schlechte Ernten auf der Terra ferma aufgerissen hatten. Und die damals in der Stadt noch sehr zahlreichen Mühlen waren pausenlos in Betrieb.

## VI
## DER TRIUMPH

### 1

Der Sturm nach Baiamonte Tiepolos Aufstand hatte sich gelegt, seine Folgen jedoch blieben für immer spürbar. Die Träger der politischen Macht in Venedig hatten aus der Nähe miterlebt, was sie mehr als alles andere fürchteten, nämlich den Versuch zur Durchsetzung einer Alleinherrschaft, und die Gefahr war eben von den großen Familien, den großen Herren, ausgegangen, denen die Schließung des Großen Rates die Instrumente der Macht entzogen hatte. Diese Erfahrung sollte nie mehr vergessen werden, und der im wesentlichen egalitäre Charakter der Schließung (egalitär natürlich nur innerhalb derselben politischen Klasse, die sich anschickte, sich zu einem Patriziat zu entwickeln) wurde dadurch hervorgehoben. Alles, was auch nur von ferne den Verdacht eines »Persönlichkeitskultes« erregen könnte, wird verbannt; es behauptet sich der Grundsatz, wonach jede verdienstvolle Handlung als »Pflicht« angesehen wird, während man die bösen Taten, die Mängel, die Vergehen der Patrizier gegenüber dem Staat mit großem Tamtam an die Öffentlichkeit bringen möchte. Es ist eine strenge Moral, die als Korrektiv zur Exklusivität der Macht dient und die nicht der am wenigsten überraschende Zug der venezianischen Republik in ihrer aristokratischen Phase ist.

Die Angst vor dem Verlust der Freiheit in dem Sinne, den die politische Klasse Venedigs diesem Wort gab, das heißt Kollektivität und Kollegialität der Herrschaft und Unabhängigkeit vom Fremden, war im übrigen durchaus begründet. Das zeigen die Ereignisse im Laufe des stürmischen 14. Jahrhunderts. Dieses Jahrhundert, in dem sich die wirtschaftliche, politische und militärische Macht Venedigs voll entfaltete, sah auch mehrmals den Besitz, die Unabhängigkeit, ja selbst die Existenz Venedigs in Gefahr. Die entfesselten Kräfte der Natur schienen sich auf die Stadt zu stürzen; Erd- und Seebeben folgten aufeinander; Seuchen wüteten gnadenlos; seine Rivalen und Gegner bekämpften Venedig unaufhörlich auf dem Meer und auf dem Festland, zeigten sich – nicht nur ein einziges Mal – bewaffnet vor den Lagunen und drangen weiter ins Innere vor als die Hunnen, die Franken und die Ungarn. Und Venedig reagierte mit großer Festigkeit und mit klarem, kühlem Kopf, selbst als die Gefahr schon den Dogenpalast erreicht hatte. Dieses Seefahrer- und Händlervolk wußte sehr wohl, daß Verzweiflung nutzlos ist und daß es gilt, Ruhe zu bewahren, Geduld zu haben, auf das Glück zu vertrauen, daß man aber im richtigen Augenblick blitzschnell und entschlossen handeln muß.

1311 starb Pierazzo Gradenigo. Zara hatte sich aufgelehnt, und das päpstliche Interdikt lastete noch immer auf Venedig. Vielleicht in der Hoffnung, den Zorn des Papstes zu besänftigen, wählten die Wahlmänner einen greisen Politiker, der seine Erfahrung mit einer so tiefen Frömmigkeit verband, daß man ihm den Beinamen *lo Santo,* der Heilige, gab – Marino Zorzi. Nach seinem Tod zogen sie es allerdings vor, zu einem Mann der Tat zurückzukehren, und wählten Giovanni Soranzo, einen der kühnsten Befehlshaber in den Kriegen gegen Genua und Ferrara. Er erlebte 1313 die Genugtuung, endlich jenes unglückselige Interdikt nach den mehr als fünf Jahre dauernden diplomatischen Bemühungen von Francesco Dandolo aufgehoben zu sehen, von dem man auch sagte, er sei, um einen Abschluß zu erreichen, in flehender Haltung, auf allen vieren und mit einer Kette um den Hals vor dem Papst erschienen. Das wieder einmal aufbegehrende Zara ergab sich, und auch Traù, Sebenico, Spalato und Nona konnten gefügig gemacht werden; es wurden Handelsverträge mit dem Herzog von Brabant und dem Ilkhan von Täbris, mit dem Sultan von Ägypten und dem Kaiser von Trapezunt geschlossen. Schließlich normalisierten sich auch die Beziehungen zu Byzanz wieder, obschon man in Venedig immer noch wohlwollend bestimmten französischen Plänen nach einer Wiederherstellung des Lateinischen Kaiserreiches gegenüberstand.

Obwohl die infolge der Verschwörung ergriffenen polizeilichen Maßnahmen weiter wirksam waren (von denen übrigens auch die Tochter des Dogen und Ehefrau eines in die Verbannung geschickten Querini betroffen war: Nachdem sie ohne Erlaubnis nach Venedig zurückgekehrt war, wurde sie in ein kleines Haus in der Nähe des Klosters Delle Vergini gesperrt und mußte jedesmal, wenn sie ihren Vater besuchen wollte, den Rat der Zehn um Genehmigung bitten), entspannte sich die Atmosphäre in der Stadt. Aus vielen Teilen Italiens kamen Zuwanderer nach Venedig, denen man das venezianische Stadtrecht nicht lange vorenthielt, wenn sie als geeignet anerkannt wurden. Unter ihnen gab es Ärzte, Handwerker und offensichtlich auch Kaufleute. Es gab auch Seidenweber aus Lucca, die vor den inneren Streitigkeiten ihrer Stadt geflohen waren: Sie wurden mit offenen Armen aufgenommen und lösten einen regelrechten Boom der venezianischen Seidenindustrie aus. 1326 stellte der Große Rat mit Genugtuung fest, daß die »Bevölkerung gewachsen ist und sich – Gott sei's gedankt – ständig vermehrt«. Obwohl die Amtszeit des Dogen Soranzo mit einer wirtschaftlichen Krise wegen übermäßiger Anhäufung von Waren in den venezianischen Lagern zusammenfiel, war sie eine Zeit des Wohlstands. Ein späterer Chronist bemerkte, daß man in jener Zeit für eine Zechine einen Scheffel Mehl, eine *Quarta* Wein, eine Fuhre Holz und ausreichend Rindfleisch bekam, um einen Mann eine Woche lang zu ernähren (wieviel Fleisch die wohlhabenden Venezianer des 14. Jahrhunderts aßen, wird aus den Dokumenten deutlich; der übermäßige Fleisch- und Weingenuß verkürzte sogar die durchschnittliche Lebensdauer).

Als belesener und unermüdlicher Reisender schenkte Marino Sanudo, genannt *Torsello*, dem Papst zu ebendieser Zeit, nämlich 1320, ein Buch, das seinem Verfasser den Ruf eines Visionärs einbrachte. Das *Liber Secretorum Fidelium Crucis*, das auf der Unversöhnlichkeit zwischen der christlichen und der muslimischen Welt aufbaute, empfahl zwei radikale Maßnahmen: die Ausrottung der Türken und die Eroberung Ägyptens, der Schlüssel zur Herrschaft über den ganzen Orient. Das Buch erschien genau zu dem Zeitpunkt, als Venedig eher eine Politik der Versöhnung gegenüber dem Orient verfolgte, vor allem gegenüber Ägypten, dem Zielort von kostbaren Waren aller Art. Die Türken, deren kriegerische Präsenz in Kleinasien neuerdings zu spüren war, fürchteten sie viel weniger als die Katalanen. Jene waren vom byzantinischen Kaiser gerufen worden, damit sie sich den Türken entgegenstellten, aber sie hatten sich in wilde Plünderer verwandelt, welche ganz Griechenland heimsuchten. Es sollte nicht mehr lange dauern, und die Türken wurden eine auf dem Meer und in ganz Europa gefürchtete Macht, während Venedig in einem mehrere hundert Jahre währenden Konflikt mit ihnen ausblutete. Was Ägypten anbelangt, so begriffen die Venezianer zu spät, was sein Besitz im globalen Wirtschaftssystem bedeutet hätte. Sie wußten es erst dann, als die Portugiesen den direkten Weg zu den Gewürzproduzenten entdeckt hatten und der *Pregàdi* an einen Suezkanal dachte. Er konnte nicht gebaut werden, weil Venedig Ägypten nicht in seinen Besitz gebracht hatte.

2

Fast ebenso folgenreich wie der Vormarsch der Türken war der erste Schritt zur Bildung eines venezianischen Herrschaftsgebietes auf der Terra ferma. Er fiel in die Amtszeit des Dogen Francesco Dandolo, der 1329, nach dem Tod Giovanni Soranzos, gewählt worden war.

Trotz des Umfangs seines Kolonialreichs und seiner wirtschaftlichen Interessen reichte das Herrschaftsgebiet Venedigs in seinem Hinterland – wie bereits mehrfach festgestellt – nicht einmal bis Mestre. Die Hauptsorge der Republik galt der Pflege der diplomatischen Beziehungen mit den Kommunen und Signorien auf der Terra ferma, um ihren Verkehr zu schützen und zu garantieren und um zu verhindern, daß dicht hinter dem schmalen Küstenstreifen ein übermächtiger Staat entstand. Jetzt schienen sich ihre Ängste in der Person von Cangrande della Scala, dem Stadtherrn von Verona und Freund und Beschützer Dantes, zu bewahrheiten. Dieser hatte Feltre und Belluno an sich gerissen, Vicenza den Paduanern weggenommen, dann sogar Padua in seinen Besitz gebracht und 1329 seine Zollwache eben in Mestre stationiert. Nach seinem Tod hatte sein Sohn Mastino die Besitzungen seiner Familie noch weiter ausgedehnt, Parma und Brescia annektiert, den Apennin überstiegen, Lucca eingenommen und aus den Scaligeri eine italienische Macht gemacht. Er hatte begonnen, den venezianischen Handel und die Flußschiffahrt zu behindern, ja er mißachtete offen die besorgten Versuche der Republik zu verhandeln. Er gab seine Absicht zu erkennen, das venezianische Salzmonopol dadurch abzuschütteln, daß er anfing, Steinsalz aus Salzburg einzuführen und sogar Salinen in Petta di Bo anzulegen, am Rand der Lagune, genau vor der Nase der Venezianer.

In den politischen Versammlungen Venedigs sprach man offen von Krieg. Viele, darunter der Doge, behaupteten, daß das primäre Interesse des Stadtstaates an den Lagunen in der Levante läge, und man berief sich auf die Weisheit der alten Venezianer, die sich niemals in die Angelegenheiten Festlanditaliens hatten hineinziehen lassen. Weil Venedig im Landkrieg unerfahren war, mußte es sich an Söldnertruppen und fremde Kondottieri wenden und fürchtete das Risiko eines Handstreichs, der die republikanischen Institutionen in Gefahr bringen würde (es war immer das alte Problem). Es überwog jedoch die Partei, die für die Intervention eintrat, zumal der Scaligero mit der Eroberung von Lucca den Zorn von Florenz erregt hatte, mit dem Venedig als Verbündetem rechnen konnte. Das Volk schließlich verhehlte nicht, daß es dem Scaligero feindlich gesinnt war: Von den vierzigtausend registrierten wehrfähigen Männern wollten viele nicht einmal mehr abwarten, als nach der Kriegserklärung die Reihenfolge festgesetzt wurde, in der sie ihren Dienst zu leisten hatten.

1318 hatte sich Jacopo da Carrara, der mit einer Tochter des Dogen Pierazzo Gradenigo verheiratet war, zum Stadtherrn von Padua ernannt. Sein Enkel Marsilio war von Cangrande entmachtet worden und hatte akzeptiert, als Statthalter der Scaligeri in Padua zu bleiben. Aber man kann sich leicht vorstellen, welche Wünsche er in seinem Inneren hegte. Und dennoch übertrug Mastino della Scala ausgerechnet ihm die Aufgabe, mit Venedig zu verhandeln, und wie vorauszusehen war, verhandelte Marsilio im

Sinne seiner eigenen Interessen. Man erzählt sich, daß der Carrarese sich während eines offiziellen Banketts gleichzeitig mit dem Dogen, dem ein Besteck heruntergefallen war, zur Seite beugte und ihm ins Ohr flüsterte: »Was bekomme ich, wenn ich Euch Padua übergebe?« Und der Doge habe erwidert: »Die Stadtherrschaft über Padua.« So überwand Venedig seine traditionelle Abneigung gegen die *Signori* und die Signorien und garantierte Marsilio da Carrara den Besitz von Padua, Monselice, Este, Castelbaldo, Cittadella und Bassano als Belohnung für seine wirtschaftlichen Garantien und seine Verpflichtung zu einem Verteidigungsbündnis. Der kurz darauf unterzeichnete Friedensvertrag bestätigte dem Carraresen seine Besitzungen und erkannte Venedig die Herrschaft über Treviso und sein Umland zu. Florenz wurden dagegen die Kastelle von Pescia, Buggiano, Colle und Altopascio zugeteilt, aber nicht Lucca, das in der Hand der Scaligeri blieb. In Florenz war die Enttäuschung groß nach alldem, was die Florentiner für den Krieg mit ebendem einzigen Ziel einer Rückgewinnung Luccas ausgegeben hatten. So wurde im politischen Florenz der Keim für die tiefe Abneigung gegen Venedig gelegt, die sich bereits in den Schriften Giovanni Villanis und Giovanni Boccaccios widerspiegelte und die sich später noch unheilvoll auf die Geschichte Italiens auswirken sollte.

Nun hatte sich Venedig also als Herr über Treviso und die Mark Treviso auf der Terra ferma eingerichtet. So hart und schroff es auf Kreta vorgegangen war, so gerecht und um die Sicherheit und das Wohlergehen seiner neuen Untertanen besorgt zeigte es sich in Treviso.

Die Statuten von Treviso, die im Juli 1339 vom venezianischen *Podestà* Marino Falier erlassen wurden, waren im wesentlichen maßvoll und klug: In besonderer Weise und mit einer für jene Zeiten ungewohnten Sorge ermahnten sie die *Podestà* und *Capitani* der verschiedenen Städte der Mark, die Bürger nicht zu unterdrücken. Wem immer sie Unrecht zugefügt hatten, der konnte, ja mußte sich an das Kollegium der acht Bürgermeister wenden, die beauftragt waren, die Berichte der *Rettori* zu überprüfen, bevor ihre Amtszeit ablief.

Der Erwerb von Treviso durch die Venezianer erregte großes

Aufsehen. Eine neue Macht hatte die Bühne der krisengeschüttelten italienischen Welt betreten, und vielen schien es, als ob Venedig damit, daß es seine seit sechshundert Jahren währende Isolation durchbrach, sein Schicksal aufs Spiel setzte. Aber hätte es denn eine andere Wahl gehabt? Gewiß, es hatte sich nicht aus reiner Herrschsucht auf die Terra ferma gewagt; es hatte den Carraresen in die Stadtherrschaft über Padua eingesetzt und sogar die Absichten anderer Machthaber auf Feltre und Belluno unterstützt. Von seinem Hinterland konnte es sich freilich nicht weiter entfremden und es übergehen. Außerdem waren für Venedig die Landwege unverzichtbar, weil über sie die Waren aus dem Orient nach Österreich und Deutschland - einträgliche und nicht über den Seeweg erreichbare Märkte – eingeführt wurden und umgekehrt. Die »stolze Isolierung« Venedigs mußte ein Ende haben. Wie hätte Venedig sein unverhältnismäßig großes politisches und wirtschaftliches Reich in Übersee bewahren und halten können, ohne den Rücken frei zu haben?

3

In Übersee kamen zu den Türken und Katalanen noch die unbezähmbaren Kreter hinzu, die sich ununterbrochen in Aufruhr befanden. Die Türken machten die ständige Präsenz eines Flottenverbandes in der Ägäis erforderlich; die Genuesen, die nun, da sie ihre Konzessionen in Konstantinopel ausgeweitet hatten, gefährlichere Konkurrenten denn je waren, hatten sich die Inseln Chios und Lesbos und dann auch die Alaunlager von Phokäa zurückgeholt. Während der Amtszeit von Bartolomeo Gradenigo hatte sich 1341 Kreta abermals aufgelehnt, und in der Zwischenzeit stagnierte auch der Handelsverkehr, zumal die Galeeren des Zypernkonvois 1334, zehnerweise für je eintausendeinhundertfünf bis eintausendeinhundertfünfzig Golddukaten gechartert, drei Jahre später zu nur sechs für nicht mehr als dreihundert bis dreihundertzehn Golddukaten pro Galeere versteigert worden waren. Einen ähnlichen Rückgang hatte man bei den Galeeren des reichen Romania- und Schwarzmeerkonvois verzeichnet. Zudem entzweite ein Bürgerkrieg das Byzantinische Reich; einer der beiden, die sich den Thron streitig machten, Johannes Kantakuzenos, war verantwortlich für den tragischen Fehler, den Türken die Landung in Europa zu gestatten, um sie so auf seine Seite zu ziehen.

Man kann nicht behaupten, daß das venezianische Leben unter alldem übermäßig gelitten hätte. Mehr litt man unter dem schrecklichen Sturm vom 15. Februar 1340, der die Wellen über die Schutzmauern am Lido und in Pellestrina zu spülen drohte und der die Gefahr des völligen Versinkens der Stadt vorwegnahm (Venedig sollte ihr am 4. November 1966 ausgesetzt werden). Auf jene Katastrophe, die sogar noch die große Überschwemmung von 1285 übertraf, geht eine der bekanntesten und eindrucksvollsten venezianischen Legenden zurück, nämlich die vom Ring des Fischers, deren Schlußszene auf einem berühmten Bild des aus dem 16. Jahrhundert stammenden Malers Paris Bordone – heute in der Galleria dell'Accademia in Venedig – dargestellt ist.

Die Legende erzählt, daß ein alter Fischer, während die Elemente tobten, in seinem Nachen im Schutz des Bogens der Ponte della Paglia neben dem Dogenpalast saß, als er im Licht eines Blitzes einen vornehmen Herrn von ehrwürdigem Aussehen sah, der ihm durch Zeichen bedeutete, er solle sich bewegen und zum Landeplatz fahren. Obwohl er keine Lust hatte, gehorchte der Fischer, und der Edelmann befahl ihm in einem ruhigen, aber gebieterischen Ton, ihn zur Insel San Giorgio Maggiore zu bringen. Dort wartete ein junger Krieger, der in den Nachen stieg und dem Fischer befahl, bis zur Anlegestelle bei der Abtei San Nicolò di Lido zu fahren. Wiederum gehorchte der Fischer. Zwar hatte er überhaupt keine Lust mehr, aber an diesen beiden Herren war etwas so Beeindruckendes, etwas so Gebieterisches ... Kurzum, er ruderte – und man kann sich unschwer vorstellen, welche Ängste und Mühen es ihm bereitete – bis zum Lido, und er war überrascht zu sehen, daß vor der Abtei ein in päpstliche Kleider gehüllter Bischof wartete. Nachdem auch dieser in den kleinen Nachen gestiegen war, befahl er dem Fischer, zum Lidohafen aufs offene Meer hinaus zu fahren.

Als ob Wind, Regen, Blitze und die aufgewühlten Wogen nicht

genügt hätten, bot sich dem Fischer bei der Einfahrt in den Hafen ein grauenhafter Anblick: Ein großes Schiff mit schwarzer Beplankung glitt mit beigesetzten schwarzen Segeln durch den Strudel; in den Tauen und auf den Schiffswänden wimmelte es von Teufeln, und am Heck stand statt des Steuermanns Beelzebub und leitete höchstpersönlich den Angriff der Elemente auf die nichtsahnende Stadt.

Die drei Reisenden im Nachen erhoben ohne ein Wort ihre Rechte zu einem feierlichen Kreuzeszeichen. Sie wiederholten es dreimal, und beim dritten Zeichen versank das verfluchte Schiff mit einem scheußlichen Zischen, und der Sturm ließ nach, der Regen hörte auf, und das Meer glättete sich. Für den Fischer war es nicht schwer, den Bischof nach San Nicolò di Lido, den Ritter nach San Giorgio Maggiore und den Edelmann zur Ponte della Paglia zurückzubringen; aber als sie dort angelangt waren, sagte jener erhaben aussehende Herr (wir zitieren aus der 1487 von Marc'Antonio Sabellico verfaßten Erzählung):*

*Geh hin zum Fürsten und zu den Senatoren, die dich würdig belohnen werden. Aber erinnere dich genau, wenn du ihnen erzählst, was du heute nacht gesehen hast. Da sagte der Fischer: Eher glaube ich, daß jedermann mich verachten sollte, wollte ich dies in der Öffentlichkeit berichten, ohne sicher zu sein.*

Da gab ihm der vornehme Herr einen Ring und trug ihm auf, ihn dem Dogen zu überreichen:

*Sag dem Dogen und den Vätern, daß wir durch unser gutes Werk in dieser Nacht die Stadt vor der schrecklichen Sintflut gerettet haben. Und damit du dich nicht irrst: Der erste, der ausstieg, war der heilige Nikolaus, der zweite der heilige Georg, und ich bin der Evangelist Markus, der Schutzpatron dieser eurer edlen Stadt.*

Als der Fischer dem Dogen und dem *Pregàdi* seinen Bericht vortrug, glaubte ihm natürlich keiner. Da zeigte er seinen Ring, und alle waren verblüfft, als sie feststellten, daß es sich um einen kostbaren Ring handelte, der in der Schatzkammer von San Marco aufbewahrt wurde, von wo man ihn unmöglich hätte entwenden können.

* M. A. Sabellico, *Dell'historia vinitiana,* Venedig 1558, S. 156ff.

So entsetzlich auch der Höllensturm gewesen war, er war gewiß nicht stärker als die Stürme anderer Art, die zu der Zeit über Venedig hereinbrachen, als der Nachfolger von Bartolomeo Gradenigo herrschte, der gebildete und elegante Andrea Dandolo, der 1343 mit nur siebenunddreißig Jahren zum Dogen gewählt worden war. Er schien wie kein anderer zu einer glücklichen Amtsführung prädestiniert zu sein. Er war ein Historiker von Rang, hatte zwei Chroniken verfaßt, eine wichtige Gesetzessammlung kompiliert und – als erster unter den venezianischen Patriziern – in Padua die Doktorwürde erhalten. Er war mit Francesco Petrarca befreundet, der ihn sehr schätzte. Von vollendeten und bezaubernden Manieren, nannte man ihn auch *Contesin, Cortesan* und *Conte di virtù*. Die Gemahlin von Luchino Visconti, dem Stadtherrn von Mailand, Isabella Fieschi, entbrannte in Liebe zu ihm, als sie zu einer offiziellen Visite in Venedig weilte. Er besaß alle Gaben, und doch war ihm das Fürstenamt in einem der schwierigsten Abschnitte der venezianischen Geschichte zugefallen.

Dabei hatte sich alles gut angelassen. Ein gegen die Türken gerichtetes Bündnis erzielte Erfolge im Orient und eroberte Smyrna. Einer Gesandtschaft unter Marino Falier gelang es, den Papst dazu zu bewegen, das kanonische Verbot, mit den Muslimen Ägyptens Handel zu treiben, aufzuheben. Der Marktpreis für die staatlichen Schuldverschreibungen erreichte einhundert Prozent des Ausgabepreises, und 1343 übertraf er ihn sogar – das war etwas noch nie Dagewesenes. Das Leben in Venedig muß gar zu leichtsinnig gewesen sein, wenn man von der großen Anzahl unehelicher Kinder ausgeht, die der fromme Mönch Pietro d'Assisi nun in seinem Findelhaus an der Riva degli Schiavoni aufnahm. Mit Genua wurde schließlich ein Bund gegen die Tataren geschlossen, die den Handel im Schwarzen Meer behinderten. Aber da kam am 22. Juli 1345 der siebte Aufstand von Zara wie ein Blitz aus heiterem Himmel und löste eine lange Pechsträhne aus.

Hinter jeder Rebellion von Zara stand das Interesse der kroatischen Fürsten und der ungarischen Krone. Diesmal war der Anstifter Ludwig von Anjou, der in dem Jahr, bevor Andrea

Dandolo zum Dogen gewählt wurde, den ungarischen Königsthron bestiegen hatte – ein fähiger und ehrgeiziger Fürst, ein erklärter Feind Venedigs und der Venezianer, die er unter anderem beschuldigte, eigenmächtig das in Besitz zu halten, was in seinen Augen die historische Hauptstadt von Kroatien war, das seinerseits dem König von Ungarn gehörte. Es war ein schwieriger Feldzug notwendig, um Zara zur Kapitulation zu zwingen (unter den venezianischen Befehlshabern begegnet uns wieder einmal Marino Falier), und der König, der Zara verließ, um den Thron von Neapel in Besitz zu nehmen, gab klar zu verstehen, daß die Partie für ihn noch nicht zu Ende war. Unterdessen spielten sich die Genuesen in Konstantinopel immer mehr als die Herren auf. Und in Venedig verzeichnete man am 25. Januar 1347 ein erneutes Seebeben, während das Erdbeben des darauffolgenden Jahres (der Boden Venetiens, des Landes der Erdbeben und seltsamer tellurischer Erscheinungen, erwachte wieder) von der Schwarzen Pest in den Hintergrund gedrängt wurde. Die Pest entvölkerte Europa und bedeutete für die Stadt und die Kolonien einen unerwarteten, fürchterlichen Aderlaß.

Die Angst war so groß, daß »der Vater aus Furcht vor Ansteckung nicht zum Sohn und der Sohn nicht zum Vater gehen wollte«, aber es war unmöglich, die Seuche einzudämmen. Da ernannte man drei *Savi,* die den ursprünglichen Kern des Gesundheitsamtes der *Provveditori alla Sanit,* bildeten, dessen Arbeit selbst von Napoleon bewundert wurde, obgleich seine Abneigung gegen die Venezianer berüchtigt war. Dennoch kamen ungefähr drei Fünftel der Bevölkerung um. Kaum begann man, sich von dem Schlag zu erholen, da traf die Nachricht ein, daß die Genuesen, die die erfolgreiche Aktivität der venezianischen Kolonien auf der Krim und am Asowschen Meer nicht ertragen konnten, in Caffa einige venezianische Schiffe beschlagnahmt hatten.

Die Nachricht wurde in Venedig mit aufrichtiger Verwunderung aufgenommen. Hatte es nicht kaum ein Jahr zuvor einen Briefwechsel zwischen dem Dogen Dandolo und dem Dogen von Genua gegeben, als es darum ging, sich wegen eines neuen gemeinsamen Vorgehens gegen die Türken zusammenzutun?

Aber jetzt hatte der Doge von Genua seinen Sinn geändert, und die Versuche, eine Entschädigung und die Freilassung der Gefangenen zu erreichen, scheiterten. Am 6. August 1350 fuhr ein Flottenverband in Richtung Orient, der mit den Einnahmen einer Zwangsanleihe ausgerüstet worden war. Das bedeutete Krieg.

Der erste Teil des Seeunternehmens spielte sich in der Ferne ab, in Griechenland. Der von Marco Ruzzini befehligte Flottenverband traf, von Euböa kommend, fast gleichzeitig mit einem Konvoi von vierzehn genuesischen Galeeren ein, die mit kostbaren Gütern beladen waren. Er blockierte diese gleich vor dem Hafen von Castro und hätte sie alle gekapert, wenn der genuesische Admiral sich nicht kühn zwischen die Venezianer und die Klippe geworfen hätte und mit vier Galeeren hätte entkommen können. Er mußte verfolgt und daran gehindert werden, sich unterwegs mit anderen genuesischen Streitkräften zusammenzutun. Die venezianischen Mannschaften mißachteten indes die Befehle ihres Kommandanten und stürzten sich auf die zehn gekaperten Galeeren, um sie auszuplündern. Als es Ruzzini gelang, sich wieder durchzusetzen, war es zu spät. Filippo Doria fiel über die Stadt Negroponte her, einen wichtigen Handelsplatz der Venezianer (das heutige Chalkis), plünderte sie, befreite die genuesischen Gefangenen und stach wieder in See. Daß Ruzzini das Kommando entzogen und der Befehlshaber der Verteidigung von Negroponte vor Gericht gestellt wurde, half wenig.

Man mußte vielmehr befürchten, daß die Feindseligkeiten sich ausweiteten und Venedig bedrohlich näher rückten. Der König von Ungarn hatte ein gutes Gedächtnis und verhehlte seine Sympathien für Genua nicht. Der Patriarch von Aquileja, der Graf von Görz und der Herzog von Österreich hatten bereits 1348, als Capodistria rebellierte, zu den Waffen gegriffen, und die Möglichkeit, daß sie es abermals taten, bestand weiter. Nun galt es, Verbündete zu finden. Es war leicht, den byzantinischen Kaiser Johannes Kantakuzenos zu bewegen, für die erlittenen Demütigungen Rache zu nehmen, doch als Verbündeter taugte er wenig: Zwei Drittel der Kosten für die Ausrüstung seiner Schiffe mußte Venedig selbst tragen. Die venezianische Diplomatie fand dann einen anderen Verbündeten im Tyrrhenischen Meer, den König von Aragonien, der zwar ebenfalls um Geld bat, aber Schiffe und Krieger von kampferprobter Tapferkeit bereitstellen konnte.

Nach wechselndem Glück trat am 29. August 1353 etwas ein, von dem man eine endgültige Entscheidung erhoffen durfte. Politische wie militärische Gründe hatten es ratsam erscheinen lassen, die venezianische Flotte unter dem Befehl von Nicolò Pisani in das Tyrrhenische Meer zu entsenden. Daß der genuesische Admiral Antonio Grimaldi der von den Aragoniern belagerten Stadt Alghero auf Sardinien zu Hilfe kam, lieferte die unverhoffte Gelegenheit zu einer siegreichen Schlacht. Der Genuese ahnte nicht, daß ein venezianisches Geschwader im Tyrrhenischen Meer kreuzte, und ließ sich überrumpeln. Nach einer heftigen Schlacht mußte er nach Genua zurückweichen und ließ nicht weniger als einundvierzig Galeeren in der Hand der Venezianer zurück. Die venezianisch-aragonesische Flotte schnitt die vom Meer her kommenden Nachschublieferungen ab, während der Erzbischof Giovanni Visconti, der Herr von Mailand, sie von der Landseite blockierte. Genua war in einer verzweifelten Lage. In Venedig hoffte man, daß es bald um Frieden bitten würde. Aber man hatte nicht mit der Verbitterung der Genuesen gerechnet.

Statt sich ihren Rivalen zu ergeben, statt den Ruin ihrer Handelsunternehmungen aufzuhalten, fanden sie sich mit dem ab, was die Venezianer (wie sie keine dreißig Jahre später beweisen sollten) um keinen Preis akzeptiert hätten: Um den Krieg fortsetzen zu können, opferten sie ihre Unabhängigkeit. Eine genuesische Gesandtschaft wurde bei Giovanni Visconti vorstellig und bot ihm die Unterwerfung Genuas an, wenn er Genua militärisch, wirtschaftlich und politisch gegen die Venezianer unterstützte.

Was war zu tun? Die Visconti waren sehr mächtig. Außer Mailand hatten sie die ganze Lombardei in ihrem Besitz, einen großen Teil von Piemont sowie Parma, Piacenza, Bobbio und Bologna. Kein Vergleich zu den Scaligeri! Sie suchten Hilfe in Italien und außerhalb. Giovanni Visconti jedoch schien vorläufig die diplomatischen Wege vorzuziehen, und da er sich an Petrarcas Freundschaft mit dem Dogen Dandolo erinnerte, sandte er ihn als seinen Botschafter nach Venedig. Petrarca stand bereits in hohem Ansehen, und der Dichter seinerseits kannte die Venezianer gut genug, um sie von der richtigen Seite nehmen zu können. Allerdings endete seine Mission mit einem Fehlschlag. Was er gesagt hat, entzieht sich unserer Kenntnis, aber seine Gedanken sind in einem Brief zusammengefaßt, den er dem Dogen am 5. Juni 1354* geschickt hat und der voller edler Gefühle ist und voller Liebe für das zerrissene Italien. Es würde von Fremdlingen bedroht, die die Zwistigkeiten der Italiener ausnutzen wollten, und er lobt die Schönheit des Friedens und der Eintracht. Der Dichter erinnerte den Dogen daran, daß das Unheil nicht nur den Besiegten trifft. Er beschwört ihn, den Genuesen die Hand zu reichen, und fordert ihn zu einer Geste auf, durch die er als neuer Trajan in die Geschichte eingehen würde. Auf diese Worte erwiderte der Doge seinerseits in einem Brief. Er stellt fest, er habe immer den Frieden geliebt und sei nicht derjenige gewesen, der den Frieden gestört habe; für den Frieden Italiens habe er alles getan, was in seiner Macht stehe. Er fordert den Dichter auf, seine Ermahnungen an jene zu richten, die die wahren Schuldigen an so großem Unheil seien, und schließlich bekräftigt er: Frieden ja, aber nur wenn er ehrenhaft und gerecht für das Vaterland sei, das er und alle seine Mitbürger mehr als das eigene Leben liebten.

Es war eine sehr taktvolle Ablehnung, die Andrea Dandolo von vielen seiner Zeitgenossen und von der Nachwelt den Vorwurf eintrug, ein Kriegshetzer zu sein. Die Wahrheit ist, daß Petrarca als Dichter schrieb und der Doge als Politiker antwortete. Der Doge war überzeugt, daß die Friedensangebote des Herrn von Mailand lediglich eine List waren, um genug Zeit für Genuas Kriegsvorbereitungen zu gewinnen. Mit seinem Beharren auf einem ehrenhaften und gerechten Frieden setzte er Visconti in Verzug und entlarvte dessen vermutete Parteilichkeit für die Ligurische Republik, deren Interessen mit den seinen zusammenfielen.

Und daß Genua noch scharfe Krallen hatte, sah man schon bald. Während Nicolò Pisani bei der Verfolgung einiger genuesischer Schiffe in den nördlichen Teil des Tyrrhenischen Meers

* Der Brief ist wiedergegeben in *Variarum*, 5. Juni 1354.

vordrang, fuhr Paganino Doria den Golf von Venedig hinauf und nahm völlig unerwartet die istrische Stadt Parenzo ein und zerstörte sie. Es war ein fürchterlicher Schlag. Während die Zahl der *Savi di Guerra* von dreißig auf fünfzig erhöht wurde (die Venezianer machten immer denselben Fehler, wenn sie alles in Ausschüsse und Kommissionen umwandelten ...), organisierte man die Verteidigung der Stadt und nahm eine neue, sofort bezahlte Anleihe in Anspruch. Die Bürger, Adlige und Nichtadlige, wetteiferten in ihren Bemühungen. Ja, vier begüterte *Popolari* rüsteten je eine Galeere aus und übernahmen persönlich ihr Kommando. Aber am 4. November 1354 wurde Nicolò Pisanis Flotte vor der Bucht von Portolongo in Griechenland, wo sie hätte überwintern sollen, überraschend angegriffen und vernichtet.

Andrea Dandolo erlebte die Bitterkeit dieses Debakels nicht mehr, in dem Genua den Sieg davontrug. Er war im September nach langer Krankheit gestorben, gedemütigt und vergrämt über den Fall von Parenzo und die Unbeliebtheit, die ihn umgab. Petrarca beweinte ihn und widmete ihm die liebevollste Würdigung, nannte ihn »gerecht, unbestechlich, voller Leidenschaft und Liebe für sein Vaterland und gleichzeitig belesen, von seltener Eloquenz, weise, leutselig und menschlich«. Er hatte diesen Verdruß nicht verdient, doch sein Nachfolger sollte ein noch schwereres Schicksal erleiden als er.

## 4

Der Anblick des schwarzen Tuches, das im Saal des Großen Rates das Bildnis des *pro criminibus* enthaupteten Marino Falier bedeckt, läßt die Millionen Touristen, die alljährlich den Dogenpalast besuchen, heute noch erschaudern. Das tragische Ende des Dogen Falier hatte nicht nur einen großen Eindruck auf seine Zeitgenossen, es hat auch die Phantasie der Nachwelt inspiriert und erst die Chronisten, dann die Historiker und Dichter veranlaßt, eine pathetische und phantastische Erklärung dafür zu suchen.

Marino Falier war Gesandter, General, Admiral und *Rettore* verschiedener Städte gewesen und hatte Ämter in Politik und

Justiz bekleidet. Seine Familie war eine der ältesten und berühmtesten Venedigs, hatte zwei Dogen hervorgebracht und war mit allen wichtigen Familien verschwägert. Obzwar schon von Hause aus reich, hatte er sein Vermögen durch Handel vermehrt und seinem bereits ausgedehnten Grundbesitz noch die in der Mark Treviso gelegene Grafschaft Valmareno hinzugefügt. Er war auch gebildet, doch sicher nicht auf dem gleichen Niveau wie der Doge Dandolo, und unterhielt ebenfalls freundschaftliche Beziehungen zu Francesco Petrarca. Die Überzeugung, daß er nach dem Tod Andrea Dandolos in das höchste Amt gewählt werden würde, war so verbreitet, daß der Große Rat, noch bevor die einundvierzig Wahlmänner zusammentraten, Maßnahmen für den Fall gebilligt hatte, daß der Gewählte sich außerhalb Venedigs befände. (Marino Falier war als Gesandter beim Papst in Avignon.) Und er wurde gleich im ersten Wahlgang mit der überwältigenden Mehrheit von fünfunddreißig Stimmen gewählt. Erst als er in Venedig eintraf, ereignete sich ein Vorfall, der später als schlimmes Vorzeichen gedeutet wurde: Entgegen dem Brauch, vielleicht wegen des Nebels, legte der *Bucintoro* in der Mitte der Mole von San Marco an, so daß der Doge mit seinem Gefolge zwischen den beiden Säulen von Markus und Theodor hindurchziehen mußte. Das war die Stelle, an der die Verbrecher hingerichtet wurden.

Aus einem solchen Mann, der ungefähr siebzig Jahre gewesen sein dürfte und der – wenn man seine beinahe hektische Aktivität und seine zahllosen unbequemen Reisen zu Wasser und zu Lande in Betracht zieht – wohl eine ungewöhnlich gute Konstitution gehabt hatte, aus so einem Mann, der auch ein »Falke« gewesen sein muß, wenn er so viele Male Mitglied und Vorsteher des Rats der Zehn gewesen war und in diesem Amt den Auftrag hatte, für den Tod des Baiamonte Tiepolo zu sorgen – aus einem solchen Mann hat die Legende einen Tattergreis machen wollen, dem seine junge und frivole Ehefrau Hörner aufsetzte. Das Motiv für die Verschwörung, die ihn am 17. April 1355 auf das Schafott bringen sollte, wurde darin gesehen, daß die Genugtuung für diese Schande nicht ausgereicht hatte, um seinen Groll zu besänftigen. Andere wiederum – und zwar nicht nur Dichter – haben dann diesem typischen Vertreter des hohen Adels demokratische, ja populistische Gesinnung und Absichten zuschreiben wollen und aus ihm einen Märtyrer der unterdrückten Klassen, ein Opfer der eigenen Freiheitsliebe gemacht.

Kurz gesagt: Der Legende zufolge soll der greise und jähzornige Doge eine junge und ziemlich leichtfertige Frau gehabt haben, und ein junger Patrizier, Michele Steno, soll – vielleicht, weil er von der *Dogaressa* einen Korb bekommen hatte – folgenden, berühmten Zweizeiler auf den Dogenthron geritzt haben:

*Marin Falier da la bella moier*
*Altri la galde e lui la mantien.* *

Die Beleidigung soll von den patrizischen Richtern wegen falsch verstandener Klassensolidarität nicht angemessen oder überhaupt nicht geahndet worden sein, und der in seiner Ehre und in seinen Gefühlen gegenüber der Familie verletzte Greis soll die Solidarität und Unterstützung von einflußreichen, vom Adel schlechtbehandelten Popolanen gesucht haben, um sich an den Patriziern zu rächen, sie auszurotten und eine Herrschaft des Volkes einzurichten (beziehungsweise wiederherzustellen).

Aber gehen wir der Reihe nach vor, und folgen wir der minuziösen Rekonstruktion, die V. Lazzarini** anhand der Dokumente und der zeitgenössischen Chroniken erarbeitet hat:

Marino Falier war also mühelos auf den Thron gelangt, freilich in einem überaus schwierigen Augenblick, inmitten des Konfliktes mit Genua. Es waren sehr mühsame Verhandlungen in Gang, die jenen für Venedig so ruinösen Konflikt beenden sollten. Aber davon wußte das Volk nichts, und Unzufriedenheit breitete sich aus. Der Handel stagnierte; die Finanzen, die einige Jahre zuvor noch so floriert hatten, standen schlecht, und die politischen Schwierigkeiten hatten Not nach sich gezogen. Darüber hinaus hatten die Maßnahmen, die nach der Schwarzen Pest ergriffen worden waren, um Venedig wieder zu bevölkern, die Stadt mit Einwanderern gefüllt, für die die Integration in die Mentalität, das Brauchtum und die Gefühlswelt der alten Venezianer nicht leicht gewesen sein muß. Dann war das militärische Debakel von

* Etwa: »Marino Faliers schöne Frau treibt's mit anderen / und er hält sie aus.«
** V. Lazzarini, *Marino Faliero*, Florenz 1963.

Portolongo hinzugekommen, wo die Flotte vernichtet worden war, weil die patrizischen Befehlshaber unvorsichtig und träge gewesen waren, und die regierenden Patrizier wurden dafür verantwortlich gemacht, daß der Krieg auch nach den Friedensinitiativen der Visconti weitergeführt wurde. Die Patrizier ihrerseits wurden immer arroganter. Sicher, die Justiz bestrafte ihre Exzesse streng, aber es sieht so aus, als ob es Verstöße gegeben hätte, die ungeahndet blieben. Unter anderem führten sich die damaligen jungen Leute »aus gutem Hause« oft wie echte Halbstarke auf. So verbot am 11. November 1354 der Große Rat die Herstellung und den Verkauf von Dietrichen, mit denen die Jugendlichen seit einiger Zeit »jedes Schloß öffneten und in den Häusern anderer Leute viele Untaten und unzüchtige Dinge begingen«.

Und genau an dem Tag, bevor diese Anordnung gutgeheißen wurde, nämlich am 10. November 1354, empfahlen die *Avogadori di Comun* den Vierzig, gegen die jungen Patrizier Micaletto Steno, Pietro Bollani, Rizzardo Marioni, Moretto Zorzi, Micaletto da Molin und Maffeo Morosini vorzugehen, da sie im Saal der *Camini del Doge* »unflätige und unzüchtige« Kritzeleien hinterlassen hätten. Am 20. November wurde Micaletto Steno zu zehn Tagen Gefängnis verurteilt, Pietro Bollani zu wenigen Tagen, ebenso Rizzardo Marioni, der den ordinären Worten noch ein paar unanständige Zeichnungen hinzugefügt hatte. Auf die *Dogaressa* und ihre Ehre jedoch machte niemand auch nur die geringste Anspielung. Dagegen sprach man von einem Lieblingsenkel, Nicoletto Falier, der ebenfalls beleidigt wurde. Was das Urteil angeht, so liegt es ungefähr im Rahmen dessen, was man für Bubenstreiche dieser Art zu verhängen pflegte, und die Beschuldigten waren wirklich kaum mehr als Kinder. Dies alles muß Marino Falier wohlbekannt gewesen sein, da er doch so viele Male Mitglied des Rates der Zehn gewesen war. Beleidigungen, die sich gegen seinen berühmten Vorgänger gerichtet hatten, waren mit einfachen Geldstrafen geahndet worden. Die *Dogaressa* war also nicht beleidigt worden, und Gründe, über den Ausgang eines Prozesses verstimmt zu sein, hatte es auch nicht gegeben.

Einige Zeit zuvor waren in einem Gemach des Dogenpalastes der Adlige Giovanni Dandolo, *Sopracòmito,* das heißt Galeerenkommandant, und Bertuccio Isarello, Schiffseigentümer und ein bei den Seeleuten angesehener Mann, in Streit geraten. Blind vor Zorn hatte Dandolo Isarello eine Ohrfeige gegeben, und dieser hatte, vor Wut schäumend, auf der Piazzetta eine Gruppe von Matrosen um sich gesammelt, mit denen er auf seinen Beleidiger wartete, um Rache zu nehmen. Dandolo hatte in seinem Schreck die *Signoria* benachrichtigen lassen, und der Doge hatte Isarello herbeizitiert und in Anwesenheit seiner Berater für den Menschenauflauf getadelt und ihn aufgefordert, bei der Justiz Klage zu erheben, statt Selbstjustiz üben zu wollen.

Der Doge jedoch, der wußte, daß Isarello, ein wohlhabender Popolane, bei den venezianischen Seeleuten über großen Einfluß verfügte, soll ihn am Abend danach in den Palast eingeladen und heimlich mit ihm gesprochen und ihn aufgefordert haben, sich Freunde zu suchen, mit denen er einen Handstreich vorbereiten könne, um die geltende politische Ordnung umzustürzen. Wahrscheinlich hatte Marino Falier den Groll seines Gesprächspartners ausgenutzt; vielleicht hatte er ihn auch davon überzeugt, daß er ebenfalls Gründe habe, sich über ein Patriziat zu beklagen, das die Ehre seines Fürsten nicht ausreichend schützte. Es könnte aber auch sehr wohl das Gegenteil geschehen sein, daß nämlich Isarello versucht hatte, dem Dogen zu verstehen zu geben, daß er sich auf eine breite Zustimmung im Volk und unter den Popolanen stützen könne, wenn es darum ginge, der führenden Klasse gegenüber den Supremat des Fürstentums geltend zu machen. Und es wurde noch eine andere Hypothese aufgestellt: Der Doge sei der Wortführer und der verlängerte Arm einer bestimmten Kategorie von Bewerbern um das politisch-wirtschaftliche Monopol gewesen, nämlich derjenigen, die von der Schließung des Großen Rates betroffen waren. Tatsächlich wissen wir nur, daß Bertuccio Isarello den bei jener Begegnung entworfenen Plan ausführte und zwanzig Anführer anwarb, allesamt begüterte und einflußreiche Popolanen, von denen jeder wiederum vierzig Männer rekrutieren sollte.

Wer der wirkliche Anführer dieser Verschwörung war, wußten außer ihm selbst nur vier Leute, darunter der Schwiegervater Isarellos, Filippo Calendario, Steinmetz und Besitzer von Kähnen für den Transport von Baumaterial, in dem manche, ohne es belegen zu können, unbedingt den Erbauer des Dogenpalastes wiedererkennen möchten.

Es scheint, daß die fünf führenden Verschwörer sich mehrmals mit dem Dogen trafen, um Tag und Taktik des Aufstandes zu vereinbaren, der sie an die Macht bringen sollte. Sie hatten die Dinge schlau eingefädelt: Unter anderem schickten sie, um in der Stadt den Haß auf die Adligen zu verbreiten und sich so einer großen Unterstützung durch das Volk zu versichern, Gruppen ihrer Anhänger umher, die lärmend gegen die Tore der einflußreichsten Popolanen polterten, Beleidigungen und Unflätigkeiten gegen ihre Frauen und Töchter ausstießen und sich dann entfernten und einander mit Patriziernamen anredeten. Auch der Ablauf des Aufstandes, der auf die Nacht des 15. April festgesetzt worden war, war wohldurchdacht: Der Doge sollte die Glocken von San Marco Sturm läuten lassen, während das Gerücht verbreitet werden sollte, daß fünfzig genuesische Galeeren sich vor der Einfahrt des Hafens befänden. Die Patrizier würden in Massen zum Palast eilen, um sich, wie es in Notfällen Vorschrift war, im Großen Rat zu versammeln, und die mit ihren Männern rund um San Marco postierten Verschwörer würden sie einzeln umbringen. Nach der Ermordung der wichtigsten Exponenten des Patriziats sollten sich die Aufständischen in der Stadt verstreuen und »Es lebe das Volk!« rufen und die Söhne der Patrizier in ihren Häusern töten. Marino Falier sollte zum *Signore* von Venedig ausgerufen, die Bestimmungen des Großen Rates außer Kraft gesetzt und die öffentlichen Ämter Leuten aus dem Volk übertragen werden.

Niemand dachte, wenn er vom »Volk« sprach, an die Plebs, an den vierten Stand, also an das gemeine Volk. Unter Popolanen verstand man die Nichtpatrizier im Sinne des Gesetzes der Schließung des Großen Rates. Die Bewerber um die Macht waren mithin Handwerker und Industrielle, Händler und Unternehmer, Schiffseigner – kurzum, jene Leute, die man in Florenz *Popolo grasso* nannte und die wir heute als Mittelstand bezeichnen. Diesen sozialen Schichten entstammten nicht nur die fünf, die in das Geheimnis des Dogen eingeweiht waren, sondern alle bekannten Anhänger der Verschwörung.

Es scheint, als ob der Doge am Vorabend des Handstreiches einem Freund sein Herz ausgeschüttet hätte, und zwar dem steinreichen »Popolanen« Nicolò Zucuol, einem Großkaufmann, Bankier und Reeder, und als ob dieser ihn unmißverständlich auf die Risiken und Unsicherheiten des bevorstehenden Unternehmens hingewiesen hätte. Es hat auch den Anschein, als ob der Doge, überzeugt von seinem Freund, diesen zu den fünf wichtigsten Führern der Verschwörung geschickt hätte, damit er sie umstimme. Aber in der Zwischenzeit hatte sich ein Kürschner namens Vendrame, der zu den untergeordneten Anführern gehörte, in das Haus eines Freundes, des Patriziers Nicolò Lion, begeben und ihm erzählt, daß es in der Nacht »in Venedig eine große Sensation« und eine Revolte geben werde, die den Umsturz der Regierung zum Ziel habe. Lion hatte Vendrame sofort in den Dogenpalast gezerrt, um eine Audienz beim Dogen gebeten und ihm von Vendrame berichten lassen, was dieser wußte.

Marino Falier, der sich nichts anmerken ließ, versuchte abzuwiegeln und sagte, man habe im Rat in der Tat von einer Verschwörung gesprochen, aber ihm versichert, daß es sich um nichts Besonderes handele. Der florentinische Chronist Matteo Villani meint, Falier hätte die beiden sofort festnehmen und »sie insgeheim nach seinem Gutdünken aburteilen« lassen sollen; dabei vergaß er freilich, daß der Doge niemanden festnehmen oder aburteilen lassen durfte. Nicolò Lion hingegen, den die Erklärungen des Dogen keineswegs überzeugt hatten, beharrte darauf, daß er den Kleinen Rat umgehend unterrichten wolle, und Marino Falier blieb nichts anderes übrig, als die Ratsmitglieder zusammenzurufen. Mit diesen kam eine Menge Adliger in den Palast; die Piazza San Marco füllte sich mit Menschen; seltsame Gerüchte liefen durch die ganze Stadt. Nachdem Vendrame alles wiederholt und auch die Namen der Hauptverschwörer genannt hatte und während die Ratsmitglieder die notwendigen Maßnahmen verabredeten, um die Wahrheit festzustellen und mit der Situation fertig zu werden, kam der Adlige Giacomo Contarini mit einem seiner nächsten Verwandten, Giovanni, und bat um eine Audienz. Sie wurden unverzüglich vorgelassen und erklärten, aus sicherer Quelle erfahren zu haben, daß es eine Verschwörung gäbe und daß sich eben in jener Nacht Filippo Calendario an die Spitze der Seeleute aus dem Stadtsechstel Castello gestellt habe. Ihr Informant, ein gewisser Marco Negro, wurde angehört, bestätigte alles und fügte noch hinzu, daß der Doge höchstpersönlich Anführer der Verschwörung sei.

Es ist wahrscheinlich, daß diese Nachricht nicht gleich geglaubt wurde. Aber als mit Hilfe von Adligen und bewaffneten Popolanen zwei der fünf wichtigsten Führer, Giovanni da Corso und Filippo Calendario, gefangengenommen wurden, wurde die unglaubliche Wahrheit vom ersten unter Folter, vom zweiten – wie es scheint – spontan bestätigt und stellte sich als zutreffend heraus.

Dann befahlen die Ratsmitglieder – ohne den Dogen zu benachrichtigen –, daß alle Patrizier sich bewaffnen und die zuverlässigen Popolanen ihrer Stadtbezirke versammeln und daß alle zur Piazza San Marco kommen sollten. Marco Corner, der Generalkapitän zur See gewesen war, hatte das Kommando. Von Chioggia kamen bewaffnete Schiffe mit Freiwilligen; man sah Adlige und Popolanen, zu Pferde und zu Fuß, in Waffen. Manche behaupten, daß sich sechstausend Mann auf der Piazza versammelten; anderen zufolge waren es acht- oder gar zehntausend Mann – und alle, »Adlige und Popolanen waren nur ein einziger Wille« (so bemerkt der Chronist Trevisan, ein Zeitgenosse und direkter Zeuge der Ereignisse), auch in ihrer lautstark bekundeten Bitte, die Verräter rasch hinzurichten.

Am Morgen des 16. April beriefen die Dogenberater den Rat der Zehn ein, und die Zehn beschlossen angesichts des Ernstes der Lage als erstes, einen Hilfsausschuß, eine *Zonta*, zu bilden, der zwanzig der vornehmsten und erfahrensten Patrizier angehören sollten, damit das Verfahren gegen den Dogen und seine Helfershelfer auf einer möglichst breiten Grundlage erörtert würde. Sobald das Richterkollegium zusammengetreten war, ordnete es die Festnahme des Dogen an, der, gefolgt von einer Menge von Adligen und ahnungslosen »anderen guten Leuten«, im Palast umherlief, während Bertuccio Isarello und die anderen verhaftet wurden. Im Lauf des Tages wurden Isarello und Calendario zum Tode verurteilt und an den roten Säulen der Loggia des Dogenpalastes gehenkt. Während man die Urteile fällte, wurden die anderen in einer grauenvollen Reihe an den Fenstern der Loggia aufgehängt, die auf die Piazzetta und die Mole blickt. Insgesamt handelte es sich um höchstens elf Männer.

Am 17. April, einem Freitag, trat das Richterkollegium abermals zusammen, nachdem es zwei Verwandte des Dogen, einen Dezemvir* und einen *Avogador,* verbannt hatte. In der Zwischenzeit war der Doge von einer Ermittlungskommission verhört worden, die sich aus dem Ratsmitglied Giovanni Mocenigo, zwei Mitgliedern des Rates der Zehn und einem anderen *Avogador* zusammensetzte. Nachdem ihr Bericht angehört war, wurde die Frage gestellt, ob »aufgrund des Gesagten und Gelesenen« dem Ser Marino Falier, dem Dogen, »wegen des von ihm gegen den Staat der Kommune Venedig versuchten Verrates« der Prozeß gemacht werden solle. Nach der Abstimmung wurde aufgrund dieser Anträge (an der Abstimmung nahmen nur die Dogenberater und die ordentlichen Mitglieder des Rates der Zehn teil) das Todesurteil gutgeheißen, das durch Enthauptung auf der untersten Stufe der Steintreppe im Hof zu vollstrecken war, wo der Doge auf das Evangelium die *Promissione* geschworen hatte, in der seine Pflichten feierlich dargelegt waren.

Der Chronist Dolfin berichtet, daß die schlimme Nachricht ihm von Giovanni Gradenigo überbracht wurde, der Falier im größten Saal seiner Wohnung anherrschte: »Her mit der Mütze da!« (Damit meinte er die Dogenkrone.). Der Doge »reichte sie ihm mit seinen Händen, nichtsahnend, daß er zum Tode verurteilt war«. Dann teilte ihm Gradenigo mit, daß ihm binnen einer Stunde der Kopf abgeschlagen würde. Dem Chronisten zufolge »stürzte der Unglückliche in Ängste und konnte nichts anordnen«. Immerhin war er so gefaßt, daß er noch sein Testament machen und durch besondere Gnade zugunsten seiner Frau, die offensichtlich ganz anders war, als die Legende sie zeichnet, über zweitausend Pfund *Denari grossi* seines beschlagnahmten Vermögens für wohltätige Zwecke verfügen konnte. Bei Sonnenuntergang legte er, der Insignien der Dogen würde beraubt, inmitten einer großen Menschenmenge das Haupt auf den Richtblock. Die

* Mitglied des Rates der Zehn. A.d.Ü.

Tore des Palastes waren geschlossen worden, und der Henker erschien mit dem blutverschmierten Zweihänderschwert auf der Loggia und rief dem Volk, das sich auf der Piazzetta zusammendrängte, zu: »Schaut alle her, dem Verräter ist Gerechtigkeit widerfahren!«

Niemand in Venedig hatte zur Verteidigung des Verurteilten und seiner Gefährten in der Verschwörung und im Unglück einen Finger gerührt. Vielmehr hatte neben den Adligen die große Mehrheit der einigermaßen vermögenden Popolanen sofort auf den Aufruf der *Signoria* zur Verteidigung der Kommune reagiert. Im Volk gab es nicht die geringste Spur von Sympathie für die Verschwörer, obwohl der Doge auch schon vor seiner Wahl im venezianischen Leben eine hervorragende Rolle gespielt hatte und häufig bei privaten Fehden unter Adligen und Nichtadligen als Schiedsrichter und Schlichter angerufen worden war und obwohl Leute wie Isarello und Calendario auch nicht gerade zu den Zukurzgekommenen ihrer sozialen Schicht gehörten. Die Wahrheit war, daß das Volk, das echte Volk, sehr wohl wußte, daß es nichts Gutes hätte erwarten können von einer Verschwörung, die Marino Falier nach dem Vorbild des Carrara und des Scaligero mit der Unterstützung des Bürgertums zum Herrn von Venedig gemacht hätte. Denn dies war zweifellos das Ziel des Dogen, wie selbst sein Freund Petrarca einräumte, der allerdings auf weniger Härte gegen ihn gehofft haben soll. Wie gesagt, die augenblickliche Lage war schwierig, die Bevölkerung war nicht einig, und die Unzufriedenheit weit verbreitet. Nicht nur in Padua und Verona, sondern in ganz Italien gab es nunmehr Signorien, und alle waren sie von einem ehrgeizigen Mann eingesetzt worden, der vom Bürgertum gegen die Adligen, die *Grandi,* gestützt wurde. Zum Unglück des Dogen war die Abneigung gegen eine Alleinherrschaft in den Venezianern so tief verwurzelt, daß sie die kollektive Souveränität des Großen Rates vorzogen; das venezianische Volk hütete sich wohl davor, zugunsten eines Fürsten einzugreifen, der das Regiment statt zusammen mit den Patriziern bestenfalls gemeinsam mit den Industriellen und Handwerkern geführt hätte.*

* Vgl. dazu die interessante Schmährede eines anonymen Chronisten in V. Lazzarini, *Marino Faliero,* s.o., S. 246.

## 5

Am 21. April 1355 wurde Giovanni Gradenigo, »der Große«, zum Dogen gewählt, der noch den Beinamen *Nasone* (»Großnase«) erhielt. Eine seiner ersten Regierungshandlungen bestand darin, den Vorsitz in dem Prozeß zu führen, der dem Generalkapitän Pisani und seinem Untergebenen Nicolò Querini, den Besiegten von Portolongo, wegen Untüchtigkeit und Feigheit gemacht wurde. Am 1. Juni wurde endlich Frieden mit Genua geschlossen. Die beiden rivalisierenden Städte einigten sich ein für allemal darauf, innerhalb einer Frist keine Geschäfte im Schwarzen Meer zu betreiben, damit dieser gefährliche Reibungspunkt ausgeräumt wurde, und sie erkannten sich jeweilige Einflußsphären zu. Bedauerlicherweise fühlte sich der König von Ungarn an diese Abkommen nicht gebunden und übte starken Druck auf das venezianische Dalmatien aus, während Genua genügend Kraft zurückgewann, um sich gegen die Visconti zu erheben, und mit Simon Boccanegra wieder einen eigenen Dogen einsetzte. Er war nicht allein: Auf seiner Seite standen der Patriarch von Aquileja, der Graf von Görz, der Stadtherr von Padua und der Herzog von Österreich.

Das Haus Österreich sollte sehr häufig auf der venetischen Szene auftreten. Mit dem Erbe von Görz und dem ungarischen und kroatischen Erbe sollte es die ganze, seit Hunderten von Jahren in der östlichen Adria herrschende Feindseligkeit gegenüber den Venezianern und auch die Antipathien der Slawen und Triestiner mit übernehmen. In vierhundertfünfzigjähriger geduldiger Wühlarbeit sollte es die venezianische Herrschaft im Golf untergraben und auflösen, bis die altersschwache und ausgelaugte Republik auf Betreiben einer der vielen Schicksalsgestalten der europäischen Geschichte, eines korsischen Generals wahrscheinlich genuesischer Herkunft, Napoleon Bonaparte, ihm fast vollständig anheimfallen sollte.

In jenem weit zurückliegenden Jahr 1356 war das Kräfteverhältnis anders gelagert. Doch nach so vielen Schwierigkeiten schien Venedig nicht gerade in Höchstform zu sein, als der König und seine Verbündeten in seine neuerworbenen Herrschaftsgebiete auf der Terra ferma eindrangen und Treviso belagerten. Von Padua aus, das damals eine große wirtschaftliche und geistige Blüte erlebte (seine berühmte Universität war schon über hundert Jahre alt; Giotto hatte lange Zeit in der herrlichen, dem wundertätigen heiligen Antonius geweihten Kirche gearbeitet), wartete Francesco da Carrara seit langem auf die Gelegenheit, jenen Rivalen loszuwerden, der ihm höchst gefährlich erschien, vor allem, seit er im Trevisano Land in Besitz genommen hatte. Die Verpflichtungen, die sich für ihn aus der Tatsache ergaben, daß ausgerechnet Venedig seine Familie wieder in die Signorie eingesetzt hatte, waren für ihn eine Bürde, die abzuschütteln er nicht abwarten konnte. So hatte er auf die Bitte der Venezianer, die alten Verträge zu respektieren, mit unannehmbaren Bedingungen reagiert und sich schnell mit dem König von Ungarn geeinigt. Unterdessen starb der Doge Gradenigo, und zu seinem Nachfolger wählten die einundvierzig Wahlmänner Giovanni Dolfin, den *Provveditore in campo,* der die Verteidigung des belagerten Treviso leitete. Er war ein mutiger Mann und hatte es bewiesen, als er sich an der Spitze von einhundert Reitern und zweihundert Fußsoldaten mit wehenden Fahnen gewaltsam den Weg bahnte. Aber der persönliche Mut des Dogen reichte sicherlich nicht aus, um die Lage zu verbessern. Und noch weniger genügten die Vermittlungsversuche des Papstes, der zu Recht über die fortgesetzten Erfolge der Türken im östlichen Mittelmeerraum besorgt war.

Die Ungarn standen bereits in Mestre, das Widerstand leistete (der Senat hatte dem *Podestà* gedroht, ihn enthaupten zu lassen, wenn er sich ergeben würde), und ihre Kriegsschiffe kreuzten in der Lagune. Mehr noch als die militärischen Rückschläge waren es vielleicht die Sorgen um die innere Sicherheit, die den *Pregàdi* veranlaßten, dem König von Ungarn eine Friedensbotschaft zu senden. Die äußerst harten Bedingungen des Königs führten zur Abspaltung Dalmatiens und zu dem Verzicht des Dogen auf den Titel eines »Herzogs von Dalmatien und Kroatien«, den Vitale Falier zweihundert Jahre zuvor angenommen hatte. Sie lösten eine lange Debatte in den verfassungsmäßigen Versammlungen Venedigs aus, wurden aber schließlich akzeptiert. Warum sollte man auf jenen fernen und unhaltbaren Gebieten bestehen? Es war besser, nachzugeben, wenn man statt dessen das Trevisano und vor allem die Herrschaft über den Golf behielt, die für das eigene Überleben von wesentlicher Bedeutung war. Es war auch besser, im formellen Bereich nachzugeben. Der Doge hatte bereits den Titel »Herr über den vierten und (noch) einen halben Teil des ganzen römischen Reiches« aufgegeben und war jetzt nur noch *Venetiarum dux et coetera.*

Venedig schluckte auch die bittere Pille, mit Francesco da Carrara Frieden ohne Rache zu schließen. Der Vertrag erlaubte es dem Carraresen sogar, soviel Salz, wie er wollte, aufzukaufen und weiterzuverkaufen, an wen er wollte. Aber während König Ludwig von Ungarn behauptete, zufrieden zu sein, weil er »all das bekommen hatte, was er wollte«, gab sich Francesco nicht zufrieden. Unerbittlich fuhr er fort, die wirtschaftliche Vormacht Venedigs zu untergraben, baute Mühlen an der Brenta und da und dort an den Grenzen Befestigungsanlagen, versuchte, Salinen anzulegen, und war von der Vernichtung der Lagunenstadt besessen, der er nicht verzieh, daß es sie überhaupt gab.

Aufgestückelt in eine Unzahl von Signorien und an allen Ecken ausgeplündert von räuberischen Söldnerhaufen, ging Italien durch eine der bewegtesten Epochen seiner krisenreichen Geschichte. In Venedig hingegen heilte die von Emsigkeit erfüllte Ruhe die Wunden und stopfte die Löcher, die die Kriegsanstrengungen in seine Finanzen gerissen hatten. Die bevorstehenden Spannungen sollten viele Jahre lang dieses heitere und im wesentlichen glückliche Bild nicht trüben können. Jeder Venezianer – so schreibt ein Chronist – besitzt irgend etwas; der Staat kümmert sich um die Minderheit der weniger Begüterten. Wo der Staat nicht vorsorgt, greifen die klösterlichen Stiftungen, die religiösen Bruderschaften und zahllosen *Scuole* der Zünfte und Handwerke ein. Der Friede ermöglichte es auch, die Verwaltung der Besitzungen in der Levante zu ordnen und zu rationalisieren. Aber eben aus der Levante trafen im Sommer 1363 besorgniserregende Nachrichten ein.

Die Steuerlast, die übertriebene Ausbeutung der wirtschaftlichen Ressourcen, vielleicht auch ein gewisses Streben nach Unabhängigkeit, das sich unter den venezianischen Lehnsherren herausgebildet hatte – all das hatte auf Kreta zum Ausbruch eines Aufstandes geführt, der hauptsächlich von den Einwanderern getragen wurde, auch wenn die großen, ursprünglich dort einheimischen Familien in vorderster Linie standen. Den Anstoß hatte die Einführung einer neuen Steuer gegeben, mit der der Ausbau des Hafens von Candia finanziert werden sollte. Siebzig Honoratioren hatten sich in einer Kirche versammelt und per Akklamation für ein Gesuch gestimmt, eine Delegation nach Venedig zu entsenden, die dort die Beschwerden der Inselbewohner vortragen sollte. Unter ihnen waren Tito Venier, Andrea Corner, Marco Gradenigo, genannt *Spiritello,* und Michele Falier – kurzum allesamt Träger der besten Namen des eingewanderten venezianischen Patriziats. Auf die Weigerung von Herzog Leonardo Dandolo hin hatten die Siebzig Verstärkung angefordert. Die im Landesinneren ansässigen Lehnsherren waren mit Fußsoldaten und Pferden in die Stadt heruntergekommen, hatten den Marktplatz überfallen, den Herzog festgenommen und an seiner Statt Marco Gradenigo den Älteren zum Herzog ausgerufen. Es hatten sich auch Canea, Retimo und Sitia erhoben, und überall wurden die Fahnen des heiligen Markus eingezogen und durch die des heiligen Titus, des Schutzpatrons der Insel, ersetzt. Als erstes hatte der neue Herzog eine allgemeine Amnestie verkündet, und die griechische Bevölkerung, der religiöse und bürgerliche Gleichstellung versprochen worden war, hatte gemeinsame Sache mit den Rebellen gemacht.

Venedig suchte zunächst nach friedlichen Lösungen, aber die militärischen Vorbereitungen, die es unterdessen traf, und die Bekanntgabe des Urteils gegen die Rädelsführer, die in die Verbannung geschickt wurden, verhärteten die Fronten. Leonardo Gradenigo *Baiardo,* der zur orthodoxen Glaubensrichtung übergetreten war und deshalb den Spitznamen *il Calogero* (»der griechische Mönch«) trug, hatte sich an die Spitze der extremistischen Gruppen gestellt; diese verfolgten das Ziel, Repräsentanten der griechischen Bevölkerung in die Regierungsorgane zu entsenden und die venezianische Herrschaft durch die des Kreters Johannes Kalergis abzulösen. In diesem Moment aber zeigten sich viele Lehnsherren reumütig, zumal sie von Genua, dem sie die

Insel gegen seinen Schutz angeboten hatten, barsch abgewiesen worden waren, weil es nicht »die Liebe und den Frieden« zwischen den beiden Seerepubliken stören wollte. (Genua wünschte jetzt keinen frontalen Zusammenstoß.) Als dann die venezianische Flotte im Mai 1364 Candia angelaufen hatte und die venezianischen Truppen an Land gingen, entstand ein allgemeines wildes Durcheinander. Der *Calogero* wurde enthauptet, andere führende Rebellen wurden von den Bauern umgebracht, wieder andere flüchteten ins Ausland. Am 4. Juni lief die Galeere des *Sopracòmito* Piero Soranzo in den Hafen von Venedig ein, die Masten mit Zweigen geschmückt und die Ruderer mit Lorbeer bekränzt. Francesco Petrarca, der zu jener Zeit an der Riva degli Schiavoni wohnte, sah sie ankommen, sah, wie die Menge sich zusammendrängte, hörte den Jubel und die Freudenrufe und wohnte als Ehrengast des Dogen Lorenzo Celsi den offiziellen Festlichkeiten bei, der feierlichen Messe in San Marco, der Prozession und einem glanzvollen Turnier auf der überfüllten Piazza.

Wie ungerechtfertigt diese Feiern waren, begriff man kurze Zeit später, als Johannes und Georg Kalergis, Tito Venier, dessen Bruder Teodoretto und andere heimlich nach Kreta zurückgekehrte Aufständische in den Bergen erneut einen gnadenlosen Guerillakrieg entfesselten, der drei Jahre dauerte und erst nach einer fürchterlichen Reihe von Hinrichtungen, Verwüstungen und Gewalttaten endete. Die Unterdrückung war schrecklich. Viele Jahre lang wurde die fruchtbare Mesarea-Ebene, die die Rebellen ernährte, absichtlich unbebaut gelassen. 1368 mußte man Flüchtlinge aus Tenedos und sogar Armenier aus Kilikien kommen lassen, um die Insel wieder zu bevölkern. Venedig indes verstand es, aus dem Vorgefallenen eine Lehre zu ziehen. Nach einigen Jahren, als sich die Spannung vermindert hatte, sollte es eine versöhnlichere Politik einleiten, die vor allem sehr viel mehr auf die Erhaltung und die Entwicklung der wirtschaftlichen Ressourcen und auf die vitalen Bedürfnisse der Bewohner achtete.

Francesco Petrarca, der Venedig sehr liebte und in ihm »das einzige Nest der Freiheit«, »die einzige Zufluchtsstätte des Guten« in jenem armen, von Tyrannen und Kondottieri verwüsteten Italien erkannte, schätzte den Dogen Celsi hoch, der 1361 den

Thron bestiegen hatte und der »würdig« war, »wegen seiner Seelengröße, Sittenstrenge und Tugendhaftigkeit in Erinnerung zu bleiben«. Dieser vortreffliche und mutige Mann, der sich im Krieg und in der Diplomatie ausgezeichnet hatte und die Kultur liebte (er besaß unter anderem eine kleine Ausgabe von Dantes Werken in drei Bänden, die »nach Türkenart« in einer Ledertasche aufbewahrt wurde), sollte dem zum Opfer fallen, was der Chronist *Condormia* nennt. Er starb an seelischer Depression, an Schwermut, Angstzuständen – kurzum an Gram und Kummer.

Zum Zeitpunkt seiner Wahl war Lorenzo Celsi etwa fünfzig Jahre alt. Er war ein gutaussehender Mann und machte in seinem Amt eine sehr gute Figur. Er war ziemlich vermögend (auch er war als junger Mann im Handel tätig gewesen), prachtliebend (in seinem Testament wird ein goldgewirktes, mit Hermelin gefüttertes Tuch erwähnt, das er über dem *Corno,* der Dogenmütze, trug, sowie viele goldene, edelsteinbedeckte Kreuze), und er hatte Gewohnheiten angenommen, die eher zu einem großen feudalen Fürsten oder dem Herrn einer großen Signorie gepaßt hätten. Zum Zeichen seiner Verehrung für die Jungfrau Maria kleidete er sich in Weiß, während seine Vorgänger rot gewandet waren; mit Vorliebe nahm er persönlich an Turnieren und Waffenspielen teil; im Dogenpalast züchtete er seltene Vögel, Rehe, auch Löwen und Luchse; er besaß viele Rassepferde und pflegte mit einem großen Gefolge von Edelleuten mit großem Pomp durch Venedig zu reiten. Diese Zurschaustellung erregte Mißfallen; was aber die Dinge vielleicht noch eher ins Rollen brachte als das überhebliche und gebieterische Gebaren des Dogen, war ein Stöckchen, das er vor sich her tragen ließ und das leicht mit einem Zepter verwechselt werden konnte. Eines Tages ergriff eines der Ratsmitglieder das Stöckchen, zerbrach es und kündigte dem Dogen an, daß er ihn beim Rat der Zehn anzeigen würde. Es war die alte Angst, daß ein Doge sich zum Herrn von Venedig machte, eine Angst, die durch die noch frische Erinnerung an die Verschwörung von Marino Falier aufgelebt war. Und der Doge, der vielleicht niemals irgend etwas Unstatthaftes im Sinn gehabt hatte, sah sich plötzlich vor einem Abgrund, dessen mögliche, tragische Tiefe er nur ahnen konnte.

Unschuldig oder schuldig – jedenfalls starb Lorenzo Celsi bald darauf als gebrochener und verängstigter Mann. Kurz davor war der *Cancellier grande,* Benintendi de' Ravignani, gestorben, ein hochgebildeter Mann, kluger Politiker und ebenfalls ein sehr guter Freund von Petrarca. Irgend jemand setzte das Gerücht in die Welt, beide seien vergiftet worden; aber das ist eine zu melodramatische Hypothese. Fest steht allerdings, daß gleich nach der Wahl seines Nachfolgers Marco Corner zum Dogen der Rat der Zehn diesen anwies, er solle in seiner Antrittsrede ausdrücklich auf die »Verleumdungen« eingehen, denen Lorenzo Celsi »zu Unrecht« ausgesetzt war. Unterdessen ordnete er die sofortige Vernichtung sämtlicher Akten an, die den Verstorbenen betrafen. Das bedeutete unmißverständlich, daß die Zehn einen Prozeß gegen den Dogen vorbereitet hatten und daß nur der Tod das Verfahren zu einem günstigen Zeitpunkt hinfällig machte.

Was den Dogen Marco Corner anlangt – ein gebildeter Diplomat, der auch Befehlshaber zu Wasser und zu Lande gewesen war –, so mochte allein schon sein Alter von über achtzig Jahren eine Garantie dafür sein, daß er keinen Träumen von persönlicher Macht nachjagen werde. Die Wahlmänner oder zumindest einige von ihnen waren jedoch aus mehr als nur einem Grund gegen ihn voreingenommen, und diese Voreingenommenheit hatte unter anderem einen besonderen Grund: Seine Frau stammte aus dem einfachen Volk, und daher hatte er zahlreiche Verwandte, die »Popolari« waren und die mit seiner Hilfe hätten versuchen können, ihre Ambitionen in die Tat umzusetzen und ihre Frustrationen abzureagieren. So wie man im Fall von Lorenzo Celsi – wenn auch nicht ganz direkt – den Namen Marino Falier erwähnt hatte, so holte man in bezug auf die Verwandten von Marco Corner die Namen Marin Bocconio und Bertuccio Isarello wieder hervor. Der alte Corner, ein stattlicher, hochgewachsener Mann mit weißem Haar, »hager, schlank und drahtig«, der niemals aufbrauste und dem es stets gelang, Schwierigkeiten mit Eleganz zu meistern,* sprach zu den Wahlmännern. Wenn er arm sei (was man ihm ankreidete), so sagte er,

* A. Da Mosto, *I Dogi di Venezia,* Mailand ²1960, S. 136.

sei er stolz darauf, weil dies seine Integrität beweise; wenn er im Laufe seiner diplomatischen Tätigkeit enge Freundschaft mit fremden Herrschern geschlossen habe (was ebenfalls kritisiert wurde), dann nur zum Vorteil der Republik, und wenn schließlich seine Frau aus dem Volk stammte, so sei dies etwas, was ihn mit vielen Adligen verbinde. Über das liebevolle Portrait der tüchtigen Frau aus dem Volk hinaus, die es als kluge Hausfrau verstanden hatte, ihren Mann mit wenigen Mitteln gut auszustatten (»sie fütterte seine Kleider und trennte das Futter heraus und machte aus dem Kleid etwas, was es gar nicht war«), deuten die Worte Corners auf eine Gesellschaft hin, in der sich die Patrizier so wenig fern von den Popolanen fühlten, daß sie deren Töchter recht häufig zu ihren Frauen machten. Auch nachdem das Patriziat den Charakter einer geschlossenen Adelsgesellschaft betont hatte, sollte dies beibehalten werden. Selbst die *Avvogadori di Comun*, die Wächter über die Legitimität patrizischer Abstammung und der Gleichheit der Ehen unter Patriziern, erkannten jene Kinder als gleichberechtigt an, die aus der Ehe eines Patriziers mit der Tochter eines Arztes, eines Apothekers, eines Anwalts, eines Notars oder eines Glasbläsers aus Murano stammten; aber bis zum Fall der Republik wurden auch noch viele andere großzügige Ausnahmen gemacht.

An die kurze von Frieden und Wohlstand gekennzeichnete Amtszeit von Marco Corner erinnert man sich zumindest wegen zweier wichtiger Ereignisse im Bereich der Kunst. In seine Zeit fallen der Beginn der Bauarbeiten an der neuen gotischen Fassade des Dogenpalastes auf der Seite des Beckens von San Marco sowie Beginn und Vollendung des großen Freskos der »Krönung Mariens« von Guariento di Arpo auf der hinteren Wand des Saales des Großen Rates, der kurz zuvor in seiner heutigen, eindrucksvollen Größe fertiggestellt worden war. Von dem Wandgemälde, das am 20. Dezember 1577 durch einen Brand zerstört wurde, sind die Fragmente erhalten, welche man unter Tintorettos riesigem Bild »Das Paradies« gefunden hat, das nunmehr seinen Platz einnimmt. Auf dem Gemälde des Guariento war eine große, schöne Szene mit einem »Bühnengerüst im Freien« dargestellt, für die das Mittelalter eine Vorliebe hatte. Am unteren Rand stach eine Inschrift zu Ehren des Dogen in die Augen, aber noch mehr ein Vierzeiler, der eindeutig von Dante inspiriert war – und dies allein wäre schon ein offenkundiger Beweis für den großen Erfolg, den der Dichter in Venedig hatte.

## 6

Die Amtszeit des Dogen Andrea Contarini, der nach dem Tod Marco Corners am 20. Januar 1368 gewählt wurde, stand der Legende zufolge von Anfang an unter keinem guten Stern, wie sich schon in einer finsteren Vorwarnung ankündigte. Er war ein spröder Mann und hatte bereits zweimal das höchste Amt abgelehnt. Doch dieses Mal hatte ihm die *Signoria* anscheinend gedroht, ihn in die Verbannung zu schicken und sein Vermögen zu beschlagnahmen, falls er sich wieder weigern würde. Er war in eine Nonne aus dem Celestiakloster verliebt, die seine Liebe erwiderte. Die Legende erzählt, daß Andrea Contarini in dem Augenblick, als er sie zu seiner Geliebten machen wollte, einen Ring an ihrem Finger erblickte. Er habe sie nach der Bedeutung gefragt, und als er sie sagen hörte, er sei das Symbol ihrer Ehe mit Jesus, sei er plötzlich von Reue gepackt worden und aus dem Kloster geflohen. Im Kreuzgang des Klosters habe ihm ein Gekreuzigter als Zeichen der Zustimmung zugenickt. Dann habe ihm im Traum derselbe Gekreuzigte vorausgesagt, er würde Doge werden und Venedig in die schrecklichste Prüfung führen, die es seit dem Tag seiner Gründung erlebt hätte.

Andrea Contarini war noch nicht lange Doge, als Triest sich auflehnte. Daraus ergab sich ein sicherlich nicht sehr blutiger, aber langer und aufreibender Krieg, der erst endete, als sich die stolze julische Stadt ergeben mußte, weil sie ausgehungert worden war. Aber dann bedurfte es großer Anstrengungen, um sich mit den Herzögen von Österreich zu einigen, die den Widerstand der Triestiner gegen Venedig unterstützt hatten, und um zu erreichen, daß sie ihren Anspruch auf die Stadt gegen eine Zahlung von fünfundsiebzigtausend Golddukaten abtraten: eine schöne Summe, die sich die Habsburger nicht entgehen ließen, aber mit dem festen Vorsatz, sich bei der erstbesten Gelegenheit nicht mehr an die Abmachungen zu halten. Dann kam der Carrarese an die Reihe. Francesco da Carrara hatte bekanntlich seine ewigen gegen Venedig gerichteten Pläne keineswegs aufgegeben. Er stichelte und provozierte weiter. Jetzt baute er Dämme an der Brenta, befestigte sogar das in allernächster Nähe von Venedig gelegene Oriago und richtete dort einen zollfreien Markt ein. Die stets rührige Diplomatie des Carraresen bemühte sich indessen um Bündnisse, doch trotz mehrmaliger Vermittlungsangebote stellte sich heraus, daß der Konflikt unvermeidlich war. Die jeweiligen Armeen setzten sich also in Marsch. Francesco da Carrara, der von seinen Streitkräften weit weniger hielt als von seinen Intrigenkünsten, hatte versucht, in Venedig eine fünfte Kolonne zu bilden, die ihm im Rücken der kriegführenden Truppen konkrete Hilfe hätte leisten können. Zu diesem Zweck hatte er insgeheim ein paar bezahlte Kriminelle nach Venedig geschickt, aber als gewöhnliche Verbrecher hatten sie im Prostituierten- und Zuhältermilieu den Mund zu weit aufgerissen und sich erwischen lassen. Gleichzeitig wurde ein Augustinermönch verhaftet, der den Auftrag erhalten hatte, Mitglieder des Großen Rates zu bestechen. Die aufgeschreckte öffentliche Meinung Venedigs hatte dem Carraresen teuflische Absichten (zu denen er übrigens durchaus fähig war) unterstellt wie etwa die Vergiftung der Trinkwasserbrunnen der Stadt oder das Legen eines »unlöschbaren« Brandes. Erdrückt von einer Anzeigenlawine, hatte der Rat der Zehn den Ausnahmezustand verhängt.

Eine Reihe militärischer Erfolge hatte in der Zwischenzeit den venezianischen Truppen Auftrieb gegeben. Die Ungarn waren niedergeworfen, der Großwoiwode von Siebenbürgen, ihr Befehlshaber, wurde als Gefangener nach Venedig gebracht, und der Carrarese fühlte sich – obschon er unterdessen den Herzog von Österreich mit der Abtretung von Feltre und Belluno auf seine Seite gezogen hatte – zu unsicher im eigenen Haus und bat schließlich um Frieden. Man einigte sich, daß Venedig eine große Entschädigung gezahlt werden und der Carrarese den Dogen feierlich um Vergebung bitten sollte. So trat Francesco Novello da Carrara, der Sohn des Stadtherrn von Padua, am 2. Oktober

1373 im Saal des Großen Rates vor den Dogen Contarini. Er wurde von einem alten und berühmten Freund seiner Familie begleitet, den eine langjährige Liebe mit Venedig verband – Francesco Petrarca. Mit ihm hatte Francesco da Carrara gut gewählt; denn in Venedig war der greise Dichter mehr als willkommen, und die Rede, die er hielt, war über ihre politische Bedeutung hinaus ein literarisches und kulturelles Ereignis, das die Wogen glättete und den Groll besänftigte. Dann kniete Novello vor dem Dogen nieder, bat ihn um Verzeihung und schwor, sich an die Friedensbedingungen zu halten. In Padua war man schockiert. Der Chronist Galeazzo Gattaro vermerkt die Bitterkeit, die man angesichts eines auf den Knien liegenden paduanischen Fürsten und der Tatsache empfand, daß Padua sich unter das venezianische »Joch« begeben hatte. Die ständig wiederholten Legenden, die den Ursprung Paduas auf die Trojaner und den Venedigs auf die Paduaner zurückführten, hatten die Carraresen und ihre Anhänger am Ende für bare Münze genommen.

Weder die blutigen Überfälle der Herzöge von Österreich im Trevisanischen noch die Proteste des Papstes und der Bewohner von Ancona gegen die Herrschaft im Golf gaben den Anstoß für jenen tödlichen Konflikt, der den Eindruck erwecken sollte, für die stolze Lagunenrepublik habe die letzte Stunde geschlagen. Das Herz Venedigs schlug anderswo, in der Levante, der Basis seiner wirtschaftlichen Macht. Und die Levante war ein fruchtbarer Boden für den Konkurrenzkampf mit Genua. Der alte Rivale, der im Schwarzen Meer, in Kleinasien und in der Ägäis nach wie vor einen schwunghaften Handel betrieb, hatte seine Aktivitäten auf zypriotisches Gebiet ausgedehnt, wo die venezianischen Interessen sehr groß waren. Während der Feierlichkeiten zur Krönung Peters II. von Lusignan, des Königs von Zypern, war in Famagusta ein heftiger Konflikt zwischen Venezianern und Genuesen ausgebrochen, der durch örtliche Racheakte und Aversionen noch unbedacht ausgeweitet wurde. Genua hatte mit der Entsendung gewaltiger Streitkräfte reagiert, die Zypern besetzten, und hatte vom König eine sehr hohe Entschädigungssumme verlangt. Venedig, engagiert in seinem Krieg gegen Padua, hatte sich nicht eingemischt, doch war klar, daß das Vorgehen

Genuas gegen seine Interessen gerichtet war. Den Ausschlag lieferte das Tenedosproblem.

Die Insel Tenedos, ungefähr vor der Ebene gelegen, wo sich das alte Troja erhob, galt als Schlüssel zur Meerenge der Dardanellen, die ihrerseits den Zugang nach Konstantinopel und zum Schwarzen Meer bildete, und wurde daher sowohl von Venedig als auch von Genua begehrt. Die byzantinischen Kaiser, chronisch machtlos und von ewigen Thronstreitigkeiten geschwächt, stützten sich bald auf die eine, bald auf die andere Republik und hatten praktisch beiden die Herrschaft über die Insel versprochen. Als Kaiser Andronikos II. sie Genua überlassen hatte – sechs Jahre zuvor war sie von Johannes V. an Venedig abgetreten worden –, hatte der venezianische *Provveditore* Marco Zustinian sie 1376 besetzt. Ein Jahr später hatte sie ein anderer venezianischer *Provveditore,* Antonio Venier, gegen die Genuesen verteidigt, die sie ihrerseits besetzen wollten.

Zu Beginn des Jahres 1378 zeichnete sich ab, daß der Zusammenstoß unvermeidlich war und daß auch andere Mächte, und zwar nicht nur italienische, in ihn hineingezogen würden. Während Francesco da Carrara endlich die Gelegenheit für gekommen hielt, den mächtigen Nachbarn endgültig niederzuwerfen, sah der König von Ungarn die Möglichkeit, seine Herrschaft über die Küsten und Inseln Dalmatiens zu festigen, und träumte davon, Venedig den neun Provinzen seines Königreichs hinzuzufügen. Der Herzog von Österreich strebte die Annexion von Treviso an. Der Patriarch von Aquileja ließ die alten Zwistigkeiten mit Grado wiederaufleben, wollte Triest und hätte seinem großen friaulischen Lehen noch gerne Istrien hinzugefügt. Hier nun bildete sich eine antivenezianische Liga, die im Bündnis mit Genua Lagunenvenetien einkapselte und umzingelte. Der venezianischen Diplomatie ihrerseits war es gelungen, den König von Zypern, der die drückende Schutzherrschaft der Genuesen abschütteln wollte, und die Visconti von Mailand als Verbündete zu gewinnen. Man mußte sich auf einen fürchterlichen Zusammenstoß gefaßt machen. Am 24. April trafen die venezianischen Gesandten in Genua ein und überbrachten die Erklärung eines »offensichtlich gerechten« Krieges. Die Kampfhandlungen begannen im Mai.

Den ersten Zug machten die Venezianer. Der Generalkapitän Vettor Pisani besiegte auf der Höhe von Anzio im Tyrrhenischen Meer die genuesische Eskadra, und in der Absicht, Famagusta anzugreifen, nahm er von dort Kurs auf Zypern. Währenddessen jedoch fuhr Luciano Doria die Adria hinauf, standen die Truppen des Königs von Ungarn vor den Toren von Treviso und die der Carraresen in Mestre. Und im darauffolgenden Frühjahr, als die Truppen des Patriarchen von Aquileja nach Istrien vorrückten, griffen die genuesischen Schiffe Grado und Caorle an und brachten der venezianischen Armee vor Pola eine entsetzliche Niederlage bei. Nur wenigen Schiffen gelang es, mit Vettor Pisani und dem *Provveditore* Michele Steno nach Parenzo zu flüchten. Die Genuesen kaperten fünfzehn unbeschädigte Galeeren und metzelten die Mannschaften an Ort und Stelle nieder.

In Venedig löste die Nachricht Schmerz und Angst aus. Der Feind stand vor den Toren; in der Stadt erzählte man sich entsetzt, daß die Genuesen unweit des Lidohafens Tommaso Mocenigos Schiff gekapert hatten, das, mit Waren beladen, von Syrien heimgekehrt war. Man wollte in die Gründe für die Niederlage Licht bringen. Vettor Pisani und Michele Steno wurden vor Gericht gestellt, und der Prozeß legte offen, daß die Kommandoführung unter einem Mangel an Tatkraft gelitten hatte, so daß der venezianische Flottenverband »in großer Unordnung« aufs Meer gefahren war. Dem *Provveditore* Steno wurde für ein Jahr das Kommando entzogen, während Vettor Pisani zu sechs Monaten Kerker verurteilt und für fünf Jahre von öffentlichen Ämtern ausgeschlossen wurde. Unterdessen aber wurde die Verteidigung der Stadt vorbereitet. Der Lidohafen wurde abgesperrt, die Abtei von San Nicolò befestigt, aber was am meisten beeindruckte, war eine präzise Verteilung der Verantwortlichkeiten, die mit einem für jene stürmischen und bewegten Zeiten gewiß seltenen Sinn für Organisation peinlich genau vorgenommen wurde. Hier war wirklich nicht zu scherzen. Venedig konnte sich nur auf sich selbst verlassen: Die Visconti hatten einen Abstecher nach Genua und einen weiteren nach Verona versucht, aber das Gold der Genuesen und der Scaligeri hatte die Söldnertruppen zum Überwechsel in das Lager veranlaßt. Und der Carrarese seinerseits hatte sich in jeder Weise bemüht, den König von Ungarn dahin zu bringen, den Gedanken an einen ausgehandelten Frieden nicht aufzugeben. Der Ring wurde enger, und das Kolonialreich war fern. Die schnellen venezianischen Kuriere trugen angsterfüllte Hilferufe in die Levante, aber die Ereignisse überstürzten sich.

In Genua hatte die Nachricht vom Sieg bei Pola eine Welle der Begeisterung ausgelöst. Eine Flotte von siebenundvierzig Kriegsschiffen war unter den Beifallskundgebungen der Bürger aus dem Hafen ausgelaufen. Es erschallte der Ruf: »Auf nach Venedig! Auf nach Venedig!« Pietro Dorias Flotte verwüstete Grado, Caorle und Pellestrina, versuchte sogar, Malamocco einzunehmen, besetzte Sottomarina di Chioggia und belagerte auch Chioggia selbst. Und Francesco da Carrara, der Treviso erobert hatte (die Soldaten des Königs von Ungarn lagerten in Mirano und Cittadella), erschien drohend an der Lagune und vereinigte seine Truppen mit denen der Genuesen. Am 16. August 1379 wurde Chioggia im Sturm genommen; mit Chioggia fielen Cavarzere und Loreo. Genuesische Schiffe zeigten sich sogar in der Lagune, vor Poveglia. Venedig war eingekreist, seine Feinde warteten nur noch auf den günstigsten Augenblick, um ihm den letzten Stoß zu versetzen. Der ganze Haß, alle Feindseligkeiten, Minderwertigkeits- und Neidgefühle und der ganze Groll entluden sich in einer giftigen Welle. Hochmütig erklärte der genuesische Admiral, daß er an dem Tag Frieden machen werde, an dem er den Bronzepferden an der Fassade der Basilika von San Marco die Zügel angelegt habe. Zu den Bedingungen des Königs von Ungarn, welche von den venezianischen Unterhändlern abgelehnt worden waren, gehörte die Übergabe der Dogenmütze und des Schatzes von San Marco. Der Dichter Francesco di Vannozzo, ein Toskaner, der am Hofe des Carrara sein Glück gemacht hatte, sprach davon, Marino Falier, die Triestiner und die Kreter zu rächen. Padua feierte die Eroberung von Chioggia mit großen Festlichkeiten. Genua hatte bereits über das Schicksal jener alten römischen Kolonie entschieden und sie formell an die Carraresen abgetreten. Der Chronist Caresini hatte recht: Was die Verbündeten wollten, war die vollständige und endgültige Auslöschung des venezianischen Namens.

Als die Nachricht vom Fall von Chioggia eintraf, läuteten die Glocken von San Marco Sturm. Alle wehrfähigen Männer waren bewaffnet auf die Piazza geeilt (einige allerdings waren nach Hause gelaufen, um ihr Geld und Gut zu verstecken). Die meisten waren der Meinung, angefangen beim Dogen Andrea Contarini, daß nun alles aufs Spiel gesetzt werden müsse.

Am 13. September trat in der Basilika von San Marco der *Arengo* zusammen. Das war die alte Volksversammlung, die im dramatischsten Augenblick in der Geschichte Venedigs wiederauflebte. Im Namen des Dogen ergriff der Adlige Pietro Mocenigo das Wort. Er sagte, daß die Gefahr sehr groß sei und daß nicht nur das Schicksal der Stadt, sondern das jedes einzelnen Bürgers auf dem Spiel stehe. Venedig sei belagert und könne weder über Land noch über Wasser mehr mit Lebensmitteln versorgt werden. Wer selbst kein Brot habe, würde, solange der Vorrat reichte, noch etwas in den Häusern der Patrizier finden, die allen offenstünden. Aber jetzt könne jeder das Wort ergreifen und vorschlagen, was er im Interesse des Gemeinwohls für das Beste halte. Nicht einer, sondern Tausende riefen, daß man sich wehren müsse und sich in der umzingelten Stadt nicht aushungern lassen dürfe.

Dann begannen die Beratungen. Der *Arengo* lehnte den Vorschlag, das Kommando Taddeo Zustinian zu übertragen, ab und forderte lautstark die Freilassung von Vettor Pisani, dem menschlichen und gerechten Befehlshaber, den die Seeleute wie einen Vater verehrten. Der Senat stimmte zu, und Vettor Pisani wurde unter dem Jubel des Volkes aus dem Gefängnis geholt, und in dem großen Lärm wurde denen, die »Es lebe Vettor Pisani!« schrien, zugerufen: »Das sollt ihr nicht rufen, sondern: Es lebe San Marco!« Dann fand eine kurze Zeremonie statt, in der Pisani vom Dogen in sein Amt eingesetzt wurde. Reden wurden ausgetauscht. Als aber die aus allen Teilen der Lagune herbeigeeilten Freiwilligen merkten, daß ihr geliebter Admiral nicht den Oberbefehl erhalten hatte, sondern nur das Kommando zur Verteidigung des Lido, protestierten sie so sehr, daß der *Pregàdi* ihn auf der Stelle zum Generalkapitän zur See ernannte.

Von diesem Augenblick an befindet sich Venedig in einem regelrechten Rauschzustand: In großer Eile werden vierzig Galeeren ausgerüstet; groß ist die Menge an spontanen Geld- und Schmuckspenden; zahllos sind die Freiwilligen, die sich stellen. Unterdessen erlegen die zur Führung des Krieges gewählten *Savi* eine fünfprozentige Zwangsanleihe auf, die die sehr beachtliche Summe von über sechs Millionen Lire erbringt. Im Großen Rat lassen sie für eine *Parte*, ein Gesetz, stimmen, das ebenden Großen Rat jenen dreißig Familien öffnet, die zur Verteidigung der Republik den größten personellen und finanziellen Beitrag leisten würden. Auch den Fremden, die zur Rettung der Stadt beitragen würden, wird als Belohnung das venezianische Bürgerrecht in Aussicht gestellt. Im Gegenzug beschließt man, daß jene Venezianer, die fortgegangen waren, um ihren eigenen Vorteil zu suchen, ihr Bürgerrecht auf immer verlieren sollten.

Die finanzielle Anstrengung aller Steuerzahler, insbesondere der Patrizier, sollte, wie wir noch sehen werden, sehr solide Vermögen ruinieren und sogar die Struktur der venezianischen Gesellschaft umwälzen. Die wichtigste Auswirkung dieser allgemeinen Mobilmachung freilich war, daß der Zusammenhalt unter den Bürgern gestärkt wurde und daß die verschiedenen sozialen Schichten aufgrund ihrer gemeinsamen Anstrengung miteinander ausgesöhnt wurden. Der alte, niemals erloschene Gemeinschaftssinn gewann die Oberhand über jeglichen Partikularismus. Die Chroniken berichten über viele edelmütige Gesten, nicht zuletzt über die von Taddeo Zustinian, der sich, nachdem er zugunsten von Vettor Pisani auf den Oberbefehl verzichtet hatte, diesem als Galeerenkommandant zur Verfügung stellte. Selbst der Doge Contarini wollte sich mit seinen achtzig Jahren noch einschiffen. Im Dezember desselben Jahres 1379, das so unheilvoll begonnen hatte, blockierte Vettor Pisani Chioggia. Und am 1. Januar 1380 war der entscheidende Augenblick gekommen. Die Wachposten, die das Meer beobachteten, sahen, wie sich von ferne ein, zwei, zehn, achtzehn Lateinersegel näherten. Es war nicht die von den Genuesen erwartete Verstärkung. Es waren achtzehn venezianische Galeeren, befehligt vom kühnsten der venezianischen Admiräle, Carlo Zen, und beladen mit Beutegut, das sie den Genuesen auf den Meeren des Orients und sogar im Tyrrhenischen Meer abgenommen hatten.

Carlo Zen, der bei seiner Einfahrt in den Hafen als Retter des Vaterlandes begrüßt wurde, dieser Mann, den die Kuriere des Senats, der bereits an seinem Eintreffen gezweifelt hatte, seit sechs Monaten überall verfolgt hatten, war ein Patrizier aus alter Familie. Und wie schon Marco Sanudo, der Eroberer des ägäischen Inselreiches, vereinigte er all die abenteuerlichen Züge eines vornehmen Venezianers des Mittelalters in sich. Seine Eltern, die ihn zum Priester hatten machen wollen, schickten ihn als Knaben nach Rom, damit er in den Ämtern der Kurie Karriere machte. Nachdem er mit einer Pfründe zurückgekehrt war, hatte er sich dem liederlichen und raufsüchtigen Lebenswandel der paduanischen Studenten ergeben und sein ganzes Vermögen beim Glücksspiel verloren. Er verschwand und diente fünf Jahre lang bald in dieser, bald in jener Kompanie als Söldner. Zu seiner Familie zurückgekehrt, hatten ihn die Seinen nach Patras geschickt, damit er sein kirchliches Benefiz in der Kolonie genießen solle. Dort hatte er sich bei Tätlichkeiten gegen die Türken hervorgetan; nach einer Verwundung hatte er als tot gegolten und war wieder zu sich gekommen, als man ihn gerade begraben wollte. Er war rechtzeitig nach Venedig heimgekehrt, um dem König von Zypern aufzufallen, der ihn bei verschiedenen vertraulichen Missionen fast überall im Abendland einsetzte. In Patras, wohin er zurückgekehrt war, hatte ihn ein Duell seine Pfründen gekostet. Nun legte er endgültig das geistliche Gewand ab, heiratete zweimal und widmete sich in Konstantinopel dem Handel. Dort war er Zeuge, wie Johannes V. von Andronikos Palaiologos entthront wurde. Auf Verlangen des gefangengesetzten Kaisers hatte er dessen Flucht vorbereitet und war in einer stürmischen Nacht bis zum Fenster jenes Turmes hochgeklettert, in dem er festgehalten wurde. Johannes' Ängste und Unschlüssigkeit zwangen ihn aber, von seinem tollkühnen Unternehmen abzulassen. Daraufhin war er zum Schaden der Genuesen Korsar geworden, war *Bailo* und *Capitano* in Negroponte gewesen und hatte mit seiner wirklich teuflischen Beweglichkeit schließlich als *Provveditore* der Flotte mehr als einen genuesischen Flottenverband schachmatt gesetzt, Portovenere überfallen und verwüstet, war unerwartet in den Gewässern vor Zypern, vor Famagusta, erschienen, und während man ihn in Beirut erwartete, war er voller Wagemut und Kampfeslust im Becken von San Marco aufgetaucht.

Im venezianischen Lager teilten sich nun drei außergewöhnliche Männer in die Aufgaben: der Doge, stets gelassen und voller unerschütterlichem Vertrauen, Vettor Pisani mit seinem Charisma eines »Vaters der Matrosen«, das das einfache Volk faszinierte, und Carlo Zen mit seinem Ruf unbezwingbarer Kühnheit. Am 21. Januar eroberten Pisani und Zen gemeinsam Loreo zurück. Am 25. wurde der genuesische Oberbefehlshaber Pietro Doria tödlich verwundet. Am 19. Februar holten sich die Venezianer Sottomarina und Brondolo zurück. Aus Genuesen und Paduanern, den Jägern, wurden Gejagte. Das Eintreffen eines neuen genuesischen Flottenverbandes änderte ebensowenig an der Situation wie die Bemühungen des Carraresen und des Patriarchen von Aquileja, das unerbittlich umzingelte Chioggia zu versorgen. Am 24. Juni 1380 ergaben sich die Genuesen, dezimiert durch Hunger und Krankheiten, bedingungslos und ließen fast viertausendfünfhundert Mann und neunzehn Galeeren in den Händen der Sieger zurück. Andrea Contarini zog im Triumph in Chioggia ein.

Der Krieg war nicht zu Ende; er sollte noch ein Jahr auf dem Meer weitergeführt werden, wo Vettor Pisani dem Sumpffieber erlag, das er sich in Manfredonia zugezogen hatte, und auf dem Festland, wo der Herzog von Österreich eingriff – dieses Mal zugunsten der Venezianer, weil diese ihm Treviso abgetreten hatten. So weit war es mit der Republik gekommen, doch der in Turin unter der Schirmherrschaft von Amadeus von Savoyen, dem »Grünen Grafen«, ausgehandelte Friede bedeutete noch weitere Opfer: die Bestätigung des endgültigen Verzichts auf Dalmatien zugunsten des Königs von Ungarn, die Einstellung des Handels im Schwarzen Meer sowie die Neutralisierung und Entmilitarisierung von Tenedos, gegen die sich der *Bailo* Zaccaria Muazzo an Ort und Stelle vergeblich wehrte. Diesen ganzen durch den langen und zermürbenden Feldzug ausgelösten Widerwärtigkeiten und wirtschaftlichen Einschränkungen standen jedoch zumindest zwei positive Dinge gegenüber: Die innere Front hatte in bewunderungswürdiger Weise standgehalten, und die Überseekolonien einschließlich Kreta waren treu geblieben. Die venezianische Wirtschaft sollte sich schon sehr bald mit einem ungewöhnlichen Sprung nach vorn erholen; was die politische Ordnung anlangt, so hatte diese ihre Funktions- und Leistungsfähigkeit unter Beweis gestellt und sollte auch nach der Krise stabil bleiben und Venedig noch weitere Jahrhunderte völliger und ununterbrochener Unabhängigkeit sichern.

Für Genua hingegen markierte die Niederlage den Beginn eines nicht mehr umkehrbaren politischen Niedergangs. Trotz besserer Einsichten und plötzlicher Wendungen trat die ligurische Metropole, obwohl ihre wirtschaftliche Stärke sehr beachtlich blieb, aus der Einflußsphäre der einen Hegemonie in die einer anderen ein. Bereits einer selbständigen politischen Initiative beraubt, pendelte Genua zwischen den Visconti und dem Haus Savoyen, zwischen Frankreich und Spanien hin und her, gequält von Verschwörungen und Verrat, von Parteien und Kalkülen, die die Unabhängigkeit nicht so fanatisch im Auge behielten wie die Bewohner der Lagunenrepublik – seien sie nun Patrizier oder Popolanen.

## 7

Zwischen 1379 und 1380 war, weil zur Deckung der Kriegskosten Zwangsanleihen benötigt wurden, eine allgemeine Vermögensschätzung vorgenommen worden, die älteste, die uns vollständig erhalten ist. In den sechs Stadtsechsteln wurden zweitausendeinhundertachtundzwanzig Personen erfaßt, die ein Vermögen über dem steuerpflichtigen Mindestsatz besaßen, und von diesen waren eintausendzweihundertelf Adlige und neunhundertsiebzehn »Popolari«. Einem Adligen gehörte das höchste steuerpflichtige Vermögen (60000 *Lire di danari grossi*). In der nächsten Kategorie (von 50000 bis 35000 Lire besteuerbares Vermögen) finden sich vier Adlige und ein »Popolare«. Die Bände, die die größten Vermögen umfassen, das heißt solche über 10000 Lire, zählen insgesamt einhunderteins Adlige und sechsundzwanzig »Popolari« auf. Aber wenn man sich die unteren Gruppen ansieht, dann besaß eine sehr große Anzahl von Adligen, genau achthundertsiebzehn, ein bescheidenes steuerpflichtiges Vermögen unter 3000 Lire, und zirka vierhunderteinunddreißig Adlige befanden sich in der untersten Kategorie mit einem besteuerbaren Vermögen zwischen 1000 und 300 Lire. Viele andere lagen sogar noch darunter und gehörten zur Gruppe der Habenichtse oder Beinahehabenichtse, die von den Steuern befreit waren. Auch wenn es zutrifft, daß es mehr wohlhabende Patrizier als wohlhabende Plebejer gab, widerlegt diese Aufstellung die absurde Behauptung, die venezianische Aristokratie sei eine plutokratische Aristokratie gewesen. Sie bestätigt vielmehr, daß die wirtschaftliche Lage des Patriziats sehr unterschiedlich und die Armut mancher Adliger ein altes Übel war, das der Staat im 14. Jahrhundert zur Kenntnis nahm. Er versuchte damals, mit Maßnahmen den mittellosen Adel zu unterstützen. Eine dieser Vorkehrungen gestand den abgewirtschafteten Adligen einen Maklerlohn für Pfeffer zu; diese wurden daher *I poareti del pevere*, »die Pfefferarmen«, genannt.

Unter den in die Schätzung eingetragenen »Popolari« gab es neben einigen großen Kaufleuten und Reedern besonders viele Gewürzhändler: ungefähr fünfzehn, von denen einer, Nicolò Sturion, ein steuerpflichtiges Vermögen von nicht weniger als 16000 Lire erreichte. Es folgten Metzger, Kurzwarenhändler, Lumpensammler, Stoffeinzelhändler, Käse- und Obsthändler. Bei einigen ziemlich zahlreich vertretenen Kategorien (Seifensieder, Schuster, Böttcher, Messerhersteller, Kürschner usw.) wird nicht ganz deutlich, ob es sich um Handwerker oder Händler handelte, während unter den klar als Handwerker auszumachenden Steuerzahlern Maurer, Färber und Zimmerleute, Goldschmiede und Textilarbeiter, Schneider und Jackenmacher vorherrschten. Angesichts einer bunten Vielzahl von Aktivitäten, von denen sehr viele in der Schätzung nur von relativ wenigen oder sehr wenigen Personen vertreten wurden, läßt sich freilich feststellen, daß die überwiegende Mehrheit nicht nur der Handarbeiter, sondern auch der Handwerker und Gewerbetreibenden nicht imstande war, einen Beitrag zu den Kriegskosten zu leisten, weil ihr Vermögen unter dem besteuerbaren Mindestsatz lag.

Auf dieses Vermögen und die Steuerpflichtigen wirkten sich die tragischen Jahre des Chioggiakrieges grausam aus. Während in nur neun Monaten, zwischen Februar und Oktober 1380, der Staat nicht weniger als zehn Zwangsanleihen auf insgesamt 44 Prozent des steuerpflichtigen Vermögens aufnahm, stürzten die Notierungen der Anleihepapiere steil ab (von den 92 Prozent des Ausgabepreises 1375 auf 18 bis 19 Prozent zwischen Februar und März 1381). Die Steuerzahler mußten also die Papiere der alten Anleihen zu einem Viertel oder einem Fünftel des Preises verkaufen, den sie gezahlt hatten, um die der neuen zu 100 Prozent ihres Wertes zu erwerben. Bei denjenigen, die das nicht schafften, intervenierte der Staat und beschlagnahmte und verkaufte ihre Besitztümer. Es verwundert nicht, daß viele Steuerzahler, auch wenn sie materiell gut gestellt waren, ruiniert wurden. Ebensowenig erstaunt, daß man Stundungen und andere Erleichterungen zugunsten der Unvermögenden einführen mußte, unter denen wir auch den Dogen Andrea Contarini finden, obwohl sich sein Vermögen, abgesehen von seiner Zivilliste, um die vierzehntausend Lire bewegte. Für die Beschlagnahme und den Verkauf der Besitztümer der zahlungsunfähigen Steuerzahler mußte sogar eine eigene Kommission, bestehend aus drei *Savi*, eingerichtet werden.

Zwischen 1380 und 1382 vollzog sich also eine »regelrechte Umwälzung von Vermögen und sozialen Strukturen« (G. Luzzatto). Für sehr viele Familien bedeutete der Chioggiakrieg den Ruin oder zumindest den Verlust eines wirtschaftlich privilegierten Status. Die dreißig Familien, die aufgrund ihrer außerordentlichen Beteiligung an den Kriegskosten in den Großen Rat eintraten, stellten dagegen die neuen Antriebskräfte einer Wirtschaft dar, die in kurzer Zeit die Wunden heilte und so angekurbelt wurde, daß nicht einmal zwanzig Jahre später ein Chronist schreiben konnte, daß die Stadt » . . . wegen der ganzen Reichtümer ihrer Bürger florierte«. Da waren die Vendramin und die Nani, die Pasqualigo und die Paruta, die Lippomano und die Condulmer und auch die Garzoni, reiche Abkömmlinge von aus Lucca zugewanderten Seidenwebern. Schon am 19. August 1381 hatte der Senat über den dringend notwendigen Bau von vier neuen Galeeren entscheiden müssen, um dem Mangel an Handelsschiffen abzuhelfen. 1383 hatten die märchenhaften Preise der

Galeeren der *Mude* nach Beirut und Alexandria das Mindestangebot für Charterungen verdoppelt oder verdreifacht. Das neue Jahrhundert kündigte sich mit einer noch nie gekannten Wohlhabenheit und Produktivität an.

Zu denjenigen, die aus der dramatischen Krise zwischen Venedig und Genua bereichert hervorgingen, gehörte auch der neue Doge Michele Morosini, der nach dem Tode von Andrea Contarini am 10. Juni 1382 gewählt worden war. Er war ein bekannter und geschätzter Politiker, einer der venezianischen Bevollmächtigten bei den Friedensverhandlungen von Turin. Die Chroniken berichten uns etwas über ihn, was ihn in einem patriotischen Licht erscheinen lassen soll, was ihn aber schließlich in ein Halbdunkel der Spekulation tauchen läßt: Nachdem die Genuesen Chioggia übergeben hatten, war der Immobilienmarkt zusammengebrochen, und Michele Morosini, der in der Schätzung von 1379 als einer der größten Steuerzahler mit einem steuerpflichtigen Vermögen von achtunddreißigtausend Lire auftaucht, kaufte sämtliche Häuser auf, die ihm von solchen Leuten angeboten wurden, die sie aus Angst vor einer nationalen Katastrophe loswerden wollten. Seine Freunde – so schreibt der Chronist – sagten zu ihm: »*Michel*, in solch schlimmen Zeiten ist es besser, das Geld zusammenzuhalten«, und er erwiderte: »Wenn es der Stadt schlecht ergehen muß, möchte ich kein Gut besitzen.« Der Patriotismus bekam ihm gut: Er hatte fünfundzwanzigtausend Dukaten für eine Gruppe von Häusern ausgegeben, die nach Kriegsende plötzlich hunderttausend wert war.

Als Michele Morosini nach wenigen Monaten an der Pest starb, folgte auf ihn eine vollkommen andersgeartete Persönlichkeit, Antonio Venier, *Capitano* von Candia, ein abgehärteter Seefahrer, der sich zu Beginn des Konfliktes mit Genua mit seiner Weigerung, Tenedos aufzugeben, hervorgetan hatte. Berühmtheit erlangte dieser schweigsame Mann, der als Kompromißkandidat gewählt wurde und wie sein Vorgänger Lorenzo Celsi an *Condormia* (depressiver Psychose) starb, aufgrund einer Episode, die die außergewöhnliche Strenge seines Charakters offenbart und uns einen interessanten Einblick in das venezianische Leben gegen Ende des 14. Jahrhunderts gewährt.

Alvise Venier, der Sohn des Dogen, hatte die Frau des Adligen Giovanni dalle Boccole zur Geliebten und hatte nach einem Streit nichts Besseres zu tun gewußt, als an die Haustür der Frau entweder zwei große Bündel Hörner – wie einige sagen – oder zwei gehörnte Ziegenbockköpfe – wie andere meinen – zu hängen. Dazu verfaßte er so unanständige Zeilen, daß die Richter, an die sich Dalle Boccole zur Verteidigung seiner angegriffenen Ehre wandte, es vorzogen, sie im nachfolgenden Prozeß nicht niederzuschreiben. Alvise Venier wurde zusammen mit einem Kumpanen zu einer Geldstrafe von einhundert Lire und zwei Monaten Kerker verurteilt. Im Gefängnis erkrankte er. Viele Freunde des Dogen und selbst die Richter baten den Vater, er möge eine Aussetzung der Strafe veranlassen, aber Antonio Venier wollte nichts davon wissen und ließ seinen Sohn in den Verliesen, den sogenannten *Pozzi*, des Dogenpalastes sterben, aus Angst – wie auf seiner Grabinschrift zu lesen ist –, den Ruf eines Gerechten zu verlieren. Es scheint, daß der Doge mit dieser Geste unerbittlicher Härte ein aufsehenerregendes Beispiel gegenüber jener Patriziergesellschaft geben wollte, deren Ansehen durch wiederholte Gewaltakte und ungebremste Gewissenlosigkeit aufs Spiel gesetzt werden konnte. Schon 1343 war der Adlige Paolo Steno zu einem Jahr Kerker und einer Geldstrafe von einhundert Lire verurteilt worden, weil er unter Mitwirkung zweier Diener gegen Saray Falier, die ebenfalls aus dem Patriziat stammte, Gewalt angewandt hatte. Die Patrizier Paolo da Canal und Marino Buora waren verurteilt worden, weil sie die Frau von Giacomo Cervato in ihrem Haus vergewaltigt hatten. Und seit 1349 pflegte man denjenigen den Spitznamen *Monachini* oder *Moneghini* zu geben, die »in den Nonnenklöstern Unzucht trieben«. Das kam in der ganzen venezianischen Geschichte immer wieder vor und kann mit dem grausamen Brauch erklärt werden, die Mädchen gewaltsam ins Kloster zu stecken, damit die Vermögen nicht allzusehr aufgestückelt wurden.

Das Venedig des 14. Jahrhunderts war nicht immun geblieben für die typischen sozialen Unruhen eines großen Seehafens und für die Erscheinungen einer großen Metropole, wo die Bevölkerung sehr eng zusammenlebte und auch stark fluktuierte. Die

Strafprozesse geben ein genaues Zeugnis davon ab. Recht gesprochen wurde mit Disziplin und Strenge ohne Rücksicht auf Nationalität oder Klassenzugehörigkeit, ja, die Justiz mischte sich sogar in Arbeitsfragen ein. Samuele Romanin hat zu Recht die Maßnahmen hervorgehoben, die den Arbeitsschutz der minderjährigen Knaben und Mädchen dem Amt der *Giustizieri* anvertrauten. Ihnen oblag es, Arbeitsverträge dahin gehend näher zu untersuchen, »ob sie nicht gegen Gott und die Gerechtigkeit und zum größten Schaden für die besagten Knaben und Mädchen« seien. Die nächste, ähnlich ernsthafte gesetzliche Maßnahme zum Schutz der Minderjährigenarbeit findet sich erst Mitte des letzten Jahrhunderts.

Auf dem Gebiet der Rechtspflege ist ferner bemerkenswert, wie gewissenhaft der venezianische Gesetzgeber im Strafgesetz die moralischen und psychologischen Elemente bedachte und die verschiedenen Abstufungen jeder Straftat definierte, denen verschiedene Ebenen der Strafbarkeit entsprachen. Das Schema, das F. Thiriet anhand von Dokumenten aus den Archiven des Herzogtums Candia veröffentlicht hat, hat den Mord zum Gegenstand; dieser ist unterteilt in *simplex*, einfacher Mord (aus gerechtfertigter Notwehr, unfreiwillige, fahrlässige und dolose, also freiwillige, aber nicht vorsätzliche Tötung), und *omicidium deliberatum* (wiederum unterteilt in vorsätzliche, heimtückische, meuchlerische Tötung und Mord aus Habgier). Es sind alle Fälle vorgesehen, und der Richter konnte Motive und Merkmale des Verbrechens genau festlegen. Schon 1290 hatte der Große Rat den Richtern vorgeschrieben, Minderjährige unter vierzehn Jahren und Schwachsinnige als zu Absicht und Wollen Unfähige und daher Nichtverantwortliche niemals, nicht einmal im Fall von Mord, zu körperlichen Strafen zu verurteilen.

Wir möchten nicht den Eindruck erwecken, als ob das Venedig des 14. Jahrhunderts eine Art Schlaraffenland gewesen sei, wo zwischen Regierenden und Regierten nur Verständnis und Wertschätzung herrschten. Gewiß hatten im niederen und einfachen Volk nicht alle den Ausschluß von der Lenkung des Staates leichten Herzens oder gleichmütig hingenommen. Es muß jedoch wiederholt werden, daß das aus der sogenannten Schließung des

Großen Rates von 1297 hervorgegangene Regime in den vom Großen Rat ausgeschlossenen Gruppen niemals eine ernsthafte und systematische Opposition auslöste. Auch wenn der Konsens nicht vollkommen war, gab es, abgesehen von wenigen Ausnahmen, einen Quietismus, der die Grenzen der verbalen Kritik, des Spottes, des »Gemeckers« nicht überschritt. Die Entfernung der »Popolari« von der Macht war übrigens schrittweise erfolgt: Die Volksversammlung, der *Arengo*, sollte nach dem Tod des Dogen Tommaso Mocenigo auch den letzten Einfluß verlieren. Damals sollte nämlich beschlossen werden, daß die Wahl des Dogen dem *Arengo* nicht mehr zur formellen Billigung vorgelegt zu werden brauchte, und die mögliche Einberufung der Versammlung sollte als etwas Außergewöhnliches gelten.

Andererseits aber hatten die patrizischen Gesetzgeber aus einem tiefen Verantwortungsgefühl heraus die Prinzipien des Respektes für die anderen sozialen Schichten entwickelt; denn sie strebten eine Harmonie an, die das perfekte Funktionieren des von Behörden und Parlamenten getragenen Staates garantieren sollte, dessen Grundzüge bereits klar umrissen waren. Die Situation Venedigs erforderte Festigkeit: Trotz der politisch-diplomatischen Erfolge (im 14. Jahrhundert waren in der venezianischen Welt bereits die Gestalt und der Stil der großen Gesandten, der Stolz der späteren Jahrhunderte, voll ausgereift) und trotz des definitiven Erwerbes der großen ionischen Insel Korfu gefährdeten die überaus komplizierten Entwicklungen in Italien mehr denn je die Sicherheit der Stadt. Sie herrschte zwar in der Levante, aber ihr fehlte nach dem Verlust von Treviso immer noch ein zusammenhängendes Herrschaftsgebiet auf der Terra ferma, wo die Grenzen ungefähr noch dieselben waren, die man zur Zeit der Langobarden und König Liutprands festgelegt hatte.

## 8

Im großen italienischen Chaos stieg der Stern der Visconti, der Herren von Mailand, zum Zenit. Giangaleazzo, der mit seinem Zynismus und seiner Grausamkeit, aber auch mit seinem großen

Machtstreben die Zeit Cesare Borgias vorwegnahm, hatte die Lombardei unter seiner Herrschaft vereinigt. Von der Lombardei dehnte sich die Herrschaft der Visconti in besorgniserregender Weise aus und bedrohte schon Florenz und Bologna. Unmittelbarere Probleme kamen jedoch aus größerer Nähe, nämlich aus Padua, wo Francesco da Carrara sich hartnäckig um die Schaffung eines im östlichen Oberitalien vorherrschenden Staates bemühte.

Der Friede von Turin hatte den Carrarese, den »alten Fuchs«, sehr unbefriedigt gelassen. Wutentbrannt hatte er zusehen müssen, wie Venedig dem Herzog von Österreich Treviso abtrat, und – wenn auch ohne Erfolg – versucht, es sich gewaltsam zurückzuholen. Doch gegen klingende Münze war der Habsburger stets zu Verhandlungen bereit, und der Carrarese verfügte über große wirtschaftliche Möglichkeiten: 1384 kaufte er Treviso, Conegliano, Ceneda und Serravalle für einhundertsiebzehn Dukaten; zwei Jahre später für weitere siebzigtausend Dukaten Feltre und Belluno. Der Stadtherr von Padua hatte sich von den angestammten Rechten Venedigs über diese Gebiete nicht beeindrucken lassen, und sein Blick schweifte noch weiter, ins Friaul, das große Lehen des Patriarchen von Aquileja, wo der Bürgerkrieg zwischen Anhängern und Gegnern des Patriarchen Philippe d'Alençon ihm einen Vorwand zur Einmischung bot. Erneut zeichnete sich also für Venedig die Gefahr ab, von einer großen Festlandsignorie eingekreist zu werden. Außerdem führte eine der am meisten befahrenen venezianischen Handelsstraßen, nämlich die von und nach der Steiermark, Kärnten, Krain, Österreich und Böhmen, eben durch das Friaul. Deshalb ergriff Venedig die Partei der Stadt Udine und jener friaulischen Lehnsherren, die sich dem Patriarchen widersetzten. Francesco da Carrara hingegen glaubte ein Meisterstück zu vollbringen, als er Giangaleazzo Visconti auf seine Seite zog, um sich mit ihm in die Besitztümer der Scaligeri von Verona zu teilen. Diesmal freilich hatte der »alte Fuchs« einen noch schlaueren Fuchs gefunden, und als Giangaleazzo ohne Umschweife Verona und Vicenza annektierte, begriff er, daß er hintergangen worden war. Das wäre nun der Augenblick für einen Friedensschluß gewesen, doch sein Ehrgeiz und seine Halsstarrigkeit machten ihn so blind, daß er sogar seinen eigenen

Vorteil aus den Augen verlor. Im Mai 1388 mußte er schließlich erkennen, daß sein übermächtiger Nachbar wieder einmal das Lager gewechselt und sich mit der in all seinen Briefen ausdrücklich erklärten Absicht mit Venedig verbündet hatte, »den Herrn von Padua zu schädigen und zu verwirren«. Ein Mailänder Heer brach in seine Gebiete ein; Treviso, Conegliano, Ceneda und Castelfranco wurden den Venezianern übergeben; Padua und die anderen Besitzungen des Carraresen wurden dem Staat der Visconti einverleibt, und er selbst, der unermüdliche Architekt von Intrigen, Abmachungen, Bündnissen und Ränkespielen, fand sich gefangen und verschleppt in der Lombardei wieder, wo er fünf Jahre später sterben sollte, ohne daß es ihm gelungen wäre, die Freiheit wiederzuerlangen.

Nun begann sich Venedig – trotz seiner territorialen Rückgewinne – von einer Macht bedrängt zu fühlen, die viel größer war als die des Carraresen und mindestens ebenso aggressiv. Zwischen Venedig und Florenz, zwischen Venedig und Bologna wurde hin und her verhandelt: Alle fühlten sich von der Macht Giangaleazzos bedroht, und alle überlegten, wie sie sich seinem Griff entziehen könnten. Da geschah etwas, was niemand für möglich gehalten hätte: Ein neuer Carrarese, Francesco Novello, der Sohn des »alten Fuchses«, der unter abenteuerlichen Umständen aus der Gefangenschaft bei den Visconti geflohen war, erschien mit Truppen, Waffen und Geldern, die ihm zum großen Teil von Venedig geliefert worden waren, vor den Toren von Padua. Die Bürger empfingen ihn begeistert; Padua kam zusammen mit anderen Besitzungen seines Vaters wieder unter seine Herrschaft, und am 24. November 1392 befand sich Francesco Novello da Carrara wieder im Saal des Großen Rates, im Dogenpalast, wo er sich neunzehn Jahre zuvor als Bittsteller gedemütigt hatte, und dankte offiziell der Republik Venedig, die seiner Familie, welche bei dieser Gelegenheit ins venezianische Patriziat aufgenommen wurde, zum zweitenmal die Signorie von Padua zurückgegeben hatte.

Wenige Jahre darauf ermöglichten die ewigen Thronstreitigkeiten der Familie Este, der Markgrafen von Ferrara, es Venedig, sein Hinterland bis zur Südspitze ihres Territoriums auszudehnen. Als

Garantie für ein Darlehen über fünfzigtausend Golddukaten übergab ihm Nicolò III. d'Este den Polesine mit Rovigo als Pfand. Inzwischen hatte nach dem Tode Giangaleazzo Viscontis dessen Witwe ein Abkommen mit dem Carraresen gesucht und ihm Bassano, Feltre und Belluno versprochen. Venedig hatte dem Novello geraten, darauf einzugehen. Aber auch in ihm war die Habgier stärker als der Sinn für den eigenen Vorteil. Im Sommer 1403 drang er den Vereinbarungen zum Trotz mit Waffengewalt in die Lombardei ein. Rüde aus Brescia verjagt, ließ er sich mit Florenz ein, um ein Bündnis gegen die Visconti zu bilden, und kämpfte mit wechselndem Glück weiter gegen die Visconti. Dann fädelte er eine neue Intrige ein, liebäugelte mit den letzten Scaligeri im Exil und erbot sich, Verona als Gegenleistung für die Abtretung von Vicenza wieder in ihren Besitz zu bringen. Schließlich – und das war sein größter Fehler – akzeptierte er als Freund und Verbündeten Nicolò d'Este, der das Problem der fünfzigtausend Dukaten, die an Venedig zurückzuzahlen waren, dadurch zu lösen beabsichtigte, daß er nichts zurückgab und sich statt dessen mit Gewalt den Polesine zurückholte.

An diesem Punkt meinte Venedig endgültig, es sei unmöglich, freundschaftliche Beziehungen und ein Bündnis mit einer Dynastie zu unterhalten, die sich gegen Venedig auflehnte, nachdem sie schon zweimal durch dessen Intervention wiedereingesetzt worden war. Unter den venezianischen Politikern setzte sich immer mehr die Vorstellung durch, daß die einzige Art, sich dem Druck feindlicher oder unzuverlässiger Signorien auf die Grenzen zu entziehen, darin bestünde, jene Grenzen vorzuverlegen und im Rücken von Lagunenvenetien ein Territorium einzuschieben, das direkt, ohne Vermittler, kontrolliert und verteidigt werden könnte. Dieser Meinung war auch der Doge Michele Steno, der Nachfolger von Antonio Venier, ein Politiker von allererstem Rang, in dem man unmöglich den Lausebengel hätte wiedererkennen können, der fünfundvierzig Jahre zuvor wegen Beleidigung von Marino Falier verurteilt worden war. Die venezianische Diplomatie akzeptierte also die Avancen der Erben der Visconti, die verzweifelt nach Bündnissen Ausschau hielten, und durch ihr Geschick wurde Venedig in den links des Flusses Mincio gelegenen, bereits von Giangaleazzo eroberten Gebieten praktisch freie Hand gelassen.

Novello hatte unterdessen Verona eingenommen. Aber noch einmal hatte er zu einer List greifen wollen. Den plötzlichen Tod Guglielmos della Scala ausnutzend, der von ihm gemäß den Abmachungen wieder in die Signorie von Verona eingesetzt worden war, hatte er hinterrücks dessen beide noch blutjunge Söhne verhaften lassen und sich statt ihrer zum Herrn ausgerufen. Aber als er sich gleich darauf anschickte, Vicenza zu erobern, erwartete ihn dort eine höchst unwillkommene Überraschung: Keineswegs bereit, in seine Hände zu fallen, hatten die Bewohner von Vicenza Venedig ihre Kapitulation angeboten, und Venedig hatte sie angenommen. Somit war der Angriff des Carraresen auf Vicenza ein Angriff auf ein Gebiet der *Serenissima.* Es trat ihm also ein Gegner von ganz anderer Statur entgegen als der, mit dem er gerechnet hatte, und dieser Gegner forderte ihn als erstes mit eisiger Höflichkeit zum Abzug auf.

Der Carrarese suchte Vorwände, um die Räumung des einen oder anderen Gebietes im Vicentino hinauszuzögern, und schlug Verhandlungen und Vermittlungen vor. Aber der venezianische Senat gab nicht nach, und das bedeutete: keine Verhandlungen, solange die Gebiete, die der Republik gehörten, nicht geräumt wurden. Da Novello nicht wollte, gab es keine andere Wahl als Krieg.

Novello hatte die Grenze befestigt und sich mit dem Este verbündet, doch dieser mußte, als er von dem mit den Venezianern verbündeten Stadtherrn von Mantua angegriffen wurde, den Polesine Hals über Kopf verlassen und sich einer Friedensforderung zu harten Bedingungen beugen. Nach langen Feindseligkeiten handelten die Bürger von Verona ihre Kapitulation aus und versuchten, von den Venezianern die besten Garantien zu bekommen. Jacopo da Carrara, Novellos Sohn, wurde gefangengenommen und nach Venedig geschickt. Novello selbst war im belagerten und von der Pest verheerten Padua eingeschlossen, hoffte aber weiterhin auf eine unmögliche Wende des Schicksals. Stolz hatte er zweimal sehr ernst gemeinte Angebote ausgeschlagen, die ihm der Senat unterbreitet hatte, um ihn zum Aufgeben zu bewegen. Als es eben so schien, als ob er bereit wäre, auf eine ehrenhafte Kapitulation, die ihm Leben und Besitz garantiert hätte, einzugehen, brach er plötzlich die Verhandlungen ab und ging zum Gegenangriff über. Aber nun war Padua selbst am Ende, und die Paduaner wollten nicht das gleiche erleben wie Zara oder Candia, und den Phantastereien Novellos, der nach wie vor das Eintreffen nicht existierender Hilfe aus Florenz, aus Genua und aus Ungarn ankündigte, glaubte niemand mehr. Am 13. November 1405 ließ der Carrarese den venezianischen Kommandanten Francesco Bembo wissen, daß er zu Verhandlungen bereit sei. Indes – es war zu spät. Der Senat gab seinerseits zu verstehen, daß er der Hinhaltetaktik überdrüssig sei, und befahl Bembo, nicht einmal zu antworten und anzugreifen. Am 22. November zogen die Venezianer in die Stadt ein. Am selben Tag unterzeichneten die paduanischen Notabeln die feierliche Urkunde, mit der die Unterwerfung Paduas unter die Republik Venedig besiegelt wurde.

So hatte sich innerhalb von nur zwei Jahren die Einigung Festlandvenetiens unter der venezianischen Herrschaft vollzogen: Verona, Vicenza, Padua, Rovigo, Treviso, Belluno, Feltre und Ceneda gehörten nunmehr zum Herrschaftsgebiet auf der Terra ferma. Damit endete eine Entwicklung, die neunhundert Jahre zuvor mit der Ankunft der Langobarden in Italien und der Bildung des ersten Kerns des späteren venetischen Dukats begonnen hatte. Die Nachkommen jener Flüchtlinge, die die römisch-venetische, von den Invasoren bedrohte Tradition in die Lagunen gebracht hatten, bildeten nun fast wieder die alte territoriale Einheit, von der sie abgetrennt worden waren.

Die neu einverleibten Gebiete wollte das siegreiche Venedig nicht stiefmütterlich behandeln. Überall garantierten die örtlichen Verfassungen, gebilligt vom Dogen und vom Großen Rat, ein gewisses Maß an Autonomie und sicherten den produktiven Tätigkeiten weitreichenden Schutz zu. Überall wurden die Forderungen der Justiz gerecht und streng beachtet. Aber überall wurden an der Spitze der örtlichen Verwaltung *Rettori* (*Podestà* und *Capitani*) eingesetzt, die der Große Rat von Venedig aus seinen eigenen Reihen wählte und die nur gegenüber der *Signoria* und dem Senat von Venedig verantwortlich waren.

Man hat wiederholt bemerkt, daß der Ausschluß der führenden Schichten von den Regierungsämtern ein grundlegender Fehler Venedigs war: Hätte man sie in den Machtbereich des venezianischen Systems einbezogen, hätten sie sich an die Geschicke des venezianischen Staates gebunden gefühlt. Die Tatsache aber, daß sie sich davon ausgeschlossen fühlten, war der Grund für ihr – allerdings mit vielen Ausnahmen – illoyales Verhalten gegenüber der Republik in den späteren, stürmischen Wechselfällen der Geschichte. Zweifellos nährten der Ausschluß und die Unterordnung einen Groll, der bis zum Fall der Republik bei mehr als nur einer Gelegenheit auf gewalttätige Art zum Ausbruch kommen sollte.

Solidarität fand Venedig dagegen immer beim Volk, das seinerseits in der venezianischen Macht und ihren Repräsentanten Verteidiger gegen die Übergriffe des Adels hatte. Auch das einfache Volk auf dem Land erkannte trotz seines Elends die Republik als natürliche Beschützerin vor den Gesetzesübertretungen der Lehnsherren an und zog sie diesen in den Stunden der Gefahr vor. Auf dieses Thema werden wir noch zurückkommen.

Doch wenden wir uns zunächst dem Schicksal der letzten Carraresen zu, dem traurigen Kontrapunkt zu der langen Reihe von Festen und Zeremonien, mit denen der Sieg gefeiert worden war. Jacopo da Carrara befand sich bereits in Venedig im Gefängnis. Am Tag nach der Eroberung von Padua wurden Francesco Novello und sein anderer Sohn, Francesco III., auch dorthin gebracht. In Venedig wurden sie vom Volk sehr unfreundlich empfangen, weil das Gerücht umlief, Novello habe versucht, die Trinkwasserbrunnen zu vergiften (dieselbe Beschuldigung, die man früher gegen seinen Vater vorgebracht hatte), und als sie dem Dogen vorgeführt wurden, antwortete Michele Steno auf die verlegenen Worte des Carraresen, daß er das bekommen werde, was er verdiente.

Keine zwei Monate später verbreitete sich die Nachricht in der Stadt, daß die Carraresen – alle drei – tot seien. Der Rat der Zehn hatte gründliche Nachforschungen über ihre tatsächlichen und mutmaßlichen Machenschaften angestellt. Das Geld, mit dem Novello sehr verschwenderisch umgegangen war, hatte die Gewissensbisse unverdächtiger Leute bezwungen, und man befürchtete sogar, er habe – wie sein Vater, Francesco der Ältere – versucht, im venezianischen Lager eine fünfte Kolonne zu bilden. Aber vielleicht lagen weniger diese Entdeckungen und Verdächtigungen der Entscheidung des Rats der Zehn zugrunde, die dazu führte, daß die drei Unglücklichen durch die Hand des Henkers im Kerker starben, als vielmehr die Überzeugung, daß die Carraresen in jedem Fall eine Gefahr bedeutet hätten und daß man sich auf ihr zu oft von den Tatsachen widerlegtes Wort nicht verlassen konnte.

Historiker und Romanschriftsteller haben sich über diese gnadenlose Liquidierung eines besiegten Feindes und seiner Söhne aufgeregt. Es war ein grausamer Beschluß, der sich sehr schwer rechtfertigen läßt, aber man muß an die endlose Reihe derer erinnern, die allein die italienischen *Signori* und Fürsten – einschließlich der Päpste – in der Zeit zwischen dem Mittelalter und der Renaissance der sogenannten Staatsräson geopfert haben. Ein Jahrhundert später sollte Nicolò Machiavelli in seinen Schriften die von dem idealen Fürsten geübte Praxis des politischen Mordes preisen. Der Tod der Carraresen sollte die entmachteten Herren und deren Anhänger vor einem Revanchismus warnen. Die grausame Moral zog das einfache Volk aus dem Vorfall, wenn es die Nachricht von Novellos Ende mit folgenden Worten kommentierte: *Homo morto, vera finìa* (»Der Mann ist tot, der Krieg ist aus«).

Die traurige Geschichte sollte noch andere, unangenehme Überraschungen nach sich ziehen. Unter Novellos Papieren fand man außer Anmerkungen, die zwei andere venezianische Adlige kompromittierten, auch eine, die eine Zahlung von vierhundert Dukaten an Carlo Zen betraf, den Helden des Chioggiakrieges, jenen Mann, der bei vielen anderen Gelegenheiten in der aufsehenerregendsten Weise seine uneingeschränkte Liebe für Venedig bewiesen hatte, den Ritter ohne Furcht und Tadel des venezianischen Patriziats. Mit der üblichen Ungerührtheit verzeichneten die Akten des Rates der Zehn die Vorladung des berühmten Mannes (der – unter anderem – einer von denjenigen gewesen war, die während der Belagerung von Padua in letzter Not mit dem Carraresen verhandelt hatten), den Beschluß, der mit einer Mehrheit von vierzehn Stimmen gefaßt wurde, ihn vor Gericht zu stellen, die verschiedenen Strafanträge und schließlich das Urteil, das ebenfalls mit vierzehn Stimmen angenommen wurde. Der Spruch lautete: ein Jahr Kerker und Ausschluß von den öffentlichen Ämtern.

Dieses Verfahren und dieses Urteil gegen einen verdienten Bürger haben die Historiker erschaudern lassen. Uns scheinen sie dagegen eher ein Zeugnis für die strenge Unparteilichkeit des Gerichtes zu sein. Auch wenn Carlo Zen ein Held war, auch wenn seine Verdienste unbestritten sind, hatte er doch dieses Geld angenommen, und darüber gibt es keinen Zweifel; denn auch diejenigen, die im Rat der Zehn seine Partei ergriffen, wollten ihn dennoch verpflichten, es dem Staatsschatz zurückzuerstatten, weil es nicht, wie das Gesetz es vorschrieb, deklariert worden war. Nicht einmal der Klassengeist konnte die Konsequenzen verhindern, keine allzu schlimmen Konsequenzen allerdings, wie die Milde der Strafe zeigt (es scheint, daß es sich um eine Zurückerstattung handelte), aber immerhin wurde eine Tat bestraft, die aus keinem Grund ungesühnt bleiben durfte. Letzten Endes war dies ein Beweis für die Festigkeit und die wesentliche Funktionstüchtigkeit des Systems.

Damit verschwand Carlo Zen, der Prokurator von San Marco, aus dem politischen Leben. Die Legende schreibt ihm noch andere, nicht weniger fabelhafte Abenteuer zu als die, die die Geschichte verzeichnet und von denen wir berichtet haben. In Wirklichkeit widmete sich der greise Generalkapitän zur See nach Verbüßung seiner Strafe den Studien und bewegte sich in der gebildeten Welt, von der er ebenso beweint wurde wie von den Matrosen, die bei seinem feierlichen Staatsbegräbnis um die Ehre baten, ihn auf ihren Schultern tragen zu dürfen.

## VII
## DIE GRÖSSE

### 1

Der Doge Tommaso Mocenigo, der 1414 Michele Steno nachgefolgt war, richtete in den letzten Tagen des Jahres 1423, als er seinen Tod nahen fühlte, eine Ansprache an die Mitglieder der *Signoria*. Dabei zählte er mit berechtigtem Stolz die Wirtschaftsdaten auf, die für den einzigartigen Wohlstands verantwortlich waren, zu dem Venedig während seiner Amtszeit gelangt war. Wie wir sehen werden, sollte die Rede – wenn sie überhaupt je gehalten wurde* – verhindern, daß der Prokurator von San Marco, Francesco Foscari, zum Dogen gewählt wurde, weil Mocenigo ihn für einen sehr gefährlichen Kriegshetzer hielt. Aber die Daten, die zum großen Teil auch von anderen Quellen bestätigt werden, vermitteln uns ein glaubwürdiges Bild von der venezianischen Wirtschaft, wie sie sich am Ende der ersten zwanzig Jahre des 15. Jahrhunderts darstellte.

Obwohl es sehr schwer ist, die Zahlen in bezug auf die Gegenwart einzuschätzen, sind sie doch aufschlußreich. Die Staatsschuld war von zehn auf sechs Millionen Dukaten herabgedrückt worden, auf die der Staat pünktlich alle halbe Jahre Zinsen zahlte. Das Jahreseinkommen betrug 1614000 Dukaten, und der Gesamtwert der der Stadt Venedig gehörenden Immobilien belief sich auf 7050000 Dukaten. Die eindrucksvollsten Zahlen aber betrafen den Seeverkehr: zehn Millionen Dukaten im Jahr für den Export und ebensoviel für den Import; dreihundert große Schiffe

* Wir folgen dem Text der *Cronaca Dolfina* (Cod. Marc. VII, 794, c. 24), abgedruckt bei H. Kretschmayr, *Geschichte von Venedig*, II, Gotha 1920, S. 617f.

und dreitausend Schiffe mit geringerer Tonnage sowie fünfundvierzig Galeeren, die das ganze Jahr über im Dienst waren. Insgesamt waren nicht weniger als sechsunddreißigtausend Seeleute angeheuert. Es gab dreitausend Schiffszimmerleute und dreitausend Kalfaterer; die Textilindustrie allein beschäftigte sechstausend Arbeiter. Dann folgte eine Aufzählung einiger der wichtigsten Daten in bezug auf den Handelsaustausch: Die Florentiner allein importierten neben den raffinierten Erzeugnissen ihrer Webereien alljährlich 150000 Dukaten, um auf dem venezianischen Markt französische und katalanische Wolle, Seide und Färbemittel, Wachse, Gold und Silber im Rohzustand und bearbeitet, Zucker und Gewürze, Leder und Schmuck zu erwerben. Die venezianische Münze prägte jedes Jahr 1200000 Golddukaten und Silbermünzen im Wert von 800000 Dukaten. Der Lebensstandard war hoch: »Ihr habt gesehen, [wie] unsre Edelleute und Bürger leben.« Die Venezianer hätten nach Ansicht des betagten Dogen, der in seiner Jugend ebenfalls Kaufmann gewesen war, die »Gebieter über das Gold der Christenheit« werden können, und dann hätte die ganze Welt sich vor ihnen gefürchtet und ihnen als Herren der abendländischen Wirtschaft ihre Ehrerbietung erwiesen.

Der wirtschaftlichen Lage entsprach eine allgemein überaus positive Situation. In den ersten Jahren des Jahrhunderts war es noch zu einem Zusammenstoß mit Genua gekommen, doch der alte Rivale blieb zwar auf ökonomischem Gebiet ein starker Konkurrent, stellte aber militärisch keine Bedrohung mehr dar. Venedigs Besitzungen in der Levante hatten sich vermehrt. Das Banner von San Marco wehte jetzt auch über Nauplia und Argos, über Malvasia an der südöstlichen Spitze des Peloponnes und über der Festung Bodonitza, die den Thermopylenpaß bewachte. Geld hatte die Rückgabe von Zara ermöglicht, das 1409 von König Ladislaus von Ungarn für einhunderttausend Goldflorin verkauft worden war. Doch als Kaiser Sigismund den Verkauf rückgängig machen wollte, hatte Venedig ihm in einem gnadenlosen Krieg getrotzt, in dessen Verlauf die ungarischen Truppen den Tagliamento überschritten, Feltre und Belluno besetzten und bis Verona vordrangen, an dessen Ende jedoch eine erneute territoriale Erweiterung der venezianischen Terra ferma stand.

Das Friaul war seit Jahrhunderten nach dem Kirchenstaat das zweitgrößte kirchliche Lehen in Italien; der Patriarch von Aquileja regierte es als unmittelbarer Vasall des Kaisers. Auf dem Patriarchenthron von Aquileja, der zuerst in Cividale und dann in Udine stand, hatte sich eine ganze Reihe von deutschen Fürsten abgelöst, die die besten Lehen unter ihren eigenen Anhängern aufteilten. Aber mit der Zeit war es der venezianischen Diplomatie gelungen, auf die Wahl des Patriarchen Einfluß zu nehmen. Für sie war das Friaul vor allem die obligate Durchgangsstation für die Waren, die nach Kärnten und Österreich transportiert wurden, und für das steirische Eisen auf dem Weg nach Venedig. Und in der *Patria del Friuli* – einer Art Palament, in dem die kleinen kirchlichen und weltlichen Grundbesitzer des Friaul vertreten waren – traf die provenezianische Partei unter der Führung der Familie Savorgnan auf immer mehr Sympathien.

Nach der Rückeroberung von Feltre und Belluno durch die Venezianer schickte die Stadt Cividale, die nach einer typisch italienischen Logik für Venedig war, weil Udine den mit König Sigismund von Ungarn verbündeten Patriarchen unterstützte, 1419 Gesandte nach Venedig. Sie sollten herausfinden, wie weit die Republik im Kampf zu gehen beabsichtigte. Die Botschafter hatten nach Cividale geschrieben, daß die Venezianer bis zum Äußersten zu gehen entschlossen seien, »selbst wenn es sie die *Pala* von San Marco und die Fundamente ihrer Häuser kosten sollte«. Daraufhin hatte sich Cividale sofort Venedig ergeben. Sigismund, an allen Fronten angegriffen, hatte nichts daran ändern können, und auch Udine und die anderen friaulischen Städte hatten ihre Übergabe an Venedig unterzeichnet. Im selben Jahr hatte der *Capitano in Golfo* Piero Loredan mit Waffengewalt die venezianische Herrschaft über ganz Dalmatien wieder voll hergestellt. Er war sogar noch weiter nach Albanien vorgerückt und hatte auch Skutari, Antivari und Dulcigno, ein berüchtigtes Piratennest, erobert.

Aber kehren wir zur mutmaßlichen Rede von Tommaso Mocenigo zurück (den seine Freunde übrigens Tommasone nannten; eine Jacopo dalle Masegne zugeschriebene Statue zeigt ihn mit scharfen Zügen, vorspringenden Jochbögen und mit einem Spitzbärtchen nach Art des Pantalone dei Bisognosi, der berühmten Figur aus der Commedia dell'arte). Nachdem der Doge die Voraussetzungen für den Wohlstand der Republik dargelegt hatte, sagte er den *Consiglieri* fast hinterhältig: »Und damit ich von euch erfahren kann, wen ihr zum Dogen wählen werdet, sagt es mir heimlich ins Ohr, damit ich euch bestätigen kann, wer es verdient ...« Und nun zählte er eine ganze Reihe erfahrener und tüchtiger Senatoren auf, »genügend weise Männer«, die für das höchste Amt bestens geeignet seien; ihm waren alle recht bis auf Messer Francesco Foscari, der »Lügen sagte und auch viele völlig unbegründete Sachen ... und der sich wie die Räuber aufführte«. Wenn er – was Gott behüte! – Doge werden sollte, »werdet ihr schon bald im Krieg sein«, und »wer zehntausend Dukaten hat, wird dann nur noch tausend haben, wer zehn Häuser hat, wird nur noch eines, wer zehn Jacken oder Strümpfe und Hemden hat, wird Mühe haben, jeweils ein Stück davon zu haben, und so geht es mit jeder anderen Sache, weil ihr euer Gold und Silber, eure Ehre und euer Ansehen zerstören werdet«. Die Schmährede wurde mit einer Drohung fortgesetzt: »Und wo ihr Herren seid, werdet ihr die Vasallen von Kriegern, Troßknechten und Kindern sein ... Handelt nach dem, was ihr euch denken könnt, und ihr und eure Kinder werdet glücklich sein.«

Wer war dieser Foscari, den Tommasone in einer anderen Rede mit unverhohlener Ironie »unseren jungen Prokurator von San Marco« nennt? Er war als blutjunger Mann in die Politik gegangen; mit siebenundzwanzig war er bereits einer der drei Vorsteher der Vierzig, obwohl er noch nicht einmal das gesetzliche Mindestalter erreicht hatte, und war mit Michele Steno der Überzeugung, daß Venedig sich durch die Eroberung der venetischen Terra ferma den Rücken frei machen sollte. Jetzt war er neunundvierzig Jahre alt und der anerkannte Führer jener Partei, die Venedig dazu bewegen wollte, sich mit allen Kräften in der italienischen Politik zu engagieren, seine Trümpfe auf dem Festland gründlich auszuspielen und sein ganzes Gewicht in dem um die Visconti entbrannten Streit in die Waagschale zu werfen, die sich wieder einmal um die Schaffung eines großen Herrschaftsgebietes in Oberitalien bemühten.

Bis vor nicht allzu langer Zeit hatte sich Venedig völlig auf das Meer und auf Übersee konzentriert. Wenn es sich auf dem Festland ausgedehnt hatte, dann hauptsächlich, um sich selbst und seinen Warenverkehr zu schützen, und nicht so sehr – wie behauptet wurde –, um die Investitionen seiner Bürger in Grundbesitz zu schützen. Die Verlagerung des wirtschaftlichen Interesses vom Seehandel auf das Festland datiert aus späterer Zeit. In der Auseinandersetzung zwischen Tommasone Mocenigo und Francesco Foscari klang höchstens die uralte Streitfrage wieder an: Sollte sich die venezianische Politik auf Italien konzentrieren, oder sollte sie sich heraushalten und weiterhin in die Ferne schweifen, übers Meer hin zum Orient, zum Kolonialreich? Zu anderen Zeiten hatte man über diese Alternativen mit dem Schwert gestritten, nun erörterte man sie in langen parlamentarischen Beratungen im *Pregàdi* und im Großen Rat, wo Francesco Foscari mit seinem Scharfsinn und seiner hervorragenden Redegewandtheit glänzte (dies berichtet uns ein Zeitgenosse). Aber man muß einräumen, daß sich auch die Grundmuster der Politik tiefgreifend verändert hatten.

Tommaso Mocenigo hatte vollkommen recht. Alle seine düsteren Prophezeiungen sollten sich Punkt für Punkt bewahrheiten. Aber wie konnte sich Venedig aus dem italienischen Chaos heraushalten, nachdem die Erfahrung gelehrt hatte, wieviel Einfluß die politischen Ereignisse in Italien eben auf die Entwicklung des Handels, der Grundlage und Quelle seines Reichtums und seiner Macht, haben konnten, wenn die Verkehrsströme auf den Flüssen und über Land blockiert wurden? Denn wenn der Seehandel das Venensystem Venedigs war, dann bildete der Handel über Land und auf den Flüssen sein Arteriensystem ...

Und die Visconti? Herzog Filippo Maria, nicht weniger ehrgeizig und skrupellos als Giangaleazzo, strebte die Herrschaft über ganz Mittel- und Oberitalien einschließlich Florenz an. Hätte man ihn wirklich ignorieren können? Oder, besser gefragt: Hätte er es selbst zugelassen, daß Venedig ihn ignorierte? Die Entstehung einer starken Einheit auf dem Festland dicht hinter der Lagune stellte wieder einmal eine wirkliche und direkte Gefahr dar.

Francesco Foscari hatte also gar nicht so unrecht, wenn er der unaufhaltsamen Entwicklung der Dinge ins Gesicht blickte und meinte, es sei besser, die Zügel selbst in die Hand zu nehmen und die Entwicklung dorthin zu lenken, wo die Interessen der Republik lagen, anstatt hinnehmen zu müssen, daß die anderen die Initiative ergriffen.

Mocenigo hatte jedoch in seiner berühmten Rede noch einen anderen sehr schwerwiegenden Punkt berührt. »... der Krieg der Türken mit euch hat tapfere Männer hervorgebracht mit Erfahrung auf See, die sich in jeder Situation – sowohl in der Regierungs- als auch in der Kriegskunst – bewährt haben«, so daß ihr Befehlshaber, Mannschaften und Armbrustschützen für weniger als hundert Galeeren habt, »damit die Welt sagt: Die Venezianer sind die Herren der Kapitäne, der Besatzungen und der Galeerenrudermannschaften.« Der Einzug der Türken nach Europa war nichts Neues mehr, zog aber schwerwiegende Folgen nach sich. Tommaso Mocenigo selbst hatte das Geschwader befehligt, das im letzten Augenblick den von den neuen Eroberern vernichtend geschlagenen Kaiser Sigismund rettete. Die Türken waren dann von Piero Loredan auf See, in den Gewässern vor Gallipoli, bezwungen worden. Aber höchstwahrscheinlich sollte das Lob, das der alte Admiral und Kaufmann, den man zum Dogen gewählt hatte, den Kapitänen, Besatzungen und Rudermannschaften zollte, den Ernst einer Bedrohung unterstreichen, die eben aus dem Orient kam, und zwar ausgerechnet aus den Orten, wo Venedig das Gold, die Grundlage seiner Macht, herholte. Die Aufforderung, Francesco Foscaris Plan einer Expansion auf der Terra ferma nicht zu unterstützen, wäre also aus der durchaus berechtigten Sorge heraus geboren, daß die Ressourcen und Kräfte, die bald zur Verteidigung der Herrschaft und der Routen nach Übersee mobilisiert werden müßten, verschwendet werden könnten.

Wie dem auch sei, nach Tommaso Mocenigos Tod wurde Francesco Foscari zum Dogen gewählt, und die Dinge nahmen den Lauf, den sein Vorgänger von Foscari erwartet hatte. Doch noch zu Tommasones Lebzeiten hatten sich die Verhältnisse so entwickelt, daß jeder andere, der in dieser schwierigen Situation Doge geworden wäre, diese Richtung hätte einschlagen müssen.

Neunhundertelf Patrizier waren bei der feierlichen Einweihung des Saals des Großen Rates anwesend. Zur Zeit seiner Fertigstellung hatte Venedig Saloniki, die zweitgrößte Stadt des Byzantinischen Reiches, gegen klingende Münze erworben, und gleichzeitig wurde ein Vertrag mit den Türken ausgearbeitet, die inzwischen weiter nach Albanien und auf den Peloponnes vorgerückt waren. Angesichts der wachsenden Spannungen innerhalb Italiens war Venedig weiterhin bemüht, die größte Vorsicht walten zu lassen. Filippo Maria Visconti eroberte Imola und Faenza, und Venedig verschloß sich den Hilferufen von Florenz, das sich mit ihm gegen Visconti verbünden wollte. Es verschloß sich auch dann noch, als diese Appelle nach der Niederlage von Zagonara immer verzweifelter klangen. Aber zu viele andere Dinge lasteten auf Venedig, angefangen bei den Machenschaften der Erben der Scaligeri und der Carraresen, der beiden entmachteten venetischen Dynastien, bis hin zur Dialektik von Francesco Bussone, genannt Carmagnola, einem Verwandten von Filippo Maria Visconti. Carmagnola war einer der »Superstars« unter den Söldnerführern (andere Stars waren Francesco Sforza, der damals im Sold von Visconti stand, und Niccolò Piccinino, der den Florentinern diente), der nach einem Streit mit dem Herzog von Mailand nach Venedig geflohen war und das Feuer schürte. Die neuen Niederlagen, die die Florentiner in Anghiari und auf der Faggiola erlitten, bewogen den Senat, endlich eine Entscheidung zu treffen, und im Dezember 1425 wurde das Bündnis mit Florenz geschlossen.

Nun begann eine Reihe von Feldzügen, die, von mehr oder weniger kurzen Friedensperioden unterbrochen, mehr als dreißig Jahre dauern sollten. Diese Feldzüge waren aber nur ein Vorspiel zu anderen, noch schlimmeren Geschehnissen. Auf Schlachtfeldern geführte Kriege und diplomatische Kriege überschnitten sich pausenlos in einer Welt, die die List als eine der raffiniertesten Künste pflegte. Venedig sollte einen sehr hohen Preis für sein Engagement zahlen – in rein wirtschaftlicher Hinsicht, weil die zynischen und habgierigen Söldnerführer, regelrechte Kriegsindustrielle, und alle Operationen, die die Strategie des Konflikts notwendig machten, riesige Summen verschlangen. Politisch hatte das Engagement schwerwiegende Konsequenzen für Venedig, weil die »Mailänder Kriege« es ausgerechnet im Augenblick der größten Bedrängnis durch die Türken zwingen sollten, in der Levante nicht ausreichend präsent und aktiv zu sein. Außerdem weckten seine in Italien erzielten Erfolge Haß- und Neidgefühle in einem Ausmaß, das alle bisherigen Erfahrungen in den Schatten stellte.

Die erste Phase des Konfliktes endete mit dem Frieden vom 30. Dezember 1426, der der venetischen Terra ferma die Stadt Brescia und deren Provinz hinzufügte. Gewiß ein schöner Neuerwerb, aber im Jahr darauf wurde schon wieder gekämpft; unter anderem kam es zu der bekannten und beinahe unblutigen Schlacht von Maclodio, die Alessandro Manzoni zu einer berühmten Ode angeregt hat. Ein neuer Friedensschluß brachte Venedig 1428 Bergamo und einen Teil des Cremonese ein. Ein weiterer schöner Erwerb, aber die Kriegskosten lagen in jenem Augenblick schon bei über zwei Millionen Dukaten, und Filippo Maria Visconti dachte nicht im Traum daran, sich geschlagen zu geben, ja, er versuchte sogar, außer Kaiser Sigismund auch die Türken auf seine Seite zu ziehen (bei diesen italienischen *Signori* war das Machtstreben ebenso ausgeprägt wie ihre Skrupellosigkeit). 1430 wurden die Feindseligkeiten abermals aufgenommen.

Eben in jenem Jahr verübte ein Edelmann aus dem Hause Contarini, Andrea, genannt »der mit der Nase«, ein Attentat auf den Dogen Foscari und verunstaltete ihn mit einem angeblich aus Zypressenholz geschnitzten Dolch. Die Chronisten spielen den Vorfall herunter: Contarini sei ein armer Irrer gewesen, befallen von einer Art Verfolgungswahn. Die modernen Historiker jedoch sehen in der Geste des armen Kerls, der sofort vor Gericht gestellt und zum Tode verurteilt wurde, eher den Ausdruck eines in der venezianischen Gesellschaft tiefsitzenden Unbehagens, einer schleichenden Opposition innerhalb der Patrizierklasse gegen die vorherrschende Partei, eines grundsätzlichen Überdrusses an dem sich ewig hinziehenden Kriegszustand, der sich immer tiefer und beunruhigender auf die Wirtschaft und die Zukunft der Stadt und der Republik auswirkte.

Während auf dem Po gekämpft wurde, erschien Genua, inzwischen mit den Visconti verbündet oder vielmehr ihnen unterworfen, wieder bewaffnet auf dem Meer, griff die Inseln der venezianischen Lehnsherren in der Ägäis an und plünderte sie aus. Die Venezianer reagierten schnell und sehr hart. Im August vernichtete die Flotte Piero Loredans, des Siegers von Gallipoli, die genuesische Flotte vor San Fruttuoso nahe Rapallo, praktisch vor Genuas Haustür. Unterdessen jedoch verwüsteten die Ungarn Kaiser Sigismunds das Friaul, und dem Grafen von Carmagnola, dem venezianischen Generalissimus, gelang es nicht, ihnen wirksam entgegenzutreten.

Konnte er nicht, oder wollte er nicht? Jener ausgezeichnete politisierende General gab dem venezianischen Senat Anlaß zu Besorgnis und Zweifeln. Er war kurz zuvor als Befehlshaber bestätigt worden, doch seit längerem legte er ein etwas merkwürdiges Verhalten an den Tag. Im Senat meinten manche, daß er herumtrödele, weil er – steinreich, wie er war – in der Führung des Krieges nicht genügend Anreize finde, und schlugen vor, man solle ihm zur Ermunterung anbieten, ihn an dem Tag zum Herrn von Mailand zu machen, an dem er Filippo Maria aus dem Wege räumte. Das Angebot hatte wenig Erfolg und noch weniger, als es gegen Ende 1431 erneuert wurde. In vielen regte sich dann der Verdacht, er habe sich mit Filippo Maria geeinigt; manche glaubten sogar, seine Lauheit gegenüber dem Angebot der *Signoria* rühre von seiner Überzeugung her, Mailand auch ohne so große Anstrengungen bekommen zu können – durch Erbschaft oder infolge eines Familienabkommens mit dem Herzog, mit dem er schließlich verwandt war. Die von den Zehn angeordnete Überwachung seiner Korrespondenz lieferte, wie es scheint, die Beweise für seine geheimen Abmachungen mit Visconti, der ihm die Signorie von Brescia angeboten haben soll. Er wurde in Venedig verhaftet, wohin man ihn unter dem Vorwand einer Konsultation gerufen hatte; doch leider sind die Akten des Prozesses, in dessen Verlauf der Rat der Zehn ihn zum Tode verurteilte, bei einem der Brände des Dogenpalastes verlorengegangen. Die Beweise müssen allerdings erdrückend gewesen sein, denn – und das ist uns bekannt – das Todesurteil wurde mit einer überwältigenden Mehrheit angenommen. Alles, was man über die Umstände der Verhaftung des Grafen weiß, läßt im übrigen erkennen, daß sein Gewissen keineswegs ruhig war. Im Dogenpalast angelangt und mit allen Ehren empfangen, wurde ihm mitgeteilt, daß es für das Treffen mit dem Dogen schon zu spät sei und daß man es auf den nächsten Tag verschoben hätte. Carmagnola schickte sich daraufhin an, zur *Riva* zu gehen, wo seine Gondel vertäut lag, aber einer der Edelleute, die ihn eskortiert hatten, bat ihn, sich einem anderen Bogengang des Palastes zuzuwenden. »Das ist nicht mein Weg«, sagte der Graf. »Doch, doch«, wurde ihm geantwortet, »das ist der richtige Weg.« Dort sah der Söldnerführer, wie sich die Tür öffnete, die zum »Orba« genannten Gefängnis führte und die etwa dem heutigen Eingang zu den *Pozzi* entspricht. Er erblaßte, verlor die Fassung und konnte nichts anderes sagen als: »Ich bin verloren.« Kurzum, er verhielt sich wie jemand, der sich verraten und entlarvt sieht. Am 5. Mai 1432 wurde er enthauptet. Die Überzeugung von seiner Schuld wurde allgemein noch durch die grauenhafte Behandlung verstärkt, die Filippo Maria Visconti dem Patrizier Giorgio Corner, seinem Gefangenen, zuteil werden ließ, der sieben Jahre lang ununterbrochenen Verhören und brutalen Folterungen unterzogen wurde, um aus ihm herauszuholen, was genau die *Signoria* über seine Machenschaften mit Carmagnola hatte erfahren können. Dieser bekam ein prunkvolles Begräbnis und wurde nach seinem Tod unbegreiflicherweise zum Märtyrer erhoben, als ob nicht viele, allzu viele italienische Fürsten und Herren die Gewohnheit gehabt hätten, die Söldnerführer ohne auch nur die mindeste Andeutung eines Prozesses ins Jenseits zu befördern. Und als ob die herrschende Klasse Venedigs mit der Tatsache, daß ein verräterischer General vor Gericht gestellt und nicht sofort ermordet wurde und daß man auch noch Verteidiger für ihn fand (die Minderheit hatte für mildere Strafen gestimmt), neue Schuld auf sich geladen hätte.

Wie dem auch sei, Carmagnolas Hinrichtung hatte jedenfalls keinen Einfluß auf den verwickelten und stürmischen Gang der Ereignisse, mit dem man – angesichts des Wechselbades von Siegen und Niederlagen und der plötzlichen Kehrtwendungen von Filippo Maria Visconti – nur schwer Schritt halten konnte. Wie bei einem Schachspiel, dessen Figuren ausgetauscht wurden, finden wir Genua vier Jahre später im Aufstand gegen Visconti und ebenso mit Venedig verbündet wie Kaiser Sigismund, während Francesco Sforza, der nun, da es den Grafen Carmagnola nicht mehr gab, die Rolle des »Superstars« unter den Söldnerführern übernommen hatte, im Sold der venezianischen *Signoria* stand. Marsilio da Carrara versuchte, sich mit der Unterstützung des frustrierten örtlichen Adels die Signorie von Padua zurückzuerobern. Als letzter seines unglücklichen Geschlechtes wurde er zwischen den beiden Säulen auf der Piazzetta enthauptet. Belagert von den Mailänder Truppen, die diesmal von Niccolò Piccinino befehligt wurden, leistete Brescia erbitterten Widerstand. Offensichtlich war den Bewohnern von Brescia die Herrschaft Venedigs lieber als die der Visconti. In diese Jahre fällt das wirklich gigantische Unternehmen, eine ganze Flotte über den Landweg von Venedig zum Gardasee zu transportieren, der Erwerb von Ravenna und schließlich der Friede von Cremona, der 1441 gefeiert wurde, dem gleichen Jahr, in dem Francesco Sforza die einzige, uneheliche Tochter des Herzogs von Mailand, Bianca Maria Visconti, heiratete.

Er ist der aufgehende Stern, dieser Kondottiere aus der Romagna, der sehr bescheidenen Verhältnissen entstammte und verwegen und gerissen, zynisch und ehrgeizig, vor allem aber erfolgreich war (eine Tugend, die Napoleon zufolge für einen Soldaten ebenso unentbehrlich ist wie Schnelligkeit und Entschlossenheit). Die Ehe mit der Erbin des Herzogtums der Visconti hinderte ihn nicht daran, 1445 den Oberbefehl über die Streitkräfte der gegen die Visconti gerichteten Liga zu übernehmen. Das wiederum hielt ihn nicht davon ab, sein geneigtes Ohr den Ratschlägen seines Schwiegervaters zu leihen, der sich gewissenlos wie immer mit König Karl VII. von Frankreich verbündet hatte und vergeblich versuchte, diesen zur Einmischung in die verworrene italienische Politik zu bewegen. Die Zehn hatten feine Antennen, und der geheime Briefwechsel zwischen Filippo Maria und Sforza blieb nicht unbemerkt. Doch Francesco besaß nicht das grenzenlose Selbstvertrauen, das Carmagnola ins Verderben geführt hatte. Er verfügte über nicht minder feine Antennen als der *Eccelso Consiglio* (der Rat der Zehn). Er entwischte ihm und entzog sich seiner bereits vorbereiteten Verhaftung. So vermied er mit knapper Not, ebenfalls einen Kopf kürzer zwischen den Säulen von Marco und Tòdaro zu enden. Da starb 1447 unerwartet Filippo Maria Visconti, und in Mailand wurde die Ambrosianische Republik ausgerufen, während Venedig die Situation blitzschnell ausnutzte und Lodi, Piacenza, Crema, Caravaggio und die Ghiaradadda einnahm. Mit unglaublicher Naivität vertrauten die Mailänder ihr Heer Francesco Sforza an und frohlockten, als der schlaue Supergeneral die Venezianer am 15. September 1448 bei Caravaggio besiegte. Aber der Oktober war kaum ins Land gezogen, da hatte Francesco sich schon mit Leib und Seele in den Dienst der Venezianer und gegen die Ambrosianische Republik gestellt. Eineinhalb Jahre vergingen mit zermürbenden Verhandlungen, bis das Volk von Mailand, müde, enttäuscht und raffiniert manipuliert, Francesco Sforza als Nachfolger von Filippo Maria auf den Thron der Visconti rief.

Darauf folgte das erstaunlichste Bäumchen-wechsle-dich-Spiel dieser ganzen stürmischen drei Jahrzehnte. Venedig erkannte Sforza an und brach mit den Florentinern, und es bildeten sich zwei neue Bündnisse, das eine unter der Führung Venedigs, das allein unbedingt Cremona halten wollte, das andere, angeführt von Sforza, mit Florenz, Genua, dem Markgrafen von Mantua und ab 1452 auch mit dem König von Frankreich. Die traditionellen Allianzen waren wieder einmal auf den Kopf gestellt worden. Am 26. April 1454 bestätigte der Friede von Lodi, daß für die Lagunenrepublik eine neue Situation entstanden war: Ihre Grenzen reichten jetzt vom Isonzo bis zur Adda und umschlossen die Enklave Cremona, Ravenna und einen großen Teil des Trentino (hinzu kamen – jenseits der Adria – Istrien und Dalmatien sowie das ganze Kolonialreich in der Levante). Es waren blühende, fruchtbare Gebiete, in denen der venezianische Kaufmann an solide Investitionen denken konnte, die vielleicht weniger spektakulär, dafür aber sicherer waren als die in den Seehandel. Denn am 20. Mai 1453 war das tausendjährige Byzantinische Reich endgültig zusammengebrochen. Die Türken Muhammads II. hatten Konstantinopel im Sturm genommen, es verwüstet und mit der Raserei eines fürchterlichen Wirbelsturms ausgeplündert. Im Schiff der Hagia Sophia watete das Pferd des Sultans im Blut der Griechen, und die türkischen Krieger konnten nach langen Entbehrungen ihre Begierden stillen, indem sie Mädchen und Knaben von vornehmer griechischer Herkunft schändeten, die so blaß und feingliedrig waren wie Traumbilder, wie die Engel des Paradieses.*

## 2

Das schreckliche Ereignis war nicht unerwartet eingetreten. Während der Seesieg Piero Loredans bei Gallipoli bereits siebenunddreißig Jahre zurücklag und seit der Eroberung Salonikis durch die Türken nach einer kaum siebzigjährigen Herrschaft der Venezianer dreiundzwanzig Jahre vergangen waren, war der Aufruf des venezianischen Papstes Eugen IV. Condulmer zum Kreuzzug keine zehn Jahre alt. Wenn er trotz des Mutes der Ungarn nicht viel erreicht hatte und wenn in den nachfolgenden Jahren die venezianische Flotte nicht ebenso blitzschnell agierte wie zu Loredans Zeiten, so lag die Schuld nicht ausschließlich bei den Venezianern. Mit Appellen rasch bei der Hand, ließen die Päpste sich viel Zeit, wenn es um ein tatsächliches Eingreifen ging. Wenn es schließlich militärische Unternehmungen zu finanzieren galt, verwandelte sich ihre Gleichgültigkeit in vollkommenen Absentismus. Wenige – wie etwa der Albaner Georgios Skanderbeg – widersetzten sich mutig dem osmanischen Vorstoß. Aber oft verletzten ihre Interessen die Interessen Venedigs nicht weniger als die der Türken. Als schließlich christliche Fürsten des Abendlandes sich aktiv engagieren und Opfer bringen sollten, drückten sich alle; aber sie empörten sich über den »kaufmännischen« und wenig christlichen Eifer, mit dem sich die Venezianer – ihrer Meinung nach – bemühten, auch in den Augenblicken größter Spannung die Quellen ihres wirtschaftlichen Reichtums zu schützen. Bei der Tragödie von Konstantinopel verloren die Venezianer, die sich mit Mut und Elan einer letzten Verteidigung angeschlossen hat-

* Vgl. S. Runciman, *Die Eroberung von Konstantinopel 1453*, München 1966; A. Pertusi, *La caduta di Costantinopoli*, Mailand 1977 (interessant vor allem wegen der zahlreichen direkt zitierten türkischen Quellen).

ten, viele Menschen und Waren; der *Bailo* Girolamo Minotto wurde enthauptet, während man den Sachschaden auf ungefähr zweihunderttausend Dukaten schätzte. Noch zwei Monate danach wußte man nichts über den Verbleib von vierzig Patriziern und etwa fünfhundert anderen venezianischen Untertanen, zumeist Kaufleute, die in der eroberten Stadt festsaßen. Aber da gab es auch immer noch den Krieg mit der Lombardei.

Venedig blieb keine andere Wahl, als zu verhandeln. Während seine Schiffe zur Deckung von Negroponte die Nördlichen Sporaden besetzten, verhandelte der Botschafter Bartolomeo Marcello mit Muhammad II. über das Überleben der venezianischen Handelskolonie an den Ufern des Bosporus. Die Gespräche nahmen – abgesehen von der Auferlegung einer geringfügigen Steuer – einen positiven Ausgang. Venedig und der Türke richteten sich auf ihren jeweiligen Stellungen ein, der Sultan bereit zum Angriff, Venedig bereit zum Widerstand und auch zum Gegenangriff – sobald dies möglich oder nötig gewesen wäre. Aber von jenem Augenblick an etablierte sich zwischen den beiden Rivalen, die sich zweieinhalb Jahrhunderte lang fast ununterbrochen bekriegten, jene einmalige Beziehung zwischen feindlichen Brüdern, die die Welt des Mittelmeeres bis zum Anfang des 18. Jahrhunderts kennzeichnen sollte. Zwischen Feldzügen und Friedensverträgen, zwischen überaus blutigen Zusammenstößen und gegenseitigen Kompromissen paßte sich die *Serenissima* in der Sorge um ihr Überleben rasch den unabänderlichen Gegebenheiten und der übermächtigen osmanischen Präsenz an (die dadurch, daß sie so unruhige Länder wie Syrien, Palästina, den Irak und Ägypten unter einer einzigen Herrschaft vereinigen sollte, den venezianischen Warenaustausch alles in allem eher förderte). »Diplomatisch isoliert, militärisch unterlegen, den Türken für die Getreideeinfuhr tributpflichtig, der Unsicherheit der von den christlichen Mächten zugesagten Hilfeleistungen bewußt, ahnt Venedig schon seit den ersten Tagen gleich nach dem Fall von Konstantinopel, daß ihm nur eine kluge und flexible Haltung erlauben wird, vorteilhafte Handelsbedingungen im Orient zu bewahren. Und von da an bis zum Frieden von Passarowitz sollte es dem Konflikt nie einen ›totalen‹ Charakter geben, wie ihn sich Päpste, Politiker und mehr oder minder einfältige oder desinteressierte abendländische Schriftsteller oftmals wünschten.«*

Daß es ums Überleben ging, begriff die politische Klasse Venedigs nach dreißigjährigen schrecklichen Wirren um Italien und die Visconti sehr wohl. Die Staatsverschuldung hatte besorgniserregende Höhen erreicht: In nur zwei Jahren waren auf nicht weniger als neunundfünfzig Prozent des gesamten besteuerbaren Vermögens Zwangsanleihen aufgenommen worden. In den Jahren zwischen 1431 und 1441 wurde mit sehr schmerzlichen Auswirkungen sogar der Stand überschritten, den man während des Chioggiakrieges erreicht hatte. Die Steuerzahler sahen sich nicht nur durch diese Abgaben belastet, sie erhielten auch auf ihre Darlehen immer weniger Zinsen, während der Staat mit vollen Händen aus dem Vermögen der Banken schöpfte und diese, geschröpft und beschnitten, der Reihe nach ihre Zahlungsunfähigkeit erklärten. Zwischen dem 6. und 8. Dezember 1453 blickte der Senat wieder einmal den Tatsachen ins Gesicht. »Es geht nicht mehr um Ruhm und Würde, es geht um Rettung und Freiheit.« Die Pflicht der Bürger beschränkte sich nicht mehr nur darauf, mit Geld zur gemeinsamen Sache beizutragen, sondern schloß auch den Einsatz der Person und des Lebens ein: Dies ist die Präambel zu den Ausnahmegesetzen, die am 1. Januar 1454 in Kraft traten. Und das waren vielleicht Gesetze! Erstens: Abgesehen von sehr seltenen Ausnahmen sind sämtliche Einnahmen des Staates zur Deckung der Kosten des Krieges in der Lombardei bestimmt. Zweitens: Die Zahlung aller Gehälter für die öffentlichen Ämter wird für ein Jahr ausgesetzt. Drittens: Alle Mieter entrichten *una tantum* in die Staatskasse, eine Summe, die der Hälfte der Miete für Häuser oder Läden entspricht, und die Eigentümer ein Drittel ihrer Mieteinnahmen; alle venezianischen Bürger, die Ländereien diesseits der Etsch besitzen, müssen dem Staat die Hälfte ihres Jahresertrags zahlen; die Einfuhrzölle und die Gebühren für die Charterung und auf die Tonnage der Schiffe werden kräftig erhöht.

Einer schon früher in der venezianischen Steuerpolitik sich bemerkbar machenden Tendenz entsprechend wurden einige die-

* P. Preto, *Venezia e i Turchi*, Florenz 1975, S. 27f.

ser Maßnahmen schließlich beibehalten. Aber das tiefsitzende wirtschaftliche Unbehagen, dem sehr verständliche Bekundungen von Unmut und Unduldsamkeit seitens der Steuerzahler folgten, bewies wieder einmal, daß die Venezianer in bezug auf ihre Haltung gegenüber der türkischen Supermacht keine Alternative hatten. »Genau in dem Augenblick, in dem es unerläßlich gewesen wäre, die größte Anstrengung zu unternehmen, um den tödlichen Schlag abzuwehren, von dem Venedigs Reich in der Levante, die wichtigste Quelle seines Reichtums und seiner Macht also, bedroht war – ausgerechnet in diesem Momant sah sich Venedig gezwungen, seinen Bürgern ein Drittel oder noch öfter die Hälfte nicht nur ihrer Erträge, sondern auch der Früchte ihrer Arbeit wegzunehmen, nur um dem Bankrott zu entgehen.«*

## 3

Im Abstand von so vielen Jahrhunderten läßt sich schwer begreifen, in welchem Ausmaß das bittere private Schicksal des Dogen Francesco Foscari wirklich privat war und inwiefern es eine direkte Folge und ein tatsächlicher Bestandteil seines öffentlichen Lebens war. Zu oft – auch in jüngerer und allerjüngster Zeit – war die Familie eines Politikers die Schwachstelle, die Parteien und Personen aus dem gegnerischen Lager benutzten, um ihn von der Macht zu entfernen. In Francesco Foscaris Fall liegen uns die aufschlußreichen Daten vor. Im Gegensatz zu den Akten der Prozesse gegen Falier und Carmagnola sind die Akten der Gerichtsverfahren gegen Foscaris Sohn Jacopo sämtlich erhalten geblieben; ferner gibt es viele Zeugenaussagen von Zeitgenossen. Über die geheimen Daten und verborgenen Motive müssen wir uns mit Vermutungen, Gefühlen und indirekten Zeugnissen begnügen, um die nicht allzu gewissenhafte Geschichtsschreiber, Dichter und Komponisten romantische Legenden gerankt haben, welche mit den historischen Tatsachen recht wenig zu tun haben.

* G. Luzzatto, *Storia economica di Venezia dall'XI al XVI secolo,* Venedig 1961, S. 183f.

Der erste Punkt war die Persönlichkeit des Dogen. Er war ein Politiker von großem Format, ein erfahrener Parlamentarier, der den Aussagen seiner Zeitgenossen zufolge mit den Versammlungen meisterhaft umzugehen und das Register seiner bald konkreten und inhaltsreichen, bald rhetorischen und gefühlsbetonten Eloquenz zu nutzen verstand. Reich, mit einflußreicher Verwandtschaft (er war in erster Ehe mit einer Priuli *dal banco* verheiratet, die einer Familie adliger Finanziers entstammte, in zweiter Ehe mit einer Nani, aus einer Familie, die zu den *novissime* gehörte, aber sehr wohlhabend war), lebte er aufwendig, investierte einen Teil seines Vermögens in Handelsgeschäfte am Rialto und ließ einen großartigen Palazzo am Canal Grande bauen. Ein Gentile Bellini zugeschriebenes Portrait zeigt Gesichtszüge, denen nicht einmal die Fettleibigkeit etwas von ihrer Schärfe zu nehmen vermochte, mit schmalen Augen, die im Labyrinth seiner Runzeln funkeln. Er war der anerkannte Führer jener parlamentarischen Strömung, die, wie wir gesehen haben, im Großen Rat an das anknüpfte, was bereits Michele Steno vertreten hatte. Unter Einsatz aller Kräfte müsse man auf der Terra ferma kämpfen, um im Rücken von Venedig einen starken Staat auf dem Festland zu errichten, ehe es irgendeinem anderen italienischen Potentaten gelänge, ihn für sich selbst zu schaffen.

Das zweite Element war die Opposition. Sie war schon am Anfang sehr stark – wie die berühmte Rede Tommaso Mocenigos beweist – und wurde immer stärker, je mehr Gelder und Energien der fortgesetzte Kriegszustand auf dem Festland verschlang (als der Friede von Lodi geschlossen wurde, beliefen sich die Ausgaben bereits auf die astronomische Summe von sieben Millionen Golddukaten). Die Opponenten meinten, Foscari und seine Anhänger hätten die *Serenissima* in eine Sackgasse gedrängt, und zu diesen Opponenten gehörten nicht nur die Befürworter der Antiexpansions- und Sparpolitik. Ganz im Gegenteil: Es gab die Fortsetzer der großen See- und Kolonialpolitik Venedigs, Leute mit langer Erfahrung im Handel und im Kriegshandwerk, starke Männer, denen der Grundsatz »das Meer bebauen und das Land brachliegen lassen« mehr Gültigkeit denn je zu besitzen schien. Unter diesen Persönlichkeiten, die man sehr schwer als schwer als »Konservative« etikettieren kann, ragte Piero Loredan hervor, der kühne und erfolgreiche Admiral, der die Türken bei Gallipoli und die Genuesen bei Rapallo geschlagen hatte, der mit seinen Schiffen Filippo Maria Visconti in den tückischen Strömungen des Po herausgefordert hatte und der bei dem Konklave, das den Dogen gewählt hatte, Foscaris Mitbewerber gewesen war.

Zwischen dem Dogen Foscari und dem Generalkapitän Loredan gab es vielleicht etwas mehr als nur eine politische Rivalität, nämlich ein gerüttelt Maß an persönlicher und familiärer Mißgunst, die manches Mal auch in den parlamentarischen Diskussionen zutage trat, wenn der Admiral mit eleganter und energischer Beredsamkeit eingriff. Nach einer besonders lebhaften Debatte im Senat hatte der Doge die Unvorsichtigkeit begangen, jemandem zu sagen, die Dogenkrone säße ihm nicht fest auf dem Kopf, solange dieser Teufel von einem Loredan lebte. Als der Admiral krank in Venedig eintraf und einige Tage später starb, hieß es deshalb, der Doge habe ihn vergiften lassen. Das ist eine abscheuliche und unbegründete Verleumdung, auch wenn der Verdacht besteht, daß wirklich Gift im Spiel war, allerdings ein von Filippo Maria Visconti besorgtes Gift. Und noch einmal wurde Foscari Zielscheibe einer Verleumdung, nämlich als plötzlich der Bruder des Admirals, Marco, starb, der als *Avogador di Comun* in einem Erpressungsprozeß die Anklage gegen einen von Foscaris Schwiegersöhnen vertreten hatte. Aus alldem entstand die Legende, der die Poeten Glauben schenkten und der zufolge das ganze Unglück der beiden Foscari, des Vaters und des Sohnes, das Werk der rachsüchtigen Familie Loredan gewesen sei.

Dritter Punkt: die Persönlichkeit von Jacopo Foscari, dem einzigen überlebenden Sohn des Dogen (die anderen waren an der Pest gestorben), der von seinen Eltern gehätschelt und verwöhnt wurde. Er war ein intelligenter junger Mann, lernbegierig, gebildet, Sammler von Handschriften der Klassiker und guter Kenner des klassischen Griechisch, aber, wie die Chronisten und die Schriftstücke des Rates der Zehn übereinstimmend einräumen, auch leichtsinnig und oberflächlich. Der Schwierigkeit seiner eigenen Situation als Sohn eines Politikers, des Staatsoberhauptes, war er sich wenig oder gar nicht bewußt.

Kommen wir zu den Fakten. Jacopos Heirat mit Lucrezia Contarini im Jahr 1441 war für Francesco Foscari der Vorwand für eine sensationelle Zurschaustellung von Reichtum, Macht und Glanz gewesen. Für den Hochzeitszug war eine Schiffsbrücke quer über den Canal Grande gebildet worden, Reiterzüge und Bankette hatten den Adel irritiert und das Volk geblendet. Und es hatte sogar auf der Piazza San Marco ein großes Turnier unter Teilnahme von Francesco Sforza stattgefunden. Aber vier Jahre später kam im Rat der Zehn eine unangenehme Kehrseite dieser Zurschaustellung von Prunk und Eleganz zutage: Der Rat erfuhr, daß Jacopo entgegen einer über zweihundert Jahre alten und sakrosankten Regel Geschenke annahm, und zwar wertvolle Geschenke, um den Spendern mißbräuchlich Vergünstigungen und Gnaden zuzuschanzen. Am 17. Februar 1445 ordnete der Rat der Zehn die Verhaftung des deutschen Kammerdieners von Jacopo an, der mit ihm unter einer Decke steckte. Als aber tags darauf die Gefangennahme von Jacopo selbst verfügt wurde, war dieser schon über alle Berge, nämlich in Triest, wohin er sich mit sehr viel Geld abgesetzt hatte. Der Prozeß fand also in Abwesenheit des Beschuldigten statt. Es wurden neun Zeugen vernommen, und obwohl festgestellt wurde, daß der junge Mann viele solcher »Schweinereien«, wie das Urteil sagt, begangen hatte, fiel das Urteil relativ mild aus: Verbannung in die Stadt Nauplia auf dem Peloponnes mit dem Recht, drei Diener mitzunehmen, und der Verpflichtung, als »privater Bürger« zu leben. Der Doge, de jure Vorsitzender des Rates der Zehn, war angesichts einer für ihn so schmerzlichen Angelegenheit von der Ausübung seiner Funktion entbunden worden. Es dürfte ihn sicher auch nicht gefreut haben, zu erfahren, daß sein Sohn die Unverschämtheit besessen hatte, eine Kiste mit wertvollen Geschenken ausgerechnet in den Dogengemächern zu verstecken.

Nun segelte also die Galeere Trevisan nach Triest, um dem Flüchtigen das Urteil zuzustellen, doch dieser erklärte sich nicht damit einverstanden. Der Doge geriet in eine noch peinlichere Lage: Die Zehn baten ihn offiziell, die väterliche Autorität einzusetzen, damit sein Sohn gehorche und kein so spektakuläres Beispiel für eine Mißachtung der Gesetze gäbe. Aber nichts geschah. Der Rat beklagte zu Recht, daß jene Affäre ihm »wenig zur Ehre« gereiche. Es ist typisch für die venezianische Denkweise, daß die Zehn selbst fünf Monate später – auf Vorschlag der sechs Dogenberater – die von Jacopo vorgebrachte Entschuldigung mit der Begründung einer schweren Krankheit akzeptierten. Statt sich über ihn zu erbosen, schlugen sie einen anderen Ton an und wiesen ihm anstelle des fernen Nauplia das ganz nahe bei Venedig gelegene Treviso und dessen Umland als Verbannungsort zu und waren froh, daß der Verurteilte sich dieses Mal endlich entschloß zu gehorchen. Obwohl in der Zwischenzeit noch andere, sehr üble Streiche ans Licht gekommen waren (»schandbare und ruchlose Dinge«, sagte der Chronist Dolfin, ein Verwandter Foscaris), bestimmten die Zehn, nachdem ein Bittgesuch des Dogen die Traurigkeit und Unbequemlichkeit des Aufenthaltes seines Sohnes in Mestre in düsteren Farben schilderte (wobei es damals natürlich noch nicht den Gestank von Porto Marghera gab!), das folgende: »Angesichts der Tatsache, daß die Republik in Zeiten wie dieser einen Fürsten mit freiem Kopf und unbeschwerter Seele braucht ... was ihm jetzt verwehrt ist, weil er seinen Sohn an Leib und Seele krank weiß.« Daß Jacopo als freier Mann nach Venedig zurückkehrte, geschah auch in Anerkennung der Verdienste des Dogen.

Drei Jahre später jedoch brachte ein finsteres Ereignis den Sohn des Dogen Foscari plötzlich auf die Bühne zurück. Ein Politiker, Almorò Donà, der zur Zeit des Prozesses gegen Jacopo einer der drei Vorsteher des Rates der Zehn gewesen war, wurde am Abend des 5. November 1450 auf der Straße tödlich verwundet. Die Ermittlungen führten zu keinen Ergebnissen, bis am 2. Januar 1451 der Adlige Antonio Venier, genannt *Brasiola*, Jacopo Foscari als Urheber des Verbrechens bezeichnete. Jacopo wurde sofort verhaftet. Die Untersuchungen dauerten bis zum 26. März, dem Tag, an dem das Urteil bestätigt wurde. Der Rat war von der Schuld Jacopo Foscaris überzeugt, aber da dieser sich nicht einmal unter der Folter geständig gezeigt hatte (die Folter wurde in Venedig wie damals überall bei Verhören allgemein angewandt), wurde er weder zum Tode noch zu Kerkerhaft verurteilt, sondern in die Verbannung auf die Insel Kreta geschickt. Es war ein regelwidriges

Urteil, das nach einem Notbehelf aussah: Für einen Unschuldigen war es ungerecht, für ein Kapitalverbrechen überaus mild. Vielleicht hatte sich, wenn Jacopo schuldig war, der politische Einfluß seines Vaters zu seinen Gunsten ausgewirkt, und wenn Jacopo unschuldig war, vielleicht der Einfluß der politischen Feinde des Dogen. Alles in allem ist es ein Urteil, das heute auf Freispruch mangels Beweisen mit Freiheit unter Schutzaufsicht für den Freigesprochenen lauten würde. Die drei Vorsteher des Rates der Zehn gaben dem Dogen das Urteil bekannt und ermahnten ihn zur Geduld. Am 29. März reiste Jacopo mit Luca Martellos Schiff nach Candia ab.

Mitte des 15. Jahrhunderts scheint das fruchtbare Kreta nicht gerade ein besonders unangenehmer Wohnsitz gewesen zu sein, mit seiner großen venezianischen Kolonie und dem ständigen Hin und Her von Kaufleuten aus allen Ländern. Aber Jacopo, der an das Leben eines Grandseigneurs in einer der glanzvollsten Hauptstädte seiner Zeit – wenn nicht der glanzvollsten überhaupt – gewöhnt war, konnte sich nicht damit abfinden. Und da nun beging er einen so groben Fehler, daß man meinen könnte, er sei verrückt geworden. Im Juni 1456 entdeckten die Zehn, daß der Unglückliche heimlich an Sultan Muhammad II. und den Herzog von Mailand, Francesco Sforza, geschrieben und sie aufgefordert hatte, ihn aus der Verbannung zu befreien. Der Sultan und der Herzog von Mailand! Nur ein Wirrkopf konnte auf eine solche Idee kommen, und zunächst gab es unter den Zehn einige, die vorschlugen, der *Rettore* von Canea solle ihm eine Standpauke halten, und dann solle man ihn in Frieden lassen, »in Anbetracht seiner Leichtfertigkeit und der Tatsache, daß er an dem Ort, an dem er sich befand, der Republik recht wenig Schaden zufügen konnte«. Doch es überwog die Meinung derjenigen, die ihn in Venedig vor Gericht stellen wollten. Dieses Mal war keine Folter nötig – der arme Kerl gestand sofort. Über das Urteil wurde im Rat der Zehn diskutiert und abgestimmt. Mit großer Mehrheit wurde die *Parte* gutgeheißen, Jacopo mit einem Jahr Gefängnis und einer strengen Verwarnung nach Canea zurückzuschicken.

Und nun kommt die Szene, die zu illustrieren vielen romantischen Malern gefallen hat – von Dichtern und Musikern ganz zu schweigen. Es ist eine schmerzliche Szene: Als Jacopo sich von seinem Vater verabschiedet, um wieder ins Exil zu gehen, weint und fleht er: »Vater, ich bitte Euch, sorgt dafür, daß ich nach Hause zurückkehre.« Und der Doge antwortet: »*Iacomo,* geh, gehorche dem Willen des Vaterlandes, und suche sonst nichts [anderes] mehr.« Der Chronist Dolfin, ein Augenzeuge, erzählt, daß der greise Doge, nachdem sein Sohn fortgegangen war, stöhnend auf einen Sessel sank und wiederholte: *O pietà grande!* Schon bald jedoch betrieb er mit der Unterstützung mächtiger Freunde seine Rückkehr. Vielleicht wäre er erfolgreich gewesen, wenn nicht am 12. Januar 1457 die Nachricht eingetroffen wäre, daß Jacopo in Canea gestorben sei.

Nun war er selbst, der Doge, an der Reihe. Er war vierundachtzig Jahre alt und herrschte seit fünfunddreißig. Sosehr er auch seinen Kampfgeist unter Beweis gestellt hatte, das Alter und das unglückliche Schicksal seines Sohnes hatten ihn gebrochen. In den Räten und Kollegien, deren Vorsitz ihm gebührte, wurde er nicht mehr gesehen, und die Besuche der Dogenberater und der *Savi* fielen ihm lästig. Es lief das Gerücht um, daß er sich, um weiterzuleben, von Frauenmilch ernährte. Am 18. Juni 1457, sechs Monate nach Jacopos Tod, hielt der Rat der Zehn eine streng geheime Sitzung ab, auf der die Situation an der Spitze des Staates erörtert wurde. Am 19. Oktober wurde die Debatte wiederaufgenommen, und man beschloß, weitere fünfundzwanzig Patrizier zum gewöhnlichen Rat hinzuzuwählen. In diesem erweiterten Rat wurde die Diskussion fortgesetzt. Nach einer langen Debatte wurde über die von den drei Vorstehern vorgeschlagene *Parte* abgestimmt, auf deren Grundlage der Doge in Anbetracht des erheblichen Schadens, den seine Hinfälligkeit und Abwesenheit der Politik des Staates in schwierigen Augenblicken zufügte, und mit einem Appell an seinen Patriotismus und sein Verantwortungsgefühl zur Abdankung aufgefordert werden sollte. So gingen die Dogenberater und die drei Vorsteher des Rates der Zehn, Jacopo Loredan (der Sohn von Piero), Girolamo Donà und Girolamo Barbarigo, in besonderem Auftrag zum Dogen. Es scheint, daß ausgerechnet Loredan die Aufgabe zufiel, ihm das Abstimmungsergebnis der Zehn darzulegen, und es sieht auch so aus, als ob er es mit großem Taktgefühl vorgetragen hätte. Aber die Sache fiel sofort auf und wurde mit einem anderen Umstand in Verbindung gebracht, nämlich mit der Tatsache, daß Jacopo Loredan im letzten Prozeß gegen Jacopo Foscari als einziger die Todesstrafe beantragt hatte. Dies legte die Vermutung nahe, daß hinter der ganzen Operation der Groll, die Antipathie und die Feindseligkeit standen, die er von seinem Vater geerbt hatte, ja sogar ein starkes Rachegefühl gegenüber dem alten Feind seines Vaters.

Mit seiner ganzen Autorität erinnerte Francesco Foscari in seiner Antwort jedenfalls unter anderem daran, daß das Gesetz über die Absetzung des Dogen eine Abstimmung des Großen Rates vorschrieb, und behielt sich eine Entscheidung vor. Es folgte abermals eine Debatte im Rat der Zehn; nach einem erneuten Versuch des Dogen, sich zu widersetzen, zogen die Zehn plötzlich andere Saiten auf. Am 22. Oktober 1457 wurde, nachdem die Nichtzuständigkeit rasch abgetan war, über eine *Parte* abgestimmt, mit der der Doge zur sofortigen Abdankung aufgefordert und verpflichtet wurde, den Dogenpalast innerhalb von acht Tagen zu räumen. Eine Leibrente von eintausendfünfhundert Golddukaten im Jahr billigten sie ihm zu; im Fall seiner Weigerung allerdings würden ihm umgehend sämtliche Güter beschlagnahmt.

Francesco Foscari blieb nichts anderes übrig, als sich zu beugen. In Anwesenheit seiner Ratgeber und der Vorsteher der Zehn und der Vierzig wurde ihm die Dogenkrone, der *Corno*, vom Haupt genommen, der Siegelring vom Finger gezogen und sofort zerbrochen. Man nahm ihm das Versprechen ab, die Dogenwohnung so schnell wie möglich zu verlassen und in seinen Palast in San Barnaba zu ziehen, dessen Bau noch nicht ganz fertig war und an dem noch die meisten Fenster und Türen fehlten. Am Ende der schmerzlichen Zeremonie kam es zu einer sehr menschlichen Szene, die vom Chronisten Dolfin aufgezeichnet worden ist. Als der Doge bemerkt hatte, daß einer der Vorsteher der Vierzig, Ser Jacopo Memmo, ihn verlegen und mitleiderfüllt anblickte, ließ er ihn näher kommen, nahm ihn bei der Hand und fragte ihn: »Wessen Sohn seid Ihr?« – »Der von Messer Marin Memmo.« Und darauf erwiderte der Doge: »Das ist ein lieber Freund von mir, bestellt ihm von mir, daß ich mich freuen würde, wenn er mich besuchen käme, um mit mir im Schiff zu fahren und die Klöster zu besuchen.« Als er den Dogenstuhl verließ, machte der Greis eine stolze Geste. Sein Bruder Marco hatte gewollt, daß er über eine überdachte Treppe herabsteigen sollte, aber er sagte: »Ich möchte jene Treppe hinab, über die ich in mein Dogenamt hinaufgestiegen bin.« Und mit dem Gewand des Dogen, aber ohne Dogenmütze, sich nur auf sein Stöckchen stützend, stieg er, seinen Bruder neben sich, Stufe für Stufe bis zur *Riva*.

Die Sache war abgeschlossen, die Zehn hatten ihren Willen durchgesetzt, aber eine große Betroffenheit lastete über der Stadt. Die Leute redeten, viele Patrizier übten offene Kritik an den Zehn, und diese überließen die Maßnahmen zur Aufrechterhaltung der öffentlichen Sicherheit besorgt ihren Vorstehern und Inquisitoren, wagten aber nicht, sich in die Wahl des neuen Dogen einzumischen, die Sache des Großen Rates war. Ja, sie hielten es sogar für angebracht, dies feierlich zu erklären. Aber alle Mitglieder des Großen Rates, der gemäß dem Gesetz sofort einberufen wurde, waren überzeugt, daß der Rat der Zehn und seine drei Vorsteher diesmal zu weit gegangen seien. Der Verdacht, daß eines der Elemente des politisch-konstitutionellen Systems Venedigs beabsichtigte, das Gleichgewicht zu seinem eigenen Vorteil zu verändern – derselbe Verdacht, der wahrscheinlich Jacopo Tiepolo den Thron und Lorenzo Celsi das Leben gekostet hatte und der die Zehn so oft zur Verteidigung des Systems bewegt hatte –, dieser Verdacht fiel nun voll und ganz auf die Zehn selbst. Aus einem Verteidiger der republikanischen Legalität verwandelte sich der *Eccelso Consiglio* nun in den Augen der meisten in eine Gefahr für ebendiese republikanische Legalität. Die Angelegenheit Foscari gab den Anstoß zu einer Reihe von gesetzgeberischen Maßnahmen, die auf der Grundlage von den Gesetzen, die der Große Rat im Oktober 1458 gebilligt hatte (Einschränkungen der Befugnisse der drei Vorsteher der Zehn und das für die Zehn geltende Verbot, sich in die Fragen »einzumischen«, die den Dogen und den Dogeneid betrafen), zu denen des Jahres 1468 hinführten, die die Grenzen der Befugnisse des *Eccelso* abstecken und definieren sollten. Die Empörung des Patriziats spiegelt sich in der sehr harten Sprache wider, deren sich der Große Rat bediente, als er unter anderem behauptete, daß »der Rat [der Zehn] nicht geschaffen worden ist, um Skandale auszulösen, sondern um sie zu glätten und zu verhindern, daß sie überhaupt entstehen«.

Und der Doge Foscari? Am 30. Oktober war sein Nachfolger in der Person von Pasquale Malipiero gewählt worden, und am frühen Morgen des 1. November 1457, dem Allerheiligentag, starb der große Alte. Sein Nachfolger wohnte gerade der Messe in San Marco bei, als Ser Andrea Donà mit der Nachricht eintraf. Der Chronist Dolfin berichtet, daß die Dogenberater einander schweigend und beschämt ansahen, so als ob sie sich bewußt würden, wie unnötig grausam die Demütigung war, die sie dem ehrwürdigen Politiker unmittelbar vor seinem Tod zugefügt hatten. Die allgemeine Stimmungslage brachte die Dogenwitwe Marina Nani zum Ausdruck, die den Leichnam ihres Gemahls nicht für das feierliche Staatsbegräbnis herausgeben wollte, das in großer Eile für ihn angeordnet worden war. Sie sagte, es sei eine Heuchelei, fast eine Absicht, die Schmach verspätet wiedergutzumachen, die man einem großen, ungerecht behandelten Patrioten unverdientermaßen angetan hatte. Sie sagte, daß sie mit einem Großteil ihrer Mitgift selbst für ein würdiges Begräbnis sorgen werde. Mit allen Abzeichen der Dogenwürde versehen, dem *Corno* auf dem Kopf, dem Zepter an der Seite und den goldenen Sporen an den Füßen, kehrte seine sterbliche Hülle in den Dogenpalast zurück, um dort im Saal der *Signori di Notte* aufgebahrt zu werden. Dann zog die Prozession durch die Straßen Venedigs – der Doge Malipiero ging, als einfacher Senator gekleidet, hinter dem Sarg her – bis zur Kirche Santa Maria dei Frari, wo der große Doge endlich Frieden fand und wo er noch heute in dem schönen, mit den Skulpturen von Antonio Rizzi verzierten Renaissancegrab ruht.

## 4

Am Ende der langen Amtszeit Francesco Foscaris hatte sich der venezianische Staat grundlegend verändert. Die Pufferzone, die mit der Annexion der Mark Treviso, von Padua, Vincenza und Verona, Belluno und Feltre, Cadore und des Friaul im Rücken des

See- und Lagunengebietes geschaffen worden war, hatte sich in ein großes Reich auf der Terra ferma verwandelt, das sich über die Grenzen der venetischen Region hinaus erstreckte und die reichen lombardischen Provinzen von Bergamo, Brescia und Crema sowie Rovereto und Ravenna umfaßte. Abgesehen von diesen beiden Anhängseln, die schon bald verlorengingen, sollten die Grenzen des venezianischen Herrschaftsbereichs auf dem Festland dreieinhalb Jahrhunderte lang unverändert bleiben.

Zwischen der Hauptstadt und diesen Gebieten, die keine Kolonien wie Kreta und Negroponte waren, aber politisch gesehen nicht als gleichberechtigt mit Venedig in die venezianische Republik integriert waren, formalisierten sich die Beziehungen. Venedig ließ der Terra ferma im allgemeinen eine große administrative Autonomie – hier etwas mehr, da etwas weniger –, aber die Politik lag fest in der Hand des Großen Rates, des Senates. Die Gebiete unterstanden der Kontrolle der *Capitani*, die allesamt venezianische Patrizier waren. Das Amt des *Podestà*, einstmals Rechtsprechungs- und Vollstreckungsorgan der Kommunen, wurde nun Rechtsprechungs- und Vollstreckungsorgan der venezianischen Herrschaft; es wurde ebenfalls mit vom Großen Rat bestimmten Patriziern besetzt. *Podestà* und *Capitani* (in den kleineren Städten wurden beide Ämter von ein und derselben Person bekleidet) waren nur der Zentralgewalt gegenüber verantwortlich. Die einheimischen Eliten vereinigten sich in Räten, die im Zuge der allgemeinen Wende zur Aristokratisierung der Macht, die sich nicht nur in Venedig, sondern vom 16. Jahrhundert an in ganz Europa vollziehen sollte, zu »Adelsräten« wurden.

Besonders unter den örtlichen Geschichtsschreibern ist es große Mode geworden, die Erinnerung an die venezianische Herrschaft zu verteufeln, die die Terra ferma angeblich einer Art »Kolonialisierung« unterzogen, sie »ausgebeutet«, ausgepreßt und erniedrigt hat. Sie soll edle Ansätze zu einer autonomen Regierung und zu einer harmonischen Entwicklung der verschiedenen Gruppen erstickt haben, die sich notgedrungen vom Löwen von San Marco hätten »versklaven« lassen. Dieser habe in seiner vom Adel geprägten Härte die weitere Unterdrückung der Volksmassen und den Niedergang von Industrie, Handwerk und Handel betrieben, zum Vorteil der Aktivitäten der *Dominante*, der Metropole, auf die sich alle moralischen und materiellen Kräfte konzentrieren sollten. Das habe einen Niedergang, einen Verfall herbeigeführt, den, um die Wahrheit zu sagen, niemand bemerkt, der nicht nur glanzvolle Städte wie Verona, Vicenza, Padua und Udine besucht, sondern auch und vor allem die bezaubernden Städtchen, die mit ihrer hohen Kultur die alten venezianischen Besitzungen kennzeichnen (Conegliano eher als Asolo, Lendinara eher als Feltre, Marostica eher als Salò), und zwar aus dem einfachen Grund, weil es nie zu so einer Verkümmerung gekommen ist.*

Die alten kommunalen Freiheiten waren von den Signorien vernichtet worden, und es gab keinen Grund, weshalb Venedig sie ausgerechnet in dem Moment hätte wiederaufleben lassen sollen, in dem auch aus seiner eigenen Verfassung die letzten nominellen Reste der *Commune Veneciarum* verschwanden. An die Stelle dieser seit uralten Zeiten geltenden Bezeichnung war mit dem Beschluß vom 9. Mai 1462 die des *Dominium Venetiarum*, Signorie von Venedig, getreten. Fest steht, daß sich im Mikrokosmos der verschiedenen Kommunen auf der Terra ferma die lokale Macht auf die verschiedenen einheimischen Adelsfamilien konzentrierte, die sich mit ihrem privilegierten Status immer mehr zwischen die *Rettori*, die Vertreter der Zentralgewalt, und den Rest der Bevölkerung drängten. Aber wenn das Volk keine Befugnisse besaß – ebensowenig wie in Venedig selbst –, dann ist auch sicher, daß die venezianische Herrschaft auf der Terra ferma – mehr als jede andere damals mögliche Herrschaft – allen gesellschaftlichen Schichten des Volks Freiheiten bescherte, die Leonid Breschnew** zufolge (der sicher nicht im Verdacht besonderer

* Ein Beispiel von vielen: L. Martone, *Conegliano, radiografia di una città*, Treviso 1975.

** »... Im Gegensatz zu den westlichen Verfassungen bietet die unsrige den Bürgern das umfassendste Recht zur Arbeit... Was können die Vertreter des Kapitalismus diesen Errungenschaften des realen Sozialismus entgegenstellen? Welches sind die Rechte und die Freiheiten, die den breiten Massen des Volkes von seiten der imperialistischen Gesellschaft garantiert werden? Das ›Recht‹ von zig Millionen von Bürgern auf Arbeitslosigkeit... oder das ›Recht‹, in ewiger Angst vor der Allgewalt des organisierten Verbrechens zu leben...?« (aus der Rede, die L. Breschnew am 4. Oktober 1977 bei der außerordentlichen Sitzung des Obersten Sowjets gehalten hat).

Sympathien für den Adel stehen kann) die Grundfreiheiten sind, die ein moderner sozialistischer Staat zu garantieren hat: die Freiheit, zu arbeiten, die Freiheit, nicht Hungers zu sterben, sowie die Freiheit vor Gewalttaten und Übergriffen.

Wenn zutrifft, daß Venedig dem einheimischen Adel als Entschädigung für den völligen Ausschluß von der Zentralgewalt, die strikt dem Großen Rat und seinen Mitgliedern vorbehalten war, Vergünstigungen und Privilegien einräumte, so trifft doch auch zu, daß die besondere Aufgabe der venezianischen *Rettori* in der Kontrolle ebendieses Adels bestand. Und wie in Venedig einige Gerichtsbehörden, allen voran der Rat der Zehn, unter anderem dafür sorgten, daß die Nichtadligen vor den Gewalttaten und Übergriffen der Patrizier geschützt wurden, so schützten sie die Bürger der Terra ferma vor den Gewalttätigkeiten der Privilegierten. Die Bürger und die Bauern, die arme, mißhandelte Schicht der Hörigen *(Villani)*, die traditionell von den weltlichen und kirchlichen Lehnsherren unterdrückt wurde, fand in den *Rettori* ihre natürlichen Beschützer. Zur Kontrolle der *Rettori* wiederum wurden periodisch Inspektionen durch Wanderbehörden (etwa die *Sindaci inquisitori*) vorgenommen, die Venedig systematisch entsandte, damit sie Städte und Dörfer aufsuchten, um dort »Gerechtigkeit zu üben und für Gerechtigkeit zu sorgen«. Die *Sindaci inquisitori* ihrerseits wurden vom Senat und vom Großen Rat kontrolliert, an die sich die Kommunen der Terra ferma direkt wenden konnten, was auch manchmal geschah.

Nachdem sich die Stürme der ersten Hälfte des 16. Jahrhunderts gelegt hatten, sollte gerade die »Pax veneziana« Venetien die zutiefst zivile Prägung geben, die uns noch heute an seinen Werken und Menschen beeindruckt. Gewiß, Venedig hob die ökonomischen und sozialen Ungleichheiten nicht auf, die man in seinen alten Herrschaftsgebieten bis vor kurzem noch feststellen konnte und in bestimmten Fällen noch immer feststellt. Aber dieselben Ungleichheiten traf und trifft man auch im ganzen übrigen Italien und in ganz Europa an; man kann auch nicht verlangen, daß Venedig allen europäischen Staaten sozialpolitisch gesehen um vier Jahrhunderte voraus war. Verglichen jedoch mit den grauenhaften Schikanen, mit denen die Zentralgewalt die ländlichen

Gemeinden in manchen Ländern quälte – man denke nur an die unmenschlichen Steuern eines Richelieu oder eines Colbert in Frankreich* –, übte sich die venezianische Regierung in einer Milde, die sprichwörtlich werden sollte.

Unter dem Schutz des Löwen von San Marco entwickelte die venetische Terra ferma vielmehr ein neues Selbstbewußtsein. In kultureller Hinsicht gab es gewiß zu keiner Zeit eine Stagnation: Das Ansehen der alten Universität von Padua wuchs; sie wirkte über Venetien hinaus, zog Studenten aus ganz Mittel- und Osteuropa an, und der venezianische Staat sicherte ihr die besten Lehrer, kümmerte sich um das Wohlergehen der Studenten, die gute Qualität des Lehrmaterials und darum, daß die Lehre von jeglicher Art von ideologischer Einschüchterung freigehalten wurde. Die Kunst erreichte ihre höchsten und edelsten Ausdrucksformen: Die große venezianische Kunst ist Frucht und Ausdruck der Wiedervereinigung Seevenetiens mit Festlandvenetien, und es war keineswegs ein Zufall, daß sie ausgerechnet in der Mitte des 15. Jahrhunderts aufblühte, als die Vereinigung der beiden Venetien vollendet war.

Daß die führenden Schichten der Terra ferma keinen Zugang zur Lenkung des venezianischen Staates erhielten, blieb ein dunkler Punkt. In den Augen der meisten war dies die Achillesferse der venezianischen Politik, das Hauptmotiv des späteren Niedergangs, der tragischen Schwäche, die Venedig und Venetien dreihundertvierzig Jahre nach dem Tode Francesco Foscaris in die Hände des Generals Bonaparte und dann in die der Habsburger fallen ließ. Neben den anderen Ursachen, die zur Schwächung Venedigs führten und auf die wir noch eingehen werden, war es sicherlich auch die Frustration jener Schichten, die – allerdings mit bemerkenswerten Ausnahmen – einen Mangel an Solidarität zur Folge hatte; denn wären sie nicht so zurückgesetzt worden, hätten sie sich eher mit einem venezianischen »Vaterland« identifiziert und sich durch aufrichtige Loyalität mit ihm verbunden gefühlt. Das werden wir bald feststellen, aber auch das gegenteilige Phäno-

* Vgl. *Croquants et nu-pieds – Les soulèvements paysans en France du XVI^e siècle*, presentés par Y. M. Bercé, *Coll.* »Archives Gallimard-Juillard«. Bd. 55, Paris 1974, S. 47ff.

men trat auf: Das Volk der Handwerker, Bauern und der kleinen Leute, das zwar ebenfalls von der Macht ausgeschlossen war, aber besser geschützt und beschirmt wurde als zuvor, sollte sich nämlich mit dem venezianischen Vaterland identifizieren und im Augenblick der Gefahr mit ihm solidarisch sein* – im offenen Gegensatz zu seinen alten Unterdrückern, die sehnlichst die unbequeme Schutzherrschaft abzuschütteln wünschten, um ihr Werk der Unterdrückung ungehindert fortsetzen zu können.

## 5

Zu den zahllosen Ereignissen, die in die Zeit des Dogen Foscari fielen, gehört auch der Bau jener Fassade des Dogenpalastes, die auf die Piazzetta schaut, mit Loggien geschmückt ist und von der Ecke der Mole zur Porta della Carta verläuft und die noch heute *Loggia Foscara* heißt. Das einzigartige Gebäude, Dreh- und Angelpunkt eines Staates, der von der Adda bis Euböa und von Cadore bis Kreta reichte, Residenz des Dogen und Sitz der politischen Versammlungen und der Gerichte, Gefängnis und Treffpunkt, war nicht der Vorstellungskraft eines Architekten entsprungen und seinen Ideen nachgebildet, sondern ging auf den kollektiven Willen einer bereits endgültig souveränen gesellschaftlichen Klasse, des Patriziats, zurück. Dogen und Prokuratoren, Senat und Großer Rat hatten ihre Beiträge geleistet (Tommaso Mocenigo hatte eine saftige Geldstrafe gezahlt, weil er entgegen dem Gesetz zur Einschränkung der Staatsausgaben die Wiederaufnahme der Arbeiten vorgeschlagen hatte), aber das Resultat war mit seiner Kraft und seiner Leichtigkeit ein Monument der Größe der Republik, der Größe Venedigs; denn die Macht lag zwar beim Patriziat, doch Venedig war nicht nur das Patriziat.

* Vgl. N. Valeri, *Venezia nella vita italiana del Rinascimento,* in *La civiltà del Quattrocento,* Venedig-Florenz 1957, S. 46. Zum Problem des Verhältnisses Vendig-Terra ferma verweisen wir auf das Buch von A. Ventura, *Nobiltà e popolo nella società veneta del '500,* Bari 1964 (insbesondere S. 40ff.), sowie auf den Aufsatz von A. Tenenti, *The sense of space and time in the Venetian world,* in R. Hale, *Renaissance Venice,* London 1973, S. 18ff.

Während die Verfassung sich nach dem für die politische Kultur Venedigs charakteristischen Muster immer weiter vervollkommnete – und das heißt, in einer Ordnung, in der jede Funktion die andere kontrollierte und von ihr kontrolliert wurde –, weitete sich das gesellschaftliche Leben aus und wurde reicher und farbiger. Gleich unter dem Patriziat stehend, brachte der Mittelstand die privilegierte Schicht der »Bürger« und der »Sekretäre« hervor, der Sekretäre des Senats und des Rates der Zehn; aus dieser Schicht gingen die Diplomaten und Beamten hervor und auch die hochangesehene Figur des *Cancellier grande*, des Chefs der Kanzlei und der Bürokratie. Es war ein Amt, das von Humanisten begehrt und von Literaten, Geschichtsschreibern und Philosophen berühmt gemacht wurde. Patrizische und bürgerliche Kaufleute begegneten sich in den großen *Scuole* oder religiösen Bruderschaften, aber die typisch venezianische Einrichtung der *Scuole* war im wesentlichen vom Bürgertum und vom Volk geprägt. Es gab rein religiös orientierte *Scuole*, aber die meisten gehörten zur Kategorie der Handwerks- und Berufsverbände (Zünfte) mit gemeinnütziger und zu wechselseitiger Unterstützung verpflichtender Funktion oder zu der der Hilfsvereine. Bei den letzteren konnte Hilfe innerhalb einer bestimmten sozialen Gruppe gewährt werden (wie im Fall der *Scuola dei Zotti*, der Lahmen, die den Kriegsinvaliden vorbehalten war, oder wie bei den verschiedenen *Scuole*, die für die nationalen Gruppen, die Griechen, Albaner usw., reserviert waren) oder allen, die ihrer bedurften. Die Blütezeit der *Scuole* fiel mit der der venezianischen Kunst zusammen: Zwischen dem 15. und dem 18. Jahrhundert sollten *Scuole* und Zünfte *(Arti)* unablässig um die schönsten Gebäude, die eindrucksvollsten Ornamente und die kostbarsten Kunstwerke wetteifern. Venedig erwies sich immer mehr als eine Stadt der Klubs; diese Vereinigungen, die in diesen Ausmaßen in keiner anderen Stadt Europas ihresgleichen hatten, waren aus dem Gemeinschaftssinn der Venezianer heraus entstanden.

Trotz der großen finanziellen Schwierigkeiten, der Bankkräche, der Steuerlast, der Kriege und der Krisen florierten Handel und Seefahrt weiter. Das Jahrhundert des Dogen Francesco Foscari ist ein Jahrhundert der Reisenden und der berühmten Seefahrer. Es ist das Jahrhundert des Alvise da Mosto (dessen Name durch Unkenntnis venezianischer Gepflogenheiten in Cadamosto* verwandelt worden ist), der, von Heinrich dem Seefahrer, dem portugiesischen Infanten, aufgenommen, den Senegal und die Kapverdischen Inseln entdeckte. Es ist das Jahrhundert des Giovanni Caboto, der, finanziert vom König von England, die Insel Terranova entdeckte und dort neben der englischen Fahne auch das Banner mit dem Löwen von San Marco aufpflanzte, weil er, wie der Chronist Sanudo sagt, »ein Venezianer war«. Es ist das Jahrhundert des aus Chioggia stammenden Niccolò de' Conti, der Indonesien und Ceylon erforschte und dem Kamaldulensermönch Maurus wertvolle Hinweise für die Ausarbeitung seiner ungewöhnlichen »Weltkarte« lieferte, welche noch heute in der Biblioteca Marciana aufbewahrt wird; diese Bibliothek wurde übrigens ebenfalls im 15. Jahrhundert gegründet. Und während die bauchigen Schiffe und die Frachtgaleeren weiterhin an den Ufern des Canal Grande anlegten (die einzige Brücke – aus Holz – öffnete sich in der Mitte, um das Mastenwerk durchzulassen), während Flußkähne und in den Lagunen verkehrende *Peate* (Frachtboote) versuchten, sich an Lastschiffen und Gondeln vorbeizudrängen, deren Gondolieri manchmal Neger-, Tataren-oder Tscherkessensklaven waren, wimmelte es am Rialto nach wie vor von Händlern aus allen Teilen der Welt. Dort gab es nun eine schöne Loggia für Begegnungen und Verhandlungen; dort waren immer noch die Läden der Goldschmiede und der Fischmarkt, die Banken und die *Erberia.* Die Prostitution aber (ein überaus florierendes Gewerbe) war, um die zahlreichen Hotels »sauberzuhalten«, in das Gebiet des sogenannten *Castelletto,* den finsteren Höllenkreis des großstädtischen Lasters, verbannt worden. Unter so vielen verschiedenen Menschen fallen die zahlreichen Juden auf, denen nach dem Willen der Kirche vorgeschrieben wurde, ein Zeichen, ein auf die Kleider genähtes gelbes O, zu tragen.

Die Stadt war unbeschreiblich aufgeblüht. Die Gotik, die im 14. Jahrhundert erstmals in Erscheinung getreten war, hatte sich in der

* Von ca' da Mosto, das heißt Casa da Mosto oder aus der Familie da Mosto; es handelt sich um ein noch heute bestehendes Patriziergeschlecht aus der Kategorie der sogenannten »neuen« Familien.

ersten Hälfte des 15. Jahrhunderts in sehr originellen Formen triumphal entfaltet. Zu den vielen umgestalteten oder neugebauten Kirchen gesellte sich jetzt ein wahrer Wald von Palästen, an denen sich die venezianische Interpretation des gotischen Stiles, der sich als unerschöpfliche Quelle farbiger Möglichkeiten erwies, austobte und auch die Beiträge der orientalischen Kulturen erfolgreich fortentwickelte, mit denen Venedig mehr als nur häufige, nämlich schon alltägliche Kontakte pflegte. Abgesehen vom Dogenpalast entstanden in jener Zeit einige der Bauwerke, die noch heute das Gesicht Venedigs prägen, angefangen bei der *Ca d'Oro*, dem raffinierten Wohnsitz des Patrizier-Kaufmanns Marino Contarini am Canal Grande mit seinem Spitzenmuster aus Stein. Aber damals kennzeichnete nicht das Grau des Steines das gotische Venedig, sondern das von den leuchtenden Farben des Verputzes belebte Ziegelrot. Es war die Geburtsstunde dessen, was Alfred de Musset in einem berühmten Gedicht *Venise la rouge* nennen sollte und was man sich angesichts der Smogschäden und der gräßlichen, eiskalten Acrylanstriche, die allzu viele Fassaden des heutigen Venedig verunzieren, gar nicht mehr vorzustellen vermag. In diesen Räumen, die von einer lebhaften, fröhlichen Farbigkeit aufgehellt wurden, zu der auch die großartigen Pflanzenornamente gehörten, die, gehauen und geschnitzt, Haupt- und Gurtgesimse, Giebel und Portale schmückten – in diesen Räumen waren die Gewänder der Männer und Frauen nicht weniger bunte Farbtupfer. Angefangen bei den Togen der Würdenträger – purpurn für die Prokuratoren von San Marco, scharlachrot für die Dogenberater, violett für die *Savi* des Kollegiums – zu den Kleidern aller Männer mit ihren typischen enganliegenden Strümpfen oder Beinkleidern mit verschiedenfarbigen Zwickeln und denen der großen Damen, die sich in Brokatstoffe hüllten und vor Edelsteinen glitzerten. Durch Venedig zogen bereits die Mitglieder der *Compagnie della Calza*; das waren Versammlungen junger Männer, Patrizier zumeist oder reiche Bürger, die sich eben durch die Farben ihrer Beinkleider unterschieden. Sie machten Feste bekannt, doch im Lauf der Jahre engagierten sie sich auch im kulturellen Bereich, vorläufig aber beschränkten sie sich auf Bankette, Prozessionen und Darbietungen verschiedener Künste –

Vergnügungen, die die gestrengen Senatoren des *Pregàdi* so sehr beunruhigten, daß sie eine eigene Gerichtsbehörde einrichteten, die sich um die Beschränkung der Luxusausgaben der Privatleute kümmerte; es waren dies die sogenannten *Provveditori alle Pompe.*

Diese Neigung zur Genußsucht hat moralisierende Geschichtsschreiber zu strengen Urteilen veranlaßt, die dann, als im 16. Jahrhundert die große Ausschweifung losbricht, geradezu vernichtend werden. Man hat immer wieder behauptet, die herrschende Aristokratie habe den römischen Grundsatz »Brot und Spiele« bewußt angewandt, um das Volk mehr denn je von unklaren politischen Anwandlungen und Bestrebungen fernzuhalten. Für derartige Ansätze gibt es keine Anhaltspunkte, und sicherlich hatte die Leidenschaft für Choreographie und Prunk in Venedig alte Wurzeln, auch wenn man sie nicht auf die heroischen Zeiten seiner Gründung zurückführen konnte. Zudem schien diese Liebe bis zu jener Zeit nicht im Widerspruch zu einer wohlüberlegten Sparsamkeit in der Lebensführung gestanden zu haben, die in allen sozialen Schichten verbreitet war; denn im privaten Leben gaben sie sich ebenso einfach, wie sie bereit waren, mit Begeisterung an den feierlichen Bekundungen des öffentlichen Lebens teilzunehmen, angefangen bei den unzähligen Zeremonien, *Andate* und Prozessionen des Dogen bis hin zu den Festen, die die Amtseinführung des Dogen und anderer Amtspersonen begleiteten. Das Volk – das auch das Volk der Matrosen, Fischer, Handwerker und Arbeiter war – hatte seine ursprüngliche Roheit noch nicht abgestreift, die sich manchmal in unvorhersehbaren und erschreckenden Gewaltausbrüchen entlud. Wie etwa damals, als die Menge, um einen vermuteten Sieg des Generals Gattamelata über die Anhänger der Visconti zu feiern, Brot- und Zuckerbäckerläden stürmte, einen Richter und einen Polizeibeamten tötete und die Münzprägestelle und die Häuser der Prokuratoren von San Marco geplündert hätte, wenn sie nicht vom Generalkapitän Piero Loredan, dem berühmten Gegenspieler Francesco Foscaris, mit seinem kühlen, würdevollen Auftreten beruhigt worden wäre.

In dieser farbenprächtigen Szenerie hatte sich in den ersten vierzig Jahren des Jahrhunderts unter der unschätzbaren Mitwirkung von Gentile da Fabriano die gotische Malerei eines Jacobello del Fiore und Michele Giambono entfaltet. Doch gegen Mitte des 15. Jahrhunderts setzte jene Entwicklung ein, die die herrlichste Blüte der venezianischen Kunst hervorbringen sollte. Und damit begann die Zeit ihrer höchsten Vollendung. Nach Venedig und Venetien kamen – in immer größerer Zahl – auch die toskanischen Künstler. 1443 ließ sich Donatello für ein Jahrzehnt in Padua nieder, um (wie zuvor schon Giotto) in der Basilika des heiligen Antonius zu arbeiten und um auf der Piazza del Santo die Statue des Kondottiere Erasmo da Narni, genannt Gattamelata, zu modellieren, den Prototyp der monumentalen Renaissanceskulptur. In Padua erschien auch Filippo Lippi, während in Venedig im Zeitraum von kaum zwei Jahrzehnten Ghiberti und Michelozzo, Leon Battista Alberti, Paolo Uccello und Andrea da Castagno wirkten. Die Renaissance hielt in die venetischen Städte Einzug; sie schmückte die uralten venezianischen Basiliken von San Marco und San Zaccaria, belebte die alten byzantinischen Elemente und die triumphierende Gotik. Aber der große Umschwung kam aus der Verbindung Venedigs mit seiner Terra ferma. 1450 begegneten sich in der Ovetarikapelle der Augustinerkirche von Padua die Begabungen des aus Murano stammenden Antonio Vivarini und von Andrea Mantegna. Dieser widerspenstige junge Mann aus Isola di Carturo, Provinz Padua, führte die Renaissance mit freudig drängender Ungeduld in die Malerei ein. Und er traf das raffinierte Genie der Familie Bellini, in die er sogar einheiratete. Aus der Familie Bellini gingen Jacopo, Gentile und Giovanni, einer der größten Maler aller Zeiten hervor.

Die venezianische Malerei des 15. Jahrhunderts ist mit vielen Namen verbunden. Während die Familie Vivarini und die Familie Bellini sich erfolgreich betätigten, festigten Bartolomeo Montagna und Giambattista Cima da Conegliano die Verschmelzung der venezianischen Kunst mit der der Terra ferma zu einer Einheit, in die Vettor Carpaccio, ein Urvenezianer aus Dalmatien, die Auffassung der gegenüberliegenden Adriaküste einbringen sollte. Mit phantastischen Bauten sollte Jacopo Bellini allein ein Renaissance-Venedig schaffen, in dem jenseits der zweidimensionalen Räume (den »riesigen, kostbaren, aus dem Wasser emporragenden Balustraden«, wie S. Bettini die Fassaden der gotisch geprägten venezianischen Palazzi definiert) schließlich jene Wunder der Perspektive geschahen, die der aus Bergamo gebürtige Codussi – auf der Grundlage der Lehre von Leon Battista Alberti – aufgriff und dem venezianischen Geschmack und Ambiente entsprechend ausarbeiten sollte. Andere Lombarden wie Bregno und Matteo Raverti kündigten die Blüte der Bildhauerkunst in der venezianischen Renaissance an, die in der Kunst des aus Verona stammenden Antonio Rizzi gipfelte.

Es ist also die Kunst, die die Vereinigung der inmitten von Wasser, Sümpfen und Laguneninseln gelegenen Hauptstadt mit der üppig grünen Terra ferma besiegelte, wo sich Ebenen mit sanften Hügeln abwechseln und hohe Schneeberge mit Wäldern, die den Rohstoff für den Bau der mächtigen Schiffsmasten lieferten und die wir bis zum Ende der goldenen Jahrhunderte im Hintergrund vieler venezianischer Bilder finden.

## 6

Als Konstantinopel gefallen und mit diesem Fall auch die über tausendjährige Geschichte des Byzantinischen Reiches beendet war, löste das angeblich in ganz Europa einen Schock aus. In den in Eifersüchteleien, Ränkespiele und Provinzialismus blind verstrickten italienischen Kleinstaaten freute man sich aber hauptsächlich über den Schaden, den die osmanische Eroberung sicherlich für den venezianischen Levantehandel bedeuten würde. In Florenz rieb man sich die Hände. In Neapel dachten die Aragonier mit Freuden an die Möglichkeit, anstelle Venedigs die Kontrolle über die Adria zu übernehmen. In Mailand glaubte man, der Augenblick sei für einen erneuten Angriff auf das venezianische Heer besonders günstig. In Genua – ausgerechnet dort, wo man immerhin hätte begreifen müssen, daß die Türken sich als nächstes gegen die *Fondachi* und die Territorien der Genuesen in Kleinasien und in der Ägäis richten würden –, in Genua also hoffte man, die alten Nebenbuhler zumindest aus einigen Festungen auf dem Peloponnes drängen zu können, und schrieb Briefe an Muhammad II., in denen sein »großer und eindeutiger Sieg« gelobt wurde. Und was hatten die anderen sogenannten christlichen Fürsten getan, um die Katastrophe zu verhindern? Einstimmig hatten jedenfalls alle gegen den Friedensvertrag gewettert, den Venedig 1454 mit den Türken abgeschlossen hatte. Allerdings muß eingeräumt werden, daß dieser Friede auch im Senat von Venedig auf sehr starke Kritik und Widerstand gestoßen war.

Während die Türken Schritt für Schritt zum Schaden der venezianischen und genuesischen Lehnsherren sowie der Griechen weiter in der Ägäis und in Attika vorrückten, hatte ein gebildeter Humanist aus Siena, der unter Ausnutzung seines diplomatischen Geschicks Karriere gemacht hatte, den Papstthron bestiegen. Enea Silvio Piccolomini, Papst Pius II., hatte seit längerem erkannt, wie gefährlich das selbstsüchtige Verhalten der italienischen Staaten angesichts der Bedrohung durch die Türken war, und dachte über ein Bündnis, einen Kreuzzug nach. Er hatte einen Reichstag nach Mantua einberufen, wo Herzog Francesco Sforza und die Vertreter mehrerer Staaten Italiens sich eine wunderbare Rede eines anderen hochgebildeten Humanisten namens Francesco Filelfo anhören durften, aber sie hatten auch das Mißtrauen und die Vorbehalte der Republik Venedig zur Kenntnis nehmen müssen. Die venezianische Politik orientierte sich stets an demselben Grundsatz: Um einem Feind wie dem Türken die Stirn zu bieten, bedurfte es eines großen Bündnisses, um wirksam und koordiniert vorgehen zu können; sonst war es besser, nichts zu unternehmen und sich an die Abmachungen zu halten.

Die Versammlung von Mantua endete in akademischen Erörterungen, doch der Papst hatte sich den Kreuzzug in den Kopf gesetzt. Wie er dachte auch der Doge Cristoforo Moro, der 1462 Pasquale Malipiero nachgefolgt war: ein fürchterlich häßlicher kleiner Mann, ein fanatischer Klerikaler (»Er konnte nichts anderes, als mit Mönchen zusammenzustecken«, schreibt ein Chronist), der in den Chroniken schlecht wegkommt und äußerst unbeliebt war; er war aber von der Notwendigkeit überzeugt, daß im Orient etwas unternommen werden mußte. Die Türken hatten sich Zug um Zug die Walachei und die Moldau (das heutige Rumänien) und Bosnien erobert und hatten gewagt, in Kroatien und sogar in der Steiermark einzufallen, und die venezianische Diplomatie hatte sich angeschickt, die europäischen Fürsten davon zu überzeugen, daß sie von der osmanischen Gefahr schon sehr bald selbst bedroht sein würden.

Für eine Lösung dieser Frage sorgten jedenfalls die Türken. Mit der Einnahme der in Griechenland gelegenen Festung von Argos leiteten sie eine Offensive gegen die Venezianer ein, die in einen sechzehnjährigen Krieg münden sollte. Wie vorhergesehen konnte sich die Republik nur auf ihre eigenen Kräfte verlassen, die durch die seit dreißig Jahren dauernden Kriege auf dem Festland bereits sehr geschwächt waren.

Man schrieb das Jahr 1463. Im November sprach sich Cristoforo Moro im Großen Rat voller Eifer für die Teilnahme am Kreuzzug aus. Als jedoch die *Signoria* beschloß, er selbst solle das Kommando über den am Unternehmen beteiligten Flottenverband übernehmen, verflüchtigte sich sein Eifer, und er schützte sein Alter, ein fehlendes Auge und seine Unerfahrenheit auf See vor. Da griff Ser Vettor Cappello, ein Dogenberater, unsanft ein und sagte ihm, daß der Doge gehorchen müsse und daß ihm bestenfalls zugestanden werde, seinen Neffen Lorenzo, einen sehr tüchtigen Seefahrer, an seiner Seite zu halten. Mit der Venedig eigenen globalen Sicht der Probleme wurden zu allen potentiellen Verbündeten Botschafter entsandt, sogar bis nach Persien, wo Schah Ussun Hassan nach und nach zu einem Bündnis überredet wurde (er wäre mit Gottes Hilfe ein echter Bündnispartner gewesen, einer, der zu kämpfen und sogar zu siegen verstand).

Im Sommer 1464 – der türkisch-venezianische Krieg ist bereits in vollem Gang – versammeln sich die Kreuzfahrertruppen endlich im Hafen von Ancona. Die Kirche hat insgesamt acht Galeeren und Venedig vierundzwanzig aufgeboten; alle anderen Verbündeten, also sämtliche italienischen Fürsten, der Herzog von Burgund und der König von Frankreich, haben kein einziges Schiff, keinen einzigen Mann entsandt. Die Situation ist zu deprimierend, als daß eine andere, im Grunde komische Episode auffallen würde: So wie der eifernde Doge versucht hatte, sich aus der Affäre zu ziehen, als es um seine persönliche Teilnahme gegangen war, so wurde der Papst, als er den Dogen an der Spitze seiner

Flotte in Ancona eintreffen sah, beim Gedanken, daß das ihn zwingen könnte, sich ebenfalls persönlich einzuschiffen, von heftiger Angst gepackt. Aber die Farce verwandelte sich rasch in eine Tragödie. Pius II. war krank; er starb innerhalb weniger Tage, und die Kardinäle hatten anderes zu tun, als an Kreuzzüge zu denken; sie mußten den neuen Papst wählen, und zwar in Rom, und deshalb verabschiedeten sie sich mit vielen Empfehlungen und ließen nur insgesamt fünf der acht päpstlichen Galeeren zurück. Der Kreuzzug war mit Papst Piccolomini gestorben, und der Doge kehrte mit einem Seufzer der Erleichterung nach Venedig zurück. Es war endgültig deutlich geworden, daß Venedig mit Muhammad und seinen Osmanen alleine fertig werden mußte.

Vorbereitungen dazu hatte Venedig jedenfalls bereits getroffen, und zwar beeindruckende. Zur Sperrung des Isthmus von Korinth war mit nicht weniger als dreißigtausend Mann eine mit einhundertsechsunddreißig Türmen bestückte Mauer gebaut worden. Aber auch wenn das Waffenglück den Venezianern irgendwann Athen und die Festung Modon zurückgab, verliefen die Operationen nicht erfolgreich. Und nachdem die auf einen Waffenstillstand abzielenden Verhandlungen gescheitert waren, berichtete Antonio Michiel – ein Geschäftsmann, der in Konstantinopel geblieben war, wo er das Alaunmonopol gepachtet hatte – in seinen Briefen von den viel mehr Angst einflößenden Vorbereitungen der Türken: Hundert Galeeren lagen an den Anlegestellen, um im Frühjahr 1467 bereitzustehen, und dort wartete auch eine Armada von zweihundert bereits vollständig ausgerüsteten Segelschiffen. Um dieser ganzen Flotte entgegenzutreten, fügte Michiel hinzu, würden etwa siebzig Schiffe genügen. Man dürfe nicht mit den Ausgaben knausern; denn im Gegensatz zu dem, was der Senat machte, »beschafften sich« die Türken »das, was sie brauchten, ohne irgendeine Rücksicht auf die Kosten«. 1468 trafen dann andere Nachrichten über noch beeindruckendere Aufrüstungen und Kriegsvorbereitungen ein. Diesmal gab es auch genaue Hinweise auf das Ziel der geplanten großen Offensive: Es war Negroponte, Euböa, eine der blühendsten und einträglichsten Kolonien des venezianischen Reiches, vielleicht sogar die reichste und einträglichste von allen.

Man griff erneut zu steuerlichen Maßnahmen, trieb den Schiffbau im Arsenal voran und rief zu Gebeten und Bittgängen auf, um Gottes Hilfe herabzuflehen. Doch nicht weniger als dreihundert türkische Schiffe fuhren mit sechzigtausend Mann an Bord durch die Dardanellen, waren bald in Sicht des Imbro und drangen in die Ägäis vor. Um nichts unversucht zu lassen, wurde in letzter Not ein gewisser Davide Ebreo nach Konstantinopel geschickt, der früher schon mit Erfolg bei den Verhandlungen mit Muhammad eingesetzt worden war, der offenbar eine Zuneigung zu ihm gefaßt hatte. Wer wie der *Sopracòmito* Girolamo Longo die osmanische Flotte allerdings mit eigenen Augen sah, dem erschien sie schrecklich und schwer zu besiegen: »Das Meer sah wie ein Wald aus.« Statt diplomatischer Ränke bräuchte man mindestens einhundert Galeeren sowie Soldaten, Lebensmittel und Geld; denn »sonst ist Negroponte in Gefahr, und wenn es verlorengeht, geht mit ihm der ganze Staat in der Levante bis Istrien hin verloren ...«. Man konnte wirklich Angst bekommen. In Istrien fielen die Türken schon über dem Landweg von Bosnien her ein.

All das war in Venedig bekannt. Nicht bekannt war dagegen, in welchem Zustand sich die Flotte nach sieben Jahren Krieg befand. Die Disziplin – und zwar in allen Rängen –, die Moral und die Ordnung ließen sehr zu wünschen übrig. Das schlimmste Beispiel gaben ausgerechnet die *Sopracòmiti*, die Kommandanten der verschiedenen Schiffe, fast durchweg Patrizier, die ebenso unredlich wie verantwortungslos waren und, statt sich darum zu kümmern, daß das Personal auf vollem Stand gehalten wurde, die entsprechenden Listen fälschten und anstelle von Kriegern Kellner und Köche einschrieben. Was den Oberbefehlshaber, den Generalkapitän zur See Niccolò da Canal, anlangt, so hätte man in Venedig sehr wohl wissen müssen, daß er zwar Doktor »in utroque« und Senator und ein ausgezeichneter Diplomat gewesen war, daß er aber – wie Marino Sanudo schreibt – »eher zum Bücherlesen als zur Seefahrt geeignet war«. Es hätte einer ganz anderen Entschlossenheit, einer ganz anderen Erfahrung und Tatkraft bedurft. Doch bei seiner Ernennung hatten Überlegungen politischer Art eine Rolle gespielt.

Als die osmanische Flotte vom Süden her in den Kanal von

Euböa einfuhr, lag die venezianische Flotte weiter im Norden, nahe der Insel Skiathos, vor Anker und wartete auf Verstärkung. Es war der 24. Juni. Am 20. hatte das türkische Heer, befehligt von Muhammad persönlich, bereits den Fuß auf die Insel gesetzt und mit der Belagerung der Hauptstadt Negroponte begonnen (dem heutigen Chalkis, dessen venezianischer Mauergürtel bis vor wenigen Jahren erhalten blieb und das praktisch in jeder Hinsicht eine venezianische Stadt war). Sie wurde vom *Bailo* Ser Paolo Erizzo tapfer verteidigt; freilich waren die osmanischen Truppen zahlenmäßig überlegen, und die Verteidiger erwarteten sich ein entschlosseneres und hilfreiches Eingreifen der Flotte.

Wind und Strömungen waren für die venezianische Armada, die sich vorsichtig an der Einfahrt des Kanals von Negroponte zeigte, günstig; es war die Gelegenheit, die Verbindungen zwischen der Insel und dem Festland zu unterbrechen, die Brücke zu zerstören und den so abgeschnittenen Türken in den Rücken zu fallen. Aber Niccolò da Canal brachte es nicht über sich, ein Wagnis einzugehen; er fühlte sich unsicher und weigerte sich – trotz der verzweifelten Signale, die von den Türmen von Negroponte kamen, und trotz Ermutigung durch einige seiner Untergebenen – beharrlich, anzugreifen. Doch nicht nur das, er verbot auch, zu den Galeeren der Ritter von Rhodos und des Königs von Zypern zu fahren, die sich angeboten hatten, das Unternehmen zu wagen. Ein nichtpatrizischer *Sopracòmito*, Antonio Ottobon, verweigerte ihm den Gehorsam, aber er war der einzige und wurde gezwungen, sich zurückzuziehen. Die Verteidiger von Negroponte leisteten Widerstand, solange sie konnten. Am Morgen des 12. Juli drangen die Türken in die Stadt ein. Der Kampf tobte auf den Straßen und zwischen den Häusern, von wo die Frauen kochendes Wasser auf die Invasoren schütteten und sie sogar mit Dachziegeln bewarfen. Am Abend war die Schlacht vorbei; das Massaker begann. Paolo Erizzo starb mit all seinen Stellvertretern, und später verbreitete sich das Gerücht, er habe sich unter der Zusage Muhammads, seinen Kopf zu retten, ergeben, und der Sultan, der sich der Form nach an sein Versprechen hielt, habe ihn bei lebendigem Leib, zwischen zwei Holzplatten gepreßt, entzweisägen lassen. Während das Gemetzel weiterging, trafen die

Verstärkungen ein, siebzehn Schiffe und sechs große Galeeren. Doch es war schon zu spät.

Wenige Tage danach kehrte Muhammad mit seinem Heer nach Konstantinopel zurück und ließ eine starke Garnison in Negroponte zurück, während die Flotte Kurs auf die Dardanellen nahm, in respektvoller Entfernung gefolgt von den Venezianern. Auf der Höhe von Chios hätte man vielleicht einen massiven Angriff versuchen können, aber der Humanist und Admiral konnte sich wieder einmal zu keiner Entscheidung durchringen. Er berief die Versammlung der untergeordneten Kommandanten ein, erörterte die Frage, ob ein Angriff angebracht sei oder nicht, und verlangte, daß alle ihre Meinung schriftlich äußerten. Während sich die Versammlung hinzog, waren die Türken schon weit weg. Dann endlich entschloß sich der Generalkapitän, eine direkte Aktion zu versuchen, um Negroponte zurückzuerobern; schließlich hatte er vierundneunzig unbeschädigte Schiffe zur Verfügung. Aber der schlecht koordinierte Angriff scheiterte kläglich, und die angelandeten venezianischen Streitkräfte mußten sich schleunigst zurückziehen und unter anderem ausgerechnet jenen *Sopracòmito* Girolamo Longo in den Händen des Feindes zurücklassen, der den Verlust der Insel hatte vermeiden wollen. Er wurde gepfählt, während sein Kollege Giovanni Tron, ebenso wie Paolo Erizzo, bei lebendigem Leib.entzweigesägt wurde.

Als die Nachricht vom Verlust der Stadt und der Insel Negroponte in Venedig eintraf, herrschte allgemeine Bestürzung. Man sah viele Patrizier weinen; der Chronist Malipiero erzählt, daß die Mitglieder des *Collegio* (der zahlenmäßig eingeschränkten Versammlung, der der Doge vorsaß und die sich aus der *Signoria* und den *Savi* zusammensetzte), als sie aus dem Dogenpalast herauskamen, »wie betäubt und gesenkten Hauptes ihres Weges gingen« und auf die ungeduldigen Fragen der entsetzten und niedergeschlagenen Menge, die sie umgab, nichts erwiderten.

Es war wirklich ein schreckliches Debakel. Als erstes beschloß man, Da Canal, der durch Piero Mocenigo ersetzt worden war, zu verhaften und gegen ihn Anklage zu erheben. Der Prozeß endete mit seiner Verbannung in das Städtchen Portogruaro. Diese Milde entsprach der allgemeinen, von Sanudo klar zum Ausdruck gebrachten Überzeugung, daß – wie groß auch die Unzulänglichkeiten des »gelehrten Generals« gewesen sein mochten – die »Dummheit« jener, die ihn gewählt hatten, noch viel größer war.

Es ging nun darum, die Scherben zu ordnen. Der Senat gab umgehend Anweisungen für den Loskauf möglichst vieler Bewohner von Euböa, die von den Türken in die Sklaverei verschleppt worden waren, und für eine gerechte Rentenzahlung an die Witwen und Waisen der Gefallenen. Innerhalb der Kriegsflotte wurde eine strenge Untersuchung durchgeführt. Um das enorme finanzielle Loch zu stopfen, das ein Krieg gerissen hatte, der im Durchschnitt eine Million und zweihunderttausend Dukaten im Jahr kostete, wurden sehr schmerzhafte steuerliche Maßnahmen eingeführt, und zwar in Form einer neuen Vermögenssteuer und drakonischer Kürzungen jener Gehälter, die die in den Ämtern in Stadt, Land und auf See tätigen Patrizier erhielten. Und die Diplomaten arbeiteten weiter an dem mühseligen Versuch, eine mögliche antitürkische Liga auf die Beine zu stellen, die nun erneut vom Papst gefordert wurde. Papst war jetzt der venezianische Humanist Paolo Barbo, Paul II. Diesem gelang es 1471 tatsächlich, ein Bündnis mit Mailand, Florenz und König Ferdinand von Neapel zu schließen, aber wie A. Battistella sagte, war es nur »ein Bündnis der Worte«. Allein der König von Neapel schickte zehn Schiffe, die anderen taten nichts, und während unter der erfahrenen Führung von Piero Mocenigo Smyrna erobert und verwüstet wurde, fielen die Türken im Friaul ein, überzogen es mit Feuer und Schwert und kamen bis unter die Mauern von Udine und zu den Bergen von Krain.

So blieb die Angriffsstärke der Osmanen trotz der Niederlagen, die ihnen im Orient die Perser beigebracht hatten, sehr groß. Im Mai 1474 war ein neuer Herd in gefährlicher Nähe von Venedig entflammt, im albanischen Skutari, einem Flußhafen und einer Festung zwischen der Drina und der Bojana in der unteren Adria. Die Stadt wurde von einem nicht weniger als achtzigtausend Mann starken Heer belagert. Die Verteidigung leitete der kühne *Provveditore* Antonio Loredan. Nachdem er die Aufforderung zur Kapitulation mit Stolz zurückgewiesen hatte, unterbrach er die Klagen der Bewohner, indem er sich auf dem offenen Platz zeigte, seine Brust bloßlegte und ausrief: »Wenn ihr Hunger habt, hier bin ich, eßt von meinem Fleisch, und wenn ihr Durst habt, dann trinkt von meinem Blut, aber ergebt euch nicht!« Auch wenn er eine Vorliebe für theatralische Gesten hatte, war er doch ein tüchtiger Krieger, und es war ihm – vielleicht gerade weil er die Launen der Menge kannte – gelungen, die Bevölkerung zu mobilisieren und die Belagerer zwischen Ausfällen und Verteidigungsaktionen zum Rückzug zu zwingen.

Der glückliche Ausgang der Geschichte hob die Moral des venezianischen Senats mehr als die unter der Schirmherrschaft von Papst Sixtus IV. vollzogene Erneuerung des Bündnisses mit Mailand und Florenz. Einige Monate später, während im Saal des Großen Rates Prinz Friedrich von Aragonien gefeiert wurde, traf ein Kurier aus Serbien ein. Er war von der Stiefmutter Muhammads II., der Schwester des Königs jenes gebirgigen Landes, geschickt worden und überbrachte eilige Briefe. Der Chronist Malipiero erzählt, daß der Doge sich bei seinem Gast entschuldigte und sich sogleich in seine Gemächer zurückzog, gefolgt von seinen Ratgebern. Die Botschaft schien von unmittelbarer Bedeutung zu sein. Es handelte sich um ein Verhandlungsangebot. Dem Schriftstück lag sogar ein Freibrief bei, der es dem möglichen Unterhändler erlauben würde, unbehelligt nach Konstantinopel zu gelangen. Der Doge und seine Berater diskutierten bis in die späte Nacht hinein; dann wurden unter absoluter Geheimhaltung der Rat der Zehn sowie zwanzig der einflußreichsten Patrizier einberufen. Es bestand eine grundsätzliche Uneinigkeit zwischen denen, die – wie der Doge Piero Mocenigo (er war Generalkapitän gewesen und kannte die Kräfte des Gegners sehr gut) – um jeden Preis Frieden haben wollten und auf die Unmöglichkeit hinwiesen, ein entsprechendes Rüstungsprogramm zu finanzieren, und denjenigen, die die Chance eines militärisch und diplomatisch günstigen Augenblicks zu einem neuen Schlag gegen die Osmanen nutzen wollten. Und diese Unstimmigkeit löste endlose Debatten aus. Die Pazifisten waren in der Mehrzahl, und Ser Girolamo Zorzi wurde als Bevollmächtigter nach Konstantinopel gesandt. Er war verwachsen, aber ein hervorragender Kenner der islamischen Welt und des Balkans.

Die Verhandlungen dauerten zehn Monate, von Januar bis Oktober, und führten zu keinem Ergebnis. Die Türken eroberten das genuesische Caffa und die venezianischen Orte Tana und Soldaia, alle am Schwarzen Meer gelegen. Ja, sie griffen nach allen Stützpunkten des italienischen Handels in jener so gewinnbringenden Region, wo die Produkte aus Asien und dem Kaukasus zusammenströmten, die Pelze und Sklaven Rußlands und vor allem der kostbare Hanf für die Herstellung von Schiffstauen. Und ihre Einfälle in das Friaul, die mit Blutbädern, Massendeportationen, Plünderungen und Verwüstungen einhergingen, wiederholten sich: Den Rauch und die Flammen der Brände konnte man vom Campanile der Markuskirche aus sehen. Nach langer Belagerung fiel in Albanien die Stadt Croja, Bastion und Festung eines Jahre dauernden Widerstandes. Skutari wurde erneut belagert. An der Spitze der osmanischen Truppen stand dieses Mal der Sultan persönlich – der gefürchtete Muhammad II.

Gezogen von zehntausend Kamelen, bestückt mit Geschossen, deren Kaliber und Reichweite außergewöhnlich waren, beschossen die türkischen Kanonen die Stadt mit eintausendzweihundert Pfund schweren Kugeln, und an Ort und Stelle wurden sogar noch größere und stärkere Kanonen gegossen. Aber als am 22. Juli 1478 nach einmonatiger Belagerung der Generalangriff begann – die Mauern waren völlig zerstört –, da drängten die venezianische Garnison und die Bewohner unter dem Befehl eines anderen beherzten Kommandanten, des *Provveditore* Antonio da Lezze, Muhammads Horden zwei-, dreimal zurück, auch nachdem der wütende Sultan elf Kanonen gleichzeitig gegen eines der Stadttore hatte feuern und seine eigenen Leute zusammen mit den standhaften Verteidigern hatte massakrieren lassen. Muhammad gab auf und kehrte nach Konstantinopel zurück, ließ aber an Ort und Stelle genügend Truppen für die Blockade zurück. Auswege boten sich aber dennoch nicht an. Anfang Januar 1479 flammte in Venedig erneut die Diskussion darüber auf, ob eine Wiederaufnahme der Verhandlungen angebracht sei. Trotz des hartnäckigen Widerstandes des *Savio* Andrea Lando, der fast bis zum Morgengrauen nach einer sehr bewegten Nacht unaufhörlich Einwände erhob, beschloß der Senat, einen seiner Sekretäre, Giovanni Dario, nach Konstantinopel zu schicken. Dieser war übrigens der Gründer eines der berühmtesten venezianischen Palazzi, nämlich jenes Palazzo Dario am Canal Grande, den Maurice Barrès mit einer alten juwelenbehängten Dirne verglichen und als Meisterwerk des raffiniertesten Renaissancestils gefeiert hat.

Am 25. Januar wurde der Friedensvertrag unterzeichnet. Venedig verlor endgültig Negroponte und die Sporaden, die große ägäische Insel Lemnos, Argolis sowie ein Stück von Albanien und verpflichtete sich, dem Sultan einen jährlichen Tribut von zehntausend Dukaten zu zahlen, um weiterhin im Schwarzen Meer Handel treiben zu können. Auch Skutari ging verloren. Nach elf Monaten verließen diejenigen, die die Belagerung überlebt hatten – vierhundertfünfzig Männer und einhundertfünfzig Frauen –, mit dem wenigen, was sie mit sich tragen konnten, den Reliquien ihrer Heiligen und den Kelchen aus den Kirchen, aber mit der Waffe in der Hand, die Stadt. Die Türken standen ein wenig verwundert, ein wenig grollend Spalier und krümmten – anders als in Negroponte und Croja – niemandem ein Haar. Allerdings nicht aus Großherzigkeit: Der ebenso kluge wie mutige Antonio da Lezze hatte, ehe er aus den Mauern heraustrat, die Übergabe von Geiseln, hohen Offizieren des osmanischen Heeres, verlangt.

## 7

Zu viele Dinge hatten zu jenem demütigenden Frieden beigetragen, der sechzehn Jahren des Kampfes ein Ende machte. Wie üblich kritisierten christliche Fürsten und Staaten diese »Entscheidung nach Kaufmannsart« schwer, sprachen von einer »Schande für Venedig und die ganze Christenheit«. Aber die Christenheit hatte überhaupt nichts unternommen, um den Lauf der Dinge aufzuhalten, sondern hatte, wenn sie nicht völlig passiv geblieben war, weiter gegen Venedig intrigiert, in der Hoffnung, vom möglichen Untergang Venedigs, das letzten Endes immer noch eine bedeutende wirtschaftliche Macht und einer der mächtigsten Staaten Europas war, zu profitieren. Was der Austritt Venedigs aus dem Konflikt bedeutete, mußte die Christenheit jedenfalls erkennen, als die Türken sich auf Apulien stürzten, Otranto eroberten und dort Greueltaten jeder Art begingen. Später wurde Venedig sogar beschuldigt, die Osmanen zu jenem blutigen Unternehmen angestachelt zu haben, um sie sich selbst vom Halse zu halten und gleichzeitig zu einem harten Schlag gegen das Königreich von Neapel auszuholen. Tatsächlich machte Venedig keinerlei militärische Anstrengungen, um die Türken von Apulien abzulenken, doch ohne sich rundweg zu verweigern, versuchte es, die Beteiligung an einem Bündnis zu umgehen, das italienische Fürsten und Staaten jetzt sofort und um jeden Preis haben wollten. Aber warum hätte es auch eingreifen sollen, da es einen sechzehnjährigen Krieg hinter sich hatte, in dem es fast völlig auf sich allein gestellt gewesen war, und den Frieden mit sehr hohen Opfern hatte bezahlen müssen? Venedig kannte niemandem gegenüber eine Dankesschuld, die es moralisch irgendwie verpflichtet hätte. Oder hatten die anderen etwa einen Finger gerührt, um die Gemetzel von Negroponte oder Croja zu verhindern? Venedigs Einstellung lief verständlicherweise darauf hinaus, zuzusehen, wie die anderen sich am eigenen Schopf aus dem Sumpf zogen, so wie es ihm selbst auch ergangen war; bei dieser Linie wollte es zumindest so lange bleiben, wie die osmanischen Vorstöße keine unmittelbare und direkte Gefahr für es selbst bedeuteten.

Trotz des Zögerns, der Zweifel und Schwächen jener sechzehn Jahre Krieg (allesamt Folgen der Tatsache, daß in Venedig die oberste politische und auch militärische Führung immer Sache von Kollektiven und Versammlungen war) hatten die Venezianer dem Lauf der Dinge keineswegs untätig zugesehen, der sich auf ihren Handel, ihre Geschäfte, ihre mehr denn je unverzichtbare Existenzgrundlage, eindeutig negativ auswirkte. Schon seit geraumer Zeit hatten sie mit einer sehr verlockenden Möglichkeit geliebäugelt, sich schnell über den Verlust der fruchtbaren Gebiete Euböas hinwegzutrösten.

Von all den Reichen und Fürstentümern, die zur Zeit der Kreuzzüge von den abendländischen Rittern in der Levante gegründet worden waren, war nur noch ein einziges übriggeblieben. Die große Insel Zypern war als Königreich immer noch im Besitz der französischen Kreuzfahrerfamilie Lusignan. Sie zahlte dem

Sultan von Ägypten Tribut, hatte lange Zeit hindurch eine schwer lastende genuesische Schutzherrschaft ertragen müssen, existierte aber noch als eine erstaunliche, einer griechischen Bevölkerung aufgepfropfte, aus Frankreich stammende Monarchie. Unerwartet stieß man in Zypern auf gotische Kathedralen, die Baumeister aus der Champagne in Famagusta und Nikosia erbaut hatten, auf romanische Abteien aus Stein, die inmitten von Agaven und Zypressen aufragten, und auf Ritterburgen, die sich in Sicht der fernen Küsten des Libanon auf den Gipfeln der Hügel und Berge emporreckten. Und es war ein reiches Land, wo mit Gewinn Wein, Weizen, Zuckerrohr und Baumwolle angepflanzt wurden; man gewann dort auch große Mengen Salz. Die Genuesen hatten es bis aufs Mark ausgesogen, doch seit dem 14. Jahrhundert hatte sich auch die venezianische Familie Corner zu schaffen gemacht und den Lusignans Geld geliehen. Sie hatte sie prunkvoll in ihren venezianischen Palazzi empfangen, und Venedig hatte den Zucker und das Salz Zyperns geschickt in seinen Warenumschlag einbezogen und davon profitiert.

König Jakob II. von Lusignan hatte sich 1464 von der bedrükkenden Präsenz der Genuesen befreit. Dabei waren die Gelder des Hauses Corner reichlich geflossen. Vier Jahre später hatte König Jakob deshalb daran gedacht, die Familie seiner Geldgeber und damit zugleich das finanziell und politisch mächtige Reich von Venedig noch enger mit seinem persönlichen Geschick zu verbinden. Zudem war die Herkunft des Königs nicht so eindeutig, als daß er sich auf seinem Thron allzu sicher gefühlt hätte. Er war nur der natürliche Sohn seines Vorgängers, König Johannes; es gab auch noch eine legitime Tochter, Charlotte, die mit Ludwig von Savoyen verheiratet war (daher führten die Könige von Italien und Sardinien auch den Titel eines Königs von Zypern und Jerusalem) und sich auf Genua stützte. Genua seinerseits war der Herrschaft eines anderen italienischen Potentaten, des Herzogs von Mailand, unterstellt.

1468 bat Jakob nun um die Hand von Caterina, der Tochter von Ser Marco Corner, und Venedig griff sofort ein und beeilte sich, die Ehe nicht nur zu genehmigen, sondern Caterina, das fünfzehnjährige schöne und blühende Mädchen, aufgrund ihrer Lebensführung, Geburt und Abkunft eine hohe Dame, feierlich zur »Tochter der Republik« zu erklären. Für den König bedeutete das bedingungslose Unterstützung von seiten der mächtigen Republik von San Marco. Bedingungslos ist allerdings nicht ganz der richtige Ausdruck; denn die *Serenissima Repubblica* hatte ihm bei der Verlobung eine notarielle Urkunde zur Unterzeichnung vorgelegt, der zufolge er der Braut das Königreich Zypern schenken würde, falls er ohne rechtmäßigen Erben bliebe.

Nachdem verschiedene diplomatische Hürden genommen waren, reiste die Braut am 20. September 1472, von vier Galeeren eskortiert, nach Zypern ab. Die *Signoria* hatte ihr gegenüber weder mit Ehren noch mit Geld geknausert. Im Augenblick ihrer Abreise hatte sie ihr sechshundert Golddukaten oder Zechinen aushändigen lassen, »weil es nicht nur zur Würde und zum Ruhm unseres Staates beiträgt, wenn eine unserer vornehmen Bürgerinnen Königin von Zypern wird, sondern auch zum Vorteil und nicht geringen Nutzen unserer Angelegenheiten im Orient«.* Dann folgten die Hochzeit in der gotischen Kathedrale von Famagusta, die Feste, die Turniere und die Zeremonien. Am 6. Juli 1473 jedoch starb König Jakob plötzlich im Alter von kaum dreiunddreißig Jahren und ließ Caterina schwanger zurück. Venedig schickte eilends den Generalkapitän Piero Mocenigo nach Famagusta, aber schon hatte sich Unruhe breitgemacht. Zu viele Interessen waren durch jene Heirat verletzt worden. Auch König Ferdinand von Neapel hatte gehofft, die Insel in seine Gewalt zu bringen, und in der Nacht des 14. November 1473 versuchten der Erzbischof von Nikosia und einige von einem neapolitanischen Gesandten aufgestachelte Notabeln einen Gewaltstreich. Sie betraten den Königspalast, töteten Andrea Corner, den Onkel der Königin, und (aber nun überlassen wir besser einem venezianischen Diplomaten, Giosafat Barbaro, das Wort) »im Gemach selbst hieben sie vor den Augen jener armen jungen Frau deren Arzt und einen anderen Diener und Knecht in Stücke ... und den arglosen und unschuldigen Neffen der Königin ... entwendeten de Schatztruhe, die Juwelen und den Siegelring und zwangen sie,

* Staatsarchiv Venedig, *Senato Mar,* 13. August 1472, in S. Romanin, *Storia documentata di Venezia,* Ausg. 1914, Bd. IV, S. 361, Anmerkung 5.

den Kastellanen zu schreiben, sie sollten ihre Festungen übergeben ...«.*

Der Plan der Verschwörer lief darauf hinaus, ein sechsjähriges Mädchen, eine natürliche Tochter König Jakobs, mit einem natürlichen Sohn des Königs von Neapel zu verheiraten und Caterina zu zwingen, zu dessen Gunsten auf ihre Rechte und die des in der Zwischenzeit geborenen Königs Jakob III. zu verzichten. Aber der Senat hatte nicht geschlafen: Rasch wurde ein Sonderbotschafter zu Ferdinand von Neapel geschickt. Unterdessen war Piero Mocenigo Hals über Kopf mit der Flotte nach Famagusta zurückgekehrt. Einige der Verschwörer waren gehenkt worden, und der achtzehnjährigen Königin hatte man zwei Ratgeber und einen *Provveditore* zur Seite gestellt – alle drei Venezianer und Patrizier. Die Annexion Zyperns war praktisch eine vollendete Tatsache.

Es gab aber manche, die unzufrieden waren. Allen voran Charlotte von Savoyen, die, nur um ihren Willen durchzusetzen, ein Abkommen mit dem Sultan von Ägypten suchte; dann Ferdinand von Neapel, der ebenfalls mit dem Sultan verhandelte, nachdem ihm ein anderer Handstreich auf der Insel mißlungen war. Die Republik hatte offiziell die venezianische Schutzherrschaft über Zypern verkündet, aber um das Risiko neuer und schwerwiegenderer internationaler Komplikationen aus dem Weg zu räumen, dachten sie daran, daß die günstigste Lösung die formelle Abtretung des Königreiches durch diejenige wäre, die kraft der von Jakob II. unterzeichneten Urkunde dessen vollberechtigte Universalerbin und souveräne Besitzerin war.

Gesagt, getan. Zwischen Oktober und November 1488 beschloß der Rat der Zehn, daß der Cavaliere Ser Giorgio Corner, der Bruder der Königin, sich mit dem Auftrag nach Zypern begeben sollte, sie zur Abdankung zugunsten der *Serenissima Repubblica* und zur Rückkehr nach Venedig zu überreden. Tatsächlich soll die nunmehr fünfunddreißig Jahre alte Königin nicht die geringste Neigung gehabt haben, auf ihren Thron zu verzichten. Die Zehn argwöhnten vielmehr, daß sie eine Flucht plane, und gaben dem Generalkapitän Priuli Anweisungen, auf sie achtzuge-

* Staatsarchiv Venedig, *Senato, Secreta,* XXVI, 22. Januar 1474, S. 61 (ebenda, Anmerkung 3).

ben und sie nicht entkommen zu lassen. Ser Giorgio mußte sich also ziemlich anstrengen und auch in drohendem Ton sprechen, um die »Tochter der Republik« zu dieser Geste zu bewegen, die nach dem Willen der Republik spontan und anmutig sein sollte. Die arme Frau, allein und von allen Seiten bedrängt, verfügte über keine Waffen, um sich der Staatsräson zu widersetzen; sie hörte daher auf die innere Stimme des Patriotismus und sagte im Februar 1489 ihrem schönen Mittelmeerkönigreich, dem Duft der Orangen, den blauvioletten Wassern der Levante, den fruchtbaren Ebenen und den bewaldeten Bergen Zyperns schweren Herzens für immer Lebewohl. Das Königreich war de jure und de facto bereits venezianisch. Die Republik, die das volle Erbe der Lusignans antrat, akzeptierte auch die Zahlung der Abgaben und Tribute, die die Könige dem Sultan von Ägypten entrichtet hatten, von dem nunmehr sie belehnt wurde.

Die venezianische Macht hatte Caterina Corner bewußt ein Opfer auferlegt. Aber sie beabsichtigte keineswegs, es durch ungerechtfertigte Demütigungen noch zu vergrößern. Alle Behörden der Republik bemühten sich, ihre großherzige Geste so gut wie möglich zu belohnen. Die entthronte Königin traf am 1. Juni 1489 an Bord der Galeere des Generalkapitäns zur See in Venedig ein. In San Nicolò di Lido wurde sie mit Pomp und einem großen Gefolge von Damen und Edelleuten vom Dogen Agostino Barbarigo, der *Signoria* und dem vollzählig erschienenen *Pregàdi* in Empfang genommen. Eine riesige Menge von Popolanen war gekommen, um sie von Bord einer Unmenge von Schiffen und Booten herzlich willkommen zu heißen.

Auf dem vergoldeten *Bucintoro,* der von den *Ducali Peatoni* eskortiert wurde (den üppig ausgeschmückten Kähnen, die den heutigen *Bissone* ähneln, welche bei der historischen Regatta gezeigt werden), kam Caterina an der Mole der Piazzetta an, während die Glocken der ganzen Stadt, die Trompeten und die Trommeln ertönten und die Kanonen der Festungen und der Flotte Salut schossen. Von der Mole zog sie zur Rechten des Dogen in die Basilika von San Marco ein, wo sie feierlich die Schenkung ihres Königreichs an die Republik wiederholte. Ihrer Familie wurden Ländereien auf Zypern und begehrte heraldische

Prädikate geschenkt. Sie selbst erhielt eine jährliche Leibrente von achttausend Golddukaten, einen Palazzoin San Cassiano am Canal Grande (es ist jener Palazzo, in dem sich heute das historische Archiv für zeitgenössische Kunst der Biennale befindet; er wurde allerdings Anfang des 18. Jahrhunderts wiederaufgebaut) und die Lehnherrschaft über Asolo, eine der schönsten und blühendsten Städte der venetischen Terra ferma. In Asolo hielt sie einen fröhlichen Hof zwischen Wanderungen und Jagden auf den zauberhaft schönen Hügeln und literarischen Gesprächen mit einer Gruppe gebildeter und auserlesener Freunde, zu denen vor allem der Dichter Pietro Bembo gehörte. Bis der Krieg von Cambrai und die Invasion von 1509 sie auch von dort vertreiben sollte. Ein berühmtes Gemälde von Gentile Bellini aus dem Zyklus der »Wunder der Kreuzreliquie« zeigt sie uns als bereits ältere, aber immer noch hübsche Anführerin einer Schar edelsteingeschmückter großer Damen einer reichen und prächtigen Gesellschaft. Ob sie glücklich war, entzieht sich unserer Kenntnis. Vergaß sie die ferne Insel, die einmal die ihre gewesen war? Vielleicht nicht; denn noch im Jahr 1510, dem Jahr ihres Todes, wurde sie von den drei Vorstehern des Rates der Zehn wegen der Machenschaften eines gewissen Antonio Rossi zurechtgewiesen, der sich auf Zypern für ihren Agenten ausgegeben hatte. Es müssen aber unbedeutende Machenschaften gewesen sein, da die drei gestrengen Richter ihn – eben aus Rücksicht auf sie – rasch wieder freiließen.

## 8

Während Venedig sich mit den Türken herumschlug, war in Mailand Herzog Francesco Sforza gestorben. Der kluge General aus der Romagna hatte klare Ideen gehabt: Man mußte die fremden Potentaten soweit wie möglich von Italien fernhalten, insbesondere die Franzosen, die immer noch bestrebt waren, ihre Rechte auf das Königreich Neapel geltend zu machen. Er hatte gemeint, die Pläne von antivenezianischen Bündnissen, die ihm immer wieder einmal vorgelegt wurden, hätten, ob ihm Venedig gefalle oder nicht, keine Existenzberechtigung; worauf es ankäme, wäre, »die Franzosen mit unserer großen Reputation und zu unsrer Freude ganz aus Italien hinauszutreiben«; ja, das Beste, was er selbst im Fall äußerer Gefahr tun könnte, wäre – so sagte er –, das Schiff zu besteigen und »sich den Venezianern in die Arme zu werfen«. Aber seine Ansichten wurden nicht geteilt, am wenigsten von Cosimo de' Medici, dem politisierenden Bankier, der ohne irgendeine offizielle Investitur de facto Herr von Florenz geworden war und für das Bündnis mit Frankreich, die Einschränkung der Macht der Päpste, aber in erster Linie dafür eintrat, daß der »Aufstieg jener Lügner und frechen Kerle, die die Venezianer sind«, gebremst werde. Nachdem auch er gestorben war, hatte, um die Dinge noch weiter zu komplizieren, ein anderer Berufsgeneral eingegriffen, der auf militärischem Gebiet schon etwas an Glanz verloren hatte, aber außerordentlich reich war – Bartolomeo Colleoni. Auf die Schaffung einer Alleinherrschaft hoffend, intrigierte er mit den florentinischen Verbannten, die sich seine Hilfe erhofften, um die Medici zu vertreiben. Damit gab er der traditionellen Aversion neue Nahrung, die diese letzteren und Florenz überhaupt gegen die Lagunenrepublik hegten, in deren Sold Bartolomeo lange Zeit gestanden hatte.

Das Problem Colleoni wurde 1468 durch einen Schiedsspruch des Papstes aus dem Weg geräumt. Der steinreiche Kondottiere aus Bergamo zog sich, teuer bezahlt von Venedig, damit er kein weiteres Unheil anrichtete, in sein schönes Schloß von Malpaga zurück, um darüber nachzusinnen, wie er sich nach seinem Tod verherrlichen lassen könne. Er ließ sich die großartige Grabeskapelle bauen, die wir noch heute oberhalb von Bergamo bewundern, und in seinem Testament, mit dem er in einer Anwandlung postumer Dankbarkeit die *Serenissima Signoria* als Universalerbin einsetzte (er wußte vielleicht nicht, daß er Jahre zuvor riskiert hatte, wie Carmagnola zu enden; denn der Rat der Zehn hatte schon seinen Haftbefehl ausgestellt und ihn in letzter Minute zurückgezogen), in seinem Testament also stellte er die Bedingung, daß ihm auf der Piazza San Marco eine Reiterstatue errichtet werden sollte. Es ist bekannt, daß die *Signoria* zwar die Erbschaft annahm, aber diese Klausel umbog, indem sie die Statue auf dem Platz aufstellen ließ, an dem die Scuola Grande di San Marco stand, das heißt auf dem Campo Santi Giovanni e Paolo. Es ist auch bekannt, daß wir jenem Vermächtnis eines der größten Denkmäler der Renaissance verdanken, bei dem sich das von männlicher Kraft geprägte Genie des Florentiners Andrea del Verrocchio mit der typisch venezianischen Eleganz der Kunst von Alessandro Leopardi verband.

Auf dem Dogenthron lösten sich nach dem Tod jenes »Becco di Cristofol Moro« (so hatte ihn der Adlige Bartolomeo Memmo genannt, der 1470 wegen einer gegen den Dogen gerichteten Verschwörung enthauptet worden war) uralte und steinreiche Edelleute von geringem politischem Einfluß ab. Nach der vierunddreißigjährigen Herrschaft Francesco Foscaris zog es das Patriziat vor, diejenigen vom höchsten Amt fernzuhalten, die es versucht und verstanden hätten, mit Hilfe des Amtes ihre eigenen Ideen durchzusetzen, sowie auch diejenigen, die zu jung und bei zu guter Gesundheit waren und einen möglichen Wechsel an der Spitze des Staates zu lange hätten blockieren können. Das Schreckbild der in einer einzigen Hand konzentrierten Macht beunruhigte die herrschende Klasse mehr denn je, und zwar zu Recht. So sehen wir, wie dem so sehr geschmähten Cristoforo Moro Nicolò Tron nachfolgte, der zweiundsiebzigjährige Vater jenes Giovanni, den die Türken in Negroponte bei lebendigem Leib hatten entzweisägen lassen, und auf Tron folgte Nicolò Marcello, ein sehr erfahrener Finanzmann, dem der Senat eine Art Kontrolle über die wirtschaftliche Administration des Staates übertrug (das war ein beispielloser Vorgang). Nach dem Tode Marcellos wurde Piero Mocenigo zum Dogen gewählt, ein greiser und tapferer Admiral, und nach dessen Tod, kaum zwei Jahre später, sogar ein Dreiundachtzigjähriger, Andrea Vendramin. All diese vier ehrwürdigen Herren haben großartige Grabmäler hinterlassen, die gleichermaßen ihren Reichtum und ihren guten Geschmack sowie den ihrer Nachkommen bezeugen. Drei von ihnen entstammten der Schicht der aktiven Unternehmer; nur Mocenigo war nie Kaufmann gewesen. Nicolò Tron hatte sein Vermögen von sechzigtausend Dukaten auf Rhodos angehäuft; Nicolò Marcello war in Damaskus zu Geld gekommen. Was Andrea Vendramin anlangt, so war er in seiner Jugend »ein großer Kaufmann« gewesen und hatte mehrmals zusammen mit seinem Bruder Luca als Geschäftspartner die Fracht einer ganzen oder von eineinhalb Galeeren der Alexandriamuda für einen Wert von zweihundert- bis dreihunderttausend Golddukaten übernommen. Auf diese Weise hatte er ein Vermögen angehäuft, das er mit über einhundertsechzigtausend Dukaten deklarierte. Außerdem scheint er auch eine Seifenfirma besessen zu haben. All das beweist, welches Gewicht die kaufmännische Aktivität in Venedig noch immer hatte, wie sehr die Maximen Tommaso Mocenigos noch lebendig waren (»das Meer bebauen und das Land brachliegen lassen«) und wie wenig Kriege und Siege der Türken und die tausend sich daraus ergebenden Schwierigkeiten den Drang der Venezianer aufs Meer, nach Osten, zum Abenteuer des Seehandels gebremst hatten.

Dennoch blickten die italienischen Staaten immer argwöhnischer auf die vermuteten territorialen Ansprüche Venedigs. Ja, nicht mehr nur in Italien befürchtete man eine Vorherrschaft Venedigs auf italienischem Boden, wenn doch gerade wieder, aus Frankreich kommend, das alte Märchen die Runde machte, die Venezianer wollten sich »in Kürze zu Herren von ganz Italien« aufschwingen »und dann zu Herren der [ganzen] Welt, wie es die Römer machten«. Die Flut der Feindseligkeiten stieg und stieg. 1467 warnte Giangaleazzo Sforza, der Sohn Francescos, den venezianischen Gesandten Giovanni Gonella mit folgenden schroffen Worten:

»Gewiß habt ihr Venezianer sehr unrecht, daß ihr euch, obwohl ihr den schönsten Staat Italiens habt, nicht damit zufriedengebt und den Frieden und den Besitz anderer stört. Wenn ihr den bösen Willen kenntet, den alle allenthalben wider euch hegen, würden sich euch die Haare sträuben ... Glaubt ihr denn, daß diese miteinander verbündeten Mächte Italiens untereinander befreundet sind? Bestimmt nicht, aber die Not hat sie dazu getrieben, sich zu verbünden. Zusammengeführt hat sie die Angst, die sie vor euch und eurer Macht haben. Jeder wird das in seiner Macht Stehende tun, um euch die Flügel zu stutzen ... Laßt doch jeden leben ... Es steht euch frei, Krieg und Frieden zu haben. Wenn ihr Frieden wollt, werdet ihr ihn bekommen; wenn ihr Krieg wollt, werdet ihr den gefährlichsten bekommen, den ihr bis heute gehabt

habt. Ihr seid allein und habt die ganze Welt gegen euch, nicht nur [hier] in Italien, sondern auch jenseits der Berge. Seid sicher, daß eure Feinde nicht schlafen. Beratet euch wohl, um Gottes willen; denn ihr habt es nötig.«*

Harte, aber wahre Worte. Man vermeint, die Ermahnungen des greisen Tommasone Mocenigo zu hören. Zu viele Interessen im italienischen Kaleidoskop waren durch die territoriale Expansion Venedigs verletzt worden. Auch wenn man von der damals unvorstellbaren Idee einer utopischen Vereinigung Italiens, die große und kleine Herren hinweggefegt hätte, weit entfernt war, fühlten sich zu viele von jener Kaufmannsrepublik in ihren Ambitionen bedroht, die jedesmal, wenn sie zu Boden gedrückt schien, wie ein Phönix wieder aus der Asche stieg – bereichert, gestärkt und gekräftigt.

Und vor allem darauf bedacht, jene unglückselige Herrschaft über die Terra ferma zu festigen, die sie so viel gekostet hatte, und das hieß nichts weniger, als die alten Grundlagen ihres Wohlstandes zu schützen: die Schiffahrt auf dem Po, die Zollbefreiungen, das Salzmonopol, die Herrschaft über den Golf sowie die Kontrolle über den Verkehr in der Adria. Schon in der fernen Vergangenheit hatten diese Punkte große Streitigkeiten ausgelöst und geschürt – mit dem kleinen Comacchio, mit Ancona, mit Ferrara und mit dem Papst. Im achten Jahrzehnt des 15. Jahrhunderts war der größte Reibungspunkt genau wie zwei Jahrhunderte zuvor, zu Zeiten Pierazzo Gradenigos, das Herzogtum Ferrara, das aber jetzt ein Vasall des Kirchenstaates, doch wirtschaftlich gesehen von Venedig abhängig war. Ständige Zwistigkeiten wegen mutmaßlicher Verletzungen der venezianischen Monopole über den Seehandel und das Salz, die durch Verträge gesichert waren, vergifteten die Stimmung auf beiden Seiten. Der Polesine, den Venedig schon zur Zeit der Kämpfe mit den Carrara annektiert hatte, war wieder dem Herzog von Ferrara zugefallen. Nun heiratete der Herzog, um das Maß vollzumachen, ausgerechnet die Tochter König Ferdinands von Neapel, der auf jede Art und Weise versucht hatte, die venezianischen Pläne für Zypern zu

* Zitiert vom Chronisten Malipiero. Vgl. H. Kretschmayr, *Geschichte* . . ., s.o. Bd. II, S. 635.

durchkreuzen, und der die Verwandten von Caterina Corner im Schlafzimmer der »armen jungen Frau« hatte umbringen lassen. Die Gelegenheit aber war in einer Hinsicht für die venezianischen Bestrebungen günstig: Papst Sixtus IV. brannte darauf, seinem Neffen Girolamo Riario einen Staat zu verschaffen, und um dieses Ziel zu erreichen, hätte er sich mit jedem gegen jeden verbündet, auch zum Schaden eines seiner eigenen Vasallen und auch zum Nachteil der Integrität der Besitzungen der Kirche.

Deshalb also nahm Venedig einen alten Plan wieder auf, nämlich Ferrara und die Kontrolle über den Po, Comacchio und das Umland von Ferrara an sich zu bringen. Wenn es sich bei dieser Gelegenheit auch den Polesine zurückholen könnte, wäre das noch besser. Und wieder einmal löste der Versuch, Ferrara zu erobern, eine Reaktion voller Komplikationen und Ärgernisse aus.

Im Senat gab es vorausblickende Leute, die ängstlich in die Zukunft sahen. Einige weise alte Männer hatten darauf hingewiesen, daß Herzog Ercole d'Este mit den Königen von Neapel und Ungarn verwandt war, und auch vorhergesagt, daß der Papst sehr bald wegen eines erneuten venezianischen Gebietszuwachses eifersüchtig werden würde. Aber wann haben schon die Meinungen der alten Weisen überwogen? Als der Doge Giovanni Mocenigo den bevorstehenden Krieg ankündigte, sah man »eine so große Zufriedenheit im Volk, das bisher noch nie mit so viel Zustimmung Krieg geführt hatte«, erzählt der Chronist Malipiero, und »viele aus dem Volk schlossen sich ohne Bezahlung dem Heer und der Flotte an, die einen, weil sie auf Gewinn hofften, die anderen, weil der Haß sie antrieb, gegen die Stadt zu ziehen«. Man glaubte an einen leichten und kurzen Feldzug, während General Roberto da Sanseverino in einer Blitzaktion den Polesine besetzte und die Flotte Comacchio eroberte. Es entwickelte sich aber ein Flächenbrand, in dem die seit kurzem von der Herrschaft der Sforza befreiten Genuesen auf der Seite von Venedig und Papst Sixtus standen; doch gegen sie zogen der König von Neapel und der Herzog von Mailand, Florenz und der Herzog von Mantua ins Feld. Und wie die alten weisen Senatoren vorausgesehen hatten, hatte Sixtus IV. nun Angst, Venedig könne einen zu hohen

Sieg erringen, und fürchtete um seine Festungen an der Küste, um Ancona, um die Marken. Im Dezember desselben Jahres 1482 wechselte er eilends das Lager, stellte sich gegen seinen Verbündeten Venedig und schloß mit dem König von Neapel, dem Herzog von Mailand und mit Florenz das Bündnis, das »die allerheiligste Liga« genannt wurde.

Wieder einmal also brachte Venedig mit dem Versuch, sich in Italien auszubreiten, alle oder fast alle Mächte Italiens gegen sich auf. Der Krieg weitete sich aus: Anhänger des Sforza und Neapolitaner fielen in die Provinzen von Bergamo und Brescia ein und standen vor Verona; die Schiffe des Königs von Neapel und des Papstes bedrohten Dalmatien. Drei Jahre dauerte der Konflikt, in dessen letzter Phase Venedig sich die Gegend von Bergamo mit Gewalt zurückholte, seine Flotte die Neapolitaner und die Päpstlichen vertrieb und es sich in den Besitz der südlichen Häfen von Gallipoli und Nardò brachte. Und als am 7. August 1484 in Bagnoli der Friedensvertrag unterzeichnet wurde, erhielt Venedig zwar den Polesine, aber zu einem Preis, der in keiner Hinsicht angemessen war.

Dem Beispiel seiner Vorgänger folgend, hatte Sixtus IV. nicht gezögert, in einem Konflikt, der sehr wenig mit Religion zu tun hatte, zu den sogenannten spirituellen Waffen zu greifen, und hatte im Juni 1483 das Interdikt gegen die Stadt und die Republik geschleudert. Es war eine schwerwiegende Sanktion, aufgrund deren kein Gottesdienst mehr hätte stattfinden, kein Sakrament mehr gespendet werden dürfen. Was sich Papst Sixtus von dieser Maßnahme versprach, war die Verwirrung der Gewissen, der Zusammenbruch der ganzen inneren venezianischen Front. Das war bereits früher geschehen, und zwar eben wegen Ferrara: So hatte sich die Verschwörung des Baiamonte Tiepolo auf die Unruhen und Ängste gestützt, die das Interdikt Klemens' V. ausgelöst hatte. Aber dieses Mal sahen die venezianischen Reaktionen ganz anders aus. Vor allem weigerte sich der venezianische Botschafter in Rom, die päpstliche Bulle an seine Regierung weiterzuleiten. Deshalb wurde sie dem Patriarchen von Venedig durch einen Sonderbotschafter zugestellt, mit dem Befehl, sie öffentlich bekanntzugeben und unter Androhung der »Exkommunikation,

Verfluchung und Suspension« unverzüglich in Kraft zu setzen. Der Patriarch, in erster Linie guter Venezianer und erst in zweiter kirchlicher Würdenträger, beeilte sich, den Rat der Zehn zu unterrichten, und der Senat verbot, nachdem er die Meinung eines berühmten Kenners des kanonischen Rechts angehört hatte, die Veröffentlichung der Bulle, erklärte das Interdikt für unrechtmäßig und nichtig und befahl, daß die Gottesdienste in allen venezianischen Gebieten mit absoluter Regelmäßigkeit abgehalten werden sollten. Die Observantenmönche, die keine Messe feiern wollten, wurden in die Verbannung geschickt. Eine Juristenkommission arbeitete einen Appell an das Konzil aus, und dieser Appell wurde zum großen Verdruß des Papstes an die Tore der Peterskirche in Rom angeschlagen.

In seinem Zorn stachelte Papst Sixtus sogar den König von Neapel auf, er solle die Türken in den Konflikt eingreifen lassen. Für das Oberhaupt der Christenheit war dies eine unglaubwürdige Geste. Und vielleicht war der Senat von Rachegelüsten getrieben, als er mit zwei Prinzen aus dem französischen Königshaus Kontakt aufnahm, mit dem Herzog von Orléans und dem Herzog von Bourbon. Dem ersten legte er nahe, er solle sich entschließen, die Rechte geltend zu machen, die er als Nachkomme der Visconti auf das Herzogtum Mailand erhob, und dem anderen, er solle als Erbe der Anjou die des Königs von Frankreich auf Neapel für sich in Anspruch nehmen. Diese Geste, die man Venedig so schwer angelastet hat und dabei jene von anderen geschaffenen und nicht weniger schlimmen Präzedenzfälle vergaß, diese Geste stand in krassem Widerspruch zur venezianischen Politik der letzten Jahre. Es handelte sich wahrscheinlich um einen diplomatischen Trick, mit dem seine bedeutenderen Gegner eingeschüchtert werden sollten. Zu diesen gehörte nun vor allem ein Mann, der in bezug auf seine Wendigkeit, sein Reaktionsvermögen und seinen Intrigengeist alles Dagewesene in den Schatten stellte – Ludovico Sforza mit dem Beinamen »il Moro«, Regent des Herzogtums und späterer Herzog von Mailand.

# 9

Wenn die Geschichte, was manche möchten, eine Art Oberster Kassationshof wäre, bräuchte »il Moro« ein ganzes Kollegium von Anwälten für seine Verteidigung. Tatsächlich war er ein typischer Renaissanceherrscher, in vieler Hinsicht ein würdiger Erbe seiner Vorfahren aus der Familie Visconti, in anderer Hinsicht ein durchaus würdiger Zeitgenosse von Cesare Borgia, dem »idealen Fürsten« des Nicolò Machiavelli. Ungefähr zwanzig Jahre lang sollte er der Hauptakteur auf der italienischen Bühne sein, auf die sein unruhiger Geist jeden Tag ein neues, störendes Element brachte. Ein unheilvoller Protagonist, denn bei ihm traten unter vielen guten Eigenschaften und vielen Fehlern zwei typisch italienische Charakterzüge hervor, nämlich die Konjunkturreiterei und der Mangel an Weitblick.

»Il Moro« ist im Augenblick eines großen Umbruchs als der Mann des Schicksals in die Geschichte eingegangen: Italien, bis dahin Protagonist und »Subjekt« der Geschichte, verwandelte sich nun in ein »passives Objekt« einer Geschichte, die außerhalb seiner Grenzen entworfen und geplant wurde. Doch jene Jahre zwischen 1480 und dem Beginn des 16. Jahrhunderts waren in jedem Fall – ob mit »il Moro« oder ohne ihn – für Italien, für Europa, vor allem für Venedig entscheidende Jahre. Siebenhundert Jahre nach dem Einfall der Langobarden und der Entstehung der Inselgemeinde zwischen den Lagunen erlitt die aufstrebende Macht Venedigs während dieser zwanzig Jahre eine Reihe von Rückschlägen. Der Beginn des Abstiegs jener Weltmacht stand bereits unmittelbar bevor.

Wenn König Karl VIII. von Frankreich nach Italien kam, dann nicht aufgrund von »il Moros« Ränkespielen und auch nicht wegen der Thronstreitigkeiten im Hause Sforza oder der Machenschaften der Mailänder Verbannten, der neapolitanischen Barone oder der andersdenkenden Kardinäle. Die französischen Könige hatten (wie wir bereits wissen) schon früher kommen wollen – aufgefordert oder nicht –, um ihre Erbschaften anzutreten und ihre Herrschaftsgebiete auszudehnen. Jetzt waren sie dazu in der Lage; denn Karl herrschte über ein geeintes Land, war der König einer absoluten, zentralisierten und modernen Monarchie, und jetzt war die Zeit gekommen, über die eigenen Grenzen hinauszublicken. Das Unglück wollte es, daß immer wieder Italien – mehr als jedes andere Land Europas – den Appetit der potentiellen Eroberer reizte.

Aber bevor der langnasige, halsstarrige französische Herrscher auf »il Moros« Aufruf hin im September 1494 den Mont Genèvre überschritt, war etwas für die Zukunft Venedigs und der ganzen Welt viel Entscheidenderes geschehen. Im Jahr 1492, in dem Lorenzo il Magnifico starb und Rodrigo Borgia unter dem Namen Alexander VI. Papst wurde, waren die letzten Spuren der arabischen Herrschaft von der Iberischen Halbinsel verschwunden. Und eben im Auftrag der beiden, denen dieses Verdienst zukam, Ferdinand von Aragonien und Isabella von Kastilien, entdeckte Christoph Kolumbus auf der Suche nach einem neuen Seeweg nach Indien im gleichen Jahr den amerikanischen Kontinent. Dieses Ereignis, das der venezianische Chronist Domenico Malipiero sorgfältig in seinen Annalen verzeichnete (»Die Armada des Katholischen Königs hat ein neues Land gefunden und hat es in seinem Namen erworben ... Sie hat Minen verschiedener Metalle und einen überaus fruchtbaren Boden vorgefunden. Die Flüsse sind dort so reich, daß man nach Gold fischt, und im Land wachsen die Gewürze ... Sie haben Mastix, Holz, Aloe, Rhabarber und Zimt gefunden ...«), leitete eine Entwicklung ein, die zu einer Verlagerung der Weltachse führte und deren Auswirkungen wir alle noch heute sehen und erleben.

Aber kehren wir zu den Geschehnissen im geplagten italienischen Mikrokosmos zurück. Der Krieg mit dem Herzog von Österreich, in dessen Verlauf 1487 Rovereto verlorenging, und die ständigen Streitigkeiten in der unruhigen Romagna waren in Venedig angesichts des Gewinns von Zypern in den Hintergrund getreten. Im Dogenpalast, der nach einer schlimmen Feuersbrunst im Jahr 1479 teilweise im Umbau begriffen war, hatte der Doge Agostino Barbarigo eine Gesandtschaft des russischen Zaren Iwan III. empfangen, der den Senat an seinem Sieg über die Tataren teilhaben lassen wollte; den Briefen des Zaren waren herrliche Zobelpelze als Geschenk beigegeben. Papst Alexander,

der sich mit dem König von Neapel überworfen hatte, erneuerte das Bündnis, das sein Vorgänger mit Venedig und »il Moro« geschlossen hatte.

Und nun stand König Karl in Italien mit seinen Kriegern, mit seinen Prinzen und mit seinen Heerführern, die ebenso voller Hochmut waren wie er. Niemand stellte sich ihm in den Weg, alles ging nach seinem Wunsch. Die florentinischen Geschichtsschreiber machten, die unerschütterliche Franzosenfreundlichkeit ihrer Stadt vergessend, Venedig für den Erfolg dieses Feldzuges verantwortlich, mit dem das traurige Kapitel der fremden Vorherrschaften in Italien begann. Es habe »untätig« beiseite gestanden, während es »dieses Unheil von Italien hätte abwenden können«; es habe mit seiner offenen Neutralität die Sicherheit des Königs in der Hoffnung garantiert, etwas an sich reißen zu können, Gebiete der Sforza etwa oder apulische Häfen; in seiner »großen Herrschsucht« (Nicolò Machiavelli) habe es nicht bemerkt, daß die Franzosen sich mit dem Wandel der Zeiten nicht mehr damit begnügen würden, auf den Spielbrettern der italienischen Staaten als Spielsteine zu dienen. Für einen nationalistisch gesinnten Historiker wie F. Ercole liegt im Verhalten Venedigs, das sich nicht an der Nation, sondern ausschließlich an Venedig orientierte und in diesem Sinn jene »Freiheit Italiens« verstand, von der man nie soviel gesprochen hatte wie damals, die Wurzel aller italienischen Übelstände, zumindest bis zum Schicksalsjahr 1922, als die Faschisten die Macht ergriffen. Bei Ludovico il Moro lag der Fall ganz anders. Wenn das Königreich Neapel aufhörte, ein autonomer Staat zu sein, und das Herzogtum Mailand nur für kurze Zeit Autonomie genoß, dann war das alles Venedigs Schuld. Sein Beitritt zum Bündnis von 1495 mit dem König von Aragonien und dem deutschen Kaiser sollte Venedig das Leben retten, weil es auf das Schachbrett der europäischen Politik gezogen wurde, von dem Italien nunmehr nur eines der Felder war; doch daß es diesen Schritt vollzog, habe die Aufgabe des italienischen Ideals bedeutet, das dem bloßen Überleben geopfert worden sei.

Sicher kann man es Venedig nicht zum Vorwurf machen, daß es überleben wollte. Wir glauben viel eher, daß die Einführung der Republik in das Spiel der europäischen Politik in dem italienischen

Trauerspiel eine im wesentlichen positive Bedeutung hatte. Von jenem Augenblick an mischte sich Venedig »systematisch in die Italienpolitik Frankreichs und Spaniens« ein und paßte sich »dem neuen Klima an, indem es den einander widerstreitenden Kräften die Stirn bot und sie in Schach hielt« (N. Valeri). Daß es einen Staat gab, der italienisch blieb und bleiben wollte und nicht - wie ein Staat Italiens nach dem anderen - französisch oder spanisch wurde, diese Tatsache sollte in den späteren, schwierigen Zeiten dazu beitragen, daß der Gedanke an ein Italien überhaupt überleben konnte.

Wir halten uns hier nicht mit der Geschichte des französischen Feldzuges auf und auch nicht mit den Problemen, die durch Ludovico il Moros Unvorsichtigkeit ausgelöst wurden. Mit der Niederlage, die Karl auf seinem Rückweg von Neapel bei Fornovo von der neuen »Heiligen Liga« beigebracht wurde, in der nunmehr Aragonier und Sforza-Anhänger, Venedig, der Papst und der Habsburger zusammengeschlossen waren, war sicherlich nicht das Interesse der französischen Krone für Italien erloschen. Kaiser Maximilian hatte versucht, den Aufstand von Pisa gegen Florenz für sich zu nutzen, und merkte sich den Weg ebenso wie die Spanier, die zur Verteidigung des Königreiches Neapel eingegriffen hatten. Aber im gleichen Jahr, in dem Karl VIII. starb, nämlich 1498, fand ein anderes Ereignis statt, das viel wichtiger war als jeder Italienzug eines fremden Prinzen oder Herrschers, auch wenn es sich in weiter Ferne zutrug. Immer noch auf der Suche nach dem leichtesten und kürzesten Weg in die sagenhaften Länder der Gewürze war der portugiesische Seefahrer Vasco da Gama von Lissabon aus auf dem Atlantik die Küsten Afrikas entlanggefahren, hatte das Kap der Guten Hoffnung umsegelt und war bis zur Küste von Malabar gelangt. Dort hatte er eine große Menge Gewürze geladen und nach Lissabon zurückgebracht, ohne umladen oder Landwege nehmen und ohne irgend jemandem Zölle zahlen zu müssen.

Die Nachricht war im August 1499 aus Ägypten nach Venedig gedrungen. Anders, als man vielleicht denken könnte, hatte sie nicht wie eine Bombe eingeschlagen. Die ersten Informationen kamen von den Ägyptern in Kairo und Alexandria noch vage und abgeschwächt, aus Angst, sie könnten ihre besten Kunden erschrecken und dadurch verlieren. Aber die *Signoria* hatte sie durchaus ernst genommen und 1501 den Adligen Piero Pasqualigo als Sonderbotschafter nach Lissabon entsandt. Dieser berichtete mit der üblichen Geschwindigkeit der venezianischen Diplomaten minuziös über die Einzelheiten der Reise Vasco da Gamas und vor allem über die Absichten des Königs von Portugal, für die Beschaffung der Gewürze etwa vierzig Schiffe einzusetzen, die regelmäßig zwischen Indien und Lissabon hin- und herpendeln sollten, und so den ägyptischen Sultan, das heißt den Hauptlieferanten Venedigs, völlig vom Markt auszuschließen.

Dieses Mal wurde dem Tagebuchschreiber Priuli zufolge die Öffentlichkeit wirklich aufgerüttelt. Unter den Kaufleuten, die viel redeten, gab es – wie üblich – auch solche, die nichts wahrhaben wollten; es gab solche, die glaubten, der König könne die Reisen nicht fortführen, weil sie zu riskant waren, und solche, die hofften, der Sultan von Ägypten würde sich etwas ausdenken, um die Konkurrenten abzuwehren. Aber die ernsthaften Leute waren zutiefst besorgt. Der König würde die Gewürze zu einem viel niedrigeren Preis verkaufen können, weil nun weder die orientalischen Potentaten noch der Sultan selbst mit ihren exorbitanten Zöllen dazwischengeschaltet waren. Die Seereise war von jenen »Plagen« befreit, und deshalb würden Venedigs beste Kunden, nämlich Ungarn, Deutsche, Flamen und Franzosen, in Lissabon viel günstigere Käufe tätigen können. Der König hatte den Botschafter Pasqualigo bedrängt, der *Signoria* zu schreiben, »daß sie von nun an ihre Galeeren entsende, um die Gewürze von hier zu holen, was ihm sehr gefallen würde«. Noch heute werfen manche Venedig vor, nicht auf diese Aufforderung eingegangen zu sein, aber selbst wenn es positiv reagiert hätte, wären die Dinge nie mehr so gewesen wie zuvor. Und das schon allein aus dem Grund, daß seine Kaufleute in Lissabon sicherlich nicht in den Genuß der Quasimonopolstellung gekommen wären, deren sie sich seit langer Zeit in Alexandria erfreut hatten. Allenfalls war es angebracht, zu versuchen, die Zugangswege zum Mittelmeer zu verbessern. Und hier tritt nun der traditionelle Weitblick in der Debatte zutage, die im *Pregàdi* über die Möglichkeit abgehalten wurde, einen Kanal zu graben, der das Mittelmeer mit dem Roten Meer verbinden sollte – dreihundertfünfzig Jahre vor dem tatsächlichen Bau des Suezkanals. Der Rat der Zehn versäumte nicht, Francesco Teldi, der im Mai 1504 als Sonderbotschafter zum Sultan geschickt wurde, nahezulegen, folgendes gut zu bedenken: »etwas ... was von vielen für ein sehr vorteilhaftes Mittel gehalten wird, die Seefahrt der Portugiesen zu behindern und völlig zu unterbinden, wenn man leicht und schnell einen Durchstich vom Roten Meer vornehmen könnte, damit es direkt mit unserem Meer hier verbunden wäre«, und er erinnerte ihn daran, daß diese Sache schon oft erörtert worden war. Leider erlaubte die innerägyptische Situation die Verwirklichung der Idee nicht. Wahrscheinlich hätte sich eine drei Jahrhunderte früher erfolgte Öffnung des Suezkanals nicht nur auf die späteren Geschicke Venedigs ausgewirkt.

## 10

Karl VIII. war kaum ein Jahr tot, als die *Serenissima Repubblica* in Blois einen Bündnisvertrag mit seinem Nachfolger, Ludwig XII., unterzeichnete. Der neue König zog als Eroberer nach Italien, »il Moro« flüchtete nach Deutschland, und Venedig brachte sich in den Besitz von Cremona und der Ghiaradadda. Noch wenige Monate sollten vergehen, ehe Ludovico Sforzas Abenteuer ein klägliches Ende nahm: Von Schweizer Söldnern verraten, endete »jener höchst raffinierte, aber gewissenlose Politiker« im Inneren eines Wachtturms des Schlosses von Loches in Frankreich. Und es sollten nur noch wenige Jahre vergehen, ehe das von Michele Steno und Francesco Foscari begonnene Abenteuer die schlimmsten Folgen zeitigte. Die Eroberung eines Herrschaftsgebietes, das für die Rückendeckung Venedigs ausreichte, hatte es in das Schlangennest der italienischen Politik gezogen, und jetzt wurde dieses Schlangennest von den eisernen Fersen der großen Nationalstaaten zertreten. Die Republik hatte auf Größe gesetzt, und wir brauchen hier nicht die so oft vorgebrachte Überlegung zu wiederholen, ob es zu dieser – eigentlich unumgänglichen – Entscheidung Alternativen gegeben hätte. An einen Rückzug war jetzt jedenfalls nicht mehr zu denken, zumal an der Front des See- und Orienthandels außer den langfristigen Bedrohungen, von denen bereits die Rede war, unmittelbare Gefahren von großer Tragweite heraufzogen.

Wie schon Papst Sixtus IV. und vor ihm die Visconti hatte auch Ludovico il Moro unter anderem versucht, die übermächtigen Truppen der Türken auf die Republik zu hetzen. Die Türken, die zwar mit allen bereits diplomatische Beziehungen unterhielten, hatten ihre aggressiven Einfälle in Europa fortgesetzt und waren nach Kärnten und in die Steiermark vorgestoßen, vom venezianischen Dalmatien ganz zu schweigen. Der große Muhammad II. war schon lange tot; sein Sohn Bajasid II. hatte die anderen Thronanwärter aus dem Weg geräumt und sich dann mit der Unterzeichnung eines dreijährigen Waffenstillstandes mit dem König von Ungarn den Rücken frei gemacht. Die Lockrufe des Sforza trafen ihn nicht unvorbereitet. Der *Bailo* Andrea Gritti beschrieb von Konstantinopel aus die Vorbereitungen: Zweihundertsechzig Kriegsschiffe waren bereit, in See zu stechen. Und in Venedig mußten neue außergewöhnliche Vorkehrungen getroffen werden, um Gelder aus der Bevölkerung herauszupressen. Die Kriege in Italien gingen weiter und verschlangen alles. Es war wie ein Faß ohne Boden.

Unter diesen Umständen gab es, als der Oberbefehlshaber der Seeflotte gewählt wurde, einige, die sich von Überlegungen finanzieller Natur blenden ließen. Einstimmig gewählt wurde der Prokurator von San Marco, Antonio Grimani, ein steinreicher Kaufmann, der dem Fiskus ein besteuerbares Vermögen von einhundertsechzigtausend Golddukaten erklärt und die Kühnheit besessen hatte, dem Papst dreißigtausend Dukaten dafür zu zahlen, daß er seinem Sohn Domenico die Kardinalswürde verlieh. Er hatte für die Finanzierung des Krieges große Summen gezeichnet und galt als Autorität in Finanzfragen. Doch obwohl er schon 1494 das Kommando geführt und Monopoli und andere Städte in Apulien erobert hatte, war seine Erfahrung im Bereich des Militärs und der Seefahrt gleich Null: Irgendeine verlorene französische Garnison zu besiegen, war eine Sache, es mit einem Gegner vom

Kaliber der Türken zu tun zu haben, war eine ganz andere. Er war sich dessen bewußt, als er darum bat, zu Hause bleiben zu dürfen, aber die öffentliche Meinung war in ihn vernarrt: »Von allen wurde er geradezu angebetet«, schreibt ein Chronist.

Und es gab eine tragische Enttäuschung. Am 12. August 1499 sichtete die venezianische Flotte die türkische in der Nähe der Insel Sapienza. Es waren zweihundertsiebenundsiebzig Segelschiffe, die venezianische Armada zählte einhundertzehn. Zwei Meilen vor Portolongo (für die Venezianer ein Ort unseligen Gedenkens) griffen die Schiffe von Albano d'Armer und Andrea Loredan ein großes türkisches Schiff an, das in Brand geriet und zusammen mit den Angreifern in die Luft flog. Ser Paolo Polani landete mit seiner Galeere allein mitten unter denen der Feinde. Niemand folgte ihm. Von ihren Bänken, an denen sie schufteten und litten, riefen die Rudermannschaften: »Los! Los!« Aber den Kommandanten fehlte der Mut, vor allem dem Generalkapitän, der nicht einmal die goldene Gefechtsstandarte entrollen ließ und nicht als erster das feindliche Admiralsschiff angriff, was sein Vorrecht und seine Pflicht gewesen wäre. Die Türken gingen in der Reede vor Zonchio unbehelligt wieder in Deckung. Acht Tage später wiederholte sich dasselbe schändliche Spektakel. Zwar gab es jetzt zur Verstärkung der venezianischen Armada eine kleine, von starkem Kampfgeist beflügelte französische Flotte mit zweiundzwanzig Segelschiffen, aber der General hatte keine Pläne, die Befehlshaber keinen Mut, und die Türken konnten ohne allzu große Verluste abermals in Deckung gehen, verfolgt von nur einem einzigen Schiff, und zwar von dem Paolo Calbos. Und dieselbe Szene wiederholte sich am 25. August. Alles in allem bewies niemand oder fast niemand den Willen, sich zu engagieren. Die venezianischen Schiffe wichen sogar aus und suchten das Weite, um den Rückzug der Osmanen nicht zu stören. Die Franzosen verließen empört das Feld. Die Verluste an Menschenleben und an Schiffen waren nicht sehr hoch gewesen; doch in jenen traurigen Tagen ging ein Prestige verloren, das in langen Jahrhunderten erworben worden war.

Mit demselben Feuer, mit dem sie ihn bejubelt hatte, verlangte Venedigs öffentliche Meinung nun den Kopf von Antonio Grimani, »der Schande der Christenheit«, wie er in einem Liedchen genannt wurde, das die Kinder auf den Gassen sangen. Er wurde festgenommen, nach Venedig gebracht (sein Sohn, der Kardinal, trug ihm die Ketten, damit sie ihn nicht beim Gehen behinderten, und man mußte ihn und seine Brüder vor dem Volkszorn schützen) und zu einer ziemlich milden Strafe verurteilt, nämlich zur Verbannung auf die Insel Cherso. Mehr noch als sein Reichtum und sein politischer Einfluß hatte ihm vielleicht das Bewußtsein geholfen, daß er nicht der einzige war, der seine Pflicht nicht getan hatte: »Müßte man die Schuldigen henken, würde man vier Fünftel unserer Flotte aufknüpfen«, bemerkte ein Augenzeuge.

Dieser und noch andere Vorfälle rechtfertigten – trotz des Mutes und der Tatkraft einiger Befehlshaber – den beißenden Spott König Ludwigs XII. von Frankreich: »Ihr Venezianer seid weise in euren Beschlüssen, schwimmt im Reichtum, doch euer Mangel an Mut und Mannhaftigkeit in euren Kriegen ist groß, weil ihr den Tod so fürchtet...«

Man mußte Frieden schließen, aber die Verhandlungen gerieten über die übertrieben hohen Forderungen des Sultans ins Stocken. Sie sollten nur einige Jahre später, 1503, erfolgreich zu Ende geführt werden – aber zu welchem Preis! Koron und Modon, die beiden Festungen an der Spitze des Peloponnes, die »Augen Venedigs«, die die Orientrouten bewacht hatten, gingen verloren, ebenso wie die andere Festung von Lepanto im Golf von Korinth; verloren war auch Santa Maura (Leukas oder Lefkas) im Ionischen Meer. Venedig sollten nur noch Nauplia und Malvasia an der ägäischen Küste des Peloponnes bleiben, die mit der Hilfe der Spanier eroberte Insel Cefalonia sowie Zante, für das die Republik dem Türken weiterhin Tribut zahlte; es behielt auch das mit Vorrechten ausgestattete Quartier in Konstantinopel. Doch im Verlauf dieses so traurig begonnenen Jahrhunderts löste sich die Herrschaft über die Ägäis weiter auf, und eine Insel und eine Festung nach der anderen ging verloren.

Alljährlich setzte sich am Himmelfahrtstag (*Sensa*) an der Mole der Piazzetta eine großartige Schiffsprozession in Bewegung. Da war der *Bucintoro*, das große, mit reichem Schnitzwerk verzierte Schiff des Dogen, und da gab es die *Ducali Peatoni*, große Lastboote mit Schleppen aus Damast, die Gondeln der Adligen und der Kaufleute und die Kähne der Fischer, der Arsenalarbeiter, der Popolanen. Die Prozession machte in San Nicolò di Lido halt, und dann fuhr sie, während sämtliche Glocken der Stadt ununterbrochen läuteten und die Kanonen Salven abfeuerten, aus dem Hafen aufs offene Meer hinaus. Und dort warf der Doge einen goldenen Ehering ins Meer und sprach dabei die berühmten Worte: »Wir vermählen uns mit dir, o Meer, zum Zeichen der wahren und ewigen Herrschaft.«

So war es seit dem Siegeszug von Pietro Orseolo II. im Jahr 1000 gewesen, und wer die Rechtmäßigkeit dieser Ehe in Zweifel zog, hatte fünfhundert Jahre lang schwer dafür büßen müssen – Anconianer, Triestiner, Byzantiner, Narentaner und Genuesen. Wenige Monate nach den Tagen von Zonchio konnte Sultan Bajasid zum venezianischen Gesandten Alvise Manenti sagen, daß der Doge bislang sich mit der See habe vermählen können, aber jetzt gehöre das Meer ihm, dem »Großen Herrn der Türken«. Und keck kommentierte der Dichter Joachim du Bellay:

*». . . ces vieux coquz vont espouser la mer,*
*dont ils sont les maris et le Turc l'adultère.«**

* Etwa: ». . . diese alten Hahnreie möchten die See heiraten / wo diese sie doch schon mit dem Türken betrügt.«

## VIII
## DER RUHM

### I

Die Nachfolger Antonio Grimanis – vor allem jener Benedetto Pesaro, den wir noch heute auf seinem Grabmal in der Frarikirche aufrecht dastehen sehen mit seiner Rüstung, dem Mantel, dem breiten, flachen Barett und seiner Fahne als Generalkapitän zur See – stellten mit drastischen Mitteln in der venezianischen Flotte die Disziplin wieder her und schufen ein Klima, das eher mit den großen Traditionen der *Serenissima* übereinstimmte. Aber die Ursachen für die »beklagenswerten Tage« von Zonchio waren nicht an der Oberfläche zu suchen; um sie auszumerzen, genügte es nicht, ein paar Köpfe rollen zu lassen. Vor allem hatten sich die Schiffe gewandelt: Es gab nicht mehr nur die Galeeren mit Segeln und Rudern, sondern auch die großen bauchigen Schiffe, die Karacken *(Caracche)* und Dreimaster *(Barze)* mit eintausendzweihundert bis zweitausend Tonnen, die sich ausschließlich mit Segelantrieb bewegten; bei Windstille konnte man nichts anderes tun, als abzuwarten, bis die Flaute vorbei war. Und dann waren die *Caracche* und *Barze* in erster Linie Handelsschiffe, die mit Soldaten und Kanonen nur im Notfall beladen wurden (ja, auch Kanonen – diese mörderischen Waffen hatten bei den osmanischen Siegen in Negroponte und Skutari eine sehr große Rolle gespielt). Schließlich waren viele dieser Schiffe in Privatbesitz und wurden an den Staat verpachtet. Das größte von denen, die bei Zonchio dabei waren, die berühmte *Pandora*, gehörte der Patrizierfamilie Pesaro, den Besitzern eines *Fondaco* in London, die sie mit dreihundert Mann Besatzung gegen eine monatliche Zahlung von eintausendfünfhundert Golddukaten vermietet hatten.

Auch zur Zeit des Unternehmens von Konstantinopel waren

die venezianischen Seestreitkräfte zum Teil in Privatbesitz gewesen. Doch nun erfolgten die Zahlungen durch den Staat angesichts der schwerwiegenden finanziellen Beschränkungen, die eine sehr ungünstige Konjunktur diktierte, alles andere als pünktlich. Die Bankenkrise hatte ihren Höhepunkt erreicht, und wer hatte da schon Lust, riesige Verluste zu riskieren ohne die Sicherheit, sein Geld zurückzubekommen? Eben einige Fanatiker wie Albano d'Armer. Jene schreckliche Krise, die die beiden großen Banken der Garzoni und Lippomano hatte zusammenbrechen lassen, war auch für die falsche Wahl des Oberbefehlshabers verantwortlich. Als Antonio Grimani, ganz in Scharlachrot gekleidet, am 20. April 1499 die Anwerbungskampagne auf der Piazzetta San Marco eröffnet hatte, lagen auf der Bank vor ihm ganze Berge von baren Münzen; es handelte sich, wie es hieß, um dreißig- bis vierzigtausend Dukaten. Wo hätte man einen anderen Admiral finden können, der imstande gewesen wäre, die Besatzungen und Rudermannschaften zu bezahlen? Die Galeerenfahrer, allesamt Freiwillige, die auf den Handelsgaleeren ruderten, gaben sich mit sechzehn Golddukaten im Jahr zufrieden, aber die der Kriegsflotte forderten sehr viel mehr. Sie hatten nicht wie die anderen die Möglichkeit, dadurch hinzuzuverdienen, daß sie kleine Mengen an Waren gebührenfrei mitnahmen; sie konnten nur mit einem möglichen Anteil einer eventuellen Beute rechnen.

Dann war da schließlich noch die Art und Weise, in der die Kommandanten der staatlichen Galeeren, die *Sopracòmiti*, ausgewählt wurden. Die Wahl war Sache des Großen Rates und fand statt, wenn jedem von ihnen die Galeere zugeteilt wurde, das heißt also Jahre, bevor sie tatsächlich das Kommando übernahmen. Es war eine überwiegend politische Frage geworden, bei der berufliche Tüchtigkeit und persönliche Tapferkeit von geringerer Bedeutung waren als die parlamentarischen Abmachungen und Kompromisse. Es waren Abmachungen und Kompromisse, die auch bei der Wahl des obersten Befehlshabers eine Rolle gespielt hatten: Der Verdacht, daß seine Kommandoführung – zumindest teilweise – eher aus politischer Berechnung denn aus Feigheit so lasch war, ist durchaus statthaft. Der alte Kaufmann hatte sehr gut gelernt, mit Menschen und Parteien umzugehen; sich gut mit ihnen zu stellen und niemandem weh zu tun war für ihn wichtiger als der Sieg über die Türken. Er hatte recht: Zweiundzwanzig Jahre nach der Schmach von Zonchio werden wir ihm wieder begegnen – als siebenundachtzigjährigem Dogen. Und in seiner Eigenschaft als Doge werden wir ihn »Vor dem Glauben kniend« auf einem schönen Gemälde von Tizian in der *Sala delle Quattro Porte* im Dogenpalast bewundern.

Gewiß, die tiefere Ursache für das, was der Verlust einer fünfhundertjährigen Vorherrschaft auf See zu sein schien, war eine andere. Die Welt änderte sich, und Venedig wurde, verglichen mit den Riesen, die sich rundum auftürmten, kleiner: dem unermeßlich weiten Osmanischen Reich und Spanien. Und dennoch sollte jenes Jahrhundert, dessen Beginn unter einem so schlechten Stern gestanden hatte, den Glanz der Stadt und der Republik, die zwar nicht mehr vorherrschend, aber immer noch – und mehr denn je – unabhängig und souverän war, auf noch nicht dagewesene Weise zeigen.

## 2

Venedig war so schön wie nie zuvor und erfreute sich trotz der wirtschaftlichen Krise, die sich vor allem nach 1470 zuspitzte, noch immer eines großen Wohlstandes. Geschäfte konnte man auch mit den Türken machen, und sie wurden – nicht nur von Adligen und Kaufleuten – getätigt; denn selbst ein so vorzüglicher Maler wie Gentile Bellini ging (allerdings mit Unterstützung der Regierung) an den Hof des schrecklichen Muhammad II., der für ein Portrait gegen die Vorschriften des Koran verstieß, die die Abbildung der menschlichen Gestalt verbieten. Die Kunst wurde allmählich zu einem der wichtigsten Exportartikel der Stadt, in der die Werke eines immer raffinierteren Handwerks, einer immer aktiveren Industrie entstanden. Wollwebereien und Stoffärbereien, Seidenfabriken und Betriebe, in denen gold- und silbergewirkte Stoffe, Barchent und Leinen, Brokat und Damast hergestellt wurden, waren seit der Mitte des 15. Jahrhunderts in voller Expansion begriffen. Desgleichen die Leder- und Pelzindustrie, die Zucker-, Seiden- und Wachsindustrie und ganz zu schweigen vom Schiffsbau und der Hanfspinnerei, seiner wichtigen Zulieferindustrie. Die Bautätigkeit profitierte von der Baulust und der Umbauwut, die das ganze 16. Jahrhundert hindurch anhalten sollten, aber es war in erster Linie das Glas aus Murano, das die höchsten Ausdrucksformen der Kunst erreicht hatte, ohne jedoch die große Produktion für den Hausgebrauch aufzugeben. Nach dem Jahr 1469, in dem der Senat dem deutschen Buchdrucker Johannes von Speyer das Privileg eingeräumt hatte, Bücher mit beweglichen Lettern drucken zu dürfen, war dann ein völlig neues Gewerbe entstanden, das eine sehr rasche, ungewöhnliche Entwicklung durchlaufen sollte: Im Laufe des 16. Jahrhunderts zählte man in Venedig bis zu fünfzig auf Hochtouren arbeitende Buchdruckereien, und man druckte dort dreieinhalbmal so viele Bücher wie in den Buchdruckereien von Florenz, Rom und Mailand zusammengenommen.

Der unermüdliche Tagebuch- und Geschichtsschreiber mit dem Auge für die großen, kleinen und ganz kleinen Ereignisse, Marino Sanudo der Jüngere, hatte also recht, wenn er sich in seiner kleinen um 1490 verfaßten Chronik begeistert über den Reichtum seiner Stadt ausließ, über ihren geschäftlichen Umsatz, die Höhe ihres Einkommens, über den Überfluß und die Wohlfeilheit der Lebensmittel sowie über die großen Mengen, in denen sie konsumiert wurden. Wieviel Fisch und wieviel Fleisch, wieviel Wein und wie viele Eßwaren man auch jeden Tag nach Venedig brachte, »am Abend war alles weg«, und der Grund dafür war, »daß alle wie Herren kaufen und leben«. »Und hier in diesen Landen«, so fügt er hinzu, »gedeiht nichts, und dennoch findet man alles im Überfluß ... weil von jeder Ware aus jedem Land und jedem Teil der Welt, aus dem etwas kommen kann, riesige Mengen an Eßbarem hierher gelangen ... Das ist so, weil alle Geld haben ...«

War das wirklich wahr? Darüber, daß es trotz der Krise Überfluß gegeben hat, sind sich alle Quellen einig, so wie sie sich über die Pracht der Stadt einig sind, deren Einwohnerzahl sich der Einhundertfünfzigtausendmarke näherte, ja sie sogar überstieg und die wahrscheinlich die bevölkerungsreichste Stadt Europas war. Der Lebensstandard war, verglichen mit anderen Teilen

Italiens und Europas, hoch. Aus vielen Hinweisen wird jedoch deutlich, daß es große soziale Unterschiede gab. Marino Sanudo etwa war Besitzer eines Hauses am Rialto, in dem eine Osteria unter dem Zeichen der Glocke untergebracht war. Er und seine Familie verdienten achthundert Golddukaten im Jahr an dem Haus, zweihundertfünfzig allein an der Osteria, »die mehr einbringt als der stolzeste Palast der Welt«. Der Mindestlohn eines im Arsenal arbeitenden Kalfaterers lag gemäß dem Gesetz vom 6. März 1460 dagegen bei dreiundfünfzigeinhalb Golddukaten im Jahr. Daß Mißverhältnis zwischen dem Ertrag eines allerdings in einer bevorzugten Gegend gelegenen Hauses und den Einkünften aus der Arbeit eines Arbeiters scheint wirklich groß zu sein, auch wenn aus vielen Quellen hervorgeht, daß die Bedingungen, die von der Privatindustrie angeboten wurden, sehr viel besser waren als die der staatlichen Schiffswerften. (Man darf freilich nicht vergessen, daß der Preis der gebräuchlichsten Konsumgüter und insbesondere der Lebensmittel in der Regel sehr niedrig war.)

Die Patrizier und Mitglieder des Großen Rates sowie ihre Familien wurden aber von diesen Ungleichheiten nicht besonders begünstigt. Während – wie wir gesehen haben – in der Schätzung des Jahres 1379 von ungefähr eintausendzweihundert steuerpflichtigen Adligen viele nicht einmal das besteuerbare Mindesteinkommen erreichten, spricht Marino Sanudo hundert Jahre später von nicht weniger als dreitausend Adligen, von denen die meisten in sehr bescheidenen Verhältnissen lebten, auch wenn sich unter ihnen andererseits viele Kaufleute und Millionäre befanden, wie etwa der Doge Andrea Vendramin oder wie Antonio Grimani.

Diese Masse von Patriziern stellt zweifellos ein Problem dar: Jene Gesetze, die ihnen das Privileg der Beteiligung am politischen Leben aufzwingen, engen ihre Freiheiten sehr stark ein, und sie müssen sich einer Disziplin unterwerfen, die sehr viel strenger ist als die, die auf den von der Macht ausgeschlossenen »Popolari« lastet. Die Arbeiter, vor allem diejenigen, die die begehrtesten Leistungen erbringen, können sich beschweren, protestieren, bitten und Forderungen aufstellen – im guten wie die Kalfaterer, als sie mit einem dokumentierten Bittgesuch um die Anhebung der Mindestlöhne baten; im bösen wie die dreihundert Matrosen, die, empört über den Versuch einer Lohnkürzung, 1494 in den Dogenpalast einbrachen, sich vor der Türe des Senats zusammendrängten und forderten, vom Dogen und der *Signoria* empfangen zu werden. (Die Zehn, die einige von ihnen hatten festnehmen lassen, ließen sie in aller Eile wieder frei, aus Angst, keine Leute mehr zu finden, die bereit wären, freiwillig zu dienen.) Und die Seeleute bekamen, was sie wollten.

1500 traten die Galeerenfahrer – damals allesamt noch Freiwillige – sogar in einen Streik, bis die Regierung akzeptierte, ihnen, wie sie gefordert hatten, zwölf Lire pro Tag zu zahlen. Aber den bedürftigen Adligen fiel nichts Besseres ein, als das zu verkaufen, was sie besaßen, nämlich ihren politischen Einfluß, ihre Stimme im Großen Rat. »Wer Ehre will, muß einigen armen Edelleuten Geld geben, und diese werden *Sguìzari* genannt«, bemerkt Marino Sanudo.

Das weitverbreitete Übel des Stimmenschacherns war eine negative Folge einer im wesentlichen positiven Erscheinung – der Gleichheit aller Mitglieder des Großen Rates, der souveränen Körperschaft, des »Herrschers der Republik«, der ausschließlichen Quelle jedes Gesetzes, jedes Amtes und jeder Macht. Weil die Stimme des Armen das gleiche Gewicht hat wie die des Reichen, gibt es keine Abstimmung oder Wahl, in der wirtschaftliche Macht auch einen bevorzugten Status bedeutet hätte. Weder die wirtschaftliche Macht noch die politische einschließlich der Zugehörigkeit zum überaus mächtigen Rat der Zehn: alles und alle hängen nach der Logik des parlamentarischen Mechanismus vom Ausgang der Abstimmungen ab. Und wenn manche ihre Stimme verkaufen, so handeln einige damit in Verfolgung rein politischer Ziele, und andere benutzen sie in Übereinstimmung mit ihrem persönlichen Gewissen. So erleben wir bei mehr als einer Gelegenheit, daß die Habenichtse, die Machtlosen die politische Karriere von Reichen und Mächtigen zerstören oder schädigen und auf diese Weise ein Gleichgewicht wiederherstellen, das das Spiel bestimmter Machtgruppen letzten Endes nicht allzusehr verschoben zu haben scheint. Das zeigt die Zuspitzung der Rivalitäten zwischen den sogenannten alten Familien, den *Case vecchie*, die für sich eine tribunizische Herkunft beanspruchten,* und den sogenannten neuen Familien, den *Case nuove,* deren Adel etwas weniger alt war. Für diese beiden Gruppen verwendete man damals auch die Bezeichnungen *Longhi* und *Curti.* Tatsächlich hatte nach dem Tod des Dogen Michele Morosini ein Geheimabkommen die Zahl jener Familien, aus deren Reihen der Doge gewählt wurde, auf sechzehn *Case nuove* beschränkt, die deshalb auch *Case ducali* genannt wurden. Es waren die Familien Barbarigo, Donà, Foscari, Grimani, Gritti, Lando, Loredan, Malipiero, Marcello, Mocenigo, Moro, Priuli, Trevisan, Tron, Vendramin und Venier. Die Abmachung sollte fast dreihundert Jahre lang, bis zur Wahl des Dogen Marcantonio Memmo, Gültigkeit besitzen. In dieser Zeit taten sich die *Case vecchie,* wie H. Kretschmayr bemerkt, immer mehr im Bereich der Kultur und der Spiritualität hervor als in dem der hohen Politik.

Auch wenn diese Behauptung nicht ganz zutrifft, so war doch die sogenannte »Verschwörung« der *Case nuove* ein alarmierendes Anzeichen dafür, daß sich innerhalb des Patriziats eine Oligarchie herausbildete. Aber die Reaktionen auf solche Intrigen und andere alltägliche parlamentarische Machenschaften störten das Alltagsleben nicht, das auch nur sehr selten durch die Gewalttätigkeiten der Mächtigen und Reichen gegenüber den Schwachen und den Armen gestört wurde, die in der europäischen Gesellschaft jener Zeit sehr häufig vorkamen. Ausgeschlossen von der Regierung, war das Volk wenigstens durch die Gesetze und den behördlichen und richterlichen Apparat gut geschützt und verteidigt, der den Regierten vergleichsweise viel bessere Garantien bot, als es überall sonst der Fall war.

Wie in der übrigen damaligen Welt schreckte die Strafjustiz auch in Venedig nicht vor der Folter und der Vollstreckung der Todesstrafe zurück, der noch grausame Mißhandlungen vorausgingen. Aber denjenigen gegenüber, die Haftstrafen verbüßen mußten, legte sie – immer noch im Vergleich zu den übrigen – eine Menschlichkeit an den Tag, die ihren Zeitgenossen ungewöhnlich

* Es handelte sich um vierundzwanzig Familien: Badoer, Baseggio, Barozzi, Bragadin, Bembo, Contarini, Corner, Dandolo, Dolfin, Falier, Gradenigo, Memmo, Michiel, Morosini, Polani, Querini, Salamon, Sanudo, Soranzo, Tiepolo, Zane, Zen, Zorzi und Zustinian.

erscheinen mochte. Ein deutscher Mönch, Felix Faber aus Ulm, der 1485 Venedig besuchte, sprach mit Bewunderung über die Kerker, die im Erdgeschoß des Dogenpalastes lagen und breite Eisengitterfenster zur Piazza hin hatten, so daß die Gefangenen die Passanten ansprechen und von ihnen Almosen empfangen konnten. Es gäbe zwar schlimmere Kerker, die aber immer noch weniger schlimm seien als die deutschen, die »unmenschlich, schrecklich, finster ... feucht, kalt und oft von Schlangen und Kröten verseucht« waren. Das Armenrecht war den Bedürftigen seit 1443 vom Amt der *Avvocati dei Prigioni* garantiert. Was die berüchtigten Zehn anlangt, so waren sie sicherlich gnadenlos, aber vor allem mit jenen Patriziern, die ihre soziale Stellung ausnutzten, um das Gesetz zu umgehen und zu verletzen. So wurde im Jahr 1511 der Adlige Gaspare Valier, der einen armen Zöllner aus Treviso umgebracht hatte, zum Tode verurteilt. Er stammte aus einer bedeutenden Familie, war reich und mit mächtigen Leuten verwandt; der Patriarch von Venedig kam und bat die drei Vorsteher um Gnade »und wurde fortgeschickt«, schreibt Sanudo. »Sie sagten, daß die Beschlüsse des Rates der Zehn ausgeführt werden müssen.« Sogar die *Avogadori di Comun*, die die Anklage vertreten hatten, baten um Gnade für den Verurteilten. Ihnen wurde geantwortet: »Ihr seid dieses Amtes nicht mehr würdig«, und sogleich wurde über ihre unverzügliche Entfernung aus dem Amt abgestimmt. Zwei Jahre später wurden zwischen den beiden Säulen der Piazzetta fünf junge Patrizier hingerichtet, die verschiedener Diebstähle und Tötungen schuldig waren.

Eine gewisse Beunruhigung war durch etwas ausgelöst worden, was alte Ängste weckte, weil es in gefährlicher Weise an Episoden in der Vergangenheit erinnerte. An der Tatsache, daß der 1486 gewählte Agostino Barbarigo seinem Bruder Marco auf dem Dogenthron nachgefolgt war, hatten bereits viele Anstoß genommen: Es war das erste Mal seit über vier Jahrhunderten, daß zwei Dogen aufeinanderfolgten, die derselben Familie angehörten. Zudem hatte dieser Fürst, »eine würdevolle Erscheinung von bewundernswertem Äußeren«, der sich von Giovanni Bellini zu Füßen der Heiligen Jungfrau porträtieren ließ, ein steuerpflichtiges Vermögen von siebzigtausend Dukaten besaß und anscheinend einen sehr üblen

Charakter, die Allüren eines Monarchen angenommen. So gestattete, ja verlangte er, daß man ihm die Hand küßte und vor ihm niederkniete. Lorenzo Celsi war wegen viel geringerer Vergehen Gegenstand einer Ermittlung der Zehn gewesen. Gegen Agostino Barbarigo wurden die Maßnahmen hingegen erst unmittelbar nach seinem Tod getroffen: Eben seinetwegen wurde die Behörde der *Inquisitori sopra il doge defunto* eingerichtet, die das Wirken der Dogen nach ihrem Tod überprüfen und feststellen sollte, ob sie den mit der *Promissione* geschworenen Pflichten genügt hatten. Von ihren Erben forderten sie jene Geldbeträge ein, die sie während ihrer Amtszeit unrechtmäßig angenommen hatten.

Wenn dies die Reaktion der politischen Welt auf die autoritären Neigungen des Dogen Barbarigo waren, bewies die des Volkes unmißverständlich seine angeborene Abneigung gegen jegliche Form von Monarchie oder Alleinherrschaft. »Es war wunderbar«, bemerkt Marino Sanudo, »die Flüche zu hören, die jedermann gegen ihn ausstieß.« In der venezianischen Zivilisation war kein Platz für Tyrannen. Als die *Signoria* die *Correttori alla promissione* aufforderte, »dem Dogen solche Zügel« anzulegen, »daß er sich nicht so allmächtig macht, wie es Missier Augustin Barbarigo gemacht hat«, gab sie lediglich dem Ausdruck, was alle gesellschaftlichen Schichten empfanden.

### 3

Das Schicksal wollte es, daß Venedig für seine territoriale Vergrößerung in Italien gehörig zahlen sollte. Jetzt, da es das Herzogtum Mailand in seinen Besitz gebracht hatte, wollte der König von Frankreich Anspruch auf das berühmte Erbe der Anjou erheben, das Karl VIII. zu seinem Zug durch Italien bewogen hatte, nämlich das Königreich von Neapel und Sizilien. Der Senat hatte sich verrechnet, denn Ludwig XII. dachte gar nicht an einen Rückzug aus der Lombardei, und der Senat beging einen weiteren Fehler, als er sich weigerte, sich mit dem König an dem Unternehmen zu beteiligen. Und da wandte sich der König an andere: an Florenz, an den Papst und dann an den König von Aragonien. Ferdinand

»der Katholische« setzte sich ungerührt über verwandtschaftliche Beziehungen hinweg (auch der König von Neapel war ein Aragonier) und handelte mit Ludwig die Teilung des Königreiches aus. Und als der Feldzug gewonnen war, stellte er sich gegen seinen Verbündeten und nahm ihm seine Eroberung weg. Neben Frankreich hatte sich nun auch Spanien in Italien festgemacht.

Unterdessen trafen neue Aufforderungen bei der *Signoria* ein. Es war Alexander VI., der Borgia-Papst, der das Bündnis mit Venedig suchte, um für seinen Sohn Cesare das Herzogtum Ferrara zu gewinnen. Wenn man bedenkt, wie sehr Ferrara den Venezianern am Herzen lag, war es ein ernstes Problem. Die Weigerung des Senats erzürnte Vater und Sohn sehr, und die Nachricht vom Tod Papst Alexanders, der Cesares politischen Abenteuern ein Ende setzte, wurde in Venedig mit unverhohlener Erleichterung aufgenommen. Aber an diesem Punkt scheint der Senat sich abermals geirrt zu haben (es muß nicht leicht gewesen sein, in dem Chaos herumzulavieren, in dem sich die italienische Politik jener Jahre befand). Vielleicht war zu den berechtigten Sorgen derjenigen, die im Rücken der Lagunen ein möglichst großes Gebiet von potentiellen Bedrohungen freihalten wollten, eine übertriebene expansionistische Tendenz hinzugekommen. Aber vielleicht ergab sich diese Tendenz ihrerseits aus der Anwesenheit fremder Mächte in Italien, die es nahelegte, die Schutz- und Pufferzone immer weiter auszudehnen. Jedenfalls brachte die *Serenissima* mit der überraschenden Annexion der halben Romagna und eines Teils der Marken (Bertinoro und Faenza, Rimini, Cervia, Cesenatico, Meldola, Forlimpopoli, Sant'Arcangelo, Fano und Montefiore) einen Feind gegen sich auf, der nicht nur wegen seiner Stellung, sondern auch wegen der unbezwingbaren Stärke seiner Persönlichkeit zu fürchten war.

Giuliano della Rovere, Titularkardinal von San Pietro in Vincoli, war immer ein guter Freund Venedigs gewesen, und Venedig hatte ihn unterstützt und ihm geholfen, als er sich nach dem kurzen Pontifikat Pius' III. zusammen mit Borgia um die Nachfolge beworben hatte. Als Alexanders Todfeind hatte er der Republik in seinem Haß auf die beiden Borgia, Vater und Sohn, empfohlen, sich der Romagna zu bemächtigen. Aber jetzt, da er unter dem Namen Julius II. selbst Papst war, änderten sich seine Stimmung und der Inhalt seiner Reden radikal. Es war nicht einmal ein Monat nach seiner Wahl vergangen, als er zu Nicolò Machiavelli, dem florentinischen Gesandten, sagte, daß er durchaus bereit sei, ein Freund der Venezianer zu bleiben. Er sei aber auch bereit, wenn diese nicht auf die päpstlichen Gebiete der Romagna und der Marken verzichteten, jegliche Anstrengung zu unternehmen, um alle christlichen Fürsten gegen sie aufzuhetzen. Nach anderen Drohungen und nach einem apostolischen Breve, in dem formell die Rückgabe jener Gebiete verlangt wurde, traf in Venedig die Nachricht ein, daß zwischen den Vertretern des Papstes, des Königs von Frankreich und Kaiser Maximilians I. in Blois ein Abkommen erzielt worden war, das die Teilung des venezianischen Herrschaftsgebietes auf der Terra ferma zum Gegenstand hatte.

Der Senat dramatisierte nicht. Um den drohenden Sturm abzuwenden, gab er dem Papst schnell die Gebiete in der Romagna zurück – außer Cervia, Ravenna, Rimini und Faenza, für die er allerdings um die Belehnung bat. Der Papst, gerade damit beschäftigt, sich Perugia und Bologna zurückzuholen, antwortete ausweichend. Aber während die venezianische Diplomatie sich bemühte, Maximilian I. und Ludwig XII. zu entzweien, neue Bündnisse in die Wege zu leiten und die fremden Herrscher in Abkommen einzubinden, die den Frieden hätten garantieren sollen, brach der alte Haß in Italien und außerhalb heftiger auf denn je. Die alten Beschuldigungen tauchten wieder auf: Venedig würde eine italienische, ja weltumfassende Monarchie anstreben und beabsichtigen, den Ruhm und die Vorherrschaft Roms wiederaufleben zu lassen. Das hatte bereits Papst Pius II. Piccolomini in seinem schönen Humanistenlatein geschrieben. Jetzt wiederholte es auch Nicolò Machiavelli: Die Venezianer »hatten sich in den Kopf gesetzt, eine Monarchie ähnlich der der Römer einzurichten«. Der Florentiner Sekretär, der gegenüber Cesare Borgia so nachsichtig war, als dieser die italienische Monarchie errichten wollte, tat nichts anderes, als einen Gemeinplatz nachzubeten. Die so oft beschworene »Herrschsucht« der Venezianer, ihre »maßlose Habgier«, die dazu geführt habe, daß »sie allen Herrschern der Welt etwas weggenommen [hatten]«, waren Slogans geworden, dialektische Krücken der internationalen Diplomatie. Die gleichen Mittel setzte die venezianische Diplomatie ein, wenn sie zu ihrem Vorteil den Ernst der türkischen Bedrohung aufbauschte und mehr als nötig dramatisierte. Aber diesmal reizte und koordinierte der eiserne Wille Papst Julius' nicht nur die Neidereien und den Groll der kleineren Staaten Italiens, sondern auch den Appetit der Fürsten jenseits der Alpen. In der neuen europäischen Ordnung stellte jener unabhängige und reiche italienische Staat, der seinen Reichtum und seine Unabhängigkeit zu verteidigen bereit war, einen Störfaktor dar. Die Aussicht auf eine fette Beute reizte die Habgier der europäischen Herrscher ebenso, wie drei Jahrhunderte zuvor der Reichtum Konstantinopels die Habsucht der Kreuzfahrerbarone angestachelt hatte. Der Groll über die Hartnäckigkeit, mit der Venedig sein Handels- und Seefahrtsmonopol in der Adria verteidigte, war der Auslöser.

Den ersten Zug tat Kaiser Maximilian. Nach großartigen Erklärungen gegenseitiger Rücksichtnahme (aber mittlerweile bezeichnete der Habsburger Venedig als seinen »Erzfeind« und den seines Hauses) stießen die Truppen aufeinander. Und gleichzeitig mit den Glückwünschen des Königs von Frankreich zu den Siegen über die Kaiserlichen traf in Venedig die Nachricht ein, daß in der französischen Stadt Cambrai die Bevollmächtigten desselben Königs von Frankreich, des Königs von Spanien und des Kaisers ein Abkommen unterzeichnet hatten, das das Ende der *Serenissima* und die Aufteilung ihrer Besitzungen vorsah. Als Vorwand diente die Notwendigkeit, ein Hindernis für einen erneuten Kreuzzug aus dem Weg zu räumen. Um die Türken anzugreifen, mußte man mit den Venezianern reinen Tisch machen und es macht wenig aus, daß bis dahin trotz aller Fehler, Irrtümer und Rückschläge sie allein es gewesen waren, die sich – mit nur wenigen anderen – der Ausbreitung der Osmanen im Abendland wirkungsvoll widersetzt hatten.

Zu den Inspiratoren der Vereinbarungen und der Teilungskrite-rien gehörte auch der Herzog von Mantua. Derartigen Initiativen der hohen Diplomatie und der großen Nationalstaaten lagen immer noch die häuslichen Interessen der italienischen Kleinfürsten zugrunde. Diese wurden mit dem Papst an der Spitze als erste in den Abmachungen erwähnt: Der Herzog von Mantua sollte Peschiera, Asola und Lonato erhalten, der Papst Rimini, Faenza, Cervia und Ravenna und der Herzog von Ferrara den Polesine. Auch der Herzog von Savoyen stand nicht zurück und erhob Anspruch auf das zweifelhafte Erbe der Lusignans – nach der Niederlage Venedigs sollte ihm die Insel Zypern zufallen. Dann kamen die drei Großen: Spanien wollte die von Venedig gehaltenen Häfen an der apulischen Küste (Trani, Monopoli, Brindisi, Manfredonia usw.), Frankreich Cremona, Bergamo, Brescia und die Ghiaradadda, während Maximilian den größten Brocken für sich reservierte: ganz Venetien sowie das Friaul, Görz, Triest und auch Istrien. Dalmatien sollte an den König von Ungarn fallen.

Die größte Sorge der Unterzeichner des Bündnisses war es gewesen, das Geheimnis gut zu hüten und »den Venezianern nichts zu Ohren kommen zu lassen«. Bei dem konzentrisch geführten Blitzangriff war das Überraschungsmoment sehr wichtig. Aber mehr als die Waffen der Republik fürchteten die Verbündeten deren Diplomatie.

Die Venezianer, die, um zu überleben, zwangsläufig von einem dichten, sehr engmaschigen Netz von Außenbeziehungen abhingen und deren Leben an das Glück des Handels, der Seefahrt und der Finanzen geknüpft war (alles Dinge, die ihrerseits auf effiziente und zuverlässige Informationen angewiesen sind), hatten die schwierige Kunst, auch unter ungünstigsten Umständen beste Bedingungen auszuhandeln, von Anfang an gründlich gepflegt. Im Laufe der Jahrhunderte hatten ihre Vertreter die wesentlichen Tugenden der guten Diplomatie bis zur Vollkommenheit entwickelt. Herausragende Gestalten kluger und ausgezeichnet informierter Unterhändler waren bereits im 13. und 14. Jahrhundert in Erscheinung getreten. Vom 15. Jahrhundert an schuf eben Venedig die Figur des Botschafters (zunächst *Oratore* genannt), der nicht mehr nur aufgrund bestimmter Umstände und mit präzisen Beglaubigungsschreiben auf Dienstreisen geschickt wurde, sondern als ortsansässiger diplomatischer Vertreter und ständiger Unterhändler tätig war und gleichzeitig systematisch Informationen beschaffte. Und bis zum Fall der Republik erwiesen sich die venezianischen Botschafter als Meister in der Kunst, nützliche Informationen zu sammeln, das Wesentliche aus ihnen herauszudestillieren und dies dann in sehr klarer Form den Organen der Zentralgewalt mitzuteilen. Unter diesen gewann jetzt übrigens der *Pien Collegio* an Einfluß, der sich aus dem Dogen, der *Signoria* und den sogenannten *Savi* zusammensetzte – sechs *Savi grandi* oder *Savi del consiglio,* sechs *Savi di Terra ferma* und sechs *Savi agli Ordini.* Der *Pien Collegio* war in mancher Hinsicht ein Ministerium, in anderer ein parlamentarischer Ausschuß: Mehr denn je war die offizielle Ausübung der exekutiven Gewalt und ein beachtlicher Teil der legislativen Gewalt Sache des Senats. Ein Teil der legislativen Gewalt lag dagegen beim Großen Rat, der allgemein befugt war, jeden anderen Rat oder jedes andere Kollegium zu wählen.

Wer die Geheimnisse der Liga von Cambrai aufdeckte und das Überraschungsmoment zerplatzen ließ, war kein diplomatischer Vertreter, nicht einmal ein Botschafter, sondern ein Sekretär, nämlich Gian Giacomo Caroldo. Und da der Papst, der zweifellos die Liga angeregt hatte, nicht zu den Unterzeichnern gehörte, übte die venezianische Diplomatie verstärkt Druck auf ihn aus, um ihn abzulenken. Aber es gab zu viele Gründe für Meinungsverschiedenheiten – nicht nur Ravenna und Cervia. Die Ernennung eines venezianischen Patriziers zum Bischof von Vicenza durch den Senat etwa stellte eine direkte Verletzung der gerichtlichen Privilegien des Papstes dar (der unter anderem jenes Episkopat für einen seiner Neffen bestimmt hatte). Die Tatsache, daß Venedig Flüchtlinge aus dem von den päpstlichen Waffen eroberten Bologna aufgenommen hatte, heizte seinen politischen Groll noch an. Zwischen ihm, der so heftig und leidenschaftlich war, und dem unerschütterlichen venezianischen *Oratore* Giorgio Pisani kam es zu zündenden Wortgefechten: Der Papst drohte, aus Venedig wieder ein Fischerdorf zu machen, so wie es ursprünglich gewesen war. Der Botschafter erwiderte, daß die Venezianer zuerst aus ihm einen *Curatello* machen würden, irgendeinen kleinen Pfaffen. Am 22. März 1509 trat Julius II. der Liga von Cambrai bei.

17. April 1509. Der Erste Herold Frankreichs, bekleidet mit der

blauen, mit goldenen Lilien übersäten Dalmatik, erscheint im *Collegio* und wirft dem Dogen Leonardo Loredan, dem Nachfolger Agostino Barbarigos, den symbolischen Fehdehandschuh vor die Füße. Auf die Rede des Herolds, der gemäß dem Kodex der Ritterlichkeit die »Beschwerden« seines Herrn vorbringt, antwortet der Doge mit einer sehr kurzen und strengen Rede, in der er feierlich dem König widerspricht und den Papst offen auf den Plan ruft. Dieser letztere setzt einige Tage darauf die üblichen »spirituellen Waffen« ein, das heißt Exkommunikation, Bannfluch, Interdikt. Wie zu den Zeiten Sixtus' IV. reagiert der Senat sofort und schlägt an den Toren der Peterskirche in Rom seinen Protest und den Appell an das Konzil an. Wie damals wird das für unrechtmäßig gehaltene Interdikt zurückgewiesen; Priester und Mönche werden unter Androhung der Ausweisung gezwungen, keine Rücksicht darauf zu nehmen. Den bevorstehenden militärischen Angriffen wird eine breitangelegte Mobilmachung italienischer und griechischer, albanischer und dalmatinischer Truppen entgegengesetzt: Der römische Kondottiere Nicolò Orsini, Graf von Pitigliano, wird zum Generalkapitän ernannt; ihm wird der tapfere Bartolomeo d'Alviano zur Seite gestellt. Beide sind bekannt dafür, daß sie »italienisch« fühlen, was heißt, daß sie weder mit Frankreich noch mit Spanien, noch mit dem Kaiser sympathisieren. Zu *Provveditori in campo*, politisch-militärischen Kontrolleuren und Überwachern der Kriegshandlungen, werden Giorgio Corner und Andrea Gritti gewählt; es ist übrigens derselbe Andrea Gritti, dem wir unmittelbar vor den unglückseligen Tagen von Zonchio als *Bailo* von Konstantinopel begegnet sind. Und den venezianischen Truppen wird ein Schlachtruf zugewiesen, der klarmachte, wo die Werte und Interessen der armen italienischen Halbinsel tatsächlich lagen; er lautete »Italien! Freiheit!«

Zwischen dem greisen Orsini und d'Alviano gab es nicht viel Übereinstimmung. Auf diesen Umstand und auf andere wird die Niederlage von Agnadello zurückgeführt, wo am 14. Mai 1509 das französische Heer unter dem persönlichen Befehl des Königs die venezianischen Truppen niederwarf. Die Nachricht traf ausgerechnet am Vorabend des Festes der Vermählung mit dem Meer ein, gleichzeitig mit einer Depesche der *Rettori* von Brescia. Als sie im *Collegio* verlesen wurde – so erzählt Marino Sanudo –, »erstarrten alle in übergroßem Schmerz«. – »Alle weinten, auf der Piazza sah man niemanden; die Väter des Collegio waren in sich versunken und mehr noch unser Doge, der nichts sagte und todtraurig war.«

Im Senat erlebte man Szenen, die an antike Tragödien erinnerten. Der betagte Prokurator Paolo Barbo, der sehr schwer krank war, ließ sich von seiner Frau sein Patriziergewand geben und sich auf einer Bahre in den Senat tragen, um »ein paar Worte zu sagen und dann zu sterben«: Er hatte sich für die Verteidigung bis zum letzten Mann eingesetzt. Viele Möglichkeiten wurden erörtert. Marino Sanudo schrieb – ebenso zynisch wie realistisch –, daß er, wenn es auf ihn angekommen wäre, sofort zwei *Oratori* zum Türken geschickt hätte, um diesen um eine Intervention zu bitten, »etwas, was man nie hätte tun wollen«, auch wenn Lorenzo Loredan, der Sohn des Dogen, sich die Freiheit genommen hatte, im Senat offen darüber zu reden.

Die Niederlage von Agnadello freute Machiavelli, für den sie die Vernichtung jener Republik bedeutete, die er so verabscheute und die er doch so wenig kannte und verstand. Während Bergamo, Brescia und Valcamonica der Reihe nach aufbegehrten, während die diplomatischen Versuche scheiterten, den König von Spanien abzulenken, und die als unhaltbar geltenden Städte Verona und Vicenza überstürzt an Kaiser Maximilian übergeben wurden, sang ganz Europa Venedigs Totenmesse. Ein lateinisches Epigramm verglich es mit einem Frosch, der von Zeus in den Schlamm zurückgeworfen wurde, nachdem er gewagt hatte, die Füße auf die Erde zu setzen.

## 4

Als die Nachrichten mit der Zeit immer widersprüchlicher und negativer wurden, veranstaltete man jeden Tag Bußprozessionen. Die herrschende Klasse übte öffentlich Selbstkritik. In einer offiziellen Rede machte der Doge selbst das üble Benehmen der Adligen und die um sich greifende Sittenlosigkeit für das Debakel verantwortlich. Der griesgrämige Tagebuchschreiber Priuli schließlich zählte eine ganze Reihe guter Gründe auf, warum Gott die unglückliche Stadt bestrafen müsse, die ihren Pflichten und ihrer Berufung nicht mehr gewachsen sei.

Bei der raschen Auflösung der Herrschaft auf der Terra ferma gab es über das abgeneigte Waffenglück hinaus eine uns bereits bekannte Komponente, nämlich den Unmut des örtlichen Adels und Bürgertums, die Venedig nicht an der eifersüchtig zentralisierten Macht hatte beteiligen wollen. Überall in der Provinz hatten sich die führenden Schichten auf die Seite Frankreichs oder des Kaisers gestellt. Aber selbst Nicolò Machiavelli schrieb aus Verona, wo er sich persönlich ein Bild von der Lage hatte machen können: »Die Edelleute lieben Venedig nicht und neigen zu den Alliierten; doch das Volk, die Plebs, die Bauern sind allesamt Markesken«, und damit meinte er, daß sie auf der Seite von San Marco, von Venedig, standen. So war es in Treviso, wo ein Popolane, Marco Pelizaro, sich an die Spitze einer Bewegung stellte, die die von den begüterten Bürgern gewünschte Übergabe an den Kaiser vereitelte; in Padua hingegen war es der Adel, der jene Stadt dem Grafen Leonardo Trissino, dem kaiserlichen Kommissär, übergab. (Dieser war übrigens eine wunderliche Abenteurerfigur: Wegen eines Mordfalls emigriert, war er zum Freund und Jagdgefährten Maximilians geworden; wenn er die Truppenparade abnahm, trug er eine Girlande aus Erbsenblüten auf dem Kopf und aß dabei Kirschen.)

Nun, da das Herrschaftsgebiet auf der Terra ferma fast völlig verloren war – es waren nur noch Treviso und Udine geblieben –, wich das Gejammer der venezianischen Behörden einem festen Willen zum Überleben und zum Sieg. Man begab sich auf eine große Suche nach Waffen und Rüstungen. »Alle Edelleute und Popolanen kaufen Rüstungen, um sich zu wappnen«, schreibt der Kaufmann Martino Merlini und bemerkt, daß für einen Harnisch, der zwei oder drei Dukaten wert war, jetzt fünf oder sechs gezahlt wurden. Die drückenden Probleme, hervorgerufen durch die Invasion (es herrschte eine Hungersnot, die noch dadurch verschlimmert wurde, daß nicht weniger als sechzigtausend Flüchtlinge nach Venedig geströmt waren, zum großen Teil Bauern, denen der König von Frankreich und der Kaiser nur Übergriffe, Raub und Gewalt gebracht hatten), wurden entschlossen angepackt. Während sich die Diplomatie fieberhaft bemühte, den Papst zu überzeugen, das Lager zu wechseln, und den Zwiespalt zu vertiefen, der bereits zwischen König Ludwig und Maximilian bestand, erhoben sich da und dort Bauern und Popolanen, und am 17. Juni 1509, dem Fest der heiligen Marina, wurde Padua von den Truppen des *Provveditore* Andrea Gritti bestürmt und in Blitzesschnelle zurückerobert. Entschieden wurde die Schlacht durch Verstärkungen, die über den Lagunenweg herangeschafft worden waren – Leute aus den ältesten Kerngebieten des *Dogado* und Arsenalarbeiter, die von einem ihrer Oberaufseher, dem *Nobilòmo* Nicolò Pasqualigo, befehligt wurden.

Der Senat verfügte, daß alle Schulden der Bewohner der Städte Padua und Treviso und ihres jeweiligen Umlandes zu tilgen seien. Aber der Krieg (ein Krieg, der sechstausend Dukaten im Monat kostete; zur Deckung solcher astronomischer Ausgaben hatte man zu schmerzhaften Zwangsanleihen greifen müssen) war noch nicht zu Ende. Im Gegenteil – für den Kaiser, dem es finanziell noch viel schlechter ging, war die Rückeroberung von Padua nicht nur eine Ehrensache, sondern vielmehr eine Notwendigkeit. Deshalb kam er persönlich an der Spitze eines Heeres von dreißigtausend Mann nach Italien. Andrea Gritti, in Padua verschanzt, erwartete ihn festen Fußes. Im Großen Rat spornte der Doge Loredan, »ausgemergelt, vergeistigt und von großer Statur . . .«, die Patrizier zum Kampf »für unsere Freiheit« und zur Zahlung der Steueraufschläge für den Krieg an und behauptete, daß »all unsere Völker sich nach San Marco sehnten und daß sie, wenn sie ein wenig Unterstützung bekämen, alle Franzosen und Deutschen in Stücke hauen würden«.

Was damals geschah, gab – auch wenn nicht alle ihre Pflicht bis zum Äußersten erfüllten – einem Diplomaten im Dienste Ludwigs XII.* recht, als er in einer Broschüre, in der er sich für den gleichzeitigen Kreuzzug gegen Türken und Venezianer stark

* Ludovico Heliani, *De bello suscipiendo adversus Venetianos et Turcos, oratio.* Vgl. P. Molmenti, *Storia di Venezia nella vita privata*, Bergamo 1925, Bd. II, S. 6, Anmerkung 1.

machte, wutschnaubend erklärte, wenn sie »den Mut hatten, die vier mächtigsten Fürsten der Christenheit auf freiem Feld zu erwarten und sie in offener Schlacht zu bekämpfen, sobald die Fahnen gehißt waren«, dann müsse man wirklich anerkennen, daß diese verdammten Venezianer »als sehr mächtige Leute zu schätzen und beurteilen seien«. Patrizier und Popolanen, Handwerker und Kaufleute setzten sich spontan in Marsch, um der belagerten Stadt zu Hilfe zu eilen. Auch der dreiundsiebzigjährige Doge erbot sich mitzugehen; doch ihm wurde entgegnet, es sei seine Pflicht, das zu tun, was von ihm verlangt werde, und sein Platz sei im Dogenpalast. Aber zwei seiner Söhne zogen zusammen mit den anderen nach Padua, und zwar »guten Mutes und zu Taten bereit«, wie Sanudo schreibt. Und die Umstände zwangen Maximilian, die Belagerung am 2. Oktober 1509 aufzuheben und enttäuscht und blamiert nach Deutschland zurückzukehren. Die Nachricht von Maximilians Niederlage und von der Befreiung Paduas wurde in Venedig mit Begeisterung aufgenommen. »Auf den Straßen küßten sich Feinde, die Patrizier umarmten die Popolari, selbst die Frauen streiften ihre bescheidene Zurückhaltung ab und drängten sich zu Kreisen zusammen, um an einer so ruhmreichen Nachricht Anteil zu nehmen« (Girolamo Priuli).

Venedig hatte zum Zusammenhalt der großen Tage des Chioggiakrieges zurückgefunden. Aber unterdessen hatte eine letzte diplomatische Anstrengung einen anderen gefährlichen Gegner ausgeschaltet. Etwas Undenkbares wurde Wirklichkeit: Eine geschickte Verhandlung mit dem Sultan hatte erreicht, daß die Türken die Stoffe aus Florenz, Ragusa und Genua boykottierten, deren Gewinne zur Finanzierung der antivenezianischen Liga verwendet wurden. Aber vor allem wurde der König von Ungarn, das gefährlich nahe an die Türken angrenzte, überzeugt, sich ruhig zu verhalten und die jährlichen Zuschüsse der Venezianer den fraglichen, von Maximilian versprochenen Eroberungen vorzuziehen. Die Geschichtsschreiber entrüsteten sich über diese Entscheidung, doch es ist angebracht, daran zu erinnern, daß sich viel früher fast alle an die Türken gewandt hatten, angefangen bei den Visconti bis Ludovico il Moro und bis hin zu Papst Sixtus IV., dem Onkel und Vorgänger von Papst Julius.

Nun übte die venezianische Diplomatie auch noch Druck auf Papst Julius aus. Papst della Rovere sagte jetzt zum Botschafter Francesco Corner, daß er die Republik immer geliebt habe, daß er nur widerstrebend einem Beitritt zur Liga von Cambrai zugestimmt habe, »weil es [ihm] weh tue, dem Ruin des [venezianischen] Staates und dem Machtzuwachs der Fremden zuzusehen«. Er habe aber nicht anders handeln können angesichts der Besetzung der Territorien der Kirche und all der anderen Verletzungen der päpstlichen Rechte, die die Venezianer begangen hatten. In Wirklichkeit hatte sich Venedig als eine zu harte Nuß erwiesen. Obwohl es auf Papst Julius so gut wie möglich vertraute, war sein Abrücken ein reiner Akt von Opportunismus, aus dem er den größten moralischen und materiellen Nutzen zu ziehen versuchte. In der Tat präsentierte er eine gesalzene Rechnung: Das Recht des Senats, die Bischöfe zu ernennen und den Zehnten oder andere Steuern auf Kirchengüter zu erheben, sollte abgeschafft werden, und den venezianischen Gerichten würde untersagt, Geistliche zu verurteilen. Die Herrschaft über den Golf sollte Venedig förmlich aberkannt werden, während den Untertanen des Papstes freier Verkehr und freie Schiffahrt im Golf garantiert würde. Außerdem müßte die Republik den Kirchenbann als gerecht anerkennen und um die Absolution und öffentlich um Vergebung zu bitten.

Am 24. Februar 1510 hörte sich Julius II., umgeben von zwölf Kardinälen, im Atrium der Peterskirche eine von den venezianischen *Oratori* vorgetragene Reue- und Unterwerfungserklärung an. Dann ergriffen Papst und Kardinäle dreizehn Zepter, die sie schwangen, während sie dem *Miserere* lauschten, das die Botschafter kniend sangen. Danach sprach Julius II. die Lossprechungsformel, die Notare verlasen die Liste mit den auferlegten Bußen, und alle zogen in die Sixtinische Kapelle – das genialste Produkt des Pontifikats von Papst della Rovere –, um dort der Messe beizuwohnen. Auf ihrem Rückweg schrieben zwei der *Oratori*, Domenico Trevisan und Alvise Malipiero, ihren Bericht, der ein sehr eindrucksvolles Bild vom finsteren Machtwillen Julius' II. entwirft. Dieser richtete seine Absichten nunmehr gegen den Herzog von Ferrara, den Schützling des Königs von Frankreich, und es gelang ihm, die Spanier auf seine Seite zu ziehen. Der

Zusammenhalt der Liga zerbröckelte, man brauchte ihr kein langes Leben mehr zu prophezeien.

Der Friede kehrte jedoch nicht ein. Die Kaiserlichen eroberten Vicenza zurück; die Venezianer waren am Po siegreich und holten sich Asolo, Bassano, Marostica und Belluno zurück. Indessen belagerte der grimmige Stellvertreter Christi den Ort Mirandola. Im strengen emilianischen Winter sah man ihn in Helm und Rüstung persönlich die Kampfhandlungen befehligen und, als die kleine Stadt kapitulierte, an der Spitze seiner bewaffneten Männer über die durchbrochenen Mauern steigen. Neue Hoffnungen flakkerten auf, als im März 1511 auf Betreiben von Maximilians Sekretär, Bischof Matthäus Lang, eine Konferenz unter Beteiligung aller Kriegführenden nach Mantua einberufen wurde. Es blieb dabei, daß Venedig die Kosten für den Frieden zahlen und bereit sein sollte, die Oberhoheit des Kaisers über das Territorium der Terra ferma anzuerkennen und – was für den habgierigen Habsburger von wesentlicher Bedeutung war – eine große Abgabe zu zahlen. Aber eine Begegnung zwischen Julius II. und Lang, ebenfalls ein übler Charakter, ließ die Konferenz platzen. Wütender denn je verfaßte Julius die Bulle *In coena Domini*, die großes Aufsehen verursachte und die päpstlichen Blitze über alle Anhänger des Königs von Frankreich verteilte.

Während die Franzosen Bologna bedrohten, übernahm der unermüdliche *Provveditore* Andrea Gritti mit Hilfe der lokalen Truppen wieder die Kontrolle über das Friaul. 1509 hatten sechzig Bewohner des friaulischen an der Grenze zu Krain gelegenen Städtchens Venzone ein deutsches Kontingent von einigen tausend Mann angegriffen und verjagt, und ihr Siegeslied (»Su, su, su Venzon Venzone ...«) ging jetzt in den Dörfern und Städten zwischen Isonzo und Livenza von Mund zu Mund. Die Bewohner von Brescia bewiesen ihrerseits, daß sie an der französischen Herrschaft überhaupt keinen Gefallen fanden. Eine Gruppe Adliger, die es bereuten, für den König von Frankreich Partei ergriffen zu haben, verschwor sich in der Absicht, Brescia Andrea Gritti zu übergeben. Als das Komplott aufgedeckt wurde, wiegelten ihre Führer Valtrompia und Valsabbia auf; die Revolte breitete sich aus, und am 5. Februar 1512 zog Andrea Gritti in die Stadt ein.

Kurz darauf eroberte er auch Bergamo zurück. Doch es waren keine dauerhaften Eroberungen. Ein junger französischer Hauptmann voller Mut und Grausamkeit, Gaston de Foix, fiel über Brescia her, eskaladierte während eines heftigen Regens die Befestigungsanlagen und drängte die Verteidiger von Straße zu Straße, bis auf die Piazza del Broletto. Die Konsequenzen seiner Verwegenheit waren die Eroberung von Brescia, die Gefangennahme Andrea Grittis und zwei Tage voller Schreckenstaten.

Trotz dieses Sieges befand sich der König von Frankreich nicht gerade in einer blendenden Situation. Ferdinand von Aragonien, *el Rey Católico,* der mit allen Wassern gewaschen war, hatte sich mit dem König von England darüber verständigt, ihm in den Rücken zu fallen. Und deshalb wurde Andrea Gritti, Ludwigs Gefangener, gedrängt, als Vermittler einer Initiative zur Einigung zwischen Frankreich und Venedig zu fungieren. Der Senat suchte nach Ausflüchten. Dann unterzeichnete er plötzlich den Franzosen zum Trotz einen Waffenstillstand mit deren einzigem noch verbliebenem Verbündeten, dem Kaiser.

Ludwig XII. reagiert darauf, wie es viele andere Regierungen bis in unsere Tage hinein angesichts ähnlicher Situationen tun: Er befiehlt Gaston de Foix, ihm um jeden Preis sofort einen militärischen Erfolg zu verschaffen. Dieses Mal ist der Schauplatz des Spiels die Romagna, wo zum Schutz der päpstlichen Interessen ein großes spanisches militärisches Kontingent steht. Dieselben Gründe, die den König von Frankreich zur Eile treiben, legen es den Spaniern nahe, die Dinge in die Länge zu ziehen. Aber die Spanier machen ihre Rechnung ohne jenen Teufelskerl von einem Gaston. Dieser provoziert den Zusammenstoß, kämpft wirklich wie ein Löwe oder wie ein Held, siegt und fällt unter den Mauern von Ravenna. Die spektakuläre Aktion ist gelungen, ja, die ganze Romagna – Ravenna, Imola, Forlì, Cesena und Rimini – ist praktisch in französischer Hand. Der Papst ist eingeschüchtert und möchte Frieden schließen, aber diesmal hat der Senat genaue Vorstellungen und fordert den venezianischen Botschafter in Rom auf, ihn davon zu überzeugen, um jeden Preis durchzuhalten. In jenem unglaublichen Krieg ist alles möglich, von heute auf morgen kann alles geschehen.

Und es geschieht alles. Zwanzigtausend Schweizer kommen nach Italien und vereinigen sich mit den venezianischen Truppen. Die Franzosen müssen von Bologna und der Romagna ablassen, um Mailand zu verteidigen. Der *Papa terribile* gewinnt mit seinem alten Hochmut auch seine Arroganz zurück. Bald sind die Franzosen gezwungen, auch Mailand, die Lombardei und Genua zu räumen, während der Republik Florenz der Todesstoß versetzt wird und die Medici mit dem Segen des Papstes wieder die Herrschaft übernehmen. Europa erlebt den unerwarteten Triumph Julius' II., den die Kunst Raffaels in den Stanzen des Vatikanpalastes verherrlicht hat.

Die Liga von Cambrai hat ihre Ziele nicht erreicht; sie ist zerbrochen, und die französische Gefahr ist – zumindest vorerst – gebannt. Noch einmal ist Venedig gerettet worden. Aber ist es wirklich gerettet? Ist der Triumph Julius' II. auch ein Erfolg für Venedig? Nachdem der Siegesrausch verflogen ist, stellt sich die Situation anders dar, als der Senat sie sich gewünscht hat. Bergamo und Crema sind in venezianischer Hand, aber Brescia, Verona und Vicenza nicht. Auf diesen drei Städten lasten die Forderungen Maximilians, und der Papst ist jetzt Feuer und Flamme für den Habsburger. Von der Höhe seiner siegreichen Autorität herab drängt er Venedig zum Nachgeben: Der Verteidiger der »Freiheit Italiens« möchte zumindest aus Verona und Vicenza Pfründen des deutschen Kaisers machen.

Angesichts dieses abscheulichen Verhaltens geht Venedig verständlicherweise auf Distanz. Ludwig XII. bietet der Republik die Wiederherstellung der Grenzen an der Adda an, wenn diese ihn bei dem Feldzug, den er gegen Mailand vorbereitet, unterstützt. Und am 23. März 1513 schließt die Republik in Blois ein Bündnis mit Ludwig XII.

Der Papst war am 21. Februar gestorben. Seine letzte Handlung war eine feindselige Geste gegenüber Venedig gewesen, nämlich ein »Mahnschreiben«, das heißt die Ankündigung spiritueller Sanktionen für den Fall, daß es Verona und Vicenza nicht an Maximilian abtreten würde.

5

Der Nachfolger von Papst della Rovere hatte sicherlich nicht dessen Statur. Leo X., Florentiner, Angehöriger der Familie Medici, dachte vor allem daran, »die Papstwürde zu genießen« und gleichzeitig für seinen Bruder Giuliano einen Staat in Italien zu schaffen. Er ergriff also sofort Partei für die neue Liga, die Spanien und das Reich gegen Frankreich und Venedig vereinigte (mit diesen sich ständig ändernden Formationen Schritt zu halten war fast unmöglich). Im Mai 1513 flammte der Krieg wieder auf. In Venedig empfing Bartolomeo d'Alviano, der tapfere Kapitän, der für Venedig Verwundungen und Gefangenschaft erlitten hatte, feierlich den Befehlsstab. Marino Sanudo beschreibt die Zeremonie: Alviano in den goldgewirkten *Soprarizzo* gekleidet, der mehr als fünfhundert Dukaten gekostet hatte, die Diener und Pagen in weiß- und rotkarierter Livree und ein ganzer Schwarm von Edelleuten und Truppenführern. Doch Alviano besaß zwar Beharrlichkeit und Mut, aber leider sehr wenig Glück – heute würde man sagen, daß er von einem ebenso schrecklichen wie hartnäckigen Pech verfolgt wurde. Am 7. Oktober, als es so aussah, als ob die Dinge sich zum Besseren wendeten, brachten ihm die Spanier nahe Schio in der Gegend von Vicenza eine gewaltige Schlappe bei. Die Franzosen hatten bereits vier Monate zuvor ihr Teil abbekommen, als die Schweizer sie unter dem Befehl von Kaiser Maximilian in der Nähe von Novara vernichtend geschlagen hatten.

Nach vier Jahren Krieg ist der Rand der Lagunen abermals von Feinden bedroht. Der spanische General Ramón de Cardona läßt von Mestre, von Fusina aus einige demonstrative Kanonenschüsse gegen Venedig abfeuern. Auch wenn die Schüsse wegen der begrenzten Reichweite der Geschütze völlig harmlos sind, so bleibt doch die bittere Wahrheit, daß die feindliche Welt, die die *Serenissima Repubblica* umgibt, wieder einmal schon in Marghera beginnt.

Erneut muß an den Patriotismus der Venezianer appelliert werden. Der Doge spricht im Großen Rat und fordert die Patrizier auf, die Kriegssteuerzuschläge zu zahlen, die Sonderanleihen zu zeichnen und persönlich für die Verteidigung von Padua und Treviso zu kämpfen. Aber dieses Mal stoßen seine Appelle nicht auf die gleiche Begeisterung wie vier Jahre zuvor, »da niemand sich erbot mitzumachen«, bemerkt der Chronist Malipiero, »weil [der Doge] sie nur mit Worten tröstete und weder einen seiner Günstlinge schickte noch Geld gab«. Nach den Erfahrungen aus der Zeit der ersten Belagerung von Padua mochte der Doge vielleicht entschuldigt werden. Doch wenn viele venezianische Adlige nicht auf den Appell reagierten, so verhielten sich andere – wie ein zeitgenössischer Humanist schreibt – heroischer als die Römer zur Zeit von Hannibals Invasion.

Jedenfalls wurde die Situation dadurch gerettet, daß der Regen dazwischenkam. Die Spanier zogen sich nach Este und Montagnana zurück und verzichteten auf weitere Angriffe. Und 1514 ging zwar Marano Lagunare verloren, aber man verbuchte einen militärischen und moralischen Erfolg, der eigens dazu angetan schien, die deprimierten Venezianer wiederaufzurichten.

Anfang des Jahres war ein neues kaiserliches Heer ins Friaul gezogen. Es stand unter dem Befehl eines Generals von trauriger Berühmtheit, Cristoforo Frangipane, des Grafen von Veglia, eines finsteren Herrn, der seinen Sadismus an den armen Bauern austobte, indem er sie verstümmelte und blendete. Der Senat begriff, wozu er imstande war, und ermächtigte die Stadt Udine, sich kampflos zu ergeben; es ergaben sich auch Cividale und Tolmezzo. Bei seinem Marsch auf Venetien wäre er auf keine Hindernisse gestoßen (d'Alvianos Heer war zu weit entfernt, um sich ihm entgegenzustellen), hätte es nicht einen Edelmann aus sehr trotzigem friaulischem Geschlecht gegeben, den Grafen Girolamo di Savorgnan, den Herrn von Osoppo.

Dieser Herr, der sich bereits vehement dagegen gewehrt hatte, daß Udine nicht verteidigt werden sollte, hatte sich in seiner Burg eingeschlossen, die sich zu beiden Seiten des Tagliamento erhob, in einer einmaligen strategischen Position also. Er hatte nicht mehr als etwa siebzig Armbrustschützen bei sich und war fest entschlossen, Frangipane den Durchzug zu versperren. Als dieser sich anschickte, das scheinbar geringfügige Hindernis aus dem Weg zu räumen, traf ihn zuallererst ein Stein an den Kopf, und dann sah er sich so lang in Schach gehalten, bis d'Alviano ihn einholen konnte, um ihn dann bei Prata di Pordenone auf freiem Feld zu besiegen.

Dieser Sieg, der mit der Gefangennahme des Grafen Cristoforo und seiner – allerdings recht bequemen – Gefangenschaft in der *Torresella* des Dogenpalastes endete, bewies wieder einmal die Treue des Friaul, die sich schon oft bewährt hatte, trotz einiger, auch aufsehenerregender Vorkommnisse in den vorangegangenen Jahren. Der Friedensschluß zwischen England und Frankreich führte Italien in neue Kampfhandlungen. Am 14. September 1515 gab der Sieg, den der neue König von Frankreich, Franz I., und seine venezianischen Bundesgenossen bei Marignano über die Schweizer davongetragen hatten, Venedig einen großen Teil seiner Gebiete der Terra ferma zurück. Im darauffolgenden Jahr wurden die Spanier nach langer Belagerung aus Brescia vertrieben, und am 24. Januar 1517 zog Andrea Gritti wieder in Verona ein. Im August zog sich Spanien endgültig aus dem Konflikt zurück, und im September wurde zwischen dem König von Frankreich und den Schweizern Frieden geschlossen. Kaiser Maximilian stand allein da (der Papst hatte sich bereits mit den Franzosen geeinigt). Eine lange Reihe von militärischen Mißerfolgen und der chronische Geldmangel überzeugten ihn, auf seine nicht zu verwirklichenden Träume zu verzichten und sich mit Riva del Garda, Rovereto und einigen anderen Gebieten (unter anderem dem Becken von Cortina d'Ampezzo) sowie mit einhunderttausend Dukaten in bar zu begnügen.

Das war das Ende der Hoffnungen derjenigen, die die Herrschaft Venedigs auf der Terra ferma, die Macht Venedigs und Venedig selbst – zumindest als unabhängigen und souveränen Staat in Italien – für immer hatten zerschlagen wollen. Das war der unerfüllbare Traum Ludwigs von Ungarn, der Carrara, der Genuesen und nun auch der Habsburger gewesen. Doch Venedig ging aus dem Konflikt unabhängiger und souveräner hervor denn je; dem verbündeten Europa war es nicht gelungen, es niederzuwerfen, die stolzesten Fürsten mit dem Papst an ihrer Spitze waren nicht gegen den stolzen Stadtstaat aufgekommen.

Diese Behauptung fand ihre Entsprechung in Ereignissen, die sich in räumlich sehr weiter Entfernung zutrugen. Eine erste

Episode fiel in das gleiche Jahr wie die Niederlage von Agnadello, doch sie fand viele Tausende von Meilen vom geplagten Italien entfernt statt. In Diu an der Küste Indiens hatte ein portugiesisches Flottengeschwader die Flotte des Sultans von Ägypten und der indischen Potentaten besiegt und vernichtet. Diejenigen, die versucht hatten, ihr Monopol auf den Gewürzhandel mit dem Abendland in letzter Minute zu verteidigen, hatten verloren. Der Sultan von Ägypten war Venedigs größter, wenn nicht gar sein ausschließlicher Lieferant von Gewürzen.

Aber das Spiel war noch nicht aus. 1515 (im Jahr von Marignano) brach Dom Lopo Soarez de Albergaria von Lissabon auf mit dreizehn Schiffen und dem Titel eines Generalkapitäns und Gouverneurs von Indien im Auftrag Seiner Allerchristlichsten Majestät, des Königs von Portugal. Er wußte bereits, daß die Ägypter nicht aufgegeben hatten und daß im Hafen von Dschidda, wo die kostbaren Waren umgeladen wurden, um ihren Weg bis Alexandria oder Aleppo über Land fortzusetzen, eine neue Kriegsflotte zusammengestellt wurde. Seine Absicht war, den Konkurrenten in den Gewässern des Roten Meers den vernichtenden Stoß zu versetzen. Doch ehe seine Schiffe zusammen mit einem Kontingent portugiesischer Galeeren, die ihren Standort in Indien hatten, die Initiative ergreifen konnten, störte ein neuer Aspekt das Gleichgewicht der Kräfte: Die Türken hatten sich in den Besitz von Ägypten gebracht und mit der Kontrolle über das Land auch die Leitung der Flottenoperationen übernommen. Die Folge war eine katastrophale Niederlage der Portugiesen in den Gewässern von Dschidda. Man schrieb das Jahr 1517, in dem auch Verona zurückerobert wurde. Und seltsamerweise sollte der türkische Sieg dazu beitragen, dem Mittelmeer und daher auch und vielleicht vor allem Venedig etwa siebzig Jahre wirtschaftlicher Erholung zu sichern. Der Umfang des Gewürzhandels im Mittelmeer, der in den ersten Jahren des 16. Jahrhunderts stark zurückgegangen war, sollte rasant zunehmen und sich in den Jahren um 1560 sogar verdoppeln. Diese Daten waren sicherlich nicht alle dem türkischen Erfolg zuzuschreiben, müssen aber alle gut bedacht werden: Sie erklären einerseits den strahlenden Glanz des Venedig des 16. Jahrhunderts und andererseits die Zwiespältigkeit seiner

Beziehungen zu den Türken. Diese sind wegen der Unberechenbarkeit ihrer Aktionen und Reaktionen, die fast immer von der Willkür fanatischer und unkontrollierbarer Despoten diktiert sind, höchst gefährliche Feinde, doch zweifellos auch ein positives Element, weil sie Situationen lösten, die zu kontrollieren die lokalen Fürsten und Potentaten nicht mehr imstande waren.

## 6

Auch in den finstersten Jahren, in den schlimmsten Augenblicken des Cambraikrieges verlor die kosmopolitische Stadt Venedig nichts von ihrem gewohnten Glanz. Im Jahr nach dem Debakel von Agnadello kamen zu den Feierlichkeiten anläßlich der Hochzeit von Francesco, dem Sohn von Messer Nicolò Foscari, und der Tochter von Ser Zuanne Venier (einem der drei Vorsteher des Rates der Zehn) der Apostolische Nuntius sowie die Botschafter von Spanien und Ungarn, um sich an einem Bankett mit vierhundertzwanzig Gedecken und an einer ungewöhnlichen Theateraufführung zu ergötzen, die bis zum Morgengrauen dauerte. Zwar hatte ein Gesetz vom 1. Januar die Benutzung von Tafelsilber in Kriegszeiten verboten. Doch erlebte man im gleichen Jahr einen noch ausgelasseneren Karneval als gewöhnlich. Im Karneval des Jahres 1517 hatte dann das Volk seine Freude über die Rückeroberung von Verona in gewalttätiger Weise bekundet: Eine Schneeballschlacht auf den Straßen endete mit nicht weniger als fünfundzwanzig Toten.

Die Liebe zu Prunk und Vergnügen kam zum Vorschein. Schon 1516 hatte der kluge und strenge Senat einen regelrechten Skandal ausgelöst, als er sich auf der Sitzung vom 22. Februar »unter Beifall« geweigert hatte, die drei *Provveditori alle Pompe* zu wählen, jene Inspektoren, die beauftragt waren, übertriebenen Luxus zu unterbinden und für die Beachtung der immer zahlreicheren und immer nutzloseren Antiluxusgesetze zu sorgen. (Vier Jahre zuvor hatte man über ein Gesetz gegen diejenigen abstimmen müssen, die mit »Orangen und anderem« auf die Amtsdiener der *Provveditori* losgegangen waren.) Wenige Tage zuvor hatten die jungen Leute einer der vielen *Compagnie della Calza*, der kunterbunten Klubs der Patrizier, im Palazzo Donà dei Servi ein großes Fest veranstaltet, zu dem sie viele Damen, aber nicht deren Ehemänner eingeladen hatten. In dem Tumult, den eine Menge nicht eingeladener junger Männer ausgelöst hatte, waren die Glasscheiben der Fenster zu Bruch gegangen, »so groß war der Lärm«. Und am 23. September 1518 tanzten auf einem Ball im Hause Corner – wo es »eine große Zahl von vornehmen Damen und Masken mit seidenen Wämsern« gab und wo »viel getanzt wurde« (Marino Sanudo) – die Kardinäle Cybo, Pisani und Corner in ihren purpurnen Talaren. Alle drei tanzten fröhlich den »Huttanz«, bei dem die Damen die Kavaliere aufforderten, die ihnen ihre »galant geküßten« Kappen auf die Zöpfe drückten und von ihnen geführt wurden. Die Dame amüsierte sich bei diesem Tanz; denn sie hatte das Gefühl, »über dem Mann zu stehen, weil sie den Hut auf dem Kopf hatte und den hutlosen Dummkopf nach Herzenslust durch jene Säle drehen und schubsen konnte«.*

Das Spektakel eines vergnügungssüchtigen und leichtsinnigen Venedig nahm trotz der äußeren Ereignisse im Laufe des Jahrhunderts immer buntere Formen an. Aber gleichzeitig kam auch in das künstlerische Bild mehr Farbe. 1508, in dem Jahr, in dem die große, gegen Venedig gerichtete Liga geschlossen wurde, war der neue Sitz des *Fondaco dei Tedeschi* feierlich eingeweiht worden, welcher drei Jahre zuvor einem Brand zum Opfer gefallen war. Auf seiner Fassade prangten die Fresken von Giorgione (die bis auf ein Fragment, die berühmte »Nackte«, zerstört sind; das Fragment wurde abgenommen und in die Galerie der Akademie gebracht, wo es sich heute in sehr schlechtem Zustand befindet). Der legendäre Maler aus Castelfranco, der schon für den Dogenpalast gearbeitet hatte, war fast am Ende seiner kurzen Lebensbahn und seiner großen Kunst angelangt. Die lichterfüllten und märchenhaft erscheinenden Werke der sogenannten *Pittura di Tono* (wo das vorherrschende Licht die Farbe intensiviert) bereicherte er um jene traumversunkene und allusive Stimmung, die ihn in einem gewissen Sinn zum ersten »romantischen« Künstler

* S. Zuccolo da Cologna, *La pazzia del ballo*, Padua 1549, S. 28.

der Geschichte machte. Im Jahr von Marignano arbeitete Giovanni Bellini an den »Geschichten von San Marco«. 1518 wurde das große Altarbild der »Himmelfahrt Mariens« von Tizian im Triumph an seinen Platz in der Frarikirche gebracht. Es war dasselbe Jahr, in dem Giambattista Cima da Conegliano starb. Während Ciambellino ein waschechter Venezianer war, kamen die anderen drei, Giorgione, Cima und Tizian, alle von der Terra ferma. Ihre Anwesenheit bestätigte einerseits erneut, wie unauflöslich Venedig und Venetien miteinander verbunden waren, und bezeugte andererseits auch die Anziehungskraft, die die Lagunenstadt innerhalb der Grenzen seiner Besitzungen ausübte (berühmte Maler, Bildhauer und Baumeister kamen aus Brescia, Bergamo, Udine, Dalmatien und aus Kreta oder sollten noch von dort kommen); das galt aber auch für außerhalb. Da waren nicht nur die Toskaner, sondern auch die Sizilianer wie Antonello da Messina, dessen Einfluß von Dauer sein sollte. Es kam auch Albrecht Dürer, der im *Fondaco dei Tedeschi* wohnte und sich unter dem lebhaften venezianischen Malervolk so heimisch fühlte, daß er nach Deutschland schrieb: »Hier bin ich ein Maler.« Er schrieb das aus einer Stimmung heraus, die einen Modigliani, einen Soutine, einen Picasso sich im Paris der goldenen Jahre wirklich als Maler fühlen ließ. Mit anderen Worten, Venedig schickte sich in ebendiesen Jahren an, das zu werden, was es das ganze Jahrhundert hindurch bleiben sollte, nämlich die große internationale Hauptstadt der Künste.

Obwohl die Liga von Cambrai zusammengebrochen war, ließ der Zustand Europas weder den Dogen noch die *Signoria*, noch den Senat ruhig schlafen. Hinter der Sehnsucht, nach so vielen Ängsten wieder fröhlich zu sein, lag eine ständige und tiefe Sorge. Da die Kriege jetzt mit Kanonen entschieden wurden, kümmerte man sich klugerweise darum, fast überall imposante Befestigungsanlagen zu errichten, deren Reste uns noch heute mit Bewunderung erfüllen. Geschütze wurden gegossen (im Verlauf des Jahrhunderts entstanden die Behörden der Festungs- und Geschützinspektoren) und Kriegsschiffe gebaut, aber die Quellen der öffentlichen und privaten Finanzen waren am Versiegen. Die Ursache und direkte Folge lag in der Tatsache, daß das durch die

Kriege geschundene und verwüstete Venedig und Italien nicht an dem »Wirtschaftswunder« der ersten Hälfte des 16. Jahrhunderts teilhatten, das fast überall aufblühte – in Augsburg und in Lyon, in Lissabon und in Medina del Campo und auch im dalmatinischen Ragusa im »Golf« von Venedig. Damit ist freilich nicht gesagt, daß die venezianischen Kaufleute bei den internationalen Aktivitäten und auf den Märkten fehlten; sie waren vielmehr aktiver und bestimmender denn je. Und die Patrizier bereisten nach wie vor die Handelsstraßen als junge Armbrustschützen auf den Handelsgaleeren oder als kluge und umsichtige Leiter großer, überall verstreuter Wirtschafts- und Finanzunternehmen. Das verdeutlicht das Beispiel des *Nobilòmo* Bragadin, der im Jahr 1525 als *Bailo* in Konstantinopel seinem in Venedig gebliebenen Sohn mitteilte, daß gewisse Geschäfte im Schwarzen Meer einen guten Ausgang genommen hätten, und ihm empfahl, das Kapital Zinsen bringen zu lassen und es nicht zu blockieren: »Aus einem Dukaten mach zwei, wenn du kannst . . . das wird dir zum Vorteil und zur Ehre gereichen und mir zur Genugtuung.«*

## 7

Venedig weiß sehr wohl, daß die italienische Politik nun nicht mehr in Italien bestimmt wird, daß die Gegenparteien, mit denen man rechnen muß, die großen internationalen Monarchien und die großen übernationalen Staaten sind, das Osmanische Reich und das gewaltige, bedrohliche spanische Riesenreich, über dem die Sonne niemals untergeht. Aber es will nicht diesen hundert-, tausendmal größeren Spielern als Spielball dienen; daß es sich nicht damit abfindet, macht seine Größe aus. Es fühlt in sich die Fähigkeit und die Kraft zum gleichberechtigten Mitspieler. Zu einem sehr hohen Preis; wer zum Schaf wird, den frißt der Wolf.

Zwei Jahre, nachdem er mit Venedig Frieden geschlossen hat, stirbt Kaiser Maximilian. Sein Enkel Karl von Österreich, König

* F. Braudel, *La vita economica di Venezia nel sec. XVI*, in *La civiltà veneziana del Rinascimento*, Venedig–Florenz 1958, S. 90.

von Spanien, Herr über Flandern, Burgund und die Niederlande, bewirbt sich um die Nachfolge. Er wird am 20. Juni 1519 gewählt. Von diesem Augenblick an wird der Belagerungsring, den das Haus Habsburg um Venedig gelegt hat, noch stärker. Was Maximilian zu seiner großen Schande mit Waffengewalt nicht gelungen war – darum sollten seine Nachfahren hartnäckig und starrköpfig über zweihundertsechzig Jahre lang kämpfen, mit Waffen, mit den Mitteln der Diplomatie, der Intrige, der List, mit Verhandlungen, mit jedem denkbaren Instrument, bis zur glänzenden (für das Haus Habsburg von der Vorsehung bestimmten) Intervention des Generals Bonaparte im Jahr 1797.

Kaum war Karl gewählt, da schloß er schon ein Bündnis mit Papst Leo, der – wie es bereits Brauch war – für seine Medici-Neffen Parma und Piacenza haben wollte. Die fast unmittelbare Folge war, daß mit Unterstützung des Papstes ein spanisches Heer in Italien einzog, und obwohl die Republik den kaiserlichen, aus Deutschland kommenden Truppen entschlossen den Zugang verwehrte, wurden die Franzosen durch das wütende Volk mit dem Ruf: »Kirche! Reich! Herzog! Palle!« aus Mailand vertrieben (mit »Palle« waren die Kugeln aus dem Wappen der Medici gemeint). Nachdem auch die Schweizer verjagt waren, konnten nur noch die Venezianer den Spanisch-Kaiserlichen den Weg versperren. Der Tod Papst Leos X., der in Venedig als »wunderbare und ausgezeichnete Neuigkeit« aufgenommen wurde, brachte keine grundlegende Änderung.

Die nachfolgenden Ereignisse begründen und erklären die Position, die Venedig in der verwickelten europäischen Politik des 16. Jahrhunderts einnahm. Nach einem erneuten Sieg von Spaniern und Deutschen über die Franzosen kehrte der Sohn von Ludovico il Moro 1522 als Herzog unter kaiserlicher Kuratel nach Mailand zurück. In der Hand der Kaiserlichen befand sich auch Genua. Venedig kam mit Karl V. überein und erreichte, daß er – natürlich gegen Zahlung einer gewaltigen Summe – auf die nominelle, aber sehr gefährliche Oberhoheit in der venetischen Terra ferma verzichtete. Aber Karl war zu mächtig, und seine Besitzungen bedrängten Venedig von allen Seiten. Die Logik wollte es also, daß der Senat sich wieder Franz I. von Frankreich näherte, obwohl er als ein unzuverlässiger Verbündeter bekannt war. Am 25. Februar 1525 jedoch schlug der Blitz ein: Die berühmte Niederlage von Pavia riß Franz mit sich fort und räumte so das letzte ernsthafte Hindernis für die Vorherrschaft seines Rivalen aus dem Weg. »Eine sehr schlimme Nachricht für diesen Staat«, bemerkt Marino Sanudo, und ein »großer Schmerz für alle« in Venedig. In der Tat brachte, wie später der Historiker Paolo Paruta schreiben sollte, »dieser so große und außerordentliche Sieg den Venezianern große Angst und Sorge... denn nachdem das Gegengewicht der französischen Truppen fehlte und die anderen Herrscher Italiens schwach waren und voller... Angst, mußten sie [die Venezianer] fast allein die Freiheit Italiens gegen die Macht Cäsars [Karls V.] verteidigen«.

Doge war jetzt Andrea Gritti, der nimmermüde *Provveditore in Campo* aller Landkriege der Republik. Und diese übernahm, ihrer Verantwortung bewußt, die schwere Aufgabe, »zu versuchen, den Exzeß von Gewalt einer einzigen fremden Macht in Italien zu verhindern« (F. Chabod). Zu diesem Zweck lavierte die Republik in dem üblichen italienischen Reigen der Front- und Bündniswechsel – zur Zeit führte Klemens VII., ein weiterer Medici-Papst, den Tanz an – immer so, daß sie die Unabhängigkeit des Herzogtums Mailand so gut wie möglich beschützte und garantierte. Als der Kaiser 1529 am Vorvorabend des Weihnachtsfestes in Bologna mit Papst Klemens zusammentraf (der viel gelernt hatte aus der grauenhaften Erfahrung der Plünderung Roms, des *Sacco di Roma,* bei dem deutsche Landsknechte aus der Ewigen Stadt einen Schauplatz fürchterlicher Morde und Diebstähle gemacht hatten), akzeptierte er, Mailand wieder einmal dem Sforza zurückzugeben. Er tat das, weil er, wie er selbst unumwunden zugab, Angst vor Venedig hatte: Ohne sein Einlenken hätte es keinen Frieden mit den Venezianern gegeben, und für eine »guerre immortelle en Italie« hatte er nicht die Mittel.*

Der endlich erreichte Friede brachte das Ende der venezianischen Herrschaft in Apulien. Das war keine Kleinigkeit. Zwei

* *Correspondenz des Kaisers Karl V.,* hrsg. von K. Lanz, zitiert von F. Chabod, *Venezia nella politica italiana ed europea,* in *La civiltà veneziana del Rinascimento,* s.o., S. 42.

Jahre zuvor war auch Brindisi mit Monopoli, Gallipoli, Polignano, Bari und Trani zu den bereits venezianischen Städten hinzugekommen, zu denen eine Zeitlang auch Lecce gehört hatte. Dieselbe Wächterfunktion am Eingang des Golfs hatte Korfu auf der anderen Küste. Aber diese Herrschaft wurde Mailand geopfert. Daß Mailand nicht »in die Hand der Leute von jenseits der Alpen« fiel, war den Venezianern zu wichtig; denn sie selbst hielten sich nicht für »geeignet, es zu besetzen, noch für groß genug, um es dann halten zu können«.* Doch nach dem Tod des letzten Sforza mußte die venezianische Diplomatie eine große Niederlage einstecken: Karl behielt Mailand, und Mailand wurde endgültig Teil der Erblande des spanischen Zweiges der Habsburger. Der Kreis um Venedig wurde immer enger.

Von 1535 an kannte die venezianische Politik nur noch ein einziges Ziel: sich der spanischen Hegemonie auf der italienischen Halbinsel in jeder nur möglichen Weise zu widersetzen und zu entziehen und ganz frei und völlig souverän zu bleiben. Spanien wurde auch auf See bekämpft – Spanien und seine Satelliten, zu denen nunmehr auch Venedigs alter Rivale Genua gehörte.

Ein solches Programm beweist klar, daß der Löwe von San Marco sich trotz allem imstande fühlte, brüllen zu wollen und zu können. Und es paßt genau in das traditionelle und uralte Konzept der venezianischen Politik: Freiheit bedeutet vor allem Unabhängigkeit, und der Unabhängigkeit werden alle anderen Vorstellungen von Freiheit untergeordnet.

* D. Giannotti, *Discorso delle cose d'Italia,* in *Opere,* hrsg. von Polidori, Florenz 1850, I, S. 313.

# IX
# DER GLANZ

## 1

In seinem gnadenlosen Kampf gegen Karl V. hatte Franz I. von Frankreich im *Gran Signore,* dem Sultan der Türken, einen großartigen Verbündeten gesucht und gefunden. Unter Sulaiman II. dem Prächtigen hatte das Osmanische Reich eine gewaltige Ausdehnung erreicht. Seine Heere hatten sich drohend unter den Mauern von Wien gezeigt, und seine Flotte hatte nach einer dramatischen Belagerung Rhodos, die Bastion des Johanniterordens, des letzten Erben des alten Kreuzzuggeistes, erobert.

Bei seinem Rückzug aus dem Konflikt zwischen den beiden großen europäischen Rivalen hatte Venedig nicht die Aufforderung des Königs von Frankreich angenommen, sich der »Unheiligen Allianz« anzuschließen. Und nun griff 1537 die türkische Flotte die venezianische Insel Korfu an. Befehlshaber war Chair Ad Din, genannt Barbarossa, der Berberkorsar. Er hatte bereits die Küsten des Königreichs von Neapel verwüstet und Kaiser Karl persönlich, der ihn aus Tunis vertreiben wollte, mit einer Flotte von nicht weniger als fünfhundert Kriegsschiffen in Schach gehalten.

Korfu leistete Widerstand. Sulaiman befahl seinen Leuten den Rückzug. Aber Chair Ad Din wich nicht. Blitzartige Überfälle verheerten die Inseln der Ägäis, wo immer noch viele jener Besitzungen überlebten, die von den Gefährten von Marco Sanudo gegründet worden waren, dem kühnen Krieger und Kaufmann, der sich 1204 das Herzogtum des Archipels mit dem Schwert erkämpft hatte. Der venezianische Herr von Paros, Bernardo Sagredo, war nach ungleichem Kampf gefangengenommen worden; der Herr von Stampalia, Francesco Querini, verlor sein

Lehen, und Skiros, Patmos und Ägina wurden von den Türken besetzt. Nur Tinos und Mikonos gelang es, sich dank der Verstärkungen aus Kreta zu verteidigen. Unterdessen belagerten die osmanischen Heere die auf dem Peloponnes gelegenen Festungen Nauplia und Malvasia.

Die venezianische Diplomatie, die eine zeitweilige Versöhnung zwischen Karl V. und Franz I. vermittelt hatte, war nicht begeistert von den Bündnisabsichten, die Papst Paul III. hegte (es sollte natürlich eine »heilige« Liga werden). Der Papst wollte sich mit Karl V., Venedig und den Rittern des von Rhodos nach Malta übersiedelten Johanniterordens verbünden, um in der Levante zum Gegenangriff überzugehen. Die Entscheidung fiel, als sich die osmanischen Angriffe verstärkten, doch die Interessen der Bündnispartner waren zu verschieden. Der Farnese-Papst hoffte, der Ausbreitung des Islams einen Riegel vorzuschieben, die Ritter erwarteten, sich für den Verlust von Rhodos rächen zu können, und Venedig wollte seine Kolonien in der Levante und seine Besitzungen in Dalmatien retten. Und das Spanien Karls V.? Spanien verfolgte vielfältige Ziele: Es wollte den muslimischen Seeräubern an den afrikanischen Küsten einen Schlag versetzen und seine Besitzungen in Süditalien und Sizilien sicherer machen, ohne dabei zu vergessen, daß Venedig der einzige italienische Staat war, der ihm noch die Stirn bot.

Dieser zuletzt genannte Gedanke gab den Anstoß zu der unglückseligen Seeschlacht, die im September 1538 in den Gewässern bei Prevesa an der Küste des Epirus vor der Insel Santa Maura (Lefkas) geschlagen wurde. Dort lag die Flotte von Chair Ad Din vor Anker, und dort machte die »christliche« Marine – dank eines großen Mannes der damaligen Zeit, des Fürsten Andrea Doria, der für die »katholische Majestät« Karl V. als Generalkapitän zur See und als Oberbefehlshaber der Truppen der Liga diente – eine mehr als erbärmliche Figur, weil sie vor den leicht unterlegenen türkischen Seestreitkräften buchstäblich Reißaus nahm.

Noch heute, im Abstand von viereinhalb Jahrhunderten, fragen sich manche, was Andrea Doria bewogen haben mochte, seinen Ruf als großer Kapitän aufs Spiel zu setzen und mit der ganzen Flotte kehrtzumachen, nachdem er sich schon nur mit großer

Mühe und unter dem Druck des venezianischen Generalkapitäns Vincenzo Cappello in ein lustloses Gefecht hatte ziehen lassen. Man hatte von Korruption gesprochen, dem Wunsch, Venedig zugunsten der konkurrierenden Interessen von Genua zu schaden, und von geheimen Abmachungen mit dem »Barbarossa«.* Es war aber nach dem Wunsch Karls V. so geschehen: Der Kaiser hatte seinem Admiral genaue Anweisungen gegeben. Bei einem möglichen Zusammenstoß sollte er unbedingt dafür sorgen, daß nur die Venezianer in ihn verwickelt wurden und daß nur die Venezianer sich die Hörner wundstießen. Und er sollte gut aufpassen, daß die Venezianer keinen Sieg davontrugen. Die Abmachungen mit Chair Ad Din gab es tatsächlich, allerdings auf einer viel höheren Ebene. Karl hatte sich persönlich verpflichtet, dem türkischen Admiral einige afrikanische Märkte zurückzugeben, und der Barbarossa hatte sich seinerseits verpflichtet, dem Kaiser, wenn er Krieg gegen Venedig führen würde, zu helfen, »diese Stadt zu unterwerfen«. Vermittelt hatte dieses Abkommen niemand anderer als Franz I., der »allerchristlichste König«. Er war – für den Augenblick – zum Freund Karls geworden, nachdem er in Aigues-Mortes in der Provence mit ihm zusammengetroffen war. Diese Stadt war übrigens zusammen mit Marseille bestrebt, Venedig im Levanteseehandel ebenso Konkurrenz zu machen, wie Barcelona dies im Handel mit Nordafrika tat.

Der Senat, die *Signoria* und der Rat der Zehn waren in eine tödliche Falle gegangen – nicht in eine osmanische, sondern eine christliche. Um sich daraus zu befreien, blieb ihnen wieder einmal kein anderer Weg als ein Friedensschluß.

Nach einer langen und hitzigen Debatte im Senat und einer ersten, ergebnislosen Unterhandlung wurden also die Gespräche schweren Herzens aufgenommen, obwohl Papst Paul III. der in Schwierigkeiten steckenden Republik erlaubt hatte, den Zehnten für einhundertachtzigtausend Dukaten auf die Kirchengüter zu erheben. (Im Dezember 1539 hatte sich die allgemeine wirtschaftliche Lage verschlimmert; vor den Mehllagern war es zu Tumulten gekommen, und die Hungersnot, verschärft durch eine lang an-

* Vgl. J. F. Guilmartin jr., *Gunpowder and Galleys,* Cambridge 1974.

haltende Trockenzeit, hatte Massen armer Gemüsegärtner, Bauern und Fischer von den Inseln am Mündungstrichter des Po nach Venedig strömen lassen, die nun auf den Straßen bettelten und in den Booten, die im Schutz der Brücken vertäut lagen, in der Kälte schliefen.) Der Sonderbotschafter Alvise Badoer reiste nach Konstantinopel, ausgestattet mit genauen Instruktionen des Rates der Zehn, die ihn unter anderem befugten, Nauplia und Malvasia, die letzten venezianischen Festungen auf dem Peloponnes, abzutreten »als ultima ratio, wenn Ihr sehen solltet, daß der [Friedens]schluß vollkommen ausgeschlossen ist, wenn man ihnen diese beiden Städte nicht gibt, und daß sie ohne diese keinen Frieden mit uns machen wollen«. Aber obschon er ein erfahrener Unterhändler war, legten seine türkischen Gesprächspartner in bezug auf jenes Thema eine unüberwindliche Halsstarrigkeit an den Tag. Es war nichts zu machen. Der Senat ratifizierte die Verpflichtungen, die der Botschafter mit offenkundiger Bitterkeit eingegangen war, »weil man nichts Besseres [hatte] erreichen können«.

Als sich die Nachricht vom Friedensschluß in Europa verbreitete, gab es einen allgemeinen Aufschrei der Mißbilligung. Die schwersten Schmähungen kamen ausgerechnet aus dem Lager der Spanier. Venedig, so hieß es, sei die »Buhle« des Türken, und die Venezianer seien auch schon halbe Türken. In Venedig fanden diese Beschimpfungen zu Recht keinen Widerhall. Der Friede, der erst im Oktober 1542 offiziell unterzeichnet wurde, leitete eine Periode der Sammlung ein, nach der man sich so sehr gesehnt hatte. Im Rat der Zehn (der bereits seit dreizehn Jahren definitiv von einer *Zonta* aus den höchsten Würdenträgern des Staates ergänzt wurde) blieb freilich ein gewisser Argwohn in bezug auf die Frage bestehen, warum die osmanischen Unterhändler sich wegen der beiden Städte Nauplia und Malvasia so störrisch gezeigt hatten. Eine insgeheim durchgeführte Untersuchung führte zu sehr schwerwiegenden Entdeckungen.

Die türkischen Unterhändler waren so beharrlich gewesen, weil sie über Alvise Badoers geheime Anweisungen genau unterrichtet waren. Geliefert hatte ihnen diese Informationen der Botschafter Franz' I. in Venedig, Guillaume Pellicier. Und wer hatte sie ihm, Pellicier, beschafft? Zwei bekannte und geschätzte Persönlichkeiten: ein gewisser Agostino Abbondio, *Cittadino originario*, das heißt ein gebürtiger Venezianer, der mit dem damaligen Modeschriftsteller Pietro Aretino in Briefwechsel stand, und Monsignor Gian Francesco Valier, der illegitime Sohn eines Patriziers und apostolischen Pronotars, der mit Aretino gut befreundet war, aber mehr noch mit Berni und Ludovico Ariosto (der ihn in zwei verschiedenen Gesängen seines *Orlando Furioso* »mein Valerio« nannte). Die beiden wiederum hatten sich ihre Informationen von zwei Brüdern namens Cavazza geholt, von denen der eine Sekretär des Senats, der andere Sekretär der Zehn war. Die Entdeckung zog einen diplomatischen Zwischenfall nach sich; denn als der *Avogador di Comun* Bernardo Zorzi vor den Toren der französischen Botschaft erschien, um den geflüchteten Abbondio zu verhaften, griffen die Diener des Botschafters seine Polizisten an und bombardierten sie mit Dachziegeln. Bis Pellicier seinen Gast auslieferte, bedurfte es einer langen und mühsamen Verhandlung. Die Hinrichtung von Abbondio, Valier und Nicolò Cavazza durch den Strang setzte einen Schlußpunkt unter die Angelegenheit, aber die Episode hatte die politische Welt Venedigs in tiefe Unruhe versetzt.

Die Gerüchte, die in Venedig die Runde gemacht hatten, spielten beharrlich darauf an, daß nicht nur Indiskretionen von Sekretären, sondern auch von Senatoren im Spiel gewesen waren. Indiskretion? Leichtsinn? Oder Schlimmeres? Agostino Abbondios Geständnisse hatten – zumindest teilweise – jene Gerüchte bestätigt. Venedig fühlte sich von mächtigen Feinden umgeben. Die Geschichte von Prevesa hatte deutlich gemacht, wie weit jene Feinde vorpreschen konnten. Jetzt erkannte man, daß man den Feind schon im eigenen Haus hatte. In diesem Klima der Sorge und des Argwohns wurden die Gesetze, die den Patriziern und den Sekretären den Besuch fremder Diplomaten verboten, strikt angewandt und noch verschärft. In einem Venedig, das mehr denn je nach Vergnügungen und Prunk gierte, begann sich jene Belagerungsstimmung breitzumachen, die das Diplomatische Korps immer weiter vom gesellschaftlichen Leben isolieren sollte. In der Zwischenzeit war 1539 eine neue Institution geschaffen worden, die im venezianischen Leben eine große Rolle spielen sollte: der Rat der Drei, die sich später *Inquisitori dello Stato,* »Staatsinquisitoren«, nennen sollten und die beim einfachen Volk später »die drei *Babài*« hießen (Plural des der Kindersprache entnommenen Wortes *Babàu,* »Schreckgespenst«).

Inquisitoren im Sinne von »Ermittelnde« hatte es in Venedig schon früher gegeben – außerordentliche für bestimmte Untersuchungen oder Ermittlungen und auch ordentliche, etwa innerhalb des Rates der Zehn. Die neue Behörde war vor allem aus der berechtigten Sorge heraus entstanden, daß in einem durch die *Zonta* stark aufgeblähten Rat der Zehn Geheimnisse sehr viel schwerer zu hüten waren. Sie bestand aus zwei Mitgliedern dieses Rates (die wegen der schwarzen Toga, die sie trugen, vom Volk die *Negri,* »die Schwarzen«, genannt wurden) und einem Dogenberater, der Mitglied der *Signoria* war (scharlachrot gekleidet und daher *el Rosso* genannt). Alle drei blieben ursprünglich ein Jahr im Amt und besaßen gemäß der am 20. September 1539 im Rat der Zehn verabschiedeten *Parte* die Gerichtsgewalt über die Verbreiter von Staatsgeheimnissen.

Um jene Behörde hat sich eine »schwarze Legende« gerankt, die der ähnelt, die um den Rat der Zehn entstanden ist. Sie basiert zum großen Teil auf falschen Dokumenten und wurde von einem berühmten französischen Historiker ohne große Skrupel errichtet, der Anfang des 19. Jahrhunderts lebte, dem Grafen Daru. Zu ihrer Entstehung hatte auch Giacomo Casanova beigetragen, der die Aufmerksamkeit des *Tribunale Supremo* auf sich gezogen hatte (den er mit seiner romantischen Flucht aus dessen Verliesen zum Narren hielt). Sicher, er war die Zentrale der Spionageabwehr und der Polizei eines Staates, der sich für isoliert, umzingelt und gefährdet hielt und es auch war. Er setzte seine Vertrauensleute ein (Spitzel also), und, um es mit den Worten eines venezianischen Diplomaten zu sagen, er bediente sich eher der »Effekte als der Demonstrationen«, benutzte »nicht Feuer und Flamme, sondern ließ die, die es verdienten, heimlich sterben«. Zu diesem Zweck verwendete er wie alle Machthaber der damaligen Zeit manchmal auch Gift (eine merkwürdige *Parte* aus dem Jahr 1755 sollte empfehlen, Gift nicht im Archiv zirkulieren zu lassen). Eine häufige Hinrichtungsart war auch das Ertränken: Dem Verurteilten wurde ein Stein an den Hals gebunden, und er verschwand dann in einem von der Lagune entfernten Kanal. Die Zahl dieser halbgeheimen Hinrichtungen liegt unter der, die parteiische Geschichtsschreiber und phantasievolle Romanschriftsteller suggeriert haben. Auch die berüchtigten Bleikammern waren in Wirklichkeit sehr weit von den grausamen Schilderungen entfernt, die man über sie geliefert hat. Es waren die Kammern unter den Dächern des Dogenpalastes, die bereits als Archive benutzt wurden – helle und luftige Räume, in die die Gefangenen sich von zu Hause Matratzen und Wäsche und aus den nahe gelegenen Trattorien Wein und Speisen bringen lassen konnten. Scharfsinnig stellte Honoré de Balzac fest, daß in Paris mancher für Dachstuben dieser Art einschließlich der jahreszeitlich bedingten Unannehmlichkeiten, verursacht durch Hitze und Kälte, eine hohe Miete zahlte. Was die anderen Gefängnisse der Inquisitoren angeht, die *Pozzi*, die man heute noch sehen kann, so waren sie zweifellos feucht und finster, aber jedermann kann sich davon überzeugen, daß sie keineswegs unter dem Wasserspiegel liegen (wie Casanova geschrieben hat und wie es Verfasser von Reiseführern und örtliche Fremdenführer törichterweise immer noch nachbeten), sondern auf derselben Höhe wie die Räume, die in allerjüngster Zeit jahrelang als Büros der Wertpapierbörse und der Biennale von Venedig dienten.

Entstanden als Gegengewicht zu den Zehn, die nunmehr im Rahmen der republikanischen Verfassung als zu mächtig angesehen wurden, sollte der *Tribunale Supremo* deren Entwicklung nachvollziehen. Wie es viele Male geschehen ist und auch heute noch geschieht, sollte sich der Ermessens- und Kompetenzspielraum, der einem Spionage- und Polizeiorgan eingeräumt worden war, eigenmächtig erweitern. Mit der Zeit sollten die Staatsinquisitoren genauso zu Schiedsrichtern des politischen Lebens werden, wie dies die Zehn – teilweise mit Erfolg – versucht hatten. Innerhalb der Aristokratie entstand also ein Machtzentrum, das am Vorabend des Falls der Republik das konstitutionelle Gleichgewicht untergrub und schließlich jenen Fall noch beschleunigen sollte, obwohl es – in gutem Glauben – die einzige Kraft zu sein meinte, die ebendiesen Fall verhindern könnte.

## 2

Dreißig Jahre waren nach der letzten Auseinandersetzung mit den Türken vergangen. Es waren Jahre der geduldigen Erholung. Man versuchte, die Kriegsmarine neu zu ordnen. Hier muß auf das Werk von Cristoforo da Canal hingewiesen werden, einem gebildeten, weitblickenden Admiral, der sich bemühte, die venezianische Flotte an die neuen militärischen Techniken und die sehr schmerzlichen Gegebenheiten anzupassen. Es war notwendig geworden, die freiwilligen Rudermannschaften durch Zwangsmannschaften zu ersetzen, die sich aus Kriegsgefangenen und Kriminellen aus den Gefängnissen des *Serenissimo Dominio* zusammensetzten.

Galeerenruderer anzuheuern war praktisch unmöglich geworden. Wie man es drehte und wendete, sie waren zu teuer geworden. Die langen Jahre türkischer Aggressionen hatten den Nachwuchs aus Dalmatien, dem großen Reservoir für Matrosen und Galeerenfahrer, zurückgehen lassen. Der Peloponnes und Negroponte belieferten jetzt die Galeerenbänke des Türken. Die kretischen Bergbewohner ließen sich unter keinen Bedingungen anwerben, lieber hielten sie sich versteckt. Aus der Stadt Venedig kamen schließlich weniger Matrosen als früher (das war eine Folge des Aufblühens der Industrie, die immer mehr Arbeitskräfte aufsog) und sehr wenige beziehungsweise überhaupt keine Ruderer. Was die Untertanen von der Terra ferma anlangt, so sprechen wir am besten gar nicht von ihnen. Sie litten unter der Seekrankheit, und ihre Nerven waren für dieses rauhe Geschäft nicht stark genug. Übrig blieben nur noch die Fischer der Inseln des *Dogado*. Andererseits machte es die überragende Rolle, die die Kanonen bereits im Seekrieg spielten, erforderlich, immer größere und schwerere Galeeren einzusetzen, und diese mußten von einer immer größeren Zahl von Galeerenruderern vorwärtsbewegt werden. Unter anderem wurde ein neuer Typ von Supergaleere in Dienst genommen, ein regelrechter Panzerkreuzer mit Rudern und Segeln, die Galeasse. Sie war fünfzig Meter lang, wurde von dreihundertfünfzig Mann gerudert, war mit sechsunddreißig Kanonen aus Bronze bestückt und konnte außer sechzig Matrosen ein Kontingent von nicht weniger als zweihundert Soldaten aufnehmen. 1564 wurde ein Adligenrat *alle cento galie* eingerichtet, der den Auftrag hatte, dafür zu sorgen, daß stets einhundert Kriegsgaleeren im Arsenal bereit waren und im Notfall in Rekordzeit bemannt wurden.

Diese und viele andere Maßnahmen wie etwa die, daß auf jeder Kriegsgaleere vier Patrizier und vier *Cittadini originari* mit dem Titel *Zoveni da pope* mitfahren mußten, um praktische Erfahrungen in der Seefahrt und im Kriegshandwerk zu sammeln – solche Maßnahmen waren vor allem durch die ständige Plage eines unerbittlichen Seeräuberkrieges notwendig geworden. Die Protagonisten dieses Krieges waren zunächst die nordafrikanischen Piraten, die sehr frech und überheblich waren, seitdem Karl V. bei seinem Versuch, Algier zu erobern, eine Schlappe erlitten hatte und zu einem »sehr unrühmlichen und ungeordneten Rückzug« gezwungen worden war. Dann waren es die Türken selbst, die Ritter von Malta und in der Adria die Slawen von der kroatischen Küste, die Uskoken, die an die alten Heldentaten der Narentaner, der traditionellen Feinde Venedigs noch vor dem Jahre 1000, anknüpften.

Von Fiume, Segna und Bùccari aus, zwischen Istrien und Dalmatien, belästigten und störten die Uskoken den venezianischen Handelsverkehr. Das Haus Österreich, das die Souveränität über die Häfen des Quarnaro besaß, goß Öl auf das Feuer und stachelte die Kriegsgelüste der Piraten an, damit sie über die venezianischen Schiffe herfielen. Es verfolgte die feste Absicht, Venedigs Herrschaft über den Golf, Angelpunkt und Grundlage des Wohlstandes und der Macht der *Serenissima*, auf diese Weise zu untergraben. Die Uskokenplage sollte weiterbestehen und sich im darauffolgenden Jahrhundert noch verschlimmern. Aber weder sie noch die anderen Korsaren verhinderten die wirtschaftliche Erholung, die Venedig seit dem ersten Jahrzehnt des 16. Jahrhunderts einen unerhörten Reichtum und Wohlstand und damit einen strahlenden Glanz einer neuen Renaissance verlieh.

Daß der Gewürzhandel einen Höhenflug erlebte, der eben um 1560 zur quantitativen Verdoppelung des kostbaren Produkts führte, haben wir bereits erwähnt. Zwischen jenem Jahr und 1564 kam es noch zu einer weiteren Steigerung: Die Mittelmeerwelt hatte den Schlag verkraftet, den die Portugiesen jenem so einträglichen Handel versetzt hatten. Auch die Industrie erlebte einen Aufschwung. 1550 überstieg die Produktion der Wolltuche die fünfundzwanzigtausend Stück; aber es war die künstlerische Produktion, die in Europa jede andere Aktivität dieser Art in den Schatten stellte. Die Raffinesse venezianischer Produkte aus Industrie wie Handwerk ließ sie auf allen Märkten reißenden Absatz finden. Es handelte sich nicht nur um Gläser, kostbare Stoffe, seltene Pelze oder um die äußerst erlesenen *Cuoi d'oro,* jene Arbeiten aus getriebenem und mit feinstem Gold verziertem Leder, die bis zum Fall der Republik die Wände der Treppenhäuser und Salons im Dogenpalast schmücken sollten. Die Stickerei- und Spitzenherstellung hatte sich behauptet; Verbreitung fand auch die Keramikproduktion, während die Spiegelmacher eine so große Nachfrage hatten, daß sie die Zahl ihrer Berufsvereinigungen verdoppeln mußten. Auch berühmte Handwerker und Künstler brachten Zinn-, Kupfer- und Bronzegegenstände in die erlesensten Formen.

Und erst die Goldschmiedekunst! Silberarbeiten fertigten bekannte Bildhauer wie Alessandro Leopardi an, und die fremden Fürsten und Millionäre rissen sich um venezianisches Silberzeug. Die osmanischen Sultane waren verrückt nach in Venedig hergestelltem Schmuck. Daher ließ der *Bailo* von Konstantinopel, Ser Piero Zen, am Rialto etwas anfertigen, was er an Sulaiman II. verkaufen wollte, und zwar »einen goldenen Ring, auf dem eine wunderschöne Uhr ist; jene Arbeit zeigt die Stunden an und hat ein Läutwerk«, und in Anbetracht der Begeisterung, die der Sultan zeigte, tat er sich mit anderen zusammen, um bei zwei berühmten Goldschmieden, Ludovico Caorlino und Vincenzo Levriero, »einen goldenen Helm« in Auftrag zu geben, »besetzt mit Edelsteinen, mit vier Kronen und mit einem hervorragend gearbeiteten goldenen Busch, auf dem vier Rubine eingelassen sind, vier große und wunderschöne Diamanten im Wert von zehntausend Dukaten, dicke Perlen von je zwölf Karat, ein langer und prachtvoller Smaragd ... ein großer und herrlicher Türkis ... und in dem Busch steckt eine Feder von einem Tier, das in der Luft fliegt und in der Luft lebt, ganz feine, verschiedenfarbige Federn hat und aus Indien stammt ... sehr viel Geld wert« (Sanudo). Das Schicksal dieses so einmaligen Gegenstandes ist erwähnenswert: Der Helm wurde dem Adligen Marcantonio Sanudo anvertraut, damit er ihn nach Konstantinopel mitnähme, dem Sultan anböte und nicht weniger als einhunderttausend Dukaten dafür verlangte. Sulaiman, ein »Fürst mit einem einzigartigen Urteilsvermögen, war verblüfft angesichts einer so vortrefflichen Sache« und ließ ihn sogleich erwerben in der sicherlich berechtigten Überzeugung, ein hervorragendes Geschäft gemacht zu haben.

Die Annexion des venetischen und lombardischen Hinterlandes hatte zum Wiederaufschwung einiger gewerblicher Tätigkeiten beigetragen: Die Waffen aus Brescia, wo es schon Ende des 15. Jahrhunderts nicht weniger als zweihundert Fabriken gegeben hatte, waren so berühmt, daß die beiden großen Konkurrenten um die Herrschaft Europas, Karl V. und Franz I., sich damit eindeckten. Nicht minder berühmt waren die Waffenschmiede von Belluno. Aus Vicenza, Verona, Bergamo sowie aus Istrien kamen Holzschnitzer; in Verona und Vicenza wurden Pietradura-Arbeiten angefertigt.

Man braucht sich nicht zu wundern, wenn die Preise und auch die Löhne entsprechend stiegen (leider sind die Dokumente nicht so weit erforscht, als daß sie uns genaue Daten liefern könnten). Man braucht sich auch nicht zu wundern, wenn der Ausdehnung des wirtschaftlichen Booms eine Zeit des regelrechten Konsumrausches gegenüberstand, die bis über das Jahrhundert hinaus dauern sollte.

Die erste und schwerwiegende Auswirkung des Booms in einer Stadt, die vor dem Aderlaß, den die Pest des Jahres 1575 bedeutete, eine Einwohnerzahl von einhundertfünfundsiebzigtausend erreichen sollte, war die Aufgabe ihrer Aktivitäten auf See. Das war ein beunruhigendes Anzeichen für einen künftigen Niedergang: Nicht nur für die Kriegsflotte fand man nicht genügend Seeleute; niemand hatte mehr Lust zu einer sehr schweren, gefährlichen und – gemessen an den Industrielöhnen – schlechtbezahlten Tätigkeit. Auch die Zahl der Schiffe ging zurück. Es hat den Anschein, daß Mitte des Jahrhunderts nur etwa vierzig Schiffe im Dienst waren und am Ende des 16. Jahrhunderts sogar nur noch zwanzig. Daß viele dieser Schiffe nicht einmal in Venedig gebaut waren, schlug noch negativer zu Buche. Im gleichen Maße blickten Patriziat und Bürgertum, auch wenn sie sich nach wie vor dem Handel widmeten, mit wachsendem Interesse auf die größere Sicherheit verheißenden Investitionen in Grundbesitz.

Ländereien auf der Terra ferma hatten die Venezianer immer schon besessen, seit den frühesten Zeiten. Wir erinnern allein an die großen Latifundien der Partecipazi und der Candiani noch in den ersten Jahrhunderten. Viele Patrizierfamilien besaßen Güter wie etwa die Querini in Papozze und wie Marino Falier in Valmareno. Die endlosen italienischen Kriege hatten gewiß zu keinen weiteren Investitionen ermuntert, aber jetzt, da in den von Venedig kontrollierten Gebieten der Friede wiedereingekehrt war, erschien Land – auch wenn es dort von Briganten wimmelte – vielen Kaufleuten eine sinnvollere Investition zu sein als der ständig von Korsaren gefährdete Handel. Dabei spielte der Hintergedanke eine Rolle, von den Ländereien Gewinn zu erzielen und vielleicht einen Teil des Jahres selbst dort zu wohnen.

Zum Vorläufer und Wortführer dieser neuen Geisteshaltung hatte sich um 1540 ein gebildeter Humanist gemacht, Alvise Corner, der – unter der italianisierten Form seines Nachnamens Cornaro – vor allem als Verfasser einer berühmten Schrift über die Vorteile der Genügsamkeit und als Gönner des Komödienschreibers Ruzzante bekannt ist. Cornaro hatte mit Erfolg die Urbarmachung von unbebauten und unproduktiven Gebieten empfohlen. In einer an die *Signoria* gerichteten Rede behauptete er, daß es in der venetischen Terra ferma zwischen unfruchtbarem Ackerland und Sümpfen nicht weniger als zweihunderttausend brachliegende Landgüter gäbe, deren Rettung jeden »Mangel an Getreide« ausschließen würde. Sofortige Überlegungen waren in der Tat dringend geboten; denn die Bevölkerung hatte sich verdoppelt, und eine schlechte Ernte hätte es notwendig gemacht, sich an ferne und teure Märkte zu wenden, um sich mit Getreide zu versorgen. Es war daher nicht nur Corners Verdienst, wenn sich eben im 16. Jahrhundert die politischen und gesetzgeberischen Grundsätze behaupteten, die zu großen und radikalen Urbarmachungsmaßnahmen führten. Gegen Ende des Jahrhunderts beanspruchte der Staat die Kontrolle über alle Gewässer der Terra ferma, die zum Gegenstand des öffentlichen Rechts erklärt und der Rechtsprechung der eigens dafür geschulten *Provveditori sopra i Beni inculti* unterstellt wurden. 1562 wurden die ersten Genossenschaften mit dem Ziel der Urbarmachung, die sogenannten *Retratti*, ins Leben gerufen. In jener Zeit verbreiteten sich die Ideen, die den Anstoß zu dem typisch venetischen Phänomen der »Villenkultur« gaben – ein Phänomen, dem wir einen in seiner Art einzigartigen Schatz verdanken.

Wenn es nach dem Griesgram von einem Tagebuchschreiber namens Girolamo Priuli ginge, so wäre die Vorliebe für das Landhaus schon viel älter: »Die venetischen Adligen und die zu Reichtum gekommenen Bürger wollten genießen und sich im Grün der Terra ferma dem Vergnügen und der Muße hingeben ... sie gaben die Seefahrt auf ... und bauten Palazzi und gaben sehr viel Geld aus ...« Jetzt gab es zahlreiche Venezianer, die mit der sogenannten guten Gesellschaft von der Terra ferma im Bau von Residenzen wetteiferten, die den bukolischen Geist, der wegen der Wiederbelebung der bäuerlichen Mythen der römischen Klassik gefragt war, mit der Zurschaustellung des Reichtums und der »Modernität« ihrer Besitzer verbinden mußten. Unter all den Villen, die in der zweiten Hälfte des Jahrhunderts entstanden, ragen jene hervor, die ein aus Vicenza stammender Architekt gebaut hat, Andrea Palladio, der Erfinder eines Landhaustyps, der auch außerhalb Italiens, sogar in England und in Amerika begeisterte Anhänger finden sollte, nämlich des »Villentempels«. Zur Ausgestaltung der Innenräume berief man die modischen Maler, angefangen bei Zelotti bis Paolo Veronese.

Kurzum, die Venezianer »entdeckten« das Land – das Land der Sommerfrische und das der privaten und öffentlichen Nutzung. Der Wald von Montello, der Wald von Cansiglio, die verschiedenen *Boschi di San Marco*, denen man zwischen Cadore und Agordino bis hinein nach Istrien begegnete, wo der große Wald von Montona lag – all diese Wälder wurden mit der größten Sorgfalt gepflegt, weil sie dem Staatsarsenal Holz für Schiffe liefern sollten.

Ein anderer Aspekt des venezianischen Umweltbewußtseins

war das Lagunenverständnis, das sich nunmehr in gründlichen Untersuchungen und in technischen und legislativen Maßnahmen von großer Reife und Effizienz offenbarte und das uralte Wurzeln hatte. Die Reifung dieses Bewußtseins wurde von den äußeren Zwängen allerdings mehr denn je beschleunigt. Die Lagune, eine unüberwindliche Festung und Lebensmittelreserve, Handelshafen und Lunge der Metropole, war Garant für Venedigs Reichtum und Freiheit. Aber sie war verwundbar, sehr leicht verwundbar: vom Meer her, das sie überflutete, von den Flüssen, die sie versanden ließen oder sie dadurch, daß sie durch übermäßige Zufuhr von Süßwasser ihren Salzgehalt änderten, verunreinigten und versumpfen ließen. Die Instandhaltungsarbeiten und die erforderlichen Eingriffe hatten keine Pause gekannt, aber sie wurden nie intensiver betrieben als jetzt. Anfang des Jahrhunderts hatte man den Damm von Lizza Fusina neu gebaut; eine allgemeine Entschlammung sämtlicher Lagunenkanäle war im Oktober 1531 angeordnet worden, und 1565 sollte eine weitere vorgenommen werden. 1540 wurde die Brentamündung durch eine Umleitung aus dem Lagunengebiet hinaus und von Chioggia nach Brondolo verlegt. Sieben Jahre später wurde die Brenta abermals reguliert, und im Dezember 1560 wurde die Piave in einen neuen Lauf gezwungen. Wieder neun Jahre später war der Bacchiglione an der Reihe. Im Interesse einer dauerhaften Regulierung eines besonders unbändigen und ungestümen Flusses, der Etsch (italienisch Adige), wurde 1599 die Wahl der neuen Behörde der drei *Esecutori all'Adige* beschlossen. Die Verwaltungsorgane, die für die Lagune verantwortlich waren, wurden nach und nach verstärkt: Im Mai 1505 war das *Collegio Solenne alle Acque* eingerichtet worden, und in der nach dem Tod des Dogen Pietro Lando (1545) verfaßten *Promissione* wurde der Doge verpflichtet, wenigstens zweimal im Monat mit den *Savi alle Acque* über den Zustand der Lagune zu konferieren. Unter der Schirmherrschaft dieser und anderer Behörden entstand eine sehr umfassende technisch-wissenschaftliche Literatur, die sich mit dem Wasserbau beschäftigte. Auf den Posten des *Proto* Chefingenieurs des Wasserbauamtes wurden Fachleute von außergewöhnlichem Rang und mit großer Sachkenntnis berufen.

### 3

Und die Stadt? Mit ihren einhundertfünfundsiebzigtausend Einwohnern war sie eine Art New York des 16. Jahrhunderts, aber wegen der Freizügigkeit der Sitten, der intellektuellen Anziehungskraft und wegen des Reizes, den sie ausübte, ist sie vor allem mit dem Paris der Zeit vor dem Zweiten Weltkrieg zu vergleichen.

Unter einem wirtschaftlich-gesellschaftlichen Gesichtspunkt waren in ihr zur Zeit des größten wirtschaftlichen Aufschwungs die Vorzüge und Fehler einer modernen Großstadt vereint. Auch wenn ein Großteil der Bewohner, die sich dort zusammendrängten, eine Arbeit hatten, die insbesondere gegen Ende des Jahrhunderts mit einer gewissen Großzügigkeit entlohnt werden sollte, blieben die Unterschiede doch beträchtlich. Sie wurden noch durch die Welle des Konsumrausches verschärft, der sich bei den Reichen in Baufieber, Sammelwut und Prunksucht ausdrückte und bei den weniger Reichen in einer Art Vergnügungswahn. Diese Welle hob jedoch die Lebensbedingungen der Armen noch mehr hervor, die zwar durch ein 1529 erlassenes Gesetz zur Regelung der öffentlichen Fürsorge geschützt waren, aber aufgrund der Hungersnöte und der Steigerungen des Getreidepreises zeitweise schlimmen Einschränkungen ausgesetzt waren. Wie etwa 1527, als (noch vor dem Friedensschluß von Bologna) das einfache, ausgehungerte Volk den Dogen Gritti bei seinem Besuch in San Giobbe umringte und *Abundantia, abundantia!* rief. Oder 1570, als beim Begräbnis des Dogen Pietro Loredan, der mit achtundachtzig Jahren nach zweijähriger Herrschaft gestorben war, die Popolanen ausriefen: »Es lebe San Marco mit der *Signoria,* denn der Doge der Hungersnot ist tot«, und: »Tot ist der Loredan Campanin, der uns Brot mit Papier essen ließ.« Damit wurde auf die Einführung der Brotkarten angespielt.

Wie in den heutigen Großstädten fehlten neben den Wohlhabenden, den Erfolgreichen, jenen, die Gewinne machten und sich bereicherten, neben den Unternehmern, die sich mehr denn je am Rialto drängten, neben den Industriearbeitern, die sich eines relativen Wohlstandes erfreuten, nicht auch diejenigen, die am Rand der Gesellschaft lebten, die Ausgestoßenen.

Allen voran die Gefangenen. Wir haben gesehen, wie ein deutscher Reisender zu Beginn des Jahrhunderts günstig über die venezianischen Gefängnisse urteilte. In der zweiten Hälfte des 16. Jahrhunderts kümmerte man sich ernsthaft um die hygienischen Bedingungen der Strafanstalten. Man ergriff entsprechende Maßnahmen, und noch vor Ende des Jahrhunderts beschloß man den Bau der neuen Gefängnisse bei der Ponte della Paglia, die für die damaligen Zeiten als geradezu revolutionär angesehen wurden (sie wurden bis ins dritte Jahrzehnt unseres Jahrhunderts benutzt). Der Opfer der neuen, schrecklichen Krankheit, der Syphilis, des sogenannten *Mal franzese*, des Schreckens des Jahrhunderts, nahm sich – mit Unterstützung des Staates – die tätige Nächstenliebe des vicentinischen Apostels Gaetano Thiene an. In seinem *Ospedale degli Incurabili* leisteten außergewöhnliche Krankenpfleger wie Ignatius von Loyola und Franz Xaver ihren Dienst. Aber es war der Staat, der jedesmal, wenn die Pest auftrat – was sie das ganze Jahrhundert hindurch periodisch tat –, durch die *Provveditori alla Sanità* direkte Vorsorge traf. Während sich um die Probleme des verarmten Adels die wohlhabenden Adligen mit Hinterlassenschaften und Stiftungen kümmerten, war es wiederum der Staat, der die männlichen Findelkinder an Bord der Schiffe brachte, damit sie das Seemannshandwerk lernten, sie bei den Meistern der verschiedenen Zünfte unterbrachte, um aus ihnen Facharbeiter oder Handwerker zu machen, und die Initiative von Girolamo Miani, des Gründers einer Handwerks- und Berufsschule, förderte. Es war schließlich auch der Staat, der die Notare verpflichtete, diejenigen, die ihr Testament abfaßten, anzuspornen, einen Teil ihres Erbes den Fürsorgeeinrichtungen zu vermachen.

Die Zahl der Sklaven wuchs. Sie waren seit den längst vergangenen Zeiten des *Pactum Lotharii* eine begehrte Ware, und der Handel mit ihnen war gewiß niemals ein venezianisches Monopol gewesen. Im Mittelmeerraum praktizierten ihn jetzt wirklich alle: Der Markt deckt sich nicht mehr wie früher einmal an den Ufern der Wolga oder des Asowschen Meeres oder in Syrien ein, sondern in Emporien, wo das Beutegut des Korsarenkrieges zusammenströmte, in Malta, Sizilien, Livorno ... Das Schicksal dieser Unglücklichen, die wie Luxusartikel behandelt wurden (es gab viele schwarzhäutige Gondolieri, auch der Herzog von Mantua suchte Negerknaben, um sie in üppiger Kleidung unter seinen Hofleuten auftreten zu lassen, während die Sklavinnen oft als Kindermädchen dienten, manchmal auch als Konkubinen wie die beiden bildhübschen Tscherkessinnen, die das Bett des Dogen Pietro Mocenigo teilten), war alles andere als beneidenswert, auch wenn sie in der Regel nach dem Tod ihres Besitzers freigelassen wurden. Noch schlimmer war das Los derjenigen, die als Ruderer auf den Bänken der Galeeren endeten und damit das schwere Schicksal jener Venezianer teilten, die von den Türken- und Barbareskenpiraten gefangengenommen worden waren, und das jener Türken und Barbaresken, die in die Gefangenschaft der Spanier oder der Ritter von Malta geraten waren.

Die Sklaven hatten immerhin Haus und Herd. Schlechter erging es vielleicht den Vagabunden, auf deren große Zahl und Allgegenwart im Mittelmeerraum F. Braudel hingewiesen hat und die fast überall Gegenstand polizeilicher Maßnahmen waren. 1545 gab es in Venedig eine wahre Invasion von Stadtstreichern – mehr als sechstausend »aus vielen Nationen«: Viele wurden gewaltsam abgeschoben, »weil sie Gauner waren«.* Unter den Betrügern taten sich die Berufsspieler hervor. Damals wurde um alles gespielt. Bereits 1532 waren Wetten auf die Wahlen des Großen Rates verboten worden. Dann gab es die zerlumpte Masse der Bettler, die nicht alle wirklich bedürftig waren. Die *Provveditori alla Sanità* forderten, regelrechte »Bettellizenzen« zu erteilen, um die echten Bettler von den falschen zu unterscheiden.

Schließlich waren da noch die Juden. Die Republik war nie allzu zartfühlend mit ihnen umgegangen, aber sie hatte schon früh den Nutzen erkannt, den sie selbst und ihre Untertanen aus jenen Aktivitäten ziehen konnten, auf die die Kirche die Juden beschränkt hatte. Das waren Wucher und Pfandverleih, zwei Gewerbe, die fette Profite in flüssigem Geld abwarfen, von denen sich trefflich absahnen ließ. Offiziell auf die Insel Spinale, die nach ihnen Giduecca genannt werden sollte, und dann nach Mestre

* Staatsarchiv Venedig, *Senato Terra*, 26 marzo 1545, in F. Braudel *Civiltà e imperi del Mediterraneo nell'eta di Filippo II*, Ausg. Turin 1976, Bd. II, S. 785, Anmerkung 1.

verbannt, wo sie schon 1366 vom Staat eine *Condotta* oder Kreditlizenz erhalten hatten, zogen sie in der Stadt umher als Geschäftsleute unter Geschäftsleuten, auffallend nur durch das auf die Kleider aufgenähte gelbe O. Gemäß den päpstlichen Vorschriften wurde es 1496 durch einen gelben Hut ersetzt (die berühmten israelitischen Ärzte erhielten freilich manchmal das »Privileg des schwarzen Hutes«). Der Staat schützte sie vor dem fanatischen antisemitischen Eifer bestimmter Prediger, sofern er aus ihrer Gemeinde übertriebene Darlehen herauspressen konnte. Doch in ihrer Existenz waren sie immer etwas gefährdet: Als 1475 überall christliche Kinder als Opfer von Ritualmorden gesehen wurden, fielen drei unglückselige Israeliten von Portobuffolè der Volkshysterie zum Opfer. Oder es reichte eine Aufwallung religiöser Schwärmerei in einem wichtigen Senator, um ihren Handel, ja allein schon ihre Anwesenheit in den verfassungsmäßigen Versammlungen zur Debatte zu stellen.

Um 1515 kam es zu einem neuen Ausbruch von Antisemitismus, und manche unterbreiteten im Senat den Vorschlag, die Juden erneut auf die Giudecca zu verbannen. Aber im Jahr darauf wurde auf Vorschlag des Senators Zaccaria Dolfin jene *Parte* gebilligt, die die Juden auf eine im *Sestiere* von Cannaregio eingezwängte Insel verbannte, wo man früher Kanonen gegossen hatte und die daher *Ghetto nuovo* hieß (*ghetto* = Gießerei).

Die Insel war bald so überfüllt, daß man 1541, als auch die Verbannung der aus der Levante stammenden jüdischen Kaufleute verfügt wurde, die bis dahin in Ruhe gelassen worden waren, das benachbarte *Ghetto vecchio* hinnehmen mußte. Doch trotz allem wuchs das Ghetto von Venedig und verschönerte sich (im 16. Jahrhundert entstanden die herrlichen Synagogen, die im darauffolgenden Jahrhundert durch Beiträge großer Künstler bereichert wurden) und brachte Persönlichkeiten hervor, die der jüdischen Kultur Ehre machten, wie die großen Ärzte Giacobbe Mantino, David de' Pomi und Marco Calò, wie die Schriftsteller Simone Luzzatto und Sara Coppio Sullam und Leon da Modena. Im Ghetto haben die aus Spanien und Portugal geflüchteten Juden, die Ponentiner, Aufnahme gefunden und auch die armen Marranen, die gewaltsam zum Christentum bekehrt worden und dann zu ihrem ursprünglichen Glauben zurückgekehrt waren. Venedig schätzte ihre großen Fähigkeiten, und damit sie nicht Schutz beim Türken suchten, verschloß es die Ohren gegenüber den Protesten des Heiligen Offiziums und stellte ihnen, abgesehen von einigen kurzen Phasen, frei, zu beten, wo sie wollten. Um die Gunst des Papstes zu gewinnen, akzeptierte und veranlaßte es zwar die barbarische Vernichtung der kostbaren Talmude, die jüdische Buchdrucker im Ghetto gedruckt hatten, lehnte es aber entschieden ab, jüdische Kinder zu rauben, um sie zu taufen – ein schandbares Vorgehen, das anderswo bis zur Mitte des letzten Jahrhunderts praktiziert wurde.

Man kann daher sagen, daß die in drei Nationen – Deutsche, Levantiner und Ponentiner – aufgeteilte *Università degli Ebrei* besser gedieh als ein großer Teil der Gemeinden des übrigen Europa, unter dem wohlwollenden Blick der Bevölkerung, die Simone Luzzatto zufolge »freundlicher und flexibler mit der jüdischen Nation umgeht als jedes andere Volk der Welt«. Die Patrizier der ersten Jahre des 17. Jahrhunderts waren regelmäßige Besucher des Salons von Sara Coppio Sullman. Viele waren unangenehm berührt, als die Juden 1531 anläßlich des Purimfestes eine »köstliche Komödie« im Ghetto aufführten und der Rat der Zehn es den Nichtjuden untersagte, dorthin zu gehen und sie sich anzusehen.

Am anderen Ende der sozialen Leiter standen die Patrizier, reiche und nicht reiche. Im 16. Jahrhundert vollzog sich die endgültige Umwandlung des Großen Rates in einen regelrechten »Adelsrat« und der politischen Klasse in ein Patriziat. Im 14. Jahrhundert hatte der Doge Marco Corner wie viele Adlige eine Frau aus dem Volk. Vor kurzem noch hatte sich Antonio Grimani nicht geschämt, der Sohn eines Fräulein Montagner aus Modon zu sein. Jetzt ändern sich die Dinge. Eine *Parte* aus dem Jahr 1506 verfügt, daß jeder Patrizier, der Vater wird, die Geburt den *Avogadori di Comun* meldet, »den Tag der Geburt erklärt« und »ob [das Kind] aus einer rechtmäßigen Ehe geboren [ist]«. Er muß Vornamen, Nachnamen, Herkunftsort und den sozialen Stand der Ehefrau genau angeben. Eine andere *Parte* des Jahres 1526 schreibt den Patriziern, die heirateten, vor, sich innerhalb eines

Monats zusammen mit vier Zeugen den *Avogadori* vorzustellen. Die Zeugen sollten schwören, daß »jene seine rechtmäßige und ihm angetraute Ehefrau« sei, und den »Rang des Vaters und den Stand jener Frau« erklären, »damit festgestellt werde, ob die Ehe nicht zu jenen gehört, die von unseren Gesetzen verboten werden« usw. So entsteht aus den Heirats- und Geburtsregistern das »Goldene Buch«, das exklusive Album, Verzeichnis und Register des Patriziats. 1533 wird präzisiert, daß die Kinder jener Adligen, die »irgendeine Dienstmagd oder ein Mädchen vom Lande oder irgendeine andere Frau von gemeinem und niederem Stand« heirateten, die Patrizierwürde (und somit die Zugehörigkeit zum Großen Rat) verloren. Da eine Sache die andere nach sich zieht, sollten mit der Zeit in neuen Registern die Geburten und Ehen der *Cittadini originari*, der privilegierten Bürgerschicht der Sekretäre des Senates und des Rates der Zehn und der Notare der Dogen, vermerkt werden. Im allgemeinen Sog der Aristokratisierung suchten sie alle den Anschluß an »Adelsräte« in der Provinz. Später sollten sie sich von fremden Herrschern Grafen- oder Markgrafentitel verleihen lassen, für die das Patriziat nur Verachtung übrig hatte. Auch gegenüber Grafen und Baronen, die zwar aus altem Geschlecht, aber von der Terra ferma stammen (und die ebenfalls in einem vom Staat überwachten *Aureo Libro dei Titolati* zusammengefaßt sind), halten die Patrizier stolz ihren einzigen Titel hoch: *N. H., Nobilis Homo,* mit dem etwas an eine angelsächsische Anrede anklingenden Prädikat *Ser,* das die Abkürzung von *Messere* ist.

## 4

Wie aber sieht die Stadt aus, die alle bewundern, die alle besingen, die alle in Entzückung geraten läßt? 1535 waren zwei *Savi* gewählt worden mit dem Auftrag, dafür »zu sorgen, die Stadt auszuschmücken und bequem zu machen«. Und der Staat spielt bei diesem Werk der Verschönerung und Rationalisierung eine sehr aktive Rolle. Schon 1513, mitten in den Widerwärtigkeiten des Krieges, war auf der Spitze des Campanile von San Marco der goldene Engel aufgepflanzt und, zum Zeichen der Freude und um künftigen Wohlstand zu beschwören, Milch und Wein verschüttet worden. 1559 vollendet Scarpagnino die *Scala d'oro* des Dogenpalastes, und 1567 werden am oberen Ende der *Scala dei Giganti* die beiden Riesen-Statuen von Jacopo Sansovino aufgestellt, die der Treppe ihren Namen geben. Dieser toskanische Bildhauer und Baumeister, der siebenundzwanzig Jahre zuvor zu Füßen des Campanile eine Loggia gebaut hat und der außer den vielen Kirchenfassaden einschließlich der von San Geminiano auf dem Platz genau gegenüber von San Marco in Rialto die *Fabbriche nuove*, den Sitz der Finanzbehörden, errichtet und die Piazzetta mit dem anmutigen Bau der Biblioteca Marciana verschönert hat, war sehr in Mode. Die Patrizier Corner aus der *Ca' Granda* aus San Maurizio haben ihn, nachdem ein Brand ihren Palazzo zerstört hatte, beauftragt, ihn in seinem vornehm antikisierenden Stil wiederaufzubauen, und er hat daraus das höchste und imposanteste Gebäude am ganzen Canal Grande gemacht, das dem Beinamen seiner Auftraggeber gerecht wird.

Der Staat möchte, daß all seine Häuser schön sind. So entsteht etwa in den Büros des Palazzo der *Governatori all'Entrade* und der *Camerlenghi di Comun* am Rialto, in denen man über Steuern verhandelt, ein prächtiger Zyklus von Werken des köstlichen Koloristen Bonifacio de' Pitati. So zieren Werke großer Meister sogar die Räume der Holzbehörde, in denen Muster der Maßeinheiten für Brennholz aufbewahrt werden. Den Dogenpalast schließlich schmücken Werke aller berühmten Künstler von Carpaccio bis Giorgione, von den Bellini bis Tizian.

Das Mäzenatentum wird zur Sucht. Die Patrizier wetteifern mit dem Staat; die religiös orientierten *Scuole* und die *Scuole* der Künste und Handwerke wetteifern mit dem Staat und mit den Patriziern. Neben Tizian, der beinahe das ganze Jahrhundert hindurch wirkte, glänzen neue Berühmtheiten: Jacopo Robusti, genannt Tintoretto, Paolo Caliari, genannt Paolo Veronese, Pordenone, die Gebrüder Da Ponte (genannt Bassano) und unter den Bildhauern Alessandro Vittoria, der zugleich auch Architekt ist. Eine Vielzahl von Künstlern schmückt Häuser und Kirchen aus; allenthalben entstehen neue Häuser, und die alten ändern ihr

Gesicht, um sich der Mode anzupassen. Einer üppigen, prachtliebenden und sprühenden Malerei voller Sinnenfreude und Lebenskraft entspricht eine Baukunst, die mit Andrea Palladio die klassische Antike wiederentdeckt und in genialer Weise neu interpretiert. Palladio arbeitet nicht nur auf dem Land, um Villen zu bauen, oder in seiner Stadt Vicenza, er kommt auch nach Venedig, wo er überaus klar gegliederte Bauwerke schafft, etwa die Fassade von San Francesco della Vigna, das Kloster Santa Maria della Carità, die Kathedrale von San Pietro di Castello und die Redentorekirche auf der Giudecca. Palladios Kunst eroberte sogar einen Punkt der Stadt, der am meisten ins Auge fällt, nämlich die Insel San Giorgio Maggiore genau gegenüber der Piazzetta und dem Dogenpalast. Nach den Verwüstungen, die die Brände der sechziger Jahren des 16. Jahrhunderts im Dogenpalast angerichtet hatten, war er ausersehen worden, ihn in ein »modernes« Gebäude nach seinem Geschmack umzugestalten.

Im Laufe des Jahrhunderts verschwindet auch die alte Ziehbrücke, die den Canal Grande am Rialto überspannte. Leider gibt es keine Galeeren mehr, die mit ihren hohen Masten in den *Canalazzo* einfahren, um an den Anlegestellen der Palazzi-Fondachi der vornehmen Kaufleute vor Anker zu gehen. Nach einem Wettbewerb, an dem all die »Großen« der Baukunst teilnehmen, und nach endlosen Streitereien unter den Mitgliedern der Kommission, die mit der Errichtung einer neuen Brücke beauftragt war, sollte sie Antonio da Ponte mit Hilfe seines Neffen Antonio Contin bauen. Damit sollte sich ein weiteres charakteristisches Element in die immer farbigere und reichere venezianische Stadtlandschaft einfügen.

Mit der Blüte der anderen Künste geht auch eine Blüte der Musik einher. Viele berühmte Maler begeistern sich für die Tonkunst, angefangen bei Tizian, der sich in seinem Haus bei Biri in San Canciano eine Orgel einbauen läßt, bis hin zu Tintoretto, der sogar Musikinstrumente erfindet. Musiker und Konzerte gehören zu den Lieblingsthemen der großen venezianischen Malerei. Musik ist in allen gesellschaftlichen Schichten die große Mode. Nach Venedig kommen die bedeutenden französischen und flämischen Kapellmeister; Giuseppe Zarlino aus Chioggia, der Leiter der

Kapelle von San Marco, veröffentlicht die *Istitutioni harmoniche.* Ein waschechter Venezianer, Andrea Gabrieli aus Cannaregio, aber komponiert anläßlich der Eröffnung des Teatro Olimpico in Vicenza, Palladios Meisterwerk, für seinen *Edipo Re* so großartige Chöre, daß man sie sogar auf eine Ebene mit Michelangelos Werk stellte.* Nicht weniger Venezianer als er ist sein Neffe Giovanni, von dem es heißt, er habe als erster »die Gefühle von Liebe, Schmerz und Mitleid mit Musikinstrumenten interpretieren« können, und in dessen Kunst man auch eine Vorwegnahme der Mystik von Wagners »Parsifal« sehen wollte.**

In Anbetracht der Lebendigkeit einer sich ausbreitenden Kultur und der Blüte der öffentlichen und privaten Initiativen (wenn der Staat die Mittel für jede Art von Unterricht reichlich fließen läßt, vermehren sich in Venedig und in Padua, wo die alte Universität Studenten aus ganz Europa anzieht, unter den privaten Bürgern die Akademien und die Treffpunkte, in denen jeder Aspekt der Wirklichkeit und des Wissens diskutiert wird) ist das Leben voller reizvoller Angebote. Heute sind es die Mönche von Santi Giovanni e Paolo, die ein Lustspiel aufführen in ihrem Kloster, das sich schon bald mit einer der erstaunlichsten Darstellungen des »Letzten Abendmahles« von Paolo Veronese schmücken sollte. Morgen ist es die Familie Pesaro, die ihren eigenen Geschlechteraltar in der Frarikirche enthüllt (das Altarbild stammt von Tizian). In den Gemächern des Abtes vom Kloster San Giorgio Maggiore verliest Lorenzino de' Medici, der sich auf der Flucht befindet, seit er den Herzog von Florenz ermordet hat, öffentlich seine *Apologia.* In der kleinen Kirche San Bortolomio hält der berühmte Mathematiker und Mönch Luca Paciolo eine öffentliche Vorlesung über Algebra, während der noch berühmtere Niccolò Tartaglia in der Kirche Santi Giovanni e Paolo Euklid erläutert. Man kann zum Rialto gehen, wo die Statue des »Buckligen« steht, der sich unter dem Treppchen des Ausrufers krümmt, oder zur Madonna dell'Orto, wo die Statue des legendären »Sior Antonio

* G. Barblan, *Il Cinquecento musicale veneziano,* in *La civiltà veneziana del Rinascimento,* s. o., S. 72.

** H. Kretzschmar, *Führer durch den Konzertsaal,* in G. Barblan, *Il Cinquecento* . . . s. o., S. 8, Anmerkung 30.

Rioba« seine lange, eiserne Nase auf den Campo dei Mori hinausstreckt: Dort sollte man Satiren und Epigramme angeheftet finden, die die Politiker, den Dogen eingeschlossen, und die Leute auf die Schippe nahmen, die gerade »in« waren. Wenn man sich an den großen musikalischen Werken satt gehört hat, die unter den byzantinischen Gewölben von San Marco erklingen, kann man sich die Tragödien ansehen, die in Santa Maria della Carità in einem noch von Palladio aus Holz erbauten Theater gespielt werden, oder die Komödien von Pietro Arentino, die von der *Compagnia della Calza dei Sempiterni* in Cannaregio aufgeführt werden mit Bühnenbildern und Dekorationen von Giorgio Vasari (andere Schauspiele haben außergewöhnliche Kostümbildner wie Tizian und Tintoretto). Es kommt ständig zu Happenings aller Art, angefangen bei den Vorstellungen der Bänkelsänger auf der Piazza San Marco bis zu den Hinrichtungen zwischen den beiden Säulen der Piazzetta, von den »Kriegen« der Fäuste und der Stöcke, in denen die Leute von Castello bei der Eroberung einer Brücke gegen die von Cannaregio und Dorsoduro kämpfen, bis hin zu den zahllosen Zeremonien des Staates – den feierlichen *Andate* des Dogen zu dieser oder jener Kirche, den Begräbnissen und Wahlen von Dogen, den *Ingressi* der Prokuratoren von San Marco – und den nicht weniger zahlreichen der Kirche. Ferner gibt es die Feste, bei denen der Adel versucht, mit jeder Art von prunkvollen und spektakulären Einfällen möglichst viel Eindruck zu machen, die gelehrten Versammlungen und die akademischen Streitgespräche; es gibt Stier- und Bärenjagden auf den *Campi* sowie die Possen und Sketche der Stegreifkomödianten, die oft verjagt werden und immer wieder zurückkehren. Und schließlich gibt es das große Gewitter des Karnevals, der die gesellschaftlichen Unterschiede in einem einträchtigen Schwelgen unter der Maske aufhebt.

## 5

Trotz der Zeiten und trotz der Staatsinquisitoren wird das Venedig des 16. Jahrhunderts von allen als Hort der Freiheit gefeiert.

Daß so ein Urteil nur auf Vergleichen begründet sein kann, ist offenkundig. Trotz der Zehn und trotz der Inquisitoren ist das Leben in Venedig vergleichsweise viel freier als in jeder anderen Stadt Italiens und der Welt. Aber eine Einschränkung gibt es – die Politik. Die bleibt fest in der Hand des Patriziats, das seinerseits überhaupt nicht daran denkt, sie mit anderen zu teilen, und jetzt, da es mit der Schaffung des Goldenen Buchs seine Tore endgültig geschlossen hat, beschränkt es die Zuwahlen auf die Familien der Herrschenden (und es ist klar, daß es sich nur um symbolische Zuwahlen handelt).

Diejenigen, die sich von der Politik fernhalten, sofern die Staatsräson nicht berührt wird (man kann nicht genug betonen, daß Venedig sich immer noch für eine Festung im Belagerungszustand hält), empfinden die Lagunenstadt und ihre Staaten auf der Terra ferma ohne Zweifel als die freiesten Aufenthaltsorte, die man sich in einem drangsalierten Italien und Europa vorstellen kann. Das wissen die Professoren und Studenten der Universität Padua, wo ein Etienne Dolet seine Bildung erhalten hat, der 1546 in Paris wegen Ketzerei verbrannt wird, wo der rebellische Philosoph Pietro Pomponazzi als Kollege großer Wissenschaftler wie Vesalio, Fallopio, Mercuriale und Fabrizio d'Acquapendente gelehrt und wo Galileo Galilei siebzehn Jahre in voller Freiheit unterrichtet hat. Das wissen die Männer von Kultur, die in ihrer Heimat verfolgt und in Venedig geachtet werden, wie Clément Marot aus Cahors oder Antonio Bruccioli aus Florenz. In Venedig finden die großen Gärungsprozesse, die die Luthersche Reformation in Gang gesetzt hatte, Widerhall, und zwar nicht nur an der Oberfläche, auch im Patriziat. Die Republik bemüht sich – auch wenn sie dem ständigen Druck von seiten des Papstes nachgibt, auch wenn sie die »Ketzer« dem Heiligen Offizium überstellt (bekannt ist der traurige und aufsehenerregende Fall von Giordano Bruno) –, zumindest die Unparteilichkeit bei den Ketzerprozessen zu garantieren, die in ihren Territorien stattfinden. Dabei beruft sie sich auf die alten diesbezüglichen Vorschriften, die den kirchlichen Inquisitoren die Laienbehörde der drei *Savi all'Eresia* zur Seite stellen. Diese *Savi* bleiben zwar der offiziellen Orthodoxie verhaftet, üben aber einen mildernden und mäßigenden Einfluß auf die Inquisitionsgerichte aus. Einerseits kann mehr als nur ein bekannter Ketzer dadurch seine Haut retten, andererseits zieht die Behörde ständige Rügen seitens der höchsten kirchlichen Autorität auf sich.

Deshalb kann ein so herausragender Vertreter des Protestantismus wie Bruder Bernardino Ochino, General des Kapuzinerordens, der sich in spektakulärer Weise der »Ketzerei« zugewandt hat, mit großem Erfolg in Venedig predigen, bevor er ins Ausland flieht. Und daher kann der nach Basel geflüchtete »Ketzer« Francesco Stancaro schreiben: »Wenn es diese Republik nicht gäbe, müßte man sie erfinden.« Und so kann um 1580 ein Giacomo Brocardo sogar daran denken, ein allgemeines Konzil der reformierten Christenheit eben in Venedig abzuhalten, das er als neue Hauptstadt der christlichen Welt anstelle des »gottlosen« Rom vorgeschlagen hat. Und deswegen beklagt sich der Papst 1565 beim venezianischen Botschafter: »Jene Herren [Venezianer] sind immer zu nachgiebig gewesen und haben in diesen Fragen der Häresie immer zu milde vorgehen wollen ...« Bei anderen Gelegenheiten hatten sich die päpstlichen Beschwerden gegen den Laizismus des venezianischen Staates gerichtet, der *Dottori laici* in die Prozesse einführte, der verlangte, daß in den Verfahren, die in den Kompetenzbereich der Kirchenbehörde fielen, die »Weltlichen neben den Geistlichen als Richter« aufträten, und der schließlich seit langem forderte, daß die »Papalisten«, daß heißt all jene, die nahe Verwandte hatten, welche mit kirchlichen Würden oder Benefizien ausgestattet waren, bei Debatten und Abstimmungen über die Politik in bezug auf die Kirche aus den Versammlungen ausgeschlossen werden sollten.* Obwohl die Republik sich selbst als allerchristlichst bezeichnete, hatte sie auch in solchen Dingen sehr klare Vorstellungen, in denen es damals keine so große Klarheit gab. Das beweisen die Verfügungen, die der Rat der Zehn zur Zeit einer großen Hexenjagd erließ, welche 1521 von der Inquisition in Valcamonica veranstaltet wurde: Dem Pater Inquisitor werden zwei Bischöfe, begabt mit »Wissen, Güte und hervorragender Autorität«, und zwei *Dottori laici* zur Seite gestellt;

* Die erfolgte Ausschließung wurde zu Protokoll gegeben.

die Anwendung der Folter bei den Prozessen ist verboten; die Ergebnisse des Verfahrens werden zur Überprüfung den venezianischen *Rettori* von Brescia vorgelegt, denen das Gericht des *Podestà* und vier weitere *Dottori laici* beistanden. Der Erlaß schließt mit sehr weisen Worten: »Man muß in Betracht ziehen, daß jene armen Leute von Valcamonica einfache Menschen mit wenig Verstand sind und daß sie viel eher Prediger mit guter Unterweisung im katholischen Glauben bräuchten als Verfolger . . .«*

Die venezianische Freiheit bedeutete also nicht nur die völlige Unabhängigkeit von Fremden, deren sich die *Serenissima* nach der Rückkehr von Florenz in die Knechtschaft der Medici von kaiserlichen Gnaden und nach dem Opfer der Republik Siena und der mutigen Minirepublik Montalcino als einzige in Italien erfreute. Sie bedeutete auch ein erhebliches Maß an Gewissensfreiheit, die ihr jene Unabhängigkeit sicherte und eine Sicherheit der Achtung der menschlichen Person. Das Venedig des 16. Jahrhunderts kannte Freiheiten, die moralisierende Geschichtsschreiber bis heute einhellig als »Sittenverderbnis« bezeichnen, obwohl das Privatleben seiner Einwohner, der Adligen, Bürger und Popolanen, weiterhin nach dem Muster einer altväterlich-patriarchalischen Tradition ablief. Die Überspanntheiten einer Mode, die die Damen der guten Gesellschaft bewog, auf den *Zoccoli* zu gehen (das sind jene regelrechten Trampoline, die, wie manche meinen, verhindern sollten, daß man sich die Füße naß machte, wenn man aus der Gondel kam oder in die Gondel stieg, und die anderen zufolge das Gehen erschwerten und es damit den Damen schwerer machten, ohne Wissen ihrer Ehemänner zu galanten Rendezvous zu gehen) und die Busen entblößt und die Brustwarzen mit Karmesinfarbe aufleuchten zu lassen, waren gewiß keine Bekundungen weiblicher Unabhängigkeit. Das galt auch für die gewaltige Menge von Prostituierten – um die Mitte des Jahrhunderts spricht ein Prediger von elftausend –, eine Auswirkung des Kommens und Gehens unzähliger Fremder, Kaufleute und »Touristen« jeden Standes. Man bedenke, daß allein zur Messe an Himmelfahrt alljährlich mit

* Die *Parte* vom 21. März 1521 findet sich bei S. Romanin, *Storia documentata* . . ., s. o., Bd. V., S. 546ff.

einhunderttausend Besuchern gerechnet wurde. Aber die Blüte jenes echt italienischen Phänomens der »Kurtisane« mag an eine merkwürdige Form der Frauenemanzipation denken lassen, so wie sie in jenen Zeiten möglich war, als eine Humanistin wie Cassandra Fedele oder eine Malerin wie Irene di Spilimbergo als echte Wunder angesehen wurden. Und nicht umsonst wollte eine der *Dames galantes* des Herrn von Brantôme, eine Anwärterin auf die Emanzipation, »par lettre de banque« ihren ganzen Besitz nach Venedig transferieren lassen und sich *»cette vie courtisanesque, plaisante et heureuse«* hingeben, *»à laquelle toute autre ne sçauroit approcher, quand bien nous serions emperières de tout le monde«.** 

In Wirklichkeit prostituiert sich die Kurtisane; aber es entspricht einer weitverbreiteten gesellschaftlichen Konvention, daß sie sich nur solchen Männern hingibt, die ihr gefallen. Ihre Liebesdienste sind käuflich, aber nicht erzwungen; sie kann sie ablehnen, wenn sie nicht möchte. Und die Beziehung erschöpft sich nicht wie für irgendeine beliebige Prostituierte in einer raschen Begegnung: Sie setzt eine Werbung voraus und geht mit den raffiniertesten Manifestationen des eleganten und oft auch kultivierten Lebens einher. Die Kurtisane ist nämlich nicht nur schön und nicht nur als Person gepflegt (sie besucht die Dampfbäder, die sogenannten *Stufe*, badet in einem Wasser, in dem wohlriechende Kräuter schwimmen, und bleicht sich ihre Haare an der Sonne), sie lebt auch im raffinierten Luxus, umgeben von Teppichen, Damaststoffen und Gemälden. Und ihre »Liebhaber« (so nennt sie ihre Kunden) überschütten sie mit Juwelen, aber auch mit Versen, Madrigalen und Serenaden. Und sie spielt Laute, singt, aber oft versteht sie sich auch aufs Schreiben, verfaßt Gedichte und Briefe, hat eine Ahnung von Griechisch und Latein, kennt Petrarca auswendig und hat bald einen einflußreichen Senator als *amant du cœur*, bald einen steinreichen Kaufmann, bald einen modischen Maler, einen Humanisten, einen berühmten Dichter. Einige nehmen die romantischen Mythen vorweg und widmen sich lieber einem jungen, mittellosen Dichter wie Marietta Mirtilla,

* ... jenem angenehmen und glücklichen Kurtisanenleben, das keine von uns erreichen könnte, selbst wenn wir Kaiserinnen der ganzen Welt wären ...

die nach dem frühen Tod ihres Liebhabers Antonio Brocardo von Bernardo Tasso getröstet wird. Die Häuser dieser Damen werden zu Treffpunkten, wo zu erscheinen sich die prominentesten Persönlichkeiten nicht scheuen; denn das Hauptmerkmal der venezianischen Kurtisane besteht darin, »ehrsam« zu sein. Auch der 1570 zum Gebrauch der »Touristen« gedruckte »Führer« trägt den Titel »Katalog all der wichtigsten und ehrsamsten Kurtisanen von Venedig« (wir entnehmen ihm, daß es sich um zweihundertfünfzehn handelte und daß »die Höhe der Summe, die jene Edelleute zu zahlen haben, welche ihre Gunst erwerben wollen«, zwischen einem Mindestpreis von einem halben Scudo und einem Höchstpreis von dreißig Scudi lag und daß derjenige, »der die Freundschaft aller genießen will, 1200 Goldscudi zahlen muß«).

Ehrsam, aber frei von den schweren Fesseln des Familienlebens und auch von jenen der Gesellschaft, die sie in ihrer Art zu sein und zu leben akzeptiert, verwirklicht die Kurtisane sich in einer Weise, wie keine Edeldame oder Frau aus dem Volk das hätte tun können. So etwa gelang es Veronica Franco, sich als Dichterin und als *Femme de lettres* durchzusetzen (selbst Montaigne fühlte sich verpflichtet, ihr seine Ehrerbietung zu bezeigen), während sie beruflich so erfolgreich war, daß König Heinrich III. von Frankreich bei seinem Staatsbesuch in Venedig verlangte, ihr eine ganze Nacht zu widmen. Und als sie in ihrem Beruf nichts mehr zu lieben hatte, verdiente sie sich mit ihrer Gründung eines Asyls für reumütige Kurtisanen die Bewunderung aller. Mit ehrsamen Kurtisanen umgab sich der modische Literat des Venedig des Cinquecento, der »göttliche« Pietro Arentino, »die Geißel der Fürsten«, der 1527 nach Venedig gekommen war und sich dort für immer niederließ, als Mittelpunkt einer glanzvollen Gesellschaft, als lebendes Denkmal für die Großzügigkeit der venezianischen Herrschenden, die ihre Ehre daransetzten, ihm volle Meinungsfreiheit zu garantieren, auch – und vor allem – wenn er ätzend war wie sonst keiner.

Die Gesetze, die die Homosexualität betreffen, sind zwar überaus streng (»Damit dieses abscheuliche Laster ... aus unserer Einwohnerschaft ausgemerzt werde«, so die Zehn, die die Ärzte verpflichten, jene – Mann oder Frau – anzuzeigen, die sich »in parte posteriore confractum« bei ihnen behandeln lassen), aber den Zeugnissen zufolge nicht sehr wirksam. Zwar trifft es nicht zu, daß der Name der »Ponte delle tette« in San Cassiano (genau am Eingang zum *Quartier réservé* von Venedig, den sogenannten Carampane) auf die Aufforderung der Zehn an die Prostituierten zurückgeht, sich dort mit entblößtem Busen und nackten Beinen zu zeigen, um die Vorübergehenden aufzureizen und sie von den verbotenen Arten der Liebe abzulenken. Doch als wirksam erwies sich 1511 die Fürsprache des Patriarchen Antonio Contarini für die venezianischen Dirnen, die sich wegen der Überhandnahme der Homosexualität, durch die sie »nicht mehr leben konnten, da keiner mehr zu ihnen ging«, bei ihm beschwert hatten. Dem Patriarchen aber machten schon die Frauenklöster der Diözese viel zu schaffen, von denen einige – wenn man von den Klagen ausgeht, die der Papst 1585 gegenüber dem Botschafter Lorenzo Priuli äußerte – »zu öffentlichen Freudenhäusern herabgesunken« waren. 1526 tauchte der Patriarch Querini unerwartet im Kloster Santa Maria della Celestia auf, und das erste, was er sah, war eine kleine Nonne ohne Schleier, die ihr Haar nach der neuesten Mode frisiert, in Zöpfchen geflochten, trug. Empört schnitt er diese zu frivole Haarpracht ab, doch als er zwei andere Nonnen hinauswerfen wollte, die in schlechtem Ruf standen, gab es einen richtiggehenden Aufruhr, der ihn zwang, sie dort zu lassen. Nonnen liefen aus dem Kloster fort; andere (zu viele) unterhielten sehr intime Beziehungen zu zahlreichen jungen Edelleuten, denen der Volksmund den Spitznamen *Moneghini* gab (von ihnen hatte man schon im 14. Jahrhundert gesprochen). Der Staat, in diesem Fall Verbündeter der Kirche, sollte mit seinen Bemühungen, in den Klöstern Sittenstrenge einzuführen, nie Erfolg haben, und zwar aus einem ganz einfachen Grunde: Zu viele venezianische Familien zwangen ihre Töchter, ins Kloster einzutreten, und die klösterliche Zügellosigkeit war nur die Reaktion unzähliger armer Frauen auf eine entsetzliche Gewalt, die gegen sie ausgeübt wurde.

## 6

In diesem sinnenfrohen und genießerischen 16. Jahrhundert, in diesem kosmopolitischen, prachtliebenden und ausschweifenden Venedig brechen Keime von hoher Spiritualität auf, Gefühle, die sogar religiösen Bewegungen vorauseilen, die sich erst in unserem Jahrhundert durchsetzen sollten. Schon das 15. Jahrhundert – das Jahrhundert, das drei venezianische Päpste erlebt hatte* – hatte große Persönlichkeiten gekannt, die auf eine echte Erneuerung der christlichen Frömmigkeit hingewirkt hatten, wie etwa Ludovico Barbo, der Reformer des Benediktinerordens, der heilige Lorenzo Zustinian, der erste Patriarch von Venedig** und Bruder jenes Leonardo, der der einzige wahre Dichter war, den Venedig hervorbrachte. Im 16. Jahrhundert war ein anderer Zustinian Protagonist einer Episode, die ein Licht wirft auf das Engagement mancher venezianischer Kreise für einen reineren Katholizismus.

Murano, die nahe bei Venedig gelegene Insel des Glases, war die bevorzugte Sommerfrische vieler Patrizier. Es gab dort nicht nur Glashütten und Klöster, sondern auch viele Palazzi, Villen und Gärten, von denen nach dem alles zerstörenden napoleonischen Sturm nichts oder fast nichts übriggeblieben ist. Dort traf sich in den schwierigen Jahren der Kriege, die die Liga von Cambrai vom Zaun gebrochen hatte, eine Gruppe junger Leute, um über Geistiges zu sprechen. Der angesehenste von ihnen, Tommaso Zustinian, beschloß 1510, der Welt zu entsagen und sich in die Einsiedelei von Camaldoli nahe Florenz zurückzuziehen; dabei nahm er den neuen Vornamen Paolo an. Ein Jahr darauf schloß sich ihm ein anderer Besucher des Kreises von Murano an, Vincenzo

* Gregor XII. (Angelo Correr), gewählt 1406, dankte 1415 ab und starb 1417; Eugen IV. (Gabriele Condulmer), gewählt 1431, starb 1447; Paul. II. (Pietro Barbo), gewählt 1464, starb 1471.

** Der Patriarch von Grado residierte, wie wir bereits gesehen haben, in Venedig. 1451 beschloß Papst Nikolaus V., den Titel des Patriarchen von Grado mit dem des Bischofs von Castello (früher Olivolo) zu verschmelzen, dessen Amtsbereich der Diözese Venedig entsprach. Bischof war damals Lorenzo Zustinian, der deshalb erster Patriarch von Venedig wurde. Den Patriarchentitel gibt es noch heute. Was Zustinian angeht, der 1456 starb, so wurde er später von Papst Alexander VIII. heiliggesprochen.

(später Pietro) Querini, der gerade von einer schwierigen diplomatischen Mission bei Philipp dem Schönen von Burgund zurückgekehrt war. Zusammen legten die beiden Freunde im Sommer 1513 dem neugewählten Papst Leo X. ein von ihnen selbst verfaßtes Dokument vor, das sie *Libellus* nannten und das die Reform der Kirche zum Thema hatte.

Mit einem Mut und Weitblick, der den Zeiten voraus war, sagten die beiden Venezianer dem Medici-Papst folgendes: Die Kirche reformiert man nicht mit Hilfe bürokratischer Maßnahmen und nicht einmal durch eine Veränderung der päpstlichen Macht. Die Kirche reformiert man dadurch, daß man die Gewissen reformiert. Indem man vor allem im Klerus mit der Unwissenheit über religiöse Dinge aufräumt; denn die Geistlichen verstehen nicht einmal die liturgischen Texte, die sie verwenden, und mit der Unwissenheit der Gläubigen muß ebenfalls Schluß gemacht werden; sie müssen in ordnungsgemäßen Sonn- und Feiertagspredigten unterwiesen werden, nicht mit spektakulären Predigtenzyklen, die alles beim alten lassen (man muß an die Predigten von Boccaccios »Bruder Cipolla« denken). Die Bibel muß von allen gelesen und deshalb in die Umgangssprache, ins *Volgare*, übersetzt werden (Luther ist noch nicht am Horizont erschienen). Das kanonische Recht ist verworren und muß kodifiziert werden (bis zur Kodifizierung durch Pius X. sollten noch vier Jahrhunderte vergehen); die theologische Unterweisung muß reformiert werden; der Klerus darf nicht von hohlen scholastischen Erörterungen leben, sondern von der Lektüre der heiligen Schriften. Und schließlich: Das Papsttum muß sich hohe Ziele setzen, aus der Beklemmung der abendländischen Welt heraustreten, sich mit allen Kräften um eine Vereinigung mit den Kirchen des Ostens und um die Evangelisierung der Gebiete bemühen, die durch die Entdeckung des Christoph Kolumbus zugänglich gemacht worden sind. Doch Vorsicht ist geboten: Die Missionen dürfen sich nicht zu Werkzeugen des Kolonialismus machen lassen; die Missionsgeistlichkeit muß sich aus Eingeborenen zusammensetzen, und die Individualität der Völker muß respektiert werden.

Es erübrigt sich, festzustellen, daß der *Libellus ad Leonem X* kein Gehör fand. Er war den Menschen und den Zeiten zu weit voraus, und die Explosion von Luthers Reformation sollte nicht viel später eine Umwälzung der Christenheit bewirken. Aber in jener Phase der Umwälzung und der Drangsal traten Gestalt und Werk eines anderen Mitgliedes des Kreises von Murano, Gasparo Contarini, in den Vordergrund. Er war ein bedeutender Diplomat und kluger Politiker, der die Republik als Beobachter beim Reichstag zu Worms vertreten hatte, auf dem das Luther-Problem unter der Beteiligung desjenigen diskutiert worden war, der es ausgelöst hatte. Gasparo Contarini war für die religiöse Erfahrung empfänglich und hatte ihr sein Innerstes geöffnet. Noch als junger Mann hatte er ein scharfsinniges kleines Werk der Beschreibung der Pflichten und Aktivitäten eines musterhaften Bischofs gewidmet. Im Laufe seines Lebens als Diplomat hatte er immer die Kontakte mit seinen Freunden Zustinian und Querini aufrechterhalten. Niemand war daher überrascht, als Paul III., kurz zuvor zum Papst gewählt, ihn am 21. März 1536 zum Kardinal erhob und ihm die Aufgabe übertrug, über die Reform der Kirche und der römischen Kurie nachzudenken. Ein Jahr später las ihm Kardinal Contarini im Namen einer vom Papst beauftragten Kommission das Ergebnis seiner Studien, das *Consilium de emenda ecclesia*, vor und kommentierte es.

Dieses berühmte und gründlich erforschte Dokument war nicht weniger kühn als der *Libellus* von Zustinian und Querini (neben Gasparo Contarini hatten viele bedeutende Persönlichkeiten daran mitgearbeitet). Es war also natürlich, daß es auf den Widerstand der Kurie stieß, die sich in ihren Rechten und Interessen verletzt fühlte. Ein Hinweis möge genügen: Die radikale Reform der Datarie, jenes Organs, dem es zustand, die fetten Gebühren einzustreichen, die für die Übertragung von kirchlichen Pfründen vorgesehen waren, hätte eine einschneidende Kürzung dieser gewaltigen Einkünfte bewirkt. Das Konzil von Trient, in dem – wenn auch mit zweifelhaften Resultaten – die Bemühungen um eine Reform zusammenflossen, die an einer Gegenreformation zerschellen sollten, setzte die edlen Ansätze des venezianischen Kardinals nicht in die Tat um. Dieser sah, als er als Päpstlicher Legat zum Reichstag von Regensburg entsandt wurde, auch seine hochherzigen Bemühungen um Aussöhnung und Verständigung mit den Protestanten scheitern und fand sich beschuldigt, sich auf dem Weg der Zugeständnisse ihnen gegenüber zu weit vorgewagt zu haben. Aber viele seiner Gedanken sollten ihn überleben, vor allem das Prinzip, das er zur Grundlage seines Planes gemacht hatte, daß nämlich »das Wohl der Seelen für die Kirche oberstes Gesetz« sein sollte, und viel von dem, was es auf dem Tridentiner Konzil an Positivem gab, stammte direkt aus seinem Werk.*

## 7

Eine potentielle türkische Bedrohung, die von den vorgeschobenen Posten des Osmanischen Reichs ausging, lastete schwer auf dem schwachen Küstenstreifen von Dalmatien, und seit geraumer Zeit signalisierten die *Baili*, die Botschafter Venedigs in Konstantinopel, ein wachsendes Interesse der Türken an der Insel Zypern, die ihren Stützpunkten sehr viel näher lag als denen der Venezianer. Sulaiman der Prächtige hatte Bedenken gehabt, den 1540 mit der Republik geschlossenen Frieden zu verletzen, aber jetzt, da er tot und ihm sein Sohn Salim II. nachgefolgt war, mußte man auf alles gefaßt sein.

Salim II. war ein Gewohnheitstrinker »von grauenhaftem Aussehen ... sein Gesicht ist ganz entstellt und verbrannt – sowohl vom maßlosen Weingenuß wie von der großen Menge von Schnäpsen, die er für seine Verdauung zu trinken pflegt«.** Er war leicht zu beeinflussen, und neben ihm hatte sich als Vertrauter und Freund, Ratgeber und Anreger eine einzigartige Persönlichkeit eingerichtet, die ihm in gewissem Sinne geholfen hatte, auf den Thron zu gelangen, und die so seine Wertschätzung gewonnen hatte. Dieser Mann war der portugiesische Jude João Miguez alias Josef Nassì.***

* Vgl. H. Jedin, *Gasparo Contarini e il contributo veneziano alla Riforma cattolica,* in *La civiltà veneziana del Rinascimento,* s. o., S. 105ff.

** Bericht des *Bailo* Andrea Badoer (1573), in E. Albèri, *Le Relazioni degli Ambasciatori veneti al Senato durante il secolo XVI,* Florenz 1839–1863, Serie III, Bd. I, S. 347f.

*** Über diese Persönlichkeit vgl. insbesondere C. Roth, *Gli Ebrei di Venezia,* Rom 1933, S. 94ff.; vgl. auch F. Braudel, *Civiltà e imperi ...,* s. o., Bd. II,

Als die »katholischen Majestäten« die Juden aus Spanien vertrieben hatten, waren etliche Mitglieder der Familie Nassì, die in den Chroniken der spanischen Judenheit eine hervorragende Rolle gespielt hatte, nach Portugal ausgewandert. Dort hatte man sie gezwungen, zum Christentum überzutreten und portugiesische Nachnamen anzunehmen, und sie hatten einen schwunghaften Handel mit Edelsteinen begonnen, der schließlich zur Gründung eines bedeutenden Bankhauses führte, das im zweiten Jahrzehnt des 16. Jahrhunderts eine Zweigstelle in Antwerpen, dem größten Handelszentrum des damaligen Westeuropa, eröffnete. 1535 übersiedelte Doña Gracia, die Witwe des Firmenchefs Francisco Mendez, mit ihrer Tochter Reina und ihrem Neffen João Miguez in die flämische Stadt. Man erzählt sich, Prestige und Ruf der Firma Mendez seien so groß gewesen, daß schon kurz nach ihrer Ankunft die Regentin der Niederlande für einen der Grandseigneurs ihres Hofes um die Hand der schönen Reina gebeten habe. Die alte Mendez habe hochmütig erwidert, daß sie ihre Tochter lieber tot sähe.

Nun waren die Nassì wieder Flüchtlinge, dieses Mal in Venedig. Sie kamen allerdings in einem äußerst ungünstigen Augenblick: Die Republik befand sich in einer jener seltenen Phasen, in denen sie den Marranen, den zwangsgetauften Juden, die zu ihrer Religion zurückgekehrt waren, Schwierigkeiten machte. Eine neidische Nichte zeigte die alte Dame beim Heiligen Offizium als Judenchristin an. Diese wurde festgenommen, die Güter der Mendez wurden konfisziert, und der Rest der Familie flüchtete nach Ferrara. Nicht so João Miguez – er war nach Konstantinopel geflohen und hatte sich dem Sultan vorstellen lassen, und zwar von dessen Arzt, der wie er ein spanischer Jude war. Sulaiman der Prächtige, dem nichts lieber gewesen wäre, als die Firma Mendez mit ihren immensen verfügbaren Geldmitteln an sein eigenes Schicksal zu binden, sprach in drohendem Ton mit der *Serenissima Signoria.* Die *Signoria* erschrak, Doña Gracia wurde freigelassen; ihr Besitz wurde ihr zurückerstattet, und João ließ sich –

* S. 1150f., und vor allem P. Grunebaum Ballin, *Joseph Naci, duc de Naxos,* Paris 1968.

nachdem er dem aufgezwungenen Christentum abgeschworen und seinen wahren Namen, Josef Nassì, wieder angenommen hatte – definitiv in Konstantinopel nieder.

In Konstantinopel hegte Josef Nassì neben Salim, der ihn bewunderte und auf ihn hörte, einen verwegenen und unzeitgemäßen Traum – einen Traum, der ihn zu einem Vorläufer des Zionismus machte; denn er träumte davon, den Juden eine Heimat zu geben. Dieser Traum rechtfertigt seine Handlungen, die allgemein seiner biblischen Fähigkeit, im Groll zu verharren, zugeschrieben werden. Seine erste Zielscheibe war Venedig, weil es sein Ersuchen mißachtet hatte, ihm eine Insel als Heimstatt für die verfolgten portugiesischen Juden zur Verfügung zu stellen. Er war ein bedeutender Mann geworden. Dem Großwesir Sokollu zum Trotz, der ihn nicht ausstehen konnte, hatte Salim ihm die Herzogswürde über den Archipel geschenkt, der den Crispo, die über die weibliche Linie die Erben von Marco Sanudo waren, entrissen worden war. Und er hatte ihm die Aufnahme eines großen Darlehens erleichtert, mit dessen Hilfe Nassì hoffte, in Tiberias in Palästina eine jüdische Kolonie zu gründen. Salim hatte ihm erlaubt, in seinem Haß auf das judenfeindliche und alles Nichtkatholische verfolgende Spanien den protestantischen Aufstand in den Niederlanden zu finanzieren. Er hatte auf sein Betreiben die Schiffe der französischen Kaufleute konfiszieren lassen, um die Beschlagnahmung der Güter der Familie Mendez zu rächen, die Heinrich II. in Lyon durchgeführt hatte. Und er schenkte seinen Anregungen, sich Zypern zu nehmen, Gehör. Es hieß, daß Josef Nassì beabsichtigte, mit Salims Hilfe aus der großen Insel im östlichen Mittelmeer eine Heimat für die in ganz Europa verstreuten Juden zu machen, zu deren König er hätte werden wollen. Aber es hieß auch, daß Salim sich in den Besitz der berühmten zypriotischen Weinreben bringen wollte, aus denen der starke, likörhaltige Wein gewonnen wurde, an dem er sich im Halbdämmer des Serails zwischen Hunderten von Ehefrauen und Konkubinen berauschte.

Über dies alles war der venezianische Staat informiert, aber in Venedig zog man es vor, an anderes zu denken. Als in der Nacht vom 13. auf den 14. April 1569 im Arsenal ein wütendes Feuer ausbrach (Kirche und Kloster der Celestia fielen ihm zum Opfer, und wenn man am Abend zuvor nicht zweihundertvierzigtausend Pfund Schießpulver aus den Pulverkammern fortgeschafft hätte, wäre es tatsächlich zu einer schrecklichen Katastrophe gekommen), da nannten viele den Namen Josef Nassì. Doch nicht aus diesem Grund wurden Befehle erlassen, die zypriotischen Festungen aufzurüsten und die Kriegsflotte wieder in Ordnung zu bringen, die aufgrund der langen Friedenszeit und der ungeordneten Kriegszüge der Korsaren auf dem Meer vernachlässigt worden war. Und als am 28. März 1570 ein Abgesandter des Sultans vor das *Collegio* trat und ein Ultimatum für die Abtretung Zyperns unterbreitete, hatte es den Anschein, als ob alle aus den Wolken fielen – trotz der wiederholten und detaillierten Berichte des *Bailo* Marcantonio Barbaro, eines der klügsten und mutigsten Diplomaten, den die Republik je hatte.

Die Botschaft, die vom *Chiaus* Cubat überreicht wurde, »nachdem er dem Durchlauchtigsten Fürsten und dem ganzen Ecc. Collegio seine Ehrerbietung dargebracht und das Kleid seiner *Serenità* geküßt hatte« (Doge war der achtundachtzigjährige Pietro Loredan), ist in einem sehr herausfordernden Ton abgefaßt: »Wenn ihr so großen Mut habt, uns das Königreich Zypern, das uns zusteht, zu versagen, werden wir mit unserer ganzen Streitmacht zu Wasser und zu Lande über euch herfallen, daß ihr euch nicht verteidigen könnt, ehe ihr von uns so vernichtet, getötet, verstreut und gedemütigt seid, wie es unser großer Prophet versprochen hat …«*

Der greise Doge entgegnete: »Cubat Chiaus, die Gerechtigkeit wird uns das Schwert geben, um unsere Rechte zu verteidigen, und Gott und sein Heiliger die Hilfe, um mit dem Verstand der Gewalt und mit Gewalt eurer ungerechten Aggression zu trotzen.« Später traf eine diplomatischer gehaltene Antwort ein; die offiziellen Briefe an Salim II. und den Großwesir Sokollu, der getrennt geschrieben und sich zu Verhandlungen bereit erklärt hatte, sollten während der Rückreise des *Chiaus* zugestellt wer-

* Vgl. G. A. Quarti, *La guerra contro il Turco a Cipro e a Lepanto,* Venedig 1955, S. 106ff.

den, die absichtlich hinausgezögert worden war, um Zeit für die Aufrüstung zu gewinnen.

Nun befand sich also Venedig wieder im Krieg um jene ferne Insel, die die Königin Caterina Corner ihm neunzig Jahre zuvor geschenkt hatte. Nach der großen Ausbeutung durch die Genuesen hatte es viele Jahre gedauert und viele große Investitionen gekostet, um sie Früchte tragen zu lassen, und viel Mühe, um sie zu verwalten – mit ihren einhundertsechzig- oder einhundertsiebzigtausend Bewohnern, mit ihrem streitsüchtigen und arbeitsscheuen lokalen Adel und mit ihrer fleißigen, gedemütigten und unterdrückten griechischen Bevölkerung. Diese hatte den Türken schon zu verstehen gegeben, daß es ihr nicht allzuviel ausmachen würde, eine Herrschaft gegen eine andere zu vertauschen, die in religiösen Dingen vielleicht sogar etwas toleranter wäre. Man brauchte sich keinen Täuschungen mehr hinzugeben, während die Türken Blitzüberfälle auf Zara unternahmen, die Güter und Schiffe der venezianischen Kaufleute beschlagnahmten, den *Bailo* Barbaro festnahmen und verbannten (der, klug, wie er war, dennoch während der ganzen Dauer des Konfliktes fortfahren sollte, Depeschen nach Venedig zu schicken). In Konstantinopel aber zerplatzte die Illusion von einem Venedig, das bereit wäre, alles hinzunehmen, um nur ja den Frieden zu bewahren. Auch Spanien, wo jetzt der schwermütige Sohn Karls V., Philipp II., regierte, war unruhig, da es in den blutigen internen Krieg mit den aufständischen muslimischen Mauren von Granada verwickelt war ... Wieder einmal befand sich das ganze Mittelmeer in einem Spannungszustand, in Erwartung der Ereignisse.

In der Basilika von San Marco überreichte der Doge dem Generalkapitän zur See Girolamo Zane die Gefechtsstandarte. Unterdessen sah sich die venezianische Diplomatie nach Verbündeten um. Man schickte Missionen zum Zaren der Moskowiter, zum König von Polen, zum *Sofi* von Persien, doch vor allem wurden der Papst und Philipp II. von Spanien bedrängt. Und als der Türke am 1. Juli in der Nähe von Limassol mit der Landung seiner Truppen begann, stimmte Philipp II., überzeugt von der Dialektik Pius' V. Ghislieri – eines Dominikaners mit glühendem Glauben und zähem Willen, der inmitten des vatikanischen Gepränges ein asketisches Leben führte und unermüdlich das vorbereitete, was für ihn ein neuer Kreuzzug war –, der Idee eines antitürkischen Bündnisses unter Führung des Heiligen Stuhles zu.

Von diesem Augenblick an entwickelte sich parallel dazu ein anderer Gefahrenherd. Da war einerseits der Krieg um Zypern, wo die Garnisonen trotz der entsandten Verstärkungen und der zahlreich herbeigeeilten Freiwilligen und trotz der mächtigen Schutzwälle nicht in der Lage waren, den praktisch unerschöpflichen Truppen des Türken wirksam entgegenzutreten. Und da war andererseits der Seekrieg, bei dem den Bestrebungen des venezianischen Generalkapitäns – er war der Situation weder aufgrund seiner beruflichen Fähigkeit noch aufgrund seiner Tatkraft und seiner persönlichen Autorität gewachsen – der hartnäkkige Wille des spanischen Königs entsprach, sich nicht zu engagieren, sich nicht zu exponieren und die spanischen Streitkräfte zu schonen. Wenn die Venezianer Zypern verlieren sollten, hätten allein sie den Schaden, und für Spanien entstünde keine Gefahr.

Die Bilanz des Krieges ist also an beiden Schauplätzen negativ. Nikosia, die Hauptstadt von Zypern, wird von starken osmanischen Truppen belagert. Der venezianische Statthalter Nicolò Dandolo ist weder ein Stratege noch ein Held, und die Verteidigung der Hauptstadt scheint nicht richtig mit der der wichtigsten Festung des Königreichs, Famagusta, koordiniert gewesen zu sein, von wo die örtlichen Kommandanten in der Sorge vor dem unmittelbar bevorstehenden Überfall nur widerwillig Verstärkungen schicken. Am 9. September dringen die Truppen von Lala Mustafa Pascha, dem Befehlshaber des osmanischen Invasionsheeres, in die Stadt ein. Eine erbitterte, verzweifelte Verteidigung hält sie nicht auf. Es folgt ein Gemetzel, zwanzigtausend Personen werden abgeschlachtet, mehr als zweitausend Einwohner gefangengenommen und an Ort und Stelle in die Sklaverei verkauft. Und unterdessen bewegt sich die verbündete Flotte zwischen den Spitzfindigkeiten von Gian Andrea Doria und den Zweifeln von Zane mit der Langsamkeit einer Schildkröte. Zu Recht bemerkt C. Manfroni, daß ein venezianischer Admiral des 13. Jahrhunderts nicht gezögert hätte, sich auf Zypern zu stürzen und zu versuchen, die türkischen Landungstruppen von ihren Operationsbasen abzuschneiden. Mitten im 16. Jahrhundert und nach vierunddreißig Jahren Frieden wäre das zu viel verlangt gewesen.

Am 13. Dezember rührt sich der Senat, entläßt Zane und ernennt an seiner Statt den *Provveditore* auf Korfu, Sebastiano Venier, zum Generalkapitän: Er ist aus ganz anderem Holz geschnitzt – tapfer bis zur Verwegenheit, stolz bis zur Unbeugsamkeit, tatkräftig bis zur Erbarmungslosigkeit. Er ist kein großer Seefahrer, aber ein hervorragender Organisator und hat das in seiner Karriere mehrmals bewiesen. Die Nachricht von seiner Ernennung erhält er erst im Februar 1571, und obwohl ernstlich erkrankt, macht er sich gleich ans Werk, um die Disziplin in den Streitkräften wiederherzustellen und den Arsenalen ein schnelleres Tempo aufzuerlegen. An seine Seite stellt der Senat den *Provveditore generale* Agostino Barbarigo, einen erstrangigen Admiral, der auch einige gute diplomatische Erfahrungen aufzuweisen hat, die für die Beziehungen mit den Admirälen des Papstes und denen von Spanien sehr nützlich sind. Dem spanischen Kommandanten Doria traut niemand mehr; man gibt ihm die Schuld am Scheitern der Hilfsexpedition in Zypern, die er – manchen zufolge im Interesse des Königs von Spanien, anderen zufolge in seinem persönlichen Interesse – absichtlich sabotiert haben soll.

Trotz der öffentlichen Erklärungen, hart zu bleiben, herrschte in Venedig so viel Mißtrauen, daß man versuchte, Verhandlungen aufzunehmen. Der Senatssekretär Jacopo Ragazzoni wurde nach Konstantinopel entsandt, damit er zusammen mit dem *Bailo* Barbaro verhandelte. Die geheimen Gespräche sollten eine Weile dauern und erst unterbrochen werden, nachdem die Bemühungen Papst Pius' V. von Erfolg gekrönt wurden und die neue Heilige Liga gegen die Ungläubigen am 20. Mai 1571 offiziell geschlossen wurde. Ihre Geburt war von Gefühlen des Mißtrauens und der Eifersucht begleitet. In Venedig gab es eine große Partei von Unzufriedenen und Klarblickenden, die auf lange Sicht ein negatives Ergebnis für die Republik vorhersahen und jedenfalls kein positives Resultat für die Rettung des Königreiches von Zypern. Die pazifistische Partei wurde weiter gestärkt durch die negative Bilanz des Seekrieges von 1570, der Venedig enorme

Verluste eingetragen hatte. Und bald stellte Sebastiano Venier fest, daß die Flotte sich in sehr schlechtem Zustand befand und daß es einer gewaltigen ökonomischen und organisatorischen Anstrengung bedurfte, um sie wieder in Ordnung zu bringen, sie wiederherzustellen und zu vervollständigen.

Jedenfalls war die Liga nunmehr eine Realität. Sie stützte sich auf einige feste Punkte: Der Oberbefehl sollte Don Juan d'Austria übertragen werden, einem unehelichen Sohn Kaiser Karls V., einem intelligenten und mutigen jungen Mann von kaum zweiundzwanzig Jahren, der sich im Feldzug von Granada gegen die aufständischen Morisken hervorgetan hatte. Zu den Zielen sollten zum Schutz der spanischen Interessen auch die Barbareskenstaaten Nordafrikas gehören. Spanien würde den Venezianern seine Getreidemärkte öffnen und sie von der Notwendigkeit befreien, sich in der Türkei mit Getreide einzudecken. Das Bündnis war auf mindestens zwölf Jahre angelegt, und es war ausdrücklich jedem Bündnispartner verboten, ohne ein Präventivabkommen mit den anderen getrennt mit dem Feind zu verhandeln. Dann wurden die Einheiten der Flottenkontingente und die Aufteilung der Kosten festgelegt, und es wurde vereinbart, daß Venedig und Spanien für die Kosten des Heiligen Stuhls aufkommen würden, falls dieser zur Zahlung nicht in der Lage sein sollte. Das Abkommen löste in Europa wilde Kommentare aus. Am meisten irritiert waren die Franzosen, aber nicht einmal in Venedig fehlte es an Leuten, die in ihrem Innersten seine Gültigkeit anzweifelten und meinten, daß der schlaue Philipp II. es nur unterzeichnet hätte, um beim Papst die Erhebung des Zehnten durchzusetzen, der den christlichen Herrschern traditionell für den Kreuzzug eingeräumt wurde.

Es wurde behauptet, daß eine außergewöhnlich schlechte Ernte in Spanien die Verwirklichung der Ziele der Heiligen Liga entschied. Durch Hunger bezwungen, müßten die Morisken ihren Partisanenkrieg beenden.* Die Vorbereitungen für die Ausrüstung einer großen spanischen Flotte liefen auf Hochtouren. Am 24. August trafen die siebenundzwanzig Galeeren von Gian Andrea Doria, die dem Befehl von Don Juan unterstanden, in Mes-

* Vgl. F. Braudel, *Civiltà e imperi*..., s. o., Bd. II, S. 1146ff.

sina ein. Seit fast einem Monat erwarteten sie dort zwölf päpstliche Galeeren, befehligt von Marcantonio Colonna, drei des Malteserordens und sechsundfünfzig venezianische Galeeren unter Sebastiano Venier. Im Verlauf einer Woche kamen auch die dreißig neapolitanischen Galeeren, die dem Befehl des Marchese von Santa Cruz unterstanden, und ein neues venezianisches Kontingent unter dem Kommando des *Provveditore* Marco Querini.

## 8

In Zypern aber hatten sich die Dinge inzwischen überstürzt. Sebastiano Venier, dem einerseits aufgrund der Vorbereitungen der Liga die Hände gebunden waren, der andererseits durch eine heftige Offensive der Türken zwischen dem Adriatischen und dem Ionischen Meer in Schach gehalten wurde (in Venedig löste das große Furcht aus, und man beeilte sich, die *Lidi* angesichts der Gefahr einer Invasion zu verstärken), konnte Zypern nicht verteidigen. Umfangreiche Verstärkungen hatte dagegen Lala Mustafa erhalten, der Famagusta belagerte. Die Verteidigung wurde vom *Provveditore* Marcantonio Bragadin geleitet unter Mithilfe von Lorenzo Tiepolo, dem *Capitano* von Pafo, und dem General Astorre Baglioni.

Sowohl Bragadin als auch Tiepolo und Baglioni waren fähige und entschlossene Kommandanten. Wie man noch heute recht gut sehen kann, waren die Befestigungsanlagen hervorragend. Aber die Hoffnungen waren, wenn keine neuen Verstärkungen aus Venedig eintrafen, begrenzt. Was aus Venedig kam, waren nur schöne Worte. Die Flotte war bereits unterwegs nach Messina, dem Ort, in dem sich die Truppen der Liga sammeln sollten. Und die ständige Wiederholung von Verlusten dünnte die Garnison jeden Tag weiter aus, die für die Größe der Festung ohnehin zu klein war.

Die Türken zerstören die Wälle mit Minen, greifen nach wie vor mit geballter Kraft an und gönnen den Verteidigern, deren Zahl sich auf nicht mehr als fünfhundert Mann verringert hat, keine Pause. Die Bevölkerung verlangt offen die Kapitulation.

Nachdem Bragadin sich mit den anderen Kommandanten beraten hat, beschließt er zu verhandeln. Aber nicht persönlich: Als Mustafa einen Unterhändler mit einem Waffenstillstandsangebot sendet, antwortet er stolz: »Ich möchte dieses Gesuch des Türken nicht einmal anschauen.« War es Stolz oder Erkenntnis? Die Tatsachen sollten ihm recht geben. Es wäre für ihn und für alle besser gewesen, unter den Trümmern der Stadt zu sterben, als einem viel grausameren Schicksal entgegenzugehen.

Am 1. August 1571 bringt der Waffenstillstand das Feuer der Kanonen zum Schweigen. Lala Mustafas Bevollmächtigter legt die Kapitulationsurkunde vor, ein großes weißes Blatt Papier, an der eine Bulle aus Feingold mit dem Bildnis des Sultans und folgender Inschrift hängt: »bei Gott und über dem Haupt des Großen Herrn versprechend und schwörend, sich an das zu halten, was in den Kapiteln enthalten ist«. Die vereinbarten »Kapitel« sehen folgendes vor: unbehelligter und sicherer Abzug der Überlebenden nach Sitias auf der Insel Kreta; garantierte und ungestörte Einschiffung der italienischen Truppen »beim Klang von Trommeln, mit aufgerollten Fahnen, Geschützen, Waffen und Gepäck, Frauen und Kindern«; freie Abreise für jene Zyprioten, die den Venezianern folgen wollen, und keine Belästigung der Italiener, die in Famagusta bleiben wollen; schließlich bleiben die Zyprioten »freie Herren über ihre Mittel« und werden »weder in ihrer Ehre noch in ihrem Besitz« angetastet, wobei sie zwei Jahre Zeit haben, zu entscheiden, ob sie als Untertanen der Türken bleiben oder unter der Obhut und auf Kosten der osmanischen Behörden anderswohin übersiedeln wollen.

Es sind mehr als ehrenhafte Bedingungen, und Mustafa heißt sie bis auf die Mitnahme der Geschütze ausdrücklich gut. Er beeilt sich, Bragadin zusammen mit der unterzeichneten Urkunde auch die Freibriefe für Kreta zukommen zu lassen. Am 2. August wird die Einschiffung eingeleitet. Am 5. ist bereits alles fertig. Marcantonio Bragadin schickt, um Mustafa zu fragen, wann er die Schlüssel der Stadt zu empfangen wünscht. Es sind die Vorschriften der militärischen Etikette der damaligen Zeit, und Mustafa zeigt jede Absicht, sich an sie zu halten: Er antwortet, daß er ihm zur Verfügung stehe, daß er ihn mit Vergnügen sehen würde »angesichts der großen Tapferkeit und Klugheit, die er gezeigt« habe, und daß er sich sehr freuen würde, bei dieser Gelegenheit »die Befehlshaber, die in der Festung so großen Mut an den Tag gelegt« hätten, kennenzulernen.*

Und Marcantonio Bragadin, begleitet von Astorre Baglioni und den anderen venezianischen Befehlshabern, erscheint vor Lala Mustafas Zelt. Der Empfang ist herzlich. Der Pascha zeigt sich »vergnügt«, läßt alle vor sich hin sitzen, die Unterhaltung ist höflich. Aber als der venezianische *Provveditore* ihm die Schlüssel überreicht und sagt: »Ich gebe Euch diese Schlüssel nicht aus Feigheit, sondern aus Not«, zieht er plötzlich andere Register. »Was hast du mit meinen Sklaven gemacht, die du in der Festung hattest? Ich weiß, daß du sie umgebracht hast«, schreit er und wendet sich an einen der befreiten Sklaven: »Wo sind deine Gefährten?« Der Sklave beschuldigt Bragadin, sie enthauptet haben zu lassen. Der *Provveditore* erwidert, daß das nicht wahr sei, daß Mustafa sich in Person davon überzeugen könne, daß sie sich Mann für Mann in der Stadt befänden, die nunmehr die seine sei. Aber es ist offensichtlich, daß Mustafa einen Anlaß zum Streit sucht, und er bedrängt den *Provveditore* mit Fragen. Er fragt ihn, wo die Munitionen und die Lebensmittel seien, und als Bragadin sagt, daß nichts mehr da sei, daß in der Festung alles »zu Ende gegangen« sei, gerät er in Wut. »Du Hund! Warum soll ich mir dann die Stadt halten, wenn du schon nichts hattest, sie zu erhalten? Warum hast du dich nicht einen Monat früher ergeben und hast mich so viele Männer verlieren lassen?«

Die Besucher werden gepackt und in Fesseln gelegt. Der Pascha ergreift ein Messer und schneidet Bragadin ein Ohr ab, läßt ihm das andere von einem Soldaten abhauen, befiehlt die Tötung all jener, die mit ihm gekommen sind, greift nach dem abgeschlagenen Kopf von Astorre Baglione, zeigt ihn den Truppen und ruft aus: »Das ist der Kopf des großen Helden von Famagusta!« Dann läßt er Bragadin fesseln, schnürt ihm zwei- oder dreimal die Schlinge fest um den Hals, als wollte er ihn erhängen, und überschüttet ihn mit Beleidigungen.

* G. A. Quarti, *La guerra* . . ., s.o., S. 546ff.

Unterdessen haben die Truppen die Absperrungen durchbrochen, haben sich auf die Stadt gestürzt, bringen alle Italiener um, die sie finden, schänden die Frauen der Zyprioten. Am nächsten Morgen fallen sie über die Schiffe her, die auf die Abfahrt nach Kreta warten, lassen zuerst die Frauen und die Kinder an Land gehen, die in der Erwartung eingesperrt werden, in die Sklaverei verkauft zu werden, dann die Männer, die sofort auf die Galeeren geschickt werden, um dort als Rudersklaven zu dienen. Vor Lala Mustafas Zelt sieht man, wie sich die Köpfe auftürmen; man zählt dreihundertfünfzig, darunter die der wichtigsten venezianischen Amtspersonen. Lorenzo Tiepolo und der griechische Kapitän Manolis Spiliotis werden unter Fausthieben und Fußtritten durch die Straßen gezerrt, um gehenkt und gevierteilt zu werden; ihr Fleisch wird den Hunden zum Fraße vorgeworfen.

Und Bragadin? Bragadin ist noch am Leben. Ihm steht das Schlimmste noch bevor. Acht Tage darauf begibt sich Mustafa zusammen mit einem muslimischen Geistlichen zu ihm und schlägt ihm vor, sich dadurch das Leben zu retten, daß er Muslim wird. Der Venezianer antwortet, indem er ihm den Bruch des gegebenen Wortes vorwirft und ihm tödlich verletzende Beleidigungen ins Gesicht schleudert. Am 15. August findet sein Martyrium statt. Er ist leidend. Er ist am ganzen Kopf infiziert, weil ihm die Ohren abgeschnitten wurden. Zur Belustigung der Truppen läßt man ihn vorwärts und rückwärts von Batterie zu Batterie ziehen, beladen mit großen Tragekörben voller Erde und Steinen; die Soldaten amüsieren sich damit, ihn stolpern und hinfallen zu lassen. Dann »zerren sie ihn mehr tot als lebendig« und binden ihn an einen Galeerenmast, der senkrecht in die Höhe gehoben wird, damit alle auf den Schiffen zusammengedrängten christlichen Sklaven ihn sehen können. Nach einstündiger Tortur (die Türken rufen ihm zu: »Schau, ob du deine Flotte siehst, schau den großen Christus und ob du die Hilfe von Famagusta siehst...«) wird er heruntergeholt, nackt an eine Säule gebunden, und dann wird ihm in Anwesenheit von Lala Mustafa die Haut abgezogen. Seine herausgerissenen Glieder werden unter den verschiedenen Abteilungen des Heeres verteilt, die Haut, mit Stroh gefüllt und wieder zugenäht, wird in seine Kleider gehüllt; man setzt ihm einen

Pelzhut auf den Kopf, und er ist so »verkleidet, daß er wie lebendig erschien«. Diese armseligen Überreste werden rittlings auf einen Ochsen gesetzt und durch ganz Famagusta gezogen, »um dem bestürzten Volk noch mehr Angst einzujagen«. Die Haut wird dann zusammen mit den Köpfen von Astorre Baglioni, des Generals Martinego und des Kastellans Andrea Bragadin herumgetragen und überall an der asiatischen Küste ausgestellt, ehe sie in Konstantinopel endet, von wo sie heimlich entwendet werden und Jahre später nach Venedig gelangen sollte. Und dort fand sie schließlich Frieden, und zwar zunächst in der Kirche San Gregorio, dann in Santi Giovanni e Paolo, wo sie sich noch heute befindet.

## 9

Man begann, gleich damals darüber zu diskutieren, warum der osmanische Kommandant sich so grausam verhalten hatte. Lala Mustafa rechtfertigte sich seinem Vorgesetzten Pertev Pascha gegenüber in einem Brief, in dem er die Beschuldigung gegen Bragadin wiederholte, dieser habe die türkischen Gefangenen umbringen lassen. Er habe befürchtet, daß die türkische Besatzung der Schiffe, die die Flüchtlinge nach Kreta hätten bringen sollen, von den Venezianern hätte gefangengenommen und in die Sklaverei verschleppt werden können. Vom traditionellen Bericht ausgehend, würde man aber sagen, daß seine Wut daher kam, daß sein militärischer Stolz verletzt worden war, als er erfuhr, daß seine zweihundertfünfzigtausend Mann (denn so viele waren es gewesen!) sich von wenigen hundert schlechtausgerüsteten Soldaten ohne Lebensmittel und ohne Schießpulver hatten in Schach halten lassen. Wie dem auch sei, der Bericht über die Greueltaten von Famagusta wurde für die Liga zu einem wertvollen Propagandamaterial.

Aber die im Hafen von Messina versammelte Armada der Liga hatte immer noch viele Schwierigkeiten zu meistern. Feste und Zeremonien folgten aufeinander, doch hinter dieser glänzenden Fassade drängten sich die konkreten Probleme, Geld-, Versorgungs- und Rüstungsprobleme sowie verfänglichere Fragen wie etwa die nach der Aufstellung und Anordnung der Schiffe. Dahinter verbargen sich die kniffligen Probleme der Priorität, die nur dann dem Anschein nach formell waren, wenn der Form der tatsächliche Inhalt der Macht entsprach.

Die Schlachtordnung der großen verbündeten Flotte wurde festgelegt. Die Armada sollte in drei Verbände unterteilt werden, die sich gegenseitig an der Farbe ihrer Fahne erkennen sollten – den linken Flügel mit der gelben Fahne sollte der venezianische *Provveditore generale* Agostino Barbarigo befehligen, den rechten mit der grünen Fahne Gian Andrea Doria. Zwischen den Galeeren in der Mitte, die durch die blaue Fahne gekennzeichnet waren, sollten Don Juan d'Austria und der päpstliche und der venezianische Oberbefehlshaber, Marcantonio Colonna und Sebastiano Venier, ihre Posten beziehen, in der Nachhut (weiße Fahne) der Marchese von Santa Cruz. Eine Meile vor der Schlachtordnung sollten die sechs venezianischen Galeassen in Stellung gebracht werden, regelrechte schwimmende Festungen, von denen jede mit zweiundzwanzig Kanonen und dreihundert Arkebusen mit den jeweiligen Schützen ausgerüstet war. Die Galeassen wurden paarweise angeordnet, so daß sie für die Mitte und die Flügel eine echte Deckung bilden konnten. Man beschloß (und das war die klügste und die ausschlaggebende Entscheidung), daß die Galeeren der verschiedenen Nationen sich vermengten, so daß es kein venezianisches oder spanisches oder genuesisches Geschwader gab, sondern nur eine einzige christliche Armada. Allein die drei Galeeren von Malta erreichten, sich allen voran in die vorderste Linie stellen zu dürfen; denn das war ein uraltes Privileg des Ritterordens des heiligen Johannes von Jerusalem.

Man erörterte auch die Strategie, und hier gingen die Meinungen radikal auseinander. Gian Andrea Doria und Don Luis de Requesenz, der Stellvertreter von Don Juan d'Austria, waren für die Defensive; das stand eindeutig in der Kontinuität der traditionellen spanischen Einstellung, die immer den frontalen Zusammenstoß hatte vermeiden wollen, die immer tausend Zweifel hegte und daneben noch tausend Sorgen. Venedig hingegen wollte mit dem ständigen Gedanken an Zypern nun, da Ragazzonis

Mission gescheitert war, um jeden Preis die Offensive, den Zusammenprall – eine Orientierung, die mit dem Ungestüm des venezianischen Generalissimus übereinstimmte. Aus Madrid empfahl König Philipp II. persönlich – beileibe kein Dummkopf –, daß die Flotte sich nicht in Nebenkampfhandlungen verzetteln sollte und daß man an eine Strategie des konzentrierten Angriffs denken sollte, die auf definitive Ergebnisse abzielte. Statt dessen tauchten weiterhin Pläne auf – und fast immer war Doria derjenige, der sie befürwortete –, Ablenkungsmanöver, Nebenkampfhandlungen und kleinere Operationen durchzuführen. Es gab schließlich ein sehr schwerwiegendes Problem: Trotz der Bemühungen des Generalkapitäns Venier war die venezianische Flotte noch immer unzureichend ausgerüstet; zudem waren kurz zuvor einige ihrer Schiffe von einem Unwetter zerstört worden.

Sebastiano Venier muß akzeptieren, daß die Mannschaften seiner Galeeren durch viele italienische und spanische Soldaten verstärkt werden. Doch als die vollständige Flotte im Hafen von Igumenitsa an den Küsten des Epirus vor Anker geht, kommt es zu schlimmen Zwischenfällen. Don Juan begeht einen Fauxpas, indem er Gian Andrea Doria mit der Inspektion der venezianischen Galeeren beauftragt, und Venier fühlt sich deswegen beleidigt. Dann bricht an Bord der Galeere von Andrea Calergi aus Candia ein Streit zwischen spanischen Arkebusieren und venezianischen Matrosen aus. Die Offiziere, die Venier entsandt hat, damit sie Frieden stiften, werden angefallen und verletzt. Der Generalkapitän kommt mit seiner Galeere näher an die von Calergi heran, droht, alle zu versenken; dann läßt er die Streithähne festnehmen, ihnen den Prozeß machen, und der Kapitän Muzio Alticozzi aus Cortona, der einen Offizier geohrfeigt und beschimpft hat, wird mit drei seiner Leute am Hauptmast aufgehängt. Das ist für Don Juan eine tödliche Beleidigung: Oberbefehlshaber ist er, und in der ganzen Armada hat er allein die Gewalt über Leben und Tod. Schließlich weigert Don Juan sich, je wieder das Wort an Sebastiano Venier zu richten, und bei den Besprechungen des Oberkommandos sollte die Republik von nun an durch den *Provveditore generale* Barbarigo vertreten werden.

Doria und Requesenz schlagen weiterhin Ablenkungsmanöver vor, und zwischen den Bündnispartnern kommt es immer noch zu Feindseligkeiten und Auseinandersetzungen: Die Venezianer beschuldigen die Spanier, nicht kämpfen zu wollen, die Spanier beschuldigen die Venezianer, davonlaufen zu wollen ... Marcantonio Colonna schreit sich die Seele aus dem Hals, um den Friedensstifter zu spielen. Aber es ist Don Juan, der sich nunmehr zum Kampf entschlossen hat. Er ist kaum mehr als ein Knabe, dieser außereheliche Sohn von Karl V., der bis zum Alter von sechzehn Jahren von unbekannten Bauersleuten aufgezogen worden ist, gedemütigt durch eine offizielle Behandlung, die ihn seine illegitime Herkunft spüren läßt. Aber er versteht es, zu befehlen, ist gierig nach Ruhm und hofft auf einen Triumph, der jene Herkunft vergessen läßt, die ihn seinem melancholischen und argwöhnischen Halbbruder Philipp unterlegen macht. Bei Fiscardo an der Spitze der Insel Cefalonia überbringt eine kretische Fregatte die Nachricht vom Fall von Famagusta und vom Martyrium des Marcantonio Bragadin. Auf allen Galeeren erhebt sich ein Schrei nach Rache. Trotz der Erwägungen und der Vorbehalte der Diplomatischen, der Gewissenhaften und der Scheinheiligen ist die Stunde der Wahrheit nun wirklich nahe gerückt.

Die Flotte hat die schönste Blüte des italienischen und spanischen Adels an Bord. Da sind die Piemontesen, die sich mit Don Francesco von Savoyen auf den von Genua entsandten Galeeren eingeschifft haben; da ist der Herzog von Urbino, der Fürst von Parma; da sind die Doria und die Spinola, die Grimaldi und die Lomellini; da ist auch Alderano Cybo Malaspina, der Marchese von Carrara. Marcantonio Colonna zur Seite steht Onorato Caetani, der die päpstlichen Fußtruppen befehligt; da sind Monsignor Odescalchi und Paolo Giordano Orsini, der sich an Bord einer venezianischen Galeere mit Ruhm bedecken sollte. Da sind die Sforza und die Carafa, die Caracciolo und die Lodreone, die d'Avalos, die Serbelloni, die Gonzaga; da sind Angehörige der Familien Cardona, Padilla, Figueroa und Manrique. Und an Bord einer spanischen Galeere befindet sich ein Mann, dessen Ruhm den aller großen Adelsgeschlechter überleben sollte – ein mittelloser Edelmann und Soldat mit einer literarischen Ader, die ihn veranlassen sollte, eines der Meisterwerke der Menschheit zu schreiben: Miguel de Cervantes Saavedra, der Verfasser des *Don Quijote*.

Und wie sieht es auf der anderen Seite aus? Wo ist die türkische Flotte überhaupt? Im Februar sprach man davon, daß in Konstantinopel zweihundertfünfzig Galeeren und einhundert Boote ausgerüstet würden; flüchtige Sklaven hatten von zweihundert Galeeren gesprochen, die Kurs auf Korfu genommen hätten, noch bevor die Liga zustande gekommen war. Im Juni waren es dreihundert Segelschiffe, die nach Candia unterwegs waren. Auf der Reede von Lepanto (dem heutigen Nafpaktos an der Küste von Lokride) lagen, wie es scheint, zweihundertdreißig Galeeren sowie siebzig kleinere Schiffe mit etwa neunzigtausend Mann und siebenhundertfünfzig Kanonen an Bord. Der Oberbefehlshaber war Ali Pascha, flankiert vom *Sirdar* Pertev Pascha, von Euldsch Ali, dem Beglerbeg von Algier, und von einer Gruppe junger Korsarenadmiräle, unter denen Kara Hodscha und Karadscha Ali hervorragten. Da war auch der Bei von Alexandria, Mehmed Schuluk, den die Christen »Schirokko« nannten. Die Armada der Liga bestand dagegen aus zweihundertacht Galeeren, von denen nicht weniger als einhundertsechs venezianisch waren, neunzig spanisch (einschließlich der von Genua gestellten) und zwölf päpstlich, sowie aus sechs venezianischen Galeassen und zwanzig oder dreißig Segelschiffen; die Zahl der Kanonen belief sich insgesamt auf eintausendachthundertfünfzehn Stück. Es gab etwa achtzigtausend Mann, von denen die Hälfte Galeerenruderer waren; bei der osmanischen Flotte machten sie ebenfalls die Hälfte aus – türkische Sklaven und gewöhnliche Kriminelle auf den Galeeren der Liga, christliche Sklaven, zumeist Griechen, auf den türkischen. In Voraussicht eines Gefechts hatten die christlichen Kommandanten den Zwangsarbeitern die Freiheit versprochen, wenn sie mit der Waffe in der Hand daran teilnehmen würden. Ali Pascha hatte befohlen, daß die an ihre Bänke angeketteten christlichen Sklaven den Blick nicht vom Boden heben durften und beim ersten Anzeichen von Unbotmäßigkeit niedergemetzelt würden.

Die Curzolariinseln sind ein winziger Archipel zwischen Cefalonia und der Mündung des Golfs von Lepanto. Dort trifft am

Abend des 6. Oktober 1571 die Armada der Liga ein. Und dort werden beim Morgengrauen des 7. in Richtung der Landzunge des sogenannten Malcanton in der Ferne die bewaffneten osmanischen Kriegsschiffe gesichtet.

Daß der Zusammenstoß bevorsteht, erscheint nunmehr klar. Nur die Spanier zweifeln noch daran. Freilich nicht Don Juan, der seine Galeere, die *Real de España,* anhalten läßt und das Signal aufzieht, das der Armada befiehlt, Aufstellung zu nehmen. Die osmanische Flotte ist zehn Meilen entfernt; bei den Türken herrscht große Begeisterung, auch weil die Informationen, die auf einer von Kara Hodscha geleiteten Erkundung beruhen, ungenau sind und der Umfang der Flotte der Liga nur auf etwa einhundertsiebzig Segelschiffe geschätzt wird. Ali Pascha ordnet an, sich zur Schlacht aufzustellen.

Die Galeeren der Liga sind nebeneinander placiert; die Spitzen ihrer Ruder berühren sich und bilden vor der majestätischen Reihe der sechs Galeassen eine großartige Linie. Die Würfel sind gefallen. Im letzten Augenblick läßt sich der blutjunge Oberbefehlshaber – vielleicht von einem letzten Zweifel gepackt – zum Heck des venezianischen Hauptschiffes bringen, wo Sebastiano Venier seinen Posten bezogen hat. An ihn wendet sich Don Juan: »Warum kämpft Ihr?« – »Man muß, es ist unumgänglich«, antwortet der betagte Generalkapitän zur See.

Über die Schlacht von Lepanto, die größte und blutigste, welche die Gewässer des Mittelmeers – im Laufe der Jahrhunderte an eine nie abreißende Kette von Kriegen, Zusammenstößen und Gefechten gewöhnt – je gesehen haben, über diese Schlacht ist viel geschrieben worden, in Prosa und in Versen: über den Angriff, unternommen von Ali Pascha, den der Anblick der gewaltigen, mit Kanonen gespickten Schlachtordnung überrascht hatte (er war darauf gefaßt gewesen, mindestens einhundert Schiffen weniger gegenüberzustehen), über die Verwirrung, ausgelöst durch das Feuer der Galeassen, über den Angriff der Admiralsgaleeren, das wilde Getümmel und das grauenhafte Gemetzel. Und über Alis Tod, über seinen abgeschlagenen Kopf, der den Kämpfenden, auf eine Pike gespießt, gezeigt wurde, über die Niederlage der Osmanen, den mutigen Versuch von Euldsch Ali, ein Ablenkungsmanöver durchzuführen und die Flotte der Liga von hinten zu umzingeln, über den heroischen Tod des *Provveditore generale* Barbarigo. Und über den grauenvollen Anblick, den das Meer bot, rot von Blut, bedeckt mit Leichen, geborstenen Rudern und Masten. Und über die große Beute, die die Sieger jenes einzigartigen Tages machten, an dem sich auch die christlichen Sklaven von ihren Ketten befreiten und den Türken mit den Waffen des Glücks in den Rücken fielen. Es war ein großer Tag für alle Verbündeten, nur nicht für den armen Miguel de Cervantes, der als Sklave von der Galeere des Euldsch Ali fortgeschleppt wurde, auf welche er sich kämpfend geschwungen hatte. Es war ein klarer und überwältigender Sieg und für die Venezianer, die sich – wie alle einmütig anerkannten – heldenhaft geschlagen hatten, ein moralischer Triumph, der für immer die traurigen, schmachvollen Erinnerungen an Negroponte, Zonchio und Prevesa auslöschte.

In Rom lobpries Papst Pius V. bewegt die Jungfrau vom Rosenkranz, deren Fürsprache er das zuschrieb, was alle als einen »Triumph der Christenheit« bezeichneten. In Venedig lief zehn Tage nach dem Zusammenstoß die Galeere *Giustiniana* im Hafen ein, hinter sich im Wasser die eroberten türkischen Fahnen herziehend. Onfré Zustinian, der Bote von Sebastiano Venier, bahnte sich mühsam seinen Weg durch eine begeisterte Menge, betrat den Saal des *Collegio,* wo sich in großer Eile die *Signoria* mit dem Dogen Alvise Mocenigo versammelt hatte, und dort sagte er, »nachdem alle verstummt waren, laut und mit militärischem Ton: Ich melde, erlauchtigster Fürst, den vortrefflichen und wunderbaren Sieg; die türkische Flotte von unserer völlig besiegt und vernichtet; fast alle feindlichen Galeeren entweder versenkt oder aufgelaufen oder erbeutet, sehr wenige verschont. Seid es zufrieden; Ehre sei Euch!«

Daraufhin »erhoben alle ihre Stimme, um Gott zu danken. Kein Herz war so hart, vor Ergriffenheit die Tränen zurückzuhalten. Es schien, als ob Köpfe und Herzen nicht ausreichten, um die Freude zu fassen.«*

* A. und P. Tiepolo, *Istoria della Guerra di Cipro,* Ms. Marciano It. VII, 12 und 224.

Der Doge und die Senatoren umarmten und küßten sich, dann begaben sie sich alle in die Kirche, wo das *Te Deum* angestimmt wurde, und drei Tage lang gab es nichts als Feste, und an vielen Geschäften sah man die Aufschrift: »Geschlossen wegen Tod des Türken.« Nur Philipp II., den die Nachricht im Halbdämmer einer Kapelle des Escorial erreichte, zeigte keine Rührung; es sah sogar so aus, als ob ihm jener glänzende Erfolg seines Stiefbruders nicht recht gefallen wollte.

## 10

Nachdem die Siegesfreude verrauscht war, gingen alle sehr rasch zu Überlegungen anderer Art über. Vor allem zur Bilanz der Schlacht, eine für alle sehr schwierige Bilanz. Erbeutet wurden einhundertsiebzehn Galeeren, dreizehn Galeotten, einhundertsiebzehn schwere und zweihundertsechsundfünfzig leichte Geschütze, siebzehn Mörser; zweiundsechzig osmanische Galeeren wurden versenkt. Die Zahl der türkischen Gefangenen belief sich auf dreitausendvierhundertsechsundachtzig (man kann nun unzählige Galeeren mit Ruderern ausstatten). Alles in allem haben die Türken zwischen zwanzig- und dreißigtausend Mann verloren, Tote und Verwundete; hinzu kommen die zahlreichen Flüchtigen, die von den Griechen in den Dörfern an der Küste massakriert wurden; fünfzehntausend christliche Sklaven sind befreit worden, was, abgesehen von der Genugtuung, einen schweren Schlag für die osmanische Ausrüstung bedeutet. Aber auf seiten der Liga beträgt die Zahl der Verwundeten zwanzigtausend und die der Toten siebentausendfünfhundert. Von diesen sind zweitausend Spanier, achthundert Päpstliche und die übrigen, etwa viertausendsiebenhundert, Venezianer. Die Venezianer haben also den Sieg mit einem sehr viel höheren Preis erkauft als alle anderen, und als der Augenblick kam, die Beute aufzuteilen, fühlten sie sich, gemessen an ihren Verlusten, nicht richtig entschädigt, und Sebastiano Venier verhehlte seinen Mißmut nicht. Andererseits war Don Juan, der den alten venezianischen Admiral im Überschwang des Erfolges umarmt und geküßt hatte, zutiefst gekränkt, weil dieser die Galeere *Giustiniana* mit den Neuigkeiten nach Venedig geschickt hatte, ohne Don Juan zuvor davon zu unterrichten. Die schlechte Stimmung wurde sicherlich nicht durch die Kritiken und die Verdächtigungen verbessert, die Gian Andrea Dorias Verhalten während des Gefechtes zum Thema hatten. Er behauptete, mutig manövriert zu haben, als er sich von der Formation entfernt hatte, um Euldsch Alis Umzingelungsversuch zu vereiteln, aber viele andere, darunter Marcantonio Colonna, bezichtigten ihn offen des Verrats. Einige suchten den Grund dafür in seinem Wunsch, die genuesischen Galeeren »zu schonen«, die sein an den König von Spanien verpachtetes Eigentum waren, andere in politischem Kalkül (man denkt tatsächlich, daß er Euldsch Ali für Spanien »zurückgewinnen« wollte). Aus Venedig meldete sich ein ungestümer Senat: Er möchte eine sofortige Wiederaufnahme der Feindseligkeiten; man solle den Sieg ausnutzen und direkt auf das Herz des Osmanischen Reiches, auf Konstantinopel, zielen (und der Rat der Zehn verschickte unterdessen Listen mit den Namen osmanischer Kommandanten, die man »insgeheim liquidieren« sollte: An ihrer Spitze stand Mehmed Schuluk, aber für dessen Ermordung hat bereits Zuan Contarini gesorgt, der ihm, als er ihn dem Tode nahe sah, den Gnadenschuß hatte geben lassen ...). In Wirklichkeit war das venezianische Kontingent nicht nur durch die großen Verluste geschwächt, die es in der Schlacht erlitten hatte, es war schon vor dem Waffengang knapp an Ruderern und Soldaten gewesen. Venier und der *Provveditore generale in Golfo* Filippo Bragadin, der ihm Verstärkungen gebracht hatte, zeichneten den Zustand ihrer Schiffe gegenüber dem Senat übereinstimmend in düsteren Farben. Schließlich wurde trotz des guten Willens von Don Juan d'Austria beschlossen, das ganze Jahr 1571 hindurch nichts mehr zu unternehmen.

Zum Trost für alle konnte man sagen, daß der Sieg wirklich eine enorme moralische Wirkung hatte. »Der Sieg der Christen versperrte den Weg zu einer Zukunft, die sich bereits sehr finster abgezeichnet hatte« (F. Braudel). Was hätten die Türken und Algerier, die osmanische Flotte und die Korsaren getan, wenn es nicht zu jener Katastrophe gekommen wäre? Wenn die Türken zufällig die Schlacht gewonnen hätten, was wäre dann mit Sizilien und mit dem Königreich Neapel geschehen, mit der Adria und den Ionischen Inseln, von Kreta ganz zu schweigen? Darüber hinaus wurde der über hundertjährige Mythos von der Unbesiegbarkeit des Türken zerstört; fast überall gewannen die griechischen Bevölkerungsteile ihr Selbstbewußtsein zurück, und hie und da brachen Aufstände aus, die in der Zukunft chronisch werden sollten. Mehmed Sokollu, der Großwesir, der den Krieg nicht gewollt hatte, faßte in einem Gespräch mit dem *Bailo* Marcantonio Barbaro die Bedeutung des Vorgefallenen in bilderreicher, aber exakter Sprache zusammen: »... Zwischen unserer Situation und der eurigen besteht ein großer Unterschied. Wir haben euch, als wir euch Zypern wegnahmen, einen Arm abgeschnitten; als ihr unsere Flotte geschlagen habt, habt ihr uns den Bart rasiert. Ein abgehackter Arm kann nicht nachwachsen, aber ein Bart wächst nach der Rasur verstärkt nach ...«

Während man über die Kriegspläne für 1572 diskutierte, starb Pius V. Es war ein schwerer Verlust, auch wenn sein Nachfolger Gregor XIII. großen Eifer an den Tag legte. Und der »Bart« des Sultans wuchs – dank Sokollus Fähigkeit und Zähigkeit – sehr rasch nach. Man hat bemerkt, daß in der Zeit, in der die Venezianer ihr Arsenal mit Denkmälern ausschmückten, die Türken das ihre ausbauten und in den Randgebieten ihres Reiches begannen, weitere Arsenale einzurichten. Als der Feldzug wiederaufgenommen wurde, verfügte der zum Oberbefehlshaber *(Kapudan Pascha)* ernannte Euldsch Ali über eine völlig neue Kriegsmaschinerie, die der Mangel an geschultem Personal allerdings verwundbar gemacht hatte. Andererseits war der Generalkapitän Sebastiano Venier von der Bühne abgetreten; man hatte ihn den Erfordernissen von Politik und Diplomatie geopfert und durch Jacopo Foscarini ersetzt. Philipp II. persönlich hatte über Vermittlung des Papstes den Kopf des großen alten unverträglichen und unbezähmbaren Mannes gefordert ... Man muß sich fragen, inwiefern Veniers Launen von seinem Charakter bestimmt waren und inwiefern sie sich nicht aus einem feinen Gespür für den unaufhaltsamen Niedergang der Macht ergaben, die er vertrat.

Denn in den Bedrängnissen und dem Gewirr einer Seeoffensive ohne bedeutsame Handlungen und Folgen, vergiftet durch die

Streitigkeiten und die ewigen Interessenkonflikte, schälte sich eine ebenso bittere wie unumstößliche Wahrheit heraus: Der Sieg war zwar in erster Linie Venedig zu verdanken, aber es ging mit dem offenkundigen Beweis seiner grundlegenden Schwäche daraus hervor. Wohl hatte das Meer seinen Triumph erlebt, doch es war nicht mehr *sein* Meer, konnte es gar nicht mehr sein. Angesichts der Gleichgültigkeit, wenn nicht sogar der offenen Böswilligkeit seiner spanischen Verbündeten, deren wahre Interessen und wirkliche Probleme anderswo lagen (und die, nachdem sie ihr unmittelbares Ziel einmal erreicht hatten, den Kriegsschauplatz im östlichen Mittelmeer für nebensächlich hielten), ließ sich Venedig 1573 darauf ein, einen Separatfrieden mit den Türken zu schließen. Ein trauriger, unglückseliger Friede, den die Alliierten entrüstet als schändlich verurteilten, aber ein notwendiger Friede. Es ist klar, daß Venedig sich im Kampf gegen den erneut kriegslüsternen und aggressiven Türken nur auf sich selbst ernsthaft verlassen konnte, doch seine Kräfte reichten nicht aus, um eine so schwere und quälende Last allein zu tragen.

Was in Venedig ein Jahr nach der Unterzeichnung jenes unheilvollen Friedens geschah, der es, abgesehen von anderen, sehr negativen Folgen, auch das Königreich Zypern kostete, suggeriert fast den Wunsch, sich im Luxus und im Vergnügen betäuben zu wollen, um die unangenehme Wirklichkeit zu vergessen. Es war vielleicht tatsächlich so. Aber möglicherweise hatte der wirklich außergewöhnliche Empfang, der Heinrich III. in Valois, dem König von Polen, bereitet wurde, der nach dem Tod Karls IX. König von Frankreich geworden war und seine Krone in Besitz nehmen wollte, auch noch eine andere Bedeutung. Das Bündnis mit Spanien war tot und begraben. Die Gefahr diplomatischer Isolierung lastete auf der Republik, die von den Besitzungen des Hauses Österreich in eine tödliche Umarmung gepreßt wurde. Die Zurschaustellung der Freundschaft mit dem neuen König von Frankreich war eine Art, die Isolierung zu durchbrechen und in aller Öffentlichkeit ein neues Bündnis anzubahnen, das von Dauer sein sollte.

In Venedig hatte man schon so manchen Monarchen gesehen. Zwanzig Jahre zuvor war Bona Sforza, die Witwe von Sigismund von Polen, gekommen und mit großem Pomp empfangen worden (auf dem *Bucintoro* hatte die Humanistin Cassandra Fedele eine Rede an sie gerichtet). Zuletzt war der Herzog von Ferrara, Alfonso d'Este, gefeiert worden, der 1562 mit einem Gefolge von dreitausend Personen eingetroffen war. Aber was man für Heinrich III. inszenierte, war zuvor noch nie für jemanden inszeniert worden. Er hatte in Marghera die Gondel bestiegen, eskortiert von sechzig ebenfalls in Gondeln fahrenden Senatoren (die Gondeln für vier Ruderer waren innen mit Atlas, Damast, Samt, Golddrapé und orientalischen Teppichen ausgeschmückt). In Murano wurde er von einer Ehrenwache von sechzig Hellebardieren empfangen, die in seidene orangerote, himmelblaue und türkisfarbene Schlitzwämser gekleidet waren. Vierzig junge Patrizier, ebenfalls in großer Pracht, hatten im wunderschönen Palazzo von Ser Bartolomeo Cappello Aufstellung genommen, der ganz mit golddurchwirkten Seidenstoffen ausgelegt war. Es war eine Szene, den »Abendmählern« würdig, die Paolo Veronese in jenen Jahren malte und auf denen man im Hintergrund die Gärten von Murano erkennen kann. Dorthin kam der Doge Mocenigo ihn abholen. Mit ihm bestieg er die prächtig ausgestattete Galeere des *Capitano in Golfo*, an deren Rudern vierhundert in gelben und blauen Taft gekleidete Slawonen saßen, um sich nach San Nicolò di Lido zu begeben, gefolgt von zahlreichen phantastisch verzierten Galeeren und Booten (allein die *Arti* hatten einhundertsiebzig Gefährte ausgestattet). In San Nicolò di Lido war nach Entwürfen von Palladio ein Triumphbogen errichtet worden, den Malereien von Jacopo Tintoretto, Paolo Veronese und Antonio Wassilaki, genannt l'Aliense, schmückten. Nachdem der König der vom Patriarchen zelebrierten Messe beigewohnt und an Bord des *Bucintoro* ein Stück auf dem überfüllten Canal Grande entlanggefahren war, vorbei an schönen Frauen, die aus den mit Gobelins und kostbaren Teppichen geschmückten Fenstern sahen, erreichte er das ihm zugeteilte Haus. Es handelte sich um den »zum Canal gewandten« Palazzo Foscari, der mit den beiden neben ihm aufragenden gotischen Palazzi der Familie Zustinian verbunden war und den man jetzt mit *Cuoi d'oro,* seltenen Stoffen, alten Waffen und kostbaren Einrichtungsgegenständen ausgestattet hatte.

Tagelang gab es einen einzigen Rausch an Farben, Lichtern und Klängen, eine ununterbrochene Kette von Wundern: Man erlebte Regatten und Prozessionen, Theateraufführungen und Konzerte, Bälle und Empfänge. Es fehlte auch nicht an den gewalttätigen traditionellen Übungen des venezianischen Volkes, den »Kriegen« mit Fäusten und Stöcken, und an Stierjagden, ja man unterließ nicht einmal die hinreißende Vorführung einer der berühmtesten lokalen Industrien, nämlich der Glasindustrie: Mitten im *Canalazzo* arbeitete ein eigens am Rand eines Floßes aufgestellter Brennofen die ganze Nacht unter den Fenstern des Königs. Selbst der Saal des Großen Rates – wo der König, der zugleich venezianischer Patrizier war, feierlich von seinen Vorrechten Gebrauch machte und an einer Abstimmung teilnahm – wurde für die Festlichkeiten benutzt. Dreitausend Gäste nahmen dort an einem großen Bankett teil, für das ein Anrichteschrank gebaut worden war, der bis zur Decke reichte und in dem kostbares Geschirr aus Gold und Silber ausgestellt war. Dort fand auch ein denkwürdiges Frühstück statt. Alles, angefangen bei den Bestecken bis hin zu den Tellern und den Speisen, war aus Zucker, ja sogar die Serviette, die dem König, als er sie auseinanderfalten wollte, zwischen den Händen zerbröselte (es gab viele Statuen und Trophäen, alles Zuckerwerk, das der unter dem Zeichen des Pinienzapfens tätige *Speziale* nach Modellen von Sansovino angefertigt hatte).

So viele Wunder mußten bezahlt werden. Sie kosteten die Staatskasse in der Tat etwa fünfundzwanzigtausend Golddukaten; hinzu kamen die beträchtlichen Ausgaben, die von Privatleuten bestritten wurden. Aber noch war die venezianische Wirtschaft intakt. 1571 hatte man mit einem Gesamteinkommen des Staates von zirka zwei Millionen Dukaten gerechnet – siebenhunderttausend aus der Stadt und dem *Dogado*, achthunderttausend von der Terra ferma, fünfhunderttausend aus Übersee, aus dem *Dominio da Mar*. Die riesigen Privatvermögen schienen zurückzugehen, doch die Zahl der mittleren und kleineren nahm zu. Während es sich bei den Einkünften, die über fünfzehntausend Dukaten im Jahr lagen, nur um sehr wenige handelte, so waren die zwischen fünftausend und zehntausend zahlreich und jene über eintausend Golddukaten im Jahr »zahllos« (freilich gab es die flüssigen Kapitalien, die sich der Schätzung entzogen). Die Finanzbehörden hatten sich nach den Kriterien einer rationellen Verwaltung der Staatsgelder vermehrt: 1568 etwa war die der *Scansadori alle Spese superflue* eingerichtet worden, die mit der periodischen Überprüfung des Staatshaushalts beauftragt wurden und, wie ihr Name besagt, überflüssige Ausgaben verhindern sollten. Im übrigen war die ganze Staatsordnung so weit ausgereift, daß sie eine Vollständigkeit und Harmonie erreicht hatte, die die Bewunderung der fremden politischen Beobachter und Diplomaten erregten. Dreh- und Angelpunkt des Systems war nach wie vor das Konzept der gegenseitigen Kontrolle eines Rates durch den anderen, einer Behörde durch die andere. Dieses Konzept wurde von Messer Federico Badoer, einem Politiker mit langer Erfahrung, einer glänzenden Probe unterzogen, als er im Dezember 1582 anläßlich einer sehr wichtigen Debatte – es ging um die Reform des Rates der Zehn – im Großen Rat das Wort ergriff.

## 11

Seit die *Zonta* aus fünfzehn mit hohen Ämtern betrauten Patriziern neben den siebzehn Mitgliedern des Rates der Zehn (es waren tatsächlich siebzehn: zehn ordentliche Mitglieder sowie der Doge und sechs Dogenberater) 1529 zur ständigen Einrichtung geworden war, kamen viele zu der Überzeugung, daß der *Eccelso* zu mächtig geworden sei. Dieselbe Beobachtung war bereits im 15. Jahrhundert gemacht worden, und es hatte der Probleme mit dem Dogen Foscari bedurft, damit zu einschränkenden Maßnahmen gegriffen wurde. Nun jedoch mischte sich die berüchtigte Versammlung in viele Dinge ein, die nichts mit ihren institutionellen Kompetenzen zu tun hatten. Sie mengte sich in die Fragen der internationalen Politik ein, die eindeutig Sache des Senats war, der auch zu Recht eifersüchtig darüber wachte. Sie drängte sich in die Kompetenzbereiche der obersten legislativen Versammlung, des Großen Rates, und der Große Rat war mit seinen vielen Mitgliedern leicht zu verstimmen und verhehlte seinen Unmut nicht.

Es kam, wie es kommen mußte, und zwar 1582 infolge von

Vorfällen, die eher nebensächlicher Natur waren, aber die öffentliche Meinung beeindruckten. Am 1. Oktober, dem Tag, an dem man alljährlich die *Zonta* wählte, blieb der Große Rat beim zwölften der fünfzehn vakanten Posten stecken. Der Wahlmechanismus versagte, und er war nicht wieder in Gang zu bringen. Am 7. Dezember wurde die Wiederinkraftsetzung des Gesetzes vom 18. September 1468 über die Kompetenzen der Zehn vorgeschlagen, doch dieser Vorschlag kam nicht durch, und er kam auch nicht am darauffolgenden Tag durch, als er mit einigen Abänderungen erneut unterbreitet wurde.

Da ergriff Federico Badoer das Wort. Die Regierung eines Staates, sagte er, sehe verschiedene Kompetenzbereiche vor, die von der venezianischen Verfassung bereits verteilt seien: Die Gesetzgebung gebühre dem Großen Rat; die internationale Politik, militärische Angelegenheiten und die Finanzen seien Sache des Senats, die Verbrechen und die Strafen die der *Quarantia Criminal* und nicht die des Rates der Zehn, dem nur sechs Fälle zustünden, die im Gesetz von 1468 ausdrücklich vorgesehen seien, nämlich Verrat, Verschwörungen oder Störungen des Staatsfriedens, Abtretungen von Ländereien und Ortschaften des Staates, die streng geheime Verhandlungen erforderten, das »abscheuliche Laster« der Sodomie, Ungehorsam seitens der *Rettori* und anderer Amtsträger, die Disziplin der Dogenkanzlei sowie die Disziplin der religiös orientierten *Scuole* und der *Scuole* der Zünfte und Berufe. Der Senat, so sagte er, könne sich im Rahmen der venezianischen Verfassung als eine vollkommene Körperschaft betrachten, weil er sich aus drei Kategorien von Mitgliedern zusammensetze – den Alten, den von Natur aus Furchtsamen, den Jungen, den Ungestümen und Mutigen, und den Männern mittleren Alters, den Erfahrenen und Umsichtigen. Francesco Maria della Rovere, der Herzog von Urbino, habe gesagt, daß es auf der Welt keinen klügeren Kopf gäbe als den des venezianischen Senats. Man solle daher eine Kommission einberufen, damit sie einen für alle annehmbaren Gesetzentwurf ausarbeite. Auf jeden Fall aber solle man die *Zonta* abschaffen, die man nicht brauche, da auch die größten Herrscher sich mit geheimen Räten begnügten, denen nicht mehr als sechs oder acht Personen angehörten.

Der Gesetzentwurf, der gleich danach eingereicht wurde, löste einen Punkt, der in der *Parte* des Jahres 1468 ungeklärt geblieben war, als allgemein von der Kompetenz der Zehn in »anderen, streng geheim zu behandelnden Fällen« die Rede war. Darin wurde nämlich deutlich gemacht, daß die Zehn sich über die sechs bekannten, von Badoer zitierten Fälle hinaus mit den streng geheimen Vorschlägen »von Dingen, die für das Staatswohl wichtig waren«, mit der Entsendung von Geheimagenten und Spionen, beschäftigen und »mit Diensten und mit Geld jene Verwirrungen beilegen müßten, die unsere Ruhe stören könnten«. Die Zehn sollten ferner die Oberaufsicht über die Münze führen. Wenn es aber um die Verwendung des Geldes ging, das sich dort befand, so war die Verfügung darüber ausschließlich Sache des Senats. Das Gesetz legte ausdrücklich fest, daß jegliche Initiative, die über das genau Aufgeführte hinausging, von den *Avogadori di Comun* im Senat »vorgestellt und amtlich genehmigt« werden mußte. Das bedeutete, daß die *Avogadori* Einspruch erheben und beim Senat Berufung einlegen mußten, ohne daß die Zehn ihnen irgendwelche Hindernisse hätten in den Weg legen können. Einen Schönheitsfehler gab es allerdings: Von einer Abschaffung der *Zonta* war nicht nur keine Rede, vielmehr wurden ihre spezifischen Befugnisse und die Modalitäten geklärt.

Das Gesetz wurde dennoch angenommen. Als es aber am 1. Januar 1583 darum ging, die drei fehlenden Mitglieder der berühmten *Zonta* zu wählen, brachte die Abstimmung wieder kein Ergebnis. Erst am 3. Mai 1583 wurde das Ende des beanstandeten Anhängsels offiziell zur Kenntnis genommen: Ein Zusatzartikel, über den an jenem Tag abgestimmt wurde, legte fest, daß anstelle der nicht mehr existierenden *Zonta* drei vom Senat gewählte *Provveditori in Zecca* den Zehn bei der Überwachung jener wichtigen Behörde zur Seite stehen sollten.

In den Jahren zwischen dem Besuch König Heinrichs und der *Correzione* des Rates der Zehn hatten zwei schmerzliche Ereignisse stattgefunden: Im Sommer 1575 zeigte sich die Pest wieder ganz bedrohlich, nachdem sie sich bereits mehrmals in die Stadt eingeschlichen hatte, aber immer wieder aufgrund der Maßnahmen der *Provveditori alla Sanità* zurückgedrängt worden war;

unter anderem waren die *Nettadori de' Sestieri,* die »Stadtsechstelreiniger«, von 1558 an verpflichtet gewesen, alle vier Monate für die gründliche Säuberung der Stadt alle Sorge zu tragen. Die *Provveditori* glaubten, daß es ihnen auch dieses Mal gelungen sei, die Pest einzudämmen, aber es handelte sich um einen ernsthafteren Ausbruch als üblich mit dreitausendsechshunderteinundneunzig Toten zwischen August 1575 und Februar 1576. Im Juni 1576 flammte sie mit nie gekannter Heftigkeit auf, den Gutachten zweier berühmter Professoren aus Padua zum Trotz, die in großer Selbstüberschätzung behauptet hatten, daß nichts zu befürchten sei. In der überfüllten Metropole richtete die Seuche ein Werk der Verheerung an. Im Lauf des Jahres 1576 starben fast fünfzigtausend Menschen. Der Eifer der Dogen und des Senats, der trotz der Epidemie weitertagte (im Gegensatz zum Großen Rat, zu dessen Sitzungen statt der über eintausenddreihundert Patrizier nicht mehr als dreihundert Mitglieder erschienen), die getroffenen Maßnahmen und die hervorragende Organisation der Hospitäler konnten nicht verhindern, daß die Seuche sich bis Dezember hinzog. Das Ende der Seuche wurde einem feierlichen Gelübde zugeschrieben, das der Senat dem Erlöser getan hatte; ihm verdanken wir die schöne, von Palladio auf der Giudecca am Ufer des Kanals erbaute Redentorekirche.

Nach Alvise Mocenigos Tod war Sebastiano Venier zum Dogen gewählt worden, und kaum eineinhalb Monate später zerstörte eine schreckliche Feuersbrunst den Dogenpalast. Der Sieger von Lepanto grämte sich darüber zu Tode, und seine Seelenqual ist verständlich, wenn man sich die Bedeutung jenes Baus vor Augen hält, der für jemanden, der sich für die Republik aufgeopfert hatte, das materielle Symbol ihrer Größe gewesen war. Kostbare Kunstwerke gingen zu Dutzenden, zu Hunderten verloren. Zum Glück wurde nicht der ganze Palast ein Raub der Flammen, und die Ansicht derjenigen, die alles niederreißen lassen wollten, um den Wiederaufbau einem modernen Architekten zu übertragen (man dachte, wie gesagt, an Palladio), wurde Gott sei Dank von einer Mehrheit unbeachtet gelassen, die noch in der Tradition verankert war, welche sich in dem großen gotischen Bau verkörperte. Massiv und leicht zugleich hat er glücklich bis in unsere

Tage hinein überdauert. Aber zur Neugestaltung der Innenräume mobilisierte der Stolz von Patrioten und Patriziern sämtliche künstlerischen Kräfte Venedigs – angefangen beim betagten Tizian bis hin zu Paolo Veronese und Tintoretto, von den Bassano bis Vittoria, von Palladio bis zu Palma unter der Koordination von Antonio Da Ponte –, um die Säle noch reicher, noch geschmückter, noch kostbarer zu machen. Die »Magnifica Comunità Cadorina« hatte das Bauholz gespendet, und man muß sagen, daß die Terra ferma, als es um den Krieg um Zypern und von Lepanto ging, den Anforderungen des venezianischen Staates stets mit Feuereifer nachgekommen war. Auch die Adligen hatten sich trotz ihrer tiefsitzenden Unzufriedenheit unter den Insignien des heiligen Markus aufgeopfert. Viele von ihnen hatten sich auf See mit den Patriziern gleichgestellt gefühlt, seit ihnen gestattet worden war, als *Sopracòmiti* die Galeeren in der Schlacht zu befehligen, und viele hatten mit ihrem Blut und mit Gefangenschaft in osmanischer Hand, wenn schon nicht ihre Liebe für die Republik, so doch wenigstens ihre volle Solidarität gegenüber dem aggressiven und gewalttätigen Feind gefestigt.

## 12

Nach Lepanto und dem nächsten Feldzug wurde die militärische Neutralität streng beachtet, soweit es das wilde Treiben der Korsaren zuließ, das sich noch stärker zeigte, als Don Juan d'Austria das 1574 eroberte Tunis schon bald wieder verlor. 1580 lehnte der Senat einen Vorschlag ab, der auf ein Bündnis mit Persien abzielte, und 1581 wies er die Angebote eines Gesandten des Zaren von Moskau zurück, der ebenfalls die Türken zu bekämpfen wünschte. Für Venedig standen in der Levante zu viele Interessen auf dem Spiel – Interessen, die von zu vielen Seiten gefährdet wurden, neuerdings auch von den Engländern, neuen und überaus gefährlichen Handelskonkurrenten. Englische Schiffe sah man schon seit einer Weile im Mittelmeer. Im August des Jahres 1581 hatte ein Versuch, den britischen Rosinenhandel von Zante mit saftigen Zöllen zu belegen, Königin Elisabeth zu einer harten Reaktion veranlaßt. Aber bereits seit Juli desselben Jahres hatte eine *Levant Company*, die eben auf Betreiben der »jungfräulichen Königin« gegründet worden war, vom Sultan besondere Lizenzen erhalten und machte große Geschäfte mit Gewinnen, die über dreihundert Prozent lagen. Gegen Ende des Jahrhunderts sollten noch die Holländer hinzukommen. Die Zeiten, da das östliche Mittelmeer noch als italienischer See gelten konnte, gingen zu Ende.

Auf jene Jahre geht die Episode zurück, die für die venezianische Wirtschaft die entscheidendste des Jahrhunderts war. König Philipp II. von Spanien hatte Portugal annektiert, und der Besitz von Portugal bedeutete Kontrolle über einen großen Teil der Gewürze aus Ostindien – eine bis dahin noch nie gekannte Menge an Waren. 1581 hatten der Botschafter Morosini und der venezianische Konsul in Lissabon das spanische Angebot, eine »Galeerenexpedition« in die portugiesische Hauptstadt zu unternehmen, weitergeleitet. Der Vorschlag hatte aus vielen Gründen verblüfft: Es gab Schwierigkeiten, Schiffe und Leute aufzutun, die bereit waren, sich die Ausgaben für die Ausrüstung auf den Hals zu laden; man hatte keinen Kredit auf dem Lissaboner Markt, und dann bestand das Risiko, von den Philipp II. feindlichen Korsaren angegriffen zu werden. Aber die Idee war nicht gestorben, ganz im Gegenteil. Gegen Ende des Jahres 1585 verfaßten Antonio Bragadin und Jacopo Foscarini im Auftrag der *Signoria* ein Gutachten »über den Handel mit Pfeffer und den Spezereien Ostindiens«, das sich mit dem spanischen Angebot befaßte, den Venezianern jedes Jahr in Lissabon etwa fünfzehntausend Zentner Pfeffer für je sechzig Dukaten zu überlassen, wobei ein Drittel in bar und die beiden anderen Drittel sechs Monate später gezahlt werden sollten. Ferner sollte garantiert werden, daß die spanischen Galeeren von Lissabon bis nach Sizilien eskortiert und die Zolltarife beträchtlich gesenkt würden ... Die beiden Berichterstatter schlugen nach reiflicher Überlegung vor, darauf einzugehen, obwohl sie sich der Tatsache bewußt waren, daß das Abkommen den Zusammenbruch des Levantehandels, der seit den Ursprüngen Venedigs traditionellen Aktivität, bedeutet und der Woll- und Seidenindustrie erhebliche Schäden zugefügt hätte. Aber der Senat nahm den Vorschlag nicht an.

Diese Verweigerung ist sehr negativ beurteilt worden. Es war von der »Kleinigkeitskrämerei« Venedigs, von »fanatischer, von Mißtrauen geprägter Spanienfeindlichkeit«,* ja von »politischem Wahnsinn« die Rede. Tatsächlich flossen die Gewürze trotz der portugiesischen Einfuhren über die traditionellen Wege der Levante nach wie vor in großen Mengen herein, und die Aufgabe des Levantehandels hätte den Ruin und die Preisgabe von mindestens viertausend venezianischen Familien bedeutet, die von ihm lebten und sich in Damaskus, Aleppo, Kairo, Alexandria, Bagdad und sogar in Hormos niedergelassen hatten. Und war der Verkauf des portugiesischen Pfeffers denn wirklich ein so gutes Geschäft? Im nachhinein gesehen, würde man das nicht sagen. Mailand, Genua und Florenz sahen das ebenso klar wie Venedig, als sie ihrerseits das Angebot nicht akzeptierten. Und die deutschen Kaufleute und Finanziers, die die Angebote König Philipps II. schließlich annahmen, machten trotz ihres enormen Einsatzes von Geldmitteln nicht die satten Gewinne, die sie sich erhofft hatten. Die Niederlage, die die Engländer der »Unbesiegbaren Armada« beibrachten, die Unsicherheit der Atlantikrouten, die Steigerung der Preise – all das machte aus dem Levantehandel im Mittelmeer letzten Endes das bessere Geschäft. Erst der Einzug der Holländer in die Arena und die Gründung der großen Ostindien-»Kompanien« ruinierten den Gewürzhandel im Mittelmeer. Doch da war bereits die Schwelle zu jenem 17. Jahrhundert überschritten, das für Spanien, aber bestimmt nicht für Venedig das »Goldene Jahrhundert« werden sollte.

In Venedig riß unterdessen die festliche Stimmung nicht ab. Sie wurde auch nicht durch negative Ereignisse auf wirtschaftlichem Gebiet getrübt wie etwa die Pleite der Pisani-Tiepolo-Bank im Jahr 1584, auf die der Staat allerdings sofort mit beträchtlichem Mut und Vorausblick mit der Gründung einer staatlichen Bank reagierte. Übrigens fiel in dasselbe Jahr etwas sehr Positives, nämlich die völlige Tilgung der Staatsschulden, die nunmehr vollständig zurückgezahlt waren. Der Doge Pasquale Cicogna, ein sehr from-

* Das sind die Worte von F. Braudel, in *Civiltà e imperi* . . ., s.o., Bd. I, S. 603. Über die ganze Angelegenheit vgl. ebenda, S. 601 ff.

mer Greis, der sich in den Türkenkriegen tapfer geschlagen hatte, konnte daher gut gelaunt den neuen schwungvollen Feierlichkeiten zu Ehren der japanischen Gesandten beiwohnen, die Ende Juni 1585 eingetroffen waren. Die fortwährenden Spannungen mit dem Hause Österreich veranlaßten den Bau der imposanten sternförmig angelegten Festung von Palmanova, mit dem 1593 auf Vorschlag von Jacopo Foscarini und Leonardo Donà begonnen wurde – ein Meisterwerk der Militärarchitektur, eine Mahnung an Türken und Österreicher, ein Sinnbild der Macht und ein politisch wie technisch kühnes Bauwerk.

Auch die immer häufigeren Meinungsverschiedenheiten mit dem Papst schienen überwunden, als das venezianische Geschwader im April 1598 Papst Klemens VIII., der gerade die Stadt Ferrara in Besitz nehmen wollte, auf seinem Weg das Ehrengeleit gab. Schon im Jahr zuvor hatte der Papst mit der Entsendung der »goldenen Rose«, der traditionellen Huldigung an hervorragende Herrscherinnen der katholischen Welt, die *Dogaressa* Morosina Morosini ehren wollen, die Gemahlin des Dogen Marino Grimani, der am 26. April unter dem Jubel der Bevölkerung gewählt worden war.

Die Festlichkeiten zu Ehren von Morosina Morosini Grimani stellten die letzte Entladung jenes großen Feuerwerkes dar, das die zweite Hälfte des 16. Jahrhunderts für Venedig gewesen war. Venedig war damals so überreich und bis an die Grenze des Unbehagens überladen, daß es an eine prächtige, schon überreife Frucht erinnerte.

Der Einzug der Gemahlin des gewählten Dogen in den Dogenpalast hatte schon öfter Gelegenheit zu Festlichkeiten geboten, deren Hauptakteure die *Arti* und die Gewerbe waren und die daher vor allem eine Art Mustermessen darstellten, auf denen einer aus allen Teilen der Welt angereisten Menge von »Käufern« ausgewählte Produkte vorgestellt wurden. So war es 1557 für Zilia Dandolo, die Frau des Dogen Lorenzo Priuli, geschehen, als der *Gastaldo* der Schuhmacherzunft der *Dogaressa* ein wunderschönes Paar *Zoccoli* geschenkt und der Doge ihn dafür öffentlich umarmt und geküßt hatte. Für Morosina Grimani setzte sich am Sonntag, dem 4. Mai 1597, sogar der *Bucintoro*, die große Dogengaleere, in Bewegung, an deren Rudern die Arbeiter des Arsenals saßen. An Bord befanden sich die *Signoria* und viele Senatoren des *Pregàdi*. Das Schiff fuhr den Canal Grande entlang bis zum prachtvollen Palazzo der Familie des Dogen in San Luca. Von dort wurde die *Dogaressa*, begleitet von einer Menge von Edeldamen, die in kostbare Toiletten gehüllt und mit Schmuck behängt waren, und eskortiert von mehr als tausend Arbeitern und Handwerkern, alle in Seide gekleidet, zur Ponte della Paglia auf der Mole von San Marco gebracht. Dort hatte die Zunft der Metzger einen Triumphbogen errichtet, von dem aus sich eine große Prozession in Bewegung setzte und unter einem stoffbehangenen Portikus um die Piazza und die Piazzetta zog. Das Defilee eröffneten dreihundert Bombardiers, gefolgt von etwa tausend Vertretern der *Arti* und Gewerbe. Dann kamen einhundertsechsundsechzig Edeldamen, gehüllt in Atlas, Damast, Samt und weiß schimmernden *Tabì* (eine Art Taft), mit weißen Fächern in der Hand, Perlenketten um den Hals, mit goldenen Armreifen, goldenen Gürteln und mit einem goldenen Diadem auf dem Kopf. Ihnen folgten weitere vierundzwanzig grüngekleidete Damen und vierundzwanzig blaugekleidete. Nach diesen kam eine Reihe von Damen, die mit Würdenträgern verheiratet waren, darunter die Frau des *Cancellier grande*. Hinter anderen Jungfern und einem Zwergenpaar schritt dann die *Dogaressa* einher, gekleidet in Gold und das *Corno* des Dogen auf dem Kopf tragend. Den Abschluß des Zuges bildeten die scharlachrotgekleideten Dogenberater, die Purpurfarben tragenden Prokuratoren von San Marco und eine lange Reihe von Patriziern. Nach dem *Te Deum* in San Marco suchten die *Dogaressa* und ihr Gefolge die Säle des Dogenpalastes auf, wo die *Arti* eine ungewöhnliche Ausstellung von Gobelins und Juwelen, Pelzen und Spiegeln, Waffen und auserlesenen Stoffen veranstaltet hatten. Im Saal des Großen Rates wurde ein großes Bankett abgehalten, und die Gerichte dafür wurden – und zwar in dreihundert mit Figuren von Männern und Frauen, Booten und Brunnen verzierten Körbchen – in einer Prozession über die Piazza getragen. Drei ganze Tage dauerten die Festlichkeiten zwischen Gesängen, Wohlklängen, religiösen Feiern, Gastmählern und Theateraufführungen. Obwohl gegen Ende des Jahrhunderts ein gewisser Rückgang der Geschäfte zu verbuchen war, wurde der Umfang des venezianischen Handels allein auf dem Markt von Aleppo mit anderthalb Millionen Goldddukaten im Jahr berechnet; das entsprach etwa der Hälfte des Handelsvolumens aller anderen christlichen Staaten. Dieselbe Zahl wurde noch für das Jahr 1603 registriert.*

* F. Braudel, *Civiltà e imperi* . . ., s.o., Bd. I, S. 611. D. Sella, *Il declino dell'emporio realtino,* in *La civiltà veneziana dell'età barocca,* Venedig/Florenz 1959, S. 100.

# X
# DER KAMPF

## I

Es ist immer wieder behauptet worden, Venedig habe nach Lepanto aufgehört, eine Großmacht zu sein. Verglichen mit den Riesen, die die Republik umgeben, ist sie kleiner denn je. Aber wie F. Braudel festgestellt hat, ist sie immer noch lebensfähig, schnell und aggressiv wie eine Wespe, die imstande ist, auch die Riesen zu stechen und vor Schmerzen aufschreien zu lassen.*

Mit anderen Worten: Obwohl sie von Staaten ganz anderer Größenordnung überrundet worden war und obwohl sie sich zu Wasser und zu Lande auf Positionen der defensiven Neutralität zurückgezogen hatte, war sie im Hinblick auf die Wirtschaft, die Seefahrt, die Politik und die Diplomatie immer noch eine Macht, die man nicht übergehen konnte. Zu Beginn des neuen Jahrhunderts war sie reich, sehr reich, und wenn sie ihre Situation mit dem nüchternen Wirklichkeitssinn ihrer Politiker betrachtete, dachte sie keineswegs daran, auf ihre Unabhängigkeit, ihre Souveränität und ihre Würde zu verzichten.

Die Institutionen waren durch die Schaffung neuer Behörden weiter vervollkommnet worden, die allesamt einen genau definierten Aufgabenbereich hatten und alle kollegial und provisorisch besetzt waren. Gasparo Contarini hat zu seiner Zeit versucht, die venezianische Verfassung im Sinn einer Harmonie der Gegensätze zu erklären; denn sie umfasse alle denkbaren Staatsformen: die Monarchie, verkörpert im Dogen, die Aristokratie, repräsentiert durch den Senat, und die Demokratie, vertreten durch den Großen Rat. In Wirklichkeit gärten hinter der Fassade

* F. Braudel, *La vita economica di Venezia* ..., s.o., S. 102.

dieses von den Zeitgenossen so sehr bewunderten harmonischen Gebäudes schon in der zweiten Hälfte des 16. Jahrhunderts Unruhen und Spannungen, die zwar seine Festigkeit beeinträchtigten, gleichzeitig aber auch seine Vitalität bestätigten.

Spätestens seit der Mitte des 14. Jahrhunderts lag die exekutive Gewalt beim Senat, der nach und nach immer mehr Mitglieder umfaßte, nachdem neue Behörden von Rechts wegen Zugang zu ihm erhalten hatten. Die parlamentarische Schlacht von 1582, die den Rat der Zehn in seine Schranken verwiesen hatte, hatte dem Senat Ansehen und Befugnisse zurückgegeben. Sie hatte freilich auch deutlich gemacht, daß innerhalb des souveränen Adels zumindest zwei gegensätzliche Gruppen existierten, die als »Alte« und »Junge« bezeichnet wurden*.

Es trifft aber nicht zu, daß die »Alten« für die sogenannten *Case vecchie*, die »alten Familien«, standen (das waren die *Longhi*, die wir zu Zeiten Agostino Barbarigos im Konflikt mit den *Curti* erlebt haben). Unter ihnen gab es viele Abkömmlinge uralter Geschlechter, und Angehörige der *Case nuove*, der »neuen Familien«, waren ebenso zahlreich, während es unter den »Jungen« auch Vertreter von sehr alten Familien gab. Die Divergenzen waren rein politischer Natur und beruhten auf zwei grundsätzlich verschiedenen Ideen: Die »Alten«, die für die Beibehaltung der *Zonta* des Rates der Zehn gekämpft hatten, repräsentierten die noch immer vorhandene Tendenz, innerhalb des Patriziats eine Oligarchie zu bilden. Sie waren in allem konservativ und stets sehr vorsichtig, auch in der Außenpolitik. Die »Jungen« dagegen forderten eine größere Dynamik im politischen Leben und hielten es deshalb für ratsam, die Entscheidungsgrundlagen und die Beteiligung an der Macht zu erweitern und auszubauen.

Nachdem die Frage der Beziehungen zwischen den Zehn und dem Senat geregelt war, richtete sich die Aufmerksamkeit der »Jungen« immer mehr auf die Kirchenpolitik der Republik. Diese war behutsam den Bemühungen des Tridentiner Konzils gefolgt, dem unter anderen Beobachtern Nicolò Da Ponte beigewohnt

* Vgl. G. Benzoni, *Venezia nell'età della Controriforma*, Mailand 1973, S. 50ff. Für alle Probleme der damaligen venezianischen Politik verweisen wir auf die meisterhafte Studie von G. Cozzi, *Il doge Nicolò Contarini*, Venedig 1958.

hatte. Er sollte als hochbetagter Mann einer der Dogen mit der stärksten Persönlichkeit des ganzen Jahrhunderts werden. Die Gegenreformation war in Venedig auf fruchtbaren Boden gefallen; die aufrichtig empfundene Frömmigkeit wurde allerdings oft in Gefühle gedrängt, die zwischen Patriotismus und Aberglauben schwankten. Auch hier hatte sich der Streit zwischen den beiden großen Strömungen, die das Patriziat spalteten, ausgewirkt. Die »Alten«, die sich »der Rolle bewußt« waren, die die »Gegenreformation im Sinne der gesellschaftlichen Bewahrung spielen würde, an der ihnen so sehr gelegen war«,* fühlten sich in einem geistigen Klima wohl, das von der Aktivität der Jesuiten geprägt war. Sie spielten sich als die Verteidiger der Rechte der Kirche auf (am Rande ihrer Gruppierung ragten zwei starke Persönlichkeiten patrizischer Bischöfe hervor: Agostino Valier, der Bischof von Verona, und Francesco Barbaro, der Patriarch von Aquileja, der wegen seiner Tatkraft, seines Aktivismus und seines Eifers bei der Anwendung der Konzilsbestimmungen mit dem heiligen Karl Borromäus verglichen worden ist). Unter den »Jungen« verbreitete sich dagegen eine komplexere und tiefergehende Religiosität, die in kultureller Hinsicht auch die nördlich der Alpen gewonnenen Erfahrungen einbezog, unruhig war und sich auch für die abweichenden Erfahrungen interessierte.

Die römische Kurie hegte grundsätzliche Bedenken gegen die politische Kultur Venedigs: Der Patriotismus, der Unabhängigkeitsgeist und die Autonomie des Klerus und des Patriziats beunruhigten sie nicht weniger als das fortwährende Pochen auf eine Tradition der Freiheit, die mehr denn je gefeiert und gefühlt wurde.

Vor allem irritierte sie die traditionelle venezianische Koordination von Kirche und Staat, jener fortgesetzte Anspruch auf die Vorrangigkeit der staatlichen Rechte auch in bezug auf kirchliche Angelegenheiten, der Ausschluß der Geistlichen von solchen Fragen, von denen man meinte, sie fielen in den Zuständigkeitsbereich des Staates. Wie wir gesehen haben, wurden die Klagen der Päpste über die übertriebene Toleranz, die Venedig »jener lutheranischen Pest« gegenüber an den Tag legte, immer bitterer (ob-

* G. Benzoni, *Venezia* ..., s.o., S. 43.

schon mehrere »Ketzer« in den ferner gelegenen Kanälen der Lagune ertränkt wurden). Letzten Endes war auch das eine Seite jener berühmten Koordination von Kirche und Staat.

Am Gründonnerstag des Jahres 1568 hatte Papst Pius V. in der ausdrücklich an die Republik Venedig und an den König von Spanien gerichteten Bulle *In Coena Domini* die wesentlichen Punkte aufgezählt, in denen Rom Gehorsam verlangte beziehungsweise nie zu einem Nachgeben bereit sein könnte. Die Bulle untersagte zunächst die Aufnahme nichtkatholischer Gruppen (für Venedig war es ein unmißverständlicher Hinweis auf die Juden, auf die orthodoxen Griechen, die sich kurz zuvor von Sansovino ihre Kathedrale San Giorgio hatten erbauen lassen, sowie auf die protestantischen, vor allem die deutschen Studenten, die die Universität von Padua besuchten). Sie verbot ferner, beim Konzil Berufung gegen die päpstlichen Beschlüsse einzulegen, wie es so oft von der Republik gefordert worden war, und bekräftigte nachdrücklich einen Punkt, der dieser besonders unliebsam war, nämlich die sachliche und persönliche Immunität des Klerus, das heißt seine Unantastbarkeit seitens der ordentlichen Gerichte. Die Feststellung erübrigt sich fast, daß die *Serenissima* die Bulle sehr übel aufnahm, ihre Bekanntmachung innerhalb ihrer Territorien verbot und erklärte, sie nicht zu akzeptieren. Die Heilige Liga und der Krieg gegen die Türken hatten die Probleme in den Hintergrund gerückt, aber das hieß nicht, daß sie gelöst waren.

Dieser Stellungnahme des Papstes wurde ein anderes Problem entgegengehalten, das eigens geschaffen wurde, um die Beziehungen zu Rom zu vergiften: die Frage des »Golfs«, das heißt der Adria. 1510, zur Zeit des von Julius II. ausgesprochenen Interdikts, hatte Papst della Rovere Venedig jene Kapitulation aufgezwungen, die für die Untertanen des Papstes die Freiheit der Handelsschiffahrt in der Adria vorsah, und damit das am eifersüchtigsten gehütete Vorrecht der venezianischen Politik verletzt. Die Diplomatie hatte sofort die Dinge klargestellt und die Nichtigkeit einer abgenötigten Kapitulation betont. Aber unter der trügerischen Argumentation von der »Freiheit« der Seefahrt verbarg sich nicht nur das Interesse des Papstes; sie wies vielmehr auf einen weiteren Aspekt der Bedrohung durch Österreich und Spanien hin.

Alldem gegenüber zeigte sich die Partei der »Jungen« unnachgiebig. Zumindest hierin waren sie von den »Alten« nicht allzuweit entfernt. Unabhängig von ihrer Orientierung war sich die maßgebliche politische Gruppierung Venedigs in ihrem Patriotismus völlig einig. Doch während die »Alten« dazu neigten, Venedigs Wohlstand und Glanz für Stärke zu halten und die Neutralität der Republik für ein »Schweben über den Parteien«, sahen die »Jungen« in der Zurschaustellung von Pracht nur eine Art, sich über die Wirklichkeit hinwegzutäuschen, und in der Neutralität einen Mangel an Autonomie. Ihre einfache Religiosität offenbarte sich in einem fast priesterlichen Engagement im politischen Leben und in einem intransigenten Moralismus, der mit Widerwillen auf die Durchsetzung des päpstlichen Absolutismus und den ränkereichen Aktivismus der Jesuiten blickte. Sie neigten dazu, hinter allem den immer bedrohlich aufragenden Schatten Spaniens zu sehen, das - direkt oder indirekt - bereits unangefochtener Herr über die ganze italienische Halbinsel war. Als Maßnahme gegen die Einkreisung durch die Habsburger faßten sie die Möglichkeit ins Auge, sich mit den lebendigsten Kräften Europas zu verbünden, die der spanisch-österreichischen Hegemonie feindlich gegenüberstanden, und das waren die Engländer, die Holländer und eventuell auch die protestantischen Fürsten Deutschlands. Und auch Frankreich; denn die Anerkennung König Heinrichs IV. von Navarra durch die Republik hatte fast einen Bruch mit Rom provoziert, und der venezianische Botschafter, der Historiker Paolo Paruta, hatte jede Anstrengung unternommen, um auch den Papst zu einer solchen Anerkennung zu bewegen.

1600 war der Patriarch von Venedig, Kardinal Priuli, gestorben, und der Senat, dem seit Jahrhunderten die Ernennung zustand, die auch von den Kapitulationen Julius' II. respektiert wurde, hatte einen Laien zu seinem Nachfolger berufen, einen bekannten Diplomaten, den *Nobilòmo* Matteo Zane. Nun hatte Papst Klemens VIII. 1592 verfügt, daß alle gewählten Bischöfe nach Rom kommen müßten, um dort in seiner Gegenwart eine Eignungsprüfung abzulegen. Das hatte den Senat sehr irritiert - sei es, weil er befürchtete, daß seine Vorrechte verletzt würden, sei es, weil er

Angst hatte, der Gewählte würde bei der Prüfung versagen, oder schließlich, daß mit der Entsendung des Patriarchen nach Rom ein Präzedenzfall geschaffen würde, der es Rom leicht gestatten würde, ihm nicht genehme Kandidaten auszuschalten und durch eigene zu ersetzen. Die Debatte dauerte über achtzehn Monate und lief auf einen Kompromiß hinaus. Aber die Angelegenheit sollte sich genau fünf Jahre später wiederholen, als nämlich nach dem Tode von Matteo Zane Francesco Vendramin zu dessen Nachfolger bestimmt wurde.

Mit dem jähzornigen Klemens VIII. hatte es schon eine Menge Streitigkeiten gegeben, doch trotz seines schwierigen Charakters hatte es Papst Aldobrandini nie zum Bruch kommen lassen. Er nahm zwar den Mund sehr voll, fürchtete aber, daß ein offener Konflikt mit Venedig dieses in die Arme der allmächtigen Spanier treiben würde. Damit wäre sein Programm der Äquidistanz zwischen Frankreich und Spanien gescheitert, das er zur Grundlage der Einigkeit der katholischen Welt gegenüber den Muslimen und Protestanten zu machen hoffte. Aber nach seinem Tod am 5. März 1605 bestieg nach dem nur sechsundzwanzig Tage währenden Pontifikat Leos XI. Paul V., vormals Camillo Borghese, den Papstthron. Er war ein Verfechter der ganz harten Linie, unbeugsam in Sachen »kirchlicher Autorität« und abgehärtet durch eine lange Erfahrung im Bereich von Kurie und Inquisition. In Venedig besann sich bei der Nachricht von seiner Wahl so mancher eines Vorfalls, zu dem es zwischen ihm, dem Kardinal, und dem Botschafter Leonardo Donà dalle Rose gekommen war. Borghese hatte dem Botschafter ins Gesicht gesagt, daß er als Papst nicht zögern würde, Venedig zu exkommunizieren, und der Botschafter hatte ihm kühl geantwortet, daß er als Doge nicht zögern würde, den päpstlichen Bannstrahl zurückzuweisen.

Kaum gewählt, schlug Papst Borghese gegenüber allen einen drohenden Ton an. Heinrich IV. von Frankreich zwang er die Ausnahme der Bestimmungen des Tridentiner Konzils auf, die Herzöge von Parma und von Savoyen rügte er, und die Republiken Lucca und Genua drängte er, Maßnahmen zurücknehmen, die zwar keineswegs heterodox waren, aber seiner Meinung nach in den Zuständigkeitsbereich der höchsten päpstlichen Autorität fielen. Wie Papst Klemens protestierte er gegen die Verpflichtung, daß päpstliche Handelsschiffe Venedig anzulaufen hätten, und erneuerte dem Patriarchen Vendramin gegenüber die Aufforderung, nach Rom zu kommen und sich prüfen zu lassen. Nicht einmal die Tatsache, daß die Familie Borghese in das venezianische Patriziat hineingewählt wurde, besänftigte ihn – trotz seiner hemmungslosen Vetternwirtschaft. Aber ausgerechnet zu jenem Zeitpunkt waren die »Alten« im Senat zu einer unbedeutenden Minderheit geworden, und die »Jungen« gaben sich keine Mühe, ihren Eigensinn zu verbergen, der dem Papst in nichts nachstand. Dieser schien vor allem über den Moralismus beunruhigt zu sein, von dem sich der venezianische Senat in seinem Verhalten leiten ließ und der für ihn nach Ketzerei aussah. In ihm nahm also der Vorsatz Gestalt an, ein heilsames Exempel zu statuieren, die Partei des »Übelwollens« gegenüber dem Heiligen Stuhl gründlich zu treffen und sie in Venedig und außerhalb zu demütigen. Man brauchte nur auf eine Gelegenheit zu warten, und die Gelegenheit ergab sich schon sehr bald.

Im August des Jahres 1605 war auf Befehl des Rates der Zehn ein gewisser Kanoniker namens Scipione Saraceni aus Vicenza wegen völlig gewöhnlicher Verbrechen verhaftet worden. Am 10. Oktober desselben Jahres hatten die Zehn den Abt von Nervesa, den Grafen Marcantonio Brandolin, festnehmen lassen und ihn beschuldigt, Morde, Vergewaltigungen und Gewalttätigkeiten jeder Art begangen zu haben. Keiner der beiden Verhafteten war mit den kirchlichen Weihen versehen, beide waren einfache Inhaber kirchlicher Pfründen und vor allem – Erzschurken. Aber der Papst bat mit einem dringenden Einspruch des Nuntius in Venedig um ihre unverzügliche Übergabe an das Kirchengericht. Bei dieser Gelegenheit verlangte er die sofortige Abschaffung zweier Gesetze, mit denen der Senat die Errichtung von Kirchen, Hospitälern und frommen Stätten ohne ausdrückliche Genehmigung der staatlichen Macht verboten und die Veräußerung unbeweglicher Güter an Geistliche von seiner Zustimmung abhängig gemacht hatte. Diesen Gesetzen lag die offensichtliche Sorge zugrunde, nicht zuzulassen, daß sich, wie andernorts geschehen, eine zu große Masse kirchlicher Güter ansammelte.

Es scheint, daß Paul V. in seiner unnachgiebigen Haltung auch von der spanischen Diplomatie beeinflußt worden war, die sich in jenem Augenblick Venedig gegenüber feindlicher denn je zeigte. Gewiß spielten für ihn die Sorgen um das europäische Gleichgewicht oder um die Zügelung der spanischen Übermacht keine Rolle. Jedenfalls gab der Botschafter Agostino Nani (ein Vertreter der Partei der »Jungen«) auf die wütenden Ausfälle von Papst Borghese eine sehr feste und würdevolle Antwort, nämlich, daß »die in Freiheit geborenen Venezianer niemandem Rechenschaft über ihre Handlungen ablegen müßten, außer dem Herrgott, dem einzigen, der in den weltlichen Angelegenheiten über dem Dogen« stehe.

Dieses Argument konnte die harte, kuriengeschulte Denkweise Pauls V. sicher nicht beeindrucken. Im Dezember wurden zwei apostolische Breven nach Venedig geschickt, in denen alle umstrittenen Verträge für nichtig erklärt und ihre Aufhebung angeordnet wurde. Es war eine Geste unverhüllter Gewalt, aber statt einschüchternd zu wirken, wie es sich der Papst erwartet hatte, löste sie bei der politisch maßgeblichen Gruppe Venedigs eine spontane Verhärtung aus. Als Antwort auf die Breven, die gerade in dem Augenblick in Venedig eingetroffen waren, als der Doge Marino Grimani im Sterben lag, wurde Leonardo Donà, der trotz seiner zweiundsiebzig Jahre zu den unnachgiebigsten »Jungen« gehörte, ins Dogenamt gewählt. Es war der 10. Januar 1606. Zwei Wochen später wurde der Mönch Paolo Sarpi vom Servitenorden zum Konsulator der *Serenissima Repubblica* in Fragen der Theologie und des kanonischen Rechts mit einem Jahresgehalt von zweihundertachtzig Dukaten ernannt.

Die Wahl von Leonardo Donà war zweifellos eine Provokation, aber Papst Paul reagierte mit einer noch größeren Provokation, nämlich mit einem dritten Breve, in dem der Widerruf eines weiteren Gesetzes verlangt wurde. Es ging um jenes Gesetz, das das Vorzugsrecht der Geistlichen auf die Erbpachtgüter abschaffte. Am 17. April 1606 verlas er vor der Versammlung ein Mahnschreiben, das (so behauptet man) ein regelrechtes Ultimatum darstellte: Sollten innerhalb von vierundzwanzig Tagen die beiden Gefangenen nicht überstellt und die drei Gesetze abgeschafft sein, würde der Senat exkommuniziert und das gesamte Territorium der *Serenissima* mit dem Interdikt belegt. Das bedeutete das Verbot jeglicher Durchführung ritueller Handlungen einschließlich der Spende der Sakramente.

Nun also sah sich Venedig in eine sehr schwere religiöse und moralische Krise verwickelt. Aber wer sie durchstand, war der Situation gewachsen. Der Doge, ein »Mann mit heroischen Tugenden«, wie Sarpi ihn definiert, war ein Politiker von großem Format mit offenem und klarem Geist, mit viel Erfahrung und hoher Bildung, der schon seit langem großen Einfluß auf das Patriziat ausübte. Um ihn scharte sich eine Gruppe gebildeter und kämpferischer Patrizier: Nicolò Sagredo und Alvise Priuli, Nicolò Contarini, der spätere Doge, Alvise und Alessandro Zorzi, Antonio Querini und Tommaso Contarini. Aber nicht weniger bestimmt und gebildet waren andere, gemäßigtere Politiker, die alle einen erheblichen Anteil am politischen Leben Venedigs haben sollten. Was Fra Paolo Sarpi angeht, so besaß dieser tiefgläubige und vielseitig gebildete Priester aus dem Friaul, den eine langjährige Freundschaft mit Galileo Galilei verband, alle Gaben, die notwendig waren, um in dem langen »Krieg der Schriften« der venezianischen Beweisführung jenen entschlossenen und sachlichen Ton zu erhalten, der sich von der spitzfindigen und schwülstigen Argumentation der römischen Polemiker abhob. Seine großen Begabungen wurden gleich in jenem Dokument offenkundig, das die Republik nach dem Bruch am 6. Mai 1606 unter dem Titel *Protesto* verbreiten ließ. Darin wurde das Ultimatum des Papstes für »nichtig und gegenstandslos« erklärt, weil es im Widerspruch zur Heiligen Schrift, zu den Kirchenvätern und den heiligen Kanones stehe. An die Zurückweisung schloß sich das »Gebet, daß Gott der Herr Seine Heiligkeit inspirieren möge«, darin »die Sinnlosigkeit« zu erkennen, »das Böse, das damit der Republik und der Gerechtigkeit von deren Sache angetan wurde«. Sehr viel härter waren die Worte, die der Doge Donà an den Apostolischen Nuntius richtete, als er ihm seinen Abschiedsbesuch machte: ». . . Euren Bannstrahl sehen wir als hinfällig an, als eine wertlose Sache.«

Der *Protesto,* der an alle kirchlichen Behörden des venezianischen Staates weitergeleitet wurde, bestimmte, daß das religiöse Leben in Anbetracht der Ungültigkeit des Interdikts so fortgeführt werden sollte, als ob nichts geschehen sei, und daß die Gottesdienste regelmäßig abzuhalten seien. Die Theatiner und die Kapuziner, die sich außerstande fühlten zu gehorchen, zogen ab. Die Jesuiten, die versucht hatten zu bleiben, aber die Anweisungen des Papstes befolgten, wurden ausgewiesen; man mußte sie mit einer bewaffneten Eskorte vor den Feindseligkeiten des einfachen Volkes schützen, das ihnen den wenig diplomatischen Abschiedsgruß nachrief: »Schert euch zum Teufel!« Wie lächerlich auch die Übertreibungen des Kardinals Baronio waren, der vor dem Konsistorium erklärte, in Venedig werde der Klerus behandelt wie die Juden in Ägypten vom biblischen Pharao, so steht doch fest, daß die Regierung mit äußerster Entschlossenheit vorging. Ein Pfarrer aus Venedig, der keine Messe lesen wollte, fand einen Galgen vor seinem Haus errichtet, mit der Aufforderung, zwischen Messe und Strick zu wählen. Dem Kapitularvikar von Padua, der sagte, er wolle der Eingebung des Heiligen Geistes folgen, erwiderte der venezianische *Podestà*, daß der Heilige Geist bereits den Zehn eingegeben habe, diejenigen aufzuknüpfen, die dem *Protesto* nicht gehorchten. Das Ergebnis war, daß alles so weiterlief, wie wenn das Interdikt niemals verkündet worden wäre; selbst die Fronleichnamsprozession wurde mit der üblichen Feierlichkeit abgehalten.

Trotz der Gelassenheit der venezianischen Regierung war die Spannung groß und berührte ganz Europa. Obwohl Frankreich gerade erst die Religionskriege hinter sich hatte, obwohl Spanien vollauf mit dem Daueraufstand in den Niederlanden beschäftigt war und obwohl an verschiedenen Stellen Deutschlands die gegen das Haus Habsburg gerichteten Stimmungen und Unruhen zunahmen, bestand tatsächlich die Gefahr, daß die Spannung einen Weltbrand auslöste. Ein unzeitiges Eingreifen Spaniens, das Rom sicher nicht mißfallen hätte, hätte genügt, um einen österreichischen Angriff auf die Herrschaft im Golf auszulösen; und dieser wiederum hätte die Reaktion des Königs von Frankreich, des Verbündeten der Republik, zur Folge gehabt oder vielleicht auch die des Königs von England, dessen Botschafter, der auf dem venezianischen Parkett sehr aktive Sir Henry Wotton, einen Krieg gegen Spanien nicht ungern gesehen hätte ... Sogar die Türken hatten Stellung bezogen und der Republik, die ihre Grenzen befestigt und ein Schiffsgeschwader unter dem Befehl von Lorenzo Venier ausgerüstet hatte, Hilfe angeboten. Der Konflikt entwickelte sich aber trotz der Ängste und Verdächtigungen nur auf der Ebene der Polemik – wie Sarpi schreibt, ein regelrechter Krieg, »ausgefochten mit Schriften, offensiv von seiten des Papstes und defensiv von der Seite der Republik, auf beiden Seiten mit sehr großer Leidenschaft geführt«. Und über den besonderen Gegenstand des Streites hinaus berührte er »die Beziehungen zwischen Kirche und Staat insgesamt, zwischen geistlicher und weltlicher Macht, zwischen kirchlicher und nichtkirchlicher Autorität«.* Auf päpstlicher Seite griff man zurück auf die mittelalterlichen Lehren vom göttlichen Ursprung jeglicher Macht und vom absoluten Supremat der geistlichen Macht über die weltliche, die delegierbar, daher aber auch vom Papst widerruflich sei. Für die venezianische Seite dagegen waren beide, geistliche und weltliche Macht, von Gott eingesetzt, galten aber – in ihrer jeweiligen Ordnung – als unabhängig und souverän. Die geistliche Macht war den Aposteln und ihren Nachfolgern übertragen worden, die weltliche den Fürsten, denen auch die Geistlichen in ihrer Eigenschaft als Untertanen Gehorsam schuldeten. Jeder Eingriff des Papstes in die legitimen Rechte der Fürsten gegenüber den Geistlichen war nichtig, weil eine derartige Intervention eine Einmischung in eine Sphäre darstellte, die sie nichts anging (das sagten jene, die für die venezianische Sache schrieben). Jede Bevormundung des Klerus durch die politische Macht sei ungerecht, sagten dagegen die Schreiber des Papstes, und jeder sei verpflichtet, dem Papst blind zu gehorchen. Es sei auch nicht statthaft, darüber zu streiten, ob seine Urteile gerecht oder ungerecht seien, da das Urteil über alle Handlungen des Papstes ausschließlich Gott zustehe.

Angesichts der Gefahr, daß der Zwist sich ewig hinziehen könne, mit dem Risiko, auf ein Schisma hinauszulaufen, bemüh-

* *Ebenda,* S. 72.

ten sich die europäischen Mächte um eine Schlichtung. Als erstes bewegte sich ausgerechnet Spanien. So bedrohlich sein Verhalten an den venezianischen Grenzen blieb, so war es ihm doch nicht recht, die Positionen des Papstes allzusehr zu stützen, da es selbst eine Koordinierung von Kirche und Staat praktizierte, die sehr viel strikter war als die venezianische. Eine Initiative König Philipps III., der einen Sonderbotschafter nach Venedig schickte, fand selbst das Wohlwollen des Dogen Donà, scheiterte aber am hartnäckigen Widerstand eines der extremistischsten Senatoren, Alvise Zorzi, der von Nicolò Contarini unterstützt wurde. Dann trat der König von Frankreich auf den Plan. Der Kardinal de Joyeuse handelte auf eigene Rechnung einen Kompromiß aus, und der König von Spanien widersetzte sich dem nicht. So wurden am 21. April 1607 der Abt Brandolin und der Kanoniker Saraceni dem französischen Botschafter übergeben, mit der ausdrücklichen Erklärung, daß man es aus Rücksicht gegenüber König Heinrich IV. tue und völlig unbeschadet des Rechts der Republik, auch über die Geistlichen zu richten. Der Botschafter lieferte die beiden Gefangenen dem Kardinal de Joyeuse aus, der sie seinerseits dem päpstlichen Beauftragten überstellte. Dann trat der Kardinal vor das *Collegio* und teilte mit, daß das Interdikt und alle kirchlichen Rügen aufgehoben seien. Der Doge seinerseits verkündete den Widerruf des *Protesto*, jedoch nicht die Abschaffung der drei beanstandeten Gesetze, deren Anwendung nur vorübergehend außer Kraft blieb.

## 2

Der Papst und sein Hof verhehlten nicht, daß sie mit dem Ausgang der Angelegenheit zutiefst unzufrieden waren. In den langen und mühsamen Verhandlungen hatte sich der Senat sehr stur gezeigt und schließlich im wesentlichen die Oberhand behalten. Unter anderem hatte er nichts von einer feierlichen Absolution wissen wollen, die die Annahme der im ganzen zurückgewiesenen Beanstandungen hätte bedeuten können. Da der Papst seinerseits behauptete, diese selben Rügen könnten gemäß dem kanonischen

Recht nicht ohne Absolution zurückgenommen werden, mußte man zu einer richtiggehenden Farce greifen: Während der Audienz im *Collegio* murmelte der Kardinal de Joyeuse die Absolutionsformel vor sich hin, ohne daß man es hörte, und deutete unter seiner Prälatenkapuze verstohlen das Kreuzeszeichen an. Auch nach der Wiederaufnahme normaler diplomatischer Beziehungen gab es erneut Verdruß. Der Senat weigerte sich, die Jesuiten im venetischen Staat wiederzuzulassen, und strenge Strafen wurden demjenigen angedroht, der seine Söhne außerhalb des Staates von ihnen erziehen ließ. Er wollte die Zuweisung der reichen, im Polesine gelegenen Abtei Vagadizza an den Kardinal Scipione Borghese, den Neffen des Papstes, nicht genehmigen. Einem Geistlichen patrizischer Herkunft, dem Abbé Marcantonio Corner, der des bewaffneten Raubes an der Frau eines Kaufmanns schuldig war, wurde der Prozeß gemacht, und er wurde vom Rat der Zehn zum Tode verurteilt. Aber die heikelste Frage blieb der sogenannte *Punto dei teologi*, die Position jener Priester, die den venezianischen Standpunkt gegenüber Rom mit Gutachten, Schriften und Worten unterstützt hatten, sowie deren Schriften, die – zwar verdammt und auf den Index gesetzt – in sämtlichen Buchhandlungen Venedigs frei verkauft wurden. Als erster wurde Paolo Sarpi nach Rom zitiert und ausdrücklich und persönlich exkommuniziert. Rom, entschlossen, diese Priester für ihre Unterstützung der Thesen des Senats teuer zahlen zu lassen, verlangte ihre Auslieferung. Aber der Senat wollte nichts davon wissen. Der Apostolische Nuntius, Berlinghiero Gessi, schreckte vor keinem Druckmittel zurück, um zu bewirken, daß zumindest einige widerriefen, und er war erfolgreich, wenn auch nur in zwei oder drei Fällen. Der Schutz der Republik genügte nicht, um alle anderen vor der nicht bloß theologischen Rache zu retten: Der Exjesuit Giovanni Marsilio wurde offensichtlich vergiftet; der Mönch Fulgenzio Manfredi, der so einfältig war, nach Rom zu gehen, um sich zu rechtfertigen, endete auf dem Scheiterhaufen, und was Fra Paolo Sarpi angeht, so wurde er am Abend des 5. Oktober 1607, als er mutterseelenallein zu seinem Kloster zurückkehrte, auf der Brücke von Santa Fosca von einer Bande gedungener Meuchelmörder überfallen und mit drei Stilettstichen in Hals und Gesicht zurückgelassen. Der vermeintlich Tote flüsterte denen, die ihm zu Hilfe eilten, mit der bei ihm gewohnten Ironie und Gelassenheit das berühmte Wortspiel zu: »Ich erkenne den Stil der römischen Kurie wieder« (»Stil« konnte damals auch die Bedeutung von »Stilett«, »Dolch«, haben). Die Hand dieser *Bravi* genannten Berufsschläger war von Kardinal Borghese bewaffnet worden. Nicht umsonst hatte Roberto Bellarmino dem venezianischen Botschafter in Rom gesagt, er solle den Mönch warnen.

Was Paul V. und die Kurialen am meisten schmerzte, war der Beweis, daß der Waffe des Interdikts, die die Päpste in der Vergangenheit so oft eingesetzt hatten, für immer die Spitze genommen war. Trotz vieler Ängste und großer spiritueller Nöte einzelner hatte sich die Bevölkerung der Republik geschlossen auf die Seite der Regierung gestellt. Die Aggression von seiten des Papstes hatte eine Einigkeit gefestigt, die die Unruhen überwand und die Mißhelligkeiten, auch in den verfassungsmäßigen Versammlungen, in den Hintergrund drängte.

Roms Stimme stellte jedenfalls eine ständige Gefahr dar. Ein Monsignor Pegna, der sich vor der Schlichtung mit dem Vorschlag eines militärischen Angriffs auf Venedig hervorgetan hatte, durch den es gezwungen werden sollte, dem Heiligen Stuhl das zurückzugeben, »was ihm ungerechterweise genommen worden« war, dieser Monsignor Pegna also schlug im Sommer 1607 sogar einen Kreuzzug gegen jene Stadt vor, die er »ein zweites Genf« nannte, ein Nest von Ketzern und das Zentrum der Subversion der Christenheit. In Wirklichkeit war trotz der Beziehungen, die Sarpi mit berühmten protestantischen Exponenten unterhalten hatte, trotz der Proselytenmacherei, deren sich fremde Botschafter in Venedig befleißigten, und trotz der faktischen Aufgabe des nachtridentinischen Katholizismus durch Fra Paolo Sarpi der Gedanke, sich der Reformation anzuschließen, in Venedig niemals erwogen worden. Weder der Doge, über den Sarpi schrieb: »Er ist nicht im Glauben gestärkt; doch er ist kein Atheist, sondern ein Mann, der von seinem Amt so in Anspruch genommen wird, daß er nach keinen Feinheiten sucht, um die Religion zu begreifen, obschon er ein Feind der Priester und des Papstes ist, nur um die Freiheit der Republik zu bewahren«,* noch Nicolò Contarini, der mit ihm und Sarpi die Seele des Widerstandes gegen den Papst gebildet hatte, hielten eine andere Religion als die katholische für möglich, die Sarpi und Contarini gerne reiner, apostolischer und näher an ihren Ursprüngen gewollt hätten.

Eine andere, tatsächliche und unmittelbare Gefahr lag in der Verschärfung des Korsarenkrieges. Dieser hatte etwas sonderbare Züge angenommen: Zu den Barbareskenpiraten waren aggressiver als früher die Ritter von Malta und jene andere religiöse Miliz hinzugekommen, die die Medici mit offensichtlich utilitaristischen Hintergedanken in ihrem Großherzogtum von Toskana ins Leben gerufen hatten, nämlich die »Ritter vom heiligen Stefan«. Außer den türkischen Schiffen griffen die Ritter auch die venezianischen Handelsschiffe unter dem Vorwand an, daß dank der diplomatischen Abkommen zwischen Venedig und dem Osmanischen Reich auf jenen Schiffen Waren befördert wurden, die Türken und Juden gehörten, sowie Güter, die den Ungläubigen in militärischer Hinsicht hätten nützlich sein können. Grundlos wurden sie auch von den englischen und holländischen Piraten überfallen. Die Piraterie war, wie A. Tenenti zu Recht bemerkt, eine große Industrie geworden, vielleicht die größte des 17. Jahrhunderts, und die Produkte dieser Industrie beschränkten sich nicht auf die gängigen Waren, sondern dazu gehörten auch Menschen – eine immer kostbarere und begehrtere Ware.

Der Korsarenkrieg untergrub die Wurzel des Seehandels, der traditionellen Quelle des Reichtums der Republik Venedig, aber die Seeräuberei, die die Uskoken, die Slawen von der kroatischen Küste, trieben, bedeutete – wie wir bereits gesehen haben – noch etwas Schlimmeres. Die Uskoken waren ursprünglich katholische Slawen, die vor den Türkeneinfällen geflohen waren. Ihnen hatten sich jedoch mit der Zeit flüchtige Galeerenruderer, entsprungene Sträflinge, Banditen und – um es mit Nicolò Contarini zu sagen – »all jene« angeschlossen, »die persönlich die richtigen Voraussetzungen mitbrachten, um das Stehlen berufsmäßig zu betreiben«.

* Dieses Urteil äußerte Sarpi gegenüber dem Burggrafen Christoph von Dohna (P. Sarpi, *Lettere ai Protestanti*, II, 125) am 24. August 1608. Vgl. G. Cozzi, *Il doge Nicolò Contarini*, s.o., S. 110ff.

Es waren Menschen, ebenso rauh wie ihr Land mit dem »wunderbar-schaurigen« Himmel. Sie fuhren hinaus aufs Meer, wenn die Wellen am wildesten schlugen, mit schnellen, überaus wendigen Booten, und wehe dem, der ihnen in den Weg kam! Aber schwerer noch wog der Schutz, der ihnen von den Erzherzögen von Österreich gewährt wurde, unter deren nomineller Oberhoheit sie sich befanden, und der ihnen infolgedessen auch vom Kaiser garantiert wurde. Diese Tatsache sah die römische Kurie ebenso mit Wohlwollen wie Spanien, das sich durch das Treiben der Uskoken eine Störung der venetisch-türkischen Beziehungen erhoffte. Aber das war eine vergebliche Hoffnung, denn die Gemeinsamkeit der Interessen hatte vielmehr eine weitere Annäherung bewirkt, und die Türken beeilten sich, bei verschiedenen Gelegenheiten das venezianische Recht auf die Stellung einer Seepolizei in der Adria – ein anderer, wichtiger Faktor der Herrschaft über den Golf – anzuerkennen.

Trotz der Bemühungen des Senats war die Uskokenplage chronisch geworden (unter anderem manövrierten die schweren venezianischen Galeeren und Galeassen schlecht im Vergleich zu den sehr beweglichen Booten der Piraten, und das gleiche galt auch im Hinblick auf die anderen Korsaren). Doch ein schwerwiegendes Ereignis, das im Mai 1613 stattfand, sollte zu einem offenen Bruch mit dem Erzherzog von Österreich führen.

Kurz nach einem Zusammenstoß in den Gewässern von Lesina wurde eine Galeere, befehligt vom *Sopracòmito* Cristoforo Venier, von einem Uskoken-»Kommando« überrascht und gekapert. Die Besatzung wurde an Ort und Stelle niedergemetzelt, Venier enthauptet, und die Piraten, die ihm das Herz aus der Brust gerissen hatten, verschlangen es, als es noch pulsierte, und tunkten ihr Brot in sein Blut.

Die grauenhafte Tat erregte natürlich großes Aufsehen. Der Senat erhob Protest bei Erzherzog Ferdinand von Österreich, erhielt aber keine Genugtuung. Ja, die Österreicher, die sich ein Jahr zuvor auf einer diplomatischen Konferenz verpflichtet hatten, den Angriffen der Uskoken ein Ende zu machen, machten im Verlauf der neuen Konferenz, die im August 1613 in Linz zusammentrat, eine Intervention von der Liberalisierung der Adriaschifffahrt durch Venedig abhängig. Nun ging es um das schwierigste Problem, das die Piratenplage so viele Jahre lang am Leben gehalten hatte.

Während sich eine lange juristische Debatte über die Freiheit der Meere entspann, an der mit seiner glänzenden Disputierkunst auch Paolo Sarpi teilnahm (kurz zuvor war Ugon Grozios Werk *Mare liberum* erschienen, gegen das der Servit lebhaft argumentierte, indem er die »unvordenkliche Gewohnheit« der venezianischen Kontrolle über den Golf geltend machte), rückte der bewaffnete Zusammenstoß in immer größere Nähe. Ende 1615 brach der sogenannte Gradiscakrieg aus, der an der friaulischen Grenze ungefähr zwei Jahre lang zwischen Venezianern und Österreichern mit einer wahren Legion berühmter Kondottieri geführt wurde (unter den Generälen, die auf kaiserlicher Seite kämpften, befand sich auch eine spätere Berühmtheit, nämlich Wallenstein). In diesem Krieg gab es aber keine großen Schlachten; es war ein zermürbender und unrühmlicher Krieg, in dem auf beiden Seiten die Streitigkeiten und die Rivalitäten zwischen den Führern und die Disziplinlosigkeit und die mangelnde Kampfbereitschaft der Truppen, die ihren Sold planmäßig mit Verspätung ausbezahlt bekamen, gleichen Anteil hatten. Jene Gruppe venezianischer Politiker, die wegen ihrer Ergebenheit gegenüber Sarpi in Rom »Fra Paolos Kabale« genannt wurde, hatte aus dem Konflikt zwischen Venedig und Österreich einen Funken im Pulverfaß machen wollen. Die daraus entstehende Feuersbrunst hätte, ausgehend vom Bündnis mit Karl Emanuel I. von Savoyen, der auf die Eroberung der Lombardei hoffte, Engländer, Holländer und die deutsche protestantische Union in diesen Konflikt mit hineingezogen und sie auf der Seite Venedigs gegen die Übermacht der Habsburger ankämpfen lassen. Ihr waghalsiger Plan zielte darauf ab, mit Hilfe einer kühnen chirurgischen Operation die Einkreisung durch Spanien und Österreich aufzubrechen. Aber der Senat vollzog nicht einmal den ersten Schritt; denn er lehnte wiederholt und nicht ohne triftige Gründe das Bündnis mit dem Herzog von Savoyen ab. Was das übrige Europa angeht, so war das nicht der psychologisch richtige Moment für eine Aktion der konzentrierten Abwehr, und niemand regte sich. Nur Spanien trat auf den

Plan, um eine Vermittlung vorzuschlagen; fast alle stimmten in den Chor ein, und im September 1617 wurde der Friede geschlossen. Es gab weder auf der einen noch auf der anderen Seite territoriale Gewinne, doch endlich verpflichtete sich Österreich, die Uskoken fünfzig Meilen vom Meer entfernt anzusiedeln, ihre Boote zu verbrennen und sie daran zu hindern, die venezianische Schiffahrt weiterhin zu belästigen. Ungelöst blieb das Grundproblem, das der Herrschaft über den Golf, die zu akzeptieren weder der österreichische noch der spanische Zweig des Hauses Habsburg im entferntesten bereit war.

3

Trotz des Erfolges, den die Republik errungen hatte, war das Interdikt nicht ohne schmerzliche Folgen gewesen. Die Bedrohung durch die Uskoken und der Krieg mit dem Hause Österreich hatten sicherlich nicht dazu beigetragen, die Stimmung aufzuhellen. Das quälende Gefühl des Umzingeltseins wurde noch verstärkt durch die antivenezianische Aktivität zweier bedeutender Vertreter der spanischen Vorherrschaft in Italien, des Gouverneurs von Mailand, Don Pedro de Toledo, und des Vizekönigs von Neapel, des Herzogs von Osuna. Angesichts der Verwirrung, von der viele Gewissen wegen des Interdikts geplagt wurden, und jener rein äußerlichen Störungen, die durch die Aktivität der Spanier ausgelöst wurden, und der Unzufriedenheit und der Katastrophenstimmung der Nachfahren der Partei der »Alten« war die Atmosphäre in Venedig sehr drückend geworden, belastet von Verdächtigungen und verpestet von der Angst, es könnten feindliche Agenten eingeschleust werden. Es herrschte eine regelrechte Hexenjagdstimmung, wenn sich das von einem Staat sagen läßt, der den Initiativen der Inquisitoren zur Verfolgung von Hexen und Hexern, die damals so sehr in Mode war, immer abwägende Vernunft entgegengesetzt hat. Für die niedergedrückte Stimmung büßte der Doge Donà, der bereits zum Zeitpunkt seiner Wahl beim niederen Volk umstritten war, weil er es während des rituellen Umzugs um die Piazza unterlassen hatte, Münzen zu verschenken, und der jetzt anläßlich der jährlichen *Andata* nach Santa Maria Formosa 1612 mit dem Ruf »Es lebe der Doge Grimani, der Vater der Armen!« empfangen wurde. Ein Ruf, der ihn so tief betrübte, daß er anläßlich des Erlöserfestes am 15. Juli zu Hause blieb und damit folgenden häßlichen Kommentar provozierte: »Es wird der Tag kommen, an dem er in die Kirche will und nicht [mehr] kann.« Aber von dem gespannten Klima, den Verdächtigungen und den Ängsten, die das politische Leben in Venedig vergifteten und noch über ein Jahrzehnt lang vergiften sollten, zeugen die vielen Prozesse gegen Politiker, die der geheimen Verabredung mit den Feinden der Republik, des heimlichen Briefwechsels mit fremden Herrschern, also der Spionage beschuldigt und von der Justiz der Staatsinquisitoren erbarmungslos verfolgt wurden. Unter diesen ragte Nicolò Contarini hervor, der unbestechliche *Nicoletto,* der bei den »Papalisten« wegen seiner sturen, unnachgiebigen Haltung ebenso verhaßt war, wie er von den »Jungen« wegen der Ausdauer geliebt und geschätzt wurde, mit der er sich für die Notwendigkeit einer aggressiveren und kämpferischen Politik einsetzte.

Das erste Opfer dieser Belagerungsstimmung war der *Nobilòmo* Anzolo Badoer, *Savio* der Terra ferma, der 1612 verhaftet und zu einem Jahr Gefängnis verurteilt wurde, weil er sich mit dem Päpstlichen Nuntius in der Frarikirche getroffen hatte. Die öffentliche Meinung beschuldigte sofort den Dogen Donà, die Maßnahme angeregt zu haben, um sich für eine unvorsichtige Anspielung auf einen anderen Donà, Giuseppe, zu rächen, der zuvor wegen Verrats gehenkt worden war. Sie bezichtigte auch Nicoletto Contarini des grausamen Antiklerikalismus (Badoer war ein einflußreicher Vertreter der Partei der »Papalisten«). Doch fünf Jahre später verfing sich Anzolo Badoer wieder in den Netzen der Inquisitoren, und dieses Mal handelte es sich um grobe Brokken: Es ging um einen Versuch, Nicolò Contarini ermorden zu lassen, und um einen langen geheimen Briefwechsel mit verschiedenen fremden Höfen. Ins Exil geschickt, endete der *Nobilòmo* und Verräter als ein zum Schaden seines Vaterlandes tätiger Agent in spanischen Diensten. Im August 1617 wurde Ser Girolamo Grimani wegen Machenschaften gegen den Staat in die Verbannung geschickt; im Juli 1620 wurde Ser Giovanni Minotto zu lebenslanger Gefangenschaft in den *Camerotti* verurteilt, weil er Staatsgeheimnisse verraten hatte. Die Verbreitung von Geheimnissen war ein altes Übel, eine Folge der kollektiven Verwaltung der Geschäfte, über die immer in vielköpfigen Versammlungen erörtert und entschieden wurde; es war also ein im System begründetes Übel. Die »Affäre« freilich, deren Hauptakteur der spanische Botschafter Alonso de la Cueva y Benavides, der Marqués von Bedmar, war, deckte noch viel schlimmere Mängel auf, oder zumindest schien es so.

Während der spanische Gouverneur von Mailand die Spannung am Kochen hielt, indem er häufige Grenzzwischenfälle provozierte, zu Scharmützeln anstachelte und hie und da Truppenkonzentrierungen an der empfindlichen Grenze zwischen der spanischen und der venezianischen Lombardei anordnete, hatte der Herzog von Osuna in der Adria ein regelrechtes Klima des kalten Krieges erzeugt – ob auf eigene Initiative (ihm sagte man später die Absicht nach, sich anstelle seines Herrschers, des Königs von Spanien, zum König von Neapel zu machen) oder auf höhere Weisung, ist unbekannt. Sein Programm zielte auf eine systematische Zerstörung der Herrschaft über den Golf ab und basierte teils auf der Finanzierung und Ermunterung von Gegnern und Rivalen der Republik, angefangen bei den Kaufleuten aus Ragusa bis hin zu den Uskokenpiraten, teils auf der Aktivität von Geheimagenten und Spionen, teils aber auch auf offen feindseligen und sogar militärischen Operationen. So hatte er mitten im Gradiscakrieg ein Flottengeschwader in die Adria entsandt. Einige Erfolge hatten ihn ermutigt, auch nach Beendigung des Konflikts weiterzumachen. Doch seine Aktivität bedurfte einer Unterstützung an Ort und Stelle, also in Venedig selbst, und niemand hätte sie ihm besser liefern können als der durch seine diplomatische Immunität geschützte spanische Botschafter.

Über die sogenannte »Bedmarverschwörung«, die auch als »Spanierverschwörung« bekannt ist, ist viel geschrieben und viel zusammengelogen worden. Auch ein englischer Dramatiker, Thomas Otway, hat sich davon inspirieren lassen und in jüngerer Zeit der italienische Dichter Massimo Bontempelli. Manche* haben sich sogar bemüht nachzuweisen, daß eine wirkliche Verschwörung niemals stattgefunden und die venezianische Regierung sie frei erfunden habe, um einer zu lange angestauten Spannung Luft zu machen, um jeden abzuschrecken, der die Republik von innen heraus zu unterhöhlen beabsichtigte, und um sich auf diese Weise eines intriganten und mißliebigen auswärtigen Diplomaten zu entledigen. In Wirklichkeit hatte der seit 1607 in Venedig akkreditierte Marqués de Bedmar sicherlich gewisse Dinge zum Äußersten getrieben, die die wahren Diplomaten im allgemeinen von ihren eigenen, erlaubten Aktivitäten getrennt zu halten pflegen. Die offenkundige Feindseligkeit der venezianischen Umwelt gegenüber Spanien hatte ihn vielleicht beeinflußt; die Isolierung, in die die venezianischen Gesetze ihn zwangen, hatte ihn möglicherweise erbittert. Die Aversion gegenüber der Republik, die man ihm nachsagt, scheint aber von dem Bericht widerlegt zu werden, den er nach seiner Rückkehr veröffentlicht hat, ein Bericht, aus dem alles in allem fast Bewunderung für Venedig und seine Regierung herausklingt. Vielleicht war er nur ein übertriebener Eiferer; gewiß war er nicht so vorsichtig, wie er hätte sein müssen, wenn bereits 1615 böse Verdächtigungen über ihn in Umlauf waren, er habe sogar einigen Senatoren streng vertrauliche Kenntnisse über die Geschäfte des *Collegio*, des Senats und der Zehn entlocken wollen, und wenn sich 1617 der Verdacht erhob, er habe seine Botschafterkollegen aus England und Frankreich in sein Ränkespiel hineingezogen. (Aber vielleicht waren es Hirngespinste und Produkte der angstvollen Unruhe wie etwa die Anfang August befürchteten Uskokenangriffe und wie die Panik im Großen Rat angesichts der Mitteilung, daß man einige Boote im Meer gesichtet habe, die man auf den ersten Blick mit der spanischen Flotte verwechselt hatte.) Keine Erfindungen waren freilich die heimlichen Besuche von allerhand Abenteurern, von Spionen und mit ihnen auch von Patriziern. Darüber erstatteten mit vielen Detailinformationen jene »Vertrauensleute« Bericht, die die vene-

* Wie A. Luzio, *La congiura spagnola contro Venezia nel 1618*, in *Miscellanea della Deputaz. Veneta di Storia Patria*, Serie III, Bd. XIII, 1918.

zianische Spionageabwehr geschickt in das Haus des Botschafters einzuschleusen verstanden hatte.

Die nachfolgende Intervention des Rates der Zehn war also keineswegs das unüberlegte, überstürzte Vorgehen einer Institution, die – wie man sagte – aus Interesse oder Panik aufgebauschte Informationen ernst nahm und ein wenig aus Nervosität, ein wenig aus purer Unterdrückungslust erbarmungslos durchgriff. Höchstens nutzten die Zehn die Chance, die sich auf eine Anzeige eines in venezianischen Diensten stehenden französischen Offiziers hin bot (sie bezog sich auf eine Gruppe ebenfalls französischer Marinesöldner, die ein ahnungsloser diplomatischer Vertreter unvorsichtigerweise in Neapel angeworben hatte), um ein gefährliches Zentrum der Spionage und der Subversion lahmzulegen. Wenn ihre Propaganda auch wahrscheinlich die Gefahren hochspielte, denen die Stadt und die Republik ausgesetzt waren, so erschienen die Rechtfertigungen, die der Botschafter nach der Verhaftung seiner mutmaßlichen Komplizen vor dem *Collegio* offiziell vortrug, noch viel weniger glaubwürdig. Die von Bedmar bezahlten Söldner wurden hingerichtet. Was ihn selbst betrifft, so hielt ihn der König von Spanien – angesichts des Drucks, den die venezianische Regierung in Madrid ausübte – nicht länger und rief ihn unter dem Vorwand, ihn in ein hohes Amt zu befördern, zurück in die Heimat.

Die letzte Episode dieses angsterfüllten Jahrzehnts war fast ebenso aufsehenerregend, aber viel schmerzlicher. Der venezianische Botschafter in London, Antonio Foscarini (ein anderer aus dem Kreis der Freunde von Fra Paolo Sarpi), wurde am 13. März 1615 unter schweren Beschuldigungen verhaftet. Die von den Zehn durchgeführte Ermittlung erbrachte den Beweis, daß er zwar von extravagantem und leichtsinnigem Charakter, aber unschuldig war. Verleumdet hatte ihn sein Sekretär, Giulio Muscorno, mit dem er seit Beginn seiner Mission Schwierigkeiten gehabt hatte. Aber am 18. April 1622 wurde er, als er eine Sitzung des *Pregàdi* verließ, erneut festgenommen. Die Anklage war ungeheuerlich: »... sich heimlich und häufig, verkleidet und in seinen eigenen Kleidern, mit Untergebenen von Fürsten getroffen zu haben, am Tage und bei der Nacht, in deren Häusern und anderswo in dieser Stadt und außerhalb, ihnen mündlich und schriftlich die intimsten Geheimnisse der Republik enthüllt und Geld von ihnen empfangen zu haben ...«

Der Prozeß wurde mit großer Strenge geführt. Hauptankläger war dieses Mal ein gewisser Girolamo Vano, ein professioneller Spitzel der Staatsinquisitoren, aber viele wußten, daß Foscarini unter anderem oft die Gräfin Arundel aufsuchte, eine hohe englische Dame, die sich zwischen Venedig und Padua niedergelassen hatte, und daß im Hause der Gräfin der Ministerresident von Toskana und die Sekretäre verschiedener Botschafter verkehrten ... Am 13. April wurde vom Rat der Zehn mit fünfzehn Jastimmen und zwei Enthaltungen die *Intimazione delle difese* gebilligt, mit der der Verhaftete vorgeladen wurde. Am 20. wurde nach langer Prüfung das Procedere mit dreizehn Jastimmen, vier Enthaltungen und ohne Gegenstimme gutgeheißen. Man brauchte nur noch über die Strafe abzustimmen. Es lagen drei Anträge vor: Einer, für den fünf gestimmt hatten, lautete auf lebenslängliche Haft; für einen Antrag auf geheime Liquidierung gab es eine Jastimme und eine Enthaltung; der vom Dogen Antonio Priuli und anderen gestellte Antrag (»Wir wollen, daß er morgen früh vor Tagesanbruch in demselben Gefängnis, in dem er sich derzeit befindet, vom Henker erdrosselt werde und daß er nach seinem Tode von demselben Henker kopfüber an zwei zwischen den beiden Säulen von San Marco aufgestellten Galgen gebunden und den ganzen Tag lang so belassen werde«) erhielt zehn Jastimmen und wurde angenommen. In der Nacht faßte der Verurteilte sein Testament ab und vermachte unter anderem Fra Paolo Sarpi einhundert Dukaten. Am Morgen danach löste der tragische Anblick jenes an den Galgen hängenden Toten in allen »große Furcht« aus, vor allem jedoch im Patriziat, für das die schändliche Hinrichtung eines bedeutenden Senators, eines ehemaligen Botschafters, eines Mannes aus vornehmer Familie eine schreckliche Warnung und Lehre bedeutete.

Es hat den Anschein, als ob alle an Foscarinis Schuld geglaubt hätten. Davon zeugen die überwältigende Mehrheit, mit der die Zehn für die Verurteilung gestimmt haben, und die Eile, mit der Fra Paolo, der gewiß Zivilcourage besaß – wie er zur Genüge bewiesen hatte –, das Vermächtnis seines alten Freundes öffentlich zurückwies. Aber offensichtlich gab es Leute, die ihre Zweifel hatten. Fünf Tage nach der Hinrichtung wurden die neuen Vorsteher des Rates der Zehn gewählt, und am 19. Mai ließ der Vorsteher Ser Battista Nani eine *Parte* beschließen, mit der ein Verfahren »gegen die Person« eröffnet wurde, »der es unter Betrug gelungen war, jene Behörde [die Staatsinquisitoren] zu täuschen, um unrechtmäßigen Gewinn zu erzielen«. Die Maßnahme der Inquisitoren hatte zur Folge, daß Girolamo Vano und Domenico da Venezia sich selbst beschuldigten, den *Cavaliere* Foscarini mit falschen Bezichtigungen verleumdet zu haben, und sie wurden umgehend vor Gericht gestellt und zum Tode verurteilt.

Da machte der Rat der Zehn auf Vorschlag von Nicolò Contarini, dem alten Freund des unschuldig Verurteilten, eine Geste, die wegen ihres Mutes und ihrer bewußten Würde noch heute beispielhaft ist, die aber in der damaligen Zeit in ganz Europa Staunen und Bewunderung erregte. Mit einem feierlichen Erlaß vom 16. Januar 1623 wurde Foscarini rehabilitiert, und sämtliche europäische Staaten wurden über den Justizirrtum in Kenntnis gesetzt.

Der romantische italienische Dramatiker Giovanni Battista Niccolini hat sich ausgemalt, Antonio Foscarini sei der Liebhaber der Gräfin von Arundel gewesen, und habe sich zum Tode verurteilen lassen, weil er sie sonst hätte kompromittieren müssen. Irgend jemand muß schon zur Zeit der Hinrichtung ein solches Gerücht in Umlauf gebracht haben; denn die Gräfin erschien wenige Tage darauf zusammen mit dem englischen Botschafter vor dem *Collegio,* um sich öffentlich ihre Unschuld und Wertschätzung bezeugen zu lassen. Andere meinten, daß Foscarini doch schuldig war. Seine Rehabilitierung hätte dem Zweck gedient, eine berühmte Patrizierfamilie von einem für die Moral der damaligen Zeit schweren Makel zu befreien. Als wahr stellte sich heraus, daß Informationen, die für die venezianische Botschaft in London bestimmt waren, tatsächlich weitergegeben worden waren. Der Botschafter Girolamo Lando, Foscarinis Nachfolger, identifizierte auch ihren Empfänger, einen Monsignor Antonio De Domini; das war der frühere Erzbischof von Spalato, der sich vom Katholizismus losgesagt hatte und daraufhin nach England geflüchtet war. Nicolò

Contarini und anderen zufolge war Antonio Foscarini dagegen in erster Linie ein Opfer von Kabalen und Intrigen, die in der Kaste der Sekretäre des Senats und des Rates der Zehn gesponnen wurden. Bei diesen handelte es sich um unversetzbare Mitglieder einer Bürokratie – im Gegensatz zu den Patriziern, deren Ämter ständig wechselten – und daher um eine überaus mächtige Clique, mit der der Gehenkte sich nie vertragen hatte.

4

Es war bereits die Rede von den Schäden und Zerstörungen, die der erbarmungslose Korsarenkrieg der venezianischen Handelsschiffahrt zugefügt hatte. Andere Schäden wurden – und auch das haben wir gesehen – durch die Anwesenheit gefährlicher Konkurrenten in den Gewässern des Mittelmeers verursacht. Da waren nicht nur die hartnäckigen Ragusaner, die Franzosen und die Engländer, die nunmehr durch Abkommen mit der Hohen Pforte geschützt waren (das war die fast lyrisch klingende Bezeichnung für die osmanische Regierung). 1612 bekamen auch die Holländer freie Hand auf dem türkischen Markt; sie waren ernsthafte Konkurrenten, Vorboten einer merkantilen Wirtschaft, die stark und kühn expandierte. Ein noch größeres Problem sollte die bevorzugte Behandlung werden, die die türkischen Zollbehörden später den »ponentinischen« Kaufleuten einräumten. Während die Venezianer auf dem Markt von Konstantinopel und auf den Märkten der türkischen Ägäis – entsprechend der Vereinbarung von 1505 – nach wie vor Einfuhr- und Ausfuhrzölle in Höhe von fünf Prozent zahlten, erreichten die Österreicher schon 1600, daß sie nur drei Prozent zu zahlen brauchten, und dasselbe Privileg sollten die Franzosen 1673, die Engländer 1675 und die Holländer 1680 erhalten. Die besseren Bedingungen, die auf den arabischen Märkten galten, sollten für die venezianische Industrie nicht von Vorteil sein; denn ihre Erzeugnisse waren auf den ägyptischen und syrischen Märkten nicht leicht absetzbar.*

* Zitiert bei D. Sella, *Il declino . . .*, s.o., S. 107.

Wie dem auch sei, schon im Juli 1610 klagten die fünf *Savi alla Mercanzia* über den Niedergang der venezianischen Handelsschiffahrt. Im Jahr zuvor waren dreizehn große Schiffe, beladen mit Rohwolle, nach Spanien gekommen, aber nur drei von ihnen fuhren unter venezianischer Flagge. Schließlich waren 1610 alle drei »wegen Schiffbruchs« ausgefallen, und der ganze Verkehr mit Spanien blieb »ponentinischen« Schiffen überlassen, »da man im Augenblick keine venezianischen findet, die jene Fahrt machen«.*

Im Juni 1621 zerstörte ein Brand zwei weitere große venezianische Schiffe, die *Toro Negro* und die *Galeon Balbi,* die mit kostbaren, für Konstantinopel bestimmten Waren beladen waren. Wenn es eines Beweises bedürfte, dann würde allein dieser Umstand belegen, welche Anziehungskraft der byzantinische Hafen noch immer auf die venezianischen Reeder und Kaufleute ausübte. Noch deutlicher aber macht er, wie schlimm es auf den westlichen Routen für die venezianische Schiffahrt aussah. Auf die Angebote der englischen Regierung, ihre Häfen den venezianischen Schiffen zu öffnen, reagierten die venezianischen Reedereikreise mit völliger Gleichgültigkeit; es gab ohnehin keine richtigen Schiffe mehr, »die in diesen Dienst zu nehmen wären«.

Die große europäische Krise der Jahre von 1620 bis 1720 mündete in diese Situation ein, die beweist, daß sich das Patriziat immer mehr aus den kaufmännischen Aktivitäten zurückzog. Mit der Zeit wurde das, was für den venezianischen Adligen einmal eine Ehrensache gewesen war, nämlich die Betätigung als Kaufmann, Reeder und Unternehmer, zum Gegenstand snobistischer Spötterei wie etwa im Fall des Dogen Nicolò Sagredo, dem gegen Ende des Jahrhunderts offen vorgehalten wurde, daß seine Familie sich im Handel mit Bauholz betätigte. Einen Dogen des 14. Jahrhunderts hätte das zweifellos mit Stolz erfüllt.

Die Wahrheit ist, daß die venezianische Wirtschaft sich immer mehr auf die industrielle und landwirtschaftliche Produktion und immer weniger auf den Handel stützte. Das bedeutete noch nicht,

* Über die wirtschaftliche Lage vgl. Varii Autores, *Decadenza economica veneziana nel secolo XVII,* in *Atti del Convegno 27 Giugno – 2 Luglio 1957,* Venedig 1961; und D. Sella, *Il declino dell'emporio realtino,* s.o., S. 99ff.

daß der venezianische Handel von den Weltmärkten verschwunden war, ganz im Gegenteil. Sehr viele Waren, die nach Deutschland gingen, passierten den Hafen von Venedig, und das sollte noch eine Weile so bleiben. Aber der strikte, von der Republik offiziell geförderte und praktizierte Protektionismus war auf lange Sicht nicht produktiv. Der 1610 nicht in die Tat umgesetzte Vorschlag, den Handel dadurch zu liberalisieren, daß man fremden Kaufleuten und Reedern die gleichen Bedingungen einräumen sollte wie den Venezianern, war unter anderem von der römischen Kurie als einer der vielen venezianischen Anschläge auf die Reinheit des katholischen Glaubens angesehen worden. Man befürchtete, daß all diese Protestanten (in deren Händen der Handel bereits lag) eine Stadt verderben und protestantisch machen würden, die zu dieser Art von Abenteuern anscheinend nur allzu bereit gewesen wäre.

Dann setzte auch ein Niedergang der Industrien ein, und das sollte der wahre Beginn einer tieferen wirtschaftlichen Krise sein, die durch die Gründung der großen Kompanien, nämlich der englischen und der holländischen Ostindienkompanien, begünstigt wurde. Diese Handelsgesellschaften waren von den westlichen Staaten eingerichtet worden, um die Gewürzländer des Orients auszubeuten. Fast zweihundert Jahre nach der Umsegelung des Kaps der Guten Hoffnung durch Vasco da Gama passierten die Gewürze nach wie vor Venedig. Nun, da Indonesien in der Hand der Holländer war, verlor der venezianische Gewürzhandel schließlich immer mehr an Boden, und das war nicht die letzte Ursache für den Niedergang der venezianischen Handelswelt.

Angesichts so vieler Risiken für die Seefahrt war das Versicherungswesen ein Wirtschaftszweig, der mehr denn je florierte, sowie das Bankgewerbe, das sich auch in einem wirtschaftlich immer deprimierenderen Gesamtzusammenhang noch lange behaupten sollte. Nicht hilfreich war dagegen für die venezianische Wirtschaft die Halsstarrigkeit, mit der die *Arti* sich – im Gegensatz zu den Unternehmern, vor allem den Glasherstellern von Murano – stur jeder technischen Neuerung widersetzten und mit der sie sich auch gegen jede Preissenkung stemmten; denn nur eine Verbilligung hätte die Chance geboten, gegen die Konkurrenz anderer

Länder anzukämpfen. Noch trauriger war, daß ausgerechnet die traditionell für Venedig produktivsten Industrien, nämlich die der Luxusgüter, einen langsamen Niedergang erlebten, weil die Entstehung anderer und besser organisierter Manufakturen, vor allem in Frankreich, sie niederdrückte. Allein, bei den Kennern blieben die venezianischen Produkte das ganze 18. Jahrhundert hindurch begehrt und geschätzt.

Nach der unglaublichen Blüte des Cinquecento wiederholen die darstellenden Künste während des ganzen 17. Jahrhunderts den Stil jener an Wunder reichen Epoche und reizen ihn manchmal geradezu aus. Aber auch wenn die Malerei erlebt, daß sich die Werke der Nachahmer der großen Meister des Cinquecento ins Unendliche vermehren, so bringt sie doch selbst ebenfalls ungewöhnliche und interessante Persönlichkeiten hervor, von Maffei bis Vecchia, von Ruschi bis zu Mazzoni, Fetto, Zanchi, Forabosco und dem köstlichen friaulischen Maler Antonio Carneo. Und die Bildhauerkunst kennt mit den Werken von Giusto Le Court und Filippo Parodi Momente eigenwilliger barocker Lebensfülle. Doch vor allem ist es die Architektur, die ihren trefflichsten Ausdruck findet, obwohl sie nicht die antikisierende Einfachheit nach Art eines Sansovino, die sie daran hindert, wirklich barock zu sein, aus den Augen verliert, trotz der Kühnheiten und Freiheiten, die sich vor allem ein Baldassare Longhena herausnimmt. Unter den Bauwerken dieser Zeit fällt insbesondere ein einzigartiges, pittoreskes und phantasievolles Monument auf, das Giuseppe Fiocco mit dem spanischen *Plateresco* in Verbindung bringt und das ich fast in die Nähe der überreichen, originellen Effekte eines Churriguera rükken möchte. Gemeint ist die Fassade von San Moisè, die Alessandro Tremignon als Stiftung eines schwerreichen und frischgeadelten Prokurators von San Marco, Messer Vincenzo Fini, errichtete.

In einem kulturell immer noch lebendigen Klima erlebte auch die Kunstkritik eine Blüte. Marco Boschini verfaßte sein 1660 veröffentlichtes kritisches Gedicht *Carta del Navegar Pitoresco*, in dem die Leichtigkeit einer einfachen und heiteren Dialektdichtung eine grundsätzliche Polemik überdeckt, die dem von Vasari vertretenen toskanischen Stil die Vision einer ganz von Farbtönen und Lichtgebung bestimmten Malerei gegenüberstellt, deren Höhepunkt er mit der venetischen Kunst des großen Cinquecento gleichsetzt. Und es war eine große Zeit für die Literatur, angefangen bei den launigen Einfällen eines Gian Francesco Loredan, des Romanciers, Essayisten und Gründers von erfolgreichen Akademien, bis zu der eines Giovanni Sagredo, der ein erstrangiger Politiker, ein in der türkischen Welt bewanderter Geschichtsschreiber und ein Erzähler mit leichter, frivoler Ader war. Dazu gehörten auch die satirische und geistreiche Dichtung von Dario Varotari und die köstliche, chronikartige aus der Feder von Gian Francesco Busenello sowie die lyrischere des friaulischen Edelmanns Ciro di Pers. Erfolge aber erzielten die historische und wissenschaftliche Prosa und die Musik. Jene, die sich im offiziellen Amt des »staatlichen Geschichtsschreibers« ablösten, waren in den meisten Fällen bedeutende und gelehrte Schriftsteller, von Paolo Paruta bis zu Battista Nani und Nicolò Contarini. Im *Mezzà*, dem Studierzimmer eines dieser Historiographen, des freien und edlen Geistes namens Andrea Morosini, hatten sich viele Jahre lang andere freie und edle Geister versammelt, darunter auch Giordano Bruno, für den der Gastgeber trotz persönlicher Gefährdung vor dem Tribunal des Heiligen Offiziums großherzige Worte der Verteidigung fand. Alle standen im Schatten von Galileo, der mit vielen befreundet war, aber vor allem mit dem Patrizier Gian Francesco Sagredo, dem er seinen *Dialogo sui massimi sistemi* gewidmet hat. Kurz nach dem Tod von Giovanni Gabrieli erschien in Venedig der umjubelte Verfasser von Melodramen, Claudio Monteverdi, der 1613 als Kapellmeister von San Marco nach Venedig berufen worden war und der 1624 für *Il combattimento di Tancredi e Clorinda*, 1641 für *Il ritorno di Ulisse in Patria* und 1642 für *L'incoronazione di Poppea* großen Beifall erhielt.

Die immer noch wohlhabende Stadt (die Armen, die als solche anerkannt waren und daher vom Staat unterstützt wurden, zählten nur wenige hundert) vervollkommnete ihr faszinierendes, in so vielen Jahrhunderten gereiftes Gesicht. In der Mitte des 17. Jahrhunderts kamen einige neue Züge hinzu, die auch noch das Venedig von heute prägen: Die Votivkirche Santa Maria della Salute wurde errichtet, und längs der Kanäle erhoben sich neue, großartige Palazzi, unter anderem jener wunderschöne der Familie Pesaro in San Stae, die Zeugen prunkvoller Feste, der Prachtentfaltung des Staates und des Patriziats werden sollten.

Dieses Jahrhundert kehrte tatsächlich bei jeder Kundgebung das heraldische Pathos hervor und prahlte bei jeder Gelegenheit mit dem Triumph des Adels, für den die schmeichlerischen Stammbaumforscher sich nicht mehr mit den alten Ursprüngen begnügten, deren Spuren sich im Mittelalter verloren. Sie gingen vielmehr auf die Suche nach absurden Märchen, die die Überlegenheit dieses oder jenes Geschlechtes mit mythischen und sagenhaften Persönlichkeiten in Verbindung brachten (das galt etwa für die Familie Pesaro, der ein waghalsiger Genealoge sogar »Jupiter, den König von Toskana, Kaiser der Welt« als Stammvater zuwies).

Auf diese Betonung der banalsten und ärgerlichsten Formen der Adelsmentalität muß wahrscheinlich die Welle der Gewalttätigkeiten der Aristokratie zurückgeführt werden, die seit den letzten Jahren des 16. Jahrhunderts das Alltagsleben in Venedig störte, wenn auch nicht in dem Maße, wie dies anderswo der Fall war (man denke allein an das, was Alessandro Manzoni in seinem Roman *I promessi sposi* in bezug auf das Herzogtum Mailand berichtet). Auch in Venedig gab es die Plage der *Bravi*, der professionellen Schläger: Die bedeutendsten Familien hielten sich diese »Gorillas« nicht nur zu Zwecken der Verteidigung so liebevoll. 1513 etwa fiel der im Dienst der Ca'Querini-Stampalia stehende Schlägertrupp über den Campo Santa Maria Formosa her und brüllte: »Abknallen! Abknallen!« und schoß wie verrückt um sich. Es gab mehrere Verletzte und auch einen Toten. 1643 wurde zwei Brüdern Morosini der Prozeß gemacht, die mit ihren *Bravi* den Stadtbezirk San Giacomo dell'Orio terrorisiert hatten. Doch auch die Prozesse ließen oft alles beim alten. Im Verlauf des Jahrhunderts schien das Vorgehen der Zehn und der Staatsinquisitoren an Schärfe verloren zu haben; denn gegen diese Überheblichkeit kamen sie nicht an. Vielleicht hatten die Inquisitoren und die Zehn zu viele Sorgen politischer Art, um Tatsachen Bedeutung beizumessen, die letzten Endes eher Ausdruck einer europäischen als einer venezianischen Gepflogenheit waren. Wahrscheinlich übte das Spiel der politischen Cliquen auf die Mitglieder der beiden furchteinflößenden Versammlungen eine bremsende Wirkung aus. Jedenfalls hätten berüchtigte Schläger wie Polo Rimondo oder Leonardo Pesaro ohne eine erhebliche Schwäche der bestehenden Autorität keine solche »Karriere« machen können. Sicher, der erste endete im Kerker, und der zweite, ein wilder Erpresser von Juden und Kaufleuten, ein Dieb, Mörder und Mädchenhändler, wurde lebenslänglich verbannt und nur begnadigt, weil er sich zusammen mit hundert von ihm bezahlten Soldaten freiwillig zum Gradiscakrieg meldete. Der *Nobilòmo* Vettor Grimano Calergi, Abt von Rosazzo und San Zeno, und seine Brüder, eine berüchtigte Bande hochgestellter Krimineller, wurden 1658 verbannt und verloren ihre Adelswürde. Freilich erfreuten sie sich so einflußreicher Unterstützung, daß sie kaum drei Jahre danach nach Venedig zurückkehren konnten und wieder zum Patriziat zugelassen wurden, nachdem sie in ihren Ländereien im Polesine bewaffnete Zwischenfälle provoziert hatten.

Auch in einem durch strenge Gesetze geregelten Staat wie der *Serenissima Repubblica* war das Leben für die Friedfertigen, Gesitteten und Anständigen – Patrizier wie Plebejer – schwierig. Das menschliche Leben schien an Wert verloren zu haben. Die Gewöhnung an die Gewalt ließ das Moralgefühl vieler so abstumpfen, daß mordgierige Schurken geradezu bewundert wurden und Leute fanden, die ihre Untaten mit mehr oder weniger trügerischen Argumenten rechtfertigten. Man hat die absolute Grundlosigkeit für Gewalt, die einzig von einer Welle des kollektiven Sadismus motiviert zu sein schien, als eine für das Venedig des 17. Jahrhunderts typische Erscheinung bezeichnet.* Unter den Gewalttätigen befanden sich nicht nur Adlige oder *Bravi*, sondern auch Leute, die man für friedlich hätte halten sollen: Apotheker, Handwerker, Geschäftsleute. Ein Hauptmann der Gefängnisse, der in der Nacht des 28. Mai 1611 den Campo Santa Maria Formosa absperrte, um in Ruhe ein paar Sängern zuzuhören, brachte kaltblütig einen unglücklichen Patrizier um, der dort vorbeigehen wollte. Doch auch die Popolanen mischten mit, wie etwa jene, die 1662 in den Bezirken San Samuele und San Vidal brandschatzten und Hunde auf die eingreifende Polizei hetzten.

* Vgl. A. Da Mosto, *I bravi di Venezia,* Mailand 1950.

## 5

Auch wenn die herkömmliche Unterscheidung zwischen »Alten« und »Jungen« überholt erscheinen mochte, hatte die politische Welt, die sich mit dem Patriziat identifizierte, die eigenen Meinungsverschiedenheiten nicht überwunden. Die alten Zwistigkeiten zwischen *Longhi* und *Curti*, zwischen *Case vecchie* und *Case nuove* waren plötzlich wieder aktuell geworden, als nach dem Tod von Leonardo Donà ein Patrizier aus einer *Casa vecchia*, Marcantonio Memmo, auf den Dogenthron gewählt wurde. Seit dem 14. Jahrhundert, seit dem Tod Michele Morosinis, war es das erste Mal, daß so etwas geschah. Die »Verschwörung« der »Dogen«-Familien, von der bereits die Rede war, wurde damit beendet. Einige hatte diese Tatsache so tief getroffen, daß sie Selbstmordversuche unternahmen. Es hieß, daß dann, wenn kein *Longo* gewählt worden wäre, sogar das Risiko von Volksaufständen bestanden hätte, weil das Volk für die *Case vecchie* Partei nahm. In Wirklichkeit hatte die alte Unterscheidung jede Bedeutung verloren. Das sollte man einige Jahre später sehen, als nach dem Tod des Dogen Francesco Contarini – er stammte aus einer *Casa vecchia* und seine unmittelbaren Vorgänger, Antonio Priuli und Nicolò Donà, aus *Case nuove* und Giovanni Bembo aus einer *Casa vecchia* – Giovanni Corner auf seinen Platz gewählt wurde.

Die Familie Corner, eine der ältesten unter den *Case vecchie*, eine der zwölf sogenannten apostolischen Familien, die sich rühmten, an der Wahl des ersten Dogen teilgenommen zu haben, war eine der allerersten von Venedig geworden. Sie war sehr weit verzweigt, und es gab steinreiche, reiche, wohlhabende, arme und bettelarme Zweige. Seit der Zeit vor dem Chioggiakrieg war sie durch die Geschäfte von Federico Corner (dem jener Palazzo am Canal Grande gehörte, der später Palazzo Loredan genannt wurde und der heute einer der Sitze der Stadtverwaltung ist) zu einem Riesenvermögen gekommen und hatte die wirtschaftliche Kontrolle über die Insel Zypern erlangt. Die Beziehungen seiner Nachfahren mit der Dynastie der Lusignans hatten die Republik veranlaßt, ein Mädchen aus dem Hause Corner als Gemahlin und Erbin von König Jakob, des letzten der Lusignans, auszuwählen. Eben von Federico stammte jener Zweig ab, der das Wappen der Corner mit dem der Lusignans verschmolz und der den großen Palazzo am Rio di San Polo besaß. Es war ein traditionell an die kirchliche Welt gebundener Zweig; viele, die ihm entstammten, hatten die Kardinalswürde erhalten und reiche, damit verbundene Einkünfte. Der Adelsdünkel der Corner von San Polo war sprichwörtlich, und Giovannis Wahl zum Dogen war von seinen Verwandten fast schon mit Geringschätzung aufgenommen worden. Sie war nicht nötig, um ihrer Familie Glanz zu verleihen. Doch gleich nach der Wahl erkannte man, daß diese Familie ein mächtiger Klüngel war.

Sofort wandte sich der Doge an die *Signoria* mit dem Anliegen, daß seine Söhne, die Mitglieder der *Pregàdi* waren, dort bleiben dürften. Das war ein Verstoß gegen den Dogeneid, aber die *Signoria* stimmte zu. Sechs Monate später, zum Zeitpunkt der neuen Wahlen zum *Pregàdi* und zur *Zonta*, bat der Doge, seine Söhne kandidieren und sie im Fall ihrer Wahl mit Stimmrecht in den Senat einziehen zu lassen. Es war ein erneuter Verstoß gegen die *Promissione*, doch wiederum sagte die *Signoria* ja. Dann, im Januar 1626, kam ein anderer Sohn des Dogen ins Gespräch – Federico, der zum Kardinal ernannte Bischof von Bergamo. Der *Pien Collegio* gestattete es ihm entgegen der *Promissione*, die Kardinalswürde zu akzeptieren. Einige Monate später war es wieder Federico, der vom Episkopat von Bergamo zu dem – einträglicheren – von Vicenza überwechseln wollte. Auch hier verletzte man das Gesetz. Es gab allerdings auch einen negativen Bescheid *in jure* durch Fra Fulgenzio Micanzio, doch Kardinal Federico bekam das, was er und der Herr Papa wollten. Und trotzdem wurde ein Ser Carlo Querini dafür, daß er »danach getrachtet hatte, sich dadurch in den Besitz kirchlicher Benefizien und Würden zu bringen, daß er den Einfluß auf prominente Untertanen ausnutzte« usw. – alles Dinge, die auch Corner getan hatte –, vom Rat der Zehn erbarmungslos in die Verbannung geschickt. Das wirft ein Licht auf einen schwerwiegenden Sachverhalt: Die Corners-Clique konnte das Gesetz ungestraft übertreten, während ein x-beliebiger Patrizier aus dem Kreis derer, die weniger mit Glücksgütern gesegnet und systematisch aus den Entscheidungsgremien ausgeschlossen waren, ein strenges und entwürdigendes Urteil hinnehmen mußte. Aber damit nicht genug. Im August des Jahres 1626 wurde – entgegen dem Gesetz – Daniele Dolfin, ein Schwager des Dogen, zum Dogenberater gewählt. Am 16. Mai 1627 wurde Francesco Corner, ein anderer Sohn des Dogen, in einer vorschriftswidrigen Abstimmung von der *Zonta* des *Pregàdi* gewählt. Am 30. September wiederholte sich der Fall mit Alvise Corner, auch einem Sohn des Dogen. Der Skandal schlug in und außerhalb der Stadt Wellen. Die Botschafter schrieben an ihre Regierungen; überall gab es wenig schmeichelhafte Kommentare.

Wieder einmal bildete sich im Herzen der an der Macht befindlichen Aristokratie eine Oligarchie heraus. Sie hatte sich vielmehr bereits um das Zentrum der Macht, verkörpert durch den Dogen und seine Verwandten, gebildet. Aber um den Klüngel zu sprengen und ihm einen Strich durch die Rechnung zu machen, erhob sich ein umstrittener Politiker, der zu Schwärmerei und Demagogie neigte, jedoch beträchtliche Zivilcourage besaß, nämlich der *Cavaliere* Renier Zen, der ehemalige *Podestà* von Crema und frühere Botschafter Venedigs in Turin und in Rom.

Ein Mißgeschick hatte Zen daran gehindert, die ersten Übergriffe der Familie Corner mitzuerleben. Ein Zusammenstoß zwischen ihm, der zu jener Zeit Dogenberater war, und dem *Savio del Consiglio* Giovanni da Mula war schlecht für ihn ausgegangen, und sein Urteil hatte auf Verbannung gelautet. Die vielen Gegner, die er sich im Lauf seiner Karriere gemacht hatte, weil er kein Blatt vor den Mund nahm, auf niemanden Rücksicht nahm und systematisch gegen die einflußreichen Persönlichkeiten ankämpfte, die meinten, über den Gesetzen zu stehen – diese Gegner hofften, sein politisches Leben zerstört zu haben. Doch ein Freund machte von seinem Vorrecht, einem Verbannten die Freiheit zu schenken, Gebrauch und holte ihn zurück. Nach seiner Rückkehr hatte er mit seiner Wahl in den Rat der Zehn gleich einen aufsehenerregenden Erfolg.

Nun standen sich also ein Doge aus einer *Casa vecchia* und ein Mitglied des Rates der Zehn, ebenfalls aus einer *Casa vecchia*, gegenüber. Zen vertrat, wie es heißt, die Forderungen und Ideen der mittellosen Adligen. Vielleicht ist das nicht richtig. Zen war kein »armer Edelmann«, seine ganze Laufbahn hatte er in den glanzvollsten und aufwendigsten Ämtern verbracht – *Reggimenti* von Städten, Botschaften und die *Serenissima Signoria* –, während den armen, unvermögenden Adligen höchstens die *Quarantie,* die Vierzigerräte, offenstanden. Aber er war aus »Fra Paolos Kabale« hervorgegangen, und das heißt, daß er der Tendenz nach ein Erneuerer und eindeutig ein Gegner der »Papalisten«, der Konservativen, der Adligen vom Schlag des *Gattopardo* war, die nach dem Monopol der Macht strebten und unter denen sich die Vertreter der reichsten Zweige von »alten« und »neuen« Geschlechtern hervortaten.

Zu einem der drei Vorsteher des Rates der Zehn gewählt, geht Renier Zen zum Angriff über. Am 20. September 1627 setzt er in einem widerstrebenden Rat durch, daß die *Avogadori di Comun* Berufung einlegten gegen die *Parte*, die es den Söhnen des Dogen gestattet hatte, mit entscheidender Stimme in den Senat einzuziehen. Am 23. Oktober erscheint er allein vor dem Dogen und der *Signoria* und liest Giovanni Corner unter dramatischen Umständen eine strenge Rüge vor, die sich auf die von ihm begangenen oder zugelassenen Verstöße gegen die *Promissione* bezieht. Gedemütigt und verletzt bittet der Doge selbst um den Widerruf der beanstandeten *Parte.* Die mittellosen Adligen horchen auf. Im Großen Rat hält Renier Zen eine fürchterliche Anklagerede gegen den höchsten Amtsträger der Republik, der mit seiner Autorität die Geschäfte deckt, welche seine Söhne gegen das Gesetz betreiben, der mit den Einnahmen seiner Söhne, der Bischöfe und Kardinäle, über dreißigtausend Dukaten im Jahr einstreicht. Aber mit seiner Rede steuert er viel schwerwiegendere Konsequenzen an, nämlich die Notwendigkeit, die Befugnisse des Dogen noch mehr einzuschränken und dem Gesetz wieder absoluten Vorrang vor Personen und Institutionen einzuräumen. Der englische Botschafter schreibt nach London: »Wir erleben in dieser Stadt eine Art Bürgerkrieg zwischen dem Dogen und einem gewissen Renier Zen, einem der bedeutendsten Senatoren ...«* Aber Zen geht noch weiter und zeigt die Konzentration der wichtigsten

* Zitiert bei G. Cozzi, *Il doge Nicolò Contarini,* s.o. S. 247.

Ämter in wenigen Familien an, die untergeordnete Position der armen Patrizier, die theoretisch mit den anderen, den reichen, gleichgestellt sind, die allein Zugang zu den Schalthebeln der Macht haben. Die »Corner«-Partei setzt die Annullierung der gegen den Dogen vorgebrachten Rügen durch, doch wenige Tage danach erreicht Renier Zen einen Beschluß, der auch einen einzelnen der drei Vorsteher des Rates der Zehn ermächtigt, gegen den Dogen zu ermitteln und ihn zurechtzuweisen.

In diesem Augenblick verliert einer der Söhne des Dogen, Giorgio – Zen hatte ihn angezeigt, weil er illegal mit Rindern handelte und in seinem Haus florentinischen Sergestoff lagerte und verkaufte, dessen Einfuhr verboten war –, die Beherrschung und postiert sich mit einer Schar von *Bravi* am Abend des 30. Dezember an der Riva des Dogenpalastes. Als Zen vorbeikommt, um in die Gondel zu steigen, wird mit Beilhieben auf ihn eingeschlagen, bis man ihn tot glaubt. Indes, er lebt, und es gelingt ihm, sich in eine vorbeifahrende Gondel zu werfen, die ihn in Sicherheit bringt.

Die Stadt steht kopf. Der Sohn des Verletzten wird beim Rat der Zehn vorstellig und zeigt das blutüberströmte Gewand seines Vaters und die Waffe, die ihn getroffen hat. Eine Bekanntmachung garantiert demjenigen eine Belohnung, der die Schuldigen identifiziert, aber die Stimme des Volkes sagt offen, daß alles eine Komödie sei, daß man die Täter ganz genau kenne. Giorgio Corner entkommt ins Ausland und wird lebenslänglich verbannt, seiner Adelswürde und Güter beraubt, doch es heißt, daß er in den acht Tagen nach der Untat Zeit gehabt habe, sein Geld in Sicherheit zu bringen, und daß die Zehn alle »Cornerianer« seien. Die schlechte Stimmung wird noch durch den skandalösen Freispruch (gegen eine Spende an die Scuola Grande di San Teodoro) eines gewissen Giulio Maffetto verschärft, eines üblen *Bravo* und Mörders. Der Augenblick scheint für eine Wiederaufnahme der von Zen ins Rollen gebrachten Kampagne günstig zu sein, und dieser läßt sich, kaum erholt, die Gelegenheit nicht entgehen. Erneut zum Vorsteher der Zehn gewählt, macht er sich in heftigen Auseinandersetzungen viel zu schaffen. Um gegen die Kraft anzukämpfen, die der Familie Corner aus ihren Beziehungen zu Rom erwächst, legt er großen religiösen Eifer an den Tag, bereitet seinen Wiedereinzug in das politische Leben theatralisch vor und geht am 24. Juli 1628 im Großen Rat zum Angriff über.

Zen, mit allen Tücken der parlamentarischen Prozeduren Venedigs vertraut, versucht zuerst, den Dogen und seine Verwandten von der Debatte auszuschließen, dann greift er sie heftig an und behauptet, man würde gegen die heiligsten Gesetze des venezianischen Vaterlandes verstoßen, wenn man die Anwesenheit des Staatsoberhauptes während einer Aussprache über sein Verhalten zuließe. Grobe Worte fliegen hin und her, ein Dogenberater klagt ihn der Anmaßung an. Dann spricht der Doge persönlich, und Zen fordert die *Avogadori* lautstark auf, dafür zu sorgen, daß das Gesetz respektiert werde. »Was ist denn los? Können wir nicht sprechen?« ruft seinerseits der Doge, und seine Anhänger machen großen Lärm, brüllen und schlagen auf die Bänke. Zen ruft aus: »Freiheit!«, und das Getöse ist unbeschreiblich. Da zieht Zen einen Antrag aus der Tasche, wonach die Berater wegen widerrechtlicher Einmischung in die *Promissione* des Dogen anzuzeigen seien. Der Große Rat geht auseinander, der Rat der Zehn tritt in der Wohnung des Dogen zusammen, ordnet die Verhaftung des *Cavaliere* Zen an und beauftragt die Staatsinquisitoren, gegen seine Anhänger vorzugehen. Dieser beispiellose Schritt, diese ungesetzliche und ungerechte Aktion zeigt das ganze Ausmaß des Niedergangs der verfassungsmäßigen Garantien in jenem bewegten Jahrhundert auf. Die Reaktion darauf sollte allerdings – unabhängig von ihren Folgen – beweisen, daß die Institutionen alles in allem noch im wesentlichen funktionsfähig waren.

Der voll entbrannte Konflikt hatte mehrere Aspekte. Vor allem zeigte er, daß eine grundlegende Ungleichheit unter den Patriziern bestand, die nicht nur auf wirtschaftliche Fakten zurückzuführen, sondern auch von diesen beeinflußt war. Angesichts der ständigen Engpässe im Staatshaushalt hatte sich der – an sich löbliche – Grundsatz durchgesetzt, daß die Inhaber der wichtigsten Ämter nicht ihren Ausgaben entsprechend bezahlt werden sollten und daß die Differenz aus dem privaten Vermögen desjenigen bestritten werden sollte, der in solche Ämter berufen wurde. Doch als sich in der Gesellschaft des 17. Jahrhunderts der Mythos vom

Adel aufblähte, wetteiferte man darum, wer mehr ausgab und wer eine bessere Figur machte. Die wichtigsten Ämter wurden eine Bürde, die zu akzeptieren sich nur wenige leisten konnten. Zwar bewiesen einige einen Patriotismus, der sie buchstäblich ruinierte, um einem Amt Glanz und Würde zu verleihen (die Gesandtschaften waren am ruinösesten), andererseits wurde der Kreis derer, die einen solchen Posten übernehmen konnten, immer enger (wir haben schon gesehen, daß dieser Grundsatz Ende des 15. Jahrhunderts bei der Wahl von Antonio Grimani zum Generalkapitän zur See mit sehr bösen Folgen angewandt wurde). So blieben jene von den höchsten Ämtern ausgeschlossen, die kein Geld ausgeben konnten, und statt in zwei Kategorien zerfiel der Adel schließlich in drei – die Reichen, die Mittleren und die Armen. An die Reichen gingen gewöhnlich die bedeutenden Ämter, Generalate, wichtige *Reggimenti*, Gesandtschaften (es gab nur einen Botschafterposten, der etwas einbrachte, und das war der in Konstantinopel), die später in der Heimat die Türen zum *Pregàdi*, zum *Collegio*, zur *Signoria* und auch zum Rat der Zehn und jenen Ämtern öffneten, die sich von ihm ableiteten. Die Patrizier mittlerer Vermögenslage erhielten weniger wichtige *Reggimenti* und die Richterämter, die in den *Quarantie*, den Vierzigerräten, gipfelten, von denen es mittlerweile drei gab: *Civil Vecchia, Civil Nova* und *Criminal*. Diese Richterämter ihrerseits eröffneten demjenigen, der es geschafft hatte, Vorsteher der *Quaranta al Criminal* zu werden, die Möglichkeit, im *Collegio* zu sitzen, der *Signoria* anzugehören und während der Vakanz des Dogenthrons Vizedoge zu sein – das allerdings mit sehr eingeschränkten Befugnissen. An die armen Patrizier gingen die unbedeutendsten *Reggimenti*, insbesondere die fernen und unbequemen Posten in Übersee, und eine Unmenge von wenig angesehenen Ämtern, die zwar mäßig, aber doch immerhin so bezahlt wurden, daß sie ihren Trägern das Überleben sicherten, jedoch ohne entscheidendes Gewicht waren. Freilich war der Große Rat noch immer das Josaphattal, in dem sämtliche Patrizier mindestens einmal die Woche zusammenkamen und wo das grundlegende Spiel jedes parlamentarischen Systems, das der Wahlen, gespielt wurde. Die Waffe der Wahlen konnte, wenn man geschickt mit ihr umzugehen wußte, von unerwartetem und unglaublichem Nutzen sein, auch wenn sie nicht alle einzusetzen verstanden.

Nachdem Renier Zen verbannt worden war (er hatte sich nicht verhaften lassen, und deshalb hatte man ihn für zehn Jahre in die Verbannung geschickt; aber statt in ferne Exilländer zu reisen, war er unbehelligt in Venedig geblieben), richtete sich der Unmut gezielt gegen die Zehn. Die öffentliche Meinung hielt dem *Eccelso* nicht nur seine offenkundige Parteilichkeit zugunsten des Dogen und seiner Familie vor; sie bemühte die Erinnerung an den armen Antonio Foscarini. Man griff auf polemische Themen zurück, die bereits zur Zeit der skandalösen Absetzung von Francesco Foscari, zur Zeit der *Correzione* des Jahres 1582, diskutiert wurden. Man sprach offen von der Präpotenz der Zehn, der Ausweitung ihrer Kompetenzen; es wurde offen ausgesprochen, daß es nunmehr an der Zeit sei, eine neue Korrektur an den Gesetzen vorzunehmen, die sich auf sie bezogen. Die Polemik wurde noch verschärft durch andere Fälle wie etwa den von Ser Marco Gritti, der trotz Verbannung frei in Venedig herumlief, weil er reich war und über vorteilhafte verwandtschaftliche Beziehungen verfügte. Jedoch die Strafen für zwei andere Patrizier, Vincenzo Briani und Piero Michiel, die arm und ohne einflußreiche Verwandtschaft waren, standen in keinem Verhältnis zu ihrer Schuld (man hatte ihnen Unregelmäßigkeiten bei Wahlen und in der Verwaltung vorgeworfen). Dann kam die Verhaftung von Girolamo Donà, einem Literaten und Freund von Zen, unter dem Vorwand aufrührerischer Redensarten. Das schürte die Polemik noch weiter; es wurde offen von Willkür gesprochen.

Während zwischen »Zenianern« und »Cornerianern« eine Art eiserne Gewalt herrschte (die ersten wollten die Wahlen zur Erneuerung des Rates der Zehn verhindern), gab ein neuer Fall den Spannungen weitere Nahrung: Der *Nobilòmo* Benedetto Soranzo wurde, als er gerade aus der Gondel stieg, von Arkebusenschüssen getroffen. Doch die Zehn zögerten, zusammenzutreten und in dem Fall Anordnungen zu treffen, und es hieß, die Ursache für eine so große Lauheit liege in der engen Verwandtschaft eines der Attentäter mit dem Dogen. Die Wahlen, durch die zwei Mitglieder des Rates der Zehn neu bestimmt werden sollten, wurden vereitelt. Die *Quarantia* forderte den *Eccelso* dadurch heraus, daß sie zusammentrat, ohne zuvor um die Erlaubnis der drei Vorsteher gebeten zu haben, wie es ein Gesetz aus dem Jahr 1438 vorschrieb. Dieses Gesetz sollte verhindern, daß Versammlungen gleichzeitig abgehalten wurden. Am Ende beschloß man in großer Eile die Wahl von fünf *Correttori*, die das *Capitolare* des Rates der Zehn revidieren sollten. Unter ihnen befanden sich mindestens zwei hervorragende Persönlichkeiten, Nicolò Contarini, der unbestechliche Nicoletto, und Battista Nani, ein berühmter Historiker und Politiker.

Aber noch ehe die *Correttori* an ihr Werk gingen, wurde das Urteil der Zehn gegen Renier Zen vom Großen Rat aufgehoben; das war seinem Schwiegervater, Bertucci Contarini, *Avogador di Comun*, zu verdanken und einer seiner denkwürdigen Reden, die die Unrechtmäßigkeit dieses Urteils hinlänglich nachwies. Der Verfolgte kehrte unter dem Beifall einer Menge zurück, die »Es lebe die Familie Zen!« rief. In einem dichtbesetzten Großen Rat hielt er eine lange Rede, aber seine Waffen waren durch seine Überheblichkeit, seine Selbstgefälligkeit abgestumpft. Die persönlichen und triumphalistischen Themen machten den inhaltsreichsten Teil seiner Rede zunichte, nämlich jenen, in dem er mit allen Kräften eine wilde Attacke gegen die privilegierte Klasse der Sekretäre ritt, die zwar allmächtig waren, aber als Nichtpatrizier im Sinne der Verfassung keine Verantwortung trugen. Sie waren Schiedsrichter über Gesetze und Urteile und richtiggehende Puppenspieler. Im Dickicht der Gesetze verstanden sie es sehr geschickt, die Patrizier nach ihrer Pfeife tanzen zu lassen, denen die Zeitweiligkeit und der Wechsel der Ämter weder die Zeit noch die Möglichkeit ließen, sich zurechtzufinden. Eine solche Sprache konnte bei einer Versammlung, die sich nur aus Patriziern zusammensetzte, nicht gerade Begeisterung auslösen.

Mehr Glauben fanden die Argumente, mit denen Zen die Abschaffung besonderer Vorrechte des *Eccelso* forderte. Was seine Gedankengänge zugunsten einer Aufwertung der *Quarantia Criminal* angeht, bei der – im Gegensatz zu dem, was im Rat der Zehn geschah – jedem Angeklagten Rechtsbeistand durch Anwälte und *Contradditori* voll garantiert wurde, so waren diese richtig und konnten von allen nachvollzogen werden. Zen schloß mit dem Vorschlag, daß alle Strafsachen den Vierzig vorbehalten werden sollten und daß die Zehn nur mit den Verbrechen gegen den Staat und solchen befaßt werden sollten, die von Patriziern begangen worden waren. Er schlug auch die Abschaffung der von den Zehn gewählten Behörden vor, darunter die der *Esecutori alla Bestemmia* und der *Inquisitori sopra Monasteri.*

Die Erwiderung auf diese weitschweifige und ungegliederte Rede, bei der konkrete Vorschläge und sehr taugliche Überlegungen in einer schwülstigen Rhetorik, einer übertriebenen Selbstbeweihräucherung untergingen, fiel ausgerechnet Nicolò Contarini zu, der mehr als jeder andere die Forderungen des ungestümen *Cavaliere* Zen begreifen konnte. Aber Zens Unklarheit, seine Eitelkeit und Demagogie hatten den gestrengen Nicoletto verstimmt (sie hatten auch dem Großen Rat mißfallen, der sich lautstark geweigert hatte, demjenigen wieder Gehör zu schenken, der bis vor kurzem noch sein Idol gewesen war), so daß er in seiner Replik im wesentlichen die angeschnittenen Probleme kühl und streng wieder zurechtrückte. Zens Zügellosigkeit hatte die Front der Corner-Gegner zum Einsturz gebracht, die Front der Erneuerer, der Feinde jener Oligarchie, in deren Mittelpunkt der Rat der Zehn stand. Die ganze Tradition des venezianischen Adels floß nun in den Worten von Nicoletto zusammen, der in Zen jetzt nur noch einen Ränkeschmied sah, der die Harmonie einer im Lauf der Jahrhunderte gereiften Verfassung stören wollte. Für ihn war die Macht der Zehn Garantie gegen die möglichen Mißbräuche einer Klasse, deren Pflichten eine direkte und unvermeidliche Konsequenz ihrer Rechte waren. Diese Macht zu schmälern und zu schwächen sei gefährlich: »Es wäre zu unschicklich, daß ein Adliger, der einem Kaufmann gewaltsam Dinge entreißt und ihm Gewalt antut, in einem langwierigen Prozeß von der *Quarantia* verurteilt und milde bestraft würde ... alle Kaufleute würden fortziehen, so daß es keine Gewerbe mehr in der Stadt gäbe; denn gäbe es nicht die Zügel, die die Angst vor dem Ritus und der Autorität des Rates der Zehn bedeuten, würden sie sich heraus-

* In G. Cozzi, *Il doge Nicolò Contarini,* s.o., S. 271.

nehmen, jede Untat zu begehen.«* Dem gestrengen Contarini erschien also die Offenheit, die Freiheit, mit der viele Patrizier, auch junge, auch arme, im Großen Rat sprachen und diskutierten, während seiner Meinung nach höhere Interessen im Spiel waren, als etwas Negatives, als ein Überhandnehmen von Exzessen.

Diesen Gegensatz, der die Befürworter einer tiefergreifenden Erneuerung der republikanischen Institutionen entmutigte, nutzte der jüngste der fünf *Correttori*, Battista Nani, geschickt aus. Er wurde zum wahren Vorkämpfer der gesetzgeberischen Maßnahmen, die später ergriffen werden sollten. Auf deren Grundlage wurde dann die Gerichtsgewalt der Zehn über das Patriziat feierlich bestätigt, während der Abbau ihrer strafrechtlichen Befugnisse zugunsten der *Quarantia* zurückgestellt wurde. Zwischen dem Radikalismus der Extremisten und dem Konservatismus der »Cornerianer« hatte Nani die Unterstützung der Adligen mit mittlerem Vermögen gewonnen und mit Sicherheit jener, die ihre Karriere in den *Quarantie* machten, um die Dinge mehr oder weniger im Status quo zu belassen. Manches war erreicht worden: die Abschaffung der Befugnis der Zehn, Erlasse des Großen Rates unter bestimmten Umständen zu widerrufen und Geleitbriefe für die Gebannten auszustellen. Aber die *Parte* vom 25. September 1628 ermächtigte sie, ihren »Ritus«, also ihr Amt, wie in der Vergangenheit an jeden beliebigen zu delegieren. Sie übertrug ihnen die Rechtsprechung über die *Bravi* und jene, die sie beschäftigten und beherbergten, über das »Schießen mit Arkebusen«, über die Falschmünzer und Betrüger und über jene Inhaber öffentlicher Ämter, die Gelder unterschlugen, über die Klöster, über die Verbrechen, die in Booten begangen wurden, sowie über die Wälder von Montello und Montona. Sie bestätigte ihnen das Recht, die vier *Esecutori alla Bestemmia* zu ernennen, die für die Disziplin der Ausländer, die Glücksspiele und die verbotenen Druckerzeugnisse verantwortlich waren. Wenn man es in ein paar Worten zusammenfassen möchte, dann hatte die ganze stürmische parlamentarische Schlacht, die auf die Beschränkung der Allmacht der Zehn abgezielt hatte, recht wenig Sinn gehabt.

## 6

Das weitere Schicksal der Hauptakteure dieser Geschichte verlief unterschiedlich. Renier Zen, der bereits aus dem Spiel war, erlebte die Genugtuung, zum Prokurator von San Marco gewählt zu werden. Das war nach dem Dogen die höchste Würde, allerdings ohne irgendwelche konkreten Befugnisse. Giorgio Corner nahm ein schlimmes Ende; er wurde in der Verbannung in Ferrara ermordet. Der verbitterte Doge äußerte den Wunsch, abzudanken und die Kutte anzulegen, starb aber vorher nach einem Streit mit seinem Sohn Francesco an einer Gehirnblutung. Der Sohn hatte ihm einige Hühner gestohlen, welche er im Dogenpalast halten wollte, um jeden Tag frische Eier zu haben. Ausgerechnet Nicolò Contarini wurde nach dem Tod des Dogen Corner Doge, ohne auch nur Prokurator von San Marco gewesen zu sein. Seine Wahl verdankte er der Unterstützung durch Renier Zen, der auch kandidiert, aber eingesehen hatte, daß er niemals gewinnen würde.

Auch nach dem Ende des Gradiscakrieges gab es für die italienische Politik keine glücklichen Zeiten. Die Republik Venedig hatte sich geweigert, sich den neuen Wünschen nach antispanischen und antihabsburgischen Bündnissen zu beugen, die bald von Karl Emanuel I. von Savoyen, bald vom »sehr bekannten« Grafen von Mansfeld (der als Kondottiere angenommen, aber der verlängerte Arm der aufständischen deutschen Fürsten war) und bald von den Holländern vorgetragen wurden, mit denen sie einen Beistands- und Verteidigungspakt schloß. Sie nahm statt dessen am Veltliner Krieg teil, weil sie einen erneuten Versuch der Spanier, sich in einer Region breitzumachen, die ihr, der *Serenissima*, sehr am Herzen lag, verhindern wollte. Es ging um einen wichtigen Handelsweg – die Nahtstelle zu Mittel- und Nordeuropa–, der ins Herz von Kontinentaleuropa führte.

Der Krieg sah auf der einen Seite Spanien, auf der anderen die Verbündeten: Graubünden, Frankreich, Savoyen und Venedig. Der Konflikt trug religiöse Vorzeichen, die ursprünglich den Vorwand zur spanischen Intervention unter der Schirmherrschaft des Papstes geliefert hatten. Der *Serenissima* wurde ihr Aktivismus übel gelohnt: Die beiden großen Mächte Frankreich und Spanien einigten sich im März 1626 ohne Wissen des verbündeten Venedig, und alle – so schrieb der venezianische Botschafter in Madrid – lachten über den Streich, den man der Republik gespielt hatte. Man braucht sich also überhaupt nicht zu wundern, wenn der Senat kein Vertrauen hatte und sich auf dem unsicheren Boden des Kontinents nicht in neue Abenteuer hineinziehen lassen wollte. Als er sich dann, erneut von seiner Neutralitätspolitik abweichend und verbündet mit Frankreich, dem Papst und dem Herzog von Mantua, in den neuen europäischen Krieg verwickeln ließ, den die Nachfolge Karls von Nevers-Gonzaga ausgelöst hatte, und die beiden im Feld stehenden Mächte Frankreich und Spanien, offensichtlich in Verfolgung eigener Ziele, wieder damit anfingen, die bereits verblaßte Fahne der »Freiheit für Italien« zu schwenken, da ergoß sich die schärfste Kritik über Venedig wegen der »ungeheuren Vorsicht«, die es walten ließ, um – genau wie die anderen – seine eigenen Interessen zu schützen. Diese Interessen liefen wieder einmal auf einen einzigen Punkt hinaus – die Bewahrung der Unabhängigkeit allen gegenüber und um jeden Preis. War die Haltung der Republik schuldhaft, dumm, engherzig, beschränkt oder kurzsichtig? Manche wiederholen immer noch (und manche wünschten es noch), daß die Republik sich leichten Herzens in jedes Abenteuer hätte stürzen und zwischen unzuverlässigen Verbündeten und arglistigen Feinden eine definitive Katastrophe hätte riskieren sollen. Für ihre Kräfte war aber das, was sie tat, schon zuviel, und das sah man, als das venezianische Heer am 25. Mai 1630 bei Valeggio besiegt wurde und der *Provveditore general* Zaccaria Sagredo Hals über Kopf floh. Der General wurde vor Gericht gestellt und verurteilt, aber seine schlechte Führung war die Folge einer militärischen Krise, die schon seit geraumer Zeit schwelte und auch darauf zurückzuführen war, daß die Organisation der venezianischen Landstreitkräfte in keinem Verhältnis zu der jener Mächte stand, die sich miteinander im Konflikt befanden.

Als der Frieden von Regensburg und der Vertrag von Cherasco der Krise ein vorläufiges Ende setzten, wurde für Venedig Neutralität in Kontinentaleuropa zu einem Prinzip: Es zog es vor, mit der Klugheit und Geduld seiner Diplomatie Vermittler und Schiedsrichter des Friedens zu sein. Der Westfälische Friede etwa, mit dem ein Schlußstrich unter die Greuel des Dreißigjährigen Krieges gezogen wurde, sollte das Meisterwerk einer großen Gestalt der venezianischen Diplomatie, Alvise Contarini, und der koordinierten Bemühungen seiner Botschafterkollegen in Paris, Madrid und Wien sein. Obwohl die anscheinend gedemütigte und niedergeschlagene Republik in eine andere schreckliche Geschichte in Übersee verwickelt war, sollte sie auf internationaler Ebene wieder an Glaubwürdigkeit und Autorität gewinnen und durch die Verhandlungen einen Respekt erwerben, den sie sich in Europa mit Waffengewalt nicht mehr verschaffen konnte.

Doch wie viele bittere Stunden mußte der neue Doge Nicoletto Contarini unterdessen erleben! Auf das Debakel von Valeggio folgte die Pest – die gleiche übrigens, die Manzoni in seinen *Promessi Sposi* so eindrucksvoll beschrieben hat. Schon im August des Jahres 1630 hatten mehr als vierundzwanzigtausend Venezianer die Stadt verlassen und waren aufs Land geflüchtet. An einem einzigen Tag, dem 9. November, starben fünfhundertfünfundneunzig Personen, und im ganzen Monat sollten vierzehntausendvierhundertfünfundsechzig dahingerafft werden. Im Dezember mußte man auch jene Sitzungen des Großen Rates für gültig erklären, bei denen man mit nicht mehr als zweihundert anwesenden und abstimmenden Patriziern rechnen konnte. Am 22. Oktober verkündete der Doge in San Marco das feierliche Gelübde des Senats, eine Kirche zu errichten, um durch die Fürbitte Mariens ein Ende der Pest zu erreichen. Aber im März 1631 flammte sie durch den Schirokko neu auf. Wegen Krankheit des Dogen wurde die Grundsteinlegung jener Kirche, der späteren Basilika Santa Maria della Salute, vom 25. März auf den 1. April verschoben. Doch er sollte nicht wieder gesund werden; er starb am 2. April. Sein Nachfolger war der *Provveditore generale in Terra ferma*, Francesco Erizzo, dessen Verdienst es war, nach dem traurigen Ereignis von Valeggio in die Truppen wieder Ordnung und Disziplin gebracht zu haben. Die Pest sollte noch bis November dauern. Das Ende der Seuche wurde den europäischen Höfen am 18. jenes Monats bekanntgegeben, und die offizielle Zahl der Opfer wurde auf sechsundvierzigtausendvierhundertneunzig festgesetzt; das war mehr als ein Viertel der gesamten Bevölkerung.

Über der Republik braute sich ein noch folgenschwereres Gewitter zusammen. Seit über sechzig Jahren wurde von den Sultanen, die einander auf den Thron des Osmanischen Reiches gefolgt waren, der Friedensvertrag von 1573 automatisch bestätigt. Der Handel mit der türkischen Levante hatte trotz der Konkurrenz durch die »Ponentiner« weiter floriert. Aber die muslimischen Piraten stellten nach wie vor eine nicht nachlassende Gefahr dar, und die unvermeidlichen Gefechte zu ihrer Eindämmung waren nicht immer anstandslos hingenommen worden in Konstantinopel, wo die Beziehungen zu den Barbaresken – Untertanen und Tributpflichtige des Osmanischen Reiches – zumindest zweideutig waren. 1638 provozierte ein Vorfall, der schlimmer war als gewöhnlich, die Gefahr eines Zusammenstoßes mit den Türken: Der venezianische Admiral Antonio Marin Cappello besiegte vor dem osmanischen Flottenstützpunkt Valona eine Eskadra Barbareskenkorsaren, versenkte fünfzehn Galeeren und nahm eine von ihnen im Triumph mit nach Venedig. Sultan Murad IV. reagierte wütend, befahl die Ermordung aller Venezianer, die sich in seinen Herrschaftsgebieten befanden, änderte dann seine Meinung und beschränkte sich darauf, den *Bailo* Alvise Contarini, den späteren Urheber des Westfälischen Friedens, einsperren zu lassen. Durch den glücklichen Zufall, daß ein so außergewöhnlich geschickter Unterhändler am Ort war, konnte ein Bruch vermieden werden. Der Friede war gerettet, allerdings gegen Zahlung riesiger Summen.

Alle aber erkannten die Gefahr, die vom wachsenden Interesse der Türken an der Insel Kreta – Candia, wie die Venezianer sie nannten (der Name der Hauptstadt bezeichnete das gesamte Territorium) – ausging, die seit 1204 in venezianischem Besitz war und an der Venedig trotz der häufigen Aufstände immer festgehalten hatte. Seit längerem schon signalisierten die *Baili* aus Konstantinopel, daß die Türken sich für die Insel interessierten, die ihnen, wie einer der *Baili* es formulierte, »auf der Zunge lag und in die Augen stach« und deren Eroberung darüber hinaus als leichtes Unternehmen eingeschätzt wurde. Die Dinge wurden durch eine Nebenhandlung beschleunigt oder, um die Dinge beim Namen zu nennen, durch einen Akt der Piraterie seitens der Malteserritter.

Der ritterliche Orden des heiligen Johannes von Jerusalem, der sich zunächst auf Rhodos niedergelassen hatte und dann, als er von Sulaiman II. nach einer mit ungewöhnlicher Tapferkeit ertragenen Belagerung aus Rhodos vertrieben worden und auf die Maltesischen Inseln übersiedelt war, stellte einen einmaligen Anachronismus dar. Für diese in einer Ordensgemeinschaft organisierten Ritter, die adligen Familien aus ganz Europa entstammten, hatten die Kreuzzüge niemals geendet, und der Krieg gegen die Ungläubigen war für sie eine institutionelle Aufgabe. In dem Korsarenkrieg, der das Mittelmeer verseuchte, zeigten sie eine erhebliche militärische Schlagkraft zu Wasser und zu Lande und eine Aggressivität, die keine Einschränkungen durch internationale Abkommen oder Verträge anerkannte. Unter dem Vorwand, muslimische oder jüdische Waren zu suchen, stoppten sie Schiffe jeder Flagge und raubten sie aus. Wehe also den türkischen Schiffen, die ihnen in die Hände fielen, und das war für Venedig, das aus Liebe zum Levantehandel wirklich die Belästigung türkischer Schiffe nicht wollte, ein Motiv für endlose Proteste und Beschwerden. Schließlich hatte der Senat auf ein venezianisches Protestschreiben hin, das der Großmeister von Malta noch nicht einmal beantwortete, die Beschlagnahme sämtlicher Güter des Ordens in den Territorien der Republik verfügt.

An einem Tag des Jahres 1644 griffen sechs Galeeren aus Malta einen friedlichen türkischen Konvoi an, der Kurs auf Mekka genommen und Pilger, Sklavinnen, kostbare Waren, den Kadi von Kairo und einen betagten Obereunuchen des Sultans an Bord hatte. Nach einer blutigen Schlacht gelang es sieben türkischen Schiffen, sich zu retten, aber eine Galeone blieb in den Händen der Ritter zurück. Auf ihrem Rückweg wußten diese, vom schlechten Wetter überrascht, nichts Besseres zu tun, als in der unbewachten Reede von Kalismene an der Südküste der Insel Kreta vor Anker zu gehen, und dort setzten sie, ohne daß irgend jemand sie störte, ein paar befreite griechische Sklaven ab, deckten sich mit Süßwasser ein und blieben gut zwanzig Tage lang vor Anker und warteten so lange, bis das Wetter sich gebessert hatte.

Die Nachricht versetzte Konstantinopel in höchste Erregung. Sultan Ibrahim und seine Ratgeber waren wütend und beschuldigten Venedig der stillschweigenden Begünstigung der Ritter; aber so echt der Zorn auch war, er verschleierte nur den Wunsch, einen ebenso unerwarteten wie willkommenen Vorwand für einen Angriff auf Kreta gründlich auszunutzen. Es sieht so aus, als ob er insgeheim auch ein wenig von der französischen Diplomatie ermuntert worden wäre. Mit Sicherheit kam eine solche Ermunterung auch aus Kreta selbst, vom lokalen Adel, der unzufriedener war denn je, einerseits wegen der venezianischen Kolonialpolitik, die ihm keinerlei Autonomie gab, vor allem aber wegen des Dünkels und der Raubgier der venezianischen Grundherren, der berühmten *Feudati*, die auf der anderen Seite unbekümmert ihre militärischen Pflichten vernachlässigten.

Im Dezember fanden im Arsenal von Konstantinopel umfangreiche Vorbereitungen statt, und der *Bailo* Giovanni Soranzo machte rechtzeitig darauf aufmerksam, daß das Ziel dieser ganzen Aktivität nur Kreta sein konnte. Der Senat reagierte sofort und schickte dem *Provveditore generale*, dem militärischen Oberbefehlshaber auf der Insel, Andrea Corner, Weisungen, Gelder, Lebensmittelvorräte und Soldaten. Aber jene Truppen, nicht mehr als dreitausendfünfhundert Mann, waren recht klein im Vergleich zu der Zahl von Soldaten, deren Einschiffung der Sultan vorbereitete. Im März waren die Vorbereitungen der türkischen Kriegsflotte abgeschlossen. Die osmanische Regierung erklärte offiziell, daß die Flotte einen konzentrierten Angriff auf Malta vorhat, aber der *Bailo* warnte davor, das zu glauben. Das Ziel sei noch immer und mehr denn je Kreta. Angesichts der Eskalation der Ereignisse zeigte sich der Senat unschlüssig, unsicher und hin und her gerissen zwischen der Sorge und dem Wunsch zu sparen, zwischen der Notwendigkeit, Partei zu ergreifen, und der Furcht, dem Levantehandel zu schaden, zwischen der Auseinandersetzung mit einer schrecklichen Wirklichkeit und der Hoffnung, daß die Wirklichkeit doch nicht so sei.

Während dieser Zweifel, dieser Selbsttäuschungen und dieses Zauderns läuft die osmanische Flotte am 30. April 1645 mit vierhundert Segelschiffen und mit fünfzigtausend Kämpfern aus den Dardanellen aus. Offiziell nimmt sie noch immer Kurs auf Malta, und auf Malta selbst haben sich die Ritter darauf vorbereitet, ihr einen gebührenden Empfang zu bereiten. Doch auf Tinos, einer venezianischen Insel, wird die osmanische Flotte, die dort Station macht, mit allen Ehren begrüßt. Man überbietet sich an Heuchelei; die türkischen Befehlshaber wiederholen ihr Märchen mit Malta, und der venezianische Gouverneur tut so, als ob er es glaubte. Aber am 24. Juni erreicht den *Provveditore generale* Andrea Corner ein Bericht des *Provveditore* von Canea: Von Kap Spada aus sieht man einen riesigen Wald aus Segeln, der sich eindeutig auf die Insel zubewegt. Am selben Abend landet die osmanische Armada am Strand von Gognà, fünfzehn Meilen von Canea entfernt; fünfzigtausend bis zu den Zähnen bewaffnete Türken gehen an Land, doch statt ihnen im kritischen Augenblick der Landung den Weg zu verstellen, laufen die von Corner entsandten Söldner- und feudalen Schutztruppen nach allen Seiten davon. Canea ist schnell belagert, und bis zu jenem Zeitpunkt hat kein einziges venezianisches Schiff die türkischen Operationen gestört.

Die Langsamkeit, mit der Venedig auf eine durchaus vorhersehbare und in der Tat vorhergesehene Offensive reagierte, hat etwas fast Unglaubliches an sich. Im Senat plante man eine großangelegte Aktion, die viel Zeit und minuziöse Vorbereitungen erforderte; unter anderem war der Bau der benötigten Schiffe erst im Februar 1645 angeordnet worden. Man versuchte, ein neues Bündnis auf die Beine zu stellen, militärischen Beistand von außerhalb zu finden, und man hatte Erfolg: In Zante, wo sich die venezianische Flotte Ende August endlich versammelt, treffen auch fünf Galeeren des Papstes mit dem Fürsten Ludovisi ein, fünf aus der Toskana, fünf aus Neapel und sechs der Malteserritter. Der Oberbefehl ist Girolamo Morosini übertragen worden, aber die Flotte kommt erst am 4. September in Sudas an, und am 3. Oktober machen sich die Schiffe der Verbündeten kaum siebenunddreißig Tage nach ihrer Ankunft auf und davon, nachdem sie tausend Vorwände aufgezählt haben, weshalb sie sich nicht engagieren – daß es für die Türken keine Überraschung und die Jahreszeit zu sehr fortgeschritten sei, daß der Proviant nicht ausreiche, daß es besser sei, die Kräfte für den Feldzug im nächsten Jahr zu schonen. Und dabei befindet sich Canea schon seit dem 22. August in türkischer Hand. Die tapfere Verteidigung hat die weit überlegenen feindlichen Truppen ebensowenig bezwingen können wie die heroische Geste des Hauptmanns des Kastells von San Tòdaro, Ser Biagio Zulian, der die Pulverkammer in Brand setzte und lieber mit Verteidigern und Angreifern in die Luft geflogen war, als die weiße Fahne zu hissen.

## 7

Zulians Geschichte sollte kein Einzelfall bleiben. Trotz einiger negativer Erscheinungen und trotz seines unglücklichen Ausgangs sollte der Candiakrieg noch einmal und vielleicht mehr als jedes andere Mal die moralische Stärke, den Zusammenhalt und die Geschmeidigkeit jener gesellschaftlichen Schicht unter Beweis stellen, die die Macht formell seit dreihundertfünfzig Jahren, de facto aber seit undenklichen Zeiten in der Hand hielt. Als Protagonist des Widerstandes gegen das Interdikt und der langen parlamentarischen Schlacht um die Erneuerung der Institutionen hatte das Patriziat trotz all seiner Fehler eine unzweifelhafte politische Vitalität bewiesen. Inmitten des Jahrhunderts der *Bravi*, der Leute vom Schlag eines Don Rodrigo und der blutrünstigen Müßiggänger gab ihm der Krieg die Möglichkeit, auf See eine Kampfkraft und ein militärisches Geschick an den Tag zu legen, die sich nach dem Ruhm von Lepanto in den traurigen Geschehnissen der Landkriege verschlissen hatten. Und trotz der Entfernung von der Besitzung fühlten die Venezianer, daß dieser Krieg notwendig war, und er veranlaßte das Patriziat zu einer Geste, die für die Zeiten, für die Geisteshaltung und für die damalige soziale Lage zumindest großartig erscheint, auch wenn die Geschichtsschreiber sie im allgemeinen vielleicht nicht so eingeschätzt haben, wie sie es verdient – gemeint ist die Wiedereröffnung des 1297 »geschlossenen« Großen Rates.

Der Krieg und Kampf um Candia schleppte sich ganze vierundzwanzig Jahre dahin. Der Senat, endlich hellwach, traf Vorsorge; man sicherte alle Festungen im venezianischen Herrschaftsgebiet, angefangen bei Korfu bis Dalmatien, bis zum Friaul, bis zu den Kastellen am Lido (und hatte allen Grund dazu; denn der Krieg sollte auch in der Nähe von Venedig toben, eben in Dalmatien, in Nona, in Novigradi, in Clissa, und zwar ebenso gefährlich und grausam, auch wenn man weniger davon spricht). Man suchte auch einen Generalkapitän zur See mit Geschick und Prestige, doch anfangs verfiel der Senat auf eine politisch opportune, aber fachlich unglückliche Wahl, nämlich auf die des Dogen Francesco Erizzo, der zwar ein erfahrener Kommandant, aber schon achtzig Jahre alt und bei schlechter Gesundheit war. Die Operation scheiterte tragisch: Der Greis akzeptierte hochherzig, aber sein müder Geist war der Anstrengung nicht gewachsen, er schwankte, es fehlte ihm an Schlaf, er begann zu phantasieren (so rief er immerzu: »Gebt mir die Waffen, nur keine Zeit verlieren, damit wir dieses Mal gewinnen«), und die Aufregungen brachten ihn nach wenigen Tagen schon ins Grab. Sein Nachfolger im Generalat, Giovanni Cappello (den Dogenthron hatte Francesco Molin bestiegen), sollte im November 1646 wegen Untüchtigkeit abgesetzt werden. Doch Giovanni Battista Grimani, Alvise Leonardo Mocenigo, Lorenzo Marcello und Lazzaro Mocenigo, die einander im Oberkommando ablösten, stellten mit ihrer Erfahrung und ihrer Kühnheit das Ansehen der venezianischen Admiräle wieder her. Das Hauptinteresse all dieser geschickten und tatkräftigen Führer war mit dem des Senats identisch: Es ging darum, den Schwerpunkt des Krieges von der umstrittenen Insel weg zu den Operationsbasen des Feindes zu verlegen, dem Feind den Krieg vor die Haustüre zu bringen und die Stützpunkte des Feindes zu blockieren, um den ständigen Fluß an Nachschub und Verstärkungen, der nach Candia floß, aufzuhalten. Und deshalb wandten sich alle vier den Dardanellen zu, in der Absicht, die Türken in ihrem Binnenmeer einzuschließen und die Ausfahrt der osmanischen Schiffe zu unterbinden. Lazzaro Mocenigo, der wagemutigste von allen (für seinen Rang war er blutjung, nicht älter als zweiunddreißig Jahre, und bereits für seine spektakulären Siege berühmt), stand im Begriff, den überaus verwegenen Plan, durch die Dardanellen zu stoßen, sich auf Konstantinopel zu werfen, es zu zerstören und die Türken zur Kapitulation zu zwingen (das war auch der Plan von Lorenzo Marcello gewesen, der bei dem Versuch gefallen war), zu einem guten Ende zu führen. Indes, das

Schicksal war ihm nicht gewogen: Die bei einer Explosion geborstene Fahnenstange spaltete den Schädel des Tapferen ausgerechnet in dem Augenblick, in dem der Sieg in nächste Nähe gerückt zu sein schien. Diese fähigen und tapferen Kommandanten und ihre Kollegen, die nach und nach ihre Posten einnahmen – Giuseppe Dolfin, Giorgio Morosini, Angelo Corner und, der größte von allen, Francesco Morosini –, standen den Kapitänen der heroischen Zeiten des Mittelalters, der goldenen Jahrhunderte der Republik, wirklich in nichts nach.

Die großen Seefahrertraditionen leben auch in den Taten vieler anderer, Befehlshaber und Gemeine, wieder auf, die ihre Energie und ihren Mut vorbehaltlos in den Konflikt einbrachten: ein Tommaso Morosini, der mit einem einzigen Schiff vierzig feindlichen Galeeren standhielt, ein Alvise Tommaso Mocenigo, ein Daniele Morosini, ein Jacopo da Riva, der ebenfalls versuchte, einen Angriff auf das Herz des Osmanischen Reiches zu richten, ein Leonardo Foscolo, der statt dessen zu jenen gehörte, die den Türken daran hinderten, das Gegenteil zu tun, nämlich den Krieg in die Adria, das Herz Venedigs, zu tragen. Wer sich über die große Bedeutung wundert, die der Senat, der Große Rat und die öffentliche Meinung Venedigs dem fernen und widerspenstigen Königreich von Candia beimaßen, sollte sich daran erinnern, daß jede türkische Aktion in der Levante immer eine Rückwirkung auf den schmalen Küstenstreifen des dalmatinischen Herrschaftsgebietes hatte, das gefährlich nahe an der *Dominante* lag, wie Venedig nunmehr allgemein genannt wurde.

Der Senat sah sich seinerseits immer noch vor einem Dilemma; denn einerseits hatte der Levantehandel für die venezianische Wirtschaft eine beherrschende, ja beinahe ausschließliche Funktion, andererseits mußte die große Insel gerettet werden, die zwar wenig eintrug und eine Menge Ärger machte, die aber immerhin seit vierhundertfünfzig Jahren integrierter Bestandteil des venezianischen Staates war. Die Diplomatie versuchte fieberhaft, die immer dünner werdenden Fäden nicht abreißen zu lassen, die Venedig noch mit der Hohen Pforte verbanden, und als sie doch rissen, bemühte sie sich ebenso fieberhaft, sie wiederanzuknüpfen. In diesem Geduldsspiel mit einem Gesprächspartner, der Zornesausbrüche, Launen und Maßlosigkeiten nicht zu bändigen verstand, stand der Heldenmut der Unterhändler dem der Kämpfenden nicht nach. Zu Beginn der Feindseligkeiten war der *Bailo* Giovanni Soranzo verhaftet worden; im Januar 1648 wurde ihm als Stütze der Sekretär Giovanni Ballarin mit Weisungen geschickt, auf jeden Fall den Versuch zu unternehmen, einen Frieden auszuhandeln, riesige Summen zu zahlen, vielleicht Tinos, Parga und andere Gebiete abzutreten, aber in keinem Fall Candia (über diese Weisungen war es im Senat zu einer heftigen Debatte zwischen »Falken« und »Tauben« gekommen). Als der *Bailo* der Pforte mitteilte, daß ein Sonderbotschafter mit Glückwünschen für den neuen Sultan unterwegs sei, daß er aber nicht ermächtigt sei, über die Übergabe von Candia zu verhandeln, da ließ ihn die türkische Regierung in Ketten legen, zum Gespött durch die Straßen von Konstantinopel zerren und in einen Turm am Schwarzen Meer sperren. Der Großdragoman (Chefdolmetscher) G. A. Grillo wurde im Gefängnis erdrosselt. Schlimmer noch war das Los von Giovanni Cappello, der 1652 als Sonderbotschafter geschickt wurde. Als der Großwesir erfuhr, daß er nicht befugt war, über die Übergabe von Kreta zu verhandeln, ließ er ihn in Adrianopel einsperren. Er erlitt solche Qualen und Demütigungen, daß er einen Selbstmordversuch unternahm, ehe er an den Entbehrungen starb. Auch Giovanni Ballarin starb nach achtjähriger Gefangenschaft in der Türkei; während dieser Zeit hatte er immer wieder versucht, eine Verhandlung in die Wege zu leiten. Doch knapp zwei Monate nach seinem Tod war schon ein anderer Senatssekretär auf einer Mission in Konstantinopel, und 1668 wurde der Botschafter Alvise Molin entsandt, um den Friedensvertrag auszuhandeln. Weil auch er nicht die Weisung hatte, Candia zu übergeben, wurde er vertrieben.

Die geradezu astronomischen Ausgaben erzwangen schreckliche Einsparungen, Steuern, Gebühren und Abgaben. Papst Alexander VII. überließ der Republik zwar die Güter einiger religiöser Orden, forderte aber als Gegenleistung die Wiederzulassung der Jesuiten in den Staaten der Republik. Das war ein harter Schlag; denn das Gesetz vom 14. Juni 1609 baute fast unüberwindliche prozedurale Hindernisse auf, und keiner fühlte sich imstande, sie zu überwinden. Die Verantwortung wurde zwischen der *Signoria* und den *Avogadori di Comun,* zwischen *Collegio* und Senat hin und her geschoben. Erst nach einer heftigen Debatte wurde die Gesellschaft Jesu wiederzugelassen, allerdings mit vielen Einschränkungen. Manche erinnerten sich der großen Gestalten wie Paolo Sarpi, wie Leonardo Donà und Nicolò Contarini, an ihren Kampf gegen die Einmischung Roms, aber nunmehr diktierte die Not das Gesetz.

Schon vor längerer Zeit war vorgeschlagen worden, drei Prokuratorenämter von San Marco für je zwanzigtausend Dukaten zum Verkauf anzubieten. Jetzt, am 15. Februar 1646, wurde eine *Parte* eingereicht, die sogar den Vorschlag machte, die Patrizierwürde feilzubieten und jene Bürger oder Untertanen im Großen Rat zuzulassen, die tausend Soldaten ein ganzes Jahr lang unterhielten und die zu diesem Zweck mit mindestens sechzigtausend Dukaten zeichneten – eine astronomische Zahl.

Um die Tragweite eines derartigen Vorschlages zu ermessen, muß man bedenken, was die Zugehörigkeit zum Großen Rat, das heißt zum venezianischen Patriziat, in der Mitte des 17. Jahrhunderts bedeutete. Die Patrizier hatten keine Adelstitel oder Prädikate (wenn sie es manchmal doch hatten, handelte es sich um Accessoires, die keinerlei Privileg oder Priorität implizierten): *N.H., Nobilis Homo, Ser* (*Missier* für die Prokuratoren von San Marco) für die Männer, *N.D., Nobil Donna,* für die Frauen, und darüber hinaus gab es nichts. Doch sie rühmten sich einer uralten Abstammung, und indem sie sich auf die originäre Freiheit der Venezianer beriefen, erklärten sie auch ihren Adel für originär, der nicht von einem Fürsten verliehen, sondern seit jeher anerkannt war, seit der Zeit der legendären Küstentribunen, an die sich Cassiodor gewandt hatte. Da sie alle untereinander gleich waren und theoretisch jeder von ihnen zum Dogen hätte gewählt werden können und da der Doge seinerseits mit einem König gleichgestellt war, fühlten sie sich den Fürsten aus königlichem Hause ebenbürtig. Und als gleichberechtigte Mitglieder einer souveränen Versammlung, nämlich des Großen Rates, hielten sie sich alle für souverän. Übrigens hatten alle bedeutenden Herrscher Europas mit Freuden die Aufnahme in das Patriziat ehrenhalber akzeptiert,* während die Neffen der Päpste darauf geradezu einen Anspruch erhoben.** Es war eine Ehre; inhaltlich bedeutete die Zugehörigkeit zum Großen Rat die eifersüchtig gehütete und nie geteilte Ausübung politischer Macht.

Und nun wurde mit der *Parte* vom 15. Februar 1646 dieses ganze Bündel formeller und wesentlicher Privilegien versteigert, um Candia zu halten, um die Integrität des *Dominio da mar*, der Überseebesitzungen, zu verteidigen – es geschah also, um einen altmodischen, aber zutreffenden Ausdruck zu benutzen, aus Patriotismus. Einmal mehr bewies das Patriziat, daß es in der Stunde der Bedrängnis und der Gefahr das Gemeinwohl über den Klassengeist stellte. Über jede Phrasendrescherei hinaus kann man auch sagen, daß es mit einem Pragmatismus, der den besten Zeiten der Republik durchaus würdig war, das Wertvollste verkaufte, was es besaß und was jeder gern um jeden Preis erworben hätte, nur um mit den unausweichlichen Realitäten fertig zu werden. Im Senat wurde die *Parte* heftig diskutiert. Gegen sie sprach sich Ser Anzolo Michiel, *Avogador di Comun*, aus; verteidigt wurde sie von Ser Jacopo Marcello, dem Dogenberater, der in jener Woche Dienst hatte, und in seiner Argumentation ließ er außer den voraussehbaren patriotischen Tönen zumindest zwei ungewöhnliche und wichtige Themen anklingen. Das erste war das für jene Zeiten kühne Konzept, daß Lust und Last, die die den Patriziern vorbehaltenen Ämter der Republik mit sich brachten, kein ausschließliches Privileg derjenigen sein durften, die aufgrund ihrer Geburt darüber verfügen konnten, sondern auch jenen offenstehen mußten, die sie sich verdient hatten (in diesem Fall also denjenigen, die einen so weit entwickelten Gemeinsinn an den Tag legten, daß sie im Interesse des Landes einen beträchtlichen Teil ihres Vermögens opferten). Das zweite Konzept gab zu bedenken, daß

* *Patrizi veneti* – so lautete der offizielle Titel – waren unter anderen der König von Frankreich und der Erzherzog von Österreich, der Herzog von Savoyen, die Herzöge von Modena, Mantua und Parma, der Großherzog von Toskana, der Herzog von Urbino, der Kurfürst von der Pfalz, der Herzog von Bayern und der Herzog von Braunschweig.

** *Patrizi veneti* waren die Colonna, die Orsini, die Savelli, die Aldobrandini, die Boncompagni, die Ludovisi, die Borghese; später kamen die Chigi, die Rospigliosi, die Altieri, die Albani, die Corsini und die Odescalchi hinzu.

die Maßnahme zur Stärkung der Patrizierklasse führen würde und die Zahl der Untertanen sich erhöhen könnten die in der Lage waren, die Regierungsposten zu bekleiden.

Jacopo Marcello hatte vollkommen recht. Die Seuchen, die Kriege und die Zeitläufte hatten die Reihen des Patriziats gelichtet. Viele Geschlechter waren ausgestorben und mit ihnen auch viele Zweige von überlebenden Geschlechtern. Die Wiederöffnung des Großen Rates sollte in der Tat die souveräne Körperschaft stärken; denn sie führte dort Familien ein, die – abgesehen von einigen Adelsgeschlechtern von der Terra ferma, die sich eines alten Adels rühmten – im allgemeinen aus den lebendigen Kräften der Bereiche Produktion, Handel und Finanzen und aus den freien Berufen stammten, denselben Kräften also, die Jahrhunderte zuvor die Grundlage des Patriziats gebildet hatten.

Der Senat nahm die *Parte* an, der Große Rat lehnte sie ab. Entgegen der naheliegenden Vermutung war die entscheidende Stimme von den armen Patriziern gekommen (zu denen auch der *Avogador* Michiel gehörte), die eifersüchtig ihre Privilegien hüteten, mit denen sie sich gegen ein Absinken in die Mittelmäßigkeit des Kleinbürgertums, vielleicht sogar des niederen Volkes verteidigten. Aber die Maßnahme wurde dennoch eingeführt, und zwar mit Hilfe eines jener formalen Tricks, auf die sich der venezianische Parlamentarismus so meisterhaft verstand: Wer die Aufnahme ins Patriziat anstrebte, reichte einen Antrag ein (eine »Bittschrift«, wie man damals sagte) und bot statt der von der *Parte* vorgesehenen sechzig- oder siebzigtausend etwa hunderttausend Dukaten an. Der Senat und der Große Rat stimmten für die Annahme oder die Nichtannahme der Bittschrift, und wenn sie angenommen war, wurden der Bittsteller und seine Familie sofort zugelassen. Und dieses Verfahren ermöglichte auch, nicht genehme Anträge abzulehnen und das ursprüngliche Gesetz nicht automatisch anwenden zu müssen.

Die Unmenge von Bittschriften, welche der am 29. Juli 1646 angenommenen des reichen Kaufmanns florentinischer Herkunft, Gian Francesco Labia, nachfolgte, beweist, welche Bedeutung noch immer der Zugehörigkeit zur souveränen Klasse der Republik, dem venezianischen Patriziat, beigemessen wurde. Das alte

Patriziat, das sich zusammensetzte aus den alten Familien, den *Case vecchie*, die für sich einen Adel in Anspruch nahmen, der auf die Zeit noch vor dem 9. Jahrhundert zurückging, aus den neuen, den *Case nuove*, aus der Zeit zwischen dem 9. Jahrhundert und der Schließung des Großen Rates von 1297 und den ganz neuen, den *Case novissime*, die zur Zeit des Chioggiakrieges (1381) aufgenommen worden waren, dieses alte Patriziat also taufte die neuen Patrizier »Geldadlige« und machten sich mit nicht immer ganz ungerechtfertigten bösen Scherzen über die Ursprünge der Neugewählten und die Quellen ihres Reichtums lustig. Tatsächlich aber vermischten sich die neuen Patrizier, die sich ihre Würde erkauft hatten, schnell mit den anderen, schlugen gleich den traditionellen *Cursus honorum* ein, bekleideten Ämter und Würden und nahmen rege am parlamentarischen, politischen, diplomatischen und militärischen Leben teil. Schon bald verschmolzen eheliche Bande sie ganz mit dem alten Adel, der sich rasch über die heraldische Degradierung hinwegtröstete, die der kürzliche Einzug der Nachkommen völlig unbekannter, zu Reichtum gelangter Familien in die exklusivste Klasse des europäischen Adels bedeutet hatte.

## 8

1667 steckte Candia mit seiner nunmehr seit über zehn Jahren belagerten Hauptstadt in einer Pattsituation. Venedig hatte sich bis zu den Grenzen seiner Kräfte engagiert; die Türken, die 1645 an kaum mehr als einen einfachen militärischen Spaziergang geglaubt hatten (Großwesir Salih Pascha hatte diese Illusion mit dem Leben bezahlt), stellten nicht mehr die ungeheure Macht mit den unbegrenzten Möglichkeiten dar wie zu den Zeiten Sulaimans des Prächtigen. Aber zehn Jahre Regierung eines neuen Großwesirs mit großem Organisationstalent, Ahmet Köprölü, hatten das osmanische Potential erheblich gestärkt. Zwar waren die venezianischen Befehlshaber kampfes- und siegeswillig, doch im Senat, der von zu vielen Zweifeln gepeinigt wurde, fehlte es an der entsprechenden Entschlossenheit, Entscheidungen zu treffen. Wohl war man sich im Senat darüber einig, daß Candia aus keinem Grund abgetreten werden durfte; aber manche fürchteten das Risiko zu stark beanspruchender Kampfhandlungen, und andere lehnten sie überhaupt ab. Sie waren überzeugt, daß man Candia zwar halten müsse, jedoch keinen zu großen Sieg erringen und nicht riskieren dürfe, das Osmanische Reich zu zerschlagen. Man müsse es vielmehr zur Vernunft bringen, es abhängig machen, ohne es zu zerstören. Die Angst vor einem Vakuum im östlichen Mittelmeerraum und vor einer Verschiebung des labilen Gleichgewichts im Mittelmeer zugunsten von Spanien und Frankreich und vor einer Verlagerung des Gleichgewichts auf dem Balkan zugunsten des Habsburgerreichs verunsicherte das venezianische Exekutivorgan. Das hatte man gesehen, als man Jacopo da Rivas Plan, Konstantinopel direkt anzugreifen, aufgrund eines negativen Votums des *Pregàdi* nach einer langen und beispiellosen Debatte aufgegeben hatte.

Jetzt freilich, im Jahr 1667, war Ahmet Köprölü überzeugt, daß der Candiakrieg die osmanische Staatskasse zuviel gekostet hatte und daß wegen der Belagerung einer Stadt zu viele Leben geopfert worden waren. Am 22. Mai übernahm der Großwesir persönlich das Kommando über die Belagerungstruppen. Trotz eines sensationellen Sieges von Francesco Morosini im März 1668 hatte man das Gefühl, daß der großen umkämpften Insel eine ernste und endgültige Entscheidung bevorstand. Dort war Venedig nicht mehr allein: Frankreich war mit einhunderttausend Dukaten des Kardinals Mazarin und mit einem Beitrag von Männern und Heerführern ein erstes Mal mit ihm zusammen zu Felde gezogen. Nun kehrte es mit einem neuen Freiwilligenkontingent zurück. Aber die Dinge hatten von Anfang an einen unglücklichen Lauf genommen. Die Türken waren keine Feinde, die man auf die leichte Schulter nehmen konnte, und bei den französischen Freiwilligen war der Schwung größer als die Ernsthaftigkeit und das strategische Geschick. Nachdem der von dem Marschall de la Feuillade angeordnete Versuch eines Ausfalls gescheitert war, blieb eine Initiative des Herzogs von Noailles im Juni 1668 gleichermaßen erfolglos. Als auch der Versuch fehlgeschlagen war, die osmanische Flotte einen Monat nach einem weiteren sehr heftigen türkischen Angriff durch ein Ablenkungsmanöver zu verwirren, verließen der Herzog von Noailles und das französische Kontingent Candia und stellten sich gegenüber dem Flehen der Einwohner taub. Man schrieb den 29. August 1668.

Am Tag danach mußte Francesco Morosini, Generalkapitän zur See, die bitteren Konsequenzen aus einer ausweglosen Situation ziehen. Mit einem moralischen Mut, der dem in so vielen Schlachten bewiesenen militärischen entsprach, überschritt er – überzeugt von der Sinnlosigkeit eines Widerstandes, der zu ähnlichen Massakern wie die von Zypern geführt hätte (der Türke hatte sie, wenn auch in kleinerem Maßstab, in Canea, in Retimo und den anderen eroberten Festungen wiederholt) – die ihm vom Senat übertragenen Befugnisse. Er übernahm persönlich die Verantwortung, gegen die Übergabe von Candia – abgesehen von den Flottenstützpunkten in Sudas, Grabusa und Spinalonga – Frieden zu schließen. Am 26. September nahm der Generalkapitän die venezianischen Flüchtlinge auf seine Schiffe, fast die gesamte Bevölkerung der Hauptstadt von Candia, die Reliquien, die geweihten Bilder und Gefäße aus den Kirchen und die Archive, die Zeugen der vierhundertfünfundsechzig Jahre währenden venezianischen Herrschaft über die Insel. Am 7. Dezember setzte der Senat die Höfe Europas offiziell über den Verlust des Königreiches von Candia in Kenntnis. Kreta hätte nie ohne ein ernsthaftes, bewußtes Engagement der europäischen Mächte gerettet werden können, aber diese waren weder entschlossen noch daran interessiert, sich mit allen Kräften für eine Sache zu engagieren, mit der sie sich überhaupt nicht identifizierten.

In Venedig wurden Morosinis Entscheidung und das Ende des Krieges nicht von allen mit Erleichterung aufgenommen – ganz im Gegenteil. Heimgekehrt, sah sich der tapfere Admiral von allgemeiner Kälte umgeben. Als er, der Tradition entsprechend, seine Einführung in die Würde eines Prokurators von San Marco, in die er kurz zuvor gewählt worden war, feierlich beging, nahm das Volk nicht an den Festlichkeiten teil, applaudierte nicht und ergab sich nicht den üblichen Freudenbezeigungen. Im Großen Rat ergriff Ser Antonio Correr, *Avogador di Comun*, die Initiative und erhob Anklage gegen den Generalkapitän: Er beschuldigte ihn des

Machtmißbrauchs, des befehlswidrigen Verlassens seines Postens, der Feigheit und der Unterschlagung. Das drohende, heftige und aggressive Plädoyer des *Avogador* schleuderte dem Urheber der Kapitulation von Candia einen Satz seines Vorgängers Alvise Leonardo Mocenigo ins Gesicht: »Die Familie Mocenigo erhält vom Vaterland keine Kommando- und Regierungsposten, um sie den Türken zu schenken.« Der Friede sei ausgerechnet in dem Augenblick geschlossen worden, als die Verstärkungen eintrafen, die Garnisontruppen von Candia seien zahlenmäßig stärker gewesen, als der General in seinen Berichten behauptet habe. Und warum habe er mit so vielen Briefen voller großer Worte mit heroischen, aber nicht gehaltenen Versprechen den Senat zum Narren gehalten? Zur Verteidigung von Francesco Morosini antwortete ein berühmter Diplomat, Giovanni Sagredo: Er schilderte eindringlich die Hölle des von Minen und unablässigem Geschützfeuer beschossenen Candia und erinnerte an die zweihundertachtzig Patrizier, die während der Belagerung gefallen waren – eine gewaltige Zahl, fast ein Viertel des Großen Rates! Er unterstrich, daß der schreckliche Aderlaß, den der venezianische Widerstand unter den Türken ausgelöst hatte (einhundertdreißigtausend türkische Tote allein unter den Mauern von Candia), Ungarn, Polen und das Habsburgerreich, die üblichen Zielscheiben der osmanischen Angriffslust, habe Atem schöpfen lassen. Morosini, der einer der Hauptvertreter dieses starken Widerstandes gewesen war, sei keine andere Wahl geblieben; er habe den Senat peinlich genau über den Zustand der Festung informiert. Ihn vor Gericht zu stellen wäre eine undankbare Geste, die jeden entmutigen würde, dem Staat ebenso eifrig zu dienen wie er. Nach einer erneuten Intervention des *Avogador* Correr, der die Annullierung von Morosinis Wahl zum Prokurator von San Marco verlangte, wurde die Debatte von Michele Foscarini mit einem Ablehnungsantrag abgeschlossen, der mit überwältigender Mehrheit angenommen wurde.

Aber die Partie mit dem Türken war nicht zu Ende gespielt. Das Schicksal wollte es, daß das 17. Jahrhundert für die Republik zum Jahrhundert der Begegnung mit dem fast dreihundertjährigen Feind sein sollte. Dieses Mal sollte der Angriff auf das Habsburgerreich im Feldzug von 1682/83 – in dessen Verlauf Wien belagert und ein einhundertfünfzigtausend Mann starkes osmanisches Heer durch die Intervention der Polen unter Johann Sobieski aufgehalten wurde – Venedig mit einem Angebot für ein Angriffs- und Verteidigungsbündnis konfrontieren, das im Senat Gegenstand langer und leidenschaftlicher Streitreden war. Es siegten die Aktivisten, jene, die um jeden Preis den Beitritt der Republik zu dem Bündnis wollten, weil sie hofften, wenigstens einen Teil der verlorengegangenen Besitzungen zurückgewinnen und am Tisch der künftigen Friedensverhandlungen die Rechte geltend machen zu können, die sich aus dem Bündnis mit den wahrscheinlichen Siegern ergeben würden. Es war heftig dagegen argumentiert worden. Unter anderem hatte man an die vielen Gelegenheiten erinnert, bei denen man Venedig, in ähnliche Ligen eingebunden, als Werkzeug benutzt und dann im Stich gelassen hatte. Es sei zu früh, hatte man gesagt, sich schon wieder auf einen Feldzug einzulassen, solange die Wunden des endlosen Candiakrieges noch offen waren und schmerzten. Ferner habe dieser Krieg – ein wirkliches Faß ohne Boden – allein im letzten Jahr mehr als viereinhalb Millionen Dukaten verschlungen. Es war alles wahr, nur allzu wahr. Aber im Gegensatz zu dem, was oft behauptet worden ist, war die herrschende Klasse Venedigs weder erschöpft noch von Altersschwäche gebeugt. So wie sie sich trotz ihres Zauderns und ihrer Zweifel flexibel und mutig gezeigt hatte, so stellte sie im März 1684 noch einmal unter Beweis, daß sie fähig war, Risiken einzugehen. Und es fehlte ihr auch nicht an Männern, die imstande waren, die Kriegsflotte zu befehligen, angefangen bei Francesco Morosini, der einstimmig auf den Posten des Oberbefehlshabers gewählt wurde. Er kandidierte zwar zum Dogenamt, doch man zog vor, den blassen Marcantonio Zustinian zu wählen, um Morosini mit dem Amt des Generalkapitäns zur See zu betrauen.

## 9

Der neue Krieg fiel wirklich in eine wirtschaftlich wenig günstige Zeit. Schon dreißig Jahre zuvor hatte ein französischer Diplomat der Republik das Totenlied gesungen und ihr folgende Diagnose gestellt: »ein hektisches Fieber, das sie ernsthaft verzehrt und ihr unmerklich die natürliche Wärme entzieht«. Er übertrieb; denn nach dem Ende des Krieges stellte man fest, daß die finanzielle Situation des Staates weniger katastrophal war, als sie hätte sein können. Im Hinblick auf den Handel jedoch war er ein ziemlich guter Prophet. Umsicht, Geschick und eine kluge Steuerpolitik konnten die Republik in die Lage versetzen, die Schäden eines Konfliktes zu beheben, der über zwanzig Jahre gedauert hatte, aber sie konnten dem Lagunenhafen nicht seine einstige Bedeutung, Elastizität und Vitalität zurückgeben.

Schon der Krieg hatte dem Levantehandel, auf den in Venedig alles ausgerichtet war, schweren Schaden zugefügt. Die Faktoren freilich, die sich am negativsten auswirkten, waren die Piratenplage, die gnadenlose Konkurrenz seitens der »ponentinischen« Seeleute und Händler und die von den Häfen Marseille, Genua und Livorno reichlich gewährten Zollerleichterungen. Und die Maßnahmen, die ergriffen wurden, um dem fortgesetzten Niedergang des Lagunenhafens Einhalt zu gebieten, erwiesen sich nicht nur als sinnlos, sondern sogar als schädlich. So etwa mußte die Abschaffung der Einfuhrzölle, die man 1662 zur Belebung beschlossen hatte, 1648 widerrufen werden, weil sie keine Vorteile gebracht, sondern vielmehr beträchtlichen Schaden angerichtet hatte. Manche traten für die Abschaffung der Ausfuhrzölle ein; manchen gelang es, andere Maßnahmen durchzusetzen, angefangen bei der Wiederöffnung der Konsulate in der Levante bis hin zur Wiedereinführung des Systems der *Mude* oder Schiffkonvois und der Verleihung von Preisen an jene Industriezweige, die die Herstellung verbesserten. Außerdem wurde eine Untersuchung über die Bedingungen des internationalen Handels durchgeführt. Aber es waren nur hilflose Versuche – die wirtschaftliche Vorherrschaft im Mittelmeer war eine in weite Ferne gerückte Erinnerung. Die Terra ferma, einst lediglich Anhängsel für eine ganz auf das

Meer ausgerichtete Wirtschaft, war für den venezianischen Staat jetzt die hauptsächliche Quelle des Reichtums. Das jahrhundertealte Gleichgewicht kippte um. Ein Privileg aber wurde eifersüchtig gehütet und verteidigt, nötigenfalls auch mit Waffen: die Vorherrschaft im Golf, die Seeherrschaft in der Adria.

Und eben über der Adria lastete nach wie vor der bedrohliche Schatten der Türken, für die der Unterschied zwischen Krieg und Frieden einzig darin bestand, daß in Friedenszeiten die feindseligen Akte, die sie sowohl direkt als auch durch die Barbareskenkorsaren fast ununterbrochen begingen, nicht nach einem systematischen Plan koordiniert waren.

Bevor noch die *Societas offensivi et defensivi belli* mit dem Papst, dem Kaiser und dem König von Polen geschlossen wurde, waren die Vorbereitungen fortgeschritten. Man sprach davon, Candia, Negroponte und sogar Zypern zurückzuerobern, und die Diplomatie des Kaisers hatte diese Namen, die den Venezianern so sehr am Herzen lagen, ständig im Munde geführt, als sie darauf bestanden hatte, Venedig, das auf dem Meer immer noch ein wertvoller Alliierter war, für das Bündnis zu gewinnen.

Nun hatte die venezianische Flotte schnell vorgehen können: Schon im September 1684 wurden Prevesa und Santa Maura erobert, und die Einnahme von Koron und Kalamata, an der Spitze des Peloponnes gelegen, war eine reichliche Entschädigung für die mißglückte Eroberung von Sign in Dalmatien.

Zwei Jahre später, als endlich die dalmatinischen Festungen fielen, stieß die venezianische Offensive weiter vor. Francesco Morosini, aber vor allem sein Generalkommandant der Landungstruppen, der schwedische Graf von Königsmarck, hatten sich die Eroberung des Peloponnes – damals Morea genannt – zum Ziel gesetzt. 1686 wurden Modon, Navarino, Argos und Nauplia eingenommen, im Jahr darauf Patras, Korinth und das am Strand von Lokride gelegene Lepanto. An eine ähnliche Serie von Erfolgen konnte sich niemand erinnern. Der Senat ordnete mit einem beispiellosen Beschluß an, daß dem Generalkapitän eine Büste angefertigt werde, der wie ein römischer Feldherr mit dem ehrenden Beinamen *Peloponnesiaco* ausgezeichnet wurde. Und dieser nahm, nunmehr angefeuert, das in der Nähe von Sparta im

Inneren des Peloponnes gelegene Mistra ein und eroberte auch Athen. Das Unglück wollte es, daß eine Bombe aus Königsmarcks Kanonen des Parthenon traf. Im Mittelalter eine Kathedrale, hatten es die Türken zur Pulverkammer gemacht. Es flog in die Luft, und niemand hat es dem *Peloponnesiaco* je verziehen. Abgesehen von der Tatsache, daß nicht er die Beschießung befohlen hatte, sondern General Königsmarck, und er es sehr bedauern sollte,* finden sich in der Geschichte, auch in der zeitgenössischen, keine Generäle und Admiräle, die ein militärisches Ziel – und ein Pulvermagazin war zweifellos ein solches – mit Berufung auf seinen künstlerischen und kulturellen Wert verschont hätten.

Francesco Morosinis Siege und Eroberungen entschädigten Venedig zwar moralisch für die – trotz allem ruhmreiche – Niederlage von Candia, brachten ihm aber kein Glück. Die Besetzung des Peloponnes gab der Republik ein riesiges Territorium in die Hand, das verarmt, entvölkert, verwahrlost und voller Probleme war. Und es war ein neues Faß ohne Boden; denn die Republik, der nun wieder eine Kolonie zur Verfügung stand, begnügte sich nicht damit, sie so zu belassen, wie sie sie vorgefunden hatte, sondern nahm gleich mit Engagement ihre Erschließung in Angriff. Nach einer Pest, die kurz zuvor gewütet hatte, und vor allem nach zweihundertjähriger Türkenherrschaft war das ein beinahe verzweifeltes Unternehmen. Die Türkenzeit war von Morden und Überfällen geprägt gewesen, weil die Herren keine Bedenken hatten, die Bauern zu verschleppen, um aus ihnen Ruderer zu machen oder sie in die Truppen ihrer Janitscharen einzureihen. Nachdem das Gebiet nun in vier Provinzen unterteilt und der obersten Autorität eines *Provveditore generale in Regno* unterstellt worden war, ging man an die Zuteilung der brachliegenden Ländereien, stellte ein allgemeines Kataster zusammen und ließ aus anderen Teilen Griechenlands bessere Bauern kommen, die man mit Privilegien und Vergünstigungen anlockte. Die Bevölkerung wuchs in wenigen Jahren von knapp neunzigtausend auf gut zweihunderttausend Einwohner, aber zwischen Besatzern und Besetzten entstand keine auf Wertschätzung und Vertrauen beru-

* G. Damerini, *Morosini*, Mailand 1929, S. 258ff.

hende Beziehung. Die verwilderten Bewohner zeigten keinerlei Absicht, sich dem Ackerbau und dem Handel zu widmen, noch reichten die Investitionen, die die venezianische Regierung zu machen imstande war, aus, um die Wirtschaft zu revolutionieren. Und die Maßnahmen, die Morosini im administrativen Bereich ergriffen hatte (er versuchte, die örtliche Regierung nach dem Vorbild der venetischen Terra ferma aufzubauen), eigneten sich überhaupt nicht für eine so andersgeartete Zivilisation. Erfolgreicher war die Arbeit der venezianischen Festungsarchitekten, die hier ebenso wie auf Zypern und Kreta außergewöhnliche Monumente ihres Talentes hinterlassen haben. Angesichts ihrer Größe und ihrer Funktionalität erscheint es unmöglich, daß die Festungen von Nauplia und Akrokorinth, von Modon und Koron von einer Macht von so beschränkten Ausmaßen und Ressourcen wie Venedig erbaut wurden. Man würde vielmehr ein großes Reich hinter ihnen vermuten.

Ein ungeheurer Fehler lag schließlich in der Forderung, sämtliche Erzeugnisse des Peloponnes nach Venedig zu schicken, damit sie dort neu verteilt würden. Man hoffte, den darniederliegenden Umschlagplatz am Rialto wieder in Schwung zu bringen, ohne die enorme Verlangsamung und die daraus folgende Steigerung der Kosten zu bedenken. Letzten Endes jedoch war der grundlegende Fehler der Erwerb von Morea selbst, zumal die nachfolgenden militärischen Operationen weder schnell noch siegreich verliefen. Francesco Morosini, der am 21. März 1688 zum Dogen gewählt worden war, aber das Oberkommando über die venezianischen Seestreitkräfte behalten hatte, entschied, als er zwischen einer Landung auf Kreta und einem Angriff auf Negroponte wählen mußte, in diesem Sinne, und am 8. Juli setzte sich eine Armada mit zweihundert Segelschiffen vom Golf von Ägina aus in Bewegung. Der Augenblick schien günstig, weil die Siege der kaiserlichen Heere unter dem Befehl von Eugen von Savoyen und Karl von Lothringen, die den Türken Bosnien und Siebenbürgen aus der Hand nahmen, die osmanische Kriegsmaschinerie geschwächt hatten. Aber die mangelhafte Disziplin insbesondere der deutschen Truppen und die Pest, der auch Königsmarck zum Opfer fiel, ließen, abgesehen von dem hartnäckigen Widerstand der

Türken, den Feldzug scheitern, und Morosini war es nicht möglich, im darauffolgenden Jahr einen erneuten Versuch zu unternehmen, wie er es eigentlich gern gewollt hatte.

So kehrte der Doge, nachdem er die Festung von Malvasia belagert hatte, 1689 nach Venedig zurück, und sein Nachfolger im Generalat, Girolamo Corner, besiegte die Türken in Mytilene und eroberte Valona in Albanien, aber auch er erlag einem ansteckenden Fieber. Der neue Generalkapitän, Domenico Mocenigo, war von etwas anderer Statur. Aus Angst vor einem feindlichen Angriff auf Morea gab er in großer Hast die Belagerung von Canea auf (man hatte dann beschlossen, die Rückeroberung von Kreta zu versuchen). Angesichts dieser Enttäuschungen gelangte man zu keinem besseren Beschluß, als erneut Francesco Morosini zum Generalkapitän zu wählen, so alt und gesundheitlich angeschlagen er auch schon war. Mit dem großen Pflichtbewußtsein, das ihn stets ausgezeichnet hatte, stimmte der betagte Doge zu, und das Volk feierte seine Einschiffung mit großem Jubel. Doch nach kaum sieben Monaten starb er nach der Eroberung der Inseln Salamina, Idra und Spetsä, von den Anstrengungen des Krieges erschöpft, in Napoli di Romania (Nauplia). Er wurde von allen beweint, aber manche hatten den Eindruck, daß die Senatoren, die ihm mit großer Mehrheit das Kommando wieder übertragen hatten, im Inneren fast eine späte Rache spürten, so als wollten sie ihm nachrufen: Du hast uns in die Klemme gebracht, jetzt schau, ob es dir gelingt, uns da wieder herauszuziehen.

Während Silvestro Valier, ein vortrefflicher Doge, den Dogenthron bestieg und seine Gemahlin, die schöne und gebildete Elisabetta Querini – wie ein Jahrhundert zuvor Morosina Grimani –, feierlich zur *Dogaressa* gekrönt wurde, übernahm Antonio Zen, ehemals ein erfolgreicher *Provveditore generale* in Dalmatien und Albanien, anstelle von Francesco Morosini den Befehl an der Spitze der Flotte. Es war eine neue, sehr schwere Enttäuschung. Nach einem fulminanten Auftakt des Feldzuges, der ihm die große ägäische Insel Chios (Scio für die Venezianer) eingebracht hatte, ließ sich der General die Chance entgehen, das osmanische Geschwader auf dem Rückzug zu vernichten, und nach einer – trotz der Kühnheit und Tapferkeit vieler Kommandanten einzelner Einheiten – sehr schlecht geführten Schlacht zog er überstürzt von seiner eroberten Insel ab. Die Episode löste im *Pregàdi* ein sehr lebhaftes Echo aus, wo der Geschichtsschreiber Pietro Garzoni und andere Senatoren das Wort ergriffen. Antonio Zen wurde der Untüchtigkeit, der Untauglichkeit und des Mangels an Kampfbereitschaft beschuldigt. Es hieß, er würde von seinen Untergebenen verachtet; man erinnerte an die Witze und Hänseleien, zu deren Zielscheibe er in der Flotte geworden war, als er sich geweigert hatte, das türkische Geschwader zu verfolgen. Abgesetzt, verhaftet und eingesperrt, starb der Unglückliche, noch bevor ihm der Prozeß gemacht wurde. Einige erinnerten daran, daß seine Geschichte in gewisser Weise der – nunmehr lange zurückliegenden – von Antonio Grimani ähnelte, der *Rovina dei cristiani** genannt worden war. Auch in seinem Fall war das Hauptargument derer, die seine Wahl zum Generalkapitän zur See gewünscht hatten, in der Tat eher seine großen finanziellen Mittel gewesen als seine Erfahrung und sein Ansehen als militärischer Befehlshaber.

In den Streitkräften kriselte es. Von Venedig wurde in der Person von Ser Girolamo Minio ein Ermittler entsandt, und der Ausgang seiner Untersuchung führte zur Amtsenthebung und Verhaftung anderer Flottenführer. Aber was auch immer man darüber hatte sagen und schreiben mögen, die Kampfbereitschaft und das Engagement der Adligen, denen die Kommandoposten der verschiedenen Verbände und Einheiten übertragen worden waren, erwiesen sich der großen venezianischen Tradition würdiger denn je. Die Unzulänglichkeit einiger wurde durch die Tapferkeit und Geschicktheit vieler mehr als wettgemacht, angefangen bei Zens Nachfolger, dem Generalkapitän Alessandro Molin, und seinen unmittelbaren Untergebenen, Bortolo Contarini und Girolamo Dolfin. Auf Betreiben dieses letzteren knüpfte die venezianische Flotte noch einmal an die Unternehmungen von Lorenzo Marcello und Lazzaro Mocenigo an, drang durch die Dardanellen vor und prallte im Marmarameer mit der türkischen Flotte zusammen, blockierte dann die Meerengen, stoppte die Nachschubliefe-

* s. S. 315 ff.

rungen für Konstantinopel und löste so in der osmanischen Hauptstadt Angst und Panik aus.

Dies waren die letzten Strahlen einer untergehenden Sonne. Nach den überwältigenden Siegen, die Prinz Eugen davongetragen hatte, wäre es den Habsburgern leichtgefallen, die türkische Macht in Europa ganz auszulöschen, aber ihre Aufmerksamkeit richtete sich bereits anderswohin, nach Spanien, wo die überaus rege französische Diplomatie um den letzten, dekadenten Erben des spanischen Zweiges der Habsburger ihre Intrigen spann. Sie wollten den Frieden, gewiß nicht um jeden Preis, sondern zum größtmöglichen Nutzen, freilich so schnell wie möglich. Ende 1698, nach Dolfins erfolgreicher Unternehmung, trat die Friedenskonferenz in Serbien, in Karlowitz, zusammen. Natürlich waren die Türken und die Österreicher da, auch die Polen und die Russen sowie der venezianische Bevollmächtigte Carlo Ruzzini. Nach endlosen Diskussionen, die durch ständiges Geplänkel über Fragen des Vorrangs und des Zeremoniells erschwert wurden, wurde der Vertrag am 26. Januar 1699 unterzeichnet. Venedig behielt Morea, die Insel Ägina im Golf von Attika, Santa Maura und Zante im Ionischen Meer (ohne dem Sultan mehr Tribut zahlen zu müssen) sowie die neueroberten Gebiete an der Küste von Dalmatien und Albanien. Es mußte jedoch die Befestigungsanlagen von Prevesa schleifen und Lepanto und die letzten Kykladeninseln, die noch in seinem Besitz geblieben waren, verlassen. Die Österreicher, die nach Ruzzinis Aussage großes Geschick im Schaffen vollendeter Tatsachen hatten, kratzten ein wenig an der Vorherrschaft über Dalmatien und gewannen zwei Festungen, die nützliche Brückenköpfe für weitere Annexionen darstellen konnten. So ehrenhaft jener Friede auch war, seine Ergebnisse standen in keinem Verhältnis zur militärischen und finanziellen Anstrengung Venedigs. Das Prinzip des von Österreich aufgezwungenen *uti possidetis* hatte jede Hoffnung, Kreta, Negroponte und Zypern zurückzuerhalten, zunichte gemacht.

Das Jahrhundert klang mit einer herben Enttäuschung aus. Trotz allem war es ein großes Jahrhundert gewesen, und Venedig war im wesentlichen unangefochten aus den Kämpfen zwischen den verschiedenen fremden Mächten hervorgegangen, ohne je auf seine Existenz als unabhängiger Staat im wahrsten und echtesten Sinn zu verzichten, als italienischer Staat in der tiefsten und aufrichtigsten Bedeutung des Begriffs. Während alle anderen Staaten in Italien diese oder jene Vorherrschaft akzeptiert hatten, hatte es ganz allein die Fahne der Unabhängigkeit hochgehalten, und auch wenn der wirtschaftliche Niedergang unbestreitbar und tiefgreifend war, ging er doch nicht mit einem echten politischen und militärischen Niedergang einher, der sich bereits ankündigte, aber noch nicht offenkundig war.

# XI
# DER NIEDERGANG

## 1

Am Tisch der Friedenskonferenz von Karlowitz hatten es die österreichischen Bevollmächtigten eilig gehabt, zu einem Abschluß zu kommen. Dafür gab es einen triftigen Grund: Der letzte spanische König aus der Familie Habsburg, der kränkliche Karl II., hatte keine direkten Erben, und man konnte ihm kein langes Leben voraussagen. Es stellte sich also das drängende und sehr schwierige Problem seiner Nachfolge, eines riesigen Erbes, um das sich viele bewarben, allen voran Ludwig XIV. von Frankreich und Kaiser Leopold, das Oberhaupt des deutschen Zweiges des Hauses Habsburg. Die Diplomatie des Sonnenkönigs war außerordentlich rührig und hatte geduldig die Entourage des finsteren spanischen Königs bearbeitet, der mit kraftloser Verbitterung dem Tanz der Mächte um sein Totenbett und der Aufeinanderfolge von Vereinbarungen, Abkommen und Verträgen zusah, die die Teilung seines Erbes zum Gegenstand hatten. Als Karl II. schließlich am 1. November 1700 starb, wurde sofort deutlich, daß jenes Erbe, das namentlich und offiziell an Philipp von Anjou, den Neffen Ludwigs XIV., gefallen war – außer den riesigen Herrschaftsgebieten, die Spanien, Sizilien, Neapel, Mailand, Flandern und einen großen Teil von Amerika umfaßten –, auch in einen neuen europäischen Krieg führen sollte.

Die Republik sah, wie sich ein Orkan zusammenbraute, der ganz Italien erfassen und schrecklich in Mitleidenschaft ziehen würde, und bemühte sich gemeinsam mit der päpstlichen Diplomatie, den Konflikt abzuwenden. Es gelang ihr nicht. Während von der einen Seite die Franzosen des Marschalls Catinat nach Italien zogen und von der anderen die Deutschen des Prinzen

Eugen von Savoyen, feilschten die Abgesandten des Königs von Frankreich und des Erzherzogs Karl, der sich gegen Philipp von Anjou offiziell um den spanischen Thron bewarb, in jeder möglichen Weise mit Venedig, um die *Serenissima* in das eigene Lager zu ziehen. In den Augen des Kardinals d'Estrées, des französischen Botschafters, und des Grafen Lamberg, des kaiserlichen Botschafters, stellte die Republik immer noch die größte italienische Macht dar. Außerdem führte, wenn sie sich auf dem unglücklichen italienischen Boden begegnen und bekriegen wollten, für beide Heere der einzige Weg durch ihr Territorium. Wer über diese Gebiete verfügte, war daher zweifellos im Vorteil. Der Senat debattierte lange die Vorschläge der einen wie der anderen Seite. Wie schon mehrmals in der Vergangenheit gab es unter den Senatoren solche, die unbedingt eine aktive Teilnahme an dem Konflikt wünschten, allein schon, um nicht im Augenblick der Friedensverhandlungen zu fehlen; aber die Mehrheit neigte eher zur Neutralität. Die Versprechungen des Kardinals d'Estrées waren überaus schmeichelhaft, aber wie viele Male, auch in der jüngsten Zeit, hatte Frankreich seine Versprechungen seelenruhig vergessen! Und dann mußte man mit dem Kaiser rechnen, der mit seinen Territorien das Friaul und den schmalen Küstenstreifen von Dalmatien bedrängte. Sich mit dem Kaiser zu verbünden würde bedeuten, den Angriffen unmittelbar ausgesetzt zu sein, welche von Süditalien und der Lombardei her drohten und wahrscheinlich auch von den mit Frankreich verbündeten Türken. Auf der Seite des Siegers zu stehen wäre gewiß von Vorteil – aber wer würde der Sieger sein? Zu guter Letzt fehlte es an Geld, an Truppen, an Mitteln jeglicher Art; denn zuerst hatte der Krieg um Candia und dann das Morea-Unternehmen alle Ressourcen aufgezehrt.

Die endgültige Entscheidung, die bewaffnete Neutralität, war und ist bis heute Gegenstand heftigster Kritik. Die Ereignisse, die sich daraus ergeben sollten, legten die radikale und tiefgreifende Schwächung der Republik und das Fortschreiten eines bereits raschen und irreparablen Verfallsprozesses bloß. Aber welche konkrete Alternative stellte sich dem Senat? Der Herzog von Mantua, der auf die Vorschläge und Verlockungen des Königs von Frankreich einging, sah sich einige Jahre später von seinem allzu mächtigen Verbündeten im Stich gelassen und am Ende vom Kaiser seiner Staaten beraubt. Die Sache des Kaisers erschien – so wie sie sich Anfang 1701 darstellte, als Philipp von Anjou in Madrid fest im Sattel saß – nicht sehr aussichtsreich. Man hätte alles aufs Spiel setzen müssen, auch ein katastrophales und baldiges Ende des venezianischen Staates: Eine solche Entscheidung von einer verantwortungsbewußten verfassungsmäßigen Versammlung zu verlangen wäre reine und schlichte Torheit gewesen.

Mit seiner Entscheidung und all den schmerzlichen Konsequenzen, die sich daraus ergaben, erreichte der Senat immerhin etwas, was im Laufe der Jahrhunderte als das teuerste, das kostbarste Gut gegolten hatte – die Unabhängigkeit blieb erhalten. Es sollte eine immer umstrittenere Unabhängigkeit sein, die mit der Zeit nur noch ein Dahintreiben im europäischen Meer war, aber sie sollte doch noch siebenundneunzig Jahre lang eine echte Unabhängigkeit sein. Vielleicht hätte eine Kurzschlußhandlung der Republik ein schönes Ende auf dem Schlachtfeld, mit den Waffen in der Hand, beschert; fast mit Sicherheit hätte sie Venedig und Venetien eine um siebenundneunzig Jahre längere österreichische Herrschaft eingebracht.

Nun standen sich also das deutsch-österreichische und das französisch-spanische Heer in der Poebene gegenüber. Bei ihrem Zug durch die venetischen und lombardischen Gebiete der Republik ließen sich die Heere zu allerhand soldatischer Roheit, zu Raubzügen und Gewalttaten hinreißen. Die Botschafter in Paris und Wien protestierten vehement gegen die ständigen Verletzungen der venezianischen Neutralität, aber der Senat achtete sehr darauf, Zwischenfälle zwischen den eigenen Kommandanten und Truppen und den beiden Gegnern zu vermeiden. Eine so große Vorsicht war wegen der Unverhältnismäßigkeit der Kräfte gerechtfertigt, wurde aber als Zeichen der Schwäche interpretiert. Auf See bestätigte diese Vorsicht am Ende eine Situation, die siebenhundert Jahre nach der siegreichen Expedition Pietro Orseolos II. die »Herrschaft über den Golf« de facto zunichte machte, auf die Venedig immer Anspruch erhoben hatte.

Im 17. Jahrhundert hatte die Republik Papst Urban VIII. entschlossen die Stirn geboten und war sogar der großen spanischen Macht siegreich entgegengetreten, um ihr ausschließliches Recht auf bewaffnete Seefahrt in der Adria geltend zu machen. Jetzt pendelten habsburgische Schiffe, ja sogar österreichische Militärkonvois zwischen Triest, Fiume, Segna und der Pomündung hin und her, beladen mit Waffen und Soldaten, und die französischen Kriegsschiffe, die Jagd auf sie machten, drangen in den Hafen von Chioggia ein, landeten in Pirano und bei Aquileja Soldaten und Plünderer an, stürzten sich im Juli 1702 sogar auf den Hafen von Venedig, wo sie ein englisches, im kaiserlichen Dienst stehendes Schiff angriffen und in Brand steckten. Die venezianische Marine war nicht da, oder wenn sie da war, blieb sie untätig. Mit seinem hochmütigen Zynismus sagte Ludwig XIV. dem venezianischen Botschafter, der sich über all diese Verstöße beschwerte, die Wahrheit, als er ihm antwortete, daß es so weit nicht hätte kommen müssen, wenn die Republik imstande gewesen wäre, sie zu unterbinden, ob sie nun von der einen oder der anderen Seite kämen...

Doch daß Venedig bereits eine *Quantité négligeable* geworden sei, läßt sich trotz allem noch nicht behaupten, wenn man in Betracht zieht, wie die im Konflikt befindlichen Mächte um seine Allianz buhlten. 1706 ist es Prinz Eugen, der den *Provveditore generale* Girolamo Dolfin zu sich ruft, um der Republik auch im Namen Englands gegen eine intensive Beteiligung neue Vorteile anzubieten, um so jeden französisch-spanischen Einfluß endgültig aus Italien hinauszudrängen. Das Angebot wird ausführlich im Senat erörtert. Der Cavaliere Nicolò Erizzo behauptet, die schädlichen Auswirkungen der Neutralität seien bereits so groß, daß ein aktives militärisches Engagement nichts Schlimmeres bringen könne. Der Cavaliere Bastian Foscarini entgegnet ihm, daß die Partie trotz der glänzenden Siege des Prinzen Eugen noch immer offen und jedes Engagement gefährlich sei. Einmal mehr schwankt der Senat zwischen Scylla und Charybdis. Aber auch jetzt behauptet sich die Partei der Neutralisten. 1709, als die Dinge sich für Frankreich zum Schlechteren wenden, ist es Ludwig XIV., der sich wieder meldet und den venezianischen Botschafter in Paris wissen läßt, daß eine Vermittlung der Republik ihm willkommen sei. Dem zu diesem Zweck entsandten Cavaliere Foscarini unterbreitet der Minister De Torcy dagegen den Plan eines gegen Österreich gerichteten Bündnisses, dessen Ziel es sein sollte, den durch die militärischen Erfolge von Eugen von Savoyen aufgezwungenen habsburgischen Einfluß aus Italien hinauszudrängen. Die kühle Aufnahme durch den Senat löst am französischen Hof starke Verstimmung aus.

Schließlich tritt nach zwölf Jahren voller Kämpfe und Schlachten im Januar 1712 in Utrecht eine Friedenskonferenz zusammen. Die Republik ist durch den Cavaliere Carlo Ruzzini vertreten, den Botschafter und Bevollmächtigten, um den herum sich eine Reihe diplomatischer Intrigen spinnt, die anfänglich auf die Bildung einer italienischen Konföderation hinauszulaufen scheinen, deren Motor Venedig sein sollte. Die Väter dieser Initiative sind die Minister von Savoyen und Toskana, die darüber besorgt sind, daß sich in Italien eine unangefochtene österreichische Übermacht festsetzt. Am Anfang scheint England zu sekundieren. Ruzzini bemüht sich sehr, nimmt auch mit den französischen Ministern Kontakt auf, versucht, die Vertreter sämtlicher italienischer Staaten um sich zu scharen, aber es gibt zwischen ihnen überhaupt kein wirkliches Einverständnis; jeder scheint sich nur um das eigene besondere Interesse zu kümmern, und alle haben große Angst vor den Österreichern. Frankreich ist insgeheim gar nicht begeistert von »der Union und der positiven Allianz zwischen den Fürsten Italiens«, schreibt Carlo Ruzzini an den Senat, und England möchte »die Machtgrundlage des Kaisers nicht sehr beschneiden, damit er die Kraft haben kann, sich Frankreich entgegenzusetzen, [wenn] dieses etwas Neues versuchen wollte«, und es beabsichtigt auch nicht, »die dringenden Ziele eines universalen Friedens« den italienischen Problemen zu opfern. So kehrt der Unterhändler enttäuscht und besorgt nach Venedig zurück; er hat seine Gründe dafür, und auch der Senat hat Grund dafür, wie man zwei Jahre später sehen sollte, als der spanische Erbfolgekrieg definitiv beendet wurde und die Republik sich wie zu den Zeiten Karls V. auf drei Seiten von kaiserlichen Herrschaftsgebieten umgeben sah.

## 2

Schon seit geraumer Zeit kamen vom *Bailo* in Konstantinopel, Andrea Memmo, Warnungen. Jetzt, im November 1714, mahnte er den Senat, auf der Hut zu sein: In Konstantinopel liefen immer hartnäckigere Gerüchte um über Aufrüstungen, kriegerische Absichten und Ansprüche, die sich gegen Venedig richteten. Die osmanische Macht hatte den harten Brocken von Francesco Morosinis Feldzug mit der Eroberung von Morea nie geschluckt.

Am 8. Dezember wird der *Bailo* zum Großwesir gerufen. Der Empfang gestaltet sich so, wie er es mehr oder weniger erwartet hat: eine Kriegserklärung und die Aufforderung, die türkische Hauptstadt innerhalb von zwanzig Tagen zu verlassen. Das wird rasch in einen Arrest verwandelt, obwohl der *Bailo* für das Leben und die Güter der türkischen Untertanen in Venedig garantiert hat. Am Tag danach wird das »Kriegsmanifest« veröffentlicht.

Schon einmal hatte sich der Senat unter ähnlichen Umständen überrumpeln lassen. Dieses Mal jedoch gibt es für die mangelhafte militärische Vorbereitung eine ziemlich peinliche Entschuldigung: Der Senat hatte, wie immer besorgt um den Levantehandel, nicht aufrüsten lassen wollen, um den Türken nicht zu irritieren, der »sich noch nicht erklärt hatte«. Diese Politik der Beschränkung ist die dümmste und unproduktivste Politik, die man sich vorstellen kann. Die Ausgaben für die bewaffnete Neutralität und den Bau der Befestigungsanlagen in Morea hatten die Staatskasse sehr belastet und mögen eine bessere Entschuldigung sein (die Verschuldung hat sich seit 1700 um gut fünf Millionen Dukaten erhöht, und man hat den Zins der Staatspapiere von vier auf zwei Prozent senken müssen). Aber der Zustand, in dem sich der Verteidigungsapparat des Königreichs von Morea befindet und der sich aus den Appellen des *Provveditore generale* herauslesen läßt, ist durch nichts zu rechtfertigen. In dieser ganzen großen Region, die man unter gewaltigem Aufwand mit großartigen Festungen ausgestattet hat, gibt es nur wenige tausend Soldaten. Die Kavallerie verfügt bloß über drei Dragonerregimenter und ein Kroatenregiment; die Garnison von Nauplia, der wichtigsten Festung des Königreichs, besteht aus eintausendzweihundertneunundsiebzig Mann. Und die Moral ist sehr niedrig. Unter der einheimischen Bevölkerung ist Mißtrauen verbreitet; sie empfindet grundsätzliche Gleichgültigkeit, wenn nicht gar offene Feindseligkeit. Allgemein herrscht die Überzeugung, daß Morea unhaltbar ist. Es sind alle Voraussetzungen für eine Abbruchstimmung gegeben, noch vor der militärischen Aufgabe herrscht moralische Resignation.

Am 8. Juni 1715 erscheint die türkische Flotte vor der Insel Tinos. Der *Provveditore* Bernardo Balbi ergibt sich sofort, ohne auch nur pro forma einen Widerstand anzudeuten (er sollte in der Heimat deswegen zu lebenslanger Gefangenschaft verurteilt werden). Am 20. Juni überquert das osmanische Heer die Straße von Korinth, überrennt den Peloponnes und begeht dort die üblichen Greueltaten. Der *Provveditore* in Korinth, Giacomo Minotto, weist die Aufforderung zur Kapitulation mutig zurück, aber eine fünftägige Beschießung bewegt ihn zur Übergabe. Am 7. Juli gibt Francesco Bembo die Insel und die Festung Ägina kampflos auf. Am 9. wird Nauplia belagert, das von großartigen Befestigungsanlagen geschützt wird, welche uns noch heute mit ihrer mächtigen Bauweise beeindrucken. Nach neun Tagen unternehmen die Türken einen Überraschungsangriff und dringen durch die Schwachstellen zwischen den einzelnen Verteidigungsanlagen in die Stadt ein. Es folgt das übliche Massaker. Unter denen, die überleben und in Ketten als Rudersklaven fortgeschleppt werden, befindet sich auch der *Provveditore generale*, Alessandro Bon.

Und wo ist das Heer geblieben? Und wo die Flotte? Niemand hat sie gesehen. Nicht einmal Francesco Zustinian und Alvise Magno, die sich in Spinalonga und in Suda verzweifelt zur Wehr setzen, ohne Hilfe oder Verstärkungen zu erhalten. Die Streitkräfte, verstärkt durch Flottenkontingente des Papstes und der Malteserritter, werden im Hafen von Patras über den Fall von Nauplia benachrichtigt. Der Generalkapitän Giuseppe Dolfin möchte Nauplia zu Hilfe eilen. Doch im Verlauf der *Consulta*, die der alten auf See gepflegten demokratischen Tradition der Republik gemäß die verschiedenen *Capi da mar* bei Entscheidungen die Verantwortung gemeinsam tragen läßt, wird sein Plan von dem *Provveditore straordinario* der Schiffe, Marco Loredan, mit dem

Argument vereitelt, die Osmanen seien zahlenmäßig überlegen: Sie hätten sechzig Schiffe, dreißig Galeeren und viele kleinere Schiffe gegenüber vierundzwanzig schlechtausgerüsteten venezianischen Schiffen. Dolfin setzt sich durch, die Flotte läuft aus dem Hafen aus und rückt vor. In der Nähe von Kap Matapan kommt das türkische Geschwader in Sicht, doch trotz seiner befürchteten zahlenmäßigen Überlegenheit verweigert es den Kampf. Für die Türken ist die venezianische Marine noch immer ein Mythos. So kommt es zu einer merkwürdigen Verschränkung von Fehleinschätzungen zwischen den Venezianern, die von der türkischen Überlegenheit überzeugt waren, und den Türken, die eine Überlegenheit der venezianischen Flotte zumindest auf offener See erwarteten.

Am 12. August verweigert die türkische Flotte im Golf von Kalamata noch immer den Kampf. Doch am Tag darauf ergibt sich die venezianische Garnison vom Castello di Morea (Rion), und wieder zwei Tage später zwingt die in Panik geratene Garnison von Modon den tapferen *Provveditore* Vincenzo Pasta (er entstammte einer frischgeadelten Familie, die die Patrizierwürde *per soldo*, also gegen Bezahlung, erworben hatte), auf die Verteidigung zu verzichten. Ungefähr zwanzig Tage danach besudeln sich zwei Patrizier aus sehr viel älterem Adel (einer von ihnen sogar aus einem »apostolischen Geschlecht«), Bernardo Lippomano und Ferigo Badoer, mit Schande, weil sie in aller Eile dem Feind den von Natur aus uneinnehmbaren Felsen von Malvasia überlassen: Es handelte sich um einen dolomitischen Felsen, der nicht erstürmt werden konnte und der nur durch eine Zugbrücke mit dem Land verbunden war. Fast unmittelbar an den Fall von Malvasia schließt sich der von Suda und Spinalonga an. Zwischen dem Ägäischen und dem Ionischen Meer leistet keine einzige venezianische Garnison mehr Widerstand. Und Generalkapitän Dolfin verschanzt sich in Zante, dann fühlt er sich nicht einmal dort mehr sicher, fährt das Ionische Meer hinauf, verläßt auch Santa Maura, weil es ihm nicht stark genug erscheint, und flüchtet sich in die Golfmündung. Und dort taucht am 5. Juli 1716 (das Kommando hatte mittlerweile Andrea Pisani übernommen) die osmanische Flotte mit geballter Kraft auf. Sie steuert Korfu an, das vom *Provveditore* Antonio Loredan und von einem deutschen General, dem Feldmarschall Matthias Graf von der Schulenburg, dem Befehlshaber an der Spitze der Landstreitkräfte der Republik, verteidigt wird.

In jenem heißen Juli schüttelt die venezianische Flotte ihre frühere Trägheit ab, durchbricht zweimal den türkischen Belagerungsring mit brillanten und verwegenen Aktionen, während auf dem Boden der Insel die tapferen, treuergebenen dalmatinischen Truppen (die berühmten *Schiavoni*) das Gelände Zentimeter für Zentimeter gegen die Angriffe der Janitscharen verteidigen. Der Einsatz ist hoch: Es geht um die Kontrolle über den Zugang zum Golf, Venedigs Herz und Lunge. In der Nacht vom 18. auf den 19. August blockiert, irritiert und vereitelt ein denkwürdiger Ausfall einen gewaltigen türkischen Angriff, der als definitiver Schlag gedacht war. Aber unterdessen ist der Ausgang des Krieges anderswo entschieden worden, nämlich auf den Schlachtfeldern der Woiwodina in Peterwardein, wo Prinz Eugen der türkischen Macht den entscheidenden, tödlichen Schlag versetzt hat. Das Osmanische Reich sollte sich nie mehr von jenem Hammerschlag erholen, der jedem Versuch der Türken, den Fuß auf den europäischen Kontinent zu setzen, endgültig einen Riegel vorschob und der den drohenden Verfall des Reiches von Muhammad II. und Sulaiman dem Prächtigen einleitete. Am 22. August ziehen die Türken überstürzt von Korfu ab. Die Adria ist gerettet. Und mit der Rettung der Adria kehrt auch ein wenig mehr Mut in die Besatzungen und in das Flottenkommando der *Serenissima* zurück.

Zur Unterstützung des mit Kaiser Karl V. geschlossenen Bündnisses ergreift die venezianische Flotte bei den Kampfhandlungen nun wieder die Initiative: Santa Maura, Prevesa und Vonizza werden zurückerobert; in Dalmatien, wo Alvise Sebastiano Mocenigo die Festung von Imoschi wieder eingenommen hat, treffen wie in den alten Zeiten die Hilferufe der Bevölkerung von Bosnien, der Herzegowina und von Montenegro ein. In den Gewässern des Imbro, ganz in der Nähe der Dardanellen, wird am 12. Juni eine Schlacht mit unklarem Ausgang gekämpft, in der sich allerdings Marcantonio Diedo durch seinen Mut auszeichnet. Vier Tage später siegt nahe dem Berg Athos der *Capitano straordinario* der Schiffe, Ser Lodovico Flangini; er fällt im Kampf wie Lorenzo Marcello und Lazzaro Mocenigo. Andrea Pisanis Flotte verfolgt die Türken und zwingt sie in den Gewässern von Cerigo im Golf von Pagania zweimal zum Gefecht. Aber es ist zu spät. Die Türken haben die Kaiserlichen um Frieden gebeten, und diese, besorgt über die abenteuerliche Politik der spanischen Bourbonen, haben es eilig. Venedig nimmt an der nach Passarowitz einberufenen Friedenskonferenz teil, obgleich die Türken seine Anwesenheit nicht wollten und wo es angesichts des Verlaufs des Feldzuges vielleicht besser nicht hätte dabeisein sollen.

Der venezianische Unterhändler in Passarowitz war wieder einmal Carlo Ruzzini. Er war bereits am Frieden von Karlowitz und Utrecht beteiligt gewesen, aber jetzt fiel ihm eine ungleich schwierigere Aufgabe zu. Bei den vorbereitenden Versammlungen in Wien hatten ihm weder der Kaiser noch Prinz Eugen Demütigungen erspart, die das Verdienst für sich in Anspruch nahmen, durch den Sieg von Peterwardein den osmanischen Angriff auf Korfu gestoppt zu haben. Getreu seiner Pflicht und seinem Auftrag verlangt Ruzzini für Venedig die Rückgabe von Suda und Spinalonga, von Tinos und Cerigo; er fordert Morea oder als Alternative Albanien bis zum Skutarisee mit der Stadt Skutari und dem Hafen von Dulcigno, einem berüchtigten Piratennest. Er bittet auch um die Bestätigung der letzten Eroberungen: Butrinto, Prevesa und Vonizza. Aber als die Österreicher an die Reihe kommen, erkennt er, daß er zu maßvoll gewesen ist: Sie beanspruchen Siebenbürgen, die Moldau und die Walachei, das ganze Territorium des heutigen Rumänien also, sowie Belgrad. Ihr Appetit kennt keine Grenzen und wird nur durch die Nachricht von einer spanischen Landung auf Sardinien gezügelt, die sie zur Eile antreibt.

Am 21. Juli 1718 wird der Frieden von Passarowitz unterzeichnet. Venedig behält seine jüngsten Eroberungen im Epirus und an den Grenzen zur Herzegowina und erreicht in bezug auf die osmanischen Zollgebühren endlich die Gleichstellung mit seinen »ponentinischen« Konkurrenten. Aber es verabschiedet sich nicht nur von dem kurzlebigen Königreich von Morea, sondern auch von seinen letzten Stützpunkten in der Ägäis und auf Kreta. Es bleiben ihm allerdings noch die Inseln Cerigo und Cerigotto; doch was für einen Sinn haben jene beiden an der Route nach Candia gelegenen Besitzungen jetzt, da Candia sich endgültig in türkischer Hand befindet? Als Mittelmeer- und Kolonialmacht hat Venedig aufgehört zu existieren. Der Besitz der Ionischen Inseln ist nichts weiter als eine schöne Erinnerung an das alte Überseereich.

Im schlaftrunkenen Klima der folgenden Jahre sollte sich eine Art freundlicher Gleichgültigkeit gegenüber dem Türken herausbilden. Während immer mehr Mönche und Ordensbrüder, die das Klosterleben satt hatten, auf türkisches Territorium flüchteten, trat an die Stelle des traditionellen Bildes vom fanatischen und grausamen Türken das des »guten Türken«, der einfach, ehrlich und arbeitsam lebt und sich gelassen in Allahs Willen fügt. Es entstand ein literarischer Mythos, dem Europa und auch Goldoni und Voltaire sich nicht entziehen sollten. Über die Türken lachte man herzlich, und für viele Opernbesucher sollten sie alle den dicken Bauch von Osmino haben, dem Haremswächter aus Mozarts »Entführung aus dem Serail«. Auch die gesellschaftliche Ordnung des Osmanischen Reiches, wo es der Wille eines Despoten war, der aus den Begabten und Erfolgreichen Wohlhabende und Mächtige machte, und nicht die strenge Vorherbestimmung durch die ererbte Klassenzugehörigkeit, erweckte eine gewisse Sympathie. Doch unterdessen begann ein Prozeß, in dessen Folge das Reich, der »kranke Mann am Bosporus« bis 1919 immer weiter aufgeteilt werden sollte.

## 3

In Venedig fängt das 18. Jahrhundert unter traurigen Voraussetzungen an: Auf dem Festland ist es von Österreich eingekreist, und in Übersee hat es einen großen Teil seiner Besitzungen verloren. Die Wirtschaft befindet sich in einem fortschreitenden Zerrüttungsprozeß, und der Hafen von Venedig ist trotz des umfangreichen Handels nicht mehr der große Warenumschlagplatz des Mittelmeers, der Herr über den Handelsverkehr zwischen Orient und Okzident. Tatsächlich ist er zum Hafen der Terra ferma, seines eigenen Hinterlandes, herabgesunken, das seinerseits für die Finanzen der Republik zur größten Einnahmequelle geworden ist.

Leider erlebt auch die bäuerliche und ländliche Welt einen Niedergang. Daran gewöhnt, im Handel die vorrangige Aktivität zu sehen und das Land als Erzeuger solider und risikoloser Erträge, mit denen man die Defizite im Staatshaushalt ausgleichen konnte, hatte Venedig die Besitzungen auf der Terra ferma übertrieben ausgebeutet. Infolge einer langen allzu großen steuerlichen Belastung griffen die Grundbesitzer immer häufiger auf Kulturen mit hohem Ertrag zurück, wie etwa den Anbau von Weizen und Wein. Das hatte negative Auswirkungen auf die Weiden (der Rückgang der Schafzucht schadete der Textilindustrie) und die Wälder (daraus ergaben sich schwere Nachteile für die Schiffbauindustrie und für das ökologische Gleichgewicht). Diese Mißstände waren durch den ruinösen Durchzug der Heere während der langen Periode der bewaffneten Neutralität weiter verschlimmert worden. Das Bevölkerungswachstum trägt zur Verarmung der bäuerlichen Bevölkerung bei und bringt das leidige Phänomen des Räuberunwesens hervor. Die Zentralregierung ist durch die Überschneidung von tausend örtlichen Gerichtsbarkeiten geschwächt, und es fehlt ihr die Kraft und die Autorität, mit der sie in der Vergangenheit den Übergriffen der Grundbesitzer und der Eigentümer auf die ländlichen Volksschichten erfolgreich entgegengetreten war.

Die Industrie ihrerseits ist geschädigt durch die Konkurrenz, die zunehmende Versorgungsschwierigkeit mit Rohmaterialien und die archaischen Strukturen der *Arti* oder Zünfte, die sich gegen technologische Neuerungen stemmen.

All diese Übel nimmt die Klasse, die an der Macht ist, nicht tatenlos hin. Nichts wäre falscher als das allzuleicht akzeptierte Klischee von einem Patriziat, das seine bereits erschlafften Kräfte

* Der Gemeinplatz vom genußsüchtigen Müßiggängertum und der schrecklichen Verderbtheit des Patriziats, der von den moralisierenden Historikern in der Zeit nach dem Risorgimento noch weiter hochgejubelt wurde, findet noch heute Anhänger. Als Beispiel nennen wir M. Rowdon mit seinem Buch *The Fall of Venice*, das eine einzige Aneinanderreihung von solchen Gemeinplätzen darstellt (vgl. vor allem S. 31 ff.).

in der gekünstelten Welt seiner Salons verbraucht, das den Gram über den eigenen Niedergang in Vergnügungen erstickt und das sich nach dem Verlust von Candia in Erwartung des Untergangs nur auf den Genuß beschränkt.* Maßnahmen zum Schutz von Landwirtschaft, Handel und Industrie wurden häufig ergriffen; es waren ernsthafte, oft auch aufgeklärte Versuche. Ihre geringe Wirksamkeit kann man sicher nicht damit erklären, daß es den Gesetzgebern an Kreativität fehlte. Auf dem Lande wird zum Anbau von Maulbeeren ermuntert, um die Seidenindustrie zu fördern. Um die Entwaldung zu steuern und zu stoppen (durch die allerdings – was man nicht vergessen darf – neue Gebiete für die Getreideerzeugung gewonnen wurden und der Brotmangel beseitigt werden konnte), wählte man *Provveditori e Inquisitori sopra Boschi.* 1765 wurde in Padua ein Lehrstuhl für Agronomie eingerichtet, dem acht Jahre später eine Schule für Tiermedizin angegliedert wurde. 1768 erzielte die Arbeit der beratenden Körperschaft der *Deputati all'Agricoltura* neben der alten Behörde der *Provveditori ai Beni inculti* greifbare Resultate: In vielen Städten wurden Landwirtschaftsschulen gegründet, und zur Förderung der Landwirte wurden Preise und Stiftungen eingerichtet. Die Ausbildung der Bauern wurde verbessert. 1783 legten die *Deputati all'Agricoltura* einen dem neuesten Stand entsprechenden Entwicklungsplan für die Tierzucht vor; 1790 wurde eine Art landwirtlicher Katechismus für die Bauern veröffentlicht die *Dottrina Agraria* des Priesters G. B. Beltrame, der ein Jahr zuvor der Sieger eines ausgeschriebenen Wettbewerbs gewesen war. Während die Staatskasse viel ausgab, um die Seidenproduktion zu stützen, wurden neue Vorhaben in der Textilindustrie gefördert; daneben entstanden neue Betriebe für Keramik-, Porzellan- und Papierherstellung sowie Druckereien, unter anderem die berühmte der Remondini in Bassano, die achthundert Arbeiter beschäftigte. Die Behörde der *Inquisitori alle Arti* bemühte sich ihrerseits, Wege für eine Wiederbelebung der gewerblichen und handwerklichen Tätigkeiten zu finden, auch wenn sie stets zwischen den gegensätzlichen Konzepten von Monopolwirtschaft und freiem Unternehmertum schwankte. Im Handel gab es zahlreiche Versuche, dem Markt am Rialto die alte Vitalität und Elastizität zurückzugeben;

aber den von den fünf *Savi alla Mercanzia* und den *Deputati al Commercio* erarbeiteten Plänen fehlte es trotz einiger positiver Ideen manchmal an Weitblick und innovatorischer Phantasie.

Der Wille der Regierenden machte sich am meisten bei den öffentlichen Arbeiten bemerkbar: Dazu gehörten manchmal großangelegte, allerdings durch den bereits chronischen Geldmangel erschwerte Arbeiten zur Urbarmachung und Projekte zur Regulierung der Flüsse, zum Schutz der Lagune. Die größte aller Unternehmungen zum Schutz des Lagunengebietes war der Bau der berühmten *Murazzi*, des großen Deiches, der zwischen Malamocco und Chioggia die gefährdeten und schmalen *Lidi* vor der Gewalt der Gezeiten der Adria verteidigte und schützte. Noch heute kann der Anblick dieser Kette von zyklopischen Felsblökken, die über das Meer aus Istrien herangeschafft und mit Seilen, also mit Muskelkraft, ans Ufer gezogen worden sind, nur Bewunderung erregen. Die Herrschenden, die dem Großen Rat nachfolgten, angefangen bei Napoleon bis hin zur Republik Italien, haben es bestimmt nicht besser zu machen verstanden.

Doch obwohl die von Behörden und Büros des Staates aufgestellte Diagnose der wirtschaftlichen und sozialen Mißstände fast immer scharfsichtig war, obwohl die Vorschläge für die Maßnahmen, die auf dieser Diagnose beruhten, oft durchdacht und sinnvoll waren, gab es zwischen Vorschlag und Durchführung allzu häufig eine Kluft. Der Wille der souveränen Körperschaft, des Großen Rates, und der Exekutive, des Senats, schien gebremst und erstarrt. Außer der wirtschaftlichen Krise machte sich eine Krise der Willensäußerung bemerkbar, die alle Regierungsorgane, die zentralen wie die peripheren, betraf. Tatsächlich steckte die herrschende Schicht, das Patriziat, selbst in einer schwerwiegenden Krise.

Seit der Schließung des Großen Rates im Jahr 1297 waren dem ursprünglichen Kern durch die vereinzelten Zuwahlen der ersten Jahre viele Geschlechter hinzugefügt worden. Dann kam die Angliederung von 1381 zur Zeit des Chioggiakrieges und später noch die Welle der erkauften Aufnahmen zur Zeit des Candiakrieges. Aber trotz alledem war die Zahl der ausgestorbenen Familien beträchtlich, und dazwischen hatte es Pestepidemien und Kriege gegeben: Allein der Krieg um Candia hatte, wie wir gesehen haben, ein Viertel des Großen Rates ausgerottet, da mehr als zweihundertachtzig Patrizier im Kampf gefallen waren. Aber damit nicht genug. Eine wichtige Ursache für die Ausdünnung des Patriziats ist in der Einführung der Fideikommisse zu sehen: Um die großen Familienvermögen beisammenzuhalten, hatte es sich in sehr vielen wohlhabenden Familien eingebürgert (und diese Gewohnheit war Gegenstand von Kritik und beißendem, aber vergeblichen Spott), nur einen Sohn zu verheiraten und die übrigen zur Ehelosigkeit, wenn nicht gar zum Eintritt ins Kloster zu zwingen, um das Fideikommißvermögen nicht aufzusplittern. Im reichen Patriziat setzte sich eine Familie sehr oft nach einem nahezu starren Muster zusammen: Von drei Brüdern widmete sich der erste der aktiven Politik, erhielt die wichtigen Posten in Diplomatie, Militär und Politik und blieb Junggeselle; der zweite folgte einem ruhigeren *Cursus honorum* ohne kostspielige Dienstreisen und nahm sich eine Frau; der dritte trat entweder ins Kloster ein und strebte vielleicht irgendein einträgliches Bischofsamt an, oder er wurde Abbé, Weltgeistlicher (der Status des Abbé, italienisch *Abate*, eröffnete die Möglichkeit, sich vom Zwang zum politischen Leben zu befreien), oder er kümmerte in unbedeutenden, noch ruhigeren Ämtern dahin, blieb aber ebenfalls ledig. Dieser Entwicklung stand die Fruchtbarkeit des armen Patriziats gegenüber, die allerdings auch nicht ausreichte, um den Großen Rat so zu erweitern, wie es notwendig gewesen wäre.

Große wirtschaftliche und soziale Unterschiede zwischen den Adligen hatte es – wie wir mehrfach gesehen haben – immer schon gegeben, doch jetzt verschärften sie sich. In der letzten Zeit hatte sich die Regel durchgesetzt, wonach der Adlige, der in ein wichtiges, mit großen Ausgaben verbundenes Amt gewählt worden war, niemals in angemessener Höhe bezahlt wurde, um die Staatskasse nicht zu sehr zu belasten, und der daher die zusätzlichen Ausgaben aus seinem eigenen Familienvermögen bestritt. Deshalb war es üblich geworden oder wurde gerade üblich, daß man auf gewisse Posten nur solche Männer wählte, die über ausreichende Mittel verfügten. Der Gedanke, der dahinterstand, war durchaus edel, aber das Resultat war, daß nur die reichen Patrizier Zugang zu den aufwendigsten, und das heißt zu den wichtigsten, Ämtern hatten.

So gab es inzwischen (wie wir das bereits für das 17. Jahrhundert festgestellt haben) drei Kategorien von Adligen. Da waren zunächst die Reichen, die den sogenannten Senatsadel bildeten, beziehungsweise jene, die Zugang zum Senat hatten und zu jenen Ämtern, die vom Senat bestimmt wurden (oder dem Senat entsprachen, auch wenn sie vom Großen Rat gewählt wurden). Dann gab es jene, die zwar ein großes Vermögen besaßen, das aber nicht ausreichte, um die Kosten für ein Generalat, eine Gesandtschaft, ein wichtiges *Reggimento* oder Statthalteramt zu bestreiten wie etwa die *Podesterie* oder die *Capitanati* von Padua, Verona, Vicenza oder die Statthalterschaft über das Friaul. Sie schlugen die bedeutende, aber weniger »glänzende« Laufbahn der *Quarantie*, daß heißt der Gerichtsversammlungen, ein oder erhielten angesehene *Reggimenti*, die freilich weiter von Venedig entfernt oder weniger anspruchsvoll waren (wie etwa die Posten eines *Conte* von Zara, Pola, Spalato und Sebencio oder die eines *Podestà* von Feltre, Belluno, Chioggia usw.); tatsächlich blieben sie den Tätigkeiten mit Entscheidungsbefugnissen fern, auch wenn die Vorsteher der *Quaranta al Criminal Superior* zur *Signoria* gehörten und deshalb an den Sitzungen des Senats und des *Collegio* teilnahmen. Was aber nun die armen Adligen anlangt . . .

An dieser Stelle muß man eine Unterscheidung vornehmen, die von den Historikern in der Regel übersehen wird.* Es gab die armen Adligen, solche also, deren Güter nicht ausreichten, um ihnen einen großzügigen Lebensstil zu ermöglichen, und für die die Einkünfte aus unbedeutenden Ämtern (zweitrangige *Reggimenti*, militärische Ämter in der Levante, kleinere *Uffici* in Venedig) eine willkommene Aufbesserung ihrer bescheidenen Renditen darstellten. Das war die Mehrzahl. Sie studierten an der *Accademia dei Nobili*, die 1619 zur Ausbildung der weniger begüterten Patrizier eingerichtet worden war, und sie lebten in würdevoller Mittelmäßigkeit, vielleicht in einem ererbten Palazzo, viel-

* So auch von dem ansonsten sehr peniblen M. Borengo in *La società veneziana alla fine del Settecento*, Florenz 1976 (vgl. insbesondere S. 7).

leicht zur Zeit der Sommerfrische in einem bequemen kleinen Landhaus unweit der großen Villen der Reichen. Aber es gab auch die sogenannten *Barnabotti*, die nichts hatten, außer Elend, Schulden und Kindern (man nannte sie so, weil die Republik im Bezirk von San Barnaba Häuser unterhielt, die für wenig oder nichts an die abgewirtschafteten Patrizier vermietet wurden).

Nicht alle Armen waren *Barnabotti.* Diese letzteren waren eine Minderheit, die nur durch die Tatsache vom Proletariat getrennt waren, daß sie Zugang zum Großen Rat hatten, wo sie das gleiche Stimmrecht hatten wie die anderen (doch wie die *Sguìzari*, die wir zur Zeit von Marin Sanudo kennengelernt haben, verkauften manche ihre Stimme), und daß sie von den sehr bescheidenen Einkünften aus sehr bescheidenen Ämtern in der Hauptstadt (etwa als *Ufiziali al Formento al Rialto, Ufiziali alla Ternaria Vecchia, Ufiziali al Cottimo di Alessandria* usw.) und sehr bescheidenen *Reggimenti* lebten (als *Podestà e Capitanio* in Portobuffolè oder in Camposampiero oder in Caneva di Sacile; als *Conseglier* in Cefalonia oder in Cerigo oder in anderen entlegenen Orten; als *Camerlengo* oder subalterner Angestellter in den großen *Podesterie* von Padua oder Verona usw.).

An Ämter mit Entscheidungsbefugnissen konnten die armen Adligen nicht einmal im Traume denken, aber ein Aufstieg war nicht ausgeschlossen für denjenigen, der etwa bei einer Tätigkeit am Gericht außergewöhnliche Fähigkeiten an den Tag gelegt hatte; zu solchen Ämtern gehörte auch das der seit dem 15. Jahrhundert vorsorglich eingesetzten Gefängnisanwälte, die das Armenrecht für die mittellosen Angeklagten beim Strafprozeß vorsah. So ein Aufstieg kam allerdings nicht allzu häufig vor. Ebenso selten verbesserten arme Adlige ihre Lage durch eine gute Partie: Die reiche Aristokratie war im allgemeinen endogam, das heißt, die Söhne der Reichen heirateten Töchter von Reichen, und daraus ergab sich ein weiteres negatives Phänomen, nämlich die Konzentration der Vermögen in wenigen Familien, da die Erbschaften der ausgestorbenen Geschlechter in bereits begüterte Familien flossen. Ein typisches Beispiel dafür ist die Familie Michiel aus dem Zweig, der den sogenannten Palazzo alle Colonne am Canal Grande in Santa Sofia besaß. Über die Hinterlassenschaften seiner Großeltern, Urgroßeltern, Onkel, Großonkel und anderer Verwandter war der *Nobilòmo* Marcantonio Michiel Erbe der Vermögen der Häuser Zane, Corner della Regina di San Cassiano, Barbarigo aus dem Zweig von Santa Maria Zobenigo und der Familie Sagredo aus Santa Sofia, die in der Familie Barbarigo aufgegangen war. Dabei entstammte er selbst schon einem reichen Haus. Und so vereinigte sich gegen Ende des Jahrhunderts im Hause Contarini *dai Scrigni* aus San Trovaso das Erbe zweier Zweige derselben Familie mit dem riesigen der Venier aus San Vio. Die größten Vermögen konzentrierten sich also in wenigen Händen. Die Kluft zwischen den Reichen, den Mittleren und den Armen und auch die Unterschiede zwischen den einzelnen Zweigen derselben Familien traten immer deutlicher zutage.

Wenn vom venezianischen Adel die Rede ist, muß daran erinnert werden, daß der Nachname nicht mit einer geschlossenen Familieneinheit übereinstimmte. Wir hatten schon in einem anderen Zusammenhang Gelegenheit, die Ähnlichkeit zwischen der venezianischen Patrizier-*Casada* und der römischen *Gens* hervorzuheben. Es handelte sich um eine Gesamtheit von Familien, die nur den Nachnamen und die Herkunft gemeinsam hatten, oft nicht einmal die Abstammung, zumindest nicht in belegbarer Form; so war etwa das Wappen nicht immer für alle Zweige des Geschlechtes das gleiche. Das traf auf die Pisani zu, eine große Familie, die unter anderen Vettor Pisani, einen der Sieger im tödlichen Kampf mit Genua und somit einen Nationalhelden, hervorgebracht hatte. Sie führten ihre Familie auf zwei verschiedene Wurzeln zurück, von denen die eine sehr alt und vermutlich pisanischer Herkunft war; diese hatte ein Mauswiesel im Wappen, während die andere, jüngere und bodenständige einen Löwen im Wappen trug. Was schließlich die Vermögen anlangt... Die weitverzweigte Casa Corner hatte mindestens drei Zweige, den von San Polo, den der Ca' Granda in San Maurizio und den della Regina, die alle drei mit reichen Gütern gesegnet waren, und eine ganze Reihe von Linien, von denen einige über ein mittelgroßes Vermögen verfügten, einige arm und einige sogar *Barnabotti* waren. Dasselbe galt für andere große Familien, etwa die Badoer, die Dandolo, die Querini und die Vernier. Bei den venezianischen

*Casade* unterschied sich ein Zweig vom anderen durch die Nennung des Stadtbezirks, in dem er zu Hause war, und zwischen allen bestand nur ein vager Zusammenhalt aufgrund des Namens. Ausschließlich reich waren nur die Mocenigo, und auf diese Tatsache geht das sonderbare Sprichwort *Né Balbi ricchi, né Mocenigo poveri, né Erizzo pietosi* zurück.

Zu Beginn des Jahrhunderts zeichnete sich in den Reihen des Patriziats die Bildung einer regelrechten Oligarchie ab, die sich im Laufe des Jahrhunderts immer deutlicher herausschälen sollte. Das so oft befürchtete und beschworene Übel nahm konkrete Gestalt an: Die tatsächliche Entscheidungsbefugnis konzentrierte sich in den Händen des Senatsadels, das heißt in der reichen Aristrokratie. Das Prinzip von der Gleichheit des Patriziats, Grundlage und Angelpunkt der venezianischen Verfassung, wurde einer tiefgreifenden Veränderung unterzogen, auch wenn man es noch in der Wahlberechtigung im Großen Rat antreffen konnte, wo die Stimmen der Reichen und die der Armen nach wie vor gleiches Gewicht hatten. Aber zwei andere Phänomene, die sich ebenfalls im Laufe des Jahrhunderts akzentuierten, sollten diesen grundsätzlichen Zug verändern: die wachsende Macht der Staatsinquisitoren und die fortschreitende De-facto-Verlagerung der exekutiven Gewalt vom Senat auf den *Pien Collegio*, das heißt von einer Versammlung von zweihundertfünfzig Mitgliedern auf eine von etwa zwanzig. Diese tiefgreifende Veränderung der Verfassung trug die Keime des politischen Verfalls der Republik und ihres katastrophalen Endes in sich: Die Mehrheit des Patriziats, ausgeschlossen von einem großen Teil der tatsächlichen Verantwortlichkeiten, neigte dazu, sich ihr zu entfremden, und dies war der Hauptgrund für die geringe Wirksamkeit der Gesetze, die nicht mehr als eigene Angelegenheit empfunden wurden. Weil die politische Initiative auf wenige beschränkt blieb und die Masse davon abgehalten wurde, wurde das staatliche Gefüge zunehmend geschwächt.

Im übrigen waren sich anscheinend diejenigen, die die Macht in Händen hielten, des Risikos bewußt, das die Beschränkung der Macht mit sich brachte, wenn die wiederholten Aufforderungen der *Signoria* an das Patriziat, sich reger an den öffentlichen Angelegenheiten zu beteiligen, nicht verlogen waren. Schon 1702 traf man Vorkehrungen, um die Patrizier zur Annahme von Ämtern zu bewegen; bei mehreren Gelegenheiten wurde jenen Gesetzen neue Geltung verschafft, die Geldstrafen und parlamentarische Sanktionen für die Adligen vorsahen, die unerwünschte oder mit Unbequemlichkeit verbundene Ämter ablehnten. Solche Sanktionen stellten schließlich eine sehr nützliche Methode dar, Unkorrektheiten und übertriebenen Ehrgeiz zu bestrafen. Wenn ein Mitglied des Senatsadels die Wahl in ein Amt ablehnte, das seinem Rang nicht würdig erschien, konnte er mit einer Geldstrafe belegt werden. Doch wenn das Amt zu jenen gehörte, für deren »Nichtannahme gebüßt« werden mußte (was einen gleichzeitigen Ausschluß von jedem anderen Amt für die ganze Dauer des abgelehnten Mandats bedeutete), dann konnte seine Ablehnung für viele Monate den faktischen Ausschluß vom politischen Leben zur Folge haben.

Über das Gesagte hinaus machte sich ein weiterer Krisenfaktor bemerkbar, nämlich der völlige Rückzug des Patriziats aus jeder produktiven Tätigkeit. Für eine Aristokratie, die sich gerühmt hatte, aus Kaufleuten und Reedern, aus Bankiers und Seefahrern zu bestehen, war das ein radikaler Verzicht. Das Engagement des Patriziats in der Wirtschaft, das im Mittelalter glänzend und in der Renaissancezeit noch bedeutend gewesen war, war immer weiter zurückgegangen und schließlich völlig eingeschlafen. Die Patrizier nahmen an keinen Reisen in die Levante mehr teil; es gab keine *Colleganze* mehr, keinen Gewürzhandel, keine Aufenthalte in fernen Ländern. Das reiche Patriziat lebte von den Erträgen seines Landbesitzes (und teilweise von den Investitionen in Staatspapieren und in Renditen der Zecca); das arme Patriziat belastete den Staatshaushalt, indem es den größten Teil seines eigenen Unterhalts aus den öffentlichen Ämtern bestritt. Die kaufmännische Tätigkeit – das wenige, was noch davon geblieben war – lag genauso ausschließlich in den Händen der Bürger wie die Industrie; das Handwerk, das nicht mehr so wie früher geschätzt wurde, war in den Händen von Plebejern. (Die Aristokratie hatte für die *Genti meccaniche*, die Handarbeiter, aus deren Reihen viele berühmte Familien hervorgegangen waren, nur noch Verachtung übrig.) Auf die Ausübung von Tätigkeiten im Staatsapparat beschränkt, war das Patriziat eine Körperschaft parlamentarischer Funktionäre geworden, hatte seine Flexibilität und seinen Unternehmergeist verloren und verkümmerte unter der Routine der Versammlungen und der Bürokratie. Daher der Mangel an Vitalität, die immer tiefer und immer offenkundigere Schwäche einer Ordnung, die sich zur Zeit ihrer Entstehung auf eine Körperschaft praktischer und vielbeschäftigter Leute gestützt hatte, für die Politik ein Mittel zum Zweck und eben kein Selbstzweck gewesen war.

## 4

Die innere Krise, von der das Patriziat heimgesucht wurde, trat kurz nach der Mitte des Jahrhunderts unter dramatischen Umständen zutage. 1761 war der *Nobilòmo* Anzolo Querini *Avogador di Comun*,* ein Senator, der aufgeklärtes Gedankengut vertrat, ein Freund Voltaires und heimliches Mitglied bei den Freimaurern war. Obwohl er persönlich nicht vor so manchem Machtmißbrauch zurückschreckte, wollte er dem eigenen Amt die Vorrechte zurückgeben, von denen er – teils zu Recht, teils zu Unrecht – annahm, sie seien von der Vormacht der Staatsinquisitoren usurpiert worden. Unterstützt von seinem Kollegen Alvise Zen, hatte Anzolo Querini zwei- oder dreimal Streitigkeiten von geringer inhaltlicher Bedeutung zum Vorwand genommen, um den Inquisitoren und dem Rat der Zehn zu widersprechen. Schließlich hatte er, als es um eine komplizierte Kontroverse über die Kompetenzen der *Scuole Grandi* ging (das waren die Erzbruderschaften von San Giovanni Evangelista, San Rocco, Santa Maria della Misericordia, Santa Maria della Carità, San Marco und San Teodoro), vor dem Großen Rat gegen eine Entscheidung der Inquisitoren und der drei Vorsteher der Zehn Einspruch erhoben.

* Wir erinnern daran, daß das Amt eines *Avogador* in gewisser Hinsicht dem eines heutigen Generalstaatsanwalts entsprach, aber denjenigen, der es innehatte, befugte, Einspruch zu erheben, das heißt die Urteile sämtlicher venezianischer Gerichte einschließlich des Rates der Zehn anzufechten und aufzuheben.

Die Initiative des *Avogador* war an sich nichts Ungewöhnliches. Ungewöhnlich war vielmehr die Reaktion der Staatsinquisitoren, die den besorgten Stimmen derer Gehör schenkten, die in Querinis Vorgehen eine Gefahr für die Stabilität der Republik erblickten, und ihn in der Nacht des 12. August 1761 festnehmen und in das Kastell von Verona bringen ließen.

Diese willkürliche und gewaltsame Aktion verletzte Geist und Buchstaben der venezianischen Gesetze. Die Gründe, mit denen die Inquisitoren sich gegen die lautstarke Kritik an ihrem Vorgehen verteidigten, waren ebenso willkürlich: Es waren die Gründe des verkrampften Absolutismus und der Reaktion, die keinerlei Kritik vertragen konnte. Andererseits hatten die Brüder und Neffen des Verhafteten für die Sache ihres Verwandten die Trommel gerührt und waren bei der breiten Schicht der armen Adligen – *Barnabotti* oder nicht – auf Sympathien gestoßen. Am 23. August wurden die Wahlen der neuen Mitglieder des Rates der Zehn unter aufsehenerregenden Umständen abgeblasen, und dasselbe geschah noch an den darauffolgenden Tagen. Besorgt ergriffen der Doge (Francesco Loredan, gewählt 1752) und die *Signoria* die Initiative und schlugen dem Großen Rat die Ernennung von fünf *Correttori* vor (wie man das 1628 zur Zeit des Cavaliere Renier Zen gemacht hatte), die die *Capitolari* der Räte und Kollegien mit besonderer Berücksichtigung des Rates der Zehn revidieren sollten. Nachdem drei Tage lang abgestimmt worden und ein Versuch, Anzolo Querini selbst zum *Correttore* zu wählen, an den Gemäßigten gescheitert war, wurden schließlich zwei seiner Freunde, der *Avogador* Alvise Zen und das Mitglied der *Quaranta* Pier Antonio Malipiero, gewählt sowie drei Vertreter der gegen ihn gerichteten Partei der Konservativen, Marco Foscarini, Girolamo Grimani und Lorenzo Alessandro Marcello, Vorsteher des Rates der Zehn.

Die *Correttori* traten mehrmals zusammen, und ihre Diskussionen waren alles andere als sachlich, auch wenn sie mit gründlichen Studien und komplizierten Untersuchungen über das Gestrüpp der venezianischen Gesetzgebung und die Abgründe der Archive der Inquisitoren einhergingen. Zwischen den beiden Gruppen bestand eine unüberbrückbare Meinungsverschiedenheit: Auf die zutreffenden Beobachtungen von Malipiero und Zen, die den Inquisitoren die willkürliche Konzentration jeder Macht und die systematische Verletzung der verfassungsmäßigen Garantien vorwarfen, antworteten die anderen mit den üblichen Ermahnungen zur Vorsicht und mit dem üblichen Ausdruck ihrer Furcht vor den Folgen einer radikalen Veränderung des Status quo. Aber die Konservativen, vor allem Foscarini, waren alles andere als Naivlinge. Ihr wesentliches Argument war nämlich das, was Nicoletto Contarini bereits einhundertdreißig Jahre zuvor gegen Renier Zen ins Feld geführt hatte, nämlich daß es ein Risiko sei, die Befugnisse einer Behörde einzuschränken, deren institutionelle Aufgabe es sei, das Patriziat zu zügeln, es zu bändigen, es in Schach zu halten und daran zu hindern, gegen das Gesetz zu verstoßen.

Die Tatsache, daß die fünf *Correttori* dem Großen Rat einen Mehrheiten- und einen Minderheitenbericht zur Diskussion vorgelegt hatten, und die vielen Verzögerungen zu Beginn der Debatte hatten eine sehr angespannte Atmosphäre in der ganzen Bürgerschaft geschaffen, die sich bewußt war, daß nicht nur das Schicksal eines *Avogador* auf dem Spiel stand, sondern das der Verfassung der Republik. Der Minderheitenbericht (Zen-Malipiero) machte im wesentlichen den Vorschlag, der Körperschaft des Rates der Zehn die Zuständigkeit in bezug auf die Vergehen der Adligen zurückzugeben und die Zehn zu ermächtigen, einige Rechtssachen an die Inquisitoren zu delegieren, aber nur wenn diese mit ordnungsgemäßen Prozessen und nicht mit willkürlichen Urteilen arbeiteten. Im Fall der Patrizier, die Ämter und Würden bekleideten, müßten die Staatsinquisitoren die Sache dem Rat der Zehn unterbreiten, dem das Verfahren obliegen sollte: Die Strafzumessung durch die Inquisitoren dürfe nicht über eine zweijährige Verbannung aus Venedig oder die Relegation auf die Terra ferma hinausgehen, die die höchsten Strafen bleiben sollten, welche in die Zuständigkeit der Zehn fielen.

Weitere Verzögerungen und Behinderungen begünstigten die Bildung zweier Parteien im Großen Rat – die der »Querinianer« und die der »Tribunalianer« (wie wir an anderer Stelle bereits erwähnten, wurde das Gericht der Staatsinquisitoren üblicherweise *Tribunale Supremo* genannt). Endlich beginnt am Sonntag, dem 7. März 1762, in dem überfüllten Saal die Debatte. Als erster spricht der *Correttore* Alvise Zen. Mit erheblichem Geschick versucht er, den Großen Rat davon zu überzeugen, daß die Neuerer nicht die Minderheit sind, sondern die drei von der konservativen Mehrheit, die »die ganze Klasse des Adels zum Sklaven von drei Männern machen« möchten. »Libertà, libertà!« ruft der ungestüme *Avogador,* der die »bürgerliche Freiheit« weise mit dem Rechtsstaat gleichsetzt, in dem die Gesetze befehlen und nicht die Willkür. Er rollt die Geschichte des *Tribunale Supremo* auf und spricht von einer Degeneration der Verfassung, die, obzwar republikanisch, zu einer Monarchie herabzusinken droht. Er erinnert an die Mißstände im alten Rom, beschwört die finsteren Schatten von Sulla und Cäsar herauf und warnt das Patriziat schließlich vor dem Vorschlag der *Correttori*-Mehrheit, der den Inquisitoren zu große Macht läßt und »die Freiheit, die Güter, die Ehre und das Leben aller in die Zweifelhaftigkeit und Fragwürdigkeit eines undurchdringlichen Ritus stellt«.*

Die Replik ist Sache eines großen Mannes. Der Prokurator Marcantonio Foscarini ist einer der parlamentarischen Stars des Senatsadels, ein sehr gut aussehender, hochgebildeter, ja gelehrter Mann, Verfasser historischer und literarischer Studien, ein sehr geschickter Diplomat, der schon früher Beweise für seine beachtlichen rhetorischen Fähigkeiten geliefert hat. Für ihn ist die Machtvollkommenheit des *Tribunale Supremo* – die insofern legitim ist, als sie *pleno jure* vom Rat der Zehn delegiert worden ist – die Garantie für die Gleichheit aller vor dem Gesetz, das seinerseits die Grundlage des gesitteten Lebens ist. Um die Zuhörer zu rühren, schildert er, wie Sebastiano Venier, der Sieger von Lepanto, der Mann, der während seiner Zeit als Generalkapitän unbeschränkte Machtbefugnisse gehabt hatte, sich auf dem *Broglio* demütig vor seinesgleichen verbeugte, um ein anderes Amt zu erhalten, ohne

* Vgl. hierzu *Storia della Correzione del Consiglio de' Dieci 1761,* verfaßt von P. Franceschi, Notar des Dogen und Sekretär der Kommission der *Correttori,* Ms. in der Biblioteca Nazionale Marciana (alte Signatur Cod. Ital. Cl. VII, DCCLXXVI), und *Relazione delle dispute tenute in Maggior Consiglio per la correzione del 1762,* ebenfalls in der Biblioteca Marciana (Cod. Ital. Cl. VII, DCCXL).

daß jemand ihm seine Ehrerbietung gezeigt hätte. Diese Episode beschreibt die Gleichheit, die von der Wirksamkeit der Gesetze und von der klugen Wachsamkeit der Inquisitoren ausgeht. Wenn wir die Inquisitoren abschaffen, wird es damit enden, daß wir früher oder später auch den Rat der Zehn abschaffen werden, sagt Foscarini, und das wäre die Auflösung der Republik, weil die Zügellosigkeit der Mächtigen von niemandem mehr gebremst würde. Schließlich sei die Angst vor den Mißbräuchen der Inquisitoren angesichts der Kürze ihres Mandats und der Möglichkeit, sie jederzeit aus ihrem Amt zu entfernen, vollkommen ungerechtfertigt. Andererseits sei die Heimlichkeit des *Tribunale Supremo* für die fremden Mächte und die Untertanen ein Grund, die Republik zu achten, da die einen wie die anderen davon überzeugt seien, daß das Gericht alles wisse und sehe und den venezianischen Staat vor jedem Risiko eines plötzlichen Angriffs schütze. Und nun malt Foscarini das Schreckgespenst des Unabhängigkeitsverlustes an die Wand: Florenz habe seine Unabhängigkeit nach Aussage Machiavellis deshalb verloren, weil sich gegen die mächtigsten Familien keine Ankläger gefunden hätten. Die Heimlichkeit des Ritus des *Tribunale Supremo* garantiere allen die Möglichkeit, die Mächtigen ohne Angst vor Repressalien anzuzeigen.

An dieser Stelle nimmt die Debatte eine eigenartige Form an. Gegen die Argumentationen von Zen, der öffentliche Prozesse und für die Angeklagten Garantien in bezug auf die Verteidigung haben möchte und an ein strenges Urteil von Montesquieu über den *Tribunale Supremo* erinnert, stellt Lorenzo Alessandro Marcello mit einem für das Ancien régime typischen Argument die Behauptung auf, daß die Heimlichkeit der Maßnahmen der Staatsinquisitoren den Familien der Verurteilten die Ehre rette, ohne jedoch diese selbst vor ihrer gerechten Strafe zu bewahren. Aber Marcantonio Zorzi, Mitglied der *Quarantia* und bis dahin als Anhänger der »Querinianer«-Partei angesehen, behauptet, daß es nicht ratsam sei, Fälle wie Verschwörungen, Rebellionen, geheime Briefwechsel mit fremden Herrschern, versteckte Gewalttätigkeiten gegen die Ehre und das Leben der Bürger mit den Methoden des gewöhnlichen Strafprozesses zu behandeln, das heißt nach dem Gesetz und öffentlich. Es sei wichtig, rasch eingreifen zu können, während die gewöhnlichen Prozesse lange dauern, die gesetzlichen Garantien die Justiz behindern und »den bösen Absichten Zeit geben«. Es ist im wesentlichen eine offene, wenn nicht freimütige Verteidigung der Staatsräson, die für alle Epochen ihre Gültigkeit hat.

Schließlich ergreift nach einer langen Rede des *Correttore* Grimani der *Consigliere* Paolo Renier das Wort. Er spricht fünf Stunden ohne Pause, fesselnd (er gilt als großer Redner), und er spricht sich gegen beide Berichte der *Correttori* aus, gegen den der Mehrheit wie den der Minderheit. Der letztere sei insofern unnütz und schädlich, als er die Institutionen der Republik untergrabe, ohne die Mißstände zu beheben; der erstere bestätige nur die Vorherrschaft einer kleinen Oligarchie, was im Gegensatz zur republikanischen Verfassung stehe. Paolo Renier beklagt hingegen mit eindrucksvollen Worten die wirtschaftlichen und sozialen Unterschiede unter den Patriziern, von denen einige »aufgrund von Glücksgütern und privatem Reichtum zu ihrem Rang aufgestiegen«, andere »in das trostloseste und beklagenswerteste Elend gestürzt« seien. Man müsse im Großen Rat offen reden und ihm die sozialen Plagen vor Augen führen; man müsse die alten Statuten wiedereinführen und dem Rat der Zehn die Macht zurückgeben, die er sich hatte nehmen lassen, und dafür sorgen, daß er über den Inquisitoren stehe und nicht unter ihnen. Dann kam er direkt auf den Fall zu sprechen, an dem sich diese ganze Debatte entzündet hatte, und wird ironisch und bissig. Im vergangenen Jahr, sagt er, sei plötzlich ein *Avogador di Comun* verschwunden. Entführt in den Himmel wie Romulus, der ebenfalls Quirinus hieß? In die Tiefen gestürzt wie die Giganten, die gegen Jupiter gekämpft hatten? Willkürlich habe man einen der Wächter über die Vorrechte des Großen Rates beseitigt. Diese solle man sich vor jeder Diskussion ins Gedächtnis rufen; denn das allerwichtigste sei, darauf zu achten, daß die Gesetze nicht übertreten würden.

Und die Zehn sollten über den *Avogador* Recht sprechen, ihn bestrafen, wenn sich herausstellte, daß er schuldig sei, und ihn freisprechen, wenn er unschuldig sei. Es sei sinnlos, *Correttori* zu ernennen, solange eine hohe Amtsperson verbannt sei, ohne zuvor einen ordnungsgemäßen Prozeß gehabt zu haben. Man brauche keine neuen Gesetze zu machen, wenn es genüge, die geltenden und zu Unrecht nicht mehr befolgten Gesetze wieder voll in Kraft zu setzen.

Nach weiteren Wortmeldungen und nach der Schlußreplik von Marco Foscarini schritt man am 16. März zur Abstimmung. Die erste Abstimmung erwies sich als ungültig, weil die Zahl der Stimmen für den Mehrheitsantrag gleich groß war wie die für den Minderheitenantrag und die Enthaltungen. Man stimmte erneut ab, und dieses Mal passierte die *Parte* der Konservativen mit nur zwei Stimmen Mehrheit. Mehr als sechstausend Menschen versammelten sich in Erwartung des Ergebnisses auf der Piazza San Marco, und als sie es erfuhren, improvisierten sie eine lautstarke Demonstration und bejubelten Foscarini, Marcello und Grimani. Einige wollten die Palazzi von Paolo Renier und Alvise Zen im Sturm nehmen, und diese hätten sich in großen Schwierigkeiten befunden, wenn nicht ausgerechnet die Wachen der Staatsinquisitoren zu ihrer Verteidigung eingegriffen hätten. Die Bevölkerung war den »Querinianern« in der Tat keineswegs freundlich gesinnt, ja sie war offen »tribunalianisch«. Warum? Nun, weil die allgemeine öffentliche Meinung – wie in der Vergangenheit – in der Übermacht der Inquisitoren einen Schutz gegen das Risiko von Übergriffen seitens des Adels sah, den sie so streng wie möglich gezügelt und gebändigt sehen wollte; weil das Volk, dem die theoretischen Argumentationen über Recht und Freiheit fernlagen, einen möglichen Aufstieg der habgierigen *Barnabotti* viel mehr fürchtete als den *Tribunale Supremo;* weil dem Volk selbst Querini völlig egal war (vielmehr erinnerte man sich an die willkürliche Verhaftung einer armen Putzmacherin, die er veranlaßt hatte, um einer Dame der guten Gesellschaft eine Gefälligkeit zu erweisen, und die die Inquisitoren sofort zurückgenommen hatten). Jedenfalls sollte es der Hauptakteur der Geschichte, nachdem er freigelassen und wieder in seine Rechte eingesetzt worden war, vorziehen, einen großen Teil seiner Zeit in seiner wunderschönen Villa von Altichiero zu verbringen, die er unter anderem 1777 verlassen sollte, um Voltaire zu besuchen und ihm eine Medaille zu überreichen, auf deren Rückseite die Philosophie, wie sie den Aberglauben zu Boden ringt, abgebildet war.

Den Unruhen, die das arme Pariziat erschütterten, entsprach also auf seiten des Senatsadels kein Wille zur Erneuerung. 1716 war eine weitere *Aggregazione* beschlossen worden, weil man einerseits die durch den Krieg geplünderte Staatskasse wieder füllen wollte und weil man andererseits das aufrichtige Bedürfnis verspürte, dem Adel neues Blut zuzuführen (die letzte *Aggregazione* ging auf das Jahr 1704 zurück). Mit dieser Aufnahme zogen die Baglioni in den Großen Rat ein, Druckereiunternehmer, die Grassi, Besitzer eines wundervollen Palazzo am Canal Grande, die Codognola, die Spinelli und die Zino. Freilich hätte etwas ganz anderes not getan. Die Behörden nahmen nicht nur die Satiren übel auf, in denen sich der Unmut über die immer fester etablierte Oligarchie Luft machte, sondern auch die ernsthaften und wohlüberlegten Vorschläge für Maßnahmen, die zur Belebung des Staatsgefüges gedacht waren. Der Autor eines dieser Vorschläge, der *Quaranta* Ser Niccolò Bon, war naiv genug gewesen, ihn 1754 offiziell zu unterbreiten, und wurde für seinen Eifer sogar mit der Verbannung in ein Kloster belohnt. Und einen viel wichtigeren Plan, der 1736 von Scipione Maffei vorgelegt und erst nach dem Fall der Republik veröffentlicht wurde,* hielt man sorgsam geheim. Und doch schlug er nur Maßnahmen vor, die alles andere als revolutionär waren, wie etwa die, zwanzig adlige Deputierte von der Terra ferma und deren Nachkommen in den Großen Rat aufzunehmen. Der gelehrte Marchese zeigte die sehr negativen Konsequenzen einer Politik auf, die Venedig und die Terra ferma von Anfang an auf zwei verschiedene und abgestufte Ebenen gestellt hatte: oben die Hauptstadt (die *Serenissima Dominante*, wie sie genannt wurde) und unten das ganze *Dominio di Terra ferma.* Dieses Wort *Dominio,* »Herrschaft«, sagte alles und mehr noch jener andere, von Maffei beklagte Begriff der »Untertanen«, der auf alle Bewohner des *Dominio* – unabhängig von ihrem Rang – angewandt wurde. Jetzt, da es die Vorteile, die die Zugehörigkeit

* S. Maffei, *Consiglio politico finora inedito presentato al gover no nell'anno 1736*, Venedig 1797.

zu einem starken und geachteten Staat mit sich gebracht hatten, nicht mehr gab, fühlten sich die armen Schichten der Terra ferma im Stich gelassen, und die privilegierten hegten einen unbezwingbaren Groll gegen Venedig, das letzten Endes niemals auf die eigenen ursprünglichen Kennzeichen eines Stadtstaates verzichtet hatte und die Welt des lombardo-venetischen Hinterlandes weder politisch noch wirtschaftlich mit der eigenen zu einem einheitlichen Ganzen hatte verschmelzen wollen.

Die Ablösung der Terra ferma von der Hauptstadt war und blieb eines der wichtigsten Elemente der venezianischen Krise im 18. Jahrhundert. Aber ebenso schwerwiegend war der fortschreitende Prestige- und Autoritätsverlust auf internationaler Ebene. Derselbe Scipione Maffei hatte in seinem *Consiglio politico* hervorgehoben, wie die venezianische Diplomatie an Boden verloren hatte und nicht mehr an den Entscheidungen bei internationalen Zusammenkünften beteiligt war. Der wirtschaftliche Niedergang hatte die großen Mengen an verfügbaren Geldern, in der Vergangenheit ein wesentlicher Grund für die Stärke der Republik, verschlungen. Nach dem letzten Türkenkrieg war ein Großteil der Flotte demobilisiert worden, und es fehlten die Mittel, um sie wieder aufzurüsten. Bei den Landtruppen gab es zwar noch immer die Elitetruppen, vor allem die *Schiavoni* und die *Cimariotti* (Gräcoalbaner aus der Ciamuria) und einige Regimenter von *Nazionali,* Infanteristen, Dragoner und leichte Reiter sowie Artilleristen und *Bombisti;* doch auf die sogenannten *Cernide,* die Territorialmilizen, die lokal ausgehoben und eingesetzt wurden, war kein Verlaß, und die Löcher in der Staatskasse erlaubten keine Rückgriffe mehr auf die Söldnertruppen.

Die venezianische Diplomatie hatte also keinen reichen und gutgerüsteten Staat mehr hinter sich, und ihr Prestige konnte sich nur noch auf eine lange Tradition berufen (die Republik war jetzt der älteste Staat Europas). Auch der in der Renaissancezeit wurzelnde Mythos von der Weisheit des venezianischen Senats war untergegangen, und seit der Mitte des Jahrhunderts war an seine Stelle die Überzeugung getreten, daß wenn schon nicht die Tage, so doch die Jahre der *Serenissima* gezählt waren.

Nach den Ereignissen des Spanischen Erbfolgekrieges, die die innere Schwäche der Republik vollkommen bloßgelegt hatten, für alle sichtbar andere Wechselfälle in Europa jene Schwächung machten. Während des Polnischen und während des Österreichischen Erbfolgekrieges waren alle Erwägungen einer aktiven Beteiligung vom Senat zurückgewiesen worden; die Befürworter der Neutralität hatten sich immer durchgesetzt. Beim Wiener Frieden, der 1738 die Feindseligkeiten des ersten der beiden Konflikte beendete, war die Republik nicht zur Teilnahme zugelassen worden. Nur mit großer Mühe war es ihr zwei Jahre später gelungen, eine bescheidene Wiedergutmachung für die Schäden zu erhalten, die ihre Territorien erneut aufgrund des großen Durchzugs bewaffneter Heere erlitten hatten. Was den Siebenjährigen Krieg anbelangt, der Maria Theresia den Thron sichern sollte, so hätte dieser zumindest eine Gelegenheit bieten können, eine Parteinahme teuer zu verkaufen (dieses Mal hatten sich sowohl die französischen als auch die kaiserlichen Emissäre wieder mit Angeboten und Verlockungen gemeldet; die ersteren hatten dem Senat selbst die Möglichkeit eines Bündnisses der italienischen Staaten gegen Österreich vorgeschlagen, in dem Venedig sogar die Annexion von Mantua hätte anstreben können, und der Senat schien einen Augenblick lang geneigt, dieses Angebot näher zu überprüfen). Die österreichischen Blitzsiege machten dem Zaudern und den Tagträumen ein Ende, und als der Friedensvertrag unterzeichnet wurde, war der einzige Staat, der gar nichts gewann, ebendie venetische Republik: Während der König von Sardinien, ja selbst die machtlose Republik Genua etwas erhielten, mußte Venedig erleben, daß man ihm selbst die Entschädigung für die Diebstähle, die Zwangsrequirierungen, die Erpressungen und die Verwüstungen verweigerte, die von den österreichischen Heeren in seinen Territorien begangen worden waren, an deren Grenzen – in Dalmatien, in Valsugana, im Friaul – Österreich langsam und leise nagte.

Die wachsende Stärkung der österreichischen Herrschaft in Italien hatte schließlich auf die venezianischen Regierenden eine Wirkung ausgeübt, die in merkwürdigem Gegensatz zu dem stand, was im Lauf der Jahrhunderte der oberste Grundsatz der Außenpolitik der Republik war: Anstatt zu versuchen, durch eigene Allianzen ein Gegengewicht zu jener sie bedrängenden Vormacht zu schaffen, wurden sie Wien gegenüber immer nachgiebiger. Man hat öfters behauptet, diese Sympathien für Wien seien auf die Tatsache zurückgegangen, daß man in der kaiserlichen Regierung das Bollwerk des Absolutismus sah und daß es sich daher um ideologisch bedingte Sympathien handelte. Wahrscheinlicher waren sie eine weitere Konsequenz aus der Tatsache, daß der herrschenden Schicht, der Senatsoligarchie, das Vertrauen in die Ressourcen und das Durchhaltevermögen und der Republik die Überlebenskraft fehlten. Von allen Seiten eingekreist, hatte das Venedig des 16. Jahrhunderts aktiv nach Bündnissen Ausschau gehalten, die auf irgendeine Art und Weise ein Gegengewicht zur Macht derer hätten bilden können, von denen es umgeben war. Das Venedig des 18. Jahrhunderts flüchtete sich in eine Politik der Fügsamkeit gegenüber dem Stärkeren ohne irgendeine Hoffnung mehr, sich der Vorherrschaft entledigen zu können. Dennoch schrieb der venezianische Botschafter in Wien, Nicolò Erizzo, 1738 zu Recht an den Senat: »Wenn man Störungen auszuräumen gedenkt, ist es nicht immer der beste Rat, übertriebene Bequemlichkeit walten zu lassen und sich unpassender Heucheleien zu bedienen.« Die Politik des »Containment« sollte sich einmal mehr als eine falsche Politik erweisen.

## 6

Doch trotz des wirtschaftlichen Niedergangs, trotz der Krise im Patriziat, trotz des Verlustes an Glaubwürdigkeit im Ausland, trotz der militärischen Schwäche, trotz des Widerspruchs zwischen dem verspürten Bedürfnis nach Reformen und dem dumpfen Wunsch, sie nicht durchzuführen, ist Venedig alles andere als eine tote Stadt. Vor allem die Künste erleben eine unglaubliche Blüte – alle Künste: Musik, Malerei, Bildhauerei, Architektur. Der Prunk des großen Cinquecento lebt in der letzten Blüte der venezianischen Malerei wieder auf, vom strahlenden und fröhlichen Barock eines Giambattista Tiepolo zum heiter lächelnden Realismus eines Pietro Longhi, von der metaphysischen Kristallinität eines Canaletto zur genialen Vorwegnahme des Impressionismus durch die Bilder von Francesco Guardi. Und um all diese »Fixsterne« schwirrt eine Unzahl von Meistern, angefangen bei den beiden Ricci, Sebastiano und Marco, bei Piazzetta und Amigoni, der ebenso wie Rosalba Carriera an allen Höfen Europas ein beliebter Porträtist war, bis hin zum anderen Longhi, Alessandro, zum anderen Tiepolo, Giandomenico, mit seinen »Pulcinella«, die voller Anspielungen stecken und daher so verwirrend wirken. Außerdem gibt es eine regelrechte Legion von Malern, die nicht alle zu Recht weniger berühmt sind.

Die Akademie der schönen Künste im Fonteghetto della Farina am Becken von San Marco wimmelt von Namen und Talenten. Während die Architektur im Stil eines Giorgio Massari, eines Tirali oder eines Scalfurotti (des Baumeisters der Kirche San Simon Piccolo gegenüber dem heutigen scheußlichen Bahnhofsgebäude) ein klassisch-würdevolles Maß bewahrt, tobt sie sich in der eines Fattoretto oder eines Domenico Rossi, eines Schweizers aus dem Tessiner Morcote, ebenso ungebändigt und schrullig aus wie in den nie realisierten Entwürfen eines Domenico Gaspari.*

Aber die Kunst, die das Jahrhundert trotz der Erfolge von Tiepolo (der von ganz Europa eingeladen wurde und in Madrid sterben sollte, nachdem er von Mailand bis Würzburg Triumphe gefeiert hatte) beherrscht und überstrahlt, ist die Musik. Das Venedig des 18. Jahrhunderts muß etwas Größeres und Besseres gewesen sein als das Salzburg unserer Tage: eine Stadt der Konzerte, der Opern, der Kantaten, der Oratorien, der Symphonien, der Quartette, der Sonaten ... Der Président de Brosses, ein französischer Schöngeist, der Venedig 1739 besucht, ist im Hinblick darauf geradezu bestürzt: Kein Abend ohne *Accademia*, »die Begeisterung dieser Nation für die Tonkunst ist unvorstellbar«. Es stimmt: Auch unter den Patriziern gibt es Komponisten – Komponisten vom Rang eines Benedetto Marcello. In ihrem aufgeklärten Pragmatismus hatte die Republik seit längerem vier *Ospedali* oder *Conservatori* (sprich Waisenhäuser) zur Erziehung weibli-

* Veröffentlicht in E. Bassi, *Architettura del Sei e Settecento a Venezia*, Neapel 1962.

cher Waisen und Findelkinder bestimmt, die unter der Leitung der besten Lehrer zur Musik hingeführt wurden. Wenn wir sagen, daß der künstlerische Leiter des *Conservatorio* von Santa Maria della Pietà an der Riva degli Schiavoni lange Zeit hindurch Antonio Vivaldi war, so besagt das wohl alles. De Brosses, der trotz der gewollten Spottlust, die seine Briefe durchzieht, begeistert ist, zieht wie ein Besessener von *Ospedale* zu *Ospedale*, von Konzert zu Konzert: In der Pietà, wo der »alte« Vivaldi, der *Prete rosso*, herrscht, sind die Symphonien einzigartig, aber vielleicht hat die Anna Maria vom Ospedaletto dei Santi Giovanni e Paolo einen höheren Bogenstrich als die Chiaretta von der Pietà, die ohne Zweifel die erste Geigerin Italiens ist. Im Gesang könnte niemand die Zabetta vom Conservatorio degli Incurabili übertreffen, wenn es nicht die Marietta von San Lazzaro dei Mendicanti gäbe. Die Verwüstungen der napoleonischen Zeit haben einen großen Teil der Musikarchive dieser alten Einrichtungen zerstört. Das wenige, was davon geblieben ist, ist nur ein blasses Zeugnis des großen Konsums an guter Musik, der das Venedig des 18. Jahrhunderts kennzeichnete, als die Leiter jener Konservatorien Galuppi und Porpora, Scarlatti und Cimarosa hießen. Sie waren alle auch auf den Bühnen der zahlreichen Musiktheater tätig, deren berühmtestes, La Fenice, kurz vor dem Ende des Jahrhunderts gegründet wurde und das ganze 19. Jahrhundert hindurch (und die bisher vergangenen ersten acht Jahrzehnte des 20. Jahrhunderts) wegen seiner denkwürdigen Uraufführungen – von Rossini und Donizetti zu Verdi, Malipiero und Strawinski – berühmt bleiben sollte.

Wie viele Theater gab es damals in Venedig! Alle oder fast alle sind in den traurigen Widerwärtigkeiten des 19. Jahrhunderts untergegangen. Aber im 18. Jahrhundert waren sie lebendig, quicklebendig sogar – allein schon wegen der Auseinandersetzungen zwischen den Anhängern eines Abbé Chiari oder eines Carlo Gozzi (des Verfechters der Unsterblichkeit der alten, uritalienischen Commedia dell'arte) und denen des Advokaten Carlo Goldoni, der das Theater durch die Einführung realistischer und bürgerlicher Züge »reformierte« (nicht zufällig spricht er in einem Scherzgedicht, das sich an den Maler Pietro Longhi, den Chronisten des Alltagslebens sowohl des Patriziats als auch des Volkes, wendet, von der »schwesterlichen Muse deines Pinsels, der das Wahre sucht...«). Die literarischen Querelen gehörten zum Alltag in einem Venedig, in dem das Verlagswesen mit einer Menge von Betrieben noch trotzig Widerstand leistete. Da gab es die Verlage der Zatta und Pasquali und Albrizzi und Pinelli sowie das große Verlagshaus Remondini in Bassano, gefördert von der traditionellen Liberalität, die die *Riformatori dello Studio di Padova* in Sachen Druckerzeugnisse dem Heiligen Offizium zum Trotz an den Tag legten. Brosses zufolge waren dem letzteren »die Krallen so gestutzt, daß es beinahe so aussah, als ob es keine habe«. »Die Richter jenes Tribunals können nur in Anwesenheit von drei Vertretern der Regierung [der drei *Savi all'Eresia*] entscheiden... Wenn ein etwas harter Antrag gestellt wird, erhebt sich einer von den dreien und geht hinaus, und dann kann die Versammlung nichts mehr ausrichten.«*

Priester aus Bequemlichkeit gab es in Venedig viele wie etwa jenen Abbé Grimani, von dem Casanova sagt, daß man nicht wisse, ob er gut, weil er dumm war, oder dumm, weil er gut war. Auch wenn es die tiefe christliche Frömmigkeit, die einen heiligen Lorenzo Zustinian und Gasparo Contarini ausgezeichnet hatte, nicht mehr zu geben schien, so sah man in Venedig immer noch Gestalten würdiger und engagierter Gottesmänner wie etwa den Kardinal Angelo Maria Querini, den Bischof von Brescia, den hochgebildeten Briefpartner von Papst Benedikt XIV., wie den Kardinal Gregorio Barbarigo, den wohlverdienten Bischof von Padua, der von Papst Johannes XXIII. heiliggesprochen wurde, oder wie in der zweiten Hälfte des Jahrhunderts den späteren Kardinal Pietro Antonio Zorzi, der Bischof von Ceneda war, ehe er Erzbischof von Udine wurde; er war ein gebildeter Mann und wurde wegen seines großen und strengen seelsorgerischen Eifers des Jansenismus verdächtigt. Aber die venezianische Gesellschaft war trotz der Achtung, die sie der Kirche entgegenbrachte, solange sie die Grenzen ihres spirituellen Wirkens nicht überschritt, im wesentlichen eine laizistische Gesellschaft, die keine Vermischungen von kirchlicher und staatlicher Macht zuließ.

* Ch. de Brosses, *Lettre d'Italie*, Ausg. 1927, S. 151. Zu den Theatern vgl. N. Mangini, *I teatri di Venezia*, Mailand 1974.

Sehr aufschlußreich ist die Geschichte, die der Bruder des Kardinals Carlo Rezzonico erlebte, eines venetischen Patriziers, der 1758 unter allgemeinem Beifall mit dem Namen Klemens XIII. zum Papst gewählt wurde. Auf der Woge der Begeisterung war Messer Lodovico Rezzonico zum Prokurator von San Marco ernannt worden, und er hatte bereits alle Vorbereitungen für eine denkwürdige Zeremonie seiner Einführung in das hohe Amt getroffen, als er sich plötzlich krank meldete und die Feierlichkeiten verschob. Was war geschehen? Die Gravüren, die zur Vorbereitung der Zeremonie in Umlauf gebracht worden waren, zeigten den neuen Prokurator mit der zur Prokuratorentoga gehörenden Stola, auf die eine Tiara und die päpstlichen Schlüssel gestickt waren, und der *Tribunale Supremo* – und mit ihm die öffentliche Meinung – hatte gemeint, daß jene »Demonstration der päpstlichen Macht in der Metropole der ruhmreichen Republik« nicht zu tolerieren sei.* Der Bruder des Papstes mußte sich also fügen und eine Stola wie alle anderen auch tragen. Schon zu Beginn des Jahrhunderts hatte man den venezianischen Kardinal Ottoboni, einen Neffen Alexanders VIII., mit dem Verlust der Patrizierwürde und der ständigen Verbannung aus Venedig bestraft, weil er gegen die Gesetze der Republik das Amt des Schutzherrn der Krone von Frankreich angenommen hatte.

Gegen Ende des Jahrhunderts hatte die Tradition der gelehrsamen Priester übrigens Grund, auf die hochgelehrten Werke eines Giambattista Galliccioll stolz zu sein, des fleißigen Sammlers der *Memorie venete antiche.*** Lange vor ihm jedoch könnte ein Franziskanerkonventuale, der zum Generaloberen seines Ordens gewählt und 1702 unter immer noch ungeklärten Umständen aus seinem Amt gejagt worden war, nämlich Pater Vincenzo Coronelli, als ein italienischer Vorläufer des Geistes und der Verdienste der französischen Enzyklopädisten gelten. Dieser geniale Vielschreiber, der über solide wissenschaftliche Kenntnisse verfügte

* Vgl. G. Lorenzetti, *Ca' Rezzonico,* Venedig 1936, S. 60.

** *Delle Memorie Venete antiche profane ed ecclesiastiche Libri Tre,* Venedig 1795, 8 Bände. Vgl. E. Cicogna, *Bibliografia Veneziana,* S. 87ff., 367, 427; G. Dandolo, *La Caduta della Repubblica di Venezia ed i suoi ultimi cinquant'anni,* Venedig 1855, I, S. 248ff.

(er hatte unter anderem als erster die *Murazzi* von Pellestrina geplant und war vom Kaiser in das Amt des »*Commisatio* und *Directore* der Donau und der anderen Flüsse des Reiches« berufen worden), dieser Erfinder, Ingenieur und Kosmograph der Republik, dieser Hersteller wunderschöner Globen, die man noch heute da und dort in Europa aufbewahrt, druckte von 1701 an das monumentale Nachschlagewerk *Biblioteca universale / sacro-profana / in cui si spiega con ordine Alfabetico / ogni voce, anco straniera, / che può avere significato nel nostro / Idioma Italiano / Appartenente / A' Qualunque Materia* ... Von einer riesigen Literatur erdrückt, ist dieses Werk zu Unrecht fast unbemerkt geblieben und wartet noch auf denjenigen, der ihm glaubhaft das Verdienst zuspricht, den Weg gebahnt zu haben, der dann von Diderot und D'Alembert mit größerem Erfolg beschritten wurde. Später führte der Mönch Gian Maria Ortes die Prinzipien der demographischen Schätzung in die Wirtschaftswissenschaft ein. Ein Observant, Pater Lodoli, zu seiner Zeit eine Berühmtheit, nahm in seinen Studien über die funktionale Architektur sogar Alvar Aalto vorweg.*

Die Kultur war gewiß kein den Geistlichen vorbehaltenes Feld: Unter den vielen wissenschaftlich Tätigen gab es eine große Zahl von Patriziern wie den Senator Flaminio Corner, der von Casanova in düsteren Farben geschildert wurde (er war zum Zeitpunkt von dessen Verhaftung Staatsinquisitor), in Wirklichkeit jedoch ein hochgebildeter Mann war und die Ursprünge der Kirchen Venedigs erforschte; andere waren der *Nobilòmo* Carlo Antonio Marin, Autor eines umfangreichen Werkes über den Handel der Venezianer, und Marco Foscarini, Prokurator von San Marco, Führer der Konservativen in der Schlacht zwischen »Querinianern« und »Tribunalianern«, Geschichtsschreiber und Sammler kostbarer Handschriften. Keine Patrizier waren hingegen berühmte Literaten wie zum Beispiel Apostolo Zeno, Dichter und Gründer des *Giornale dei Letterati*, oder Gasparo Gozzi, der in

* Über Vincenzo Coronelli und seine Bedeutung sowie die seiner Werke vgl. E. Armao, *Vincenzo Coronelli*, Florenz 1944. Über Lodoli vgl. G. Dandolo, *La Caduta* ..., s.o., I, S. 325f. Über Ortes vgl. M. Berengo, *La società* ..., s.o., S. 171f.

Italien den modernen Journalismus einführte, und der berühmte, heute vollkommen vergessene Francesco Algarotti, Sohn eines Gewürzhändlers vom Rialto, der ein Freund und Ratgeber König Friedrichs des Großen von Preußen wurde, Newtons Werke bekannt machte und von Voltaire geschätzt und in Paris, in Dresden und in Petersburg bewundert wurde, alles andere als ein Allerweltsdichter.

### 7

Wie bereits gesagt, mangelte es im Bereich der Politik an neuen Ideen. Das eiserne Monopol der Patrizier hatte die anderen sozialen Schichten von der Politik entfremdet, und die Unruhen, die das Patriziat erschütterten, gingen nicht auf aufrichtige Wünsche nach Erneuerung zurück. Das Problem Querini hatte trotz der aufgeklärten Gedanken des umstrittenen *Avogador* zwar die Vormacht einer Behörde zur Debatte und die Vormacht einer Oligarchie in Frage gestellt, aber nie, zu keinem Zeitpunkt, hatte etwas auf eine Richtungsänderung des aristokratischen Systems hingedeutet.

Eine andere, noch dramatischere Geschichte, die sich etwas später zutragen sollte, brachte eine Gruppe von »Neuerern« in Gegensatz zu einer Gruppe von »Konservativen«; aber wenn die ersten ohne Zweifel beabsichtigten, die Grundlagen der Entscheidungsbefugnisse zu erweitern und einer Oligarchie streitig zu machen, so sollte sich das auch für sie immer nur strikt im Rahmen jener Klasse abspielen, die die politische Macht innehatte.

Auslöser der langen Geschichte war ein schmerzlicher Vorfall. Am 6. März 1774 wurde der *Nobilòmo* Piero Semitecolo, Mitglied der *Quarantia*, von einem gewalttätigen Kerl, einem Metzger, auf öffentlicher Straße sehr übel zugerichtet. Der Unglückliche erstattete unverzüglich bei den drei Vorstehern des Rates der Zehn Anzeige und hörte dort, er müsse ein schriftliches Protokoll vorlegen und seine Zeugen angeben, und die Zehn hätten keine Zeit, sich gleich mit ihm zu befassen; sie hätten ernsthaftere Dinge zu erledigen. Die Antwort empörte das ganze Patriziat – um so mehr, als die Untersuchungen des Falles so langsam vonstatten gingen und der allseits bekannte Täter seelenruhig hatte ins Ausland entkommen können.

Die Gelegenheit, die schleichende Unzufriedenheit zu bekunden, ergab sich kurze Zeit später. In Venedig gab es schon seit Jahrhunderten einen Postdienst; im 18. Jahrhundert wurde er von einer Kuriergesellschaft betrieben. Da man verschiedene Mißstände festgestellt hatte, hatte der Senat daran gedacht, ihn dem Staat zu übertragen. Als die Frage dem Großen Rat vorgelegt wurde – Berichterstatter war der Cavaliere Andrea Tron –, da ergriff einer der einflußreichsten und qualifiziertesten Vertreter des Senatsadels, der *Nobilòmo* Giorgio Pisani, mit solchem Ungestüm das Wort zur Gegenrede, daß man gleich sah, wie das Problem an sich nur als Vorwand für einen Angriff auf die *Grandi* diente, auf jene, die an der Macht waren.

Giorgio Pisani war keineswegs ein *Barnabotto,* wie irrtümlich immer wieder behauptet worden ist; er war zwar nicht reich, war aber ein berühmter Strafverteidiger und gehörte dem Adel der *Quarantie* an. Hinter ihm stand eine kleine Gruppe anderer armer Adliger, die freilich keine *Barnabotti* waren, wie etwa Candian Bollani, Matteo Dandolo und Marco Zorzi. Sie behaupteten vor allem, daß eine Entscheidung des Senats in Sachen Post die Rechte der *Quarantie* verletzen würde, in deren Zuständigkeitsbereich eine derartige Materie fiele, und obwohl sie das volle Recht des Staates anerkannten, den Postdienst für sich zu beanspruchen, waren sie mit den Modalitäten der Übernahme nicht einverstanden. An sich nichts Tragisches, auch wenn die heftigen Worte, deren sich Pisani bediente, für die Sitzungen des Großen Rates ungewöhnlich waren und die Ängstlichen erschreckten. Jedenfalls setzte sich die Partei von Pisani durch, und der Erlaß wurde zurückgestellt.

Als er im Jahr darauf erneut vorgeschlagen wurde, ging Pisani abermals zum Angriff über: Er obsiegte wieder – zumindest teilweise; denn er erreichte, daß die mit der Überwachung der staatlichen Post beauftragte Behörde von der *Quarantia* und nicht vom Senat ernannt wurde. Aber was Pisani und seine Gruppe bezweckten, wurde klarer, als im Großen Rat ein Antrag der *Signoria* verlesen wurde: Es sollte geprüft werden, ob die Gehälter der Amtspersonen und die staatlichen Pensionen armer Adliger erhöht werden konnten. Ein großer Teil der Versammlung erhob sich, man unterstellte der *Signoria* ein Manöver, um von den grundlegenden Problemen abzulenken; von verschiedenen Seiten hörte man auch *»Correttori! Correttori!«* rufen, und es wurde deutlich, daß die Versammlung eine erneute Revision der Statuten und der Gesetze wünschte, die der Gesamtheit des Großen Rates mehr Raum gegenüber dem *Pien Collegio*, dem Senatsadel, den Reichen, den *Grandi* geben sollte.

In der anschließenden Debatte stand Giorgio Pisani noch in der vordersten Reihe, aber dieses Mal siegten allem Anschein zum Trotz die *Grandi*, und zwar vor allem dank des Geschicks eines ihrer begabtesten Vertreter, Alvise Emo.

Die *Correttori* wurden zwar gewählt, doch alle bis auf einen waren Konservative. Und die Ergebnisse der nachfolgenden *Correzione* fielen tatsächlich etwas dürftig aus: Schließung des berüchtigten öffentlichen Spielhauses, des *Ridotto*, den Guardi in einem bekannten Bild verewigt hat und in dem die Patrizier in ihrer Amtstoga die Bank hielten; Erhöhung der Gehälter für einige Amtspersonen; Reformen in den Arbeitsverfahren einiger staatlicher Organe (hier wurde freilich die berechtigte Sorge deutlich, die Übermacht der *Savi del Collegio* einzuschränken und dem Senat wieder Gewicht und Verantwortung zu geben; der praktische Erfolg blieb jedoch gering) und schließlich eine neue *Aggregazione* zum Großen Rat.

Dieser letzte Vorschlag, der mit einiger Mühe angenommen wurde und der vierzig Adelsfamilien von der Terra ferma das Goldene Buch mit allen sich daraus ergebenden Rechten öffnete, wäre vielleicht vierzig Jahre früher angebracht gewesen. Jetzt allerdings erwies sich diese Maßnahme als negativ und zeigte das wahre Ausmaß des politischen und sozialen Gewichtsverlustes des Patriziats auf: Von vierzig Familien fanden sich nicht mehr als zehn zur Annahme bereit, und eine von diesen (die der friaulischen Grafen Caiselli) sollte sich nach erfolgter Aufnahme nicht einmal mehr die Mühe machen, zur *Avogarìa* zu gehen, um die

Bestätigungsurkunde abzuholen. Nicht einmal ein Jahrhundert war vergangen, seit eine große Anzahl von Familien wahre Vermögen ausgegeben hatte, um in den Genuß dieses Privilegs zu kommen.

In den Diskussionen über das Vorhaben der *Aggregazione* hatte sich ein anderer berühmter Anwalt besonders hervorgetan, Carlo Contarini, der aus einer armen Familie stammte, aber kein *Barnabotto* war, der über eine sehr lebendige Eloquenz verfügte und ebenfalls zur Gruppe der aktiven Gegner der *Grandi* gehörte. Er war es, der zusammen mit Giorgio Pisani im Mittelpunkt der abschließenden Episode der Geschichte stand, und er sollte wiederum zusammen mit Giorgio Pisani die bittere Zeche für einen fehlgeschlagenen Reformversuch zahlen. Er selbst war es, der die Feindseligkeiten am 5. Dezember 1779 mit einer Rede eröffnete, in der er nach einer etwas dramatischen Schilderung der wirtschaftlichen und sozialen Situation der Stadt und des *Dominio* einen Antrag (*Eccitamento* sagte man damals) stellte, in dem der Große Rat aufgefordert wurde, sich aktiv mit drei grundlegenden Punkten zu befassen – der wirtschaftlichen Lage, der Sitte und mit der Situation des *Ministero,* also der Masse der subalternen Angestellten des Staates.

»Ich werde nicht vom daniederliegenden Handel sprechen«, sagt Contarini in seinem lebhaften forensischen Venezianisch, »der Zustand unseres Marktes, die Anzahl und Stärke der Kaufleute, der Mangel und die ständigen Pleiten sprechen für sich. Die übertriebene Verteuerung der Lebensmittel führt dazu, daß die Arbeitskräfte für die Manufakturen übertrieben hoch bezahlt werden müssen. Und deshalb sind unsere Manufakturwaren so teuer.

Wenn man sie in fremde Länder schickt, so will das Ausland sie nicht haben, weil seine eigenen billiger sind. Und wenn man glaubt, man solle im eigenen Land verkaufen – ja, wer möchte denn schon auf den Vorteil verzichten, den er hat, wenn er fremde Erzeugnisse kauft, bloß um sich mit unseren teureren Manufakturwaren einzudecken? Daher kommt es, daß euer Volk untätig und ohne Arbeit ist... jene Reichtümer, die euren Vorvätern genügten, um ihren Lebensunterhalt zu bestreiten und sich in den

Dienst des Vaterlandes zu stellen, reichen ihm jetzt auch bei der strengsten Sparsamkeit kaum zum Leben.«*

Diese Faktoren (übertrieben hohe Lebenshaltungskosten, übertrieben hohe Produktionskosten und daraus folgende Unverkäuflichkeit der einheimischen Erzeugnisse) sind, so sagt Carlo Contarini, die Ursachen von Arbeitslosigkeit und Not. Aber andere Ursachen tragen zur Verschlechterung des Lebens des venezianischen Volkes bei, »der Luxus, der von der Substanz zehrt«, und die mangelnde Eignung der subalternen Bediensteten des Staates, der Zöllner und Polizisten, der Marktinspektoren und Steuereinnehmer, die sich in die Zünfte und die Handwerke und daher in das Wirtschaftsleben einmischten. Man müsse also die Lebenshaltungskosten dadurch senken, daß man die Gewinne derjenigen beschneidet, in deren Händen die Versorgung mit Bedarfsartikeln liegt, und politische Preise einführt; was den Luxus und das *Ministero* anlange, so müsse man die Übel an der Wurzel packen.

»Diesen Mißständen kann man kein Heilmittel entgegensetzen, wenn man nicht die Sitte regelt. In einer Monarchie, wo alles vom Willen eines einzigen abhängt ... kann man das leicht regeln. Aber in einer Aristokratie geht es nicht so. Darin muß die Grundlage der guten Sitte die Erziehung sein, die Erziehung der Adligen und die Erziehung des Volkes.«

Nun beginnt Contarini mit einer farbigen Beschreibung der schlechten Erziehung des Adels, der Genuß- und Verschwendungssucht des Volkes, das eingebildet sei und mit dem Adel wetteifere, sich mit ihm vermische, so daß es nicht mehr möglich sei, eine klare Unterscheidung zwischen den gesellschaftlichen Schichten zu treffen, und das die produktiven Tätigkeiten vernachlässige. Und nun zum *Ministero:*

»Das ist ein Körper, dessen Glieder, niederen Schichten entstammend, keinerlei Erziehung genossen haben. Voller Elend und Hunger sind sie nur unnütze Esser. Was haben sie als Gehalt?

* Alle Reden, die im Laufe der Debatte gehalten wurden, finden sich in *Istoria delle questioni promosse da un eccitamento del N. V.s Carlo Contarini,* usw., Venedig 1797. Über das Problem vgl. auch C. Grimaldo, *Giorgio Pisani e il suo tentativo di riforma,* Venedig 1907; und M. Berengo, *La società ...,* s.o., S. 9.

Wenig. Was tun sie? Nichts. Wie leben sie? Wie große Herren!«

Man müsse unter dem *Ministero* eine genaue Zählung durchführen; schon 1763 habe der Senat eine Untersuchung angeordnet, über die man nie mehr etwas gehört habe. Der Große Rat müsse aufwachen, die Übel anpacken und bekämpfen. »Aber nichts wird geschehen«, fügt Contarini pessimistisch hinzu, »die Politik möchte, daß man schweigt ... Doch welche Früchte trägt ein solcher Quietismus? ... Man fasse Beschlüsse und lasse es nicht so weit kommen, daß man für seinen Quietismus noch im Grabe verflucht wird ...«

Alles wahre Worte, aber gewiß strotzen sie nicht vor demokratischem Radikalismus. Einer der leidenschaftlichsten Abschnitte von Contarinis Rede ist der, in dem er das Elend des Volkes beschreibt. Doch obwohl er eine Linderung aufrichtig wünscht, denkt er keineswegs an Veränderungen der sozialen Ordnung. Zu seinen Zielen gehört offen und erklärtermaßen vielmehr die Stärkung der Aristokratie, die Wiederherstellung der Befugnisse des Großen Rates, in dem alle Patrizier gleich sind, und die Aufwertung des »adligen Charakters«, der durch die soziale Unordnung gelitten hat. Die Beschimpfung, die er den Machthabern entgegenschleudert, ist aussagekräftig: »Die aristokratische Regierung, die euch eure Vorfahren gegeben haben, die habt ihr in eine perfekt demokratische verwandelt. Der adlige Charakter ist verletzt und dient deshalb nicht mehr als Richtschnur für unsere Taten ...« Die Reformen, die er verlangt, müssen in dem vom System genau begrenzten Rahmen bleiben. Es mag uns mit vollem Recht überraschen, daß man ihn damals für einen gefährlichen Umstürzler halten konnte und auch hielt.

Jedenfalls unterbreitete die *Signoria* infolge von Contarinis *Eccitamento,* das mit großer Stimmenmehrheit angenommen wurde, den Plan, eine Sonderkommission für die Untersuchung der von ihm angesprochenen Übelstände zu bilden. Der Senat lehnt den Antrag ab. Contarini gibt sich nicht geschlagen; er greift die *Signoria* an, beschuldigt sie der Nichterfüllung und des mangelnden Respektes gegenüber der souveränen Versammlung. Zwischen Senat und Großem Rat versucht die *Signoria,* sich mit einem unverfänglichen Vorschlag herauszuwinden: Da die Themen im

*Eccitamento* bereits in den Kompetenzbereich besonderer Behörden fielen, würden diese Behörden (darunter der Senat und der Rat der Zehn) aufgefordert, die Sache gründlich zu untersuchen und sich darum zu kümmern. Die *Parte* wird jedoch nicht angenommen. Da Contarini krank ist, ergreift Giorgio Pisani das Wort. Er drückt sich vielleicht weniger konkret aus, erzielt aber als Redner viel größere Wirkung.

Pisani ist bestimmt. Der Große Rat habe Contarinis *Eccitamento* angenommen; jetzt sage die *Signoria* dem Großen Rat, es gäbe bereits Behörden, die für jene Probleme zuständig seien, die Contarinis *Eccitamento* aufgeworfen habe, nämlich den Senat und den Rat der Zehn, und es sei an ihnen, die Sache zu vertiefen. Dieser Vorschlag sei enttäuschend, beruhe auf Unwahrheit und sei eine Beleidigung für den Großen Rat. Er sei enttäuschend, weil er keine konkrete Maßnahme erwähne (in bezug auf die Erziehung des Volkes erwähne er mit keinem Wort das Projekt eines *Albergo dei poveri*, das den Armen Gastfreundschaft und Beschäftigung sichern solle, und befasse sich nicht mit dem Zustand der öffentlichen Hospize, »obschon diese sich in einem so beklagenswerten Zustand befinden, daß sie Gegenstand heimlicher Tränen und öffentlicher Schande sind«). Er sei unwahr, daß der Rat der Zehn in bezug auf die Sitte eine ständige Vollmacht des Großen Rates habe. »Eine vollkommen unzutreffende Annahme. Dieses Wort ›Sitte‹ umfaßt jedes menschliche Tun. In keiner Regierung ist das Urteil über den Gebrauch der Fähigkeiten einer Körperschaft überlassen: Essen, Sprechen, Kleiden, Reisen, Handeln, Haus, Geschäft, Kneipe – alles ist der Sitte unterworfen; und dieser werden die Äußerlichkeiten der menschlichen Natur untergeordnet, denen sich niemand entziehen kann ...«

Nachdem er herausgestrichen hat, inwiefern der Vorschlag es in bezug auf Form und Inhalt gegenüber dem Großen Rat, dem Souverän der Republik, an Respekt habe mangeln lassen, bringt Pisani den entscheidenden Punkt seiner Streitrede vor: die Gefährlichkeit, die in dem Vorschlag selbst stecke. Der Rat der Zehn, so sagt er, habe keine Zeit, sich mit einem so weiten Gebiet wie der Sitte zu beschäftigen; statt in der eigenen Versammlung, die sich aus siebzehn Mitgliedern zusammensetzt, zu beraten, soll der

Antrag an eine Körperschaft weitergeleitet werden, die nur aus drei Mitgliedern besteht, eine Körperschaft, die Urteile im geheimen und ohne Berufungsmöglichkeit fällt. Aber wer ohne die Chance zur Berufung richtet, neigt – Paolo Sarpi zufolge – fatalerweise dazu, die Themen an sich zu ziehen, die er will, und wird fatalerweise zum Herrn der Republik ... Welche Körperschaft ist es in der venezianischen Ordnung, die aus drei Mitgliedern besteht und im geheimen und ohne Berufungsmöglichkeit richtet? Alle wissen das. Es ist der *Tribunale Supremo* der Staatsinquisitoren.

Nach dieser Kriegserklärung spitzt sich die Debatte zu. Die *Signoria* sieht sich gezwungen, ihren eigenen Antrag zurückzuziehen und einen neuen vorzulegen, der lautstark abgeschmettert wird. Die Partei Contarini-Pisani setzt gegen die Dogenberater statt dessen eine *Parte* durch, die es jedem der drei Vorsteher der *Quaranta al Criminal* (den Vorsitzenden der *Quarantia*) erlaubt, im eigenen Namen und nicht nur kollektive Beschlüsse vorzulegen. Das ist ein großer Vorteil, weil die *Quarantie* überwiegend für die Partei Contarini-Pisani eintreten. Die *Consiglieri* wissen weder aus noch ein und beraten sich mit dem Dogen.

Wer ist dieser Doge? Jemand, den wir 1762 gegen die übertrieben großen Befugnisse der Staatsinquisitoren haben wettern hören: Paolo Renier. Alle schätzen seine großen politischen und diplomatischen Fähigkeiten, die er in vielen und sehr hohen Ämtern unter Beweis gestellt hat, und seine vielseitige und glänzende Bildung. Gering oder gar nicht achtet man aber seine moralischen Qualitäten. Man nennt ihn korrupt und bezeichnet ihn als Korrumpierer; es heißt, er habe sich die Dogenwürde erkauft. Bei seiner Wahl hat das Volk seinem Unmut so lautstark Ausdruck gegeben, daß er selbst seine Nachbarn besorgt gefragt hat, ob er seines Lebens sicher sein könnte. Man macht ihm vor allem seine unverfrorene Verwandlungskunst zum Vorwurf. Nach seinem heftigen Angriff gegen den *Tribunale Supremo* und dessen Methoden ist er um seiner Karriere willen zu einem glühenden Anhänger der *Grandi* geworden, mehrmals selbst Staatsinquisitor gewesen und hat sich so eifernd aufgeführt, daß er Empörung erregt hat.

Paolo Renier ist ein schlauer Fuchs, aber die Uneinigkeit, die in der *Signoria* zwischen den Dogenberatern und den *Quaranta-*

Vorstehern herrscht, zu beheben gelingt nicht einmal ihm. Deshalb werden drei verschiedene Anträge eingereicht: In dem der *Consiglieri* wird der alte Vorschlag wiederholt, alles an die institutionell zuständigen Organe zu übertragen, jedoch wird die Dringlichkeit einiger der von der Partei Contarini-Pisani geforderten Maßnahmen hervorgehoben. Die drei *Quaranta*-Vorsteher unterbreiten den Vorschlag, fünf *Correttori* für sechzehn Monate zu wählen und mit ausgedehnten Befugnissen auszustatten, zu allen von Contarinis *Eccitamento* angesprochenen Punkten sofortige und präzise Lösungen zu empfehlen. Der Doge schließlich legt einen Antrag vor, der ebenfalls die Wahl von *Correttori* vorsieht, aber mit dem Auftrag, die Bestimmungen sämtlicher Behörden zu revidieren, die mit der Teuerung zu tun haben, den Wechsel in den Richterämtern planmäßiger durchzuführen, vorzuschlagen, »welche Methoden und Mittel man einführen könnte ... um eine gute Disziplin und eine solide literarische Erziehung für die Jugend zu schaffen, insbesondere für die patrizische«. Dem Antrag des Dogen zufolge sollten die *Correttori* ferner Stellenplan und Gehälter des *Ministero* überprüfen und geeignete Maßnahmen empfehlen, wie sich der »Luxus« zügeln lasse, »den man außerhalb der Patrizierfamilien an den Tag legt« und der zu einer »öffentlichen Darstellung von Gleichheit ... führt, weil so die hierarchische Struktur verwischt wird, die eine der Grundlagen der Regierungen ist, von welcher Art diese auch sein mögen ...« In unseren Augen bestehen zwischen dem Antrag des Dogen und dem der drei *Quaranta*-Vorsteher keine wesentlichen Unterschiede; es geht nur um Nuancen. Die Anspielung auf den Luxus der Plebejer ist sogar fast wörtlich der ersten Rede von Carlo Contarini entnommen. Aber im Augenblick ihrer Vorlage erscheinen jene Nuancen bedeutsam. Zudem ist für die beiden widerstreitenden Gruppen – für die Inhaber der Macht und jene, die die Erlangung (oder Wiedererlangung) der Macht anstreben – die Annahme des einen oder des anderen Antrags zur Machtprobe geworden.

Wie gesagt, der Doge ist ein schlauer Fuchs. Als ersichtlich ist, daß für die *Parte* der *Consiglieri* fast niemand stimmen würde, überredet er sie, sich, abgesehen von einigen Änderungen, ihm anzuschließen, und zieht so die Gruppe der strengsten Konservativen auf seine Seite. Die »Neuerer« sind sich des Risikos bewußt, als sie sich auf die Geschäftsordnung berufen und sich bemühen, eine sofortige Abstimmung zu erreichen. Der neue gemeinsame Antrag des Dogen und der *Consiglieri* könnte in Ermangelung der gesetzlichen Fristen nicht einbezogen werden. An dieser Stelle ergreift der Doge persönlich das Wort. Er beschwört die Eintracht und Harmonie, die Liebe zum Vaterland und macht seine parlamentarischen Rechte nicht als Doge, sondern als einfacher Patrizier geltend. Und er siegt mit vierhundertsiebenundfünfzig Stimmen gegen dreihundertachtundzwanzig und zweiunddreißig Enthaltungen. Die Machtprobe der »Neuerer« ist gescheitert.

Am 9. Mai 1780 geht der Streit weiter. Mit großer Leidenschaft spricht Costantin Morosini für den Entwurf der drei Vorsteher und Zaccaria Valaresso für die *Parte* des Dogen und der *Consiglieri*. Auch Carlo Contarini meldet sich zu Wort (es ist seine siebte Rede in dieser endlosen Debatte); er spricht sehr lange und zerpflückt den gegnerischen Antrag Punkt für Punkt. Der Saal dröhnt von Beifall. Aber nun erhebt sich der Doge von seinem Thron, der unter Tintorettos monumentalem Gemälde »Das Paradies« steht, setzt den *Corno* ab und macht ein Zeichen, daß er das Wort ergreifen möchte. Der ganze Große Rat steht auf. Paolo Renier spricht in eine tiefe Stille hinein. Seine Rede ist außergewöhnlich, nicht so sehr wegen der Eleganz seiner Sprache als wegen des unglaublichen Ernstes der Dinge, die er vorträgt.

»Aus brennendem Herzen kommt unser großer Wunsch, der den Geist unserer vielgeliebten, hier versammelten Bürger beflügeln und ihren Sinn bewegen möge, damit sie sich gegen die Irrtümer und die verlockenden Versprechungen zu Wehr setzen, um ihr eigenes Bestes und das des Vaterlandes zu suchen ...«

Es ist ein Frontalangriff gegen Contarini persönlich. Und es ist eine besorgte und dringende Bitte, sich keinen Illusionen hinzugeben. In den Worten des greisen Politikers liegt eine von Erfahrung geprägte parlamentarische Gewitztheit, eine beträchtliche Menge an politischer Überheblichkeit, aber man fühlt ein verzweifeltes Wissen um die Zerbrechlichkeit der Republik mitschwingen, so als wollte er sagen: Ihr streitet euch um eine Menge Dinge, die möglicherweise keine Existenzberechtigung haben, weil die *Sere-*

*nissima* von einem Augenblick zum anderen aufhören kann zu bestehen. Die atemlos vorgetragene Rede, die an die Eintracht appelliert, das Schreckbild der Auflösung heraufbeschwörend, könnte dramatischer nicht sein.

»Heute blicken alle Monarchen auf die Republik, ganz Europa wartet, um zu sehen, wie sich die neuen Dinge, auf die man immer gefaßt ist, bei uns weiterentwickeln ... Von diesen unseren gegenwärtigen Überlegungen ausgehend, werden sich die Herrscher ihr Urteil bilden. Ich rufe Gott den Herrn zum Zeugen, ich bin in Wien gewesen, als Polen seine schwärzesten Zeiten erlebte, und dort habe ich mehrmals wiederholen hören: Die polnischen Herren wollen nicht vernünftig sein; sie wollen untereinander streiten, und über sie richten werden wir, wenn wir die Beute teilen, weil ein Staat, der sich selbst schlecht regiert, die Fremden holt, damit sie ihn regieren. Wenn es einen Staat gibt, der Eintracht braucht, dann sind wir es, die wir keine Truppen haben, weder Land- noch Seestreitkräfte, und keine Bündnisse. Und wir leben auf gut Glück und durch Zufall und allein, weil wir auf die Weisheit der Regierung der Republik Venedig vertrauen. Das ist unsre Stärke ...«

Niemals hat man im Großen Rat ähnliche Worte gehört. Niemals ist ein so feierliches Eingeständnis der Ohnmacht in jener Versammlung verkündet worden, wo man so oft den tragischsten Katastrophen ins Gesicht geblickt hatte, um sie anzugehen und mit ihnen fertig zu werden. Der betagte Doge fährt fort:

»Von den Worten des Bürgers, der gesprochen hat [Carlo Contarini], darf man sich nicht blenden lassen ... Wenn man an die Abstimmung geht, so sollte man wissen, daß diese über das Vaterland entscheidet; man lasse sich nicht verführen mit der Verlockung irgendeines Vorteils oder des Wohls der Patrizier ... Man sehe aus dem Fenster, und man wird viel Volk bemerken, das ängstlich auf den Ausgang wartet und sehen möchte, daß sich aus den Stürmen wieder die Ruhe der patrizischen Ordnung erhebt. Man habe jene Festigkeit, die uns mächtig und stark gemacht hat. Lieben wir uns, helfen wir uns, helfen wir der Republik, damit wir so uns selbst helfen ...«

Nein, der greise Doge hatte nicht ganz unrecht. Er wußte sehr wohl, daß der Habsburger Hof geduldig gegen Venedig arbeitete, wußte, daß mehr als einmal davon die Rede war, die Hände auf dieses oder jenes Territorium der Republik zu legen, daß die Großen Europas, die gerade Polen unter sich aufgeteilt hatten, nicht allzu viele Bedenken haben würden, der Republik dasselbe Ende zu bereiten. Er kannte die Zerrüttung der Finanzen, die militärische Schwäche und die diplomatische Isolation der *Serenissima Repubblica* und bewies, daß er die Bedeutung der tiefen Kluft zwischen der Terra ferma und der Hauptstadt sehr gut begriffen hatte. Außerdem erblickte er in den Forderungen Contarinis und Pisanis nach einem Aufstieg des armen Patriziats eine regelrechte Gefahr für die Gesellschaft. Klarsichtig und unerbittlich malte er, wahrscheinlich im guten Glauben, das Gespenst der Katastrophe an die Wand, weil er überzeugt war, daß Unbeweglichkeit die einzige Art war, die Aufmerksamkeit der »Mächte« nicht auf sich zu lenken und noch weiter zu überleben.

Aber das, was nachher geschah, läßt ihn und die ganze Gruppe der Machthaber in einem ganz anderen Licht erscheinen. Die Wirkung seiner Rede war glänzend gewesen. Nicht nur war der Antrag des Dogen mit einer überwältigenden Mehrheit angenommen worden, es zeigte sich auch, daß die Mehrheit der *Correttori* konservativ war. Von den »Neuerern« war nur noch Giorgio Pisani übrig. Eine mysteriöse Affäre hatte zu Contarinis Ausschluß geführt: In der Urne, die seinen Namen trug, hatte man mehr Kugeln gefunden, als es Wahlmänner gab. Es war eine schwerwiegende Sache, für die – die Feststellung erübrigt sich – die Staatsinquisitoren zuständig waren (eigentlich wäre sie in die Zuständigkeit der *Censori* gefallen; aber die Inquisitoren hatten sie ihnen längst abgenommen). Im Abstand von zwei Jahrhunderten mag es legitim sein, sich zu fragen, wer diese zusätzlichen Kugeln in die Urne geworfen haben könnte.

Und Giorgio Pisani? Er hatte einen persönlichen Triumph erlebt: Schon am 8. März hatte er einen großen Erfolg errungen, als er zum Prokurator von San Marco ernannt wurde und somit die höchste Würde nach der des Dogen erhielt. Sie war mit dem Recht verbunden, die purpurne Toga zu tragen und an den Versammlungen des Senats teilzunehmen. Am 29. Mai 1780 wird der feierliche Gottesdienst zu seinem Einzug in das Amt abgehalten. Berauscht von seinem Erfolg, möchte der neue Prokurator mit seiner Prunkentfaltung alle ausstechen, und auf dem Weg zum Dogenpalast zieht er mit einer Eskorte von dreihundertfünfzig Patriziern über die üppig dekorierten Mercerie. Er hat Beifall und Abordnungen empfangen, es sind sogar die Vertreter der unterworfenen Städte von der Terra ferma gekommen, um ihm ihre Reverenz zu erweisen. Bei einem glanzvollen Empfang defilieren Hunderte von Bewunderern und Neugierigen vorbei; denn der neue, phantasiebegabte Prokurator hatte sich eine merkwürdige Visitenkarte drucken lassen: Ein Genius wurde von einem Stern und einer Katze mit einer Stange geführt, die ihrerseits eine Stange trug, auf deren Spitze eine Jakobinermütze steckte. Außerdem hatte er die Wände mit seltsamen Bildern vollhängen lassen, die von Anspielungen wimmelten (auf einem sah man einen Markuslöwen, und in dem aufgeschlagenen Buch des berühmten Raubtiers las man statt des üblichen *Pax tibi Marce* den Satz: *pasti fuistis*, »ihr seid vergangen, gestorben«). In den allgemeinen Jubel mischt sich ein Mißton: Zettelchen mit einer merkwürdigen Aufschrift machten die Runde: *Ancùo l'ingresso, doman el processo, ancùo bordello, doman in castello. Dio ti guardi!* *

In der Tat schlafen die Staatsinquisitoren nicht, während Pisani feiert. In der Nacht des 31. Mai klopft der Sekretär des *Tribunale Supremo* an die Tür des Hauses des Prokurators in San Moisè. In seiner Begleitung befindet sich der Diener der Inquisitoren, der berühmte Cristofolo Cristofoli mit der großen Schnabelnase, und eine Abteilung von *Schiavoni* unter dem Befehl eines Obersten. Es bleibt gerade noch Zeit, um die Ehefrau zu trösten und eine Karte an den Sekretär zu schreiben, daß er die Schlüssel zu den geheimen Dokumenten übergeben solle, und schon geht es in einer Gondel in Richtung Terra ferma. Ziel ist das Kastell von San Felice in Verona, wo Pisani zehn Jahre lang ohne Unterbrechung bleiben sollte. Er sollte 1790 herauskommen, doch nur um sich als Verbannter in seine Villa von Monastier di Treviso zurückzuziehen; aber der glänzende, zu den »Ideen aus Frankreich« bekehrte

* Etwa: »Heute Amtseinführung, morgen Gerichtsverfahren. Heute Feier, morgen Festung. Daß Gott dich behüte!«

Tribun sollte erneut eingesperrt werden, und zwar in die Festung von Brescia, die er erst nach dem Fall der Republik verließ.

Auch Carlo Contarini wurde festgenommen, auf die nach Cattaro fahrende Feluke gebracht und in eine dalmatinische Festung gesperrt, wo ihn ein vorzeitiger Tod dahinraffen sollte.

Es folgen weitere Verhaftungen, weitere Verbannungen. Am 4. Juni erstatten die Inquisitoren dem Großen Rat Bericht. Sie teilen unter anderem mit, daß eine *Società pisanesca* entdeckt worden sei, in der man schlecht über die Regierung redete, die Opposition koordinierte und, wie es scheint, vor allem prahlerische Reden schwang. Der Große Rat heißt das Vorgehen des *Tribunale Supremo* widerspruchslos gut, ja, er geht noch weiter. Am 21. Juli stimmt er einem Antrag auf Belobigung zu, mit dem seine Mitglieder den Titel *Benemeriti della Patria* erhalten, der ihnen ihre Verdienste um das Vaterland bescheinigt. Es hatte nur kurze Zeit gebraucht, um die Popularität der beiden umjubelten und gefürchteten Tribunen völlig zu zerstören.

## 8

Über die traurigen persönlichen Geschicke der Hauptbeteiligten hinaus war der Abschluß des Falls Contarini-Pisani durchaus folgenschwer. Verhaftungen von Persönlichkeiten der politischen Opposition hatte man bereits erlebt, doch der Große Rat hatte sehr heftig darauf reagiert. Es hatte denkwürdige Schlachten gegeben wie die, die im 17. Jahrhundert für Renier Zen ausgefochten wurde, und wie die, in der zugunsten von Angelo Querini ebenjener Paolo Renier gekämpft hatte, der nunmehr die schwere Verantwortung für das harte Durchgreifen der Inquisitoren voll und ganz teilte. Dieses Mal erhebt sich im Großen Rat keine einzige Stimme gegen das Werk des *Tribunale Supremo,* ja, man geht so weit, ihm eine Belobigungsurkunde auszustellen. Über die Katastrophe zweier Politiker hinaus erleben wir hier den Zusammenbruch eines jahrhundertealten Systems.

Die Schwierigkeit, sich ein Urteil über den »Reformversuch« von Contarini und Pisani zu bilden (nach seinen eigenen Aussagen war Pisani weit von dem Gedanken an eine soziale Umwälzung entfernt, der im übrigen nicht in jene Zeit gepaßt hätte), hindert einen nicht daran, das Vorgehen der Inquisitoren sowie des Dogen und der *Consiglieri*, die es gebilligt und unterstützt hatten, schwer zu verurteilen. Contarinis Schuld in bezug auf eine Wahlmachenschaft ist nicht nachgewiesen worden; die Vergehen, die man Pisani angelastet hatte, waren entweder keine Vergehen oder konnten zumindest keine so strenge Maßregelung wie die lebenslängliche Verbannung rechtfertigen. Räumen wir ein, daß die Eile, mit der eine lästige Differenz aus dem Weg geschafft werden sollte, auf die vom Dogen so offen erklärte Angst vor verheerenden Auswirkungen auf die Außenpolitik zurückzuführen sein könnte. Das Vorgehen gegen Contarini und Pisani hatte dennoch eine tödliche Folge, nämlich die faktische Zerstörung des parlamentarischen Systems, auf das sich die Republik seit der frühesten Zeit, schon lange vor der »Schließung« des Großen Rates, gestützt hatte.

Von nun an sollte der Große Rat in der Tat keine leidenschaftlichen Debatten, Reden und Konflikte zwischen Parteien und Männern mehr kennen, von denen jedes parlamentarische System lebt und zehrt. Im Senat sollte man noch diskutieren, aber mit der Zeit nahm der Umfang jener Dinge immer weiter zu, »die im *Pregàdi* mitgeteilt und nicht gelesen wurden«: Berichte, Meldungen, Dokumente – auch sehr wichtige –, die dem Exekutivorgan des Staates nicht mitgeteilt, sondern zwischen dem Dogen, der *Signoria* und dem *Pien Collegio* ausgemauschelt wurden. Dieses zuletzt genannte Organ war jetzt dasjenige, das beschloß und entschied; die *Savi grandi* oder *Savi del Consiglio* bildeten in der Tat ein richtiggehendes Kabinett. Was die Staatsinquisitoren anlangt (von denen immer einer ein Dogenberater, Mitglied der *Signoria* und des *Collegio* war), so verkörperten sie ein praktisch autonomes Machtzentrum, das direkt mit den *Rettori* der unterworfenen Städte und mit den Botschaften korrespondierte und über das eigene Tun immer weniger Rechenschaft ablegte. Das ganze komplizierte System von gegenseitigen Kontrollen, das wahre Geheimnis des langen Lebens der *Serenissima Repubblica*, stand nun vor seiner Auflösung. So wurden die Voraussetzungen für das Ende des venezianischen Staates geschaffen.

Im 16. Jahrhundert hatten die verfassungsmäßigen Organe in einer Debatte über eine *Parte* dem Dogen Andrea Gritti heftig widersprochen, damit er nicht zu große persönliche Macht erwarb. In jenem Jahrhundert wäre für eine Persönlichkeit vom Schlag eines Andrea Tron kein Platz gewesen: Tron war *Savio del Consiglio, Savio alla Mercanzia, Inquisitore alle Arti* und noch vieles andere und wurde gewöhnlich *el Paròn*, der Herr, genannt.

In einem Epigramm hieß es:

*Serenissima Signoria*
*la Repubblica l'è finìa.*
*Volèu saver perché?*
*Perché un Savio vol far da re.**

Tatsächlich war Andrea Tron einer der klügsten Männer, die jemals an der Regierung der Republik beteiligt waren, der besonders von Kaiser Josef II. geschätzt und geachtet wurde, mit dem er ein gewisses Maß an Aufgeklärtheit gemeinsam hatte. Unter anderem war er darangegangen, die Unmenge von Klöstern und anderen kirchlichen Einrichtungen zu durchforsten, von denen Venedig überfüllt war. Und er selbst nahm einen hervorragenden Platz ein unter jenen, die die immer komplizierteren wirtschaftlichen Probleme untersuchten, und er versuchte, Industrie und Handel wiederzubeleben, die durch den Konkurrenzdruck immer mehr gefährdet wurden und denen aufgrund der bescheidenen Ausmaße der venezianischen Wirtschaft der Boden immer weiter entzogen wurde; denn das Volumen dieser Wirtschaft war so gering wie das Gebiet der venezianischen Besitzungen im Vergleich zu den großen modernen Nationalstaaten.

Was vom venezianischen Seehandel noch übriggeblieben war, dem bereitete die Hinterlist der Piraten, die sich an den nordafrikanischen Küsten eingenistet hatten, nach wie vor Schwierigkeiten. Es hatte Abkommen gegeben, die von beträchtlichen Geldzahlungen gestützt wurden; 1766 war es auch zu einer kriegerischen Expedition unter der Leitung von Admiral Jacopo Nani

* Etwa: »*Serenissima Signoria* / um die Republik ist's geschehn und wollt ihr wissen warum? / Weil ein *Savio* König spielen möchte.«

gekommen. Die fortgesetzte Belästigung durch die Barbaresken-piraten verhalf Venedig im niedergedrückten Klima, das seine Politik in der zweiten Hälfte des 18. Jahrhunderts kennzeichnete, allerdings zu einem letzten, unerwarteten Erfolg auf See.

Daß es zu dieser letzten Aufwallung von Kühnheit auf See kam, war vor allem einem Patrizier aus einer alten Familie des Senatsadels zu danken, nämlich Angelo Emo. Dieser Mann, der über eine gründliche Bildung verfügte, sich lebhaft für Technik und Wissenschaft interessierte, besaß etwas mehr als viele andere gebildete und anspruchsvolle Patrizier seines Jahrhunderts, nämlich Organisationstalent und Führercharisma, und er kannte keinen Konflikt zwischen Denken und Handeln. Um ihn herum sollte eine Gruppe junger Offiziere, die zum großen Teil dem armen Adel entstammten, beweisen, daß auch in jenem vielgeschmähten Jahrhundert ein hervorragendes, menschliches Potential dagewesen wäre. Man hatte nur nicht verstanden, es zu nutzen. Dank Angelo Emo kam wieder Kraft und Schwung in die niedergeschlagene und träge venezianische Flotte, die sich zu einer effizienten Kriegsmaschinerie entwickelte. Kommandanten und Mannschaften schienen zum Geist von Francesco Morosinis Zeiten zurückgefunden zu haben. Zwischen 1784 und 1785 beschoß die venezianische Flotte Sfax, Biserta und Susa und nötigte den tunesischen Piraten eine vor zu langer Zeit schon verlorengegangene Achtung ab. Doch leider legte diese Geschichte, so ruhmreich sie war, auch die wirtschaftliche Schwäche, die den Problemen der Republik zugrunde lag, schmerzlich bloß. Die Ausgaben für das (letzten Endes verhältnismäßig bescheidene) Unternehmen fraßen jene Gelder völlig auf, die für ein ganz anders geartetes und vielleicht produktiveres Projekt bereitgestellt worden waren, nämlich für die Urbarmachung der veronesischen *Valli*, die von ebendemselben Angelo Emo während seiner Amtszeit als *Savio alle Acque* gewünscht und betrieben worden war. Nach dieser Zeit vergaß die Republik schließlich, daß sie überhaupt eine Flotte besaß, die ewig in der Reede von Korfu vor Anker lag. Und das sollte ein weiterer Grund für ihr trauriges Ende sein.*

* Über Angelo Emo vgl. M. Nani Mocenigo, *Storia della marina veneziana da Lepanto alla caduta della Serenissima,* Rom 1935, S. 358ff.; und A. Sagredo,

9

Trotz allem aber war Venedig noch nie so schön und so fröhlich gewesen, und nie hatte sich sein *Douceur de vivre* so voll entfaltet.

Es war in langen Jahrhunderten gereift. Der wirtschaftliche Niedergang hatte die Anhäufung von Reichtümern, die mit den weit zurückliegenden Reisen der Kaufleute des Mittelalters begonnen hatte, nur teilweise zum Stillstand gebracht. Kein Krieg hatte Venedig je berührt; keiner räuberischen Hand war es je gelungen, sich über die gutbewachte Lagunenfläche vorzustrecken. Auf Schritt und Tritt begegnete man Kunstschätzen: Kirchen und *Scuole*, öffentliche Ämter und private Häuser – alles war eine einzige Augenweide. Und wo es keine große Kunst gab, da war die natürliche Eleganz der weniger bedeutenden Bauten. Aufgrund einer ununterbrochenen Folge von Feierlichkeiten, denen jedes mögliche Ereignis als Anlaß diente, herrschte mehr denn je eine permanente Festtagsstimmung. Während des ganzen Jahres gab es in sehr dichter Folge die Feste des Staates, die mit großem Gepränge unternommenen *Andate* des Dogen zu dieser oder jener Kirche, zu diesem oder jenem Kloster, die Gastmähler des Dogen, die Empfänge des Dogen, die Prozessionen, die Kirchweihfeste und einmal im Jahr, am Himmelfahrtstag, das berühmte Fest der *Sensa*. Da bewegte sich der Doge in einer feierlichen Prozession mit einem riesigen und farbenprächtigen Gefolge an Bord des *Bucintoro* von San Marco aus zu der – bereits anachronistischen, aber immer noch eindrucksvollen – Zeremonie der Vermählung mit dem Meer. Doch es gab jeden Tag unendlich viele größere und kleinere Ereignisse, Anlässe zum Feiern, Tanzen und Spielen: der Jahrestag des Schutzheiligen einer Kirche oder einer *Scuola*, die Wahl eines Pfarrers oder des *Gastaldo* einer der *Arti*, die feierliche Amtseinführung des Prokurators von San Marco, die Einkleidung eines adligen Mädchens und jener ganz besondere Ritus, den der Einzug eines jungen Patriziers, der das gesetzliche Alter erreicht hatte, in den Großen Rat mit sich brachte: Begleitet von einem Schwarm von Verwandten in Toga und Perücke, lief

*Storia civile e politica*, in *Venezia e le sue lagune*, Venedig 1847, Bd. I, S. 106ff. Vgl. auch mein *Testimonianze su Angelo Emo*, in »Ateneo Veneto«, Jahrgang CLIII, Bd. 146, Nr. 1 (Januar–Juni 1962).

»seine Exzellenz« auf jenem Streifen der Piazzetta, der den Namen *Broglio* erhielt, einmal hin und einmal zurück, grüßte die einflußreichsten Patrizier und zog in den Palast, um dem Dogen vorgestellt zu werden, ehe er den Vormittag in der Calle del Rimedio in der berühmten *Malvasia* (einer Schenke, in der levantinische Weine kredenzt wurden) bei Kringelgebäck und zypriotischem Wein beendete.

Und dann gab es die Feierlichkeiten für die hochgestellten Besucher, eine endlose Abfolge von Regatten, Banketten, Konzerten, Empfängen und Feuerwerken. Einen großen Teil der Ausgaben wälzte man auf die reichsten Familien ab, und das ganze Patriziat trug mit dem Pomp der Kleider und der Gondeln zum Prunk der Choreographie bei. Anfang 1709 war der König von Dänemark und Norwegen, Friedrich IV., gekommen; er war Gast im Palazzo Foscarini am Campo dei Carmini, über den der Président de Brosses einige Jahre später schrieb, er habe nicht weniger als zweihundert Zimmer voller Kunstschätze. 1716 waren es die Mocenigo aus San Stae gewesen, die für Friedrich August von Sachsen einen großen Ball veranstalteten und die ihn 1740 erneut beherbergten – diesmal als August III., König von Polen. 1749 kam der Herzog von Modena, 1755 war der Kurfürst von Köln von der Familie Nani zu einem großen Diner auf der Giudecca eingeladen, das Pietro Longhi auf einem köstlichen Bild verewigt hat. Das ganze Jahrhundert hindurch wiederholten sich diese Staatsbesuche, die stets mit Feierlichkeiten verbunden waren. Außergewöhnlich waren jene, die die Pisani aus Santo Stefano 1784 mit unglaublicher Großzügigkeit für König Gustav III. von Schweden ausrichteten, und jene, die 1782 zu Ehren des Zarewitsch Paul, des Sohns der Zarin Katharina II. von Rußland, auf Staatskosten veranstaltet wurden. Der Empfang der »Grafen des Nordens«, wie sich der Zarewitsch und seine Gemahlin nennen ließen, war eine Folge der Tatsache, daß Rußland im Mittelmeerbecken immer mehr an Einfluß gewann. Im Senat hatte mancher mit dem Gedanken an eine Allianz geliebäugelt, aber die wachsame österreichische Diplomatie hatte diese Träume vom Durchbruch einer bereits jahrelangen Isolation zunichte gemacht. Zwei Besuche von Kaiser Joseph II., der erste privat (und die Unzufriedenheit war groß, weil der Senat zuviel Geld ausgegeben hatte für die Festlichkeiten, die vom Kaiser abgelehnt wurden), feierlich der zweite (der Prokurator Tron veranstaltete einen großen Ball für ihn, und zum Leidwesen der anderen Damen verbrachte der Herrscher den ganzen Abend im angeregten Geplauder mit Contarina Barbarigo Zorzi), schienen politisch größeres Gewicht zu haben, als es tatsächlich der Fall war. Doch das Ereignis des Jahrhunderts war ein anderer ungewöhnlicher und unerwarteter Besuch, nämlich der des Papstes (um einen Präzedenzfall zu finden, muß man bis auf Alexander III. ins 12. Jahrhundert zurückgehen). Auch das römische Pontifikat befand sich in einer schweren Krise. Die Politik der aufgeklärten Despotie Josephs II. hatte die Probleme der von allen Seiten angefeindeten, verarmten und in vielen Ländern Europas gedemütigten Kirche verschlimmert: Papst Pius VI. war als »apostolischer Pilger« nach Wien gereist, um seine Sache zu vertreten, aber vergebens, und er kehrte enttäuscht und niedergeschlagen nach Rom zurück. Gewiß genügte der Glanz der Festlichkeiten, die ihm zu Ehren veranstaltet wurden, nicht, um Papst Braschi über seine diplomatische Niederlage hinwegzutrösten; aber wahrscheinlich hat ihm bei all seiner Bitterkeit die aufrichtige Begeisterung der Bevölkerung auf dem Campo Santi Giovanni e Paolo nicht mißfallen.

Bei dem Kommen und Gehen der berühmten Besucher und der nie abreißenden Kette städtischer Feste machte der Fremdenverkehr ausgezeichnete Geschäfte. Die größte Attraktion war jedoch nicht einmal die Messe im Rahmen der *Sensa*-Feiern, für die auf der Piazza San Marco Blendbauten für die Pavillons unzähliger Aussteller aufgestellt wurden. Die Käufer kamen noch in großen Mengen, angezogen von der erlesenen Qualität der Produkte des überlebenden venezianischen Handwerks. Die Hauptattraktion war ein sehr langer Karneval, der im Oktober begann, zur Zeit des Himmelfahrtsfestes eine Atempause einlegte und anläßlich verschiedener Ereignisse wiederbelebt wurde. Er dauerte über fünf Monate im Jahr, in denen es jedermann vom Dogen bis zum letzten Bettler gestattet war, mit dem Gesicht hinter einer Maske (der berühmten weißen *Baùta*, eingerahmt vom schwarzen *Domino*) versteckt auszugehen. Während des Karnevals, so schreibt de Brosses, sind in Venedig alle maskiert, auch der Apostolische Nuntius und der Obere des Ordens der Kapuzinermönche. »Glaubt nicht, daß ich Spaß mache, es ist die Dienstuniform...« In den tollen Tagen vor der Fastenzeit erreichte der Karneval seinen Höhepunkt. Während vor dem Dogenpalast die rituellen Schauspiele des »Türkenflugs« (ein Akrobat lief auf einem Seil von der Glockenstube des Campanile von San Marco bis zur Loggia Foscara) und der »Kräfte des Herkules« (traditionelle Akrobatenkunststücke der Gondolieri von Castello) gezeigt wurden, füllte eine unglaublich große Menschenmenge die Piazza: Tausende und aber Tausende von Leuten in den verrücktesten Verkleidungen, Harlekine und *Pantaloni, Pulcinella, Balanzoni* und *Brighella* und zahllose andere Figuren, Satyrn und Teufel und Fischer aus Chioggia, alte Weiber mit einer in Windeln gewickelten Katze in den Armen, Spanier, Armenier, die Erdnüsse verkauften, Könige, Bettler, falsche Patrizier, falsche Straßenmörder, falsche Bucklige, falsche Bauern, falsche Greise, falsche Gondolieri, falsche Köhler... Die Bilder von Bella und Heinz geben uns eine Vorstellung von dieser farbenfrohen Menge, die sich über die ganze Stadt ergoß und sich um die Baracken mit den Raubtieren, die Buden der Puppentheater und die Stände der Wahrsager und der Quacksalber drängte. Bei dem einzigartigen Spektakel und vielen anderen Veranstaltungen, Empfängen und Bällen, die fast überall abgehalten wurden, überrascht es nicht, daß halb Europa nach Venedig strömte, um den Karneval zu genießen. Voltaire ließ seinen Candide in einem venezianischen Wirtshaus mit sieben Königen zusammentreffen, die alle sieben aus ebendiesem Grund an die Lagunen gekommen waren.

Die moralisierenden Geschichtsschreiber sprechen noch heute abschätzig von dieser »Genußsucht«, von diesen »Karnevalsvergnügungen«. Sie unterschätzen offensichtlich die Vorteile, die der lange Karneval für die venezianische Wirtschaft bedeutete. Am Karneval verdienten alle – Lokalbesitzer und Gastwirte, Hotelbesitzer und Kaffeehausbetreiber, Gondolieri und Bedienstete, Händler, Schneider und Maskenhersteller. Die Flutwelle des internationalen Tourismus spülte tonnenweise klingende Münze nach Venedig. Und deshalb hielt die *Signoria* den Tod des Dogen Renier eine Zeitlang geheim (eine Tatsache, die die rechtlich denkenden Leute heute noch schockiert), der in die Zeit des Karnevals gefallen war, um nicht Tausenden von Bürgern (und Bürgerinnen – es war die große Zeit der Kurtisanen) das Geschäft zu verderben. Doch es ist nichts Ungewöhnliches, wenn eine zerrüttete Wirtschaft die einzig einträgliche Industrie, die ihr verblieben ist, schützt.

Mit und ohne Karneval – im Venedig des 18. Jahrhunderts gab es keine Langeweile. Darüber sind sich alle einig, und alle stimmen darin überein, daß in keiner anderen Stadt der Welt jeder das tun konnte, was ihm beliebte. Überläufer und Abenteurer, Leute, die anderswo aus tausenderlei Gründen verfolgt wurden, lobten die Ruhe ihrer Aufenthalte in Venedig ebenso wie die zahlreichen hochgestellten Persönlichkeiten, Herrscher eingeschlossen, die private den offiziellen Besuchen und unterhaltsame Vergnügungen den feierlichen Veranstaltungen vorzogen. Die Staatsinquisitoren, die so sehr auf die Disziplin des Patriziats achteten und im politischen Leben so hinderlich wirkten, mischten sich in niemandes Privatangelegenheiten ein, selbstverständlich nur, sofern sie nichts mit Politik zu tun hatten. Sie wollten alles wissen, die Berichte ihrer Spitzel (zu denen auch Casanova gehörte) waren minuziös, präzis und ließen nichts unerwähnt. Aber sie respektierten und schützten auch notfalls die Privatsphäre der Bürger und der Ausländer sehr viel mehr und sehr viel besser als jede andere Regierung Europas.

Und tatsächlich war die venezianische Regierung mit der Zeit ausgesprochen milde geworden. Es gab wenige Todesurteile und niemals solche aus politischen Gründen; die Gefängnisse waren halb leer; die Folter schon seit einer Weile de facto abgeschafft. Die Wahrung der öffentlichen Ordnung war Sache zahlenmäßig geringer Polizeitruppen. So hatte sich etwa der Zarewitsch gewundert, als er sah, wie eine Menschenmenge von ein paar *Arsenalotti* in Schach gehalten wurde. (Bei uns, mußte er sagen, hätte man dafür Kanonen auffahren lassen müssen.) Selbst der *Tribunale Supremo* verfügte über sehr bescheidene Mittel; außer den Spitzeln hatte er nur einen Sekretär, einen Diener und wenige Sbirren. Allerdings genügte eine Vorladung der drei *Babài,* um den gewalttätigsten *Bravaccio* in Angst und Schrecken zu versetzen. Um jemanden zur Räson zu bringen, ließen sie ihn häufig einige Stunden in der *Sala della Bussola* zwischen dem Zimmer der Inquisitoren und dem Saal des Rates der Zehn warten. Dann kam der Sekretär heraus und schickte den Vorgeladenen weg. Wer Ohren hatte, zu hören, der hörte. Was Cristofolo Cristofoli, den Diener des *Tribunale*, angeht, so genügte bereits seine Erscheinung, um jeden Tumult zu unterdrücken. Die Staatsinquisitoren, die als gute Venezianer Sinn für Humor hatten, setzten ihn manchmal bei irgendeiner sonderbaren Mission ein. Beispielsweise damals, als der *Nobilòmo* Grimani aus Santa Maria Formosa beabsichtigte, die große römische Statue des Marcus Agrippa, die im Hof seines Palazzo stand (und die sich heute im Archäologischen Museum befindet), ins Ausland zu verkaufen. Der *Tribunale Supremo* sah es nicht gern, wenn die Kunstschätze der Stadt verschwanden. Und so kam es, daß der *Nobilòmo* von seinen erschrockenen Dienern mit der Nachricht geweckt wurde, im Hof stehe Cristofoli in Person. Er stand in ehrerbietiger Haltung vor der Figur, und als der *Nobilòmo* ihn fragte, was er wolle, antwortete er: »Ich bin gekommen, um Herrn Marco Agrippa vor seiner Abfahrt eine gute Reise zu wünschen und Eurer Exzellenz Grimani ebenso.« Der Patrizier verstand: Hätte er die Statue verkauft, wäre er in die Verbannung geschickt worden. Und der Verkauf kam nicht mehr zustande.

Die sehr umfangreiche Sammlung derartiger Anekdoten offenbart das andere Gesicht der venezianischen Welt des 18. Jahrhunderts. Sie war sicher genußsüchtig, ganz sicher verschwenderisch, aber auch oft noch einfach, bescheiden und altväterlich. Diejenigen, die viel Geld ausgaben, waren die ganz wenigen *Grandi*; die anderen – ob sie der Klasse der Patrizier oder der der Sekretäre, dem Bürgertum oder dem Volk angehörten – lebten in der alten Bescheidenheit, auch wenn das immerwährende venezianische Fest sie alle früher oder später in seinen Bann zog.

Der Dichter dieser heiteren, schlichten, traditionellen Welt ist Carlo Goldoni – das Gegenstück zu einem Casanova, dem Chronisten einer unruhigen Welt, die bis zur Besessenheit von Spiel und Sex beherrscht wurde. Die beiden Seelen der Stadt existieren nebeneinanderher und ergänzen sich, um ein einzigartiges, faszinierendes Ganzes zu bilden. Aber während des ganzen Jahrhunderts schleicht sich da und dort leise und beunruhigend ein Gefühl der Leere ein, ein bitterer Geschmack, eine Ahnung des baldigen Endes. Einige glauben entdeckt zu haben, daß es in der ganzen venezianischen Malerei jenes Jahrhunderts kein einziges lächelndes Gesicht gibt. Das ist wohl ein Zufall. Aber die Prophezeiungen vom Ende häufen sich. Nicht nur Lord Chesterfield meint, daß die Republik die Jahrhundertwende nicht überleben werde; das glaubt selbst der Doge Foscarini. Nach einem denkwürdigen *Sensa*-Fest findet ein Dichter aus einer sehr reichen Patrizierfamilie, der Abbé Anzolo Maria Labia, den direktesten Weg, dieser Unruhe, diesem Unbehagen, das unter der Oberfläche gärt, Ausdruck zu verleihen. In einem von Begeisterung erfüllten Sonett beschreibt er die Pracht einer Stadt, wo Gold und Silber so gewohnt sind »wie der Kehricht«, die Prunkentfaltung der Veranstaltungen und die Schönheit der Frauen (das ganze venezianische Settecento ist voller schöner – sehr schöner und oft intriganter – Frauen). Aber im letzten Vers bricht es aus dem Dichter hervor: *E pur, no so el perché, mi pianzaria.** Nicht die Republik ist es, deren Jahre gezählt sind – es ist die venezianische Kultur, es ist das venezianische Leben, es ist Venedig selbst, für das die Zeit des Schattens, der Asche, der Trauer naht.

* Etwa: Und doch, ich weiß nicht warum, möchte ich weinen.

# XII
# DER FALL

## I

10. Februar 1789: Während die Piazza widerhallt vom Gelächter und Lärm der Masken, die den Karneval feiern, liegt der Doge Paolo Renier im Sterben. Angesichts des Todes hat der alte zynische Parlamentarier eine neue Einfachheit und Würde gefunden. »Das Leben ist ein Geschenk des Schöpfers, der es sich zurückholt, wenn er es für richtig hält«, hat er gesagt, als man ihn über den Ernst seiner Krankheit unterrichtete. Aber die Politik liegt ihm im Blut. Er ist schon mehr im Jenseits, und doch fragt er den Arzt ständig, ob er eine Idee habe, wer sein Nachfolger sein könnte. Um ihn zufriedenzustellen, nennt der Arzt aufs Geratewohl einen Namen, den eines Priuli. »Nein, nein«, erwidert der Doge, »der ist ein angehender Prokurator, und die Vorschriften verbieten seine Wahl.« – »Vielleicht... Memmo?« (Andrea Memmo, ein Diplomat, bekannt für seine galanten Abenteuer, ein Jugendfreund von Casanova.) »Nein, nein, der lacht immerzu, der ist schon *serenissimo.*«* Vom Spiel hingerissen, wirft der Arzt zurück: »Pierazzo Gradenigo aus Rio Marin?« Der Sterbende grinst spöttisch: »Der Senat will keine Betrüger. Ich sage Euch, wer es wird. Die Staatsfinanzen sind zerrüttet, man braucht einen mit viel Geld, und das wird Lodovico Manin sein.«

Paolo Renier war ein guter Prophet. Unter etlichen Konkurrenten wählte ein festliebendes Konklave, das ein Vermögen für Essen, Getränke und verschiedene Annehmlichkeiten ausgegeben hatte, ebenden Prokurator Manin. »Man hat einen Friauler zum

* Wortspiel: *Serenissimo* kann soviel wie »sehr heiter« bedeuten, ist zugleich aber auch die Anrede für den Dogen, die etwa mit »Durchlauchtigster« zu übersetzen wäre. A.d.Ü.

Dogen gemacht, die Republik ist tot«, war der bittere Kommentar von Ser Piero Gradenigo, der einer Familie entstammte, die ebenso alt war wie Venedig selbst. Über das snobistische und rassistische Vorurteil hinaus enthielt der Satz ein Stückchen Wahrheit.

Die Familie der Grafen Manin, die toskanischer Herkunft und im 14. Jahrhundert ins Friaul übersiedelt war, war erst 1651 nach einer Spende von einhunderttausend Dukaten für den Candiakrieg ins Patriziat aufgenommen worden. *Missier* Lodovico hatte ein paar Gouverneursposten bekleidet, aber abgesehen von den großzügigen Zuwendungen im Rahmen der Festlichkeiten für Papst Pius VI. und abgesehen von den Ehen, die seine Familie mit vielen bedeutenden Familien des Senatsadels geschlossen hatte, waren seine Bindungen zu Venedig weder entfernt noch so eng wie etwa die seines Vorgängers. Trotz seines guten Willens war er nur ein bedeutender Latifundienbesitzer aus dem Friaul, der im Geld fast erstickte. Und diese Tatsache sollte – mehr noch als das schwache, ängstliche und scheinheilige Wesen, das seine Gesichtszüge verraten – seine politische Haltung beeinflussen.

Trotz so vieler Irrtümer und so vieler Fehler hatte der Doge Renier immer die grundlegende Sorge um die Bewahrung der venezianischen Unabhängigkeit vor Augen gehabt. In den tragischen Ereignissen, in die der Doge Manin sich verstrickt sah, scheint seine wesentliche Sorge gewesen zu sein, die Unversehrtheit der Bewohner und die Integrität ihrer Besitztümer zu bewahren. Die bedrohte Unabhängigkeit und die vordringliche Pflicht, diese um jeden Preis zu verteidigen, erwähnte der Doge nie in den vielen Reden, die seinen typischen klagenden und weinerlichen Stil widerspiegeln. Noch wird deutlich, daß er in den letzten, verworrenen Augenblicken seiner unglückseligen Regierung auch nur einen Gedanken, eine schmerzliche Erinnerung an die verlorene Unabhängigkeit verschwendete. Dagegen wird aus vielen Zeugnissen (das niederschmetterndste ist das von Bernardino Renier, einem der Protagonisten jener letzten Augenblicke)* die Sorge eines *Gattopardo* erkennbar, darauf hinzuwirken, daß sich

* Handschriftliche Bemerkungen von Bernardino Renier (Rom, Privatarchiv Zorzi; Quelle: Sagredo).

bei der radikalen Veränderung in der Republik im Grunde nichts wirklich änderte. Und das ist für uns der negativste Zug an dem letzten Dogen. Auch wenn man ihn nicht beschuldigen kann, das »goldene Venedig« (wie es tausend Jahre zuvor der Diaconus Johannes genannt hatte) den Interessen einer gesellschaftlichen Schicht oder einem Teil einer solchen Schicht geopfert zu haben, so wurde sein Denken doch immer und einzig von der Sorge um die Bewahrung der Gesellschaftsordnung beherrscht, der alles andere untergeordnet wurde. Verglichen mit der Persönlichkeit, deren Bild sich aufgrund dieser Überlegungen formt, wirkt das Klischee vom armen, vor Angst gelähmten Mann, das uns eine alte Überlieferung von ihm vermittelt hat, nachgerade sympathisch.

Mai 1789. Mit der Versammlung der französischen Generalstände in Versailles nimmt eines der bedeutsamsten Ereignisse der Menschheitsgeschichte seinen Anfang – die Revolution. Von jenem Augenblick an macht Frankreich in der ganzen Welt von sich reden. Aber schon im Jahr zuvor hatte der venezianische Botschafter in Paris, Antonio Cappello, gewarnt: Es sei der Augenblick, die Isolierung zu durchbrechen, Allianzen zu suchen, die französische Situation sei explosiv, und man wisse nicht, worauf alles hinauslaufen werde, und in dem europäischen Sturm, der sich zusammenbraue, da gnade Gott denen, die allein sind! Leider verhallte die Stimme des Botschafters ungehört (er sollte später übrigens mit schonungslosem Realismus begründen, warum die junge französische Demokratie und die alte venezianische Aristokratie niemals würden zusammenleben können). Schon 1788 wurde ein Gedanke an eine Beteiligung an dem gegen die Türken gerichteten Bündnis zwischen Kaiser Joseph II. und Katharina der Großen von Rußland vom Senat fallengelassen. Die Isolationspolitik blieb für die Gruppe, die die Macht innehatte, eine regelrechte Obsession.

1790 warnte eine andere diplomatische Stimme den Senat. Der venezianische Minister in Turin, Graf Rocco Sanfermo, erklärte, die französische Seite ziele auf eine europäische Revolution. Ihm widerfuhr dasselbe Schicksal wie vielen anderen Kassandren der europäischen Geschichte. Da man ihm 1790 kein Gehör schenkte, sollte man einige Jahre später, als die große Revolution schon in ihre bitterste und schlimmste Phase eingetreten war und der Terror wütete, noch weniger auf ihn hören. Der eifrige *Circospetto* (das war der Titel, der den Sekretären seines Ranges zustand) hatte bei seinem Umzug von Turin nach London, wo er die Aufgaben eines bevollmächtigten Ministers wahrnehmen sollte, in Basel Station gemacht, um Informationen zu sammeln. Dabei hatte er sich einer Vertrauensperson bedient, um in den Kreisen des Wohlfahrtsausschusses, der Machtzentrale der damaligen französischen Politik, Nachrichten zu erfahren. Der Emissär war in Paris gewesen, ja, er hatte sogar mit Robespierre und Couthon gefrühstückt und dabei Dinge sagen hören, die ihm die Haare zu Berge stehen ließen: Frankreich hatte es auf Italien abgesehen, und zwar nicht nur, um den Habsburgerkaiser durch eine Ablenkung zu zwingen, seine Truppen von der Rheinfront zurückzuziehen, sondern um die Reichtümer jenes gesegneten Landes zu plündern. Was den Ausgang eines Feldzuges anginge, gäbe es keine Zweifel: Fünfte Kolonnen existierten schon überall, und besonders aktiv wären diese in den venezianischen Besitzungen ... Die *Savi del Collegio* zogen es vor, zu glauben, Sanfermo sei ein Spinner, ein eigennütziger Spinner (man sagte ihm nach, er strebe den Posten eines venezianischen Vertreters in Paris an).

Tatsächlich waren die Dinge, die Sanfermo berichtet hatte, wahr, allerdings nur im Hinblick auf die französischen Ziele in Italien. Auf die »Neuigkeiten aus Frankreich«, auf die Verbreitung der neuen demokratischen Ideen, hatte die öffentliche Meinung Venedigs anders reagiert als die Venetiens. In der *Serenissima Dominante* hatten die neuen Ideen, abgesehen von einem großen Gerede, das sie verursacht hatten, sehr wenig Anklang gefunden. Es fehlte der Rohstoff; denn – und darüber sind sich die strengsten Historiker einig – es fehlte die Unzufriedenheit. Im *Dominio* der Terra ferma hingegen lagen die Dinge ganz anders. Die privilegierten Schichten, der Provinzadel und das Provinzbürgertum, sahen in den revolutionären Ideen eine Möglichkeit, ihre eigene Frustration zu kanalisieren; auf der Ebene des Volkes hatten die großen sozialen Unterschiede, die Verachtung und die Härte, mit denen der Provinzadel das Volk behandelte, eine Verbitterung gesät, die die schrecklichen Hungersnöte noch weiter verschärft hatte. Der

Gegensatz zwischen der Hauptstadt und dem *Dominio* führte schließlich zu einer dramatischen Explosion. Eine Terra ferma, begierig nach Veränderungen und von innerer sozialer Uneinigkeit gepeinigt, stand im Widerspruch zu einer Hauptstadt, die im wesentlichen den alten Institutionen treu war und von der beständigen Regierungspolitik, der sie den Vorzug gab, auf einem Lebensstandard gehalten wurde, der trotz der Deklamationen der Demagogen vom Schlag eines Contarini durchaus annehmbar war.

Ein störendes Element stellten die französischen Emigranten dar, die sich in dem Maße, wie sich die innere Situation für sie verschlechterte, überall in Europa ausbreiteten. Da gab es den leichtfertigen Grafen d'Artois und auch den Grafen von Lille, den späteren Ludwig XVIII., der mit großem Gefolge in Verona lebte. Mit der Verschärfung der französischen Krise streuten die Emigranten immer tragischere Nachrichten aus – über die Massaker in den Gefängnissen, die Enthauptung des Königs und der Königin, die lange Reihe von Opfern, die der Guillotine überantwortet wurden. Die gute Gesellschaft Venedigs erschauderte, aber nicht über die Maßen: Die Nachrichten kamen von weit her, die gedämpfte, wattierte Stille des venezianischen Lebens mit seinen Theatern, mit seinen Bällen, seinen Karnevalen, seinen Gottesdiensten und seinen staatlichen Zeremonien ließ sie fast unwirklich erscheinen. Die Regierung verstärkte die Wachsamkeit der Polizei (immer noch diskret, immer noch, ohne den friedlichen Ablauf der Tage und Nächte zu beeinträchtigen) und behielt Freimaurer und Abweichler im Auge; tatsächlich waren es, wie gesagt, nicht viele, weil es an Stacheln im Fleisch fehlte. Die Milde des Systems, das dem Hochmut des Adels keine Grenzüberschreitungen erlaubte, das enge Zusammenleben einer Gesellschaft, in der Arme und Reiche auf kleinem Raum nebeneinander wohnten und sich bei den täglichen Festen vermischten, die Fürsorgemaßnahmen der Regierung, die die Leiden der weniger Wohlhabenden linderten, die Bescheidenheit, in der vier Fünftel des Patriziats lebten – all das trug dazu bei, daß in dem Volk die Unzufriedenheit nicht in eine revolutionäre Stimmung umschlug. Nicht einmal das Bürgertum, das mit den tausend öffentlichen

Ämtern der Sekretärskaste teilweise in das System eingebunden war, liebäugelte mit dem Aufruhr. Daher gab es nur wenige oder sehr wenige, die offen für die neuen Ideen eintraten.

Mit der bereits gewohnten Gefügigkeit paßte sich die Republik den französischen Ereignissen an. Ein Angebot des Königs von Sardinien zu einem Verteidigungsbündnis wurde im Spätherbst 1791 ausgeschlagen. Im November 1792 lehnte es der Senat ab, der europäischen Koalition gegen Frankreich beizutreten. Im selben Jahr war mit Giovanni Paisiellos neuer Oper *I giochi di Agrigento* das Teatro La Fenice eingeweiht worden. Man hatte Untersuchungen in Angriff genommen, die eine aufgeklärte Reform der Gefängnisse zum Ziel hatten; man hatte festgestellt, daß die Erwachsenenschulen, die der Staat in den Stadtsechsteln eingerichtet hatte, gut funktionierten, und es war eine neue Gesellschaft zur Förderung des Handels im Schwarzmeerbecken gegründet worden. Unerwartet war Angelo Emo gestorben; Tommaso Condulmer, sein Nachfolger im Flottenkommando, hatte einen Vertrag mit dem Bei von Tunis unterzeichnet. Als jedoch am 26. Januar 1793 die Beglaubigungsschreiben des Geschäftsträgers der aus der Revolution hervorgegangenen Französischen Republik akzeptiert worden waren, hatte das Volk in feindseliger Stimmung lange unter den Fenstern der Gesandtschaft gelärmt, die das brandneue Wappen mit dem schicksalhaften Motto *Liberté, Egalité, Fraternité* schmückte.

## 2

Unter diesen Umständen zeichneten sich die anderen italienischen Staaten nicht gerade durch ungewöhnliche Festigkeit aus, im Gegenteil. Aber trotz seines gesunkenen Ansehens zierte Venedig noch immer der alte Ruf von politischer Klugheit und diplomatischem Geschick, der es in einem gewissen Sinn gegenüber der öffentlichen Meinung mehr in die Pflicht nahm. Im April 1794 hatte man auf das beharrliche Drängen des Prokurators von San Marco, Francesco Pesaro, hin einige, allerdings begrenzte Abwehrmaßnahmen ergriffen. Im November protestierte der englische Botschafter gegen das persönliche Agrément, das die Republik dem französischen diplomatischen Vertreter erteilt hatte. Aber dieser zog dennoch offiziell in das *Collegio* ein, und zwar mit einer süß-sauren Rede, deren Inhalt in der an Venedig gerichteten Aufforderung bestand, feierlich seine Neutralität zu erklären und deren strikte Beachtung durchzusetzen. In der anschließenden Debatte fiel die Heftigkeit des Senators Zaccaria Valaresso auf, eines fanatischen Verfechters der unbewaffneten Neutralität: Sein Hauptthema war die Notwendigkeit, eine ganz eindeutige Rechtsposition einzunehmen, so daß nur eine jeden Rechtsgrundsatz verletzende »unwiderstehliche Gewalt« die Integrität des venezianischen Staates gefährden könnte.

Dieses Thema im Munde eines der einflußreichsten Vertreter der Senatsoligarchie ist in trauriger Weise bezeichnend. In den Köpfen der *Savi* und eines großen Teils des Senats spielte das Völkerrecht eine fundamentale Rolle: Es stellte eine feste Grundlage dar, eine Stütze, und man dachte nicht daran, daß jemand es wagen könnte, gegen seine geheiligten und unverletzlichen Grundsätze zu verstoßen. Eine solche Art zu denken hätte vielleicht bei den alten Generälen des Ancien régime eine vage Entsprechung finden können, aber gewiß nicht in der jungen Generation der französischen Generäle, die Kinder der Revolution waren und sich herzlich wenig um das Völkerrecht scherten (wie kurze Zeit darauf nachdrücklich bewiesen werden sollte). Es verwundert, daß diese Art schlaftrunkenen Vertrauens in einer Körperschaft wie dem venezianischen Senat Fuß fassen konnte, dessen Sinn für Realpolitik die Republik in extremen Situationen gerettet hatte.

In der neuen Verwirrung, die Europa heimsuchte, hatte Venedig bis jetzt jedenfalls mit ziemlich großer Würde das Gleichgewicht bewahrt: Die Ereignisse in Frankreich (das Ende des Terrors, die Tage des Thermidor, der Sturz Robespierres) konnten den Senat zu Recht hoffen lassen, dem schlimmsten Augenblick der Krise entronnen zu sein, zumal der französische Minister Lallement am 25. Februar 1795 den Text zweier Regierungsbeschlüsse vorlegte, die die Absicht bestätigten, zwischen beiden Republiken »das gute Einverständnis beizubehalten und die guten Beziehungen noch weiter zu festigen«.

Man hielt also den Augenblick für eine endgültige Normalisierung der diplomatischen Beziehungen für gekommen. In den finstersten Tagen der Revolution hatte der Botschafter Alvise Pisani Paris verlassen; nun erschien es angebracht, jemanden an seiner Statt zu entsenden. In einer der ständigen *Consulte nere*, in denen von jetzt ab in Sachen Innen- und Außenpolitik nach Gutdünken gehandelt wurde, ohne daß dafür irgendeine gesetzliche Befugnis vorlag (man nannte sie so, weil außer dem *Collegio* und anderen Behörden auch die *Savi usciti* an ihnen teilnahmen, das heißt jene, die vor kurzem aus dem Amt geschieden waren und eine schwarze Toga trugen und nicht wie die amtierenden *Savi* eine violette) – in einer solchen *Consulta* wurde nach langer Erörterung beschlossen, den *Nobilòmo* Alvise Querini unter dem Titel eines *Nobile in Francia* zu entsenden. Er traf am 25. Juli 1795 in Paris ein und wurde am 30. vom Konvent empfangen. Die Rede, die der Präsident Larevellière-Lépeaux an ihn richtete, klang nachgerade idyllisch: Es war eine Hymne auf die französisch-venetische Freundschaft, eine ganze Tonleiter von historisch-sentimentalen Lobhudeleien, die wie Musik in den Ohren der *Savi* klangen, als sie den Text nachlasen. Angesichts einer so großen Fülle von Gefühlen wurden die wiederholten Warnungen des Grafen Sanfermo aus Basel und die beunruhigenden Informationen des neuen venezianischen Ministers in Turin, des Grafen Giacomazzi, ruhig in den Wind geschlagen.

Während in Frankreich das Direktorium die Macht übernahm und Lallement das offiziell am 25. Januar 1796 mitteilte, brach die Frage um den Grafen von Lille auf. Der nächstälteste Bruder Ludwigs XVI. war, wie bereits erwähnt, mit einem großen Gefolge monarchistisch gesinnter Emigranten nach Verona geflohen. Nachdem sein Bruder, seine Schwägerin und sein Neffe, Ludwig XVII., auf tragische Weise umgekommen waren, hatte er Anspruch auf den französischen Thron erhoben und war dementsprechend aufgetreten. Den französischen Behörden behagte das offensichtlich nicht; während Lallement in Venedig Protest erhob, mußte der *Nobile in Francia* heftige Angriffe von seiten des Außenministeriums des Direktoriums hinnehmen. Es war ein neuer Herd von Feindseligkeiten, der zu entflammen drohte. Die Sache kam vor den Senat, wo sie lebhaft diskutiert wurde. Francesco Pesaro war der Ansicht, daß man die heiligen Pflichten der Asylgewährung und der Gastfreundschaft respektieren müsse, zumal – so sagte er – man nicht die Illusion zu hegen brauche, daß Frankreich gleich ein besserer Freund sei, wenn man nur den Thronprätendenten aus den venetischen Territorien ausweise. Es meldeten sich die *Savi del Consiglio* mit einer Reihe von Argumenten und Spitzfindigkeiten, aus denen vor allem die große Angst, Frankreich zu reizen, deutlich wurde, und die Ausweisung des Thronanwärters wurde mit einhundertsechsundfünfzig Stimmen gegen siebenundvierzig beschlossen.

Der Prätendent reagierte mit kühnem Hochmut: Er ließ sich das Goldene Buch des venetischen Patriziats bringen und strich eigenhändig seinen Namen und den sämtlicher Mitglieder seiner Familie aus. Dann verlangte er im arroganten Ton die Rückgabe jener Rüstung, die sein Vorfahr Heinrich IV. der Republik geschenkt hatte. Er reiste in Richtung der Länder des Kaisers ab (der ihn dann seinerseits auf eine Art und Weise abschieben sollte, die sehr viel weniger zivil war als die, die die Staatsinquisitoren angewandt hatten). Doch nach seiner Abreise schlug der russische Botschafter, der im Auftrag von Katharina II. die Rechte der Bourbonen schützte, einen Riesenlärm, und es bedurfte komplizierter Machenschaften, damit sich der Sturm wieder legte.

Unterdessen kündigte Lallement am 17. Februar 1796 in einem an den Senat gerichteten Brief pathetisch an, daß »einhunderttausend Republikaner« auf dem Weg nach Italien seien, nicht um es zu erobern, sondern um die »österreichischen Horden«, die »es seit zu langer Zeit verwüsteten«, wieder über die Alpen zu jagen. Diese Ankündigung, die in einem Meer von Beschwerden gegen die venezianische Außenpolitik, gegen die venezianische Seepolitik, gegen die öffentliche Meinung Venedigs, gegen die venezianische Presse, gegen alles und gegen alle fast unterging, war nicht dazu angetan, den »muntersten Karneval des Jahrhunderts« genießbarer zu machen. (Am Teatro La Fenice triumphierte der Sopran Luigi Marchesi in der *Lodoïska* von Simone Mayr; im Teatro San Luca wurde eine Komödie des *Nobilòmo* Alessandro Pepoli mit Beifall bedacht, einem schrulligen Patrizier, der sich so sehr für das Theater begeisterte, daß er auf dem Rückweg von den Sitzungen des Großen Rates bereits in der Gondel in die bunten Kleider Harlekins schlüpfte.) Aber die schwerwiegendste Nachricht von allen teilte Lallement nicht mit: Während das Oberkommando der österreichischen Streitkräfte dem betagten Feldmarschall Beaulieu übertragen worden war, wurde das Kommando über die französische Italienarmee von einem jungen, unbekannten General mit italienischem Namen, Napoleon Bonaparte, übernommen. Dieser bezog am 20. März 1796 sein Generalquartier in Nizza.

Was daraufhin geschah, ist italienische und europäische Geschichte. Ob die Siege von Montenotte, Millesimo und Dego dem Geschick Bonapartes oder den Anweisungen des Direktoriums oder dem Schicksal zu verdanken waren, ist einerlei; ob die unerwartete Niederlage der Piemontesen in Ceva und ihre erschrockene Bitte um einen sofortigen Waffenstillstand eher auf Angst oder auf Mißtrauen zurückzuführen waren als auf die glänzende militärische Begabung des jungen Generals, ist noch weniger wichtig. Fest steht, daß Ende April 1796 das Unglaubliche wahr wurde: Piemont, das militärische Bollwerk Italiens, war in kürzester Zeit zusammengebrochen, und das kaiserliche Heer befand sich auf dem Rückzug. Im Mai verletzte der junge General, auf das Völkerrecht pfeifend, die Neutralität des Herzogtums Parma und überquerte plötzlich den Po, Beaulieu entgegen, der sich gezwungen sah, die zu Österreich gehörige Lombardei zu übergeben und an der Adda eine feste Stellung einzunehmen. Die »einhunderttausend Republikaner« näherten sich mit Riesenschritten, und die »unbewaffnete Neutralität« war von den *Savi* trotz alter und genauer Verfügungen des Senats als eine wehrlose Neutralität verstanden worden, bar jeden effektiven Schutzes, was in Wirklichkeit die Auslieferung der lombardo-venetischen Städte und Landschaften der Republik an die Gewalt der Kriegführenden bedeutete.

Es ist oft behauptet worden, daß der Senat niemals eine so rasche Entwicklung der Kriegsgeschehnisse hätte erwarten können und ebensowenig die vorschnelle Kapitulation Piemonts und den überstürzten Rückzug des kaiserlichen Heers. Die Tatsache, daß zwischen Frankreich und den eigenen Grenzen das Königreich Sardinien und die österreichische Lombardei lagen, mochte eine gewisse beruhigende Wirkung haben. Aber die Überraschung entschuldigte nicht die resignierende Unterlassung jeglicher vernünftiger Schutzmaßnahmen, eine Unterlassung, die auf die ökonomischen Engpässe und auf so viele andere sehr plausible, aber unzureichende Gründe zurückzuführen war, zu denen auch die Berufung auf das Völkerrecht gehörte. Tatsache ist, daß ein Großteil der herrschenden Schicht Venedigs schon auf Verzicht gestimmt war. In seinen rechtfertigenden Memoiren erklärt der Cavaliere Piero Donà, der in den schwierigsten Tagen mehrmals *Savio del Consiglio* war, zum Beispiel offen, daß es in der Lage, in der sich die Republik befand, am besten war, nichts zu tun, allen Dingen ihren Lauf zu lassen und höchstens am Ende, in äußerster Not, einzugreifen.

Jedenfalls wählte der Senat, um mit der neuen Situation fertig zu werden, einen *Provveditore generale in Terra ferma*, der über alle venezianischen *Rettori* und *Rappresentanti* Amtsgewalt besaß und den Auftrag hatte, die Operationen zu koordinieren, die notwendig waren, um die Beachtung der Neutralität zu gewährleisten. Nicolò Foscarini, der Gewählte, ein Urenkel von Marco, dem Dogen und Literaten, war *Bailo* in Konstantinopel und *Savio* gewesen, doch von militärischen Dingen verstand er sehr wenig, und vor allem verfügte er weder über die moralische Stärke noch über den Mut, noch über genügend Entschlossenheit, um einem Bonaparte die Stirn zu bieten. Dieser legte bereits den Zynismus, die Härte und die Verachtung für alle vorstellbaren »Spielregeln« an den Tag, jene Eigenschaften also, die ihn nach und nach zum Diktator und Monarchen des nachrevolutionären Frankreich machen sollten.

Die Verletzung der venezianischen Neutralität durch den Marschall Beaulieu, der überraschend die Festung in Peschiera besetzte, hat zur Folge, daß die venezianische Neutralität auch von den Franzosen verletzt wird. Obwohl er sehr gut weiß, wie die Dinge gelaufen sind, tobt und droht Bonaparte und bezichtigt die Venezianer der Parteilichkeit zugunsten der Kaiserlichen. Die Terra ferma wird für die beiden Heere zum Manöver- und Kampfgebiet. In Brescia faßt der junge General eine berühmte Proklamation an die Völker Italiens ab. Dem Drucker, der die Frage nach der Genehmigung durch den *Podestà* aufwirft, wird die sofortige Erschießung angedroht. Die gemächliche Welt der venetischen Provinz ist so ein schroffes Benehmen nicht gewohnt; der *Podestà* Giovanni Alvise Mocenigo beschreibt Bonaparte, zwischen Bewunderung und Abscheu schwankend, so: » . . . ein junger Mann von achtundzwanzig Jahren . . . fest in seinen Entscheidungen, hält er alles, was von seinem Willen abhängt, für unbegrenzbar . . . Jedes Vorkommnis, sei es noch so harmlos, in dem er eine Opposition gegen seine Absichten zu erkennen glaubt, läßt ihn blitzschnell zur Grausamkeit und zu Drohungen übergehen . . .«*

Am 1. Juni 1796 findet in Valeggio die erste Begegnung mit dem *Provveditore generale* Foscarini statt. Der Unglückliche hat gegen die Gewalttätigkeiten, die Räubereien und Verwüstungen durch die Franzosen Einspruch erheben wollen; statt dessen muß er einen Wutausbruch über sich ergehen lassen: Venedig habe die Österreicher stillschweigend begünstigt und seine Neutralität gebrochen; und dann kommen die Drohungen, Verona in Brand zu stecken, dem Senat den Krieg zu erklären . . . Bonaparte macht sich den Vorfall von Peschiera zunutze und setzt die venetische Regierung auf die Anklagebank, die ihm zufolge dem Kaiser den Krieg hätte erklären müssen (als ob er nicht gewußt hätte, daß die Republik unbewaffnet war und die venetischen Dominien von kaiserlichen Territorien umgeben waren). Schließlich tut er so, als wolle er schweren Herzens darauf verzichten, Verona anzuzünden, wenn der *Provveditore* der Besetzung durch französische Truppen zustimme. Erschrocken sagt Foscarini ja. Das hat man ihm schwer angelastet (tatsächlich war er ein nichtsnutziger Mensch, aber die Anweisungen, die ihm der Senat gegeben hatte, ließen ihm praktisch keine andere Wahl).

Während man in Venedig also zum letzten Mal den Himmelfahrtstag mit der Zeremonie der Vermählung mit dem Meer feierte, standen die Franzosen in Verona. Die formellen Beziehungen zwischen den venetischen Behörden und den Kommandan-

* Vgl. S. Romanin, *Storia documentata . . .*, s.o., Bd. IX, S. 304.

ten der Italienarmee waren korrekt, aber die Bevölkerung war unzufrieden. Die Franzosen verlangten, gegen wertlose »Gutscheine« versorgt zu werden; die Soldaten stahlen und stellten den Frauen nach. Unsicherheit und Spannung lagen in der Luft. Am 2. Juni 1796 hatte sich eine *Consulta negra* im Haus des Prokurators Pesaro in Corte di Canonica versammelt. Eine aufgeregte Sitzung, in deren Verlauf man Beschuldigungen und Proteste vorbrachte, Angst bekundete und unrealistische Erklärungen abgab, hart bleiben zu wollen. Aber sie hatte einige konkrete Maßnahmen zur Folge: Am Tag danach hatte der Senat einen *Provveditore alle Lagune e ai Lidi* mit der Aufgabe gewählt, die notwendigen Schutzmaßnahmen zu koordinieren, um die Sicherheit der Hauptstadt zu gewährleisten; es handelte sich um den Admiral Jacopo Nani, dem Tommaso Condulmer, der ehemalige Stellvertreter von Angelo Emo, zur Seite stand. Eine Reihe von Amtspersonen und Offizieren wurde mit unterschiedlichen Aufgaben in den verschiedenen Verteidigungsabschnitten betraut. Dann wurde die Entsendung von zwei *Savi del Consiglio* nach Verona beschlossen, die mit General Bonaparte zusammentreffen und ihn der guten Absichten der Republik versichern sollten.

Die beiden Ausgewählten, Francesco Battagia und Nicolò I. Erizzo, trafen einen unerwartet ruhigen und fast herzlichen Bonaparte an, der sagte, daß er den Vorfall von Peschiera als abgeschlossen betrachte (tatsächlich schrieb er an Lallement: *»Il ne faut pas encore se brouiller avec une République dont l'alliance nous est utile ...«*). Er sprach über seine Pläne, Mailand die Unabhängigkeit zu geben, und meinte, dies sei für Venedig vorteilhaft, weil es dann nicht mehr auf drei Seiten von den Österreichern umgeben sei. Beiläufig aber verlangte der General eine große Waffenlieferung von zwanzigtausend Gewehren, der die euphorischen *Deputati* sofort zustimmten. Unterdessen ließen die Staatsinquisitoren den Senat wissen, es stehe nunmehr fest, daß Bonaparte Legnago in seinen Besitz bringen wollte, um die Festung der Österreicher in Mantua besser stürmen und die Schiffahrt auf der Etsch zum Schaden Venedigs kontrollieren zu können ... Es ist bezeichnend, daß die *Savi* sich wohl hüteten, dem Senat diese so unangenehme und unheilvolle *Comunicata* zu verlesen.

So verging das Jahr 1796 mit den Gewalttaten der einen und der anderen kriegführenden Seite (hauptsächlich jedoch der Franzosen) und den stets fruchtlosen diplomatischen Protesten in Paris wie in Wien und fortwährenden, peinlich genauen Anweisungen zum Schutz der Lagunen. Während die Franzosen über den Polesine, Legnago, Este und Monselice herfielen, verstärkte man die Marinegarnisonen und rief neue *Schiavoni*-Truppen, die treuergebenen *Craine*. Im Juli schließlich verlieh der *Quaranta*-Vorsteher Ser Marco Barbaro der allgemeinen Überzeugung Ausdruck und verlangte die Abberufung des *Provveditore* Forscarini, an dessen Stelle nach einer langen Debatte und einer mühseligen Abstimmung Francesco Battagia trat.

3

Es ist unmöglich, mit der täglichen Chronik der Ereignisse Schritt zu halten, von denen Bonapartes ständige Ausfälle gegenüber dem neuen *Provveditore generale* Battagia (der ihm immerhin genehmer war als Foscarini und der alles in allem auch ein wenig geschickter vorging) noch nicht einmal die unerfreulichsten sind. Versuchen wir statt dessen, aus diesem großen und schmerzlichen Gewirr von Gewalttaten, Täuschungen, Übergriffen, Ängsten, Debatten, Sorgen und Unschlüssigkeiten, so gut es geht, ein vollständiges Bild herauszudestillieren.

Zu diesem Bild gehört zunächst die Tatsache, daß Bonaparte schnell vordringen wollte – sein Kriegsplan sah den Vorstoß ins Herz des Reiches vor, ja sogar eine kombinierte Operation der Italien- und der Rheinarmee – und beabsichtigte, die österreichischen Heere, die ihm im Wege standen, aus dem Feld zu drängen. Um seine Ziele zu erreichen, bediente sich Bonaparte neuer Methoden. Wir wiederholen, daß die Kriege des 18. Jahrhunderts internationale Abkommen und Verträge respektierten und nicht die grauenhaft wahllose Brutalität des Krieges ohne Gesetz kannten, die wir inzwischen leider nur zu gut kennengelernt haben. Bonaparte griff in bezug auf Taktik und Logistik der Zukunft voraus; er war ein überzeugter Anhänger des von Friedrich dem

Großen geschätzten Guibert, des Theoretikers des Blitzkrieges und der offensiven Mobilität der Armeen. Gezwungenermaßen und weil es von Vorteil war, seine Armee nicht mit allerlei Gepäck zu belasten, gedachte er, die Versorgungsprobleme auf Kosten der Bevölkerung jener Länder zu lösen, die das Pech hatten, an seinem Weg zu liegen.

Der junge General hatte zudem eine Sache bereits sehr gut verstanden, nämlich die Vorteile des Bluffs, der Aggression und der ständigen und immer höher geschraubten Forderungen zu nutzen. Während des ganzen Feldzugs sollten die Drohungen wie Sturzbäche - oder, um ein militärischeres Bild vorzuziehen, wie Salven - aus seinem Mund kommen. Und je nachgiebiger sich die Gegenseite zeigte, je mehr sie sich einschüchtern ließ, desto höher sollte der junge General seine Forderungen schrauben.

So entstand eine ausweglose Lage. Die Bestürzung über Bonapartes Schroffheit und Aggressivität hatte auf seiten des venezianischen *Provveditore* und seiner Regierung eine verängstigte Gefügigkeit zur Folge, und diese Gefügigkeit wiederum bewirkte eine sofortige Intensivierung der Schroffheit und der Aggressivität und ein sofortiges Weiterdrehen an der Schraube der Forderungen.

Kommen wir zu einem weiteren Element des Bildes, das wir uns von der Situation machen wollen: Die Republik war zutiefst davon überzeugt, daß nichts getan werden könne - weder um die Neutralität zu bewahren noch um die Zwangsrequirierungen, die Räubereien, die Gewalttaten und die Verwüstungen durch die Kriegführenden zu vermeiden. Als im Senat Tommaso Mocenigo Soranzo die *Savi* aufforderte, sie sollten sich wenigstens etwas ausdenken, um die Gewalttaten der Franzosen in Verona einzudämmen, baten die *Savi* flehentlich, man möge nicht davon sprechen, um die Franzosen nicht noch weiter zu erbittern, die im Hinblick auf die venezianische Neutralität schon scharf genug aufpaßten. Um Gottes willen bloß keine Provokation! Dies war der Kern der Politik des *Collegio:* eine auf die Spitze getriebene Selbstverleugnung, ein ewiges Nachgeben, das die Beziehungen, die Umstände, die Situation mehr verschlechterte als verbesserte.

Zweihundertachtzig Jahre früher, in den tragischen Tagen der Invasion durch die Verbündeten von Cambrai, hatte der Senat den heroischen Schritt getan, eine unhaltbare Terra ferma aufzugeben, um die Verteidigung der Hauptstadt, die auf der Landseite abgeriegelt war, aber zum Meer hin offen blieb, zu verstärken und zu beleben. Jetzt ging den *Savi*, dem Senat eine solche Möglichkeit nicht einmal durch den Sinn; nicht einmal im entferntesten erwogen sie die Möglichkeit, jene wenigen Truppen, jene wenigen Waffen zurückzuziehen, die auf der Terra ferma verblieben waren, um sich in Venedig zu verschanzen, im Schutz der Seeflotte, die noch über einhundertachtzig Schiffe verfügte. Die Situation war im Abstand von zweihundertachtzig Jahren zweifelsohne eine andere – doch wie anders waren auch die Menschen!

Zu den Parallelen zwischen jetzt und jenen fernen Tagen gehörten hingegen die altbekannten nagenden Neidgefühle des Provinzadels. Die Präsenz der Franzosen hatte den revolutionären Ideen, von denen es in den Köpfen jener grollenden und frustrierten Klasse wimmelte, die sich im 16. Jahrhundert unter die kaiserlichen Fahnen geschart hatte, neue Kraft gegeben. Außer der Möglichkeit, dem Haß auf die »Unterdrücker« Luft zu machen, konnte die Verwirklichung jener Ideen als Instrument der aktiven Venedigfeindlichkeit eine nützliche Hypothek auf die Zukunft darstellen; denn so, wie die Dinge standen, hätte es auch auf einen französischen Erfolg hinauslaufen können, mit dem die ideologischen Peitschen des Ancien régime eingemottet und neue Regierungsmethoden erforderlich werden würden. Nun also entdeckte der Adel von der Terra ferma seine demokratische Seele und begann, die Prinzipien der Freiheit, der Gleichheit und der Brüderlichkeit hochzuhalten. In seinen Reihen gab es die uneingestandene Hoffnung, sich der eindrucksvollen demokratischen französischen Formel zu bedienen, um jene soziale Vorrangstellung und jene Position des absoluten Privilegs zurückzugewinnen, die die venezianische Politik trotz allem gemildert und abgebaut hatte. Und infolgedessen entdeckten die bäuerlichen Volksschichten – wie zur Zeit von Cambrai – ihre Vorliebe für San Marco neu. Die zentrale Macht bildete, obwohl sie geschwächt, einflußlos und zu oft auch abwesend war, für jene Massen den einzigen Schutz vor der tatsächlichen und unmittelbaren Unterdrückung durch die Adligen, die Grundbesitzer. Hunger, Not und andere Übelstände mochten Rebellionen ausgelöst haben, die auf das Konto der Raufbolde des Tabakmonopols, der Zöllner und der Sbirren der Republik und in manchen Fällen vielleicht auch der venezianischen *Rappresentanti* gegangen waren. Manchmal hatten auch gewalttätige und brutale Grundbesitzer vom Schlag eines Alamanno Gambara und eines Galeano Lechi mit ihrem ständigen Kampf gegen die Vertreter der bestehenden Macht (der gewiß nicht von der Liebe zum Volk, sondern von einem umstürzlerischen Geist individueller Bestrebungen inspiriert war) unter den unzufriedenen *Villani* eine gewisse Gefolgschaft gefunden. Aber jetzt erkannte die Bauernschaft unter der neuen Maske den alten Unterdrücker und verhehlte keineswegs ihre Feindseligkeit gegenüber den Neudemokraten aus der Aristokratie.

In Dalmatien lagen die Dinge anders. Dort war Venedig trotz anderer Mißstände vor allem der Garant der Verteidigung gegen die launenhaften, unvorhersehbaren Gewaltausbrüche der Türken und die Überfälle der Piraten. Eine bereits seit langem gepflegte systematische Militanz in den Land- und Seestreitkräften der Republik hatte eine aufrichtige und tiefe Loyalität gefördert, die die Republik unter anderem mit einer Untersuchungskommission zu erhalten und zu belohnen versucht hatte (die im Großen Rat von Marco Foscarini unterstützt wurde), welche angesichts der vielen Mißstände und der vielen Fehler der örtlichen Regierung Abhilfe schaffen sollte.

Dies war die Situation, in der mit dem Einbruch des Winters ein neuer Karneval heraufzog, der letzte des freien Venedig. Der entsetzlich kalte Monat Dezember hatte zu einem großen Sterben unter Greisen und Kindern geführt. Es war eine echte Katastrophe. Was aber die Regierenden (deren Zahl immer weiter abnahm, weil die *Savi* die unangenehmsten Dokumente vor dem Senat verbargen) in Raserei versetzte, war etwas anderes gewesen, etwas, was die öffentlichen Hände einmal mehr in Bedrängnis gebracht hatte: Der *Bailo* in Konstantinopel, Ser Ferigo Foscari, war zuerst von einem hohen osmanischen Beamten, dann sogar vom französischen Botschafter angesprochen worden. Beide hatten im wesentlichen die Meinung geäußert, daß die Republik niemals beabsichtigen könne, so isoliert und ohne Bündnisse weiterzuleben, und daß das Direktorium gern eine gegen Österreich und Rußland gerichtete französisch-venetisch-türkische Allianz sehen würde, mit der wahrscheinlichen Beteiligung von Spanien und mit einer Garantie gegenüber Venedig, das zunächst am meisten in der Schußlinie stand und ernsthaft bedroht war.

Der *Bailo* hatte die Staatsinquisitoren unterrichtet, und er hatte das bewußt getan, weil, wie er sagte, über alles, was im Senat erörtert wurde, alle alles wußten (was zumindest teilweise die ins Schwindelerregende wachsende Zahl jener *Comunicate* rechtfertigte, die das *Collegio* nicht im *Pregàdi* verlas). Und dennoch hatten die *Savi del Consiglio*, nachdem sie in den Bericht des *Bailo* und in ein mit großer Heimlichkeit überbrachtes Schreiben des französischen Botschafters in Konstantinopel Einsicht genommen hatten, negativ entschieden. In ihren Überlegungen waren zwei Dinge ins Gewicht gefallen: die Tatsache, daß ein neuer österreichischer Gegenangriff drohte, geleitet von General Wurmser, der jünger und geachteter und fähiger war als der alte Beaulieu, und dann vor allem die Unsicherheit in bezug auf das Verhalten des hypothetischen französischen Verbündeten im Fall eines Sieges. Andere Beobachtungen hatten eine geringere, aber nicht völlig unbedeutende Rolle gespielt. Was würde die dalmatinische Bevölkerung zu einem Bündnis mit ihrem jahrhundertealten Feind und Aggressor, dem Türken, sagen? Wie würden die griechischen Bewohner der Ionischen Inseln auf die Feindschaft mit dem Russischen Reich reagieren, das sich als natürlicher Beschützer der Völker griechisch-orthodoxen Glaubens gebärdete?

Im September hatte etwas anderes, wenn auch Geringfügigeres, Aufmerksamkeit erregt. Zwei Linienschiffe und zwei Fregatten waren in den Hafen von Venedig eingelaufen; alle vier fuhren unter englischer Flagge. Schon seit geraumer Zeit berührte der Minister Seiner Britischen Majestät eine besondere Saite: Wenn sich die Republik zugunsten eines Bündnisses mit Frankreich erklärte, würde die englische Regierung zur Sperrung des Hafens einen Flottenverband entsenden, um die Freiheit des Handels in der Adria zu garantieren und den kaiserlichen Hafen in Triest zu schützen. Das war zweifellos ein weiterer konkreter Grund, auf das Bündnis mit Frankreich zu verzichten, aber theoretisch wäre eine venetisch-britische Allianz nicht ohne Reiz gewesen. Die Unterstützung durch die starke Seemacht hätte vielleicht die Stadt und das *Dominio da mar* gerettet, vielleicht die Möglichkeit einer Befreiung vom Meer her geboten. Wie dem auch sei, die Diplomatie hatte weder Vorschläge noch Anregungen vorgelegt, und die Engländer waren abgezogen, allerdings nicht, ohne sich vorher ziemlich negativ über die in der Lagune vorbereiteten Verteidigungsmaßnahmen zu äußern.

Andererseits bedurfte es nicht viel, um Venedig von dem Bündnis mit Frankreich abzulenken, das Lallement im Oktober abermals angeboten hatte. Die Französische Republik war in den Augen jeder Person oder Institution des Ancien régime – und es besteht kein Zweifel darüber, daß die venezianische Adelsrepublik eine für das Ancien régime typische Einrichtung war – letzten Endes ein revolutionärer Staat.

## 4

Nach der unheilvollen Begegnung zwischen Bonaparte und dem *Provveditore generale* Foscarini (der jetzt im Ruhestand lebte: Als er mit seiner Frau auf das Land zurückkehrte, war ihm zum großen Gaudium vieler konformistisch denkender Leute auch noch die Kutsche umgekippt, und diese waren nur darüber enttäuscht, daß er sich nicht das Genick gebrochen hatte . . .) waren viele Dinge geschehen, die den meisten unglaublich erschienen. Die kleine französische Armee hatte Mailand und Livorno erobert, den Papst in seinen Gebieten angegriffen, Bologna besetzt und der Kirche Geld in Millionenwerten und Kunstschätze in Milliardenwerten entrissen (das Direktorium hatte ausdrücklich beides gefordert). General Wurmser, der an der Spitze dreier Armeekorps nach Italien gezogen war, war Anfang August unerwartet besiegt worden und hatte sich ins Trentino zurückziehen müssen. Als er dann Mitte September wieder ausrückte, um das auszuführen, was wie eine Strafexpedition aussah, war er bei Bassano erneut geschlagen und gezwungen worden, sich im belagerten Mantua einzuschließen. Die von Guibert theoretisch erarbeiteten Prinzipien des Blitzkrieges waren schnell und zum richtigen Zeitpunkt angewandt worden und hatten ihre unerwarteten und verwirrenden Ergebnisse gezeitigt: Die kaiserlichen Heere waren auf der ganzen Linie geschlagen. Und der siegreiche Bonaparte hatte den Herzog von Modena abgesetzt und einen Kongreß einberufen, der die Gründung einer »Zispadanischen Republik« unter französischem Einfluß zum Ziel hatte.

Noch im Monat Mai hatte der junge General an das Exekutive Direktorium der Französischen Republik eine Frage gerichtet: Wenn diese italienischen Völker darum bäten, sich in einer republikanischen Form zu organisieren, dürfte man ihnen das zugestehen? Das Direktorium hatte ausweichend geantwortet. Ende Juli hatte der Außenminister Delacroix demselben Direktorium ein langes Schreiben mit einer Reihe von Bitten um Anweisungen vorgelegt, und das Direktorium hatte Anfrage für Anfrage beantwortet. In bezug auf Italien beinhaltete dieses erstaunliche Dokument im wesentlichen folgendes: ja zur vollständigen und endgültigen Vertreibung des Hauses Österreich, nein zu einer völligen Ausraubung des Papstes, ja zu einer französischen Annexion von Livorno und der Insel Elba; außerdem ja zur Übergabe der Toskana, der Romagna, von Modena, Ferrara und Bologna an das bayrische Königshaus (während Bayern als Kompensation an Österreich ging) und ja zur Übertragung der Souveränität über die Fürstbistümer Trient und Brixen, vormalige kaiserliche Lehen, an Venedig.

Frankreich hatte also nicht die Vernichtung der Venetischen Republik im Sinn. Nicht nur das, sondern – und hier lohnt es sich, das Original zu zitieren – auf die Frage *»Convient-il aux intérêts de la République française de provoquer l'établissement d'une seule ou de plusieurs républiques démocratiques dans toute l'Italie?«* erwiderte das Direktorium feierlich: *»Décidé à la négative.«* (Unterzeichner waren Letourneur, Carnot, Barras, Reubell, Larevellière-Lépeaux.) Es ist also klar, daß Frankreich keine politischen Umwälzungen in Italien plante und weniger denn je an die Aufhebung der venezianischen Unabhängigkeit dachte. Die Gründung der Zispadanischen Republik war – wie der Betreffende ausdrücklich einräumte – nur die Folge der Ängste von General Bonaparte: Er war mit seinen Soldaten in jenem feindlichen Italien isoliert, das seine Methoden der Kriegführung nicht akzeptierte, das ihm mit seinen Soldaten einen Dolchstoß in den Rücken versetzte, das in die Anarchie abglitt (das war die schmerzliche Folge der Ohnmacht der alten Regierungen, zu denen auch die venezianische gehörte) und dessentwegen er in einem Brief an das Direktorium am 2. Oktober 1796 folgendes schrieb: »Ich brauche eine mir ergebene Regierung.«*

Am 1. November 1796 hatte der Krieg wieder begonnen. Nachdem Beaulieu im Ruhestand und Wurmser in die Mauern von Mantua eingeschlossen war, hatte der Kaiser einen neuen Trumpf ins Spiel gebracht, nämlich den General Alvinczy. Die Kampfhandlungen hatten sich – es erübrigt sich fast, das festzustellen – alle auf venetischem Territorium zugetragen. Während Alvinczy die Piave überquerte, zog ein anderer österreichischer General, Davidovich, das Etschtal hinunter. Angesichts dieses konzentrischen Vorrückens erlebte der spätere Napoleon I. einen Augenblick der Panik (*»peut-être nous sommes à la veille de perdre l'Italie«*, hatte er ans Direktorium geschrieben). Aber im heftigen Kampf bei Arcole waren beide, Alvinczy und Davidovich, zurückgedrängt worden. Sie waren abgezogen und hatten eine einzige Wüste hinterlassen: entwurzelte Rebstöcke, verbrannte Dörfer, an der Wurzel abgeschlagene Obstbäume. Bonaparte hatte dem Direktorium entsetzt darüber berichtet, und dennoch war all das nur eine direkte Folge seiner Methoden der Kriegführung. Seine Armee wollte und mußte von dem Land leben, das sie durchquerte, und die Österreicher zerstörten es; den Schaden jedoch hatten die armen venetischen *Villani*, die unglücklichen Bauern, die von diesen Zusammenstößen, an denen sie völlig unbeteiligt waren, überrollt wurden.

Auf die neue, blendende Überraschung von Arcole folgte eine fast zweimonatige Wartezeit. Auf was wartete man? Auf den Fall der kaiserlichen Festung in Mantua beziehungsweise ihre Befreiung. Unterdessen war in Venedig nicht viel geschehen, außer der täglichen Wiederholung der Klagen des französischen bevoll-

* G. Ferrero, *Aventure – Bonaparte en Italie*, Paris 1936, S. 111.

mächtigten Ministers Lallement. Von seiten des Beis von Algier, des kleinen Herrschers über ein Land von Piraten, war eine drohende Forderung eingetroffen, mehr Geschenke zu schicken, als in den Verträgen vorgesehen waren; die algerischen Korsaren hatten venezianische Schiffe erbeutet, und die Venezianer hatten zur Vergeltung zwei algerische *Sciambecchi* gekapert. Der Prokurator Pesaro war zum *Conferente* bei der französischen Gesandtschaft ernannt worden, während Ser Pietro Zen die gleiche Position bei der kaiserlichen Gesandtschaft einnahm. Am 5. September 1796 hatte der Cavaliere Antonio Cappello (der so deutliche Worte gefunden hatte, als er Botschafter in Paris war) seinen Einzug in das Amt eines Prokurators von San Marco gefeiert. Im Teatro La Fenice waren anläßlich der Aufführung der *Orazi e Curiazi* von Domenico Cimarosa die Sitze auf allen Rängen zu Irrsinnspreisen verkauft worden. Der russische Botschafter hatte wegen des Balletts protestiert, das seiner Meinung nach seine Landsleute in einem wenig heroischen Licht erscheinen ließ. Während der Karneval weiterging, während im Teatro Sant'Angelo *Trieste,* die Tragödie eines jungen gräkovenetischen Schriftstellers aus Zante namens Ugo Foscolo, lautstark beklatscht wurde, während man in den *Casini* der Philharmoniker und der Orfei tanzte, waren neue, explosive Nachrichten eingetroffen: Am 7. Januar hatte Bonaparte die kaiserliche Armee bei Rivoli einmal mehr vernichtend geschlagen; am 2. Februar hatte die Festung von Mantua kapituliert, und zu Beginn desselben Monats war Bonaparte den Befehlen des Direktoriums gemäß erneut in den Kirchenstaat eingefallen, hatte den Papst besiegt und gedemütigt und ihn gezwungen, die schlimmsten Verhältnisse und die schmerzlichsten Plünderungen zu ertragen.

All das hatte sich vor aller Augen zugetragen, auch vor denen des Kongresses, der der neugeborenen Zispadanischen Republik eine Ordnung geben sollte. Aber was war nicht alles zwischen der zweiten Hälfte des Jahres 1796 und der ersten Hälfte des Jahres 1797 gesagt worden!

Im Verlauf des Monats Oktober 1796 hatte das Direktorium seinen Generalissimus zweimal ermahnt, vorsichtig zu sein und die demokratischen Schwärmereien der Völker Italiens zu dämpfen. Hinter diesen Empfehlungen verbarg sich etwas sehr Ernstes. Am 15. November war General Clarke beauftragt worden, mit der kaiserlichen Regierung einen Waffenstillstand auszuhandeln. Und sein natürlicher Gesprächspartner, der, mit dem er verhandeln sollte, war ein Mann, der sein Leben in den Dienst der Größe des Hauses Habsburg gestellt hatte – es war der Baron Thugut (Thugut war der Sohn eines armen Donaufährmanns, geboren in der mystisch-patriotischen Atmosphäre von Linz, aufgewachsen zwischen den Geheimnissen der habsburgischen Bürokratie, und hatte als »Geheimer Haus-, Hof- und Staatskanzler« Seiner kaiserlichen und königlichen Apostolischen Majestät den Gipfel der Macht erreicht). In seinem Innersten liebäugelte dieser mit dem, was seit den Zeiten Maximilians und des Krieges von Cambrai der Traum der Habsburger gewesen war – nämlich die Einverleibung der venetischen Terra ferma in die Erblande der erlauchtesten Dynastie. Es fällt auf, daß das Direktorium in den Anweisungen, die es dem General gegeben hatte, ebenso von dem angeblichen Unrecht sprach, das Frankreich von seiten der venezianischen Regierung erlitten habe, wie von der revolutionären Stimmung der Bevölkerung der Terra ferma, insbesondere der Einwohner von Brescia, Bergamo und Verona. Es fällt um so mehr auf, als jene Stimmung, von der man bereits seit geraumer Zeit redete, von General Bonaparte letzten Endes nicht mit großer Begeisterung gesehen wurde. Dieser hatte sich am 28. Dezember 1796 in einem Brief an das Direktorium unglaublich zynisch und eiskalt über die Wünsche der Italiener geäußert. Keineswegs wie der »Befreier Italiens«, wie ihn manche zu nennen begannen, die er selbst als »Halbwüchsige« und »Schreiberlinge« abtat.

»In diesem Augenblick gibt es in der Lombardei drei Parteien«, schrieb Bonaparte, »1. jene, die sich von den Franzosen führen läßt, 2. jene, die die Freiheit möchte und ihrem Wunsch auch ungeduldig Ausdruck verleiht, 3. die Partei, die in den Österreichern Freunde und in den Franzosen Feinde sieht ... Ich unterstütze und fördere die erste, dränge die zweite zurück und unterdrücke die dritte ... Die Zispadanischen Republiken sind in drei Parteien geteilt: 1. die Freunde ihrer alten Regierungen, 2. die allerdings ein wenig aristokratischen Anhänger einer Verfassung,

3. die Anhänger der französischen Verfassung oder der reinen Demokratie. Ich unterdrücke die erste, unterstütze die zweite und zügle die dritte, weil die zweite Partei jene der reichen Besitzer und der Priester ist, die die Masse des Volkes letzten Endes für sich gewinnen würden, welche um die französische Partei geschart werden muß ... Die dritte Partei besteht aus Halbwüchsigen, Schreiberlingen und Menschen, die wie in Frankreich und in jedem anderen Land die Freiheit nur um der Revolution willen lieben ...«*

Und während manche Schwärmer in den Franzosen die Vorläufer einer Bewegung der nationalen Erneuerung sahen, schrieb Kaiser Franz II. seinem Bruder, daß er im Fall einer erzwungenen Übergabe von Belgien an Frankreich die Republik – nicht einmal in einem privaten Brief wagte es der Habsburger, den Namen der seit Jahrhunderten vergeblich Begehrten ganz auszuschreiben – als Abfindung verlangen würde.

Es ist also klar, daß sich Venedigs Los in jenen Tagen entschied, unabhängig von dem mehr oder weniger feigen, mehr oder weniger resignierten, mehr oder weniger naiven Verhalten seiner Regierenden. Um gegen ein Schicksal anzukämpfen, das sich langsam abzeichnete, hätte es ganz anderer Dinge bedurft als dessen, was die Aristokratie 1796/97 aufbieten konnte: eine Gruppe gebildeter, williger Leute, die zwar in Politik und Diplomatie erfahren, aber von dem, was im großen europäischen Kessel brodelte, meilenweit entfernt waren.

## 5

General Bonapartes schonungslose Diagnose war keineswegs unzutreffend. Wie wir bereits sagten, griff in Italien und vor allem in den venezianischen Besitzungen die Uneinigkeit immer weiter um sich, die aus verschiedenen Quellen gespeist wurde. Im Mikrokosmos der *Repubblica Serenissima* traten diese ganz deut-

* *Correspondance de Napoléon I*, Bd. II., Anm. 1321, S. 223 (in G. Ferrero, *Aventure* ..., s.o., S. 138f.).

lich zutage: Da waren die echten Idealisten – eine kleine Minderheit; da waren die Priester mit den aufgenötigten Weihen und erfolgreiche Berufstätige, die wegen ihrer bescheidenen Herkunft keinen Zugang zu gesellschaftlichen Privilegien hatten; es gab die gequälten Intellektuellen (die von Bonaparte verachteten »Schreiberlinge«) und die neuerungssüchtigen Jungen, und da war die Masse derjenigen, die, privilegiert durch Geburt, Besitz oder anderes, von den Umständen zu profitieren beabsichtigten, um ihre Privilegien noch auszubauen und zu stärken. Die bereits chronische Ohnmacht der Zentralgewalt nährte die Bestrebungen dieser letzteren, die die größte Partei bildeten. Im März 1797 brachen die demokratischen Unruhen von Bergamo aus. Für die Zeugen, die mit der neuen Terminologie wenig vertraut waren, war es die »Revolte des Adels«.* Um den am 16. März aufgestellten »Baum der Freiheit« tanzten in der Tat fast ausschließlich Adlige. Alles sollte anders werden, aber nur wenn die Macht aus den Händen der *Rappresentanti* der verabscheuten venezianischen Macht in die des örtlichen Adels gelegt würde. Vom echten Volk, dem der Felder und der Werkstätten, fehlt jede Spur (nebenbei bemerkt, hatte General Bonaparte in seiner dem Direktorium mitgeteilten Auflistung es völlig vergessen oder ignoriert).

In jenem Monat März zerbröckelt das venezianische *Dominio* in der Lombardei. Am 18. ist es Brescia, das sich erhebt; nach einer blutigen Straßenschlacht zwischen den *Marcolini,* den Venedigtreuen, die von einem Oberst Soffietti befehligt werden, und den Aufständischen gewinnen diese letzteren dank der Hilfe einer Kolonne von zweihundert Mann aus Bergamo die Oberhand. Der *Podestà* Giovanni Alvise Mocenigo (in der Gesellschaft wegen seiner Extravaganzen als »Seine Exzellenz Verrückt« bekannt) flieht als Bauer verkleidet und wird, in Venedig angekommen, auf Befehl des Rates der Zehn unter Hausarrest gestellt. In die Hände der Rebellen fällt der *Provveditore generale* Battagia, der mißhandelt, eingesperrt, mit dem Tod bedroht und dann von den Franzosen freigelassen wird, die ihn gütigst nach Verona gehen

* Vgl. R. Bratti, *La fine della Serenissima,* Mailand, o.J., S. 125.

lassen. Die provisorische Munizipalität beeilt sich, den im Kastell gefangengehaltenen Prokurator Giorgio Pisani zu befreien. Sie finden einen armen, vom Alkohol ruinierten Mann, der nur noch der Schatten jenes glänzenden Tribuns von 1780 ist.

Bis jetzt hatte sich die französische Armee (die sofort die Zitadelle von Bergamo besetzt hatte) – wenigstens nach außen hin – aus allem herausgehalten: Der Generalissimus war mit etwas viel Wichtigerem beschäftigt: Das Direktorium hatte ihn aufgefordert, die Erblande des Hauses Österreich anzugreifen. Die Nachricht von den Aufständen in Bergamo und Brescia erreichten ihn an den Ufern des Isonzo, aber sie freuten ihn nicht, ganz im Gegenteil, und mehr noch beunruhigten ihn die Reaktion der bäuerlichen Bevölkerung, die San Marco treu ergeben war, die Raufereien, die Unruhen und die Wirren, die nunmehr die venetischen Provinzen erschütterten.

Der Senat, der in jenen verworrenen Tagen viel diskutiert hatte, zweifelte an Battagias Fähigkeiten. Er entfernte ihn am 22. März aus dem Amt und ließ ihn zum *Avogador di Comun* wählen. Unterdessen ernannte er an seiner Statt den Prokurator Francesco Pesaro zum Unterhändler, den Führer der Partei der »Falken«, der, solange er konnte, für eine Neutralität gekämpft hatte, die zumindest nicht »unbewaffnet« hätte sein sollen. Neben ihn wählte er Giovanni Battista Corner. Die beiden *Deputati al general in càpite Bonaparte* reisten ihm durch die verwüsteten und geschändeten Gebiete nach; sie kamen gerade rechtzeitig durch Palmanova – die schöne, sternförmig angelegte Festung, die zwei Jahrhunderte zuvor erbaut worden war, um die Türken auf Abstand zu halten –, um mitzuerleben, wie die österreichische Besetzung von der französischen abgelöst wurde, und sie holten Bonaparte in Görz ein – vielbeschäftigt, mürrisch, aber immerhin noch bereit, sie anzuhören.

Die beiden wiesen auf die Ereignisse von Bergamo und Brescia hin und machten darauf aufmerksam, daß die Anwesenheit der Franzosen für die Rebellen eine Unterstützung und Hilfe bedeutet hätte, was der Generalissimus rundweg – und vielleicht im guten Glauben – abstritt. Sie wiesen ihn auch darauf hin, daß es sehr schwierig sein würde, die beiden Städte dem Senat gefügig zu machen, wenn die Franzosen weiterhin die Festungen besetzt hielten. Und er antwortete, daß er überhaupt nicht daran dächte, jene Festungen zu verlassen, daß aber der Senat, wenn er Bergamo und Brescia gefügig machen wolle, nichts anderes zu tun habe, als um die Intervention der französischen Armee zu bitten. Überrascht bemerkten die beiden, daß die Untertanen, wenn der Senat die Waffenhilfe einer fremden Macht in Anspruch nähme, allen Grund hätten, ihn zu verachten. Der Generalissimus gab ihnen recht, der einzige Ausweg sei ein ganz enger Bündnispakt mit dem Direktorium und der Französischen Republik. Nach zweitägigen Unterredungen sahen sich die *Deputati* jedoch den gleichen oder noch größeren Schwierigkeiten gegenüber. Der wiederholten Ermahnung, genau formulierte Abkommen mit dem Direktorium zu schließen, fügte der General – unter dem Vorwand, die Einwohner Venetiens von der Last der täglichen enormen Beschlagnahmen zu befreien – die Forderung nach einer sechsmonatigen Zahlung von je einer Million Goldfranken pro Monat hinzu. Die französische Nation werde alles nach Kriegsende zurückzahlen. Auf die Proteste der beiden, daß die Staatskasse leer und die Wirtschaft zerrüttet sei, antwortete Bonaparte seelenruhig, daß der Senat sich an den Bankeinlagen des Herzogs von Modena und anderer Feinde Frankreichs schadlos halten könne.

Nach der Rückkehr der *Deputati* nach Venedig kommt es im Senat zu einer großen Diskussion. Es wird ziemlich deutlich, daß es ein Fehler gewesen war, den Prokurator Francesco Pesaro zu Bonaparte zu schicken. Der Prokurator war bis ins Innerste vom Sieg der Österreicher überzeugt, und ebenso war er ein leidenschaftlicher Gegner jeder Art von Verbindung mit der revolutionären und königsmörderischen Französischen Republik. Durch ihn hatte Venedig mit unverhüllter Überheblichkeit Bonapartes Bündnisangebote abgelehnt und geglaubt, mit dem Opfer von ein paar Millionen größere Probleme zu vermeiden. Das war ein noch schlimmerer Fehler.

Bonaparte, der zwar in den Bedrängnissen eines Feldzuges steckte, der ihn immer weiter, immer tiefer in ein feindliches Land hineinführte (und sein Gegner war jetzt Erzherzog Karl, der sehr viel fähiger und entschlossener war als Beaulieu, Wurmser und

Alvinczy), änderte rasch seinen Sinn. Wenn die Nachrichten von den Aufständen in Bergamo und Brescia (gefolgt von denen in Crema und Salò) ihn beunruhigt hatten, beunruhigten ihn die Informationen über die große Bewegung der Reaktion, die in der Lombardei und in Venetien die bäuerlichen Massen mobilisiert hatte, noch viel mehr. Das gleiche galt für die ständige Wiederholung der Treueschwüre der Städte Venetiens und die erweiterten Verteidigungsmaßnahmen auf der Terra ferma, die allerdings ohne Hoffnung auf Wirksamkeit durchgeführt wurden ... In jenen Tagen reifte im Generalissimus, dem *Général en chef*, die Überzeugung, daß die Existenz der Republik eine Gefahr in seinem Rücken darstellte.

Ein dummer und grotesker Vorfall sollte ihn in dieser Überzeugung bestätigen. Mailänder und Bologneser Zeitungen hatten eine stark antifranzösische Proklamation veröffentlicht, die von dem *Provveditore generale* Francesco Battagia unterzeichnet war. Es war eine grobe Fälschung, die auf das Konto eines fanatischen Mailänder Jakobiners, eines gewissen Salvadori, ging. Aber sie lieferte dem General, dem die Sicherheit in seinem Rücken immer größere Sorgen bereitete, den direkten Vorwand für einen Brief, den er am 9. April 1797 an Lallement schickte und der den endgültigen Bruch mit der venezianischen aristokratischen Regierung bedeutete.

Mit wütender Rhetorik hielt der General der Republik viele tatsächliche und eingebildete Fehler vor. Er erinnerte an die Weigerung, mit der der Prokurator Pesaro auf seine Bündnisangebote reagiert hatte. Er beschuldigte den Senat der »Treulosigkeit«, beschwor die »Treubrüche«, die die Italiener gegenüber den Franzosen im Laufe der Jahrhunderte begangen hätten (in der Liste fand sich auch die Sizilianische Vesper). Und er verlangte die sofortige Freilassung all jener, die in den venezianischen Gefängnissen unter dem Verdacht der Parteilichkeit zugunsten von Frankreich festgehalten würden, die Verkleinerung der venezianischen Garnisonen in den Städten der Terra ferma und die Entwaffnung der Bauern. Er bekräftigte diesen Brief mit einem Aufruf an die von Venedig unterworfenen Völker, in welchem er den Senat beschuldigte, sich nur um den Schutz der Hauptstadt gekümmert und sie – gleichgültig gegenüber ihren Leiden und nur danach gierend, sie durch Eroberung und Usurpation gewaltsam zu unterdrücken – ihrem Schicksal überlassen zu haben. Schließlich schrieb er einen persönlichen Brief an Pesaro, in dem er ihm erneut vorwarf, ein Bündnis mit Frankreich ausgeschlagen zu haben, und einen Besuch seines Generalstabsoffiziers Junot in Venedig ankündigte. Ein Brief an den General Kilmaine schrieb diesem vor, überall die verbliebenen venetischen Truppen zu entwaffnen und die Festungen zu besetzen, wo diese in Garnison lagen.

General Junot traf am Karsamstag in Venedig ein, und um ihn zu empfangen, mußten *Consiglieri* und *Savi* ihn zu sich kommen lassen. Eskortiert von Lallement, führte man ihn in die *Sala del Collegio;* er wurde bis zum Sitz zur Rechten des Dogen geleitet – das war der den Botschaftern reservierte Platz –, aber er wollte sich nicht hinsetzen und verlas stehend einen weiteren Brief, den sein General mit dem Datum vom 2. April aus dem Hauptquartier in Judenburg in der Steiermark geschickt hatte:

»Die ganze Terra ferma der *Serenissima Repubblica* Venedig ist unter Waffen; überall rufen die aufständischen und bewaffneten Bauern: ›Tod den Franzosen!‹ . . . Glaubt ihr, daß ich jetzt, da ich mich im Herzen Deutschlands befinde, dem führenden Volk des Universums keinen Respekt verschaffen kann? Glaubt ihr, daß die Italienarmee die Massaker, zu denen ihr anstachelt, geduldig hinnehmen wird? Das Blut meiner Kameraden wird gerächt werden . . . Mit ruchloser Perfidie antwortet der Senat von Venedig auf die Großherzigkeit, die man ihm gegenüber walten läßt. Mein Adjutant, der euch dieses Schreiben überbringt, bringt den Frieden oder den Krieg . . . Wenn ihr nicht gleich die Massen zerstreut, wenn ihr die für die Morde Verantwortlichen nicht verhaftet und mir ausliefert, ist der Krieg erklärt . . .«*

Nachher erzählte Junot seiner Frau, der späteren Herzogin d'Abrantès, der geistreichen Chronistin ihrer Zeit, daß er sich angesichts jener bunt zusammengewürfelten Menge von veräng-

* *Raccolta cronologica-ragionata di documenti inediti che formano la storia diplomatica della rivoluzione e caduta della Repubblica di Venezia corredata di critiche osservazioni,* Augsburg 1799, Bd. II, Teil III, S. 129.

stigten Individuen, zumeist alte Herren, gehüllt in altmodische Gewänder, kaum hätte das Lachen verkneifen können. Es war dasselbe *Collegio*, dessen erhabener Ernst sechs Jahrhunderte zuvor Francesco Petrarca so sehr beeindruckte, daß ihm, als er sich als Gesandter der Carrara vorgestellt hatte, die Worte fehlten.

Im Senat kamen die *Savi* angesichts dieses regelrechten Ultimatums auf keinen besseren Gedanken, als eine Antwort zu geben, die schlimmer als nur entgegenkommend war. Sie kündigten den Besuch zweier neuer *Deputati* an, die Bonaparte um seine Unterstützung und um die des Direktoriums bitten sollten, um in der Terra ferma die Ordnung wiederherzustellen. Empört ergriff Marcantonio Michiel, der Gemahl von Giustina Renier, einer nahen Verwandten des vorletzten Dogen, das Wort und protestierte heftig; andere taten es ihm gleich. Aber die Mehrheit stimmte auf Antrag des *Savio in settimana* Francesco Calbo dem Vorschlag zu und wählte eilends Francesco Donà und Leonardo Zustinian (Zustinian galt als Anhänger der neuen Ideen, wir werden ihn schon bald als Mitglied der demokratischen Regierung wiederfinden). Als aber die *Savi* ein neues Dekret vorschlugen, in dem auf Rekrutierungen und Truppenaushebungen verzichtet werden sollte, um die Franzosen nicht erneut zu erzürnen, ergriff Marcantonio Michiel, unterstützt von Daniele Renier, wiederum das Wort: Wenn man eine solche Maßnahme treffe, ohne zumindest die Antworten Bonapartes abgewartet zu haben, so bedeute das, »das Vaterland zu ermorden« und seine Untertanen zu opfern. Ihnen pflichtete Girolamo Zustinian bei, indem er, an den ruhmreichen Schatten von Leonardo Loredan, dem Dogen von Cambrai, erinnernd, seine eigenen Söhne zur Verteidigung des venezianischen Staates anbot. Ihm antwortete ungerührt der *Savio* Zan Antonio Ruzzini »mit Lobsprüchen« und sagte, daß »das Vaterland im rechten Augenblick von einer so großen Gunst Gebrauch machen« würde.

Aber das war immer noch nicht das Schlimmste. Während der *Nobile* in Paris, Alvise Querini, mit einem Mitglied des Direktoriums, Barras, verhandelte, der über einen Mittelsmann die venezianische Unabhängigkeit gegen eine Zahlung von siebenhunderttausend Pfund in bar garantierte (ein schmutziges Geschäft, das nach vorsätzlichem Betrug aussah und es auch war: Das konnte man feststellen, als einige Papiere des von Querini gezahlten Vorschusses nach dem Fall der Republik zum Inkasso vorgelegt wurden und der ehemalige Botschafter, der es gewagt hatte, zu protestieren, sofort von den Franzosen verhaftet wurde), während also Querini mit Barras verhandelte, hatte der venezianische Botschafter in Wien den Kanzler Thugut aufgesucht. Zwischen duckmäuserischem Gelächle und Händegeschüttele hatte jener die Deckungsgleichheit der Interessen hervorgehoben, die die Republik näher an den Kaiser heranrücken lassen sollte. Die beiden diplomatischen Vertreter Venedigs waren bereits fern jeder Realität. In seinem Hauptquartier in Judenburg grübelte General Bonaparte, in der Zwickmühle zwischen dem Willen des Direktoriums, das ihn zum Marsch auf Wien anstachelte, und der eigenen Überzeugung, sich in einer äußerst kritischen militärischen Situation zu befinden, über die Möglichkeiten nach, mit einem *Coup d'opéra*, um seine Ausdrucksweise zu benutzen, davonzukommen. Vor dem offiziellen Unterhändler, General Clarke, einzutreffen und keinen Waffenstillstand, sondern einen Friedensvertrag zu unterzeichnen, der aus ihm den *Deus ex machina* machen würde, böte eine Chance, die Frankreich die belgischen Provinzen und ihm selbst die Möglichkeit geben würde, im Triumph heimzukehren, statt von der drohenden Niederlage überrollt zu werden. All das mußte freilich einen Preis haben: Der Kaiser mußte eine Entschädigung bekommen, auch wenn er offenbar nicht die innere Schwäche seines selbstbewußt auftretenden Gegners bemerkt hatte, der wenige Tage von Wien entfernt lagerte. Dieser Preis sollte die Republik Venedig sein – nicht die ganze, vielleicht nur ein Teil davon, etwa jener, der es dem Haus Österreich erlauben würde, sich seine uralten Wunschträume zu erfüllen, obwohl die Hauptstadt verschont und die Republik vielleicht mit einigen Provinzen des Kirchenstaates entschädigt würde... Man mußte sich aber beeilen; denn es war eine unerwartete Gelegenheit, da das kaiserliche Oberkommando um einen Waffenstillstand gebeten hatte. Es war der Zeitpunkt, die Karten auf den Tisch zu legen: In Leoben wurde zwischen General Bonaparte und den kaiserlichen Bevollmächtigten ein

Dialog eingeleitet, der sechs Monate später in den Vertrag von Campoformido münden sollte.

Und nun zu Österreich ... Den Weisungen, die Thugut am 15. April für die Bevollmächtigten abgefaßt hatte, lagen dieselben Ideen zugrunde, die Bonaparte durch den Kopf schwirrten, aber sie waren in die Sorgfalt formeller bürokratischer Korrektheit verpackt. Die venezianischen Territorien, die unter Umständen als Entschädigung gegen andere kaiserliche Gebiete angeboten würden, dürften erst dann angenommen werden, wenn Frankreich sie aufgrund einer ordnungsgemäßen Abtretung seitens der Venetischen Republik in seinen rechtmäßigen Besitz genommen haben würde. So definierte man die konvergierenden Schicksalslinien von Venedig; an diesem Schicksal änderte auch der neue, vom 7. April datierte Brief nichts, den Bonaparte vom Direktorium erhalten hatte (und den er wahrscheinlich noch vor dem 15. empfing), der die Italienpolitik der Französischen Republik plötzlich korrigierte. In diesem Schreiben wurde der Generalissimus aufgefordert, in Norditalien einen Staat zu schaffen, der einen starken Schutzwall für die Französische Republik darstellen konnte (selbstverständlich ein demokratischer und republikanischer Staat, in dem aber sowohl die Regierung als auch die Vertreter des Volkes von oben, das heißt vom Generalissimus persönlich, ernannt werden sollten).

Nach dreitägigen vom *Général en chef* eiligst geführten Erörterungen reifte der Plan aus. Eine Geheimklausel des berühmten, am 18. April 1797 unterzeichneten »Vorfriedens« sah die Abtretung der gesamten venetischen Terra ferma an den Kaiser vor, mit Ausnahme der lombardischen Gebiete, die Teil der künftigen Zisalpinischen Republik sein sollten. Das Direktorium hatte nie auch nur im Traum daran gedacht, so weit zu gehen, und seine Anweisungen sahen das nicht vor, doch zwischen Bonaparte und den Bevollmächtigten des Kaisers war noch viel mehr besprochen worden, als in den unterzeichneten Vereinbarungen auftauchte. Der General hatte beschlossen, dem Kaiser die Republik Venedig als einzige Sicherheit anzubieten – so begehrt war dieser Besitz, daß er, der Kaiser, einen Frieden schloß, der für die französische Armee bereits unabdingbar war. Sie war zu weit gegangen, um sich zurückziehen zu können, und zu schwach, um Wien anzugreifen und zu erobern. Von diesem Augenblick an war alles, was geschah, nur noch Komödie, eine traurige und, alles in allem, eine schmachvolle Komödie, in der der »Befreier Italiens« eine Figur machte, die in ein positives Licht zu rücken nicht einmal seinen hemmungslosesten Bewunderern gelungen ist.

Nach Unterzeichnung des Vorfriedens sah sich Bonaparte genötigt, sich vor dem Direktorium zu rechtfertigen, und um das zu tun, beschimpfte er die venezianische Regierung, »die absurdeste und tyrannischste aller Regierungen«, die sich den Augenblick zunutze machen wollte, in dem die Franzosen in österreichisches Gebiet vorgedrungen waren, um diese »umzubringen«. Das Direktorium, das Bonaparte noch am 13. April geschrieben und ihm »die strikteste Neutralität gegenüber der Republik Venedig« empfohlen hatte, nahm die vollendete Tatsache anfänglich ziemlich übel auf, doch dann fand es sich damit ab und ratifizierte.

## 6

Zu den Verpflichtungen, die General Bonaparte den Kaiserlichen gegenüber eingegangen war, gehörte also auch die gesetzlich einwandfreie Übergabe der venezianischen Territorien, das heißt, die venezianische Regierung mußte sie vorher an Frankreich abtreten. Zu diesem Zweck mußte in Venedig eine Regierung geschaffen werden, die zu der Transaktion bereit war oder gezwungen werden konnte. Die Umstände lieferten dem Generalissimus die Vorwände für eine »Revolutionierung«, die es ihm ermöglichte, die aristokratische Regierung hinwegzufegen und sie durch eine von Frankreich geprägte und abhängige Regierung zu ersetzen.

Am 17. April, dem zweiten Osterfeiertag, war es in Verona zur Katastrophe gekommen. Die Stimmung war seit längerem zum Zerreißen gespannt; vor den Toren standen einerseits die bewaffneten »markesken«, also venedigtreuen Bauern und andererseits die Soldaten der Zispadanischen Republik, die zu den Franzosen hielten. In der Stadt waren noch die *Schiavoni,* die mit den ständigen Demütigungen schlecht zurechtkamen; da war die

Stadtwehr, und da war schließlich die Bevölkerung, die von den französischen Soldaten ausgebeutet und mißhandelt wurde, deren Befehlshaber ständig mit Kanonen und Gewalt drohten. Ein Streit zwischen einigen Zispadanern und einer Veroneser Bürgerpatrouille hatte die Gemüter in Wallung gebracht, es hatte Handgemenge gegeben, einige französische Soldaten waren dabei ums Leben gekommen. Am Abend des 17. hatte sich die Bevölkerung erhoben; die Kanonaden der Franzosen hatten die Lage verschärft. Während die Glocken der Stadt Sturm läuteten, hatte sich die Menge auf die Jagd nach den Soldaten gemacht und alle, die sie fassen konnte, niedergemetzelt. Die venezianischen *Rappresentanti,* die versucht hatten, Frieden zu stiften, waren nicht gehört worden, ja, sie waren wie Bestochene, wie Jakobiner behandelt worden. Die Grafen Emilii und Nogarola waren an der Spitze der Bürgerwehren und der *Schiavoni*-Kämpfer in die Stadt eingezogen und hatten ihre Truppen Stellung beziehen lassen. In dem fieberhaften Hin und Her der Verhandlungen hatte es unter den Aufständischen nicht an solchen gefehlt, die einen dringenden Appell an den österreichischen General Laudon richteten und ihn um die Intervention anflehten. Als die venezianischen *Rappresentanti* nicht vermochten, die Situation unter Kontrolle zu bringen, zogen sie sich nach Vicenza zurück. Die sich selbst überlassene Stadt kochte vor Wut auf die Franzosen. Während die Dominikaner flammende Reden auf den Plätzen hielten und zur Jagd auf die neuen Barbaren aufriefen, hatte das Volk die Befestigungsanlagen bestürmt, von denen eine Bombenflut herabhagelte. Mit dem *Provveditore* Erizzo, den der Senat schleunigst in der Hoffnung entsandt hatte, er könne die Ordnung wiederherstellen, waren die *Rappresentanti* wieder in Verona eingezogen, das in ein Schlachtfeld verwandelt war, und hatten versucht, mit den Franzosen eine Übereinkunft zu erreichen, und gehofft, deren Rache zu bändigen (ein großes Kontingent unter dem Kommando von General Victor näherte sich rasch der Stadt). Aber vergeblich. Angesichts der unerbittlichen Härte der französischen Generäle waren die *Rappresentanti* erneut abgezogen. Nach der blutigen Niederschlagung der Revolte hatten die französischen Kommandanten in aller Eile eine provisorische demokratische Munizipalität eingesetzt, der nichts anderes übriggeblieben war, als der Rache des Besatzers und den wahllosen Erschießungen machtlos zuzusehen. Man schrieb den 25. April, den Tag des heiligen Evangelisten Markus.

Am 20. April war es in Venedig selbst zu einem folgenreichen Zwischenfall gekommen. Seit einiger Zeit kreuzten französische Schiffe in der Adria; zu den Anweisungen, die Bonaparte erteilt hatte, von Judenburg aus gehörte auch der Befehl, die venezianischen Schiffe anzugreifen. Ein französisches Schiff mit dem schicksalhaften Namen »Befreier Italiens« unter dem Kommando von Kapitän Laugier hatte auf offener See ein Boot armer Fischer aus Chioggia angehalten, einen von ihnen gefangengenommen (einen siebzigjährigen Greis namens Menego Lombardo) und ihm befohlen, das Schiff in den Hafen von Venedig zu lotsen. Der unglückliche Fischer hatte den Kapitän daran erinnert, daß die Einfahrt bewaffneter Schiffe seit jeher streng verboten war und daß das Verbot kürzlich auch gegen die russische Flotte des Admirals Orlow geltend gemacht und von einem vor kurzem herausgegebenen Erlaß des Senats ausdrücklich bestätigt worden war. Laugier hatte sich freilich nicht überzeugen lassen und erklärt, er würde »mit Gunst oder Gewalt« einfahren.

Als das Schiff unter dem Castello di Lido angelangt war, hatte der *Nobilòmo* Domenico Pizzamano, der Kommandant der Festung, ihm ordnungsgemäß das Einfahrtsverbot mitgeteilt. Laugier hatte die Anordnung hochmütig zurückgewiesen, war weitergefahren, und während vom Kastell die Kanone donnerte, hatte die Mannschaft einer Galeotte von *Bocchesi* aus Cattaro, die vielleicht versehentlich von dem französischen Schiff gerammt worden war, dieses gestürmt und geplündert. Laugier war getötet worden (und man muß wirklich sagen, daß er den Tod auf sich gezogen hatte); der Minister Lallement hatte den Fall gewaltig aufgebauscht, indem er Pizzamanos Bericht dementierte, die Venezianer eines verräterischen Angriffs bezichtigte, Wiedergutmachung und Entschädigung verlangte und Vergeltungsmaßnahmen androhte.

Laugiers Unternehmen war in Wirklichkeit nichts anderes als eine Provokation gewesen, und er war davon überzeugt gewesen, daß die Festung von Sant'Andrea nicht reagieren würde. Auch die »Veroneser Ostern« waren die Folge einer langen Reihe von Provokationen. Aber für Bonaparte waren es Argumente, die ihm gut ins Konzept paßten. Als die beiden *Deputati* Donà und Zustinian ihn am 25. April in Graz erreichten (der Vorfriede von Leoben war schon seit einer Woche unterzeichnet), trafen sie einen Rasenden an, der brüllte: »Ich will keine Inquisition mehr, ich will keinen Senat, ich werde für den venezianischen Staat ein Attila sein.« Er drohte die schrecklichsten Aktionen an, forderte Entschädigungen in Höhe von Zigmillionen und kündigte katastrophale Konsequenzen an. Für die beiden Gesandten der Republik war jene Begegnung eine einzige Qual einschließlich des Mittagessens, das gewürzt war mit Verhöhnungen und schwerverdaulichen Reden über die Bleikammern und über die Ertränkungen im Canal Orfano, mit Schmähungen und geringschätzigen Äußerungen über die venezianische Regierung. Über den Fall Laugier wußte Bonaparte noch nichts. Es fiel den beiden zu, ihn darüber zu unterrichten und seine erneuten Wutausbrüche, die heftiger waren denn je, über sich ergehen zu lassen; aber so gewannen sie Klarheit über den zwischen Österreich und Bonaparte ausgearbeiteten Plan, über den man jetzt allenthalben redete (davon hatte auch der Statthalter des Friaul, Alvise Mocenigo, etwas gehört). Am 28. April waren sie imstande, den Senat über jene »schreckliche Angelegenheit« zu informieren, und als die gewiß bereits befürchtete und geahnte, aber erst jetzt schmerzlich bestätigte Nachricht eintraf, beschlossen die *Savi,* das Exekutivorgan nicht mehr einzuberufen, und legten alle Entscheidungen in die Hände der *Consulte* – Organe, die völlig ungesetzlich und von der venezianischen Verfassung nicht vorgesehen waren.

Auch Vicenza und Padua wurden mit französischer Gewalt »revolutioniert« und spalteten sich vom venezianischen Staat ab. Die französischen Truppen nahmen überall am Rand der Lagunen feste Stellungen ein. Venedig fand sich allmählich wieder wie ursprünglich völlig von der Terra ferma abgeschnitten. Als sich die Ereignisse überstürzten, gewann das Amt des Dogen, dem der Vorsitz jener unglücklichen entscheidungsbefugten *Consulte* zufiel, wieder an Bedeutung und Autorität. Auch dies war eine Rückkehr zu den Anfängen; aber der jetzige Doge hatte nichts mit den starken, markanten Dogengestalten der ersten Jahrhunderte der Republik gemeinsam.

*El dose Manin, dal cuor picenin . . .,** wie ihn das einfache Volk nannte, war nicht vom Schlag der Candiani oder Orseoli – ebensowenig wie übrigens die meisten von den Mitgliedern der *Consulta,* die am 30. April in der Dogenwohnung zusammentrat und zu der die *Consiglieri* und die Vorsteher der *Quaranta al Criminal,* die *Savi del Consiglio, di Terra ferma* und *agli Ordini,* die *Savi del Consiglio usciti,* die drei Vorsteher des Rates der Zehn und die drei *Avogadori di Comun* gehörten. Um eine Vorstellung vom Umhertappen der venezianischen Politiker zu bekommen, genügt die Erinnerung an den Vorschlag eines *Savio uscito,* Daniele I., genannt Andrea Dolfin (er war Botschafter in Paris gewesen), den Schatzmeister der Italienarmee, Haller, zu bestechen. Es war eine aberwitzige Idee, die von einem anderen ehemaligen Botschafter in Paris, dem Prokurator Cappello, zu Recht ins Lächerliche gezogen wurde. Ein Gutachten des Admirals Condulmer, in dem er über die von den Franzosen eingeleiteten Arbeiten berichtete, löste Verwirrung und Angst aus. Die Franzosen hatten sich an der Grenze zum Lagunengebiet aufgestellt, um sich über die seichten Stellen einen Übergang zur Stadt hin zu verschaffen. Condulmer erklärte sich bereit, die Kanonen einzusetzen, um sie zu vernichten, wenn die *Savi* es befehlen würden. Viele vermeinten bereits den Kanonendonner zu hören; es hat den Anschein, als ob der Doge im Saal auf und ab gegangen sei und den Satz gemurmelt habe, der später traurige Berühmtheit erlangen sollte: »Heute nacht werden wir nicht einmal in unserem Bett sicher sein.«

Dann, nachdem ein Befehl abgefaßt worden war, der Condulmer »zum Handeln und zur Wachsamkeit« verpflichtete, um eine Weiterarbeit der Franzosen »entweder unter Anwendung von Gewalt oder mit der Einleitung von Verhandlungen über einen Waffenstillstand« zu verhindern (eine formelle Kriegserklärung hatte es allerdings noch nicht gegeben), kam es zu einem bewegenden Zwischenfall. Der Prokurator Francesco Pesaro, der als eines

* Etwa: »Der Doge Manin mit dem engen Herzen . . .«

der entschlossensten und bestimmtesten Mitglieder galt, stieß mit Tränen in den Augen hervor: »Ich sehe, daß es mit meinem Vaterland zu Ende geht. Ich vermag ihm in gar keiner Weise zu helfen. Für einen rechtschaffenen Mann ist jedes Land das Vaterland, und auch bei den Schweizern läßt sich leicht eine Beschäftigung finden.« Man umringte und tröstete ihn, er schnupfte ein wenig Tabak und faßte sich wieder. Aber in allen blieb ein schmerzliches Gefühl der Entmutigung zurück.

Am 1. Mai tritt der Große Rat zusammen, um sich eine Rede des Dogen anzuhören. »... Ihr alle wißt um die unglückliche Lage, in der sich unsere Republik befindet; nachdem man ihr alle Gebiete weggenommen, aus allen öffentlichen Kassen das Geld entfernt hat [die Franzosen hatten alle Depots der besetzten Städte geplündert und sich gut davor gehütet, sie den von ihnen selbst eingesetzten provisorischen Munizipalitäten zu übertragen], und nun haben sich die Franzosen des ganzen Staates bemächtigt; sie haben all die reichsten Provinzen revolutioniert, so daß sie bereits am Rande der Lagune stehen und wir von ihren siegreichen Heeren, die uns den Krieg erklärt haben, nur durch einen schmalen Streifen Wasser getrennt sind ...« Es sei, fährt der Doge fort, ein Waffenstillstand zugestanden worden (den hatte Tommaso Condulmer ausgehandelt); aber es bedürfe dringend einer Entscheidung; man müsse die *Parte,* die gleich verlesen würde, gutheißen. »Diese Parte, die, wie wir gesagt haben, von der Grausamkeit der Umstände diktiert ist, versucht, diese Stadt, unsere Menschen, unsere Familien, unsere Altäre, unsere Bevölkerung zu retten, die von Tod und Plünderung bedroht sind ...« Die *Parte* ermächtigt die *Deputati al Bonaparte,* zu denen der Statthalter des Friaul, Mocenigo, hinzugekommen war, mit dem Generalissimus auch über die Änderung der Regierungsform zu verhandeln. Es ist dies – fünfhundert Jahre nach der »Schließung« des Großen Rates – der Anfang vom Ende der Adelsherrschaft. Doch die *Parte* erhält nicht weniger als fünfhundertachtundneunzig Stimmen bei vierzehn Enthaltungen und nur sieben Gegenstimmen. Für viele Abstimmende war ein Satz entscheidend gewesen: Er garantierte jenen staatliche Hilfe, die aufgrund der möglichen Änderung der Regierung ohne Stellung bleiben würden.

Aber am gleichen Tag hatte Bonaparte von Palmanova aus ein Manifest veröffentlicht, das eine regelrechte Kriegserklärung darstellte. Es war eine Anhäufung propagandistischer, von Rhetorik strotzender Phrasen, in der außer den beiden vorteilhaft aufgebauschten Zwischenfällen um die »Veroneser Ostern« und um das Schiff »Befreier Italiens« weitere dreizehn Gründe für die Intervention angeführt wurden, von denen einige absurd und alle mit dialektischer Könnerschaft künstlich aufgebläht waren. Der achtundzwanzigjährige General verstand es, die Feder ebenso dreist und geschickt zu führen wie das Schwert ... Es fanden sich in diesem Manifest unter anderem grobe Falschmeldungen, die allerdings sehr gut geeignet waren, die Phantasie der Öffentlichkeit zu erregen. So etwa schilderte er, wie Domenico Pizzamano einem Verwundeten auf Laugiers Schiff, der sich am Land festzuklammern versuchte, persönlich die Hände abhackte. Das Manifest endete mit dem Befehl an den Minister Lallement, Venedig zu verlassen. Die französischen Truppen müßten die venetischen als Feinde behandeln, und die Löwen von San Marco müßten überall niedergerissen werden.

Am Tag darauf zog der General in Treviso ein, wo dank der Tatkraft des *Provveditore* Angelo Zustinian nichts passiert war (ebensowenig wie im Friaul, wo Alvise Mocenigo das Kommando hatte, über den selbst Bonaparte nicht umhin konnte, ein schmeichelhaftes Urteil abzugeben). Die Begegnung zwischen dem *Provveditore* und dem *Général en chef* war wie üblich stürmisch. Der Mann des Schicksals überschüttete den venezianischen *Rappresentante* mit Schimpfworten und befahl ihm unter Androhung der Erschießung, sich innerhalb von zehn Tagen zu entfernen. Doch Zustinian war weder Nicolò Foscarini noch Francesco Battagia und erwiderte, ohne sich beeindrucken zu lassen, mit eiserner Miene, daß er vom Senat nach Treviso entsandt worden sei und daß er sich ohne Weisung des Senats nicht aus Treviso bewegen würde. Nicht nur das, er gab dem General auch die gebührenden Antworten, als dieser ihm den üblichen Rosenkranz von Beschuldigungen gegen die venezianische Regierung vorbetete und ihn jetzt nach Venedig schicken wollte, damit er in seinem Auftrag den Kopf der zehn Staatsinquisitoren fordere. An einem bestimmten Punkt war er all dieser Schmähreden überdrüssig, band sein Schwert ab, reichte es Bonaparte und sagte ihm, daß er sich als Geisel für die Republik anbiete, als Garantie für die Loyalität und die Aufrichtigkeit seiner Regierung, und daß er, wenn der General Blut sehen wolle, bereit sei, ihm das eigene gegen die Rettung des Vaterlandes anzubieten. Angesichts einer solchen mannhaften und entschlossenen Haltung beugte sich Bonaparte schließlich. Er gab Zustinian das Schwert zurück und erlaubte ihm, nach Venedig zu reisen, um den Senat persönlich über das Vorgefallene zu unterrichten. Aber der Senat trat nicht mehr zusammen. Der Bericht des *Provveditore* und der der beiden *Deputati*, die mit dem General in Marghera zusammengetroffen waren, wurde von der üblichen *Consulta* entgegengenommen. Diese hatte eine Note des französischen Chargé d'affaires, Villetard, in große Unruhe versetzt – der Minister Lallement hatte den Befehlen gehorcht und war abgereist –, die in drohendem Ton die Verhaftung und die »exemplarische« Bestrafung des Kommandanten Pizzamano und der drei Staatsinquisitoren sowie die sofortige Freilassung all jener verlangte, die aus politischen Gründen fesgehalten würden (tatsächlich waren es sehr wenige – insgesamt vier; der bekannteste war Andrea Spada, ein Rechtsanwalt, der zu Geld gekommen war und es in den Erwerb des Verbrauchssteuerprivilegs gesteckt hatte).

Da die Forderung auch von Bonaparte den beiden *Deputati* gegenüber mit der altbekannten Vehemenz vorgetragen worden war, dachte die *Consulta* nicht einmal entfernt an Widerstand. Nur wegen Pizzamano entstand große Verwirrung, weil Bonaparte und Villetard vom »Admiral des Lido« gesprochen hatten, ein Amt, das nicht existierte. Deshalb wurde zunächst der *Sopracòmito* Pasqualigo verhaftet, der Kommandant jener Galeere, die die Hafeneinfahrt schützte. Dann wurde Domenico Pizzamano festgenommen, der noch wenige Tage zuvor aus demselben Grund, für den er jetzt zu Unrecht bestraft wurde, gelobt und ausgezeichnet worden war. Die Verhaftung der Staatsinquisitoren (Agostino Barbarigo, Angelo Maria Gabriel und Catterin Corner) vorzunehmen war ein größeres Problem, das einen legislativen Beschluß erforderte. Ein Großer Rat, der unfähiger und verängstigter war denn je, ratifizierte überstürzt die vom französischen Willen diktierten Maßnahmen, nachdem er eine weitere Rede des Dogen angehört hatte.

Eine neue Komplikation hatte sich unterdessen wegen Francesco Pesaro ergeben. Nach dem Krach vom 30. April hatte der Prokurator in aller Eile die Wertgegenstände verkauft, die sich in seinem Besitz befanden, und hatte sich, nur mit einem kleinen Koffer ausgestattet, auf das Schiff seines Neffen, des *Almirante* Leonardo Correr, begeben, das außerhalb des Lidohafens vor Anker lag. Dann hatte er einen Kutter angefordert und gesagt, er habe vom Senat einen Auftrag erhalten, den er erledigen müsse, und schließlich gelangte er nach Istrien, von wo er angeblich in Richtung Wien weitergereist sein sollte. (Also keine Rede mehr von einer »Beschäftigung bei den Schweizern«!) Die *Consulta* hatte seinen Fall lebhaft diskutiert, ehe er abreiste. Francesco Battagia (nunmehr *Savio uscito*) wollte ihn verhaften lassen, und viele teilten seine Ansicht, doch der *Savio alla Scrittura* Giuseppe Priuli hatte sich dem kategorisch widersetzt. Wir werden dem Prokurator bald wieder begegnen – in einer keineswegs als ehrenhaften Rolle. In der Zwischenzeit wurde der Cavaliere Piero Donà an seiner Statt zum *Conferente* bei der französischen Botschaft ernannt.

Der Botschafter in Wien, Zan Piero Grimani, schrieb, er wisse mit Bestimmtheit, daß die Franzosen die venetische Regierung zu »demokratisieren« beabsichtigten. Das war nichts Neues mehr. Die »Ideen aus Frankreich« hatten jetzt etwas mehr Anhänger gefunden, die sich unter Villetards Schutz im Haus eines gewissen Ferratini in San Polo versammelten, wo sie, wie es hieß, gegen die Regierung intrigierten. Doch die Initiative lag ausschließlich bei der französischen Armee und beim diplomatischen Vertreter Frankreichs. Aber die Angst vor dem Aufstand, der Subversion hatte sich fast aller Persönlichkeiten bemächtigt, die irgendeine Verantwortung trugen, einschließlich des militärischen Befehlshabers Condulmer und des *Deputato all'Interna Custodia* Nicolò Morosini IV., der für die öffentliche Ordnung verantwortlich war. Jene Angst, jene Psychose sollte der aristokratischen Regierung und der venezianischen Unabhängigkeit den Todesstoß versetzen.

Während Condulmer die militärische Lage in immer düsteren Farben malte (Venedig war bereits in den Schraubstock einer Blockade gezwängt, die es nicht nur vom Land her, sondern auch von der Seeseite abriegelte), schilderte Nicolò Morosini die Situation der Kräfte, die mit der Aufrechterhaltung der öffentlichen Ordnung betraut waren, in ebenso tragischen Farben. Man sprach von nichts anderem als von der »Verschwörung«, dem drohenden Aufstand der »Demokraten«, der Gefahr einer Meuterei der *Schiavoni*-Truppen, dem Risiko eines konzentrischen Angriffs der Franzosen sowohl vom Land als auch vom Meer.

Der Doge redete immer noch davon, »Leben, Religion und Besitz der Bürger« dadurch zu retten, daß er sich der Vermittlung des geschäftsführenden Sekretärs der französischen Gesandtschaft bediente, der bereits als der Herr der Lage und als der einzig mögliche Vermittler einer Übereinkunft mit Bonaparte angesehen wurde. Die *Savi,* darunter vor allem der ehemalige *Provveditore* Francesco Battagia, waren von Andrea Spadas Drohungen – er war der mutmaßliche Kopf der »Verschwörung« und ein Vertrauter Villetards – dermaßen beeindruckt, daß sie verlangten, der *Conferente di Francia,* Piero Donà, solle direkt mit ihm »konferieren«. Trotz seiner ganzen Fügsamkeit war nicht einmal Donà zu so viel bereit. Doch zur weiteren Komplikation der Dinge trat nun ein anderer Vertrauter Villetards, der Gewürzhändler Tommaso Pietro Zorzi, auf. Dieser hatte die Funktion eines Vermittlers akzeptiert oder von sich aus übernommen und den *Deputato all'Interna Custodia* noch weiter eingeschüchtert, indem er an Villetards Tisch gehört haben wollte, daß alles für den Aufstand bereit sei. Ihm selbst sei es aber gelungen, ihn um einen Tag hinauszuschieben, sofern man sich mit dem Dogen über die Modalitäten eines schmerzlosen Übergangs einigen könnte. Daraufhin wurde eine neue *Consulta* einberufen, zu der er am 9. Mai zusammen mit Andrea Spada erschien.

Die beiden Freunde wurden im Vorzimmer von Piero Donà und Francesco Battagia empfangen und legten ein Schreiben vor, das nach ihren Aussagen den Plan Villetards enthielt. Es war ein neues, sehr schroffes Ultimatum: Unverzügliche Freilassung von drei politischen Gefangenen, von denen es hieß, sie seien im

Kerker geblieben, Öffnung der Bleikammern und der *Pozzi* für die Öffentlichkeit (in den *Pozzi* befand sich schon seit langem kein Gefangener mehr), Entlassung der *Schiavoni*-Soldaten, Übertragung der Verantwortung für die öffentliche Ordnung an eine Sonderkommission, deren Sekretär Spada sein sollte; dann sollte auf der Piazza San Marco der »Baum der Freiheit« aufgestellt werden (und unter dem Baum sollten die Insignien der aristokratischen Macht verbrannt werden); allgemeine Amnestie und Pressefreiheit sollten gewährt und eine provisorische Munizipalität eingerichtet werden, deren vierundzwanzig Mitglieder die Städte der Terra ferma, Istriens, Dalmatiens und der Ionischen Inseln auffordern sollten, sich unter der neuen Regierungsform mit ihrer alten Hauptstadt zu vereinigen.

Den Vorsitz der provisorischen Munizipalität sollten der Doge Manin und Andrea Spada übernehmen; die *Deputati al Bonaparte* sollten durch Zorzi und Francesco Battagia ersetzt werden; anstelle des *Nobile* Alvise Querini sollte der bekannte Anwalt Tommaso Gallino nach Paris gehen. Der Plan war einfach und klar. Mit der Freilassung der restlichen politischen Gefangenen – um wie wenige und unbedeutende Leute es sich auch handelte – und der Öffnung der Gefängnisse für den Besuch der Bürger sollten propagandistische Ziele verfolgt werden. Die Entlassung der *Schiavoni* sollte dem Risiko eines Handstreichs oder einer Meuterei vorbeugen (das war es, was Nicolò Morosini befürchtete, aber nur seinem angstgepeinigten Verstand konnte entgehen, daß eine mögliche Meuterei der *Schiavoni* sich gegen die Franzosen und ihre Parteigänger gerichtet hätte). Der Munizipalität sollte zur Beruhigung des verdrängten Patriziats der Doge angehören. Das Fest des »Baums der Freiheit«, wesentlicher Bestandteil der von den Franzosen in allen »revolutionierten« Städten eingeführten Rituale, sollte der traditionellen Vorliebe Venedigs für chorartige Zeremonien entgegenkommen. Aber es gab eine entscheidende Klausel, die auf einen Schlag mehr als elf Jahrhunderte venezianischer Geschichte und Tradition vernichtete – sie sah den Einzug einer Besatzungstruppe von dreitausend französischen Soldaten in die Stadt vor.

Als der Cavaliere Donà das Dokument gelesen hatte, fand er

noch genug Kraft, um eine entsprechende Antwort zu geben: Wenn dies der Wille des Generals Bonaparte sei, sollte man die Bestätigung durch die *Deputati* abwarten, die sich bereits bei ihm befänden. Die *Consulta* allerdings geriet, sobald sie informiert worden war, in einen Zustand höchster Erregung. Es sprachen die beiden *Consiglieri*, Antonio Mussato und Giovanni Minotto, und die *Savi di Terra ferma*, Nicolò Guido Erizzo, Nicolò Vendramin, Giuseppe Priuli, Girolamo Querini und G. B. Corner, die darauf beharrten, daß man eine von zwei völlig unglaubwürdigen und unqualifizierten Persönlichkeiten vorgelegte Mitteilung ohne offiziellen Charakter und gesetzlichen Wert zurückweisen und vielmehr den Bericht der *Deputati al Bonaparte* abwarten müsse. Ihre Interventionen wurden durch einen alarmierenden Brief von Nicolò Morosini zunichte gemacht, in dem der für die innere Sicherheit Verantwortliche noch einmal wiederholte, daß er ohne notwendige Verstärkungen nicht für die öffentliche Ordnung garantierte. Unter der demoralisierenden Wirkung dieser Botschaft wurde in höchster Eile beschlossen, Donà und Battagia zu Villetard zu schicken, um ihn zu bitten, die Frist für die Erfüllung seiner Forderungen zu verlängern. Sie erreichten eine Verschiebung vom 10. auf den 14. Mai, genügend Zeit, um dem Großen Rat die Entscheidungen zu unterbreiten, die das Dokument auferlegte. Der französische Vertreter hatte unterdessen den Inhalt dieses Schreibens bestätigt und die Übereinstimmung mit Bonapartes Anordnungen hervorgehoben.

Der letzte Akt des melancholischen Dramas spielt sich also am 12. Mai 1797 ab. Am frühen Morgen bringt Andrea Spada Francesco Battagia einen Auszug aus einem Brief des Schatzmeisters der Italienarmee, Haller, ins Haus (derselbe, den zu bestechen Daniele Dolfin vorgeschlagen hatte), der Bonapartes Übereinstimmung mit Villetards Vorschlägen bestätigt. Auf der Grundlage jenes privaten, von einem privaten Bürger zugestellten Dokuments sollte der Doge von Venedig dem Großen Rat von Venedig seine eigene Abdankung und die des Rates vorschlagen sowie die Zustimmung dieses letzteren zur Besetzung Venedigs durch Truppen eines fremden und erklärtermaßen feindlichen Staates.

Während die Adligen (es waren tatsächlich nur wenige, es

wurde nicht einmal die gesetzlich vorgeschriebene Zahl erreicht; denn es waren nur fünfhundertsiebenunddreißig Mitglieder des Großen Rates anwesend von den sechshundert, die bei Entscheidungen in schwerwiegenden Fragen erforderlich waren) einzeln den Dogenpalast betraten, versammelte sich eine große Menschenmenge zwischen der Piazza und der Piazzetta. In der Luft lagen eine ungeduldige Erwartung und Spannung und Besorgnis. Der Ernst der Stunde entging jetzt niemandem mehr.

Die Sitzung wurde mit der Frage nach der gesetzlich vorgeschriebenen Zahl eröffnet, die schnell mit dem Vorwand der Dringlichkeit der anliegenden Entscheidung abgetan wurde. Dann sprach der Doge in seinem üblichen weinerlichen Tonfall. Er redete über seinen Gram und seine Ergebung in den göttlichen Willen; er versuchte, die »aus Vorsicht« erfolgte Aussetzung der Versammlungen des Senats und des Rates der Zehn zu rechtfertigen sowie die Übernahme der Aufgaben der Exekutive durch das, was er ziemlich unglücklich als »eine Art Regierungskonferenz« definierte (die völlig ungesetzlich war). Er legte einen Beschluß vor, mit dem die beiden *Conferenti,* Battagia und Donà, dieselben Befugnisse erhielten, die zuvor schon den beiden *Deputati al Bonaparte* übertragen worden waren, das heißt die Vollmacht, ohne Themenbegrenzung zu verhandeln.

»... zwei Dinge spenden uns den besten Trost, daß wir uns einerseits unserer heiligen Religion versichert sehen und andererseits der Mittel für den Lebensunterhalt unserer Mitbürger, der Sekretäre und anderer Wohlverdienter, denen er allen zugesichert wird [es waren zwei Klauseln, von denen die eine religiöse Feierlichkeiten für die Einsetzung der Munizipalität vorsah und die andere höchst zweifelhafte die Überweisung von Leibrenten, die aus den nationalen Gütern oder aus einer Lotterie beschafft werden sollten]. Man muß aber diesen Conferenti die genannten Befugnisse zubilligen, weil wir ständig von Feuer und Schwert bedroht werden; wenn man nicht beistimmt ... und jetzt sind wir von sechzigtausend Mann umzingelt, die aus Deutschland gekommen sind, siegreich und deshalb frei von der Angst vor den österreichischen Waffen. Also zweifeln wir nicht daran, daß die Parte mit derselben Einstimmigkeit angenommen wird ... weil die schlimmen Bedingungen, die uns umgeben, immer drängender werden ... Wie es sich wohl geziemt, werden wir also mit der Empfehlung schließen, sich immer an Gott den Herrn und seine allerheiligste Mutter zu wenden, damit sie nach so vielen Plagen, mit denen wir verdientermaßen für unsere Sünden geprüft werden, mit den Augen ihres Erbarmens auf uns herniederblicken mögen und uns wenigstens von einem Teil der Ängste befreien, die uns bedrücken.«

Die *Parte* schloß nach einer Präambel (»das höchste Ziel, die Religion, das Leben und den Besitz all dieser vielgeliebten Bürger unversehrt zu bewahren ...«) und nach einigen Worten, in denen die Hoffnung ausgedrückt wurde, daß »die Achtung vor dem Rang der Patrizier und anderer Personen, die an den öffentlichen Angelegenheiten beteiligt sind, sowie die Stabilität der Zecca und der [Staats-]Bank« garantiert würden, mit folgenden Worten:

»... dieser Große Rat ... übernimmt das System der vorgeschlagenen provisorischen repräsentativen Regierung, damit die Wünsche des nämlichen Generals [Bonaparte] erfüllt werden; und damit das gemeinsame Vaterland keinen Augenblick lang ohne Schutz bleibt, halten sich in der Zwischenzeit die jeweils zuständigen Behörden entsprechend zur Verfügung.«

Während der diensthabende Dogenberater, Giovanni Minotto, der *Consigliere in settimana,* das Wort ergriff, um den Erlaß zu erläutern, hörte man außerhalb des Palastes eine Kanonensalve. Es waren die *Schiavoni*-Soldaten, die an Bord der Schiffe, die sie in ihre Heimat zurückbrachten, Salven abfeuerten, vielleicht um sich für immer von der Stadt zu verabschieden, zu deren Verteidigung sie sich freiwillig gemeldet hatten, vielleicht um ihre Kameraden, die *Bocchesi* aus Cattaro, zu grüßen, die im Kloster San Zaccaria einquartiert waren. Aber für den Großen Rat waren diese Salven das Signal für eine würdelose Szene: Von allen Bänken der Patrizier erscholl ein Ruf: *»Parte! Parte! Abstimmen, abstimmen!«* In einem unbeschreiblichen Durcheinander fand die Abstimmung statt, die ein überwältigendes Ergebnis brachte: fünfhundertzwölf Stimmen für die *Parte,* dreißig dagegen und fünf Enthaltungen.

In aller Stille, mit gesenktem Haupt, machten sich die Protagonisten der Abdankung auf den Heimweg. Die Menge, die nicht begriff, was vorgefallen war, schwieg erwartungsvoll. Da glaubte der betagte General Salimbeni (den die öffentliche Meinung einen Jakobiner nannte), der über das Geschehen informiert war, mit dem Ruf *»Viva la libertà!«* das Startzeichen für den Jubel geben zu müssen. Ihm antwortete ein düsteres, erregtes Schweigen.

Erschrocken besann sich der General daraufhin des alten Rufes, der unter den Mauern von Akko und Konstantinopel ertönt war, der die bäuerlichen Massen zur Zeit von Cambrai aufgerichtet und die Patrizier und Popolanen des belagerten Candia zum Gegenangriff ermuntert hatte. Doch auf sein *»Viva San Marco!«* antwortete die Menge mit dem Ruf: *»Viva la Repubblica!«* Das war das Signal zum Ausbruch heftigsten Zorns, eines Tumultes, wie ihn Venedig seit Jahrhunderten nicht erlebt hatte. Auf allen Seiten tauchten Fahnen mit dem Löwen von San Marco auf, wurden auf den Pfeilern der Piazza Standarten gehißt; alles hallte vom Ruf *»Viva San Marco!«* wider. Mitten in der Menge riefen bewaffnete *Arsenalotti* und *Bocchesi,* daß sie weder Franzosen noch Änderungen wollten. Zuerst blieb die Demonstration friedlich; aber am Nachmittag bekam sie einen ganz anderen, besorgniserregenden Charakter. Aufrührerische Rufe beschuldigten die Jakobiner, die Parteigänger der Franzosen; einige Unruhestifter ergriffen die Initiative und wollten ihre Häuser stürmen. Das erste war das Haus des Gewürzhändlers Zorzi in San Zulian genau neben der Piazza: Stundenlang trug die Menge alles heraus, was sich darin befand; es wurde vollkommen ausgeräumt – nicht einmal die Türen und Fenster, ja nicht einmal die Eisengitter blieben an ihrem Platz. Dasselbe Los traf die Häuser der Anwälte Gallino und Cromer und das von Andrea Spada. In San Stae wurde ein Käselager geplündert; zwei Buchhändlern, die im Verdacht der Verbreitung parteilicher Manifeste standen, einem Schneider, der der französischen Armee Kleider geliefert hatte, dem *Provvisore* Vivante, der sie mit Lebensmitteln versorgt hatte, diesen allen wurden die Geschäfte beziehungsweise die Lager ausgeraubt. Die Menge hatte bereits den Kopf verloren. Mehr als alles litt der wunderschöne, im Stadtteil Carmini gelegene Palazzo der Foscarini. Ein Giacomo Foscarini, genannt »der Lahme«, der Sohn des Cavaliere Bastian und Enkel des *Provveditore* Nicolò (ein merkwürdiger, liederlicher und zänkischer Mann), hatte sich, als er die Versammlung des Großen Rates verlassen hatte, die Patriziertoga ausgezogen und unter »abscheulichen Reden« darauf herumgetrampelt, während er sich eine Kokarde mit den französischen Farben an die Brust heftete. Manche erinnerten sich: Der Palazzo, den der Président de Brosses so sehr bewundert hatte, wo bei mehreren Anlässen königliche Gäste wahrhaft königlich empfangen worden waren, wurde verwüstet – die Bilder zerschnitten, die Spiegel zerbrochen, die Möbel aus den Fenstern geworfen, die marmornen Pfosten der Türen gesprengt, sogar die Fußbodenmosaiken im Terrazzostil zertrümmert.

Im höchsten Maße besorgt, schickte Villetard unterdessen ein dringendes Schreiben an den Cavaliere Donà, erklärte, die Regierung sei für alles verantwortlich, was vorgefallen war und vorfallen könnte. Nachdem er um militärischen Schutz für das berühmte Haus Ferratini in San Polo gebeten hatte, flüchtete er in die spanische Botschaft. Donà, der sich eiligst zu ihm begeben hatte, fand ihn, Beleidigungen und Drohungen ausstoßend, neben dem französischen Konsul, der ihm assistierte und ebenfalls sehr aufgeregt war. Auch Zorzi und Spada baten verängstigt um Schutz. Donà tat, was er konnte; dann trat in großer Eile die übliche *Conferenza* zusammen und beauftragte den Patrizier Bernardino Renier, der anstelle von Nicolò Morosini zum *Deputato all'Interna Custodia* ernannt worden war, die geeigneten Maßnahmen zu treffen, während man die Veröffentlichung einer Bekanntmachung anordnete.

Bei Einbruch der Nacht flaute der Tumult ab. Mit ein paar Kanonenschüssen zerstreute Renier die letzten Demonstranten. Er hatte zwei Geschütze auf der Rialtobrücke auffahren lassen. Die Angst vor französischen Repressalien hatte mehr als jedes andere Gefühl dazu beigetragen, den Mitgliedern der unglückseligen Regierungskonferenz ein wenig Kraft einzuflößen.

## 7

Der Fall der aristokratischen Republik und seine Begleitumstände lösen seit jeher Tadel und Verachtung aus. Geschickt, wie er bei der Steuerung der Propaganda war, war es Bonaparte gelungen, jene Regierung zu verleumden, die er hatte zu Fall bringen wollen. Auf dieses Werk sollte sich später die »demokratische« Propaganda und die der Österreicher stützen, deren Interessen sich in dem Wunsch trafen, die Erinnerung an den Staat, dem noch so viele seiner früheren Untertanen gefühlsmäßig verbunden blieben, auszulöschen und in den Schmutz zu ziehen. So fügte man den schlimmen Irrtümern, den ebenso schlimmen Mängeln noch zahllose mehr oder weniger eingebildete Fehler hinzu; die Legende von einer feigen Regierung genußsüchtiger und unzurechnungsfähiger Schwachköpfe faßte immer mehr Fuß und gehört heute noch zum Ballast der am weitesten verbreiteten historischen Gemeinplätze. Aber wenn wir mit einem Mindestmaß an kritischem Verstand auf jenen so gequälten Zeitabschnitt blicken, können wir uns bestimmt nicht mit einem so groben Klischee begnügen.

Daß sich die Situation Venedigs im europäischen Gesamtzusammenhang seit Beginn des Jahrhunderts immer mehr verschlechtert hatte, ist richtig; dasselbe gilt für die Krise des Patriziats und für viele andere klaffende Sprünge im Gebäude des venezianischen Staates. Das fünfhundert Jahre zuvor eingerichtete System hatte sich abgenutzt – es war schon etwas Außergewöhnliches, daß es überhaupt so lange überdauert hatte. Doch außerdem gab es auch eine moralische Krise, die nicht so sehr mit der Genußsucht identisch war, die zu viele moralisierende Geschichtsschreiber dem Venedig des 18. Jahrhunderts vorgeworfen haben, während sie doch ein gemeinsamer Grundzug der ganzen europäischen Zivilisation jenes Jahrhunderts war. Die moralische Krise war eher die Folge einer Ausweitung der politischen Horizonte über die Grenzen des venezianischen Patriotismus hinaus: Viele Angehörige des Patriziats, viele Mitglieder der verschiedenen Behörden, des Senats, des *Collegio* und auch der unglücklichen *Consulte* gehörten der Freimaurerei an (die Polizeiaktionen, die in sensationeller Weise die Existenz von Freimaurerlogen aufgedeckt hatten,

hatten alles beim alten gelassen). Sie orientierten sich im wesentlichen an aufgeklärten Ideen und fühlten sich in der engen Welt der venezianischen Politik nicht mehr wohl. Sie waren überzeugt, daß die aristokratische Republik keine Zukunft habe, und sie hatten recht. Aber sie hatten weder genügend starke Überzeugungen noch genügend herausragende Persönlichkeiten, um jene Welt zu erneuern, um die Starrheit zu überwinden, in der sie ein anderer Teil der politischen Entscheidungsträger unbedingt halten wollte. Verzagt und enttäuscht hielten sich andere nachgerade vom politischen Leben fern, das sie aufgrund der Dimension, die der venezianische Staat im Vergleich zu den großen zeitgenössischen Staaten hatte, und aufgrund seines wirtschaftlichen Niedergangs unvermeidlich zur Ohnmacht zwang. Wieder andere hingegen, die an der Gleichgültigkeit zerschellt waren, hielten die politische Betätigung für eine unnütze Belastung (und gingen ihr dadurch aus dem Weg, daß sie die Laufbahn eines Priesters wählten) oder für eine saubere und einfache Möglichkeit, sein Dasein zu fristen (das waren die armen Adligen, die auf eine Unzahl niederer Ämter beschränkt und jeglichen Einflusses beraubt waren). Alle teilten schließlich die pessimistische Überzeugung, daß man nichts anderes tun könne, als »auf gut Glück und durch Zufall« zu leben, wie Paolo Renier gesagt hatte. Und bei sehr vielen hatte sich eine andere Geisteshaltung eingeschlichen, nämlich die, die wir dem Dogen Manin zugeschrieben haben: In der unausweichlichen Katastrophe des aristokratischen Systems müsse man vor allem vermeiden, zu viel zu verlieren; man müsse sich auf der Seite der Sieger wiederfinden, an der Änderung beteiligt sein, damit sich nichts änderte oder nicht zu sehr änderte.

Es gab freilich auch die vielen, die zwar den Zusammenbruch voraussahen und erwarteten, sich aber aufrichtig darum sorgten, ihn für die Masse der Bevölkerung, die Stadt und das, was sie in ihren Augen darstellte, weniger schmerzlich zu machen. Einen vollständigen Musterkatalog all dieser Geisteshaltungen sollten wir in der Mitgliedschaft der ersten provisorischen Munizipalität antreffen, an der sich zu beteiligen der Doge ablehnte (mit sehr viel größerer Würde als der Doge von Genua, der dies nach der »Revolutionierung« seiner Stadt durch die Franzosen akzeptierte).

Nun ein paar Worte zur unterbliebenen Verteidigung, der Kapitulation des Patriziats ... Zunächst einmal – was hätte man wirklich tun können, um Venedig zu verteidigen? Wir haben schon gesagt, daß zur Zeit des Cambraikrieges (und des Chioggiakrieges) die Republik, die von einer vom Feind besetzten Terra ferma abgeschnitten war, nicht nur genug Kraft gefunden hatte, sich zu verteidigen, sondern auch genug Aggressivität, um zum Gegenangriff überzugehen und zu siegen. Doch 1797 waren die Gegebenheiten anders, weil die Seeherrschaft verloren war. Zwar hatte Venedig noch Überseebesitzungen: Istrien, Dalmatien, die Ionischen Inseln (Korfu, Paxos, Santa Maura, Ithaka, Cefalonia, Zante, Cerigo und Cerigotto sowie die Festungen von Arta, Prevesa und Vonizza), und eine Seeflotte, die zum großen Teil in Korfu stationiert war. Doch jetzt, da sie von keinem starken Willen mehr aufgerüttelt wurde (wie zu Zeiten Angelo Emos), da es das Gold des Orienthandels und die große Erfahrung auf See nicht mehr gab, die sich von jenem Handelsverkehr hergeleitet hatte, war diese Flotte nur noch ein Schatten ihrer selbst. Was sie vor allen Dingen dazu machte, war die schlaftrunkene Atmosphäre, die Routine, in der auch die unleugbaren Fähigkeiten einiger *Capi da mar* und *Sopracòmiti* erstickten. Als die Verteidigung der Lagunen vorbereitet wurde, hatte man Abscheuerregendes erlebt: hohe Offiziere, die keine Kommandoposten hatten annehmen wollen, die in ihren Augen ihres Ranges oder ihrer bisherigen Karriere nicht würdig waren, und Befehlshaber, die sich keinen Vorgesetzten unterordnen wollten, von denen sie meinten, sie seien ihnen unterlegen. Tommaso Condulmer, der der aktive Kommandant der Verteidigung hätte sein sollen, war zu unschlüssig, zu pessimistisch, um eine Situation im Griff haltten zu können. Die in Korfu stationierten Schiffe hatte man zum Schutz der Hauptstadt nicht zusammenziehen wollen; der ganze Apparat ließ sich nur schwer in Bewegung setzen, während die französischen Schiffe, die in der Adria hin und her fuhren, von einer höchst beweglichen Aggressivität und von einer Bereitschaft zur Intervention angetrieben wurden, die sie mörderisch machte. Ohne die Unterstützung einer leistungsfähigen Flotte mußte Venedig abgeschnitten bleiben und ohne Möglichkeit, Lebensmittellieferungen und militärische Hilfe zu erhalten. Es war also verständlich, daß die Verantwortlichen sich nicht nur die Frage stellten, wie man einer zahlenmäßig starken und kämpferischen Armee zu begegnen hätte, sondern sich auch fragten, wie man Bevölkerung und Verteidiger ernähren sollte.

Die Konferenzen hatten also sehr wenige Alternativen. Doch der tiefere Grund dafür, daß jeder Widerstand unterblieb, lag in zwei anderen wesentlichen Elementen, die auf das propagandistische Geschick des französischen Generalissimus und seines Generalstabes sowie auf die Überrumpelung zurückgingen, der der venezianische Senat noch 1796 zum Opfer gefallen war. Das erste Element war die Überzeugung von der Unschlagbarkeit der Franzosen, genährt von Bonapartes Arroganz, von seinen Proklamationen und seinen Generälen. Das zweite war die Überzeugung von der Existenz einer »fünften Kolonne«, die bereit wäre, die französischen Operationen von innen her zu unterstützen. Es verwundert, daß eine Regierung, der man ein so dichtes Spitzelnetz zuschrieb, das revolutionäre Potential jener wenigen Bürger, Berufstätigen und Händler, die den »Ideen aus Frankreich« anhingen, in der französischen Botschaft verkehrten und sich im Hause Ferratini versammelten, dermaßen überschätzt hat. Die heroische Verteidigung Venedigs gegen die Österreicher in den Jahren 1848/49 (die beendet wurde, weil der Ausfall von Nachschublieferungen Hunger und Seuchen zur Folge hatte) hätte um ein halbes Jahrhundert vorweggenommen werden können, wenn die venezianischen Behörden nicht durch jene beiden unglückseligen Überzeugungen gelähmt worden wären.

Handelte es sich bei der Abdankung des Patriziats – auch wenn die Modalitäten nicht so feierlich und würdevoll waren, wie man es vom Großen Rat von Venedig hätte erwarten können und müssen – wirklich um eine schändliche und schimpfliche Episode, wie man immer noch behauptet? Man darf gleich vorausschicken, daß der Hauptbeteiligte, General Bonaparte, vollkommen anderer Ansicht war. »Das Bedürfnis, diese eintausendzweihundertjährige Regierung zu verjüngen und ihren Apparat zu vereinfachen, um ihre Unabhängigkeit zu retten, wurde allgemein empfunden. Ehre und Ruhm der Gesamtheit der Adligen des Großen Rates! Sie haben bei dieser Gelegenheit einen Patriotismus und einen Eifer an den Tag gelegt, den ihr Vaterland bewundert ...« So schrieb Bonaparte.* Und obwohl Aufrichtigkeit nicht seine Haupttugend war, so hatte doch seine lebhafte Intelligenz den Kern der Dinge erfaßt und geschätzt. Wie ein Dekret der im Sterben liegenden aristokratischen Regierung erklärte, gab der Große Rat in der Überzeugung, nichts mehr für das Wohl der Republik tun zu können, dem Volk die Macht zurück, die ihm eben von diesem Volk übertragen worden war. Die sehr klar ausgesprochene Formel garantierte die Kontinuität der Republik und lehnte es ab, diese mit der durch den Großen Rat repräsentierten Aristokratie gleichzusetzen.

Der »Selbstmord« des Großen Rates hätte also das Überleben der Republik garantieren sollen. Es war nicht die Schuld der aristokratischen Regierung, wenn diesem Überleben durch die Vereinbarungen zwischen der Revolution, verkörpert in Bonaparte, und dem Absolutismus, repräsentiert von Baron Thugut, ein Ende gesetzt wurde. »Die Alternative, der Griff zu Feuer und Schwert«, von der der Doge in den *Consulte* gesprochen hatte, hätte vielleicht (aber wirklich nur vielleicht) das französische Heer zum Preis großer Opfer niedergerungen. Doch hätte man damit schon das in Leoben festgelegte Zusammenspiel zwischen Bonaparte und dem Haus Österreich zunichte gemacht?

Schließlich muß gesagt werden, daß weder der Doge noch die *Conferenze*, noch die *Consulte*, oder was sie auch waren, die prophetische Gabe der Voraussicht haben konnten. Wenn sie gewußt hätten, was Bonaparte, der Generalissimus der Revolution, und Napoleon I., der Kaiser, Diktator und Monarch der nachrevolutionären Epoche, für die Altäre, die Familien und die Vermögen der Venezianer sowie für das Schicksal Venedigs auf kurze und auf lange Sicht bereithielt, hätten sie vielleicht »die Alternative, den Griff zu Feuer und Schwert«, vorgezogen, die für sie weniger Schäden und weniger Verwüstungen bedeutet hätte als die, die ihnen das republikanische Frankreich und das Napo-

* *Correspondance de Napoléon I*, Bd. III, S. 156 (in S. Romanin, *Storia documentata ...*, s.o., Bd. X, S. 190).

leon willfährige Königreich Italien zufügen sollten. Denn für Venedig, das unberührte Kleinod einer tausendjährigen Zivilisation, bahnte sich ein Schicksal an, das sich nicht einmal jener *Nobilòmo* Nicolò Morosini, genannt *Schiavina* (der nichts mit dem *Deputato all'Interna Custodia* zu tun hatte, der mit den *Schiavoni* nach Zara geflüchtet war), der bei der Nachricht über die Abstimmung vom 12. Mai den Verstand verlor, in seinen finstersten Phantasien hätte vorstellen können.

Es ist – nicht ganz zu Unrecht – geschrieben worden, daß die Abdankung des Großen Rates eine Flucht vor der Verantwortung war. Das stimmt. An die Umwandlung der aristokratischen Regierung in eine repräsentative – vielleicht zunächst in der von Scipione Maffei vorgeschlagenen abgemilderten Form – hätte der Große Rat schon sehr viel früher denken können, und auch der Senat und das *Collegio* hätten sehr viel eher daran denken können. Aber hätte jene Umwandlung vor allen Dingen genügt, um Venedig vor Bonapartes Übergriff zu bewahren? Denn es handelte sich um einen regelrechten Übergriff, und die Haltung des Senats und des Großen Rates, so bedauerlich sie auch gewesen sein mag, ändert gar nichts an dieser Tatsache. Wo käme man denn hin, wenn das ängstliche Verhalten eines Beraubten eine Rechtfertigung für den Räuber darstellte? (Und dennoch scheinen viele ernsthafte und weniger ernsthafte Geschichtsschreiber, angefangen beim Grafen Daru bis F. Valsecchi, genau das zu denken.) Wir haben viele Gründe, daran zu zweifeln, auch wenn Bonaparte, während er fortfuhr, seine Zugeständnisse an Österreich auf Kosten Venedigs auszubauen, so tat, als ob es ihm leid täte, und sogar den Hochmut und die Beschränktheit von Francesco Pesaro für alles verantwortlich machte (und es gibt so manchen Einfaltspinsel, der noch heute, fast zweihundert Jahre später, darauf hereinfällt). Und warum hätte schließlich ausgerechnet der Große Rat von Venedig als einziger Vertreter des ganzen Europa des Ancien régime jene Umwandlung vollziehen sollen und warum nicht etwa der Habsburgerkaiser oder der König von Preußen oder der von Neapel oder der von Sardinien oder der Papst? Warum macht man nur dem venezianischen Patriziat die fehlende Erleuchtung zum Vorwurf, die im kleinen Italien, im großen Europa wirklich niemand hatte? Und was die schmachvolle Kapitulation anlangt, warum erinnert man nicht an die Schmach der Kapitulation von König Viktor Amadeus III., der immerhin über ein starkes und intaktes Heer verfügt hatte? An die der Republik Genua, die sich ohne auch nur eine Andeutung von Widerstand »revolutionieren« ließ? Noch einmal wurde Venedig zur Zielscheibe des Hasses eines neidischen Europa: Zu lange hatte es Widerstand geleistet, und zu lange hatte es seine Unabhängigkeit bewahrt. Bis zum unheilvollen Jahr 1797 hatte es – obschon es in den letzten fünfzig Jahren zu oft die Initiativen der Habsburger Diplomatie hatte hinnehmen müssen – wirklich niemandem als Knecht gedient, Spanien nicht, Frankreich nicht, Österreich nicht und dem Papst nicht – absolut niemandem.

Aus dem wütenden Ruf des zwischen Piazza und Piazzetta zusammengedrängten Volkes als Erwiderung auf das *»Viva la libertà!«* des Generals Salimbene und aus dem Zorn des Volkes (der aber möglicherweise von Intriganten und Provokateuren ausgenutzt wurde) wird deutlich, daß eine Grundtatsache klar erkannt wurde, mit der, wie gesagt, zwölf Jahrhunderte venezianischer Geschichte zu Ende gingen, nämlich das Ende der Unabhängigkeit. Weder den Goten Alarichs noch den Hunnen Attilas, noch den Langobarden Albuins, noch den Franken Pippins, noch den Ungarn, noch den Carrara, noch den Genuesen, noch den Deutschen Maximilians, noch den Spaniern Karls V. war es je gelungen, den Boden der amphibischen, inmitten der Lagunen aufgepflanzten Stadt als Eroberer zu betreten. Es gibt manche, die dem hartnäckigen Unabhängigkeitswillen jenes Volkes, das sich rühmte, frei geboren zu sein, fast mit Verachtung begegnen. Und doch war es ein berechtigtes Gefühl, das sich vom Geist jener herleitete, die zwölf Jahrhunderte zuvor auf die abgelegenen Inseln der Lagune gewandert waren – nicht, um ihr Leben und ihren Besitz zu retten, sondern weil sie sich aus freien Stücken für die Unabhängigkeit entschieden hatten. Nicht auf die Nachricht von der Abdankung des Großen Rates hin entfesselte sich die – allerdings kurzlebige – Wut des venezianischen Volkes (die Arbeiter, die *Arsenalotti* waren auf der Piazza erregter als die anderen), sondern als die Nachricht eintraf, daß die französischen Soldaten als Herren in die Stadt einziehen würden. Was bedeuteten dem Volk schon die »Altäre« und die »Besitztümer«? Die Freiheit, die die neuen Herren auf ihren Bajonetten trugen, war noch immer eine klassenbedingte Freiheit, ja, sie war es mehr als zuvor. Gewiß sollten nicht die Arbeiter, die Fischer, die Gondolieri oder die anderen venezianischen Erwerbstätigen in ihren Genuß kommen. Während General Bonaparte seinen wohlüberlegten Streich zum Schaden der venezianischen »Demokraten« vorbereitete, traten diese an die Stelle der früheren Herren, jedoch ohne auch nur jene Garantien, die sich auf die Tradition, auf das lange Zusammenleben mit der jetzt verrufenen und ausgelaugten alten herrschenden Klasse gestützt hatten.

# XIII
# DER ZUSAMMENBRUCH

## I

Die Namen der neuen Regierenden las man alle unter einem Manifest, das am 17. Mai an den Straßenecken angeschlagen wurde und in dem die provisorische Munizipalität »ganz Europa feierlich ... die freie und offene Reform« verkündigte, die von der venetischen Regierung durchgeführt worden war. Dafür sagte sie den Patriziern öffentlich Dank, die es »durch das ruhmreiche Opfer ihrer Rechte« verstanden hätten, zuzusehen, »daß alle als Kinder des Vaterlandes ... gleich und frei [waren und] im Schoße der Brüderlichkeit in den Genuß der Wohltaten der Volksherrschaft kamen ...«. Die Munizipalität hatte sechzig Mitglieder, davon zwölf Patrizier – unter ihnen der Vorsitzende, Nicolò Corner *dalla Ca' Granda*, und Andrea Dolfin Valier (ebender, der vorgeschlagen hatte, zur Rettung Venedigs den Schatzmeister der Italienarmee zu bestechen), Bernardino Renier (der den Tumult vom 12. Mai niedergeworfen hatte), Alvise Pisani, der ehemalige Botschafter in Paris und Prokurator von San Marco, Leonardo Zustinian, *Deputato al Bonaparte* (»ein fataler Sektierer«, wie ihn Graf Giacomazzi, der frühere Sekretär des Senats, in seinen Memoiren nannte), und Francesco Gritti, der vormalige *Savio in Terra ferma* (den derselbe Giacomazzi einen »Trottel« nannte) – allesamt Mitglieder der gemaßregelten aristokratischen *Conferenze* und *Consulte*. Schließlich waren da auch Andrea Spada und Tommaso Pietro Zorzi, der Rechtsanwalt Gallino, der Abbé Collalto und der Erzpriester Tallier,* Giuseppe Ferratini (der

* Nicht *Falier*, wie S. Romanin irrtümlich schreibt (*Storia documentata* ..., s.o., Bd. X, S. 188ff.).

Besitzer jenes berühmten Hauses in San Polo, wo sich die venezianischen Franzosenfreunde versammelten), der ehemalige Senatssekretär Andrea Fontana, die Juden Moisè Luzzatto und Vita Vivante, der Exjesuit Abbé Signoretti, der Sekretär Alvise Pisani und verschiedene andere, darunter Vincenzo Dandolo, ein gelehrter Apotheker, Sohn jüdischer Eltern, denen der Patrizier Dandolo zusammen mit der Taufe seinen eigenen Nachnamen aufgedrängt hatte - ein intelligenter und fähiger, allerdings auch ein wenig zu sehr von sich eingenommener Mann, der unter Napoleon I. Karriere machen sollte. Im ganzen gab es trotz eines gewissen Anteils an fanatischen und schwärmerischen Rednern eine Menge tüchtiger Leute. Von den Patriziern hatten, wie wir gesehen haben, einige bis kurz zuvor noch das Regiment geführt. Der Doge hatte zwar den Vorsitz der Munizipalität abgelehnt, aber Einfluß auf die Ernannten gewonnen. Es steht fest, daß einige von ihnen weiterhin die Zügel in der Hand halten wollten, während andere aus einem aufrichtigen Bestreben heraus akzeptiert hatten, dem Vaterland in einem schwierigen Augenblick zu helfen. Die Sache hatte aber einen Geburtsfehler: Die Munizipalität war überhaupt keine »repräsentative Regierung«, da ihre Einsetzung nicht vom Volk, sondern vom Geschäftsträger der Französischen Republik bewirkt worden war. Daß der Einzug der französischen Truppen mit der Bildung der neuen Regierung zusammenfiel, entzog ihr die Wertschätzung, Sympathie und Achtung der Bürger. Einige aufgeklärte und unaufschiebbare Maßnahmen wie die Öffnung des Ghettos und die Abschaffung der grauenhaften Diskriminierungen der Juden reichten nicht aus, um der Munizipalität den Makel zu nehmen, mit dem ihre Geburt in den Augen der meisten behaftet war, nämlich vom Willen eines französischen Generals aufgezwungen zu sein und die französische Besatzung nicht nur gebilligt, sondern mit offiziellem Jubel empfangen zu haben. Die Gesten der tiefen und nutzlosen Unterwürfigkeit, deren sich die Mitglieder der Munizipalität gegenüber den Besatzern befleißigten, verletzten den Stolz des Volkes; schließlich war Venedig die einzige Stadt Italiens, die nie die Erfahrung der Unterwerfung unter eine fremde Macht durchgemacht hatte.

Zumindest bei einigen Bürgern verstärkte sich schließlich das unangenehme Gefühl, daß man die Dinge höchstens an der Oberfläche verändern wollte: Die an den aufgelösten Großen Rat gerichteten Komplimente, der als »um das Vaterland wohlverdient« bezeichnet wurde, die Anwesenheit so vieler Adliger in den verschiedenen Komitees, die Eile, mit der man versuchte, den Bedürfnissen jener Patrizier zu entsprechen, die ohne Amt und daher ohne Einkommen geblieben waren – diese und andere Dinge wurden als Versuch angesehen, alles zu verändern, damit sich in Wirklichkeit nichts änderte. Damit verscherzte sich die Munizipalität die Wertschätzung der Bürger, die tatsächlich eine Fortentwicklung des gesellschaftlichen Lebens, einen Schritt hin auf eine ausgewogenere und fortschrittlichere Gesellschaft gewünscht hätten. Die Auflösung der alten Zünfte war ohne Zweifel ein Schritt vorwärts in Richtung auf einen freien Wettbewerb, aber die Verfügung, die im Namen der Gleichheit verbot, die Diener und Hausmädchen »Servitori« zu nennen (die statt dessen als »Domestici« bezeichnet wurden), war einfach lächerlich. Andererseits genügte der feierliche Besuch des Patriarchen bei der Munizipalität mitsamt dem ganzen damit verbundenen Aufwand an rhetorischem Schwulst nicht, um all jene – und es waren viele – mit dem neuen Regime zu versöhnen, die in der Französischen Revolution nach wie vor ein Werk des Teufels sahen.

Aber der tatsächliche und schwerwiegendste Geburtsfehler der provisorischen Munizipalität war ein tödlicher Fehler, für den jene Historiker, die am zartfühlendsten mit Bonaparte umgingen, den Geschäftsträger Villetard verantwortlich machen sollten, der nichts von den geheimen Plänen des Generalissimus begriffen habe (als ob dieser nicht fähig gewesen wäre, sich mit blitzender Klarheit auszudrücken!), nämlich ebender Fehler, eine provisorische Munizipalität zu sein, das heißt eine lokale Regierung für die Hauptstadt und das *Dogado* nach dem Muster der Regierungen der venetischen Terra ferma von Verona bis Vicenza, von Padua bis Treviso. Mit anderen Worten, die Art der »Demokratisierung« war höchstens auf eine kommunale Einheit zugeschnitten gewesen und hatte nicht im geringsten berücksichtigt, die Regierung eines Staates zu »revolutionieren« oder zu »demokratisieren«, dessen Grenzen von der Adda zum Isonzo reichte und der Istrien, Dalmatien und die Ionischen Inseln umfaßte.

Das Ergebnis war, daß jener Staat der Hauptstadt völlig aus den Händen glitt. Die Republik Venedig, mit der der Generalissimus am 16. Mai 1797 einen Friedens- und Freundschaftsvertrag unterzeichnete, existierte nicht mehr. Es existierte nur eine städtische Regierung, von deren Art es in dem bereits chaotischen lombardovenetischen und padanischen Universum sehr viele gab. Und diese beabsichtigten keineswegs, die Vorherrschaft jener Regierung anzuerkennen, die in Venedig von Baraguay d'Hilliers' Bajonetten eingesetzt worden war, noch ehe der Vertrag abgeschlossen wurde, der dem Vorgehen Ordnung und Rechtmäßigkeit hätte verleihen sollen.

Die Annahme, Villetard habe bei der Durchführung von Bonapartes Anweisungen einen Fehler gemacht, entlockt einem nur ein Lächeln, ebenso wie die auch heute noch von mehr als einem bedeutenden Historiker bekräftigte Theorie von einem Bonaparte, der durch diesen unvorhergesehenen Fehler seine Pläne durchkreuzt gesehen habe, denen zufolge das Schicksal Venedigs etwas anders hätte aussehen sollen als in Wirklichkeit. Als Bonaparte in Mailand jenen Friedens- und Freundschaftsvertrag unterzeichnete, den wir bereits erwähnt haben und auf den wir noch zurückkommen werden, hatte er tatsächlich schon die Proteste des österreichischen Kanzlers Thugut gegen die erfolgte »Demokratisierung« entgegengenommen, und gleich nach der Unterzeichnung hatte er die beiden österreichischen Bevollmächtigten kommen lassen, um ihnen zu erklären, daß dem Vertrag Geheimklauseln angeschlossen seien, die einen »Gebietsaustausch« vorsahen (das heißt die Abtretung der venetischen Terra ferma an den Kaiser gegen die »Legationen«, Provinzen des Kirchenstaats), und daß die Demokratisierung ebendas sei, was die Einhaltung seiner Zusage ermögliche; denn die neue Regierung würde die fraglichen Territorien auf eine rechtlich einwandfreie Art und Weise übergeben können. Mehr noch, der General schlug Österreich vor, sofort Istrien und Dalmatien zu besetzen, und legte der kaiserlichen Regierung sogar nahe, die Republik Venedig als nicht mehr existent zu betrachten und ihre Territorien unter dem Vorwand zu besetzen, dort eine Revolution zu verhindern. In diesem Fall würden die Legationen ruhig von der Zispadanischen Republik annektiert werden.*

Einige Tage später noch schlug Bonaparte inoffiziell dem Markgrafen Del Gallo, dem Bevollmächtigten des Kaisers, die Abtretung des Fürstbistums Passau, des Erzbistums Salzburg und – des ganzen venezianischen Territoriums einschließlich der Hauptstadt vor. Man braucht nicht an der Wahrheit dieses Angebots zu zweifeln, da Bonaparte selbst das Direktorium informierte und mitteilte, daß es am 27. Mai an den Kanzler des Reiches in Wien weitergeleitet worden sei.**

Wir haben die *Deputati al Bonaparte* verlassen, als sie sich vor den dramatischen Ereignissen des 12. Mai auf die Suche nach ihrem Gesprächspartner begaben. Begleiten wir sie jetzt zu der anderen, nicht weniger dramatischen Begebenheit, der Unterzeichnung des Vertrages, und sehen wir, was danach geschah.

Die beiden *Deputati,* Francesco Donà und Leonardo Zustinian, zu denen der Statthalter des Friaul, Alvise Mocenigo, hinzugekommen war, waren am 7. Mai in Mailand eingetroffen. Der General hatte sie herzlich empfangen und gesagt, daß es nun, da Domenico Pizzamano und die Staatsinquisitoren (die er nach wie vor für den Fall Laugier verantwortlich machte) verhaftet seien, von französischer Seite keinen Grund mehr für einen Groll auf die Republik Venedig gäbe, und er hatte hinzugefügt, daß er der Republik gern die von seinen Truppen besetzten Städte zurückgeben würde, daß es aber eine Schwierigkeit gäbe: Nun, da sie »munizipalisiert« seien, würden sie gewiß nicht »zur alten Regierung zurückkehren wollen, ohne selbst an ihr beteiligt zu werden«. Die Weisungen der *Deputati* gestatteten die Einsetzung einer repräsentativen Regierung, sofern die Rechte des Großen Rates geschützt würden, dessen Bevollmächtigte sie ihrerseits waren. Der General antwortete (am 8. Mai) Donà und Zustinian, daß Venedig all seine Provinzen zurückerhalten würde und daß er

* G. Ferrero, *Aventure* . . ., s.o., S. 226ff. Vgl. *Correspondance de Napoléon I,* s.o., Bd. III, n. 1836, S. 73 (Brief vom 27. Mai).

** Brief von Bonaparte an Battagia, in S. Romanin, *Storia documentata* . . ., s.o., Bd. X, S. 265, Anmerkung 2.

beabsichtigte, ihnen die Romagna mit Ferrara und – vielleicht – auch Bologna hinzuzufügen. Als ihm jedoch die drei venezianischen Unterhändler den ersten Entwurf eines schriftlichen Abkommens vorlegten, mußten sie sich sagen lassen, daß die Existenz des Großen Rates mit der repräsentativen Form unvereinbar sei und daß es daher nur eine einzige Alternative gäbe: Entweder die vollständige Demokratisierung, und in diesem Fall würde die Republik ihre Territorien – sogar noch vergrößert – zurückerhalten, oder die Beibehaltung der aristokratischen Regierung, und in diesem Fall würden ihr die Überseebesitzungen sowie ein zehn Meilen breiter Cordon sanitaire rund um das Lagunengebiet gelassen sowie vielleicht auch Treviso und die Riviera del Brenta bis zum Dolo.

Einige Tage später fügte Bonaparte der kleinen Gabe des hypothetischen, möglicherweise verbleibenden aristokratischen Staates auch den Polesine di Rovigo sowie ein weiteres Stückchen der Riviera del Brenta bis Stra hinzu. Als jedoch über den Abschluß verhandelt wurde, zögerte er. Sein Motiv verstand man, als die Nachricht von der erfolgten Abdankung des Großen Rates eintraf und Bonaparte, der sie zur Kenntnis nahm, General Baraguay d'Hilliers in aller Form befahl, in Venedig einzuziehen. Als der letzte Brief des Dogen die venezianischen Bevollmächtigten anwies, die Verhandlungen abzuschließen, zauderte Bonaparte nämlich nicht mehr: Innerhalb von drei Tagen war der Vertrag ausgehandelt, abgefaßt und unterzeichnet, und wenn es nicht noch schneller ging, dann nur, weil in der Zwischenzeit General Clarke eingetroffen war und Bonaparte sich lange mit ihm um die schwierige und heikle Frage der Entwicklung des endlich vom Direktorium ratifizierten Vorfriedens von Leoben kümmern mußte. Ein weiterer Grund für die Verzögerung war Bonapartes Beharren auf der Forderung, daß im Vertrag ausdrücklich der Prozeß gegen Domenico Pizzamano und die drei Staatsinquisitoren vorgesehen werden sollte. Noch wenige Augenblicke vor der Unterzeichnung sagte er zu Francesco Donà, der versuchte, dies im letzten Moment streichen zu lassen: »Seid Ihr denn Inquisitor, wart Ihr es, oder wolltet Ihr es werden?« Nach der Unterzeichnung wiederholte er die Hoffnung, daß die Republik durch die neuen Institutionen ihren Reichtum und ihre Stärke zurückgewinne.

Aus der Art, wie die Dinge sich abspielten, und der Tatsache, daß Bonaparte so rasch von seinem Angebot der Legationen an die venezianischen Unterhändler abrückte und Österreich zunächst Istrien und Dalmatien, dann die ganze Republik einschließlich Venedig anbot, läßt sich schwerlich der Schluß ziehen, er habe seine Ansichten innerhalb weniger Tage vollständig geändert. Ein solcher Sinneswandel hätte bedeutet, daß er zuerst davon überzeugt gewesen wäre, mit dem in den Vereinbarungen von Leoben unterbreiteten Angebot der venetischen Terra ferma an Österreich einen Fehler begangen zu haben, und dann geglaubt hätte, die Republik Venedig als Korrektiv einsetzen zu können. Er hätte ferner beinhaltet, daß Bonaparte ihr nach der Übernahme der demokratischen Regierungsform ihre Besitzungen zurückzugeben sowie einen Teil des Kirchenstaates zu überlassen vorhatte. Aus Enttäuschung darüber, daß die munizipale Form der neuen venezianischen Regierung seine Absichten vereitelte, hätte er diese allesamt und urplötzlich aufgegeben.

Die Wirklichkeit sah ganz anders aus und war einige Monate später herangereift, als man schon über den Vertrag von Campoformido verhandelte (der in Wirklichkeit in der prächtigen Villa von Passariano unterzeichnet wurde, die dem Dogen Manin gehörte): Das Direktorium hatte mit zusammengebissenen Zähnen die Geniestreiche des Befehlshabers an der Spitze der Italienarmee hingenommen, und in den endgültigen Weisungen befahl es Bonaparte am 19. August 1797, alles zu tun, um das Habsburgerreich aus Italien hinauszudrängen. Es sollte sich statt dessen in Deutschland austoben und ausdehnen. So – und nur so – würde eine demokratische Venetische Republik französischer Prägung überleben können. Talleyrand, der Mitte Juli Außenminister von Frankreich geworden war, hatte in bezug auf das Durcheinander, das die Erweiterung der kaiserlichen Herrschaftsgebiete in Italien nach sich ziehen würde (ein Chaos, das unter anderem die drei italienischen Unabhängigkeitskriege und den italienisch-österreichischen Krieg von 1915 bis 1918 zur Folge hatte), so klare Vorstellungen, daß er am 8. Oktober den Befehl an Bonaparte erneuerte, sich über jedes Abkommen hinwegzusetzen und die Kampfhandlungen wiederaufzunehmen, falls die Österreicher nicht auf Venedig verzichteten.

Aber ausgerechnet er, Bonaparte, der spätere Napoleon I., war es, der andere Vorstellungen hatte: Aus seinen Plaudereien mit dem ehemaligen *Provveditore generale* Francesco Battagia, der Abgesandter der venezianischen Munizipalität bei ihm geworden war (»Ach, wenn doch Ihr an Pesaros Stelle gewesen wärt!«), wollte so mancher sein »tiefes Bedauern« über die unabwendbaren Sachzwänge von Leoben heraushören. Später auf Sankt Helena wollte er im nachhinein die Nützlichkeit der Abtretung Venedigs an Österreich beweisen, weil die Ausrottung seiner Traditionen und Institutionen durch die Habsburger die künftige Einheit eines von Geburt an alle gesellschaftlichen Klassen umfassenden Italien erleichtert hätte (auch die Genies können sich, wenn sie krank sind und im Exil leben, das einbilden, was nicht ist und was nie gewesen ist). All diese Worte also wurden früher oder später von den Tatsachen Lügen gestraft. Den Weisungen zum Trotz, dem Direktorium zum Trotz und dem verhaßten Rat der Fünfhundert zum Trotz (das war die damalige französische Kammer, die es gewagt hatte, ihn zu kritisieren) unterzeichnete Bonaparte am 17. Oktober 1797 den Vertrag, mit dem sämtliche italienischen Territorien der Republik bis auf die lombardischen sowie Istrien und Dalmatien an den Habsburgerkaiser übergeben wurden. In den Plänen des achtundzwanzigjährigen Generals wurde der Friede so und um jeden Preis gemacht: Er sollte seinen Triumph als Eroberer Italiens retten, der seinerseits die Grundlage jener Eskalation bildete, die aus ihm in kurzen Etappen den Diktator seines Landes und dann den Kaiser eines Reiches machen sollte. Diese Proklamation löste die tragische Folge von Stürmen aus, die unseren Kontinent dann gute einhundertfünfzig Jahre lang verheerten.

Eines steht allerdings fest. Der Abfall der Städte der Terra ferma war die letzte Episode in den alten Rivalitäten zwischen den herrschenden Schichten in der Provinz und dem venezianischen Patriziat, das sie in Abhängigkeit gehalten hatte. Und die Abspaltung machte – ungeachtet der Absichten Bonapartes – das Überleben der Republik selbst in der neuen Regierungsform unmöglich. Der Senat, der Große Rat, die Zehn und die Inquisitoren in Venedig und die *Rappresentanti*, die *Podestà*, die *Capitani* und die *Provveditori* in der Provinz hatten künstlich etwas zusammengehalten, was jetzt in eine Unzahl selbständiger Einheiten zersplitterte, die einander scheel ansahen, da der einzige Punkt, über den sie einig waren (abgesehen von den leeren rhetorischen Deklamationen über das Thema der Freiheit und der Gleichheit), der Wunsch war, sich von Venedig abzuspalten und sich möglichst zum Schaden von Venedig Vorteile zu verschaffen wie zu den Zeiten Genuas und der Carrara und wie zu den Zeiten von Cambrai. Eine *Venetische* Republik, das heißt ohne Vorherrschaft der *Serenissima*, war also nicht möglich, und die *Serenissima* war nicht mehr imstande, eine wie auch immer geartete Vorherrschaft auszuüben.

## 2

Der Vertrag vom 16. Mai 1797, der offiziell mit der bereits seit vier Tagen toten aristokratischen Republik geschlossen wurde, umfaßte öffentliche und geheime Klauseln. Zu den öffentlichen Klauseln gehörten jene, die Villetard bei der letzten aristokratischen *Consulta* durch Zorzi und Spada im voraus bekanntgegeben hatte: Abdankung des Großen Rates unter der Garantie der Anerkennung der Staatsschuld und des Unterhalts der adligen Habenichtse, militärische Besetzung der Stadt Venedig und allgemeine Amnestie. Es gab darüber hinaus die Verpflichtung, den Kommandanten der Lidofestung und die Staatsinquisitoren vor Gericht zu stellen, die nicht nur beschuldigt wurden, zum Mord an Laugier, sondern auch zu den Veroneser Ostern aufgestachelt zu haben. In der dem Direktorium dargelegten Absicht, keinen vorhersehbaren Haß auf Frankreich zu ziehen, wurde die militärische Besetzung Venedigs als Reaktion auf die Bitte der venezianischen Regierung hingestellt, »die Ordnung und die Sicherheit der Menschen und des Eigentums« aufrechtzuerhalten und »die ersten Schritte der Regierung in allen Bereichen ihrer Administration zu unterstützen«, ohne »ein anderes Ziel als den Schutz der Bürger«.*

Es gab fünf geheime Artikel: Der erste sah ein Abkommen »über den Austausch der Gebiete« vor. Der zweite die Zahlung von drei Millionen Torneser-Lire in bar und in drei Raten in die Kassen der Italienarmee. Der dritte die Zahlung weiterer drei Millionen in Hanf, Tauen und Schiffszubehör aus den Magazinen des Arsenals. Der vierte die Übergabe von drei perfekt ausgerüsteten Linienschiffen und zwei Fregatten. Der fünfte die Aushändigung von zwanzig Bildern und fünfhundert Handschriften *»au choix du général en chef«*. Mit dieser letzten Forderung führte der Generalissimus genaue Anweisungen des Direktoriums durch, die schon in den mit dem Papst unterzeichneten Abkommen zum Tragen gekommen waren. Damit begann in Venedig das Kapitel der Plünderung – ein Kapitel von solchen Ausmaßen, daß es einen erschauern läßt, auch wenn man erst vor kurzem begonnen hat, es systematisch und vollständig zu erforschen.**

Zu dem gewaltigen Barbetrag, den zu zahlen sich die Republik verpflichtete, kamen schließlich noch die Ausgaben für den Unterhalt der fünftausend Mann des französischen Besatzungskontingents hinzu, die Requirierungen, die Abgaben und alle anderen vom Besatzer aufgezwungenen Quälereien. Aber all das genügt noch nicht. Die Abspaltung der Provinzen der Terra ferma (und nicht nur der Terra ferma – auch die kleineren Städte des *Dogado* wie Chioggia, Mestre und sogar die Dörfer wie Gambara und Torcello hatten ihre Loslösung und ihre Unabhängigkeit von der venezianischen Munizipalität verkündet) war so weit fortgeschritten, daß es den Leuten, die Landgüter im Besitz von Venezianern verwalteten, verboten wurde, die Erträge an ihre Herren zu schikken, und es wäre nicht so schlimm gewesen, wenn das allein die adligen Grundbesitzer betroffen hätte. In Wirklichkeit jedoch war eine Art generelles Embargo über die Waren und Lebensmittel verhängt worden, die auf dem Weg in die ehemalige Hauptstadt

* Den vollständigen Text findet man in S. Romanin, *Storia documentata . . .*, s.o., Bd. X, S. 204ff.

** Zu dem Komplex der Plünderungen durch die Franzosen siehe mein Buch *Venezia scomparsa*, Mailand 1972, 2 Bände.

waren, und das hatte geradezu tragische Folgen für das unmittelbare Überleben. Aufgrund dieser Situation kam vom Meer her nichts oder sehr wenig. Zudem hatte die pauschale Abschaffung aller alten Justizbehörden und die Ablösung der alten Beamten durch neue und unerfahrene Leute eine Art administratives Chaos heraufbeschworen, das ebenfalls dazu beitrug, jede mögliche wirtschaftliche Aktivität zu bremsen.

Die ersten Maßnahmen der Mitglieder der Munizipalität, die obligatorische Herabsetzung der Preise für die Bedarfsartikel und die Abschaffung sämtlicher Zölle für zwei Monate, waren Trostpflästerchen, die hauptsächlich demagogischen Zielen dienten. Mit einem ein bißchen kühleren Kopf wurden andere Maßnahmen ergriffen (unter anderem galt es, einen öffentlichen Schuldenberg von vierundvierzig Millionen Dukaten abzutragen!); doch es waren Notstandsmaßnahmen, mit denen gerade die unmittelbaren Lecks abgedichtet werden konnten: eine Zwangsanleihe über eine Million Dukaten, die den wohlhabendsten Bürgern auferlegt wurde, eine allgemeine Steuer von zweieinhalb Millionen Dukaten auf Vermögen, Industrie und Handel sowie die Beschlagnahme von Gold- und Silbergeräten aus den Kirchen, den Klöstern und den *Scuole di Devozione.* Und so wurden einige der kostbarsten Gegenstände aus dem im Laufe von fast tausend Jahren angehäuften Schatz von San Marco eingeschmolzen (die berühmte *Pala d'oro* entging diesem Schicksal, weil die Mitglieder der Munizipalität glaubten, daß sie nur aus vergoldetem Metall sei). Aber die Auswirkungen dieser Maßnahmen, die mit schikanösen und daher unpopulären Methoden durchgeführt wurden, waren von Anfang an durch zu viele Faktoren gefährdet; zuallererst waren da das administrative Chaos und die Unantastbarkeit jener Güter, die außerhalb des städtischen Territoriums lagen (die anderen Munizipalitäten hüteten sich tatsächlich gut vor einer Zusammenarbeit mit der venezianischen). Der Schlag, der der Industrie und dem Handel versetzt worden war, traf am Ende ebenjene Aktivitäten, die aufgrund der langen Dauer des Krieges, der Unordnung, der Einstellung des Handelsverkehrs am meisten gefährdet waren, und richtete sie zugrunde, wobei Hunderte von Arbeitern mitgerissen wurden.

So kam der Augenblick, in dem sich die staatliche Girobank und die staatliche Münzprägestelle in der Zwangslage sahen, die Zahlungen einstellen zu müssen, und das bedeutete den Ruin zahlloser Bürger, weil die aristokratische Regierung bei all ihren Fehlern immer für jene Einlagen garantiert hatte, die nicht nur bei den Adligen, sondern bei allen sozialen Schichten als absolut sicher gegolten hatten.

Diesem Gefühl tatsächlichen Mißbehagens, das alle erfaßt hatte, der Angst vor der Gegenwart, der Angst vor der Zukunft (die großen europäischen Mächte etwa hatten den bei ihnen akkreditierten venezianischen Botschaftern die Beglaubigungsschreiben zurückgegeben; das war das Ende einer diplomatischen Tradition, die im Mittelalter wurzelte) setzten die öffentlichen Demonstrationen gewiß kein wirksames Mittel entgegen. Diese wurden zum Teil in der ernsthaften Absicht veranstaltet, die Massen zumindest als Zuschauer an den Arbeiten der Munizipalität teilnehmen zu lassen, zum anderen Teil mit dem Ziel, die choreographischen Riten der Aristokratie durch neue Riten zu ersetzen, die eine lockende Wirkung auf das Volk auszuüben vermochten. Der Nationalfeiertag, der am 4. Juni auf der Piazza San Marco gefeiert wurde, sollte der Verherrlichung des neuen Regimes dienen. Auf der Piazza waren drei Tribünen errichtet worden, eine für die Mitglieder der Munizipalität, zwei für die französischen Offiziere (die durch die Kaffeehäuser flanierten »mit ihren Säbeln, deren Spitzen den Boden mit scharrendem Geräusch streiften . . .«) und für jene wenigen Venezianer, die sich freiwillig zur französischen Armee gemeldet hatten, insgesamt fünfundsiebzig; doch General Baraguay d'Hilliers hatte nur vierundzwanzig von ihnen ausgewählt, unter ihnen zwei Patrizier, Piero Angelo Soranzo und Stefano Guerra, die »mit großen gold- oder silbergeschmückten Mützen nach zispadanischer Art« auftraten (»diese geschniegelten Laffen, die mit dem Hintern im Butterfaß stecken, werden schon noch merken, was für ein anderes Leben auf sie wartet«, kommentierte ein Zeitgenosse). An den drei Masten vor der Basilika wehte zum erstenmal die Trikolore, darüber Liktorenbündel und Jakobinermützen; mitten auf der Piazza erhob sich der »Baum der Freiheit, bestehend aus dem Stamm eines weißen Maulbeerbaumes, auf dessen Spitze eine rote Wollmütze« steckte, und rundum sah man Statuen, Basreliefs und allegorische Aufschriften. Vom Uhrturm, von der Fassade der Basilika, von der Porta della Carta und von der Fassade des Dogenpalastes waren die Löwen von San Marco verschwunden, die wie alle anderen der Stadt im Auftrag der Munizipalität abgemeißelt worden waren; zu diesem Zweck hatte sie eigens drei arbeitslose Maurer eingestellt.

Als Leiter der Zeremonie kam der Kommandierende General der Besatzungstruppen, Baraguay d'Hilliers, in Galauniform, dem die Mitglieder der Munizipalität mit Ehrerbietung begegneten, und während die Glocken ununterbrochen läuteten, defilierte eine Prozession vorüber, bei der außer den Amtspersonen, den Soldaten und den Angehörigen der soeben eingerichteten Nationalgarde auch vier kleine Mädchen und Jungen aufmarschierten, die Fahnen mit der Aufschrift »Wachse heran, du Hoffnung des Vaterlandes!« in der Hand hielten; dann kamen zwei Verlobte, die ein Schild trugen, auf dem »Demokratische Fruchtbarkeit« stand, schließlich zogen zwei alte Leutchen mit anderen Parolen auf. Nach einer Ansprache des ehemaligen Erzpriesters Tallier, des turnusgemäßen Vorsitzenden der Munizipalität, und nach einem in der Basilika gesungenen *Te Deum* folgte nun der Höhepunkt des Festes, nämlich die Vernichtung des *Libro d'oro*, des Goldenen Buches des Patriziats (es handelte sich um eine gedruckte Kopie; das Original wird noch heute im Staatsarchiv von Venedig aufbewahrt), und der Insignien des Dogen. Diese waren bereits von Lodovico Manin getragen worden, der sie sich bei seiner Wahl zum Dogen der Vorschrift entsprechend auf eigene Kosten aus kostbaren Stoffen und Pelzen hatte anfertigen lassen. Der *Arsenalotto* Antonio Gelfi schreibt in sein Tagebuch:

»Die Scharfrichter waren drei an der Zahl: Der wichtigste war ein gewisser Giuseppe Lombardo, Besitzer einer Ölhandlung in San Moisè, und der Ebenerwähnte zerschnitt mit einem großen Säbel, der so scharf war, daß er eine Hand abhieb, das obenerwähnte Gewand und den Corno [die Dogenmütze, die typische Krone der venezianischen Dogen], und nachdem er sie unter seine Füße gelegt und darauf herumgetrampelt hatte, zündete er dann zusammen mit seinen beiden Gefährten, den beiden Brüdern

Stalimini, den Söhnen eines Kriegsschiffkapitäns, in geringer Entfernung von jenem heiligen Baum die besagten Dinge an... Sobald das Feuer brannte, begannen alle zusammen zu tanzen, und er veranlaßte all jene, die anwesend waren und von seiner Partei geführt wurden, mit lauter Stimme *Viva la libertà, viva la dimocrazia, viva la libertà* zu rufen, weil wir alle gleich sind...«*

Sie tanzten bis zum Abend zum Klang der *Carmagnole,* des französischen Revolutionsliedes, und am ausgelassensten waren die bekanntesten galanten Damen der guten Gesellschaft, gekleidet in Schleier, die wenig oder nichts verhüllten. Dabei war auch Marina Querini Benzon, die Heldin von Lambertis Gedicht *La biondina in gondoleta,* die mit einem Mönch, Pater Lojano, tanzte, dem weltmännischen Fastenprediger, der in der Kirche San Moisè großen Erfolg gehabt hatte. Im Wirbel des Tanzes fiel sie hin, die Beine in die Luft gestreckt, stand auf und tanzte weiter, und die Zeitung *Monitore Veneto* kommentierte den Vorfall mit folgenden Worten: »Ein gutes Werk fürs Vaterland hast du getan, als du deinesgleichen, bislang durch lächerliche Rücksichten erniedrigt, ein Beispiel männlichen Mutes gabst. Könnte dies Nachahmerinnen finden, bräuchte Venedig die sitzengebliebenen Damen nicht zu beneiden.«**

Am 20. Juni vollzog man mit nicht geringerer Feierlichkeit die symbolische Verbrennung des *Nobilòmo* Nicolò Morosini IV., genannt *Foca,* des ehemaligen *Deputato all'Interna Custodia* der früheren Regierung, zu deren kläglichen Fall er mit seiner krankhaften Angst vor Verschwörungen beigetragen hatte. Er hatte die *Schiavoni*-Truppen nach Dalmatien begleitet und von dort einem Freund geschrieben und heftige Kritik an den Mitgliedern der Munizipalität geübt. Der Freund hatte sich beeilt, den Brief der Munizipalität zu übergeben, und diese wollte sich die Gelegenheit zu einer schönen Zeremonie auf der Piazzetta nicht entgehen lassen, wo eine Puppe mit der Toga und der Perücke der Patrizier auf einem Zweiradkarren unter Gesängen zum Scheiterhaufen

* R. Bratti, *La fine della Serenissima,* s.o., S. 188ff.

** Artikel aus dem »Monitore Veneto« in S. Romanin, *Storia documentata...,* s.o., Bd. X.

gezogen wurde. Man tanzte bis zum Abend die *Carmagnole,* und nach dem Essen gab es einen großen Ball im Teatro San Beneto.

Dieses und andere Feste, bei denen die Munizipalität das Geld reichlich und mit einer Leichtigkeit fließen ließ, die Bonaparte selbst zutiefst mißfiel (es kam auch seine Gemahlin, Joséphine de Beauharnais, und ihr Besuch war Anlaß für Regatten, Theateraufführungen und Festmähler), waren nichts als bloßer Schein, um die schwerwiegenderen Probleme vergessen zu machen. Gewisse »Flegeleien« (wie ein Zeitgenosse sie definierte) dienten hingegen dazu, dem Extremismus weniger Leute Luft zu machen: wie im Fall einer Gruppe von Fanatikern, die die sterblichen Überreste des für die »Schließung« des Großes Rates verantwortlichen Dogen, Pierazzo Gradenigo, zu verstreuen versuchten, oder als man Baiamonte Tiepolo zum *Benemerito della Patria* proklamieren wollte und einen Wettbewerb für eine Monographie ausschrieb, in der seine Verdienste nachgewiesen werden sollten (der Wettbewerb verlief im Sande – nicht weil keine Gelehrten daran teilgenommen hätten, sondern weil es keinem von ihnen gelungen war, den demokratischen Charakter des »großen Ritters« zu belegen). Ernsthafter waren andere Initiativen wie etwa die von Vincenzo Dandolo, öffentliche Versammlungen der Munizipalität unter Beteiligung von Handwerker- und Facharbeitergruppen abzuhalten. In einer dieser Versammlungen erteilte man einem gewissen Dabalà, dem ehemaligen *Dogen dei Nicolotti,* also dem Vorsitzenden der Bruderschaft der Fischer von San Nicolò dei Mendigoli, das Wort. Er sprach über die Zweckmäßigkeit, einige *Valli,* die von ihren patrizischen Besitzern unerlaubterweise geschlossen worden waren, für die Lagunenfischer zu öffnen. Die schlichte und unabsichtlich poetische Eloquenz des alten Fischers (»Venedig hat nur die Lagune, vom Land ist nichts mehr da; Venedig hat nur Wasser, und das Wasser ist unendlich ...«) machte freilich die Hohlheit der übertrieben patriotischen Rhetorik der Mitglieder der Munizipalität noch deutlicher. Diese waren keineswegs die Schurken, wie viele Geschichtsschreiber uns haben weismachen wollen. Ebensowenig waren sie die bürgerlichen Helden, als die sie uns eine törichte Propaganda hat hinstellen wollen: Es waren zum größten Teil rechtschaffene Leute, die sich mit Problemen herumschlagen mußten, deren Bewältigung sie überforderte. Es ist angebracht, hervorzuheben, daß sie viele dieser Probleme von der früheren patrizischen Regierung geerbt hatten, während sich viele andere direkt aus dem Vorgehen der Franzosen ergaben, die sie an die Macht gebracht hatten.

So gab es etwa das Problem des Prozesses gegen die drei Staatsinquisitoren, die fixe Idee Bonapartes, dessen Wille dieses Verfahren im Vertrag vom 16. Mai vorgesehen und erzwungen hatte. Eine von der Munizipalität ernannte Kommission hatte sich ernsthaft ans Werk gemacht, eine Unmenge von Zeugen vernommen, darunter einige sehr gewichtige, und war zu dem vorhersehbaren Schluß gelangt, daß die drei Inquisitoren überhaupt nichts mit dem Mord an Laugier zu tun hatten, von dem sie erst nachträglich erfahren hatten, und noch weniger mit der Tragödie der Veroneser Ostern. Der *Tribunale Supremo* war daraufhin sogar sehr bemüht gewesen, überall zu verhindern, daß die französischen Provokationen mit Exzessen und Gewaltausbrüchen beantwortet würden. Aber was war zu tun? Die drei *Babài* für unschuldig erklären hätte den *Général en chef* Bonaparte in aller Form Lügen gestraft, und das war völlig unmöglich. Das Zögern wurde vom General persönlich beendet, der in einem Brief sagte, daß er »in Anbetracht des vorgerückten Alters der drei ... auf Ersuchen der Französischen Republik als die Haupturheber all jener Wirren Verhafteten, die in verschiedenen Ortschaften der Terra ferma zum Mord an den Franzosen geführt hatten«, auf jedes weitere Verfahren gegen sie verzichtete, »mit dem einzigen Vorbehalt, daß die Hälfte ihrer Güter benutzt werde, um die venezianischen Patrioten für die aufgrund der Erhebung vom 12. Mai erlittenen Verluste zu entschädigen«. Die Entscheidung rettete zwar Bonaparte das Gesicht, aber nicht der Munizipalität, und noch weniger rettete sie das Fest, das zu Ehren von General Balland, dem Überbringer jenes Briefes, wenig mehr als eine Woche vor der Unterzeichnung des Vertrags von Campoformido veranstaltet wurde. Was Domenico Pizzamano anbelangt, so zog die Munizipalität vor, ihn im Gefängnis zu vergessen, obwohl sie davon überzeugt war, daß er nur seine Pflicht getan hatte. Erst am 26. Oktober schrieb der allmächtige Bonaparte, der in seinem Inneren sicherlich diese Überzeugung teilte, an den Rand eines vom französischen Militärgouverneur Serrurier überreichten Bittgesuchs: *»Serrurier, vous le délivrerez.«* Damit wurde seinen völlig unverdienten Qualen ein Ende bereitet.

## 3

Aber das Ausmaß jener Qualen, die über die unglückliche Munizipalität hereinbrachen, kannte keine Grenzen. Als der Vertrag vom 16. Mai unterzeichnet wurde, besaß die Republik noch die Ionischen Inseln, die venetische Levante sowie Istrien und Dalmatien. Die Ionischen Inseln unterstanden direkt dem *Provveditore generale da mar,* dem Oberkommandierenden der Flotte, der seinen Wohnsitz in Korfu hatte und der 1797 der *Nobilòmo* Carlo Aurelio Widmann war. Die venezianische Regierung hatte sich recht wenig um ihn und um die Flotte gekümmert, die trotzdem noch eine gewisse Leistungsfähigkeit bewahrte. Sie hatte sie überhaupt nicht mit Geld, Ausrüstung und Lebensmitteln versorgt, ja – um es mit seinen eigenen Worten zu sagen – nicht einmal mit »dem wesentlichen Requisit des Pulvers« (natürlich ist hier Schießpulver gemeint), von dem sich gerade so viel in Korfu befand, daß es höchstens für die Kanonen eines einzigen Schiffes reichte statt für die sämtlicher Schiffe und Festungen, die die Levante noch beschützten.

Die Munizipalität war sich der Dringlichkeit, ihre Rechte auf die Inseln zu bekräftigen, bewußt geworden, aber Bonaparte war schneller gewesen. Besorgt über die Möglichkeit einer Intervention durch Rußland, hatte er am 26. Mai General Gentili mit einem angemessen großen Truppenkontingent entsandt, um sie gemeinsam mit den Vertretern der Munizipalität selbst in Besitz zu nehmen. In seinen Weisungen empfahl Bonaparte dem General, sich immer für einen Vertreter und Helfer der Republik Venedig zu erklären, doch er befahl ihm, »sich alles anzueignen« und die venezianischen Soldaten und Matrosen (»von denen ich annehme«, fügte er geringschätzig hinzu, »daß sie von feigen und wenig an den Krieg gewöhnten Offizieren befehligt werden«)

unter dem Befehl französischer Offiziere in französische Dienste zu übernehmen. Am 28. Juni trafen die französischen Truppen und die Vertreter der venezianischen Munizipalität in Korfu ein, und es wurde sofort klar, wer das Kommando hatte: General Gentili gab zu verstehen, daß er die Befehle erteilte, Widmann trat in den Hintergrund. Als nach den üblichen Feiern anläßlich der Einsetzung einer örtlichen provisorischen Munizipalität die Bewohner von Korfu beabsichtigten, sich eine echte Volksvertretung zu wählen, trat das französische Kommando mit einem brüsken Verbot dazwischen. Die Ionischen Inseln waren von zu großem strategischem Interesse, als daß Bonaparte mit seinem außergewöhnlichen Weitblick ihren Wert nicht erkannt und nicht schon geplant hätte, sie für die Französische Republik zu reservieren.

Was Dalmatien und Istrien anlangt, so hatte Bonaparte den Österreichern seit dem 16. Mai nahegelegt, sie zu besetzen. Die Österreicher ließen sich das nicht zweimal sagen. Die Situation an Ort und Stelle war für sie günstig: In Istrien hatte die venezianische Munizipalität rechtzeitig eingegriffen, aber die Uneinigkeit zwischen denen, die treu bleiben, und denen, die die Abspaltung und die Selbstregierung wollten, und denjenigen (die österreichische Regierung hatte sich mit Propaganda und Geld ins Zeug gelegt), die für die Annexion an Österreich eintraten, lieferte Österreich den Vorwand für eine militärische Intervention. Wie es in den Proklamationen des kaiserlichen Kommissärs, Raimondo della Torre, hieß, wollte man einer Revolution an den Grenzen des Reichs zuvorkommen und »die Ordnung wiederherstellen«.

Nach so vielen Jahrhunderten der Aufstände und der Streitigkeiten galt Dalmatien als das Gebiet, das Venedig am treuesten ergeben war. Es hieß, daß Francesco Pesaro vor dem Fall der aristokratischen Republik im Lauf einer der hitzigsten Debatten in den berühmten *Consulte* dem Dogen Manin zugerufen habe: »Setzt Eure Krone ab und geht nach Zara!«, wo allein es möglich gewesen wäre, einen wirksamen Widerstand zu organisieren. Die Nachricht von der Abdankung des Großen Rates und der Gründung einer Munizipalität unter französischer Vormundschaft war zusammen mit Nicolò Morosini IV. und seinen *Schiavoni*-Truppen in Zara eingetroffen. Ihrer Unterstützung sicher, hatte sich der

*Provveditore generale* in Dalmatien und Albanien, Andrea Querini, entschieden geweigert, von der neuen Regierung Befehle entgegenzunehmen. Aber weder Querini noch Morosini hatten die Situation im Griff: Der letztere hatte seine Truppen nicht unter Kontrolle, die marodierend umherzogen, und der erste ließ – ob aufgrund mangelnder Autorität oder mit seinem Einverständnis, ist nicht ganz klar – aufwieglerische Manifeste zirkulieren, die das Volk gegen die mutmaßlichen Anhänger der Volksherrschaft aufstachelten. Und die Bevölkerung erhob sich gegen Adlige und Bürger; überall brachen Gewalttätigkeiten aus: In Sebenico wurde der französische Konsul ermordet; Traù wurde von den »markesken« Bauern besetzt . . . Es war genau das, was die österreichische Regierung zur Rechtfertigung für eine Intervention brauchte. Am 1. Juli 1797 erschien das österreichische Heer vor den Toren von Zara und ergriff im Namen Seiner kaiserlichen und königlichen Apostolischen Majestät unter dem sattsam bekannten Vorwand, den Bürgern »den wirksamsten Schutz bei der ungeteilten Nutznießung all ihrer Güter, Rechte und Privilegien . . .« zu sichern, Besitz von der Stadt. Seit dem ruhmreichen Eroberungszug von Pietro Orseolo II. waren genau siebenhundertsiebenundneunzig Jahre vergangen.

Venedig wurde endgültig von der östlichen Adriaküste vertrieben. Die reichen Bürger von Zara hatten die Glocken läuten lassen, als die österreichischen Schiffe an der Hafeneinfahrt aufgetaucht waren. Die Reise des *Provveditore* Querini nach Wien stärkte alle in der Überzeugung, daß auch er bei der Besitzergreifung durch die Kaiserlichen seine Hände im Spiel gehabt hatte. Aber die zuverlässigen *Schiavoni,* die getreuen Dalmatiner, die nunmehr seit Jahrhunderten unter den Fahnen der Republik gekämpft hatten, wollten sich von jenen Fahnen mit einer feierlichen und rührenden Zeremonie verabschieden, der sich die neuen Herren nicht zu widersetzen wagten. Die niedergeholten Fahnen von San Marco wurden auf zwei Becken zwischen zwei von Soldaten gebildeten Flügeln von zwei Kapitänen getragen. Im Dom, wo sie auf dem Hauptaltar aufgebahrt wurden, wurden sie nach dem *Te Deum* für den neuen Herrscher nacheinander vom *Sergente generale* Antonio Stratico und einhundertsechzig weinenden Offizieren geküßt und nach ihnen von einer großen Volksmenge, »und die Fahnen wurden derart von den Tränen benetzt, daß sie so naß waren, als ob man sie in Wasser getaucht hätte ...«.*

Noch bewegender war der Abschied der *Bocchesi* von Perasto. Es waren einfache und stolze Leute, die in den traurigsten Tagen ebenso wie in den Zeiten der Siege und der Eroberungen mit Begeisterung und bis zum letzten Mann den Fahnen der *Serenissima* gefolgt waren. Das Städtchen, das sich in die Schluchten der *Bocche* von Cattaro schmiegt, hatten die Österreicher noch nicht erreicht, als sich das Volk in der Kirche versammelte, in der man unter dem Tisch des Altars jene Stelle vorbereitet hatte, wo der siebenzipfelige *Gonfalone* mit dem Markuslöwen wie eine Reliquie aufbewahrt werden sollte. Der Dorfvorsteher fand dabei Worte, die in ihrer einfachen Sprache sehr vornehm klangen:

»In diesem bitteren Augenblick, da wir einem letzten Impuls unserer Liebe und Treue gegenüber der erlauchtigsten Regierung von Venedig folgen, gereiche uns, ihr Bürger, die Fahne der *Serenissima Repubblica* zum Trost, weil unser früheres und jetziges Verhalten diese vom Schicksal erzwungene, aber der Tugend und der Pflicht angemessene Handlung noch gerechter erscheinen läßt. Eure Söhne werden es von uns erfahren, und die Geschichte wird ganz Europa wissen lassen, daß Perasto die Ehre des venetischen *Gonfalon* bis zum letzten Augenblick hochgehalten hat, indem es ihn mit diesem feierlichen Akt ehrt und ihn, genetzt von unseren bitteren Tränen, niederlegt. Weinen wir, Bürger, weinen wir ruhig. Aber mit diesen unseren letzten Gefühlen, mit denen wir unsere ruhmbedeckte Karriere beenden, die wir unter der erlauchtigsten Regierung von Venedig durchlaufen haben, wenden wir uns dieser Fahne zu, die diese symbolisiert, und bekunden wir ihr unseren Schmerz. Dreihundertsiebenundsiebzig Jahre lang hat sie unsere Treue und unsere Tapferkeit immer zu Wasser und zu Lande bewacht ... Dreihundertsiebenundsiebzig Jahre lang haben wir unseren Besitz, unser Blut, unser Leben immer dir gewidmet, o San Marco. Und es war ein großes Glück, daß du mit

* G. Ferrari Cupilli, in G. Dandolo, *La caduta della Repubblica di Venezia*, s.o., II, S. 266ff.

uns warst und wir mit dir. Immer wenn wir auf dem Meer gekämpft haben, sind wir tapfer und heldenhaft gewesen. Keiner hat uns davonlaufen sehen, keiner hat uns besiegt oder furchtsam gesehen. Wenn die gegenwärtigen Zeiten, die sehr unglücklich sind aufgrund von Unvorsichtigkeit, Uneinigkeit, unrechtmäßigen Herrschern und aufgrund von Lastern, die gegen die Natur und das Recht der Völker verstoßen, wenn diese Zeiten dich nicht von Italien fortgenommen hätten, hätten wir dir für ewig unseren Besitz, unser Blut, unser Leben gewidmet, und statt dich von den Deinen besiegt und entehrt zu sehen, hätten wir es vorgezogen, unseren Mut und unsere Treue unter dir zu begraben. Aber da uns nichts anderes für dich zu tun bleibt, möge unser Herz dein Ehrengrab sein und unsere Tränen deine reinste und höchste Würdigung.«*

Diese Worte, die in einem reinen dalmatinischen Dialekt mit köstlicher venezianischer Färbung gesprochen wurden, faßten besser als jede raffinierte literarische Ausarbeitung die Empfindungen und den Schmerz der ehedem Venedig unterworfenen Völker zusammen sowie ihr Urteil nicht nur über die Tagesereignisse, sondern über die ganze lange Geschichte der venezianischen Herrschaft. Über die bescheidene örtliche Episode hinaus, auf die sie sich beziehen, müssen sie als eine leidenschaftliche und in ihrer Schlichtheit geniale Bewertung der vier Jahrhunderte währenden venezianischen Präsenz in jenen Ländern gelten, die die späteren Ereignisse in die Sphäre der slawischen Welt führen sollten.

## 4

Mit einem feierlichen Akt protestierte die provisorische Munizipalität von Venedig am 1. Juli 1797 gegen die Annexion von Istrien und Dalmatien an die kaiserlichen Herrschaftsgebiete. Es war vergebliche Mühe. *Majora praemebant*, und welcher Natur diese *Majora* waren, erzählte das aus Mailand zurückgekehrte Mitglied der Munizipalität, Francesco Mengotti, einem bestürzten »Ge-

* S. Romanin, *Storia documentata* . . ., s.o., Bd. X, S. 250ff.

heimausschuß«: Es handelte sich um den Inhalt des Vorfriedens von Leoben und seine Folgen. Daß alles wahr war, bewiesen Bonapartes Haltung und seine ausweichenden Antworten auf die Fragen, die der gleiche Mengotti an ihn gerichtet hatte (unter anderem hatte er ihn gefragt, ob das, was in Istrien vorgefallen war, mit seiner Zustimmung geschehen sei, und er hatte ihm offensichtlich überrascht mit einem gedehnten »Das müßte man sehen...« geantwortet). Mengotti zog den Schluß (und der Ausschuß gab ihm recht), daß man auf jeden Fall Venedig mit der Zisalpinischen Republik vereinigen müsse, die in der Zwischenzeit, nämlich am 26. Juni, durch den Zusammenschluß aller lombardischen Provinzen einschließlich der früher venezianischen von Bergamo und Brescia (aber nicht von Mantua, das für den Kaiser bestimmt war) in Mailand gegründet worden war. Vielleicht könnte die Stadt, auch wenn sie den Status einer Hauptstadt verlor, eine Zukunft als Handelshafen haben ... Auch Rocco Sanfermo, der die Munizipalität in Paris vertreten sollte, hatte Bonaparte getroffen und den Mut gehabt, ihn zu fragen, warum er überhaupt einen offiziellen Protest gegen die österreichische Besetzung von Dalmatien und Istrien empfohlen habe, wenn er sie doch selbst begünstigte. Der General hatte nach einigen Ausflüchten und vielen bei ihm völlig ungewohnten Artigkeiten und nachdem er jede Schuld auf das Direktorium abgewälzt hatte (das überhaupt nichts damit zu tun hatte), schließlich eingeräumt, daß der ganze venezianische Staat an Österreich abgetreten werden sollte. Jedenfalls wäre es gut, wenn Venedig zur bevorstehenden Konferenz österreichischer und französischer Diplomaten in Mombello einen Bevollmächtigten sowie zwei von den Provinzen der Terra ferma ernannte Vertreter entsenden würde. Hier nannte der General Francesco Battagia, den ehemaligen *Provveditore generale in Terra ferma,* der in Venedig höchst umstritten, ihm aber besonders genehm war.

Während die Komödie weitergeht und Bonaparte mit der venezianischen Munizipalität Katz und Maus spielt, kämpft diese von nun an, so gut sie kann, gegen die Vollendung eines Schicksals, das sie in ihrer naiven Ahnungslosigkeit nicht erwartet, bei den Zeitgenossen in Mißkredit gebracht und ihr auch die Verurteilung durch die Nachwelt eingetragen hat. Das Drama der Mitglieder der

Munizipalität war nicht weniger schmerzlich als das des Dogen und des Großen Rates: Es ist das Drama derer, die einer Gewalttat zum Opfer fallen, und sie schlagen sich ebenso mühsam durch wie ihre aristokratischen Vorgänger, mit denen sie unsinnige Hoffnungen teilen, die von Wunschvorstellungen getragen und die von der Wirklichkeit in grausamer Weise zunichte gemacht werden sollten.

Die Munizipalität hat sofort Gelegenheit, die Tiefe der Kluft zu messen, die sie nunmehr von jenen Städten trennt, die dreihundert Jahre lang und noch länger Venedig unterworfen waren. Auf die an die verschiedenen Munizipalitäten der venetischen Terra ferma gerichtete Aufforderung, die beiden Deputierten zu bestimmen, die dem venezianischen Bevollmächtigten in Mombello zur Seite stehen sollten, kommt keine Antwort. Keine einzige. Venedig ist vollkommen isoliert. Die ehemals unterworfenen Städte, die wieder in ihren alten Partikularismus zurückgesunken sind, begreifen nicht, daß ihr Schweigen die einzige – allerdings ganz entfernte – Möglichkeit zunichte macht, Mitglieder eines einheitlichen Gefüges zu bleiben und wenn schon nicht die Unabhängigkeit, so vielleicht doch zumindest irgendeine Form von Demokratie zu bewahren. In Paris eingetroffen, läßt sich Rocco Sanfermo von Talleyrand empfangen und legt ihm eine Note vor, in der er das Direktorium im Auftrag Venedigs um die Vereinigung von Venedig selbst und allen Städten der venetischen Terra ferma sowie der Legationen mit der Zisalpinischen Republik bittet. Oder zumindest sollte eine Föderation italienischer Republiken »im Schatten des Einflusses der französischen Nation« geschaffen werden ... Der Arme redet sich heiser, um zu verdeutlichen, wie lebenswichtig für Venedig der Besitz von Istrien und Dalmatien ist und welchen Schaden deren Verlust für Venedig, für Italien, auch für Frankreich darstellt. Talleyrand weiß das alles sehr gut. Aber es ist dennoch verlorene Liebesmüh.

Und vergebliche Mühe war auch der Kongreß der Städte der Terra ferma, den Mengotti geplant hatte, um eine Grundlage wenn schon nicht für Eintracht, so doch wenigstens nicht für Zwietracht zu finden. Doch die Munizipalitäten der Terra ferma hatten in ihrem grollenden Partikularismus einen gegen Venedig gerichteten Gegenkongreß geplant, der für den 27. Juli in Bassano del Grappo anberaumt worden war. Bonaparte schickte den Schatzmeister Haller mit dem Auftrag nach Venedig, eine Konferenz vorzubereiten, die die Vertreter der verschiedenen Städte zusammenführen sollte, damit sie über die Lösung der strittigen Probleme, die im Zusammenhang mit der Erfüllung des Vertrages vom 16. Mai entstanden waren, diskutierten. Währenddessen sah sich die Munizipalität wirtschaftlichen Schwierigkeiten gegenüber, die ebenfalls mit der Isolierung der Stadt zusammenhingen und die so groß waren, daß Dandolo sagte, die politischen Schwierigkeiten müßten in den Hintergrund rücken. ». . . Venedig allein, ohne Land, ohne Grund, allein mit seinen Häusern, mit seinen Möbeln, mit seinem Silberzeug und den privaten Bargeldern . . .«, vegetiere nur dahin.

Und die Unzufriedenheit wuchs. Die Munizipalität reagierte mit Polizeimaßnahmen, die an die Methoden des verabscheuten *Tribunale Supremo* erinnerten, ja noch schlimmer waren: Es wurde eine *Giunta criminale* eingerichtet und jedem die Todesstrafe angedroht, der »Viva San Marco!« rief; ferner wurde zur Denunziation ermuntert. Alte Ressentiments wurden wieder ausgegraben; man beschlagnahmte die Güter des Prokurators Pesaro, der zu den Österreichern übergelaufen und nach Wien geflüchtet war, sowie die der letzten venezianischen *Rappresentanti* in Verona. Dann folgt am 12. Oktober die Posse einer mutmaßlichen proösterreichischen Verschwörung, in die auch Andrea Spada verwikkelt ist (ein Altdemokrat und Franzosenfreund der ersten Stunde). Sie provoziert eine französische Intervention, die eine tödlich verletzende Beleidigung der Munizipalität darstellt. Der Ortskommandant verlangt die Überstellung einiger Mitglieder der Munizipalität als Geiseln, als Garanten für die Loyalität der venezianischen Regierung. Und die Franzosen verstärken die Garnison; an die Stelle von General Balland tritt General Serrurier mit weiteren zehntausend Mann, denen auf Staatskosten Unterkunft und Lebensmittel gestellt werden müssen . . . Die Lage der Mitglieder der Munizipalität, insbesondere jener, die am aufrichtigsten überzeugt sind, ist keineswegs zu beneiden, und sie ist es immer weniger, je weiter die Verhandlungen von Passariano fortschreiten, wo vor Bonaparte nicht nur der Markgraf del Gallo und der General Graf Merveldt auftreten, sondern auch einer der geschicktesten Unterhändler aus der Thugut-Schule, der Botschafter Graf von Cobenzl.

In Passariano, wo sich schon Francesco Battagia befindet, treffen Anfang Oktober auch Vincenzo Dandolo und ein anderer Angehöriger der Munizipalität, Benvenuti, ein. Ihr Auftrag lautet, Bonaparte zu bewegen, den Anschluß an die Zisalpinische Republik zu billigen. Aber Bonaparte, absorbiert von den Verhandlungen, hat anderes im Kopf. Dandolo, der, ohne es zu wissen, denselben Weg beschreitet, den die letzten verhaßten Aristokraten erfolglos durchlaufen haben, versucht, ihn mit finanziellen Angeboten zu gewinnen: achtzehn Millionen Dukaten in monatlichen Raten zu je drei Millionen sowie achtzehntausend Mann, die innerhalb von drei Monaten ausgerüstet würden, und er wiederholt buchstäblich den naiven Fehler, für den der »Oligarch« Daniele I. Andrea Dolfin verspottet worden war, indem er ebenfalls versucht, den unbestechlichen Schatzmeister Haller zu bestechen. Tommaso Pietro Zorzi (ein anderer »alter Kämpfer«) versucht es auf frivoleren Wegen. Er hatte den Eindruck gehabt, Joséphine bei ihrem Aufenthalt in Venedig gefallen zu haben, und eilt deshalb auch nach Passariano und meldet sich bei der galanten Dame an (Dandolo hatte es für richtig gehalten, ihr ein Geschenk von einhunderttausend Dukaten in Aussicht zu stellen, wenn sie ihren ganzen Einfluß auf ihren Mann spielen lassen würde). Joséphine bietet dem galanten Gewürzhändler zu einem Spaziergang im Garten ihren Arm an und erzählt ihm, daß ihr Napoleon sie aufgesucht habe, als sie gerade Toilette machte, und sie habe ihm ihre lieben Venezianer so sehr ans Herz gelegt ... Der Einfaltspinsel beeilt sich, der schönen Kreolin einen herrlichen Brillantring zu überreichen, und stürzt nach Venedig, um die frohe Kunde zu verbreiten. Unterdessen haben die Bevollmächtigten am 17. Oktober den Vertrag unterzeichnet, der die Übergabe Venedigs an den Kaiser endgültig besiegelt. Dandolo, der Anfang Oktober unvorsichtigerweise Nachrichten voller ungerechtfertigtem Optimismus unter die Leute gebracht hatte, besaß so viel Geschmack, heimlich, still und leise nach Venedig zurückzukehren.

Und da trifft nun die Nachricht vom Vertrag von Venedig ein. Er enthält wirklich alles, was in Leoben vereinbart worden war, mit einem Zusatz: Istrien und Dalmatien gehen an Österreich, die Ionischen Inseln an Frankreich. Der militärisch besiegte Kaiser hat auf diplomatischem Feld eine Schlacht gewonnen, die drei Jahrhunderte zuvor begonnen hatte: Der Wunsch, den Leopold II. und Franz II. nicht einmal zu äußern gewagt hatten, ist Wirklichkeit geworden. Das Ungestüm, die Improvisation und der Ehrgeiz eines jungen und großen Generals haben diesem, Frankreich und Italien einen üblen Streich gespielt. Er sollte sich dafür rächen, und wie! Aber für Venedig bedeutet es das Ende. Auch der letzte Schimmer einer möglichen, bedingten Unabhängigkeit ist endgültig erloschen.

## 5

In einem verarmten Venedig, das unter der Last der Beschlagnahmen, der Gewalttätigkeiten, der französischen Erpressungen zermalmt wurde (die Munizipalität hatte viele Male vergebens dagegen protestiert), in einem Venedig, dessen Munizipalität selbst ein katastrophales Bild entworfen hatte (»das Elend wohnt in unseren Familien; die Palazzi sind schöne Grüfte, die das Schmachten der Hungernden und der Verzweifelten verbergen; das französische Auge, das die Mauern sieht, dringt nicht vor zur Trostlosigkeit dessen, der in ihnen wohnt«), in diesem Venedig durchlaufen die Vertreter der venetischen Munizipalitäten, die sich zu der von Bonaparte angeordneten und von Haller einberufenen Konferenz versammelt haben, fast Schritt für Schritt den Weg des so verhaßten, so oft zum Gespött zitierten dahingeschiedenen Großen Rates der Aristokraten. Sie möchten protestieren, aber sie haben Angst vor Bonaparte, vor seiner Empörung, vor den Gefahren, die sich daraus ergeben könnten, und sie begnügen sich damit, einstimmig für den Anschluß an die Zisalpinische Republik zu stimmen. Zwischen dem Kongreß und der Munizipalität wird viel hin und her geredet. »Wenden wir uns nicht an Bonaparte, das wäre zwecklos, sondern an das Direktorium«, ruft der Bürger

Benini, »und wenn es auf dieser Welt Gerechtigkeit gibt, dann müssen wir sie bekommen ... wenn wir schon zugrunde gehen müssen, dann wenigstens feierlich, und Frankreich soll, wenn es sich weigert, unseren Klagen Gehör zu schenken, ganz Europa zeigen, mit welcher Ungerechtigkeit eine Nation geopfert wird, die so viel für es getan hat ...« Dandolo, voll eifriger Phrasendrescherei, zeigt noch Zweifel am Schicksal des Vaterlandes und schlägt ein Plebiszit vor. Die Munizipalität solle sämtliche Bewohner über sechzehn Jahre zusammenrufen und sie folgende Fragen beantworten lassen: »1. Ob das Volk von Venedig dumpf und schweigend das Schicksal abwarten möchte, das es bedroht?« – »2. Ob es schwören möchte, die Freiheit seines Vaterlandes, seiner Kinder und seiner Nachkommen zu bewahren?« Das Ergebnis der Abstimmung sollte dem in Mailand, der Hauptstadt der neuentstandenen Zisalpinischen Republik, versammelten Nationalkongreß vorgelegt werden.

Nach endlosen Tiraden beginnt man am 28. Oktober 1797 in allen Pfarreien von Venedig mit der Volksbefragung. Unter der Aufsicht der Patrouillen der Nationalgarde werden an die Wähler weiße Kugeln ausgegeben, die, in die Urnen geworfen, ein Ja auf die zweite Frage (»... Ob es schwören möchte, die Freiheit ...?«) bedeuteten, und grüne Kugeln, die ein Ja auf die erste Frage (»Ob das Volk von Venedig dumpf und schweigend ...?«) symbolisierten. Sei es, daß keine klaren Erläuterungen gegeben worden waren und man ungeordnet und drauflos abgestimmt hatte, sei es, daß die Bevölkerung die Mitglieder der Munizipalität, die Franzosen und alles satt hatte – die Ergebnisse des Plebiszits waren alles andere als triumphal: Von 23568 Abstimmenden hatten nicht weniger als 10843 für den ersten Vorschlag gestimmt, das heißt für das dumpfe und schweigende Warten; für die Freiheit hatten 12725 Wähler gestimmt, also kaum 1900 mehr. Das hinderte Vincenzo Dandolo, der zu allem etwas sagen mußte, nicht daran, weiter zu salbadern (unter anderem wird ihm und seinen Kollegen die Erfindung der »Dialoge mit der Masse« mit Rede und Gegenrede zugeschrieben, die später von Gabriele d'Annunzio und Benito Mussolini gerühmt werden sollten).

Es war eine üble Farce: Die Gesandten, die man nach Mailand

und Paris geschickt hatte, damit sie den Ausgang der Abstimmung mitteilten, wurden unterwegs von den Franzosen abgepaßt und zurückgeschickt. Andrea Spada, der zu ihnen gehörte, berichtete über ein entmutigendes Gespräch mit Bonaparte: Venedig würde nach der vom Vertrag von Campoformido vorgesehenen Zusammenkunft der »Mächte« in Rastatt an Österreich übergeben, es wäre aber gut, unterdessen die öffentlichen Sitzungen der Munizipalität auszusetzen, die Pressezensur einzuführen und die französische Armee im Einverständnis mit General Serrurier mit neuen Mitteln und weiteren Geldern zu versorgen. Spada glaubte, daß Bonaparte beabsichtigte, Österreich ein völlig ausgeraubtes Venedig zu übergeben. Kurzum, er riet seinen Kollegen mit verbitterter Aufrichtigkeit, sich rechtzeitig in Sicherheit zu bringen, sofort eine Regierung aufzulösen, über die sich die Franzosen selbst lustig machten, und ein provisorisches Verwaltungsorgan zu schaffen, das bis zum Eintreffen der neuen, österreichischen Herren im Amt bleiben sollte. Dandolo, der auf seiner Reise nach Paris von den Franzosen angehalten und zurückgeschickt worden war, machte die Sache noch schlimmer: Bonaparte hatte von ihm verlangt, ein Dutzend Namen einschließlich des seinen in die Liste der künftigen Mitglieder der gesetzgebenden Körperschaft der Zisalpinischen Republik aufzunehmen, wo diejenigen, die sich nicht der österreichischen Herrschaft unterwerfen wollten, willkommen wären, und er hatte hinzugesetzt, daß das Arsenal vollkommen geleert werden würde, damit nichts in die Hände der Kaiserlichen falle.

Man kann sich leicht die Bestürzung der Angehörigen der Munizipalität, ihre Bitterkeit und ihre Enttäuschung vorstellen. Jene, die am aufrichtigsten an die Ideale der Freiheit und der Demokratie geglaubt hatten, die das republikanische Frankreich zu verkörpern schien, fühlten sich noch mehr zum Narren gehalten als die anderen, die Opportunisten, die *Gattopardi,* die schon daran dachten, wie sie die Sympathien der künftigen Herren gewinnen könnten. Am meisten niedergeschlagen und verletzt war ausgerechnet der französische Geschäftsträger Villetard, der bei der Zerstörung der alten aristokratischen Regierung der verlängerte Arm Bonapartes gewesen war. Er war ein ehrsamer, aufrichtig überzeugter Mann, der geglaubt hatte, Gutes zu tun und im Namen der auf die Fahnen seines Landes geschriebenen Prinzipien von Freiheit, Gleichheit und Brüderlichkeit zu handeln. Er schrieb einen Protestbrief an Bonaparte und zog sich damit einen Rüffel zu, eine Antwort, die selbst der bonapartistische Historiker Daru »kalt und beleidigend« nennt. Das bewog ihn, alles liegen- und stehenzulassen, weil er begriff, daß er das ahnungslose Werkzeug im Spiel der hohen Politik und der hohen Diplomatie eines Generals war, der mit den Prinzipien auf den Fahnen nichts anzufangen wußte – oder es nur allzugut wußte. Viele Jahre später sollte ihn Bernardino Renier (ein anderer der Protagonisten der Maitage des Jahres 1797) als unbekannten Kohlen- und Weinhändler in einem entfernt gelegenen Departement der französischen Provinz antreffen, der davon überzeugt war, ein Opfer gewesen zu sein, düpiert durch eine Operation, die dem übelsten Ancien régime besser angestanden hätte als dem von der Revolution erneuerten Frankreich.*

In letzter Not stimmt die Munizipalität über einige Maßnahmen von öffentlichem Interesse ab, darunter über die Einrichtung des Pfandleihhauses. Dann delegiert sie ihre Befugnisse an zwei *Giunte*, die *Giunta dei Cinque* für die allgemeinen Angelegenheiten und die *Giunta di Polizia* für die öffentliche Ordnung. Die Angehörigen der Munizipalität sind nun Zielscheibe des Spotts des Volkes: Der Mob und nicht nur er beleidigt und verhöhnt sie, als sie anläßlich des Festes der Madonna della Salute in der Öffentlichkeit erscheinen. Aber sie müssen den Kelch bis auf die Neige leeren: Bonaparte fordert die Erfüllung der Geheimklauseln des Vertrags von Mailand; die *Commissaires à ce destinés* befinden sich in der Stadt und schaffen kostbare Gemälde und Skulpturen, wertvolle Handschriften und Buchausgaben fort, montieren von der Fassade von San Marco die vier Bronzepferde ab, die Enrico Dandolo nach der Eroberung von Konstantinopel nach Venedig geschickt hatte, nehmen von einer der beiden Säulen auf der Piazzetta den sassanidischen Löwen, das Symbol des heiligen Markus, herunter

* Vgl. die handschriftlichen Notizen von Bernardino Renier in meinem Familienarchiv (Quelle: Sagredo).

– und das Ganze reist nach Paris. Aus allen Teilen Venetiens wird eine reiche Beute auf den Weg nach Frankreich geschickt. Aber damit nicht genug. Bonaparte möchte Österreich eine Leiche übergeben. Vor allem möchte er nicht, daß Österreich Rüstungen, Schiffe und Schiffsausrüstungen vorfindet. Serrurier hatte ihm nach seiner Ankunft in Venedig einen begeisterten Bericht über das Arsenal geschickt, »eines der schönsten des Mittelmeers« mit »einem gewaltigen Bestand an Kanonen aus Bronze, Gießereien, Werkstätten, einer fabelhaften Seilerei, Werften von der größten Schönheit ... Alle Lager sind voller Holz, Kupfer, Eisen, Teer, Leinwand ... Alle Werkstätten laufen auf Hochtouren.«* Das Beste war in Erfüllung des Vertrages vom 16. Mai nach Frankreich geschickt worden, aber am 22. Dezember 1797 befahl General Berthier, Bonapartes Nachfolger an der Spitze der Italienarmee, daß alle in Venedig befindlichen Kanonen in jene Territorien geschickt werden sollten, die von Frankreich kontrolliert würden, *»de manière que, lorsque nous rendrons Venise, il n'y ait plus une seule pièce de canon«*. Es wurden also sämtliche Geschütze weggeschafft einschließlich jener von größtem historischem und künstlerischem Wert, die in einem außergewöhnlichen Museum zusammengetragen waren, das 1772 vom Superintendenten Jacopo Patisson gegründet worden war. Man schleppte sogar die Kupferkessel fort, die zur Erhitzung des Pechs verwendet worden waren, und das, was man nicht forttragen konnte, fiel einer wahrhaft wandalischen Orgie der französischen Soldaten zum Opfer. Alle Schiffe, große und kleine, die sich im Bereich des Arsenals befanden, wurden versenkt. Jene, die an den Landeplätzen lagen, wurden mit Beilhieben zertrümmert; mit eisenbeschlagenen Stöcken wurden der Zierstuck der Säle und sogar die marmornen Stufen der Treppen zerschlagen. Nicht einmal der *Bucintoro,* das herrliche, vergoldete Schiff, das die Dogen bei der jährlichen Zeremonie der Vermählung mit dem Meer benutzt hatten, wurde verschont: Die kostbaren Schnitzereien von Antonio Corradini wurden abgerissen und in winzige Stücke gehackt; die Trümmer brannten drei ganze Tage lang auf der Insel San Giorgio. Der Rumpf der Dogengaleere

* M. Nani Mocenigo, *L'Arsenale di Venezia,* Rom 1927, S. 34

sollte noch einige Jahre überleben, ausgeraubt und in ein schwimmendes Zuchthaus umfunktioniert.

Am 6. und am 9. Januar 1798 erschossen die Franzosen auf der Piazza San Marco zwei arme Schlucker, einen Gastwirt und einen Bauern aus Mestre, die sich mit einigen Soldaten geprügelt hatten. Dann waren sie abgezogen, und zusammen mit ihnen verschwand das endgültig, was von der provisorischen Munizipalität übriggeblieben war, die vom Volk in einem Atem mit den Besatzern postum verwünscht und beschuldigt wurde. Einige Mitglieder der Munizipalität, darunter Dandolo, tauchten in Mailand unter. Andere kehrten einfach in ihre Berufe zurück. Die Anrüchigkeit ihrer Situation als Mitglieder einer »Schattenregierung«, also einer Regierung, die von einer Besatzungsarmee aufgezwungen und kontrolliert worden war, machte sie zur Zielscheibe von allerhand Bezichtigungen; ja, man beschuldigte sie sogar pauschal der Veruntreuung und widerrechtlicher Aneignungen, ferner der Unfähigkeit, der Kriecherei und der Feigheit.

Wie alle Kollektivurteile war auch dieses zutiefst ungerecht. Die Munizipalität war ein zusammengewürfeltes Organ, in dem, wie gesagt, fast alles vertreten war: Patrizier, die die Macht nicht loslassen wollten, und Patrizier, die es für ihre Pflicht hielten, weiterhin dem Vaterland zu dienen, fanatische Anhänger der »Ideen aus Frankreich« und aufrichtige Befürworter einer politischen und gesellschaftlichen Erneuerung, nach der ein Bedürfnis verspürt wurde und die durchzuführen dem Patriziat nicht gelungen war, ja an die es nicht einmal gedacht hatte. Vertreten waren rechtschaffene und passive Konformisten, die bereit waren, der Ordnung zu dienen, unter welcher Flagge sie auch antrat, der Zeit vorauseilende Bürger vom Typ »Mann auf der Straße« sowie erfahrene und gebildete Leute, die die Stunde für gekommen hielten, einen aktiven Beitrag zum politischen Leben ihres Landes zu leisten. Aber allen fehlten sowohl der Weitblick als auch die wirkliche Tatkraft, der politische Realismus, die Entschlossenheit und der Opferwille: Im Grunde unterschieden sie sich nicht sehr von den verabscheuten Mitgliedern der berüchtigten aristokratischen *Consulte*, die einzeln genommen fast alle ebenso würdige und auf politischer Ebene gewiß besser vorbereitete Leute waren als die Masse der Berufstätigen, Händler und kleinen Besitzer, die die Munizipalität bildeten.

Ihr Fehler war nicht größer als der des Patriziats. Der eigentliche Fehler lag bei Venedig selbst, das sich, um es mit F. Valsecchi zu sagen, nunmehr »außerhalb der Geschichte« befand – außerhalb der Zeit, außerhalb des Lebens. Um es zu einem Puffer zwischen Frankreich und dem Kaiserreich zu machen, um die schreckliche Verwirrung jener wirklich unheilvollen Jahre zu überleben, hätte es unverbrauchterer Energien bedurft. Etwa der des einfachen Volkes? Auch das Volk von Venedig war ein »altes« Volk, das der Politik seit weit über fünfhundert Jahren fernstand, eingelullt zwischen den täglichen Geschäften und einem beschaulichen Dasein, das durch einen postumen Stolz auf den Ruhm vergangener Tage versüßt wurde. Fürst Talleyrand mit seinem komödiantenhaften Talent für Definitionen hatte Ende des 18. Jahrhunderts in dem berühmten, ihm zugeschriebenen Motto *»On ne peut pas être et avoir été«*, ohne es zu beabsichtigen, die Situation schlagwortartig charakterisiert; es ist, anders formuliert, unmöglich, zugleich in der Gegenwart und in der Vergangenheit zu leben.

## 6

1. Januar 1798: In Erfüllung des Vertrags von Campoformido besetzt die kaiserliche Armee die Stadt Venedig. Viele nahmen es über die Bitterkeit hinaus, erneut fremde Truppen den Boden einer Stadt betreten zu sehen, die mehr als zehn Jahrhunderte Unabhängigkeit hinter sich liegen hatte, zunächst mit einem Seufzer der Erleichterung zur Kenntnis. Zu drückend und grausam war die französische Besetzung gewesen, und der Kult der demokratischen Ideale, die damals in Aussicht gestellt wurden, war ein rein elitärer und recht wenig verbreiteter Kult gewesen. Insbesondere der Adel verhehlte nicht seine Sympathien für Österreich. Bei der gedanklichen Verwirrung jener so gequälten Zeit gab es manche, die sich der Täuschung hingaben, Österreich würde den Großen Rat wieder einsetzen, da es sich zum Verteidiger der von der Französischen Revolution mit Füßen getretenen Prinzipien

der Legitimität erhoben und bei Bonaparte wiederholt gegen die vollzogene »Demokratisierung« Venedigs protestiert hatte. Jene waren sich nicht über die Wirklichkeit im klaren: Die Proteste hatte es zwar gegeben, aber sie waren vor allem durch die Furcht begründet, die »Demokratisierung« könne die Annexion der so ersehnten und jetzt endlich in greifbare Nähe gerückten Gebiete vereiteln. Österreich war felsenfest entschlossen, in Venedig zu bleiben. Für andere Patrizier freilich, die seit langem davon überzeugt waren, daß die alte Republik von San Marco nicht überleben konnte, war die Annexion an Österreich das kleinere Übel, das sicherlich der Annexion an eine von der Revolution aufgezwungene Republik wie die Zisalpinische vorzuziehen war, so wie die Besetzung durch die überaus disziplinierte kaiserliche Armee der durch die habgierigen und stürmischen Sansculotten der Italienarmee vorzuziehen war.

Für alle Besitzenden gab es schließlich die Garantie der Bewahrung der gesellschaftlichen Ordnung und die Hoffnung, mit der Einigung der verwirrenden Vielzahl der Munizipalitäten auf der Terra ferma wieder an ihre Güter und Erträge zu kommen. Das Volk seinerseits weinte den Gewalttaten der Franzosen und dem Geschwätz der Angehörigen der Munizipalität, die seinen Hunger nicht gestillt hatten, bestimmt keine Träne nach. Um die Errungenschaften im Sinne der Gleichheit scherte es sich wenig, zumal diese letzten Endes hauptsächlich das Bürgertum betrafen. Und nicht einmal das Bürgertum trauerte nach den letzten Geschehnissen den Franzosen nach, die es ausgesogen hatten, und ebensowenig den Mitgliedern der Munizipalität, von denen es sich – zu Recht oder nicht – betrogen und verraten fühlte. Aber nichts rechtfertigte die Festlichkeiten jenes 18. Januar: das große Bankett im Palazzo Pesaro degli Orfei in San Beneto, wo der Patriarch Giovanelli auftrat (derselbe, der sieben Monate zuvor mit so großem Gepränge die provisorische Munizipalität besucht hatte), und das Tanzfest in den Salons der *Società del Casino.*

Daß verschiedene erstrangige Notabeln Sympathien für die Österreicher hegen, bestätigt sich schon sehr rasch: Die Patrizier Agostino Garzoni, Giovanni Grimani und Andrea Querini werden zu engen Beratern Seiner kaiserlichen und königlichen Apostolischen Majestät ernannt, eine sehr hohe Würde, die auch mit Steuerbefreiung verbunden ist. Querinis Wahl bestätigt die Gerüchte, wonach er insgeheim mit der Besetzung der dalmatinischen Herrschaftsgebiete der Republik durch die Österreicher einverstanden gewesen sei. Viel später traf dann, ausgestattet mit den Befugnissen eines kaiserlichen Kommissärs, ein alter Bekannter ein – der ehemalige Prokurator von San Marco, Francesco Pesaro, der langjährige Befürworter der bewaffneten Neutralität, der Anführer der Partei der »Falken« in den letzten Tagen der aristokratischen Republik, der glücklose Unterhändler, der Bonaparte unvorsichtigerweise geschnitten hatte. Er starb kurze Zeit später, doch nicht ohne vor seinem Tod manchem alten Groll freien Lauf gelassen zu haben. In der Zwischenzeit jedoch war eine etwas traurige Zeremonie begangen worden: Die Patrizier waren in den Saal des Großen Rates einberufen worden, um zwölf Deputierte zu wählen, die in die Hände des Generals Graf von Wallis Kaiser Franz II. von Österreich die Treue schwören mußten. Damit wurde die Abdankung vom 12. Mai erneuert. Zu den zwölf Gewählten gehörte auch der letzte Doge, Lodovico Manin.

Die kaiserlich-königliche Regierung, wie sie offiziell hieß (der Kaiser trug noch nicht den Titel eines Kaisers von Österreich, er war noch immer Kaiser des Heiligen Römischen Reiches), beeilte sich, die Entwicklung der Institutionen in den Grenzen, in denen das noch möglich war, rückgängig zu machen; aber nicht im entferntesten träumte man davon, jene wiederherzustellen, die vor dem 12. Mai 1797 an der Macht gewesen waren. Vielen der besten Gesetze der toten Republik, die im Durcheinander zwischen Munizipalität und Franzosen in Vergessenheit geraten waren, wurde wieder Geltung verschafft; doch alle Reformen, die auf die Durchsetzung der individuellen Freiheiten und auf eine größere, zumindest rechtliche Gleichheit unter den Bürgern abzielten, wurden blockiert, ohne daß jedoch eine langsam fortschreitende Erosion der alten republikanischen Traditionen unterblieben wäre. Viele Patrizier wurden in Ämter der lokalen Verwaltung berufen, aber immer war ihnen ein Österreicher übergeordnet, und es stand außer Frage, daß die wichtigsten Entscheidungen nicht mehr in Venedig getroffen wurden, sondern in Wien. Dann verbot ein kaiserliches Dekret es den ehemaligen Patriziern, den Titel *N. H., Nobilis Homo,* »Edelmann«, auf venezianisch *Nobilòmo* (den einzigen, den die Republik ihnen zuerkannt hatte), zu tragen. Sie durften sich nur *Nobili* nennen, und jenes Lästermaul von einem Grafen Carlo Gozzi, des Verfassers der »Nichtsnutzigen Erinnerungen«, machte einen bitteren Scherz über die Maßnahme, die es einem Patrizier erlaubte, »edel« (nobile) zu sein, ihm aber künftighin verbot, auch ein Mann (homo) zu sein.

Nach dem Verlust der Hauptrolle erlebte Venedig ein Ereignis von universeller Bedeutung, das sich auf seiner Insel San Giorgio Maggiore abspielte, nur noch als Zuschauer. Die Rede ist von dem Konklave, das nach einer einhundertvier Tage dauernden Abstimmung am 12. März 1800 Kardinal Gregorio Barnaba Chiaramonti zum Papst wählte, der sich Pius VII. nannte. Ein Konklave im Exil, abgehalten fern von dem von den Franzosen besetzten Rom in einem Augenblick tiefer Sorge um Kirche und Christenheit. Und dieses Ereignis brachte ein Hin und Her von diplomatischen Vertretern mit sich, ein Spiel von Intrigen, unter denen die kluge Diplomatie des Siegers von Leoben und Passariano, des Kanzlers Thugut, hervorstach. Ein Krieg nach dem anderen quälte Europa und Italien, während Venedig immer weiter verfiel.

Im November 1798 war Lorenzo Da Ponte, der abenteuerlustigste Librettist von Mozarts *Don Giovanni,* nach vielen Jahren der Abwesenheit in die Heimat zurückgekehrt. Er erkannte sie überhaupt nicht wieder:

»Ich habe viele Dinge über den bemitleidenswerten Zustand sagen hören, in welchem sich jene Stadt befand, aber all das, was ich hörte, war nichts im Vergleich zu dem, was ich in einer Nacht und an einem Tag sah. Ich wollte auf die Piazza San Marco gehen, die ich seit über zwanzig Jahren nicht gesehen hatte ... Der Leser möge sich meine Überraschung und meinen Schmerz vorstellen, als ich auf jenem großen Platz, wo man in den glücklichen Zeiten nichts als die Zufriedenheit und die Freude der großen Menge des dort zusammengeströmten Volkes zu sehen pflegte, nur Traurigkeit, Schweigen, Einsamkeit und Trostlosigkeit sah. Als ich auf die Piazza kam, befanden sich dort lediglich sieben Leute ... Ich wandelte unter den sogenannten Prokuratien von San Marco, und meine Verwunderung wurde noch größer, als ich sah, daß auch die Kaffeehäuser leer waren. In elf von ihnen zählte ich ganze zweiundzwanzig Personen ...«*

Der Abenteurer erzählt dann, wie er sich zum Fischmarkt begeben (damals in der sogenannten Terranova, wo sich heute die Giardinetti Reali befinden) und sich einem Stand genähert hatte, wo ihm ein bleicher, ausgemergelter, schmutziger Greis anbot, ihm den Fisch gegen ein paar Münzen nach Hause zu tragen. Jene Gesichtszüge waren ihm nicht unbekannt; er war sich nicht sicher ... aber ja! Es war ein Patrizier aus der Familie Tiepolo, der Enkel eines Staatsinquisitors, der Urenkel eines Botschafters, der Bruder einer Frau, die er, Da Ponte, zwanzig Jahre zuvor leidenschaftlich geliebt hatte. Und in welchem Zustand befand er sich! Auch Tiepolo erkannte ihn wieder, und er lieferte ihm eine tatsächlich etwas unzutreffende Erklärung für seinen Ruin, der offensichtlich eher auf seine Spielleidenschaft als auf die Wechselfälle der Politik zurückging. Aber wenn die Begegnung in diesem Fall auch romanhaft ausgeschmückt wurde, wäre sie durchaus so möglich gewesen. Einer der Gründe für den äußeren Niedergang eines Venedig, das nur noch ein Schatten von dem war, was es bis zu jenem fatalen 12. Mai gewesen war, war gewiß die wirtschaftliche Katastrophe eines Teils des Patriziats. Und dieser Ruin war einerseits auf den Verlust der Kapitalien der Zecca zurückzuführen, andererseits auf die verhängnisvolle Umstellung von Dukaten auf Lire, auf die Sonderabgaben, das Ende der Girobank, der Staatsbank, deren Kredite an den Staat von den Österreichern nicht anerkannt worden waren, das Ausbleiben der Bodenrenten, die unvermutete Auferlegung der Zahlung von langfristigen dreiprozentigen Darlehen, mit denen die Adligen sich die Mittel verschafften, um die Unkosten für die belastendsten Ämter zu bestreiten. Aber ein anderes der Motive war die Abwanderung eines nicht weniger beträchtlichen Teils des Patriziats, jenes Teils, der auf die Terra ferma übersiedelt war, um den eigenen Gütern näher zu sein und in einem Ambiente zu leben, das weniger archaisch und weniger von den äußeren Zwängen geprägt war,

* L. Da Ponte, *Memorie,* Bari 1918, Bd. I, S. 216ff.

denen die Lagunenstadt aufgrund ihrer besonderen Struktur unterworfen ist.

Giacomo Casanova hatte – in seiner Unbefangenheit als alter Lebemann – die Gründe für diesen Auszug vorausgeahnt: »... Trifft es nicht zu, daß ihr abreisen werdet?« hatte er am 4. Dezember 1797 an seinen alten Freund und Beschützer, den *Nobilòmo* Pietro Zaguri, geschrieben. »Was werdet ihr in Venedig machen, wenn ihr dort nichts mehr zu tun habt? Nur schade, daß ihr, wenn ihr weggeht, eure schönen Palazzi nicht mitnehmen könnt! Ihr möchtet nicht dort bleiben, höchstens wegen einer absurden materiellen Bindung, weil die Luft der Terra ferma besser ist als die der Lagune, weil die Kutschen lustiger sind als die Gondeln und weil die Pferde mehr wert sind als die Gondolieri, wenn auch weniger geistreich als diese ...«*

Kurzum, nachdem einmal die Fesseln, die der republikanische Staat seinen Patriziern mit der Residenzpflicht auferlegt hatte, gesprengt waren, nachdem die Ausübung der politischen Aktivitäten nicht mehr obligatorisch war, begann bei den Patriziern selbst der Wettlauf um Uniformität, um das »Nichtanderssein«; derselbe Wunsch, der noch heute so viele Leute zur Abwanderung vom insularen Venedig bewegt.

Was die Nichtpatrizier anlangt, so hatte Giacomo Casanova, der alle sozialen Schichten gut kannte, auch für sie seine Weissagungen parat: »Die kaiserliche Freigebigkeit wird, so hoffen wir, die adligen Fräuleins, die Töchter der armen Patrizier, denen durch diese Umwälzung die Einnahmen entzogen wurden, nicht im Stich lassen ... Aber ich bedaure die vielen, vielen Advokaten, Administratoren, Amtsdiener, Sekretäre, Schreiber und Pförtner, die ihres Lebensunterhaltes beraubt wurden ...« Gewiß, das Drama einer entmachteten Hauptstadt wirkte sich auch auf die kleineren Angestellten der Bürokratie und all jene Aktivitäten aus, die früher mit den Gerichten, den Räten, den Kollegien, den Tribunalen der toten *Serenissima* zu tun hatten. Aber weder Casanova noch Da Ponte kümmerten sich um andere, zahlreichere Opfer der Verhältnisse, angefangen bei den Handwerkern eines

* In P. Molmenti, *Carteggi casanoviani,* Mailand o. J.

geplünderten und verwüsteten Arsenals bis hin zu den Arbeitern einer zerrütteten Industrie, eines ruinierten Handels, einer in den letzten Zügen liegenden Schiffahrt, eines untergegangenen Fremdenverkehrs. Dieselben Faktoren hatten aus der Stadt des ewigen Karnevals eine Stadt des ewigen Aschermittwochs gemacht – eine Stadt, die einen Priester, der mit einem zerdrückten Hut umherging, veranlaßte, einigen Knaben, die ihm nachgerufen hatten: »Hochwürden, wohin gehen Sie mit diesem gewesenen Hut?«, zu antworten: »Ich spaziere durch dieses gewesene Venedig.«

## 7

19. Januar 1806: In Erfüllung des Friedensvertrages von Preßburg zieht das französische Heer wieder in Venedig ein – »unter dem Jubel der Bevölkerung«, wie die Zeitungen damals schrieben. Ob dieser Jubel echt oder erfunden war – auf jeden Fall begann nun die traurigste Zeit in der ganzen Geschichte Venedigs, die Zeit der Verwüstung, der Niedertracht, des Zusammenbruchs.

Die venetischen Provinzen wurden Teil eines »Königreichs Italien«, das Napoleon I. zum König hatte, der in der Zwischenzeit Kaiser der Franzosen geworden war, und als Vizekönig den Sohn der Kaiserin Joséphine aus erster Ehe, Eugène de Beauharnais. Zur Hauptstadt war Mailand bestimmt worden. Mit dieser Wahl sank jene Stadt endgültig auf die Stufe einer Provinzstadt herab, die so lange Jahrhunderte die *Serenissima Dominante* eines Staates gewesen war, der sich von Asien bis in die Lombardei erstreckt hatte. Der Ausschluß zog augenfällige Konsequenzen aller Art nach sich. Er war seinerseits die unvermeidliche Folge einer anderen Entwicklung der politischen und wirtschaftlichen Geschicke der beiden Städte, die damals von der Bevölkerungszahl ungefähr gleich groß waren. Die Verfassung des Königreichs Italien entzog Venedig in der Tat jede Art von Vorherrschaft auf der Terra ferma, die in Departements aufgeteilt war mit einigen in herzögliche Domänen verwandelten Gebieten und Städten. Diese waren an die Krone übertragbar (die sich dreißig Millionen jährlich von ihren Erträgen vorbehielt) und waren an eine entsprechend große Zahl von Marschällen und Generälen des Französischen Kaiserreichs verteilt worden: Istrien an Bessìeres, Cadore an Nompère, Conegliano an Moncey, Treviso an Mortier, Belluno an Victor, Feltre an Clarke, Bassano an Maret, Rovigo an Savary, Vicenza an Caulaincourt und so weiter. (Istrien selbst und Dalmatien sollten später den Illyrischen Provinzen zugeschlagen werden, die nicht Teile des Königreichs waren.) Venedig sah sich für Eugène de Beauharnais in den Rang eines Fürstentums erhoben – beabsichtigt oder nicht, es war eine tödliche Beleidigung für die alte souveräne Stadt, die in ihrer tausendjährigen Geschichte nie Feudalherren gekannt hatte. Und wie sich all das auf den moralischen Niedergang auswirkte! Der negativste Faktor war das Fortschreiten, ja die Verschlimmerung der wirtschaftlichen Zerrüttung, verstärkt durch die Steuern und die ständigen militärischen Abgaben, die auf der Terra ferma sogar zu blutigen Bauernaufständen führten, wie etwa zu dem, der im September 1806 in den Tälern von Schio stattfand.

Nachdem er am 29. November 1807 zu einem offiziellen Besuch in einem Wirbelsturm von Festlichkeiten und Schmeicheleien nach Venedig gekommen war, hatte *Napoleone il Massimo*, wie ihn Dichter und offizielle Redner bei jener Gelegenheit nannten, seine »glänzenden Strahlen« auf die schwermütige entthronte Königin der Meere herabgesenkt und eine ganze Reihe von Maßnahmen ergriffen, die sie seinen Absichten entsprechend wiederaufrichten sollten: Hafeneinrichtungen, Renovierung der *Murazzi* von Pellestrina, Schutzbestimmungen für die Glasindustrie von Murano, jährliche Zuteilung von acht Millionen an das Arsenal für den Bau von Schiffen ... Doch obwohl diese letzte Maßnahme die Zahl der Arbeiter in der staatlichen Werftindustrie vorübergehend erhöht hatte, erwies sich die bereits im April 1806 angeordnete kluge Einrichtung des Freihafens, der die Grundlage der wirtschaftlichen Sanierung Venedigs sein sollte (sie war aber keineswegs sein Verdienst; sie war schon 1804 von Franz II. beschlossen worden), leider als unwirksam, und zwar wegen einer anderen Entscheidung Napoleons, des berühmten Berlindekrets, mit dem am 21. November 1806 alle Mächte des Kontinents zur Blockade der englischen Schiffe und Waren gezwungen wurden.

Gewiß war es nicht allein der Ausschluß der aus England und aus den englischen Kolonien kommenden Schiffe, der den völligen Zusammenbruch des venezianischen Seehandels auslöste. Dazu trugen auch die Anwendung von äußerst schikanösen Polizeimaßnahmen zur Unterbindung des Schmuggels und die Gegenblockade bei; überall, auch im Herzen der Adria, fingen die Engländer, die Beherrscher der Meere, venezianische Schiffe ab und beschlagnahmten ihre Ladungen. 1811 schickte General Lauriston einen geradezu tragischen Bericht an Napoleon: Venedig sähe trostloser aus denn je, die Vermögen der Adelsfamilien seien in Auflösung begriffen, die Einstellung der Schiffahrt zerrütte die der Händler, mehr als hundert Handelsschiffe stünden zur Abwrackung bereit, viele Häuser und Palazzi seien unbewohnt. Die Dokumente aus jener Zeit sprechen in der Tat von vielen Pleiten und Debakeln. Am schlimmsten ist freilich der Verfall der kunsthistorischen Schätze der Stadt, denen das napoleonische Regime einen Todesstoß versetzt hat.

Napoleon hatte Venedig nicht nur mit dem auf die Insel San Giorgio begrenzten Freihafen und der Handelskammer ausgestattet, sondern auch mit einem Friedhof und einem öffentlichen Park. Der Friedhof hat zwar die wunderschöne Renaissancekirche San Michele di Murano vor der Zerstörung bewahrt, aber zum Abriß der von San Cristoforo della Pace geführt, die kurz nach 1454 im gotischen Stil erbaut worden war. Dem Park (in dem gegenwärtig die Pavillons der Biennale untergebracht sind) ist ein ganzes Viertel zum Opfer gefallen, zu dem die Kirchen Sant'Antonio und San Nicolo di Castello mit dem angeschlossenen *Seminario ducale* sowie die Kirche der Kapuzinerinnen, genannt *le Concette,* und die von San Domenico di Castello gehört hatten, alle mit herrlichen Kunstschätzen, die teils verlorengingen, teils zerstört wurden und nur zum geringsten Teil in der neuen Galerie der Akademie der Schönen Künste Aufnahme fanden.

Die Ansprüche von seiten des vizeköniglichen Hofes, der den Bau eines Tanzsaales und einer Riesentreppe für den Königspalast wünschte, der in den ehemaligen Prokuratien auf der Piazza San Marco eingerichtet worden war (Gott sei Dank hatte man ihn nicht, wie zunächst geplant, im Dogenpalast unterbringen wollen), diese Ansprüche machten hingegen den Abriß der Kirche San Geminiano notwendig, eines Meisterwerks von Sansovino, das die Piazza genau gegenüber der Markusbasilika harmonisch abschloß. Zu einem regelrechten Gemetzel von sakralen Gebäuden aber kam es durch die Aufhebung religiöser Gemeinden, die in zwei Etappen 1806 und 1810 von der Regierung des Königreichs Italien verfügt worden war, und durch die Neuordnung der Pfarreien der Stadt, die die Abschaffung zahlreicher nichtklösterlicher Kirchen zur Folge hatte. Zwischen Venedig und den Inseln im Mündungstrichter wurden nicht weniger als zweiundsiebzig Kirchen abgerissen oder zum Abbruch verurteilt, und es ist eine Zahl, die einen erschauern läßt, zumal sich unter diesen zweiundsiebzig zahlreiche Gebäude von höchstem Wert befanden, die wir heute nur noch auf den Stichen und den Gemälden der Vedutenmaler sehen können, welche vor dem großen Sturm tätig waren.

Von der Unterdrückung betroffen waren auch die unzähligen *Scuole* der Künste und Handwerke und solche, die religiös orientiert waren. Die ganzen, wirklich unermeßlichen Kunstschätze dieser Einrichtungen wurden wie die der Kirchen, die abgerissen oder umfunktioniert werden sollten, durch öffentliche und private Versteigerungen in alle Winde verstreut (noch heute dient die ehemalige Kirche San Leonardo als Probesaal für die Stadtkapelle, Santa Margherita ist ein Kino, Santa Marta ein Warenhaus, San Filippo e Giacomo eine Werkstatt, in der Spitzen hergestellt werden). Solche Versteigerungen wurden von einem Domänenamt betrieben, über dessen Ehrlichkeit schon damals begründete Zweifel laut wurden. Unterdessen bewirkte die Armut zahlreicher Besitzer von Palazzi, daß man Gebäude in einem schlechten Zustand lieber abriß und die Steine und Ziegel an Unternehmer verkaufte, statt sie renovieren zu lassen. Und das war das Schicksal von mindestens einhundert Palazzi, deren Schätze, angehäuft in Jahrhunderten des Wohlstandes und der Sammlerleidenschaft, ihrerseits durch die Antiquitätenspekulation in alle Winde getragen wurden. Dieses Schicksal blieb auch den Archiven nicht erspart, die oft als Makulatur oder Einwickelpapier verkauft wurden, und ebensowenig den Bibliotheken, die die Beute gerissener Spekulanten wurden.

Tatsächlich hatte Fürst Eugène mit dem Datum vom 15. Juni 1806 die Order gegeben, daß die Bilder aus den aufgelösten Kirchen und Klöstern nicht verkauft werden durften, sondern nach einer ersten Vorauswahl durch die zentrale Galerie von Brera über die verschiedenen Departements des Königreichs verteilt werden sollten, und zwar »in dem Verhältnis und in der Anordnung, die man für die passendste hielt«. Und der Finanzminister Prina empfahl dem Direktor des Domänenamtes in Venedig »die sorgfältige Sammlung und Überwachung aller kostbaren Monumente der Wissenschaften und der schönen Künste wie Bücher, alte Handschriften, Gemälde und Skulpturen hervorragender Künstler«.* Trotz dieser Verfügungen, trotz der Einrichtung der Galerie der Akademie der schönen Künste und der Überweisung von Mitteln an die Biblioteca Marciana, trotz der Absichten einiger (wahrlich sehr weniger) offizieller Persönlichkeiten, unter denen sich der Präfekt Gian Galeazzo Serbelloni hervortat, und weniger aufgeklärter Männer guten Willens** wurden mehr als fünfundzwanzigtausend Bilder in alle Himmelsrichtungen verstreut; ganz zu schweigen von den Tausenden von Skulpturen, die zum großen Teil zerstört wurden und von den Gold- und Silbergegenständen, die großenteils in Barren gegossen und von den Kassen des *Monte Napoleone* in Mailand verschlungen wurden. Zu den verschwundenen Bildern gehörten Werke großer Meister von Carpaccio bis zu Tiepolo, von den Bellini bis zu Guardi, von Tintoretto bis zu Ricci, von Pordenone bis zu Palma; zerstört wurden berühmte Zyklen wie die von Carpaccio aus den *Scuole* von Santo Stefano und der Albaner. Und unterdessen hielten die traurigsten und niedrigsten Metiers Einzug in die gemarterten Skelette der Kirchen mit ihren herausgerissenen und verkauften Altären, mit ihren entweihten und zerstörten Grabmonumenten: Aus der Kirche Sant'Aponal wurde ein Gefängnis für politische Häftlinge, aus

* A. Zorzi, *Venezia Scomparsa,* s. o., Bd. I, S. 106.

** Wir erinnern unter anderen an Leopoldo Cicognara, Jacopo Filiasi und den Abbé Gianantonio Moschini, dem das Verdienst zukommt, persönlich eine Menge von seltenen Exemplaren der Skulptur und von alten Grabsteinen dadurch gerettet zu haben, daß er sie sich überschreiben ließ oder sie erwarb, um sie ins Lapidarium des *Seminario patriarcale* zu überführen.

Santa Maria delle Vergini ein *Bagno penale*, wie man damals sagte, das heißt ein Zuchthaus, und in der Kirche Santa Marina, die in eine Schenke umgewandelt worden war, hörte man die Kellner halb lächerliche, halb lästerliche Bestellungen rufen, die sich auf die alte Topographie des Gebäudes bezogen: »Einen Becher zur Madonna! Einen Becher zum Allerheiligsten!«*

Die Wahrheit war, daß sich der Vizekönig und seine Minister (alle Italiener, aber deshalb nicht wachsamer) um das Schicksal Venedigs, zumindest was die Bewahrung seines kunsthistorisch bedeutenden Erbes angeht, herzlich wenig kümmerten. Der Fürst selbst ging mit schlechtem Beispiel voran, indem er sich Kunstwerke aneignete und sie an seine Freunde weiterschenkte (etwa einen der kostbaren Wandgemäldezyklen von Carpaccio, den er dem aus Brescia stammenden General Teodoro Lechi schenkte). Im übrigen nahm die Masse von Kunstgegenständen, die aus den ursprünglich für sie bestimmten Orten entwendet worden waren, ihnen in den Augen der meisten viel von ihrem eigentlichen Wert und Interesse. Aber über die Gefühllosigkeit, Unachtsamkeit und Unehrlichkeit der Regierung beziehungsweise des Domänenamtes hinaus wurde eine Tatsache immer schmerzlicher klar: Mit einer ehemaligen Hauptstadt, die ihrer Besitztümer und wirtschaftlichen Einnahmequellen beraubt war und deren führende Schichten dahinschwanden, ohne daß neue Kräfte nachwuchsen – mit dieser früheren Kapitale ging es bergab.

Denn während sich die Mailänder Aristokratie rasch an die neue Wirklichkeit anpaßte und sich zu deren Werkzeug machte, um sich über Wasser zu halten oder sich besser zu behaupten, reagierte die venezianische höchstens sporadisch mit dem guten Willen weniger, vereinzelter Persönlichkeiten, die aufgrund der Tatsache, daß sie sich in den öffentlichen Dienst stellten, am Ende fast gebrandmarkt und einer unverdienten Verachtung preisgegeben wurden. Das galt etwa für die ehemaligen Patrizier Daniele Renier und Bartolomeo Girolamo Gradenigo, die nacheinander das von der Regierung des Königreichs Italien eingerichtete Amt

* Aus den handschriftlichen »Tagebüchern« von E. Cicogna, in G. Tassini, *Curiosità Veneziane*, 1933, S. 425

des *Podestà,* des Chefs der Gemeindeverwaltung, annahmen. Außer ihnen stellten sich nur wenige andere Patrizier, wie etwa Alvise Mocenigo, inmitten der allgemeinen Gleichgültigkeit der Politik. Einen psychologischen Grund gab es dafür, und der war mehr als plausibel: Für den Mailänder Adel, der seit langen Jahrhunderten an das höfische Leben, an den Dienst einer fremden Macht gewöhnt war – ob sie nun spanisch oder österreichisch war (Mailand gehörte seit 1535 zum Herrschaftsbereich der Habsburger) –, hatte der Beginn der französischen Herrschaft nichts weiter als einen Wechsel des Herrn dargestellt. In Venedig dagegen hatte die Souveränität beim Großen Rat gelegen, das heißt beim autochthonen Patriziat. Sich in den Dienst eines fremden Herrschers zu stellen bedeutete für die ehemaligen Mitglieder des Großen Rates eine erneute Abdankung. Deshalb ignorierte das Patriziat oder das, was nach den durch Abwanderung und natürliches Aussterben ausgelösten Aderlässen davon übriggeblieben war, das Königreich Italien, und es ignorierte es um so lieber, als es auch von den Massen der Bürger und Popolanen ignoriert wurde, auch wenn dies aus einem anderen Grund geschah, der nicht den Adel allein betraf: In Mailand hatte 1797 eine Veränderung stattgefunden, die auch nach Befreiung hätte aussehen können, und dann war die Zeit der Zisalpinischen Republik gefolgt, die ja relativ autonom war und von Italienern verwaltet wurde. In Venedig war 1797 eine gewaltsam aufgepfropfte Oberherrschaft errichtet worden – in einer Stadt, wo es zuvor überhaupt keine gegeben hatte –, und diese war von einer zweiten abgelöst worden. Daher bestand die Neigung, die Zusammenarbeit mit den neuen Herren eher als »Kollaboration« anzusehen denn als einen Dienst für die Allgemeinheit.

Die Tatsache, daß die Venezianer keine Erfahrungen mit der Zisalpinischen Republik gemacht hatten, hatte sie schließlich daran gehindert, sich – wie etwa die Lombarden – mit ihrem Nachfolgestaat, dem Königreich Italien, als Bürger und nicht nur als reine und einfache Untertanen zu identifizieren. Die Venezianer wurden übrigens durch die lästige Präsenz der fremden Truppen, ihre Übergriffe und ihre fortgesetzten Einziehungen, die eine tiefe Abneigung gegen das ganze System zur Folge hatten, ständig an diesen Status erinnert. Die friedfertige Natur der Bevölkerung vermied gewalttätige Bekundungen der Verbitterung, wie sie auf der venetischen Terra ferma stattfanden, wo der Hunger die Hand der armen *Villani* bewaffnete, die damit manchmal übertriebene Unterdrückungsmaßnahmen provozierten.

Schließlich fehlten in Venedig völlig die Voraussetzungen für das, was Mailand im Napoleonischen Zeitalter zum Aufschwung verhalf (der allerdings bereits von der klugen Administration zur Zeit von Maria Theresia und Joseph II. angebahnt worden war) – ein Aufschwung, der die ersten Erfolge eines Bürgertums erleben sollte, das aus den Justizbehörden und Ämtern (deren Anzahl in Venedig freilich auf ein Mindestmaß reduziert war) sowie aus der Entwicklung der Aktivitäten von Industrie und Handel hervorgegangen war (in Venedig waren sie fast ganz oder vollständig verschwunden). Die venezianische Gesellschaft blieb im wesentlichen statisch, wenn man einmal von der Tatsache absieht, daß jetzt die zahlreichen intelligenten und mit Geld und Unternehmungsgeist wohlausgestatteten Juden in die Gesellschaft Venedigs integriert wurden. Und das Phänomen der um sich greifenden Verelendung gibt dem gesellschaftlichen Leben einer Stadt, in der mehr als ein Drittel der Bevölkerung in die Liste der Bedürftigen eingeschrieben ist, den Anstrich tragischer Verzweiflung.

Man braucht sich also nicht zu wundern, wenn Venedig, das den italisch-lombardischen Unruhen aus so vielen Gründen fernstand, nicht dieselbe »leidenschaftliche Beteiligung« (F. Valsecchi) an den Ereignissen des Jahres 1813 kannte wie Mailand. Damals belagerten die Österreicher die Lagune, und angesichts der Maßlosigkeiten des arroganten Generals Seras, des Kommandanten der Verteidigung, der jeden Tag neue und drückendere Geldabgaben von den geschröpften Bürgern verlangte und die Kanonen der Kriegsschiffe gegen die Stadt richten ließ, und der Umklammerung durch die österreichischen Truppen, die nicht einmal die Bedarfsgüter durchließen, stieg die Zahl der Bedürftigen auf die wirklich erschreckende Zahl von vierundvierzigtausendeinhundertsiebenundsechzig. Man sah auf offener Straße Adlige, Priester und Leute die Hand ausstrecken, die kurz zuvor noch als vermögend bekannt waren. Doch es trifft zu, daß sich ein Teil der Bürger bis zum letzten Augenblick mehr um das eigene Vergnügen als um die Qualen der vielen besorgt gezeigt hatte: Weihnachten 1813 war mit Prassereien und Schauspielen gefeiert worden, die nicht einmal dann aufhörten, als sich eine Typhusepidemie ausbreitete, die natürlich vor allem die Ärmsten traf. Es gab manche, die mit gerechtfertigter Strenge das kommentierten, was am Abend des 29. Januar 1814 geschehen war, als mit einem Galaabend im Teatro San Beneto die Oper *Prometeo* von Troilo Malipiero aufgeführt wurde: »Es erscheint unglaublich, daß es unter den gegenwärtigen Umständen mit ihren Belastungen, ihrem Unglück, ihrem Elend und ihren Erniedrigungen jemanden geben mag, der sich erdreistet, an diesem Abend für die Logen bis zu 84 venetische Lire und für die Bänke bis zu 4 Lire zu zahlen«* (es handelte sich selbstverständlich um Goldlire). Die Abneigung gegen Napoleon, die »Mailänder« des Königreichs Italien, die Franzosen, gegen alles, machte sich in Hohn und Spott Luft. Ihr meisterhafter Interpret war der Dichter Pietro Buratti, der im Auftrag von General Seras wegen gewisser, köstlicher Verse eingesperrt wurde, die nur allzugut das zusammenfaßten, was alle dachten. Aber das, was die Österreicher nach dem Waffenstillstand von Schiarino-Rizzino am 19. April 1814 in Besitz nahmen, war tatsächlich eine verwüstete Stadt. Als Bonaparte den *Deputati* des Großen Rates erklärt hatte, daß er für den venezianischen Staat ein Attila sein würde, ahnte nicht einmal er, inwieweit sich seine Absichten in die Tat umsetzen lassen würden.

## 8

Nun kamen also die Österreicher – zum zweitenmal. Nachdem Napoleons Glücksstern endgültig untergegangen war, schworen die Vertreter der venetischen Provinzen am 3. Mai 1815 in der Basilika von San Marco Kaiser Franz I. in die Hände seines Bruders, des Erzherzogs Johann Baptist, feierlich Treue und Untertänigkeit. Franz I. kehrte am 31. Oktober persönlich in die Stadt

* F. Mutinelli, *Annali delle provincie venete dall'anno* 1804 *al* 1840, Venedig 1843, S. 133ff.

zurück (er war schon im Jahr zuvor dagewesen), ebenfalls mit einem großen Gefolge von Fürsten, unter denen die elegante, feine Erscheinung des Staatskanzlers Klemens Wenzel Lothar von Metternich hervorstach. Den Höhepunkt der Festlichkeiten bildete die feierliche Zeremonie der Rückkehr der vier berühmten, von den Franzosen abtransportierten Bronzepferde an ihren alten Platz. Das Hauptverdienst an dieser Rückkehr gebührte ebenso wie die vieler anderer von den Franzosen entwendeter Kunstwerke einer anziehenden und sympathischen Künstlergestalt. Antonio Canova hatte seine ganze Berühmtheit und sein ganzes, überall in Europa sehr großes Ansehen dafür eingesetzt, sie zurückzubekommen.

Die nunmehr österreichischen Provinzen Venetiens wurden in der neuen administrativen Einheit des Königreichs Lombardo-Venetien zusammengeschlossen, das zwei gleichberechtigte Hauptstädte hatte, nämlich Mailand und Venedig, und einen Vizekönig, der unter den Erzherzögen der kaiserlichen Familie gewählt werden und abwechselnd einmal in Venedig, einmal in Mailand residieren sollte. Venedig wurde zur »königlichen Stadt« proklamiert, ein Status, der ihm, allerdings unter der Autorität des österreichischen Gouverneurs (es gab deren zwei, einen in Mailand, einen in Venedig), eine bescheidene Autonomie in der örtlichen Verwaltung eintrug. Und Venedig wurde Sitz des Obersten Kassationshofs des Königreichs und des Oberkommandos der kaiserlichen und königlichen Kriegsmarine.

Offensichtlich wirkten sich diese Neuerungen nicht sofort positiv auf die örtliche Situation aus: 1819 schickte der Vizekönig, Erzherzog Rainer, dem Kaiser einen Bericht, in dem sich Eindrücke widerspiegeln, die sich nicht sehr von denen unterscheiden, die General Lauriston sechs Jahre zuvor in seinem Bericht an Napoleon aufgezeichnet hatte. Noch überall Trümmer, überall baufällige Palazzi, überall Arbeitslose, eine Menge von Bettlern, kurzum ein solcher Verfall, daß die meisten Familien, die es sich leisten konnten, in immer größerer Zahl in die Städte der Provinz übersiedelten. Nach einem strengen Urteil über die Trägheit, die er in der Bevölkerung insbesondere unter den Frauen angetroffen zu haben glaubte, äußerte der Erzherzog negative Prognosen für die Zukunft unter anderem »wegen der Nachbarschaft des blühenden Triest«. Es sei denn, es würde mit Hilfe verschiedener Maßnahmen, darunter der Wiedereinrichtung des Freihafens, gelingen, der Stadt ihre Funktion als Handelszentrum zurückzugeben.

Bis jener auf die Insel San Giorgio begrenzte Freihafen auf die ganze Stadt ausgedehnt wurde, mußte man auf die Erlasse Franz' I. vom 20. Februar 1829 und vom 10. Februar 1830 warten. In der Zwischenzeit hatte sich die Situation noch weiter verschlechtert: In dem Zeitraum zwischen 1813 und 1815 hatte sich die Bevölkerung um zwölftausend Personen vermindert; die Einwohnerzahl war damit auf etwas mehr als einhunderttausend gesunken. Aber noch 1827 registrierte man eine besorgniserregende Abnahme der Zahl der Beschäftigten in einigen der Industriezweige, die einmal zu den florierendsten gehört hatten: Die Zahl der Webstühle, die in der Seidenindustrie noch arbeiteten, hatte sich auf achtzig verringert und die in der Woll- und Leinenweberei auf kaum vierzehn.* Von den handwerklichen Aktivitäten überlebten zwar viele, und auch die Buchdruckindustrie hielt stand (1835 beschäftigte der berühmte Betrieb Antonelli nicht weniger als dreihundert Arbeiter), doch sowohl die Berichte der Handelskammer als auch die von G. Luzzatto untersuchten Statistiken zeichnen übereinstimmend ausgerechnet von der Tätigkeit ein sehr trauriges Bild, die in einer Hafenstadt die wichtigste sein sollte, nämlich vom Seehandel. »Der Hafen von Venedig«, sagte die Handelskammer 1825, »bietet jetzt den trostlosen Anblick der Verlassenheit ... gelähmt, wie der Handel ist, fehlt es für ein Küstenland an allem. Daher [rühren] Entmutigung und Untätigkeit der *Arti,* Entvölkerung, Elend ...« Auch die Zollfreiheit sollte keine nennenswerten Besserungen herbeiführen, abgesehen vom Fremdenverkehr, der hauptsächlich von englischen und französischen Reisenden getragen wurde. Eine spürbare Verbesserung wurde erst nach 1838 verzeichnet; dazu sollten die großen Straßenbauprojekte beitragen, die Österreich in Venetien und in der Lombardei durch-

* G. Luzzatto, *L'economia veneziana dal 1797 al 1866*, in *La Civiltà veneziana nell'età romantica,* Venedig-Florenz 1961, S. 99.

führte, sowie der Beschluß der Regierung, den Bau einer Eisenbahnlinie zwischen Venedig und Mailand bei einer privaten Firma in Auftrag zu geben. Weitere Faktoren waren der vollständige Ausbau des Hafendamms von Malamocco, die Gründung einer Venetischen Handelsgesellschaft, der *Società Veneta Commerciale*, für den Seehandel mit Kontakten, die bis in die Vereinigten Staaten von Amerika, zu den Antillen und nach Brasilien reichten, sowie die auf venetisch-mailändischer Privatinitiative beruhende Einrichtung eines regelmäßigen Flußtransportdienstes auf dem Po und seinen Nebenflüssen, der, einem der ältesten Handelswege des venezianischen Mittelalters folgend, von Mailand über Pavia nach Venedig führte. Auch das Programm zum Bau von Kriegsschiffen, mit dem dreitausend Arbeiter im Arsenal beschäftigt werden sollten, stellte ein positives Faktum dar. Aber es sollten die Ereignisse in Italien und Europa sein, die der Erholung der venezianischen Wirtschaft einen neuen Schlag versetzten. Am 15. Januar 1846 wurde die über die Lagune führende Eisenbahnbrücke eingeweiht. Zwei Jahre später gab der Märzaufstand das Startsignal für das große revolutionäre Geschehen der Jahre 1848/49: Das Wort haben nun weder die Kaufleute noch die Diplomaten, sondern die Kanonen.

Mit seinem scharfen Weitblick hatte Fürst Metternich 1815 die Absicht geäußert, den italienischen Provinzen des Kaisertums Österreich (das dem 1804 aufgelösten Heiligen Römischen Reich nachgefolgt war) »eine Verwaltung [zu geben], die den Italienern zeigte, daß man sie nicht wie die deutschen Provinzen der Monarchie behandeln oder sie sozusagen assimilieren wollte«.* Wie andere gute Ideen des Kanzlers, so wurde auch diese von Kaiser Franz nicht berücksichtigt, der ein sehr strikter Verfechter des zentralistischen Absolutismus war und selbst die Zentralisierung bis zum Fanatismus vorantrieb. Für Österreich war es eine verpaßte Gelegenheit, und es war nicht nur für jene wenigen eine Enttäuschung, die blindlings in der Hoffnung verharrten, die alte Republik von San Marco wiederherstellen zu können. In Wirk-

* H. Benedikt, *L'Austria e il Lombardo-Veneto,* in *La civiltà veneziana nell'età romantica,* s.o., S. 42.

lichkeit wollte Franz alles assimilieren, alles uniformieren. Mit seinem Todfeind und Schwiegersohn Napoleon teilte er eine starke Abneigung gegen jede Art von städtischem Bewußtsein. Außerdem war ihm die Erinnerung an die alte Republik, die er mit der Hilfe Bonapartes ausgeplündert hatte (der sich damals wohl nicht im Traum vorgestellt hätte, einmal Kaiser und Schwiegersohn des Habsburgers Franz zu werden), besonders unangenehm, vielleicht aus der – berechtigten – Angst heraus, daß man ihr noch immer nachtrauern könnte. Eine der ersten Maßnahmen, die er ergriff, bestand ebendarin, daß er jenes Verbot erneuerte, das es den ehemaligen venezianischen Patriziern untersagte, den alten Titel *Nobilòmo* zu tragen. Er zwang sie, sich dem Adel der ganzen riesigen Monarchie anzupassen, in dem er die »allerhöchste Bestätigung« ihres Adels verlangte. Den früheren Patriziern, die mit der Zahlung einer sehr hohen Gebühr darum ersucht hatten, wurde auch der Titel von Grafen des Kaisertums Österreich und gegen Zahlung einer noch höheren Gebühr die von Fürsten zugestanden. Die Fürstenwürde erbaten und erhielten nur zwei schwerreiche Familien, die Giovanelli und die Erizzo, den Grafentitel viele, die Bestätigung ihres Adels fast alle. Fast alle, denn im venezianischen Wirrwarr hatten sich einige adlige *Barnabotti* ins Proletariat eingereiht, von dem sie nun nicht mehr das Privileg der Zugehörigkeit zum Großen Rat unterschied.

Allerdings kann man nicht von einer allgemeinen »Enttäuschung« sprechen, so wie das die Historiker taten, die mehr der Tradition des italienischen Risorgimento verpflichtet waren. Die Jahre unter Österreich waren weder so schlecht noch so unerträglich, trotz des rigiden Aufbaus eines Staates, in dem sich ohne eine Entscheidung in Wien kein Blatt bewegte und in dem ein strenger struktureller Formalismus die sozialen Schichtungen erstarren ließ. Aber das waren vor allem die Jahre unter Franz, dem aber dennoch verschiedene Initiativen, die sich alles in allem positiv auswirkten, als Verdienst angerechnet werden müssen. Nach seinem Tod (sein Nachfolger Ferdinand herrschte, aber regierte nicht, weil er in einen stillen, lächelnden Wahnsinn versunken war) ließ Österreich die Erholung des privaten Unternehmertums nicht nur zu, es stimulierte und unterstützte es vielmehr. Ja, es förderte große Unternehmungen wie etwa die berühmte *Ferrovia Ferdinandea.* Die österreichische Bürokratie war gewissenhaft und leistungsfähig, die Rechtspflege wurde korrekt gehandhabt, die örtliche Verwaltung wurde, wenn auch unter der Vormundschaft der österreichischen Gouverneure, in der Regel Italienern anvertraut... Es waren die Jahre des zumindest augenscheinlichen »Konsenses«; der »Dissens« äußerte sich, wenn überhaupt, auf kultureller Ebene, und zwar in Gestalt einer Wiederbelebung und Verteidigung der Werte der alten venezianischen Republik. Während Marcantonio Michiel, ein ehemaliger *Savio di Terra ferma* und einer der wenigen, die 1796/97 im Senat feste und mutige Positionen vertreten hatten, sich um die Verbesserung eines großen landwirtschaftlichen Erbes kümmerte und sich weigerte, Graf des Kaisertums Österreich zu werden, griff seine Frau Giustina Renier, eine nahe Verwandte des vorletzten Dogen, an dessen Seite sie bei offiziellen Festen und Zeremonien den Vorsitz geführt hatte, polemisch den modischen Literaten Chateaubriand an, der Venedig verächtlich als »eine Stadt wider die Natur« bezeichnet hatte. Und dann polemisierte sie mit Byron und Niccolini, die in phantasievoll düsteren Farben die Geschicke von Marino Falier, den beiden Foscari und Antonio Foscarini gemalt hatten. Außerdem veröffentlichte sie noch ein mehrbändiges Werk über den »Ursprung der venezianischen Feste«, das in Venedig ein allgemeines Interesse an der Gelehrsamkeit und der Literatur wecken sollte; gleichzeitig präsentierte es die Tatsachen und die venezianischen Institutionen in einer dokumentierten und objektiven Form – im Gegensatz zu der überhandnehmenden »schwarzen« Romantik, die die große Vergangenheit der *Serenissima* in verleumderischer Weise verzerrte. Und während der Dichter Pietro Buratti wieder einmal im Gefängnis landete, dieses Mal, weil er die österreichische Polizei in witzigen Versen kritisiert hatte, polemisierten der Adlige Tiepolo und ein Verwandter des letzten Dogen, Leonardo Manin, leidenschaftlich gegen die in Darus »Geschichte der Republik Venedig« enthaltenen Verleumdungen. Jacopo Filiasi veröffentlichte sein Buch über die historischen Ursprünge der Veneter; Emanuel Cicogna begann das große Werk über die venezianischen Inschriften. Wir wiederholen, daß es sich bis hierhin nicht um einen Dissens handelte, sondern um die Verteidigung der kulturellen Identität Venedigs, zu der unter anderem auch der Historiker Agostino Sagredo beitrug, ein Verwandter von Bernardino Renier, der der Munizipalität angehört hatte. Aber das Werk *Venezia e le sue Lagune* (für das Sagredo einen breitangelegten und unvoreingenommenen Überblick über die venezianische Geschichte verfaßte) war ein Versuch, ein allgemeines Bild des venezianischen Mikrokosmos in Vergangenheit und Gegenwart zu entwerfen, in einem Augenblick, der für das Venedig des 19. Jahrhunderts von großer Bedeutung war, als nämlich die italienischen Wissenschaftler sich in den Sälen des Dogenpalastes zum Kongreß des Jahres 1847 versammelten. Ein Kongreß, der sich mutig mit der Problematik der Gegenwart auseinandersetzte und mit seinem unverwechselbar italienischen und der Tendenz nach um Einheit bemühten Ansatz den nationalen »Frühling« des Jahres 1848 vorwegnahm. Zu den belebenden Geistern der großen Versammlung gehörte Daniele Manin, ein tüchtiger Anwalt aus jüdischer Familie, die bei ihrer Konversion den Nachnamen des letzten Dogen angenommen hatte, der geniale Patriot, der mit der Formel von der *Resistenza legale* die Methode des gewaltlosen Widerstandes erfand.

Von den Karbonari-Unruhen, die zu den Prozessen der Jahre 1821/22 führen sollten, war Venedig nicht betroffen gewesen. Doch einer ihrer Herde war der sehr nahe gelegene Polesine gewesen, und freiheitliche Bewegungen hatte es auch in Verona und Vicenza gegeben. Es ist schwer, die Gründe für dieses Unbeteiligtsein zu erklären, das zum Teil auf Apathie, zum Teil auf Mißtrauen und zum Teil auch auf den Zusammenbruch der herrschenden Klassen und der mühsamen Behauptung des Bürgertums zurückzuführen war. Jene Prozesse, die in tadelloser Weise von dem berühmten und so verleumdeten trentinischen Richter Antonio Salvotti* geführt und in Venedig abgehalten wurden (die Angeklagten waren in den Dachkammern des Dogenpalastes, dann im ehemaligen Kloster San Michele in Isola

* Vgl. A. Luzio, *Antonio Salvotti e i processi del Ventuno*, in »Studi critici«, Mailand 1927.

untergebracht worden), hatten keinen anderen Widerhall geweckt als allseitiges Mitgefühl für die Verurteilten, die auf der Piazzetta an den Pranger gestellt wurden. Eine ernsthafte gegen Österreich gerichtete Verschwörung gab es erst in den vierziger Jahren, und es ist bezeichnend, daß sie in einem Elitekorps wie der österreichischen Kriegsmarine vorbereitet wurde, die zwar kaiserlich und königlich war und einen Erzherzog zum Oberbefehlshaber hatte, aber sich sehr stark den alten Seefahrertraditionen der *Serenissima* verpflichtet fühlte, aus deren Streitkräften ihre höchsten und angesehensten Offiziere hervorgegangen waren. Oberst Pasqualigo etwa, der die Barbareskenkorsaren bis nach Tripolis verfolgt hatte, war kein anderer als der Kommandant jener Galeere, die im April 1797, zum Zeitpunkt der Ermordung des Kapitäns Laugier, den Lidohafen geschützt hatte. Graf Silvestro Dandolo, der die österreichische Flottendivision der Levante befehligt hatte und später zum Rang eines Vizeadmirals und Ersten Offiziers der gesamten österreichischen Seestreitkräfte aufgestiegen war, hatte als junger Mann unter dem Befehl von Angelo Emo gestanden, der ihn »die Perle der seefahrenden Adligen« nannte.* In der Marinekadettenschule am Canal Grande wurden die Kurse in italienischer Sprache abgehalten. Marschall Zichy machte, als er 1842 das Kommando über die Festung in Venedig übernahm, folgende Bemerkung: »Wir haben zwar eine Marine, aber sie ist nicht österreichisch, sondern italienisch.«**

Und das traf genau im Fall der Marinekadettenschule zu, wo die Geheimgesellschaft *Esperia* entstand und aufgebaut wurde. Gründer waren die beiden Söhne des kaiserlichen und königlichen Konteradmirals Baron Bandiera, Attilio und Emilio, die 1844 in der Nähe von Cosenza nach einem mißglückten Aufruhrversuch erschossen wurden, in welchen auch ein anderer Offizier der österreichischen Marine, Domenico Moro, verwickelt war. Der verhängnisvolle Versuch der jungen Offiziere machte großen Eindruck, fand aber keine Nachahmer. Hingegen faßte der »legale Widerstand« Fuß, der von Manin in der Überzeugung vertreten

* G. Dandolo, *La caduta della Repubblica di Venezia,* s.o., Bd. I, S. 100ff.

** H. Benedikt, *L'Austria e il Lombardo-Veneto,* s.o., S. 46.

wurde, daß in Sachen Gewalt Österreich immer am längeren Hebel sitzen würde. Statt dessen müsse man um die Österreicher herum einen Leerraum schaffen, dürfte man nicht mit dem Besatzer zusammenarbeiten, sondern müsse vor allem mit allen zur Verfügung stehenden legalen Mitteln und unter Ausnutzung aller möglichen Spitzfindigkeiten die Achtung vor den Rechten des lombardo-venetischen Volkes verlangen, das als erstes von allen »von innen, nicht von außen, mit seinen eigenen Leuten und seinen eigenen Institutionen, seinem Geist, seinen Bedürfnissen und seinen Gebräuchen gemäß zu regieren sei«.*

Manin handelte aktiv, indem er fortwährend rechtliche und legislative Probleme aufwarf. Der Dalmatiner Niccolò Tommaseo, der ebenso leidenschaftlich und ungestüm war wie Manin geschmeidig, hatte auf intellektueller Ebene die Rolle des Provokateurs übernommen. Sein Vortrag vom 30. Dezember 1847 im Ateneo Veneto auf dem Campo San Fantin wirkte, wie behauptet worden ist, wie ein den italienischen Intellektuellen entgegengeschleudertes Manifest. In Venedig jedenfalls klang es wie eine Sturmglocke: »... Man möge beginnen, die Nation zu sehen, man möge beginnen, sie zu fühlen ... dieser Name Italien, der vor kurzem nicht weniger antiquiert klang als die [Namen] Önotrien, Ausonien und Hesperien, möge beginnen, in den Herzen wie die Stimme eines lebendigen und zärtlich geliebten Menschen zu klingen ...« Von der Aufwertung der venezianischen Vergangenheit, der venezianischen Identität war es nur ein Schritt zur Forderung nach dem Prinzip der nationalen Einheit: Mit Manin und Tommaseo holte die venezianische »Intelligenzija« die Entwicklung rasch wieder ein, die in der Lombardei durch die Erfahrungen mit der Zisalpinischen Republik und dem Königreich Italien ausgelöst worden war. Und sie holte sie mit ungewöhnlichem Schwung ein: Vor allem dank der Leidenschaft und des politischen Talents des Advokaten, der den Namen des letzten Dogen trug, sollten die Begriffe »Freiheit« und »Unabhängigkeit« schon bald wieder vollgültige Bestandteile des venezianischen

* F. Valsecchi, *Venezia nel Risorgimento,* in *La civiltà veneziana nell'età romantica,* s.o., S. 72.

Vokabulars sein, und zwar nicht mehr nur bei der aristokratischen, intellektuellen und militärischen Elite: Mit der Verhaftung der beiden, des venezianischen Advokaten und des dalmatinischen Schriftstellers, schuf die österreichische Polizei selbst die Voraussetzung für den Aufstand vom Frühjahr 1848, das große revolutionäre Abenteuer, in das alle sozialen Schichten Venedigs, vor allem aber das einfache Volk, hineingezogen wurden.

## XIV
## AUFSTAND UND EPILOG

### 1

Die Verhaftung von Manin und Tommaseo hatte eine bereits allgemein verbreitete Spannung noch gesteigert. Das Teatro La Fenice hatte sich mit Zuschauern gefüllt, die Trauerkleidung trugen; die berühmte Ballerina Fanny Cerrito, die weißrotgrün gekleidet auf der Bühne erschien, hatte Beifallsstürme geerntet; auf den Mauern der Stadt häuften sich die antiösterreichischen Parolen. Der Erzherzog und Vizekönig Rainer hatte – aus österreichischer Sicht klugerweise – vorgeschlagen, die beiden in die Verbannung zu schicken, den einen nach Graz, den anderen nach Sebenico. Aber seine Meinung war von den örtlichen Behörden, die einen Prozeß haben wollten, mißachtet worden, obwohl die österreichischen Justizbehörden viele Zweifel an der Möglichkeit einer rechtmäßigen Verurteilung geäußert hatten.

So fand die Nachricht von der Wiener Revolution und dem Sturz des Kanzlers Metternich, die am 17. März 1848 ein französischer Geschäftsmann nach Venedig gebracht hatte, genügend Zunder für die Explosion eines regelrechten Volksaufstandes. Die Menge, die sofort die Piazza San Marco füllte, jubelte nicht, applaudierte nicht. Sie forderte vielmehr lautstark die Freilassung von Manin und Tommaseo. Der Gouverneur Pálffy (ein Ungar, der angesichts der vielen widersprüchlichen Nachrichten, die aus allen Richtungen bei ihm eintrafen, weder ein noch aus wußte) gab fast auf der Stelle nach, und die Menge stürzte zum Gefängnis. Aber Manin, angefleht und mit Beifall überschüttet, weigerte sich, ohne eine gerichtliche Verfügung herauszukommen: »Ich bin illegal verhaftet und eingesperrt worden, ich möchte legal freigelassen werden. Ich erkenne dem aufständischen Volk nicht das

Recht zu, mich zu befreien.« Zum Glück traf genau in jenem Augenblick der Entlassungsbefehl ein.

Dem scheinbaren juristischen Formalismus lag ein genauer politischer Plan zugrunde: Er zielte darauf ab, die österreichische Autorität zu zwingen, die Illegalität seiner Verhaftung einzugestehen. Aber die Masse denkt nicht an so etwas. Manin und Tommaseo werden im Triumph zum Palast des Gouverneurs getragen; dieser steht am Fenster, und als Manin sagt: »... Vergessen wir nicht, daß es dort, wo es keine Ordnung gibt, keine wahre Freiheit geben kann, und wir müssen uns zu eifersüchtigen Hütern der Ordnung machen, um zu beweisen, daß wir der Freiheit würdig sind«, stößt er einen Seufzer der Erleichterung aus. »Allerdings gibt es Augenblicke und außergewöhnliche Umstände, unter denen der Aufstand zum Recht wird, zur Pflicht ...« Der Gouverneur schließt mit einem Ruck die Fenster und versteckt sich im Palast.

Diese Stegreifrede ist für die Persönlichkeit von Daniele Manin nahezu beispielhaft. Der Jurist, der mit legalen Mitteln die Rechte der lombardischen und venetischen Bevölkerung geltend macht, ist auch ein Mann der Tat; der Verfechter des legalen Widerstandes ist durchaus imstande, zum Führer einer Revolution zu werden.

An den Fahnenmasten auf der Piazza San Marco wird die italienische Trikolore hochgezogen. In der Nacht versammeln sich die Vertreter der nationalen Partei; Manin wird zum Vorsitzenden gewählt, und an ihn wendet sich am nächsten Morgen der Gouverneur Pálffy mit der Bitte, mit seiner Autorität für die Aufrechterhaltung der Ordnung zu garantieren. Manin erklärt sich unter zwei Bedingungen einverstanden: Ausgangssperre für die Truppen in den Kasernen und sofortige Einrichtung der Bürgerwehr. Der Gouverneur sagt, die Entscheidung hänge nicht von ihm, sondern vom Vizekönig ab. Unterdessen ist jedoch auf der Piazza ein Tumult ausgebrochen. Die kroatischen Soldaten haben auf die Menge geschossen, und es hat fünf Tote und sieben Verletzte gegeben. Nun fordern Manin und seine Freunde den *Podestà*, den Grafen Giovanni Correr, auf, dem Gouverneur gegenüber in aller Form auf die Gründung der Bürgerwehr zu dringen. Pálffy schwankt, dann gibt er nach und genehmigt die Bewaffnung von zweihundert Mann, unter der Voraussetzung, daß sie sich an die Weisungen der Polizei hielten. Manin macht sofort davon Gebrauch; die Zahl der Bewaffneten wird weit mehr als doppelt so hoch, und sie marschieren schon bald, umgürtet mit einer weißen Schärpe, auf und singen, vom Volk begleitet:

*Viva Venezia, viva Manin*
*Viva la Guardia del citadin.**

Gegen neun Uhr abends treffen mit der Post aus Triest beim Grafen Pálffy die Weisungen der neuen in Wien eingesetzten Regierung ein. Sie bewilligen Pressefreiheit und Bürgerwehren im ganzen Reich. Pálffy teilt das dem Volk vom Balkon des Königspalastes aus mit und beglückwünscht sich dazu, der erste verfassungsmäßige Gouverneur von Venedig zu sein. Im allgemeinen Jubel jubelt Manin keineswegs: »Dürfen wir uns auf die Versprechungen der Regierung verlassen?« fragt er sich. »Das, was uns diese heute einräumt, könnte nur zwei Monate gelten; aber wir müssen jetzt weitermachen und uns von der Abhängigkeit von den Fremden befreien, Italien muß unabhängig sein; deshalb ist die Revolution notwendig ...«

Und die Revolution steht unmittelbar bevor. Am Abend des 21. März findet eine Versammlung statt: Außer Manin ist der Kommandant der Bürgerwehr, Angelo Mengaldo, dabei; dabei sind auch Tommaseo und andere bekannte Persönlichkeiten oder solche, die noch Bekanntheit erlangen sollten. Man entwirft Pläne für die nächste Zukunft. Der *Podestà* Correr hat einen beratenden Ausschuß einberufen, der ihm helfen soll, mit »den Unvorhersehbarkeiten des Augenblicks« fertig zu werden (man befürchtet Handstreiche und Beschießungen durch die Österreicher, Umwälzungen und Unruhen). Manin hat abgelehnt, diesem Ausschuß beizutreten. Seinen Freunden gegenüber wiederholt er: »Keine Verhandlungen mit Österreich, die uns nur kostbare Zeit verlieren lassen würden.« Er will Taten, will sich des Arsenals

* Es lebe Venedig, es lebe Manin, es lebe die Bürgerwehr!

bemächtigen, aber niemand ermutigt ihn, vielmehr halten ihn alle einstimmig für tollkühn. Er redet sich die Lunge aus dem Leib, bis ihm die Stimme versagt, aber vergebens. Es gelingt ihm jedoch, den grundlegenden Punkt durchzusetzen: Einen Aufstand würde es auf alle Fälle geben, und der ihn begleitende Ruf würde *»Viva la Repubblica! Viva San Marco!«* sein.

In der langen nächtlichen Versammlung waren alle Hypothesen geprüft worden, einschließlich der eines autonomen und unabhängigen Königreichs Lombardo-Venetien mit Erzherzog Rainer als seinem König. Manin hatte sich dem mit allen Kräften widersetzt. Er wußte, daß der alte Schlachtruf, der vor fünfzig Jahren in den finsteren Maitagen des Jahres 1797 zum letztenmal aus dem Mund des Volkes erschollen war, diesem noch am Herzen lag. Wie hätte das Volk »Es lebe König Rainer!« oder »Es lebe die Wiener Verfassung!« rufen können? Es gab nur einen Ruf, der die Menge noch mit sich reißen konnte. Und sicherlich spielte im Herzen dieses bürgerlichen Intellektuellen und Anhängers Mazzinis, der gewiß nicht verdächtigt werden kann, einer der Aristokratie nachtrauernden Clique angehört zu haben, nicht nur die Suche nach dem packendsten Slogan eine Rolle; er hegte auch den Wunsch, einem Ruf, einem Namen seine Bedeutung zurückzugeben, und die hieß: Unabhängigkeit um jeden Preis.

Doch am Morgen des 22. März 1848 läßt sich der Advokat Manin nicht blicken. Der Advokat Manin ist zu Hause nahe der Brücke von San Paternian, er liegt im Bett und hat Befehl gegeben, daß niemand es wagen solle, ihn aus irgendeinem Grund zu stören. Was ist geschehen? General Mengaldo hat sich, überzeugt, daß die Idee, das Arsenal zu erobern, Wahnsinn sei, brüsk geweigert, das Kommando für den Tag des Aufstands an Manin abzugeben, und als Manin versucht hat, wenigstens die Abteilung zu mobilisieren, deren Hauptmann er war, hat man ihm mitgeteilt, daß er nicht auf einen einzigen Mann zählen könne. Um zehn Uhr morgens ist es ein junger Marineoffizier, ein gewisser Salvini, der den Anweisungen zuwiderhandelt, in Manins Zimmer stürzt und ihm zuruft, er solle sich schnellstens zum Arsenal begeben: Die Marine befinde sich im Aufstand, aber wenn man nur wenige Stunden warte, würde die Stadt bombardiert. Manin umarmt

Frau und Tochter und macht sich auf den Weg. Da überbringt ihm ein anderer Bote eine neue Nachricht: Die Arbeiter haben den Kommandanten des Arsenals, den Obersten von Marinovich, mit Eisenstangen massakriert, und die Soldaten der Marineinfanterie haben gemeutert. Unterwegs sammelt der Advokat alle Mitglieder der Bürgerwehr, die ihm über den Weg laufen, und eilt zum Arsenal. Er beabsichtigt, den Tumult zu unterdrücken, der den Vorwand zu einer repressiven Maßnahme liefern könnte. Doch statt dessen sieht er, daß das Arsenal bereits von der Bürgerwehr besetzt und der Vizeadmiral Baron Martini, Kommandant der Marine, gefangengesetzt worden ist; dieser versichert ihm, das österreichische Kommando habe keine offensive Maßnahme vorgesehen.

Unterdessen hatte General Mengaldo keine Zeit verloren. Sehr beunruhigt wegen des Mordes an Marinovich war er zum Gouverneur Pálffy gegangen und hatte ihm geraten, Waffen und Festungen an die Bürger zu übergeben. Nicht einmal Graf Correr, der an der Spitze einer Abordnung eintraf, hatte Zeit verloren. Der Gouverneur hatte es auf die hochmütige Tour versucht, war aber vom Advokaten Giovanni Francesco Avesani, einem Mitglied der Abordnung, mit der schlichten Aufforderung, die Macht sofort abzugeben, in die Schranken verwiesen worden. Und der Gouverneur hatte sich das nicht zweimal sagen lassen und dem militärischen Befehlshaber der Stadt, dem Feldmarschall-Leutnant Graf Ferdinand Zichy, seinen Abschied eingereicht.

Dieser, ein ungarischer Magnat und Onkel der dritten Frau des Kanzlers Metternich, war kein Held. Sein größter Ehrgeiz bestand darin, der berühmteste Gastronom seines Jahrhunderts zu werden. Außerdem hegte er eine reich mit Kindern gesegnete Liebe zu einer reizenden ehemaligen Ballerina der Scala, der Gaetanina, und anscheinend hatte ihm jemand im Namen der revolutionären Partei zu verstehen gegeben, daß die Gaetanina selbst und ihre Kinder einen möglichen Widerstand seinerseits mit dem Leben bezahlen würden.* Jedenfalls kapitulierte auch er sofort angesichts

* Diese Hypothese stammt von R. Barbiera, zitiert von H. Benedikt, *L'Austria e il Lombardo-Veneto,* s.o., S. 47.

der Befehle des Advokaten Avesani und nahm die von der Abordnung aufoktroyierten Bedingungen an: Die nichtitalienischen Truppen sollten nach Triest abziehen, die italienischen mit Waffen, Munition und Geld in Venedig bleiben, und er, Zichy, sollte als letzter aufbrechen, um mit seiner Person für die Einhaltung des Abkommens zu garantieren.

So brach der gesamte Regierungsapparat, den Österreich in dreiunddreißig Jahren aufgebaut hatte, von einem Augenblick zum anderen kläglich in sich zusammen. Der einzige, der vor dem Arsenal versucht hatte, Widerstand zu leisten, war ein unbekannter ungarischer Infanteriehauptmann, der auf der Stelle entwaffnet und gefangengenommen wurde. Zichy, der später wegen seiner für einen Offizier und Edelmann als unwürdig erachteten Kapitulation verurteilt wurde, sollte sich mit der Behauptung verteidigen, daß die Garnison schwach und die Marine unzuverlässig gewesen seien und daß er, der Venedig so liebte, der Stadt die Greuel von Straßengefechten hatte ersparen wollen. Gewiß hatte er seine Vorkehrungen sehr schlecht getroffen: Statt seine Truppen auf der Piazza zu konzentrieren, »wie es jeder kleine Oberleutnant getan hätte« (H. Benedikt), hatte er sie in den Kasernen gehalten, wo sie festsaßen. Vor allem hatten sowohl er als auch jener arme Teufel namens Graf Pálffy von Anfang an den höchst gefährlichen Weg der Zugeständnisse beschritten, und mit jedem Zugeständnis hatte das Revolutionskomitee, das *Municipio*, die Bürgerschaft, die Forderungen höher geschraubt. Es war eine merkwürdige Nemesis: Die zweite österreichische Herrschaft brach zwischen Zögern und Schlappheit zusammen – unter ähnlichen, wenn nicht gar analogen Umständen wie die Republik Venedig 1797, und dieses Mal hatten sich die Venezianer mehr oder weniger derselben Taktik bedient, die 1797 General Bonaparte gegen sie angewandt hatte. In der Stille seines mit kostbaren Erinnerungen an die *Serenissima* vollgestopften Arbeitszimmers notierte der Geschichtsschreiber Emanuel Cicogna folgendes in sein Tagebuch: »Das, was nunmehr erfreulich ist, ist, daß die Venezianer mit Taten jene Worte widerlegt haben, die gegen sie geäußert worden sind, daß sie nämlich unfähig, feige und zu nichts nutze seien.«

## 2

Kurz nach der Kapitulation betritt Manin an der Spitze einer großen Menschenmenge die Piazza und wendet sich ans Volk:

»Wir sind frei und können uns doppelt rühmen, es zu sein; denn wir sind es, ohne einen Tropfen von unserem Blut oder dem unserer Brüder vergossen zu haben ... Aber es genügt nicht, die alte Regierung niedergeworfen zu haben, man muß sie auch durch eine neue ersetzen, und am besten geeignet erscheint uns die Form der Republik, die an den Ruhm vergangener Tage erinnert, den die gegenwärtigen Freiheiten noch veredeln. Damit beabsichtigen wir noch nicht, uns von unseren italienischen Brüdern zu trennen, sondern vielmehr werden wir eines jener Zentren bilden, die der allmählichen Verschmelzung in ein einziges Italien dienen sollen. Es lebe die Republik! Es lebe die Freiheit! Es lebe San Marco!«

Die Menge bricht in einen frenetischen Jubel aus. »Es scheint«, schrieb Tommaseo, der die Szene miterlebt hatte, »als ob die Stadt bei der Erwähnung des Namens der Republik, die durch das alte Sakrament mit San Marco vermählt ist«, wie jemand geantwortet hätte, »der sich beim eigenen Namen gerufen hört.«

Die Abordnung des *Municipio* veröffentlicht ihrerseits sogleich eine Bekanntmachung:

»Bürger! Der Sieg ist unser, und zwar ohne Blutvergießen. Die österreichische Zivil- und Militärregierung ist gefallen ... Es wird eine provisorische Regierung eingesetzt, und in der Zwischenzeit haben die unterzeichneten Vertragspartner für die Erfordernisse des Augenblicks diese unverzüglich übernehmen müssen. Es lebe Venedig! Es lebe Italien!«

Ein einfacher Blick auf die beiden Texte genügt, um die grundlegenden Unterschiede zwischen den Männern des *Municipio* und Manin aufzuzeigen. Die ersten wollen die Zukunft nicht gefährden: Es liegen bereits Nachrichten über Unruhen in anderen Städten Lombardo-Venetiens vor, über eine Revolution in Mailand; die Situation ist unbeständig, man muß angesichts der Ereignisse disponibel bleiben. Manin hingegen hat seine Wahl getroffen: – für Venedig und für die Republik. Diese Wahl hat man ihm damals und später zum Vorwurf gemacht. Man hat behauptet, daß er damit das Gespenst der toten *Serenissima* heraufbeschworen habe, für die die Städte der venetischen Terra ferma in ihrer Bereitschaft, ihrer alten Hauptstadt den Vorrang streitig zu machen, keinerlei Sympathien hegten. Und damit habe er das Grundkonzept der Revolution in den Hintergrund gedrängt, das auf die Vereinigung der verschiedenen territorialen und politischen Teile der Halbinsel zu einer nunmehr von allen ersehnten Einheit abzielte. In Wirklichkeit jedoch hatte Manin an seiner Zustimmung zum Ideal der Einheit vom ersten Augenblick an keinen Zweifel gelassen. Als Anhänger der Ideen Mazzinis war er allerdings überzeugter Republikaner, und als Venezianer war er ebenso vom Wert eines Erbes überzeugt, in dem er keinen Gegensatz zu den neuen Sehnsüchten sah. Nationale Einheit hätte für ihn nie bedeutet, daß die einzelnen Teile ihre Eigenarten und Traditionen aufgeben und in einem eintönigen Ganzen aufgehen würden (er neigte offen zum Föderalismus), und in dieser Hinsicht war er zweifellos aufgeklärter und weitblickender als die Angehörigen des *Municipio* und ihre gemäßigten Freunde.

Die provisorische Regierung, die ohne Manin und Tommaseo ans Werk gegangen war, sollte jedenfalls fast buchstäblich nur »einen Morgen lang« Bestand haben. Noch am Abend des 22. März zwang sie die Bevölkerung zum Rücktritt. Am Morgen danach bildete Manin – wie es hieß, »nicht so sehr wie ein Tribun, sondern eher wie ein Diktator« – die Regierung der wiedergeborenen Republik Venedig. Er selbst wurde ihr Präsident, und unter ihren Mitgliedern befand sich auch Niccolò Tommaseo.

Für Europa war in dem entscheidenden Jahr 1848 die venezianische Episode zunächst noch nichts anderes als eine der vielen Unruhen, die, ausgehend von Frankreich, fast den gesamten Kontinent einschließlich Deutschland und Österreich erfaßt und verändert hatten. Im italienischen Gesamtzusammenhang allerdings war es ein Ereignis von überragender Bedeutung. Eigenartigerweise aber befand sich Venedig mit der Proklamation der Republik wieder einmal zugleich an der Spitze und am Rand der italienischen Bewegung. Während die Städte Lombardo-Venetiens, angefangen bei Mailand, nacheinander ihren Blick auf König Karl Albert von Sardinien richteten, der gegen Österreich in die

Schlacht gezogen war, blickte Venedig weiter. Es blickte nach Paris, das damals für alle, die auf ein Wiederaufleben der republikanischen Staatsform hofften und generell für ein fortschrittlicheres Denken eintraten, als eine Art Leuchtturm galt. Kurzum, Venedig dachte europäisch, und im Zusammenhang mit einem erneuerten und republikanischen Europa dachte Manin an die Verwirklichung der Einheit Italiens (ein Unternehmen, das er inmitten einer Orgie von Begeisterungsstürmen und kollektiven Illusionen trotz allem für schwierig, komplex und weit von einer vollendeten Tatsache entfernt hielt). Auch dieser Weitblick sollte also eine Schwierigkeit darstellen. Im Juni stimmten alle venetischen Städte nach dem Vorbild Mailands für den Anschluß an Piemont, und sie taten es nicht nur aus Überzeugung, sondern erklärtermaßen auch, um sich von Venedig abzuheben.

In Venedig selbst hatte unterdessen die Überzeugung, daß die Annexion an Piemont vorteilhaft wäre, viele Anhänger gefunden, insbesondere unter den gemäßigten Teilen der Einwohnerschaft, abgesehen von spärlichen nostalgischen Resten im alten Patriziat. Die sardinische Regierung ihrerseits hatte eine rührige Propaganda entfaltet, die nicht ohne Wirkungen geblieben war. Es hatte sich eine »albertistische« Partei gebildet, welche im Gegensatz zur republikanischen stand, die von Manin und Tommaseo angeführt wurde, und der sich am Ende auch etliche Popolanen anschlossen. Trotz der schlimmen Nachrichten über den Fortgang des Feldzugs, den König Karl Albert gegen die Österreicher führte, wurde die Frage in der Provinzialwahlversammlung erörtert, die am 3. Juli im Saal des Großen Rates des Dogenpalastes zusammentrat. Gegen die sofortige Annexion sprach sich Niccolò Tommaseo, der Minister für das öffentliche Bildungswesen, aus, der vorschlug, jeden Beschluß bis nach dem Ende des Kriegs zu verschieben. Pietro Paleocapa, der Innenminister, befürwortete den Zusammenschluß. Schließlich sprach auch Manin: Er erklärte, daß er seine Meinung seit dem 22. März nicht geändert habe, Republikaner sei und bleibe, daß er aber vor allem eine Demonstration der Einigkeit für notwendig halte, da der Feind vor den Toren stehe. »Beweisen wir dem Feind, daß wir heute weder Royalisten noch Republikaner, sondern nur Italiener sein wollen!« Er fügte hinzu, daß alles, was entschieden würde, nur provisorischen Charakter haben könne und daß die endgültigen Entschlüsse Sache der künftigen Versammlung sein würden, die in Rom zusammentreten sollte (das war Mazzinis Idee). Schließlich wurde der Anschluß an Piemont mit einhundertsiebenundzwanzig Stimmen gegen sechs gutgeheißen. Die erste kurze Phase des kurzen Lebens der zweiten venezianischen Republik war nach kaum einhundert Tagen zu Ende gegangen. Der Tagebuchschreiber Cicogna bemerkte, daß die Venezianer sich nicht deshalb dem König von Sardinien überlassen hätten, weil sie den Zusammenschluß wirklich wünschten, sondern weil sie angesichts der Gefahr einer massierten Rückkehr Österreichs Hilfe benötigten.

Leider sollte die Wirklichkeit diese Hoffnungen grausam zunichte machen. Nach einer Zeit des Abwartens, während jene Regierung an der Macht war, der Manin seine Mitarbeit versagt hatte und die von Jacopo Castelli geleitet wurde, trafen am 7. August 1848 die königlichen Kommissäre in Venedig ein. Sie hatten von Karl Albert den Auftrag erhalten, es in Besitz zu nehmen. Sie kamen im unrechten Moment. Die Nachricht von der Niederlage, die Karl Albert in Custoza hatte einstecken müssen, war kurz zuvor eingetroffen, und zwar zusammen mit einer Aufforderung des österreichischen Generals Welden, mit ihm zu verhandeln, ehe es zu spät sei. In Venedig gab es ein großes Durcheinander, in dem die Unzufriedenheit der reinen Mazzinianer und der Anhänger Manins immer stärker zutage trat. Nur wenige wohnten der Zeremonie der Besitzergreifung des Dogenpalastes bei; man hörte keine Beifallsbekundungen; es lastete ein Gefühl der Bedrückung über der Stadt, das durchaus gerechtfertigt erschien, als am 8. August mit einer weiteren Botschaft des Generals Welden die Nachricht vom Wiedereinzug der Österreicher in Mailand bekannt wurde. Den Ängsten der Menge, die jetzt die Piazza San Marco füllte, wußten die königlichen Kommissäre nichts anderes entgegenzusetzen als pathetische Hinweise auf die »großen Taten der Dandolo, der Pisani und der Zeno« und auf die Uneinnehmbarkeit Venedigs. Als aber am 11. August sich die Nachricht verbreitete, daß der König den Waffenstillstand von Salasco mit der Verpflichtung unterzeichnet hatte, den Tessinfluß wieder zu überschreiten und Venedig zu räumen, machte sich die Empörung des Volkes Luft. Die wütende Menge, die »Nieder mit den Verrätern! Tod den Kommissären!« rief, zu besänftigen würde nur einem einzigen gelingen – Manin, und man richtete Appelle an Manin. Mit seinem noch ungeschmälerten Prestige beschwichtigte der Expräsident der Republik das Volk; er nahm den Rücktritt der Kommissäre entgegen, und nachdem diese sich geweigert hatten, mit ihm zusammenzuarbeiten, trat er ans Fenster und teilte der Menge ohne Umstände mit, daß er in Erwartung der regulären Ernennung einer Regierung durch die Versammlung allein regieren werde. Eine Aufforderung, das bereits von den Österreichern bedrohte Fort in Marghera zu schützen, verwandelte den Unmut des Volkes in Begeisterung. Nun war auch das sehr kurze Zwischenspiel der Savoyer zu Ende gegangen. Venedig blieb allein mit seinem Schicksal.

3

Venedig, gefangen in den Maschen einer noch ziemlich lockeren Blockade, die aber vom österreichischen Heer angezogen werden konnten, wann immer es das wollte, und einmal mehr auf den schmalen Küstenstreifen der Lagunen und der *Lidi* zurückgestutzt, durchlebte erneut eine in der Vergangenheit bereits mehrfach gemachte Erfahrung. Wie zu den Zeiten des Chioggiakrieges, wie zur Zeit der Liga von Cambrai ist es praktisch auf sich allein gestellt. Seine Diplomatie bemüht sich, aktiv zu sein. Niccolò Tommaseo pendelt zwischen Venedig und Paris hin und her, der Hauptstadt der neuen Französischen Republik, von der man sich Großes erwartet. Manin unterhält einen regen Briefwechsel mit dem englischen Außenminister Lord Palmerston, der sich als Befürworter und Beschützer der italienischen Einigungsbestrebungen gebärdet; aber irgend etwas Konkretes ergibt sich nicht. Und auch in dieser Hinsicht wiederholt sich eine bereits mehrmals gemachte Erfahrung – das übrige Italien hütet sich wohl davor, dem zu Hilfe zu eilen, was in dem Maße, wie die Lichter der Revolution nach und nach überall erlöschen, immer mehr zur letzten Bastion der italienischen Freiheit wird. Während die venezianischen Bürger in Rekordzeit eine freiwillige Anleihe über drei Millionen zeichnen, erbringt die nationale Anleihe über zehn Millionen, zu deren Garantie Venedig seine Kunstschätze angeboten hatte, nichts oder so gut wie nichts. Bis November sind kaum hunderttausend Lire zusammengekommen. »Fünfundzwanzig Millionen Italiener«, lautet Tommaseos bitterer Kommentar, »haben Venedig so viel gegeben, daß es gerade einen Tag überleben kann.«

Leider jedoch gab es im Vergleich zu den Zeiten der Kriege mit Genua und der Liga von Cambrai einen Unterschied, der sich als grundlegend erweisen sollte: Es fehlte eine gutgerüstete Flotte, die fähig gewesen wäre, die Freiheit der Seefahrt und damit die Lieferungen für die Stadt zu sichern, die in immer dramatischerer Weise von ihrem Hinterland in der Poebene abgeschnitten war. Es war nicht Manins Schuld (der am 13. August 1848 von der Wahlversammlung zum Diktator gewählt worden war; sie hatte ihm den Obersten G. B. Cavedalis und den Konteradmiral Leone Graziani als *Triumviri* zur Seite gestellt), wenn sich die neue Republik eine Marine hatte aus der Hand gleiten lassen, die sie anfänglich für ihre Sache gewonnen zu haben schien; und sie hatte sie sich in einer Weise entgleiten lassen, die in ihrer Naivität und Unvorsichtigkeit den Fehlern der Aristokraten von 1797 in nichts nachstand.

Gleich nach der Erhebung hatte man klar die Gelegenheit erkannt, die kaiserlichen Schiffe vom Stützpunkt Pola nach Venedig zurückzurufen. Man nahm aus gutem Grund an, daß ihre Mannschaften bereit wären, zu den venetischen Fahnen überzulaufen. Aber die provisorische munizipale Regierung hatte die unglaubliche Naivität besessen, den Brief mit der Abberufung kurzerhand dem Kapitän des Lloyd-Dampfschiffes anzuvertrauen, der den ausgewiesenen Gouverneur Pálffy in die Heimat begleiten sollte. Vergeblich hatte sich ein junger Marineoffizier, Achille Bucchia, der erkannt hatte, wie außerordentlich riskant die Sache war, erboten, persönlich nach Pola zu fahren, um den Befehl zu überbringen. Ein Mitglied der munizipalen Abordnung hatte mit der eigenen Ehre für den Kapitän gebürgt, und dieser hatte, sobald er sich außerhalb des Hafens von Venedig befand, den Kurs in Richtung Triest geändert, wo die Botschaft in den Händen der österreichischen Behörden landete, die unverzüglich geeignete Gegenmaßnahmen getroffen hatten. So konnte Österreich seine Seestreitkräfte neu organisieren und gegen Venedig einsetzen, und die Seestreitkräfte, die in Venedig verblieben waren, reichten nicht aus, um die Blockade von der Seite des Meeres her zu verhindern. Auf diese Weise blieb die Stadt ohne jede konkrete Möglichkeit, Hilfe und Versorgung zu erhalten. Hinzu kam, daß alle Führer der Republik und allen voran Manin und Tommaseo immer das Problem der Verteidigungsmaßnahmen von der Seeseite aus unterschätzten und die Möglichkeiten der Festungen höher bewerteten, die die Stadt zum Land hin schützten. Ob diese Tatsache auf ihr geringes Vertrauen in die Offiziere zurückzuführen war (unter denen es ausgezeichnete Leute, aber auch Opportunisten und erklärte Attendisten gab) oder auf ihre unzulänglichen Kenntnisse über die Seefahrt, sei dahingestellt.

Die Venezianer jedenfalls verteidigten sich nicht, sie griffen an. Bei einem Ausfall gegen Treporti wurden am 22. September dem Feind zwei Kanonen abgenommen; ein weiterer massiver Ausfall von zweitausendfünfhundert Mann aus dem Fort von Marghera sorgte für die zeitweilige Eroberung von Mestre; dabei wurden am 27. Oktober nicht weniger als sechshundert Mann gefangengenommen und acht Kanonen erbeutet. An diesem letzten Tag fiel der neapolitanische Dichter Alessandro Poerio, während das Oberkommando über die Truppen bei einem anderen Neapolitaner, Guglielmo Pepe, lag. Von allen Seiten strömten diejenigen nach Venedig, die noch auf die nationale Erhebung hofften.

Aber all diese schönen Heldentaten bewirkten keine Lockerung des Schraubstocks. Im übrigen erneuerte Palmerston eben in jenen Tagen seinen Vorschlag, mit Österreich zu verhandeln, solange es noch Zeit sei. Was Frankreich anlangt, so sollte die Wahl von Louis Napoleon Bonaparte zum Präsidenten der Republik, die in Venedig mit Begeisterung begrüßt wurde, für Italien die bittersten Enttäuschungen bereithalten. Als Tommaseo ihm die Glückwünsche des venezianischen Triumvirats überbrachte, hatte er zu ihm gesagt: »Ein Bonaparte wurde sicherlich vom Himmel geholt, um

Campoformido wiedergutzumachen«, und der Fürst-Präsident hatte erkennen lassen, daß er sich über diesen Satz freute.* Doch leider sollten die Ambitionen dessen, der sich als blutjunger Mann für Italien verschworen und gekämpft hatte, aus ihm nicht den Retter von Manins Venetischer Republik machen, sondern den Zerstörer von Mazzinis Römischer Republik.

Das Jahr 1849 beginnt mit einem demokratischen Akt, nämlich der Einberufung einer neuen *Assemblea*, einer Versammlung, die in allgemeiner und direkter Wahl vom Volk gewählt wird. Es ist eine gute Versammlung, in der Persönlichkeiten aus dem Kulturleben und alte Patrioten vertreten sind, aber auch Leute aus den jüngeren Jahrgängen, die sich während der finsteren Jahre im Widerstand gegen Österreich und in den Unabhängigkeitskriegen hervortun sollten. Um einen Kern aus der herrschenden bürgerlichen Schicht, in der Unternehmer und freie Berufstätige, Kaufleute und Angestellte neben den Angehörigen des alten Patriziats auftreten, sollten sich tüchtige Emigranten und auch Einheimische mit offeneren und fortschrittlicheren Ideen scharen.

Vor dieser *Assemblea* berichtet Manin über die Lage. Sein Bericht ist ein wenig zu rosarot gefärbt und wird in bezug auf die militärische Situation vom gestrengen Cavedalis widerlegt, der vor allem das Übel des Spontaneismus und der Disziplinlosigkeit beklagt. Doch das, was die Historiker der Zeit nach dem Risorgimento zu Unrecht für ein anderes Übel halten, ist dagegen nur eine Manifestation parlamentarischer Demokratie, die eine öffentliche Meinung erschreckt, für die derlei ungewohnt ist: Ein Teil der *Assemblea* – jener, den wir heute als äußerste Linke bezeichnen würden, Mazzinianer, Sozialisten und auch Kommunisten – begnügt sich nicht mit Akklamationen, sondern möchte Politik machen. Es kommt zu Lärm und Kundgebungen auf der Piazza, zu denen – wie Tommaseo argwöhnt – vielleicht die Konformisten aufgewiegelt haben. Wie dem auch sei, Manin wird mit fünfundneunzig gegen dreizehn Stimmen zum Präsidenten der Regierung der Republik gewählt.

* H. Martin, *Daniele Manin*, Paris 1861, S. 207, in V. Marchesi *Settant'anni di storia politica di Venezia (1798–*1866), Turin-Rom 1892, S. 141.

In jenem Monat März haben die italienischen Ereignisse unweigerlich ihre dramatischen Auswirkungen auf den Gemütszustand der Venezianer. Zuerst ist es die Nachricht von der Wiederaufnahme des »königlichen Krieges« von Karl Albert gegen die Österreicher, die alle mit Begeisterung erfüllt. Dann verbreitet sich am 26. März in der Stadt das Gerücht von einer Niederlage der Piemontesen. Aber die Nachrichten von der katastrophalen Niederlage des sardinischen Heers bei Novara und Karl Alberts Abdankung werden Manin zusammen mit der Aufforderung zur Kapitulation vom Generalkommandeur der österreichischen Belagerungstruppen persönlich überbracht, dem General Julius Jacob Freiherr von Haynau, einem »Falken«, der für die Grausamkeiten bekannt ist, die seine Truppen in Brescia verübt haben, der spätere Henker der besiegten ungarischen Generäle. Am 2. April 1849 tritt die *Assemblea* im Saal des Großen Rates zusammen. Manin berichtet über die letzten Informationen: Die schwerwiegendste ist die vom österreichisch-sardinischen Waffenstillstand. Er schließt mit der Bitte, die *Assemblea* möge entscheiden. Da ergreift der Advokat Bartolomeo Benvenuti das Wort, einer jener Abgeordneten, die den Gouverneur Pálffy zur Kapitulation genötigt hatten. Die *Assemblea* erwarte, sagt er, daß die Regierung entscheide. »Nun gut«, erwidert Manin, »möchtet ihr mir unbegrenzte Befugnisse geben, den Widerstand zu leiten?« Von vielen Seiten erschallt der Ruf: »Ja, das wollen wir!« »Paßt nur auf«, antwortet Manin, »ich erlege euch gewaltige Opfer auf.« – »Wir nehmen sie auf uns«, ruft man. Da erhebt sich der *Nobilòmo* Giovanni Minotto, der Vizepräsident der *Assemblea*, und schlägt einen Tagesbefehl vor: »Die Versammlung der Vertreter des Staates von Venedig beschließt im Namen Gottes und des Volkes einstimmig: Venedig wird dem Österreicher um jeden Preis Widerstand leisten. Darum wird Präsident Manin mit unbegrenzten Befugnissen ausgestattet.« Die *Assemblea* bricht in eine nicht enden wollende Ovation aus, alle Vertreter haben sich erhoben, jemand schlägt vor, den Text des Tagesbefehls möge Haynau als Antwort auf seinen Kapitulationsbefehl zugestellt werden. Im Nu hat sich die Piazza San Marco gefüllt: Reiche und Arme, Popolanen und Bürger umarmen sich und umarmen die Vertreter, die aus dem Dogenpalast herauskommen. Tommaseo kommentiert: »Venedig ist allein, aber Gott ist mit ihm ... Die Stimme, die sich von diesen Lagunen erhebt, wird durch die Welt hallen.«

Mit der Entscheidung vom 2. April 1849 beginnt für Venedig eine schreckliche Zeit. Eine Unterstützung von seiten Frankreichs, das sich anschickte, die Römische Republik zu erdrosseln, war nicht zu erwarten; die Römische Republik selbst konnte nicht nur keine Hilfe leisten, sie mußte an ihre eigene unwahrscheinliche Rettung denken. Die offen von Manin angeregte Entscheidung ist (über die leidenschaftlichen Ausbrüche hinaus) als unüberlegt, unangebracht und als echter Wahnsinn kritisiert worden. Vielleicht erschien sie im ersten Augenblick noch nicht unbedingt als Wahnsinn. Man konnte noch Hoffnung in die ungarische Revolution setzen, in die Unruhen, die Deutschland erschütterten ... Aber es waren trügerische Hoffnungen. Noch heute fragen die Historiker sich, was für eine rationale Erklärung es für diese etwas absurd erscheinende Geste geben könnte – für eine Entscheidung, die weder eine politische noch eine augenscheinlich militärische Berechtigung hatte.

Fest steht, daß zu der Entscheidung auch historische Gründe beigetragen haben: Man wollte die Ereignisse und die Fehler von 1797 nicht wiederholen. Fest steht ferner, daß es eine starke leidenschaftliche Komponente gab. Ein weiterer Faktor läßt sich in dem erkennen, was gleich nach der Abstimmung der *Assemblea* geschah, als nämlich über dem goldenen Engel auf der Spitze des Campanile von San Marco eine riesige rote Fahne gehißt wurde, die viele Meilen im Umkreis sichtbar war – für das österreichische Lager in Mestre und für die österreichische Flotte, die außerhalb des Lidohafens kreuzte. Das ist die revolutionäre Komponente: Jene rote Fahne sollte mehr noch als die Standhaftigkeit der italienischen Revolution die Vitalität der europäischen Revolution beweisen.

In diesem Sinne war Venedig also in den langen Monaten seines bis aufs äußerste durchlittenen Widerstandes angesichts der überall siegreichen Invasoren nicht nur der Leuchtturm der italienischen Freiheit, im Angesicht der überall triumphierenden Reaktionen war es auch und vor allem der Leuchtturm der europäischen Revolution. Mit ihrer Abstimmung vom 2. April hatte die venezianische *Assemblea* ein für Europa nebensächliches Ereignis in eine Tatsache verwandelt, die nicht nur in Europa, sondern in der ganzen Welt Bedeutung erlangte und Widerhall fand.

## 4

Es ist reizvoll, sich vorzustellen, wie ganz Europa, ja die ganze Welt Tag für Tag gespannt und mit einem Schauder der Erregung den ungleichen Kampf verfolgt: Auf der einen Seite steht eine Stadt, die über eine militärische Stärke von nicht mehr als sechzehntausend Mann verfügt, schlechtausgerüstete Leute, die weder wohlgeordnet noch diszipliniert sind, und auf der anderen ein Heer von dreißigtausend Mann, die zwar vom Krieg geschwächt, aber von den Siegen gestählt sind und von sehr erfahrenen, disziplinierten Offizieren befehligt werden. Die erste Konsequenz der von den österreichischen Land- und Seestreitkräften strikt angewandten Blockade war die vollkommene Isolierung. Die Journalisten, ja selbst die Konsuln der fremden Mächte konnten keine Nachrichten aus der belagerten Stadt erhalten. Die einzigen Vermittler waren die Schiffe der europäischen Mächte, die im Hafen vor Anker lagen, um die Interessen ihrer jeweiligen Bürger zu schützen. Es war – so wurde behauptet –, wie wenn die Venezianer bei noch lebendigem Leib in eine Gruft eingesperrt gewesen wären. Wer versuchte, die Isolierung von außen her zu durchbrechen, bezahlte mit seinem Leben. Es kamen offensichtlich nicht einmal die für das Überleben unentbehrlichen Lebensmittel durch. Obwohl man rechtzeitig Maßnahmen getroffen hatte, um der unvermeidlichen Hungersnot Herr zu werden, gab es schon bald kein Fleisch mehr, und das Brot enthielt Kleie und Roggen. Und die österreichischen Schiffe brachten systematisch die Boote der Fischer auf.

In diesem Klima des Abgeschnittenseins entstanden die unglaublichsten Gerüchte, genährt von einem Optimismus, der an Verantwortungslosigkeit grenzte. Bald hieß es, die ungarischen

Aufständischen hätten Wien besetzt, bald, die Französische Republik hätte ihren Sinn geändert und ein Hilfskorps entsandt, und ein andermal sogar, daß die Ankunft eines Flottenkontingents der Vereinigten Staaten von Amerika unmittelbar bevorstünde... Wer hingegen in Mestre eintraf, das war der Feldmarschall Graf Radetzky, der österreichische Oberbefehlshaber, in Person. Er schickte einen Aufruf, in dem es hieß, daß er nicht als siegreicher General käme, sondern als Vater, und als Gegenleistung für eine »absolute, volle und ganze Kapitulation« versprach er Milde und allgemeine Vergebung. Mit ihm war eine wahre Unmenge von Prominenten nach Mestre gekommen (es waren sogar drei Erzherzöge da), die damit rechneten, dem für den 7. Mai vorgesehenen feierlichen Einzug der kaiserlichen und königlichen Truppen beizuwohnen. Und statt dessen organisierten die Venezianer am 9. einen Ausfall aus dem Fort von Marghera, bei dem sich ebenjener Giuseppe Sirtori hervortat, der in der *Assemblea* die parlamentarische Opposition geleitet hatte, und am 22. unternahm der Kommandeur der Festung in Brondolo, Giorgio Rizzardi, einen weiteren Ausfall, der eine Menge an Lebensmitteln einbrachte.

Aber zur Ernährung der beinahe zweihunderttausend Einwohner Venedigs wären ganz andere Mengen vonnöten gewesen, und es hätte ganz anderer Truppen bedurft, um die Festungen zu halten, die Tag und Nacht von den österreichischen Kanonen beschossen wurden. Am 22. Mai sah Cavedalis sich gezwungen, Manin mitzuteilen, daß Marghera geräumt werden müsse. Der Räumung, die am 26. in vollkommener Ordnung durchgeführt wurde, ging eine wilde Schlacht voraus, die auf beiden Seiten Hunderte von Toten kostete und in der Venezianer aus jeder sozialen Schicht unter dem Befehl des neapolitanischen Generals Girolamo Ulloa einen Mut und eine Gelassenheit an den Tag legten, die sogar den Österreichern Bewunderung und Achtung einflößten. Aber nach dem Verlassen der Festung rückte der Feind näher, und die Eisenbahnbrücke, die man nicht völlig zerstören wollte (es waren nur zweihundertfünfzig Meter demoliert worden), gestattete ihm, noch näher heranzukommen.

Mittlerweile aber lassen zwei Tatsachen Manins Hoffnungen und die seiner Freunde wieder aufflackern. Durch die Maschen der Blockade sind Nachrichten vom Diktator der ungarischen Aufständischen, Lajos Kossuth, geschlüpft, der ihnen Hilfe verspricht. Und ein österreichischer Minister, der Freiherr Bruck, eröffnet eine Verhandlung, die auf eine friedliche Lösung des Konflikts abzielt. Doch Kossuths Versprechungen werden durch die Invasion Ungarns von seiten eines russischen Heeres hinfällig. Und die Verhandlungen mit Bruck, die von den Venezianern direkt mit der Bitte um Unabhängigkeit für die Stadt und ein kleines Gebiet im Hinterland eröffnet worden waren, das ihm das materielle Überleben garantieren sollte, werden eingestellt. Man hatte bemerkt, daß der Minister fast nichts anbietet, was über den Inhalt von Radetzkys Aufforderung zur Kapitulation hinausgeht. Manin unterrichtet den unermüdlichen venezianischen Gesandten in Paris, Valentino Pasini, persönlich darüber und gibt ihm einen Brief an den Historiker Tocqueville mit, den französischen Außenminister, in dem er ihn einmal mehr wenn schon nicht um die Intervention, so doch wenigstens um die Vermittlung der Franzosen anfleht. Aber Frankreich hat trotz der bewundernden Worte für Venedig, von denen die Pariser Presse überfließt, nicht die geringste Absicht, sich in das einzumischen, was es letzten Endes für eine innere Angelegenheit der österreichischen Monarchie hält, in die es keineswegs hineingezogen werden möchte.

Und die österreichische Monarchie hat es eilig, ein Kapitel abzuschließen, das immer mehr auf ihr lastet. In Venedig weiß niemand über den Zustand des feindlichen Heeres Bescheid, aber in Wirklichkeit hat es viel von seinem anfänglichen Selbstbewußtsein verloren; seine Reihen werden durch Infektionskrankheiten gelichtet, die Belagerung hat die Truppen zermürbt ... Während zur Bewältigung der Situation zu Manins lebhaftem Bedauern eine Militärkommission gewählt wird, die an die Stelle der *Triumviri* Cavedalis und Graziani tritt, verstärken die Österreicher ihre Anstrengungen und ziehen die Schrauben immer weiter an. Auf dem Kopf der zerstörten Eisenbahnbrücke wird eine Batterie postiert; eine weitere wird von den Verteidigern bei der Insel San Secondo in Aufstellung gebracht. Jetzt – soeben ist die Nachricht vom Fall der Römischen Republik eingetroffen – denkt Radetzky an ein radikales Mittel, um die Venezianer zur Kapitulation zu bewegen. Am 25. Juli beginnt ein Versuch mit einem Luftbombardement, das den Zeiten vorauseilt: Vom Kriegsschiff »Vulkan«, das außerhalb des Lidohafens vor Anker liegt, steigen Luftballons auf, von denen jeder eine Bombe trägt. »Sie sind aus wasserdichtem Stoff erzeugt und tragen als Ballast einen hölzernen Reif, in welchem eine 30pfündige Bombe ruht. Diese Bombe wird nun nach einem zu bestimmenden Zeitraum mittels Raketentriebsatz aus dem Reif hinausgeschlagen und fällt dann, nachdem sich ihre Brandröhre entzündet hat, vertical zu Boden.«* »Sie schienen auf eine Höhe von etwa 1500 Metern gehoben«, schreibt ein Augenzeuge, »und explodierten in der Luft; sie fielen entweder ins Wasser oder flogen, von einem starken Südostwind angetrieben, über die Stadt hinweg und entluden sich schließlich über den Belagerern selbst, zum großen Vergnügen der Venezianer, die sich ... auf den Straßen und Plätzen drängten, um sich an dem seltsamen Schauspiel zu ergötzen ...«** Die Venezianer hatten also ihre traditionelle gute Laune nicht verloren, und wenn sie einen Ballon nach Mestre schweben sahen, klatschten sie Beifall und riefen: »Bravo! Wohl bekomm's!« Aber die Österreicher hatten den Gedanken nicht fallengelassen; sie waren zwar von den Ballons abgerückt, hatten jedoch die Richtaufsätze der in San Giuliano, in Marghera und auf dem Kopf der Eisenbahnbrücke postierten Kanonen adjustiert. Bei dem Bombardement, das in der Nacht des 29. Juli beginnt, gibt es wirklich nichts zu lachen. Die Projektile der österreichischen Kanonen treffen aus einer Entfernung von fünf Kilometern vor allem die Stadtsechstel Cannaregio, Santa Croce und San Polo, aber schon bald weitet sich das betroffene Gebiet aus; Bomben fallen auch auf San Marco, die Bevölkerung ist gezwungen, ihre Häuser zu verlassen, um in den entfernteren und daher sichereren Bezirken auf der Giudecca, in Castello Zuflucht zu suchen.

Man muß zusammen mit Tommaseo anerkennen, daß sich die Bevölkerung unter einem Bombardement, das vierundzwanzig

* Berichterstattung in der *Augsburger Allgemeinen Zeitung* mit dem Datum vom 24. Juni 1849.

** G. B. Cavedalis, *Commentarii sulla storia della guerra degli anni 1848–49*, Manuskript in der Biblioteca del Civico Museo Correr, S. 343.

Tage lang dauerte (in denen die österreichischen Kanonen nicht weniger als dreiundzwanzigtausend Geschosse auf die Stadt abfeuerten, ohne sich darum zu kümmern, die durch große schwarze Fahnen gekennzeichneten Spitäler zu verschonen), wahrhaft vorbildlich verhielt. Es hatte sogar den Anschein, als ob das unablässige Gedonner bei den meisten die Entschlossenheit zum Widerstand gestärkt hätte. Sicherlich verlor Österreich damit die Sympathien vieler, die sich an seine Ordnung und an Korrektheit in Verwaltungsdingen erinnerten und ihnen vielleicht nachtrauerten. Doch die Überfüllung, ausgelöst durch die Räumung der beschossenen Häuser, die sehr schlechte Ernährungslage und der Mangel an Medikamenten (der Leiter des städtischen Krankenhauses hatte den französischen Konsul gebeten, ihm von Triest aus Arzneien zu besorgen, aber der Kommandant der französischen Schiffe, die im Hafen vor Anker lagen, hatte sich geweigert, und zwar im Namen ... des Völkerrechts, »da es natürlich ist, daß der Belagerer versucht, dem blockierten Feind jeden Schaden zuzufügen, den er kann«)* – diese Faktoren schufen die Voraussetzungen für ein neues unvorstellbares Unglück.

Die Cholera wurde offensichtlich mit den Kleidern in die Stadt eingeschleppt, die man den Österreichern bei einem der letzten Ausfälle entwendet hatte. Von der Epidemie war tatsächlich das Heer der Belagerer ebenso wie das ganze venetische Festland betroffen, doch in Venedig war sie auf besonders günstige Bedingungen gestoßen. Unter dem Datum vom 30. Juli vermerkt die Zeitung *Memoriale veneto:* »Die Cholera nimmt entsetzliche Ausmaße an. Der Mangel an Brot und Mehl wird jeden Tag schrecklicher. Und dennoch ... Wehe dem, der von Kapitulation spricht!« Vielmehr unternimmt Sirtori von Brondolo aus am 1. August abermals einen Ausfall und erbeutet zweihundert Rinder und fünfzig mit Lebensmitteln beladene Boote. Aber die drückende Hitze sorgt für eine Verschärfung der Lage. »Venedig lebt«, schreibt Francesco Domenico Guerrazzi in sein Tagebuch, »aber vom Leben dessen, der morgen sterben wird, und alle schauen zu,

* V. Marchesi, *Storia documentata della rivoluzione e della difesa di Venezia negli anni 1848–49,* Venedig 1913, S. 446.

wie er im Todeskampf um sich schlägt wie ein Sklave, der den wilden Tieren vorgeworfen wurde.« Die Zahl der Toten steigt bald auf über vierhundert Personen am Tag. Während die Bomben die Häuser zerstören, schließt ein Laden nach dem anderen, weil der Besitzer zur Verteidigung der Festungen geeilt oder – öfter noch – gestorben ist. Trotz des Eifers des *Municipio* bleiben die Krankenhauseinrichtungen unzulänglich; die Bemühungen des Personals reichen nicht aus, um die Leichen wegzuschaffen, die man da und dort in den für diese Krankheit charakteristischen Krämpfen schrecklich zusammengekrümmt daliegen sieht. Es überrascht nicht, daß sich in einer so schrecklichen Situation mancher zu fragen beginnt, ob das noch lange durchzuhalten sei. Den ersten Schritt macht der englische Konsul, Clinton Dawkins, der einen Brief an Manin schreibt, in dem er die venezianischen Regierenden »im heiligen Namen der Menschlichkeit beschwört, einen Widerstand nicht fortzusetzen ... der ebenso sinnlos wie verhängnisvoll ist ...«. Aber vor allem unter den Notabeln wächst die Sorge: Schon am 30. Juni hatten der Abbé Pietro Canal und der Graf Nicolò Priuli den Zorn des Volkes erregt, als sie in der *Assemblea* offen die Frage gestellt hatten, ob der Widerstand bis zum letzten Mann wirklich angebracht sei.

Jetzt, am 2. August 1849, reicht Graf Girolamo Dandolo, der Direktor des Staatsarchivs, dem *Municipio* einen Antrag ein, mit dem er den *Podestà* bittet, sich bei der Regierung dafür einzusetzen, daß sie sich zur Kapitulation bewegen läßt. Der *Podestà* weist den Antrag zurück, aber tags darauf erhält das Präsidium der *Assemblea* eine Bittschrift, die von achtzig Bürgern unterzeichnet ist, darunter neben Dandolo auch vom ehemaligen *Podestà* Daniele Renier und vom Kardinal-Patriarchen Jacopo Monico. Manin war offensichtlich vorweg unterrichtet worden und hatte die Initiative gutgeheißen, »weil sie die Abgeordneten zumindest zwingen würde, sich ernsthaft mit den Angelegenheiten des Staates zu befassen«.* Das war zweifellos ein schlimmer Leichtsinn seinerseits; denn ein Teil der Bevölkerung reagierte mit dem Sturm auf den Palazzo Querini-Stampalia, wo der Patriarch wohnte, und da

* G. B. Cavedalis, *Commentarii* ..., s.o., VIII, S. 446.

es ihnen nicht gelang, Hand an den Kardinal zu legen, tobten sie sich mit Plünderungen und Akten des Wandalismus aus, bis Tommaseo eintraf und ihnen sagte, daß die Tumulte nur den Interessen der Österreicher dienten und daß die *Assemblea* nie den Ratschlägen »der Angsthasen und Feiglinge« folgen würde.

Über die unerfreuliche Episode hinaus scheint sich nun in der öffentlichen Meinung eine Tendenz zu verbreiten, die gegen die Fortsetzung eines Widerstandes ist, der nunmehr offen für sinnlos und schädlich erklärt wird. Zu denen, die (angeführt von Sirtori und Tommaseo) ihn bis zum äußersten weiterführen wollen, gehört ein großer Teil der Soldaten, die wegen der möglichen österreichischen Sanktionen besorgt sind, und ein großer Teil des einfachen Volkes, dessen Abneigung gegen die österreichischen Soldaten, insbesondere gegen die Kroaten, unbezwingbar geworden ist. Doch zu diesem Zeitpunkt wurde auch Manin von Zweifeln an der Zukunft des Widerstandes befallen. Der Präsident fühlte die Verantwortung für eine Situation auf sich lasten, die bereits wirklich schlimmer als nur kritisch und ohne jede Hoffnung auf Hilfe von außen war. Die Tatsache, daß trotz der Blockade und der österreichischen Nachrichtensperre die ganze Welt jetzt mit angstvoller Unruhe die unglaubliche venezianische Geschichte verfolgte, brachte keine Verbesserung der objektiven Verhältnisse. Am 5. und 6. August fand in der *Assemblea* eine ebenso leidenschaftliche wie schmerzliche Debatte statt. Die Unnachgiebigen, angeführt von Sirtori, Tommaseo, Daniele Varè und dem Kapuzinermönch Tornielli, wollten sich nicht überzeugen lassen. Auf Manins Worte (»Es fehlen Männer, um die Leichen zu begraben; die von den Bomben verursachten Feuersbrünste vermehren sich stündlich; die Munition wird knapp; die Bürgerwehr ist unorganisiert ... wir können nicht mehr auf Hilfe von außen hoffen, und der englische und der französische Konsul ermahnen uns aufzugeben ... Es gibt nur noch zwei Möglichkeiten: Entweder den Widerstand bis zum letzten Pulverkorn oder das rechtzeitige Anbahnen von Verhandlungen mit dem Feind. Wenn wir den ersten Weg einschlagen, müssen jene, die an der Regierung sind, Hoffnungen auf einen guten Ausgang haben ... Ich habe den schmerzlichen Mut zu sagen, daß ich überhaupt keine Hoffnung mehr habe; aber andere sind hier, die sie haben... Wenn... man noch weiter Widerstand leisten will, dann sollten wir die Macht an jene übergeben, die noch irgendeine Hoffnung hegen: an Avesani, an Tommaseo, an Sirtori oder nur an diesen letzteren...«) und auf die des Generals Ulloa, der seine Überzeugung äußert, daß man die Stadt von der Landseite her nicht mit Lebensmitteln versorgen könne und daß ein massierter Ausfall die Stadt in Gefahr brächte, antwortet der Kapuzinermönch Tornielli mit dem Aufruf zum Volkskrieg, zum Marsch der Volksmassen gegen den Feind. »Ich fordere keine Menschen«, erwidert Ulloa ungerührt, »sondern einen konkreten und durchführbaren Plan... und ein solcher Plan läßt sich weder ausdenken noch in die Tat umsetzen.« Mit etwas Konkreterem meldet sich Cavedalis zu Wort: Da »es nicht richtig« sei, »daß Venedig und Chioggia untergehen, wenn sich aus ihren Ruinen nicht die Rettung Italiens erheben kann«, sollte sich das kämpfende Heer in die Festungen von Alberoni und San Piero in Volta einschließen und von dort aus ein letztes Gefecht versuchen und somit das eigene Schicksal von dem der Stadt trennen. Auf Giovanni Minottos Vorschlag, Manin zu ermächtigen, das zu tun, was er »für die Ehre und die Rettung der Stadt« am besten halte, reagiert Sirtori mit einer heftigen Beschimpfung: Manin sei nicht imstande, etwas zu lenken, weil weder die Soldaten noch das Volk ihm noch vertrauten. Minottos Vorschlag wird dennoch nach stundenlanger Diskussion mit sechsundfünfzig gegen siebenunddreißig Stimmen angenommen.

Und Manin beschließt zu verhandeln. Die Befürworter des Widerstands, die jetzt auch unter den von der Hungersnot und der Seuche demoralisierten Volksmassen in der Minderheit sind (ein Augenzeuge, Doktor Fario, schreibt dazu: »... ziemlich viele Leute sind in feuchten, ebenerdigen Räumen ohne Lüftung und ohne Licht zusammengedrängt und gezwungen, neben den Sterbenden oder den Toten zu liegen... es fehlt des öfteren an Ärzten und Apothekern, und die armen Bürger gehen ohne die Hilfe von Arzt und Arzneien an der Cholera zugrunde. In den Spitälern treffen so viele Kranke zur gleichen Zeit ein, daß das Personal nicht ausreicht, um sie ins Bett zu bringen, und sie sterben, nachdem man sie nur für wenige Minuten auf dem Fußboden hat liegen lassen, ohne die Kunst [der Ärzte] und ohne die Tröstungen der Religion ...«), stacheln zu Unruhen und Tumulten auf. Am 7. August lärmt eine zerlumpte und schreiende Menge vor dem Sitz der Regierung. Manin erscheint und fragt nach den Gründen des Krawalls. Man antwortet ihm: »Das Volk von San Marco verlangt, in Massen gegen den Feind zu ziehen.« Der Präsident läßt sich einen Tisch mit Feder, Tintenfaß und dem Register für die freiwilligen Gestellungen auf den Platz tragen. »Wer kämpfen möchte, möge herkommen und sich eintragen«, ruft er. Es melden sich nur sieben Männer, die übrigen treten den Rückzug an. Manche argwöhnen, daß dieser und andere Tumulte von geschickt eingeschleusten österreichischen Agenten angezettelt wurden.

Am 11. August schreibt Manin an den Minister Bruck und tritt damit wieder in Verhandlungen ein. Mittlerweile erlegt er im Einvernehmen mit dem Stadtrat den letzten Steueraufschlag von sechs Millionen auf die Liegenschaften auf, um damit die Soldaten zu bezahlen und jenen Bürgern eine Unterstützung »zu geben, die gezwungen sein würden, den schmerzlichen Weg ins Exil zu gehen«. Angesichts der wirtschaftlichen Lage, in der sich die Stadt befindet, ist dies eine fast ebenso heroische Geste wie der bewaffnete Widerstand.

Am 13. August verabschiedet sich der Präsident von der Bürgerwehr. Es ist eine dramatische Szene. Manin ruft: »Was auch immer geschieht, sagt: Dieser Mann hat sich getäuscht. Sagt aber nie: Dieser Mann hat uns getäuscht! Ich habe nie jemanden getäuscht; ich habe nie ein Lob gespendet, das ich nicht empfunden hätte; ich habe nie gesagt, man solle hoffen, wenn ich nicht [selbst] hoffte.« Als er sich unter den Beifallskundgebungen zurückzieht, schwankt er und sinkt bewußtlos zu Boden.

Am 16. August (zwei Tage zuvor war die Nachricht vom Zusammenbruch des letzten ungarischen Widerstandes in Világos eingetroffen) kam die kalte und strenge Antwort von Bruck: »... die nicht zu rechtfertigende Verlängerung des Widerstandes macht jetzt nur noch eine bedingungslose Kapitulation möglich ...« Radetzky ist dennoch zur Milde bereit. In einer Proklamation verspricht er der Stadt, deren Unglück er bald beendet sehen möchte, »Garantien für die legale Freiheit und den vernünftigen Fortschritt«.

Nach mühseligen Verhandlungen zwischen den venezianischen Bevollmächtigten, G. B. Cavedalis, Nicolò Priuli und Dataico Medin, und dem Kavalleriegeneral Graf Gorzkowsky, dem Kommandeur der Belagerungstruppen, wird die Kapitulation am Abend des 22. August unterzeichnet. Das Feuer war um vier Uhr nachmittags eingestellt worden; ein bestürztes, trauriges Schweigen hing über der Stadt.

Die vereinbarten Bedingungen waren milder ausgefallen, als man hätte erwarten können. Alle Offiziere, die österreichische Untertanen waren, alle »fremden« Soldaten und vierzig noch zu benennende Bürger mußten Venedig unverzüglich verlassen; das kommunale Geld wurde auf die Hälfte seines Nennwertes abgewertet und durfte im Umlauf bleiben, bis man es nach vorheriger Amortisation zu Lasten der Stadt aus dem Verkehr ziehen konnte; die sogenannte *Moneta patriottica* mußte sofort aus dem Verkehr genommen werden; die Festungen mußten vom 24. August an von den österreichischen Truppen besetzt bleiben. Aber während die Bevölkerung resigniert schwieg, bekundeten die venetischen Soldaten lautstark ihren Unmut, forderten dieselbe Entlohnung, die den aus anderen Regionen stammenden Freiwilligen angeboten wurde, und fürchteten, in das österreichische Heer eingegliedert zu werden. Die Marineartilleristen schließlich veranstalteten eine Demonstration auf der Piazza San Marco, verlangten ihren Sold für drei Monate und riefen gleichzeitig, daß sie den Kampf unter dem Kommando von Sirtori und Ulloa fortsetzen wollten. Engherzigkeit und Großherzigkeit vermischten sich in diesen erbitterten Männern, die sogar eine Batterie besetzt und die Kanonen auf die Stadt gerichtet hatten und drohten, das Feuer zu eröffnen, wenn ihre Forderungen nicht erfüllt würden. Daraus entstand ein Aufruhr. Manin mußte der Menge entgegentreten, und noch einmal trug sein persönliches Charisma den Sieg davon. Um die rebellischen Artilleristen zu zerstreuen, mußte allerdings General Ulloa mit einer Schweizer Abteilung eingreifen.

Am Morgen des 24. August gab das österreichische Kommando die Liste mit den vierzig Bürgern bekannt, die ins Exil gehen mußten. Zu ihnen gehörten Manin und Tommaseo, Avesani und Mengaldo, Sirtori und Varè, der Mönch Antonio Tornielli und Giovanni Minotto, ferner Graf G. B. Morosini, der Manin zur Zeit des »legalen Widerstandes« unterstützt hatte, sowie die Journalisten Cesare Levi und Augusto Giustinian; es waren Extremisten und Gemäßigte darunter, Adlige, Bürger und Popolanen. Die Liste wurde gedruckt und innerhalb kürzester Zeit auf den Straßen verkauft. Tommaseo hörte, wie sie von einem armen Zeitungsausrufer feilgeboten wurde, der, als er ihn erkannte, das Zartgefühl besaß, sich bei ihm zu entschuldigen. Nachdem die Regierung der Munizipalität ihren Rücktritt eingereicht hatte, verließen am 26. August Tausende von Venezianern und italienischen Freiwilligen die Stadt, während die Österreicher das Arsenal besetzten und ein österreichisches Schiff an der Mündung des Canal Grande ankerte. Am Tag darauf schiffte sich auch Manin ein. Weil sein Schiff verspätet ablegte, blieb ihm nicht die Bitterkeit erspart, die Kanonensalven zu hören, mit denen der Einzug von General Gorzkowsky und Erzherzog Sigismund von Österreich begrüßt wurde, die, wie alle Zeugen übereinstimmend berichten, von der Bevölkerung mit finsterem, eisigem Schweigen empfangen wurden. (»Auch das niedere Volk«, schreibt Cavedalis, »beherrschte sich mit der Würde des Leidens, womit es sich selbst das Lob des Siegers verdiente.«) Schließlich trat er den Weg in ein Exil ohne Wiederkehr an. Sein schmerzliches persönliches Schicksal, sein beharrliches und leidenschaftliches Wirken für die Einheit und Unabhängigkeit Italiens bis zu seinem frühzeitigen Tod gehören nicht mehr zur Geschichte Venedigs, sondern gingen in die Geschichte Italiens ein.

Am 30. August traf Radetzky ein. Die schwarzgelbe Fahne wurde wieder an den Masten auf der Piazza hochgezogen; am Abend fanden eine »angeordnete Festbeleuchtung« und ein offizielles Bankett statt, an dessen Ende Radetzky einen Trinkspruch auf die Rückgabe der Stadt an »ihren rechtmäßigen Herrscher« ausbrachte. Die Bevölkerung war nicht dabei. Außer für wenige war und blieb Österreich nun der Feind. Und Venedig war nach so vielen schrecklichen Geschehnissen nur noch ein verwesender

Leichnam. Um nach Venedig zu reisen, hatte der greise Marschall den Widerstand seines ganzen Gefolges überwinden müssen, das sich vor einer Ansteckung fürchtete, von der die Luft geschwängert war.

## 5

Manins Republik hatte Venedig völlig ermattet zurückgelassen. Das wenige an wirtschaftlicher Erholung, was in den vierziger Jahren stattgefunden hatte, war zunichte gemacht. Hunger und Cholera hatten schwerwiegende Auswirkungen auf die Bevölkerungsstruktur gehabt, auch wenn Emanuel Cicogna bemerkte, daß der Hunger des Jahres 1849 nicht so schrecklich war wie der napoleonische von 1814. Bis man von einer echten Erholung der Aktivitäten im Hafen sprechen konnte, mußte man bis in die achtziger Jahre warten. Die Ausweitung des Eisenbahnnetzes und die Maßnahmen, die Österreich nach den ersten, harten Jahren der Militärbesatzung zur Wiederbelebung des Wirtschaftslebens der Stadt ergriffen hatte, waren nur Linderungsmittel gewesen; die Lebensqualität hatte beinahe einen Tiefstand erreicht.

Die Ereignisse der Jahre 1848/49 hatten eine andere, sehr schwerwiegende Konsequenz gehabt, die allerdings nie besonders hervorgehoben wurde, nämlich eine weitere Verarmung der venezianischen Gesellschaft nicht nur im Hinblick auf ihre Wirtschaftskraft, sondern auch und vor allem in bezug auf ihr physisches Vorhandensein. Ein Blick auf die Biographien der Mitglieder der republikanischen Versammlung, die P. Rigobon geduldig rekonstruiert hat, genügt, um sich darüber klarzuwerden, daß mit den Zwangsexilierten und den freiwillig im Exil Lebenden eine beträchtliche Menge von Angehörigen der moralischen und intellektuellen Elite die Stadt im August 1849 verlassen hatte und daß nach der Annexion Venedigs an das endlich geeinte Italien nur ein Teil dorthin zurückkehrte. Die meisten hatten andere Wohnorte vorgezogen, an denen sie sich bereits eingelebt hatten.

Nach dem Aderlaß, den der Fall der aristokratischen Republik ausgelöst hatte, zog nun der Fall der demokratischen und revolutionären Republik einen weiteren nach sich. Der Kreis der herrschenden Klasse Venedigs wird noch kleiner und labiler. Noch herrschen die Nachkommen des alten Adels vor, die alten Familien, die nach und nach aufgrund eines unvermeidlichen demographischen Prozesses aussterben sollten.

Der Fall der 48er Republik markiert jedenfalls das definitive Ende jeglicher Art von autonomer Herrschaft für die alte Hauptstadt, die nun sowohl im Rahmen des großen und vielschichtigen österreichischen Kaisertums als auch in dem des Königreichs Italien endgültig auf die Stufe einer Provinzstadt herabgesunken ist. Vom August 1849 an ist die Geschichte Venedigs nur noch die einer Stadt, die auf die Geschichte der beiden großen Staaten, als deren Bestandteil sie sich nacheinander findet, einen sehr geringen Einfluß ausübt.

Auf die Rückeroberung durch die Österreicher folgt eine siebzehn Jahre andauernde Periode, in deren Verlauf jeder Versuch, Venedig mit der Habsburgermonarchie zu versöhnen, am Willen der Mehrheit der Bevölkerung scheitert. Aus seinem Pariser Exil liefert Manin eine glänzende Zusammenfassung des Gemütszustandes der Venezianer: »Wir verlangen von Österreich nicht, liberal und menschlich zu sein... Wir verlangen, daß es abzieht.«

In den ersten Jahren, den Jahren des Kriegsrechts, fordert der vor allem von Mazzinis Anhängern genährte Widerstand mehrere Opfer und rückt Gestalten von glücklosen, aber deshalb nicht weniger achtenswerten Verschwörern ins Licht: 1851 wird auf dem Marsfeld Luigi Dottesio aus Como erdrosselt, der konspirative Netze aufgebaut und Papiere der Mazzini-Anleihe verbreitet hatte. 1852 besteigen nach dem politisch-militärischen, in Mantua abgehaltenen Mammutprozeß gegen den lombardo-venetischen Widerstand drei Venezianer das Schafott, nämlich Bernardo Canal, Angelo Scarsellini und Giovanni Zambelli. Es sind drei Exponenten des liberalen Kleinbürgertums, nicht von großem Format (sie hatten sogar Pläne geschmiedet, Franz Joseph zu entführen, ihn auf einer Laguneninsel gefangenzuhalten und sein Leben gegen die Unabhängigkeit von Lombardo-Venetien einzutauschen), aber von beispielhafter persönlicher und politischer Moral. Das gleiche gilt für den Buchhändler Vincenzo Maisner, eine typische Figur des unbeugsamen Widerstandskämpfers, der nach Verbüßung einer harten Strafe, die in Zwangsarbeit bestanden hatte, das gefährliche Spiel der Provokationen und des Protestes gegen Österreich wiederaufnehmen und bis zum Äußersten führen sollte.

In den nachfolgenden Jahren, denen der Aussöhnungsversuche, die vor allem vom Bruder des Kaisers, Erzherzog Ferdinand Maximilian, unternommen wurden (demselben, der bei einem absurden, von Napoleon III. schlechteingefädelten mexikanischen Abenteuer ums Leben kommen sollte), erlebt man einen offeneren und einmütigeren Widerstand, bei dem sich Volk, Bürgertum und ein Teil der Aristokratie zu einer nicht abreißenden Kette von Demonstrationen zusammenschließen. Im letzten Abschnitt dieser Phase, markiert vom Waffenstillstand von Villafranca, der jede Hoffnung auf baldige Befreiung zunichte macht, wird ein neuer Exodus verzeichnet: In den beiden Jahren, die auf 1850 folgen, gehen nicht weniger als viertausendfünfhundert Personen freiwillig ins Exil. Die Stadt blutet immer weiter aus. Am Ende der nächsten Phase mit dem infolge des Plebiszits von 1866 vollzogenen Anschluß an Italien löst die Anziehungskraft, die die benachbarte, wirtschaftlich aktivere und höchst lebendige Lombardei ausübt, eine weitere Abwanderung von Menschen und Energien aus.

Bei alldem wird das Leben der Stadt nach dem Einzug der italienischen Truppen am 16. Oktober 1866 von einem Taumel der Begeisterung erfaßt, dem einige städtebauliche Sünden zugeschrieben werden, die zum Teil durchgeführt und zum größeren Teil nur geplant werden, die aber Venedig aus seiner ungesunden Trägheit aufzurütteln und es auf bessere Zeiten einzustimmen scheinen.

Und Venedig erlebt tatsächlich bessere Zeiten, wenn auch mit allen denkbaren Einschränkungen. Der wirtschaftlichen Erholung, die sich in den achtziger Jahren abzeichnet, entspricht eine gewisse Lebendigkeit des politischen Lebens – eine Lebendigkeit, die sich in der Qualität der Zeitungen, die in Venedig gedruckt wurden, widerspiegelt, angefangen bei der kämpferischen *Gaz-*

*zetta di Venezia,* einem konservativen Blatt, das zuerst von Ferruccio Macola geleitet wird und dann, nach der Fusion mit dem *Giornale di Venezia,* vom Romancier Luciano Zùccoli, bis hin zum *Adriatico* mit radikaler Ausrichtung, geleitet von Sebastiano Tecchio, zum sozialistischen *Secolo Nuovo* von Marangoni und Musatti und zur katholischen *Difesa* unter der Leitung von Giovanni Saccardo (die erste Ausgabe des *Gazzettino* von Gian Pietro Talamini, der einzigen heute noch existierenden Zeitung, sollte erst später erscheinen).

Angesichts eines gemäßigten Liberalismus, der vor allem den Idealen einer unaufgeregten und korrekten Verwaltung huldigt und seine Verkörperung in der langen Regentschaft des *Sindaco d'oro,* des »goldenen Bürgermeisters«, Filippo Grimani, findet, bringt die radikale Linke (der das Abkommen des Patriarchen Giuseppe Sarto, des späteren Papst Pius X., mit Grimani in der Kommune die Macht entzieht) aufgeschlossene Leute mit fortschrittlichen Ideen hervor wie etwa den Bürgermeister und Dichter Riccardo Selvatico, der zusammen mit Antonio Fradeletto jene verdienstvolle Einrichtung erfand und begründete, welche fast sechzig Jahre lang die *Esposizione Biennale Internazionale* darstellte – eine obligatorische Durchgangsstation für alle bedeutenden Strömungen der internationalen Kunst.

1874 bietet der Anwalt G. B. Paganuzzi mit der von ihm gegründeten *Opera dei Congressi* den Katholiken zum erstenmal die Möglichkeit zur autonomen politischen Meinungsäußerung. In der alten Republik von San Marco war jahrhundertelang die kirchliche Sphäre der politischen untergeordnet worden: Den Grundsätzen des venezianischen »Jurisdiktionalismus«, der Koordination von Kirche und Staat, entsprechend war der Senat derjenige gewesen, der die Bischöfe ernannte, und er wählte oft sogar im Schnellverfahren geweihte und gesalbte unverheiratete Senatoren aus. Aber weder den Bischöfen noch den Geistlichen allgemein stand irgendeine Einmischung in die Angelegenheiten der Politik zu. Angesichts der Initiative von Paganuzzi und anderen entsteht jetzt statt dessen eine wehrhafte katholische Elite, die bereit ist, sich in die politische Arena zu begeben und sich dort zu behaupten.

1872 war auf Betreiben des aus Pola stammenden Alberto Mario, eines Garibaldianers und Garibaldi-Biographen, die laizistische und republikanisch orientierte *Lega Democratica del Veneto* entstanden. Es sollten noch zehn Jahre vergehen, ehe sich die Arbeiterbewegung, die bereits in den letzten Jahren der österreichischen Herrschaft durch die *Società di Mutuo Soccorso,* die »Gegenseitigkeitsvereine«, engmaschig organisiert worden war, mit den großen Streiks der Landarbeiter im Polesine bemerkbar machte. Das war der erste einer Reihe von Konflikten, die ihren Zündstoff allerdings eher in der traurigen wirtschaftlichen und sozialen Situation der venetischen Landbevölkerung als in den venezianischen Lebensbedingungen fanden.

Der Erste Weltkrieg und vor allem jene Ereignisse, in deren Verlauf das österreichisch-ungarische Heer infolge der zwölften Schlacht am Isonzo und an der Route nach Caporetto im November 1917 eine feste Stellung an der Piave wenige Kilometer vom Campanile von San Marco entfernt einnahm, bezeichnen einen anderen entscheidenden Punkt in der Geschichte Venedigs. Die Intensität und Häufigkeit der österreichischen Luftbombardements, mit denen man bereits 1915 begonnen hatte und die ihren Höhepunkt in der tragischen »Nacht der acht Stunden« vom 27. Februar 1918 erreichten, in der 14700 Kilogramm Sprengstoff auf die Stadt abgeworfen wurden, die Nähe des Feindes und die Militarisierung der Stadt und der Lagune – all das führte zu einer neuen und dieses Mal massiven Abwanderung der Bevölkerung, die massenweise evakuiert und mit dem schmerzlichen Status von Flüchtlingen über ganz Italien verstreut wurde. Obwohl der Bürgermeister Grimani, der Patriarch Pietro La Fontaine und wenige andere sich bemühten, die Kontakte mit den Flüchtlingsgemeinden und mit den Isolierten aufrechtzuerhalten, markierte jener Exodus für den Identitätsverlust der venezianischen Zivilisation einen weiteren »Point of no return«. Ein großer Teil der angestammten Traditionen ging verloren, und wenngleich die meisten Flüchtlinge nach Kriegsende heimkehrten, war doch nun auch die – allerdings nur labile – Kontinuität eines Brauchtums und einer Kultur zerstört, die sich seit einhundertzwanzig Jahren bereits in der Krise befunden hatte.

Was die Zeit zwischen den beiden Weltkriegen angeht, so muß man an die letzte Blüte einer ideenreichen unternehmerischen Elite erinnern, die schon seit Ende des 19. Jahrhunderts in Erscheinung getreten war. Zu ihren Projekten gehörte die beispiellose Anknüpfung von Venedig an das Straßennetz des Festlandes mit Hilfe der neuen Lagunenbrücke, die nach heftigen Auseinandersetzungen am 25. April 1935 eingeweiht wurde. Bereits 1917 war auf Betreiben des venezianischen Finanziers Giuseppe Volpi di Misurati der Industriehafen von Marghera gegründet worden, der den Absichten seines Gründers entsprechend Venedig unter Bewahrung aller Vorteile jene Schäden ersparen sollte, die die Modernisierung eines großen Hafens mit sich gebracht hätte.

Wie immer man die beiden Tatsachen auch beurteilen möchte, sie waren jedenfalls nur die Vorboten der komplexen Probleme des heutigen Venedig. Vor allem die Entstehung des Hafens am Rande der Lagune mit seinen sehr stark umweltbelastenden Anlagen der chemischen Industrie und der Erdölindustrie und mit der Ausdehnung der städtischen Siedlungen auf dem Festland im direkt benachbarten Mestre warf Probleme auf.

Der Zweite Weltkrieg war für das venezianische Leben nicht genauso folgenschwer wie der Erste. Weder haben sich die Bombardements der Jahre von 1915 bis 1918 mit ihrem hohen Blutzoll wiederholt, noch kam es zu einem erneuten Exodus der Bevölkerung. Die *Resistenza*, die italienische Widerstandsbewegung, die zahlreiche Opfer zu verzeichnen hatte (aber auch mehr als nur einen Glanzpunkt nach Art der zeitweiligen Besetzung des mit Faschisten und deutschen Offizieren gefüllten Teatro Goldoni durch eine Gruppe Partisanen),* hat den Auflösungsprozeß der venezianischen Gesellschaft höchstens vorübergehend aufgehalten, indem sie eine neue Solidarität schuf, die dieses Mal wirklich die Klassenschranken überwand und längst eingeschlummerte Ideale und Sehnsüchte wieder aufweckte.

In der Nachkriegszeit nimmt das Problem Venedig seine aktuelle dramatische Gestalt an und wird zum Gegenstand einer ge-

* Vgl. S. Bertoldi, *Salò*, Mailand 1976, S. 189.

waltigen Publizistik und endloser Auseinandersetzungen. Worum es geht, läßt sich in wenigen Sätzen zusammenfassen: um die Notwendigkeit, die materielle Bewahrung des historischen Zentrums der Inseln und der sie umgebenden Lagune mit den Erfordernissen des modernen Lebens in Einklang zu bringen, sowie um die Notwendigkeit, die Abwanderung aus dem historischen Zentrum aufzuhalten – ein Exodus, der Ende des 19. Jahrhunderts zum Stillstand gekommen war (was sogar ein Bevölkerungswachstum zur Folge hatte) und der seit den fünfziger Jahren alle Züge eines massiven und dramatischen Ausblutens angenommen hat. In dieses Bild reihen sich zahlreiche andere Probleme ein, über die offen und ständig weiterdiskutiert wird: Die Annahme eines Sondergesetzes zur Rettung der Stadt und ihrer Umwelt, die Anfang 1973 erfolgte, hat weder diese Probleme gelöst noch die Polemiken gedämpft. Während wir dies schreiben, stehen vor allem jene Debatten im Rampenlicht, die sich mit neuen Projekten zur Erweiterung des Hafengebietes beschäftigen, mit deren Realisierung riskiert würde, daß der Wasserstand der Lagune völlig außer Kontrolle geriete. Daß der Wasserstand schon heute weitgehend außer Kontrolle geraten ist, beweist die erschreckende Zunahme von Hochwassern mit immer höheren Pegelständen im Siedlungsbereich.

In der Nacht des 4. November 1966 erweckten ungünstige Wetterverhältnisse in Verbindung mit einer Sturmflut ungewöhnlichen Ausmaßes den Eindruck, daß Venedig einen tragischen Tod erleiden und untergehen müsse. Es hat überlebt, wenn auch mit vielen Wunden, und es überlebt noch immer, obwohl nicht viel von dem in Angriff genommen wurde, was man damals unter dem Eindruck der Geschehnisse geplant und versprochen hatte. Die ganze Welt, die die Ereignisse mit angstvoller Sorge beobachtet hatte, hat sich mit Schwung an den Arbeiten beteiligt, die zur Restaurierung und Konservierung der Monumente geleistet werden, und sie tut das auch heute noch. In dieser Vielzahl von Initiativen, in denen Völker und Länder miteinander wetteifern, lebt das alte venezianische Weltbürgertum wieder auf. Die Grundprobleme sind freilich nicht gelöst worden – weder von der Zentralgewalt, an der es so oft fehlt, noch von den örtlichen

Instanzen, die so oft abgelenkt oder in ihrer Handlungsfähigkeit eingeschränkt sind.*

Obwohl die Geschichte Venedigs in und außerhalb von Italien Gegenstand leidenschaftlicher Forschungen und Studien ist, ist sie der großen Masse des italienischen und europäischen Publikums nach wie vor unbekannt und nur ein Jagdrevier für diejenigen, die »sich in der Materie auskennen«. Für alle anderen bleibt sie mehr oder weniger auf die unheimlichen und verleumderischen Klischees beschränkt, die nach dem Todesstoß gegen die alte Republik hauptsächlich von der französischen Propaganda verbreitet worden sind (es handelte sich um ein systematisches Werk der Diffamierung, das ein zusätzliches Alibi für den vollendeten Übergriff beschaffte, eine Rechtfertigung, deren sich auch Österreich bedienen und den größten Nutzen daraus ziehen sollte). Der Verleumdung wurde dann eine systematische Fehlinformation hinzugefügt, der sich das Italien der Zeit nach dem Risorgimento nicht hatte widersetzen können oder wollen. Es erkannte nicht, welche Vorteile es für die Entwicklung des Bürgersinns und der politischen Reife bedeutet hätte, wenn es die vielen Beispiele studiert hätte, die die *Serenissima* in so vielen Augenblicken ihrer überaus bewegten Geschichte geliefert hat. Ja, auch die »seriöse« Historiographie der Zeit nach dem Risorgimento hat es oftmals vorgezogen, sich allenfalls auf die negativen Urteile zu berufen, die seinerzeit von den florentinischen Geschichtsschreibern und insbesondere von Machiavelli geäußert worden sind, um ungeniert die mehr als tausendjährige venezianische Geschichte mit Behauptungen wegzuwischen, die in gewissen Fällen wirklich grobe Fehlleistungen darstellen.

Was die Fehlleistungen angeht, so gebührt zweifellos Cesare Balbo die Palme, der apodiktisch und jeder historischen Wahrheit zuwider behauptet, daß »Venedig zwar nicht spanisch, aber niemals antispanisch« war.** Ihm leistet Vincenzo Cucco gute Ge-

* Einen hervorragenden Gesamtüberblick über die gegenwärtigen und tatsächlichen Probleme Venedigs liefert P. Zampetti, *Il problema di Venezia*, Florenz 1976.

** C. Balbo, *Della Storia d'Italia dalle origini fino ai nostri tempi*, Mailand 1862.

sellschaft, wenn dieser sich im Zusammenhang mit dem Fall der Republik fragt, »durch welche Macht des Schicksals eine Regierung hätte standhalten können, die seit zwei Jahrhunderten jede Tugend und jede militärische Tapferkeit zerstört hatte ...«,* wobei er die lange und blutige Geschichte der Helden von Candia und die Unternehmungen von Francesco Morosini völlig außer acht ließ. Es ist nicht angebracht, die Liste fortzusetzen, in der so manche Größe der internationalen Kulturwelt im Hinblick auf ihre Fehlinformationen den Vergleich mit der bedeutenden und weniger bedeutenden romantischen Literatur nicht scheuen dürfte. Die Mythen dieser Literatur, die nach dem Geheimnisvollen und dem Grauenhaften gierte und deshalb nicht daran interessiert war, die Wahrheit zu sagen, haben triumphiert. Die verschiedenen »schwarzen« Legenden, die genüßlich ein finsteres, böses Venedig malen, einen Ort abscheulicher Denunziationen und grauenvoller Kerker, fanden nicht nur in Filmfeuilletons ihren Widerhall, sondern auch in der gebildeten Prosa. Es ist nicht angebracht, hier die Entstehung einer Mythologie zu untersuchen, die in Bausch und Bogen die Unzahl fürsorglicher, aufgeklärter, humaner und ziviler Gesetze aus der Erinnerung löscht, die von der Republik von San Marco verabschiedet worden sind, um Mängel anzuprangern, die nicht einmal wahr, sondern erfunden sind. Wenn ein Arthur Nicolson Venedig mit dem Konstantinopel von Abd Al Hamid und seinen Massakern an den Armeniern und den Greueln von 1896 vergleicht,** beweist er nichts anderes als seine eigene, in Eton erworbene Ignoranz. Doch wenn zwei Historiker von Rang wie Ph. Braunstein und R. Delort von einer »uneingestehbaren« Angst und »heimlichen Sorgen« sprechen angesichts der Tatsache, daß der venezianische Senat mitten im Krieg von Cambrai, als er ganz Europa gegen sich wußte, auf die Nachricht von einer Reihe schwerer Explosionen im Arsenal hin an eine finstre Intrige, an eine Verschwörung*** dachte, dann läßt das auf eine Voreingenommenheit schließen, die Blick und kritischen Geist beein-

* V. Cucco, *Saggio storico sulla rivoluzione napoletana del 1799*, Bari 1913, S. 22.
** Zitiert in N. Barber, *Lords of the Golden Horn*, London 1973, S. 180.
*** Ph. Braunstein und R. Delort, *Venise ...*, s.o., S. 154.

trächtigt – für einen Historiker ein Fehler, der sehr viel schwerer wiegt als ein tatsächliches Versehen.

Venedig und seine Geschichte lösen also immer noch leidenschaftliche Reaktionen aus, selbst in der nüchternen Welt der Gelehrten. Es ist immer so gewesen. Und das wäre – wenn es dessen bedürfte – ein weiteres Zeugnis für die Größe Venedigs. Grenzenlose Bewunderung und tödlicher Haß waren seit jeher das Vermächtnis der *Serenissima* gewesen, solange sie noch lebte – das Vermächtnis der Starken.

Angesichts einer großen Vergangenheit sind die Unerfreulichkeiten und Kleinigkeitskrämereien, die ein oft mühsames und zänkisches Gemeindeleben vergiften, höchstens in dem Maße bedeutsam und interessant, in dem sie sich auf die Bewahrung eines wunderbaren künstlerischen, geschichtlichen und kulturellen Erbes auswirken können, das in einer einmaligen, unvergleichlichen Umgebung angesiedelt ist. Auch in einer zutiefst veränderten Welt behält die Geschichte eines kleinen, auf wenigen Inseln inmitten der Lagunen zusammengedrängten Volkes, seines Kampfes ums Überleben, seiner Größe und seines Niedergangs einen einzigartigen Zauber. Wir haben mit wenig Nachsicht einige Fehler aufgezählt, aber wir würden kein Ende finden, wollten wir die zahlreichen Gelehrten jeder Nationalität nennen, die ihre Begabung, ihre Energien, ihre Begeisterung und ihren kritischen Geist dem Studium jener Geschichte gewidmet haben und noch immer widmen. Und von dieser Geschichte eine zumindest ehrliche Zusammenfassung zu liefern, haben wir uns hier bemüht.

# ZEITTAFEL
# DER VENEZIANISCHEN GESCHICHTE

Der letzte Teil der vorliegenden Zeittafel fällt nur deshalb so knapp aus, weil im Text die Geschehnisse dieser Jahre in geraffter Form dargestellt werden. Für die Zeit zwischen dem 14. und 18. Jahrhundert haben wir uns hauptsächlich der hervorragenden *Cronologie* von R. Morozzo della Rocca und M. F. Tiepolo bedient, die in der Reihe *Civiltà Veneziana* (hrsg. von der Fondazione »Giorgio Cini«) publiziert wurden. Wir möchten an dieser Stelle den beiden Autoren unseren Dank aussprechen.

*Jahre vor Christi Geburt*

| | |
|---|---|
| 1000–700 | Beginn jener Phase der venetischen Kultur, die ihren Ausgang von dem Ort Este nimmt und »atestinische« Kultur genannt wird. |
| 530 | Gründung der etruskischen Stadt Spina nahe Ravenna. |
| 6.–5. Jahrhundert | Wahrscheinlich Gründung der Stadt Adria. |
| 500–450 | Beginn der sogenannten »dritten Phase von Este«. |
| 382 | Die Gallier, die nach ihrem Sieg über die Römer an der Allia Rom besetzt haben, müssen abziehen, um ihrer von den Venetern überfallenen Heimat zu Hilfe zu eilen. |
| 302 | Expedition Kleonimos' von Sparta in die venetische Lagune. |
| 218–202 | Zweiter Punischer Krieg: Die Veneter sind mit den Römern verbündet. |
| 181 | Gründung Aquilejas. |
| 90–89 | Alle Italer, die bis zum Po ansässig sind, erhalten das römische Bürgerrecht. |
| 49 15. März | Mit der *Lex Rosica* wird den Bewohnern von |

| | | |
|---|---|---|
| | | Gallia Cisalpina das römische Bürgerrecht verliehen. |
| 42 | | Octavianus gliedert Venetien an Italien an und legt seine Grenzen fest. |

*Jahre nach Christi Geburt*

| | | |
|---|---|---|
| 168 | | Quaden, Markomannen und Sarmaten überfallen Aquileja und dringen entlang der Via Postumia bis Opitergium (Oderzo) vor. |
| 169 | | In einer Villa nahe Altino stirbt Kaiser Lucius Verus. |
| 249 | | Christenverfolgung durch Kaiser Decius. |
| 256–258 | | Die Alemannen, die über den Brennerpaß aus Germanien vorgedrungen sind, unternehmen Streifzüge in der Poebene bis Ravenna. |
| 269–270 | | Neue Einfälle von Alemannen und Juthungen. |
| 303 | | Edikt von Nikomedia: Verfolgung der Christen durch Kaiser Diokletian. |
| 312 | | Sieg Kaiser Konstantins über Maxentius an der Milvischen Brücke. |
| 313 | | Mailänder Edikte unter Kaiser Konstantin: Zulassung des christlichen Kultes. |
| 334 | | Konstantin erlaubt die Ansiedlung von 30000 Sarmaten in den Donauprovinzen und in Italien. |
| 388 | | Kaiser Theodosius der Große besiegt bei Aquileja den Usurpator Maximus. |
| 402 | | Der Gotenkönig Alarich stößt nach Italien vor und wird bei Verona besiegt. |
| 406 | | Wandalen, Sweben und Alanen ziehen unter der Führung von Radagais durch Italien. |
| 408 | | Alarich dringt zum zweitenmal in Italien ein. |
| 410 | 24.–27. August | Alarichs Goten plündern Rom. |
| 421 | 25. März | Legendäre Gründung Venedigs. |
| 429 | | Legendäre Einweihung der Kirche San Giacometto di Rialto. |
| 452 | | Unter der Führung von Attila, der »Geißel Gottes«, fallen die Hunnen in Italien ein. |
| 476 | | Eine von Odoaker angeführte Rebellion der Bar- |

barentruppen setzt dem Römischen Westreich ein Ende.

486 Die Ostgoten ziehen unter ihrem Führer Theoderich nach Italien.

493 Theoderich besiegt Odoaker, ruft sich zum König aus und läßt sich in Ravenna nieder.

523–526 Die Gepiden ziehen durch Venetien.

526 König Theoderich stirbt in Ravenna.

527 Kaiser Justinian besteigt den byzantinischen Thron.

535–537 Schreckliche Hungersnot im nördlichen Italien.

536 Die Sweben fallen in Venetien ein.

537 Cassiodor schreibt den Küstentribunen und bittet sie wegen des Transports von Lebensmitteln aus Istrien um Hilfe.

540 Der byzantinische General Belisarius erobert Ravenna. Die italienische Halbinsel befindet sich in byzantinischer Hand.

544 Belisarius erneut in Italien.

548 Theodebert, der König der Franken, siedelt sich in Venetien an.

551 Der byzantinische General Narses unternimmt einen neuen Feldzug in Italien.

553 Narses bittet um die Unterstützung der an der Küste wohnenden Veneter.

555 Niederlage und Tod des letzten Gotenkönigs Teja.

559 Paulinus wird Bischof von Aquileja; religiöses Schisma.

562 Die ersten Langobarden, begleitet von 20000 Sachsen, lassen sich in Italien nieder.

563 Die italienische Einheit wird unter der byzantinischen Herrschaft wiederhergestellt.

566 Tod Kaiser Justinians. Italien wird von der Pest heimgesucht.

568 Die Langobarden besetzen das Friaul. Paulinius, der Erzbischof von Aquileja, übersiedelt nach Grado und nimmt die Reliquien der Heiligen mit.

569 Die Langobarden rücken weiter vor und erobern Mailand.

| | |
|---|---|
| | Italien erlebt eine schwere Hungersnot. |
| 574–584 | Nach dem Tod ihres Königs Klef bricht unter den Langobarden die Anarchie aus. Massaker an Römern. |
| 579 | Der Langobardenherzog Faroald plündert den byzantinischen Hafen Classe in der Nähe von Ravenna. |
| 3. November | Der Erzbischof von Aquileja, Elias, weiht die Kathedrale von Santa Eufemia in Grado ein. |
| 588 | Starke Regenfälle und Überschwemmungen, die die Hydrographie der venetischen Region verändern. Die Etsch ändert ihren Lauf, und diese Tatsache zieht katastrophale Folgen nach sich. |
| 591 | In den byzantinischen Gebieten Italiens wütet die Pest. |
| 601 | Der Langobardenkönig Agilulf erobert Monselice. |
| 602 | Padua wird von den Langobarden erobert und in Brand gesteckt. Wahrscheinlich im selben Jahr wird auch Altino zerstört. |
| 605–612 (?) | Candidianus wird in Grado zum Patriarchen von Aquileja gewählt; Johannes wird seinerseits in Aquileja zum Patriarchen gewählt. Spaltung des Patriarchats von Aquileja in zwei Diözesen. |
| 610 | Die Awaren fallen im Friaul ein. |
| 610–619 | Die beiden Söhne von Gisulf, dem langobardischen Herzog von Friaul, werden von den Byzantinern in Oderzo meuchlings ermordet. |
| 637–638 (oder 639?) | Der Langobardenkönig Rothari überfällt Oderzo. Im Lagunengebiet wird Cittanova oder Eraclea gegründet. |
| 640 | Inschrift von Torcello: Grundsteinlegung der Kathedrale von Torcello. |
| | Altino wird endgültig von den Langobarden annektiert. |
| 664 | Lupus, der Dux des Friaul, greift Grado an. |
| 665 | Der Langobardenkönig Grimoald zerstört Oderzo. |
| 680 | Der Patriarch von Grado erhebt Anspruch auf den Titel von Aquileja. |

Mit dem Waffenstillstand zwischen den Byzantinern und den Langobarden wird die Teilung Italiens bestätigt.

697 Den Angaben des Chronisten Johannes Diaconus zufolge wurde in diesem Jahr *der erste Doge* (Dux) gewählt, der Paulicius hieß (der Legende zufolge hieß er Paulicius oder Paoluccio Anafesto).

710 Aufstand in Ravenna unter der Führung von Georg, dem *bellator fortissimus.*

Umwälzungen in ganz Italien.

713–715 Dem *Chronicon Altinate* zufolge fällt die *Wahl des Dogen Paulicius* in diesen Zeitraum.

726 Kaiserliches Edikt gegen die heiligen Bilder.

727 Militärrevolte gegen die Bilderstürmer in Italien und Ermordung des Patriarchen von Ravenna, Paulus.

*Ursus wird zum Dux Seevenetiens gewählt.*

um 737 Ermordung des Dux Ursus. Seevenetien wird fünf Jahre lang von den »Reichsfeldherren« regiert.

740 Der Langobardenkönig Liutprand erobert Ravenna.

740–741 Der Exarch von Ravenna flüchtet in die Lagunenprovinz. Ravenna wird mit Hilfe der Seeveneter von den Byzantinern zurückerobert.

um 742 Rückkehr zum dukalen System. *Zum Dux wird Deusdedit,* der Sohn des Dux Ursus, *gewählt.*

751 Ravenna fällt endgültig in die Hände der Langobarden. Ende des byzantinischen Exarchats.

754 In Kiersy in Frankreich verlangt der Papst die Intervention des Frankenkönigs in Italien.

756 Astolf, der König der Langobarden, übergibt Pippin, dem König der Franken, das Dukat von Spoleto, die Pentapolis und das Exarchat von Ravenna bis einschließlich dem Mündungstrichter des Po.

757 (?) Dux Deusdedit wird abgesetzt und geblendet.

*Galla* (der venezianischen Überlieferung zufolge Galla Gaulo) *tritt an seine Stelle,* doch er wird seinerseits abgesetzt und geblendet, und *ihm folgt*

| | | |
|---|---|---|
| | | *Domenicus nach*, der von der Überlieferung *Monegario* genannt wird. Diesem werden zwei Tribunen zur Seite gestellt. |
| 764 oder 765 | | Absetzung des Dux Domenicus Monegario. |
| | | Die Versammlung der freien Männer der Provinz *wählt Mauritius zum Dux* (den die venezianische Überlieferung Galbaio nennt). |
| 770 | | Der Langobardenkönig Desiderius erobert Istrien. Johannes, der Sohn des Dux Mauritius, wird gefangengenommen. |
| 774 | | Sturz der langobardischen Dynastie auf Betreiben der von ihrem König Karl (dem späteren Karl dem Großen) angeführten Franken. Karl schenkt Papst Hadrian das Exarchat von Ravenna, Venetien und Istrien. |
| 778 | | Dux Mauritius teilt die Regierungsgeschäfte mit seinem Sohn Johannes. |
| 780 | | Venetische Kaufleute verkaufen in Pavia vergoldete Federn. |
| 787 | | Fränkisch-byzantinische Niederlage in Kalabrien. |
| | | Die venetischen Kaufleute werden aus dem Exarchat und der Pentapolis vertrieben. |
| | | Tod des Dux Mauritius. *Johannes (Galbaio?) wird Dux.* |
| 788 | | Die Franken erobern Istrien. |
| 800 | 25. Dezember | Karl, der König der Franken, wird in Rom zum Kaiser des Heiligen Römischen Reiches gekrönt. |
| 802 | | Nikephoros, der Kaiser von Byzanz, weigert sich, mit Kaiser Karl zu verhandeln. |
| | | Mauritius II., der Sohn des Dux Johannes, überfällt Grado. Ermordung des Patriarchen Johannes. |
| 803 | | Die Duces Johannes und Mauritius II. werden abgesetzt. Cittanova wird zerstört. |
| | | Papst Leo III. bewilligt dem neuen Patriarchen Fortunatus das Pallium. |
| 804 | | *Obelerius und sein Bruder Beatus werden Duces.* |
| 805 | | Obelerius und Beatus werden von Kaiser Karl belehnt. |
| | | Die byzantinische Flotte, die vom Patrizier Niketas befehligt wird, erscheint in der Lagune. |

| | |
|---|---|
| 806 | Der byzantinische Kaiser verleiht Obelerius den Titel *Spatharios* und Beatus den eines *Hypatos*. Fortunatus, der Patriarch von Grado, wird verbannt und abgesetzt. |
| 807 | Fränkisch-byzantinische Abkommen. Der Patrizier Niketas nimmt den Dux Beatus und andere Würdenträger als Geiseln mit nach Byzanz. |
| 810 | Rückkehr des Dux Beatus an die Lagunen; erneute Zerstörung von Cittanova. Feldzug König Pippins, des Sohns von Karl dem Großen. Flucht der Duces Obelerius und Beatus. Unterzeichnung des Friedensvertrages zwischen dem byzantinischen Kaiser Nikephoros und Karl dem Großen (*Pax Nikephori*). |
| 811 | *Agnellus Partecipazio Dux (Doge) der Rialto-Inseln.* Justinian, Agnellus' Sohn, wird mit der byzantinischen Würde eines Hypatos ausgezeichnet. Unterzeichnung des Friedensvertrages zwischen Nikephoros und Karl dem Großen. |
| 812 | Der Patriarch Fortunatus kehrt an seinen Sitz zurück. |
| 819 | Die Abtei von Sant'Ilario erhält von Agnellus und Justinian Partecipazio eine Schenkung. |
| 821 | Absetzung des Patriarchen Fortunatus. |
| 824 | Testament und Tod des Patriarchen Fortunatus. |
| 827–829 | Gründung des Klosters San Zaccaria. |
| 828 | Der in Alexandria entwendete Körper des heiligen Evangelisten Markus wird unter großem Jubel in Venedig empfangen. |
| 829 | Testament von Justinian Hypatos, *humilis dux* der Provinz Venetien. |
| 830 | *Johannes Partecipazio*, Sohn von Agnellus und Bruder von Justinian, *wird Doge*. |
| 831 | Der Dux Obelerius provoziert den Aufstand der Bewohner von Metamauco und wird besiegt und hingerichtet. |
| nach 831 | Verschwörung des Tribunen Carosus. |
| 835 (?) | Johannes Partecipazio kehrt nach Venedig zurück. |
| 836 | Absetzung von Johannes Partecipazio. *Wahl des* |

| | | |
|---|---|---|
| | | *Dogen Petrus,* der der venezianischen Überlieferung zufolge *Tradonico* genannt wird. |
| 840 | 25. Februar | *Pactum Lotharii* zwischen den Venetern und ihren Nachbarn. |
| 853 | | Testament von Ursus Partecipazio, dem Bischof von Olivolo. |
| 864 | 13. September | Ermordung des Dogen Petrus. *Ursus (Partecipazio ?) wird zum Dogen gewählt.* |
| 880 | 11. Januar | Reichstag von Ravenna, Erneuerung des *Pactum Lotharii* und Abkommen zwischen dem Dogen Ursus und Walpert, dem Patriarchen von Aquileja. |
| 881 | | Tod des Dogen Ursus. Ihm folgt sein Sohn, *Johannes II. Partecipazio,* nach. |
| 883 | | Comacchio wird von den Venezianern angegriffen und zerstört. |
| 887 | 17. April | Johannes II. Partecipazio dankt ab. |
| | 18. September | *Petrus I. Candiano wird zum Dogen gewählt.* |
| | | Der Doge Petrus I. Candiano fällt in der Schlacht gegen die Narentaner in der Nähe von Makarska. Johannes II. Partecipazio übernimmt erneut die Regierung. |
| 888 | | *Petrus,* der Sohn von Domenicus Tribuno, *wird zum Dogen gewählt.* |
| 899 | | Die Veneter besiegen die Ungarn bei Albiola. |
| 900 | | An der Seite des Dogen Petrus treten die *iudices* in Erscheinung. |
| 910 | | Tod des Dogen Petrus Tribuno. Zu seinem Nachfolger wird *Ursus Partecipazio,* genannt Paureta Badovario, *gewählt.* |
| 932 | | *Petrus Candiano II.* wird nach dem Tod von Ursus Partecipazio *zum Dogen gewählt.* |
| | 14. Januar | Die Einwohner von Capodistria verpflichten sich, dem Dogen alljährlich einhundert Amphoren Wein zu schenken. |
| | | Zerstörung von Comacchio und Deportation seiner Bewohner. |
| 939 | | Tod des Dogen Candiano. Sein Nachfolger ist *Petrus Partecipazio,* genannt Badoer, der Sohn des Dogen Ursus. |

| | | |
|---|---|---|
| 942 | | *Petrus Candiano III. wird* nach dem Tod von Petrus Badoer *zum Dogen gewählt.* |
| 959 | | *Petrus Candiano IV. wird Doge.* |
| 960 | | Dekret gegen den Sklavenhandel. |
| 967–968 | | Petrus Candiano IV. verstößt seine Gemahlin Johanna und heiratet Waldrada, die Schwester des Markgrafen Hugo von Tuszien und Nichte der Kaiserin Adelheid. |
| 971 | | Mit einem Dekret wird verboten, den Sarazenen Holz für den Schiffsbau und anderes Material, das militärischen Zwecken dient, zu verkaufen. |
| 976 | 11. August | Petrus Candiano IV. wird ermordet. *Petrus Orseolo I. wird Doge.* |
| 977 | 12. Oktober | Erneuerung der Vereinbarungen von Capodistria. |
| 978 | 1.–2. September | Petrus Orseolo I. verläßt Venedig, um sein Leben als Mönch zu beenden. *Vitalis Candiano wird Doge.* |
| 979 | November | Vitalis Candiano dankt ab. *Tribunus Menio wird Doge.* |
| 982 | | Gründung der Abtei San Giorgio Maggiore. |
| 983 | | Kaiser Otto II. gibt den Friedensschluß mit den Venezianern bekannt. |
| 991 | März | Tribunus Menio wird zur Abdankung gezwungen. *Pietro Orseolo II. wird Doge.* |
| 992 | März | »Goldene Bulle« der byzantinischen Kaiser Basileios und Konstantin, mit der den venezianischen Kaufleuten Privilegien eingeräumt werden. |
| 992 | 12. Juli | Kaiser Otto III. bestätigt die venezianischen Privilegien in Reichsitalien. |
| 998 | | Verpflichtung der Bürger, im Dogenpalast keine Tumulte zu provozieren. |
| 1000 | Mai–Juni | Pietro Orseolo II. unternimmt einen Feldzug gegen Istrien und Dalmatien. |
| 1001 | April | Begegnung zwischen Pietro Orseolo II. und Kaiser Otto III. |
| 1002 | 23. Januar | Otto III. stirbt. |
| | Oktober | Im Auftrag des byzantinischen Kaisers wird Bari von den Venezianern zurückerobert. |
| | 16. November | Kaiser Heinrich II. bestätigt feierlich die venezia- |

| | | |
|---|---|---|
| | | nischen Privilegien und erkennt den Titel des Dogen, »Dux der Veneter und Dalmatiner«, an. |
| 1007 | | Gründung der Kirche San Zan Degolà, die mit herrlichen Fresken ausgeschmückt wird. |
| 1008 | gegen Ende | Die Chronik von Johannes Diaconus endet. |
| 1009 | | Der arabische Sultan Al Hakim läßt das Heilige Grab in Jerusalem zerstören. |
| | September | Der Doge Pietro Orseolo II. stirbt. Ihm folgt sein Sohn *Ottone* nach. |
| 1016 | | In Salerno gehen die ersten normannischen Ritter an Land. |
| 1018 | | Ottone Orseolo unternimmt einen Feldzug nach Dalmatien. |
| 1020 | | Poppo, der Patriarch von Aquileja, fordert vor der Kirchenversammlung in Verona für sein Patriarchat vergebens die ausschließliche Rechtmäßigkeit gegenüber Grado. |
| 1022–1023 | | Die Orseoli werden aus Venedig vertrieben. |
| 1023 | | Poppo überfällt und plündert Grado. |
| 1024 | 13. Juli | Kaiser Heinrich II. stirbt. |
| | Oktober–November | Der Doge Ottone Orseolo kehrt nach Venedig zurück, und der Patriarch Orso ergreift wieder Besitz von Grado. |
| | Dezember | Die Synode von Rom erkennt die Rechtmäßigkeit des Patriarchentitels von Grado an. |
| 1026 | März | Kaiser Konrad II. zieht nach Italien. |
| | Herbst | Der Doge Ottone Orseolo flieht nach Konstantinopel. |
| | | *Pietro (oder Domenico) Barbolano Centranico wird Doge.* |
| 1027 | 6. April | Die Lateransynode geht auf Poppos Ersuchen ein und erklärt Grado zur einfachen, von Aquileja abhängigen Pfarrei. |
| 1031 | Frühjahr | Pietro Centranico wird vertrieben. Der Patriarch Orso wird Regent des Dukats. |
| 1032 | spätes Frühjahr | Der Doge Ottone Orseolo stirbt. |
| | Sommer | *Domenico Orseolo* ist nur vierundzwanzig Stunden lang *Doge.* |
| | Sommer | *Domenico Flabianico wird Doge.* |
| 1038 | | Der Dom von Caorle wird errichtet. |

| | | |
|---|---|---|
| 1042 | Herbst (?) | *Domenico Contarini Doge.* |
| 1044 | | Der Patriarch Orso Orseolo stirbt. |
| 1046 | | Der Normanne Robert Guiskard landet in Unteritalien. |
| 1050 | | Beginn des Wiederaufbaus der Basilika von San Marco. |
| 1053 | | Gründung der Abtei San Nicolò di Lido. |
| | | Papst Leo IX. bestätigt das gleichzeitige Bestehen der Patriarchate von Aquileja und Grado. |
| 1062 | | Der Doge Domenico Contarini unternimmt einen Feldzug nach Dalmatien. |
| 1071 | Frühjahr | *Domenico Selvo wird Doge.* |
| | | Bari wird von den Normannen erobert. Ende der byzantinischen Herrschaft über Unteritalien. |
| | | Der byzantinische Kaiser Romanos IV. wird von den seldschukischen Türken besiegt und verliert die Kontrolle über Kleinasien. |
| 1072 | 1. Dezember | Die Normannen erobern Palermo und setzen der arabischen Herrschaft über Sizilien ein Ende. |
| 1076 | 8. Februar | Die Dalmatiner verpflichten sich feierlich, den Normannen keine Gastfreundschaft zu gewähren. |
| | Dezember | Robert Guiskard macht sich zum Herrn über Salerno. |
| 1081 | 8. April | Alexios Komnenos wird zum Kaiser von Byzanz proklamiert. |
| | | Die Normannen stehen vor Durazzo. |
| 1082 | Mai | Mit der Goldenen Bulle von Alexios Komnenos werden dem venezianischen Handel Privilegien eingeräumt. |
| 1084 | | Die Normannen plündern Rom. |
| | Oktober | Robert Guiskard besiegt die Venezianer in den Gewässern von Korfu. |
| | Dezember | Absetzung des Dogen Selvo. *Vitale Falier Dodoni wird Doge.* |
| 1085 | Sommer | Venezianischer Sieg über die Normannen in den Gewässern von Butrinto (Albanien). |
| | 17. Juli | Robert Guiskard stirbt. |
| 1089 | | Zvonimir, der König von Kroatien, stirbt. Die kroatischen Feudalherren bieten Ladislaus, dem |

| | | |
|---|---|---|
| | | König von Ungarn, den Thron von Kroatien und Dalmatien an. |
| 1094 | | Der Doge von Venedig nimmt den Titel »Herzog von Dalmatien und Kroatien« an. |
| | | Wiederauffindung des Körpers des heiligen Evangelisten Markus. |
| | | Kaiser Heinrich IV. kommt nach Venedig. |
| 1095 | | Koloman folgt Ladislaus auf dem ungarischen Thron nach. |
| | 10. September | Erdbeben und Seesturm mit katastrophalen Folgen. |
| | November | Papst Urban II. ruft zum Kreuzzug auf. |
| | Dezember | Tod des Dogen Vitale Falier, der in San Marco beigesetzt wird. |
| | Dezember | *Vitale Michiel wird Doge.* |
| 1097 | | Traù ergibt sich dem Dogen Vitale Michiel. |
| | | König Koloman von Ungarn besetzt überraschend einen Teil von Dalmatien. |
| | | Genuesische Schiffe in Syrien. |
| 1098 | | Pisanische Schiffe in Syrien. |
| 1099 | | Zusammenstoß zwischen Venezianern und Pisanern auf Rhodos. |
| | | Jerusalem wird von den Kreuzfahrern eingenommen. |
| 1100 | 24. Juli | Venezianischer Schiffslinienverkehr ins Heilige Land. |
| | 15. August | Eroberung von Haifa und Jaffa. |
| | Juli | Ein venezianischer Flottenverband unter dem Befehl von Enrico Contarini, dem Bischof von Castello, landet in Myra und nimmt die Reliquien des heiligen Nikolaus von dort mit. |
| 1102 | Frühjahr | *Ordelaf Falier wird Doge.* |
| 1104 | | Balduin, der König von Jerusalem, richtet eine Einladung an die Venezianer, ins Heilige Land zu kommen. |
| | | Venezianische Siege in Jaffa und Sidon. |
| | | Gründung des Arsenals von Venedig. |
| 1105 | April | Eine schreckliche Feuersbrunst verwüstet Venedig. König Koloman von Ungarn zieht feierlich in Zara ein. |

| | | |
|---|---|---|
| 1106 | | Eine weitere, schreckliche Feuersbrunst zerstört große Teile der Stadt. |
| 1108 | | Der Normanne Bohemund von Taranto greift Durazzo an. Venezianische Intervention zugunsten der Byzantiner. |
| | | Die Ungarn besetzen Traù. |
| 1110 | | Ein venezianischer Flottenverband ist an der Eroberung von Sidon beteiligt und erhält einen Teil der Stadt Akko. |
| 1114 | | Koloman, der König von Ungarn und Kroatien, stirbt. |
| 1115–1116 | | Venezianische Feldzüge in Dalmatien. Zara und Sebenico werden zurückerobert. |
| 1117 | 3. Januar | Erdbeben. |
| 1118 | Frühjahr | Der Doge Falier fällt im Verlauf einer Schlacht in Dalmatien. |
| | | *Domenico Michiel wird Doge.* |
| 1123 | 30. Mai | Sieg der Venezianer über die ägyptische Flotte bei Askalon. |
| 1124 | 7. Juli | Eroberung der Stadt Tyrus. |
| | Sommer | Die venezianische Flotte verläßt die syrischen Gewässer. |
| | | Repressalien des Dogen Michiel gegen die Byzantiner. Stephan II., König von Ungarn, fällt in Dalmatien ein und erobert Spalato und Traù zurück. |
| 1125 | 2. Mai | Der aus seiner Gefangenschaft befreite König Balduin II. bestätigt die venezianischen Privilegien im Königreich Jerusalem. |
| | 15. Mai | Die venezianische Flotte in der Adria. Spalato und Traù werden zurückerobert. |
| 1126 | | Kaiser Kalojannis veröffentlicht eine neue »Goldene Bulle« zugunsten des venezianischen Handels. |
| 1130 | | *Pietro Polani wird Doge.* |
| 1133 | | Die Ungarn bringen sich erneut in den Besitz von Spalato, Traù und Sebenico. |
| 1141 | | Vertrag über die venezianische Schutzherrschaft über Fano. |

| | |
|---|---|
| 1142–1144 | Konflikt mit den Paduanern wegen der Aufteilung des Wassers der Brenta. |
| | Der Kaiser von Byzanz unterzeichnet Abkommen mit den Genuesen. |
| 1143 | Manuel Komnenos wird Kaiser von Byzanz. |
| | In Venedig tritt das *Consilium sapientium* in Erscheinung. |
| 1147 | Roger II. von Sizilien greift das Byzantinische Reich an und stößt von Korfu aus in die Ägäis vor. |
| | *Domenico Morosini wird Doge.* |
| 1148 | Die venezianischen Streitkräfte intervenieren gegen die Normannen. |
| | Georg von Antiochien wird bei Kap Matapan von den Venezianern besiegt. |
| | Venezianisch-byzantinische Zwischenfälle auf Korfu. |
| 1150 | Abermalige Erhebungen in Pola und Capodistria, die von der venezianischen Flotte niedergeschlagen werden. |
| 1152 | Friedrich I. »Barbarossa« besteigt den Thron des Heiligen Römischen Reiches. |
| 1154 | Venedig schließt Frieden mit Pisa. Ein Handelsabkommen mit König Wilhelm I. von Sizilien wird geschlossen. |
| 1156 Februar–März | *Vitale Michiel II. wird Doge.* |
| 1157 | Manuel Komnenos richtet in Spalato wieder ein byzantinisches Dukat ein. |
| 1158–1159 | Venezianisch-byzantinische Spannung. Die in Byzanz ansässigen Venezianer werden zeitweilig in die Heimat zurückgerufen. |
| 1161 | Bruch zwischen Venedig und Barbarossa; Gewalttätigkeiten von Veronesen, Paduanern und Ferraresen um Cavarzere und venezianische Repressalien gegen Adria und Ariano Polesine. |
| 1162 | Tausend Pisaner überfallen in Konstantinopel die genuesischen Kaufleute. |
| 1164 | Der aquilejische Patriarch Ulrich von Treffen greift Grado an und wird von den Venezianern besiegt und gefangengenommen. |

| | | |
|---|---|---|
| | | Niederschlagung einer Revolte in Zara. |
| 1167 | 1. Dezember | Eid des Lombardenbundes gegen Barbarossa in Pontida; die *Comune* von Venedig tritt dem Bund bei. |
| 1170 | | Abkommen mit Rimini. |
| 1171 | 12. März | Manuel Komnenos befiehlt die Verhaftung aller im Byzantinischen Reich ansässigen Venezianer. |
| | 27.–28. Mai | Ermordung des Dogen Vitale Michiel II. *Sebastiano Ziani wird Doge.* |
| 1172 | | Die venezianische Flotte beteiligt sich an der Belagerung von Ancona. |
| 1176 | | Die Byzantiner werden bei Myriokephalon von den türkischen Seldschuken besiegt. |
| 1177 | 24. Juli | Feierliche Versöhnung zwischen Papst Alexander III. und Friedrich Barbarossa in San Marco. |
| | 19. August | Friedrich Barbarossa bestätigt und erweitert die traditionellen venezianischen Privilegien. |
| 1178 | April | *Aurio (Orio) Mastropiero wird Doge.* |
| 1181 | März | Das Strafgesetz, die sogenannte *Promissione al maleficio,* wird vom Dogen Mastropiero verkündet. |
| 1182 | | Tod Manuel Komnenos'. Andronikos Komnenos wird für Alexios II. Regent des Reiches. Massaker unter den italienischen Kolonisten in Konstantinopel. |
| 1183 | | König Béla III. von Ungarn erobert Zara zurück. |
| 1185 | 12. September | Andronikos Komnenos wird ermordert. Isaak Angelos wird byzantinischer Kaiser. |
| 1185–1187 | | Die Dogenberater *(Consilium minus)* treten in Erscheinung. |
| 1187 | Februar | Die byzantinischen Urkunden zugunsten Venedigs werden unter Hinzufügung militärischer Klauseln bestätigt. |
| | 4. Juli | Niederlage bei Hattin: Das Kreuzfahrerkönigreich von Jerusalem fällt – mit Ausnahme von Tyrus – in die Hände der Muslime. |
| 1189 | Frühjahr | Die venezianische Flotte erscheint vor Tyrus. |
| 1190 | Frühjahr | Die Kreuzfahrer sind in Kleinasien. Friedrich Barbarossa ertrinkt in einem Bach. Akko wird zurückerobert. |

| | | |
|---|---|---|
| 1192 | 1. Juni | Abdankung des Dogen Mastropiero. *Enrico Dandolo wird Doge.* Zum erstenmal kommt es zur *Promissione ducale (promissio domini ducis).* |
| | 21. September | Übereinkommen mit Verona. |
| 1194 | 20. November | Kaiser Heinrich VI. zieht in Palermo ein. |
| 1195 | April | Isaak Angelos wird von seinem Bruder Alexios III. entthront und gefangengesetzt. |
| | Sommer | Das über Genua und Florenz siegreiche Pisa verbündet sich mit Ragusa gegen Venedig. |
| 1196 | | Pisanische Niederlage in den Gewässern von Modon. |
| 1197 | 28. September | Heinrich IV. stirbt in Messina. |
| 1198 | 8. Januar | Lothar aus dem Geschlecht der Grafen Segni wird zum Papst gewählt und nimmt den Namen Innozenz III. an. |
| | 15. August | Enzyklika Innozenz' III., die zum Kreuzzug aufruft. |
| | 27. September | »Chrysobullon« (= Goldene Bulle) Alexios' III. zugunsten Venedigs. |
| 1199 | 28. November | Thibaut Graf von Champagne folgt dem Aufruf zum Kreuzzug. |
| 1201 | Februar–April | Vertrag zwischen Venedig und den Kreuzfahrern. |
| 1202 | Juni | Die Kreuzfahrer versammeln sich in Venedig. |
| | 25. August | Venedig schließt sich formell dem Kreuzzug an. |
| | 10. November | Die Kreuzfahrer landen in Zara. |
| | Ende des Jahres | Abgesandte des byzantinischen Thronbewerbers Alexios Angelos und seines Schwagers Philipp von Schwaben treffen in Zara ein. |
| 1203 | 17. Juli | Eroberung Konstantinopels. |
| | 22.–23. August | Ein Brand wütet in Konstantinopel. |
| | Dezember | Versuche von seiten der Griechen, die venezianische Flotte in Brand zu stecken. |
| 1204 | 27. Januar | Das Volk wählt Nikolaos Kannabos zum Kaiser von Byzanz. |
| | 28. Januar | Alexios IV. bittet die Kreuzfahrer um Hilfe. |
| | 5. Februar | Alexios V. Dukas Murtzuphlos wird zum Kaiser gekrönt. |
| | 15. März | Venezianer und Kreuzfahrer einigen sich über die Teilung des Byzantinischen Reiches. |

| | | |
|---|---|---|
| | 13. April | Konstantinopel wird erobert und geplündert. |
| | 9. Mai | Balduin von Flandern wird zum Kaiser des Lateinischen Ostreichs gewählt. |
| | 12. August | Bonifatius von Montferrat tritt Kreta an Venedig ab. |
| | Oktober | *Partitio Romaniae.* |
| 1205 | 14.–15. April | Schlacht von Adrianopel. Kaiser Balduin gerät in die Gefangenschaft des Zaren der Bulgaren. |
| | 1. Juni | Tod des Dogen Enrico Dandolo. |
| | 29. Juni | Die Venezianer von Konstantinopel wählen Marino Zen zu ihrem *Podestà und Herrscher des vierten und eines halben Teiles des Reiches von Romania.* |
| | 5. August | *Pietro Ziani wird Doge.* |
| 1206 | 20. August | Heinrich von Hennegau wird zum Kaiser des Lateinischen Ostreichs gewählt. |
| 1206–1207 | | Marco Sanudo unternimmt eine Expedition zu den Kykladen und Sporaden. |
| 1207 | | Die venezianische Flotte erobert Korfu, Modon und Koron. |
| 1207–1220 | | Einrichtung der *Quarantia* (»Rat der Vierzig«). |
| 1208 | | Übereinkunft mit dem Sultan von Aleppo. |
| 1209 | März | Verträge mit den *Terzieri* von Negroponte und mit dem Fürsten von Morea. |
| | | Eroberung von Kreta. |
| 1209–1210 | | Jacopo Tiepolo wird *Duca* in Candia. |
| 1211 | | Erste Kolonisierung Kretas durch venezianische Adlige und Popolanen. |
| 1212 | | Auf Kreta wird ein Aufstand von der Familie Hagiostephanides geschürt. Venezianisch-genuesische Abkommen gegen den Piratenkrieg. |
| 1214 | | Mit Pisa wird ein Vertrag zur gegenseitigen Hilfeleistung unterzeichnet. |
| | | Infolge des Sieges von Bouvines wird Friedrich II. von Hohenstaufen Kaiser des Heiligen Römischen Reiches. |
| | | Konflikt zwischen Venedig, Padua und anderen Kommunen auf dem Festland, ausgelöst durch das *Castello-d'amore*-Spiel in Treviso. |
| 1217 | | Streifzüge des genuesischen Korsaren Alamanno da Costa. |

| | |
|---|---|
| | Abkommen mit dem Sultan von Ägypten. |
| 1218 | Vertrag mit Genua zur Beendigung des Korsarenkrieges. |
| | Der Kaiser des Ostreichs, Peter von Courtenay, gerät in die Gefangenschaft des griechischen Despoten von Epirus. |
| 1219 | Der *Podestà* von Konstantinopel Jacopo Tiepolo bittet die venezianische Regierung um Hilfe. |
| 1220 | Friedrich II. zieht nach Italien und bestätigt die traditionellen venezianischen Privilegien. |
| 1222 | Johannes Batatzes folgt Theodor Laskaris als griechischer Kaiser von Nicäa nach. |
| 1224 | Jacopo Tiepolo wird zum zweitenmal *Podestà* von Konstantinopel. |
| | Man nimmt an, daß in diesem Jahr der Vorschlag unterbreitet wurde, die Hauptstadt der Republik von Venedig nach Konstantinopel zu verlegen; der Antrag wurde mit der Mehrheit von nur einer Gegenstimme abgelehnt. |
| 1226 2. März | Zweiter Lombardenbund gegen Friedrich II. |
| 1227 | Abkommen mit Bologna. |
| 1228 | Friedrich II. zieht ins Heilige Land. |
| | Eine Reihe von Verträgen zwischen Venedig und Osimo, Recanati und Umana veranlassen Papst Gregor IX. zu Protesten. |
| 1229 | Abdankung und Tod des Dogen Pietro Ziani. |
| | *Jacopo Tiepolo wird Doge.* |
| | Erneuter Aufstand auf Kreta. |
| 1230 | Die Griechen, die die Rebellion auf Kreta unterstützen, bringen sich in den Besitz von Retimo, Milopotamo und Castelnuovo. |
| | Grundsteinlegung der Kirche Santa Maria dei Frari (»Frarikirche«). |
| 1233–1234 | Venedig erobert seine Festungen auf Kreta zurück. |
| 1234 | Die Dominikaner erhalten das Grundstück als Schenkung, auf dem die Kirche Santi Giovanni e Paolo errichtet werden sollte. |
| 1234–1235 | Abkommen mit den wichtigsten »Archonten« von Kreta. |

| | |
|---|---|
| 1235–1236 | Johannes Batatzes versucht vergebens, Konstantinopel zu erobern. |
| 1237 | Friedrich II. besiegt den Lombardenbund bei Cortenova. |
| 1237–1239 | Schrecklicher Getreidemangel auf Kreta. |
| 1238 | Johannes Batatzes belagert erneut Konstantinopel. |
| 1239 5. September | Venedig schließt sich dem gegen Friedrich II. gerichteten Kreuzzug Gregors IX. an. |
| | Marco Zorzano kapert und verbrennt die Schiffe der Ankonitaner. |
| | Giovanni Tiepolo schlägt den Aufstand von Pola nieder. |
| 1240 | Der Doge Tiepolo blockiert Ferrara und erobert es. |
| 1241 | Tod Papst Gregors IX. |
| 1242 | Jacopo Tiepolos Statuten werden verkündet. |
| 1243–1244 | Aufstand und Rückeroberung von Zara. |
| 1245 | Vertrag mit Armenien. |
| | Die venezianischen Botschafter werden auf ihrem Heimweg vom Konzil von Lyon von Friedrich II. gefangengenommen und wieder freigelassen. |
| | Vertrag mit König Béla von Ungarn. |
| 1249 Juni | Abdankung des Dogen Jacopo Tiepolo. Die Zahl der Wahlmänner wird von 40 auf 41 erhöht, und es werden die *Correttori alla promissione ducale* eingesetzt. |
| 13. Juni | *Marino Morosini wird Doge.* |
| 1250 | Tod Friedrichs II. von Hohenstaufen. |
| 1251 | An der Pomündung wird die Burg Sant'Alberto gebaut. |
| 1252 März | Vertrag mit Ragusa. |
| April | Neue venezianische Siedler treffen in Kreta ein. |
| 1253 Januar | *Renier (Ranieri) Zen wird Doge.* |
| | Mit Genua werden viele Vereinbarungen getroffen. |
| 1254 | Johannes Batatzes stirbt. |
| 1255 | Wahrscheinlich in diesem Jahr nimmt das *Consilium rogatorum* seine Arbeit auf. |
| 1256 | Venezianische Teilnahme am Kreuzzug gegen Ezzelino da Romano. |

| | | |
|---|---|---|
| 1258 | 24. Juni | Genuesische Niederlage bei Akko. |
| 1259 | | Michael Palaiologos wird zuerst Regent und dann Kaiser des Reichs von Nicäa. |
| | | Tod Ezzelinos da Romano. |
| 1260 | | Mord an Alberico da Romano und seiner ganzen Familie auf Betreiben der Venezianer und Trevisaner. |
| 1261 | | Parenzo unterwirft sich. |
| | 13. März | Vertrag von Nymphaion (Ninfeo) zwischen Genua und Michael Palaiologos. |
| | 25. Juli | Michael Palaiologos erobert Konstantinopel. |
| | | Ende des Lateinischen Kaiserreichs des Ostens. |
| | | Nicolò und Maffio Polo reisen nach Kathei. |
| 1262 | | Giberto Dandolo siegt vor der Küste Moreas über die Genuesen. |
| | | Mastino della Scala wird *Signore* von Verona. |
| 1263 | Mai | Schlacht bei Settepozzi (Spetsä). |
| 1264 | | Auf Kreta erheben sich die Cortazzi. |
| | | Verträge mit Ancona und mit dem Sultan von Aleppo. |
| 1265 | 4. Oktober | Waffenstillstand mit Palaiologos. |
| 1266 | 20. Februar | Schlacht von Benevent: Karl von Anjou besiegt König Manfred, den Sohn Friedrichs II., und ruft sich zum König von Neapel und Sizilien aus. |
| 1267 | Mai | Vertrag von Viterbo zwischen Venedig und Karl von Anjou. |
| 1268 | 7. Juli | Tod des Dogen Renier Zen. Die Dogenwahl wird reformiert; das neue Wahlsystem sollte bis zum Fall der Republik in Kraft bleiben. |
| | 23. Juli | *Lorenzo Tiepolo wird Doge.* |
| | | Große Feierlichkeiten zu seinen Ehren. |
| | | Abkommen mit Mailand. |
| | | Das Amt des *Cancellier Grande* (»Großkanzler«) wird eingeführt. |
| 1269 | | Krieg gegen die Bolognesen. |
| | | Nicolò und Maffio Polo kehren von ihrer Reise nach Kathei zurück. |
| 1270 | | Abkommen mit Treviso, Forlì und Mantua. |
| | | Kreuzzug Ludwigs IX., des Königs von Frankreich, gegen die Muslime. |

| | | |
|---|---|---|
| | 27. August | Frieden von Cremona zwischen Venedig und Genua. |
| 1271 | Ende August | Auf Kreta erhebt sich Giorgio Cortazzi. |
| | | Nicolò, Maffio und Marco Polo beginnen ihre Reise nach China. |
| 1273 | 15. August | Vertrag mit Bologna. |
| | | Verträge mit Ferrara und Cremona. |
| | | Nicolò, Maffio und Marco Polo treffen in Peking ein. |
| 1275 | 15. August | Der Doge Lorenzo Tiepolo stirbt. |
| | 16. September | *Jacopo Contarini wird Doge.* |
| 1277 | | Der Rebell Giorgio Cortazzi wird besiegt. |
| | | Aufstand von Capodistria. |
| 1279 | | Capodistria kapituliert. |
| 1280 | 5. März | Der Doge Jacopo Contarini dankt ab. Der *Consigliere* Nicolò Navigajoso wird Regent des Dukats. |
| | 31. März | *Giovanni Dandolo wird Doge.* |
| 1281 | | Frieden mit Ancona und Streitigkeiten mit den Triestinern. |
| | | Aufstand der Kalergis auf Kreta. |
| | | Vertrag von Orvieto zwischen Venedig und Karl von Anjou. |
| 1282 | 31. März | Sizilianische Vesper und Ausbruch des Vesperkrieges. |
| | | Michael VIII. Palaiologos stirbt; sein Nachfolger ist Andronikos II. |
| | | Triest ergibt sich den Venezianern. |
| 1284 | 6. August | Schlacht bei Meloria. |
| | 31. Oktober | Der erste Golddukat, auch Zechine genannt, wird geprägt. |
| 1285 | | Erdbeben und Überschwemmung. |
| 1286 | 5. Oktober | Erster Vorschlag der Vierzig, der auf eine Reform des Großen Rates abzielt. |
| 1289 | 2. November | Tod des Dogen Giovanni Dandolo. Das Volk möchte Jacopo Tiepolo als Dogen. |
| | | *Pietro (Pierazzo) Gradenigo wird Doge.* |
| 1291 | April–Mai | Belagerung und Fall von Ptolemais und Akko in Syrien. |
| | | Venezianische Gesandtschaft zu Nogai, dem Khan der Krimtataren. |

| | | |
|---|---|---|
| 1294 | | Gründung der Augustinerkirche von Santo Stefano. |
| | Frühjahr | Genuesischer Sieg in den Gewässern von Lajazzo. |
| 1295 | | Marco Polo kehrt nach fünfundzwanzigjähriger Abwesenheit nach Venedig zurück. |
| 1296 | 5. März | Die Vorsteher der Vierzig schlagen erneut eine Reform des Großen Rates vor. |
| 1297 | Februar | Die Vorsteher der Vierzig unterbreiten wieder einen Vorschlag zur Reform des Wahlsystems zum Großen Rat. |
| 1298 | September | Endgültige Annahme des neuen Wahlgesetzes für den Großen Rat. |
| | 8. September | Vernichtende Niederlage der Venezianer in den Gewässern von Curzola. |
| 1299 | 25. Mai | Friede zwischen Venedig und Genua durch die Vermittlung von Matteo Visconti. |
| 1300 | | Verschwörung von Marin Bocconio. |
| 1302 | | Handelsvertrag mit dem Sultan von Ägypten. |
| | | Friede von Caltabellotta zwischen den Anjou und den Aragoniern. |
| 1303 | | Konflikt mit Padua über die Salinen in Petta di Bo. |
| | | Das Arsenal wird ausgebaut. |
| 1304 | 5. Oktober | Friede mit Padua. |
| 1306 | | Abkommen mit Karl von Valois über eine Expedition in den Orient. |
| 1307 | | Handelsvertrag mit Leon IV., dem König von Armenien. |
| 1308 | | Wegen Ferrara kommt es zum Konflikt zwischen Venedig und dem Papst. |
| 1309 | | Venezianische Niederlage bei Castel Tedaldo. |
| 1310 | 14.–15. Juni | Bewaffneter Aufstand von Baiamonte Tiepolo. |
| | 10. Juli | Wahl eines aus zehn Männern bestehenden Rates zur Vorbereitung des Prozesses gegen die Verschwörer und zur Überwachung der Sicherheit des Staates. |
| 1311 | 13. August | Tod des Dogen Pierazzo Gradenigo. |
| | 23. August | *Marino Zorzi, genannt »der Heilige«, wird Doge.* |
| | | Die Katalanen bedrohen Negroponte. |
| 1312 | 13. Juli | *Giovanni Soranzo wird Doge.* |
| 1313 | 23. September | Das aufständische Zara unterwirft sich. |

| | | |
|---|---|---|
| 1314 | 24. Mai | Unterwerfung Muggias. |
| | November | Außergewöhnliches Hochwasser. |
| 1317 | Januar | Der erste Handelsgaleerenkonvoi (*Muda*) fährt in Richtung Flandern ab. |
| 1318 | | Valle d'Istria ergibt sich. |
| | | Jacopo da Carrara wird *Signore* von Padua. |
| 1319 | Juli | Alexios II., Kaiser von Trapezunt, räumt dem venezianischen Handel Privilegien ein. |
| | 10. August | Einführung der *Capi-sestieri* (»Stadtsechstelvorsteher«). |
| 1320 | | Handelsabkommen mit dem Herzog von Brabant. |
| | | Handelsabkommen mit dem Ilkhan von Täbris. |
| 1322 | 15. März | Sebenico leistet Venedig den Treueid. |
| | 14. Mai | Treueid der Stadt Traù. |
| | 22. Mai | Handelsabkommen mit dem Grafen von Flandern und am 8. Juni mit der Stadt Brügge. |
| | | Dante in Venedig als Botschafter der Polentari, der Stadtherren von Ravenna. |
| 1324 | 8. Januar | Tod Marco Polos. |
| 1328 | 4. September | Handelsvertrag mit Hugo von Lusignan, dem König von Zypern. |
| 1329 | 4. Januar | *Francesco Dandolo wird Doge.* |
| | | Die Statue des heiligen Theodor wird auf die Spitze einer der Säulen auf der Piazzetta gehievt. |
| 1331 | 28. Mai | Pola bestätigt seine Unterwerfung unter Venedig. |
| 1333 | November | Handelsvertrag mit den westlichen Tataren. |
| | | Aufstand auf Kreta. |
| 1335 | 20. Juli | Der Rat der Zehn wird zur ständigen Einrichtung. |
| 1337 | März–Juli | Bündnis zwischen Venedig, den Visconti, den Este, den Gonzaga, dem König von Böhmen und dem Herzog von Kärnten gegen den Scaligero, den *Signore* von Verona. |
| | 3. August | Padua wird besetzt. |
| | 31. August | Die Kaiserlichen treten Mestre an die Venezianer ab. |
| | 30. September | Marsilio da Carrara übernimmt unter venezianischem Schutz die Herrschaft über Padua. |
| 1338 | 11. März | Handelsabkommen mit dem Herzog von Savoyen. |

| | | |
|---|---|---|
| 1339 | 24. Januar | Treviso kommt unter venezianische Oberhoheit. |
| | 7. November | *Bartolomeo Gradenigo wird Doge.* |
| 1340 | 15. Februar | Schrecklicher Orkan. Es entsteht die Legende vom »Ring des Fischers«. |
| | 28. Dezember | Der Bau des Saals des Großen Rates wird beschlossen. |
| 1341 | | Aufstand auf Kreta unter der Führung von Leo Kalergis. |
| 1342 | 8. März | Katastrophales Hochwasser. |
| | 12. Juli | Abkommen mit Genua über den Krimhandel. |
| | 29. November | Man beschließt, daß der Doge keine Handelstätigkeit ausüben darf. |
| 1343 | 4. Januar | *Andrea Dandolo wird Doge.* |
| | 3. November | Vertrag mit dem Tatarenkhan Sanibek. |
| | | Der Marktpreis der staatlichen Schuldverschreibungen erreicht 100 Prozent. |
| | | Die Mosaiken für das Baptisterium von San Marco werden fertiggestellt. |
| 1344 | 18. Juni | Abkommen mit Genua gegen die Kiptschaktataren. |
| | | Der venezianische Admiral Pietro Zen wird in Smyrna von den Türken umgebracht. |
| | | Der Marktpreis der staatlichen Schuldverschreibungen liegt über dem Ausgabewert. |
| 1345 | August | Aufstand in Zara. Krieg mit dem König von Ungarn. |
| 1346 | 15. September | Nachdem der König von Ungarn abgezogen ist, ergibt sich Zara den Venezianern. |
| | | Fra Pietro d'Assisi gründet das Findelhaus Della Pietà. |
| 1348 | 25. Januar | Schweres Erdbeben. |
| | März | Ausbruch der Schwarzen Pest, die drei Viertel der Bevölkerung dahinrafft. |
| | 5. August | Friede von Ofen mit König Ludwig von Ungarn. |
| | 6. Oktober | Rückeroberung von Capodistria. |
| | | Bau der Scuola Grande von San Giovanni Evangelista und der Kirche San Pietro Martire di Murano. |
| 1350 | 11. April | Als Folge tödlicher Verkehrsunfälle werden die Pferde mit Schellenhalsbändern versehen. |

| | | |
|---|---|---|
| | | Erneuter Ausbruch der Pest. |
| 1353 | 13. Februar | Schlacht zwischen Genuesen und Venezianern in den Gewässern des Bosporus. |
| | 29. August | Venezianischer Sieg in den Gewässern des sardinischen Alghero. |
| | 15. Dezember | Bündnis mit den Scaligeri und den Este gegen Genua und die Visconti. |
| 1354 | 5. Juni | Brief von Francesco Petrarca an den Dogen Dandolo. |
| | 13. Juni | Antwort des Dogen an Petrarca. |
| | 7. September | Der humanistisch gebildete Doge Andrea Dandolo stirbt, verbittert über die Erfolge, die die Genuesen in der Adria errungen haben. |
| | 11. September | *Marino Falier wird Doge.* |
| | 5. Oktober | Der gewählte Doge zieht unter ungünstigen Vorzeichen in Venedig ein. |
| | 4. November | Niederlage der Venezianer in den Gewässern von Portolongo. |
| | 20. November | (»Micheletto« oder »Micaletto«) Steno und andere junge Leute werden verurteilt, weil sie »schamlose und ungeheuerliche Dinge« an die Wand der Sala dei Camini geschrieben haben. |
| 1355 | 15. April | Die Verschwörung des Dogen Falier wird aufgedeckt. |
| | 17. April | Verurteilung und Hinrichtung des Dogen Falier. |
| | 21. April | *Giovanni Gradenigo wird Doge.* |
| | 1. Juni | Friede mit Genua und mit den Visconti. |
| 1356 | Juni | Angriff des Königs von Ungarn, der von Francesco da Carrara, dem Stadtherrn von Padua, unterstützt wird. |
| | | Bündnis gegen Venedig. |
| | 13. August | *Giovanni Dolfin wird Doge.* |
| | 16. November | Ein auf fünf Monate befristeter Waffenstillstand mit dem König von Ungarn wird vereinbart; ausgehandelt hat ihn Papst Innozenz VI. |
| | | Die Feindseligkeiten seitens des Carraresen gehen weiter. |
| | | In Genua, das sich gegen die Visconti aufgelehnt hat, wird Simon Boccanegra zum Dogen gewählt. |
| 1357 | 9. April | Nach Ablauf des Waffenstillstands werden die |

| | | |
|---|---|---|
| | | Feindseligkeiten wiederaufgenommen (den Ungarn haben sich der Graf von Görz, der Patriarch von Aquileja, Kaiser Karl IV. und der Herzog von Österreich angeschlossen). |
| | August | Aufstände in Spalato und Traù. |
| | 17. Dezember | Die Ungarn besetzen Zara. |
| 1358 | 1. Januar | Sebenico fällt in ungarische Hände. |
| | 14. Januar | Venezianische Niederlage bei Nervesa del Montello. |
| | 18. Februar | Teuer erkaufter Friedensschluß mit dem König von Ungarn. |
| | 7. Juni | Friede mit dem *Signore* von Padua, dem Verbündeten der Ungarn. |
| 1359 | 15. Oktober | Der Papst verbietet den Handel mit den Ägyptern. |
| 1360 | | Die Ponte della Paglia wird errichtet. |
| 1361 | 13. Januar | Vereinbarungen mit Genua bezüglich des Handels in Tana (Asowsches Meer). |
| | 5. Mai | Papst Innozenz VI. hebt das Verbot auf, Handel mit dem ägyptischen Alexandria zu treiben. |
| | 16. Juli | *Lorenzo Celsi wird Doge.* |
| | 5. Dezember | Der König von Zypern, Peter von Lusignan, kommt nach Venedig. |
| 1362 | 8. August | Übergriffe der Genuesen im Schwarzen Meer. |
| | 4. September | Petrarca schenkt der Republik seine Bibliothek. |
| | | Der Patriarch von Grado, Orso Dolfin, wird erster venezianischer Kardinal. |
| 1363 | | Großer Aufstand auf Kreta, angeführt von den venezianischen *Feudati.* |
| | | Einrichtung der *Zonta* (»Zusatz«) von zwanzig Mitgliedern innerhalb des *Consiglio di Pregàdi.* |
| 1364 | | Große Feierlichkeiten wegen der Befriedung von Kreta. |
| 1365 | 15. Juni | Tod des Humanisten Benintendi de' Ravignani, des Großkanzlers. Als Nachfolger wird der Chronist Rafaino Caresini gewählt. |
| | 18. Juli | Der unter Schwermut leidende Doge Celsi, der unter dem Verdacht steht, eine Autokratie anzustreben, stirbt. |
| | 21. Juli | *Marco Corner wird Doge.* |

| | | |
|---|---|---|
| | 30. Juli | Postume Rehabilitation des Dogen Celsi. |
| 1368 | 20. Januar | *Andrea Contarini wird Doge.* |
| | 1. Mai | Revolte in Triest. |
| 1369 | 2. Juli | Bündnis mit Genua gegen den Sultan von Ägypten. |
| | 28. November | Unterwerfung Triests. |
| 1373 | 21. September | Neuer und vorteilhafter Friedensvertrag mit dem König von Ungarn. |
| | 2. Oktober | Francesco Novello da Carrara unterwirft sich dem Dogen. |
| | 10. Oktober | Infolge venezianisch-genuesischer Zwischenfälle auf Zypern besetzen die Genuesen Famagusta und nehmen die königliche Familie gefangen. Zypern wird Genua tributpflichtig. |
| 1374 | 22. April | Ceneda kapituliert. |
| | 18. Juli | Tod Francesco Petrarcas. |
| 1375 | | Handelsvertrag mit dem Sultan von Babylon. |
| 1376 | 25. März | Der Herzog von Österreich zieht bewaffnet ins Trevisano ein. |
| | 9. Juni | Päpstlicher Protest gegen die venezianische Herrschaft im Golf. |
| | 3. November | Waffenstillstand mit dem Herzog von Österreich. |
| | 28. Dezember | Es wird beschlossen, daß illegitim Geborene aus dem Großen Rat ausgeschlossen werden. |
| 1377 | | Antonio Venier verteidigt die Insel Tenedos gegen die Genuesen. |
| 1378 | 30. Mai | Vettor Pisani besiegt die Genuesen in den Gewässern von Anzio. |
| | 24. Juni | Das ungarische Heer überquert die Piave. |
| 1379 | 7. Juli | Prozeß und Urteil gegen Vettor Pisani wegen der Niederlage von Pola (7. Mai). |
| | 6. August | Chioggia wird von den Genuesen besetzt. |
| | 13. September | Vettor Pisani wird aus dem Gefängnis befreit und erneut als Generalkapitän eingesetzt. |
| | 1. Dezember | Beschluß, solche Familien in den Großen Rat aufzunehmen, die sich um die Verteidigung des Vaterlandes besonders verdient gemacht haben. |
| | 22. Dezember | Die venezianische Flotte blockiert Chioggia. |
| 1380 | 1. Januar | Carlo Zen kehrt an der Spitze von achtzehn Galeeren nach Venedig zurück. |

| | | |
|---|---|---|
| | 14. Mai | Ein genuesischer Flottenverband unter Befehl von Matteo Maruffo taucht vor dem Lido auf. |
| | 24. Juni | Kapitulation der genuesischen Streitkräfte in Chioggia. |
| 1381 | 2. Mai | Treviso wird an den Herzog Leopold von Österreich abgetreten. |
| | 8. August | Friede mit Genua durch die Vermittlung von Amadeus VI. von Savoyen. |
| | 4. September | Gemäß dem Dekret vom 1. Dezember 1379 werden dreißig Familien aus dem Stand der Popolaren wegen ihrer Verdienste in den Großen Rat aufgenommen. |
| 1382 | 10. Juni | *Michele Morosini wird Doge.* |
| | 21. Oktober | *Antonio Venier wird Doge.* |
| | | Die Pest wütet in Venedig. |
| 1386 | 28. Mai | Korfu unterwirft sich der Republik. |
| | 9. Dezember | Außergewöhnliches Hochwasser. |
| 1387 | 13. Dezember | Sigismund von Luxemburg wird König von Ungarn. |
| | | Venedig nimmt Treviso wieder in seinen Besitz. |
| 1391 | 11. April | Handelsabkommen mit Trapezunt. |
| 1392 | 28. Januar | Anerkennung der Herrschaft der Carraresen über Padua dank der Unterstützung durch die Venezianer. |
| | 4. Juli | Handelsabkommen mit Tunis. |
| | 18. August | Die Urkunde über den Erwerb von Durazzo wird ratifiziert. |
| 1393 | | Neue, schreckliche Pestwelle. |
| 1395 | 3. Mai | Den Juden wird es untersagt, sich in Venedig niederzulassen. |
| | 30. Dezember | Skutari wird erobert. |
| 1396 | 28. September | Schlacht von Nikopolis. |
| | | Der König von Frankreich übernimmt die Herrschaft über Genua. |
| 1400 | 1. Dezember | *Michele Steno wird Doge.* |
| 1401 | 10. Dezember | Carlo Zen, der Held der venezianischen Kriege, wird zum Prokurator von San Marco gewählt. |
| 1402 | | Die Gesandten des Kaisers von Äthiopien (des »Priesters Johannes«) überreichen dem Dogen vier Leoparden als Geschenk. |

| | | |
|---|---|---|
| 1403 | 9. Oktober | Carlo Zen verkündet den Sieg gegen die von Marschall Boucicault befehligten Genuesen. Große Feiern in Venedig. |
| 1404 | 22. März | Friede mit Genua. |
| | 31. März | Die Witwe von Giangaleazzo Visconti bietet Venedig die Städte Feltre, Belluno und Bassano als Gegenleistung für seine Hilfe gegen die Carraresen, die Este und die Scaligeri an. |
| | 25. April | Vicenza ergibt sich. |
| | 28. April | Feltre und Belluno unterwerfen sich. |
| | 6. September | Nicolò d'Este, Markgraf von Ferrara, erklärt Venedig den Krieg; er verteidigt die Carraresen. |
| 1405 | 25. März | Friede mit dem Markgrafen von Ferrara, der Venedig den Polesine di Rovigo zurückgibt. |
| | 22. Juni | Verona unterwirft sich. |
| | 31. Juli | Friedensangebote von Francesco Novello da Carrara. |
| | 4. September | Verhandlungen mit dem Carraresen, geführt von Carlo Zen. |
| | 22. November | Padua wird erobert. |
| 1406 | Januar | Francesco Novello und Jacopo da Carrara werden zum Tode verurteilt. |
| | 22. Januar | Carlo Zen wird zu einem Jahr Gefängnis verurteilt, weil er Gelder, die er vom Carraresen empfangen hatte, nicht angemeldet hat. |
| | 28. Juni | Abkommen mit Genua. |
| | 20. November | Venezianische Schutzherrschaft über Obizzo da Polenta, den *Signore* von Ravenna. |
| | 30. November | Der venezianische Kardinal Angelo Correr wird zum Papst gewählt und nimmt den Namen Gregor XII. an. |
| 1409 | 5. Mai | Die in Venedig ansässigen Juden müssen ein auf die Kleider aufgenähtes *O* tragen. |
| | 9. Juli | König Ladislaus von Ungarn tritt Venedig Zara, Pagos, Novigradi und die Rechte über ganz Dalmatien ab. |
| | 5. September | Das venezianische Bürgerrecht wird den Bewohnern von Zara *de intus* verliehen. |
| 1410 | 31. Mai | Ungewöhnliches Hochwasser. |
| | 16. Juli | Unterwerfung der *Magnifica Comunità di Carnia.* |

| | | |
|---|---|---|
| | 31. Juli | Die *Papalisten,* das heißt diejenigen, die vom römischen Hof Pfründen erhalten, und deren Angehörige werden aus den Räten ausgeschlossen; dieser Beschluß wird im Rahmen einer Diskussion über die Beziehungen zum päpstlichen Hof gefaßt. |
| | 10. August | In einem Orkan kommen mehr als dreihundert Kaufleute um, die auf dem Weg zur Handelsmesse in Mestre sind. |
| 1411 | 9. November | Die Ungarn fallen im Friaul ein. |
| 1412 | 11. Juni | Ungarischer Überfall auf San Nicolò di Lido. |
| | 24. August | Die Ungarn werden bei Motta di Livenza besiegt. |
| | 27. Oktober | Verbot, kirchliche Güter ohne die Zustimmung des Senats zu verkaufen. |
| | | Filippo Maria Visconti wird Herzog von Mailand. |
| 1413 | 11. August | Cefalonia wird unter venezianischen Schutz gestellt. |
| 1414 | 7. Januar | *Tommaso Mocenigo wird Doge.* |
| | 11. April | Der Herzog von Mailand verzichtet zugunsten Venedigs auf seine Rechte auf Verona und Vicenza. |
| | 11. August | Heftiger Erdstoß. |
| 1415 | 15. Februar | Einrichtung der *Riformatori allo Studio di Padova.* |
| | 26. Februar | Die Republik nimmt die freiwillige Unterwerfung Anconas nicht an. |
| | 4. Juli | Abdankung Papst Gregors XII. Correr. |
| 1416 | 29. Mai | Piero Loredan trägt bei Gallipoli einen Sieg über die Türken davon. |
| | 25. Juli | Es wird beschlossen, die Namen jener Adligen bekanntzugeben, die öffentliche Gelder unterschlagen haben. |
| | 27. Juli | Bündnis mit dem König von Neapel gegen Sigismund von Ungarn. |
| 1418 | 8. Mai | Tod Carlo Zens. |
| | 23. August | Erwerb von Rovereto. |
| 1419 | 10. Juli | Cividale del Friuli unterwirft sich. |
| | 17. August | Erwerb von Sacile. |
| 1420 | 15. März | Cattaro unterwirft sich. |
| | 19. April | Belluno unterwirft sich. |
| | 9. Mai | Feltre unterwirft sich. |

| | | |
|---|---|---|
| | 28., 29. Mai | Den *Comuni* San Vito al Tagliamento und Portogruaro, die sich Venedig unterworfen haben, werden Privilegien eingeräumt. |
| | 19. Juni | Udine unterwirft sich der Republik. |
| | 27. Juni | Piero Loredan nimmt Traù ein. |
| | 3. Juli | Albona d'Istria, Fianona und Gemona stellen sich unter venezianische Herrschaft. |
| | 15. Juli | Venzone unterwirft sich Venedig. |
| | 16. Juli | Tolmezzo und San Daniele del Friuli unterwerfen sich. |
| | 18. Juli | Monfalcone und Marano unterwerfen sich. |
| | 31. Juli | Die *Magnifica Comunità Cadorina* unterwirft sich. |
| | 5. August | Aquileja unterwirft sich. |
| | 6. September | Spalato und Budua akzeptieren die venezianische Herrschaft. |
| 1422 | 3. März | Feierlichkeiten zu Ehren von Francesco Sforza und seiner Gemahlin, Bianca Maria Visconti, die Venedig einen Besuch abstatten. |
| | 26. Mai | Verbot, solche Adlige zum Großen Rat zuzulassen, die aus einer Verbindung mit Frauen niederen Standes stammen. |
| 1423 | 10. März | Vermächtnisrede des Dogen Tommaso Mocenigo. |
| | 4. April | Tod des Dogen Mocenigo. |
| | 15. April | *Francesco Foscari wird Doge.* |
| | 1. Mai | Das in Albanien gelegene Dulcigno unterwirft sich. |
| | | Erwerb von Skutari. |
| | 28. August | Einrichtung des *Lazzaretto,* eines Hospitals für Aussätzige. |
| | 24. September | Das von den Türken belagerte Saloniki unterwirft sich Venedig. |
| 1424 | Herbst | Große Kälte, Trockenheit und Pest. |
| 1425 | 4. Dezember | Bündnis mit Florenz. |
| 1426 | 19. Februar | Carmagnola wird Generalkapitän der Landstreitkräfte. |
| | Mai | Erwerb von Salò und der Comunità della Riviera del Garda. |
| | 20. November | Brescia wird erobert. |
| 1428 | 13. Januar | Val Trompia und Val Sabbia unterwerfen sich. |

| | | |
|---|---|---|
| | 19. April | Friede von Ferrara; Bergamo, Brescia und ein Teil des Cremonese werden Venedig zugeteilt. |
| | 9. Mai | Bergamo wird der Republik übergeben. |
| | 11. Mai | Außergewöhnlich hoher Wasserstand. |
| | 1. Juli | Valcamonica unterwirft sich. |
| | 25. November | Es wird verfügt, daß die Vorsteher der Vierzig einmal monatlich die Gefangenen besuchen und ihre Beschwerden entgegennehmen müssen. |
| 1429 | 23. Januar | Orzinuovi unterwirft sich. |
| | 27. Februar | Carmagnola wird Graf von Chiari. |
| | 3. Mai | Außergewöhnliches Hochwasser. |
| 1430 | 11. März | Andrea Contarini, »der mit der Nase«, verübt ein Attentat auf den Dogen Foscari. |
| | 29. März | Die Türken erobern Saloniki. |
| | 1. April | Schrecklicher Orkan. |
| | 5. Mai | Bündnis mit Florenz und Siena. |
| | 1. September | Die *Signoria* verspricht Carmagnola die Herrschaft über Mailand. |
| | 10. Oktober | Große Überschwemmung in der Stadt, die schwere Schäden zur Folge hat. |
| 1431 | Januar | Die Lagune ist zugefroren. |
| | 5. März | Der venezianische Kardinal Angelo Condulmer wird zum Papst gewählt und erhält den Namen Eugen IV. |
| | Juni | Die venezianischen Seestreitkräfte werden von den Anhängern der Visconti am Po besiegt. |
| | 27. August | Pietro Loredans Flottenverband schlägt die Genuesen in den Gewässern von San Fruttuoso (Portofino) an der ligurischen Küste. |
| 1432 | 28. März | Der Rat der Zehn beschließt, gegen den Grafen Carmagnola ein Verfahren zu eröffnen. |
| | 7. April | Carmagnola wird verhaftet. |
| | 5. Mai | Carmagnola wird hingerichtet. |
| | 14. Juni | Auf fünf Jahre befristeter Waffenstillstand mit König Sigismund. |
| 1433 | 23. Februar | Sigismund von Ungarn wird Kaiser des Heiligen Römischen Reiches. |
| | 26. April | Friedensvertrag mit den Visconti. |
| | 6. Dezember | Es wird beschlossen, die Einfuhr von Büchern vom Zoll auszunehmen. |

| | | |
|---|---|---|
| 1434 | 17. März | Katastererhebung in Venedig. |
| | 28. August | Niederlage der venezianisch-florentinischen Heere bei Castel Bolognese. |
| | | Der in Venedig im Exil lebende Cosimo de' Medici läßt von Michelozzo Michelozzi die Bibliothek von San Giorgio Maggiore erbauen. |
| 1435 | 20. April | Das Bündnis mit Florenz gegen die Visconti wird um zehn Jahre verlängert. |
| | 23. Mai | Marsilio da Carrara wird hingerichtet. |
| | 31. August | Bündnis mit Kaiser Sigismund gegen die Visconti. |
| 1437 | 20. Juli | Kaiser Sigismund ernennt den kaiserlichen Dogenstellvertreter für die bis zur Adda reichende Terra ferma (Verona und Vicenza gehören jedoch nicht zu seinem Wirkungsbereich). |
| | Dezember | In Prag stirbt Brunoro della Scala, der letzte aus dem veronesischen Stadtherrengeschlecht der Scaligeri. |
| | 9. Dezember | Tod des Kaisers Sigismund. |
| 1438 | 30. Mai | Vertrag mit dem Bei von Tunis. |
| | 27. August | Der Polesine wird dem Markgrafen von Ferrara zurückgegeben. |
| | 3. Oktober | Nicolò Piccinino, der Befehlshaber der Streitkräfte der Visconti, legt einen Belagerungsring um Brescia. |
| 1439 | 16. November | Nicolò Piccinino, der aufgrund eines Verrats in Verona eingezogen ist, wird von dort verjagt. |
| 1440 | 9. Januar | Beendigung der Bauarbeiten an der Porta della Carta, dem Hauptportal des Dogenpalastes. |
| | 20. April | Treueid der Brescianer. |
| | 15. August | Ravenna unterwirft sich freiwillig der Republik Venedig. |
| | 26. August | Lonato unterwirft sich. |
| 1441 | 5., 6. Februar | Im Rahmen der Hochzeit von Jacopo Foscari, dem Sohn des Dogen, werden große Feste abgehalten. |
| | 13. April | Die *Quarantia* teilt sich auf; es gibt nunmehr die *Quarantia Civile* und die *Quarantia Criminale*. |
| | 20. November | Friede mit den Visconti, ausgehandelt von Francesco Sforza. |
| 1442 | 3. Mai | Große Feierlichkeiten zu Ehren von Francesco |

| | | |
|---|---|---|
| | | Sforza und seiner Gemahlin Bianca Maria Visconti. |
| | 3. Oktober | Bruch des Waffenstillstandes mit den Visconti. |
| | | Andrea del Castagno arbeitet an den Fresken für die Apsis von San Zaccaria. |
| 1443 | 16. Januar | Tod des von Donatello verewigten Kondottiere Erasmo da Narni, genannt *Gattamelata.* |
| | 25. Januar | Die Zahl der Prokuratoren von San Marco wird auf neun festgesetzt. |
| | 19. Mai | Antivari unterwirft sich der Republik Venedig. |
| | 6. Juni | Einrichtung der *Provveditori ai Pozzi, Canali e Strade.* |
| | 29. Juni | Einrichtung der Behörde der *Nobili avvocati dei prigioni,* mit der mittellose Angeklagte in den Genuß des Armenrechtes kommen. |
| | 6. Juli | Bündnis mit Florenz und Bologna. |
| | 27. Dezember | Bündnis mit dem Herzog von Mailand. |
| 1444 | 26. Juni | Bündnis mit Lucca. |
| | 30. November | Erneuerung des Bündnisses mit Florenz. |
| 1445 | 7. Januar | Sigismondo Pandolfo Malatesta, der *Signore* von Rimini, stellt sich unter venezianischen Schutz. |
| | 20. Februar | Urteil gegen Jacopo Foscari, der nach Nauplia in Griechenland verbannt wird. |
| | 11. März | Der Doge wird gedrängt, seinen Sohn zu bewegen, dem Urteilsspruch Folge zu leisten. |
| | 28. März | Ubertino da Carrara wird in Padua enthauptet. |
| | 23. August | Vertrag mit dem Woiwoden von Bosnien. |
| | 24. Dezember | Ancona stellt sich unter venezianischen Schutz. |
| 1446 | 26. Januar | Dem Dogen wird verboten, ohne die Anwesenheit der *Consiglieri* Audienzen abzuhalten. |
| | 25. Februar | Vertrag mit Sultan Muhammad II. |
| | 7. Juni | Eröffnung einer staatlichen Schule. |
| | 28. September | Sieg über die Visconti in den Gewässern des Po in der Nähe von Cremona. |
| | 28. November | Jacopo Foscari wird nach Treviso verbannt. |
| 1447 | 23. Februar | Tod des venezianischen Papstes Eugen IV. |
| | Juli | In Venedig wütet die Pest. |
| | August | Tod Filippo Maria Viscontis. |
| | | Lodi unterwirft sich der Republik Venedig; daraufhin unterwerfen sich auch Piacenza und Pavia. |

| | | |
|---|---|---|
| 1448 | 11. April | Aussetzung der Schiffahrt ins östliche Mittelmeer, weil sich die Beziehungen zu den Türken verschlechtert haben. |
| | 13. Juni | Die Wärter der Gefängnisse des Rats der Zehn beklagen sich über Beschimpfungen von seiten der Häftlinge. |
| | Juli | Antonio Vivarini und Andrea Mantegna arbeiten in der Eremitenkirche von Padua. |
| | 15. September | Francesco Sforza besiegt die Venezianer bei Caravaggio. |
| | 18. Oktober | Vertrag zwischen Venedig und Sforza über die Aufteilung der Herrschaftsgebiete der Visconti. |
| 1449 | 20. März | Der aus Candia stammende Stamati Crassioti versucht, den Schatz von San Marco zu rauben. |
| | 7. September | Der Patrizier Tommaso Duodo beleidigt den Dogen im Senat. |
| | 11. September | Leonardo del Tocco, der Herzog von Leucade und Graf von Cefalonia, stellt sich unter den Schutz Venedigs. |
| 1450 | 25. März | Francesco Sforza wird Herzog von Mailand. |
| | 16. Dezember | Verbot, nachts ohne Laterne herumzugehen. |
| 1451 | 2. Januar | Antonio Venier, genannt Brasiola, zeigt Jacopo Foscari wegen des Mordes an Almorò Donà an. |
| | 23. Februar | Starker Erdstoß. |
| | 24. März | Verteidigungsabkommen mit der Republik Siena. |
| | 26. März | Neuer Prozeß gegen Jacopo Foscari. |
| | 12. Mai | Die Ordelaffi, die *Signori* von Forlì, stellen sich unter venezianischen Schutz. |
| | 19. Mai | Gründung der Scuola di San Giorgio und Trifone degli Schiavoni. |
| | 28. Mai | Es wird verfügt, daß der Hausmeister der Geheimen Kanzlei ein Analphabet sein müsse, um so die Geheimhaltung der Dokumente zu garantieren. |
| | 17. Juli | Der Woiwode von Cattaro stellt sich unter venezianischen Schutz. |
| | 8. Oktober | Papst Nikolaus V. vereinigt die Diözesen von Grado und Castello und verwandelt den Titel des Patriarchen von Grado in den eines Patriarchen von Venedig. |

| | | |
|---|---|---|
| | 10. November | Die Republik akzeptiert Ravenna als päpstliches Lehen. |
| 1452 | 22. Mai | Feierlichkeiten im Rahmen des Besuchs von Kaiser Friedrich III. |
| | 9. September | Die *Signori* von Correggio werden unter venezianischen Schutz genommen. |
| | 7. Mai | Jacopo Loredan, Generalkapitän zur See, wird entsandt, um Konstantinopel zu Hilfe zu eilen. |
| | 29. Mai | Muhammadd II. erobert Konstantinopel. Massaker unter den Einwohnern. Zusammen mit dem *Bailo* Minotto kommen auch viele Venezianer ums Leben. |
| | 13. Oktober | Andrea Mantegna heiratet Nicolosa, die Tochter von Jacopo Bellini. |
| 1454 | 9. April | Friede von Lodi. |
| | 18. April | Muhammadd II. bestätigt die früheren Abkommen mit Venedig. |
| | 11. September | Konkurs des Bankhauses Benedetto Soranzo und Gebrüder. |
| | 25. September | Brandschutzmaßnahmen werden ergriffen. |
| 1455 | 10. März | Bartolomeo Colleoni wird Generalkapitän der Landstreitkräfte. |
| | Herbst | Die Türken erobern Phokäa, Thasos und Imbro. |
| 1456 | 20. März | Im Arsenal läuft ein dem Staat gehöriges Schiff von ungewöhnlichen Ausmaßen vom Stapel. |
| 1457 | 12. Januar | Jacopo Foscari stirbt in der Verbannung. |
| | 22. Oktober | Im Rat der Zehn wird beschlossen, den Dogen Foscari zur Abdankung zu zwingen. |
| | 23. Oktober | Abdankung des Dogen Francesco Foscari. |
| | 24. Oktober | Der Doge Foscari verläßt den Dogenpalast. |
| | 30. Oktober | *Pasquale Malipiero wird Doge.* |
| | 1.–3. November | Tod und feierliche Beisetzung des Dogen Foscari. |
| 1458 | 25. Oktober | Der Große Rat stimmt für Gesetze, die die Macht des Rats der Zehn beschneiden. |
| | | Die Türken erobern nach zweijähriger Belagerung die Akropolis von Athen. |
| 1459 | 22. Oktober | Papst Pius II. ruft zum Kreuzzug auf. |
| | 10. November | Drei *Conservatori alla Sanità* werden ernannt. |
| 1460 | 27. Februar | Die kartographische Erhebung des Gebiets der Terra ferma wird angeordnet. |

| | | |
|---|---|---|
| 1461 | 13. Juni | Der Sultan von Ägypten bestätigt die venezianischen Privilegien. |
| | 20. Oktober | Man trifft die Anordnung, wonach Vieh und landwirtschaftliches Gerät in keinem Fall wegen Verschuldung konfisziert werden dürfen – auch nicht bei Verschuldung gegenüber dem Staat. |
| 1462 | 9. Mai | Der Titel *Comune di Venezia* wird durch *Dominio* oder *Signoria di Venezia* ersetzt. |
| | 12. Mai | *Cristoforo Moro wird Doge.* |
| 1463 | 5. Mai | Der *Signore* von Rimini tritt seine Rechte über Cervia und die Salinen an Venedig ab. |
| | 15. Mai | Allgemeiner Zehent und Einrichtung der zehn *Savi sopra le Decime.* |
| 1464 | 12. August | Der Doge befindet sich mit der Flotte in Ancona. |
| | 23. August | Nach dem plötzlichen Tod Pius' II. kehrt der Doge nach Venedig zurück. |
| | 31. August | Der venezianische Kardinal Pietro Barbo wird zum Papst gewählt und nimmt den Namen Paul II. an. |
| | Dezember | Außergewöhnliches Hochwasser. |
| 1467 | 11. November | Abkommen mit dem König von Zypern. |
| 1468 | 13. Februar | Tod des albanischen Patrioten Georg Kastriota Skanderbeg. |
| | 5. März | Astorre Manfredi, der *Signore* von Faenza, vertraut seine Söhne und seine *Signoria* dem Schutz der Republik Venedig an. |
| | 31. Juli | Eheschließung *per procura* zwischen dem König von Zypern und Caterina Corner. |
| 1469 | 18. September | Der Buchdrucker Johannes von Speyer, der erste Typograph von Venedig, erhält Sonderrechte zugestanden. |
| 1470 | 12. Juli | Die Türken erobern Negroponte. |
| 1471 | | Diplomatische Mission Caterino Zens nach Persien. |
| | 26. Juli | Tod des venezianischen Papstes Paul II. Barbo. |
| | 23. November | *Nicolò Tron wird Doge.* |
| 1472 | 20. September | Caterina Corner reist nach Zypern. |
| | Oktober | Die Türken fallen im Friaul ein. |
| 1473 | | Diplomatische Mission von Giosafat Barbaro nach Persien. |

| | | |
|---|---|---|
| | 6. Juli | Tod Jakobs, des Königs von Zypern. |
| | 13. August | *Nicolò Marcello wird Doge.* |
| | 14. November | Verschwörung auf Zypern gegen Caterina Corner. |
| 1474 | 19. März | Der Senat verabschiedet das erste Gesetz zum Schutz der Erfindungen und der Rechte der Erfinder. |
| | Mai | Belagerung und Widerstand von Skutari gegen die Türken |
| | 14. Dezember | *Pietro Mocenigo wird Doge.* |
| 1475 | 6. Januar | Friedensangebote der Türken, die am 5. Oktober zurückgewiesen werden. |
| | 29. Oktober | Tod Bartolomeo Colleonis. |
| 1476 | 4. März | *Andrea Vendramin wird Doge.* |
| | 28. März | Giovanni Caboto wird das Privileg des Bürgerrechtes zugestanden. |
| | 28. April | Eine Gesandtschaft des Großkhans der Tataren trifft in Venedig ein. |
| 1477 | | Türkische Einfälle ins Friaul. |
| 1478 | 18. Mai | *Giovanni Mocenigo wird Doge.* |
| | 15. Juni | Croia ergibt sich nach einjähriger Belagerung den Türken. |
| | 22. Juli | Erfolgreicher Widerstand von Skutari gegen den Angriff der Osmanen. |
| 1479 | 25. Januar | Friede mit der Hohen Pforte. |
| | 1. August | Der Maler Gentile Bellini wird auf Wunsch Muhammads II. nach Konstantinopel entsandt. |
| 1481 | | Bau des Palazzo Loredan (später Vendramin) am Canal Grande. |
| 1482 | 2. Mai | Venedig erklärt dem Herzog von Ferrara den Krieg. |
| | 6. November | Sieg über die Ferraresen bei Argenta. |
| 1483 | 22. Juni | Papst Sixtus IV. verhängt das Interdikt über die Republik; diese erklärt es für unrechtmäßig. |
| | 14. September | Brand im Dogenpalast. |
| 1484 | 22. April | Der türkische Sultan Bajasid II. tritt Zante an Venedig ab, als Gegenleistung entrichtet Venedig ihm einen jährlichen Tribut. |
| | 7. August | Friede von Bagnolo. Rovigo und der Polesine bleiben bei der Republik. |

| | | |
|---|---|---|
| 1485 | 19. November | *Marco Barbarigo wird Doge.* |
| 1486 | 7. Januar | Einrichtung der drei *Provveditori alla Sanità.* |
| | 30. August | *Agostino Barbarigo wird Doge.* |
| 1487 | 13. April | Der Erzherzog von Österreich läßt die venezianischen Kaufleute, die zur Handelsmesse nach Bozen gereist sind, festnehmen. |
| | 10. August | Venezianische Niederlage bei Calliano. |
| | 13. November | Friede mit dem Erzherzog und Verlust von Rovereto. |
| 1488 | September | Gesandtschaft des Zaren von Moskau, Iwan III., kommt nach Venedig. |
| 1489 | 28. Januar | Gesetz gegen Wahlbetrügereien. |
| | 1. Juni | Caterina Corner verzichtet nach ihrer Rückkehr nach Venedig auf die Krone von Zypern. Am 20. Juni erhält sie Asolo als Lehen. |
| | 31. Dezember | Einweihung der Kirche Santa Maria dei Miracoli. |
| 1490 | Januar | Untersuchungen über die Wasserversorgung der Stadt. |
| | 28. Februar | Der Sultan von Ägypten erkennt Zypern als venezianische Besitzung an. |
| | | Die Lagune friert zu. |
| | | Der Maler Michele Giambono beendet die Mosaiklegearbeiten in der Mascolikapelle von San Marco. |
| 1491 | 1. August | Benedetto Pesaro, Vorsteher des Rates der Zehn, wird wegen Machtmißbrauchs verurteilt. |
| 1492 | 29. Dezember | Einführung eines Gesetzes, das festlegt, daß Minderjährige bis vierzehn Jahre nicht für möglicherweise begangene Verbrechen verantwortlich gemacht werden können. |
| | | Entdeckung Amerikas. |
| | | Alexander VI. Borgia wird Papst. |
| 1493 | 22. April | Bündnis mit dem Papst und mit dem Herzog von Mailand. |
| 1494 | 20. Juni | Ungewöhnlich große Hitze, Fischsterben in der Lagune. |
| | 24. Juli | Versuche, den Krieg in Italien zu verhindern. |
| 1495 | 31. Mai | Bündnis mit dem Papst, dem Kaiser, Spanien und Mailand gegen den König von Frankreich. |
| | 29. Juni | Antonio Grimani erobert Monopoli in Apulien. |

| | | |
|---|---|---|
| | 6. Juli | Schlacht von Fornovo. |
| | 7. November | Obwohl Ludovico il Moro einen Separatfrieden mit dem König von Frankreich geschlossen hat, lehnt die Republik die Angebote Karls VIII. ab. |
| 1496 | 1. Januar | Marin Sanudo beginnt die Abfassung der *Diari*, der »Tagebücher«. |
| | 20. April | Karl VIII. verbietet den venezianischen Handel in Frankreich. |
| | 18. Juli | Der König von England schließt sich der gegen Frankreich gerichteten Allianz an. |
| 1498 | 23. September | Die Adligen, die Nutznießer kirchlicher Pfründen sind, werden aus dem Großen Rat ausgeschlossen. |
| | | Tod Karls VIII. von Frankreich. |
| | | In Venedig bricht die Garzoni-Bank zusammen. |
| | | Vettor Carpaccio beendet den Gemäldezyklus »Szenen aus dem Leben der heiligen Ursula«. |
| | | Vasco da Gama erreicht nach der Umschiffung des Kaps der Guten Hoffnung über den Seeweg die Küste von Malabar. |
| 1499 | 3. Februar | Einweihung des Uhrturms auf der Piazza San Marco. |
| | 15. April | Vertrag von Blois mit König Ludwig XII. von Frankreich. |
| | 12.–25. August | Verhängnisvolle Seeschlachten bei Sapienza und Zonchio. |
| | August | Die Nachricht über die Reise Vasco da Gamas trifft in Venedig ein. |
| | 10. September | Die Venezianer erobern Cremona. |
| | 27. Oktober | Diplomatische Mission Alvise Manentis nach Konstantinopel zur Aushandlung eines Friedens. |
| | 27. November | Die Lippomano-Bank bricht zusammen. |
| 1500 | 24. Juni | Erneute venezianische Niederlage auf See in den Gewässern von Zonchio. |
| | 10. August | Verlust von Modon. |
| | 16. August | Verlust von Koron. |
| | 3. Dezember | Zur Deckung der Kriegskosten werden die staatlichen Gehälter gekürzt. |
| 1501 | 13. Mai | Gegen die Türken gerichtetes Bündnis mit dem Papst und mit dem König von Ungarn. |

| | | |
|---|---|---|
| | 20. September | Der übelbeleumdete Doge Agostino Barbarigo stirbt. |
| | 2. Oktober | *Leonardo Loredan wird Doge.* |
| 1502 | 30. August | Eroberung von Leucade. |
| | 5. Dezember | Dem Rat der Zehn wird eine *Zonta delle spezie* angeschlossen, die die Probleme untersuchen soll, welche sich angesichts der neuen Atlantikrouten für den Gewürzhandel ergeben. |
| 1503 | 20. Mai | Friede mit den Türken. |
| | 7. Dezember | Papst Julius II. beklagt sich über die venezianischen Eroberungen in der Romagna. |
| 1504 | 24. Mai | Der Vorschlag, zwischen dem Mittelmeer und dem Roten Meer einen Kanal zu bauen, wird erörtert. |
| 1505 | 27. Januar | Im Fondaco dei Tedeschi, dem deutschen Handelshof, bricht ein Feuer aus. |
| | 10. Februar | Es wird beschlossen, dem Papst mit Ausnahme von Rimini und Faenza die Besitzungen in der Romagna zurückzugeben. |
| | 19. Mai | Der Rat der Zehn richtet das *Collegio Solenne alle Acque* ein. |
| | 31. August | Die Registrierung von Eheschließungen der Patrizier wird angeordnet. |
| 1506 | 15. Januar | Einrichtung der fünf *Savi alla Mercanzia.* |
| | 31. August | Einer Anordnung zufolge müssen die Geburten in Patrizierfamilien von den *Avogadori di Comun* registriert werden. |
| | 6. Oktober | Der Senat weist den Vorschlag eines neuen Bündnisses mit dem König von Frankreich zurück. |
| 1507 | 9. Februar | Der Senat lehnt ein Bündnis mit Kaiser Maximilian ab. |
| | 31. Mai | Neuer Vertrag mit dem Sultan von Ägypten. |
| 1508 | 4. März | Bartolomeo d'Alviano wird Befehlshaber an der Spitze der venezianischen Truppen. |
| | 10. Mai | Unterwerfung von Görz. |
| | 11. Mai | Unterwerfung von Triest. |
| | 1. August | Einweihung des neuen Fondaco dei Tedeschi, der mit Fresken von Giorgione verziert ist. |
| | 25. August | Maßnahmen gegen Wahlbetrug. |
| | 10. Dezember | Liga von Cambrai. |

| | | |
|---|---|---|
| 1509 | 14. März | Brand im Arsenal. |
| | 17. April | Der Herold des Königs von Frankreich wirft dem Dogen den Fehdehandschuh vor die Füße. |
| | 27. April | Julius II. exkommuniziert die Republik, die die Exkommunikation zurückweist. |
| | 14. Mai | Niederlage bei Agnadello, die den Verlust der Lombardei und fast des gesamten Besitzes auf der Terra ferma zur Folge hat. |
| | 10. Juni | Treviso hält Venedig die Treue. |
| | 17. Juni | Padua wird zurückerobert. |
| | 5. September | Die Söhne des Dogen eilen zusammen mit vielen Bürgern dem von Maximilian belagerten Padua zu Hilfe. |
| | 2. Oktober | Maximilian muß die Belagerung von Padua aufheben. |
| 1510 | 24. Februar | In Sankt Peter zu Rom erteilt der Papst Venedig feierlich die Absolution. |
| | 10. Juli | Tod von Caterina Corner, der ehemaligen Königin von Zypern. |
| 1511 | März | Kongreß von Mantua. |
| | 26. März | Erdbeben in Venedig. |
| | 27. April | Die Feindseligkeiten werden wiederaufgenommen. |
| | 20. September | Der Rebell Antonio di Savorgnan übergibt Udine an die Kaiserlichen. |
| | 4. Oktober | Bündnis mit dem Papst und mit dem König von Spanien (Heilige Liga). |
| | 30. Oktober | Andrea Gritti erobert mit der Unterstützung von Girolamo di Savorgnan einen großen Teil des Friauls zurück. |
| 1512 | Februar | Brescia wird zurückerobert und geht wieder verloren. |
| | 6. April | Waffenstillstand mit Maximilian. |
| | 10. April | Schlacht von Ravenna; Gaston de Foix findet dabei den Tod. |
| | 14. September | Crema kehrt zur Republik zurück. |
| 1513 | 21. Februar | Tod Papst Julius' II. |
| | 19. März | Leo X. Medici wird zum Papst gewählt. |
| | 23. März | Vertrag von Blois zwischen Venedig und dem König von Frankreich. |

| | | |
|---|---|---|
| | 6. Juni | Der goldene Engel wird auf die Spitze des Campanile von San Marco gehievt; das Ereignis wird von großen Feierlichkeiten begleitet. |
| | 7. Oktober | Bartolomeo d'Alviano wird bei Schio besiegt. |
| 1514 | 9.–10. Januar | Schrecklicher Brand am Rialto. |
| | Dezember | Die Lagune friert zu. |
| 1515 | 14. September | Schlacht von Marignano, aus der die Franzosen und Venezianer als Sieger hervorgehen. |
| | 8. Dezember | In Bologna treffen sich Franz I. von Frankreich und Papst Leo X. |
| 1516 | 29. März | Die Juden werden gezwungen, im Ghetto zu wohnen. |
| | 13. August | Abkommen von Noyon zwischen Frankreich und Spanien. |
| | 2. Dezember | Abkommen mit Maximilian. |
| 1517 | 24. Januar | Die Venezianer ziehen wieder in Verona ein. |
| | 13. April | Maximilian verzichtet zugunsten der Republik Venedig auf seine Rechte über das Friaul. |
| | September | Wiederaufbau der *Procuratie Vecchie.* |
| | | Die Portugiesen werden im Roten Meer von den Türken besiegt. |
| 1518 | 19. März | Tizians *Assunta* findet ihren Platz über dem Hauptaltar der Frarikirche. |
| 1519 | 19. Januar | Tod Kaiser Maximilians. |
| | 22. März | Der Erzbischof von Candia und Falschmünzer Giovanni Lando wird verhaftet. |
| | 20. Juni | Karl von Habsburg wird als Karl V. zum Kaiser gewählt. |
| 1520 | 21. August | Der Senat weigert sich, die Städte der Terra ferma mit einer kaiserlichen Investitur zu erhalten. |
| | 26. August | Der Apostolische Nuntius verkündet im Senat das päpstliche *Breve* gegen Martin Luther. |
| | 25. Dezember | Der des Lutheranismus verdächtigte Mönch Andrea da Ferrara predigt auf dem Campo Santo Stefano. |
| 1521 | 3. Mai | Wormser Edikt. |
| | 21. Juni | Tod des Dogen Leonardo Loredan. |
| | 6. Juli | *Antonio Grimani wird Doge.* |
| | 6. August | Die Republik verweigert den kaiserlichen Truppen den Durchzug durch ihre Gebiete. |

| | | |
|---|---|---|
| | 19. November | Die Franzosen und Venezianer werden aus Mailand vertrieben. |
| | 11. Dezember | Vertrag mit Sulaiman II. |
| 1522 | 2. Januar | Den Venezianern wird in Lissabon Zollfreiheit gewährt. |
| | 21. April | Franz I. von Frankreich wird nach Italien gerufen. |
| | 29. April | Französisch-venezianische Niederlage bei der Bicocca. |
| | | Der heilige Gaetano Thiene gründet das *Ospedale degli Incurabili.* |
| 1523 | 20. Mai | *Andrea Gritti wird Doge.* |
| | 29. Juli | Wormser Vertrag gegen Frankreich. |
| | 15. August | Der Friede wird verkündet. |
| 1524 | 14. August | Die Rialtobrücke stürzt ein. |
| 1525 | 25. Februar | Schlacht bei Pavia. König Franz I. wird von Karl V. gefangengenommen. |
| 1526 | 26. April | Es wird zur Pflicht gemacht, Eheschließungen von Patriziern bei den *Avogadori di Comun* anzumelden. |
| | 22. Mai | Heilige Liga von Cognac mit Frankreich, Florenz, Mailand und Papst Klemens VII. |
| | August | Schlacht bei Mohács: König Ludwig II. von Ungarn wird von den Türken besiegt und ermordet. |
| 1527 | 25. März | Pietro Arentino läßt sich endgültig in Venedig nieder. |
| | 26. April | Mit dem Ruf »Frankreich! San Marco! Freiheit!« erheben sich die Florentiner gegen die Tyrannei der Medici. |
| | Mai | Rom wird von den Söldnertruppen Karls V. geplündert. |
| | | Venedig erobert sich Ravenna (25. Juni) und Cervia (16. Juli) zurück. Es erhält auch wieder das Recht, die Bischöfe zu ernennen. |
| 1528 | 29. April | Dem Beispiel von Bari, Monopoli, Polignano und Trani folgend, unterwirft sich auch Brindisi der Republik Venedig. |
| | 18. Mai | Bündnis mit Frankreich gegen Karl V. |
| 1529 | 3. April | Gesetz über die öffentliche Armenfürsorge. |
| | 3. August | Friede von Cambrai: Franz I. verläßt Venedig. |

| | | |
|---|---|---|
| | 26. September | Die *Zonta* zum Rat der Zehn wird eine ständige Einrichtung. |
| | 23. Dezember | Vertrag mit Bologna und Friede. |
| 1530 | 20. Februar | Die apulischen Städte werden Karl V. übergeben. |
| | 24. Februar | Karl V. wird zum Kaiser gekrönt. |
| | 30. März | Die *Erbaria* wird am Rialto in der alten *Pescheria* untergebracht. |
| | 26. September | Pietro Bembo wird zum amtlichen Geschichtsschreiber ernannt. |
| 1532 | 16. August | Brand im Palazzo Corner in San Maurizio. |
| | 19. September | Verbot, auf die Wahlen im Großen Rat Wetten abzuschließen. |
| 1533 | 30. September | Letzte Eintragung in den »Tagebüchern« von Marin Sanudo. |
| | 1. November | Girolamo Canal erringt einen Seesieg über die Türken. |
| 1535 | 21. Mai | Gasparo Contarini wird von Papst Paul III. zum Kardinal erhoben. |
| | 2. September | Zwei *Savi* werden mit der Aufgabe gewählt, »die Stadt zu verschönern und bequemer zu machen«. |
| | 3. Oktober – 20. Dezember | Wiederholt ungewöhnlich hoher Wasserstand. |
| 1536 | 24. Januar | Erneuerung des Bündnisses mit Karl V. |
| | Dezember | Pest. |
| 1537 | | Chair Ad Din, genannt »Barbarossa«, unternimmt Überfälle auf die venezianischen Inseln im Ionischen und Ägäischen Meer. |
| | | Der heilige Ignatius von Loyola und der heilige Franz Xaver pflegen die Kranken im *Ospedale degli Incurabili.* |
| 1538 | 8. Februar | Gegen die Türken gerichtetes Bündnis mit Paul III., dem Reich, Spanien, den Rittern von Malta und kleineren Staaten. |
| | 27. September | Schlacht bei Prevesa. |
| 1539 | 19. Januar | *Pietro Lando wird Doge.* |
| | 23. März | In der Frarikirche predigt der Mönch Bernardino da Ochina aus Siena und preist Venedig als Bollwerk der italienischen Freiheit. |
| | 20. September | Einrichtung der drei *Inquisitori sulla Propalazion dei Segreti.* |

| | | |
|---|---|---|
| | 1. November | Bau der orthodoxen Kirche San Giorgio dei Greci. |
| | Dezember | Schreckliche Hungersnot, Aufruhr vor den Getreidespeichern; viele Bewohner von den im Mündungstrichter des Po gelegenen Inseln kommen als Bettler nach Venedig. |
| 1540 | 27. April | Von der Republik werden umfassende wasserbauliche Maßnahmen verfügt. |
| | 15. Mai | Eine Kommission reist zum *Bailo* Alvise Badoer, um einen Frieden mit den Türken auszuhandeln. |
| | 2. Oktober | Vertrag mit Sulaiman II. |
| 1541 | 1. Juli | Schrecklicher Sturm, der die Stadt zu zerstören droht. |
| | 23. Oktober | Karl V. wird bei Algier besiegt. |
| 1542 | 2. Januar | Beltrame Sachia nimmt den Kaiserlichen Marano Lagunare ab. |
| | 22. August | Von Unruhen begleitete Festnahme von Agostino Abbondio und Nicolò Cavazza, die sich der Weitergabe von Staatsgeheimnissen an die Türken schuldig gemacht haben. |
| | 2. Oktober | Friede mit den Türken. |
| 1544 | 30. März | Einrichtung der Behörde der *Auditori novissimi.* |
| | 25. November | Sehr strenge Gesetze gegen Diebstähle werden beschlossen. |
| 1545 | 8. August | Einrichtung der Behörde der *Milizia da Mar.* |
| | 17. November | Die *Correttori della promissione ducale,* die nach dem Tod des Dogen Lando zusammengetreten sind, machen es dem Dogen künftig zur Pflicht, mindestens zweimal im Monat mit den *Savi alle Acque* über den Zustand und die Probleme der Lagune zu konferieren. |
| | 24. November | *Francesco Donà wird Doge.* |
| | 13. Dezember | Eröffnung des Tridentiner Konzils. |
| 1547 | 31. März | König Franz I. von Frankreich stirbt. |
| 1548 | 26. Februar | Lorenzino de' Medici wird auf dem Campo San Polo ermordet. |
| 1552 | | Venedig bleibt in den Kriegen, die in Italien ausgetragen werden, neutral. |
| 1553 | 4. Juni | *Marco Antonio Trevisan wird Doge.* |
| 1554 | 11. Juni | *Francesco Venier wird Doge.* |

| | | |
|---|---|---|
| 1555 | 26. Mai | Bestimmungen gegen die Aufschüttungen in der Lagune. |
| | | Paolo Veronese arbeitet in der Kirche San Sebastiano. |
| 1556 | 18. April | Bona von Savoyen, Königin von Polen, wird feierlich empfangen. |
| | 14. Juni | *Lorenzo Priuli wird Doge.* |
| 1557 | Februar | Nach seiner Abdankung zieht sich Karl V. in das in der Estremadura gelegene Kloster San Yuste zurück. |
| | | Vollendung der Fassade von San Geminiano an der Piazza San Marco. |
| 1559 | 1. September | *Girolamo Priuli wird Doge.* |
| | 2. November | Außergewöhnlich hoher Wasserstand. |
| | | Tintoretto malt die Scuola Grande in San Rocco aus. |
| 1560 | Dezember | Der Lauf der Piave wird reguliert. |
| 1562 | 11. Juni | Cristoforo da Canal trägt einen Seesieg über die Türken davon. |
| | 24. August | Der König von Frankreich erhält ein Darlehen über 100000 Golddukaten. |
| 1564 | 10. Juni | Papst Pius IV. schenkt der Republik den Palazzo Venezia in Rom. |
| | 22. Juli | Die Beschlüsse des Tridentiner Konzils werden vom Senat akzeptiert. |
| | 31. August | Es wird festgelegt, daß im Großen Rat alljährlich die Namen jener Adligen verlesen werden, die sich der Unterschlagung öffentlicher Gelder schuldig gemacht haben. |
| 1565 | | Mit einer aus Alexandria kommenden Galeere wird die Pest in Venedig eingeschleppt. |
| 1567 | 8. Januar | Sansovinos Gigantenstatuen werden an der *Scala dei Giganti* im Dogenpalast aufgestellt. |
| | 26. November | *Piero Loredan wird Doge.* |
| 1568 | | Die Behörde der *Scansadori alle Spese superflue* wird eingerichtet. |
| | | Pius IV. verkündet die Bulle *In Coena Domini.* |
| 1569 | 13.–14. Sept. | Großer Brand im Arsenal. |
| 1570 | 28. März | Ein Gesandter des Sultans verlangt vor dem *Collegio* die Abtretung Zyperns. |

| | | |
|---|---|---|
| | 3. Mai | Tod des Dogen Loredan. Er wird geheimgehalten, um den Ablauf der »Sensa«-Handelsmesse nicht zu stören. |
| | 11. Mai | *Alvise Mocenigo wird Doge.* |
| | 1. Juli | Erste Landung der Türken auf Zypern. |
| | 9. September | Nikosia fällt. |
| | 17. November | Erdstöße. |
| | 16. Dezember | Sebastiano Venier wird zum Generalkapitän zur See gewählt. |
| 1571 | 4. März | Jacopo Ragazzoni unternimmt eine diplomatische Mission nach Konstantinopel. |
| | 20. Mai | Bündnis mit dem Papst und mit dem König von Spanien gegen die Türken. |
| | 5. August | Famagusta fällt. Der *Provveditore* Marc'Antonio Bragadin erleidet ein Martyrium (15. August). |
| | 7. Oktober | Schlacht von Lepanto. |
| | 17. Dezember | Die Juden werden aus Venedig vertrieben. |
| 1573 | 7. März | Friede mit den Türken, allerdings zu sehr ungünstigen Bedingungen. |
| | 7. Juli | Die Vertreibung der Juden wird für ungesetzlich gehalten und widerrufen. |
| | 18. Juli | Inquisitionsprozeß gegen Paolo Veronese. |
| 1574 | 11. Mai | Brand im Dogenpalast. |
| | Juli | Feierliche Visite König Heinrichs III. von Frankreich und Polen. |
| | 12. Oktober | Ungewöhnlich hoher Wasserstand. |
| 1575 | Juni | Anzeichen der Pest treten auf, und die *Provveditori alla Sanità* treffen entsprechende Gegenmaßnahmen. |
| 1576 | 23. Juni | Die Pest greift um sich. Die berühmten Ärzte Cristoforo Mercuriale und Girolamo Capodivacca halten sie für nicht ansteckend. |
| | 27. August | Als fast Hundertjähriger stirbt Tizian (Tiziano Vecellio) an der Pest. |
| | 21. September | Der Senat legt ein feierliches Gelübde ab, um das Ende der Pest zu erbitten. |
| 1577 | 3. Mai | Grundsteinlegung für die Redentore-Kirche, die auf der Giudecca gelegene Votivkirche. |
| | 11. Juni | *Sebastiano Venier wird Doge.* |
| | 20. Dezember | Brand im Dogenpalast. |

| | | |
|---|---|---|
| 1578 | 3. März | Der Doge Venier stirbt aus Gram über die Zerstörung des Dogenpalastes. |
| | 11. März | *Nicolò Da Ponte wird Doge.* |
| | 5. Juni | Francesco de' Medici, Großherzog von Toskana, heiratet heimlich die Venezianerin Bianca Cappello. |
| 1579 | 10. Juni | Offizielle Bekanntgabe der Heirat von Bianca Cappello, die vom Senat zur »Tochter der Republik« proklamiert wird. |
| 1581 | 15. Januar | Der Wiederaufbau der *Procuratie Nouve* wird beschlossen. |
| | 14. August | Als Vergeltung für die Erhöhung der Zölle auf die Rosinen von Zante ergreift Königin Elisabeth I. Maßnahmen gegen den venezianischen Handel. |
| | 11. September | Elisabeth I. händigt der Levant Company die Bestallungsurkunde aus. |
| 1582 | 21. Dezember | Reform des Rates der Zehn. |
| 1584 | 28. Dezember | Abschaffung der Privatbanken und Einrichtung einer Staatsbank. |
| 1585 | 18. August | *Pasquale Cicogna wird Doge.* |
| | 30. November | Papst Sixtus V. gesteht Venedig auf Dauer das Recht ein, einen Auditor der *Rota Romana* zu ernennen. |
| | Ende des Jahres | Verhandlungen mit König Philipp II. von Spanien wegen des portugiesischen Pfeffers. |
| 1588 | 9. Juni | Grundsteinlegung für die neue Rialtobrücke, die aus Steinen gebaut wird und nur einen Bogen hat. |
| 1589 | 2. August | Heinrich III. von Frankreich wird ermordet. |
| | 11. September | Der Papst protestiert gegen die Anerkennung König Heinrichs IV. durch die Republik Venedig. |
| 1591 | 15. März | In den Dachkammern des Dogenpalastes werden Gefängnisse eingerichtet, die allgemein als »Bleikammern« bekannt sind. |
| | 21. Mai | Giovanni Mocenigo liefert Giordano Bruno an das Heilige Offizium aus. |
| | 10. Juli | Erdbeben. |
| 1592 | 27. September | Einweihung der von Palladio geschaffenen Redentorekirche. |
| 1593 | September | Der Bau der Festung von Palmanova im Friaul wird beschlossen. |

| | | |
|---|---|---|
| 1595 | 26. April | *Marino Grimani wird Doge.* |
| 1596 | 27. Juni | Schrecklicher Orkan; auch der Canal Grande wird vom Seesturm aufgewühlt. |
| 1597 | 4. Mai | Große Feierlichkeiten im Rahmen des Einzugs der *Dogaressa* Morosina Grimani Morosini. |
| 1599 | 10. Januar | Wahl der drei *Esecutori all'Adige.* |
| 1600 | 13. Juli | Der Senat weist die Forderung des Papstes zurück, den Senator Matteo Zane, den gewählten Patriarchen von Venedig, einer theologischen Prüfung zu unterziehen. |
| | 18. Dezember | Außergewöhnliches Hochwasser, das auch den Lido überflutet; es entstehen Schäden in Höhe von einer Million Golddukaten. |
| 1601 | 19. Mai | Der Patrizier Giuseppe Donà, der sich des Verrats schuldig gemacht hat, wird erhängt. |
| 1604 | 10. Januar | Es wird untersagt, Kirchen, *Scuole di devozione* oder Klöster ohne die vorherige Genehmigung des Rates der Zehn zu errichten. |
| | 9. Dezember | Die *Bravi* werden aus den venetischen Staaten verbannt. |
| 1605 | 26. März | Es wird verboten, Gebäude ohne die Genehmigung des *Pregàdi* an Geistliche zu verkaufen. |
| | 10. Dezember | Der Papst sendet ein Mahnschreiben an die Republik und droht ein Interdikt an. |
| 1606 | 10. Januar | *Leonardo Donà wird Doge.* |
| | 28. Januar | Der Senat weist die Befehle des Papstes zurück. Fra Paolo Sarpi wird zum Konsulator der Republik in Fragen der Theologie und des kanonischen Rechts ernannt. |
| | 17. April | Paul V. stellt der Republik ein Ultimatum. |
| | 6. Mai | Der Senat weist das päpstliche Interdikt zurück und befiehlt den Geistlichen, sich nicht daran zu halten. |
| | 9. Mai | Die Jesuiten verlassen Venedig; ihnen folgen die Kapuziner und Theatiner. |
| | 30. Mai | Gefahr eines Krieges mit dem Papst und mit Spanien. |
| | 20. Juli | Ein spanischer Flottenverband taucht im Golf auf. |
| | 16. August | Vertrag mit Graubünden. |

| | | |
|---|---|---|
| | 13.–27. September | Die Türken und Frankreich bieten der Republik ihre Hilfe an. |
| | 8. Dezember | Die Spanier drohen mit einer Invasion. |
| 1607 | 5. Januar | Paolo Sarpi wird vom Papst exkommuniziert. |
| | 9. März | Die Republik akzeptiert die Vermittlung des Kardinals de Joyeuse. |
| | 21. April | Paul V. widerruft das Interdikt, und die Republik zieht ihren Protest zurück. |
| | 5. Oktober | Attentat auf das Leben von Paolo Sarpi. |
| 1609 | 24. August | Galileo Galilei führt der *Signoria* sein Fernrohr vor. |
| 1610 | 4. Mai | Der Senat verweigert dem spanischen Heer den Durchzug durch die Gebiete der Republik. |
| | 13. Mai | König Heinrich IV. von Frankreich, ein Freund der Republik, wird ermordet. |
| | 15. Mai | Galileo verzichtet auf den Lehrstuhl an der Universität Padua. |
| | 5. Juli | Die *Savi alla Mercanzia* klagen über den Niedergang der Seefahrt. |
| 1612 | 2. Februar | Das Volk demonstriert gegen den Dogen Donà. |
| | 26. März | Ein Dekret droht jedem die Todesstrafe an, der seine Kinder von den Jesuiten erziehen läßt. |
| | 13. April | Der Senator Anzolo Badoer wird der Spionage verdächtigt und verhaftet. |
| | 16. Juli | Der Doge Donà stirbt unerwartet infolge einer heftigen Auseinandersetzung mit einem Verwandten. |
| | 24. Juli | *Marcantonio Memmo wird Doge.* |
| | | Den holländischen Kaufleuten werden auf dem türkischen Markt Privilegien eingeräumt. |
| 1613 | 6. März | Bündnis mit den Schweizern. |
| | 23. Mai | Die Nachricht von der Ermordung Ser Cristoforo Veniers durch die Uskoken trifft in Venedig ein. |
| | 4. November | Ungewöhnlich starker Orkan. |
| | | Claudio Monteverdi wird Dirigent der Cappella Marciana. |
| 1614 | 11. Oktober | Der Senat lehnt ein Bündnisangebot des Herzogs von Savoyen ab. |
| 1615 | 2. Dezember | *Giovanni Bembo wird Doge.* |

| | | |
|---|---|---|
| | 31. Dezember | Die Feindseligkeiten mit den Erzherzoglichen werden bei Gradisca eröffnet. |
| 1616 | August | Venezianische Erfolge am Isonzo. |
| | 3. August | Mit den Schweizern wird ein Vertrag über die Anwerbung von Truppen abgeschlossen. |
| 1617 | 19. Januar | Venedig vermittelt zwischen Spanien und Frankreich. |
| | 20. Juli | Wahl der *Capi di Contrada sopra il pacifico viver.* |
| | 24. Juli | Angesichts von Schiffen, die mit der spanischen Flotte verwechselt werden, bricht im Großen Rat eine Panik aus. |
| | 6. September | Vertrag von Paris. |
| | 26. September | Vertrag von Madrid. |
| 1618 | 14. März | Verteidigungsbündnis mit dem Herzog von Savoyen. |
| | 5. April | *Nicolò Donà wird Doge.* |
| | 4. Mai | Charterung holländischer Schiffe. |
| | 12. Mai | Die Verschwörung des Marqués de Bedmar wird vom Rat der Zehn zerschlagen. |
| | 17. Mai | *Antonio Priuli wird Doge.* |
| | 23. Mai | Prager Fenstersturz. Beginn des Dreißigjährigen Krieges. |
| 1619 | 3. Mai | Einrichtung des Amtes des *Depositario del Banco Giro.* |
| | 17. August | Gründung der *Accademia dei Nobili* auf der Giudecca. |
| | 31. Dezember | Vertrag mit den niederländischen Generalstaaten. |
| 1620 | 31. Mai | Glanzvolle Regatta zu Ehren des Herzogs von Mantua. |
| | 10. September | Der der Spionage schuldige Ser Z. B. Bragadin wird hingerichtet. |
| 1621 | 11. März | Der ehemalige Palazzo der Herzöge von Ferrara wird den Türken als Handelshaus *(Fondaco)* überlassen. |
| | 11. Oktober | Der Senat lehnt mit der höchsten Stimmenzahl den Vorschlag, die Jesuiten wiederzuzulassen, ab. |
| 1622 | 21. April | Antonio Foscarini, der in der Nacht wegen Verrats erdrosselt wurde, wird zwischen den beiden Säulen der Piazzetta aufgehängt. |
| | 5. Mai | Erdstöße, die eine Viertelstunde andauern. |

| | | |
|---|---|---|
| | 22. August | Prozeß gegen Girolamo Vano, den Ankläger Antonio Foscarinis. |
| 1623 | 15. Januar | Tod Fra Paolo Sarpis. Er stirbt mit einem Segenswunsch für die Republik auf den Lippen. |
| | 16. Januar | Feierliche Rehabilitation Antonio Foscarinis. |
| | 7. Februar | Vertrag von Paris zwischen Venedig, Frankreich und Savoyen. |
| | 8. September | *Francesco Contarini wird Doge.* |
| 1624 | 19. März | Erdbeben. |
| | 26. Juli | Volkszählung in der Stadt und im *Dogado*. Aufführung der Oper *Il combattimento di Tancredi e Clorinda* von Claudio Monteverdi. |
| 1625 | 4. Januar | *Giovanni I. Corner wird Doge.* |
| | 19. März | Im *Pien Collegio* kommt es zum Streit zwischen dem *Consigliere* Renier Zen und dem *Savio del Consiglio* Giovanni da Mula. |
| | 11. April | Renier Zen wird in die Festung von Palma verbannt. |
| 1626 | 19. Januar | Federico Corner wird unter Verletzung der *Promissione* zum Kardinal erhoben. |
| | 5. März | Friede von Monson zwischen Frankreich und Spanien; der Friedensschluß kommt ohne das Wissen der Republik zustande. |
| 1627 | 1. August | Renier Zen wird in den Rat der Zehn gewählt. |
| | 23. Oktober | Nach einer ernsten Ermahnung von Renier Zen, dem Vorsteher des Rates der Zehn, bittet der Doge um die Widerrufung der ungesetzlichen Wahlen seiner Söhne in den *Pregàdi* und die *Zonta*. |
| | 30. Dezember | Attentat auf Renier Zen. |
| 1628 | 7. Januar | Zorzi (Giorgio) Corner, der Sohn des Dogen und Verantwortliche für das Attentat, wird verurteilt. |
| | März | Karl I. Gonzaga-Nevers bittet um Hilfe gegen Frankreich und Spanien. Krieg des Montferrat. |
| | 14. April | Wahl der drei *Provveditori e revisori sopra Adige.* |
| | 23. Juli | Renier Zen greift den Dogen im Großen Rat an. |
| | 29. Juli | Zens Urteil lautet auf Verbannung. Große Unzufriedenheit richtet sich gegen den Rat der Zehn. |
| | 5. September | Wahl der drei *Correttori ai Capitolari dei Consigli.* |

| | | |
|---|---|---|
| | 17. September | Der Große Rat annulliert Zens Verbannung; dieser kehrt im Triumph nach Venedig zurück. |
| | 25. September | Reform des Rates der Zehn. |
| 1629 | 8. April | Bündnis mit Frankreich, Mantua und dem Papst gegen die Kaiserlichen. |
| 1630 | 18. Januar | *Nicolò Contarini wird Doge.* |
| | 25. Mai | Niederlage der Venezianer bei Valeggio. |
| | Juni | In Venedig bricht die Pest aus. |
| | 18. Juli | Die Kaiserlichen erobern Mantua. |
| | 22. Oktober | Der Senat bittet um das Ende der Pest und legt ein entsprechendes Gelübde ab. |
| 1631 | 20. März | Die Pest greift weiter um sich. |
| | 6. April | Vertrag von Cherasco. |
| | 10. April | *Francesco Erizzo wird Doge.* |
| | 26. November | Kardinal Richelieu wird in das venezianische Patriziat aufgenommen. |
| | 28. November | Die *Signoria* verkündet offiziell das Ende der Pest. |
| 1632 | 7. April | Senat lehnt ein Bündnis mit dem Kaiser ab. |
| | 3. Juli | Senat lehnt ein Bündnis mit den Franzosen ab. |
| 1635 | 27. Mai | Abkommen mit den Kaiserlichen über die Grenzen des Friaul. |
| 1638 | 7. August | Antonio Marin Cappello versenkt fünfzehn Galeeren der Barbaresken bei Valona. |
| | | Folgenschwerer Streit mit der Hohen Pforte. |
| 1639 | 15. Juli | Beilegung des Streites mit der Hohen Pforte. |
| 1641 | 11. Juni | Bestimmungen gegen die Fischfangvorrichtungen in der Lagune, die deren ökologisches Gleichgewicht stören. |
| 1642 | 31. August | Bündnis mit dem Großherzog von Toskana und mit dem Herzog von Modena zur Verteidigung des Herzogtums Parma. |
| 1644 | 28. September | Sechs Galeeren der Ritter von Malta, die eine türkische Galeone gekapert haben, ankern vor Kreta. |
| | Dezember | Die Türken treffen Kriegsvorbereitungen. |
| 1645 | 30. April | Die türkische Flotte läuft aus den Dardanellen aus. |
| | 23. Juni | Türkische Landung auf Kreta nahe Canea. |
| | 22. August | Canea fällt. Ser Biagio Zulian vollbringt Heldentaten. |

| | | |
|---|---|---|
| | 10. September | Die venezianische und alliierte Flotte in Suda. |
| | 3. Oktober | Die Kontingente des Papstes und der anderen Verbündeten ziehen sich zurück. |
| | 8. Dezember | Der Doge Erizzo wird zum Generalkapitän zur See gewählt. |
| 1646 | 3. Januar | Tod des Dogen Erizzo. |
| | 20. Januar | *Francesco Molin wird Doge.* |
| | 15. Februar | Im Großen Rat wird der Vorschlag unterbreitet, das Goldene Buch des Patriziats wieder für diejenigen zu öffnen, die zu den Kriegsanstrengungen beitragen. |
| | 4. März | Die *Parte* über die Wiederöffnung des Patriziats wird abgelehnt; es wird allerdings beschlossen, von Fall zu Fall Neuaufnahmen vorzunehmen. |
| | 16. März | Tommaso Morosini, *Capitanio delle navi*, versucht, die Dardanellen zu blockieren. |
| | Mai | Der türkische Druck auf Dalmatien nimmt zu. |
| | 29. Juli | Die Familie Labia wird nach einer Spende von 100000 Dukaten zur Deckung der Kriegskosten in das Patriziat aufgenommen. |
| | 20. Oktober | Bei der Verteidigung von Retimo findet der *Provveditore general* des Königreichs von Candia, Andrea Correr, den Tod. |
| 1647 | 27. Januar | Das Schiff Tommaso Morosinis verteidigt sich gegen siebenundvierzig türkische Galeeren. |
| | 9. März | Der König von Frankreich versucht zu vermitteln. Venezianische Erfolge in Dalmatien. |
| | 30. Juni | Ein Versuch, aus dem belagerten Candia einen Ausfall zu unternehmen, scheitert. |
| | 9. Juli | Aufstand Masaniellos in Neapel. |
| 1648 | 31. Januar | Der Senat ermächtigt den *Bailo* Soranzo, einen Frieden auszuhandeln; die Abtretung der Insel Kreta wird jedoch von vornherein ausgeschlossen. |
| | 17. März | Ein verheerender Seesturm in der Ägäis vernichtet das venezianische Geschwader. |
| | 19. März | Leonardo Foscolo erobert die im dalmatinischen Hinterland liegende Festung Clissa. |
| | 24. Oktober | Der Westfälische Frieden wird unterzeichnet. |
| 1649 | 12. Mai | Jacopo da Riva erringt in den Gewässern von Fochies einen Sieg. |

| | | |
|---|---|---|
| | 1. August | Silvestro Valier wird im Alter von neunzehn Jahren Prokurator von San Marco, nachdem er 20000 Dukaten in die Staatskasse eingezahlt hat. |
| | 30. Oktober | Die Türken versuchen, die Spanier für ein Bündnis zu gewinnen. |
| 1650 | 28. Mai | Der *Bailo* und sämtliche Venezianer mit ihm werden aus Konstantinopel vertrieben. |
| 1651 | 10. Juli | Lazzaro und Alvise Tommaso Mocenigo schlagen die türkische Flotte bei Paros. |
| | | Eine Gesandtschaft zu den Donkosaken. |
| 1654 | 17. Mai | Schlacht in den Dardanellen; Giuseppe Dolfin und Daniele Morosini zeichnen sich dabei aus. |
| 1655 | 27. März | *Carlo Contarini wird Doge.* |
| | 21. Juni | Lazzaro Mocenigo siegt in den Dardanellen. |
| 1656 | 17. Mai | *Francesco Corner wird Doge.* |
| | 15. Juni | *Bertuccio Valier wird Doge.* |
| | 26. Juni | Der Generalkapitän zur See Lorenzo Marcello stirbt als Sieger im Kampf um die Dardanellen. |
| | 1. August | Lazzaro Mocenigo wird mit nur zweiunddreißig Jahren Generalkapitän zur See. |
| 1657 | 28. Februar | Die Jesuiten werden in den venetischen Territorien wieder zugelassen. |
| | 19. Juli | Lazzaro Mocenigo fällt bei dem Versuch, durch die Dardanellen zu stoßen. |
| | | Ahmet Köprülü wird zum Großwesir ernannt. |
| 1658 | 7. Januar | Der Senat lehnt Friedensangebote ab, die die Abtretung Kretas voraussetzen. |
| | 8. April | *Giovanni Pesaro wird Doge.* |
| 1659 | 2. August | Wahl zweier *Deputati alla Provvision del Danaro.* |
| | 9. August | Ein fürchterlicher Seesturm fordert zahllose Opfer und richtet große Schäden an. |
| | 16. Oktober | *Domenico Contarini wird Doge.* |
| 1660 | 17. September | Die alliierten französischen Truppen werden unter den Mauern von Candia geschlagen. |
| | Dezember | Marco Boschini veröffentlicht sein kritisches Gedicht *Carta del Navegar pittoresco.* |
| 1661 | 20. August | Die Republik tritt einer vom Papst angeregten antitürkischen Liga bei. |
| | 27. August | Sieg des Generalkapitäns Zorzi (Giorgio) Morosini in den Gewässern von Milos. |

| | | |
|---|---|---|
| 1662 | 30. August | Abschaffung der Einfuhrzölle in der Hoffnung, den daniederliegenden Handel neuzubeleben. |
| | 29. September | Seesieg in der Nähe von Stanchiò. |
| 1667 | 22. Mai | Der Großwesir Ahmet Köprülü übernimmt persönlich die Leitung der Kampfhandlungen gegen das belagerte Candia. |
| | 30. November | Der Rat der Zehn wird aufgefordert, seine Kompetenzen nicht zu überschreiten. |
| 1668 | 7. März | Sieg des Generalkapitäns Francesco Morosini nahe Hagia Pelagia. |
| | 4. August | Alvise Molin wird nach Konstantinopel entsandt, um einen Frieden auszuhandeln. |
| | 16. Dezember | Erfolgloser Ausfall der Belagerten von Candia. |
| | 21. Dezember | Der Botschafter Molin wird aus Konstantinopel ausgewiesen. |
| | | Der Abbé Graf di Collalto führt als erster den Gebrauch der Perücke ein. |
| 1669 | 13. Mai | Bei der Leitung der Verteidigung von Candia fällt der *Provveditore generale* Cattarin Corner. |
| | 25. Juni | Weiterer, erfolgloser Ausfall der Belagerten. |
| | 26. Juli | Auf den Glacis von Candia fällt der Herzog von Beaufort, ein Verwandter des Königs von Frankreich. |
| | 23. August | Außerordentlich heftiger Angriff der Türken. |
| | 29. August | Die Franzosen und die anderen Verbündeten verlassen das nunmehr als unhaltbar geltende Candia. |
| | 30. August | Francesco Morosini beschließt die Kapitulation von Candia. |
| | 6. September | Francesco Morosini schließt einen Frieden, der die Abtretung der Insel Kreta mit Ausnahme der Festungen Suda, Grabusa und Spinalonga vorsieht. |
| 1670 | 21. April | Feierlicher Einzug des zum Prokurator von San Marco gewählten Francesco Morosini. Das Volk zeigt sich feindselig. |
| | Mai | Der Sultan unterzeichnet den Friedensvertrag mit Venedig. |
| | 19. September | Antonio Correr verlangt eine Untersuchung über das Verhalten von Francesco Morosini. |
| | 25. September | Der Große Rat lehnt den Antrag, Morosini die |

| | | |
|---|---|---|
| | | Würde eines Prokurators von San Marco zu entziehen, ab. |
| 1675 | 6. Februar | *Nicolò Sagredo wird Doge.* |
| 1676 | 14. August | Tod des Dogen Nicolò Sagredo. |
| | 25. August | Unter dem Druck der Straße verhindert der Große Rat die Wahl von Giovanni Sagredo. |
| | 26. August | *Alvise Contarini wird Doge.* |
| 1678 | 25. Juni | Elena Corner Piscopia erwirbt den Doktortitel in Philosophie. |
| 1679 | | Beginn des Baus des Palazzo Pesaro; der Entwurf stammt von Baldassarre Longhena. |
| 1680 | 27. Mai | Den Behörden wird die Entgegennahme anonymer Anzeigen untersagt. |
| 1681 | | Bau der Fassade von Santa Maria Zobenigo, deren Entwurf von Giuseppe Sardi stammt. |
| 1683 | | Die Türken belagern Wien. |
| 1684 | 26. Januar | *Marc'Antonio Zustinian wird Doge.* |
| | 5. März | Bündnis zwischen der Republik, dem Kaiser, dem Papst und dem König von Polen. |
| | 7. August | Der Generalkapitän Francesco Morosini erobert Santa Maura. |
| | 29. August | Prevesa wird zurückerobert. |
| | | Vincenzo Coronelli, Vorläufer der Enzyklopädisten, gründet die *Accademia degli Argonauti.* |
| 1685 | 4. Februar | Man beschließt, achtunddreißig Familien, die zur Deckung der Kriegskosten beitragen, in das Patriziat aufzunehmen. |
| | 11. August | Francesco Morosini erobert Koron. |
| | 14. September | Morosini nimmt Kalamata ein. |
| 1686 | 15. Juni | Eroberung von Navarino. |
| | 25. Juni | Feiern zu Ehren des Herzogs von Braunschweig; es werden elf Regatten abgehalten. |
| | 12. Juli | Einnahme von Modon. |
| | 29. August | Nauplia (Napoli di Romania) wird erobert. |
| | 5. November | Außergewöhnlich hoher Wasserstand: Auf den *Mercerie* fahren Gondeln. |
| 1687 | 26. Juli | Francesco Morosini gibt die Eroberung von Lepanto, Patras und Korinth mit seinem ganzen Golf bekannt. |
| | 29. September | Athen ergibt sich Morosini. |

| | | |
|---|---|---|
| | 9. November | Einweihung der Kirche Santa Maria della Salute, eines Werks von Baldassarre Longhena. |
| 1688 | 3. April | *Francesco Morosini wird Doge.* |
| | 17. April | Erdbeben. |
| | 28. April | Morosini erfährt auf See die Nachricht von seiner Wahl zum Dogen, behält aber das Oberkommando. |
| | 20. August | Girolamo Garzoni fällt bei dem mißglückten Versuch, Negroponte einzunehmen. |
| | | Die von Alessandro Tremignon entworfene Fassade von San Moisè wird gebaut. |
| 1689 | 6. Oktober | Der venezianische Kardinal Pietro Ottobon wird zum Papst gewählt und nimmt den Namen Alexander VIII. an. |
| 1690 | 10. Januar | Triumphaler Einzug Francesco Morosinis in Venedig. |
| | 7. Mai | Der Doge Morosini empfängt in San Marco die vom Papst entsandten Ehrenzeichen. |
| | 17. August | Eroberung von Malvasia. |
| | 18. August | Eroberung von Valona und Janina. |
| | | Tod des Generalkapitäns Girolamo Corner, des Nachfolgers von Morosini. |
| | 8. September | Bei Mytilene (Lesbos) erringen Daniele Dolfin und Bartolomeo Contarini einen Sieg. |
| 1691 | 1. Februar | Papst Alexander VIII. stirbt. |
| | 3. März | Janina und Valona werden aufgegeben. |
| | 27. Juli | Es wird bekräftigt, daß die Zugehörigkeit zum Rat der Zehn die Übernahme jedes anderen Amtes ausschließt. |
| | 29. Juli | Heiligsprechung des seligen Lorenzo Giustiniani (Zustinian), des ersten Patriarchen von Venedig. |
| 1692 | 29. Juni | Gesetze über die Aufteilung und Verwaltung des Königreichs Morea. |
| | 18. Juli | Vergebliche Landung des Generalkapitäns Domenico Mocenigo in Candia. |
| | 27. November | Der Doge Morosini wird (zum viertenmal) zum Generalkapitän zur See gewählt. |
| 1693 | 25. Mai | Feierliche Einschiffung des Dogen. |
| 1694 | 9. Januar | Tod des Dogen Morosini in Napoli di Romania. Nachfolger als Generalkapitän ist Antonio Zen. |

| | | |
|---|---|---|
| | 25. Februar | *Silvestro Valier wird Doge.* |
| | 7. September | Besetzung der Insel Chios (Scio). |
| 1695 | 21. Februar | Die venezianische Flotte verläßt Chios. |
| | 29. Dezember | Schlacht in der Meerenge von Mytilene. |
| 1696 | 20. Juli | Frankreich bittet um venezianische Vermittlung beim Zustandekommen der Friedensschlüsse in Europa. |
| | 9. August | Peter der Große, der Zar von Rußland, schließt sich der gegen die Türken gerichteten Liga an. |
| 1697 | 6. Juli | Antonio Zen stirbt im Gefängnis, nachdem man ihm wegen seines Abzugs von Chios den Prozeß gemacht hat. |
| | 1. September | Seesieg in den Gewässern von Andros. |
| | 11. September | Prinz Eugen schlägt die Türken in der Nähe des Flusses Theiß. |
| 1698 | 19. April | Beginn der Verhandlungen mit den Türken. |
| | 29. Juli | Peter der Große trifft in Venedig ein. |
| | 13. November | Beginn des Kongresses von Karlowitz. |
| 1699 | 26. Januar | Unterzeichnung des Friedens von Karlowitz. |
| | 9. Juni | Adligen Geistlichen wird verboten, päpstliche Nuntiaturen oder Botschaften weltlicher Fürsten zu akzeptieren. |
| 1700 | 5. Juli | Tod des Dogen Silvestro Valier, der der Staatskasse 50000 Dukaten vermacht. |
| | 16. August | *Alvise II. Mocenigo wird Doge.* |
| | 1. November | Der König von Spanien, Karl II., stirbt, nachdem er Philipp von Bourbon, den Herzog von Anjou, zu seinem Erben bestimmt hat. |
| | 23. Dezember | Versuche des Senats und des Papstes, den Krieg um die spanische Thronfolge zu verhindern. Im Senat wird über die Neutralität der Republik diskutiert. |
| 1701 | | Der Spanische Erbfolgekrieg hat Italien zum Schauplatz. |
| | 26. Februar | Der Senat protestiert in Wien wegen der Verletzungen der venezianischen Neutralität. |
| | 20. März | Entsprechende Proteste werden dem französischen Hof vorgetragen. |
| | April–Mai | Debatte über den Luxus. Es wird eine Perückensteuer vorgeschlagen. |

| | | |
|---|---|---|
| | 2. Juli | Gesetzliche Maßnahmen gegen die Verelendung werden getroffen. |
| 1702 | 27. April | Die Republik protestiert am französischen Hof wegen der Störungen der Vorherrschaft im Golf. |
| 1703 | | Prinz Eugen macht dem *Provveditore generale* Girolamo Dolfin Angebote. |
| 1705 | 11. Oktober | Einweihung der Kirche Santa Maria di Nazareth, genannt *degli Scalzi.* |
| 1707 | 17. März | Einrichtung des *Inquisitorato alle Arti.* |
| | 13. Mai | Abkommen über den Abzug der Franzosen und Spanier aus Italien; es besteht die Gefahr, daß die österreichische Herrschaft auch auf Italien ausgedehnt wird. |
| 1709 | Januar | Außergewöhnliche Kälte: Die Lagune friert zu. Der Besuch von König Friedrich IV. von Dänemark und Norwegen wird von großen Festen umrahmt. |
| | 22. Mai | *Giovanni II. Corner wird Doge.* |
| | 20. September | Von den Franzosen und Spaniern werden Bündnisangebote unterbreitet. |
| 1710 | | Vollendung des Baus des Palazzo Pesaro am Canal Grande. |
| 1711 | 13. April | Karl VI. von Habsburg wird Kaiser. |
| 1712 | 29. Januar | Die Konferenz von Utrecht wird eröffnet. Der venezianische Bevollmächtigte Carlo Ruzzini versucht, eine Konföderation italienischer Staaten zu bilden. |
| 1713 | 11. April | Unterzeichnung des Friedens von Utrecht. |
| 1714 | 18. Januar | Anordnungen zum Schutz der Lagunengewässer. |
| | 6. März | Unterzeichnung des Friedens von Rastatt. |
| | 9. Dezember | Die Türken erklären den Krieg. |
| 1715 | 8. Juni | Kapitulation von Tinos. |
| | 20. Juni | Die Türken dringen nach Morea vor. |
| | 29. Juni | Erfolglose Verteidigung von Korinth. |
| | 7. Juli | Ägina fällt. Spinalonga wird von Francesco Zustinian und Alvise Magno verteidigt. |
| | 9.–16. Juli | Napoli di Romania wird belagert und fällt. |
| | 14. August | Kapitulation von Castello di Morea (Rhion). |
| | 16. August | Kapitulation von Modon. |
| | 7. September | Die uneinnehmbare Festung von Malvasia fällt. |

| | | |
|---|---|---|
| | 20. September | Suda und Spinalonga fallen; Santa Maura wird aufgegeben. |
| | 21. Dezember | Das Lottospiel wird eingeführt. |
| 1716 | 13. April | Erneuerung des Bündnisses mit dem Reich. |
| | 5. Juli | Die Türken stehen vor Korfu, das von Andrea Pisani und von Marschall Schulenburg verteidigt wird. |
| | 5. August | Prinz Eugen schlägt die Türken bei Peterwardein. |
| | 22. August | Die Türken sind gezwungen, die Belagerung von Korfu aufzugeben. |
| | | Gegen die Zahlung großer Summen werden erneut Familien ins Patriziat aufgenommen. |
| 1717 | 12. Juni | Schlacht in den Gewässern des Imbro. |
| | 16. Juni | Lodovico Flangini stirbt im Kampf gegen die türkische Flotte in den Gewässern vor dem Berg Athos. |
| | 1. August | Alvise Mocenigo erobert die türkische Festung von Imoschi. |
| | 8. September | Die Insel San Lazzaro zwischen Venedig und dem Lido wird den armenischen Mechitaristenmönchen überlassen. |
| | 21. Oktober | Rückeroberung von Prevesa. |
| | 3. November | Eroberung von Vonizza. |
| 1718 | 20. Juli | Venezianischer Sieg im Golf von Pagania. |
| | 21. Juli | Der Friede von Passarowitz wird unterzeichnet. |
| | 21. November | Die alte Festung von Korfu fliegt in die Luft; bei der Explosion wird auch der Generalkapitän Andrea Pisani getötet. |
| 1719 | | Österreich richtet in Triest und in Fiume Freihäfen ein und einigt sich mit den Barbareskenstaaten. |
| 1720 | | Unter den *Procuratie Nuove* wird das Café Florian eröffnet. |
| 1722 | 24. August | *Alvise III. Mocenigo wird Doge.* |
| 1725 | 1. Juni | Abschaffung der festen *Valli* für den Fischfang, die sich auf die Wasserführung der Lagune schädlich ausgewirkt haben. |
| 1731 | 19. Mai | Der Doge Petrus I. Orseolo wird heiliggesprochen. |
| 1732 | 2. Juni | *Carlo Ruzzini wird Doge.* |
| 1733 | 14. Mai | Friede mit den Türken. |

| | | |
|---|---|---|
| | 26. September | Die fünf *Savi alla Mercanzia* schlagen die Abschaffung der Ausfuhrzölle vor. |
| | 26. September–25. Oktober | Geheimabkommen zwischen Frankreich, Savoyen und Spanien gegen die österreichische Vormacht. |
| | Oktober | Österreichisch-französisch-spanischer Krieg. Die Republik beschließt bewaffnete Neutralität. |
| 1735 | 15. Januar | *Alvise Pisani wird Doge.* |
| | 21. Juni | Neue Vorschläge der *Savi alla Mercanzia* zur Wiederbelebung des Handels. |
| 1736 | | Scipione Maffei verfaßt den *Consiglio Politico.* |
| 1737 | 23. Januar | Um der böhmischen Konkurrenz etwas entgegenzuhalten, führt Giuseppe Briati in Murano die Herstellung von Kristall ein. |
| 1738 | 20. Februar | Reglement des *Banco Giro.* |
| | 27. April | Einweihung der von Giuseppe Scalfurotto wiederaufgebauten Kirche San Simon Piccolo. |
| | 3. Mai | Eine Teilnahme am österreichisch-russisch-türkischen Krieg, zu der die kaiserliche Seite die Republik Venedig aufgefordert hat, wird vom Senat abgelehnt. |
| 1739 | 28. Juli | Charles de Brosses trifft in Venedig ein. |
| | 5. September | Den Juden wird es zur Auflage gemacht, rote Hüte zu tragen. |
| 1740 | 19. November | Die Republik erkennt an, daß der Herzog von Savoyen jetzt den Titel eines »Königs von Sardinien« trägt. |
| 1741 | 30. Juni | *Pietro Grimani wird Doge.* |
| 1742 | 24. März | Die Republik erkennt Karl VII. von Bayern als Kaiser an. |
| | | Anstrengungen gegen die Diplomatie der Österreicher. |
| 1743 | 2. Juni | Das Deckengemälde der *Scuola dei Carmini,* ein Werk Giambattista Tiepolos, wird enthüllt. |
| 1744 | 24. April | Beginn der Bauarbeiten für die *Murazzi.* |
| 1745 | 13. November | Die Republik erkennt Kaiser Franz I. von Lothringen, den Gemahl von Maria Theresia, als Kaiser an. |
| 1746 | 17. Februar | In Paris wird erwogen, Mantua an die Republik abzutreten. |

| | | |
|---|---|---|
| | 31. Oktober | Auf der vom Hochwasser überfluteten Piazza San Marco fahren Schiffe. |
| 1747 | 10. September | Nach einer langen Debatte wird die Ernennung von *Sindici inquisitori* in Dalmatien gutgeheißen. |
| 1748 | 2. April | Aachener Frieden: Ende des Österreichischen Erbfolgekrieges und Neuordnung Europas. |
| 1750 | 24. September | Gründung der Akademie für Malerei und Bildhauerei mit Sitz im *Fonteghetto della Farina* am Anfang der Calle Valaresso. |
| | 9. November | Außergewöhnliches Hochwasser, das die Trinkwasserbrunnen verseucht. |
| 1751 | 21. März | Vertrag mit Kaiserin Maria Theresia über das Schicksal des Patriarchats von Aquileja. |
| | 6. Juli | Papst Benedikt XIV. schafft das Patriarchat von Aquileja ab, das in zwei Erzbistümer, Udine und Görz, aufgeteilt wird: Udine ist für die venezianischen Gebiete zuständig, Görz für die österreichischen. |
| 1752 | 18. März | *Francesco Loredan wird Doge.* |
| 1754 | 23. März | Beschluß, die *Arti* oder Zünfte zu öffnen. |
| | 13. Juni | Giambattista Tiepolo malt die Decke der von Giorgio Massari erbauten Kirche der Pietà aus. |
| | 7. September | Das Verbot, päpstliche Bullen oder Breven ohne die Zustimmung des *Collegio* zu vollstrecken, wird bestätigt. |
| 1755 | Februar | Die Lagune friert zu. |
| | 13. April | Abkommen mit der Kaiserin über den Postverkehr. |
| | 8. September | Großes Bankett im *Casino* Nani auf der Giudecca zu Ehren des Kurfürsten von Köln; es wurde von Pietro Longhi verewigt. |
| 1756 | 18. Februar | Über den Beschluß vom 7. September 1754 kommt es zu Spannungen mit Rom. |
| | 1. November | Giacomo Casanova flieht aus den Bleikammern. |
| 1757 | 15. April | Tod der Malerin Rosalba Carriera. |
| 1758 | März | In Venedig wird mit der Porzellanherstellung »nach sächsischer Art« begonnen. |
| | Juli | Der venezianische Kardinal Carlo Rezzonico wird zum Papst gewählt und erhält den Namen Klemens XIII. |

| | | |
|---|---|---|
| | 12. August | Auf Verlangen des Papstes wird das Dekret vom 7. September 1754 widerrufen. |
| 1760 | 6. Februar | Die *Gazzetta Veneta* von Gasparo Gozzi erscheint zum erstenmal. |
| | 16. Februar | Premiere von Carlo Goldonis *Rusteghi* im Teatro San Luca. |
| 1761 | 6. Juli | Seligsprechung des venezianischen Kardinals Gregorio Barbarigo, der von Johannes XXIII. heiliggesprochen werden sollte. |
| | 12. August | Verhaftung des *Avogador di Comun* Anzolo Querini. |
| | 23. August | Die Wahlen zum Rat der Zehn werden abgesagt. |
| | 9. September | Die Wahl der fünf *Correttori dei Capitolari dei Consigli* wird gutgeheißen. |
| 1762 | 23. Februar | Carlo Goldoni verabschiedet sich mit *Una delle ultime sere di Carnovale* vom venezianischen Publikum. |
| | 16. März | Abschluß der Debatte über die *Correzione* des Rates der Zehn. |
| | 3. April | Giambattista Tiepolo reist auf Einladung des Königs von Spanien nach Madrid. |
| | 31. Mai | *Marco Foscarini wird Doge.* |
| | 29. Dezember | Das venezianische Konsulat in Aleppo wird wieder geöffnet. |
| 1763 | 31. März | Tod des hochverschuldeten Dogen Marco Foscarini. |
| | 19. April | *Alvise IV. Mocenigo wird Doge.* |
| | 18. Juli | Vertrag mit dem Bei von Algier. |
| | 30. Juli | Die *Savi alla Mercanzia* schlagen die Einrichtung einer Handelskammer vor. |
| | 1. September | Vertrag mit dem Bei von Tunis. |
| | 29. September | Anzolo Querini wird aus der Verbannung befreit. |
| 1764 | 28. Februar | Konferenz der Wirtschaftsbehörden über das Problem der Weiden. |
| | 1. Juli | Vertrag mit Tripolis. |
| | 15. September | Kündigung des Vertrags mit den Graubündnern. |
| 1765 | 15. Januar | Auflösung von 147 ohne Genehmigung gegründeten Schulen, Bruderschaften und frommen Einrichtungen. |
| | 14. Juni | Vertrag mit Marokko. |

| | | |
|---|---|---|
| 1766 | 22. März | Im Senat wird über einen Handelsvertrag mit Dänemark diskutiert. |
| | 12. April | Wahl von drei *Deputati straordinari ad Pias Causas* für die Bestandsaufnahme kirchlicher Güter und den Verkauf solcher, die sich in unrechtmäßigem Besitz befunden haben. |
| | 24. Mai | Es wird verfügt, einen Flottenverband unter dem Kommando von Jacopo Nani gegen die tripolitanischen Korsaren zu entsenden. |
| | 12. Oktober | Der selige Girolamo Miani, ein venetischer Patrizier und Gründer der Somasken, wird heiliggesprochen. |
| 1767 | 30. Januar | Es wird angeordnet, daß die Religionsgemeinschaften die »Familiensteuer« zahlen müssen. |
| 1768 | 25. Mai | Gesetze über die Hundehaltung. |
| | 17. September | Einführung der Pockenimpfung. |
| | 24. Dezember | Die Gesundheitsbehörde erhält Anweisungen zur Wiederbelebung der im Wasser Verunglückten. |
| 1769 | 2. Februar | Papst Klemens XIII stirbt. |
| | 22. Juli | Erster Besuch von Kaiser Joseph II. in Venedig; Gespräche mit Andrea Tron. |
| | 9. August | Wahl der drei *Sindici inquisitori in Terra ferma.* |
| | 29. August | Handelsabkommen mit dem Herzog von Sachsen. |
| 1770 | 4. Juli | Die Republik erklärt sich im russisch-türkischen Krieg für neutral. |
| | 12. August | Gasparo Gozzi stellt im Auftrag der *Riformatori allo Studio di Padova* ein Projekt zur Reform der Schulen vor. |
| 1771 | 17. April | Einrichtung eines Lehrstuhls für die Fortbildung der Handwerker. |
| | 12. September | Bericht der *Savi alla Mercanzia* über den Handel mit Ägypten und der Berberei. |
| 1772 | 3. September | Mit einem Dekret wird die stufenweise Auflösung der Augustiner-, Hieronymiten-, Pauliner- und Servitenklöster angeordnet. |
| 1773 | 28. Februar | Andrea Tron, genannt »el paron«, wird zum Prokurator von San Marco gewählt. |
| | 12. März | Es wird beschlossen, eine außerordentliche Abordnung zur Neuregelung der Zünfte zu wählen. |

| | | |
|---|---|---|
| | 20. April | Die Staatsinquisitoren sind für die Erhaltung der öffentlichen Kunstschätze verantwortlich; Anton Maria Zanetti wird Inspektor. |
| | 29. September | Die Republik akzeptiert das Breve Papst Klemens' XIV., das den Jesuitenorden auflöst. |
| | 29. Dezember | Im Auftrag der *Reformatori allo Studio di Padova* legt Gaspare Gozzi einen Plan zur Einrichtung von Volksschulen vor. |
| 1774 | 6. März | Es kommt zu einem schweren Zwischenfall, bei dem der *N. H.* Pietro Semitecolo zu Schaden kommt; ihm widerfährt von seiten der Zehn keine Genugtuung. |
| | 26. März | Beginn des Streites über den Postverkehr. |
| | 30. August | Wahl von fünf *Correttori alle Leggi e ai Capitolari dei Consigli e Collegi.* |
| | 27. November | Mit einem Beschluß wird der *Ridotto* geschlossen, und Glücksspiele werden verboten. |
| | 15. Dezember | Vorschlag bezüglich eines Handelsabkommens mit Rußland. |
| 1775 | 19. Mai | Man beschließt die Aufnahme von vierzig adligen Familien von der Terra ferma in den Großen Rat. |
| | 28. Mai | Ball im Palazzo Tron anläßlich des Staatsbesuchs von Kaiser Joseph II. und seinen Brüdern. |
| 1777 | 10. Januar | Im Teatro San Salvador findet die Uraufführung von Carlo Gozzis *Droghe d'amore* statt, einer Satire gegen Pier Antonio Gratarol. |
| | 17. August | Debatte über die kaufmännischen Aktivitäten der Juden. |
| | 22. Dezember | Pier Antonio Gratarol, der sich ins Ausland abgesetzt hat, wird zur Verbannung und Einziehung seiner Güter verurteilt. |
| 1778 | 29. August | Erfolg der Expedition gegen Tripolis. |
| 1779 | 14. Januar | *Paolo Renier wird Doge.* |
| | 30. März | Einrichtung des Pfandhauses *(Monte di Pietà)*. |
| | 13. Mai | Antonio Canova stellt seine Skulptur »Dädalus und Ikarus« aus. |
| | 5. Dezember | Rede Carlo Contarinis im Großen Rat. |
| 1780 | 17. Januar | Rede Giorgio Pisanis. |
| | 8. März | Giorgio Pisani wird zum Prokurator von San Marco gewählt. |

| | | |
|---|---|---|
| | 9. Mai | Rede des Dogen Renier im Großen Rat. Die Wahl von fünf *Correttori dei Capitolari dei Magistrati* wird gebilligt. |
| | 29. Mai | Feierlicher Einzug des Prokurators Pisani. |
| | 31. Mai | Carlo Contarini und Giorgio Pisani werden verhaftet und verbannt. |
| | 21. Juli | Der Große Rat erklärt die Staatsinquisitoren zu *Benemeriti della Patria.* |
| 1781 | 27. September | Maßnahmen zur Wiederbelebung der Wollkämmerzunft. |
| 1782 | 18. Januar | Der Zarewitsch Paul von Rußland und seine Gemahlin (die »Grafen des Nordens«) treffen in Venedig ein; ihnen zu Ehren werden große Feiern abgehalten. |
| | 15. Mai | Papst Pius VI. wird auf seinem Rückweg von Wien in Venedig triumphal empfangen. |
| | 25. Mai | Mit dem Russischen Reich wird der Austausch von diplomatischen Vertretern beschlossen. |
| | 14. November | Außergewöhnlich hoher Wasserstand. |
| | 12. Dezember | Wahl von drei *Inquisitori all'Arsenale.* |
| 1783 | 12. Mai | Erneut außergewöhnliche Hochwasserflut. |
| 1784 | 15. April | Auf Initiative von Francesco Pesaro erhebt sich vom Becken von San Marco ein Ballon. |
| | 5. Mai | Die Pisani aus Santo Stefano veranstalten zu Ehren von König Gustav III. von Schweden ein aufwendiges Fest. |
| | 29. Mai | Andrea Tron, *Inquisitore alle Arti,* hält eine Rede über den Niedergang von Handel und Industrie. |
| | 3. Juni | Die Abfassung eines Strafgesetzbuches wird beschlossen. |
| | 19. August | Der Senat ermahnt die Adligen, sich vermehrt dem Handel zu widmen. |
| | 5. Oktober | Angelo Emo beschießt das in Tunesien gelegene Susa. |
| 1785 | 6. Mai | Die Existenz einer Freimaurerloge wird entdeckt, deren Mitglieder sich aus allen Schichten rekrutieren. |
| | 26. Juli– 12. August | Angelo Emo beschießt Susa und Sfax. |
| | 9. Oktober | Bombardierung von La Goletta. |

| | | |
|---|---|---|
| 1786 | 7. August | Bombardierung von Biserta. |
| | 21. September | Der Senat billigt das neue Schiffahrtsgesetzbuch. |
| | 26. September | Erneute Bombardierung von Susa. |
| | Oktober | Goethe hält sich in Venedig auf. |
| 1788 | Februar | Die zugefrorene Lagune bietet Gelegenheit, Feste auf dem Eis zu veranstalten. |
| | 17. Mai | Die Republik greift nicht in den neuen österreichisch-russisch-türkischen Krieg ein. |
| 1789 | 13. Februar | Tod des Dogen Renier, der erst am 2. März bekanntgegeben wird, um den Ablauf des Karnevals nicht zu stören. |
| | 9. März | *Lodovico Manin wird Doge.* |
| | 14. Juli | Revolution in Paris; Erstürmung der Bastille. |
| 1790 | 20. März | Rocco Sanfermo, der Resident in Turin, berichtet darüber, welche Absichten die Franzosen in Italien und in Europa verfolgen. |
| | 24. März | Der Senat billigt das Arzneibuch. |
| | | Veröffentlichung des *Catechismo agrario* von G. B. Beltrame. |
| 1791 | 8. Januar | Der Graf d'Artois, ein Bruder von Ludwig XVI. von Frankreich, trifft in Venedig ein. |
| | 19. November | Die Republik weist den vom König von Sardinien vorgelegten Plan einer italienischen Liga zurück. |
| 1792 | 21. Januar | Hinrichtung König Ludwigs XVI. von Frankreich. |
| | 1. März | Tod Angelo Emos. |
| | 3. März | Anordnungen zur Förderung des Handels. |
| | 15. März | Untersuchungen mit dem Ziel einer Gefängnisreform. |
| | 16. Mai | Einweihung des Teatro La Fenice. |
| | 18. Mai | Vertrag mit dem Bei von Tunis. |
| | 17. November | Der Senat lehnt eine Beteiligung an der gegen Frankreich gerichteten Pillnitzer Konvention ab. |
| | 19. Dezember | Gründung einer Gesellschaft zur Förderung des Schwarzmeerhandels. |
| | 24. Dezember | Verheerendes Hochwasser. |
| 1793 | 26. Januar | Das *Collegio* akzeptiert das Beglaubigungsschreiben des Geschäftsträgers der Französischen Republik. |

| | | |
|---|---|---|
| 1794 | 8. Februar | Angesichts eines Bündnisangebots des Königs von Neapel bekräftigt die Republik ihre unbewaffnete Neutralität. |
| | 17. Juni | Französische Proteste gegen die Gastfreundschaft, die Venedig den französischen Emigranten gewährt. |
| | 13. November | Der neue französische Minister J. B. Lallement stellt sich dem *Collegio* vor. |
| | 25. Dezember | Schreckliches Unwetter. |
| 1795 | 28. Juli | Die *Reformatori allo Studio di Padova* berichten über die positive Entwicklung der Volksschulen in den verschiedenen Stadtsechsteln. |
| | 30. Juli | Der diplomatische Vertreter Venedigs in Paris, Alvise Querini, wird vom Nationalkonvent empfangen. |
| 1796 | Januar | »Ausgelassenster Karneval des Jahrhunderts.« |
| | 17. Februar | Der französische Minister Lallement kündigt im *Collegio* das unmittelbar bevorstehende Eintreffen von »einhunderttausend Republikanern« an. |
| | 20. März | General Bonaparte, der zum Befehlshaber der Italienarmee ernannt wurde, tritt sein Amt an. |
| | 20. April | Der Graf von Lille (Ludwig XVIII.) wird aufgefordert, den venetischen Staat zu verlassen. |
| | 28. April | Das besiegte Piemont schließt mit Bonaparte den Waffenstillstand von Cherasco. |
| | 26. Mai | Die Österreicher besetzen Peschiera, das dann von den Franzosen besetzt werden sollte. |
| | 29. Mai | Von Brescia aus wendet sich Bonaparte mit einer Erklärung an die Bevölkerung Italiens. |
| | 1. Juni | In Valeggio trifft Bonaparte mit dem *Provveditore generale* Foscarini zusammen, der dem Einzug der Franzosen in Verona zustimmt. |
| | 2. Juni | In Venedig werden Maßnahmen zur Verteidigung ergriffen. |
| | 19. Juni | General Augereau besetzt Bologna. |
| | 23. Juni | Der Papst akzeptiert einen Waffenstillstand zu äußerst harten Bedingungen. |
| | 5. August | Bonaparte schlägt die Österreicher bei Lonato und Castiglione. |
| | 15. September | General Wurmser, der bei Bassano erneut von |

| | | |
|---|---|---|
| | | Bonaparte geschlagen wurde, schließt sich in der Festung von Mantua ein. |
| | 2. Oktober | Francesco Battagia wird zum *Provveditore generale* auf der Terra ferma ernannt. |
| | 8. Oktober | Ein Bündnis mit Frankreich wird abgelehnt. |
| | 16. Oktober | Von Bonaparte einberufene Konferenz in Modena; Gründung der Zispadanischen Republik. |
| | 1. November | Wiederaufnahme der Kampfhandlungen. |
| | 15.–16. Nov. | Bonaparte siegt bei Arcole. |
| 1797 | 16. Januar | Bonaparte siegt bei Rivoli über die Österreicher. |
| | 2. Februar | Mantua kapituliert. |
| | 19. Februar | Vertrag von Tolentino mit sehr harten Bedingungen für den Papst. |
| | 28. Februar | Das Direktorium befiehlt Bonaparte den Angriff auf das Friaul. |
| | 3. März | Osoppo und Palmanova werden von den Österreichern besetzt. |
| | 10. März | Beginn der Kampfhandlungen im Friaul. |
| | 14. März | In Bergamo wird die provisorische Munizipalität ausgerufen. |
| | 15. März | Francesco Pesaro und Giovanni Battista Corner werden zu *Deputati al Bonaparte* ernannt. |
| | 18. März | Provisorische Munizipalität in Brescia. |
| | 21. März | Bonaparte in Görz. |
| | | Die Städte Venetiens und Friauls und die ländlichen Gemeinden in der Lombardei erneuern ihren Treueschwur gegenüber Venedig. |
| | 30. März | Nach der Anhörung der *Deputati al Bonaparte* wird Bonaparte ein finanzieller Zuschuß von 250000 Dukaten im Monat bewilligt. |
| | 15. April | General Junot legt dem *Collegio* einen Drohbrief von Bonaparte vor. |
| | 17. April | Verona erhebt sich gegen die Franzosen (»Veroneser Ostern«). |
| | 18. April | Unterzeichnung des Vorfriedens von Leoben, der zwischen Bonaparte und den Bevollmächtigten des Kaisers ausgehandelt wurde. |
| | 20. April | Das französische Schiff »Befreier Italiens« wird beschossen, als es versucht, in den Lidohafen einzudringen. |

| | |
|---|---|
| 25. April | In Graz erklärt Bonaparte den *Deputati* Francesco Donà und Leonardo Zustinian, er würde »für den venetischen Staat ein Attila« sein. |
| 1. Mai | Von Palmanova aus richtet Bonaparte eine Proklamation gegen die Republik. |
| 4. Mai | Auf Verlangen Bonapartes werden die Staatsinquisitoren festgenommen. |
| 12. Mai | Letzte Sitzung und Abdankung des Großen Rates. Das »System der vorgeschlagenen repräsentativen Regierung« wird übernommen. Unruhen im Volk. |
| 15. Mai | Der Doge verläßt den Dogenpalast. |
| | Französische Truppen ziehen in die Stadt ein. |
| 16. Mai | Vertrag von Mailand zwischen der Venetischen Republik und der Französischen Republik. |
| | In der letzten Proklamation kündet der Doge die Einrichtung der provisorischen Munizipalität an. |
| 4. Juni | Nationalfeiertag. In Anwesenheit der französischen Garnisonstruppen wird um den »Baum der Freiheit« getanzt. |
| 26. Juni | In Mailand wird die Zisalpinische Republik ausgerufen. |
| 29. Juni | Die Franzosen besetzen Korfu. |
| 1. Juli | Die Österreicher besetzen Zara. Die Banner von San Marco werden im Rahmen einer feierlichen Zeremonie in der Kathedrale niedergelegt. |
| | Die provisorische Munizipalität von Venedig protestiert gegen die Besetzung Dalmatiens und Istriens durch die Österreicher. |
| 21. Juli | Ein Teil des Schatzes von San Marco wird in die Münze gebracht, um dort eingeschmolzen zu werden. |
| 23. August | Die Bewohner von Perasto verwahren das venezianische Banner unter dem Altar. |
| 17. Oktober | Unterzeichnung des Vertrags von Campoformido. |
| 7. Dezember | Die Bronzepferde von San Marco werden nach Paris verfrachtet. |
| 1798 9. Januar | Zerstörung des Arsenals. Der *Bucintoro* wird zertrümmert. |

| | | |
|---|---|---|
| | 18. Januar | Abzug der Franzosen. Die österreichischen Truppen ziehen in Venedig ein. |
| | 22. Februar | Im Saal des Großen Rates leisten die ehemaligen Patrizier dem Kaiser den Treueid. |
| | 4. Juni | Im böhmischen Dux stirbt Giacomo Casanova. |
| | November | Lorenzo Da Ponte kommt nach Venedig. |
| 1799 | | Die kostbaren Handschriften der Sammlung Foscarini werden konfisziert und nach Wien gebracht. |
| 1800 | 12. März | Nach einem 102 Tage dauernden Konklave wird Kardinal Gregorio Barnaba Chiaramonti in San Giorgio Maggiore zum Papst gewählt und nimmt den Namen Pius VII. an. |
| | April–Mai | Große Feierlichkeiten zu Ehren Pius' VII. |
| | | In ganz Venetien bricht eine schwere Typhusepidemie aus, die mehr als zwei Jahre dauern sollte. |
| 1802 | 24. Oktober | Tod des letzten Dogen, Lodovico Manin. |
| 1805 | 26. Dezember | Frieden von Preßburg. Venedig und Venetien werden dem Napoleon willfährigen Königreich Italien angegliedert. |
| 1806 | 19. Januar | Die Franzosen nehmen Venedig wieder in ihren Besitz. |
| | 26. Januar | Besuch von Eugène de Beauharnais, Vizekönig des Königreichs Italien. |
| | 29. April | Die Provinz erhält den Namen *Dipartimento dell'Adriatico.* |
| | 19. Mai | Man beginnt mit dem Abriß der Kirche San Geminiano auf der Piazza San Marco |
| | 28. Juli | Die religiösen Einrichtungen werden massenweise aufgelöst. |
| | September | Grausam unterdrückter Aufstand in den Tälern von Schio. |
| | 21. November | Napoleon I. verkündet die Kontinentalsperre. |
| 1807 | 29. November | Napoleon in Venedig. |
| | 7. Dezember | Neben anderen Maßnahmen wird die Einrichtung des Parks von Castello angeordnet. |
| | 20. Dezember | Eugène de Beauharnais wird mit dem Titel eines »Fürsten von Venedig« ausgezeichnet. |
| | | Anstelle von San Pietro di Castello wird die Markusbasilika zur Kathedrale von Venedig. |

| | | |
|---|---|---|
| 1808–1809 | | Infolge des Dekrets von Napoleon, mit dem die Einrichtung des Parks verfügt wurde, werden berühmte Kunstwerke vernichtet. |
| 1810 | | Erneute massenweise Auflösungen von Kirchen und Klöstern. |
| | | Gründung der Kadettenschule von Sant'Anna. |
| 1811 | 6. Mai | Wiederauffindung des Körpers des heiligen Markus. |
| | 15. August | Enthüllung der Monumentalstatue Napoleons an der Mole, die von Domenico Banti stammt und 1814 zerstört werden sollte. |
| | 20. August | Eröffnung des öffentlichen Parks von Castello. |
| 1812 | Dezember | Große Kälte und schwere Hungersnot. |
| 1813 | 21. Oktober | General Seras verkündet den Belagerungszustand. |
| 1814 | 16. April | Waffenstillstand von Schiarino-Rizzino. Venedig kehrt an Österreich zurück. |
| | 19. April | Die Österreicher ziehen in Venedig ein. |
| | 24. April | Venedig wird zur »königlichen Stadt«. |
| 1815 | 3. Mai | Die ehemaligen Patrizier leisten Erzherzog Johann Baptist den Treueid in die Hand. |
| | 31. Oktober | Kaiser Franz I. trifft in Venedig ein. |
| | 13. Dezember | Die vier Bronzepferde kehren an die Fassade der Basilika von San Marco zurück. |
| 1816 | | Eine außergewöhnliche Schlechtwetterperiode führt zu Überschwemmungen in ganz Venetien. Hungersnot und Verelendung machen sich in Venedig bemerkbar. |
| 1817 | | Erneute Typhusepidemie. Von einem Griechen eingeschleppt, kommt die Pest hinzu. |
| 1818 | 3. Januar | Erzherzog Rainer wird zum Vizekönig von Lombardo-Venetien ernannt. |
| 1819 | Februar | Besuch des Erzherzogs Rainer in Venedig. |
| | März | Wegen des Ausbruchs eines Elefanten aus einer Menagerie gerät die ganze Stadt in Aufregung; das Tier wird in der Kirche San Fantin, in die es sich geflüchtet hatte, mit Kanonenschüssen erlegt. |
| 1820 | 25. August | Kaiserliche Bekanntmachung gegen die Karbonari. |
| 1821 | 24. Dezember | Feierliche Verlesung des Urteils gegen die |

| | | |
|---|---|---|
| | | lombardo-venetischen Karbonari von der *Loggia Foscara* des Dogenpalastes. |
| | | Schrecklicher Orkan. |
| 1822 | Juni | Ungewöhnlich schlechtes Wetter. Am Johannistag richtet ein fürchterlicher Orkan schwere Schäden an. |
| | 13. Oktober | In Venedig stirbt Antonio Canova. |
| | Dezember | Die in Verona zum Kongreß versammelten Monarchen besuchen Venedig. |
| 1829 | 22. Dezember | Beschluß, den zuvor auf San Giorgio begrenzten Freihafen ab 1. Februar 1830 auf die ganze Stadt auszudehnen. |
| 1830 | 20. Februar | Tod Teodoro Corrers, des Sammlers von Erinnerungsstücken der venezianischen Geschichte und Gründers des Museo Civico. |
| 1832 | 6. April | Tod von Giustina Renier Michiel, einer Verwandten des Dogen Paolo Renier und Verfasserin eines Werkes über die Ursprünge der venezianischen Feste. |
| 1833 | 5. Oktober | Gregor XVI. verleiht der Basilika von San Marco die »Goldene Rose«. |
| 1835 | 2. Februar | Tod Kaisers Franz I. von Österreich. Ihm folgt Ferdinand I. nach. |
| | September | Choleraepidemie. |
| 1837 | 25. Februar | Gründung der Gesellschaft für den Bau der *Ferrovia Ferdinandea,* der Eisenbahnlinie Mailand–Venedig. |
| 1838 | 10. September | Ferdinand I. von Österreich wird in Mailand mit der »eisernen Krone« gekrönt. |
| | | Der preußische Kronprinz erwirbt das aus dem Jahr 1108 stammende Apsismosaik der zerstörten Kirche San Cipriano di Murano und überführt es in die Friedenskriche von Potsdam. |
| 1841 | 25. April | Beginn des Baus der über die Lagune führenden Eisenbahnbrücke. |
| 1844 | 25. Juli | Nach dem gescheiterten Versuch einer Revolte werden in der Nähe von Cosenza die Venezianer Attilio und Emilio Bandiera und Domenico Moro erschossen. |
| 1846 | 4. Januar | Der erste Zug fährt über die Eisenbahnbrücke. |

| | | |
|---|---|---|
| 1847 | 13. September | In Venedig wird der IX. Kongreß der italienischen Wissenschaftler eröffnet, der bis zum 29. September dauert. |
| | 21. Dezember | In einem Antrag an die *Congregazione Centrale Veneta* verlangt Daniele Manin eine Untersuchung über die »Unzufriedenheit der Bevölkerung« in Venetien. |
| | 28. Dezember | Der Adlige G. B. Morosini richtet einen gleichlautenden Antrag an die *Congregazione Provinciale.* |
| | 30. Dezember | Vor dem *Ateneo Veneto* hält Nicolò Tommaseo einen Vortrag über die »Situation der italienischen Literatur« und verlangt die Abschaffung der Zensur und die Einheit Italiens. |
| 1848 | 19. Januar | Manin und Tommaseo werden verhaftet. |
| | 6.–8. Februar | Studentenunruhen in Padua. |
| | 22. Februar | In Lombardo-Venetien wird das Kriegsrecht (»Standrecht«) ausgerufen. |
| | 24. Februar | Februarrevolution in Paris. |
| | 4. März | König Karl Albert von Sardinien unterzeichnet die Verfassung. |
| | 17. März | In Venedig trifft die Nachricht von der Wiener Revolution und vom Fall des Kanzlers Metternich ein. |
| | | Manin und Tommaseo werden freigelassen. |
| | 22. März | Revolution in Venedig. Es wird eine provisorische Regierung gebildet, an deren Stelle schon sehr bald die Demokratische Republik Venetien tritt, als deren Präsident Manin fungiert. |
| | 3. Juli | Die *Assemblea Provinciale* beschließt die Angliederung an Piemont. |
| | 7. August | Ankunft der Kommissare, die König Karl Albert delegiert hat, um die Stadt in Besitz zu nehmen. |
| | 9. August | Waffenstillstand von Salasco: König Karl Albert verpflichtet sich, den Tessinfluß wieder zu überschreiten. |
| | 11. August | In Venedig trifft die Nachricht vom Waffenstillstand von Salasco ein. Manin übernimmt die Regierung. |
| | 13. August | Die venezianische Versammlung wählt ein Tri- |

| | |
|---|---|
| | umvirat, bestehend aus Manin, Admiral Graziani und Oberst Cavedalis. |
| | Vorbereitungen zur Verteidigung. Mißerfolg der Anleihe, die in ganz Italien aufgelegt wurde, um Mittel zur Verteidigung von Venedig zu sammeln. |
| 22. September | Erfolgreicher Ausfall aus der vom österreichischen Heer abgeriegelten Stadt Venedig. |
| 27. Oktober | Ausfall aus der Festung von Marghera: 600 Gefangene und acht Kanonen fallen in die Hände der Aufständischen. |
| | Alessandro Poerio fällt. |
| 2. Dezember | Der österreichische Kaiser Ferdinand I. dankt ab; ihm folgt sein erst achtzehnjähriger Neffe Franz Joseph nach. |
| 24. Dezember | Es wird beschlossen, Wahlen zu einer neuen Versammlung anzuberaumen. |
| 1849 Januar | Die Blockade der Österreicher wird verschärft. |
| 9. Februar | Nach den Wahlen wird die neue Wahlversammlung in den Dogenpalast einberufen. |
| 23. März | König Karl Albert wird bei Novara besiegt. |
| 27. März | Die Österreicher informieren Manin über den Sieg bei Novara und verlangen die Kapitulation. |
| 2. April | Die venezianische *Assemblea*, die sich im Saal des Großen Rates versammelt hat, stimmt für den »Widerstand um jeden Preis«. Manin wird mit unbeschränkten Vollmachten ausgestattet. |
| Ende April | Die Österreicher verstärken den Belagerungsring. |
| 5. Mai | Für den Fall einer »absoluten, vollen und ganzen Kapitulation« verspricht Feldmarschall Radetzky Milde und Vergebung. |
| 9.–22. Mai | Ausfälle der Verteidiger von Marghera und Brondolo. |
| 26. Mai | Räumung der Festung in Marghera. |
| 2. Juli | Fall der Römischen Republik. |
| 25. Juli | Die Österreicher versuchen eine Bombardierung Venedigs aus der Luft. |
| 29. Juli | Beginn der Beschießung Venedigs, die vierundzwanzig Tage dauern sollte. |
| 30. Juli | Die Choleraepidemie in der Stadt verschlimmert sich. |

| | | |
|---|---|---|
| | 1. August | Ausfall der Verteidiger von Brondolo. |
| | 3. August | Forderungen nach einer Kapitulation verursachen Unruhen im Volk. Der Palazzo Querini Stampalia wird geplündert. |
| | 11. August | Manin nimmt Verhandlungen mit dem österreichischen Minister Bruck auf. |
| | 22. August | Venedig kapituliert. |
| | 26. August | Die Österreicher ziehen in Venedig ein. |
| 1850 | 31. Dezember | Politische Neuordnung des österreichischen Lombardo-Venetien. |
| 1851 | 11. Oktober | Die Patrioten Luigi Dottesio und Vincenzo Maisner werden zum Tode verurteilt. Dottesio wird auf dem Marsfeld gehenkt. |
| 1852 | 21. Februar | Veröffentlichung der *Sovrana Risoluzione*, mit der den lombardo-venetischen Emigranten das Bürgerrecht entzogen wird. |
| | 27. März | Franz Joseph kommt nach Venedig. Die Wiedereinrichtung des Freihafens wird bewilligt. |
| | 3. Mai | Die Arbeiter Garbisa und Gini, mutmaßliche Komplizen bei der Ermordung von Oberst Marinovich während der 48er Revolution, werden gehenkt. |
| | 7. Dezember | In Mantua werden die venezianischen Patrioten Bernardo Canal, Angelo Scarsellini und Giovanni Zambelli gehenkt. |
| 1856 | Dezember | Offizielle Visite des Kaisers und der Kaiserin von Österreich. Maßnahmen zugunsten der Stadt. |
| 1857 | 10. April | Anordnung des Generalgouverneurs Erzherzog Maximilian für eine Verbesserung der Situation Lombardo-Venetiens. |
| | 22. September | In seinem Pariser Exil stirbt Daniele Manin. |
| 1859 | 23. April | Österreich stellt Piemont ein Ultimatum. |
| | 26. April | Piemont weist das österreichische Ultimatum zurück. |
| | 29. April | Das französische Heer zieht über den Mont Cenis. |
| | 8. Juni | König Viktor Emanuel II. und Napoleon III., der Kaiser der Franzosen, ziehen in Mailand ein. |
| | 11. Juli | Waffenstillstand von Villafranca. Venetien bleibt bei Österreich. |

| | | |
|---|---|---|
| 1861 | 18. Februar | Eröffnung des ersten italienischen Nationalparlaments. |
| | 17. März | Das Königreich Italien wird ausgerufen. |
| 1866 | 8. April | Italien und Preußen unterzeichnen einen gegen Österreich gerichteten Vertrag. |
| | 24. Juni | Schlacht bei Custoza. |
| | 20. Juli | Schlacht bei Lissa. |
| | 22. Juli | Österreichisch-preußischer Waffenstillstand von Nikolsburg. |
| | 19. Oktober | Die italienischen Truppen ziehen in Venedig ein. |
| | 21. Oktober | In Venedig wird ein Plebiszit abgehalten. |
| | 7. November | Viktor Emanuel II. kommt nach Venedig. |
| | 11. November | Die Fahne der Gemeinde Venedig wird mit der goldenen Tapferkeitsmedaille ausgezeichnet. |
| 1867 | 22. März | Die sterblichen Überreste Daniele Manins werden nach Venedig überführt. |
| 1872 | | Alberto Mario gründet die *Lega Democratica del Veneto.* |
| 1874 | | Der Rechtsanwalt G. B. Paganuzzi gründet die *Opera dei Congressi.* |
| 1886 | 14. Dezember | Der Bürgermeister Graf Dante Serego Allighieri legt einen umfassenden Plan in bezug auf »Abriß und Sanierung« der Stadt vor. |
| 1887 | 1. Februar | Der Historiker Pompeo Molmenti eröffnet die Polemik gegen das Projekt Serego Allighieri. |
| 1892 | Oktober | In Venedig tritt der Kongreß der »Liga für die Emanzipation der Arbeiter« zusammen. |
| 1895 | 22. April | Eröffnung der ersten *Esposizione Biennale* zeitgenössischer Kunst. |
| 1902 | 14. Juli | Einsturz des Campanile von San Marco, der auf Wunsch der Bürger wieder so aufgebaut werden sollte, »wie er war und wo er war«. |
| 1915 | 24. Mai | Italien erklärt Österreich-Ungarn den Krieg. |
| | 24. Oktober | Eine österreichisch-ungarische Bombe zerstört die von G. B. Tiepolo mit Fresken bemalte Decke der Scalzikirche. |
| 1916 | 21. November | Ungewöhnliches Hochwasser (1,36 m über dem Normalstand). |
| 1917 | 16. August | Billigung des Vertrages über die Einrichtung eines Industriehafens bei Bottenighi nahe Marghera. |

| | | |
|---|---|---|
| | November | Die österreichisch-ungarischen Truppen nehmen, nachdem sie die italienische Front am Isonzo durchbrochen haben, an der Piave, wenige Kilometer von Venedig entfernt, eine feste Stellung ein. |
| 1918 | 27. Februar | »Nacht der acht Stunden«: 281 Bomben werden aus österreichisch-ungarischen Flugzeugen über der Stadt abgeworfen. |
| | 4. November | Unterzeichnung des Waffenstillstandes mit Österreich-Ungarn; gemäß diesem Abkommen wird die österreichisch-ungarische Flotte als Kriegsbeute nach Venedig gebracht. |
| 1933 | 25. April | Einweihung der über die Lagune führenden Straßenbrücke. |
| 1936 | 14. April | Außergewöhnliches Hochwasser (1,50 m über dem Normalstand). |
| 1937 | 21. August | Rechtsverordnung Nr. 1901 über die Maßnahmen zum Schutz des Charakters der von der Lagune und ihren Kunstdenkmälern geprägten Stadt. |
| 1938 | 3. Februar | Die Rechtsverordnung Nr. 1901 wird in ein Gesetz verwandelt. |
| 1940 | 10. Juni | Italien erklärt Frankreich und Großbritannien den Krieg. |
| 1943 | 8. September | Waffenstillstand und nationale Krise. |
| 1945 | 28. April | Venedig, das sich gegen die deutsche Besatzung erhoben hat, wird von den Alliierten besetzt. Die demokratischen Freiheiten werden wiederhergestellt. |
| 1966 | 4. November | Starker Orkan mit ungewöhnlichem Hochwasser: Die Stadt läuft Gefahr, unterzugehen. |
| 1973 | 16. April | Ein neues Sondergesetz zum Schutz Venedigs wird angenommen. |

BIBLIOGRAPHISCHE HINWEISE

Auswahl benutzter und empfohlener Venedig-Literatur

Bakos, Eva. *Venedig.* Köln 1983
Bassi, Elena. *Architettura del Sei e Settecento a Venezia.* Neapel 1962
Beltrami, Daniele. *Storia della popolazione di Venezia dalla fine del sec. XVI alla caduta della Repubblica.* Padua 1954
Benzoni, Gino. *Venezia nell'età della controriforma.* Mailand 1973
Berengo, Marino. *La società veneziana alla fine del Settecento.* Florenz 1976
Besta, Enrico. *Il Senato veneziano (origini, costituzione, attribuzioni e riti).* In: Miscellanea di storia veneta. Serie 2, Band V. Venedig 1899
Bettini, Sergio. *Venezia – nascita di una città.* Mailand 1978
Bouwsma, William J. *Venice and the Defense of Republican Liberty.* Berkeley, Cal., 1968
Bratti, Ricciotti. *La fine della Serenissima.* Mailand o.J.
Braudel, Fernand. *La Méditerranée.* Band I. Paris 1966
Braunstein, Pierre, und Robert Delort. *Venise, portrait historique d'une cité.* Paris 1971
Carile, Antonio. *La cronachistica veneziana.* Florenz 1968
Carile, A., und G. Fedalto. *Le origini di Venezia.* Bologna 1978
Cessi, Roberto. *La Repubblica di Venezia e il problema Adriatico.* Neapel 1953
Cessi, Roberto. *Le origini del ducato veneziano.* Neapel 1951
Cessi, Roberto. *Storia della Repubblica di Venezia.* 2 Bände. Mailand-Messina 1944/45
Cessi, Roberto. *Venezia Ducale.* 2. Auflage. Venedig 1940
Crivellari, Domenico. *Venedig. Geschichte, Kunst und Kultur der Lagunenstadt.* München 1982
Da Mosto, Andrea. *I bravi di Venezia.* Mailand 1950
Da Mosto, Andrea. *I dogi di Venezia.* 2. Auflage. Mailand 1960
Da Mosto, Andrea. *L'Archivio di Stato di Venezia.* 2 Bände. Rom 1937/40

Damerini, Gino. *Morosini.* Mailand 1929
Dandolo, Girolamo. *La caduta della Repubblica di Venezia ed i suoi ultimi cinquant'anni.* Venedig 1855
Daru, Pierre Bruno Graf. *Geschichte der Republik Venedig.* Deutsche Ausgabe in drei Bänden, 1824/27
Demus, Otto. *The Church of San Marco in Venice: History, Architecture, Sculpture.* Washington, D.C., 1960
Diehl, Charles. *Une république patricienne: Venise.* Paris 1915
Eickhoff, Ekkehard. *Venedig, Wien und die Osmanen. Umbruch in Südosteuropa 1645–1700.* München 1970
Ferrero, Guglielmo. *Aventure – Bonaparte en Italie.* Paris 1936
Gozzi, Gaetano. *Il Doge Nicolò Contarini: Ricerche sul patriziato veneziano agli inizi del Seicento.* Venedig-Rom 1958
Grimaldo, Carlo. *Giorgio Pisani e il suo tentativo di riforma.* Venedig 1907
Hale, R. *Renaissance Venice.* London 1973
Hellmann, Manfred. *Grundzüge der Geschichte Venedigs.* 2. Auflage. Darmstadt 1981
Honour, Hugh. *Venedig. Ein Führer.* 2. Auflage. München 1973
Horst, Eberhard, und Josef Rast. *Venedig. Die Stadt im Meer.* 3. Auflage. Olten-Freiburg 1979
Kretschmayr, Heinrich. *Geschichte von Venedig.* 3 Bände. Gotha-Stuttgart 1905/34
Lane, Frederic C. *Seerepublik Venedig.* München 1980
Langewiesche, Marianne. *Venedig. Geschichte und Kunst. Erlebnis einer einzigartigen Stadt.* Köln 1973
Lazzarini, Vittorio. *Marino Faliero.* Florenz 1963
Lebe, Reinhard. *Als Markus nach Venedig kam. Aufstieg und Staatskult der Republik von San Marco.* Frankfurt 1978
Luzzatto, Gino. *Storia economica di Venezia.* Venedig 1961
Luzzatto, Gino. *Studi di storia economica veneziana.* Padua 1954
Mangini, Nicola. *I Teatri di Venezia.* Mailand 1974
Maranini, Giuseppe. *La costituzione di Venezia dopo la serrata del Maggior Consiglio.* Rom 1931
Marchesi, Vincenzo. *Settant'anni di storia politica di Venezia (1798–1866).* Turin-Rom 1892
Marchesi, Vincenzo. *Storia documentata della rivoluzione e della difesa di Venezia negli anni 1848–49.* Venedig 1913
McNeill, W. H. *Venice, the hinge of Europe, 1081–1797.* Chicago-London 1974
Molmenti, Pompeo. *La storia di Venezia nella vita privata.* 3 Bände. Bergamo 1927

Monnier, Philippe. *Venedig.* München 1927
Morris, Jan. *Großmacht Venedig. Eine Seereise durch die Geschichte.* Sonderausgabe. München 1983
Mutinelli, Fabio. *Annali delle provincie venete dall'anno 1804 al 1840.* Venedig 1843
Nani Mocenigo, Mario. *L'Arsenale di Venezia.* Rom 1927
Nani Mocenigo, Mario. *Storia della marina veneziana da Lepanto alla caduta della Serenissima.* Rom 1935
Pignatti, Teresio. *Venice.* New York 1971
Preto, Paolo. *Venezia e i Turchi.* Florenz 1975
Pullan, Brian. *Rich and Poor in Renaissance Venice.* Oxford 1971
Renouard, Yves. *Les villes d'Italie de la fin du Xe siècle au début du XIVe siècle.* Paris 1969
Rigobon, Pietro. *Gli eletti alle Assemblee veneziane del 1848–49.* Venedig 1950
Roiter, Fulvio. *Die Lagune von Venedig.* Mit einem Text von Goffredo Parise. Wien-München 1979
Roiter, Fulvio. *Traumhaftes Venedig.* Mit einem Text von Andrea Zanzotto. Wien-München 1978
Romanin, Samuele. *Storia documentata di Venezia.* 10 Bände. Venedig 1853/1860
Thiriet, Freddy. *Histoire de Venise.* Paris 1952
Varii Autores. *La Civiltà veneziana nell'età romantica.* Venedig-Florenz 1961
Varii Autores. *Storia della Civiltà Veneziana.* 11 Bände. Venedig-Florenz 1955/1965
Varii Autores. *Venezia e le sue Lagune.* 5 Bände. Venedig 1847
Varii Autores. *Venise au temps des galères.* Paris 1968
Wachmeier, Günter. *Venedig. Mit Torcello, Murano, Brenta-Villen und Chioggia.* Zürich 1976
Zampetti, Pietro. *Il problema di Venezia.* Florenz 1976
Zorzi, Alvise. *Marco Polo. Eine Biographie.* Düsseldorf 1983
Zorzi, Alvise. *Venedig. Eine Stadt, eine Republik, ein Weltreich.* München 1981
Zorzi, Alvise. *Venezia scomparsa.* 2 Bände. Mailand 1972

# PERSONENREGISTER

# ORTSREGISTER

# INHALT

Alvise Zorzi

## Marco Polo

Eine Biographie

432 Seiten, 8 Farbtafeln, gebunden

In dieser durch ihre Fülle an Fakten und die Vielfalt ihrer Aspekte faszinierenden Biographie stellt der Autor, ein hervorragender Kenner der Geschichte und Kultur Venedigs, seinen Helden nicht als Kolossalfigur dar, sondern den venezianischen Bürger Marco Polo, der wie jeder Mensch eingebunden ist in die politischen, wirtschaftlichen und kulturellen Bedingungen seiner Zeit. Während er den venezianischen Kaufmann auf seinen Reisen begleitet, gelingt es ihm, die Unterschiede und Ähnlichkeiten zwischen der venezianischen Kultur und dem Kaleidoskop der orientalischen Kulturen aufzuzeigen. So entsteht ein farbiges Szenarium: Begebenheiten, Bilder, Gestalten und Geschichten spiegeln sich im bunten Spektrum der Kulturen, Religionen, Landschaften, Tragödien und Lustbarkeiten Asiens wider. Was den Autor und seinen Helden verbindet, ist die Neugier, die genaue Wahrnehmung der Welt und des bedeutsamen Details. Wir erleben die Geschichte und entdecken den wahren Marco Polo.

Marlen Haushofer

# Begegnung mit dem Fremden

Gesammelte Erzählungen Band 1, 288 Seiten, gebunden

Dieser erste Band der Gesammelten Erzählungen enthält Geschichten, die bisher zum großen Teil nur in Zeitungen und Zeitschriften veröffentlicht worden sind. Die frühen Texte, die in den Jahren zwischen 1947 und 1958 entstanden, zeigen schon die literarische Differenziertheit und die thematische Vielfalt der Autorin. Manche der Erzählungen sind hell, duftig, fast schwebend. Andere haben schon etwas von der Traurigkeit der späteren Romane. Immer aber zeigen sie etwas Wesentliches. Der Tod der Großmutter, der erste Kuß, ein Sonntagsspaziergang – im begrenzten Ausschnitt offenbart sich der sensible und betroffene Blick einer Frau, die ihre Welt wahrnahm wie eine Seherin. Viele Kindheits- und Familienerlebnisse sind eingeflossen, viel Nähe zu der österreichischen Landschaft, die sie umgab, und immer sind die Ereignisse der Zeit ganz lebendig. Wir finden Vertrautes wieder, und wir entdecken eine junge Schriftstellerin.

Außerdem sind bei claassen von Marlen Haushofer lieferbar:
Die Wand, Roman, 280 Seiten, gebunden
Himmel, der nirgendwo endet, 224 Seiten, gebunden
Die Mansarde, Roman, 224 Seiten, gebunden
Wir töten Stella, Novelle, 72 Seiten, gebunden

*Fortsetzung der Prozession des Dogen am Palmsonntag
nach einem Stich von Matteo Pagan (Venedig, Museo Correr).*